中原与闽台关系研究丛书

根在中原：闽台大姓氏探源

尹全海　孙　炜　主编

上　册

九州出版社 JIUZHOUPRESS | 全国百佳图书出版单位

图书在版编目（CIP）数据

根在中原 ： 闽台大姓氏探源 ： 全2册 / 尹全海，孙炜主编. —北京：九州出版社，2012.11
ISBN 978-7-5108-1800-4

Ⅰ. ①根… Ⅱ. ①尹… ②孙… Ⅲ. ①姓氏－研究－福建省②姓氏－研究－台湾省 Ⅳ. ①K810.2

中国版本图书馆CIP数据核字(2012)第262175号

根在中原 ： 闽台大姓氏探源

作　　者　尹全海　孙　炜　主编
出版发行　九州出版社
出 版 人　徐尚定
地　　址　北京市西城区阜外大街甲35号（100037）
发行电话　（010）68992190/2/3/5/6
网　　址　www.jiuzhoupress.com
电子信箱　jiuzhou@jiuzhoupress.com
印　　刷　三河市东方印刷有限公司
开　　本　720毫米×1020毫米　16开
印　　张　68.5
字　　数　1078千字
版　　次　2013年2月第1版
印　　次　2013年2月第1次印刷
书　　号　ISBN 978-7-5108-1800-4
定　　价　298.00元（全二册）

《根在中原：闽台大姓氏探源》

编　委　会

主　编： 尹全海　孙　炜

副主编： 常岩峰　金荣权

作　者：

陈姓：陈树芳

林姓：宋全忠

黄姓：张建华　黄俊洁　余保洲　陈斌华

张姓：岳喜瑞　孙　炜

李姓：李立新　李国章　李　莉

王姓：李发立

刘姓：王宝郑

蔡姓：尚景熙　武晋豫　张湘东　陈剑峰

寇保国　彭建春

杨姓：杨立发

郑姓：曾自修　宋国桢　余纪珍

序

河南是中华民族“母文化”——河洛文化的发源地，更是姓氏文化起源大省。据考证，在过去的《中国百家姓》中，有78个姓氏起源或部分起源于河南。多年来，河南许多部门和社团组织努力挖掘历史文化、姓氏文化资源，充分发挥其优势，大力开展对台交流联谊工作，取得了显著效果。河南在岛内的知名度大幅提升，来河南寻根谒祖的台湾同胞络绎不绝，并呈逐年上升趋势，进而有效促进了豫台两地的大交流、大合作。

为充分保护和科学利用中原涉台历史文化资源，顺应和推动两岸大交流、大合作局面，打造全球华人寻根祭祖圣地，建设华夏历史文明传承创新区。近年来，河南省人民政府台湾事务办公室联合河南高等院校、科研院所及各级台湾事务主管部门，积极搭建两岸交流平台，开展中原姓氏文化研究，在推动台湾同胞中原寻根和豫台两地文化交流方面形成自己的特色，取得明显成效。例如，自2008年始与国台办《两岸关系》杂志社、河南省社科院、信阳师范学院、固始县人民政府联合举办“固始与闽台渊源关系研讨会”，至今已连续举办四届，成为海峡两岸民间交流的重要平台；2010年省台办与信阳师范学院联合组建中原文化与闽台寻根研究中心，开展中原与闽台渊源关系研究和台湾豫籍名人研究，同时组织省内专家出版“中原与闽台关系研究丛书”，目前已出版《固始与闽台渊源关系研究》、《中原移民与闽台文化研究》、《中原移民与两岸文化认同研究》三种，受到两岸学界高度认可。特别是近年来我省组织的两岸青年中原文化研习营活动，吸引了来自台湾的台湾师范大学、台湾清华大学、台湾辅仁大学、长荣大学、嘉义大学、高雄大学、彰化师范大学等几十所高校数百名学生与河南高校师生一起走进中原、感知中原文化，携手传承中华文明。

在由河南省台办组织的“2010年河南台湾月”活动期间，我们开展了“姓氏文化探源”活动，特邀河南、台湾两地的姓氏研究专家，沿着黄、陈、李、郑、林等岛内大姓氏的起源和发展的脉络进行探寻、考察。专家们进祠堂、拜宗祠、阅门联、录碑文，仔细记录祖训和族谱，有的深深鞠躬以示敬仰，有的双手合十久久凝望，这种虔诚令人感动。在场的媒体记者记录下了每一个感人的场面，并作了及时的报道，引起了强烈的社会反响。活动的举办，不仅加强了豫台两地学术界的交流与合作，也大大增强了台湾同胞“根”的意识和对祖根地的思念和向往，同时也引发了我的沉思。如能编撰一套反映闽台大姓氏源流的书籍，不但具有十分重要的学术研究价值，更能取得凝聚人心、增强中华民族凝聚力和向心力的积极效果，此举可容政治、历史、学术等多种意义兼得。这个愿望在各方支持下，终于要实现了。

由河南省人民政府台湾事务办公室组织编撰的《根在中原：闽台大姓氏探源》，作为“中原与闽台关系研究丛书”之一种，初步选取台湾的陈、林、黄、张、李、王、刘、蔡、杨、郑十姓，作为首批出版，旨在通过对闽台大姓之起源、姓氏播迁、姓氏文化、姓氏名人及寻根联谊活动之描述，提示台湾大姓氏起源于中原或名门郡望在河南，充分印证台湾同胞的祖籍“五百年前在福建，一千年前在河南”这一不争之史实，呈现中原与闽台之血缘、亲缘和文缘关系，揭示海峡两岸的血缘认同、文化认同和国家认同。为此，省台办特邀省内10余名姓氏研究专家和学者，查阅了大量的历史资料，撰写了此丛书的初稿，可谓集集体智慧之大成。“中原文化与闽台寻根研究中心”承担了该丛书的修订、编辑任务，做了大量工作，付出的辛苦是不言而喻的。整个撰稿和编辑耕作历时两年，值兹付梓发行之始，略识数言以嘉其志、彰其行，并期待后续成果相继问世，是为序。

（作者系河南省台办主任）

2012 年 7 月

根在中原（代前言）

尹全海

由于历史的原因，台湾地区之姓氏数量及其分布，研究起点较晚。据1979年出版的杨绪贤编撰《台湾区姓氏堂号考》调查，至今尚未发现日本占据台湾之前的有关数据。日据时期，日本人富田芳郎曾利用1920年的“国势调查”资料，抽样31003户，共得193姓。虽不能认为是完整资料，但为我们发现的最早数据。1945年国民政府接收台湾之后，相关调查工作，相继展开，先是1953—1954年间，台湾省文献委员会对828804户居民进行的姓氏调查中，共得737姓，遗憾的是桃园、云林、高雄和台东四县因故未能参加，737姓仅仅为台湾十二县、五市一局（阳明山管理局）的数据，因此遗漏之姓氏不少。至1968年，台湾大学陈绍馨教授与美国哥伦比亚大学博瑞德教授合撰《台湾人口之姓氏分布》时，依据1956年台湾人口总数（9308199人），按四分之一抽样，共得1027姓，其中，单姓1013，复姓14。在杨绪贤《台湾区姓氏堂号考》汇编的“台湾区各县市分姓人口数统计表”中，1978年，台湾共有人口16951904人，1694姓，其中，单姓1611，复姓75，三字姓4，四字姓4。杨绪贤等人的调查统计，应该是有史以来以全部户籍资料为依据进行调查统计的结果，基本上可以确认台湾地区的姓氏数量。

至于台湾姓氏之分布，总的特征是高度集中。具体表现在稀有姓氏多，但所占人口比率低；常见姓氏少，但占人口比率高。其中，陈、林、张、王、黄、李、吴、蔡、刘、郭等前十大姓，占总人口比率一半以上，虽然十大姓所含姓氏在不同时期有所变化，但陈、林二姓之位序基本稳定，台湾民谚之“陈林半天下”是准确的。前二十大姓占总人口比率在三分之二以上。前一百大姓，占总人口之比率则超过百分之九十六。其他姓氏所占人口比率不足百分之四。可见台湾姓氏之分布相当集中。

据此，我们基本掌握了台湾姓氏之数量及分布大势，接下来我们按照姓源、入闽、迁台等关键环节，考察台湾前十大姓（由于资料的原因，吴姓未能列入先期出版姓氏）及前一百大姓的姓源、播迁及入闽迁台情况。

陈姓。陈姓姓源，出自妫姓（或为改姓者，见《通志·氏族略》、《魏书·官氏志》），虞舜之后。《元和姓纂》记曰：夏禹封帝舜之子于虞城（古虞国，今河南虞城县西南，一说今山西永济县东南），至三十二代孙虞遏父（虞阏父）为周陶正。武王克殷，封虞遏父（虞阏父）之子满于陈，都宛丘（今河南淮阳），赐姓妫，以奉舜祀，称陈侯，卒谥胡，故曰陈胡公，亦称胡公满。自胡公满都宛丘，四十八世孙陈寔（实）为太丘长（河南永城）。至永嘉之乱，陈氏始渡江南迁徙。传至六十五代陈霸先，建立陈朝，都于建康（今南京），族人遍布江南闽粤间。唐高宗总章二年（669 年），河南光州固始人陈政偕其子陈元光入闽开漳，子孙繁衍，成一大宗派。玄宗开元二十四年（736 年），南陈始祖陈忠，仕唐，赠鄂国公，子陈邕，为中宗进士，官太子太傅，因与李林甫不合，被谪入闽，初居兴化，再迁漳州，后裔繁衍，族谱称为太傅派。明万历年间陈振遥由福建同安金门水头乡迁居澎湖西沙港开基，此后，陈氏族人分别从福建泉州、漳州，广东潮州、嘉应等地渡海迁台，其中，以开漳圣王、太傅和南朝三大支派为主，福建同安为最。

林姓。林姓姓源，出自子姓（亦有姬姓和改姓者，见《通志·氏族略》、《魏书·官氏志》）。《元和姓纂》记载，商纣叔父比干，为纣所害，其子坚逃难长林之山（今河南卫辉），遂得姓林氏。林坚之后，林氏子孙散居华北各地。战国时，林皋相赵，光武中兴，六世孙林邈为徐州刺史，下邳林氏以其为始祖。晋元帝南迁，下邳林氏随之，明帝太宁三年，林绿为晋安太守，封晋安郡王，卒葬惠安九龙岗，是为闽粤林氏始祖。自明崇祯末年，福建漳浦乌石乡林四迁居澎湖白沙，林氏族人分别由福建漳州、泉州、汀州、龙岩，广东潮州、惠州、嘉应等地渡海迁台，其中以漳州人最多。

黄姓。黄姓姓源，出自陆终（或有出自嬴姓者，见《姓氏解纷》）。《元和姓纂》记载，陆终之后，受封于黄（今河南潢川），黄为楚所灭，其后以国为氏。陆终、伯益皆颛顼之后，黄氏族人多主此说。据黄氏族谱记载，黄氏世居河南固始，至永嘉之乱，中州板荡，南迁入闽，黄元方仕晋，居侯官，为黄氏入闽始祖。其后，子孙散居莆田、泉州、南安、惠安、安溪、同安各地。自明崇祯十年，黄正柬由福建南安居党山迁居澎湖马公，黄氏族人分别由福建泉州、汀州，广东嘉应、潮州、惠州等地渡海迁台。

张姓。张姓姓源，出自姬姓。《新唐书·宰相世系表》记载，黄帝子少昊青阳氏第五子名挥（青阳，今河南濮阳，也有人认为河北清河），为弓正，始制弓矢，子孙得姓张氏。张氏南迁，始于晋元帝，间或入闽，旋即回迁者多。张氏族谱记载入闽者：唐初，河南祥符（今开封）人张伯纪，随陈元光入闽开漳，家居漳州；唐末，河南光州人张天觉，授南剑刺史，平王仙芝，朱温篡唐，乃弃官避难入闽，其子孙繁衍，遍及八闽，尊称为贤坂张氏始祖；光州固始人张延济兄弟三人，随王潮入闽，世居泉州之惠安、安溪，支派繁盛。自明崇祯年间，张隐由福建漳州迁居澎湖白沙，张氏族人分别由福建漳州、泉州，广东惠州、潮州、嘉应等地渡海迁台。

李姓。李姓姓源，出自嬴姓（或为改姓者，见《魏书·官氏志》、《路史》）。《新唐书·宗室世系表》记载，帝颛顼高阳氏生大业，大业生女华，女华生皋陶，为尧大理（官），皋陶生伯益，得赐姓嬴。伯益生恩成，为虞、夏、商大理（官），遂以官为氏，后裔理征，因得罪纣王而死，其子利贞逃难于伊侯之墟（河南豫西），食木子，得全性命，子孙改理为李。自李氏得姓至唐初，主要在长江以北地区繁衍播迁。李姓入闽，始自唐初，光州固始人李伯瑶随陈元光入闽，因其“平蛮獠三十六寨，战功推为第一”，子孙散居龙溪、漳浦诸县（也有人认为，李氏入闽者以李火德支派为主）。自明隆武元年（1645 年），李顺由福建同安金门迁居澎湖湖西，李氏族人分别由福建泉州、漳州、汀州，广东嘉应、惠州等地渡海迁台。

王姓。王姓姓源，出自妫姓（也有出自子姓、姬姓或改姓者）。《通志·氏族略》记载，王氏系出帝舜之裔，齐王建之孙，济北王田安，时人称王家，后裔因之为氏，有北海之王和陈留之王也。另有出自子姓者，如汲郡之王，为殷王子比干之后；出自姬姓者，如太原、琅琊之王，京兆、河间之王，是也。族谱记载，王氏南迁始于晋室南渡，左丞王导辅晋中兴，成为江南第一大姓。再十二世，传至王晔，为光州定城令，家居固始，生三子，潮、审邽、审知。唐光启元年，王潮三兄弟随王绪入闽，审知封闽王，审知子王廷钧，自立为帝，国号大闽。自永历年间，王团由福建漳浦入垦台南新化，王氏族人分别由福建漳州、泉州，广东潮州、惠州等地渡海迁台。

吴姓。吴姓姓源有二，一曰虞舜之后，《史记索隐》记载，舜后封虞，虞吴近音，故舜后亦有吴氏。二曰出自姬姓，《元和姓纂》记载，周太王子泰伯、仲雍封吴。吴为越所灭，子孙以国为氏，散居江淮间。吴氏南迁始于陈元光开漳，如季札之后吴兢为唐太守，始居江南。其后人吴宥迁居福建宁化，为福建吴氏始祖。吴氏入闽最大一支为僖宗中和四年（884 年），河南光州固始人吴祭偕其族人迁居福州，王审知入闽时，吴祭再迁莆田，子孙散居漳州、泉州及广东潮州各地。自明崇祯年间吴耀余由福建南安迁居澎湖马公，吴氏族人分别由福建泉州、漳州、汀州、永春，广东嘉应、惠州、潮州等地渡海迁台。

刘姓。刘姓姓源，出自姬姓（也有出自祁姓或改姓者，见《姓氏考略》、《汉书》、《通志・氏族略》）。《姓氏考略》记载，周成王封王季之子于刘邑（今河南偃师县西南），以邑为氏。而《通志・氏族略》称，帝尧陶唐氏之后，受封于刘（今河北唐县）。刘氏南渡始于唐末，有翰林学士刘天锡因避难迁居福建宁化，号为东派。宋代以后，东派后裔自宁化经上杭，迁至广东兴宁、平远，子孙散播闽粤各地，刘若连开基流溪，刘学箕繁衍福建南靖，刘开七肇基广东梅县。自刘求成由福建平和随郑成功渡台，入垦台南柳营，刘氏族人分别由福建漳州、汀州，广东潮州惠州等地渡海迁台。

蔡姓。蔡姓姓源，出自姬姓。《史记・管蔡世家》记载，武王伐纣，周文王封第五子叔度于蔡（今河南上蔡）。武王崩，成王即位，周公辅政，诛武庚，杀管叔，放逐蔡叔，其子名胡，仍封于蔡，为蔡仲。蔡为楚所灭，子孙以国为氏。西汉末年，蔡勋为避王莽征召，迁居河南光州固始。据族谱记载，蔡勋之后于唐中叶相继入闽，如蔡彧随陈元光开漳，青阳派始祖蔡辉、琼林派始祖十七郎等，均为河南光州固始蔡勋之后裔。自明崇祯十七年蔡鸣震由福建同安琼林迁居澎湖马公兴仁里，蔡氏族人分别由福建泉州、漳州，广东嘉应等地渡海迁台。

杨姓。杨姓姓源，出自姬姓（亦有改姓者）。据史籍记载，姬姓之说纷异，或曰周宣王之子尚父，封为杨侯，因以为氏，或曰周宣王曾孙封于杨，其后以为氏，或曰周景王之后也。杨氏南迁，主要是弘农杨氏（今河南灵宝）。族谱记载，永嘉之乱，弘农杨氏族人随晋室南渡，迁居闽粤。栖霞杨氏则由河南光州固始迁入，据杨氏族谱记载，其先人为杨震之后，世居河南光州固始县，唐末，杨荣禄率子逸、萧及孙明珠，随王审知入闽。十八世杨孟怀迁同安下坂乡，因此处多紫霞，遂筑室栖宿其下，为栖霞始祖。自南明永历十五年（1661 年）福建海澄人杨文科随郑成功迁台，入垦台南佳里，杨氏族人分别由福建漳州、泉州，广东嘉应、惠州等地渡海迁台。

郑姓。郑姓姓源，出自姬姓。《元和姓纂》记载：周厉王少子友，受封于郑（今陕西华县西北），是为桓公，生武公，与晋文侯辅平王东迁于洛阳，因徙溱、洧之间，谓之新郑。传十三世至幽公，为韩所灭，子孙播迁陈、宋之间，以国为姓。郑姓为晋永嘉二年（308 年）入闽八族之一。《福建通志》记载：晋郑昭，荥阳人，永嘉之乱，避地入闽，居永泰，是为郑姓入闽始祖。唐初，郑时随陈元光入闽开漳，子孙散居福建各地。唐末，河南光州固始人郑璘等随王审知兄弟入闽，是为南安石井郑氏之祖。自明永历十五年，阳平郡王郑成功率族人渡台驱逐荷兰侵略者，郑氏族人分别由福建漳州、泉州，广东潮州、惠州等地渡海迁台。

台湾前一百大姓，陈、林、黄、张、李、王、吴、刘、蔡、杨，许、郑、谢、郭、洪、邱、曾、廖、赖、徐周、叶、苏、庄、江、吕、何、罗、高、萧，潘、朱、简、锺（钟）、彭、游、詹、胡、施、沈，余、赵、卢、梁、颜、柯、孙、魏、翁、戴、范、宋、方、邓、杜、傅、侯、曹、温、薛，丁、马、蒋、唐、卓、蓝、冯、姚、石、董，纪、欧、程、连、古、汪、汤、姜、田、康，邹、白、涂、尤、巫、韩、龚、严、袁、鐘（钟），黎、金、阮、陆、倪、夏、童、邵、柳、钱。除蒋、杜、温、白、姜、阮、夏七姓未发现其先祖由中原入闽迁台的系统史料之外，其它 93 姓均由今河南境内迁出南移，并入闽迁台。换言之，93% 的台湾姓氏祖地在今河南境内，而且其族谱能够呈现入闽迁台之迁徙线路。上述 93 个台湾姓氏中，除简、钟、蓝、纪、古、黎、阮、童八姓外，其它 85 姓均由河南“光州固始”迁出南移，并入闽迁台，换言之，85% 的台湾姓氏源自河南固始。

2012 年 11 月

总　目　录

上册目录

序 ………………………………………………………………… 宋丽萍（1）
根在中原（代前言） ………………………………………… 尹全海（3）

陈　姓

一、陈姓姓源 ……………………………………………………（3）
（一）陈姓的远祖帝舜 ……………………………………………（3）
（二）胡公满与陈国 ………………………………………………（6）
（三）陈姓主要支系及联宗各姓 …………………………………（14）
二、陈姓的播迁 …………………………………………………（25）
（一）秦汉魏晋时期的陈姓 ………………………………………（26）
（二）南朝陈姓与陈朝皇族 ………………………………………（29）
（三）唐宋陈姓的振兴与入闽 ……………………………………（31）
（四）陈姓在元明清时期的播迁 …………………………………（39）
（五）陈姓迁台 ……………………………………………………（40）
（六）陈姓在海外的发展 …………………………………………（42）
附：陈在正《颍川陈氏开漳圣王派迁台》 ………………………（44）
三、陈姓文化 ……………………………………………………（55）
（一）陈氏族谱序 …………………………………………………（55）
（二）祖训家教 ……………………………………………………（59）
（三）陈氏字辈 ……………………………………………………（63）
（四）名胜古迹 ……………………………………………………（65）

四、陈姓历史名人 …………………………………………………………（77）
（一）古代名人 ………………………………………………………………（77）
（二）现当代名人 ……………………………………………………………（99）
五、寻根联谊 ………………………………………………………………（103）
（一）祖地淮阳古今 ………………………………………………………（103）
（二）宗亲组织及其联谊活动 ……………………………………………（107）

林　　姓

一、林姓姓源 ………………………………………………………………（113）
（一）林姓起源……………………………………………………………（113）
（二）别姓同源……………………………………………………………（115）
（三）比干林姓世系 ………………………………………………………（116）
二、林姓的播迁 ……………………………………………………………（123）
（一）在北方的发展 ………………………………………………………（123）
（二）东汉末年的初次南迁 ………………………………………………（124）
（三）唐朝林氏的南迁 ……………………………………………………（128）
（四）林姓渡海迁台 ………………………………………………………（131）
三、林姓的分布 ……………………………………………………………（135）
（一）南多北少……………………………………………………………（135）
（二）台湾第二大姓 ………………………………………………………（136）
（三）海外林姓……………………………………………………………（139）
四、林姓文化 ………………………………………………………………（141）
（一）林姓族谱……………………………………………………………（141）
（二）郡望堂号……………………………………………………………（149）
（三）林姓家训……………………………………………………………（153）
五、林姓历史名人 …………………………………………………………（168）
（一）古代名人……………………………………………………………（168）
（二）现当代名人 …………………………………………………………（175）
六、林姓名胜古迹 …………………………………………………………（177）
（一）大陆部分……………………………………………………………（178）

（二）台湾部分…………………………………………………………（197）
（三）海外部分…………………………………………………………（215）

黄 姓

一、黄姓姓源 ……………………………………………………………（221）
（一）黄姓源于嬴姓 ……………………………………………………（221）
（二）黄国与黄姓 ………………………………………………………（226）
二、黄姓的播迁 …………………………………………………………（237）
（一）黄姓历史上的大迁徙 ……………………………………………（237）
（二）黄姓在大陆的分布 ………………………………………………（246）
（三）黄姓在台湾的播迁 ………………………………………………（281）
（四）黄姓在海外的播迁 ………………………………………………（284）
四、黄姓文化 ……………………………………………………………（295）
（一）黄姓郡望…………………………………………………………（295）
（二）黄姓谱牒…………………………………………………………（306）
（三）黄姓名胜古迹 ……………………………………………………（319）
五、黄姓历史名人 ………………………………………………………（333）
（一）古黄国君王………………………………………………………（333）
（二）历代农民起义领袖 ………………………………………………（333）
（三）历代宰相…………………………………………………………（335）
（四）近现代政治家、革命家 …………………………………………（340）
（五）黄氏其他名人 ……………………………………………………（344）
六、寻根联谊 ……………………………………………………………（352）
（一）潢川祖地今貌 ……………………………………………………（352）
（二）世界黄氏宗亲组织 ………………………………………………（354）

张 姓

一、张姓姓源 ……………………………………………………………（369）
（一）起源诸说梳理 ……………………………………………………（369）
（二）得姓始祖挥辨析 …………………………………………………（373）

（三）解张的后裔 ……………………………………………………（380）
（四）改姓与赐姓 ……………………………………………………（382）
二、张姓的播迁 ……………………………………………………（383）
（一）史前至春秋战国时期 ……………………………………………（384）
（二）秦汉时期…………………………………………………………（385）
（三）魏晋南北朝时期 …………………………………………………（386）
（四）隋唐时期…………………………………………………………（388）
（五）宋元明清时期 ……………………………………………………（389）
（六）张姓分布现状 ……………………………………………………（390）
三、张姓文化 ……………………………………………………………（393）
（一）张姓郡望…………………………………………………………（393）
（二）张姓家谱…………………………………………………………（403）
（三）家训、题辞、祭祖歌 ……………………………………………（432）
（四）名胜古迹…………………………………………………………（439）
四、张姓历史名人 ………………………………………………………（442）
（一）古代名人…………………………………………………………（442）
（二）近现代名人 ………………………………………………………（448）
（三）海外名人…………………………………………………………（450）
五、寻根联谊 ……………………………………………………………（451）
（一）族根地濮阳古今 …………………………………………………（451）
（二）张姓宗亲组织 ……………………………………………………（456）
（三）寻根联谊之活动 …………………………………………………（457）

李　　姓（上）

一、李姓姓源 ……………………………………………………………（461）
（一）李姓起源诸说 ……………………………………………………（461）
（二）远祖古帝颛顼 ……………………………………………………（464）
（三）血缘始祖皋陶 ……………………………………………………（469）
（四）开姓始祖老子 ……………………………………………………（473）
二、李姓的播迁 …………………………………………………………（478）

（一）繁衍北方……………………………………………………（478）
（二）南迁与入闽 ………………………………………………（486）
（三）经闽迁台……………………………………………………（491）
（四）海外播迁……………………………………………………（495）
（五）李姓分布……………………………………………………（499）
三、李姓文化 ……………………………………………………（506）
（一）郡望堂号……………………………………………………（506）
（二）家乘谱牒……………………………………………………（511）
（三）堂联集锦……………………………………………………（514）
（四）名胜古迹……………………………………………………（517）

下册目录

李　　姓（下）

四、李姓历史名人 ………………………………………………（537）
（一）先秦时期……………………………………………………（537）
（二）秦汉六朝时期 ……………………………………………（538）
（三）隋唐五代时期 ……………………………………………（541）
（四）宋元明清时期 ……………………………………………（548）
（五）近现代时期…………………………………………………（555）
五、寻根联谊 ……………………………………………………（563）
（一）李姓宗亲组织 ……………………………………………（563）
（二）李姓宗亲联谊 ……………………………………………（566）
（三）河南鹿邑寻根 ……………………………………………（574）

王　　姓

一、王姓探源 ……………………………………………………（583）
（一）源于商王子比干 …………………………………………（583）
（二）源于姬姓……………………………………………………（586）

（三）源于妫姓的一支 ……………………………………………………（589）
（四）源于少数民族改姓 …………………………………………………（590）
（五）源于赐姓和冒姓 ……………………………………………………（591）
二、王姓的播迁 ………………………………………………………………（592）
（一）王姓在历史上的播迁 ………………………………………………（593）
（二）王氏子弟入闽 ………………………………………………………（594）
（三）王姓迁台………………………………………………………………（598）
（四）王姓分布………………………………………………………………（599）
三、王姓文化 …………………………………………………………………（600）
（一）郡望堂号………………………………………………………………（600）
（二）王姓楹联………………………………………………………………（604）
（三）家训格言………………………………………………………………（605）
（四）王姓字辈有遵从 ……………………………………………………（607）
（五）王姓圣地遗迹 ………………………………………………………（608）
（六）王姓家谱………………………………………………………………（613）
四、王姓历史名人 ……………………………………………………………（615）
（一）古代名人………………………………………………………………（616）
（二）近现代名人 …………………………………………………………（626）
（三）35 位王姓皇后 ………………………………………………………（631）

刘　　姓

一、刘姓姓源 …………………………………………………………………（637）
（一）刘姓远祖尧帝与祁姓刘氏………………………………………………（638）
（二）姬姓刘氏………………………………………………………………（642）
（三）汉帝赐姓………………………………………………………………（644）
（四）其他刘姓支派 ………………………………………………………（646）
二、刘姓的播迁 ………………………………………………………………（655）
（一）刘姓在大陆的播迁 …………………………………………………（655）
（二）刘姓在大陆的分布 …………………………………………………（656）
（三）刘姓迁台及在台湾的分布……………………………………………（663）

（四）刘姓在国处的播迁 ……………………………………………（667）
三、刘姓文化 ……………………………………………………………（677）
（一）刘姓族谱……………………………………………………………（677）
（二）刘姓楹联典故 ……………………………………………………（680）
（三）名胜遗迹……………………………………………………………（687）
四、刘姓历史名人 ………………………………………………………（694）
（一）刘姓帝王……………………………………………………………（694）
（二）古代其他名人 ……………………………………………………（700）
（三）近现代名人 ………………………………………………………（705）
五、寻根联谊 ……………………………………………………………（709）
（一）祖地平顶山新貌 …………………………………………………（709）
（二）刘姓宗亲组织 ……………………………………………………（712）
（三）宗亲联谊活动 ……………………………………………………（718）

蔡 姓

一、蔡姓姓源 ……………………………………………………………（723）
（一）蔡姓的起源 ………………………………………………………（723）
（二）蔡国与蔡姓 ………………………………………………………（730）
二、蔡姓的播迁 …………………………………………………………（746）
（一）蔡姓在大陆的播迁 ………………………………………………（746）
（二）蔡姓向台湾及海外的播迁………………………………………（769）
（三）蔡姓的分布 ………………………………………………………（782）
三、蔡姓文化 ……………………………………………………………（785）
（一）蔡姓族谱……………………………………………………………（785）
（二）建阳蔡氏裔孙世系调查 …………………………………………（798）
（三）蔡姓名胜及遗迹 …………………………………………………（804）
四、蔡姓历史名人 ………………………………………………………（812）
（一）古代名人……………………………………………………………（813）
（二）近现代名人 ………………………………………………………（831）
五、寻根联谊 ……………………………………………………………（836）

（一）上蔡祖地概况 ……………………………………………………（836）
（二）蔡姓宗亲组织 ……………………………………………………（838）
（三）宗亲联谊（1992—2010） ……………………………………（841）

杨　姓

一、杨姓姓源 ……………………………………………………………（847）
（一）渊源追古远　主脉出黄轩…………………………………………（847）
（二）姓含多民族　大姓多源流…………………………………………（850）
（三）赐封改附转　大姓更蔚然…………………………………………（855）
（四）脉联董杨童　三姓共一宗…………………………………………（857）
二、杨姓的播迁 …………………………………………………………（858）
（一）迁徙自古起　交融无止息…………………………………………（858）
（二）祸因六卿乱　杨族迫逃迁…………………………………………（860）
（三）历史入晋唐　宗族南迁忙…………………………………………（862）
（四）时越宋元明　移徙未稍停…………………………………………（866）
（五）明清至当今　全球遍侨亲…………………………………………（871）
三、杨姓的分布 …………………………………………………………（873）
（一）根系豫秦晋　故地多族亲…………………………………………（874）
（二）情重云贵川　杨姓稠西南…………………………………………（879）
（三）闽浙苏赣粤　鳝堂枝蔓多…………………………………………（882）
（四）东南西北地　处处有苗裔…………………………………………（886）
（五）福建杨氏迁居台湾 ………………………………………………（890）
（六）海外杨姓分布 ……………………………………………………（893）
四、杨氏文化 ……………………………………………………………（894）
（一）大姓郡望多　堂号若星河…………………………………………（894）
（二）祖地依华岳　古姓胜迹多…………………………………………（897）
五、杨姓历史名人 ………………………………………………………（908）
（一）书礼追夫子　格物称大贤…………………………………………（909）
（二）四知传清正　宰辅砥中流…………………………………………（915）
（三）主国掌社稷　革旧勇图新…………………………………………（919）

（四）护国保社稷　忠烈感天地 …… (925)
（五）学术夸泰斗　科技多精英 …… (933)
六、杨氏祖籍地 …… (936)
（一）临汾 …… (937)
（二）华阴 …… (941)
（三）灵宝 …… (943)

郑　姓

一、郑姓姓源 …… (949)
（一）郑姓起源 …… (949)
（二）早期子姓郑氏 …… (950)
（三）郑姓的总根 …… (952)
二、郑姓的播迁 …… (957)
（一）西周至魏晋时期郑姓的发展 …… (957)
（二）魏晋时期郑姓的全面发展 …… (969)
（三）隋唐时期郑姓的继续发展 …… (982)
（四）宋元明清时期郑姓的坎坷发展 …… (990)
三、郑姓文化 …… (1008)
（一）郡望与堂号 …… (1008)
（二）昭穆范字 …… (1014)
（三）族规与家训 …… (1020)
（四）宗祠 …… (1021)
（五）纪念堂、纪念馆、庙宇 …… (1034)
（六）祖茔、墓志 …… (1038)
五、郑姓历史名人 …… (1055)

后记 …… (1064)

陈　姓

陈树芳

“陈氏遍天下，淮阳是老家，陈姓八千万，始祖皆胡公”，陈姓源于河南淮阳，这是海内外广大陈姓宗亲的共识。陈姓一本千枝，繁衍昌盛，分布在世界几十个国家和地区，总人口达八千多万，是中华民族第五大姓，占全国人口的6.15%。陈姓历史和现代名人辈出，为中华民族的发展和人类文明的昌盛做出了积极贡献。胡公后裔除陈姓外，也有以胡公之谥为姓的胡姓和以封地、名、号等为姓的，如袁、陆、田等五十八姓，这些姓氏均尊胡公为始祖。近年来，包括陈姓在内的胡公后裔来始祖地寻根谒祖者络绎不绝。

一、陈姓姓源

《史记·陈杞世家》载：“至于周武王克殷纣，乃复求舜后，得妫满，封之于陈，以奉帝舜祀，是为胡公。”陈国灭亡之后，其子孙相继以国为姓，这便是陈姓之由来。所以陈姓源出舜，其近祖为陈国的第一代国君胡公满。

（一）陈姓的远祖帝舜

帝舜，姚姓，有虞氏，名重华，史称虞舜。相传舜为黄帝的后裔，因生于姚地，以地取姓为姚。

舜帝的一生富于传奇色彩。他的奇特之处，在于两只眼睛各有双瞳。舜帝长得方头大脑，龙颜大口，黑皮肤。相传舜帝的母亲叫握登，曾经看见大虹，意感而生舜帝于姚墟。这种说法，反映了舜帝所处的时代还在盛行走婚制。即青年男女成年后，男人到女人家与之结合，生下后代后，男人不承担抚养责任。现在在我国的西南少数民族中，这种风俗还保存着。

《孟子·离娄下》说：“舜生于诸冯，迁于负夏，卒于鸣条，东夷之人也。”而《史记·五帝本纪》则曰：“舜，冀州之人也。……就时于负夏。”《史记索隐》说：“虞，国名，在河东大阳县。”《史记正义》引《括地志》云：“故虞城在陕州河北县东北五十里虞山之上。”郦道元《水经注》云：“干桥东北有虞城，尧以女嫔于虞之地也。又宋州虞城大襄国所封之邑，杜预云舜后诸侯也。又越州余姚县，顾野王云舜后支庶所封之地。”

孟子所说舜为东夷之人和司马迁所说舜为冀州人，看似矛盾，其实都没有错：山东本为舜之祖居之地，舜本为东夷部族成员之一；而舜之一支渐次西迁，最终进入山西地区，且在这里得到发展与壮大，建立了古虞国，这正是司马迁之所据。

据《史记·五帝本纪》记载，舜的父亲叫瞽叟，瞽叟父亲叫桥牛，桥牛父亲叫句望，句望父亲叫敬康，敬康父亲叫穷蝉，穷蝉父亲为颛顼，颛顼父亲为昌意，昌意的父亲就是上古传说中的黄帝，所以舜为黄帝的第八代孙。穷蝉的父亲颛顼是上古五帝之一，在中国的史前时代具有重要的地位。舜的父亲瞽叟是一个盲人，其母早逝，瞽叟又娶了一个妻子，生个儿子名叫象。象为人专横、自私，瞽叟又为了讨好后妻，经常想杀死舜，舜为人孝顺不愿拂父亲之意，所以时刻生活在危险之中，但独立性很强，并以勤劳而著称，曾在历山耕种，雷泽打鱼，在黄河之滨作陶器，在负夏做生意。人生的艰辛他都经历过。舜到二十岁时，因为孝顺而闻名天下。

舜三十岁时，四岳向尧推荐舜，尧把两个女儿同时嫁给了他，由于舜为人品德高尚，讲究谦让，周围的百姓也受他影响。所以舜在历山耕种时，历山的人都相互让田地的边界；在雷泽打鱼时，雷泽上人相让自己的居住地；在黄河边制陶时，周围的陶器质量都十分好，没有粗制滥造的现象。一年以后，舜所住的地方来了很多人，两年之后就成了一个城市，三年成了一个大都市。尧十分高兴，赐给舜衣服、琴、粮食、牛羊。瞽叟和象多次想杀舜，舜在两个妻子的帮助下都安全逃脱。

尧死之后，舜掌管天下，以禹为司空；契为司徒；皋陶为法官；倕为共工；以益为虞，硃虎、熊罴助之；伯夷为秩宗；夔为典乐；龙为纳言。天下大治。尧为帝三十九年，死于湖南苍梧，葬于湖南九嶷山。

舜帝作为上古“五帝”之一，一生作为颇多。首先，他制定了正确的治水方针，领导治理了巨大的水患。传说帝尧时期，水灾严重，民众为其所苦。四方诸侯向尧推举鲧治水，前后九年，成效不大。舜继帝位后，严厉处罚了失职的鲧，而起用其子禹，同时改变治水方针，采纳大禹的“疏导为主”的建议，率领天下诸侯百姓开山岭，疏河道，先后把黄河、济水、淮河、长江等大河全部疏导完毕，使洪水得以顺利流入大海，制服了一次次特大洪灾。

其次，促进了农业、手工业的发展。《墨子·尚贤中》记载，舜帝善于制作陶器，从出土的陶器来看，当时的陶器生产发生了质的飞跃，快轮已经普遍应用。

再次，治民有方。与百姓同甘共苦，编织蒲苇，编渔网，火烧林莽，驱除毒蛇与猛兽，与百姓一起耕种渔猎，以德行教化民众，不仅用爱心与诚敬对待部落民众，对于其他敌对的部落，也尽量实行教化。三苗是南方一个强大的部落，史书记载：“当舜之时，三苗不服，禹请攻之。舜曰以德可出，行德三年，而三苗服。”受到舜帝的感化。

第四，将全国分为12个州，改革内政。设立司空、后稷、司徒、士、共工、虞官、典乐、秩宗、纳言，分别管理9个方面的政务。并开创了官员考核制度，对官员每三年考核一次。

第五，艺术成就有相当水平，相传舜帝亲自制作五弦之琴与萧，命质修制成《九招》、《六列》、《六英》等乐章，创作《大韶》与《萧韶》等乐章。

第六，舜帝是中国法制建设的开山鼻祖。他协助尧帝制定了“五刑”，即典刑、流刑、官刑、教刑、赎刑。这开了中国法制文明史的先河。还首创了“贡赋”制度，将中国划分为五等区域，按区域征收赋税。

舜的儿子商均才能并不突出，当夏启建立起中国第一个君主制国家之后，舜之后裔回迁至山东和河南东部一带建立方国，仍以舜之故国为名，称为虞国，这个虞国也就是西周陈国的前身。至武王灭商之后，追封神农、黄帝、祝融、尧、舜、禹、伯益等后裔，于是作为舜之后裔的妫满也在此时被封于陈，以奉舜祀。这个妫满又称胡公满，就是陈姓的近祖。

从舜到胡公满之间的世系，陈立钦的《中华陈氏源流》说得比较清晰：舜帝传商均与季厘，商均传箕伯，箕伯传强余，强余传虞颉，虞颉传梦能、虞思，虞思传有龙，有龙传寿肝，寿肝传叔仪，叔仪传康伯与康仲，康仲传但妫，但妫传发，发传妫方，妫方传振，振传维，维传寿固，寿固传敖，敖传胜，胜传元捷，捷传偃，偃传姑猛，姑猛传公允，公允传蔺，蔺传填叔，填叔传野，野传无致，无致传甾，甾传叔止，叔止传献子，献子传业寿，业寿传原寿，原寿传梦延，梦延传阏父，阏父传满公。

（二）胡公满与陈国

陈国在西周初年始封，一直到鲁哀公十七年即公元前479年，楚惠王灭陈。从胡公满至陈滑公，陈国在周代前后延续500余年，历25世而亡。

1. 陈姓近祖胡公满

《史记·陈杞世家》载："陈胡公满者，虞帝舜之后也。昔舜为庶人时，尧妻之二女，居于妫汭，其后因为氏姓，姓妫氏。舜已崩，传禹天下，而舜子商均为封国。夏后之时，或失或续。至于周武王克殷纣，乃复求舜后，得妫满，封之於陈，以奉帝舜祀，是为胡公。"

《左传·襄公二十五年》载："郑子产献捷于晋，戎服将事。晋人问陈之罪，对曰："昔虞阏父（遏父）为周陶正，以服事我先王。我先王赖其利器用也，与其神明之后也，庸以元女大姬配胡公，而封诸陈，以备三恪。"从《左传》记载来看，胡公满所娶之女为周武王之长女。然而，对此宋人有不同的说法。欧阳修等编撰的《新唐书·宰相世系表》说："陈氏出自妫姓，虞帝舜之后。夏禹封舜子商均于虞城。三十二世孙遏父（即虞阏父）为周陶正，武王妻以元女太姬，生满，封之于陈，以奉舜祀。是为胡公。"郑樵《通志·氏族略二》说："陈氏，妫姓。初封虞城，今应天府之县也。后封于遂，今济州巨野。后封于陈，今陈州治宛丘县是也。本太昊伏羲氏之墟。舜传天下于禹，禹封舜之子商均于虞城。周武王克商，乃求舜后以备三恪，得胡公满，封之于陈，以奉舜祀。或曰：当周之兴，有虞遏父者，为周陶正，武王赖其器用，妻以元女太姬，生子满而封于陈，以奉舜祀。"《新唐书》和《通志》所说基本相同，娶周武王长女的是胡公满的父亲虞遏父（遏父）。

考此两说，当以《左传》所记为是，其由有二：

其一，当周灭商之时，武王封胡公满而不封虞遏父，只有一个原因，那就是虞遏父时年已高，或者已不在人世，所以才会让他的后人作为陈国的开国之君。这说明虞遏父主要生活在周文王时代，其年纪当比周武王还长得多，所以不可能再娶武王之女。

其二，“以元女大姬配胡公”出自陈国大夫之口，陈国人对自己的历史应当是十分熟悉，尤其是在这种外交场合，不至于数典忘祖，贻笑大方。

遏父之子满封之于陈，原为妫姓，虞氏，不称为陈公而称为胡公，据郑樵《通志·氏族略二》说：“满号胡公，往往以颔胡之故而得此号。”

关于三恪，说法不一，杜预《春秋经传集解》说：“周得天下，封夏、殷二王后，又封舜后，谓之恪，并二王后为三国。其礼转降，示敬而已，故曰三恪。”三恪即舜、夏、殷之裔。而元人陈澔《礼记集说》又说：“武王克殷反商，未及下车而封黄帝之后于蓟，封帝尧之后于祝，封帝舜之后于陈”此三恪当为黄帝、尧、舜之裔。尽管说法不一，但舜之后裔陈国作为“三恪”之一而于周初被封是没有争议的。

2. 陈国历史

陈初封之时与蔡相同，均为二等大国，爵位为“侯”。地处中原南缘、淮河之北。不仅土地肥沃，宜于农业生产，而且地理位置十分重要。西周时期和春秋前期，由于陈国“三恪”的地位以及和太姬的关系，陈在异姓诸侯中具有较高的政治地位，陈国与周王室关系也比较亲密。

从西周至春秋前期，陈国相对平静、安宁，至春秋中期以后，由于国家内乱，再加上楚人的北侵，作为中原诸侯联盟重要成员之一的陈国受到楚人的打击，不得已而依附楚国，从此便无宁日。

鲁僖公二十三年（公元前 637 年）楚成得臣带领军队伐陈，攻取陈的焦、夷两城，焦、夷为陈国东方的边邑，楚人取焦、夷不仅大大压缩了陈国的领土，同时了阻断了陈国与东方齐、鲁大国的联系。陈灵公与其大夫孔宁、仪行父皆通于夏姬，夏姬之子夏徵舒射杀陈灵公，孔宁、仪行父因怕被杀而逃到楚国，灵公太子午逃到晋国。趁着陈国内乱，楚人于鲁宣公十一年即公元前 598 年举兵伐陈、灭陈而以其国土作为一个县，这是陈国第一次亡国。不久楚人又恢复了陈国，让陈国的每一个乡派一个人，集中到楚地，又另立一个夏州让这些人居住，以记录楚人的这次战功。夏州地在长江北岸，位于汉水和长江合流之处。陈国第一次亡国虽然又得以复封，却使国人离散，从此之后真正成了楚的附庸之国。

陈灵公之后，陈国之君大都无所作为，君昏而臣暗，在楚人的压迫之下聊以维持。《左传·襄公三十年》记载郑子产对陈国春秋后期国家形势的概括是非常准确的："陈，亡国也，不可与也。聚禾粟，缮城郭，恃此二者，而不抚其民。其君弱植，公子侈，大子卑，大夫敖，政多门，以介于大国，能无亡乎？不过十年矣。"这与吴公子札对陈国"国无主，其能久乎"的评价是一致的。

鲁昭公八年（公元前534年）楚国再次内乱，陈哀公被逼自杀，楚人再一次率兵灭陈。昭公十三年（公元前529年），楚平王继位，为安抚淮河流域中小诸侯国，以稳定其政权，再次恢复了陈国，于是陈国在第二次被灭五年之后又获得重生。

春秋晚期，随着吴国势力的深入，陈国又受到吴人的胁迫。鲁定公四年（公元前506年），吴人召陈怀公入吴，被拒绝。哀公六年（公元前489年）"吴侵陈。"当陈国为吴所攻之时，楚人不能救，陈人只好转而投向吴国。在哀公十七年（公元前478年），"楚公孙朝帅师灭陈。"陈国终于结束了它500余年的历史。

陈国在春秋后期60多年里两次被楚人灭而复立，并最终亡于楚人之手。究其原因，除国小且处于大国之间的客观因素之外，更主要的是国无明君而多乱臣，又自不量力、外交无方，最终国势每况愈下。

3. 陈国世系

关于陈国的世系，最早见之于《春秋》和《左传》者为陈桓公鲍，接下来有陈佗、利公跃、庄公林、宣公杵臼、穆公款、共公朔、灵公平国、成公午、哀公弱、陈侯留、惠公吴、怀公柳等。

《史记·陈杞世家》载："至于周武王克殷纣，乃复求舜后，得妫满，封之于陈，以奉帝舜祀，是为胡公。"此胡公即为陈胡公满，也是周代陈国的开国之君。陈胡公满之后有申公犀侯、相公皋羊、孝公突、慎公圉戎、幽公宁、釐公孝、武公灵、夷公说、平公燮、文公圉、桓公鲍、厉公陈佗、利公跃、庄公林、宣公杵臼、穆公款、共公朔、灵公平国、成公午、哀公弱、陈侯留、惠公吴、怀公柳、湣公越。从胡公开始至湣公结束，共历25位国君而灭亡。

宋人罗泌《路史》说："胡公世不淫至虞阏为周陶正，武王妃其子胡公满以太姬，锡之妫姓与肃慎之瑶，复之于陈，以备三恪。二十有五世而楚灭之。"与《史记》所载一致。

《汉书·地理志》则说："（陈）自胡公后二十三世为楚所灭。"前后传承二十四世。清人马骕的《绎史·世系图》承《汉书》说，列出陈国24世代的世系有：胡公、申公、相公、孝公、慎公、幽公、僖公、武公、夷公、平公、齐公、桓公、陈佗、厉公、庄公、宣公、穆公、共公、灵公、成公、哀公、惠公、怀公、闵公。

比较《史记·陈杞世家》和《绎史·世系图》，两者的主要差别在于：《史记》中的"釐公"和"湣公"，《绎史》分别作"僖公"和"闵公"；《绎史》以陈佗、厉公为两人，而无利公跃、陈侯留两世。

关于陈佗、厉公、利公，《史记·陈杞世家》载："桓公鲍卒。桓公弟佗，其母蔡女，故蔡人为佗杀五父及桓公太子免而立佗，是为厉公。……厉公取蔡女，蔡女与蔡人乱，厉公数如蔡淫。七年，厉公所杀桓公太子免之三弟，长曰跃，中曰林，少曰杵臼，共令蔡人诱厉公以好女，与蔡人共杀厉公而立跃，是为利公。利公者，桓公子也。"从《史记》来看，陈佗即陈厉公，其后为陈利公跃。

但是从《左传》来看，《史记》所载当有误。《左传·襄公二十五年》载："桓公之乱，蔡人欲立其出。我先君庄公奉五父而立之，蔡人杀之。我又与蔡人奉戴厉公，至于庄、宣，皆我之自立。"杜预注说："五父佗，桓公弟。"说明蔡人所杀之君即陈佗，陈人与蔡人新立之君为厉公跃。因此，《春秋》"桓公十二年"曰："八月壬辰，陈侯跃卒。"杜预注曰："厉公也。"结合《左传》所载和晋人杜预的注释，陈佗之后为厉公跃，陈佗与厉公本为两人也。《史记》中的厉公即利公。

关于陈侯留，《史记·陈杞世家》云："哀公娶郑，长姬生悼太子师，少姬生偃。二嬖妾，长妾生留，少妾生胜。留有宠哀公，哀公属之其弟司徒招。哀公病，三月，招杀悼太子，立留为太子。哀公怒，欲诛招，招发兵围守哀公，哀公自经杀。招卒立留为陈君。四月，陈使使赴楚。楚灵王闻陈乱，乃杀陈使者，使公子弃疾发兵伐陈，陈君留奔郑。九月，楚围陈。十一月，灭陈。使弃疾为陈公。"《左传·昭公八年》也说："哀公有废疾。三月甲申，公子招、公子过杀悼大子偃师，而立公子留。夏四月辛亥，哀公缢。干征师赴于楚，且告有立君。公子胜愬之于楚，楚人执而杀之。公子留奔郑。”两则文献可相互补充、印证。可见，在哀公死后，陈人曾立太子留为君。只不过这位陈侯在位时间比较短，前后不到两个月，但毕竟曾经为一国之君。

综合《春秋》、《左传》、《史记》、《绎史》等史料，关于陈国的世系有陈胡公满、申公犀侯、相公皋羊、孝公突、慎公圉戎、幽公宁、釐公孝、武公灵、夷公说、平公燮、文公圉、桓公鲍、陈佗、厉公跃、庄公林、宣公杵臼、穆公款、共公朔、灵公平国、成公午、哀公弱、陈侯留、惠公吴、怀公柳、湣公越。陈国从立国到灭亡共传25位国君。

4. 陈国地理

《汉书·地理志下》说：“陈，故国，舜后，胡公所封，为楚所灭。楚顷襄王自郢徙此。”又说：“陈国，今淮阳之地。陈本太昊之虚，周武王封舜后妫满于陈，是为胡公。”

关于陈国所都之位置，丘菊贤、杨东晨等著《中华都城要览》认为：“陈国定都宛丘，今河南淮阳县东三里。《路史·国名纪》云：‘今陈治宛丘城，胡公所筑，楚初灭陈，顷襄后都之。’……白眉初《鲁豫晋三省志》云：‘城周九里十三丈，高二丈四尺，四门，门皆三重，绕城有土筑外郭一道，即护城堤，高丈许以防水患。’……宛丘城南的平粮台是陈国的墓葬区。”

南北朝人郦道元的《水经注》卷22对于陈国故城位置记载较为清楚：“沙水又东径长平县故城北，又东南径陈城北，故陈国也。伏羲、神农并都之。城东北三十许里，犹有羲城实中。……宛丘在陈城南道东。……沙水又东而南屈，径陈城东，谓之百尺沟。”

《水经注》所说的沙水其实就是古沙河（今统称为沙颍河）的支流新蔡河，新蔡河流经淮阳县城北，绕城东流后又向东南流入沙水。

结合史料和地方志所载，古陈国都城当在今淮阳县城东的新蔡河西岸。

陈国的边界东到今安徽亳州和城父，《左传·僖公二十三年》载：“楚成得臣帅师伐陈，讨其贰于宋也。遂取焦、夷，城顿而还。”杜预注曰：“焦，今谯县也，夷，一名城父，今谯郡城父县。二地皆陈邑。”焦在今安徽省亳县，夷在亳县东南七十里的城父，此两地皆为陈东之边邑。陈国东南有胡子国（在安徽阜阳西北），南临项国（在今周口项城县与沈丘县之间）、顿国（在今周口商水县），西接许国（在今许昌市境），北邻郑国、宋国。

5. 陈国文化

陈国所处的淮阳地区在远古时代是华夏文化与东方文化结合与交流的地方，进入春秋时期，又是南楚文化北进的前沿。从《诗经·陈风》等历史文献记载和传世的陈国青铜器来看，陈国文化既呈现出复杂性又保留有其独具的特色。

（1）东夷民族与陈国的土著文化

《山海经·大荒南经》载："羲和者，帝俊之妻，生十日。"《山海经·大荒西经》又载："帝俊妻常羲，生月十有二。"在《山海经》中，帝俊是上古神话传说中的东方部族的领袖人物，其子孙之国遍布东方和南方各地，其中羲和、常羲则是帝俊部族中两个最为强大的氏族集团，而伏羲则是上古太阳神羲和部族中的一支。

《左传·僖公二十一年》曰："任、宿、须句、颛臾，风姓也。实司大皞与有济之祀，以服事诸夏。"杜预曰："大皞，伏羲。四国，伏羲之后，故主其祀。"由此则说明在上古时期，帝俊、羲和、太昊伏羲和少昊等先后为古老东方部族的领袖人物，其子孙主要生活在今山东、江苏、浙江等沿海一带，这便是夏、商、周时期的东夷部落。但其支族则逐渐向西迁至安徽和河南东部地区，有些甚至远迁至山西、河北、陕西等地。迁至河南西部周口市一带的便是东夷伏羲部落。

《竹书纪年·前编》载："太昊庖羲氏……元年继位都宛丘。"《左传·昭公十七年》："陈，大皞之虚也"，杜预注曰："大皞居陈。"《汉书·地理志下》也说："陈本太昊之虚。"相传太昊（或大皞、太皞）在陈地定都，今天在陈故地淮阳有太昊伏羲陵。太昊都淮阳的记载已为考古发现所证实。

1979 年河南省文物研究所在位于淮阳县东南 4 公里的大朱庄西南发掘了属于龙山文化和大汶口文化的平粮台遗址。城址面积 5 万平方米，城垣为正方形，长、宽各 185 米；城墙下部宽约 13 米，高 3 米多。在南墙和北墙中段发现有城南门和北门的遗迹。南门道路下有铺成北高南低的陶制水管道，管道每节长 35—45 厘米，直筒形，节节套合。在城内发现房基 10 余座。该城址分为五个文化期：一期属大汶口文化晚期，二期属龙山文化中期，三期属龙山文化中期稍偏晚，四期属龙山文化晚期，五期属早商时期。平粮台古城的建筑年代为龙山文化中晚期，经过碳 14 测定，距今约 4100—4300 年左右。

大汶口文化和龙山文化均属于东夷先民所创造的早期文化，平粮台古城址所在地即为史料所载的宛丘，也就是传说中伏羲定都之处。平粮台古城址的发现说明至迟在距今 4500 年前东夷民族便已将大汶口文化和龙山文化带到了周口淮阳一带。最早进入陈地的当为伏羲后裔，所以连同自己祖先的故事也一同带到了陈地。

我们可以这样说：陈地的土著文化为远古东夷文化。杨宽先生的《西周史》认为：

> 所有这些东夷，都以游牧、狩猎为其经济生活的主要内容。《禹贡》说："莱夷作牧"。《史记·夏本纪》作"莱夷为牧"。说明莱夷原以游牧为主。《禹贡》所说扬州"鸟夷卉服"，郑玄解释说："此州上湿故衣草服。"（孔颖达正义引）。《禹贡》所说冀州"鸟夷皮服"，解释者认为东北寒冷故衣皮服。其实，他们穿卉服、皮服，不穿纺织品，主要还是由于他们经济生产落后，以游牧、狩猎为生的缘故。原是东夷的秦和赵二族，本来也以游牧、狩猎为生，长久保持着善于畜牧的传统。赵的祖先造父以善御著称，秦的祖先非子也以善于养马和畜牧著称。……直到西周后期也还如此。

东夷文化有两大突出特征：

其一，以鸟和太阳为崇拜对象。《山海经》中有帝俊生十日的传说，由此也就有了后羿射日的神话；太昊、少昊之名均与太阳崇拜有关；帝俊诸多后裔之国大都以"使四鸟"为标志。

其二，东夷文化与其他文化圈相比，简礼仪而重巫祠，巫文化更加浓厚且传播与持续的时间更长，这与楚文化相类。至春秋时期，东夷文化中人祭、人殉现象还较为普遍地存在着。

但当伏羲部族西移之后，进入适宜耕作的淮阳一带，这支东夷人逐渐从游牧、狩猎向农耕生活转变，但仍然深受原始的生活方式和习俗之影响。

(2）周代陈国文化的演变与文化特征

周代的陈国，其文化既保留着土著文化特色，也深受中原文化的影响，从而形成了独具特色且根深蒂固的文化传统。当楚人北侵时，淮河流域的大多数诸侯国的文化或多或少地打上了楚文化的烙印，而只有陈国依然保持其文化特色而极少受到楚文化的影响。所以《汉书·地理志下》说："陈虽属楚，于天文自若其故。"

①周代陈国文化对土著文化的继承与对中原文化的吸收

陈国本就是东夷的一脉，陈国所统辖的区域也本是其祖先开拓与生活的地区。这就决定了陈国很容易接纳与吸收其土著文化，周代陈国文化正是在陈地土著的东夷文化基础上发展、演变而来。

由于陈国是西周初年所分封的"以备三恪"的重要异姓诸侯国，陈国开国之君又以武王的女儿大姬为妻，从西周至春秋，陈女多嫁到周王室为王后或与中原姬姓诸侯通婚。所以整个周代，陈国虽是异姓诸侯，但却与周王室和中原诸侯国保持着紧密的联系。这就使陈国文化也深受中原文化影响。

从传世的陈国青铜器的形制、风格、铭文等来看，它与中原的青铜器没有大的差别；陈国的墓葬也遵循周王朝的礼制；东夷文化中的人祭、人殉制度在陈国文化中被剪除，走向文明化。

②原始巫风的新变

在两周时代，陈国巫风大盛，此俗见诸后天多种史料记载。《汉书·地理志》载："周武王封舜后妫满于陈，是为胡公，妻以元女大姬。妇人尊贵，好祭祀，用史巫，故其俗巫鬼。"《汉书·匡张孔马传》载匡衡语说："陈夫人好巫，而民淫祀。"颜师古注引张晏语曰："胡公夫人，武王之女大姬，无子，好祭鬼神，鼓舞而祀，故其诗云：'坎击其鼓，宛丘之下，无冬无夏，值其鹭羽。'"

其实陈人好巫乃其本土固有之文化，非因大姬"好祭祀，用史巫"所造成的，匡衡说："陈夫人好巫，而民淫祀"，将陈地巫风盛行归罪于陈夫人太姬，这是不公平的。因为如果不是有土著文化的存在，仅靠一代大姬短时间的影响，是不太可能形成这种具有顽强生命力的地域文化的。当然，这种巫风盛行与大姬也有一定的关系：由于身份尊贵的大姬对巫风的喜好，从而对陈地的这一风气起到了推波助澜的作用；因上层社会提倡，使原本属于民间风俗的土著文化取得了“合法地位”，并上升至贵族文化系列，遂成为陈国主流文化之中重要的组成部分。

对于大姬为什么好巫风，其目的又是什么？郑玄《诗谱·郑谱》云：“大姬无子，好巫觋、祷祈、鬼神、歌舞之乐，民俗化而为之。”由此说明，开始大姬无子，为了生子而热衷于祭祀、祷祈，最终生下了申公犀侯。尽管从今天科学观点来看大姬的祭祀、祷祈行为与生子没有什么关系，但是陈人和大姬自己却认为它们之间的联系是必然的，从而也使大姬在以后的生活当中对巫风、祭祀坚信不移且乐此不疲。

陈地原始的巫觋行为、祭祀活动、歌舞之乐并非仅限于求子，但大姬的这一行为从此改变了楚地巫风的主题与性质。随后，这种民俗和伏羲与女娲的神话传说相融合，求子行为与求子仪式就成了陈国流传了两千多年的独特文化。

一种民俗可以通过多种途径与方式来表现，但传统的庙会往往最能承载一个地区古老的民俗文化信息。在淮阳太昊陵，每年农历二月初二到三月初三，都要举办庙会，俗称“二月会”。“二月会”除了民间的贸易行为、娱乐活动之外，最为突出的是求子习俗与其所呈现的生育文化。庙会上求子仪式主要有拴娃娃、摸子孙窑、请泥狗泥猴和布老虎、献旗杆和担经挑等等。子孙窑就是太昊陵显仁殿基石上的一个黑幽幽的圆孔，直径2.5厘米，深度大约一指左右，它是女性生殖器的象征，祈子者一定要摸一摸才能灵验。淮阳泥狗被誉为原始生殖崇拜文化的活化石，其造型有双头狗、双头猴、虎拉猴、猴骑狗等，在这些动物身上都能找到代表女阴符号的图案。“担经挑”又称“担花篮”，是一种原始的以祭祖娱神为目的的舞蹈形式，舞者在跳舞过程中背靠背而过，两尾相碰，象征伏羲和女娲交尾之状。

因此我们可以这样说：今天陈地太昊陵庙会中的求子习俗与其所承载的文化意象，由来久矣，它即有陈地土著文化的基因，也有陈大姬因求子而祭祀所带来的新变，又在战国至汉代融入了伏羲与女娲的传说。这种习俗形成、固定下来之后，穿越历史长河而绵绵流传至今。

（三）陈姓主要支系及联宗各姓

陈胡公在封地太昊伏羲氏之墟，建立陈国，为周朝属下的诸侯之一。传二十五世，历时500多年。在这五百多年间，陈氏已形成庞大的家族。这是由于当时的国君，虽不像后来的帝王有三宫六院七十二妃，但也并非只娶第一夫人，而是还娶有诸多姬妾，自然就生养子女很多（只有少数例外）。这些国君的后代，除嫡长子作为储君，继承君位外，其他储君的同母兄弟，储君的同父异母兄弟，储君的同宗兄弟，都要和储君一样娶妻、妾，生养子女。其中除个别给予封地，就地为姓，不再姓陈外，大都姓陈。这样一来，其子子孙孙就形成了陈氏庞大的家族。这就是陈氏遍天下的基础。

在陈国灭亡之后，其后裔仍然以陈为姓。同时又有他姓改姓陈者，如本为陈国人的田完（敬仲）的子孙，世代任齐国的大夫、卿、相，至10世孙田和，夺取姜姓齐国政权，建立了田氏齐国，又传8君184年，至16世孙田建时，被秦始皇所灭。齐王田建有三子：长子升、次子桓，先后改姓王氏；三子田轸出逃，后迁至颍川（今河南许昌长葛一带），改姓陈氏，称为陈轸。这支由田姓改成的陈氏，比以国为氏的陈氏晚200多年，但二者却同出一源，即两支的血缘始祖都是陈国的开国之君妫满。

1. 陈姓的主要支系

翻阅史书和陈氏家谱，就目前的手头资料，据源追流，有谱相联的，著名的大体有以下几个支裔：

（1）完公支裔

完公，名完，字敬仲，是陈胡公的第十一世孙。时陈宣公杵臼欲立其嬖姬生子款，乃杀其太子御寇。敬仲与太子御寇素友善，惧而奔齐。齐桓公非常敬重他，赐给他许多田享用。完公为永志不忘，便取姓为田。后来完公在齐的子孙或称田氏，或称陈氏。

完公的第九世孙太公和（即陈胡公的第二十世孙），代齐有国，而为齐侯，史称男齐。共传八君，历时（公元前404—前221年）183年。在这段时间内，陈完的后裔兴旺繁衍。不论姓田，姓孙，或姓陈，其宗亲已形成较大的家族。

（2）留公支裔

留公，名留，是陈胡公的第十七世孙。时哀公陈弱在病中，其弟司徒陈招杀太子陈悼（又名陈师），而立哀公嬖妾生的陈留为太子。哀公怒，欲杀司徒陈招。陈招则发兵围困哀公。哀公自缢死。陈招便立陈留为陈侯。后楚使公子弃疾率兵伐陈，而灭陈，弃疾为陈公。陈留则奔郑，其子孙便在郑地为家。后其地改为陈留（即今开封县陈留）。

（3）吴公支裔

吴公，名陈吴，系悼太子（又名师）之子，是陈胡公的第十八世孙。在其父被殺后，他避难于陈属邑柘城，寄食于同族胡襄之家（在柘城东二里的胡襄城），其后代的一支在这里留了下来，后来成了柘城一大姓——陈氏家族。

陈吴在柘城，后唯恐被楚追杀，又奔晋。不久，楚公子弃疾弑灵王自立，是为楚平王。楚平王初立，为讨好天下诸侯，乃从晋迎回陈太子悼之子陈吴为陈侯，是为陈惠公。另有一说，楚把陈国消灭了，便派大将穿封戌镇守陈国，封戌自称陈公。当时，楚既来灭陈，又出兵灭了蔡国。蔡国的一班爱国志士便鼓吹陈国原将领联合起来，集二国之众，共同抗楚，经二年余之苦战，打败了楚军，收复了失地，迎原太子悼之子陈吴，立为陈侯。此时陈已空藉五岁矣。乃后，陈惠公在陈国国都又留下一支。惠公卒后，在国都陈城的这一支，其太子柳立，称为怀公，乃延续陈国国祚。

（4）亢公支裔

亢公，名陈亢，生于周敬王十年（公元前 510 年）辛卯，是陈胡公的第二十世孙，原为庶支。因陈国屡遭外侵，避难于卫国之河阳。后游东鲁，受业于孔子之门。他能举一反三，少年有成，而为孔圣人七十二高足之一。他一生无仕，课读教徒。在周考王八年戊申（公元前 433 年）卒于卫，享年七十八岁。其两个儿子陈德和陈瑶（又谓陈尧），率领陈亢的弟子二十余人，护灵返里，治丧于原陈国都城陈城（时陈已被楚灭，由楚将镇守），卜葬于今太康县北二十余里的来凤岗。其子孙除留在陈城周围外，另有一支因守墓而以来凤岗为家了。在太康这一支后来成了陈氏大家族。而其留在陈城周围的子孙，在北宋末年，因金兵南侵而南逃的有不少人。其中有逃往安徽盱眙的，在那里形成了陈氏家族。明朝初年，从盱眙那里又返回一支，返回于原陈属邑扶沟县的陈马岗（今为包屯）。之后，这一支由于子孙昌盛，又分别居于陈家岗、小岗、吕潭、谭岗、季历岗、陈潭等地。

（5）衍公支裔

衍公，名陈衍，系陈滑公的长子，是陈胡公的第二十一世孙。因楚惠王以兵北伐，灭陈国，杀滑公（又有谓陈滑公在攻城时逃亡，卒于吴）。陈衍在国被灭亡后，于周敬王四十二年（公元前478年）避难于阳武户牖（今河南兰县境），就以此为家，于周考王六年（公元前435年）丙午卒。生子二：陈琏、陈玙。其子孙居此，形成了陈氏家族。

衍公的第十世孙（陈胡公的第三十一世孙），即西汉著名的丞相陈平。

由陈平的这一支至陈翔，先迁往山东的瑕丘，又由瑕丘迁往河南的颍川。陈翔（字子麟）有三子，其第三子即太邱长陈实公，系衍公的第二十三世孙（即陈胡公的第四十四世孙），后被颍川奉为此地陈氏的始祖。实为支裔的衍祖。

此后，陈实公后裔中的一支，至陈霸先，系陈实公的第十八世孙，衍公的第四十世孙，陈胡公的第六十世孙，而得天下，建立陈朝，为陈武帝，传五主，计33年。在这33年间，以江南各地为主，陈氏形成了庞大的家族。

（6）全温公支裔

全温公，名陈全温，系陈滑公的次子，是陈胡公的第二十一世孙。生于周敬王三十一年（公元前509年）。陈国被灭时，他才十周岁。后避难奔晋。成年后，复国心切，可总是得不到机遇。后被荐于魏，为沧浚仪（即今开封市）大夫。卒葬浮光山之麓。其子孙昌盛。

以上各支裔，加上陈氏故地——六百多年基业陈国所属各地的陈氏子孙，在中国历史的长河中，由于朝代的更替，沧桑变迁，或出于谋生的需要，而迁移的；或由于拜封官职，家于任所的；或由于戍边，率队边塞家于边塞的；或度洋寻求救国真理，而家于异域的，等等。在诸多因素的综合作用下，陈氏自然就遍天下了。

2. 陈姓联宗

据《中国姓氏大全》、《根在河南》、《中原寻根》载：与陈姓同宗的或有密切关系的有59姓：

（1）胡姓

①出自妫姓，周朝初年封虞舜后裔妫满于宛丘（今河南淮阳）建陈国。妫满死后，谥号曰胡公，又称胡公满。胡公满的后代子孙中以祖先的谥号为姓者，成为胡姓的主支。

②出自姬姓。

③出自我国古代少数民族，发迹于河南洛阳。以上诸支胡姓，逐渐融为

一体，多奉胡公满为始祖。胡公满既是陈姓之祖，也是胡姓之祖。

（2）田姓

田姓的主要源头出自陈姓，祖根在今河南淮阳。陈胡公的11世孙陈完，因宫廷内乱，怕受株连，便逃奔齐国，被齐桓公任为工正（管理工匠的官），因始食采邑于田，田、陈二字古音相近，遂改称田氏。田氏在齐国势力日大，田完的10世孙田和自立为君，在公元前386年被周王室承认为诸侯，姜姓齐国成了田姓齐国，为战国时七雄之一。公元前221年，齐国为秦所灭，国民有复陈姓的，亦有更多的人以田为姓。陈完便是田姓始祖。

①出自姬姓，是周代卫国卫康叔的后裔。

②出自毕姓。

③出自子姓。

④出自陈姓，是陈国公子完（即陈敬仲）的裔孙。陈完6代孙田书，担任齐国大夫，因伐莒国有功，被齐景公赐姓孙氏，食采邑于乐安（今山东惠民）。田书成为孙姓始祖。孙氏名人战国时代的孙武，是著名军事家；三国时孙权等。其祖源地在今河南淮阳县。

（3）袁姓

袁姓起源于河南淮阳，出自妫姓，是周代陈国开国之君妫满的后裔。陈国传至春秋时期，王族中有一位名叫诸的，字伯爰。伯爰的子孙名涛涂，担任陈国大夫，代表陈国参加了齐桓公盟会，有功，赐食邑于阳夏（今河南太康县）。涛涂以祖父的字号为姓，称爰涛涂。古时爰、援、辕、袁等字音同字通，故爰涛涂又作辕涛涂，他的后代世居于阳夏。公元前484年，阳夏辕氏有辕颇，因事逃到郑国避居，辕颇的裔孙辕告，于秦代避难于河洛之间。辕告的小儿子名政，以袁为姓，因此，袁政也就成为袁姓的始祖。辕姓历史上著名人物有袁绍、袁术等。

（4）陆姓

陆姓的主要源头有四支：

①出自陆络。

②出自陆浑之戎，祖根在河南的嵩县一带。

③出自陈姓。陈国公子完避难奔齐，改陈姓为田氏。田氏在齐国势力日大，并在战国前期取代了姜姓齐国的政权。田齐传至齐宣王时，封其少子田

通于平原般县（今山东乐陵西南）陆乡，田通的子孙以邑为氏，是为陆氏。

④出自少数民族改姓，祖根在河南洛阳。陆姓历史上有陆引、陆突、陆俟等名将。

（5）王姓

①出自姬姓。

②出自妫姓。妫姓王氏的祖根在河南淮阳。西周时，虞舜的后裔妫满（胡公），受封于今淮阳一带建陈国。至陈厉公时，陈国发生内乱，厉公之子陈完出奔齐国，食采邑于田，称田氏。田公传至田和（陈完十世孙），执掌齐国朝政，代齐自立为王，建立了田齐政权，是战国七雄之一。田齐传至八世至齐王建时，被秦国所灭，齐王建被秦王安置在共县（今河南辉县市），他的子孙田安，于项羽起兵反秦时被封为济北王，后项羽被刘邦击败。田安也失去了封国，子孙被人称作“王家”，因以为姓。两汉之际的王莽及后世的北海、陈留等郡的王氏家族，相传都是田齐的后裔。

③出自子姓。

（6）敬姓

①出自姜姓。

②为春秋陈厉公之子敬仲之后，其子孙以祖之谥号为姓。

③为石敬瑭之后。

（7）文姓

①出自姬姓。

②出自姜姓。

③出自陈姓。陈国内乱，公子完逃到齐国，改姓田氏，至战国后期，齐国孟尝君田文的后代中有人以文为姓。

④为敬姓所改。

（8）薛姓

①出自任姓。

②出自陈姓。公子陈完因内乱而逃到齐国，改姓田。后来，陈完裔孙田文（孟尝君）因功封于薛国故地。秦灭六国时，薛国与齐国为秦国所灭，子孙分散。汉高祖平定天下，经过齐国，求孟尝君之后，得其孙陵、国二人，欲复封之。陵、国二人相推，最后一同至竹邑（今安徽宿县北）安家，

为表示对封地的怀念之情，遂以封地之名为姓。

③出自少数民族，祖根在河南洛阳。

（9）尝姓

①出自战国齐国贵族孟尝君（田文）之后。

②出自春秋秦国文臣尝额之后。

（10）子占姓

出自春秋时陈桓公之子书，字子占，后人以其字为姓。

（11）靖姓

①出自春秋齐国靖郭君（齐相田婴的封号）之后。

②齐国田姓之族，唐代单靖公之后，以谥号为姓。历史名人唐代有靖君亮，金代有靖天民，清代有靖道谔。

（12）威姓

①为西域地区某部族之姓。

②出自战国田齐威王之后，后人以其谥号为姓。清代名人有威应洪。

（13）胡母姓

出自周代诸侯陈国始君胡公满之后，公子陈完奔齐，遂有田姓齐田。齐宣王母弟封于母乡，远本胡姓，近取母邑，故称胡母。

（14）法姓

战国时齐襄王法章之后。东汉时有法雄，三国时蜀国有谋士法正，清代有江南布政使法若真。

（15）安平姓

战国时齐国田单抵抗燕国有功，封为安平君，后人以安平为姓。

（16）穰姓

①源于齐国将领田穰苴，因食采于穰邑，遂以邑名为姓。

②楚国亦有穰邑（今河南邓县），以邑为姓。

（17）光姓

①相传黄帝庶子姞姓之后，封于光，后人以其封地为氏。

②春秋时燕国人田光之后。

③秦朝末年有人避难于光地，后人以地名为氏。晋代有光逸，明代有光时亨。

（18）夏姓

①周王朝封夏后氏之后东楼公于杞（今河南杞县），其余不得封者，以夏为氏。

②春秋时陈宣公庶子少西，字子夏，其孙徵舒以祖父之字为姓。

③为夏侯氏所改，今甘肃庆阳夏氏即是。春秋时有夏行徵舒，南宋有画家夏圭，明代有夏完淳。

（19）少西姓

春秋时陈公子夏的后人，又分出一支少西姓。

（20）庆姓

①出自姜姓，春秋时齐国公子无亏之子庆克之后。

②出自姬姓，春秋时晋国庆郑之后。

③出自陈姓，陈桓公五世孙为庆氏。春秋时有庆克，东汉有庆鸿。

（21）偃师姓

①周穆王时巧人偃师之后。

②河南偃师县，以地名为氏。

③南朝陈国太子偃师之后。

（22）子仲姓

源于春秋时陈宣公之子名子仲，其后人以子仲为姓。

（23）子宋姓

出自春秋时陈国陈宣公之子名楚，字子宋，其后人便称子宋姓。

（24）车姓

①汉代丞相田千秋，甚为天子倚重，因年纪老迈，天子特准许他乘小车上朝，故称为车丞相，后人因以为姓。

②出自车焜氏、车门氏所改。名人有东汉时车成，三国时吴国会稽太守车浚，明代有车大任。

（25）孔姓

①相传商代始祖契为帝喾之子，其母简狄吞玄鸟（燕）卵生契，赐姓子氏，商王成汤名履，字太乙，后代以“子”加“乙”，遂有孔氏。

②春秋时宋国上卿正考父之子孔父嘉（宋襄公五世孙）遭难，其后逃奔鲁国，故孔子生于鲁国。

③春秋时卫国有孔悝，出自姬姓。

④春秋时陈国有孔宁，出自妫姓。

⑤黄帝史臣孔甲之后。

（26）丁姓

①战国时齐太公（田和）之子伋死后，封为丁公，后人以丁为姓。

②周武王时有丁侯，乃丁姓之始。

③三国时吴国孙权因孙匡犯军法，将其从孙氏中分出，改姓丁。

④西域人名中，末字为丁的人很多，入中原以后，多改姓丁。名人有西汉丁固，唐代丁公著，清代丁汝昌。

（27）招姓

①周代陈侯放于越，后人以其字为姓。

②春秋时晋国步招之后。名人有汉代招猛，清代招子庸。

（28）五王姓

战国时齐国田氏自威王、宣王、湣王、襄王至齐王田建，五代为王，后人以五王为姓。

（29）厉姓

①春秋时齐厉公之后。

②古有厉国（今湖北随县西北部的厉山），后人以国为氏。

③三国时吴国皇帝孙皓追改宗室孙秀（因为孙皓所恶而奔晋）姓厉。

④唐代皇帝唐玄宗改新兴五晋为厉姓。名人有汉代太守厉温，宋代厉吉，明代有厉鹗。

（30）满姓

相传为古帝舜的后裔胡公满之后。名人有西汉满昌，宋代满阎，明代满朝荐。

（31）邱姓

①出自妫满，后人以地为姓。西周初年，妫满建立陈国，陈国有宛丘（今河南淮阳县东南），居住在宛丘有人就以“丘”为姓，丘、邱同。

②出自姬姓。

③出自姜姓。

④我国少数民族的改姓。名人有春秋时大夫邱弱，鲁国有孔子的学生

邱吾。

（32）郧姓

①春秋时虞国大夫食采于郧（今山西平陆县东北），以邑为氏。

②郧氏出自姒姓。

③出自冥姓。

④古陈国有郧邑，以邑为姓。

（33）鍼姓

①周武王之弟康叔之后。

②周代陈国君主陈僖公之孙名鍼子以食邑为姓。名人有春秋战国鍼虎。

（34）子尚姓

春秋时陈僖公之子名廪丘字子尚，后人因以子尚为姓。

（35）子夏姓

春秋时陈国公子少西，字子夏，后人以子夏为姓。

（36）子献姓

①春秋时陈桓公之孙名子献，后人以其名为氏。

②齐国大夫子献之后。

（37）子寝姓

陈僖公之后有了寝氏。

（38）子与姓

春秋时陈烈之子名子与，后人以子与为姓。

（39）雠子姓

陈桓公之孙名雠子，后人因以为姓。

（40）斗门姓

①相传为古代帝舜之后。

②陈斗父之后。名人有春秋战国时楚国大夫斗门阳。

（41）铎姓

①战国时齐太公（田和）之后。

②周代时有官名“铎”，因以官名为姓。

（42）恩姓

①周代陈国（妫姓）大夫成恩为此姓之祖。陈国始君胡公满是舜后裔，

舜后有恩氏。

②老子（李耳）之后亦有恩氏。

（43）公良姓

春秋时陈国有公良儒，为孔子弟子，陈公良之后人，因而得姓。

（44）胡非姓

周代陈国陈胡公之子名子非，后人以胡非为姓。名人有战国时胡非子。

（45）辱姓

①少昊之裔孙名台骀之后。

②战国时齐太公田和之后。

③古代契丹首领称辱纥主，后人以官名为姓。

（46）梧姓

①春秋时陈厉公之子陈敬仲之后。

②春秋时郑国贵族之后，以邑为姓。

（47）於陵姓

战国时齐国陈仲子（田仲），出自贵族，因其兄食不义之禄，而避兄离母，远至於陵，后人因以地名为姓。名人有战国楚国於陵子络。

（48）占姓

春秋时齐国大夫，陈公子完之后名孙书，字子占，后人以其字为姓。

（49）颛孙姓

周代陈国公子颛孙在鲁国做官，后人以名为姓。名人有春秋颛孙师。

（50）子枋姓

春秋时陈国僖公子之后有子枋氏。

（51）子沮姓

春秋时陈桓公之子舆别，以子沮为氏。

（52）子芒姓

周代陈僖公之子名盈，字子芒，其后以字为氏。

（53）子穆姓

周代陈国公之子名子穆，其后以名为氏。

（54）子石姓

春秋时陈桓公之子名石难，后人以子石为氏。

（55）宗姓

战国时陈宣公六世孙有宗来氏，陈公之族，后人以宗为姓。

（56）原姓、原仲姓

陈国大夫原仲之后，其后裔以原仲为姓，原姓则是从原仲简化而来。

（57）米姓

源于陈公族。

（58）司城姓

陈哀公子郪胜之后裔姓司城。

（59）司徒姓

陈哀公之弟陈招任过司徒，其后人便以司徒为姓。司徒姓原居北方，后来经过两次迁徙：一次是金人灭亡北宋，高宗南渡，司徒姓跟着南下，寓居广东南雄珠玑巷；一次是南宋被蒙古人所灭，寓居南雄的司徒氏再次流亡，逃往广州的珠玑巷。南北有两个珠玑巷，这不是名称上的偶然巧合，而是因为司徒姓南迁时把珠玑巷的地名也带到了广州。如今广东的开平、恩平、台山、阳江等地都有司徒姓的后裔，人数已经逾万。著名爱国华侨领袖司徒美堂、作曲家司徒汉、演员司徒慧敏等，都是司徒姓中的名人。

二、陈姓的播迁

中国科学院遗传研究所的专家袁义达、杜若甫等人根据国家统计局提供的 1982 年全国人口万分之五的随机抽样资料和 1970 年台湾出版的《台湾地区人口之姓氏分布》一书进行统计，结果表明，陈姓人口有 5000 余万，约占当今汉族人口的 4.53%，为中国第五大姓。前四位分别是李、王、张、刘。陈姓在国内分布极其广泛，各省、市、自治区都有许多陈姓聚居点。其中，南方陈姓人口较多。在台湾、广东两省，陈姓占本省人口的比重均已超过 10%，为全省第一大姓。现在，生活在河南省境内的陈姓人口约有 600 万人；生活在湖南邵阳、岳阳、安仕的陈姓约有 100 余万人。福建莆田也是陈姓重要的聚居区。

（一）秦汉魏晋时期的陈姓

陈国灭亡以后，陈姓子民一部分留在陈国故地，另一部分人徙居他乡。其中，公元前221年，秦国灭齐，齐王田建投降，被迁于共（今河南辉县），齐国亡。田建有三子：升、桓、轸，桓与升先后改姓王氏。田轸在齐尚未亡时即迁居楚国，被封为颍川侯，徙居颍川（今河南禹州），并改田姓为陈姓，成为颍川陈氏始祖。陈轸子陈婴，在秦朝担任东阳令史，婴之子陈余为成安君。余之子陈轨，轨之子陈审，审之子陈安，安之子陈恒，恒之了陈愿。愿有四了，分别为：清、察、齐、尚。齐之子陈源，源之子中，陈寔（又作实）名气最大，德高望重，谥号“文范先生”。陈寔有六子，为：纪、夔、洽、谌、休、光。长子纪、四子谌，均以德高为人所称道，与其父陈实均是有操守的谦谦君子，时人谓之“三君”。纪之子陈群，三国魏明帝时官至司空、录尚书事，创立选官制度九品中正制。谌之子陈忠，为青州刺史。忠之子为佐、和。佐之子为准、徽。陈准，字道基，晋时任太尉，封广陵元公。准之子陈伯眕，西晋末建兴年间渡江，居曲阿（今江苏丹阳）新丰湖。伯眕子陈匡，匡之子赤松、世达。世达为长城令，举家徙居长城（今属浙江）下若里。世达之子为陈康，任丞相掾。康之子陈英，为盱眙太守；英之子陈公弼，任尚书郎；公弼子陈鼎，为步兵校尉；鼎之子陈高，为散骑侍郎；高之子陈詠为怀安令；詠之子陈猛；猛之子陈道巨，为太常卿；道巨之子陈文赞；文赞之子为陈谈先、陈霸先、陈休先。其中，陈霸先就是南朝陈的开国皇帝。

陈寔，字仲弓，在陈氏族系中是个很关键的人物。他曾入太学就读，后任太丘长，党锢之祸之时，为解脱别人，他自请囚禁，党禁解，居乡不仕，常为人排忧解难。有一年闹灾荒，盗夜入室，躲在屋梁上，他发觉后，喊来子孙，正色教训道：“人不可不自勉，不善之人，未必本恶，习以性成，遂至于此，梁上君子者是矣！”行窃者大惊，自投于地，叩头请罪。他令送绢两匹放归，从此全县无盗窃案件。“梁上君子”的典故即出于此。陈寔与其长子陈纪、四子陈谌，曾作为封建道德的典范而图像百城。

陈国灭亡之时，也有许多陈姓子孙迁到阳城（今河南登封东南）。在这一支陈姓后裔中出了一位著名人物，那就是秦朝末年的农民起义领袖陈胜。

陈胜揭开了中国农民起义的序幕，吹响了中国农民战争史上的第一声号角。他的名言“燕雀安知鸿鹄之志”至今广为流传。陈胜起义失败被杀后，他的遗骸葬于今河南省永城市芒砀山西南麓。在陈胜起义的同时，与陈姓同宗的齐国田姓子孙也在积极图谋齐国的复国大业。田儋杀死县令，自立为齐王，不久即战死。齐地百姓拥立齐王田建之弟田假为齐王，田儋之弟田荣不服，赶走田假，立自己的侄子、田儋之子田市为齐王。项羽自称西楚霸王后，封田市为胶东王，都于即墨（今山东平度县东南），封田市的部将田都为齐王，都于临淄（今山东淄博市东北），封田安为济北王，都博阳（今山东泰安市东南）。这样，齐地即被三分。时隔不久，田荣反楚，灭了田都、田市，自为齐王，后又灭田安。至此，田荣得并三齐之地。项羽对田荣占据齐地不满，又杀了田荣，立田假为齐王。项羽的楚军军纪不整，烧杀抢掠，激起民愤。田荣之弟田横乘机招兵买马，立田荣之子田广为齐王，号召齐地百姓抗击楚军，韩信破齐，田横率领500人逃往海岛，并自立为齐王。刘邦称帝后，遣使招降，田横前往洛阳，在路上反复思量，仍然羞为汉臣，于是自杀而亡，其居留海岛之部属随从，闻知田横自杀，都纷纷仿效。

陈平为阳武陈氏后人，是汉代开国功臣。陈平死后，其孙辈陈何因掳人妻子而被斩首弃市，从此，陈平家族的世袭爵位被废除。陈何之子陈掌，欲暗中使人再给自己续封爵位，但无功而返。陈何之弟陈澄未进仕途。其子陈与京，汉宣帝时为员外郎，京子陈考徙居山阳瑕丘（今山东兖州东北）。考之子陈汤，平定西域立了大功，被封为关内侯。西汉末年，王莽时任安汉公，以陈汤功大，追谥其为破胡庄侯，封汤之长子陈冯为破胡侯、次子陈勋为讨狄侯。陈平的后裔又有了爵位。陈冯五世孙为陈翔，任定襄太守、征拜议郎，迁扬州刺史，又补御史中丞，后因党事被免官。至此，陈平的后裔再一次走向衰落。

秦汉魏晋时期的陈氏除了有像陈寔、陈平这样的名门大族之外，其他的陈姓名人也如满天繁星，活跃在当时的社会中。西汉有相县（今安徽濉溪县西北）人陈万年，历任右扶风、太仆、御史大夫等。万年之子陈咸，18岁为郎，刚直敢言，性格与其父迥异。汉元帝时，陈咸为御史中丞，他主要是考核官吏，为人铁面无私，下属官吏无不畏服。广信（今广西梧州）人陈钦，专治《左氏春秋》，颇有心得，连王莽都向他学习。杜陵（今陕西西安东南）人陈遂，汉宣帝时为太原太守，汉元帝时为廷尉。遂之孙陈遵，任京兆史、郁夷令，王莽时为校尉，封嘉威侯，后为河南太守、九江、河南都尉。更始帝时为大司马将军，奉命往匈奴，在朔方为人所杀。王莽新朝时有陈牧，平林（今湖北随县东北）人，曾被更始帝刘玄封为阴平王。东汉下邳淮浦（今江苏涟水县西）人陈球，阳嘉年间举孝廉，为繁阳令。当时其上级魏郡太守向各县索贿，陈球不予理睬，太守恼怒，鞭笞督邮，令督邮驱逐陈球。督邮不肯，说："魏郡共有十五县，只有繁阳令很有政绩，现在我接受你的命令驱逐他，恐怕会遭到天下的非议。"太守只得悻悻作罢。陈球后历任侍御史、零陵太守、魏郡太守以及光禄大夫、廷尉、太常等。多次升迁，又多次免官。汉灵帝光和元年（178 年）升任太尉，时隔不久，又因日食事件被免官，可谓是仕途坎坷多艰。他愤慨东汉末年的宦官专政，与司徒刘郃等密谋诛杀太监，事泄被杀。汝南平舆（今属河南）人陈蕃，与李膺等反对宦官专权，被誉为"不畏强御陈仲举"。上党泫氏（今山西高平县）人陈龟，字叔珍，顺帝永建初年举孝廉，官居五原太守。顺帝永和五年（140 年）任使匈奴中郎将，因南匈奴左部反乱，陈龟认为单于不能制约部下，外表和顺而内生叛逆，让其自杀，此举甚违上意，结果陈龟被免去官职，下入牢狱，后又复用为京兆尹。当时，三辅之地多豪强大族，他们恃强凌弱、欺压百姓，前任官员均不敢治理。陈龟到任，亲审冤狱，为民昭雪，深得民心。适逢羌胡犯边境，杀汉官，掠百姓。汉桓帝认为陈龟家世代为边将，熟悉边境防务，便任他为度辽将军。陈龟建议精选边地官吏，宽赦罪犯奴隶，减免并、凉二州的租赋徭役，以巩固边防，均被采纳。陈龟在边境，治绩斐然，州郡之内，豪强束手，鲜卑族莫敢妄动。每年节省经费数以亿计。后陈龟与跋扈一时的大将军梁冀结怨，他上疏言梁冀罪状，请求汉桓帝诛杀梁冀，桓帝不理，陈龟自知他日必为梁冀所害，遂绝食七日而死。西域胡、汉黎民，都为陈龟吊孝举哀。沛国洨（今安徽灵璧南）人陈宠，熟谙法律，曾在鲍昱的司徒府任主管狱讼的属官，汉章帝初年为尚书，曾上疏请改前代"烦苛之法"，主张"宽严结合"。汉和帝永元六年（94 年）任廷尉，又上疏请求删减律例。汉末广陵（今江苏扬州）人陈琳，为"建安七子"之一。开始跟随袁绍，曾为袁氏撰写讨伐曹操的檄文，袁绍败亡后，投降曹操，文书多出其手。三国时下邳（今江苏睢宁西北）人陈登，先为徐州典农校尉，后跟随吕布，与其父陈珪作为曹操的内应，终使吕布为曹操所擒，被封为伏波将军。西晋安汉（今四川南充）人陈寿，是《三国志》的撰写者，为“治史之良才”。

总之，此时陈氏已广泛分布于今河南、山东、江苏、浙江、安徽、湖北、广西、四川、山西、陕西等地。除上述之外，另如甘肃泾川有陈瞻，北魏时人；河南开封有陈余，秦代人；河南许昌有陈群，三国时人；湖北随县有陈牧，王莽末年人；江苏涟水有陈球，东汉时人；江苏徐州有陈显达，南朝齐人；江苏宜兴有陈庆之，南朝梁人；江苏睢宁有陈伯之，亦为南朝梁人；江苏宜兴有陈暄，南朝陈人；山东定陶有陈豨，秦末人；山东兖州有陈汤，西汉时人；陕西西安有陈遵，西汉时人；浙江长兴有陈霸先，南朝陈时人；安徽濉溪有陈咸，西汉时人；安徽灵璧有陈宠，东汉时人；福建闽侯有陈宝应，南朝陈时人。他们在这些地方繁衍生息，创造了辉煌灿烂的陈氏文化。无论是世家大族还是普通的陈姓后裔，他们都以自强不息的精神在各个时期、各个领域作着自己的贡献。

西晋末，社会动荡不安，群雄并起，逐鹿中原，士民纷纷向南迁移。其中，有很大一批中原人迁往今福建省。《闽书》记载：“永嘉二年，中原板荡，衣冠始入闽者八族，所谓林、黄、陈、郑、詹、丘、何、胡是也。”这里面就有陈姓。

（二）南朝陈姓与陈朝皇族

晋末到南朝，大量中原陈姓南迁。南朝时，陈姓已成为福建四大姓之一。陈姓经过前期的发展，虽然人才济济，但还没有出过帝王。西晋永嘉年间，颍川陈寔的后裔陈达，当时以丞相掾任太子洗马，出任长城（今浙江长兴县）县令，陈达喜爱此地山清水秀，在此安家。他对亲信的人说：“此地有王者之气，二百年后，我的子孙当有此运。”结果陈达的预言最后竟得以实现。陈达的后裔陈道巨有三子，其中，二儿子陈霸先最为杰出，后来成为南朝陈的开国皇帝，使得陈姓一族终于也有了王者之气。陈霸先少负大志，不喜俗务，爱读兵书、练武艺，办事英明果断，很早就表现出卓越的领导才能，为周围的人所钦羡。南朝梁的吴兴太守萧蟆对陈霸先很赏识，他任广州刺史时，任命陈霸先为直兵参军。南朝梁武帝时，统治已经相当昏庸。

大同年间梁武帝的侄子，时任交州刺史的萧咨统治苛酷，交州人李贲聚众造反，陈霸先在平定李贲之乱中立了大功，名声大噪。梁武帝授陈霸先直阁将军，封新安子，邑三百户。梁朝文帝时，出现了侯景之乱，陈霸先决意除奸。广州刺史元景仲与侯景密谋造反，陈霸先率兵在南海杀死元景仲，让定州刺史萧勃镇守广州。陈霸先又平定了高州刺史兰裕的叛乱，做了始兴太守。梁临贺王太清三年（549 年），陈霸先受湘东王梁绎的节制，与王僧辩共同讨灭侯景，升为征虏将军。此后，陈霸先屡立战功。南康土豪蔡路养起兵占据州郡，萧勃与蔡路养相互勾结，共同对付陈霸先。陈霸先进攻南康，来到大庾岭，其部将杜僧明率军与蔡路养战于南野，蔡路养抵敌不住，败走。杜僧明从后追赶，蔡之亲信萧摩诃迎战，杜僧明轻敌，险些被擒，陈霸先麾兵杀来，蔡路养落荒而逃，萧摩诃被擒。梁简文帝大宝二年（551 年），高州刺史李迁仕袭击南康，陈霸先得知消息，派部将周文育迎敌，又派杜僧明等人前往攻打李迁仕，最终杀了他。不久，西魏攻破江陵，梁元帝萧绎被杀，陈霸先与王僧辩在建康（今江苏南京）奉萧方智为梁王。梁建安公天成元年（555 年），王僧辩纳北齐扶植的萧渊明为帝。陈霸先杀死王僧辩，重新扶持萧方智上台，是为南朝梁的末代皇帝梁敬帝。

后陈霸先击败北齐的进攻，被封为陈王。此时，他代梁自立的时机已经成熟。梁敬帝太平二年（557 年），陈霸先自立为帝，国号陈，年号永定，建都建康（今江苏南京），卒谥武，庙号高祖，陈霸先在位时间仅有三年。史载，他“俭素自率，常膳不过数品”，使用的餐具是极其朴素的、老百姓用的“瓦器蚌盘”。亲眷皆为平常的衣裳，没有金玉首饰。陈霸先死后，其侄陈蒨即位，是为陈文帝。文帝之弟，也即陈后主陈叔宝之父陈顼被封为安成王，成为文帝的左右手。光大元年（567 年），陈蒨子陈伯宗即位，是为陈废帝。因为伯宗年幼，安成王陈顼大权独揽。两年后，陈废帝伯宗退位，由陈顼继任皇帝，此为陈宣帝。陈宣帝即位后，大赦天下，立其子叔宝为太子。宣帝有子 42 人，其中，3 人夭折，8 人没有来得及封王，陈叔宝被立为太子，其余 30 人，均有王爵。宣帝死后，还为争夺皇位发生了一些斗争。始兴王陈叔陵在参加宣帝葬礼冥顽，竟然刺伤陈后主叔宝，后又举兵反叛，陈叔宝讨平了他，才登上帝位。陈后主叔宝即位之初，还算有所作为。但他的本性不是一个治国之君。他嗜好写文辞华丽的文章，豢养一批没有真才实学、只会写淫辞艳赋的颓废文人，整日花天酒地、纸醉金迷，生活极为奢靡。时隔不久，隋文帝就灭了陈朝，陈叔宝因为荒淫亡国而受到人们的指责。陈国国祚短暂，走马灯似地换了5位皇帝，仅维持了33年，下面是陈朝世系：

陈霸先之父陈文赞有三子：谈先、霸先和休先。陈霸先即陈武帝，生四子：太子陈克，陈立、陈权、衡阳王陈昌。陈霸先之弟陈休先有五子：南康王陈昙朗、永修侯陈拟、陈哀、陈晃、陈灵。南康王陈昙郎有四子：袭南康王陈方泰、临汝侯陈方庆、陈方华、陈方旷。永修侯陈拟有一子，陈党，袭永修侯。陈霸先和陈休先枝叶不旺，只有陈谈先一族，子孙众多。陈谈先有二子：陈蒨和陈顼。陈蒨（陈文帝）生废帝陈伯宗、始兴王陈伯茂、鄱阳王陈伯山、新安王陈伯固、晋安王陈伯恭、衡阳王陈伯信、庐陵王陈伯仁、江夏王陈伯义、武陵王陈伯礼、永阳王陈伯智、桂阳王陈伯谋。陈顼（陈宣帝）生后主陈叔宝、豫章王陈叔英、长沙王陈叔坚、建安王陈叔卿、宜都王陈叔明、河东王陈叔献、新蔡王陈叔齐、晋熙王陈叔文、淮南王陈叔彪，始兴王陈叔重、浔阳王陈叔俨、岳阳王陈叔慎、陈叔达、巴山王陈叔雄、武昌王陈叔虞、湘东王陈叔平、阳山王陈叔宣、西阳王陈叔穆、南安王陈叔俭、南郡王陈叔澄、沅陵王陈叔兴、岳山王陈叔韶、新兴王陈叔纯、巴东王陈叔谟、临江王陈叔显、新会王陈叔坦、新宁王陈叔隆、新昌王陈叔荣、太原王陈叔匡。陈叔宝（后主）生吴兴王陈胤、南平王陈嶷、永嘉王陈彦、南海王陈虔、信义王陈祗、邵陵王陈克、会稽王陈庄、东阳王陈恮、吴郡王陈蕃、钱塘王陈恬。宜都王陈叔明生陈子高，为隋会稽郡司马；子高生陈才，为唐会稽郡司马；才生陈蕴圭，为唐司参军；蕴圭生陈兼，为唐翰林学士。南郡王陈叔澄生陈坊，坊生陈谓，谓生陈翔赐，翔赐生陈渊伊，渊伊生陈元和，元和生陈伯方，伯方生陈文遁，文遁生陈翔，翔生陈诩。

（三）唐宋陈姓的振兴与入闽

南朝灭亡之后，大量的陈姓子民被继起的隋王朝押解往都城长安，陈姓的发展进入了一个暗淡的低谷时期。但很快，勤劳勇敢、聪明智慧的陈姓人就又光大了陈姓家族。此时，江州义门陈氏成为这个阶段陈姓发展的典型代表。由于种种原因，陈氏此时期又开始了大规模的新一轮迁徙，进入今福建、湖南、广东等地。

1. 江州义门

被迁往隋都长安之后，陈姓就在三秦大地生根发芽。这一支陈姓在唐朝开始逐渐步入上流社会。南朝陈的宜都王陈叔明的玄孙陈兼，在唐玄宗时举进士，任右补阙；陈兼生陈京，效命于德宗朝；陈京无子，以其侄陈褒为嗣，陈褒任盐官（今浙江省海宁县盐官镇南）县令。陈褒之重孙陈环任临海（今属浙江）县令，迁居于福建泉州仙游（今福建省莆田县）。陈环生六子，其第五子陈伯宣隐居于江西庐山，关中陈氏开始了又一轮迁徙。陈伯宣之孙陈旺在唐文宗太和六年（832 年）迁居江西德安县太平乡常乐里永清村（今江西德安县车桥乡义门陈村）。陈旺成为江州义门陈氏的开山之祖。

陈旺以孝治家，撰写家规，建造书堂，这支陈氏日益兴隆。唐昭宗大顺二年（890 年），诏赐“义门”。德安在九江之南，九江古称江州，因此这一支陈姓就被称为江州义门陈。宋太祖开宝九年（976 年），义门陈氏已经形成 130 多年，共有人口 740 多口。宋太宗咸平三年（1000 年），义门陈氏人口已达 1400 余口。到宋仁宗天圣四年（1026 年），短短 20 多年时间，义门陈氏人口增至 3700 余人，共有 19 代人共同居住在一起，这在世界范围内都是独一无二的。皇帝赞誉其为“萃居三千口人间第一，合聚四百年天下无双。”

江州义门陈氏有一套成熟的管理机构，对外与朝廷、社会沟通，协调处理与外界的关系；对内则处理家族内部的一切事务，保证族人的和睦相处。这样一个大的社会集体其实就是一个小国家，它具有和国家机构相类似的各项功能，它的管理效果和国家一般无二。《长沙陈氏族谱·义门记》中这样描述他们的生活：“置库司以掌家财，立庄长以督赋租，学校以教稚童，道院以业焚修，巫法以备祈祷，医师以拱药石，东佳书院以待学者，德安宇以奉公门。其余酒浆盐米之储、衣裳笄箱之具、三时饮食之节、四序宴会之期，长幼出入之仪，昏定晨省之礼，婚姻丧吊，送往迎来，赏以劝善，罚以惩恶，凡诸纤悉，莫不周详。”在严密的管理制度，严格的族规家训，以及拥有教育、医疗、祭祀、接待等生活和生产必备各种设施的条件下，大家族的各方面问题都能够自己解决，不需要和外界去交换什么，是封建社会自给自足小农经济的典型。同样，正因为有一个严密的组织，能干而又有责任感的领导者，严密的规章制度以及全体成员的自觉自愿，才能够 19 代共居一处，维持达200多年。陈氏家法中有这样的规定："以治家之道为人伦之本，欲隆风教之原，必从孝悌始。"这样的规定始终渗透着伦理与教化的因素。陈姓人把伦理教化看做是他们立身行事的根本，从而保证了他们的集体在如此庞大的情况下却依然能够维系在一起。在江州义门陈氏的大家族里，最高家长的人选是以嫡长子世袭为基础，但也有一些比较开明的做法，让有德有才者居之。陈氏家族中有了制度和教化的保障，便显得井井有条起来。

义门陈氏淳厚的家风使得家族成员的个人素质也普遍得到提高。这里游手好闲、玩物丧志、奇谈怪论、营私舞弊的人基本绝迹。文献记载说："室无私财，厨无异馔，大小知教，内外群坐广堂，未成童者别为一席。"这种良好的风气使得陈家养的百余条狗也受到感染。它们同居一舍，吃食时，如果有一条狗没有在，其他的狗绝不会先吃。像这样的忠义之家，理所当然地成为封建社会的楷模，当时的最高统治者给了他们很高的荣誉。先是免去他们的徭役，后又赐"真良家"的称号，又命造御书楼，赐御书33卷，赐"玉音"匾等。当然，朝廷的这种做法无非是让陈姓家族成为老百姓学习的楷模，以巩固他们的统治；尽管如此，这些做法在客观上也促进了陈姓家族的大发展，成为陈姓历史的荣耀一页。

义门陈氏如此众多的人口居住在一起，确实颇为壮观，但随着时间的推移，这样的封建大家庭便暴露出了种种问题。俗话说："民以食为天"，义门陈氏如此庞大的人口，解决他们的吃饭问题，确实不容易。特别是遇到天灾人祸，义门陈氏的生存状况便岌岌可危。义门陈氏对于经商是不屑一顾的，本着"重农抑商"的思想，他们认为经商之道舍本逐末，所以，即使在很困难的情况下，他们也只晓得耕田织布。这样，随着时间的推移，人口的增多，陈氏一门的日子越来越难过。当然，陈氏家族的分配制度中也存在着严重的问题，"平均主义"遏制了人们的生产积极性。此外，宋王朝对于这样一个庞大的民间实体心存疑虑，始终担心他们可能会威胁到自己的统治。鉴于这样的实际情况，宋仁宗嘉祐七年（1062年），朝廷让江南西路转运使谢景初偕同吕海、刘献、穆珣、范彬等官员亲临其门，监督分析义门陈氏。他们按照皇帝御赐的编号，把陈姓在郑州（今属河南）、光州（今河南潢川）、安庆（今属安徽）、舒州（今安徽潜山）、棣州（今山东惠民）、黄州（今湖北黄冈）、汉阳（今湖北武汉）、松州（今四川松潘）、泸州（今属四川）、洪州（今江西南昌）、谭州（今湖南长沙）等地的产业，分为291份，抓阄定夺。又把位于今江西境内的德化（今九江）、瑞昌、星子三县庄田，分为27份，把德安、建昌（今江西奉新西南）的财产分为20份，这些不在前面的291份之内。规则是抓阄抓到哪里，便迁往哪里。他们迁往居住的田庄多达290余处。今江西、河南、浙江、湖北、广西、江苏、安徽、海南、四川、陕西、山西、福建、湖南、广东、上海、天津等16个省、市、自治区均有义门陈姓分布。如果以县（市）计算，义门陈姓共分布在各地的125个县（市）中，其中以江西最多，占到28个县（市）；其次是湖北，有23个县（市）；最少的是山西、陕西、广西、海南、天津各占一县。这些陈姓均从江州义门分析而出，各家门口都挂有“义门世家”的匾额，遂有“天下陈氏出江州”之说。义门大分析之后，除留在江州义门的一支以外，其余各房共155支，纷纷奔赴自己所抓中的地方，建立家园。

根据何光岳《中华姓氏通书·陈姓》所载，江州义门陈氏世系如下：

南朝陈宜都王陈叔明生隋会稽郡司马陈子高，子高生唐会稽郡司马陈才，才生陈蕴圭，蕴圭生陈兼，兼生监察御史陈当、大理评事陈袠、秘书少监陈京、陈齐、考功员外郎陈归，京之子为盐城令陈褒（继子），褒生高安丞陈灌，灌生枢密院节度使陈钰，钰生临海令陈环，环生伯淇、伯洪、伯浩、伯渊、伯宣麟台正字伯玉；伯宣生福州刺史陈隐、泉州刺史陈修，隐生陈旺（江州义门陈始祖）、陈晓，修生淮安刺史陈昱；旺生陈机，机生陈威，威生陈兰，兰生直学士陈青，青生虞部丞陈伉、陈仲、陈俛、陈伟、陈伸、陈侍；伉生陈欣、陈经、陈泗、陈坦、陈贡；欣生武阳令陈绍、蒲圻令陈勋，绍生陈佗，勋生进士陈昱、陈洁、陈悦，佗生陈蜕、陈梓，昱生武陵令陈勉、陈用；经生陈密；泗生陈缙、缙生陈部，部生陈驾；坦生陈求、求生陈戬，戬生陈模；贡生陈淳、淳生陈赞。仲生陈崇、陈谐、陈式，崇生陈衮，衮生奉礼郎陈昉、参军司马陈曜、陈税；昉生登仕郎陈衍、岳州路判陈岳，曜生陈鸿、江州刺史陈竞、陈霖、御史中丞陈逵，税生九江太守陈袭。谐生陈璧，璧生陈宗起、陈小七；宗起生陈新；小七生陈安、陈儆；式生陈茂；俛生德安令陈玫、进士陈德、陈昺；玫生陈让，让生饰，饰生宋江州助教陈旭、陈谦、陈蕴、陈渥。德生陈汉，汉生节度押牙陈珪、都知兵马司陈玞、陈碧、陈镐；珪生陈洽、陈宜、陈泰、进士陈度、进士陈绩、陈诱；玞生进士陈陬、陈俊、陈时、陈贻；碧生陈祖；镐生陈篚、陈节。鼻生陈栻，栻生陈烨，烨生陈省、陈年、陈策、陈象；伟生陈的、陈礼、陈周、陈善、陈奇；的生陈胜、胜生陈锡，锡生陈丛、陈谂、陈文；礼生陈缪，缪生陈炼，炼生陈荣；周生陈罗、罗生陈规，规生陈和、陈成、陈柏。伸生陈克纯、陈思、陈政。克纯生陈端，端生陈玉，玉生乐平令陈华、陈岩、陈邢；思生陈颛，颛生陈瓒，瓒生进士陈逊、陈庄；政生陈顺。

2. 陈氏入闽

陈氏徙居福建，最早在西晋末，即《闽书》所云："永嘉二年，中原板荡，衣冠始入闽者八族，所谓林、黄、陈、郑、詹、邱、何、胡是也。"但是，影响最为深远的却是在唐朝初期和中期中原陈氏的两次南迁福建。

唐高宗总章二年（669 年）闽南境内的少数民族发生叛乱，唐高宗派河南固始人陈政为岭南行军总管，让其率兵 3000 多人前往征讨，后来又加派陈政之兄陈敏、陈敷率领固始 58 姓军校前往增援。唐高宗仪凤二年（677 年），陈政死于军中，由其子陈元光继领其位。战争结束之后，陈元光奏请朝廷让他留在闽南，开发这片热土，并设立漳州郡，进行大规模的经济、文化建设。陈元光的后裔及当年他们入闽时带来的陈姓将校，在这里繁衍生息，成为当地的一支望族，分居在澄海、饶平等地。陈元光被尊称为"开漳圣王"、"北庙"始祖。陈元光的子孙为"开漳圣王派"，成为福建、广东、台湾及南洋诸岛陈姓最主要的一支。为了表达对陈元光的崇敬之情，许多地方都建有陈圣王庙。

唐朝中期，颍川陈寔后裔陈忠之子陈邕，唐中宗时中进士，官至太子太傅，因受宰相李林甫排挤，唐玄宗时举家从京兆万年（今陕西西安）迁至福建同安嘉禾，不久又迁至漳州南厢山。陈邕之子陈夷行，唐文宗时任宰相。陈邕的裔孙陈洪进，福建仙游人，在闽主王延政手下任统军使，以才智勇力而闻名，屡立战功。王延政死后，陈洪进投降南唐，并以王延政之子王绍镃为晋见之礼。南唐后主李煜大喜，封陈洪进为观南等州观察使。不久，南唐为北宋所灭，陈洪进又投降了北宋，把漳、泉二州献给宋太宗，被封为武宁军节度使、同平章事（宰相），留在东京（今河南开封）。陈洪进之子陈文福、陈文灏分别任泉州、漳州刺史，子孙兴旺，后在闽南也发展为望族，以其先祖陈邕官居太子太傅，所以称"太傅派"陈氏，并尊陈邕为

“南院”始祖，与“北庙”始祖陈元光恰相对应。

陈岩，字梦臣，唐代建宁人。唐僖宗乾符六年（879 年），黄巢起义军攻破江西的乾、吉、饶、信等州，直逼建州。建州刺史李乾佑弃城逃走，其后任李彦圣也在与起义军的战斗中战死。陈岩聚集数千人马，号称九龙军，赶走了黄巢，被授以义宁军镇将。当时，黄巢占据福州，陈岩驰援，收复了福州，于是福建观察使郑镒便推荐陈岩为团练副使、泉州刺史。唐僖宗中和四年（884 年），陈岩被封为福建观察使，从此开始了他治闽的历史。陈岩在福建，既有威望，又有治绩。在战乱中被焚毁的各种公用设施，他均予以修复。此后，他又被加封为工部尚书、兵部尚书、左右仆射、司空等官职。

唐僖宗光启元年（886 年），固始人王潮、王审知兄弟入闽，当年跟随王氏兄弟入闽的共有 27 姓军校，其中第一大姓便是陈姓。

另外，福建莆田也是陈姓的一个居住地。隋大业十二年（616 年），有名为陈迈者领兵镇守莆田，后归顺唐朝，出任开莆县令，此为陈姓入莆田之始。陈迈在任县令期间多有德政，致仕后便居住在这里，卒后当地百姓曾立庙祭祀。他的后裔号称“十八陈”，成为莆田著姓。

3. 开发岭南

湖南是陈姓的聚居地之一，几乎每个县市都有陈姓人居住。早在春秋战国时期，就有陈姓迁入湖南。特别是在改朝换代、兵荒马乱之际，趋利避害的本能使得人们总愿意逃向偏远地区，那里战乱较少，相对来说比较安全。因此，在宋元之际、元末明初、明末清初三个时期，大量的陈姓进入湖南。这些人十之八九都来自江西，被湖南人称为“江西老表”。他们进入湖南后主要分布在长沙、邵阳、岳阳、桑植、安仁、宁乡、石门等地区。其中，长沙陈氏就是南朝陈宣帝之子宜都王陈叔明之后。陈朝亡后，陈叔明迁居江州，其九世孙陈旺开创了江州义门陈氏，名噪天下。唐朝僖宗时，陈旺七世孙陈端，因平寇有功，皇帝让他镇守潭州（即今湖南长沙），辞官归隐后，居住在长沙务乡（即清泰郡）的大塘。江州义门大分析时，陈端的后裔也迁到这里。陈端八世孙陈团，有 11 子，分居长沙、平江、浏阳、湘阴等县，以长沙为首位。长沙陈氏还有来自浙江仁和县（今浙江杭州）、浙江会稽（今浙江绍兴）、江西吉安泰和县的陈姓人。邵阳陈氏是唐庄宗时由江西吉安府泰和县迁至新化县鹅店村，再迁至邵阳县横阳山。宁乡县陈氏始祖陈昌建，五代后唐庄宗时由江西吉安迁到岳州剪刀池，历32代，人口9万余人。桑植县陈氏始祖陈之佑，北宋时由江西吉水县迁桑植县陈家坪，已历25代，人口5万余人。安仁县陈氏来源有两支：一支为北宋真宗景德年间，始祖陈延宾由福建迁到安仁县青路、军山一带，已历35代，人口7万多人；另一支为南宋恭宗德祐二年（1276年），始祖陈绍隆由茶陵县墨庄迁到安仁县新梅，已有人口3万多人。另有石门县陈氏始祖陈祥，明代征蛮夷，被封为忠隘世袭百户，遂居于此。

陈姓入粤，始于宋代，基本上都来自中原。陈姓迁入广东的情形大致有以下几种：一是两宋之际随宋王室南渡，先到临安（今浙江杭州），再到广东；二是先迁入福建，再由福建迁入广东；三是直接从中原来到广东。靖康之变后，北宋皇室南逃，北宋都城东京（今河南开封）的一批陈姓居民也随之流亡，到了广东南雄，不再前进，便留居此地。因东京城内有巷名叫“珠玑巷”，南迁的陈姓居民便把南雄他们聚居的地方也叫珠玑巷，以怀念故乡。当时南迁的33姓居民刻有《珠玑村三十三姓九十七人流徙铭》碑一通，其文曰：“珠玑流徙，罗、湛、郑、张、尹、文、苏、谢、陈、麦、卢、汤、温、胡、赵、伍、曹、区、李、梁、吴、冯、谭、蔡、阮、郭、廖、黄、周、黎、何、陆、高发其祥。九十七人开辟烟瘴。三十三姓，永镇南方。子孙万代，为国栋梁。文经武纬，愈远愈昌。”铭文描述了南迁士人建立家园的不易，展望了他们美好的未来，也抒发了他们愿意为国效力的抱负。广东新会的陈姓是在北宋东京陷落之后，直接迁入南雄珠玑巷的。南宋高宗绍兴年间，因天灾人祸、地少人多，生存状况受到威胁，陈姓人愿意迁往别处去谋生。当地政府鉴于这种情况，同意迁徙，并发给通关文书，“批限启程，凡经关津岸陆，此照通行，毋得停留阻禁”。这样一来，南雄的一部分陈姓便再度迁徙，来到珠江流域一带。还有一支南迁的陈姓，始祖陈坦，为陈洪进的后裔，乃北宋进士，他因任潮州海阳（今广东潮安）令，便在当地安家。其后裔分布于潮州秋溪15个乡。还有一支陈姓是由中原经福建迁入广东的。北宋末年，金兵大举南侵，中原士族也大批南迁，东汉颍川陈实的后裔陈魁率领族人93口迁至福建宁化、上杭，其曾孙二郎、三郎再迁入广东程乡（今广东梅州）。其后裔散居在大埔、兴宁、长乐、龙川等县。广东南海县还有一批陈姓人，他们是北宋末年名士、太学生陈东之后。

陈东因多次联名上书请求起用忠臣、诛杀奸臣而被害，其后裔先避难于江西南昌，后又由南昌迁入广东南雄珠玑巷，后又迁入广州，才算安定下来。

4. 唐宋时期其他陈姓人的发展

唐宋时期陈姓主要分布在福建、广东、湖南、河南、江苏、江西、山东、四川、浙江等省。其中，江西、浙江、福建分布较多。福建的名人有唐代莆田人陈峤，北宋沙县人陈瓘、陈次升、福州人陈祥道、闽侯人陈襄、陈升之，南宋漳州人陈淳、沙县人陈渊、莆田人陈文龙、陈均、陈俊卿、闽侯人陈自强、福州人陈长方、陈贵谊、长乐人陈珩、陈容、福州人陈善等。广东的名人有唐末五代连县人陈用拙，宋代惠州人陈楠、饶平人陈碧娘等。河南的名人有唐代商丘人陈希烈，五代、北宋鹿邑人陈抟，南宋洛阳人陈与义等。湖南的名人有南宋郴州人陈峒。江苏的名人有北宋徐州人陈师道、丹阳人陈东，南宋无锡人陈炤、高邮人陈造等。江西的名人有唐代波阳人陈陶；北宋南昌人陈恕、陈执中、陈彭年；南宋吉州人陈经，赣州人陈颙，抚州人陈自明、陈郁、陈宗礼、陈康伯等。山东的名人有南宋安丘人陈规。四川的名人有唐代射洪人陈子昂、陈敬瑄，北宋眉州人陈慥以及陈尧叟、陈尧咨、陈尧佐三兄弟。浙江的名人有唐代宁波人陈藏器，绍兴人陈伯平，淳安人陈硕真；北宋杭州人陈师文，绍兴人陈过庭，湖州人陈舜俞以及陈禾；南宋杭州人陈珏，温州人陈宜中，金华人陈岩肖，台州人陈克，永康人陈亮，台州人陈骙、陈仁玉、陈耆卿，温州人陈傅良，宁波人陈著，青田人陈言，杭州人陈起、陈振孙等。

在唐代，陈姓人才济济。唐代定州（今河北定县）人陈楚，为龙武将军。陈玄礼，初为千骑营长官，参与诛杀韦后，宿卫宫禁，多次劝谏唐玄宗，使其不与宦官来往，安史之乱时从入巴蜀，乱平后封蔡国公。唐代颍川（今河南许昌）人陈夷行，字周道，唐宪宗元和七年（812 年）进士，唐文宗开成二年（837 年）拜相。唐代颍州（今安徽阜阳）人陈贞节，开元初拜右拾遗，后迁太常博士，常常参议礼制。唐代宋州（今河南商丘）人陈希烈，精通玄学，常于禁中讲《老》、《易》，深为唐玄宗所器重，被李林甫举为宰相。唐代泷州开阳（今广东罗宁东南）人陈集原，幼有孝行，其父亡故之后所有家财全部让给兄弟，武则天时任左豹韬卫将军。

唐末五代人陈抟，自号扶摇子，亳州真源（今河南鹿邑东）人，著有

《无极图》、《指玄篇》、《正易心法注》。他创立的“先天易学”，对于理学和道教都有开源和拓展的功绩，并有功于宋王朝。五代蓟门（今北京市昌平）人陈乂，后梁时为太子舍人，后唐庄宗时从郭崇韬伐蜀，署为招讨判官；明宗时历任知制诰、中书舍人。五代京兆（今陕西西安）人陈玄，世代为医，初事和中王重荣，后从李克用，后唐明宗时为太原少尹、太府卿，曾集平生验方、合药法为《要术》，刊石于太原府衙门，年八十卒于晋阳（今属山西）。

宋代明州鄞县（今属浙江）人陈禾，北宋哲宗元符年间进士，累迁辟雍博士，擢殿中侍御史，迁给事中。卒，赠中大夫，谥文介。著有《易传》9卷、《春秋传》12卷、《论语》及《孟子解》各10卷。北宋澶州卫南（今河南濮阳）人陈兴，起于行伍，有武略，所至颇著声绩。宋代莆田（今属福建）人陈宓，知南康军，发生水灾，减免赋税十之九，收集流民，让他们修筑江堤，供给饭食；后知南剑州，又逢大旱，疫病流行，免百姓欠下的赋税，施舍银钱、药物和粟米，并创立延平书院；著有《论语注义问答》、《春秋三传抄》等数十卷。南宋婺州永康（今属浙江）人陈亮，才气超群，喜欢谈论兵事。淳道年间，献《中兴五论》；淳熙五年（1178年），上书论时事，劝孝宗立抗金复仇的大志，反对宋金议和，指斥秦桧误国，为权贵所嫉恨，两次被下狱。回家后，发奋诗书，学识更加渊博，又奏请太子监军，谋划北伐，与金决裂。满朝文武都认为他是狂徒怪人。绍熙中，又遭诬陷，再次入狱；光宗策进士，得亮策，擢第一，授签书建康判官公事，尚未到任而亡。端平初年，谥文毅。陈亮抨击理学，提倡功利，有著述传世。

（四）陈姓在元明清时期的播迁

蒙古族入主中原以后，实行民族歧视政策，激起了各族人民的反抗。元朝初年，福建汉、畲两族人民因不堪忍受统治者的压迫与剥削，起来反抗，举行起义。这时候，涌现出一位杰出的起义领袖陈吊眼。陈吊眼即陈大举，也作陈钓眼，漳州（今属福建）人。宋元之际，跟随叔父陈桂龙率众起义，分据山寨。在抗元斗争中帮助宋将张世杰攻打泉州，讨伐降元的宋臣蒲寿庚。元世祖忽必烈至元十七年（1280年），元将完颜都、高兴率军攻打漳州的高安砦，陈桂龙兵败被杀，陈吊眼率众继续抵抗。至元十八年（1281年），战斗失利，他退到千壁岭，被俘。至元十九年（1282 年）春在漳州就义。

元朝末年，统治黑暗。人民纷纷起来反抗，有一位红巾军将领，被封建统治者蔑称为陈猱头。猱为长臂猿的一种。在元末山东各地农民军多次失利的情况下，他独自据守益都，多方防御，坚守达一年之久，使元军主力困于城下，为南方起义的发展创造了良好的条件，后城破被俘，在大都遇害。

在元、明交替之际，还出现了一位叫陈友谅的人物。陈友谅是南朝陈武帝陈霸先之兄陈谈先的第 26 代孙，沔阳（今属湖北）人。他出生在贫苦的渔家，后为县吏。元顺帝至正年间，各地纷纷爆发农民起义，陈友谅参加了徐寿辉领导的红巾军，在倪文俊手下从簿掾一直升到元帅，屡立战功。后来倪文俊企图谋杀徐寿辉，以夺取起义军首领的位置，陈友谅借此机会，起兵杀了倪文俊，并吞并了他的队伍。接着，他率兵攻克江西、福建等地，势力渐渐大了起来，他便自称为汉王。元至正二十年（1360 年）闰五月，陈友谅终于取得了这支起义军的最高领导权，自立为帝，国号汉。至正二十三年（1363 年），陈友谅与朱元璋在鄱阳湖展开血战，陈友谅中流矢而亡。其子陈理即位，第二年便投降了朱元璋。

元、明、清时期，陈姓在安徽、福建、广东、河北、河南、贵州、湖北、湖南、江苏、江西、四川、浙江、云南、天津、台湾、上海、陕西、山西、山东、辽宁、吉林、黑龙江、北京等省市均有分布，其中尤以福建、浙江、广东等东南省份为最多。

（五）陈姓迁台

明、清时期，陈姓向台湾迁移的很多。闽台自古骨肉相连，联系不断，只是因为一个小小的海峡让两岸隔海相望。早在明末清初，福建就开始大批向台湾移民了。福建当时向台湾大批移民是有原因的。明朝天启年间，荷兰人盘踞台湾后，曾在闽南沿海招募移民去台湾开拓荒土。明朝末年，据守台湾的郑芝龙归顺朝廷，在福建布政使熊文灿的支持下，招募沿海数万灾民，给他们每人三两银子，每三人一头牛，用大船装载，运到台湾去垦殖。清朝顺治十八年（1661 年），延平郡王郑成功赶走了荷兰人，收复了台湾。他所带领的士兵连同眷属共 3 万余人都留在台湾开荒种植，这些士兵大都是闽南、闽中人。郑成功还到漳州、泉州、兴化等地招募青壮年到台湾垦荒。这个时期，漳、泉、兴化等地的老百姓赴台的达到15万人之多。清康熙二十二年（1683年），郑成功之孙郑克塽归顺清廷，漳、泉、兴化等沿海地区又有数十万人迁往台湾。

这数百年间，如此众多的福建、广东人迁往台湾，其中，陈姓也占有一定的比例。在迁往台湾的种种原因中，各个姓氏有其共性，但也有不同。陈姓迁台的原因大致如下：一是闽粤地区人多地少，人们生存受到威胁，只好向地广人稀的台湾谋求发展；二是因苦于家族之间的械斗或者黑恶势力的欺压；三是因家道中落，恐怕坐吃山空，前往台湾以期能够改变现状的；四是因兵灾或者民变而前往台湾的；五是因对抗官府，家被抄的。比如光绪末年德化陈拱因反对盐税失败而遭到牵连。综合以上种种情况分析，我们可以看到，陈姓迁台的促成因素中，绝大多数是迫于无奈，很少有主动前去台湾的。这也从另一个侧面反映了他们生存的艰难。

入台之陈姓人，比较有名者如明末的福建同安人陈永华，随郑成功入台湾，郑经主台时官至东宁总制使，在台湾建立屯田制度，设立学校，被尊为陈姓入台始祖。自清初至新中国建立的300多年间，陈氏迁台人数很多，其中仅武荣诗山霞宅陈氏一支即有2000余口。

根据1930年对31003户居民的调查资料表明，台湾共有姓氏193种，陈姓占户数12%，居全省首位。根据1953—1954年台湾省文献会18个县（市、区）（云林、高雄、台东、桃园四县除外）的调查资料统计，共有828804户，有737种不同的姓氏，其中陈姓共91375户，占11%强，仍居全省首位。陈姓在18个县市中，除台中市、花莲县居第二位，彰化县居第七位外，其余各县市均居首位。到了1956年，台湾省第一次全省户口普查，利用户口普查卡系统抽样四分之一统计结果，共有样本2318574人，扣除姓氏不详者外，有效样本2316401人，陈姓占全省11.3%，居全省第一位。

陈姓在台湾的分布特点是：凡福佬人所占比例高的地区，陈姓所占的比例也较高；都市、东部及客家人聚居区，陈姓所占的比例则较低。比例最高的澎湖比比例最低的桃园，恰好高一倍。宜兰县、台中市虽居第二位，但其比重也超过10%以上。与其他姓氏相比较，陈姓人口分布的普遍性和稳定性在全台各姓中为最高，而其分布的差异程度则最小。到1979年，全台1740万人中，陈姓有185万人，占台湾总人数的11%，仍是台湾的第一大姓。

从陈姓入台到现在，已经过去了好几百年，陈姓在如今的台湾仍是第一大姓。台湾谚语中有“陈林半天下，黄郑排满街”的说法。台湾陈、林、黄、郑等大姓，其先祖均为光州固始人，是跟随唐初的陈元光父子和唐末的王审知兄弟入闽，又跟随郑成功抗清而进入台湾的。台北县《清源陈氏家乘叙》记载，“入台始祖”则是河南光州固始的陈政、陈元光父子。陈姓在台湾有二三十个支派，如开漳圣王派、南朝派、漳浦派、浙江嵊县派等。陈姓在台湾分布非常广泛。迁台的陈姓来源，有三种情况：一是来自福建的泉州、同安；二是来自漳州下辖的漳浦、南靖、平和等县；三是来自广东的蕉岭、长乐、平远等地。目前陈姓在台湾分布较多的县市有台北市、台北县、彰化县、台中县、嘉义市、台南县、基隆、桃园、新竹、鹿港等地的陈姓也不少。

由于姚、妫、陈、胡、田五姓都是帝舜的后代，同出一宗，所以台湾和东南亚地区盛行“妫汭五姓联宗”。台湾基隆市有“陈胡姚宗亲会”，台湾其他地方也有一些类似的组织。陈姓在不断的迁徙流转中，壮大了自己的实力，也促进了当地的发展。特别是在福建、广东、台湾以及东南亚诸国，处处都活跃着陈姓人的身影。

（六）陈姓在海外的发展

陈姓不仅广泛地分布于全国各地，而且还有许多人侨居在新加坡、马来西亚、泰国、菲律宾、印度尼西亚和美、英、法、加拿大、澳大利亚等国家，分布相当广泛。在这些旅居海外的陈姓华人中，时时会涌现出来一些杰出的人物，他们不但在当地很有声望，而且心系祖国、心系故土，那一颗拳拳赤子之心，让人不由得心生感动。在迁居世界各地的陈姓后裔中，仍以福建、广东两省的陈姓子孙为最多。

1. 远走南洋

在迁居南洋的陈姓中，出了一位爱国华侨，他就是陈嘉庚。虽然身居海外，但他热心祖国的公益事业，在国家多灾多难的时刻挺身而出，为祖国的和平、繁荣、富强而多方奔走，奉献了自己毕生的精力。海外侨胞记得他，祖国人民记得他，所有的炎黄子孙都记得他。在菲律宾，也有一位名人，他就是陈谦善。他早年到菲律宾，凭着自己的聪明才智，在菲律宾站稳脚跟，并积极为旅居当地的中国侨民争取权益，还在菲律宾办有许多华侨公益事业，深受人们的爱戴。他死后，菲律宾各界人士与华侨在首都马尼拉为他塑立铜像。迁居美国的陈姓华人也有很多，其中，陈宜禧较为有名。他晚年回到故乡，投入巨资，耗费了大部分家产，为家乡修筑铁路，死之日，家无余财。

2. 开发琉球

琉球群岛在我国明代初年曾建立过中山国，隶属于明朝。明太祖为了方便琉球的进贡和彼此的贸易往来，赐给琉球许多艘大海船，并派遣了有陈、林、梁、郑等36姓在内的善于驾驭舟船的福建人前去琉球，让他们往来朝贡。闽人36姓在琉球所担任的职务与从事的活动，大多是对外交往和对外贸易中的正议大夫、长史、通事（翻译）、火长（船长）、梢水（水手）等。陈姓在此类活动中，占据有重要的地位。因此，包括陈姓在内的闽人36姓，在琉球地位显赫，并成为那里的大族。仅在明代，出使暹罗（泰国）、满剌甲（马来西亚马六甲）的使者、通事中的陈氏人就有以下20多位：陈康、陈泰、陈耀、陈义、陈武、陈赋、陈继荣、陈继成、陈继章、陈继茂、陈富、陈贵、陈荣、陈华、陈浩、陈文鉴、陈爵、陈宜、陈诏、陈营等。可见琉球岛陈氏人口之多。

3. 移居越南

在五代后梁时，有一个名叫陈文戒的人任交趾（即安南，今越南）德州刺史，这是陈姓人进入安南之始。到了宋代，闽南陈氏有许多人前往越南并担任官职，逐渐成为大族。在安南阮高宗、李惠宗时，达官贵人中陈姓很多。最能够让陈姓人引以为自豪的人是陈日照。陈日照，又名陈照、陈京，福建长乐人，本名陈升卿，祖籍浙江会稽山阴县，后南迁至福建长乐县。陈日照容貌俊秀，才华超群，但性格却落拓不羁，因为杀人而改名为陈京，逃到了安南国，作了太尉陈承的义子，后在会试中高中榜首，得到国王的召见。在接受安南李氏王朝国王李惠宗的召见时，国王的女儿昭圣公主对他心生爱慕，便把他招为驸马。若干年后，昭圣公主成了李朝女皇，称李昭皇。南宋理宗宝庆元年（1225年），陈京改名陈日照，取代安南李氏王朝，建立大越陈朝，为南宋的藩属国，共传8世13王，历时175年。明惠帝建文二年（1400 年），王位被大臣所篡，改为胡朝，国号大虞。明成祖永乐五年（1407 年），陈艺宗次子陈顾自立为简定帝。后来，大臣邓容又立陈顾之侄陈季扩为帝，史称重光帝。这个后陈朝，传 2 世，仅历 7 年，于永乐十一年（1413 年）被明成祖朱棣所灭。陈朝亡后，安南的陈姓发展一直很好，人口众多。至今，陈姓仍为越南十大姓之首。

附：陈在正《颍川陈氏开漳圣王派迁台》

陈政、陈元光父子自唐初奉命入闽后，为开辟漳州建立了殊勋。一千多年来，其子孙筚路蓝缕继续开发漳、泉，后裔繁衍播迁各地。自明末以后，有的陆续移居澎湖、台湾，与闽粤移民一道，为开发宝岛台湾作出了重大贡献。本文系根据目前见到的闽台陈氏族谱资料，探讨台湾陈姓三大主要源流之一的颍川陈氏开漳圣王派移居台湾的有关问题。

作者先后查阅了《颍川陈氏开漳族谱》（厦门图书馆藏本）、《颍川陈氏开漳族谱》（云霄山美藏本）、《颍川陈氏族谱集成》（有文编，光绪二十九年）、《和邑东槐陈氏宗谱》、《平和芦溪陈氏家谱》、《漳浦梅林陈氏族谱》、《平和大溪陈氏世系》、《闽台关系族谱资料选编》所录《武荣诗山霞宅陈氏族谱》等谱牒资料，并到平和县等地进行了调查访问。同时，也调查了台湾出版的《陈氏大族谱》（1961 年陈建章等重编）、《南陈台湾侯亭五大派宗谱》（1982 年陈庆余编）及《台湾区族谱目录》（1987 年所收 1102 种陈氏族谱目录），并参考有关论著，搜集到开漳圣王派成千人次的移民资料。在分析所究这些资料的基础上，对颍川陈氏开漳圣王派迁台前的祖籍、所属系派、迁台时间、移民浪潮、迁台后在台湾的地区分布、集居地，姓量、位次及开发台湾的贡献等问题，进行初步探讨。

1. 迁台前的祖籍及其系派

从所查阅的陈氏族谱资料可以看出，圣王派迁台前的祖籍，集中于同安、金门、漳州、漳浦、诏安、平和、南安、晋江等县，除居住州治漳州原地后裔外，包括浯阳，银同碧湖与普园、赤湖、直浦、溪南、芦溪秀芦与东槐、霞宅、梅林、沪江后山等各个系派。除沪江派外，分属四世丰子咏、谟、讦的后裔。

浯阳、银同、赤湖等衍派，均系五世谟（亦作谋）之后裔。谟兄咏以迁恩州录事参军，返居河南，由谟袭漳州刺史。唐德宗贞元二年（786 年），随州治迁徙而定居龙溪，后裔外迁，又分出几个支派。

（1）浯阳派

一世神丙，系圣王派十四世后裔。据《陈氏大族谱》年记载，“鉴湖公之五世孙，自长泰东门内迁居浯州金门前水头乡”，生卒不详。据此，浯阳派应系圣王派的十九世裔孙。关于本派的来源，族谱记载不一，有称“始祖五代时，从王潮入闽”之说。据明神宗万历三十三年（1605 年）修族谱记载，系“元光之后，来自唐初”。现从是说，列为圣王派之一支派。九世（总 27 世）后裔开始迁澎湖。

（2）银同碧湖派

一世祖一郎，系圣王派的二十三世裔孙，从龙溪播迁银同浯岛，住居湖前碧湖。至雍正十一年（1733 年）已传 17 世，“其子孙移住外郡州邑者甚众”，十二世（总 34 世）始迁澎湖。

另有银同普园派，据族谱记载，始祖系陈政，其一世祖及与碧湖派的关系未详，待考。

（3）赤湖派

一世祖道明，系圣王派的二十五世裔孙，于南宋理宗景定年间（1260—1264 年），从龙溪迁漳浦赤湖定居。十七世（总 41 世）开始迁居台湾。

（4）直浦派

咏迁返固始后，十二世传至十七世汩征，又从光州谪知潮阳。汩征生于宋神宗熙宁三年（1070 年），卒于徽宗宣和五年（1123 年），葬潮阳直浦，后裔在此定居，为潮阳直浦开基祖。

但据《颍川陈氏开漳族谱》所列世系，汩征被归为太傅陈邕的后裔。经考证，系将圣王派第九世的彝行（亦作夷行），误为太傅派第三世的夷行，从夷行以下，各代两派世系相同。南陈族谱有虞派太傅派世系亦雷同，至汩征以下缺记。该谱记载三世夷行于唐文宗开成二年（837 年）由进士官工部侍郎，而其父邕生于高宗麟德二年（665 年），父子相差 100 余年，显误。据《陈氏大族谱》记载，圣王派九世彝行，生于唐昭宗大顺二年（891 年），与始祖政相差 275 年，此与相距 9 世相符。该谱所录《撰唐开漳龙湖公宗谱总序》、《漳湖陈氏重修族谱序》、《石屏公墓志铭》等大批资料，均证明咏后裔汨征，系圣王派后裔无疑。诏安溪南、云霄陈岱、平和大溪与宜古田、芦溪秀芦与东槐、漳浦梅林、南安霞宅分派，均咏房汨征后裔。

（5）溪南派

一世祖景雍，汨征孙，文晦子。晦有五子，称“五景”。雍为长子，从潮阳迁诏安溪南，为开基祖，诏安成为圣王派咏房的主要住居地，三十五世始迁台湾。

（6）大溪派

分自云霄陈岱，系文晦三子景肃后裔分派于此。回传至二十五世肇基，迁平和大溪，为一世祖。三世（总27世）移居台湾。

（7）芦溪派

开基祖仲贤，系景肃的十三世孙，迁居芦溪蕉林兜（今秀芦村），为一世祖（总31世）。至曾孙东梁，分迁东槐，为东槐一世祖（总34世），生于明成祖永乐十五年（1417年），卒于孝宗弘治五年（1492年）。秀芦派十三世（总43世）开始渡台，东槐派八世（总41世）开始渡台。

（8）梅林派

开基祖陈永兴（讳顺夫），于明洪武五年（1372年）偕弟永庆（讳顺卿），从莆田迁浦西九婿桥，洪武十四年（1381年）迁梅林，为一世祖。据陈万年先生考证，“梅林陈姓为圣王派申的景肃派。”景肃孙概（21世）因战乱迁白叶（诏安山区），回传至光禄（25世）迁莆田。十四世开始迁台。

（9）霞宅派

迁台人数最多的霞宅陈姓，现存族谱只记开基祖为一郎公，始自何时，其源何自，已失传。据康熙二十八年（1689年）陈奕光所撰谱序称：“我祖自颍川分派于河南光州固始，以抵入闽，至一郎公遂卜居武荣诗山霞宅。先世集有全谱，迨嘉靖壬戌四十一年（1562年），间遭氛乱，而谱付之祝融回禄，其由来细微之事，世远代湮，无从可考矣。”

现据《颍川陈氏开漳族谱》（山美本）记载，霞宅始祖一郎，父名安保，字伯篙，生于元顺帝至正甲辰二十四年（1364年），生五子，一郎号梅山，二郎号梅崇，三郎号梅嵩，四郎号梅佑，五郎号梅安。系汨征后裔，其世系顺序是：十七世汨征，十八世文晦，十九世景肃，二十世肇，二十一世暨（《陈氏大族谱》作概），二十二世泰典，二十三世子成，二十四世君用，二十五世崇源，二十六世福孙（《陈氏大族谱》作福生）。福孙生二子：长安保，次得保（字伯强）。安保后迁居龙岩上抗子，其长子一郎，迁南安霞宅。

《陈氏大族谱》亦有相同的记载，并在一郎旁注“霞宅派”。该谱所录列霞宅派一郎以下世系，昭穆相同，名字不符，系另一分支宗谱。该谱主编陈金章先生即系霞宅派的十八世裔孙，其祖父尝于光绪年间携幼子创河渡台。据此，霞宅一世祖一郎系圣王派的二十八世孙。九世（总36世）后，大批族人渡台。

（10）漓江后山派

据《陈氏大族谱》记载，系陈政次子光财后裔，十三世应皑，号皆元，开基漓江，为一世祖。十八世开始迁台。陈政携二子入闽，为他谱所未载，待考。

2. 迁台时间及移民浪潮

（1）明末出现的移民浪潮

现在看到的最早陈氏移民台湾的记载，是浯阳派九世（总27世）的陈振遥，他从金门移居澎湖。由于族谱缺生卒年代，迁澎的时间不明。如按一代平均28年计算，加上陈政出生时的616年，则为公元1372年，即系出生于明初洪武年间。另据1983年编的《沙洪陈氏族谱》记载，振遥、玉衍、道太、和宗等从金门移居澎湖沙港（今湖西乡沙港村），已传至23代。亦按28年一代计算，23代为644年，1983年减去644年，则为公元1339年，系出生于元末。比照山美本开漳陈氏族谱，二十七世亦系出生于元末。

大溪派巨振第四子“移铜山台湾等处”，亦系二十七世。同派三十三世出生于康熙三十四年（1659年），按同样推算，系出生于明代前期的弘治年间。

澎湖开发较早，元置巡检司，汪大渊《岛夷志略》记载，已有“泉人结为茅屋居之”，移居近千人。明初虽迁其民，墟其地，但内地苦徭役，往往逃于其中，尤以同安、漳州之民为多。被称“开澎始祖”的振遥等人，于元末明初入垦澎湖，似属可能，但尚有待可靠资料证实。考虑整顿是派世系有缺漏，振遥的世代并不十分准确。加上移澎后未见被内徙而中断，子孙继续在澎湖繁衍，其三子且已分徙台南沿海等地。查澎湖于万历二十三年（1595 年）开禁之后，移居大增，明末约达五六千人，认定陈姓此时移居澎湖，并转徙台湾，似乎更为可能。不过，在没有更确切资料前，关于振遥等的移民时间，现仍采用“万历年间入垦澎湖各地”之说。巨振四子移台时间可能较早，但已失传。

银同碧湖派最早移民的是十二世（总 34 世），按前 28 年一代推算，系出生于明末隆庆年间，应系万历年间入垦澎湖，后裔转徙台中、台北等地。

明天启年间，颜思齐、郑芝龙、陈衷纪等 26 人开始有组织地入垦本港（今云林县北港、新港一带地方）。崇祯年间又广招饥民渡台开垦，荷兰统治期间（1624—1661 年）亦采取奖励大陆移民入垦的政策，因此明末出现了一次大陆移民台湾的浪潮。开漳圣王派的一批移民于明末入澎、渡台，正与此移民浪潮相适应。

（2）明郑时期移台的记载很少

银同丘湖陈氏族谱记载，陈一贵系黄帝 141 代后裔，迁台。年代不详。另据《台湾省通志》记载：一贵妻系延平王堂姑，随郑入台，由台南市入麻豆镇，移住学甲乡。

东槐派最早迁台的是八世朝，缺生卒年代，其祖父伯嵩生于嘉靖四十二年（1563 年）按前推算，朝系生于明天启年间（1621—1627 年），应系明末或明郑时期入台。

明郑时期（1661—1693 年）有许多漳、泉官兵及移民入台。据陈绍馨氏估计，当时在台汉人应在 12 万人左右，曹永和氏估计则在 15 万至 20 万之间，出现了又一次移民浪潮。但族谱中关于这个时期圣王派的移民记载很少，可能与清朝统一台湾后，郑氏官兵及部分移民返回大陆，有些地区移垦中断或族谱散失有关。

（3）康雍乾时期出现的移民浪潮

作者所查阅的族谱资料显示，迁台人数最多的是康熙二十二年（1683 年）统一台湾后至乾隆年间。

霞宅派九至十世入台 17 人中，出生于顺治十四年至十七年的 3 人，出生于康熙十六年至四十三年的 11 人，雍正年间 3 人，除 1 人卒于乾隆末外，其余均卒于康熙年间至乾隆初年。他们多数是康熙统一台湾后不久即入垦台湾的。十一世入台38人中，除个别出生于乾隆初年外，均出生于康熙十八年以后至雍正年间。他们多数是康熙后期至乾隆前期入台的。十二至十三世入台的127人中，记载有出生时间的120人，其出生时间分别是：康熙三十年至三十五年5人，四十六年至六十一年17人，雍正年间17人，乾隆前期（三十年以前）46人，后期29人，嘉庆年间8人，道光年间1人。有卒年记载的68人中，卒于雍正至乾隆年间的52人。除少数人可能于康熙末年或嘉庆以后入台外，大多数是雍正、乾隆年间入台的。十四世仍有一些是乾隆前期出生的，亦可能系乾隆后期入台。

大溪派九世和友生于康熙三十四年，卒于康熙五十五年，应系康熙末年入台；东槐派十二世儒生、眼、密、绒、姐、森、泥，十三世出、荣、贰、床、仰、世波、金章，均先后渡台。他们出生于雍正末年至乾隆初年，多数是在乾隆中叶以后入台的。诏安溪南派三十五世元利、鞍、游、瀛、攀、善等6人，三十六世殿伟、殿朝、殿招、殿友、智勇等5人，四十世德贺，四十一世语、坤等，均先后渡台。据《闽南人》一书记载，元利、鞍系康熙末年渡台，德贺系乾隆初叶渡台。梅林派十四世正直、蝉等2人，亦系乾隆年间渡台。

以上资料说明，从康熙末年至乾隆年间，圣王派出现了移民高潮。这一移民高潮，是与这个时期漳、泉、粤移民开垦台湾的高潮相适应的。

（4）嘉庆至清末有的支派移民仍有增无减

东槐派十五世抄、味兄弟2人去台，缺生卒年月。其父端多生于乾隆四十年（1775年），应系嘉庆以后入台。十六世以后，没有入台的记载。梅林派十五至十六世有天应等13人渡台，亦系嘉庆以后至清末入台。另据陈长城调查，嘉庆末年梅林社有30余户迁居宜兰。赤湖派十九世瑞兴生于乾隆后期，二十世天泽生于嘉庆年间，分别于嘉庆、道光年间入台。这些分派嘉庆以后入台的记载较少，但从霞宅派的族谱记载来看，十四世中注明往台、住台、卒于台者131人，其中明确记载往台者33人，他们多数出生于乾隆后期与嘉庆年间，亦多系嘉、道年间入台。十五世共列136人，明确记载往台者23人，多数出生于嘉、道年间，亦多系道光、咸丰年间入台。十七世共列229人，明确记载往台者35人。以出生于道光年间为最多，多数系咸丰、同治年间入台，光绪年间入台的亦为数不少。十七世共列262人，明确记载往台者37人，一半以上出生于道光、咸丰、同治年间，不少人系光绪二十年（1894年）以前入台。十八世共列141人，明确记载往台者9人，有30余人出生于同治年间以前，有的亦系光绪二十年以前入台。该族谱记载卒于台者，亦有不少是往台移民。可见，霞宅派嘉庆以后移民人数仍有增无减，特别是十六至十七世人数猛增，其中很多人应系光绪年间入台的。同治十三年十二月（1875年1月）沈葆桢奏请"际此开山伊始，招垦方兴"，恳将严禁内地民人渡台"严禁以民私入番界"等"一切旧禁尽行开除"。此后，移民人数急增。霞宅派十六至十七世移台人数猛增，似与开禁有关。

（5）日本统治时期移民并未中断

据《陈氏大族谱》记载，日本占领台湾后的光绪二十五年到三十四年（1899—1908年），有宗祖、宗坚、宗幼、定言等11人渡台，1915—1936年有宏图、燕朕、燕川、创交、锦技等12人渡台。另据霞宅派族谱记载，十五世至二十世所列在台人名，光绪五年以后出生的254人，其中明确注明往台者12人。他们是十七世的创迎等10人，分别出生于光绪六年至二十九年，十八世垂思等2人，出生于光绪二十四年、宣统元年。按照他们的年龄，多数应系日本统治时期（1896—1945年）渡台的，只有个别可能系抗战胜利、台湾光复后渡台。

可见，日本占领台湾后，虽实行警察统治，严禁出入，仍无法割断两岸人民之间的联系和移民往来。

3. 迁台后的地区分布及集居地

（1）地区分布从族谱记载的移民资料可以看出，圣王派先后移居今澎湖湖西乡、马公镇，今台湾台南市及台南县的学甲镇、佳里镇、盐水镇、大埠乡，高雄市及高雄县的凤山市、樟宫乡，屏东县的九如乡、万丹乡、东港镇、内埔乡、万峦乡、恒春镇、里港乡、潮州镇，彰化县的彰化市、鹿港镇、二水乡、田中镇、社头乡、竹山镇，嘉义县的嘉义市、东石乡、梅山乡、番路乡，云林县的斗南镇、斗六镇、北港镇，台中市及台中县的龙井乡、大肚乡、大安乡，基隆市，台中市及台北县的三重市、淡水镇、贡寮乡，阳明山管理局的士林镇，桃园县的中坜镇，新竹县的新竹市、北埔乡，宜兰县的五结乡、员山乡、三星乡及台东县等地，包括除苗栗、花莲二县以外的21县市1局的19个县市1局。这是移民初期时的情况，后来又辗转迁徙，更遍及各县（市）的各乡、镇。

（2）集中居住地

从族谱资料还可看出，圣王派迁台后，有几个比较集中的居住地。

明末开始迁台的浯阳派及银同碧湖派，最先迁居今澎湖县湖西乡的沙港村、龙门村、喜东村，旋又迁居马公镇山里里等各地。其后裔繁衍澎湖各岛，并移徙台南、台北、台中等地。

康熙年间开始移民的霞宅派，初期几乎全部集中居住在今屏东县的万丹乡。有明确记载卒葬此地的有九世 1 人，十世 5 人，十一世 21 人，十二世 30 人，十三世 30 人，十四世 14 人，十五世 6 人，十六世 3 人，十七世 3 人，先后计 112 人。十四世以后迁万丹乡的人数逐渐减少，但接着又出现了几个新的集居地。如高雄县的梓官乡，嘉义县的嘉义市，云林县的斗南镇、斗六镇，彰化县的彰化市、鹿港镇。十六世以后不少人迁居台北，并有一批人移垦宜兰。

从平和迁台的东槐派，有明确记载地点的几乎全部居住在“台湾南路冷水坑”。台湾南部名冷水坑的地名不止一个，如台南县左镇乡券和村（清代名石仔崎）内有一冷水坑；屏东县九如乡玉水村，清代名下冷水，日据时期名下水坑；东宁村，清代名中冷庄。其中，九如乡地居高屏溪（下淡水溪）东岸，里港南面，清代属港西里，系康熙中叶后陆续开发的地区，而左镇乡早在明郑时期已经开发。乾隆年间迁台的东槐派所居住的地点，疑即今屏东县九如乡，待证实。

赤湖派迁台始祖士灶迁居南投的名间、田间、瑞兴，松贺迁彰化的二水乡，天泽迁东螺东堡，即今二水、社头、田中、田尾、北斗、溪州一带。这一派集中住居浊水溪中游北岸，南投、彰化二县交界地区，系漳、泉移民乾隆年间集中开发的地区之一。

银同碧湖普园派集中居住在台北市及冶北县的三重市，又分大加蚋支派、葫芦岛支派、大桥头支派、三张房支派、车路头支派、溪尾房支派。

梅林派集中居住在宜兰员山乡、五结乡一带。

4. 颍川陈氏的姓量、比重、位次及圣王派开发台湾的贡献

陈氏本支繁盛，计有陈国、齐国、户桶、山阳、颍川等衍派。以陈政、陈元光父子为入闽始祖的开漳圣王派，以陈忠、陈邕父子为入闽始祖的大傅

派，以陈伯宣为开基祖的南朝派的江州义门迁居华南的后裔，都是颍川派始祖陈实的后代。开漳圣王、太傅、南朝三派，亦是台湾陈氏的三大主要源流。

（1）姓量、比重及位次

1930年31003户的调查资辑表明，台湾共有193种不同的姓氏，陈姓占12%，居全省首位。据1953—1954年台湾文献会对18个县（市、区）（不包括云林、台东、桃园、高雄4县）的调查资料统计，台湾共有828804户，有737种不同的姓氏，其中陈姓共91375户，占11%强，仍居全台湾首位。陈姓在18个县市中，除台中市、花莲县居第二位，彰化县居第七位外，其余各县市均居首位，具体见列表1。

表1：陈姓在18个县（市）的姓量及位次（1954年）

县（市）别	户数	位数	县（市）别	户数	位次
台北县	1331	1	南投县	7035	1
台北市	3860	1	彰化县	2958	7
基隆市	4624	1	嘉义县	10050	1
阳明山区	2077	1	台南县	16100	1
宜兰县	994	1	台南市	5200	1
新竹县	6235	1	高雄县	1234	1
苗栗县	4460	1	屏东县	2029	1
台中县	2698	1	花莲县	836	2
台中市	4049	2	澎湖县	3514	1

另据1956年台湾第一次户口普查，利用户口普查卡系统抽样四分之一统计结果，共有样本2318574人，扣除姓氏不详之外，有效样本2316401人，陈姓占全台湾11%，居全台湾第一位。在各个县市，陈姓的位次及比重，见列表2。

表2：陈姓在22个县（市）的位次及比重（1956年）

县（市）别	位次	比重%	县（市）别	位次	比重%
澎湖县	1	16.8	台东县	1	11.2
阳明山局	1	16	台南县	1	10.2
南投县	1	13.6	基隆县	1	10.7
台中县	1	13.6	花莲县	1	10.1

续表

县（市）别	位次	比重%	县（市）别	位次	比重%
彰化县	1	12.9	新竹县	1	9.5
台南县	1	12.5	苗栗县	1	9.5
屏东县	1	12	高雄县	1	9.1
高雄县	1	11.8	桃园县	1	8.4
台北市	1	11.6	宜兰县	2	10.9
台北县	1	11.5	台中市	2	10.5
嘉义县	1	11.5	云林县	2	8.8

上表中陈姓在19个县（市）均居第一位，在3个县市居第二位。其分布特点是，凡福佬人所占比例高的地区，陈姓的占有比例也较高；都市、东部及客家人集居区，陈姓占有比例较低。最高的澎湖比最低的桃园，刚好高一倍。宜兰县、台中市虽居第二位，但其比重也超过10%以上。与其他姓氏比较，陈姓人口分布的普遍性及稳定性，在各姓中自属最高，分布的差异程度因而最少。

（2）圣王派开发台湾的贡献

族谱中关于开发的记载少见，现只能从其姓量、位次等角度，进行粗浅的探讨。陈姓一直是台湾的第一大姓，约占全台湾汉人的九分之一左右，开发台湾的巨大贡献可想而知。目前还难以统计出圣王派陈姓的姓量及比重等确切数字，但可以肯定，作为台湾陈姓三大主要源流之一，圣王派陈姓同样为开发台湾作出了很大贡献。特别是圣王派集中居住的地区，其贡献尤大。

陈姓是澎湖十大姓之中的第一大姓，占居民的六分之一，因地近金门，绝大多数的移民来自金门。浯阳派及银同碧湖派首先从金门移居湖西乡。陈振遥被称为“开澎始祖”，子孙繁衍各地，在开发湖西乡、马公镇等地，作出了很大的贡献。

作为赤湖派集居地的彰化、南投等县的一些乡镇，据1956年调查资料显示，陈姓住户很多，彰化二水有1141户，田中有2105户，田尾有979户，永靖有969户，北斗有901户，社头有727户。南投县的名间，陈姓比重高达41.5%；其他如台中县的大肚，亦占24%。这些台湾中部东面平原及丘陵地区带，主要是漳州移民开发的，如二水、社头、永靖、南投、名间等乡镇，几乎全部是漳州移民开发的，田中、田尾、溪州、大肚等乡镇，也主要由漳州移民所开发。以圣王派为主的颍川陈氏，与漳州移民一道共同开发这些地区，立下了不小功勋。

霞宅派集居地的万丹乡，东槐派集居地的九如张，圣王派更与客家人一道，为开发屏东下淡水溪沿岸地区，作出了贡献。

银同普园派很多人移居台北三重市。三重自清初以来共有陈姓移民1340户，其中一半左右来自泉州，以圣王派为主的颍川陈氏，在开发三重及台北地区也作出了很大的贡献。赤湖派也有不少人移居台北景美、士林等地。清末进士陈登元，即系赤湖派后裔，士林一带陈氏多属赤湖派。他们为开发士林、景美等地作出了贡献。

漳浦梅林派30余户后裔，在陈正直领导下，于嘉道年间，开垦宜兰员山复兴庄土地100余甲。同治年间被洪水冲毁后，梅林社族人相继并至嵌仔下及五结庄。陈正直且弃农从商，经营金漳兴水郊行。他们为开发宜兰，繁荣经济作出了贡献。漳浦赤湖派的陈辉煌，于咸丰十一年迁居宜兰后，领导当地先住民，组织19个结首，开辟三星乡，作出了很大贡献。辉煌还先后配合沈葆桢、刘铭傅进行“开山抚番“事业，并参加抗法保台战斗，为开发宜兰、保卫台湾建立了功勋。

圣王派讦房后裔岩山派下，迁台开垦竹山社寮及集集林尾，为开发南投县作出了自己的贡献。

还应指出，圣王派的渡台人员中也有一些文人，如梅林陈正直以游幕台湾府而定居农场宜兰；东槐陈儒生以“读书功名不就，往台湾”；霞宅派十七世的宏棋、宏笃等，以“累困场屋”，“未获见售宗匠”，而“功名念急，遂买棹东游。”他们渡台后对传播祖国文化起了一定作用。迁台的移民后裔，更是涌现出一批文人。如霞宅派十一世至十七世后裔中，有9名秀才，2名贡生，东槐派也有1名秀才。漳浦籍移民后裔陈望曾，同治十三年中进士，曾任多年广东雷州、韶州、广州知府，后升广东勤业道，为振兴广东实业，不遗余力，且曾密助民党革命。圣王派后裔陈登元，光绪十六年中进士，乙未（1895年）日人犯台，他曾组织义勇500人抗日，失败后内渡。总之，他们或为发展台湾文化事业，或为保卫台湾，或为支持大陆革命和建设，分别作出了有益的贡献。

三、陈姓文化

姓氏，本就是中国文化的重要组成部分。其产生、衍变莫不有重要的文化内涵。不仅如此，在姓氏繁衍、播迁过程中，为了加强族人的联系，传承姓氏文化，各姓氏修族谱、建宗祠，制家规家训，使姓氏文化不断丰富，成为后人寻根问祖、了解姓氏渊源的重要方式。

（一）陈氏族谱序

陈姓作为中国大姓之一，族谱资料举不胜举，特选几个有代表性的族谱序言，以此，不仅可以了解陈姓族谱之大概，而且可以管窥陈姓之家风家教。

1. 陈氏族谱序

家法之建，昉于诸侯别子，而士庶之宗，则惟其所始焉。或姓或氏，或圮或谥，爵则称宗，宗之于族也。有本姓以合庶姓，在缀食以系群情，孙之于祖也。有植祫以省大事，有齐衰以服三月。百世而婚姻不通，周道然也。上溯夏殷，何莫不然。故其踪未混，末季七族九宗，犹资周王封国之重。及王辙既东，世臣沦丧，栾郤降在皂隶，从王皆为圭荜，宗法始荡然矣。所赖以维持者，独国官系世系，辩昭穆之制存焉尔，此谱之所从出也。谱存而宗可考，是故君子重之。陈氏先出妫姓侯国，自帝舜之后，传于有虞，虞幕裔孙阏父为周武陶正，能利器用，周王赖之，以元女大姬下嫁其子满，而封于陈，使奉虞帝祀。满谥胡公，公生申公犀，犀而下传十世，子孙散处，遂以国为氏。敦诗书，说礼乐，绶若若而印累累，匪朝伊夕矣。但世历既久，徙迁不定，或移国入于闽，或卜筑于三吴，或寄迹于浙东，或寓居于古歙。椒聊远条，几不知有源本矣。然千流万派，总归一源，叶茂枝繁，不离一本。其名最著者，莫如太丘先生实，其子元方、季方世称“二难”，凤毛麟角，岂虚语哉！元方子群，美才懿行，历仕魏帝，清节驰名。传霸先，梁祚下移，生灵涂炭，相机观变，应天顺人，非择而取之也。厥后伯宣称海内文宗，泰公为教子令范，天下己任，擅著作之奇才者，非古灵先生欤！与义河目海口，所赋梅诗，徽宗有见晚之叹。见炎入恭大政，其出处气节，翰墨文章，为中兴大臣之冠。协赞大义，称社稷之勋臣，非鲁公、文正公康伯欤！盖一世芳躅，千古播扬，一叶云礽，景行靡替。但人情以君子之泽，五世而斩，一经流远，视若途人。然昭穆既明，本源自辨，后有作者，果能追念前由，无忘厥祖，披图按籍，孝思勃生，则勉旃不怠，庶光前业已。

南宋庆元五年（1199年）朱熹

2. 颍川陈氏家谱乘序

古者国有史，自卿大夫以下家有乘，乘犹史也。史以载国，乘以乘家，分殊而义合也。周官小史之职，掌邦国之志，辨世系，别昭穆，说者谓志若春秋。周志国语郑书之属，世系则帝系世本之属是也。盖列国之私书，虽作于侯国，而籍则掌于王宫中，魏晋以来，官有簿籍，家有谱系。官之选举，必由簿籍。家之婚姻，必由谱系。历代并有图谱局置郎令以掌之，仍用传雅之士知撰谱，凡百官族属之有家状者则与之官，为考定详审，藏于秘阁，副在左户。若私书有滥则纠之以官籍，不及则稽之以私书，所以人尚谱牒之学，家存谱系之书。

自唐末五代散轶不传，非独官无秘阁左户之藏，而士大夫能通牒之学者，自欧苏之外称渺少矣。陈氏其先妫姓，侯爵出自舜之后。封于有虞，虞幕裔孙，阏父为周武王陶正，能利器用，其子讳满，武王以元女大姬下嫁，而封国于陈，厥后子孙，以国为氏。敦诗书而说礼乐，绶若若而印纍者，匪朝伊夕矣。然历世既久，徙迁靡定，或移家于八闽，或卜筑于三吴，或寄迹于浙东，或寓居于古歙，椒聊远条，几不知有原本矣。而千流万派，总归一原，叶茂枝繁，不离一本。其名最著者，莫如太丘先生，居乡为人钦重，人有过差，宁犯刑狱，无短太丘先生，生平大概可见矣。其子元方、季方世称二难，凤毛麟角岂虚语哉。传至霸先，梁柄下移，生民涂炭，相机观变，应天顺人，首先倡义，奠安海宇，非择而取之也。嗣后伯玉为海内文宗，秦公为教子令范，天下己任，擅著作之奇才者，非古灵欤。协货大义称社稷之勋臣者，非康伯文正公欤。盖一时芳独，千古炳扬，奕叶云仍，景行靡替。但人情以君子之泽，五世而斩，一属疏远，视若途人。昭穆既明，本原自辨，后有作者，果能追念前猷，毋忘厥祖，披图按籍，孝思勃生，则勉旃不怠，庶光前业矣。若据是图以夸示乡氓，非余所望于陈氏之子孙也。

宝庆二年（1226 年）秋八月望后之吉资政殿学士建安真德秀撰

3. 南朝系谱序

陈氏，原于周武王封舜后于陈，以奉舜祀，始封之君，曰胡公满，后因以国为氏，春秋末为楚所并，而滑公越之子钊，避居阳城户牖。汉有平者出，奇计为高祖定天下，其后又有汤者，诛斩郅支单于，为汉雪数十年不报之仇，受封关内侯，传至六世。更有寔者，以德义名四海。死之日吊者数十万人。越数世而生武帝霸先，继梁而有天下。凡五君，嗣正统三十二年。武帝之子昌竞，无有继者。文帝之子十一人，宣帝之子三十一人，封王藩者，历今有三百余年矣。其中盛衰固不能齐，然视诸他族大有不侔者。

谚云："源之深者流必长，声之大者响必悠。"不其然乎。今鄱阳王，伯山之后，曰天麟。江夏王，伯义之后，曰希圣。河南王，叔献之后，曰万镒。会稽庄王之后，曰理。豫章王叔英之后，曰长兴，暨诸族之膚大而敏达者。一旦兴木本水源之思，笃尊祖敬宗之念；逾山跨海，百劳不辞，如此者重，三十年归一之功，尚不满天麟数子之愿。光武有曰："人苦不知足"，诚哉是言也。其可观者，自颍川而吴兴，而鄱阳，而豫章、会稽，暨诸江夏、河南、邵陵、南海等路宗支，秩然不紊，仪章炳然有序于献。若数子者，可谓能事其事矣。

昔在春秋时，杞以夏裔，宋以商裔，皆先圣之后，作宾王家，而礼屡降称子，宋称公，圣人何卑礼而崇宋哉！盖以杞自弱而灭夏之文献，宋人尚能守商之典祀，圣人扬抑其间，使后于弁宗者有所惩劝，克自树立，而不坠下风云耳。今卷卷求成谱牒如天麟数子，思述先代道德功业，以作兴后人，始得春秋劝惩之意者乎！天麟之子从吾学有年，固知其家世之盛。

将还，以其谱未余，忆其词之详明，足以放信，故次第序之。

后唐天成二年（927 年）原尹益州张宪拜订

4. 江州义门陈氏族谱序

我宋自权奸诱黔虏，以腥秽江淮。太皇太后，诏予出使军前，再讲和好，将佐监丞，卢陵陈骧，独力止余行，余以太后懿旨，义不得避，及至虏营，骁酋见余辞气慷慨，执义不屈，果被拘留。悔不用骧言之晚，赖先帝威灵，以计得遁，历间关于海噬，脱万死以还朝，时德祐元年五月七日也。上书阙下，备陈恢复大计。诏予右揆，力辞，得诸督师，遄征海隅。不意海隅一蹶，收拾散亡，直趋南剑。回视门生故吏，间为涣逝。寻一谪戍，诣辕门而请谒。礼而进之，乃将佐监丞，陈骧是也。

为人涉猎于孙吴，智巧而机辩，逐留参决军事。一日告余曰：骧本江州义门陈氏，十四世祖拊，始徙隆兴大樟树下。五传至渝，刺史任闽，而调官任于吉州。风卢陵忠孝之邦，文物之盛，以建中靖国元年，退老交坑，距今百七十年矣。骧虽生长交坑，然江州祖墓，未尝亲临。岁时之祭扫，不意解官摘此，获侍麾下，谱牒幸存，诸公一言以识之，庶凡卢陵隆兴江州。后来继今，子孙不致相视如途中之人。是维持我宗族恩爱，不忘于百世者，公也。呜呼！由乘舆南渡而来，诏书叠下，募义勤王。今百四十五六年矣，竞俾羯尘益炽者，天下其无民乎？实由权奸格沮，使卒不果一伸其义焉耳！以江州陈氏，同居十四世，初南唐旌表其门，至我宋优奖其义，夫陈当宗社扰攘之阙，尚克保和其义聚。南唐君臣，当国家睽孤之余，犹知旌异义民，于上下之间，相尚以义，乃我太祖皇帝，一举合义，而中外翕然以爱戴归往者，天下虽乱，而仁义不绝故也。太宗皇帝，深究其然，诏锡行义钱于炳龙。迨使复载之内，举知江州为义邦，陈氏为义族，得非昇元祥符二诏，赫赫昭人耳目者存乎！陈渝刺吉而竞家于吉，又岂非吉为忠节大邦，欲其后之人耳濡目染于其间，建忠效节于厥后，以配江州之义，而具美乎！今宗社不竞，皇舆迁播，正臣子仗义报君之时也。勖哉陈骧，尔向协心相余，奋厥义举、剪彼旃裘。致我宋玉历重延于万世，则昔日为江州之义族，今日为卢陵之忠臣。忠义两全，将见宗族恩爱，可以仪型于天下矣。岂惟卢陵隆兴江州而已哉！

宋祥兴元年（1278 年）戊寅十月四日庐陵文天祥书于潮之揭阳楼

5. 建漳始祖陈元光族谱序

唐高宗总章二年己巳，吾祖政公为唐玉钤衔翼府左郎将、归德将军，奉敕出镇，屯扎于泉潮之云霄，控制蛮酋，安置郡邑，自己巳至武则天临朝为垂拱元年，共一十七年丙戌。政公子元光公以解元袭父职，特进中郎将，统领南行军总管大将军，轻骑大都尉，进阶正议大夫挂新铸印，伏旧节钺率府兵五千六百名，将士壹百贰拾员，前往七闽百粤绥安地方。仪凤三年平潮州，置州郡。至先天元年壬子，潮之余孽，潜伏于梁岗山下作乱。公大率府兵，征蓝奉高大战，殁於龙湖。在漳共二十七年。睿宗壬子，为先天二年，癸丑改为开元二年，赐谥敕赠为豹韬卫镇大将军，兼光禄大夫、中书左丞、忠毅文惠公、开漳侯。

子珦公以明经及第翰林院承旨学士承父职，兼制漳州，复仇斩蓝奉高，至肃宗戊戌改元为乾元二年，封为文英侯，守漳共四十六年。响公子酆公奉敕继承父职中郎将相节镇漳州刺史。子谟公孙、则黉公相，为郎将守漳州为刺史。祖孙父子相继守漳者百余年。以元光公镇闽辟土有大功，历代续有封赠。如五代封广济王；北宋神宗熙宁七年（1074 年）封忠应侯；南宋高宗绍兴十三年（1143 年）封开漳主圣王；绍兴十六年（1146 年）又封灵著王；明初封昭烈侯。以此漳人尊称之为开漳圣王。公学问广博，道德渊深。其后散居于泉地浯岛，及诸海滨山，而北溪巨潜则其嫡派也。

（二）祖训家教

1. 颍川家训

要孝，父母面前无遗拗，在家不见子承欢，死后念经有何效？尔子在旁看尔样，忤逆子有忤逆报，当知孝。

要悌，兄长面前勿使气，手足痛痒本相关，你嫉我妒有何益？有酒有肉朋友多，打虎还是亲兄弟，当知悌。

要忠，富贵贫贱本相同，譬如替人谋一事，能尽其心便是忠，一点欺心天不依，弄得钱来转眼空，当知忠。

要信，一诺千金人所敬，譬如约人到午时，不至未时便是信，若是一事不践言，下次说来人不听，当知信。

要礼，循规蹈矩无粗鄙，先生长者当优尊，子弟轻狂人不理，况我侮人人侮我，到底哪个饶了你，当知礼。

要义，重信誉，讲情谊，助人为乐淡泊名利，济困扶危救人舍己，路见不平勇相助，好事做到底，奉献无求，就是义。

要廉，大公无私头顶天，两袖清风学先贤，不做遗心事，不贪昧人钱，清贫自守，辟疑避嫌，就是廉。

要知耻，人生清白如张纸，沾污染秽人不齿，自尊自爱，遵法守纪，身正影不斜，心正行为美，寄语男儿当自强，贪生怕死何无耻，当知耻。

2. 开漳圣王示

明明我祖，历史流芳。训子及孙，悉本义方。仰泽斯旨，更加推详。曰诸裔孙，德我训章；读书为重，次即农桑。取之有道，工贾何妨。克勤克俭，勿怠勿荒。孝友睦姻，六行皆臧。礼义廉耻，四维毕张，处于家也，可表可坊。仕于朝也，为忠为良。神则佑汝，汝福绵长。倘背祖训，暴弃疏狂。轻为礼法，乖舛伦常。贻羞祖宗，得罪彼苍。神则殃当，汝必不昌。最可憎者，分类相残。不念同气，偏论异乡。手足干戈，我心忧伤。愿我族姓，怡怡雁行。通以血脉，泯厥界疆。汝归和睦，神亦安康。引而亲之，岁岁登堂。同底于关，勉哉勿忘。

3. 陈氏家教格言

从有历史记载以来，陈氏家族中涌现出大批成名成才的人物，他们都是在良好的家庭教育熏陶中成长起来的。陈氏一家在教子伦理，持家经营，结交朋友，处世警戒等方面有严格的要求，且以通俗易懂的语言晓谕子孙，以传家风。

（1）教子伦理

教子立志——人怕无志，树怕无皮。人怕伤心，树怕剥皮。胸无大志，枉活一世。穷要志气，富要田地。胸中有志，遇难不惧。鸟贵有翼，人贵有志。

为人须立志——无志枉为人。鸟无翅不能飞，人无志无作为。得志一条龙，失志一条虫。有钱须念无钱日，得志毋忘失意时。

教子读书——养子不读书，不如养条猪。子弟不读书，好比无眼珠。家有千金，不如藏书万卷。穷人莫断猪，富人莫断书。养子不教如养虎，养女不教如养猪。儿孙自有儿孙福，莫为儿孙做马牛。

孝敬父母——孝顺还生孝顺子，忤逆还生忤逆儿。不听还看檐前水，点点滴在旧窝池。世人不知孝双亲，养儿才知父母心；若待养儿方知报，父母岂有百年身？千跪万拜一炉香，不如生前一碗汤。在生不孝顺，死了哄鬼神。

兄友弟恭——打虎须要亲兄弟，上阵还须父子兵。平时虽多好朋友，见你遭难难依靠。兄弟在家虽争吵，对外合力抗强暴。天下难得是兄弟，好友不如懒兄弟。煮豆燃豆萁，豆在釜中泣，本是同根生，相煎何太急。

夫妻和睦——妻贤夫祸少，夫和妻子贤。痴人畏妇，贤女敬夫。百世修来同船渡，千世修来共枕眠。

家和为贵——家贫和是贵，不义当如何？父子和而家不败，兄弟和而有力量，夫妇和而家业兴。两人一条心，有钱买黄金；一人一条心，无钱买枚针。

（2）持家经营

勤能补拙，俭能养廉。会划会算，钱粮不断。懒人嘴快，勤人手快。大富由勤，小富由俭。年年防饥，夜夜防盗。祖业分不富，创业富长久。勤是摇钱树，俭是聚宝盆。人勤地献宝，人懒地生草。滴水汇成河，粒米积成箩。靠人谷满仓，靠天空米缸。晴天防雨天，丰年防灾年。勤人登高易，懒人伸手难。有时省一口，无时有一斗。出门不弯腰，入门无柴烧。生姜不老不辣，生活不谋不发。勤俭好比针挑肉，浪费如同水推沙。常将有日思无日，勿把无时当有时。早起三朝当一工，早起三秋当一冬。大吃大喝眼前香，细水长流富日长。做一毫用两毫，入不敷出债台高。勤快之人汗水多，贪食之人口水多。

（3）结交朋友

交朋友是为人处世的一门学问，走出社会之后，不了解人际关系，不通达人情世事，其他学问再好，也难以发挥自己的聪明才智，实现自己的抱负，陈氏家族成名人物总结出交朋结友格言，供后人在修身齐家、待人处世方面作家教。

广交朋友——在家靠父母，出外靠朋友。良言不嫌少，朋友不嫌多。人情不怕阔，冤家不好结。交一个朋友千言万语，绝一个朋友三言两语。

礼貌待人——若要人尊敬，先要尊敬人。问路不施礼，多行几千里。

谨慎交友——画虎画皮难画骨，知人知面不知心。知人心不易，人心隔肚皮。来说是非者，便是是非人。入门看面色，出门看天色。听话如尝汤，交财见人心。交人须交心，听话要听音。路遥知马力，事久见人心。

结交知己——相识满天下，知心能几人。行要好伴，交要择友。千金易得，知己难求。有酒有肉多兄弟，急难何曾见一人。

助人为乐——助人为乐，济人于急。情义比金贵，不欠人情债，不做薄情人。七层塔上都点灯，不如暗处一灯明。

交友互让——君子不与牛斗力，凤凰不同鸡争食。退一步天宽地阔，进一步结怨终生。

交朋取信——许人一物，千金不移。入山不怕伤人虎，只怕人情两面刀。易涨易退山溪水，易反易复小人心。重承诺，守信用。

谈吐要慎——话到嘴边留半句，事在火头让三分。心直口快，惹人见怪。刀伤易愈，口伤难医。言多必失，饭多伤脾。话不可讲死，事不好做绝。讲话知深浅，做事分急慢。枯树无果实，空话无价值。酒逢知己千杯少，话不投机半句多。良言一句三春暖，恶语伤人六月寒。良药苦口利于病，忠言逆耳利于行。不会烧香得罪神，不会讲话得罪人。

（4）处世警戒

赌博自毁——参赌衰，好赌败，嗜赌破家荡产，身败名裂。赌博多是毁命根，嘱子嘱孙勿沾边。沾了赌边祖业败，妻离子散苦连天。

勿只论人非——平生只会说人短，何不回头把己量。好人面前不说假，小人面前不说真。

不听谗言——谗言不可听，听之祸殃结。君听臣遭诛，父听子遭灭，夫妇听分裂，兄弟听则别，朋友听则疏，亲戚听则绝。是非终日有，不听自然无。

欲不可纵——万恶淫为首，百事孝为先。闲花野草是砒霜，风月场所是刀枪。贪淫沉溺苦海死，利欲炽燃火坑亡。

恶事莫为——为善最乐，为恶难逃。若要人不知，除非己莫为。一毫之恶，劝人莫作；一毫之善，与人方便。

爱财有道——君子爱财，取之有道；君子爱财，勤劳致富。越奸越狡越贫穷，奸狡原来天不容，奸狡不富，忠厚永久。

知足常乐——知足常乐，终生不辱。知止便止，终生不耻。山高不算高，人心比天高；白水变酒卖，还嫌猪无糟。受恩宠时宜先退，得意浓时便可休。（知止）别人骑马我骑驴，还有许多赤脚人。（比较）良田万顷，日食一升。广厦千间，夜眠七尺。（用不多）功名富贵世转移，气节芳名千古留。功名不长存。劝君莫做守财奴，死去何曾带一文。（人生短暂）

凡事善忍——忍得一时之气，免得百日之忧。得忍且忍，得耐且耐。不忍不耐，小事成大。留得五湖明水在，不愁无处下金钩。小事不忍变大事，坏事不止变成灾。父子不忍失慈孝，兄弟不忍失敬爱，夫妻不忍多争吵，朋友不忍失和气。

勤奋读书——书山有路勤为径，学海无涯苦作舟。黑发不知勤学早，转眼都是白头翁。发奋识遍天下字，立志读尽人间书。十年寒窗无人问，一举成名天下知。

为官清正——君子当权积福，小人仗势欺人。宁可直中取，不可曲中求。宁可玉碎，不为瓦全。

（三）陈氏字辈

为弘扬陈姓文化，现将陈胡公第101世至第200世之辈序统一为：尊祖敬宗，善行益彰，勋功盛德，世代辉煌，孝悌传家，声望威扬，庶绩咸熙，鸿图隆昌，勤耕奋读，智勇坚强，温恭诚正，刚毅纯良，文明伦理，启迪纲常，庆云瑞彩，仁泽芬芳，圣哲道统，永昭辉光，景星炳耀，仪礼端庄，睦亲敦序，协和万邦，寰宇清平，韶乐悠长，富国裕民。

尊（101世） 地位或辈分高，尊长、尊卑、尊亲	祖（102世） 祖宗或家族的长辈，或组织的首创者。	敬（103世） 尊敬，恭敬。	宗（104世） 宗派、家族、祖宗。
善（105世） 善良，心地好，和好。	行（106世） 行驶，流通，做，能干。	益（107世） 有益的，好处，增加，更加。	彰（108世） 明显，显著，表彰。
勋（109世） 功勋，功绩。	功（110世） 成绩，成效和表现成效的事情。	盛（111世） 兴旺，繁盛，隆重，深厚。	德（112世） 好的品质，心意，恩惠。
世（113世） 血统的关系的人相传而成的辈分。	代（114世） 世系的辈分。	辉（115世） 闪耀的光彩，照耀。	煌（116世） 光明，辉煌。
孝（117世） 孝顺，顺从。	悌（118世） 孝悌，尊敬长辈。	传（119世） 传递，传授，传播，表达。	家（120世） 家族，领域内有成就的人

续表

声（121 世） 名声，声誉。	望（122 世） 名望，声誉， 盼望，希望。	威（123 世） 令人敬畏的气魄。	扬（124 世） 高举，传播 出去，发扬。
庶（125 世） 众多，富庶。	绩（126 世） 功业，成就。	咸（127 世） 全，都，盐 的味道。	熙（128 世） 光明，和乐，兴盛。
鸿（129 世） 大，鸿图。	图（130 世） 谋划，筹划，意图。	隆（131 世） 盛大，兴盛， 兴隆，深厚。	昌（132 世） 兴盛，昌盛，昌隆。
勤（133 世） 勤劳，努力地 工作。	耕（134 世） 耕作，耕耘。	奋（135 世） 勤奋，奋力， 鼓劲，振作。	读（136 世） 读书。
智（137 世） 有智慧，聪明。	勇（138 世） 勇敢，有胆量， 不怕危险和困难。	坚（139 世） 坚定，坚持。	强（140 世） 坚强，优越。
温（141 世） 温文优雅。	恭（142 世） 恭敬，尊重人。	诚（143 世） 真心真意	正（144 世） 正直。
刚（145 世） 刚强，刚直。	毅（146 世） 坚决，刚毅。	纯（147 世） 纯净，不含杂质。	良（148 世） 善良，友善。
文（149 世） 社会发展到高阶段 所表现的状态，文明。	明（150 世） 明白，清楚。	伦（151 世） 条理，次序。	理（152 世） 道理，事理。
启（153 世） 开导，引导，启蒙。 开导教育。	迪（154 世） 开导，引导。	纲（155 世） 事物最主要部分。	常（156 世） 不变的，永久，固定。
庆（157 世） 庆祝，祝贺。	云（158 世） 说，由水蒸气聚集 而成的气雾。	瑞（159 世） 吉祥。	彩（160 世） 彩色，光彩。
仁（161 世） 友爱。	泽（162 世） 滋润，光泽。	芬（163 世） 香气，芬芳。	芳（164 世） 香气，美好的。

续表

圣（165世） 最崇高。	哲（166世） 有智慧。	道（167世） 道德，方向，道理。	统（168世） 事物间连接关系， 统一，总括，全部。
永（169世） 久远这，永远。	昭（170世） 明显。	晖（171世） 阳光。	光（172世） 光彩，光大， 明亮，光辉。
景（173世） 景致，风景，情况。	星（174世） 宇宙中发光的天体。	炳（175世） 光明。	耀（176世） 光荣，荣耀。
仪（177世） 礼节，仪式。	礼（178世） 由风俗习惯所形成的 共同仪式。	端（179世） 事情的开头， 开端，端正。	庄（180世） 庄重，不随便， 不轻浮。
睦（181世） 和好，亲近。	亲（182世） 关系好，感情深， 亲近。	敦（183世） 诚恳，敦厚。	序（184世） 次序，开头的。
协（185世） 共同，协助。	和（186世） 平和，和缓， 和谐，和睦。	万（187世） 很多，所有。	邦（188世） 国家，友邦。
寰（189世） 广大的地域。	宇（190世） 所有的空间，世界。	清（191世） 纯净，公正，说法。	平（192世） 公正，安定。
韶（193世） 美好。	乐（194世） 快乐。	悠（195世） 久远，悠久。	长（196世） 长远。
富（197世） 富足，富强。	国（198世） 国家。	裕（199世） 丰富，富裕。	民（200世） 人民。

（四）名胜古迹

自得姓以来，陈姓一本千枝，子孙繁衍，遍及全国乃至海外。在优良家风的熏染下，陈姓出现了众多的历史名人，伴生了多种多样的名胜古迹，或为故都故里，或为陵墓祠堂，或为学堂书院，他们既是历史文化的载体，又是历史文化的见证者。时至今日，经过历史长河的冲刷、筛选，这些名胜古迹又成为当今陈氏后裔寻根问祖的神圣之所。

1. 故都、故里

陈楚故城 即今河南省淮阳县城址，先秦时期相继为陈国、楚国的都城，故名。该城始建于公元前11世纪的西周时期。西周初，周武王以元女太姬配舜之后代妫满，封妫满于陈，建陈国，并在此筑陈国都城。公元前550年，陈国大夫庆寅、庆虎为防楚兵复修陈城。公元前478年，楚灭陈，变陈为县，再筑陈城。公元前278年，楚国郢都被秦攻破，楚顷襄王迁都来陈，称“郢陈”，复大筑陈城。经发掘考证，叠压在最下面的城墙为春秋时所筑。城垣残高2米至5米不等，最宽处20米，系夯土筑成。故城为方形，分内外两城，外城周长15公里，内城周长4.5公里。该城延续使用3000多年，其间曾多次修筑，增修层次明显。

清道光六年（1826年）《淮宁县志》载：“明洪武辛亥，指挥陈亨易砖垣，延袤七里有奇，高三丈，址广五丈五尺。四门各增瓮城，四隅各为角楼，敌台四十九，堞计二千七百，池深一丈五尺，广二丈有余”。明朝后因战乱频繁，城墙多次坍塌，几经修复。

清时内城城垣周长为4.5公里，高8米，堞计2211个。城墙上每隔90米建5米见方的敌台（由青砖垒砌），共有敌台49座。墙内各隅建一座8.3米见方的砖木结构、绿瓦覆顶的阁楼，飞角凌空，结构奇特，典雅别致。东南有魁星楼。城垣四方出入各有三道城门：第一道门高约6.7米，宽5米，门厚0.25米至0.3米，由铁皮包面，铁帽钉镶嵌，上方为青砖砌成的扇形拱门。第二道门与第一道门相隔6.7米，连接两道门的墙呈弧形瓮券（也叫瓮城）。墙上有用于护城的炮眼，两边有配房。第三道门与第二道门相隔约10米；两条呈弧形的短墙分别由第二道门两侧连接第三道门两边的城墙，形成一个较大的瓮券。瓮券两边各设门卫房，置有护城设施。第三道大门上方各建三楹二层砖木结构门楼。城池深5米，宽6.7米，出入城门置吊桥，外有万亩城湖环抱。故城共有44条街。东门保12条街，为顺城街、坊子街、季家街、龙亭街、钟楼街、县门街、县后街、钟楼南街、文昌宫街、县照壁后街、曹关帝庙街、鼓楼北大街；南门保10条街，为顺城街、南大街、树行街、新街、布店街、儒学街、高牌坊街、老齐洼街、党姑寺街、关帝庙后街；西门保11条街，为顺城街、石佛街、学道街、羊圈街、马巷街、朱家街、盐店街、大慈庵街、前武营街、后武营街、火神阁北大街；北门保

11 条街，为顺城街、北大街、土塔街、府后街、小仓街、道门街、北当铺后街、清真寺街、大营坊街、小营坊街、五福街。

陈胜故里　位于河南商水县西南 16 公里扶苏村周围。《中国大百科全书·历史》说“陈胜（？—公元前 208 年），字涉，阳城人”。据《太平寰宇记》记载，陈胜起兵，诈称公子扶苏，“从人望也”。故今地尚称扶苏村。阳城分内、外城。外城东西长 800 米，南北宽 500 米，墙宽 20 米，版筑，夯层清晰，在城墙内侧有陶质排水管道。内城，居外城中部偏北，呈正方形，边长 250 米，墙宽 7 米，城内亦有陶质排水管道。内、外城皆有护城河。在城内出土有“扶苏司工”4 字陶文，为秦代遗物，可知此城为战国楚国所筑，即阳城，秦时附筑，陈胜起义后，将家乡的阳城改名为扶苏城。西汉在此设阳城县，隋设扶苏县，扶苏之名一直沿用至今。

陈霸先故居　位于江苏长兴县。陈武帝故宫建于公元 560 年，为五进大院，占地 36 亩，四面环水，皇族大户气派，宫内建有家庙，后称下箬寺。寺内正中自山门而入，天王殿、大雄宝殿和小西天，佛像魁凛、气势磅礴，历代皇帝皆称其为“帝乡佛国”。现立于青石琮上的“帝乡佛国”四字为元代大书法家赵孟頫手书。下箬寺陈武帝故宫历史悠久，是江南子午线三大寺院（镇江定慧寺、长兴下箬寺、杭州灵隐寺）之一，向来是文人墨客、达官贵族观光游览之圣地。许多文人挥毫泼墨，留下了不少传世碑刻、字匾和诗词，而乾隆的圣旨更是光照后人。陈武帝故宫在海内外影响颇大，日本学者多次来考察，陈英士、陈云、陈毅、陈独秀、陈立夫等先后造访，现门上高悬的是台湾陈立夫题写的“陈武帝故宫”。故里其他景点还有圣井，是陈霸先出生时沐浴之处。《圣井铭并叙》碑，为明代文学家归有光任长兴县令时所撰写，由《西游记》作者吴承恩亲笔书写，刻石立碑，碑存长兴博物馆。陈高祖钓台，最早见于宋朝地理著作《舆地纪胜》和《吴兴志》，这一景观至今仍保留原始地貌。

玄奘故里　位于河南偃师市缑氏镇北约 1 公里处的陈河村。主要包括三大部分，即玄奘故居、陈家花园、西园墓地。玄奘故居，坐落在陈河村中部，坐北朝南，大体为一南北长方形院落，分前后两院，故居大门仿隋唐风格，青瓦白墙，朱门红柱，匾额上书“玄奘故居”四个大字，出自我国著名学者、北京大学教授季羡林之手。陈家花园，位于玄奘故里正南，坐南朝北，背靠凤凰台，面对玄奘故居，占地面积约1公顷；西园墓地，位于玄奘故里西南陈河村南800米，为玄奘父母的合葬地。除上述遗迹景点外，在玄奘故里，还保留有陈家古井、诵经斋、凤凰台、凤凰嘴、马啼泉、晾经台等遗迹。陈家古井，现存玄奘故居内西侧，井旁古槐树、皂角树相抱生长。相传玄奘因自幼饮此井水，智慧早开，终成一代名僧。据有关资料记载，玄奘，俗姓陈，名祎，高祖陈谌，北魏清河太守；曾祖陈欣，北魏上党太守、征东将军，爵封南阳郡开国公；祖父陈康，以学优出仕北齐，历任国子博士、国子司业，又任礼部侍郎，食邑河南，后定居缑氏。

陈氏三宰相故里　位于四川南部县大桥镇。唐高祖武德元年（618年），新井县旧址位于大桥镇东侧。唐末，任新井县令的陈翔就是陈氏三宰相的祖父。陈氏祖籍河北（今河北省安平县），据《陈氏族谱》载："陈氏自唐有德公其后入蜀，居阆州西水等处。唐末，陈翔为新井令，因家焉。"陈翔之子陈省华有三个儿子，即陈尧叟、陈尧佐、陈尧咨。北宋初年，三子相继中进士，尧叟、尧咨考中状元（南部俗称三状元），大桥镇因此而闻名当世。古老的新井县于元至元二十年（1283年）并入南部县，因"三陈"状元事，留下了不少佳话和古迹。如漱玉洞，相传为陈氏三兄弟读书的地方，此外还有陈母"杖坠金鱼"处、"思乡井"等，大桥镇因"三陈"事至今闻名遐迩。

陈白沙纪念馆　位于广东江门市区，是为纪念著名的理学家陈献章（白沙先生）而兴建的。陈白沙，原名陈献章，为明代理学家、教育家、书法家、诗人，被誉为"广东大儒"。纪念馆现分为祠堂区、展览区、民俗村落游览区和小庐山花园区。馆内展有陈白沙生平、事迹、作品及大量遗物、墨宝。全馆占地面积18000平方米，以明代建筑白沙祠为中心，由前院、古祠、展览中心、白沙故里、小庐山花园等组成。纪念馆集南方村落民居与园林于一身，表现了陈白沙作为岭南一代大儒的人文思想和地方民俗。

陈廷敬皇城相府　位于山西阳城县北留镇皇城村。皇城相府是清代康熙年间官居文渊阁大学士兼吏部尚书陈廷敬的故居。皇城相府总面积6万多平方米，这组规模庞大的古城堡式建筑群是明清建筑文化精品，分内外城建筑。院内，御书楼立于最前端，楼上陈列康熙为陈廷敬题匾"午亭山村"四个大字，同时还有康熙为陈廷敬题词："春归乔木浓荫茂，秋到黄花晚节香。”相府正门，有高大巍峨的城堡式门楼，上方书有“中道庄”三个大字。中道庄，为皇城相府的旧称，习惯指皇城相府的外城。相府大院，是陈廷敬的宅第，名为“大学士第”，为皇城外城的主体建筑，这是一处坐北向南的一进四院。河山楼是皇城相府的标志性建筑物，是陈氏家族为了抵御外敌侵扰而建的防御性建筑物。南书院建于明末崇祯十五年（1642）。这个书院的建成，为陈氏家族子弟提供了一处学习深造的园地，成为培养陈氏家族人才的摇篮，是山西著名的陈氏家族的发祥地。

太极故里陈家沟　位于河南温县城东5公里，是中国太极拳的发源地。明末清初，陈家沟人陈王廷在家传拳术的基础上，创编了一种具有阴阳开合、虚实转换、刚柔相济、快慢相间等特点的内功拳种，按阴阳转换之意，取名“太极拳”。目前，陈家沟成为国内外太极拳爱好者朝觐拜师、切磋技艺的一方“圣地”。陈家沟特色景点有陈家沟太极拳祖祠碑廊、杨露禅学拳处、太极拳名人宗师纪念馆、陈照丕陵园等。

陈元龙故宅　位于浙江海宁县。陈元龙，海宁人。任职清代康熙、雍正两朝，官至文渊阁大学士。陈氏祖宅“隅园”建于明代，后经他改建易名“遂初园”，占地60亩。园林林木大半是南宋移植，百亩池塘十亩花，擎天老树绿槎芽，调羹梅也如松古，想见三朝宰相家。清代乾隆四次入住，赐园名“安澜”，现在园林中存双清草堂、罗汉松等。

慈黉故居　位于广东澄海市隆都镇前美管理区，为旅泰华侨巨商、著名航海家、实业家陈慈黉（1847—1921年）于清末民初所置建。该故居总占地25400平方米，建筑面积16000平方米，包括郎中第、善居室、寿康里和三庐等4个各具特色的单元，共有房413间，厅93间，形成规模宏大、中西结合的建筑群体，是潮汕目前保存最完好、具有宫廷风格的建筑物。故居的主人——陈慈黉家族以基业鼎盛，殷实富足闻名于世，潮汕一带流行过“富不过慈黉爷”的俗语。慈黉家族已保持了六代长盛不衰，其财产实力之雄厚，在海外华侨、华裔中影响较大。目前，慈黉后裔分居于美国、加拿大、新加坡、泰国、香港、台湾等地。

陈嘉庚纪念地　位于福建厦门市集美学村。“陈嘉庚纪念胜地”是陈嘉庚先生故居、陈嘉庚生平事迹陈列馆、归来堂、鳌园和嘉庚公园的统称，陈嘉庚先生故居是一幢淡灰色的两层欧式小楼，建于1918年。1980年重新翻修后，按主人居住时的原物原位陈列展示，二楼西侧南面是主人的办公室，摆放着写字桌、靠背椅和两张规格、式样不相同的沙发。办公室北墙有一道门通向卧室，里面陈列着旧式简易木床、书橱和两只随主人饱经沧桑的皮箱。床前条几上有一个倒置的茶杯，烛泪累累，这是主人用的“烛台”。紧挨卧室和卫生室的餐室里只有一张圆木桌和十来只小圆木凳。在这里，主人用集美本地的海产、小菜招待过许多中央领导人和国内外社会名流。在餐室的隔壁是特设的陈列室，主人生前穿过的棉背心，用过的布伞、蚊帐、手杖、剃须刀和鞋帽等遗物，出于文物维护的需要，集中摆放在玻璃柜里向观众展示。二楼正中是会议室（也作会客室）。故居东侧几间陈列室展示的是有关“二校主”陈敬贤短暂一生（1889—1936 年）的文字、照片资料，介绍他辅佐胞兄发展实业和兴学办教的事迹。故居一层的各间是集美各校的校史陈列室。

陈嘉庚生平事迹陈列馆位于故居西侧，共 3 层，分 3 个展室，即“经商南洋、情深乡国”，“倾资兴学、百折不挠”和“赤诚爱国、鞠躬尽瘁”，用大量珍贵的照片资料和实物介绍陈嘉庚光辉的一生。归来堂在故居正前方嘉庚路南侧，建于 1962 年。归来堂是单层建筑，由大厅、拜堂、内院、回廊和厢房组成，总面积 1000 平方米。拜堂内有一块“归来堂记”石碑，碑文是陈培锟应陈嘉庚之约于 1960 年 9 月撰稿并书写的。鳌园由集美解放纪念碑和陈嘉庚陵墓组成，位于集美学村东南海滨。鳌园总面积 1 万平方米，布局奇巧，在平面图上呈汉字繁体“圖”字形。进入鳌园穿过一条长廊引道便是集美解放纪念碑，即“圖”中的“回”字；陈嘉庚墓前有一个拜亭，是“圖”中的“口”字；纪念碑与陵墓之间有一幅呈“一”形的石屏，好像“圖”中的一横；陈嘉庚墓宛如一横上的一点；鳌园四周的石碑则是“圖”的外围“口”，一切都显得和谐自然，记载了这位爱国华侨平凡而伟大的一生。

2. 名人陵墓

陈胡公墓　俗称胡公铁墓。此墓位于淮阳城东南的南坛湖畔，是中国陈姓和其他胡公后裔的祖墓。陈胡公是陈国的开国始君，是虞舜的后裔，他建陈国，筑陈城，兴百业，使陈国雄踞十大诸侯国之列。其子孙以国为姓，陈胡公便是陈姓的得姓始祖。他死时是墓而不坟的年代，因此他的墓建在地上部分的拜殿因年代久远早已不复存在。清顺治《陈州志》载："旧志谓在城东南，世传其墓用铁冶铸成，苔色苍古，在壕内……"考古学家曾在这里发现了西周的陶片和战国板瓦，证实了当年陈胡公墓和陈胡公拜殿的建筑情况。2006年7月被周口市人民政府公布为重点文物保护单位。

陈胜墓　位于河南永城东北芒砀山主峰西南麓。现存墓冢高5米，周长约50米。周围筑有青石围墙，高顶，下有须弥座，正中镌刻郭沫若书"秦末农民起义领袖陈胜之墓"。陈胜字涉，阳城人，中国历史上第一个农民起义领袖。秦二世元年（公元前209年）被征屯戍渔阳，与阳夏人吴广在蕲县大泽乡斩木为兵，揭竿为旗，举起中国历史上第一次农民起义大旗。在陈县（今淮阳）建立张楚政权，声势浩大，震撼暴秦。起义失败后，被车夫庄贾杀害，部将吕臣又斩庄贾，迁葬陈胜于芒砀山。西汉以陈胜首倡反秦之功，高祖时为涉置守冢30家，免其赋税杂役，以守护墓地，东汉后渐废。1975年，国家拨专款整修，辟地4000平方米，砌石围墓，栽松植柏，置人守冢，为省级重点文物保护单位。

陈平墓　位于河南原阳县阳阿村，占地面积近百平方米。墓冢高出地面2米，墓前有"汉丞相陈平墓"墓碑，所立年代不详。汉文帝二年（公元前178年），陈平病逝于长安，归葬故里。《原阳县志》记载，"陈丞相墓在库上里，今没于河"。另一说，陈平墓在陕西西安户县石井镇曹家堡村，墓前有"汉曲逆侯陈公平墓"石碑一通。

唐僧墓　位于河南偃师缑氏镇唐僧寺西北约200米处，距玄奘故里约3公里。在清同治十三年（1874年）所立《唐僧寺上殿又重修碑》中，有"唐僧卒葬白鹿塬处，确考即此寺也，现云西北数北，尚存有唐僧冢焉"的记载。墓冢呈覆斗形，冢前有墓碑，正面额书"声震五印"4字，碑身刻"大唐三藏法师玄奘之墓"，碑阴额书"誉满中华"，碑峰刻玄奘传记，录自《旧唐书》191卷。墓园周围遍植松树，生机盎然。

陈元光墓　位于福建漳州市九龙里石鼓山。陈元光，河南固始人。其父陈政在福建戍边战死，陈元光接替父职，平定了福建的叛乱，唐政府在漳州设郡，封陈元光为首任刺史。他在漳州重垦荒，兴修水利，使漳州日益繁荣，死后葬在绥安。贞元二年（786年）移葬漳州，墓碑题"唐开漳陈将军墓"，墓前原有石牌坊，但已经毁坏，现存石羊、石狮以及华表一对，附近大石刻有清康熙五十七年（1718 年）漳浦蔡世远侍郎撰写的修墓记。

陈友谅墓　位于武汉蛇山南麓。陈友谅曾经参加元末徐寿辉农民起义军并取而代之，称帝，国号汉，后迁都武昌。墓冢依山构筑，左右各配一六角亭。墓碑上刻“大汉皇帝陈友谅墓”。墓前立石牌坊，坊额正面题“江汉先英”4 字，背面题“三楚雄风”4 字。整个墓地掩映于疏林间，颇显幽穆。

陈白沙墓　位于广东新会县芦村皂帽峰。陈白沙，明代著名学者，生于新会白沙村（今改为江门市）。墓地占地面积 120 亩，墓冢高 3 米，墓前有其学生撰写的墓碑石刻，记载了墓主人生平、业绩与德行。墓葬后来移到江门市白沙公园内。江门市另有陈白沙纪念馆，前已介绍。

陈玉成就义处　位于河南延津县西校场。陈玉成是太平天国后期著名将领，22 岁即被封为“英王”，洪秀全曾明确宣布：“京外不决之事，问于英王”。1862 年在与清军作战时被俘，在押送北京途中，被害于延津县西校场。现立有纪念碑以及纪念亭，吸引不少人前来缅怀。

陈独秀墓　位于安徽安庆市政墓台，占地 120 平方米，分上下两层，四周有护栏，墓冢高 1.5 米，直径 3 米，墓冢没有封顶，立墓碑，碑文：“陈独秀之墓”，墓台前 30 米长墓道，用青石铺成。墓冢后石栏上立有：“安庆市重点文物保护单位”标牌。附属建筑有入口广场、牌楼、纪念广场、塑像、陈列馆、墓台、墓冢、墓道、六字轩、独秀亭、咏诗亭、陈延年和陈乔年纪念亭、碑廊等。

3. 祠堂寺庙

陈胡公祠　位于河南淮阳城南门外东侧城湖中的一个小岛上，居民仍沿袭旧习，每逢农历正月十五、七月十五、十月十五日进祠烧香祭祀胡公。农历十月十五日是大祭之日，每年都要唱大戏，将陈胡公祠塑造的行胎胡公像用香案迎接到戏台上设的胡公神位上让胡公看戏，受万人香火之祭拜。陈胡公祠，是古往今来华夏陈氏祭祖之圣地。

据陈胡公祠所在地今尚健在的三位八旬老翁口头介绍，陈胡公祠原来的建筑面积，南北长四十三米，东西宽四十三米，坐北朝南，建筑格局是：大门位于南端中央，进大门见大殿，大殿门前有月台，两侧立有巨大石碑，碑上记载陈胡公史迹。大殿阔三间，飞檐斗拱，瓦顶砖墙。大殿中央设三个暖靠，每个暖靠上坐一位木胎金饰神像，上首位和中央位神像的面容和衣冠以金贴饰，下首位的神像则黑面金身，格外特殊。三尊神胎均高大超于常人。此外，还有三尊与上述三尊神像姿势、相貌完全相同的三尊体积小（高约50厘米）的神像，可以挪动位置，称之为“行胎”，可以抬到祠堂外设供领受香火。大殿两侧各有四个厢房。大殿后面是三间阔的二殿，二殿内设一尊千手千眼佛像和一尊医治眼病的菩萨神像。二殿东侧有半间室设土地神像。再向东有一圆形门通往二殿后的“后楼”，楼阔三间，高三层，底层供有贞子牌位，牌位乃木制，高50厘米，宽30厘米（此乃后人所加）。第二层后墙中央有一砖雕奎星像。后楼墙临湖。整个建筑群气势宏伟，因临湖水，巍峨的建筑映入水中成倒影，更显得庄严宏伟，远远望去如水上古堡。

大殿内的三尊神像是陈氏祖先之像，二殿和后楼内的神像则加入佛、贞子、奎星等像，乃后人因佛教传入及其他原因而附加的。

陈胡公祠在历史上曾多次修缮。1929年，国民党淮阳县党部将陈胡公祠大殿、二殿拆毁，神像被当地居民保存。后黄河决口，水患殃及淮阳，百姓避水患而挪到胡公祠所在的岛上居住。黄河水退后，时任淮阳县县长苗德后令复修陈胡公祠，大殿、二殿以平常瓦房代之，群众将所保存的三尊坐胎神像和三尊行胎神像，复供于大殿内。然因财力不足、建筑仓促，与原貌气势远远不及。中华人民共和国建立初期，陈胡公祠香火仍盛，祭祀守时，农历正月十五、七月十五、十月十五来此祭祀者盈万。“文革”中祠内建筑遭彻底破坏，仅存祠后司城贞子阁，阁前已被居民建房所占。据悉，淮阳县人民政府正筹划复修陈胡公祠，还其历史原貌。

陈胡公祠每年有三次大型祭祀活动，时间为农历正月十五、七月十五、十月十五，方圆数十里的陈姓族人纷纷来此烧香、设供品祭祀祖先。此三次又以十月十五为最盛。届时，在陈胡公祠前搭一戏台，请来名班连唱三天大戏。每场戏开戏之前，祭祀执事人选择八名精壮男子抬一平板香案，至祠中大殿内将三尊行胎神像请出，供于案上，然后以唢呐班吹奏音乐引路，将三尊行胎抬至戏台上，参加祭祀者向神像磕头烧香、顶礼膜拜。拜过，将行胎置于戏台中幕中央，这时才能开戏。因陈胡公祠祭祀活动守时且盛大，香火颇盛，俨然如庙宇，群众又称陈胡公祠为“三官庙”。为了尊敬这三尊陈氏祖先塑像，当地居民以“三”为忌，凡建房均忌建三间，即使有三间宽的宅地，建房时也把三间分成两所，东头两间为一所，留一门，西头一间为一所，留一门。这一风俗在全国亦属罕见。

近十年来，先后有陈氏华侨多人来此谒祖。1984 年泰国华裔陈绍文先生为拜谒祖宗而从海内外千里迢迢来淮寻根。国内陈氏族人亦常来此谒拜。

陈平祠 位于河南原阳县东北 10 公里的阳阿村，创建于汉武帝三年（公元前 138 年），明洪武年间和清乾隆年间又进行了重修，现存大殿三间，卷棚三间（均为清代建筑），有明代天顺年间“汉曲逆侯陈公故里”碑，明嘉靖二十六年（1547 年）“陈丞相雪诬辨碑”等碑碣 6 通。陈平，字孺子，河南原阳阿村人，生前曾任太仆、都尉、护军中尉、丞相等职，在汉王朝建立期间，协助刘邦用反间计使项羽除掉谋士范增，笼络韩信并在刘邦征战中多用奇计，化险为夷，为平定诸吕叛乱、巩固刘氏政权作出了不朽的贡献。

玄奘寺 位于河南偃师市缑氏镇唐僧寺村。相传初创于北魏，原名灵岩寺。唐代人为颂扬玄奘不辞万难兴佛弘教的善行，遂易名“兴善寺”。明代万历年间，又改名唐僧寺。根据已故中国佛教协会会长赵朴初建议，今改名“玄奘寺”。该寺为一坐北朝南长方形院落，现存殿宇两座。前为天王殿，又称下殿，面阔三间，进深一间。后殿为玄奘殿，也称上殿，面阔三间，进深三间，悬山式顶。正中供玄奘大师，寺内还存有古碑数方，另有出土于玄奘殿前的一块残碑及寺外西北玄奘墓侧的两块经幢残石。

陈氏将军祠 位于河南固始县陈集乡安阳山西麓。唐天宝年间陈元光孙子陈澧所建，清嘉庆年间重修，但祠堂基石的雕刻依然为唐代风格。祠堂坐北朝南，占地 500 平方米，有房屋 26 间。将军祠正门的墙面是青砖错砌，门口有石阶、石柱、石楹、石狮。屋顶是具有南方风格的褐色小瓦，庭院青石铺路，随迁而高，四周有带廊。祠堂内主要建筑是大殿，大殿的左侧石碑记载了陈元光在闽南平“蛮獠啸乱”、开发漳州的丰功伟绩。正堂的匾额为“尘净东南”、“威震闽粤”，堂联为“开闽数十年烽烟无惊称乐土，建漳千百载香火不绝祀将军”。大殿的正中央是泥塑的陈将军像。祠前是一湾池，名“月牙塘”，现存水面 10 余亩。月牙塘东南角是陈氏“七星拱月”家族墓地，这里埋葬着陈元光祖父陈克耕等陈氏家族的先人。近年，海外及漳州等地不断组团到此祭祀祖根。

南山寺 位于福建漳州市区九龙江南畔的丹霞山麓，为漳州八大名胜之一，是闻名海内外的有1200多年历史的佛教大寺院。据《龙溪县志·古迹》记载，它原名“报劬崇福禅寺”，是唐开元年间（713—741年）太子太傅陈邕所建，至明朝才改称南山寺。南山寺占地面积2000多亩，主要建筑有天王殿、大雄宝殿、石佛阁、德星堂、藏经阁、陈太傅祠。而大石佛、白玉佛、大钟、血书《严华经》、御赐《致经》（贝叶经）合称南山寺五宝。

陈白沙祠　位于广东江门市白沙村，在其故居碧玉楼的基础上扩建而成，始建于明代万历十二年（1584年），后经重修，占地面积200亩。祠堂内现存建筑有前门、贞节堂、崇正堂、碧玉楼等。祠堂内正中为陈白沙塑像，旁有用白沙手迹刻的碑刻。祠堂门前木石结构牌楼，立面三间，四柱三楼。楼上有屋檐，屋檐下有斗拱。

陈大夫宗祠　位于广州市白云区沙贝村中元里，是为纪念南宋有名的贤德进士、大大陈康延而建造的。宗祠始建于明朝嘉靖年间，清道光年间重修，其建筑至今较完整地保存着明清时代的格局与风貌。陈大夫宗祠占地800平方米，主体建筑以精美的琉璃瓦、鳌鱼脊、瓦衽狮子及四方飞檐为特色。特别是琉璃瓦脊，其牡丹花枝造型优美、工艺精湛，在广东省古建筑中相当稀有。宗祠的大门上方悬挂着皇帝赐予陈氏先人的“彩牌”（仿制品），大门上的大石匾刻有“宋名贤陈大夫宗祠”字样，并标明该匾为明嘉靖十八年由“钦命巡按广东监察御史王德溢为赐进士出身陈锡立”。大门口还悬挂着一副木对联，上书“一门七进士，四代五乡贤”，据说原对联由现代书画名家陈树人亲笔题写。大门内正中高悬陈子壮“钦点探花及第”金边金字牌匾。大堂正中摆放一座玻璃钢陈子壮塑像，并悬挂着“世德堂”和乾隆御笔“忠简”两块大匾。宗祠内的东祠为乡贤祠，陈列着陈氏历代名宦乡贤的画像史料；西祠为忠烈祠，专门陈列陈子壮事迹及其诗词歌赋。

陈氏鉴湖堂　位于浙江漳浦佛昙大坑村。始建于明永乐年间（1403—1424年），清迁界时被毁，康熙二十二年（1686年）重建，道光六年（1826年）维修，1915年又修，1981—1988年历时8年大修。陈氏鉴湖堂建筑面积200平方米。整座建筑坐西向东，二进式结构，一进为前庭，有两庑和一天井；第二进六楹三开间，三山双坡悬山屋顶。祠堂前有广场，广场前有一大水塘称为鉴湖。祠联：日月双悬光耀鉴湖庙，乾坤半壁泽惠王家安。

陈祠木牌楼 位于福建省福安市上杭陈氏宗祠前，系该祠堂的附属建筑，俗称“太祠亭”。始建于清康熙十年（1671年），现存建筑系清乾隆二十年（1755年）重建，占地面积300平方米。牌楼为木结构，三楼三间，单檐歇山顶，穿斗梁上枋和两次间额枋上设五层如意斗拱承托檐枋，八檐柱侧脚造四脊术均有夹石，正间上枋与额枋的空档装饰田字海棠纹，透空窗格两侧楣板子装饰凸起的万花纹，两次间楣板装饰凸起套钱花纹。三楼屋檐均有飞檐结构，三楼屋脊和8个屋角均施鸥尾翘角。屋脊徒板灰塑阁假山、熏炉、宝瓶、瑞兽、飞鸟、流云和四季花卉，屋檐有扇形瓦当和寿字花纹雨滴。整个建筑宏伟壮观，结构精巧，1991年被公布为市文物保护单位。

陈氏书院 俗称陈家祠，位于广州市白云区。始建于清光绪二十年（1894年），是归国华侨及广州慈善界名人陈瑞南、陈照南和陈香邻等人倡议，并由广东70多县陈姓族人集资兴建的合族宗祠。占地15000平方米，其中主体建筑面积6400平方米，呈正方形，是一组“阔五间，深三进”由大小19座建筑组成的院落和式建筑群。建筑组合之间庭院相隔，廊庑穿插。整组建筑规模宏大，厅堂轩昂，庭院幽雅，既体现了我国古代建筑的传统风格，又具有我国南方建筑的鲜明特色。1988年陈氏书院被国务院公布为全国重点文物保护单位，同年典雅富丽的陈氏书院又被广州市民评选为羊城十大旅游美景之首。

陈氏宗祠 位于台北新埔街内，始建于同治七年（1868），占地面积30余亩。陈氏宗祠之结构空间，与文昌祠、广和宫、妈祖庙相同，在新埔街已少有。主体建筑为二进构造，前面为前庭殿，面阔三间，殿内地板为六角形红方砖，是咸丰年间运自大陆，古色古香。前殿与大殿间有天井以及廊坊，墙体为红色。祠堂大殿面阔三间，券轩棚斗拱，下饰木雕龙头与三支彩色亮丽反钩之吊筒，下饰木雕龙头，仔细看大有内容。全祠主色为青灰色，无金碧辉煌、琉璃红墙之装饰。四周高楼之下，绿意盎然。

四、陈姓历史名人

在历史的长河中，陈姓名人辈出，当过国君的47人，封国公的84人，任过宰相的50人，著名将帅33人，考上状元的23人，其他名宦、学者、各个行业的名人更是不计其数，为中华民族的发展和人类文明做出了重要贡献。以下仅列举部分名人。

（一）古代名人

1. 陈胜

陈胜（？—公元前208年），字涉，故又称陈涉，阳城（今河南周口市商水县）人，早年为人佣耕，从小立志要干点大事业出来。当时正值秦朝的残暴统治时期，他不甘心受人奴役，同情和自己同命运的人，他对一起耕田的伙伴们说："如果有谁富贵了，可别忘了一块吃苦受累的穷兄弟。"大伙听了都觉得好笑："咱们给人家种田，哪儿来的富贵？"陈胜不免感叹道："燕雀安知鸿鹄之志哉！"

秦二世元年（公元前209年）七月，朝廷大举征兵去戍守渔阳（今北京市密云西南），陈胜也在征发之列，并被任命为带队的屯长。他和900名穷苦农民在两名秦吏押送下，日夜兼程赶往渔阳。当行至蕲县大泽乡（今安徽宿州西寺坡乡）时，遇到连天大雨，道路被洪水阻断，无法通行。因按照秦的酷律规定，凡所征戍边兵丁，不按时到达指定地点者，是要一律处斩的，在危急关头，陈胜和吴广杀死押送的军官，把900名戍卒召集在一起，袒露右臂作为标志，以秦公子扶苏、楚将项燕之名，宣布起义。陈胜自立为将军，以吴广为都尉，一举攻下大泽乡、蕲县县城。不到一个月又连克铚（今安徽宿县西）、酇（今河南永城西）、苦（今河南柘城县北）、柘、谯（指谯县。在今安徽省亳州市）等五县，又打下了陈县，以陈县为都城，建立张楚政权，陈胜称王。

陈胜任命吴广为假王，率领起义军主力西击荥阳，取道函谷关，直捣秦都咸阳。秦二世依少府章邯之谋，赦免在骊山陵服役的几十万刑徒，封章邯为将军，临时组编军队阻击起义军。秦将章邯全力进攻陈县，秦二世二年

（公元前209年）十二月，陈胜亲率农民军将士与秦军展开激战，退至下城父（今安徽蒙城西北），车夫庄贾杀害陈胜。陈胜从谋划起义，到称王立国，再到兵败被害，前后不过半年时间，然而，由他所发起的反秦战争，最终推翻了暴秦。陈胜死后，被辗转埋葬在芒砀山主峰西南。刘邦称帝后，追封陈胜为“隐王”，派30户丁役守护陈胜墓，并按王侯待遇对陈胜年年杀牲祭祀。

2. 陈平

陈平（？—公元前178年），西汉大臣。阳武（今河南原阳）人。《史记》中有《陈丞相世家》。陈平年少时，家中十分贫困，可他又偏偏喜欢读书，尤其喜欢黄帝、老子的学说。秦二世元年（公元前209年）陈胜、吴广起义后，陈平投奔魏王咎，不久受谗而归项羽，随之入关破秦。刘邦还定三秦时，又间行降汉。拜为都尉，使参乘、典护军。后历任亚将、护军中尉。先后参加楚汉战争和平定异姓王侯叛乱（见异姓诸侯王）诸役，成为汉高祖刘邦的重要谋士。刘邦困守荥阳时，陈平建议捐金数万斤，离间项羽群臣，使项羽的重要谋士范增忧愤病死。高帝六年（公元前201年）又建议刘邦伪游云梦，逮捕韩信。次年，刘邦为匈奴困于平城（今山西大同北部）七天七夜，后采纳陈平计策，重贿冒顿单于的阏氏，才得以解围。陈平因功先后受封为户牖侯和曲逆侯。汉高祖死后，吕后以陈平为郎中令，傅教惠帝。惠帝六年（公元前189年），与王陵并为左、右丞相。王陵免相后陈平擢为右丞相，但因吕后大封诸吕为王，陈平被削夺实权。吕后死，陈平与太尉周勃合谋平定诸吕之乱，迎立代王为文帝（见汉文帝刘恒）。文帝初，陈平让位周勃，徙为左丞相，因明于职守，受到文帝赞赏。不久周勃罢相，陈平专为丞相。孝文二年去世，谥献。

3. 陈汤

陈汤，西汉将领。字子公，山阳瑕丘（今山东兖州东北）人。元帝时，为西域副校尉。匈奴郅支单于奴役康居人民，攻掠乌孙、大宛等，威胁西域。他和西域都护甘延寿发兵至康居，击杀郅支单于，以功封关内侯。

4. 陈寔

陈寔（104—187年），颍川许县（今河南许昌东）人，字仲弓，又称陈太丘，东汉名士。初为县吏都亭刺佐，曾入太学就读。后为督邮，复为郡西门亭长，四为郡功曹，五辟豫州，六辟三府，再辟大将军。司空黄琼辟选理剧，补闻喜长，宰闻喜半岁；复再迁除太丘长，故号太丘。与子纪、谌并著高名，时号“三君”，又与同邑钟皓、荀淑、韩韶等以清高有德行闻名于世，合称为“颍川四长”。党锢之祸起，被连，余人多逃亡，他说：“吾不就狱，众无所恃。”自请囚禁。党禁解，大将军何进、司徒袁隗招辟，皆辞不就。年八十余卒于家，赴吊者达三万余人。并刻石立碑，谥“文范先生”。后在许昌建“太丘祠”专祀。三百七十多年后，南朝陈文帝于天嘉五年（564年），追封陈寔为康乐侯，陈宣帝于太建元年（569年），加封为颍川侯。汉蔡邕《蔡中郎集》有陈太丘碑文。范晔《后汉书》有其传。

5. 陈琳

陈琳（？—217年），字孔璋，汉末文学家。广陵射阳（今江苏淮安市楚州区东南）人，汉魏间文学家，与陈琳、王粲、徐幹、阮瑀、应玚、刘桢等合称为“建安七子”。生年无确考，惟知在“建安七子”中比较年长，约与孔融相当。汉灵帝末年，任大将军何进主簿。何进为诛宦官而召四方边将入京城洛阳，陈琳曾谏阻，但何进不纳，终于事败被杀。董卓在洛阳专权时，陈琳避难至冀州，为袁绍幕僚。袁绍使之典文章，军中文书，多出其手。最著名的是《为袁绍檄豫州文》，文中历数曹操的罪状，诋斥及其父祖，极富煽动力，建安五年（200年），官渡之战中，袁绍大败，陈琳为曹军所俘获。曹操爱其才而不咎，署为司空军师祭酒，使与阮瑀同管记室。后又徙为丞相门下督。建安二十二年（217年），与刘桢、应玚、徐幹等同染疫疾而亡。

陈琳善文，以表章书记见称，亦能诗。他的著作，据《隋书·经籍志》载原有集10卷，已佚。今存《饮马长城窟行》等四篇。明代张溥辑有《陈记室集》，收入《汉魏六朝百三家集》中。

6. 陈登

陈登，三国时魏国将领。字元龙，下邳（今江苏邳县）人。陈登为人深沉有大略，举为孝廉。陶谦为徐州牧时，任为典农校尉。后从吕布，与父珪合谋离间吕布与袁术的关系，并劝曹操速加攻灭吕布。曹操任登为广陵太守，令聚众以图吕布。吕布被诛，以功加拜伏波将军。死时年仅三十九岁。

7. 陈群

陈群（？—236年），三国时魏臣。颍川许昌（今河南许昌东）人，字长文。初为刘备别驾，后归曹操，任司空掾。延康元年（220年），任吏部尚书，建议推选各郡有声望的人出任中正，将当地士人分为九品，政府按品选用，称为“九品官人法”，亦即九品中正制，后来逐步演变为士族垄断政权的工具。魏明帝时，任司空、录尚书事。

8. 陈寿

陈寿（233—297年），字承祚，巴西安汉（今四川南充）人。西晋史学家。他小时候好学，师从同郡学者谯周，在蜀汉时曾任卫将军主簿、东观秘书郎、观阁令史、散骑黄门侍郎等职。当时，宦官黄皓专权，大臣都曲意附从。陈寿因为不肯屈从黄皓，所以屡遭遣黜。蜀亡入晋，司空张华爱其才，举为孝廉。历仕佐著作郎、巴西郡中正、平阳侯相、著作郎，官至治书侍御史。有良史才，撰《三国志》，创三国并列之体例。另撰有《古国志》、《益部耆旧传》，编有《蜀相诸葛亮集》等。

9. 陈安

陈安（？—323年），十六国时秦陇人民起义军领袖。322年，在秦陇发动起义。氐、羌族人民纷起响应，聚众至十余万，他自称大都督、大将军、凉王。以上邽（甘肃天水）为根据地，攻占附近各县。次年，前赵国君刘曜亲自督军围剿起义军，他率军血战，战死。陇上人作歌以悼之，称他为“陇上壮士”。

10. 陈庆之

陈庆之（484—539年），南朝梁将领。义兴国山（今江苏宜兴西南）人。幼从梁武帝（萧衍），颇受信任。梁武帝大通二年（528年），魏北海王元颢降梁。武帝令他率七千人送元颢回北方。次年，入洛阳（今属河南），计取三十二城，四十七战，无不胜利。未几，以兵少受挫，退回北方。后历任北兖州（今山东兖州）南北司二州刺史等职。卒，谥武。

11. 陈伯之

陈伯之，南朝梁将。济阳睢陵（江苏睢宁）人。有勇力，为盗乡里。乡人车骑将军王广之爱其勇而用之。齐时以军功迁至骠骑司马、刺史。天监元年（502年）降魏，官为平南将军。后梁伐魏，他于寿阳率众归梁，官至通直散骑常侍、太中大夫。

12. 陈武帝（陈霸先）

陈武帝（503—559年），南朝陈创建者。即陈霸先，庙号高祖，字兴国，小字法生，吴兴长城（今浙江长兴）人。梁时，自小吏累迁至西江督护、高要太守。太清三年（549年）自广州起兵，与王僧辩讨平侯景，位至司空。梁元帝在江陵为西魏所杀，他与王僧辩在建康拥立萧方智为帝，旋杀僧辩，独揽朝政。太平二年（557年）进封陈王，继而禅梁自代，建立陈朝。

13. 陈后主（陈叔宝）

陈后主（553—604年），南朝陈朝皇帝。即陈叔宝，字元秀，小字黄奴，南北朝时期陈国皇帝。后本为陈宣帝嫡长子，天嘉三年（562年）立为安成王世子，太建元年（569年）立为皇太子，太建十四年（582年）即位。在位时大建宫室，生活奢侈，不理朝政，日夜与妃嫔、文臣游宴，制作艳词。隋军南下时，自恃长江天险，不以为然。祯明三年（589年），隋军入建康，陈叔宝被俘。后在洛阳城病死，终年52岁，追赠大将军、长城县公，谥曰炀。明人辑有《陈后主集》。

14. 陈稜

陈稜（？—619年），隋将领。字长威，庐江襄安（安徽巢县）人。隋文帝时为开府。炀帝时，历任骠骑将军、武贲郎将、御卫将军。大业五年（609年），曾奉诏与张镇周率众万人渡海入流求（台湾），以功进位右光禄大夫。辽东之役，以宿卫有功迁左光禄大夫。参与镇杨玄感及江淮农民起义。江都兵变，炀帝被杀后，投杜伏威，后为其所杀。

15. 陈硕真

陈硕真（？—653年），唐高宗时农民起义女首领。睦州（治今浙江淳安）人。永徽四年（653年），与妹夫章叔胤在睦州率众起义，自称文佳皇帝，以叔胤为仆射。起义军先后攻克睦州、桐庐、於潜等地。后为婺州刺史崔义玄等所败，她与叔胤均遇害，余众皆降。

16. 陈政

陈政（616—677年），字一民，号素轩，唐代光州固始（今河南省固始县）人。开辟漳州的将领。隋唐之际，以良家子从军，随其父陈犊攻克临汾等郡，唐太宗任其为左郎将。

公元669年，泉（治今福州）潮间“蛮獠”啸乱，唐廷遣戍卫归德将军陈政更代，晋升陈政为朝议大夫，统岭南行军总管事，率府兵自丰州（今泉州）莆田县南下。入漳伊始，受尽劳累病苦。陈政所率唐军来到柳营江畔（今江东）扎营，并打退少数民族武装，进军盘陀梁山之下。后来，少数民族首领组织更大规模的狙击，陈政以寡不敌众退守九龙山（今九龙岭），且耕且守。同时，奏请增兵，朝廷命以陈政之兄陈敏、陈敷带领五十八姓军校南下支持。公元670年，陈敏兄弟奉母魏箴与年仅十四岁的陈元光同行。至须江县（今浙江省江山市）地，陈敏、陈敷不幸相继病逝。陈政迎其母，葬二位兄长于汉兴（今福建浦城），继续领军作战。陈政采纳军咨祭酒丁儒之策，瓦解柳营江西少数民族武装，教化西北山峒的黎民，围歼少数顽固之敌于蒲葵关下，打通了南进的道路，于是，进屯梁山外的云霄镇。公元677年四月，陈政病故于军中，享年六十二岁。

17. 陈元光

陈元光（657—711年），字廷炬，唐朝前期光州固始人。博通经史，熟悉兵法韬略。曾自著兵法、射法服习之。唐总章二年（669年），泉潮间“蛮獠啸乱”，诏命归德将军陈政进朝仪大夫，统岭南行军总管事，率府兵和部分当地人自丰州莆田县南下。是年，陈元光十三岁，领乡荐第一，旋即随父母戍闽。父亲去世之后，代领其众。永隆二年（681年），盗起，攻南海边邑，循州司马高王定檄陈元光潜师入潮。陈元光沿山奇袭敌人，俘获上万人，终于平定叛乱，还军于漳州。朝廷封为正议大夫、岭南行军总管。陈元光时年二十五岁。唐朝永淳二年（683年）陈元光上奏《请建州县表》，至垂拱二年（686年）十二月初九日获准于泉潮间增置一州，设治所于云霄屯营地之漳江畔，因名漳州。诏令陈元光兼任刺史。自别驾以下，得自辟置。其时年甫三十岁。景云二年（711年），值粤东流寇陈诚复起于潮州，十一月初五潜抵岳山。陈元光率轻骑讨之，因步兵后至，为贼将所伤，竟以身殉。同时赴难者，尚有营将马仁等。终年五十五岁。闻陈元光去世，当地百姓哀号，相与制服哭之。陈元光始葬于云霄之大峙原。诏立庙，赐乐器、祭器，建威德，世祀之，坊以表之。开元四年（716年）徙州治于李澳川（即今漳浦县城）。贞元二年（786年），州治再迁龙溪（今芗城区），为祭祀的方便，又移陈将军墓于州北九龙里松洲之高坡山。明封昭烈侯。

唐垂拱二年（686 年），陈元光开漳立州。他厉行法治、重视垦荒、兴修水利，重文治，特于州治设员专司文学，后复设立书院。且于政务之余，躬自倡行诗教，著诗赋多首，现存五十三首，有《龙湖集》传世。对创建、开发漳州做出了卓越贡献，为百姓所称颂崇拜，并逐步形成民间信仰文化。千百年来，闽南和台湾以及海内外漳籍同胞尊他为“开漳圣王”。

18. 陈子昂

陈子昂（约 661—702 年），梓州射洪（今四川射洪西北）人，字伯玉。唐代文学家，初唐诗文革新人物之一。陈子昂青少年时家庭较富裕，轻财好施，慷慨任侠。成年以后才开始发愤读书，博览群书。他擅长写作，同时关心国事，要求在政治上有所建树。24 岁时举进士，官为麟台正字，后升为右拾遗，直言敢谏。时武则天当政，信用酷吏，滥杀无辜。他不畏迫害，屡次上书谏诤。武则天计划开凿蜀山经雅州道攻击生羌族，他又上书反对，主张与民休息。他的言论切直，常不被采纳，并一度因“逆党”反对武则天的株连而下狱。垂拱二年（686 年），曾随左补阙乔知之军队到达西北居延海、张掖河一带。万岁通天元年（696 年），契丹李尽忠、孙万荣叛乱，又随建安王武攸宜大军出征。两次从军，使他对边塞形势和当地人民生活获得较为深刻的认识。圣历元年（698 年），因父老解官回乡，不久父死。居丧期间，被老家射洪县县令段简迫害致死。

陈子昂在文学方面针对初唐的浮艳诗风，力主恢复汉魏风骨，反对齐、梁以来的形式主义文风。他自己的创作，如《登幽州台歌》、《感遇》等共三十八首诗，风格朴质而明朗，格调苍凉激越，标志着初唐诗风的转变。其存诗共 100 多首，陈子昂死后，其友人卢藏用为之编次遗文 10 卷。今存《陈伯玉文集》是后人重编的。《旧唐书》、《新唐书》均有传。

19. 陈玄礼

陈玄礼（？—约 760 年），唐将领。初任果毅都尉，随李隆基（玄宗）起兵诛杀韦后及安乐公主。玄宗即位后，宿卫宫中。安史之乱时，随玄宗逃蜀，行至马嵬驿（今陕西兴平西），在太子李亨支持下，与士兵杀杨国忠，并逼玄宗缢死杨贵妃。随玄宗回长安，封蔡国公后辞官，旋病死。

20. 陈鸿

陈鸿，唐文学家，字大亮，贞元进士，曾任主客郎中。他长于史学，撰有《大统纪》三十卷，其书已佚，仅存序文。所作《长恨歌传》较著名。另有《东城老父传》等。《开元升平源》亦传为其所作，已散佚，鲁迅《唐宋传奇集》有辑录。《全唐文》存其《大统纪序》、《华清汤池记》等文三篇。

21. 陈陶

陈陶（？—约885年），唐诗人。鄱阳（今江西波阳）人，一作岭南（今广东、广西一带）人，又作剑浦（今福建南平）人，字嵩伯。大中时游学长安。后隐居南昌西山，自称“三教布衣”。工赋诗，《陇西行》中“誓扫匈奴不顾身”句，为世传诵。有诗集十卷，已散佚，后人辑有《陈嵩伯诗集》一卷。

22. 陈抟

陈抟（？—989年），北宋初道士。字图南，号扶摇子，亳州真源（今河南鹿邑）人。后唐时，举进士不第，遂不仕，以山水为乐，隐居华山。后周时，授谏议大夫，力辞不赴。太平兴国中，两次来汴京，为太宗所礼重，赐号“希夷先生”。著有《指玄篇》、《三峰寓言》、《高阳集》及诗六百余首等。

23. 陈彭年

陈彭年（961—1017年），字永年，北宋臣。建昌郡南城（江西南城）人。雍熙进士。景德初，为直史馆兼崇文院检讨，预修《册府元龟》。与戚纶详定考试条例，多革旧制。然附王钦若、丁谓，《宋史》谓其“溺志爵禄，甘为小人之归”。后与丘雍奉诏修订《切韵》，改名《大宋重修广韵》，为研究中古语音的重要依据。著有《江南别录》。

24. 陈师道

陈师道（1053—1102年），字履常，一字无己，号后山居士，北宋彭城（今江苏徐州）人。著名官员、诗人。陈师道出身于仕宦家庭，祖父陈洎，官至三司盐铁副使，赠工部侍郎；父亲陈琪，官至国子博士通判绛州。到陈师道时，家境已衰落，陈师道早年娶郭概之女为妻，迫于生计，妻女皆在岳父家就食。16岁时师从曾巩。当时朝廷用王安石经义之学以取士，陈师道不以为然，不去应试。元丰四年（1081年），曾巩奉命修本朝史，荐陈师道为属员，因其本是布衣而没有被启用。太学博士正录荐陈师道为学录，他推辞不就。元祐二年（1087年），翰林学士的苏轼与傅尧俞、孙觉等推荐他任徐州州学教授。四年，苏轼出任杭州太守，路过南京（今河南商丘），陈师道到南京送行，以擅离职守，被劾去职。不久复职，调颍州教授。绍圣元年(1094 年)，他被朝廷目为苏轼余党，罢职回家。他家境贫寒，但仍专力写作，欲以诗文传于后世。元符三年（1100 年），复除棣州教授，赴任途中，改除秘书省正字，未上任即卒。

陈师道一生安贫乐道，闭门苦吟，有“闭门觅句陈无己”之称。他为苏门六君子之一，江西诗派重要作家。亦能词，其词风格与诗相近，以惊警见长。著有《后山先生集》，词有《后山词》。另著有《后山谈丛》、《后山诗话》。

25. 陈东

陈东（1086—1127 年），北宋太学生。润州丹阳（今属江苏）人，字少阳。徽宗时入太学。宣和七年（1125 年），率太学生上书请诛蔡京等六贼，以谢天下。次年，金兵逼开封，又屡次请杀奸邪。钦宗罢李纲，对金求和。太学生并京城居民十余万人，在他率领下伏阙上书，要求复用李纲，抗击金兵。高宗即位，至南京（今河南商丘南），又三次上书，斥黄潜善、汪伯彦误国，为高宗所杀。著有《少阳集》、《靖炎两朝见闻录》。

26. 陈尧叟

陈尧叟（961—1017 年），字唐夫，宋代阆中（今属四川）人。太宗端公年间进士，授光禄寺丞、直史馆，迁广南西路转运使，有善政。后拜同知枢密院士。宋真宗大中祥符五年（1012 年）加检校太尉，同平章事，充枢密使。死后赠侍中，谥号文中，有《请盟录》3 集 20 卷传世。

27. 陈尧佐

陈尧佐（963—1044 年），字希元，宋代阆中（今属四川）人，陈尧叟之弟。太宗端公年间进士，历任殿中丞，两浙转运副使、京西、河东路转运使等，死后赠司空兼侍中，谥号文惠。

28. 陈尧咨

陈尧咨，字嘉谟，陈尧佐之弟，举进士第一。历任著作郎、知光州，右正言、知荆南、同判吏部流内铨、翰林学士等。

29. 陈与义

陈与义（1090—1138 年），字去非，号简斋，生活在北宋末年到南宋初年，为宋代杰出诗人。其先祖居京兆，自曾祖陈希亮迁居洛阳，故为洛阳人（今河南洛阳）。政和中登上舍甲科，授开德府教授。避乱岭南。绍兴初召中书舍人。拜参知政事，师德辅政，尊主振纲。

元代方回在《瀛奎律髓》中称杜甫为江西派的“一祖”，黄庭坚、陈师道、陈与义为“三宗”。陈与义诗作最逼近杜诗的是七律。陈与义亦擅词作。《临江仙》中的“杏花疏影里，吹笛到天明”，《虞美人》中的“及至桃花开后却匆匆”等名句都为人称诵。

陈与义集原为其学生周葵所编，共10卷，佚失。宋光宗绍熙元年（1190年），有《简斋诗集》30卷刊刻问世，《四部丛刊》即据此影印《陈简斋诗外集》。1982年，中华书局据此本出版《陈与义集》。

30. 陈傅良

陈傅良（1137—1203年），南宋学者。字君举，号止斋，温州瑞安（今属浙江）人。乾道进士，历福州通判、知桂阳军、吏部员外郎、中书舍人兼侍读等。师事于郑伯熊、薛季宣，为永嘉学派代表人物之一，既得薛季宣事功之学，又“解剖于《周官》、左史，变通当世之治”，尤笃信“六经之学，兢业为本”。对史学亦有贡献。著有《春秋后传》、《历代兵制》、《止斋集》等。

31. 陈亮

陈亮（1143—1194年），南宋思想家、著名词人。婺州永康（今属浙江）人，字同甫，学者称龙川先生。绍熙四年（1193年）进士第一。授签书建康府判官公事，未赴而卒。才气超迈，喜论兵事，力主恢复，反对和议。曾多次上书，遭当权者嫉恨，三次下狱。为学反对理学家空谈道德性命，提倡经世济民的“事功之学”。与朱熹友善，在学术思想上，却屡辩“王霸义利”，为永康学派主要代表。议论纵横，说理透辟。词作豪放激越。有《龙川文集》、《龙川词》，近经整理为《陈亮集》。

32. 陈淳

陈淳（1159—1223年），南宋哲学家。漳州龙溪人，字安卿，号北溪。少读朱熹《近思录》，遂弃举业，专心为学，深得朱学本原。以为太极即天理，仁为天理之全体，惟心中纯是天理，无一毫人欲，才可称仁。著《北溪字义》、《北溪大全集》等。

33. 陈振孙

陈振孙（？—约1262年），南宋藏书家。湖州安吉（今属浙江）人。初名瑗，避理宗讳改字伯玉，号直斋。宁宗时历任溧水、绍兴、鄞县教授，宝庆间通判兴化军（今福建莆田），过录夹漈郑氏、方氏、林氏、吴氏藏书五万一千余卷。淳祐四年（1244年）任国子司业，官至宝章阁待制。仿晁公武《郡斋读书志》，著《直斋书录解题》，为宋代著名私家提要目录。

34. 陈自明

陈自明（约1190—1270年），南宋医学家。字良甫，抚州临川（今江西抚州）人。三世业医，曾任建康府医学教授。尝遍行东南各地，访求医学文献，系统总结宋以前妇产科医学成就，附以家传经验，于嘉熙元年（1237年）编成《妇人大全良方》，为当时最完善的妇产科医学专著，对妇产科医学发展贡献甚大。另著有《外科精要》，注重整体和内外结合疗法，记述痈疽等症较详，对外科医学的发展亦有一定影响。

35. 陈居中

陈居中，生卒年不详，南宋画家。嘉泰年间画院待诏。专工人物、山水、蕃马，布景着色，精致活泼。开禧三年（1207年）尝为崔丽人画像。曾作《文姬归汉图》、《胡笳十八拍图》、《女猎图》、《牧马图》、《八骏图》等，均为一时佳品，今有《四羊图》存世。

36. 陈碧娘

陈碧娘，生卒年不详，南宋末诗人。亦作璧娘，云霄（今属福建省）人，宋都统张达妻。张达曾在广西抗元，又参加厓山之战，夜袭元张弘范水军。两弟陈格、陈植也从军厓山，陈格战死，陈植败后隐居不出。碧娘作《平元曲》，辞气慷慨。相传张达从帝自南澳岛（今属广东省）钱澳至甲子门时，她送夫到钱澳，因此有辞郎洲地名。达死难，她葬其尸后亦绝食死。

37. 陈吊眼

陈吊眼（？—1282年），元初抗元首领。即陈大举，又称陈钓眼，漳州（福建漳州）人，畲民。宋景炎元年（1276年），曾随张世杰攻泉州降元守臣蒲寿庚，后又一度降元。至元十七年（1280年）与父文桂、叔桂龙举兵反元，占漳州城，军士多达十多万人。十九年被征蛮都元帅完者都等率军镇，兵退千壁岭后被元将高兴诱执，死于漳州。

38. 陈宜中

陈宜中，生卒年不详，南宋温州永嘉（今浙江温州）人，字与权。在太学，与黄镛等上书，论劾丁大全，号称“六君子”。景定三年（1262 年）第进士。出仕后，附贾似道。后为右丞相兼枢密使，向元乞和无效，即请迁都。闻元兵迫近，潜逃回乡。陆秀夫、张世杰等在福建拥立赵昰为帝，被召为左丞相。景炎二年（1277 年），以形势危急，逃往占城（今越南中南部），再逃暹国（今泰国）而死。

39. 陈友谅

陈友谅（1320—1363 年），沔阳（今湖北沔阳）人。元代末年大汉政权建立者。宋仁宗时期，陈友谅先祖举家迁入湖北境内洪湖边上，世为渔民。陈友谅少时略通文义，曾在玉沙县做个小县吏。元末农民战争爆发后，1351 年刘福通领导红巾军首举义旗，罗田布贩徐寿辉（首领）、麻城铁匠邹普胜（军师）、江西和尚彭莹玉（元帅）、倪文俊在蕲黄一带大别上起兵响应，攻克罗田后定都浠水，建立天完政权。至正十一年（1351 年）陈友谅参加徐寿辉、邹普胜、倪文俊等人领导的天完红巾军，初为徐寿辉军薄掾，因军功升为元帅。至正十七年（1357 年）杀死倪文俊，并得拥有其军队，后连克江西、福建诸郡。至正十九年（1359 年）迎徐寿辉迁都江州（江西九江），自称汉王。次年闰五月，杀徐寿辉称帝，建都江州，国号汉，改元大义。夺权之后，陈友谅一方面继续反元，占领了江西、安徽和湖北襄阳等地；一方面把重点放在与朱元璋争夺南中国地区上。至正二十三年（1363 年）朱元璋和陈友谅双方屯兵数十万人于鄱阳湖，欲进行一场生死大决战，朱元璋仿赤壁之战，采用火攻破敌。鄱阳湖大战，朱元璋以少胜多，陈友谅大败，中箭而死。

40. 陈亮

陈亮，字景明，长乐（今属福建）人，元末明初诗人。洪武中，郡县累召不起，潜心著述。结草屋于沧州中，建一小楼，名为“储玉楼”，购四方古今图籍藏庋其中。工诗文，为“闽中十才子”之一。以元代儒生自居，不仕明。著有《沧州储玉斋集》。

41. 陈诚

陈诚（1365—1457 年），字子鲁，号竹山，江西吉水人，明代政治家。

洪武进士，授行人。出使安南（越南北部），令其归还所占广西思明府、丘温等五县。永乐间三使西域，遍历哈里（阿富汗赫拉特）、苏联撒马尔罕等中亚十七国，历时八年，行程六万余里。为发展各国友好关系作出贡献。并留意图记各国山川、城池、风俗、物产，撰成《西域行程记》、《西域番国志》。官至光禄寺右通政。有《陈竹山文集》。

42. 陈献章

陈献章（1428—1500年），字公甫，号石斋，广东新会人，明学者。正统举人，曾荐授翰林院检讨，旋辞归。后屡荐不起，绝意仕途。其修养以静为主。居白沙里，门人称“白沙先生”。兰溪姜麟则称之为“活孟子”。其学说以陆九渊“心即理也”说为宗旨，认为宇宙的一切都是理的表现。曾言“天地我立，万化我出，而宇宙在我矣”。有《白沙子全集》、《白沙诗教解》。

43. 陈铎

陈铎（1469—1507年），字大声，号秋碧，江苏邳州（邳县）人，寓居南京。明散曲家。官世袭指挥。善诗词画，尤精散曲。所作散曲，稳协流丽，时称“乐王”，齐名徐霖。作品以城市居民生活为题材，多写闲情逸致和颓废生活。有《秋碧乐府》、《梨云寄傲》、《滑稽余韵》、《月香亭稿》等。

44. 陈道复

陈道复（1483—1544年），初名淳，字道复，后以字行，改字复甫，号白阳山人。明画家。长洲（今江苏苏州）人。曾从文徵明学书画，后不拘于师法，书工行草。擅画写意花卉，淡墨浅色，风格疏爽。后人将他与徐渭并称“青藤白阳”。亦画山水，学朱友仁、高克恭，而自有风格。其子括，字子正，号沱江，所画花卉，颇有父风。

45. 陈东

陈东（？—1556年），明通倭首领。曾在日本萨摩岛主的兄弟部下为书记，后从王直为大头目。嘉靖三十四年（1555年），勾结肥前、筑后等地倭寇大举入侵，攻掠南汇、金山、崇明、上海等地。遭张经抵御，退兵出海。次年合徐海屯柘林（今上海奉贤南），分掠淮扬、常州、镇江、松江及浙东等地。总督胡宗宪设计分化之，被徐海缚献官军，后杀死。

46. 陈建

陈建（1497—1567 年），字迁肇，号清澜、清澜钓叟，广东东莞人。明学者，嘉靖举人，曾任教谕、知县等。后辞归，筑草堂，刻意治学。以理学卫道士自居，反对王守仁学说，指责王学剽窃禅宗思想，王学与禅宗同化是“乱道误人”，并极力为朱熹辩护。作《朱陆编年》，专论朱陆异同。辑《周子全书》、《程氏遗书类编》等。

47. 陈第

陈第（1541—1617 年），字季立，号一斋，福建连江人，明音韵学家。万历诸生，初为都督俞大猷幕府，从学兵法。任蓟镇游击将军，坐镇十年，边备修饬。晚年专心致学，研究古音韵，工诗。建世善堂，藏书极富。著有《毛诗古音考》、《屈宋古音义》、《一斋诗集》、《寄心集》等。

48. 陈与郊

陈与郊（1544 年—1611 年），字广野，号禺阳、玉阳仙史或署高漫卿、任诞仙，浙江海宁（今属浙江）人。明戏曲作家。曾任太常少卿。著有传奇《灵宝刀》（即李开先《宝剑记》改本）、《麒麟罽》、《鹦鹉洲》、《樱桃梦》四种，合称《冷痴符》，皆存。杂剧今知者有五种，现存《昭君出塞》、《袁氏义尤》等三种。另著有诗文集《隅园集》，并辑有《古名家杂剧》、《古今乐考》等十多种。

49. 陈邦瞻

陈邦瞻（？—1623 年），字德远，江西高安人。明史学家。万历进士，历任南京吏部郎中、浙江参政、福建、河南布政使、广西巡抚、两广总督，终官户、工二部侍郎。博学好问，建滏阳书院，集诸生讲学。为官风节清正。有《宋史纪事本末》、《元史纪事本末》、《莲华山房集》、《荷华山房诗稿》等。

50. 陈实功

陈实功（1555—1636 年），明医学家。字毓仁，号若虚，江苏南通人。幼多病，究心医学，尤得外科秘要。取外施手术与内服药并行，治脓肿疽，医术出神入化，手到病除，起死回生。其医德高尚纯净，治病不求报。大江南北，赖治无数。家富庶，在乡置义宅、义田、义园，以济孤贫。有《外科正宗》。

51. 陈继儒

陈继儒（1558—1639年），明文学家、书画家。字仲醇，号眉公、麋公，华亭（上海松江）人。《明史》载其“幼颖异，能文章”，“又博闻强识”。诸生。隐居昆山，后筑室东佘山，屡辞征诏，杜门著述。工诗词善书画，书法苏轼、米芾。齐名董其昌。有《陈眉公全集》、《国朝名公诗选》等。

52. 陈永福

陈永福（？—1644年），明将领。崇祯十四年（1641年），据守开封，抵御农民军围攻，其子陈德射中李自成左目。十六年，与督师孙传庭会师，合击李自成，郏县惨败，退走陕西。后为李自成所招降。次年，大顺军东渡黄河，他随刘芳亮征战平阳、怀庆、卫辉。李自成退出北京，升为权将军，与韩文俭同守太原。加封文水伯。清军进围太原，力战殉职。

53. 陈明遇

陈明遇（？—1645年），南明抗清义军首领。浙江人。弘光元年（1645年），任江阴（今属江苏）典史，被当地人民推为抗清义军首领。他认为前典史阎应元智勇过人，因推应元为义军首领。二人共率众守城八十一日。城破后，他持刀巷战，壮烈牺牲，全家也投水死。

54. 陈洪绶

陈洪绶（1599—1652年），字章侯，号老莲。浙江诸暨人，明末清初画家。从蓝瑛习绘画，求理学于刘宗周。乡试不中，捐为国子监生。清兵陷浙东，去绍兴云门寺为僧一年余，自号悔迟，亦称老迟。善画人物、花鸟、草虫、山水。崇祯间，与北京崔子忠（青蚓）齐名，号南陈北崔。绘有《水浒叶子》、《博古叶子》及《九歌》、《西厢记》等绣像插图。能诗文，有《宝纶堂集》。

55. 陈名夏

陈名夏（1601—1655年），字百史，江苏溧阳人。明崇祯进士，官修撰。后降李自成，福王时列从贼案。顺治初降清任官。累迁吏部尚书、弘文院大学士，少保兼太子太保。曾阿附多尔衮，请其篡位。《清史稿》载帝谓其“辗转矫诈之小人”。数被论死夺官、宽免。终以诸罪处死。有《石云居士文集》。

56. 陈贞慧

陈贞慧（1604—1656年），字定生，江苏宜兴人，明末清初散文家。为明末诸生“东林党”人陈于廷之子，为复社重要成员之一。曾与吴应箕写《留都防乱檄》，声讨阮大铖。明亡后隐归故里。他表扬抗清人物之散文，感情深沉悲愤，颇富民族气节。后人辑刻其遗著为《陈处士遗著》。

57. 陈确

陈确（1604—1677年），初名道永，字非玄，后改名确，字乾初。浙江海宁人，明清之际思想家。明诸生，曾受学于刘宗周。明亡后，隐居著述。晚岁病困十余年而卒。一生对宋、明理学和佛教进行激烈批判。反对《大学》中“知止于至善”的观点，批判朱熹“一旦豁然贯通”之说。肯定人的善恶取决于后天积习。提出“天理正从人欲中见。”抨击佛教“度尽众生”是“灭绝众生”。著有《大学辨》、《葬书》、《瞽言》等。

58. 陈永华

陈永华（？—1680年），字复甫，福建同安人，郑成功谋士。明末秀才。明亡，弃文投郑成功军，任参军，成为谋士。成功北伐，留守厦门。郑经嗣位时，官至东宁总制使，尽心力佐。由守厦门，退守台湾，建立屯田制，提倡种蔗以制糖，兴办学校。后为冯锡范、刘国轩妒忌，遂自解兵权，忧死。

59. 陈子龙

陈子龙（1608—1647年），字卧子，号大樽，松江华亭（今上海松江）人。南明抗清将领、文学家。崇祯进士。南明弘光帝时，任兵科给事中，因朝政腐败而辞职归乡。清军破南京后，在松江起兵，称监军，事败，避匿山中，复联结太湖兵抗清。事泄，在苏州被捕，乘隙投水而死。善诗赋古文，尤精骈体。著有《陈忠裕公全集》。

60. 陈忱

陈忱（约1613年—？），明末清初小说家。浙江乌程（今湖州）人，字遐心，一字敬夫，号雁宕山樵。明亡后，绝意仕进，卖卜自给。与顾炎武、归庄组织惊隐诗社。身名俱隐，穷饿以终，诗文杂著多散佚，仅小说《后水浒》（一名《三续水浒传》）传世。

61. 陈王廷

陈王廷，生卒年不详，字奏庭。河南温县人，明末清初武术家。明武庠生。入清后隐居乡里。曾以戚继光《拳经》为蓝本，创长拳十三势。拳势螺旋缠绕，快慢相间，意、气、形密切配合，把养生、健身和技击合而为一。后经人增益，遂成陈式太极拳。今遗留炮捶一路，以及推手和粘枪方法等。著有《拳经总歌》。

62. 陈维崧

陈维崧（1625—1682 年），字其年。江苏宜兴人，明左都御史陈于廷之孙，陈贞慧之子。清文学家。少时即擅长诗文，称天才，受推重。其诗沉郁雄丽，词多达一千八百多首，骈体文则被称为唐天宝之后无匹敌者。年逾五十始举博学鸿词科，授翰林院检讨，参加纂修《明史》。著有《湖海楼诗集》、《迦陵文集》。

63. 陈恭尹

陈恭尹（1631—1700 年），字元孝，号半峰，晚号独漉山人。广东顺德人。清诗人。幼时父邦彦因抗清牺牲，他避匿闽浙得生。桂王时以父荫授锦衣卫指挥佥事。南明亡，归里隐居，以诗自解。后曾受三藩叛乱牵连入狱，获释。其诗多讴歌抗清志士，忧怀故国。与屈大均、梁佩兰并称岭南三家，又与程可则、方还等并称岭南七子。亦工书法。有《独漉堂集》。

64. 陈潢

陈潢（1637—1688 年），字天一，号省斋，浙江嘉兴人。清水利家。顺治间为河道总督靳辅幕客，佐治河事。康熙授其为佥事道。靳辅罢，削职逮问，病卒。《清史稿》载其治河，“主顺河性而利导主，有所患必拟其致患之由”。用车水攻沙法，使水归故道，并开中河三百里。有《河防摘要》、《河防述言》。

65. 陈明智

陈明智，生卒年不详，清昆曲演员。江苏苏州人。原在乡村演净角。偶充演《千金记》中霸王，气势雄伟，嗓音高昂，观者咸称绝技。遂入名班寒香部。因其来自角直镇，故称的直大面。康熙南巡苏州，赏识其技艺，选入宫廷任教习二十年，以年老告归。

66. 陈宏谋

陈宏谋（1696—1771 年），字汝咨，号榕门，广西临桂（今桂林）人。雍正进士。选为庶吉士，授检讨。乾隆间，历任陕、湘、苏等省巡抚，两广、湖广总督。内迁累官兵部、工部尚书，东阁大学士。外任三十余年，历十二行省二十一职，期间重农田水利、疏河道，兴教化，严吏治，颇有政绩。后以年老辞官，卒于归途。

67. 陈端生

陈端生（1751—1796 年），字云贞、春田，浙江钱塘（浙江杭州）人。清文学家。为官吏范菼妻，聪慧善诗词。菼坐事谪戍。她始写弹词《再生缘》，寄离别之悲愤，自谓婿不归，此书无完日。夫释归途中，她已悲愤而逝。史学家陈寅恪评其所写十七卷为“叙事言情七言排律之长篇巨制”，是“弹词中第一部书”，“可同希腊、印度的著名史诗媲美”。另有《绘影阁诗集》，已佚。

68. 陈修园

陈修园（1753—1823 年），名念祖，字良有，号慎修。福建长乐人，清医学家。乾隆举人。嘉庆中，官直隶威县知县，有贤声，遇水灾、大疫亲施方药救民。晚归田，以医学教授，弟子甚众。著有《灵素集注节要》、《伤寒论浅注》、《金匮要略浅注》、《时方妙用》、《医学三字经》等。简明易懂，对医学普及工作有所贡献。

69. 陈豫钟

陈豫钟（1762—1806 年），字浚仪，号秋堂。清篆刻家。钱塘（今浙江杭州）人，师法丁敬等，直取汉人风范，工致规矩，苍劲秀丽。与陈鸿寿合称钱塘“二陈”，为“西泠八家”之一。又与黄易、陈鸿寿、奚冈齐名，时称“浙派”。兼画兰竹，亦秀逸有致。尝集古人画家为传有《求是斋印存》。

70. 陈鸿寿

陈鸿寿（1768—1822 年），字子恭，号曼生、种榆道人，钱塘（浙江杭州）人。清篆刻家。嘉庆拔贡生。官至江南海防同知。篆刻取法秦汉兼及丁敬，切刀纵肆爽利，清秀明快，灵动洒脱。与陈豫钟称钱塘二陈，为西泠八家之一。工画山水花鸟兰竹。知宜兴时，改造陶茶具制作工艺，制铭镌句，时为珍品，称曼生壶。有《种榆仙馆诗集》等。

71. 陈寿祺

陈寿祺（1771—1834 年），字恭甫，号左海，福建闽县（福建闽侯）

人。清经学家。嘉庆进士。累官会试同考官，记名御史等。归养母不复出。后历主泉州清源书院、鳌峰书院等。《清史稿》载“为诸生言修身励学，教以经术”。初治理学，后究汉学。解经析义，多有创见。有《尚书大传定本》、《左海文集》、《左海经辨》等。

72. 陈文述

陈文述（1771—1843 年），字退庵，号云伯，原名文杰，浙江钱塘（浙江杭州）人。嘉庆举人。官知县，开伊娄河故道。少以诗名。应杭州乡试，以《仿宋画院制团扇》为题诗作，考绩最佳，人称陈团扇。齐名杨芳灿。晚年诗去华就实。有《碧城仙馆诗钞》、《颐道堂集》、《西泠怀古集》、《闺咏》等。

73. 陈化成

陈化成（1776—1842 年），字莲峰，福建同安人。行伍出身。历官参将、副将至福建水师提督，江南提督。嘉庆中，从提督李长庚打击蔡牵海上武装，屡有功。鸦片战争爆发，调任江南，训练水师，修台铸炮。道光二十二年（1842 年），抗击英国侵略军于吴淞西炮台，重创敌军，战死。封骑都尉兼云骑尉世职，谥忠愍。

74. 陈沆

陈沆（1785—1825 年），初名学濂，字太初，号秋舫，湖北蕲水（湖北浠水）人。清文学家。嘉庆进士，授编修。官至四川监察御史。工诗，宗中、晚唐。风格平淡幽雅。有《简学斋诗存》、《诗比兴笺》、《近思录补注》等。

75. 陈连陞

陈连陞（？—1841 年），清抗英将领。湖北鹤峰人。行伍出身，官至参将。道光十九年（1839 年），率部击退盘踞珠江口官涌之英军，升为三江口副将。二十年（1840 年）十二月，与其子武举人陈长鹏及官兵六百人坚守沙角炮台，奋勇抵抗来犯英军，因众寡悬殊，力战阵亡。其子亦投江殉难。

76. 陈奂

陈奂（1786—1863 年），字倬云，号硕甫，晚号南园，江苏长洲（江苏吴县）人。清经学家。诸生出身。专攻《毛诗》，“博征古书，发明其义”（《清史稿》），成《诗毛氏传疏》、《毛诗说》、《毛诗音》，于礼教名物诸方面，多有见地。另有《师友渊源记》、《宋本集韵校勘记》等。

77. 陈立

陈立（1809—1869 年），字卓人，又字默斋，江苏句容人。清经学家。道光进士。曾任刑部主事。于《春秋公羊传》用力最深，集唐以前及清代成果，“左右采获，择精语详”（《清史稿》），成《公羊义疏》，至为精湛。另有《白虎观疏证》、《说文谐声孳生述》、《句溪杂著》等。

78. 陈乔枞

陈乔枞（1809—1869 年），字朴园。闽县（今福建闽侯）人。清经学家。寿祺之子。宣宗道光间举人，曾任江西袁州（今江西宜春）、临江（今江西清江）、抚州（今属江西）知府。传其父辑遗之学，续成《今文尚书经说考》、《齐鲁韩三家诗遗说考》等。辑撰各书收入《小琅嬛馆丛书》，又名《左海续集》。

79. 陈澧

陈澧（1810—1882 年），字兰甫，号东塾，广东番禺人。道光举人。曾任广州学海堂长数十年，晚年又主讲菊坡精舍。“与诸生讲论文艺，勉以笃行立品，成就甚众”（《清史稿》）。其学渊博，天文、地理、乐律、音韵，经学无所不涉，治经以不拘门户之见为特色。著有《东塾读书记》、《声律通考》、《切韵考》、《汉书水道图说》等。

80. 陈介祺

陈介祺（1813—1884 年），字寿卿，号簠斋。山东潍县人，清末金石学家。道光进士。曾任翰林院编修。喜收藏青铜器、陶器、印玺、造像等古文物，所藏以毛公鼎为最有名。著有《十钟山房印举》、《吉金文释》等。善拓墨，曾据其经验著为《传古别录》。后人编有《陈簠斋尺牍》、《簠斋吉金录》。

81. 陈开

陈开（1822—1861 年），清末天地会首领。雇农出身。1854 年 7 月，在广东佛山镇领导红巾军武装起义，会合李文茂、陈显良等率十数万群众围攻广州十个月，与英、法、美侵略者支持的清军作坚决斗争。次年偕李文茂进军广西，与梁培友会合，攻克浔州（桂平），建立大成国，改元洪德，自称“平浔王”。1861 年 8 月清军攻陷浔州，被俘牺牲。

82. 陈得才

陈得才（？—1864 年），广西浔州（治今桂平）人，太平天国将领，陈玉成之叔。参加太平军。咸丰十年（1860 年），封功（公）天福，援安徽定远捻军，升公天安。次年冬，封扶王。后自皖远征西北，回援时，拟东进遇阻，复奉命往西北扩军，遂经鄂至陕。同治三年（1864 年）为援天京（今南京）重至豫、鄂，天京陷后，转入鄂、皖，后在霍山黑石渡战败自尽。

83. 陈玉成

陈玉成（1837—1862 年），原名丕成，广西藤县人，太平天国将领。农民出身。十四岁参加太平军，为童子兵。太平天国定都天京后，历任左四军正典圣粮、检点、冬官正丞相、正掌率、前军主将，封成天豫、英王先后从西征军两次攻克武昌，转战庐州、芜湖，解镇江之围，击破清军江南大营、江北大营。咸丰六年（1856 年）天京“杨韦事变”后，得洪秀全倚重，和李秀成共同主持太平天国军事。率部再破清军江北大营，彻底摧毁清军江南大营；与湘军主力大战于三河镇，攻庐州，援安庆，会攻武汉不成，回师安徽，再退庐州，派部将远征西北，扩大力量。同治元年（1862 年）五月，自庐州突围，至寿州被叛将苗沛霖诱捕。六月，被杀于河南延津。

84. 陈坤书

陈坤书（？—1864 年），清太平天国将领。广西桂平人。诨号“陈斜眼”。咸丰四年（1854 年），为太平天国副侍卫。转战皖、苏参与破江北大营十年，随军占安徽广德，封求天义，投入摧毁江南大营之役。守苏州。次年，攻宝山、镇江，逼松江，任副掌率、后军主将。贿封护王。同治二年（1863 年），战于江阴援无锡，寻守常州，次年城陷，被俘牺牲。

85. 陈湜

陈湜（？—1896 年），字舫仙，湖南湘乡人。从曾国荃镇太平军，先后攻取安庆、江宁（江苏南京）。官至山西按察使，参与镇捻军，以疏防被革职。随左宗棠镇陕甘回民军。后复职。甲午战争时驻防山海关阻击日军，迁江西布政使。

86. 陈启沅

陈启沅（约 1825—约 1905 年），字芷馨，广东南海人。初走南洋经商致富，回国后在南海简村创办继昌隆缫丝厂，用机器缫丝，并不断进行技术改革，提高生产效益。所办丝厂为中国民族资本家经营最早的机器缫丝厂。产品行销海外，获利甚厚。光绪七年（1881 年）被清廷勒令关闭，迁厂至澳门。后回简村继续经营。

87. 陈阿林

陈阿林，即陈亚林，清末上海小刀会首领。福建同安人。早年在上海为外国人当马夫。后加入上海小刀会，成为福建帮首领。1853 年 9 月，与刘丽川等在上海领导小刀会起义，被推为大明国统理政教招讨左元帅。不久改任太平天国统理政教招讨左元帅，总理军务，作战英勇，身先士卒。1854 年在法国侵略军与清军围城时，拒绝投降，坚持战斗。次年 2 月在上海突围成功，流亡海外。后不知其终。

88. 陈宝箴

陈宝箴（1831—1900 年），字左铭，江西义宁（江西修水）人，清维新派。初以举人办团练，参与镇压太平军。光绪二十一年（1895 年）任湖南巡抚，力行改革，“先后设电信，置小轮，建制造枪炮厂，又立保卫局、南学会、时务学堂。延梁启超主湘学，湘俗大变”（《清史稿》）。又保荐杨锐、刘光第、谭嗣同、林旭参与新政。戊戌政变后被革职。

89. 陈虬

陈虬（1851—1903 年），字志三，晚号蛰庐，浙江乐清人，清改良派。举人出身。著《治平通议》，主张“欲图自强，自在变法”。提出设议院、兴制造、奖工商、开铁路等主张。参加康有为发起的保国会，后在温州设学堂、办报馆等。戊戌变法后被通缉，避居温州一带，后即一意行医。另有《报国录》、《蛰庐文集》、《蛰庐医案》等。

90. 陈炽

陈炽（1855—1900 年），字次亮，号瑶林馆主，江西瑞金人，清末改良主义者。光绪举人。历任户部郎中、刑部章京、军机处章京等职。主张学习西方，以求自强。光绪二十一年（1895 年）与康有为在北京组织强学会，任提调，主张实行君主立宪政体，并提出发展经济的措施。维新失败后，忧愤而死。著有《庸书》、《续富国策》等。

（二）现当代名人

1. 陈嘉庚

陈嘉庚（1874—1961 年），原名陈甲庚，福建省同安县集美社（现属厦门市集美区）人。祖父陈簪聚，陈簪聚有三子：长名缨忠，次名缨斟，三名杞柏。陈杞柏即陈嘉庚的父亲。兄弟三人，都曾到南洋星洲经商。陈杞柏主要经营米店，陈嘉庚 17 岁（1891 年）时南渡前往新加坡谋生，在他父亲经营的顺安米店内做了 13 年。1904 年顺安停业，欠债权人 20 余万元。陈嘉庚接手衰败的家业后，创建菠萝罐头厂，入股恒美熟米厂，在福山园套种树胶。1925 年，他已拥有橡胶园 1.5 万英亩，成为华侨中最大橡胶垦殖者之一，被称为新加坡马来西亚橡胶王的四人开拓者之一。1925 年他公司的营业范围远及五大洲，雇佣职工达 3 万余人，资产达 1200 万元（约值黄金百万两）。

1910 年春，陈嘉庚加入中国同盟会，成为陈嘉庚政治生涯的重要里程碑。1937 年抗战爆发后，他发起成立“马来西亚新加坡华侨筹赈祖国伤兵难民大会委员会”、“南洋华侨筹赈祖国难民总会”等团体，带头捐款献物，支持抗战。1949 年，陈嘉庚应毛主席电邀，回国出席全国政协，参加开国大典。此后，定居祖国，为祖国建设服务。他历任中央人民政府委员、归国华侨联合会主席、全国政协副主席、全国人民代表大会常务委员等职。1961 年 8 月 12 日在北京病逝。他生前叮嘱“把集美学校办下去，把 300 万元存款捐献给国家”，国家还为此设立了陈嘉庚科学奖。著有《南侨回忆录》、《新中国观感集》。

2. 陈独秀

陈独秀（1879—1942 年），原名乾生，字仲甫，号实庵，安徽怀宁（今安徽省安庆市）人。早年毕业于求是书院（浙江大学的前身），1901 年留学日本。1903 年参加拒俄运动，1905 年创建安徽第一个资产阶级革命组织岳王会，任总会长，曾参加反对清王朝和反对袁世凯的斗争。1915 年 9 月创办《青年杂志》（后改名《新青年》），大力提倡新道德、反对旧道德，提倡新文学、反对旧文学，举起民主与科学的旗帜。1916 年任北京大学文科学长。1918 年和李大钊创办《每周评论》，提倡新文化，宣传马克思主义，时称“南陈北李”。是五四新文化运动的主要领导人之一。1920年，在共产国际帮助下，首先在上海建立中国共产党发起组织，进行建党活动。1921年3月24日，陈独秀受陈炯明之邀在广东建党。1921年7月，在上海举行的中国共产党第一次全国代表大会上，被选为中央局书记，其后被选为第二、第三届中央执行委员会委员长，第四、第五届中央委员会总书记。在1927年八·七会议上，会议认为陈独秀犯了“右倾机会主义”错误，撤销陈独秀的总书记职务。1929年，陈独秀被开除出中国共产党。1938年，被王明、康生诬陷为日本间谍，从此与中共彻底决裂。1942年5月27日，陈独秀在四川江津病逝。主要著作收入《独秀文存》、《陈独秀文章选编》等。

3. 陈毅

陈毅（1901—1972年），名世俊，字仲弘，四川乐至人，中国共产党的优秀党员，中国人民解放军的创建者和领导者之一，中华人民共和国元帅，党和国家的卓越领导人。

1922年留法学生期间，因参加爱国运动，陈毅被中法政府联合派人押送回国，在重庆编辑《新蜀报》。同年秋，他进北京中法大学学习，加入中国共产党。1926年，他在四川协助北伐军做兵运工作。1927年，被调到武汉中央军校担任该校中共委员会书记。

土地革命战争时期，历任工农革命军第一师党代表，中国工农红军第四军十二师党代表、师长，红四军政治部主任、军委书记，红六军、红三军政治委员，中共赣西南特委书记，红二十二军军长，江西军区总指挥兼政治委员，西方军总指挥，中华苏维埃共和国中央政府办事处主任。红军长征后，留在江西苏区，领导了南方三年游击战争。抗日战争爆发后，就任中共中央军委新四军分会副书记、第1支队司令员，不久，率新四军第一支队和第二支队挺进苏南，开辟了以茅山为中心的抗日游击根据地，任江南指挥部指挥。皖南事变后，中共中央任命陈毅为新四军代理军长。解放战争开始时，任华东野战军司令员、中原野战军副司令。上海解放后，陈毅任第一任上海市市长。1954年，陈毅调中央工作，担任国务院副总理，以后兼外交部长，还担任中央军委副主席。1955年，陈毅被授予元帅衔，并获得一级八一勋章、一级独立自由勋章、一级解放勋章。1972年1月6日去世。

4. 陈赓

陈赓（1903—1961 年），原名陈庶康，化名王庸。1903 年 2 月 27 日生于湖南省湘乡县二都柳树铺。陈赓是杰出的无产阶级革命家、军事家，中国人民解放军的卓越领导人，新中国国防科技、教育事业的奠基者之一。1916 年入湘军当兵。1921 年脱离湘军，在长沙参加爱国活动。1922 年加入中国共产党。1924 年 5 月入黄埔军校第一期学习。毕业后，留校任副队长、连长。参加了平定商团叛乱和讨伐陈炯明的东征。1926 年赴苏联学习。1927 年回国参加南昌起义，南下途中在贺龙部任营长。后赴上海在中共中央机关做情报工作。土地革命战争时期，历任中国工农红军四方面军十二师团长、师长，红军步兵学校校长，红军干部团团长，陕甘支队第十三大队队长，红一军团第一师师长。参加了长征。抗日战争时期，历任八路军一二九师三八六旅旅长，太岳军区太岳纵队司令员。解放战争时期，历任晋冀鲁豫野战军第四纵队司令员，中国人民解放军第四兵团司令员兼政委。

建国后，历任西南军区副司令员兼云南军区司令员，云南省人民政府主席，中国人民志愿军第三兵团司令员兼政委，中国人民志愿军副司令员，中国人民解放军军事工程学院院长兼政委，中国人民解放军副总参谋长兼国防科委副主任，国防部副部长。是第一、二届国防委员会委员，中共第七届中央候补委员、第八届中央委员。1955 年被授予大将军衔。曾获一级八一勋章，一级独立自由勋章，一级解放勋章。1961 年 3 月 16 日在上海逝世，终年 58 岁。

5. 陈云

陈云（1905—1995 年），江苏青浦（今属上海）人。原名廖陈云。1925 年参加五卅运动。同年加入中国共产党。1927 年大革命失败后，受党组织派遣回家乡从事农民运动。1929 年回上海，任中共江苏省委委员兼农委书记，上海闸北、法南区委书记。1930 年在中共六届三中全会上当选为中央候补委员。1931 年 1 月在中共六届四中全会上当选为中央委员。1934 年在中共六届五中全会上当选为中央政治局委员、常委，兼任中共中央白区工作部部长。同年参加长征，任中国工农红军第五军团中央代表、军委纵队政委、渡河（金沙江）司令部政委等职。1935 年 9 月赴莫斯科，任中共驻共产国际代表团成员。1937 年 11 月回到延安，任中共中央组织部部长。

1945年在中共七届一中全会上当选为中央政治局委员，任中央书记处候补书记。后任中共中央北满分局书记，中共中央东北局副书记，东北民主联军副政委，后兼任中共中央南满分局书记、辽东军区政委，东北财经委员会主任。1948年10月当选为中华全国总工会主席。新中国成立之后，先后任政务院副总理兼财政经济委员会主任、中央书记处书记、国务院副总理、中央副主席、商业部部长、国家基本建设委员会主任、全国人大常委会副委员长、中共中央纪律检查委员会第一书记等职。1995年4月10日在北京逝世，享年90岁。主要著作收入《陈云文选》。

6. 陈诚

陈诚（1898—1965年），字辞修，乳名德馨，别号石叟，浙江省丽水市青田县高市乡外村人。中华民国国民革命军一级上将，陈诚以18军为骨干建立了土木系，从而使他在黄埔系中地位举足轻重。陈诚不但是黄埔系骨干将领，而且处处模仿蒋介石，最终成长为一个政治家，他的政治才干要强于军事才干。历任台湾省政府主席，“中华民国行政院院长”，“中华民国副总统”等职。陈诚主政台湾期间，通过一系列的措施稳定了台湾，通过改革为台湾经济的腾飞打下良好的基础。

7. 陈景润

陈景润（1933—1996年），数学家，福建福州人。1953年毕业于厦门大学数学系。中国科学院数学研究所研究员。主要从事解析数论方面的研究，并在哥德巴赫猜想研究方面取得国际领先的成果。50年代对高斯圆内格点、球内格点、塔里问题与华林问题作了重要改进。60年代以来对筛法及其有关重要问题作了深入研究。1966年5月证明了命题“1＋2”，将200多年来人们未能解决的哥德巴赫猜想的证明大大推进了一步。这一结果被国际上誉为“陈氏定理”；其后又对此作了改进，将最小素数从原有的80推进到16，深受称赞。1980年当选为中国科学院院士（学部委员）。

8. 陈慕华

陈慕华（1921—2011年），女，浙江青田人。1938年6月加入中国共产党，1939年至1945年先后在延安抗大学习，后任三分校训练部军事佐理员，延安留守兵团警备五团参谋，兵团司令部教育科参谋，1945年至1950年任热河军区司令部一科参谋，1971年至1988年任对外经济联络部副部长、党的核心小组副组长、部长、党组书记，国务院副总理，国家计划生育委员会主任，中央爱国卫生委员会主任，对外经济贸易部部长、党组书记、国务委员、中国人民银行行长、党组书记、理事会理事长、中国银行董事会名誉董事长、中央财经领导小组成员。1988 年至现在任中华全国妇女联合会主席、党组书记、中国银行董事会名誉董事长。第五届、六届、七届、八届全国人大代表，第七届、八届全国人大常委会副委员长、全国人大财政经济委员会主任委员。中共第十届、十一届、十二届、十三届，十四届中央委员，第十一届、十二届、十三届中央政治局候补委员。

9. 陈新庄

陈新庄（1957—2003 年），河南省驻马店平舆县人。1980 年毕业于汝南园林学校，先后担任商水县、太康县、周口地区政法委、司法局重要职务。2001 年任中共淮阳县委书记，他扎实工作，使淮阳与时俱进，积劳成疾，于 2003 年 9 月 26 日病故在工作岗位上，享年 46 岁。他是陈氏家族在现代社会中平凡又卓越的一个代表，2005 年被河南省委命名为焦裕禄式县委书记。

五、寻根联谊

（一）祖地淮阳古今

1. 地理环境

淮阳（古称宛丘，又称陈州）是中华民族发祥地之一，历史光辉悠久，地上地下文物丰富，物华天宝，地灵人杰，教育事业发达，文化艺术繁荣，经济在曲折发展中振兴，实乃辽阔中原上一颗闪闪发光的明星。

淮阳县位于河南省东部，居周口市腹心，处北纬 33°25′－33°57′，东经 114°38′－115°04′之间。东与鹿邑、郸城、沈丘县毗邻，西与川汇区、西华县接壤，南隔沙河与项城、商水县相望，北与太康、柘城县襟连。东西宽 40. 6 公里，南北长 56 公里，面积 1467. 85 平方公里，占河南省总面积的 0. 88%，占周口市总面积的 12%。县城距省会郑州市 214 公里，距七朝古都开封 144 公里。全县辖 20 个乡、镇场，130 万人，有汉、回、满、壮、土、白、布依7个民族，汉族居多，占总人口的97.8%；回族次之，占总人口的2%。人口密度每平方公里750人。

境域系黄河冲积平原，地势由西北向东南微倾斜，海拔高度西北最高点50米，东南最低点39米，地面坡降约1/5000－1/6000。中北部有淮阳岗，占全县面积的32.6%，其余多为1938年黄河泛滥后形成的冲积平地。全县耕地面积147.63万亩，占总土地面积的67.05%，土质98.81%为发育在河流沉积物上，受地下水影响，经耕种而熟化的潮土。气候属亚热带向暖带过渡的温暖带季风半湿润气候。年平均日照2354.6小时，太阳辐射总量为120.2千卡/平方厘米，光能资源是全省高值区之一。年平均气温14.3℃。年均无霜期216天、降水量741.2毫米。适宜种植粮、棉、油、菜及多种林木、药材。盛产小麦、玉米、大豆、红薯、棉花、花生、芝麻、黄花菜等。

境内河流属淮河水系。南端沙河切边流经，北部老黑河、李贯河东西过境，新运河、新蔡河纵贯其中。14条骨干河道，13条干沟，加之支流、支沟形成布局合理的排灌系统。著名的淮阳环城湖，面积16483亩，比杭州西子湖大一倍多，湖水碧波荡漾，资源丰富；湖滨胜迹遍布，交映生辉，是中原一大自然景观、豫东著名旅游之地。

淮阳雄踞中原，维系八方。境内北京至广州公路跨越南北，漯（河）双（沟）公路横亘东西，周（口）商（丘）公路斜穿全境；许（昌）郸（城）、周（口）淮（阳）两条窄轨铁路在县城北关交会；南端沙河是水上运输线。近年高速公路直通四面八方。

2. 悠久历史

淮阳历史源远流长。原始时代人类就在这里聚居繁衍、生息。约公元前40世纪，相传东夷族首领太昊伏羲氏都于此（史称宛丘）。后炎帝神农氏继都于太昊伏羲之旧墟，故易名为“陈”（陈，旧也），陈由此始。夏，陈为豫州之地。商汤封舜后虞遂于陈。西周（公元前11世纪），武王封舜后妫满于陈，首都陈国，辖邑14。春秋末（公元前479年），楚灭陈，夷陈为县，陈县首次出现。战国末（公元前278年）秦破楚于郢，楚顷襄王迁都于陈，历38年。公元前221年，秦统一中国，初设陈县，奠定县城之基础；后置陈郡，统领12县。秦二世元年（公元前209年），陈胜率农民起义军据陈城，号“张楚”，建立中国历史上第一个农民革命政权。西汉高祖十二年（公元前196年），以陈在淮水之北，地当冲要，改陈郡为淮阳郡，淮阳名源于此。帝封子友为淮阳王，建淮阳国，辖9县。东汉复建陈国。三国魏明帝太和六年（232年），以陈四县封曹植为王，卒于任，今境内尚存其墓（思陵冢）。南北朝时，郡、州相间。隋废州为郡，置宛丘县。唐袭州制，陈州统6县，宛丘为其一。宋置淮阳郡，后升淮宁府，置宛丘县。元，复为陈州，宛丘为附郭。明，废宛丘县入陈州，领4县。清雍正十二年（1734年），升州为府，置淮宁县。

民国二年（1913年），裁府复县，改淮宁县为淮阳县，隶河南省。民国二十一年（1932年），设河南省第七区督察专员公署，治淮阳，县属之。民国二十七年（1938年），县城沦于日本侵略军，日伪设淮阳县政府，属豫东道，隶河南省。同时，民国县政府南迁水寨镇。民国三十四年（1945年）光复后，民国县政府，治城关，属第七区督察专员公署、隶河南省。民国三十二年（1943年），中共领导的抗日根据地建立淮太西县，设抗日民主政府，治东夏亭（今西华县境内），属中共水东特委，隶中共河南省委。民国三十五年（1946年），建立淮阳县人民政府，治戴集（今葛店乡境内），属淮阳专区。民国三十八年（1949年）3月，中共先后建立的周口县、界首县、夏亭县、淮阳市同时撤销。

中华人民共和国建立，淮阳县属淮阳专区，隶河南省。淮阳专员公署，治淮阳。1953年，淮阳专区撤销，县改属商丘专区。1959年，商丘专区撤销，县改属开封专区。1962年，恢复商丘专区，县再改属之。1965年，置周口地区，淮阳县从属至今。

从传说时代的太昊伏羲氏都宛丘，到中华人民共和国成立后的近6000年历史长河中，淮阳，皇而帝，帝而王，分封则国，统制则郡，南北迭辖，州县兼置，始终是豫东政治、经济、文化之中心，经历了中华民族发展的各个历史阶段，是中华文明的缩影。

3. 祖地名胜

淮阳，名胜古迹星罗棋布，地上地下文物极为丰富。据民国五年（1916年）《淮阳县志》载，县内有陵、寺、庙、宫、观、堂、阁、坊等名胜古迹268处。它们遍布城乡，风格迥异，使古城大地处处生辉。迄今完好的太昊伏羲陵，位于县城1.5公里的蔡河之滨，原占地875亩，金碧辉煌，古柏参天，一年四季香烟袅袅，“朝祖”者络绎不绝。明太祖朱元璋自制祝文，遣礼官致祭，民国大总统黎元洪曾亲临拜谒。纪念孔子在陈绝粮的弦歌台，屹立于县城西南隅的湖光绿水之中，与太昊伏羲陵乾坤照映，整座建筑典雅壮观，气势磅礴，绿荫掩映，恰似一座水上仙阁。位于县城北里许路东湖中的画卦台，是后人为纪念太昊伏羲氏在此“画八卦，分阴阳”丰功伟绩而建的古式亭台。“台高八尺，广阔十间”，环台皆水。气宇轩昂的画卦亭耸立台中，亭旁一株苍劲古松，环视其姿，均似相迎。画卦台前的白龟池，相传是太昊伏羲氏于蔡水得白龟凿池放养之地。1984 年秋，在此喜得白龟一只，传说得以印证，引起世人很大兴趣。据访，尚为大陆所仅有。

经考古发掘和文物部门鉴定，本县现有古遗址 17 处，其中属新石器时代的 12 处，春秋战国时期的 3 处，汉以后的 2 处。1979 年后发掘的平粮台古城遗址，面积 5 万平方米，兴建于 4500 年前，是我国考古发掘中时代最早的古城址，也是世界已发掘古城中兴建时间较早的一座。它的发掘，对研究中国古代文明的起源，龙山文化时期的社会性质与城市发展史等，具有十分重要的学术价值，引起国内外考古学家和史学界的普遍关注，国务院已把平粮台古城遗址列入国家级重点文物保护单位，西周时陈国初建，春秋末楚国复筑的陈楚故城（即今淮阳县城）及内涵丰富的朱丘寺龙山文化时期遗址，均为省级文物保护单位。

境内古墓葬分布广，数量多。闻名遐迩的太昊伏羲陵，素有“羲陵岳峙”之称，拾级至顶，可鸟瞰全城风光。陵上古树枝繁叶茂，陵前树有“太昊伏羲氏之陵”的宋代巨碑一通，陵后有珍贵植物蓍草。“蓍草春荣”乃古陈八景之一。西周陈胡公铁墓、战国末楚顷襄王墓、东汉淮阳王刘崇墓、三国魏曹植墓、秦孔子九世孙孔鲋墓、唐忠武军节度使赵犨墓、宋礼部尚书张咏墓、清漕运总督袁甲三墓等，均规模较大。刘崇墓，墓制之大，建筑艺术水平之高，均居全国发掘汉墓之最，受到国内外专家的青睐。1980 年发掘的楚顷襄王墓西侧的两个大型车马坑，北坑葬马 24 匹，车 8 辆；南坑葬车 23 辆，泥马 20 多匹，是目前我国考古发掘中型制最大、埋葬车辆、马匹最多的楚国车马坑，南白楼古墓群，方圆 10 平方公里，内藏古墓数千座。

众多的古建筑、古遗址、古墓葬，积累和储藏了大量的珍贵文物，止于

1988 年，全县累计出土文物 2.5 万多件，其中 1979 年后出土的 2.18 万件。馆藏文物 4222 件中，一、二级文物近百件。于庄汉墓出土的西汉三进陶院落模型，结构严谨，形象逼真，是西汉封建农业经济发展的真实写照，曾参加美国新奥尔良国际博览会，为西方考古学家所倾倒。九女冢出土的东汉绿釉陶楼模型，形体细高，结构精巧，反映东汉时我国已具有高超的建筑艺术水平，曾参加维也纳国际博览会。春秋时期的曹公盘，战国时期的越王剑，汉代石仓楼、镇墓兽等皆为稀世珍宝。

（二）宗亲组织及其联谊活动

1. 宗亲组织

为继承和发扬先贤们的创业精神，适应改革开放和海内外陈姓宗亲寻根问祖的需要，陈姓始祖地（淮阳）先后成立了“淮阳陈氏研究会”、“淮阳陈氏宗亲联谊会”、“淮阳陈胡公文化研究会”、“世界陈氏恳亲联谊会”。

淮阳陈氏宗亲研究会　1991 年 1 月成立。名誉会长：田有申。会长：吕全来、李华亭。副会长：彭君、韩友谊、穆瑞祥、李钟晨。成员：李功林、余显扬、梁光庆、王纪友、高东城、张果城。

中国陈氏宗亲会淮阳总会　1993 年 6 月成立。会长：陈树芳。副会长：陈卫东、陈宪勇、陈家尊、陈国新、陈宪亮、陈家方、陈邦学、陈学然、陈淑清、陈振生、陈振华、陈更龙、陈家富、陈志刚、陈大峰、陈培富、陈国良、陈锦荣、陈治钦、陈书文。秘书长：王纪友。聘请陈昊苏（中国）、陈兰通（中国）、陈香梅（美国）、陈永和（新加坡）、陈清发（马来西亚）、陈绍扬（泰国）、陈福坡（日本）、陈守仁（香港）、陈天然（河南）、陈大络（台湾）、陈强（香港）、陈喜庆（中国）为名誉会长，聘请林雪梅（中国）、丁祥明（河南）为顾问。

淮阳陈胡公文化研究总会　2003 年 1 月成立。会长、副会长、顾问同淮阳陈氏宗亲研究会。秘书长为陈斌。

世界陈氏恳亲联谊会　2006 年 10 月成立。名誉会长：陈香梅（美国）、陈昊苏（中国）、陈喜庆（中国）、陈义初（河南）、陈樟仁（香港）、陈文云（河南）、陈国良（福建）、陈钦城（广东）、陈强（香港）。首席会长：陈清泉（美国）。首席会长助理：陈明生（美国）。会长：陈万教（新加坡）、陈盛根（台湾）、陈百祥（澳门）、陈树芳（河南）、陈勋光（香港）。副会长：陈治钦（广东）、陈依彩（福建）、陈锦荣（浙江）、陈善钿（菲律宾）、陈清发（马来西亚）、陈淑娥（福建）、陈孟嘉（广东）、陈瑞松（河南）、陈学文（河南）、陈宪勇（河南）、陈卫东（河南）。秘书长：陈治钦（兼）、陈瑞松（兼）、陈卫东（兼）。副秘书长：陈金和（福建）、陈豫郑（河南）、陈大伟（河南）、陈月海（江西）、陈党（江苏）、陈家方（河南）、陈家尊（河南）、陈斌（河南）、陈国新（河南）。

2. 联谊活动

为加强宗亲联谊，祖地淮阳先后派陈氏代表到国内外各地陈氏徙居地走访，拜访宗亲600多人，拜谒陈姓祠堂、圣庙、故里、陵墓30多处，多次出访新加坡、泰国、香港、澳门，参加有关会议和活动。期间，发信函2000多封，寄族刊5000多册，征集族谱300多部，各种文字资料3000多万字，协助中央电视台拍摄陈姓和陈胡公纪录片。通过广泛联谊，海内外陈姓宗亲认定：陈姓遍天下，淮阳是老家，陈姓八千万，始祖皆胡公。

1994年以来，陈氏族人来淮阳寻根祭祖者络绎不绝。来自新加坡、马来西亚、泰国、印度尼西亚、香港、澳门、台湾的团拜队，人员达1290人。来自福建、江苏、四川、贵州、河南、广东、江西、湖南、湖北、浙江、安徽的42支谒祖团，人员达2589人。团拜队来淮阳寻根谒祖捐资馈赠，建设陈胡公陵园，举办姓氏文化交流和大型祭拜活动。

如1995年10月15日，来自新加坡、马来西亚和国内福建、江苏、四川、贵州、河南7个陈氏宗亲代表团334人，举行“重修陈胡公墓落成典礼暨国际陈氏祭祖大会”。新加坡陈永和先生捐款34万元，实施祖陵一期工程。1996年4月泰国陈氏宗亲总会理事长陈绍扬一行谒祖。1997年8月澳门陈族联谊会会长陈年顺一行谒祖；2003年10月香港东华三院总理陈强一行谒祖；2004年10月新加坡陈氏宗亲会会长陈万教谒祖；2004年10月马来西亚、印度尼西亚宗亲谒祖；台湾桃园县陈富勇宗亲一行40人谒祖。2006年10月，召开世界陈氏联谊会首届代表大会筹备会，来自海内外千名陈氏宗亲聚集始祖陵园，举行隆重祭祀大典。2007年6月台湾屏东县满州乡陈氏宗亲会陈静雄一行27人谒祖。2007年9月25日，福建省晋江泉州陈氏宗亲700余人来淮阳寻根谒祖。28日上午全体参祭团员簇拥着各式各样的闽南特有的礼仪和始祖的銮轿，进入胡公大道举行“踩街”仪式和祭拜始祖。2007 年 11 月世界袁氏宗亲会一行 200 人来谒祖。2008 年 5 月 13 日香港岭南大学荣誉院士、香港地产投资有限公司、联益置业有限公司董事长、广东省政协、港区常委陈强受河南省委、省政府邀请参加经贸考察团来豫项目考查时到淮阳寻根谒祖。2008 年 10 月 18 日，福建泉州晋南谒祖团 110 人在陈胡公大殿前举行捐建九龙壁奠基仪式。2010 年 7 月湖北胡氏宗亲来淮谒祖。其他如全国政协委员会副主席陈奎元，中共中央统战部副部长陈喜庆，中国对外友好协会会长陈昊苏，世界舜裔宗亲联谊会、香港陈氏宗亲总会陈仲萍、陈天津等，文体艺术界名人、中国作协副主席陈忠实，世界陈氏文化交流协会会长陈上管，奥运会跆拳道冠军陈中，著名歌星陈思思等先后到陈胡公墓前祭拜。

3. 宣传根亲文化，扩大祖庭影响

1994 年 4 月 5 日，陈氏宗亲举行聚会，200 多人参加会议，会上宣布成立淮阳陈氏宗亲会，下辖 10 个分会，明确指导思想和目标任务。1995 年 10 月 15 日，举行重修胡公墓落成典礼大会，来自新加坡、马来西亚、香港、厦门、江苏、广东、湖南、四川、贵州、河南等宗亲 334 人代表参加会议。2005 年 10 月 20 日，召开由江西、安徽、福建、浙江、新疆、山东、河南等宗亲代表参加的祭祖大会。2006 年 10 月 30 日，世界陈氏恳亲联谊首届代表大会筹备会在周口饭店召开，海内外 50 多个宗亲代表出席会议，会上通过了《章程草案》、《筹建陈胡公陵园捐资褒奖办法》。

1991 年至 2004 年，出版族刊《陈氏宗亲》1－4 集，出版《乡国情》宣传爱国尊祖楷模陈永和的事迹。1998 年协助中央电视台拍摄陈姓溯源。2003 年出版《九州陈氏书画选》，举办海内外陈姓名人书画展。2005 年协助中央电视台四套《走遍中国》栏目记者，拍摄陈姓起源于淮阳专题，出版《中华遗产陈姓起源》一书，使陈姓起源于淮阳传播到世界各地。

1992 年至 2008 年，先后收到各地陈氏宗亲名人题词 16 幅。1993 年，台湾陈立夫先生题“弘扬中华文化，促进两岸统一”。2006 年，台湾师范大学教授陈大络题赠“圣德源头”、“陈氏百代歌”。1993 年，美国国际合作委员会主席陈香梅题赠“慎终追远”。2006 年 4 月题赠“陈氏祖庭”。1992 年，美国纽约大学教授陈亨题赠“惠我宗祠”。1992 年，中国人民对外友好协会会长陈昊苏题赠“希望对历代陈姓人士中在发展文化方面有卓越贡献的人物进行研究，多方宣传，扩大其影响。”1995 年 10 月，新加坡陈永和题赠“子孙隆盛环球为家”。2002 年，全国侨联副主席陈兰通题赠“爱国敬祖，振兴中华”。1996 年 4 月，泰国陈氏宗亲总会理事长陈绍扬题赠“寻根到老家圆满成功”。2002 年，厦门师范学院党委书记陈国良题赠“饮水思源，淮阳行”。1995 年 10 月，厦门著名书法家陈美祥题赠“发宛丘巍巍圣亦垂千古，立陈姓绵绵子孙遍五洲”。1995 年 10 月，河南书画院院长陈天然题写“祖德重辉”。2002 年 5 月，福州闽江学院教授陈庆武题写“同根共祖”等，还收到泰国、澳门、香港陈氏宗亲会赠旗，马来西亚陈氏宗亲总会赠贺盾，题“祖德永昭”，厦门集美陈氏宗亲会赠匾“生妫汭都宛丘，肇吾陈宗”。2007 年，河南省政协副主席陈义初题“天下陈氏出淮阳”。2008 年，中国作家协会副主席陈忠实题“陈姓始源”。

2006 年，淮阳陈胡公文化研究总会建立了“中华陈氏网”（www. zhc-sw. cn），通过网络平台及时发布陈姓宗亲信息，挖掘整理陈氏宗亲资料，广泛联谊世界各地的陈氏宗亲。几年来，收到网络留言上千条，其中解答网上咨询 300 多条。近两千人通过网站信息前来祖地淮阳寻根谒祖，观光旅游。“中华陈氏网”已成为沟通联谊海内外陈氏宗亲的重要平台，有力地促进着陈氏宗亲的联谊活动。

林　姓

宋全忠

林姓的“林”字本义是指竹、木成片。许慎《说文解字》云：“林，平土有丛木曰林。”甲骨文中“林”如同两树并立，典型的象形文字。清代出版的《说文释例》更清楚地解释说：“林从二木，非云只有二木也，取木与木连续不绝之意也。”林氏自得姓始祖林坚封姓至今，历三十多年，后裔繁衍逾七十万，分布在中国大陆、台湾及世界各地。

一、林姓姓源

（一）林姓起源

一般而言，林姓之始有三个源头。

源于子姓　林姓的血缘始祖是比干，起源地在河南的卫辉和淇县。比干，姓子，名干，沫邑人（今河南淇县），生于公元前1092年，封于比（今山东曲阜或淄博），官居少师，为殷商的最高政务官。比干系轩辕黄帝的三十四世孙帝丁的儿子，帝乙的弟弟，帝辛（即殷纣王）的叔父，有“三代孤忠”之称。纣王迁都朝歌（今河南省淇县）后，淫虐无度，轻贤重邪，与宠妃妲己寻欢作乐。比干谏之，反遭诬陷，称：“比干妖言惑众，朕赐死，摘其心。”

时比干正妃陈氏有孕，被四个婢女连夜护送逃出朝歌，来到淇河以西的长林里（今卫辉市狮豹乡龙卧村香泉庵，有说是在淇县黄洞乡仙人梯安乐窝），生下一男孩。后殷兵追到，并包围了树林，捉住陈氏问道：“这孩子姓什么?”陈氏望着山林遍野，似在帮助搭救自己，急中生智，说：“姓林”，这才躲过了杀身大祸。事后，陈氏感谢树林搭救不死之恩，向树林千拜万谢，让孩子姓林，起名“林泉”。

公元前1066年，周武王灭殷纣王于朝歌，商王朝至此告亡。武王为表比干忠烈，命闳夭给比干在朝歌南汲境内（今卫辉）封墓，封夫人陈氏为“英烈夫人”，同时召林泉回朝，赐姓“林”，易名“坚”。武王念林坚乃商汤之后，先王之胄，且能远避纣乱而不绝其世，乃拜坚为大夫，食邑清河，后封博陵公，食邑二千户，采邑博陵（今河北安平县），故林氏总堂号为西河堂（西河，战国时魏地，在今河南安阳，其时黄河流经安阳之东，西河意即河西；有说在今山西、陕西省之间黄河沿岸一带）。于是比干就成了天下林氏的太始祖，林坚成了林氏的得姓始祖。海内外林姓大都冠以“西河”字样。由于比干墓、比干庙在卫辉，林姓人就把卫辉作为姓氏发源地，卫辉比干庙成了林氏“祖祠”。

源于姬姓 郑樵《通志·氏族略》说：“林氏，姬姓，周平王庶子林开之后，因以为氏。开生林英，英生林茂、林庆，世系甚明。”周朝自武王伐纣建国，至周幽王，遭异族犬戎灭国。第二年，申侯等人拥立幽王的太子宜臼为王，即周平王，后迁都于洛邑（今河南洛阳），史称东周。平王有子名开，字林。其后代子孙为了纪念这位祖先，以字为氏，称为林氏。洛邑林姓，虽然没有比干后裔林姓那样枝繁叶茂，但也是当今林姓的重要源头。又，春秋时卫国大夫孙林夫、鲁国大夫林放之后均有林氏，其中孙林夫之族发祥于河南濮阳，同为林姓之一支。故此，洛阳、濮阳亦称林姓之发源地。

源于我国古代少数民族之改姓 北魏孝文帝于公元494年将都城从平城（今山西大同）迁到洛阳，将大批鲜卑族贵族改为汉姓。其中，鲜卑族等原先丘林（邱林）姓氏的被改成林姓，并注籍为河南洛阳人。鲜卑族的林姓进一步与汉族人融在一起，成为林姓的一个组成部分。此外，其他少数民族中有满族的林佳氏和布萨氏也都有改为林姓的。金国女真人姓仆散氏的，汉姓为林。清代高丽人中有林姓。台湾少数民族曾使用过武田、和田等日本姓，台湾光复后奉命废除，选用汉族林姓；另，日本侵占台湾期间，台湾林姓曾被迫改用大林、小林、长林、牧林等日本姓，至1945年台湾光复后又恢复林姓。朝鲜、土家、锡伯、畲、京、壮、侗、彝、回、黎、苗等民族均有林姓。

（二）别姓同源

由于受避忌、血缘变化以及通婚、融化、合成等不同因素的影响，在中国姓氏发展史上普遍存在别姓同源现象。林姓之林孔同源、林李一家、林柴异同、林王同祖、林萧同宗、林沈一家、林叶同祖、林尤同宗、林钟同宗、殷林同族等等，即为别姓同源。

林孔同源　林孔两姓同出于商王太丁之后。纣王的庶兄微子后来封于宋（今河南商丘），所以宋国的国君是商王的宗室。先是武王建周不忍殷代失祀，乃封纣子武庚续殷祀。武庚死，殷再失祀，武王再封微启于宋，以延殷祀。至春秋时，宋国君成公病重，其子与夷年幼，不能理政，乃传位于胞弟，是为穆公，穆公逝，孔父嘉登位，是为殇公。时宋上大夫华元，暗通公子冯，结纳朝臣，值孔父嘉纳外妾，疏于防范，华元等攻杀孔父嘉，弑殇公，迎公子冯返国为君，孔父嘉之子率家人逃难鲁国，为求避祸不敢认宋国宗室之后，更姓为孔姓，《史记·孔子世家》索隐曰："考父生孔父嘉，五世亲尽，别为公族，姓孔氏。"孔父嘉生子木金父，金父生罘夷，罘夷生防叔，畏华之逼，而奔鲁。是为孔姓在鲁国开族之始，孔父嘉乃孔子之高祖。由是溯源，"林"、"孔"两姓，同出于殷朝太子之后。林姓太始祖比干，与宋国开国君微启是叔侄至亲，而林姓始祖坚公与微启是堂兄弟，故两姓实属一家，两姓宗人，同出一源。

林李一家　按《新唐书·宗室世系表》载：帝颛顼高阳氏生大业，大业生女华，女华生皋陶，为帝尧大理（官名，掌刑法），皋陶生伯益（赐姓嬴），伯益生思成，历虞、夏、商世为大理，以官为姓，为理氏，裔孙理徵以直谏不容于纣，获罪而死，其子利贞逃难伊候之墟，食木子，得全性命，遂改理为李氏。林李一家同源于避祸改姓。福建泉州晋江人李贽（1527—1602年），原姓林名载贽，号卓吾，祖上原籍河南汝州府固始县，元朝末年迁居泉州，其家族世代为商。一世祖林闾"籍前人蓄积之资，常扬帆航海外诸国"。二世祖林驽"壮年航吴泛越，为泉巨商。洪武十七年，奉命发航西洋忽鲁模斯等。"三世祖林通衢"夙有经营四方志"，"竟以疾卒于广州龙川县之为商处。"后因其三世祖叔林广齐被洪武帝所杀害，为避祸林姓族中有的就改姓李。李贽即幼年姓林，在嘉靖三十一年（1552年）中举人时，改姓李，后来明穆宗朱载垕即位，为避皇帝讳，去掉“载”字，遂叫李贽。

林柴异同 谓林姓中有“柴林”，钩沉谱牒序跋详文，乃知所谓柴林者，为柴氏之中有林，非林氏之内有真柴也。据清代《五金林氏族谱》载，入闽始祖林禄的十一世孙林德，有子林士弘为大将军，据江西诸郡，逾年僭称楚帝，建元太平。唐代武德中，士弘死，其党为唐所灭。同族惧祸者，改林为柴。迨三百余年至后周时，有柴守礼，其妹配后周太祖。柴太后无子，以守礼之子柴荣为嗣，是为世宗皇帝。世宗崩，传位于子宗训，是为恭帝，因年幼仅在位半年，被将士所逼，禅位于赵宋。守礼次子柴穆，兴兵取位，为宋所败，怕祸及灭门，逃难济南山柴云树下得脱，又改氏变柴为林，得归本姓。

林、萧、沈、叶、成、钟姓同宗 萧姓源出子姓。微子之后，裔孙大心，平南宫长万有功，封于萧（今江苏省萧县），子孙因以为姓。郡望河南，堂号兰陵。因是比干曾侄孙，与林坚同出于子姓，故称同宗。

沈姓，少昊金天氏之裔，台骀之后。台骀，水官，尝通汾、洮二水，颛顼帝嘉之，封之汾州。其后裔以沈为姓，郡望吴兴。叶姓，东周时楚国诸梁食采于叶（今河南叶县），子孙因以为氏，郡望南阳，堂号介节如山（顒），清平似水（师直）。尤姓出自沈姓，五代时王审知为闽王，闽人沈氏为避讳，去水为尤，郡望吴兴。故叶姓、尤姓均出之沈姓；沈姓与林姓同溯源于少昊金天氏（玄嚣），世称同宗。

钟姓源于四世祖高辛帝。高辛帝时有犬戎之寇，其子勇猛无比，率大军平寇乱，献贼将首级于阙下。帝大悦赐封于钟县，子孙因以钟为姓。郡望颍川，堂号一代人师（皓），千秋师表（雅），飞鸿午鹤（繇），流水高山（子期）。

（三）比干林姓世系

比干后代的世系比较连贯，旁支立族，另成世系，诸如林开之后世系，丘林改林的世系等等。现将比干家族直系后裔自周迄南北朝北齐高帝世系罗列如下。

一世 鼻祖考比干忠烈公，比干墓在河南卫辉府汲县（今卫辉市），鼻祖妣氏陈英烈夫人，生子曰坚。

二世　祖考坚公，祖妣氏莘。坚公字长思，比干公之子，武王以其商殷之胄，忠臣之裔，避纣之难，远害全身，以存遗孤，其智足以任政，授太子三监，监诸北方。食邑清河郡，爵博陵侯，封户二千，赐姓林氏，子孙世袭其爵。配莘氏，生子曰载。

三世　祖考载公，祖妣氏唐。载公字元超，乃坚公子，袭封博陵侯，领二百四十国为冀州牧，配唐氏，生子曰瑳。

四世　祖考瑳公，祖妣氏召。瑳公字孟君，乃载公子，仍袭博陵侯，成王时为大司马，配召氏，生子曰虎。

五世　祖考虎公，祖妣氏陈。虎公字雄德，乃瑳公子，失封邑，成王命为卿士，配陈氏，生子光。

六世　祖考光公，祖妣氏高。光公字景琿，乃虎公子，康王时为大夫，配高氏，生子曰相。

七世　祖考相公，祖妣氏薛。相公字世标，乃光公子，昭王时为大夫，仍作三监，监诸子男国，配薛氏，生子曰玄。

八世　祖考玄公，祖妣氏唐。玄公字文通，乃相公子，穆王时为元士，配唐氏，生子曰凤。

九世　祖考凤公，祖妣氏嬴。凤公字智羽，又字圣明，乃玄公子，共王时为将军，授夏官，配嬴氏，生子曰翊。

十世　祖考翊公，祖妣氏赵。翊公字仪则，凤公子，懿王时为司农，厉王时为后将军，配赵氏，生子曰苌。

十一世　祖考苌公，祖妣氏赵。苌公字茂端，乃翊公子，宣王时左将军，掌夏官，配赵氏，生子曰材。

十二世　祖考材公，祖妣氏郗。材公字显士，乃苌公子，幽王时掌夏官，平王东迁时拜虎翼将军，总六军之师从驾东徙，配郗氏，生子曰考。

十三世　祖考考公，祖妣氏召。考公字文表，乃材公子，桓王时为大夫，配召氏，生子月回。

十四世　祖考回公，祖妣氏姜。回公字彦若，乃考公子，庄王时为征士，晋灭虢时弃千金之璧，负赤子而走，时称贤人。配姜氏，生子曰贞。

十五世　祖考贞公，祖妣氏芋。贞公字稚安，乃回公子，惠王时为王朝卿士，配芋氏，生子曰英。

十六世　祖考英公，祖妣氏周。英公字怀远，乃贞公子，襄王时为卿士，授太保，配周氏，生子曰乾。

十七世　祖考乾公，祖妣氏王。乾公字天德，乃英公子，襄王时为左将军，配王氏，生子曰保。

十八世　祖考保公，祖妣氏陈。保公字贵社，乃乾公子，顷王时为内府少卿，配陈氏，生子曰儁。

十九世　祖考儁公，祖妣氏姜。儁公字商英，乃保公子，匡王时畿内令，配姜氏，生子曰宏。

二十世　祖考宏公，祖妣氏郑。宏公字远宾，乃儁公子，定王时为内族宗正，配郑氏，生子二曰类曰仇。

二十一世　祖考类公，祖妣氏臧。类公字涵物，乃宏公长子，定王时为博士，至敬王时年百岁。配臧氏生子曰繇。附叔祖考仇公，仕卫为大夫。妣氏未详。

二十二世　祖考繇公，祖妣氏王。繇公字公誉，乃类公子，简王时为司寇，拜前将军，配王氏，生子曰既。

二十三世　祖考既公，祖妣氏何。既公字绍宗，乃繇公子，灵王时为司寇监畿内事，配何氏，生子曰雍。

二十四世　祖考雍公，祖妣氏吴。雍公字秀和，乃既公子，景王时为畿内间正。见王政不达于下邑，乃出仕于鲁为大夫，时鲁师有事，公为炊鼻之战奋不顾身，春秋称之。配吴氏，生子曰敏。自此，子孙相继，遂居鲁焉。

二十五世　祖考敏公，祖妣氏吴。敏公字明征，乃雍公子，星王时为鲁正卿监畿内族正，贯通六经。配吴氏，生子曰楚。

二十六世　祖考楚公，祖妣氏闵。楚公字仲之，乃敏公子，敬王时为太仆，配闵氏，生子曰放。

二十七世　祖考放公，祖妣氏周。放公字子邱，乃楚公子，敬王时为鲁大夫，拜为太仆，见道不合于时，因问礼之本于孔子，遂师事之，列于七十二弟子。唐玄宗开元二十七年从祀阙里，进清河伯，宋太宗祥符二年，加封长山侯，配周氏，生子曰通。

二十八世　祖考通公，祖妣氏唐。通公字遐邦，乃放公子，元王时为县宰，配唐氏，生子不狃。

二十九世　祖考不狃公，祖妣氏载。不狃公字文习，乃通公子，元王时为鲁卿士，配载氏，生子曰欣。

三十世　祖考欣公，祖妣氏任。欣公字子悦，乃不狃公子，贞定王时为县宰，配任氏，生子曰仪。

三十一世　祖考仪公，祖妣氏张。仪公字文范，乃欣公子，考王时为县宰，配张氏，生子曰抚。

三十二世　祖考抚公，祖妣氏晁。抚公字汝清，乃仪公子，威烈王时仕卫为司马，领青州牧，配晁氏，生子曰鸾。

三十三世　祖考鸾公，祖妣氏吴。鸾公字文羽，乃抚公子，安王时为左将军，配吴氏，生子曰世元。

三十四世　祖考世元公，祖妣氏赵。世元公字弘道，乃鸾公子，烈王时为司空，配赵氏，生子曰伯。

三十五世　祖考伯公，祖妣氏王。伯公字万里，乃世元公子，显王时为司马，配王氏，生子曰皋。

三十六世　祖考皋公，祖妣氏姒。皋公字鹤冈，乃伯公子，显王时为赵相，配姒氏，生九子，九子曰文、成、宣、化、德、修、明、勉、韶。兄弟九人时号九龙，父子皆贤，国人称之曰九龙之父十德之门。因避赵王之嫉，随父皋隐于白云山不仕。

三十七世　祖考宣公，祖妣氏高。宣公字子亮，乃皋公三子，慎靓王时为赵大夫，出为冀州牧，后避王忌随父隐于白云山，配高氏，生子十一人。

三十八世　祖考微公，祖妣氏方。微公字世隐，乃宣公子，赧王时仕秦为大夫左卿，封关内侯，领雍州牧，配方氏，生子曰泰芳。

三十九世　祖考泰芳公，祖妣氏李。泰芳公字茂初，乃微公子，秦昭襄王时为屯军仆射，配李氏，生子五，曰葛、尹、玮、推、诰。

四十世　祖考玮公，祖妣氏吴。玮公字字玉，乃泰芳公三子，始皇六年为左将军迁给事中黄门散骑常侍，配吴氏，生子五，曰轨、诏、治、亮、昱。

四十一世　祖考亮公，祖妣氏王。亮公字元英，乃玮公四子，始皇二十三年为侍中安东将军。配王氏，生子曰挚。

四十二世　祖考挚公，祖妣氏刘。挚公字伯勇，乃亮公子，汉高祖七年为燕伯，从起亢父斩章邯置属守臣，功居第一，封平棘侯，食千户，谥曰懿。生子五，曰：辟、疆、国、除、篡。文帝五年，子辟、疆、国、除居邹，景帝置齐为济南郡，遂成籍贯。至宣帝元康四年辟、疆之曾孙常为驩项圉大夫，诏复其家。

四十三世　祖考篡公，祖妣氏皇甫。篡公字雉龙，一作雅记，乃挚公五子，惠帝时为中山郡守。配皇甫氏，生子曰别。

四十四世　祖考别公，祖妣氏裴。别公字元甄，乃篡公子，文帝元年授御史大夫，配裴氏，生子曰吉。

四十五世　祖考吉公，祖妣氏张。吉公字安仁，乃别公子，文帝十三授广陵太守，封亭侯，食邑三百户，配张氏，生子曰述。

四十六世　祖考述公，祖妣氏王。述公字得遂，乃吉公子，景帝元年授少府，配王氏，生子良。

四十七世　祖考良公，祖妣氏姜。良公字绍先，乃述公子，武帝建元六年为少府中郎将，配姜氏，生子曰公。

四十八世　祖考公公，祖妣氏伊。公公字元昌，乃良公子，武帝太始元年授史中丞，配伊氏，生子曰车。

四十九世　祖考车公，祖妣氏张。车公字任重，乃公公子，昭帝时为司隶校尉，出为广陵太守，宣帝地节元年加镇国将军，封平棘王，辞职归隐于会稽山。配张氏，生子曰凭。

五十世　祖考凭公，祖妣氏苟。凭公字纯仪，乃车公子，宣帝本始元年为镇西将军迁并州刺史，配苟氏，生子曰尊。

五十一世　祖考尊公，祖妣氏姜。尊公字长宾，乃凭公子，宣帝二十年为经史博士，官至太傅。配姜氏，生子三，曰高、维、厚。

五十二世　祖考高公，祖妣氏任。高公字尚勤，乃尊公长子，元帝时为镇远将军，迁江州刺史，配任氏，生子曰苗。

五十三世　祖考苗公，祖妣氏赵。苗公字玄搜，乃高公子，成帝建始元年授平原太守，配赵氏，生子曰鉴。

五十四世　祖考鉴公，祖妣氏许。鉴公字公察，一作察之，乃苗公子，哀帝时建平三年授北平太守，封永安伯，配许氏，生子曰宁。

五十五世　祖考宁公，祖妣氏李。宁公字安国，乃鉴公子。平帝元始元年为征南将军，配李氏，生子曰金。

五十六世　祖考金公，祖妣氏吕。金公字文英，乃宁公子，王莽居摄时天凤二年授建武将军，配吕氏，生子曰重。

五十七世　祖考重公，祖妣氏孟。重公字世基，乃金公子，新莽时为河南、京兆二郡太尹，配孟氏，生子曰秉。

五十八世　祖考秉公，祖妣氏任。秉公字任职，一字千钧，乃重公子，地皇二年为司隶校尉，迁司徒，终天下军戎大司马。配任氏，生子曰袭。

五十九世　祖考袭公，祖妣氏伊。袭公字长人，又字长义，乃秉公子，汉更始时为羌校尉，配伊氏，生子曰时。

六十世　祖考时公，祖妣氏王。时公字敬节，乃袭公子，光武中兴建武元年为徐州刺史，配王氏，生子曰丞。

六十一世　祖考丞公，祖妣氏王。丞公字子佐，一作廷览，乃时公子，光武帝建武三十一为散骑常侍，迁冀州刺史，配王氏，生子曰熹。

六十二世　祖考熹公，祖妣氏弓。熹公字世光，一作世宁，乃丞公子，明帝永平二年为少府卿，配弓氏，生子曰谟。

六十三世　祖考谟公，祖妣氏伊。谟公字文典，乃熹公子，明帝永平十六年授玄搜太守，迁并州刺史，配伊氏，生子曰恂。

六十四世　祖考恂公，祖妣氏孟。恂公字元信，乃谟公子，章帝建初十二年为镇南将军加镇远大将军，封万平侯，配孟氏，生子曰就。

六十五世　祖考就公，祖妣氏宋。就公字允希，一作元非，乃恂公子，和帝九年授谏议大夫，迁司马，配宋氏，生子曰横。

六十六世　祖考横公，祖妣氏任。横公字令游，乃就公子，安帝永二年为谏议大夫，配任氏，生子三，曰邈、道、逦。

六十七世　祖考道公，祖妣氏元。道公字文穆，一作遵，字伯大，乃横公次子，顺帝永建二年授司隶校尉，转秦州刺史，配元氏，生子永，世居广陵之族。

六十八世　祖考永公，祖妣氏任。永公字世遥，乃道公子，顺帝永和元年为秦州刺史，封关内侯，配任氏，生子肇。

六十九世　祖考肇公，祖妣氏王。肇公，字元始，乃永公子，质帝本初元年为颍郡太守，建元三年转西河太守，配王氏，生子曰封。

七十世　祖考封公，祖妣氏裴。封公字烈士，一作元士，乃肇公子，桓帝永康元年授谏议大夫，迁秦州刺史，灵帝时遭董卓之谗罢归，配裴氏，生子曰农。

七十一世　祖考农公，祖妣氏何。农公字野贤，乃封公子，幼而聪敏，灵帝时为经学博士。阉宦十常侍流祸，凡忠臣义士、缙绅名宦俱戮，我族被害者七百四十四人。公同父罢归，恐祸及之，乃与父老潜于济水之东，及至献帝建安元年复仕，任司隶校尉，录尚书事，配何氏，生子曰祇。

七十二世　祇公，字灵习，一作灵智，乃农公子，献帝建安二十四年使持节为大将军兼中书令左仆射，配范氏，生子五，曰胡、谭、泰、池、川。

七十三世　祖考川公，祖妣氏何。川公字文阐，乃祇公五子，明帝景初元年使持节为徐州刺史，配何氏，生子三，曰豫、伟、像。

七十四世　祖考豫公，祖妣氏李。豫公字敬悦，乃川公长子，明帝景初十三年授河东、河南二郡太守，配李氏，生子二，曰舆、征。

七十五世　祖考舆公，祖妣氏王。舆公字道运，乃豫公长子，魏主芳正始二年为司隶校尉，迁金城太守，配王氏，生子三，曰玄、岐、冠。

七十六世　祖考冠公，祖妣氏裴。冠公字仕文，乃舆公三子，魏主奂景元之年使持节为秦州刺史，迁尚书令，配裴氏，生子曰玉。

七十七世　祖考玉公，祖妣氏姜。玉公字真实，乃冠公子，晋武帝泰始二年为侍中兼司隶校尉，配姜氏，生子六，曰逢勋、惠勋、奇勋、殊勋、忠勋、世勋。

七十八世　祖考逢勋公，祖妣氏荀。逢勋公字公勣，乃玉公长子，晋武帝泰始七年为博陵郡太守，配荀氏，生子二，曰显、硕。

七十九世　祖考显公，祖妣氏王。显公字仲宗，乃逢勋公长子，武帝太康三年为安定、博陵、山阳三郡太守，配王氏，生子二，曰业，基。

八十世　祖考业公，祖妣氏萧。业公字子胄，乃显公长子，惠帝永康元年为司马，配萧氏，生子曰礼。

八十一世　祖考礼公，祖妣氏宫。礼公字元副，乃业公子，怀帝永嘉元年为中郎主薄，迁太子太傅。配宫氏，生子曰颖。礼公为迁居徐州之下邳始主。

八十二世　祖考颍公，祖妣氏邴。颍公字允从，乃礼公子，徙居徐州下邳郡之梓桐乡，愍帝建兴三年除徐州别驾，迁黄门侍郎，元帝渡江南巡寓江左。夫人邴氏生子二，曰懋、禄。

八十三世　祖考懋公，祖妣氏韦。懋公字世兴，乃颍公长子，愍帝建兴四年除通直郎散骑常侍殿中侍御史右殿中将军都太尉，迁下邳郡太守，其后世代子孙遂居下邳，为徐之冠族。懋公弟禄，从中宗南渡，遂入闽定居，是为闽之始祖。

比干直系后裔自周迄南北朝北齐高帝之传衍大致如是。然而，世远年湮，族繁人众，时迁世变，除谱牒所记者外，林姓流迁分徙南北而散居诸处者，另开宗立族，各续宗支，分派别胄，难以尽述，是为林姓枝脉繁衍发展之必然。

二、林姓的播迁

中华民族五千年来，历经多少的内忧外患、战火内乱，引起人口或定向、或扩散的迁徙移动。如周平王东迁、“五胡乱华”、晋室南渡、宋室南迁，以及唐代安史之乱、唐末黄巢起义、明末李自成起义、清兵入关等，皆曾引起大规模人口迁徙。林姓几千年的家族史，林姓族人的繁衍迁徙，也大体如此。它给世人展现了一幅林姓子孙为求生存发展，生生不息、艰苦创业、四海为家的历史画卷。

（一）在北方的发展

林姓自得姓始祖林坚食邑博陵后，相当长一段时间是在黄河中下游以北，即今河北省安平县和蠡县一带发展繁衍。至比干孙子林载时，又被袭封为博陵侯，任冀州牧，统治今黄河以北、太行山以东的广大地区。此后林氏子孙散居在河南、河北以及甘肃的临潭，山西的风陵渡和陕西的华阴、白水、澄城等处居住。

春秋时期，林姓繁衍迁徙，散居周（今陕西、河两省中部一带）、鲁（周分封的诸侯国，建都曲阜——今属山东南）、齐（周分封的诸侯国，建都营丘——今山东淄博东北）、卫（周分封的诸侯国，建都在朝歌——今河南淇县等地）各国。林姓贵族在鲁者（今山东兖州一带）有林雍、林楚、林放、林不狃；在齐者（山东淄博、临淄）有林回；在卫者（河南卫辉、淇县、滑县一带）有林莺伯；在秦者（陕西咸阳一带）有林皋。尤其是敬王林雍、林放，曾盛名一时，名扬天下。

林雍是比干的第二十四世孙，原给周做官，累州畿内闾正。后见敬王昏庸，出任于鲁为大夫。《左传》昭公二十六年，鲁师与齐师交战于炊鼻，林雍统帅大军奋力拼杀，建立奇功。从此，子孙繁衍于鲁。

林放则是比干的第二十七世孙，周敬王时官至鲁大夫，拜为太傅。见道不合于时，乃问礼于孔子，受到孔子的青睐，成为孔子的七十二弟子之一。据《台湾府志·宗庙学校》记载，台湾的宗庙、学校都有林放的牌位，作为先哲顶礼膜拜。

林皋，比干的第三十六世孙，战国时官至齐国丞相，是个承上启下的人物。上承西河林，下启济南林，地位极其重要。西汉初期，林皋的四世孙、比干的第四十二世孙林挚等迁居齐郡邹县，后因齐郡更名为济南郡，林挚之子林篡遂为济南人，形成了对后来影响深远的济南林氏。林挚是名列《二十四史》最早的林姓人物。他在汉高祖七年（公元前 200 年）任燕国相，后封平棘侯，食邑千户，传四代绝封。林挚家族经过汉朝前中期十数代的发展，到汉宣帝时出世了一位在林姓发展史上举足轻重的人物、林挚的曾孙林尊，为博士，历官少府、太子、太傅，林氏之望于济南者始于林尊，被林氏奉为济南望族的开基始祖。后来的下邳林氏、晋安林氏、光州林氏等均为林尊的后裔。

林姓另一支林闾翁孺，迁徙到四川成都，后来成为成都林姓的开基祖先，他是比干的第五十二世孙，西汉哲学家、语言学家，博学能文，当时著名文学家扬雄曾受业于林闾门下，这说明世居北方的林氏在西汉时已有徙居四川者。

（二）东汉末年的初次南迁

林姓南迁，始于东汉末年。当时福建省所在的东南沿海地区，原为闽越人居住的地方，自古被视为蛮荒之地，人烟稀少，文化经济落后，直到东汉末年时，整个闽中仅建置五个县，人口也是十分稀少。而同一时期的中原地区，不仅是全国政治经济文化中心，而且还是天下人口最为稠密的地区。因此，为躲避战乱，同时也为获得更好的发展机会，中原人多有流徙江南者。很多生活在河南卫辉、淇县一带的林姓氏族就是在这种情况下南迁的。

除了受战乱影响，在林姓氏族的上层，也有一部分是由于受阉宦的排挤而被迫南迁的。如东汉经史博士林农，宗族庞大，人口众多，势力强盛，因此为当权者所忌，遭到汉灵帝和奸宦董卓的排斥，一家有七百余口同时被杀，余者向南流迁，家族势力受到了极大地削弱。对于这次灾难，林氏《长山世谱》中记载："比干七十一世孙，祖考农公，字野贤，官经史博士，灵帝时阉宦十常侍流祸，凡忠臣义士，缙绅名宦俱被戮，我族被害者七百四十四人，公同父罢归，恐祸及之，乃与父老潜之。"唐代温彦博所撰《林氏宗谱序》中也说："后汉之末，复遭董卓擅权乱政，士爵播迁，每忌林族诸士，布言林氏宗堂强于河北。汉主蒙其潜诉，宗族被戮者七百四十四人，同时流窜……衣冠避于南地。""南地"，主要指闽中地区，他们的迁徙，成为中原第一支入闽的林姓人。这次灾难，林农及其父林封虽未被杀，但被免职罢归。林农恐祸及于己，乃与父老隐居济水之东。到献帝建安年初，林农曾复出为官，任司隶校尉。三国时期，这支林氏的主体在曹魏政权中任职。西晋建立后，这支林氏有多人任职于朝，祖先的基业得到了进一步的光大。

西晋末年，中原地区再次发生战乱，据《晋书》记载，当时老百姓"流移四散，十不存二，携老扶幼，不绝于路。及其在者，鬻妻卖子，生相捐弃，死亡委危，白骨横野，哀呼之声，感伤和气。"加上晋朝廷也南迁江东，因此也有林姓人随晋室南迁，其中的一部分还进一步南迁闽中。根据《晋安世谱校正序》和路振《九国志》记载："永嘉二年，中原板荡，衣冠卿相从闽居者有八族，林、黄、詹、陈、郑、邱、何、胡是也。林姓是其中的八族之一，相继迁入江苏和福建。当时林尊的六世孙林邈为徐州刺史，封清泉侯。林坚的六十二世孙林礼，字元副，由济南徙籍下邳，生一子林颖，官黄门侍郎，林颖生林懋、林禄两个儿子，长子林懋历任通宜散骑常侍、殿中侍御史、侍卫将军、下邳太守，称"下邳林"。由于林懋任太守期间的下邳相对比其他地方安宁，其后代子孙便在此地安顿下来。随着时间的推移，林氏逐渐成为当地的名门望族。宋仁宗为闽林题谱有"长林派出下邳先"之句。

林颖次子林禄，字世荫，从晋元帝时过江，后任琅琊王府参军、黄门侍郎，后来因讨伐杜弢有功，官晋安太守，称“晋安林”，后被晋明帝封为晋安郡王，居住在侯官县都西里，成为闽林祖先，也是有名可稽的林姓入闽第一人。其苗裔散居江南各省、台湾和海外。其中以福建最多，侯官、福康、长乐、莲江、温陵、南安、清溪、德化、惠安、龙溪、漳浦等地都有。而尤以莆田最盛，至唐宋时被称为“昌宗”。“下邳林”在传到第八代林国敏时，也因出任台州刺史而由江苏南下，成为台州和温州等地林姓人的开基始祖。从此，由“济南林”分衍而出的“晋安林”和“下邳林”逐渐光大于南方。

林禄的孙子林绥生五子，世居莆田，七世孙林莫后裔，又从莆田分迁至洪州，传十二世孙林万龙，于唐朝官拜饶州刺史，生有林韬、林披、林昌三子。林昌迁居漳浦，其后世子孙，有居闽县的，有迁移至长乐、长溪、仙游等地的。林披最为有名，官太子詹事，他娶了郑氏、陈氏和朱氏三位妻子，一共生了苇、藻、著、荐、晔、蕴、蒙、迈、蒧九个儿子，后来都明经及第，并且俱任刺史之职。由于州刺史又称州牧或牧守，所以他们也被称为州牧。兄弟九人合在一起，号称“九牧”。加之他们父子相继，世代显贵，家声广播，世泽绵远，在古代被称为“八闽”之地的福建一带独领风骚，因此被以“八闽世泽，九牧家声”相称，或者被称为“莆田九牧”、“九牧林家”等，以纪念这段颇为荣耀的历史。所以凡属林披后裔，多用“九牧”作为堂号。林禄去世后，葬于惠安县涂岭九龙岗，称“九龙公”墓，成为台湾、香港、福建、广东、浙江和海外林姓拜谒的胜地，为林姓在福建之开基始祖。九牧林家后代人才辈出，宋有林默娘，护国佑民，被封为“天后”；明有御史林渊，竭忠效法，扳倒严世蕃；清有民族英雄林则徐等。

九牧林家播迁到外省的有很多，一牧林苇后裔播迁于江西赣州、分宜，浙江泰顺，广东蕉岭、饶平，海南琼州等地；二牧林藻后裔播迁于广东惠州等地；三牧林著后裔播迁于广西衡州等地；五牧林晔后裔播迁于浙江平阳、江西萍乡和湖南湘乡等地；六牧林蕴后裔播迁于广东汕头、海南琼州、贵州锦屏、湖南茶陵、湖北黄冈、河南光山、潢川、商城；安徽金寨、六安、霍山、舒城、桐城、岳西、潜山等地；八牧林迈后裔播迁到浙江泰顺等地；九牧林蒧后裔播迁于广东潮州、惠安和新会等地。

“晋安林”有两支最盛，一支侯官林（今福州）源自林禄的儿子林景、林逻，他们兄弟并居侯官，成为福州林氏的祖先。近代杰出人物、民族英雄林则徐就是他们的后裔子孙。1985 年 8 月 30 日是林则徐 200 周年诞辰，为了纪念他“虎门销烟”抗击外患，捍卫民族尊严的壮举，福州市政府整理修葺了林则徐早年读书的福州西湖凉亭和林则徐祠堂，并在福州西湖竖立其林则徐塑像。周采泉著《华岳顶》称“丕显林公，如华如嵩，拔地摩霄，横绝太空。八闽毓秀，申甫以降，髻龀岐裁，人中之龙。”抒发了对福州林氏后裔子孙林则徐的敬仰之情。晋安林的另一支为莆田林，祖先是比干的第九十二代世孙林茂，于隋文帝开皇三年（583 年）他从晋安迁徙到莆田县北螺村定居，形成莆田林氏，该支林氏十分兴旺发达，后来成为晋安林氏的最大分支。唐朝时著名的九牧林氏和阙下林氏，均是林茂的后裔。

从西晋元康八年（298 年）起，历东晋一代至刘宋大明八年（464 年）为止，大约 160 余年的时间里，移民浪潮高峰迭起，先后出现过六次高峰，林姓氏族也再次率族南迁。西晋永嘉之乱（307—343 年）时，“幽、冀、青、并、兖州及徐州淮郡流民相率过淮，亦有过江在晋陵郡者南迁来的”。当时，西晋末年的全国移民总数为 30 万户人左右，占西晋全国 377 万户的十二分之一多。其中林姓居于各姓之首。如果从东晋南朝侨郡县的人口来估计南渡人口，截至宋时为止，南渡人口约达 90 万之多。占南朝全境人口（540 万）的六分之一。北方移民主要分布在侨置郡县地区，东晋南朝时未置侨州郡县，但“永嘉之乱，中原士族林、黄、陈、郑四姓先入闽”，此为林姓的第二次大规模南迁。

林礼，比干的第八十一世孙，怀帝永嘉元年官至中郎主簿，迁太子太傅。林礼的儿子林颖，官黄门侍郎，随晋元帝司马睿渡江南迁，初寓江左，后居徐州，林礼成为江苏林氏的顶支祖先。河南林与江苏林姓分支，也是在这个时期形成的。比干的第七十八世孙林奇勋，西晋咸宁四年（278 年）为河南大尹，其弟林惠勋，惠帝永宁二年为南阳郡太守。比干的第八十世孙林基，怀帝永嘉四年为商丘令，迁谯陵太守。他们长期世居河南。自从林礼迁居江苏下邳之后，河南、江苏一林分居两处。经过永嘉南迁，中原士族入闽，到唐定天下中原汉人再次南移，一部分林姓陆续由福建、广东、江苏、安徽、海南岛迁居到了台湾和海外。这些中原林氏南下入闽，带去了中原地区先进的文化和生产技术，对闽粤地区的开发起到了显著促进作用。今天福州的晋安河、泉州的晋江、洛阳桥等地名，都是林姓移民留下的历史印痕。

（三）唐朝林氏的南迁

唐高宗总章二年（660 年），泉潮间发生“蛮獠啸乱”，居民苦之。唐高宗诏命归德将军陈政进朝仪大夫，统岭南行军总管事，率兵南下，以固始林姓在内的 58 姓固始子弟兵随之南下。陈政殁后，陈元光子承父业，代父领兵，不仅平服了“蛮獠啸乱”，而且上奏设立漳州，被任命为首任漳州刺史。陈元光及其领导的固始移民为漳州的开发做出了重要贡献。

在众多随陈政陈元光入闽的林姓人中，林行实对福建以及台湾的历史发展都产生了极为重要的影响。《溪环社林氏族谱》记载：林行实是今漳州市浦南镇溪园村林氏始祖，讳孔著，字秉序，谥鼎峙，为陈政的九女婿，原籍河南光州固始，唐高宗时随陈氏父子入闽，为军谘祭酒。政殁，佐元光，开扩山林有功。贞元间，其子孙卜居于距漳州 20 里许的北溪香江，后移址溪环，迄今已一千余年。关于该族移居台湾的历史情况，访之老辈，据云为数甚众。

另据《金门史迹源流》记载，唐德宗贞元十三年（797 年），闽观察使柳冕奏置万安监，滋养马匹，在泉州所辖的金门庵前丰连一带置牧马区，由中原人陈渊为牧马监，当时随陈渊从中原去的有林姓和蔡、许、翁、李、张、黄、王、吕、刘、洪、萧 12 姓。在陈渊的率领下，大家协谋拼力，垦荒辟地，化荒墟为乐土，从此使金门耕稼鱼盐，生聚日繁。林姓等 12 姓至今在金门仍属大姓，且以血缘形成聚落者不少。陈渊去世后，金门人感念其拓金之功，在其住处结草为庐，塑像奉祀，后改建为庙宇牧马侯祠，岁时祷祝，并奉之为“开浯恩主”。香火至今不绝。

唐末五代时期，固始林氏再次大举移居福建。唐朝末年，黄巢农民军大起义爆发，天下大乱，河南固始人王潮、王审知兄弟聚众响应起义，率领包括“控鹤林氏”入闽始祖林延皓在内的数万人渡江南下，转战安徽、浙江等地，最后经江西入闽，在福建建立了闽国，为五代十国之一。当时福建局势相对比较稳定，战乱较少，特别是王审知称闽王以后，他为了顺时应人，

“以桑梓故独优固始”、“折节下士，开门兴学，以育才为急，凡唐末士大夫避地南来者，皆厚礼廷纳，筑‘招贤院’以馆之。”同时他还采取了多种措施招抚和安置流民，鼓励其在闽地定居、垦荒、发展农业生产。他治闽30年，实施各种积极办法，使人烟稀少，荒野闭塞，地瘠民贫的闽越得到了很大发展。众多林姓人随之入闽，播迁各地，成为各闽地始祖，其中，在各地族谱中有所记载的有如下几位。

林延皓与控鹤林氏　《控鹤林氏族谱》记载：“广明中，黄巢据亳，抵安丰，一苇可航，州民惊鼠窜。吾祖延皓与固始县王潮弟审知有旧，遂往家焉。”由于帮助王审知攻下福州，立了大功，被任命为“拱宸、控鹤都指挥使”，并因此定居下来。他的后裔以其官衔而称为控鹤林氏，又称福州吴山林氏，尊林延皓为一世祖。今控鹤林氏的后裔主要分布在福建的福州、连江、福清、长乐等地。

林延甲与后安林氏　林延甲（860—?），光州固始县永丰庄人，自幼习射箭、骑马。唐僖宗乾符五年（878年）应试，捷登武第。七年后从沙陀贵族李克用击黄巢，攻克长安（今陕西西安），以战功受指挥使，佐御固始。中和四年（884年）随王绪入闽，王绪败后从王潮、王审知。唐昭宗景福二年（983年）任骠骑兵马司，卜居福建晋江凤山。分派桃园邑（今福建永春县）。其子林亮兴迁居晋江后安，故后裔称为后安林氏。

林穆与陶江林氏　唐末，林穆随王审知一路攻到福州，先居枕峰，后徙永庆里（今尚干，以林穆十三世孙林津龙举进士官尚书干办，遂以官名乡），官佐朝奉大夫。福州《尚干林氏族谱》记载，“（尚干林氏）始祖讳穆，字然佑，父讳卫，将侍郎，世居河南光州固始县，系出济南，唐僖宗中和辛丑（881年）八月，寿州人王绪起兵据本州，复陷光州，自称将军，蔡州节度使秦宗权方募壮士，乃表绪为光州刺史。固始县吏王潮及弟审知、审邽皆以材器知名，绪召军中为军校，信用之。……我始祖避乱，见潮兄弟识度异常，遂依焉。……我始祖功绩居多，故位居左朝奉大夫。后国家胥庆王恩，与从己之人自择桑梓为裕后之计，于是王自择藤山，我始祖瞻顾枕峰一脉一回龙，经营处所卜宅名区焉。”明代吴宽在其所作《林樵墓志铭》中写道：“林为闽著姓，考其初多迁自固始。公之先则始迁者曰唐左朝奉大夫穆。”明代郑善夫所作《林允大墓志铭》也说：“君名得昌，字允大，以字行，林姓，十九代祖穆自光州固始入闽，居方山。”陶江林氏世代簪缨，近代中华民国国民政府主席林森和著名的“二七”京汉铁路大罢工的工人运动领袖林祥谦均出其裔。

“濂江林氏”祖先也随王审知打到福州。居福州的林浦，分派闽侯、闽清、福清、连江、政和、柘荣等地。《濂江林氏家谱》所收明代林鏐（字元美）序云：“稽我远祖五代间自固始入闽，卜居斯乡。因用吾姓而名乡之浦曰林浦（今福州仓山区城门镇林浦），歧曰林歧，桥曰林桥。”明代三十六姓支援琉球，濂江林喜是东渡成员之一。科举年代，濂江林氏后裔有“三代五尚书，七科八进士”和“国师三祭酒”殊荣，即林瀚，任兵部、吏部尚书；其子廷昂为工部尚书、廷机为礼部尚书；其孙爊为礼部尚书、烃为工部尚书。

林揆，光州固始人，闽王王审知廷政时为永顺场官，南唐升场为顺昌县，擢为县令。时当乱世，政尚简易，县人德之。子林特，少年即为南唐校书郎，入宋累官至工、刑二部尚书，翰林侍读学士。

林靖，光州固始人，随王审知入闽。明代杨士奇所作《林兴祖墓表》中说：“林之先居光州固始，唐末讳靖者从王审知于闽，以功封忠烈侯，终于闽，子孙遂家福清之古隆。”

林庆源，明代李时勉在《林居墓志铭》中写道：“林氏本光州固始人，其先有曰庆源者，五代时仕为某官，从王审知入闽，居侯官。”

林穆，《侯官县乡土志》载：“光启初，林穆又由固始随王氏来闽。”

林昕，据《平潭县志》记载今平潭县敖东镇桥锦头林氏也是五代时由固始迁入的。始祖林昕，今河南固始县人，五代后梁开平年间随王审知驻闽，择居于福州。其后裔子孙林胜于宋代迁福清北林村，林永盛于元代迁福清沙玉村，明清时先后播迁平潭桥锦头、吉钓、草屿的西楼、岑兜、莲澳等村。

唐末五代入闽的固始林氏还有不少，如《台北县虎丘林氏族谱》记载：“先世固始人，祖有林一郎者，于光启乙巳，迁福建永春机源大杉林保。其后一派入泉之清溪，依仁里西头井兜，至明分居安溪之虎丘。”明代王世贞《林宗伯传》：“林宗伯者，讳爊，字贞恒，其先自光州之固始避五季乱入闽，遂为闽人。”宋代刘克庄《林埏墓志铭》：“公讳埏，字仲成，其先固始人，八世祖著作平迁福清。“其中尽管没有言及始祖入闽时间，但以诞生于南宋高宗建炎二年（1128 年），推测其八世祖入闽亦当在唐末五代时。《明文海》所录《宋石塘林氏》也说：“福清县东里许，石塘林氏居焉，其先固始人，唐著作平迁此。”

宋代林光朝《林师说墓志铭》说：“林氏其先光州固始人，居仙游，六世而公曾祖晟。”文中虽没有言及始祖入闽时间，但以墓志铭中所说师说卒于绍兴二十三年（1153 年）推测，迁闽亦当在唐末五代之时。

（四）林姓渡海迁台

有明确姓名记载之林姓人入台是在唐代。据清人蔡永蒹《西山杂志》载：“唐开元八年（720 年），东石（今晋江东石）林知祥之子林銮，字安车……试航至勃泥（婆罗州），往来有利，沿海畲家人俱从之去，引来番州。蛮人喜采绣，武陵多女红，故以香料易绣衣。晋江舟人竞相继航海。”书中还说：“唐乾符时（875—879 年），林銮九世孙林灵仙，字灵素，经商航海台湾、甘棠、真腊诸国，建造百艘大舟在鳌江，家资万贯。”

在林銮的带领下，当地许多人都从事台湾贸易。林銮九世孙林灵仙靠往来大陆和台湾间贸易还因此成为当地巨富，其商船所及，甚至到达真腊（今柬埔寨）等国。

林姓大批迁入台湾是在明清时期，特别是在郑成功开拓台湾前后，大批的林姓人开始迁往台湾居住，成为台湾许多地方的开拓者和历史名人。明朝末年，即郑成功收复台湾时期，原居住福建的林氏世家，纷纷东渡，迁居台湾，开始以嘉义、台南地区居多，后逐渐扩及全岛。《河洛文化与闽台文化》一书记载，台湾的林姓大都来自福建，清顺治八年（1651 年）迁台并定居于台南的林朝和被尊为始祖；清康熙年间，台湾被统一进清朝疆域后，东南沿海等地迁入台湾者日益增多，今天台湾及海外林姓人口众多，与此不无关系。入台林姓中，比较著名者主要有如下几位。

林圮　清顺治年间（1647—1661 年），民族英雄郑成功率领三万七千军人收复台湾以后，结束了荷兰殖民主义的统治，使荷兰殖民主义者霸占了38 年的台湾重新回到祖国的怀抱，当时郑成功实行“寓兵于农”的屯田政策，从事垦荒，以备军粮，使闽南人到台湾的移民逐渐增多。福建同安人林圮，是郑成功的部将参军，曾跟随郑成功东渡收复台湾。1662 年 7 月，郑成功 39 岁不幸病逝，其长子郑经继承父志，保卫和建设台湾，林圮积极响应，率领所属队伍，开到斗六门（今属云林县）和水沙连（今南投县竹山）一带从事开垦荒地，发展生产。后来遇到粮尽，林圮等数十人牺牲，活着的人痛不欲生，揩干眼泪把林圮等人的尸体埋葬在今天南投县竹山镇附近，时时祭祀他们，并称那个地方为“林圮埔”，以示对林圮等人的尊敬和纪念。后来，林圮埔进一步得到开发，发展成了一个市镇。清光绪十三年（1887 年）曾在斗六门建县，为云林县。云林是纪念林圮的意思。今天云林的民众，不少人都是林圮和他部属的后代。林圮的精神时刻在激励他们为建设台湾，实现祖国的统一大业贡献自己的力量。

林凤　福建龙溪人，随郑成功收复台湾后，率部在台南曾文溪北屯田，后人将该地命名为“林凤营”。荷兰人统治时期，被开发的田园为 9782 甲（一甲合 3.3 亩），而郑氏官兵尤其林姓官兵自垦之田，却达到了 20271 甲，增加了一倍还多，现有 30 余处屯垦的地名至今仍在沿用。

明崇祯年间入台者还有福建平和人林宽老、林虎、林一等人。至清朝康熙年间（1662—1722 年），又有福建漳州人林万福、林浮意等人率宗族来台湾，合作开垦嘉义策港等地；福建晋江人林启鸾则迁居澎湖，林奕生、林奕元兄弟居诸罗，林文快、林文俊兄弟居凤山；福建德化人林采士、林道甫居彰化，等等。雍正五年（1727 年）有林天成入台开垦淡水兴直堡（今台北县新庄镇），十一年（1733 年）有福建龙溪人林应寅、林平侯父子迁居台湾台北。乾隆年间（1736—1795 年），有泉州人林耳顺和镇平人林洪招募广东人开垦竹南，漳州人林潘磊开垦大甲镇，饶平人林钦堂入垦新竹，泉州林文意兄弟三人合垦港东，等等。

据《闽南人》一书记载，明清两代仅漳州府漳浦县移民台湾有名、有时间、有入垦地点的就有 36 人：如明郑时期林超入垦南投竹山；清康熙末叶林振、林谋入垦南投名间，林大鹏入垦台中市，林兴入垦台中县龙井；康熙二十三年（1694 年）林从云入垦嘉义大林；雍正年间林卯入垦云林斗南、林升入垦彰化埠头、林天生入垦南投草屯；嘉庆年间林同翁入垦南投集集、林长入垦台中县潭子、林秀入垦宜兰冬山河；崇祯年间林四入垦桃园白沙；乾隆年间林成祖入垦台北板桥；乾隆中叶林笃实入垦嘉义竹琦、林景宜入垦台中县潭子、林协伦入垦苗栗通霄；乾隆末叶林文俊入垦南投鹿谷、林旷入垦南投国姓乡、林积庆入垦台中市、林跳和林桔入垦台中县潭子、林升亮入垦南投县等。

再以晋江石壁（今属石狮市）林氏为例，该村先辈于郑成功收复台湾前后就大量渡台，清雍正、乾隆、嘉庆三朝渡台最盛，延续到清光绪年间。石壁林氏雅称为玉山，字行是：宏际式正士，文章华国器。从宏字父辈到国字辈连续十代人迁台，首批迁台的有林奕升等四人；宏字辈有林宏好等 13 人；际字辈有林际祚等 47 人；式字辈有林式愿等 110 人；正字辈有林正论等 134 人；士字辈有林士权等 143 人；文字辈有林文勇等 199 人；章字辈有林章饭等 167 人；华字辈有林华梨等 97 人；国字辈有林国和等 2 人。一个村连续 10 代 916 人迁台，确实是个典型范例。该村林凯于清乾隆初迁台，传 9 世，人口近千人。260 年前 1 人渡台，至今繁衍为千人，真可谓“乔木盘根大，猗兰奕叶鲜”（宋仁宗题《林氏家谱》诗）。

林裴章，字曼生，福建永春人，清朝末年到金门，居住后浦，富而好义，年施棺木无算，还独自捐建供奉主文运的奎星奎阁。其孙林远捐资修后浦北门大沟义冢，充育婴堂经费。林习山，字尔登，金门烈屿东村人，隆武二年（1646 年）郑成功屯驻金门时，加入郑成功部队起义抗清，历楼船镇，转右冲镇，战功累累。隆武六年，复授井宿镇，屡随各镇征伐。隆武八年，受封定伯；十三年春，攻打南京，屯狱庙山，中炮阵亡，归葬厦门嘉禾山衡厝乡，御赐祭葬。据考证，林习山祖籍泉州，其祖先是元末移居金门的。后来在嘉庆、道光以后，林姓人还不断迁居台湾，定居在有关地区，使台湾的林姓人口进一步增加。

依据 1981 年初步调查，台湾地区林氏主要祠堂约有 38 所，分布于台北县、台中县者各五，台中市者四，高雄县、南投县、嘉义县者各三，桃园县、新竹县、云林县、彰化县、台北市者各二，台南市、屏东县、宜兰县、台南县、花莲县者各一。建筑年代以清代为多，日据时代及光复后也有。在名称上，采总堂号称“西河堂”者有五（其实一般台湾林氏四合院民房正厅大门前上写“西河堂”者颇多），称传统分堂号“忠孝堂”者三、“问礼堂”者一，其余均自取立堂号，或未取名号。在上述祠堂中以台中市国光路的林氏家庙、台北市重庆北路的“全台林姓家庙”、竹北六家林家祠、竹山崇本堂、南投草屯的林氏家庙、宜兰市的林氏家庙等较著名。

台湾林氏第一、二种宗族、氏族式的宗亲组织，系随着其公厅（祖厝）、祠堂（家庙）的建立而运作，较无明显的组织形式，也较缺乏调查研究，无法提出具体之团体数字。至于近年来发展较为显著的第三类宗亲会组织，因范围规范较大，且须在各级政府办理登记，因此其实况较有资料可查。据资料显示，台湾林氏宗亲会组织最早约起于民国十四年（1925 年）在台北万华青山宫所成立的"台北林氏宗亲联谊会"，接着于 1957 年由"全台林氏祖庙"在台北市大稻埕（今延平北路）成立宗亲会。翌年成立了"台北市林姓宗亲会"。1976 年继续成立"台湾省林姓宗亲会"，接着于台湾省各县市逐渐成立一些县市分会，1981 年成立"世界林氏宗亲总会"，翌年成立"高雄市林姓宗亲会"，使台湾林氏各级宗亲组织，由世界性、台湾省、台北市、高雄市及省属各县市分会形成了完整体系，成为台湾地区各姓宗亲组织中组织最完备者。

由于林氏族人经历了千难万险才来到台湾，时间较早、人数较多，筚路蓝缕，胼手胝足，垦殖开发，世代相传，其以勇于开拓的精神，终于在当地站稳脚跟，为台湾有今日的繁荣奠定了基础。当下的台湾同胞，应当饮水思源，崇德报恩。中华文化的优异，也是中华民族得以繁衍传承，历久弥坚的要因。林氏族人对台湾的贡献与影响是多方面的，且随着台湾的历史环境之变化，其贡献重点也有所变迁。依林衡道氏口述的《台湾一百位名人传》中选择的明郑、清及日据时代台湾重要顶尖林氏名人 16 位的事迹加以分析，不难发现在明郑时代其贡献主要在防御治安、屯兵垦田、开拓台湾。至清朝统治台湾后继续致力开垦、水利及经济（如盐务、船运、樟脑等）事业；并协助维护地方治安，推广文教及公益事业。及至日据时代，则多从事抗日爱国运动，提振民族精神。

再依《林氏先贤先烈》中有关明郑、清时代及反清革命或抗日时期较广泛的台湾林氏先贤先烈 113 位资料加以分析，则在这段时间台湾林氏的贡献重点为：从事军事治安者有 42 人，占第一位；担任高官者有 18 人，占第二位；从事民族运动（反清、抗法、抗日）及平乱者 13 人，占第三位；任学术文化艺术工作者 10 人，占第四位；经营经济事业（农、水利、商）者有 5 人，占第五位；其他一人。以上可以将占第一、二位者合并为致力于治安行政管理；第四位者为教育文化；第三、五位者为反抗异族统治的民族主义运动，及经济开发等项目。这些贡献为台湾排除外来侵略统治、安定地方，促进经济发展，提升教育文化奠定了基础。

历史上成为富甲一方的著名家族，知名者如台北的板桥林家和台中的雾峰林家。板桥林家则由原籍福建龙溪的林应寅开基，他在清朝雍正十一年（1733 年）带着儿子林平侯入台湾居于兴直堡（今台北县新庄镇），后林平侯之子林国华迁板桥，家族更加兴旺发达，成为台湾著名林姓家族，因而被称为板桥林氏。

雾峰林氏始祖林石为福建平和人（属游洋林氏后裔），他在乾隆十九年（1754 年）来台湾定居在今台中县雾峰乡，子孙共同开发雾峰，衍成巨族，称雾峰林家。传至林文察时，因平定八卦会起事有功，以所赐山木天地经营樟脑，成为台湾首富，业务遍及整个台湾及上海、日本等地。游洋林家攀龙社先后有忠孝、成祖等渡台，对开发台湾雾峰做出贡献。

纵观林姓族人的迁徙，就像一条又粗又长的超级红线，把河南、福建和台湾紧紧联系在了一起，如果说河南是林姓族人的祖根地、发祥地、向外播迁地和牵挂地；那么福建就是林姓族人的接受地、创业地、屯垦地和走向世界的中转地；台湾就是林姓族人拓荒的目的地、建功立业地和回迁地。台湾同胞到福建、河南和福建同胞到河南寻根谒祖的络绎不绝，河南同胞，尤其固始同胞到福建和台湾寻亲拜访的从未间断就是证明。

三、林姓的分布

林氏门族，3000 多年来，或因乱世南迁，或适时北渡，或因做官调动，历代迁居福建、广东、香港、澳门、台湾，甚至其他的地方，迁徙所居遍布全国各地。

（一）南多北少

目前，林姓已成为世界上的一个大姓，总人口七千多万，分布很广，但不平均，呈现出的特点是“南多北少”。北方之山东有蓬莱“栖霞林氏”；河北、山西有“西河林氏”；南方之广东、上海有“海南林氏”；江苏、安徽有“汪浦林氏”；河南、湖北有“光州林氏”、“鲁山林氏”；福建、台湾、日本、法国、加拿大等地则广有“莆田林氏”；韩国有“海东林氏”。

以上林姓分布，基本上都在南方，尤其以福建、广东、台湾最多，这三省林姓约占全国汉族林姓总人口的60%。福建甚至有“陈林半天下”之说。其意是，福建人姓陈姓林的特别多，尤其莆田最盛。之所以如此，是远在公元317年之前，汇聚于山东、河南等各地林姓氏族，随晋室南渡而迁居江南。初居于江南之阳，后南迁入闽。或作郡王，或为州牧，一代一代的繁衍，使林姓后裔在福建得以长居相袭，成为我国南方一个族大而人众的姓氏之一。现福建有林姓472万，占全省总人口的14.8%，仅次于陈姓，居第二位。在台湾，最新统计林姓200多万，占台湾总人口的8.2%，是岛内仅次于陈姓的第二大姓。彰化县秀水乡陕西村300多户人家，1500多口人，其中60%以上都是姓林的。两地相比说明，“陈林半天下”的现象已从福建延伸到台湾，难怪有人形容说，台湾是闽粤地区的延长。千枝一脉，宗派同源，他们虽然遍布九州四海，但统属比干之后，中华民族，炎黄子孙，他们的故乡祖根就在河南卫辉。可见研究林氏在台湾的移殖和发展，不仅对于了解国人开发台湾的历史与中华民族文化在台湾的拓展具有相当的代表性，且对于证明台湾与大陆的一体关系极富意义。

（二）台湾第二大姓

依据台湾1978年6月30日人口资料统计，当时台湾省人口数为16951904人，共有1694个姓，其中罕见之稀姓甚多，而所占人口比率却极低；而常见姓氏（即大姓）不多，所占人口比率却极高。人口前十大姓依序为：陈（10.9%）、林（8.2%）、黄（6.1%）张（5.4%）、李（5.2%）、王（4.2%）、吴（3.9%）、刘（3.2%）、蔡（2.9%）、杨（2.6%），合计占总人口的百分之52.5。而林氏在台湾区人口所占顺位在台湾人口四次调查中均占第二位，其百分比分别是：1930年为11.5，1954年为8.1，1956年为8.5，1978年为8.2，人口数为1381713人。

林氏在台湾区各县市分布的人口数较多者，依序是：台北县171229人、台北市165975人、台中县95586人、云林县90236人、彰化县85371人。分布较多的乡镇市区依序为：台北县三重市30125人、台北县板桥市28782

人、台北市松山区25856人、嘉义县嘉义市19502人、彰化县彰化市18038人、台北市大安区17230人。如依在该县市人口中所占顺序较前及百分比较高者而言，占第一位者有：宜兰县（16%）、云林县（11.25%）。占第二位者有：台中县（10.33%）、花莲县（9.66%）、台中市（9.22%）、台东县（8.9%）、南投县（8.86%）、台北县（8.62%）、嘉义县（8.23%）、台南县（7.89%）、基隆市（7.83%）、屏东县（7.79%）、台北市（7.74%）、高雄县（7.59%）、苗栗县（6.86%）、高雄市（6.71%）、新竹县（5.48%）。

连横在其所著《台湾通史》中说："台湾之人，中国之人也，而又闽粤之族也。"今日台湾地区的世居住民和内地之间的关系源远流长，历史上不乏由大陆渡海入台者，但多数系明清两代来自大陆的福建、广东两个邻近台湾的沿海省份。其中，又以福建省者较多，如福建泉州府的同安、安溪、南安、惠安、晋江等县，漳州府的龙溪、诏安、平和、漳浦、南靖、长泰、海澄等县，兴化府的莆田、仙游等县，汀州府的永定县（今龙岩市），永春州的永春县、大田县（今属三明市），龙岩州的龙岩县以及福州府各县。广东省移民入台者仅次于福建，大都来自于惠州府的海丰、陆丰、归善、博罗、长宁、永安、龙州、可源、和平等县，潮州府的潮阳、揭阳、丰顺、大埔、饶平、惠来、普宁等县，嘉庆州的梅县（今梅州市）、镇平、平远、兴宁、长乐等县。然而，若再溯及福建、广东等地林姓的来源之地，则其远祖皆来自中原。

依据《林氏大宗谱》之"早期渡台宗亲祖籍篇"及《台湾区族谱目录》林氏族谱调查统计结果显示：福建漳州府各县移殖台湾的林氏族人以入垦今日中部的南投、台中县市、彰化、云林等县，北部的台北县市、宜兰县为多，以及嘉义、桃园、台南、苗栗和澎湖；泉州府各县以北部的台北县市最多，中部的台中县市、彰化其次，再次为南部的高雄县市、台南县以及桃园、新竹、苗栗、南投、嘉义、屏东、云林和澎湖等。广东潮州府各县以中北部的台中县市、新竹县为多，还有苗栗、彰化、新竹、高雄县市；嘉庆州各县以中部和南部的苗栗、新竹、南投、屏东为多；惠州府各县以中北部的台中、桃园为多。

中国林姓族人自大陆移殖台湾之初，因台湾的自然与人文社会环境均极艰苦，为了便于守望相助、克服障碍，每多聚群而居，逐渐形成冠籍或冠姓之村落。同籍移民聚居之处，每冠以大陆故乡之名，如：泉州厝、潮州庄、南靖寮、兴化店、海丰仑等村落，以示怀念故乡、不忘本源之意。同宗移民之处，每冠该姓氏为地名，如：林厝庄（今台中市西屯区林厝里）、林厝寮庄（今云林县四湖乡林厝村）等，以示血缘上的同宗情谊。也有合族而居和多姓氏共建祖屋的。如林姓和黄、陈、梁、徐、杨、吴、许等姓居住的“梅花杂姓地”；林姓和易、方、章、三姓合建的永定土楼“大楼厦”。这主要是当时林姓人口不多，经济有限，为了防御，不得不联合其他姓氏，同心协力共建房屋以防御盗贼。

林姓族人刚从大陆移殖台湾之际，虽多属社会下层的垦民，然多能携带祖先神位、祖籍保护神或姓氏祖佛等同行，且在台湾经过数百年来均能保存中国传统文化特质，例如郡望、堂号之保存，以示眷念大陆祖籍，不忘本源。台湾大小祠堂很多，林氏祠堂也不少，均写有各类堂号，镶于祠堂或四合院正厅大门之上。另外还在历代祖先神位、墓碑上端两角横写着大陆祖籍地名，如同安、安溪、饶平等字样，以示落叶归根，并教育下代子孙知道自己为中国人。有些地方索性以祖籍地名为其地名，如台中市南屯区的同安厝、彰化县伸港乡的泉州村、云林县斗南镇的南靖厝等。另有些聚落则以该姓氏为地名，如台中市西屯区的林厝庄、云林县四湖乡的林厝寮庄等。

移殖台湾的林姓族人的另一种文化传递是在台湾各地普设宗祠、家庙并组织宗亲团体。根据调查，在 1907 年，台湾共有 22199 个祭祀公业，其中林氏所属者颇多。这些祭祀公业、宗祠、家庙除了祭祀其开台祖先（开台祖）之外，往往也会追溯其宗族、氏族的大陆姓氏始祖（唐山祖）。在宗亲组织方面，早期规模较小，多与各类祠堂、家庙相结合，至后期各地大型的宗亲会组织纷纷成立。

我国古代为尊重亲族辈分的大小而订立昭穆，以辨别父子、长幼、远近、亲疏之序。昭穆又称辈序，或字伦、字行、字辈，为国人传统命名时常遵守的依据。移殖台湾的林姓居民也承传此种文化习俗，据初步调查，台湾林氏各支派昭穆就有八十九种，其中多数系自大陆祖籍抄来，而在台湾制订者，其内容与大陆相同，均为歌颂祖先并勉励子孙之词。如台湾林氏一些昭穆：福建晋江县福乡林氏——仰绍前贤，文章华国。福建晋江县莲埭乡林氏

——肃艾哲谋圣，积善有余庆；才为邦国宝，学乃子孙珍。

（三）海外林姓

海外林姓族人可以说是华侨的代表，哪里有华埠，基本上哪里就有林姓人。他们从明清以来，随着历史推移，人口增长，社会变化，受到经济或政治、军事所迫，就像其他姓氏者一样，不少人离乡背井，浮海而入泰国、越南、新加坡、马来西亚、印度尼西亚、文莱等东南亚国家和台湾、香港、澳门等地区谋生，并衍播到美国、英国、法国、日本、韩国、澳大利亚等国家去，几乎遍及世界各国。有从大陆直接陆续迁出的，更多系台湾、香港、澳门等地迁出。

仅韩国就有林姓120万。韩国林姓祖先为林八及公，系人文初祖轩辕黄帝的第117代孙，是契公的子孙，商成汤天乙的后裔，天下林氏太始祖比干公第85世孙，长林山得姓始祖林坚的第84世孙，唐邵州刺史蕴公的玄孙。林八及18岁时，为中国龙图阁翰林学士、行兵部尚书，唐天佑四年（907年）朱全忠篡唐，大肆杀戮异己，八及公为避难，与同僚七学士刘荃、薛敬仁、朱奎等一同从福建彭城（今惠安东岭）渡海出国，漂泊到新罗国江华湾登岸，居于平泽，在该地繁衍生息，历经千年，人丁兴旺。支派波及首尔、镇川、礼泉、安东、安义、庆州、釜山、扶安、蔚珍、淳昌、襄阳、密阳、林川、临河、全州、沃野、宝城、恩泽、益山。现为韩国第十大姓。他们按中国传统修谱牒，写族史，以殷太始比干后裔为荣，以炎黄子孙、龙的传人为荣，寻根谒祖的观念非常强烈。中韩建交后，他们多次组团到福建和河南寻根谒祖。

外籍林姓华人的经济实力以东南亚最为雄厚。涌现出许多爱国志士，实业巨子。有关方面估算，仅泰国、菲律宾、新加坡、马来西亚、印尼五国的华人资产就高达1300多亿美元。列入“世界华人亿万富翁榜”的有印尼的林绍良、林天宝、林文镜、林运豪、林天喜、林德祥；马来西亚的林梧桐、林天然、林秀琼、林维德、林添良、林敬奎，另有林庆金是马来西亚产业大王中的“朱古力大王”；新加坡的林钧成和美国的林建中、法国的林东岩、加拿大的林思名、日本的林瑞荣、巴西的林训明（林训明还是巴西产业大王中的黄豆大王），香港、澳门地区的林百欣、林中翘，台湾的林堉璘、林荣三、林挺生、林玉嘉、林守义等。其中列入“超级富豪榜”的有三人：林绍良、排名第六，拥有财富超过60亿美元；林梧桐，排名第九，拥有财富超过59亿美元；林天宝，排名第三十八，拥有财富超过25亿美元。他们不仅在推动住在国经济发展方面起着举足轻重的作用，而且以极大的热情关注着故土的发展，纷纷走向改革开放的中国市场。

其他社会名流以美国最多，如著名学者、国际语言学院教授林德君，将军林耀平，画家、《纽约日报》社长林缉光，世界银行（行址在华盛顿）驻北京代表处首席代表林重庚，世界著名的土木工程建筑学专家林同炎等，美国前总统里根曾亲自将一枚国家科学奖章挂在林同炎的胸前，这是美国总统所授予的美国最高科学荣誉。美国社会流传着一句话“美国的财富在犹太人的口袋里，智慧在华人的脑袋里”。这句话虽然有些夸张，但从一个侧面反映了包括林姓华人在内的美国华人群星灿烂，人才辈出，在社会上具有较大的影响。还有日本福冈华侨总会副会长林其根，1991年夏秋之际华东出现洪涝灾害，他先后两次捐款1267万日元用于当地重建家园。

林姓华侨、华人社团组织，由原来的宗亲、同乡社团，向着旨在从事服务、权益、专业、商业、文化等活动而结成社团的方向发展。一部分宗亲、同乡社团也摆脱传统活动内容，重视这方面的活动。这就为维护和谋取华侨、华人权益和福利、促进华人融入当地社会、参政及保持中华文化传统方面，发挥越来越大的作用。泰国林氏宗亲总会成立有奖励学金委员会、大学毕业联谊会，得到宗亲热情支持赞助，基金累积达1800余万铢，受惠学生5000多人，并抚恤受灾宗人。美国旧金山林西河总堂和马来西亚太平叻叻林氏九龙堂都决议设置了奖学金，每年颁发给本姓优秀青年子弟，以奖掖人才，促进教育立国。印尼雅加达林氏宗亲总会成立有诊疗所，收费低廉，对贫苦无力交费者义诊及施药。

20世纪70、80年代以来，华人社会的文化和教育承受了沉重的压力，一些国家政府极力提倡土著文化，华族文化则受到排斥。处在这种急剧变化的大气候中，为避免年青一代对祖居地的历史日益模糊，对乡根的情怀日益淡漠，一些有识之士审时度势，开始做出改变，打破旧有的传统框框，成立青年团及妇女团，积极推展各项适合青年人的活动。诸如组织合唱团、口琴队、华乐团、舞蹈班、卡拉OK、语文补习班、电脑班、妇女健身班、烹饪班、家庭日、旅游团、访问团、辩论比赛、演讲比赛、图画研习班、书法班、汉语拼音班、气功班、诗歌朗诵比赛、庆祝元宵节、中秋节、猜灯谜、包粽子比赛、出版会讯、主办研讨会、领袖训练班、射击活动、象棋比赛等等。也设立网页和网站与世界各地的血缘与地缘性组织接轨，为其成员寻找商机或谋求更大的利益回馈。为了向新生代灌输传统文化，血缘型组织大都趁颁发奖学金时，向领奖学生讲述其姓氏来源、堂号及故乡的风土人情。必要时，还组团往祖居地寻根，以冀“把根留住”，弘扬中华传统姓氏文化和祖根文化。

四、林姓文化

（一）林姓族谱

族谱，俗称家谱，是后人记载世系及世系中人物的谱籍，撰修者根据其祖辈的传说，写清其姓氏先祖及后人的来龙去脉，标明该姓氏祖先的始居祖地，即所谓的“根”，它是中华民族传统文化的一个独特表现形式，流传至今已有数千年的历史。一般来说，一部体例完整的林姓族谱大致包括谱名、谱序、凡例、谱论、画像、恩荣录、先世考、族规家法、祠堂、五服图、世系、传记、族产、契约、坟茔、年谱、家礼、艺文、名绩录、仕宦记、字辈谱等许多部分，清代末年的林姓族谱还多在后面留空白纸数页，称为续后篇或余庆录，意思是等待后世子孙续谱，以示家族绵延不断，万世荣昌。

林氏族谱是由族人写成，族人续撰，族人保存的。根据氏族旧谱系而成书的林氏族谱，成为林姓宗族中的一项重要内容。可以说它是远绍世本之系统的史书。林姓为殷少师比干忠烈之后，历代皇帝封官赐号，世袭爵位，“远则同宗，近则同族，虽千秋万叶，仍归一本，而江河万派，源流可究。谱系传自周鲁实行，可考可据，虽遭秦火之虐，其谱藏诸祖墓，而后世幸获遗残，吾少师之家传赖以不泯者也。”（清木《长山世系考》）秦始皇焚书，族史家乘遭到了劫难，幸而比干的第四十一世孙林宪公保存了林姓族谱。《林氏宗谱·长山世系》说：“比干至秦始皇二十二年四十一代九百余年间，有列国相并中多播迁，楚汉交争时遭流离。始皇焚书，文字损灭，幸赖族祖宪公清节高隐，秘抄谱系藏之皋公墓（比干之三十六世孙，东周显王时为赵相），是以后世赖其传焉。借期昭穆失次未得完全。”还说：“宪公见始皇乱政不道，隐于终南，藏宗谱于祖墓，至汉高祖二年（公元前205年）始出仕，为司隶检校。”以上所引，说明了林姓族谱未能中断失序的可信，是研究林氏姓源的重要史料。他们一致肯定比干是林姓的祖源。现传林姓族谱保存流传情况如下。

《林姓宗祖比干》（耿玉儒著《林姓宗祖比干》，河南人民出版社，1989年）一书搜集了六种林姓族谱。

《太历代宗之谱》，东汉末编修，是比干第八十一世孙林礼迁至江苏下邳所缉私谱，内容叙述入闽之后，世代条贯的历史情况。现被私人收藏。

《长城世谱》，晋怀帝永嘉年间续修，也属于大宗之谱。所谓“大宗”、“小宗”之分，源于周制，王公贵族的子孙有大宗、小宗之别：嫡长子称大宗，继承父亲的职位；其他的儿子为小宗，成为大宗的臣属。天子的小宗称王子，王子的儿子称王孙，统称王族。诸侯的小宗称公子，公子的儿子称公孙，统称公族。王族、公族以国名为氏，公孙属于其他支族，可以另外命氏。反映氏族血统关系的谱谍，由此而分别称为大宗之谱或小宗之谱。《长城世谱》是比干81世孙林礼所续修。现有私人收藏。

《西河九龙族谱》，东晋时所修流传下来，是比干第八十三世孙林禄入闽以后所纂修的牒乘。内容也比较丰富，史料翔实。包括“林氏正宗源流族谱序”、“晋安世谱校正序”、“长林世纪”以及有关碑铭、祭文、黄图、名吏等。现被国家档案馆收藏。

《林氏宗历之谱》，唐贞观六年修，包括“校正林氏世系宗谱序”、“莆田谱系原系”、“重表林氏宗谱序”、“血脉相生序”以及纂修宗谱诗、艺文、茔图、志铭、祭田、族会等，是依据家传旧谱诸经史考订成书的，原藏于秘阁，是一部较为翔实完备的林氏谱牒。现被私人收藏。

《林氏谱源》，明代洪武初年所修。林姓从福建连江、闽县迁入河南的一个旁支，包括散处于睢阳、柘城、开封、南阳、杞县、兰考、商丘、淮阳、信阳一代的林姓，续入二十五世。

《林氏世谱》，林氏入琼（海南省）以后纂修。入闽林姓的第二十世孙林裕和二十六世孙林暹，自唐光化二年至南宋高宗年间，两次入琼纂修谱牒，他们的顶支均是比干第九十八世孙林披。现被私人收藏。

《闽台关系族谱资料选编》（庄为玑、王连茂合编，福建人民出版社，1985 年）收集了 10 部福建各地的林姓族谱。

《溪环社林氏族谱》，溪环社即今漳州市浦南公社溪园大队，在九龙江边。据“溪环社历史世系图”云：其始祖林行实（讳孔著，字秉序，谥鼎峙）是扬鹰将军陈政的九女婿，原籍河南光州固始，唐高宗时，随陈氏父子入闽，为军谋祭酒。政殁，佐元光，开扩山林有功。贞元间，其子孙卜居于距漳州二十里许北溪香江，后移址溪环，迄今已一千余年。关于该族移居台湾的历史情况，访之老辈，据云为数甚众。

《闽漳龙邑莆山林氏家谱世纪》，闽漳龙邑莆山，即旧漳州府龙溪县二十九都白石堡莆山社，今龙海县角美公社埔尾大队。该族与他处林姓，其远祖均溯源至殷少师比干。西晋永嘉二年（308 年），中原板荡，衣冠始入闽者八族，林氏第一族姓。有些林氏族谱称当时有林禄者，随元帝东渡，初为招远将军、合浦太守，后为晋安之温陵守，因家焉，享年 69 岁，墓葬郡之龙岗，即今惠安涂岭。该谱乾隆三十八年（1773 年）序称，莆山林氏乃晋安王禄公后裔分居莆阳之支派。此派自莆阳又分宗于仙游竹港，后又有族人林勤移徙长泰，开基于钦化里。至元代大德年间（1297—1307 年），林勤后裔隐庵赘于龙溪县白石堡，遂定居此地，并名其所居室曰“莆山”，以志其祖籍。林隐庵即为白石莆山林氏之开基祖。

白石林氏开基时间虽不算早，但至清代已成大族。尤其重要的是，该族与台湾有着特别密切的关系，自明末至清乾隆三十九年续修族谱时，该族移居台湾、澎湖、金门者已达百余人之多，主要集中于淡水一带。乾隆三十九年以后，相率赴台者更多，其中尤以乾隆末十四世林侯六（讳逊伍，号敦厚）偕子安邦（号石潭，字平侯）渡台开基台北新庄、板桥为最重要。这一家族在开发台北、发展实业中，成为台湾有数的大地主、大财团。

《莲江东林宗谱》，莲江即蚶江莲埭，旧属晋江县二十三都，今蚶江公社莲埭大队。“是地林居为多，有东间林，有亭内林，又有下埕林……凡泉人叙远祖乡族所自，皆曰自固始从王审知入闽。考史，审知于唐僖宗黄巢起兵时据闽，梁开平元年封闽王，开平之号只有四年，合志与史观之，则长官之舍田入寺，已在五代之先，恐亦非从审知入闽者，盖唐世人矣，历唐而五代而宋而元，世居莲江也。”可见其先世开基莲江的历史相当悠久。这里林姓于康熙年间已有人迁台，而以乾、嘉、道时期为最多，主要分布在淡水、鹿港二地，部分迁往彰化、凤山、笨港、布袋澳等地，据闻该族在台湾子孙，如今已繁衍至数千人之多。

《开台始祖林逊伍公传下一派宗支族谱》，该谱系日据时期于台湾出版，为祖籍埔尾林氏宗亲所珍藏。谱折叠成册，展开两面，编纂简单，仅分序言、历代高曾祖考妣宗支一派生卒纪念日、宗支图、字沿顺序五部分，然于板桥林氏家族史之研究，却有一定参考价值。

众所周知，板桥林氏家族之创业人林平侯（应系该谱十五世之颜顺），乃清代台北著名的大地主、大商人。他以经营“捷成”米行起家，后与竹堑林绍贤合办全台盐务，复置机船运货物，往返北洋，拥产数十万。年四十，纳票为同知，曾署柳州府。嘉庆二十年（1815 年）引疾归，调解粤闽、漳泉籍移民之械斗。后迁居大嵙崁，尽力农功，启田凿圳，岁入谷数万石。复开淡水之野，远及噶玛兰，开三貂岭以通淡、兰孔道。（《台湾通史》卷三十三，列传五）

平侯子林维源，字时甫，也是著名人物。光绪五年（1879 年）曾奉命督建台北城，中法战后，又捐银五十万两为善后之费。光绪十二年（1886 年）巡抚刘铭传奏办抚垦全台，时甫为帮办。他大力垦田，岁收谷 20 余万石。光绪二十一年（1895 年），为反对日本割让台湾，时甫曾捐银一百万两助抗日民军军饷，并迁居厦门，表现了可贵的爱国主义精神，卒后葬祖籍白石堡。

割台之后，林本源家族多耻作日本顺民，故内渡大陆者不少。其时，清廷因甲午战败，议重建海军，苦于国帑匮乏，时甫之子尔嘉（字菽臧）基于爱国之情，慨然解囊，报效白银二百万两，却被慈禧太后挪去修建颐和园，故时人说：“一个颐和园，林菽臧建造了半个。”菽臧爱国无门，遂退隐鼓浪屿，以诗酒遣怀，并建造了著名的“菽庄花园”。

台湾板桥林氏与祖籍的关系极为密切。道光元年（1821 年），林平侯在祖籍龙溪县白石堡过井村创建“永泽堂林氏义庄”。据义庄碑记载，平侯“在淡水海山堡水田四十三甲八分四厘二毫（每甲合三亩三分），克为原籍本族义田，年收佃租，除完供耗谷外，年实收谷一千六百石，按年寄回内地龙溪县白石堡吉上村、潭头村，赠给同宗族人贫乏之用。延请族诚实公正两人，经理其事”。义庄在1821年建成，1937年停止，历一百一十六年，经过了林家四代人的乐输经营。这是闽省著名的地方慈善事业之一，也是闽台关系史上值得称道的一件事。此外，台湾族人为发展家乡之教育事业，还于民国年间在祖籍创办“莆山学堂”（后改为“埔尾小学”）；为了发展家乡的农业经济，则从台湾引种香蕉、龙眼到祖地来，这些良种果树现已发展至千万株。为了子孙后代永远不忘大陆故乡，他们还在台北板桥林姓开基地建了一座富丽堂皇的祠堂，号曰“西河堂”，每年十月一日，居台莆山林氏宗亲均要在此举行一次隆重的祭祖会亲活动。类此事例，不胜枚举。

由于该谱修纂简略，故依据《台湾通史》及欧阳宸先生整理的《林氏义庄及林平侯一家》（刊《龙海文史资料》第二集），补充介绍如上。

《林氏正宗源流》：林氏之先，也自黄帝、高辛氏后。黄帝乃有熊国君少典之子，姓公孙，名轩辕。母曰附室，视大电绕北斗枢星感而有孕，二十五月而生。长于姬水，有圣德，受国于有熊氏。纳四妃，生二十五子，得姓者十有二。一曰云相，相生玄嚣，嚣生娇极，极生帝喾，为高辛氏。娶有娀氏女，名简狄，从祀于谋，浴于玄丘之水，见玄鸟坠卵取而吞之，遂孕而生契，及长贤，而舜用之，荐于尧，为司徒佐禹治水有功。乃封国于商，赐姓子氏。契生昭明，明生相土，土生昌若，若生曹圉，圉生冥，冥生振，振生微，微生极丁，丁生极乙，乙生极丙，丙生主壬，壬生主癸，癸生天乙，谥曰成汤，伐夏无道得天位为殷国。传太甲、沃丁、太庚、小甲、雍已、太戊、仲丁、外壬、河亶甲、祖乙、祖辛、沃甲、祖丁、南庚、阳甲、盘庚、小辛、小乙、武丁、祖庚、祖甲、廪辛、庚丁、武乙、太丁、帝乙而生帝辛，为商纣。暴虐无道，杀害生民。

比干，纣叔父，帝乙庶弟也。有贤德，佐纣为孤卿。见纣无道，微子去，箕子囚，累谏不听，乃叹曰：“主过不谏非忠也，畏死不言非勇也；即谏而不从，且死忠之至也。乃奉面而进，谏不去者三日。”纣问何以自持？比干曰：“善行仁义，所以自持也。”纣怒曰：“闻圣人之心有七窍，信有诸？”遂杀比干，刳视其心，焚其面。下令曰：“宗小师妖言惑众，故诛云。”又剖比干次妃胎儿视之。时正妃夫人陈氏有孕三月，恐祸及之，即将婢四人奔于牧野，避纣之难，逃于长林石室中，而生男名坚字长思。至周武王伐纣，夫人乃坚归周朝。

武王以其居长林而生，遂因林而命氏，赐为林氏，以其殷汤之后，先王之胄，且能远害避纣之难，以不绝其嗣。其智足以任政，遂拜坚为大夫，食邑博陵，受封爵焉。夫人受姓，各有所因。或以生而及姓，或因功而命氏，有功则有官，族邑亦如之是其义也，如黄帝生姬水，故姓姬。尧生伊蓍，故姓伊蓍。舜诞姚墟，故姓姚。此因生而得姓。因官，若司徒司马之类是也。各因其封，若蔡、管、宋、楚、齐、魏、韩、梁是也，故林之受姓氏者实自坚始。坚之后居博陵，子孙遂成阀阅。历周秦及汉，王钮金绳，枝叶繁兴，荣荫当世。战国以来，遇始皇焚书坑儒，谱牒散落；后汉之末，遭董卓迁都长安，坟籍失去。卓言林氏门宗强于河北，汉主受卓谮，收林氏宗族七百四十四人同时流窜，昭穆失序，降及三方鼎立，天下凡为三国，生民推习武功，莫知文艺。爰自晋氏失驭，五马浮江，衣冠避于南地，因以枝分叶散。前后纪牒，多属阙漏。自非建盛节，立奇功，可以著美一时，垂名千载，鲜有不坠者矣。以故大族帝王之裔，世家诸侯之胤。忠臣孝子，文德武功。各擅兰芳，俱传桂馥。司马迁之史记，传述殊名。见篇目之繁文，君臣异式。莫不世序相承，昭穆不紊。及观受姓得封之因，源委可究。桑梓卜居，丘陵兆域。适时迁而南渡，遇世乱而北移，或受爵而西分，亦故居而东徙，虽复三江殊流，会生岷山，九河暂分，终归沧海。缀集条贯，举宏纲目。派系虽别于九州，星罗实同于五纬。上至博陵受封，下及贵贱无殊，具题缄封，名曰宗谱，惟夫命代奇绩，载在茂陵之书；冠世高勋，先终丘明之史。各随事实，欲其传信，庶几来代哲人，尚有所考云。

《西河林氏谱系序》：林氏出自子姓，王子比干之后，纣之叔父，位为少师，以直谏死，夫人陈氏有遗腹，惧而遮遁于长林石屋之间，已而生男名泉，武王伐纣，甫下车，封比干之墓，征其夫人所生之男，以其诞生于长林石室间，故更名曰坚，赐姓林氏，食采邑于清河郡，今其州改博陵，爵公，封户二千，世为大夫，出膺牧伯之寄，入陪卿士之列，间世杰出，代不乏人，回则负赤子重义而弃璧之珍，放则从圣人伤时而究礼之本。以至炊鼻之战，雍奋不顾身，怀报主之忠。（昭公二十六年）蒲坂之役，楚义不辞难，发一怒之勇。（定公十年）不狃不怯战，尽必死之忠。（哀公十一年）咸见明于春秋传。自时厥后，世远支分，因居著姓，各以其人，尊在西都，占籍于济南，以尚书论石渠，官至太子太傅，故林氏之望，著于济南者，自尊始。礼在西晋，徙籍于下邳，礼生颖，颖生二子：曰懋曰禄，懋为下邳太守，子孙婚宦，皆出于下邳，遂为徐之冠；禄当永嘉之乱，从晋元帝南渡，充招远将军，合浦郡牧，迁家于晋安之温陵。初武帝诛东越王余善，以闽越数叛。移其民居于江淮，久空其地，至是禄公才入闽，故林氏之族，在晋安者，实自禄公始也。禄生景，封南平侯，景生缓，封开丰侯，自开国历八世而生孝宝，为泉州刺史，自泉州三世而生玄泰，为瀛洲刺史，玄泰生五子，长曰万宠，为饶州太守，万宠生三子，曰韬，曰披，曰昌。昌之子曰萍，澧州司马，未老投印归休于泮之莒村，令莒村之原，茔域在焉。韬为谏议大夫，终礼部侍郎。一子曰尊，为京兆兵曹，官至户部侍郎，尊生三子，曰松，曰栩，曰攒。二房无传，攒为福唐天降有白鸟甘露之祥，唐德宗降韶褒异，立双阙于其墓，旌表门闾，举族皆蠲徭役，时号阙下林家。攒生三子，曰延鲁，曰延吉，曰延宾，延鲁唐大和三年，为开元令。延吉唐大和元年，为都督府长史。延宾唐乾符五年，为司户。今之居阙下者，攒之后也。披自北螺迁于澄渚，有子九人，曰苇，曰藻，曰著，曰荐，曰晔，曰蕴，曰蒙，曰迈，曰蔇。唐贞元中，同时为九州刺史，时号九牧林家。今居澄渚，皆九牧之后也。端州刺史苇，长子曰恕，次子曰应，恕为武卫兵曹将军，子可征，自澄渚迁居于治州之东，长寿社。可征子永，唐末遇涅槃和尚，复卜前埭之埔尾，因居焉。今之居前埭者，皆苇之后也。永公三世而生贲，贲三子，曰矩，作监簿，曰伯材，泉州司户，曰国华，乡贡进士，挺然独立，皆诗书名家，而前埭之族始广矣！猗欤！林氏袓裔，商之仁人起，周之博陵继，改于济南，绵于下邳，而大于晋安。其源深蓄厚，故能发大而流长。至唐太宗勅命吏部尚书，许国公高士廉等，刊正氏族，得九十八姓，勒命吏部退新门，进旧望，而林氏乃为晋安郡姓之首，所谓林、黄、陈、郑、詹、邱、何、胡八大姓是也。莆间于泉福，旧亦属泉，故其族繁衍于泉福之诸外邑。其在同郡，如游洋、仙游，所在诜诜，而莆为尤盛。永闽大夫，重广续庆图序，虽已铨叙，俱有条理，然亦仅大略。由东晋禄公，以迄于今，凡七百余年，中遭兵燹，衣冠裘绪，流窜于深山僻野者不一，再从相逢，且如路人，况地之相去久且远者哉。考之唐史，蕴以文学显，攒以孝友著，皆称莆田人，尝怪当时已自异不为伯仲，及蕴于秘阁，得贞观六年，温彦博所撰谱牒，因叙其世次于尊萍之行，则为堂兄弟，于攒之行，则为从叔侄，然后知其本之所自来，未始不同于一宗也。年代寖远，安可不知世系，以示所出，俾子子孙孙，恢祖宗积累之业，不堕于前，振忠孝儒雅之风，以饴厥后，庶几世世聿修，无忝尔祖云。

嗣孙迪功郎福州长乐县尉桴撰

明清时期，林姓族人大量移民到台湾，有一部分携带大陆故乡的家谱来台湾，而那些没有带家谱来台的人往往在事业有成之后再回故乡去抄族谱，或制作族谱，或在台湾就地编著家谱，以续家族繁衍之源起。这些家谱往往以迁台始祖为其开台肇基祖。依据《台湾林姓家庙》“早期渡台宗亲祖籍篇”所收集，及台湾省各姓历史渊源发展研究学会所出版《台湾区族谱目录》中“林氏族谱”部分的统计分析，台湾林氏至目前已有 766 种族谱，这些族谱中记录了许多台湾珍贵的地方文献资料，是研究台湾史及国人开拓台湾的重要记录。与大陆一般族谱差别不大，足以说明台湾林氏致力于慎终追远、敦亲睦族的努力。

以台中县龙井林家编修的《西河青龙族谱》为例，林开荣派下家族是台湾的典型中等型的移民家族。该家族编修的族谱首次纂修于 1941 年，续修于 1967 年，重修于 1992 年，颇为完整详细，除了有一般族谱应有的内容外，还记载有每一位先人的生卒年月日，以及其配偶姓名及生卒年月日。该家族渡台始祖林良（青龙）于雍正十三年（1735 年）到台，先在涂葛堀港（现龙井乡水港）做佣工。到第二代林三会时与大陆沿海港口进行贸易，开始置产，曾积累财富折合土地达 100 多亩。到第三代林德义、林天河、林乌贺时三兄弟更富有，其中林天河（开荣）持家有方，努力经营，积累不少财富，成为台湾中部文武兼具的望族，有秀才、有乡勇大老等。

近年来，有关林姓族谱的整理和研究工作日益受到重视，出现了多部成果。1985 年，世界闽林始祖文物古迹重修董事会主持编纂的《闽林开祖千年谱》，翔实记载了从晋代林禄开基海内外闽林以来的发展、繁衍、风俗、家族迁徙等，它不仅是一部宗谱志书，而且是一部研究晋代以来历史的重要史料，是侨居世界各国的林姓华侨华人和徙居台湾的林姓同胞寻根谒祖的依据。1992 年，新加坡林氏大宗祠九龙堂自治会以台湾出版的《林氏族谱》

为根据，收集各地宗亲的渊源资料，编出了740页、世界上第127本《林氏族谱》。这本族谱的内容，除了探索林氏始祖和家族渊源外，也记录了和林氏族人有关的大事，并介绍了林氏族人办理红白事的程序和林氏族人的风俗习惯。此外，族谱也列出了适用于不同行业、不同宗亲和乡亲的贺词。

另外，其他保存在国内一些博物馆和其他文物单位以及私人收藏的林姓族谱，应该还有很多，留待以后陆续整理。这些林姓族谱是中国林姓“千枝一本，宗派同源”的信史资料。如清乾隆年间广东梅县开基祖林岩后裔编撰的《西河林氏族谱》，世系表排列非常详细，可一直追溯到祖居地北方西河堂的列祖列宗的姓名、生卒年月、功名、官位、政绩及祖祠、祖墓的风水记载等，是目前林氏族谱中比较有研究价值的一本书。民国年间出版的《林氏世系总记》把国内各地林氏分布记录的很清楚，学术性很强，是研究林氏宗族文化的权威著作。1923年出版的《台北县林氏族谱》及各个村庄的林氏族谱、家谱也都很有研究价值。

（二）郡望堂号

郡望、堂号，是我国汉民族姓氏中的一种特殊文化现象。郡，是中国由春秋至隋唐之间长期存在的地方行政区划的名称。所谓郡望，是某一姓（氏）长期聚居在一郡或数郡地域内，并在当地产生了突出的声望与社会影响，因而人们称该地是该姓的郡望。堂号则是家族（宗族）祠堂的名号，是家族的标志。相对于一姓、一氏、一宗，范围要小一些，它体现的是血统关系与历史联系。堂号分两种情况，一是取自本姓先祖的发祥地或生息地，又称郡号。其中还可分发祥郡号（姓氏或宗族所由以诞生、发祥，族人所由以生息之地）和望出郡号（本姓氏、宗族所由以产生声望、形成影响之始发地）。二是为纪念先祖的功业、德行、官爵、著述等而选立的堂号。如林姓忠孝堂（宋仁宗阅侍御史林悦家谱后，题“忠孝有声天地老”诗句）等等，这些堂号都有某种特定的纪念意义或象征意义。

林姓郡望

注重祖籍、郡望是华夏民族的一种传统心理。在南迁、外迁的林氏族人中，尤重郡望与堂号，至今不衰。追溯其历史原因，是由于古代社会战乱或自然灾害等造成社会动荡，民不聊生，中原（北方）人口多次大规模南迁。

这些背井离乡的移民，无不怀念中原（北方）故土，思念自己的出处根源或怀想昔日的鼎盛繁华，故此特重郡望。林姓主要郡望有西河郡、南安郡、济南郡、下邳郡、晋安郡、九牧郡、河南郡等。

西河郡：林氏得姓始祖林坚诞生于长林石室，这里地处古黄河及其支流淇河以西，又称西河。以后赵国又在河北南部、魏国在山西东部两度设西河郡，而这一地区正是林氏族人最早的繁衍生息地，所以最早的林氏族人称西河林氏，或“长林启脉，西河衍派”。

南安郡：东汉中平五年（188 年）分汉阳郡置南安郡。治所在原道县（今陇西渭水东岸）。相当于今甘肃陇西县东部及定西、武山县地。此支林氏，应为林坚直系后裔所开基。

济南郡：西汉初分齐郡置济南郡，文帝改为国。治所在东平陵（今章丘西）。相当于今山东省济南市、章丘、济阳、邹平等县地。此支林氏为西河林氏分支，其开基始祖为汉平棘侯林挚。

下邳郡：西晋末年，中原板荡，西晋黄门侍郎林颖不得不离开故土，来到曾经任职的徐州（今江苏）居住下来，后来因长子林懋出任下邳郡（今江苏睢宁西北）太守，又随他迁徙下邳郡。林懋任满之后，时局已经十分动荡，便在郡中梓桐乡定居。这支从“济南林”分衍而出的林姓人便称为“徐州林”或“下邳林”。后来传到第八世林国敏出任台州刺史而成为浙江台州、温州林姓的开基祖。

晋安郡：来源于“济南林”，林颖之子、林懋之弟林禄。西晋末年随晋元帝渡江，后来出任晋安郡（今福建福州）太守，为林姓入闽第一人。他的后代除留居晋安，又有人迁居侯官、福唐、长乐、连江、温陵、南安、清溪、德化、惠安、龙溪、漳浦、莆田等地。此支林氏为济南林氏分支，其开基始祖为林禄。

阙下郡：林攒，闽林始祖林禄的十八世孙，早年任福唐县尉（今福建福清）。贞元元年（785 年），他的母亲在莆田病重，他得知之后，急忙从福唐赶回，未到家母亲便去世。他悲痛欲绝，回家后扶尸痛哭，几次昏死过去，四五天也不吃东西。母亲下葬之后，他又在墓旁搭一座茅屋住下，亲自搬运土块、石头，为母亲的墓葬添土筑石，这样过了一年多，都是如此。结果感动了苍天和其他生灵，以至相传有甘露三次降临到墓旁的松柏上或其他附近地区，又相传有百鸟两次飞来。事情传到朝廷，唐德宗专门下诏旌表他的门闾，并在宅第前立下双阙，他的家族也免除了徭役。家乡以此为荣，把他的家族称为义门，所居地称为孝里，所在的林姓支派，称为阙下林。

林姓堂号

林姓堂号有西河、问礼、九龙、忠孝、永泽、林本、崇本、善庆、绍闽、双阙、青龙、林平、松卜、十德、敦本、孝瑞、忠义、尚干、济南、九牧、博陵、下邳、晋安、双桂、南安等。

西河堂：林姓得姓始祖林坚被周武王封于西河或清河、又封于博陵（今河北安平），至子孙林载又赐爵为博陵公，以他出生地一带作为食邑，子孙得以世代享有这一爵位。后来，人们习惯称林姓为“西河林”或“西河堂”。

松卜堂：为江苏省丹阳县林氏支宗的堂号。丹阳林氏肇于宋代。宋德祐二年（1276 年），福建省进士林芳，字逢春，出任丹阳县令，此后便长住于此。林芳的长子伯一居于城邑，次子伯二定居南郊松卜。从此，福建林氏在丹阳繁衍生息。丹阳林氏“松卜堂”的后人，按行序排列分为松卜、北庄、大华等支。主要分布在大华、埤城、丁家坝、林家桥、北庄、绕庄、孟河、魏村、张庄、黄墟、董庵等地。在县城里，林氏族又分蘖成金斗铺、寺前铺、晋地坟、虞巷、安巷等族系。至 2000 年 5 月 8 日，丹阳籍林氏宗人达 21868 人。林氏在丹阳所出的知名人士有林福源、林懿均、林肇灿等，均编入新修《丹阳县志》。林氏宗谱始修于明成化年间，至 1950 年，共修谱 10 次。

十德堂：比干的第 27 世孙林放，字子丘，列长林 23 世。孔圣弟子，好学，问礼之本，孔子称之，列七十二贤人、周敬王时为大夫，名垂后世，秦、汉、魏、晋诸朝均尊为名贤，从祀孔庙。唐玄宗赐号西河伯，宋高宗加封为长山侯。林放子孙昌盛，派衍九州，忠臣孝子，文德武功，桂馥兰香。闽林乃放之嫡传，故堂号书“问礼家声”。据宗谱记载：林放生传统、不狃、抚、修、欣、骞、士元、伯、宣、微。林微生芳、皋、玄轨三子。林皋，字伯闻，在战国时任赵国宰相，权倾一时，德高望重。他生有仁、年、升、昶、文、曜、岳、佐、卫九子，受家风的影响，九子各有才能，德才兼备，被时人称为“九龙”，他们的家族也被称为“九龙门”。加上林皋父子皆积善行仁，国人称之，号曰“九龙之父，十德之门”。故林氏称“九龙堂”、“十德堂”，“九龙衍派”、“十德家声”。

九龙堂：源出同上“十德堂”典故。战国时代，林微之子林皋，在赵国担任宰相之职，权倾一时，德高望重。有子九人，受家风影响，也各有才能，被当时人称为“九龙”，他的家族也被称为“九龙门”。加上林皋，父子十人同以德才见称，他的家族也被称为“十德堂”。

忠孝堂：来源于皇帝御赐的堂号，因这支林姓人的始祖林悦以忠孝见称而得名。林悦为“晋安林”始祖林禄的二十四代孙，以忠孝见称，在宋仁宗时任侍御史。一日，向宋仁宗请求回家扫墓，宋仁宗便让他呈上家谱观看，最后有感于比干为国尽忠，林悦为死去的双亲尽孝，一门之中忠孝两全，于是在家谱上题写了“忠孝”二字，交回林悦手中。后来，这支林姓人因为有了御赐的题签，便以此为荣耀，自称“忠孝堂”。“忠孝堂”在客家人历史上，还有一支林氏因躲避元初对林氏汉人的屠杀，被迫改姓杨，俗称“新杨”，其也是林氏后裔。

九牧堂：闽林始祖林禄的十六世孙林披家于莆田，在唐天宝十一年（752 年）明经及第，被授予太子詹事一职。他先后娶妻 3 人，即郑氏、陈氏和朱氏。后来生子 9 人，分别为林苇、林藻、林著、林荐、林晔、林蕴、林蒙、林迈、林蔇。九人后来也都明经及第，并且都做了州刺史。由于州刺史又称州牧或牧守，兄弟 9 人合在一起，正好是“九牧”。在“八闽”之地独领风骚，因此被称为“八闽世泽，九牧家声”，或者称为“莆田九牧”、“九牧林家”等，以纪念这段颇为荣耀的历史。唐敬宗宝历元年（825 年），赠披为睦州刺史，诏内外长史追显其门。“九牧”后代，自唐宋由莆田分衍到福建仙游、漳浦、福州、侯官、长乐、连江、泉州、漳州、永春、龙岩等地，以及广东潮州、梅州、韶州、广西横州等地，明清及近代更迁居世界许多地方，在林姓各支派拥有较大的影响。

敦本堂：又称“林月汀宅”，俗称“大厝底”，位于台湾省南投县竹山镇菜园路 4 号。已毁于 1921 年地震。属于三级古迹。建于清光绪三十二年（1906 年），迄今亦有一百多年的历史。属于台闽标准四合院建筑，乃当时竹山清武官林月汀所建立，故属私人宅院。该堂主体木质构造，为台湾十大古厝之一，亦为台湾雕工最为精美者。该堂为二落式建筑，第一落屋顶为马背式，门厅前具宽广檐廊，并于壁面题字作画。左壁彩绘花鸟草木，字题“竹茂”、“□得石花胜开”；右壁彩绘人物山水，字题“松苞”、“夜雨竹窗问语”。太师壁双面木雕，前为松、鹿（取长寿多禄之意），后以窗棂组成“富贵玉堂春”字样，其四角衔以蝙蝠造型（取得福之意〉，故福禄寿齐备。第二落为正堂，屋顶属硬山式，据说原为官式燕尾脊，后去燕尾。各门扇工法讲究，精磨细琢，赞叹不已。第一落、第二落及左右护龙形成完整的四合院。

崇本堂：俗称“林祖厝”，位于台湾省南投县竹山镇集山路路三段831巷内。属于三级古迹，初建于清乾隆五十三年（1788年）。竹山及鹿谷地区林姓宗亲，为缅怀林姓先贤开山垦荒之德泽，而募款建祠，祠内供奉开闽始祖“林禄公”、“九牧公”及“林圮公”三位先贤。崇本堂早年失修，首于嘉庆七年（1802年）修筑成宫廷式建筑，雕梁画栋，宏伟壮丽，却不失古色古香。复于1968年二修，最后则于1984年重建，这次除屋顶保有古式燕尾式建筑之外，全面改以水泥磨石，而失朴质之风。但却也免于“九·二一”（1999年）地震之蹂躏，毫发无损。崇本堂的保有特色包括燕飞尾式屋顶、山门的交趾陶福禄寿三仙塑像；左右塑的“左昭”、“右穆”题字；正堂的“文魁”、“选元”及“进士”匾额等。

济南堂：秦末汉兴，汉定三秦，林氏始祖林坚传第三十九世垫公，高祖七年（公元前195年）为丞相，封为平棘侯，与汉三杰萧何、张良、韩信等共谋江山建奇功。林垫之子，辟疆公由西河迁山，入济南郡。后裔为纪念济南是林氏之第二故乡，所以有一部分林氏以济南堂为堂号。

问礼堂：林放曾问礼与孔子。事见《论语·八佾》：“林放问礼之本，子曰：大哉问！礼，与其奢也，宁俭。丧，与其易也，宁戚。”周景王赞曰：“礼之有本，子能启问，大哉斯言，光昭明训，德辉泰山，诬祭莫奋，崇兹祀典，千秋令闻。”封其大夫。林放与妣芋氏合葬于河南省开封府东岩山。林氏后代以问礼堂为堂号。

（三）林姓家训

根据林姓《族谱家训集萃》的介绍，林姓家训共十个方面155条款。

1. 崇孝道

教始于事亲，终于报国。移孝以作忠，即显亲以全孝，此谓之大孝。

孝为立身之大本，人若不孝于亲，必不能忠于国，友于兄弟，睦于宗族乡党，合群于社会，而反为社会之蠹。

如何能使人之行为皆善。曰：请自父母始。人能以父母待子女之心行事，则万善之本以立。由是而友兄弟，由是而睦宗族，由是而笃乡里，由是处草野则为善人；入仕途则为循吏，皆由孝之一字推演而出。

人子事亲，无穷富当以奉养为先。奉养之道，各遂其力。富者固可以甘旨奉养；而贫者亦可以菽水承欢。务须承顺亲志，悦以颜色，婉以言语，不可貌奉心违，以贻父母之忧。

子之孝，不如率妇以为孝。缘妇之居家，为时常多，洁奉饮食起居，自较周到。故俗语有："公姑得一孝妇，胜有一孝子"云。

人子事亲，有一分力，即应尽一分力，不可稍存吝惜。有兄弟分家，各丰衣足食；惟于父母身上应为之事，竟彼此推诿，不肯假借分毫，此谓之大不孝，将为社会所不齿。

人子事亲，晨昏定省必勤，久出必告，返必面。如父母辞世，有远行，亦必拜墓。

须知父母教养子女，未有先存子女报答之念者。子女幼而能志于学，长而能忠于事，再进而能立德、立功、立言，为国家民族有用人才，皆所以慰父母教养之心，亦为孝之大者。

亲有过，当以婉言柔声委曲进谏，万一亲志不从，俟亲悦时复谏，而不使父母陷于不义，亦为孝之一端。

祖茔乃先人遗骸之所，每年务必拜扫。家庙乃先祖寄灵之处，每年务必祭祀。苟力之所及，勿以代远相推不到，勿以路遥经年不往。届时族人相聚，正可联族谊而致一本之亲。

孔子曰："身体发肤，受之父母，不敢毁伤，孝之至也。后世陋俗，有割股断指，以医亲之病者，此迷信之谈，大违人伦之旨，非孝子孝女所当为，特举以为戒。

葬亲陋俗，古有风水之说。谓祖先葬佳地，后裔可致富贵。征之往古，既无此理，亦无此等事。且历代家训，莫不以此为戒。所以安先人之体魄者，惟择高阜土质干燥，僻静不易为人破坏之处为已足，与风水何干？自古贫富贵贱无常，虽帝王之家，不越此理，岂片壤可以左右。晚近亦多举火葬者，事简而费省。二者何取？当视亲之生前意愿及物力之情形而定。苟不违亲意，即是尽了孝道。

旧俗丧亲，必请僧道，念经超度，声乐鼓吹，晚近更甚，俳优化装，车队塞途，奢侈浪费，于死者何益？予孝道何补？历代家训，多有谆诫，应知警惕。近日成风，虽随俗行事不能尽革。亦应俭省节约，不事铺张为宜。

2. 睦宗族

族人虽有远近亲疏，要其本原则一。故族中有大吉凶，必先庆吊，使骨肉之气常通。遇有合族之事，必同心商榷。至于平时，亦应于年中聚会，以联一族之谊。人情不见则疏，日疏日远，大非睦族之道。

宗族于我，固有亲疏，自始祖视之，则均一人之子孙。能以祖宗之心为心，自知族人之当睦。睦族之要有六：一曰敬老，二曰亲贤，三曰矜孤，四曰恤寡，五曰周急，六日解纷。此宋代大儒范文正公仲淹先生之语，内容实有深意。

睦族有四务：一曰矜幼弱，稚年失亲，难以自立成人，则须有矜悯之心，随时为之助力。一曰恤鳏寡，贫者则恤以善言，富者则恤以财力，俾得乐生。一曰周窘急，族人有衣食无着者，量己之力，为之接济，以尽宗族之心。一曰解忿争，族人有忿争者，得多人劝之，往往心平气和，可重归于好。此嗣族之责也。其尤重者，若捐义田。设义仓、立义学、置义冢，用以教养族人，使生死均无所失，实为睦族之大者。

睦族之要有三：一曰尊尊，辈属尊位，则对之恭顺有礼。二曰老老，辈属卑位，而年龄已高，亦须扶持保护，加以高年之礼。一曰贤贤，德行学识，可为族人典范者，虽年辈均低，亦须忘辈忘年，加以敬贤之礼。

人生亲戚，不外三党。待父党宜念水木本源，待母党宜念生身之谊，待妻党宜推茑萝之爱。常存敦厚联谊之心。

族中鳏寡孤独无所依者，果能安分守己，当念族人一本之义，宜通族合力量情赈给，不可漠然视之。又寒素族人，有婚嫁丧葬不能举者，或品学兼优而无力上进者，族人应量力为助，义不容辞。

睦族必以叙伦为先，叙伦必以正名为先。一族之中祖孙、叔侄、兄弟之间，各有定名，不可紊乱。尤不对因尊长寒微，遂致径呼尔我，避加尊称，以失人伦之序。须知敦本睦族，切不可重富轻贫，少存异视之心。

族之兴盛，在乎族人之贤否，子孙贤，族自兴，乃不移之理。族中男女子孙，不论天资锐钝，皆应善为教养。锐而聪者，使其学具专职。钝而拙者，亦必使技擅一长。俾其大者能创建事业，小者能自立生活。族中有可造之材，以家贫而难就学者，族人应量力协助，使其学业有成。

族谱所以明水木之本源，辨支派之繁衍，维族系，敦人伦，睦族之道，莫大于此。古人每三十年一修，近年交通发达，印刷便利，或二十年，或十年一修，或新增子女，邮电往复，随时增补，皆无不可。务宜勤修，以免遗漏。子女于十岁以上，皆可指点使其读谱，以奠敬宗睦族之根基。保藏谱，宜置干燥通风适当之处，以免虫蠹鼠啮，或雨湿腐坏，遇有大故远行，须奉谱同行，以免有亡谱失系之虞。

3. 重教养

天下无不慈之父母，但庭训不立，而溺爱不明者有之。故父母之于子女，必幼而教之孝悌，长而授之学业。其顽而妄为者，亦必严为教诫，勿姑息以养其非，父母尤须以身作则，务使其自幼有行为之范。

人之子女，多于儿童时恣其所为，日渐月渍，乃逾规矩；此父母养而不教之过，及其长大，爱心渐疏，见其小过，又以为大恶怒责拳打，此父母枉憎之过。二者皆非教养子女之道。故凡教育子弟者，必自孩童时始，若从幼便骄情，语言不逊，举动不端，则以为幼小无知而忽之，漫不加责，岂知少成若天性，习惯成自然，后虽欲变其气质，不可得矣！为人父母者，当深体此意。

子女质敏才俊，固然可喜，然应防其天才外溢，流于非为。宜早加训诲，学礼范其行，读书励其志，长大之后，习与性成，行为自不逾矩。

子女童稚之年，父母师长之训教，宁严勿宽。然严勿失于厉，宽勿失于纵，方为恰当。稍严则可柔其气血，收其心身，俾举动知所顾忌，而不致肆为非礼。

子女敬长之道，古有明训。年长二十者，以事父辈之礼事之。年长十岁者，以事兄辈之礼事之。凡遇尊长，言必逊，貌必恭，行必让，坐必偏位，方尽得为子女卑辈道理。至于尊长亦不得以辈尊而轻卑幼。倘卑幼中有齿德可尚，才品出众者，亦当以贤者之礼相待。

士农工商，皆为正业，随子女气质之所能，兴趣之所近，各居一业，宜专宜勤，毕生以之，以事兴家，恒由于此。

凡子弟须心存孝友，动必合宜，见尊长，坐者必起，应对必以正称，不可假易称呼，以你我为言，致失大礼。

子女幼小能言时，父母当教以称呼之礼。能行时则教以起居之礼。令其自幼习行，既长则动作自可合乎礼节。

子女幼时不可避宾客，年少见识未广，正当于宾客周旋进退处学习之。若一味回避，不知待客之礼。则一见正人，手足无措，人为人所轻鄙。

教养子女，重在幼蒙之时，训蒙之要，重要语言举止，若自幼不踰规矩，则长大成习，自可合于礼法。

子女事父母尊长，与之言必速应，教之事必速行，勿得疏缓，自任己意。

凡坐要正身，直其上体，齐足敛手，勿倾倚偃侧，勿交胫摇足，勿靠背箕踞，勿身靠桌椅。如与人同坐，尤当敛身相向，勿得横肱，致妨碍同坐之人。

站立要垂手正手，双足踏稳，不可背人而立，尤不可背尊长辈而立。必顺其方位而立，方为自然。并不得歪斜身体，若立近墙壁，不得依靠。

凡行趋，若无急要，应踏重脚跟缓步而行，身体勿得摇摆，举步不可太阔；目宜常视足下，过门不及阀门槛，以防倾跌。慎勿掉背跳足，失于轻佻。若见尊长，又必略示敬意，稍为急趋，不宜过缓。

尊长者有呼召，当随身起应，不可缓慢，有问，随事实对，声勿太高，唯须清朗。语勿急遽，贵乎详缓。长者所问，词毕方答，勿从中插嘴。

子女当童年时，处尊长及宾客前，宜肃静缄默，不可轻忽出言，出言亦必详缓。不得喧聒如市井戏谑之语，尤忌作饱食呕逆声，及呵欠伸臂弛张状，以免贻笑大方。

凡饮食须从容举箸，勿太急遽，持箸勿将肴蔬乱拨，嘴嚼勿使有声，慎勿贪求多食。碗箸安放宜务整齐，勿使失坠。

凡听视务须使耳口专一，如看书则一意在书，不可旁视及旁听他处。聆听父母及师长训诫时，亦须一意承受，不可杂听他言。

寝息时间，宜早卧早起，可使精神焕发，一日工作效果良好。夜寝勿言，心安神定，自易入眠。

同学之间，当亲爱如手足相处。学胜已者，应虚心请教，品行端方者，须企慕效法。勿结伙与不良者嬉游或互相争斗，致伤学业而染恶习。

凡子女习礼，以审其仪节，明其大义为首要。如临凶礼，不可有喜庆之态，以衣素衣为善。临吉礼不可有忧戚之色，衣整洁之常服即可。言语举动，须修整从容。然从容须不失之迂缓，修整须不失之拘束，方为适当。

人之一生，非教诲不能成聪慧之辈，非读书不能做大事。教诲以培其立身之本，读书以达其为学处世之用。二者缺一不可。

古人惜寸阴，又惜分阴，盖因时不可失，人生能得几时少年，一瞬即过，故惜阴趋时，为成功之母。

教训子弟，于行立语默之际，切忌有荡心盈气之态，幼而戒之，长而成习，庶可免放荡之行。

世间惟财与色，最为迷惑人性，败坏人心。万恶淫为首，一念之差，毁身败家，祸积之愈多，为害愈大。或致毁家伤生，悔不当初，惟有洁身励行，远财与色，为修身大要。

人之自毁其身，莫若嫖与赌，事业不顾，倾家不顾，将有用之身，断送于空花黄金梦中，一失足成千古恨，其可懼有若此者，切戒！切戒！

4. 齐家政

治化之道，必先齐家，然后行政于天下尝易，而教施于一家尝难。盖骨肉之间，恩胜则家礼难凭，情亲则家法难申，自非躬行德化以辅之不为功。世谓治家之难，难于治民，良非虚语。故善治家者，以正己为则，己正则子女有所观感，可相率以从。己不正虽有治家严法，亦无以为教。

治家以正人伦为本，正伦以尊祖、睦族、孝父母、友兄弟为先，以敦亲党，和乡里为要务。近正人如近父兄，远恶人如远虎狼。再守之以勤俭，行之以慈让，约己而济人，习礼而好德。如此，可以兴家，可以安身而立命。

治家内助最为要紧，男子性多刚强，或遇恼怒时劝解一声，即可省却不少意外事。若激怒一声，每种下无限祸根。且开门七件事，莫不操之于内，虽属小节，然日积月累，俭约节用，亦理家之要务。

后妻子前妻之子女，世间颇多难处，非妻之不贤，子之不孝，盖缘猜疑之心而然。疑心一生，则言者无心，听者有意，渐至失欢，终成大恨。主家者应观微知变，须预为之谋。

子弟忿争于外，纵于理为直，但可忍耐，仍宜劝其容忍，勿与忿争为善。而于理为曲者，务必严为之诫。若为亲情、为体面，而回护其短，乃自伤体面，自毁子弟，每肇不测之祸。

人类至多，同胞无几，兄弟姊妹之间，设有贫困急难，俱当竭力救济。即或诸求无厌，亦只宜忍耐，俟其自化，不可伤手足之情。世谓处兄弟姊妹者，须忘怒忘怨，真是明伦良言。

父母不幸中年亡故，所遗幼年弟、妹，为兄长及姊，当抚之如子女，曲尽衣食教诲之事。至幼年弟、妹之待兄嫂，亦应以父母之礼事之。

家庭相处，兄友弟恭，妯娌随之，则全家安和，父母愉快，亦孝之大者。或处异母之下，如兄弟相和，亦可矫异母偏爱之私。

婚嫁为人道之始，立家之基，最宜审慎，应以品德学识为本，勿索聘金，勿重妆奁，勿攀高慕贵，或贪图美色。

家族之中，贤否岂能尽相齐一。或父子不能皆贤，或兄弟不能俱佳。甚或丈夫放荡，妻子悍暴，世间家庭无此患者常少，虽圣贤亦无可奈何，譬如身生疣赘，虽甚可恶，而不能割去，惟有宽怀处之而已。

购买日用杂物，不可使家人在店铺随便买取登账，以防滥用，养成奢侈浪费习惯。

人一日不再食则饥，终岁不制衣则寒。衣食既足，礼节德行，将可由教化而生，以达安居乐业之境。凡此莫不由勤俭得来。

勤俭为立身之本，故人不但贵乎有业，且贵乎能勤其业。士、农、工、商，凡勤且俭者，大多日进，懒且惰者，莫不致败。人生于世，应以勤俭自勉。

创立事业之难，每难于登天，而败坏事业之易，则往往于不知不觉中，俗谚有云：“由俭入奢易，由奢入俭难”。大抵事业成立，总因勤俭；而其覆败，每由怠惰。故创业立家者，俱宜谨身节用，量入为出，勿失其度，则罕有倾败之忧。

一家之中，男女皆不坐食，虽操作稍苦，然知物力艰，自可养成节用之习。勤俭之为德，小而可以自足，大而可以济人济世，化风矫俗。甚关重要。

为“虚体面”三字，误尽一生，误尽天下人。凡丧、婚、嫁、交际之类，当量力而行，不为“虚体面”三字所累，方称得体。

天地之生财有数，苟取之尽锱铢，用之如泥沙，所入不足供其所出，来有不立匮者。尝见富贵子弟，祖宗所遗至厚，乃不数年而家产荡然无存。要皆由奢侈滥用，不知节省所致。故欲保业守家者，衣食可以保暖已足，何必膏粱文绣；房屋可以居住已足，何必峻宇雕墙；器用可以利用已足，何必镂金饰玉。俗谚有云：“常将有日思无日，莫待无时忆有时”。应加深思。

父祖之贻子孙，惟以“义”为最善。否则如违理贪财，跋扈乡里，徒贻子孙祸根，何爱之有？惟合义之爱，方是真爱。

5. 正礼节

国家之治乱，由人心之邪正。人心正则守礼法，合人群，而行必忠孝，人心邪则悖礼法，害人群，而行必乱贼。国家之兴亡系之。

行为入门，先要克己复礼。归宿只是忘我存礼。盖忘礼以逞自私自利，便是善恶关头，生死歧路。

人之立身于世，重在守礼节，重名教。着一点卑污，便如白玉之玷，虽急急磨洗，乙于本质有亏，终生为人诟病，不可不慎。

世人每责人则明，责己则昏。苟能以责人之心责己，不患不至圣贤地步。

与人语言，不可轻薄带谑，与人交接不可轻言交财；随众宴会，不可偏增菜肴。贫不堕品，富不骄奢。立身处世，不可不慎。

人不知礼义，与禽兽何异？亲友相接故容貌必庄，语言必和。进退周旋，必从容谦逊，务去其浮躁粗暴之气。虽燕享合欢之际，亦必循循雅饬，谨守礼节，勿肆喧哗，庶免为人所诮。

尊长生辰为庆，世有此俗，惟遵礼致庆而已。燕享聚餐，宁俭勿奢。

待亲友不可吝啬，尤不可过于奢侈，若二者相衡，宁俭勿奢。便宴中可带素肴一、二品，既可调节胃口，又可有益身体。

待小人不可露轻视之态，尤不可倨傲，倨傲则为彼所恨，遇事则为彼所阻，亦不可近与嬉玩，嬉玩则为彼所轻。

苍蝇附骥，驰走虽捷，难免有附后之羞。茑萝附松，虽上接云天，难免有攀附之耻。是以有志者立身，宁可风霜自持，勿学鱼鸟亲人。

饮酒须酌量而饮，不可过量，以浊心神，而致疾病。尤不可沉醉喧嚣，有乖礼节。奉延宾客，推务诚恳，不可强人以酒。

夜寐检点，今日说得几句话，是循乎道义，有益心身；行得几件事是循乎礼节，有益世道，当否自可恍然独觉。如有不当，切知随觉即改，方可立身成人。如饰非文过，便一生无长进处。人惟能改过为第一美事。

古人惇厚，虽婚庆大典，尽礼而已，不事铺张。所见历代族谱，对此多有雅训，意在避免浪费，可发人深省。处今之世，风气渐薄，虽不能严法往古，然亦应节约从事，利己利人，何乐而不为。晚近提倡公证与集团结婚，礼正而事便，可以取法。

6. 务读书

家不论贫富，子女不论贤愚，首在读书；读书则能穷理，穷理格致，自可明修齐治平之道。非但不至为非作歹，且可为国家造就人才。

幼年读书，尤须专心一意，务要读得字字分晓，不得目视他处，手玩他物。须背诵者，尤要熟背，使朗朗上口，可终生不忘。

古谚有云："读书千遍，其义自见"。故读书要熟读明其义理。不能熟背，亦不可牵强暗背，恐有错误。不可厌故喜新，恐废时无成。只要踏实多诵数遍，自然义理明晰，久远不忘。

读书有十则：静坐则神清，澄思则理透，好问则识广，多读则学博，稿易则文精，功纯则德进，勿炫奇而附会，勿穿凿以聚疑，无卧薪尝胆之志，则心思不苦；无破釜沉舟之勇，则功夫不深。

人生有限，如奔电逝波；学问如逆水行舟，不进则退。切不可因循姑待，浪费韶华。贪恋无益之虚名，耽误有为之学问，徒惹老大伤悲，后悔莫及。古人爱惜分阴，真为金玉良言。

读书无疑者，须教有疑；有疑者，却要无疑；能到如此地步，才算有了长进。

少年读书，能记忆而苦于无用；中年读书，知有用而患遗忘。无可如何之处，则惟有上焉者著书立说，下焉者撮要劄记。不但经手写成，可资记忆，抑且可留作后贤参改。

读书在勤勉，在有恒，在能吃苦。如囊萤，如映雪，如悬梁，如刺股，莫不从苦处得来。且记无怠惰，勿骄满，勿自恃聪明，勿废于半途，勿安于小成。如此必可致大成，成大器。

7. 明德性

大丈夫顶天立地，处世存心，务要容人，而不可为人所容。务要制欲，而不可为欲所制。为人所容，乃自取之耻；为欲所制，乃自取之辱。

必有忍，其事乃有成；必有容，其德乃得大。君子立身，未有不成于容忍，而败于不容忍者。惟容忍方能恕人，惟恕人方能合众。惟合众方能做大事，立大业。

辱之一事，最所难忍，自古豪杰之士，多由此败，触目惊心，不可不慎。处者之道，当察辱自何处来，若其来自小人，则理在我，何怒之有！若来自君子，须知吾过当改，亦何怒之有！世人不知辱之所自来，均以一怒应之，甚至以拳还之，或致相仇而不能已，何异树敌以困孤我，自取失败。故忍辱是人己交接第一关头，亦为立身立业成功失败之第一关键。

辱之来，要先自检点，我不轻人，人何以辱我？若有无故加辱于我者，非下愚则癫狂，此等人虽圣贤对之亦无可如何？当避而远之。

凡遇微贱之人，更要着实宽容，即无故犯我，亦要恕其无智，不可与争，争则有辱，而无如之何。

人不可以己之长，露人之短。天地间本有长短不齐，各擅所用，故俗有“尺有所短，寸有所长”之谚。必欲炫己之长，以胜人之短，则短不为所用，必致世路多阻，寸步难行。

人之病在好谈己长。长于功名者，动则夸其功名；长于所业者，动则夸其所业。此每因露其所长，遭小人之忌，吃亏于不知之中。故智者不言所长，始能保其所长，而其长自大。

轻躁浅露，莫甚于骄，无论才否，骄则致败，气骄人厌，言骄人怪。

有一份自满之心，面上便带自满之色，口中便有自满之言。殊不知世间再无可满之事，若自谓已满不可加，便是走入穷途，为有识者所耻。

路狭处，留一步与人走；味甘处，留三分与人吃。一味平易坦然，胸中不立城府，有谁嫌憎于我。

若事出迫不得已，与人忿争，止可据事言理，不可脱离本题，另生枝节。尤不可发其隐事，揭其家门之丑，扬其父祖之恶，非止有伤厚道，抑且盛怒之下，恐肇大祸。

人有曲事加我，闻之勿即忿怒，可从容解之，气度宽大闲适，自为人所信重。

有加誉于我者，当察言者之意，省自我之实。誉之太过，当警惕于心，以求进益，补我不足。切不可沾沾自喜，以益我之失。

行善而欲之颂扬，施惠而欲人感激，此乃满腔私欲，何真行善之有？将为有道之士所耻笑。

名誉为人之第二生命，欲维持名誉，则必须重信用。如我有求于人，人竟欺我，我必轻其人，甚至怒之。后遇此人，虽言之成理，指天誓日，我岂敢信而无疑。以此类推，我之对人，又岂可略失信用？小而至于赴人之约，亦不宜逾时致劳主人久待。为人做事，既应之于前，无论成与不成，务尽我力以谋之于后。久而久之，信誉自孚。我不负人，人亦不负于我，即或不然，亦宜抱定宁教人负我，不使我负人之意旨。

人之所以立身者，信义而已。故曰无信不立，无义则乱。内自父子兄弟，外至亲戚朋友，凡存心处世，立言制行，务要名实相符，始终如一。勿损人而利己，勿徇私以害公。如此信义既敦，自是光明正大之人。

有约必践，或有求于我者，无则直应以无，有则勿先为允许，俟自己酌定，即刻与之。如许而无应，则为失信，后即有真实语言，人亦不敢信我。

做事要堂堂正正，切勿隐暗，言行不一。须知惟有人间耳目最难掩盖，切勿以为只有我聪明会瞒人，要知人亦有聪明来透视我。一旦暗事揭开，小则面红耳赤，难立足于人前一时，后悔已晚；大则身败名裂，难立足于世。铸成大错，贻千古恨。

8. 谨言语

言不由衷，世人所恶；待人接物，务本诚实。设一出虚伪，为日既久，终必露出破绽，为人所不齿，于事业前途妨碍甚大，到时虽悔恨前愆，为时已晚。

凡出言必先思量，是合理的便说，不合理的便不说；事有益于人的方说，有损便不说。至于与人期约，亦须思量，后日能践约者方说，不能践约的便不说，自然言少而寡尤好。

稠人广坐之中，不可逞己之长，极口议论人之是非。逞己之长，已近发人之短，非惟惹妒，抑且伤人；焉知无有过之人，不在座中，如对人言直，则不直者怨，我虽无意，彼实有心；彼虽不言，而心则恨我。惟有简言语，和颜色，勿炫己，勿短人，正吾之心，守吾之礼，方为得体。

大言不惭，乃世人大病。人虽至愚，是非之心，则皆有心。或乘愤以愠人，或因喜而夸众，殊不知人虽不言，已轻我于心中。

闻人过失，须加惊惕，耳可闻问，口不可言。语云：“经目之事，犹恐未真”。况十口相传，岂可迳信。至于闺阃之事，尤多不曾寓目，而好毁人者，不惟不察，且无影吠声，喜谈乐道，恶薄至此，不但折品损德，抑且为正人君子掩耳所不齿。

言语到快意时，截然能忍得住；意气到发扬时，截然能收敛得住；忿怒嗜欲到沸腾时，截然能抑勒得住。此三者到，方能作得大事。

言语戒轻薄，如好称人短，攻人阴私，污人名节；一时信口恣谈，遂贻其人莫解之恨，大抵好以言讥人者，必因其德不纯，忮心过重，惟其忮心之重，所以见人富贵则忮之，见人声明则忮之。嫉忮之心蓄于平日，讥人之言不自觉而发之于口，殊不知闻之者怀恨于心，已肇构祸之端。

阴人之前，不可论人之阴私；奸人之前，不可论人之机巧；我一时无意言之，彼阴或私者蓄之于心而不忘，则阴者资其阴私以为奸；奸者用其机巧以为利，损人害理，于此肇端，言语不可不慎。

交接宴会之际，人品不齐，或素行有亏，或相貌不全，或学识不等，或贫富不齐。言语之间，切须留意检点，勿犯人忌，勿犯人短，勿以所学，自行畅言于浅学之前，庶免听者愧疚，转为嫉恨。

说闲话于有事之家，诉苦情于无用之地，最惹人厌烦，而于事无补。

9. 慎交游

人生处事，贵在知人。朋友者，知其人，友其德，乃可借以辅吾之仁，矫吾之失。故交得其人，则可自薰其德，而入圣贤之途；不得其人，则惟导谀长恶，渐趋下流之路，故择交不可不慎。

交富贵之友，戒之在骄在奢在宣，交豪侠之友，戒之在争在斗；交商贾之友，戒之在吝在啬。他如荡子不肖，则万不可近。交友不善，亦足以危身荡家，故无好友不如无友。

益友在座，如他山之石，互相切磋，励我以道义，博我以学问，助我以端方，勉我以廉静，绳我以勤慎，进我以谦和。一夕之语，胜读十年之书：片语之投，逾于百朋之锡。故人生不可不重交游。

朋友之交，以相下为宜。或有未合，要在从容相感，默然相成。若矜己之长，攻人之短，切戒此非交友之道。

朋友有通财之义，贫窘急难中，扶持赈济，此恩真胜骨肉。但在受者虽难免有感恩思答之心，而在予者则不可存有恩图报之意。当秉持仁义，以厚道处之。

人有平日不相知，偶然加我以礼，必当审度，不可轻受，受则恐难有回答处，不可不慎。

强来亲近者，必非寻常，宜稍持距离，以观其所向，然不可露故避之迹。

旅途朋友，尽属新交，须审其言谈，察其举止，观其颜色，窥其所好，方可接交，而与受之际，仍须非常谨慎。

人当交厚时，不可尽以私密事以闲谈语之，恐一旦失欢，借为口实，失欢时亦不可以过分语加之，恐忿平复好，反悔前言。

心口皆善，吉人也。心口皆非，虽非善，人犹得而防之，尚不致大害。惟言称圣贤，心似蛇蝎，变在顷刻，不可不防；以此陷同列，诳庸愚，卖亲友，无恶不为，此乃世道之大贼，当慎之远之。

10. 处世事

明是非，辨忠奸，守节义，权生死，才算得上大勇。不自用，能用人，才算得大智。

以爱子女之心事亲，则无往不孝；以责人之心责己，则可寡失；以恕己之心恕人，则可全交谊，和人群，安社会，强国家。

立身处世之道，识见欲远，操守欲正，器局欲大，谋虑欲深，凡行事审其当否，行之在我，不怨天，不尤人。处众恒以退让下人。言欲逊，逊则人和；行欲严，严则远侮。论人称善不称恶，君子成人之美。

端重勤俭，是居身良法；仁恕正直，是居家良法；恭宽容忍，是居乡良法；廉洁奉公，是居官良法。

人之处世，不可有轻人心，亦不可有上人之心。怀轻人之心者，类乎薄；挟上人之心者，类乎狂，虚心而接物，以为进德修业之本。

济人为美德，固无贫富之分。富人济人以金，自是富厚长者情怀。然贫者力不能及此，只须存一片方便心，具三寸善言舌，为人解纷息事，温情济危，虽不费金钱布施，却有胜于金钱处，自亦功德无量。

有事来，先想道理为何？已有主意，再参以众论，即决断而行。切勿依违终日，随人指挥，坐致败事。

我以厚待人，而人仍以薄待我，应思我之厚或有未至。我以礼接人，而人仍以虐加我，应思我之礼或有未洽。然既厚以心且洽以礼，而彼仍薄我虐我，则当敬鬼神而远之。

何处无小人，当思处之之道，只勿与计较小节，敬而远之。

以吝为俭，以刻为严，以谄为让，以傲情为厚重，以狡黠为聪明，以愚钝为宽大，则差之何岂千里，宜分别切为之戒。

群处之间，即到和易极处，亦只是情款浃洽，而胸中泾渭，自当分晓，不可随波逐流，自失主宰。

人说人非，莫轻信，亦莫轻答，默记于心，容详加观察而后定。须知凡爱说闲话，爱管闲事，爱图闲钱之人，其言切不可轻信，其人尤不可轻交。

虽亲兄弟叔侄之间，切记勿轻易交财，如有缓急，可自我量力助之，而不可存求报之心。

虽为姻亲，家纵富而心不正及行不端者，可敬而远之。

结客赏赉，寺观施舍，滥以予人，不如移之以助孤苦无依，以及残疾之人，为有实惠。

人每只因一点小便宜，随事便起忿争，既伤和气，又损心神，实属因小失大。小便宜让他，所损不多；既可成全大体，我亦心情泰然，何乐不为。

凡行事须看公议为何？如众论不可者，即止。设犯公议，虽有善言善行，亦难使人信服而遂行，可俟众论回转，再作计议。

处乡里当以敦厚谦和为心，宁使人负我，不可我负人。若有横逆相加，可以理晓白，不可以暴气怒骂加之。

居必有邻，每比屋而居，故睦族之外，必须睦邻。如有应接，大而财产交易，小而借贷往还，以及酒食应酬等事，皆宜谦让以敦情谊，始可出入相友，守望相助，有无相通，共谋地区福利而臻安居乐业之境。

居邻不幸，如遇强梁诈巧，为非作歹之人，能容忍处，仍以包容为宜。不可轻举涉讼。万不得已，可亟托故易之，另择佳邻，古谚有云：“百万买宅，千万买邻”，择邻不可不慎。

处事万不可鲁莽惹祸，亦不可过于软懦无立。惟和易其心身，谦恭其语言，秉仁恕之道而行，则人无怨而身家可安。

睦邻之道非一端，我居是方，必致力一方之风俗归之于正，务使善者皆亲我，而恶者自有所惮而不敢肆情为非，方为有道君子。若善恶不分，随声附和，远非睦邻之道。

讼狱之事，为大冤不白而起。如父母之仇，不共戴天，兄弟之仇，不与同国。不告于官则无以白其冤而伸吾之情，乃讼以不得已者。若户婚田土，事属细微，孰是孰非，则宗族里党，自可调解。设稍有不平，亦宜忍让了事，庶免拖延法曹，结怨逾深，耗财破家，为祸更大。古云：“讼则终凶”，可以为戒。

为人处世，规模要阔大。约己而丰人，则群下乐为之用，所得常倍。徐思而审处，则虑事周详，可不劳而获全。惟有心胸狭小，性情褊急，利己而薄人之人，处事立身，未有不因此而败者。慎之！戒之！

遇欺诈之人，吾仍以诚心感动之。遇暴戾之人，吾仍以和气薰蒸之；遇奸邪私曲之人，吾仍以名义气节激励之。虽不能一时尽格其非，庶期感化其性情，渐入正途。

患难颠沛，人所时有，偶而遇之，当如痌瘝在身，尽我之力，速为解救，不但可以济人，而且可以风世。

以忠孝为本，以礼义为纲，不论学识高低，职业类别，皆能以风操范世。为社会贞干，国家柱础。

主人与役工相处，以爱人推仁之心为本。有功必赏，赏宜从厚；有过必罚，罚宜从宽。如此，怠惰者庶可勉进于勤。设有大过，宜予以临时救助，善言遣去，慎勿琐碎严刻，致贻意外之虞。

少年气盛，最忌殴斗。己弱人强，必遭毒手；己强人弱，或伤人致命，贻身家之累，莫甚于此。若事前稍加抑勒，平心一想，启殴之端，岂非我亦有过？自可心平气和，无斗恨之事，纵受委曲，而虑及后患，亦可猛醒回头，不致铸成大错。

人老而颓放，多因不能励志所致；若能宽平以持其志，淡泊以深其虑，置生死于度外，自有其所乐为。纵老至力不能为时，而正其心，善其行，以范后昆，以型乡里，未尝于社会无补。

五、林姓历史名人

（一）古代名人

1. 林坚，林姓受姓始祖。其父比干公为商朝贵族商王太丁之子，比干幼年聪慧，勤奋好学，20 岁就以太师高位辅佐帝乙，又受托孤辅佐帝辛（纣王），帝辛暴虐荒淫，横征暴敛，比干叹曰：“主过不谏非忠也，畏死不言非勇也，过则谏不用则死，忠之至也”。遂强谏三日不去。纣问何以自恃，比干曰：“恃善行仁义所以自恃”。纣怒曰：“吾闻圣人心有七窍，信有诸乎？”遂杀比干剖视其心，终年 63 岁。比干夫人妫氏甫孕三月，恐祸及，逃出朝歌，于长林（今河南省卫辉市狮豹头乡龙卧村）石室之中生男，名坚。周代商后，周武王念林坚乃商汤之后先王之胄，且能远避纣乱而不绝其世，赐姓林，并拜林坚为大夫，食邑清河。后封博陵公，食采二千户，采邑博陵（今河北安平县）。

2. 林开，据郑樵《通志・氏族略》记载：“林氏，姬姓，周平王庶子，林开之后，因以为氏。开生林英，英生林茂、林庆，世系甚明。”即，周平王有子名开，字林。其后代子孙为了纪念这位祖先，以字为氏，称为林氏。成为当今林姓的一支。洛阳遂成林姓发源地之一。

3. 林皋，九门（今河北藁城西北）人，战国时任赵国宰相，权倾一时，德高望重。他有子 9 人，分别为林仁、林年、林升、林昶、林文、林曜、林岳、林佐、林卫，受家风影响，各有才能，被人称为“九龙”，林皋被誉为“九龙之父”，其家被赞为“十德之门”，家族被称为“十德堂”。后来因为赵武灵王妒其才能欲加害，林家迁至西河（榆林河）。

4. 林禄（274—357 年），字世荫，原属“济南林”一支。其祖父林礼，字元副，是林氏始祖比干第 46 世孙，西晋时先为主薄，而后做到了太子太傅。其父林颖，也官至黄门侍郎。林家成为当时绝对的名门望族。永嘉之乱时，身为司马睿参军的林禄与后来的丞相王导一道积极主张南迁。晋建武年间，司马睿率中原汉族衣冠士族以及大群民众南渡，史称“永嘉之乱，衣冠南渡”，东晋建立。林禄被封为军机大臣，奉命出守晋安郡（今福建省福州一带），林姓入闽定居。林禄在晋安恩威并施，平反叛乱，鼓励农桑，提倡儒学，很快使得晋安郡大治。之后他的后代就居住在晋安，繁衍生息。这就是“晋安世系”，或者称“闽林晋安世系”。林禄遂为林姓开闽始祖。林禄匡扶晋室，历经多次战争，战功卓著。先后辅佐晋元帝、晋明帝、晋成帝、晋康帝、晋穆帝五位皇帝，忠心耿耿。其死后被追封为晋安郡王，葬于温陵九龙之岗。

5. 林士弘（？—622 年），鄱阳县太阳埠人，隋末南方农民起义领袖。南朝陈时，林士弘父林英从莆田北螺（今莆田西天尾镇林峰村）迁居洪州鄱阳（今江西景德镇市波阳县）。林士弘豪迈爽直，好武功，通谋略。大业十二年（616 年），随同乡操师乞率众起义，任为大将军，攻占豫章郡城（今江西南昌）。操师乞战死，他继领其众，大败隋军于鄱阳湖，杀隋将刘子翊，众至十余万，遂占据虔州（今江西赣州），起初称“南越王”，后称帝，国号“楚”，定都豫章，年号太平。一度据有北起九江南达番禺（今广州）的广大地区。武德五年（622 年），战败投降，后又退守安成（今江西安福东南）山洞。不久病死。

6. 林披（733—802 年），字茂则、茂彦，号师道，唐高平太守林万宠之次子，莆田县人。唐天宝十一年（752 年），明经擢第，为将乐令、迁漳州刺史、澧州（今湖南澧县）司马、康州（今广东德庆）刺史，贬临汀郡曹掾，改临江（今四川忠县）令。后授临汀别驾知州事，汀俗尚鬼，作《无鬼论》以晓谕民众。官终检校太子兼苏州（今江苏苏州市）别驾，赐紫金鱼袋、上柱国。卒后赠睦（今浙江建德）刺史，林披有儿子，皆官至州刺史，世号“九牧林家”。

7. 林慎思（844—880 年），字虔中，号伸蒙子，世居长乐县崇贤乡钦平里鸿山（今长乐市潭头镇大宏村）。林慎思是福建历史上第一位状元，也是福建历史上第一位思想家，他是福建文化发展史上的一个重要标志，标志着福建从蛮荒进入文明。曾祖父凝公，官左卫将军，秀州知府。祖父蕚公，官苏州长史，晋江县令。父升公，官银青光禄大夫，检校太子宾客兼监察御史。慎思自幼勤奋好学，兄弟五人筑室读书于方安里筹峰山中，又筑新居于筹峰山下溪上，号“坑湖草堂”（今潭头镇溪新村坑湖里）。唐咸通间，兄弟五人先后俱中进士，为福建历史上第一家兄弟五进士，时称“五子登科”、“五桂联芳”。长乐读书之风因之而盛，长乐古有“海滨邹鲁”之誉，“文献名邦”之称，亦当溯自是时。唐懿宗赐“兰桂同芳”匾予以褒扬，并敕改其所居崇贤乡为“芳桂乡”。又因慎思复中宏词拔萃科，故赐其里曰：“大宏里”。大宏地名一直沿用至今。

8. 林默（960—987 年），又称林默娘，被尊为圣母或妈祖，在东南沿海及台湾等地的文化中把她当做保护神进行尊奉。原是福建莆田县湄洲岛人。生于宋太祖建隆元年（960 年）三月二十三日。父讳愿，字惟懿，官都巡检，慈祥乐善，乡里称为善人。母王氏，生有一男六女，默娘最小。其生时红光绕室，异香氤氲。因生弥月不闻啼声，故口默娘。幼聪颖过人，读书过目成诵。及长，据传能预测吉凶，护船佑民，里人感其恩德，将其肉身立庙祀之，至今莆田湄洲祖庙尚存其肉身神像无损。羽化后常显威灵，香火不绝。又迭于海上显圣救难，为各地航海人士奉为圣神，尊称为妈祖。历代皇帝均有封赠。南宋高宗敕封“灵惠昭应夫人”。元世祖封为“护国明著天妃”、明成祖晋封“弘仁普济天后”、清康熙加封为“天上圣母”、乾隆时旨敕列入祀典。今各地皆有天后宫之祠庙。为世人所崇拜、祭祀。所谓“天上圣母，人间妈祖”，在沿海一带有广泛的影响。

9. 林鼎，福建侯官（今福建福州）人，五代十国时吴越著名书法家，居慈溪（今浙江慈溪）。仕吴越官至丞相，善属文，能书，学二王和欧阳询，得欧、虞法，所聚图书悉手钞。以草隶知名，著有《吴江应用集》，谥贞献。

10. 林逋（967—1028 年），字君复，浙江大里黄贤村人（一说杭州钱塘）。北宋著名诗人，诗风淡远，他的“疏影横斜水清浅，暗香浮动月黄昏”成为千古佳句。林浦幼时刻苦好学，通晓经史百家。书载性孤高自好，喜恬淡，勿趋荣利。长大后，曾漫游江淮间，后隐居杭州西湖，结庐孤山。常驾小舟遍游西湖诸寺庙，与高僧诗友相往还。每逢客至，叫门童子纵鹤放飞，林逋见鹤必棹舟归来。作诗随就随弃，从不留存。天圣六年（1028 年）卒。其侄林彰（朝散大夫）、林彬（盈州令）同至杭州，治丧尽礼。宋仁宗赐谥“和靖先生”。林逋终生不仕不娶，无子，惟喜植梅养鹤，自谓“以梅为妻，以鹤为子”，人称“梅妻鹤子”。

11. 林椿，生卒年不详，浙江省钱塘（今杭州市）人，南宋著名画家。孝宗淳熙年间曾为画院待诏。绘画师法赵昌，工画花鸟、草虫、果品，设色轻淡，笔法精工，设色妍美，善于体现自然的形态，所绘小品为多，当时赞为“极写生之妙，莺飞欲起，宛然欲活”。传世作品有：《梅竹寒禽图》册页，藏于上海博物馆。《果熟来禽图》、《葡萄草虫》、《枇杷山鸟图》，藏于北京故宫博物院。

12. 林宗臣（1133—1189 年），字景何，宋泉州晋江安海前林人，出生于武林世家。少时气质非凡，膂力绝人，在家庭的熏陶下，自幼开始习武。南宋乾道八年（1172 年）武试时，骑射、策问皆第一，即武科状元。初授襄阳（今湖北）帅府机宜官，后擢阁门宣赞舍人。林宗臣为人忠勤正直，敢于直指朝中奸臣，得到理学家朱熹的称赞。林宗臣出知广西钦州时，即对边防状况进行详细考察，几经论证，上奏朝廷，为宋廷加强边备提供了翔实的第一手资料。宋淳熙十四年（1187 年）高宗病死，林宗臣力陈抗金方略，并陪同陈亮视察江淮前线的要寨，深入研究分析金国现状，上奏孝宗，力主朝廷积极备战北伐。但他的主张却遭到主和派的反对，最后卒于任上，终年 56 岁。

13. 林汝浹（1178 年—?），字伯深，号则庵，南宋福建长溪县劝儒乡望海里九都（今福鼎磻溪）花门头村人。幼年资质聪慧，擅长诗赋，出口成章。一日至匠铺购买剪刀，受到工匠雅谑，即以剪刀为题吟道：“一双蒲剑两边开，几向红炉炼出来。寄语嫦娥须展手，蓝袍急急为君裁。”工匠称奇，便以一快剪相赠。汝浹多才多艺。年二十五始入泮宫就读，课余随父习武。因日常刻苦磨炼，功技压群。又兼学医，善治骨伤。宁宗赵扩嘉定四年（1211 年），林汝浹赴京应试，中右榜武状元，历任武功大夫、琼州安抚使、郴州安抚使、辰州明道等职。告老返乡后，修建双魁书院，延聘良师教育后人。

14. 林光（1439—1519 年），字缉熙，号南川，晚年更号南翁，东莞茶山镇林屋人。少时家贫但酷爱读书。十七岁补庠生，明成化元年（1465 年）中举人。成化五年（1469 年），上京会试，下第，适与同下第的陈献章相遇，话很投机，同船南返。至新会白沙乡，拜陈献章为师，往来向学于白沙，几二十年。巡抚朱英劝他做官，他以学未成辞之。成化二十年（1484 年），从母命，复赴会试，中副榜，任浙江平湖县教谕。在平湖任职九年，其间曾主考福建和湖广乡试，顺天府同考，修《嘉兴县志》。弘治六年

（1493 年）十月，秩满还家。弘治八年（1495 年）三月，升山东兖州府儒学教授，因丁忧，回家守制。弘治十一年（1498 年），起补严州府儒学教授。弘治十四年（1501 年），升国子监博士。三年任满，奏乞致仕，不允。弘治十八年（1505 年），任襄王府左长史。他到任后，整顿积弊，事无巨细，皆得其当。正德八年（1513 年），恳乞致仕，遂进阶中顺大夫，回归故里六年卒。其所著书有《晦翁学验》（今佚）、《南川冰蘖集》。

15. 林鸿，字子羽，明代福清（今属福建）人，著名诗人，为“闽中十才子”之一。洪武初年，以《龙池春晓》和《孤雁》两诗得到明太祖赏识，荐授将乐训导，洪武七年（1374 年）拜礼部精膳司员外郎。年未四十自免归。善作诗，诗法盛唐，书临晋帖，殆逼真矣，惜惟得其貌。《福清县志·人物志》记载：“……先朝遗老如吴海、陈亮辈皆极推许。而一时才士如郑孟宣、高廷礼、周又铉、黄铉之、林伯璟、林汉孟之流，皆从之游。其后王皆山、王中美、王孟扬、陈仲完、郑公启、张友谦、赵景哲诸名人，以诗名于时，又私淑于鸿者也……”。《四库全书提要》中说：“况高棅尚不免庸音，鸿则时绕清韵。”林鸿著作有《林鸿诗》1 卷、《鸣盛词》1 卷、《鸣盛集》4 卷。

16. 林震（1388—1448 年），字敦声，又字起龙，长泰县城人，是漳州府历史上唯一的状元，明宣德五年（1430 年）被宣德皇帝御笔钦定为新科状元，大魁天下。此科第二名榜眼为建安（今建瓯市）龚锜，第三名探花为莆田林文。福建省囊括榜首前 3 名，一科三鼎甲，传为佳话。林震状元及第后，即授翰林院修撰兼国史编修。他居官八载，担任文学侍臣。曾主持编修《明实录》。明正统二年（1437 年）“称疾告归”。回乡后，闭门读书，以诗史自娱。明正统十三年（1448 年），林震在家逝世，享年 61 岁，葬于长泰县钦化里（今属武安镇）康林山。林震元配薛氏，继室黄氏，传有三子一女，其后裔一部分传衍外县及台湾等地。朝廷曾颁旨，敕封林震继室黄氏为安人，今圣旨保存在长泰博物馆。今存有《儒学科贡题名记》、《林氏族谱序》等文章以及《紫极宫》、《春日偶成》、《归省》、《元宵》、《题苏步坊》等 30 多首诗歌。长泰县仍存有林震生活、读书、墓葬等文物遗址。

17. 林良（约 1428—1494 年），字以善，南海（今广州）人，中国明代著名画家。史料曾记载“林良吕纪，天下无比”，他因善画而被荐入宫廷，授工部营缮所丞，后任锦衣卫指挥、镇抚，值仁智殿。林良擅画花果、翎毛，着色简淡，备见精巧。其水墨禽鸟、树石，继承南宋院体画派放纵简括笔法，遒劲飞动，有类草书，墨色灵活，为明代院体花鸟画的代表作家，也是明代水墨写意画派的开创者。

明初洪武至弘治的百余年内，占据画坛主位的是皇家画院的宫廷绘画。明代的水墨写意花鸟画，由林良开派，后来者如沈周、陈淳、徐渭等，一步步将写意法推向臻境，并成为明代花鸟画最流行和最富成就的一种形式，终汇就明清泱泱大观的写意花鸟画风。林良传世作品有《灌木集禽图》、《山茶白羽图》、《双鹰图》等。

18. 林召棠（1786—1872 年），字爱封，号芾南，谥文恭，吴阳（广东吴川）霞街村人，父泰雯，任东安县教谕。少年随父教馆攻读。清道光三年（1823 年）癸未科状元及第，授职翰林院修撰。道光五年（1825 年），因父丧返家丁忧。道光八年（1828 年）返京供职，后以终生奉母为名告假还乡，受聘肇庆府端溪书院主讲，弘扬文化，培养了许多人才。

林召棠为人尚气节，淡仕宦，爱廉洁，重工农，怜贫苦。著有《心亭亭居诗存》、《文存》、《笔记》等书传世。清同治十一年（1872 年）农历十二月，林召棠逝世于家，终年 87 岁，现葬于吴川浅水镇双塘村。

19. 林圭（1875—1900 年），湖南省湘阴人，清末维新派中的著名将领。幼聪颖，涉猎经史，旁及诸子百家。1898 年入湖南时务学堂，提倡民族主义。戊戌政变后留学日本，倡革命实行主义。次年回国，参加革命运动。1900 年与唐才常在汉口设立自立军秘密机关，联络长江各省会党，运动防军，参与组织自立军第七军，任中军统，驻汉口定期起义。事泄，8 月 22 日与唐才常等被害于武昌紫阳湖畔。其墓建于武昌洪山之庚子烈士陵园。

20. 林旭，清末福建侯官（今福建福州）人，中日甲午战争时，基于国家与民族的严重危机，积极投身于救亡图存、振兴中华的维新变法运动。与同试举人“发愤上书，请拒和议”，反对割让辽东和台湾。1898 年 1 月 31 日，发起并动员寓京的福建籍维新人士，成立闽学会，与粤、蜀、浙、陕等学会互通声息，传播西学。不久，康有为在京组织保国会，他为该会“始倡董事，提倡最力”。6 月 11 日，光绪帝下“明定国是”诏书，宣布变法，朝廷命四品以上各官荐举人才。翰林学士王锡蕃以“才识明敏，能详究古今，以求致用，于西国政治之学，讨论最精，尤熟于交涉、商务，英年卓荦，其才具实属超群”，将他推荐给光绪帝。9 月 5 日，与谭嗣同、杨锐、刘光第四人被授予四品卿衔，在军机章京上行走，参预新政事宜。在 9 月 5 日到 14 日 10 天里，上书言事最多，不少变法上谕出自他的手笔。9 月 21 日，慈禧发动政变，再次“训政”，他与谭嗣同等皆被捕入狱。9 月 28 日，被杀害于宣武门外菜市口。时年 23 岁。为“戊戌六君子”之一。遗著有《晚翠轩集》。

21. 林则徐（1785—1850 年），字元抚，又字少穆、石麟，晚号俟村老人、俟村退叟、七十二峰退叟，瓶泉居士、栎社散人等。清代福建侯官（今福建省福州）人，曾领导抗英与著名的虎门销烟运动，是我国历史上著名的爱国将领与民族英雄。曾任江苏巡抚、两广总督、湖广总督、陕甘总督和云贵总督，两次受命为钦差大臣；因其主张严禁鸦片、抵抗西方的侵略、坚持维护中国主权和民族利益深受全世界中国人的敬仰。

22. 林纾（1852—1924 年），初名群玉，字林徽，又字林琴南，福建闽侯台南人，生于清咸丰二年（1852 年）。少年家贫，不能买书，则杂收断简零篇，用自磨治。成年以前，阅读不下二千余卷，迨三十岁以后，与李畬真太守为友，乃尽读其所藏书籍，不下三、四万卷。曾从闽侯薛则柯学习古文，又从朱韦如学习科举文章。壮年，拜石巅山人陈又伯为师学习绘画，师法清初“四王”，光绪八年（1882 年）中举人。不久渡海游历台湾，归来后客居杭州，在东城讲舍任教，尔后又到北京教授于京师大学堂。他一生好著书，所著古文、小说、笔记、传奇、诗词等近五十种，存世的作品有《闽中新乐府》、《畏庐诗存》、《西湖诗集》及众多书画。

尤为难能可贵的是，林纾根据他人口述，毅然将外国文学译成中文，用文言翻译欧美十国文学作品近二百部，风靡一时，为外国文学输入中国之发端，对于维新变法和近代思想启蒙都有一定影响。郭沫若说“他在历史上的地位是不能够抹杀的”。他的学生朱书胄曾于其去世后，费时 5 年，搜集他所译的作品，经过分门别类，计得属于伦理者 8 种，社会者 21 种，传记轶事者 23 种，义侠类 2 种，讽世类 2 种，涉及政治的 5 种，实业救国 1 种，探险 8 种，军事 3 种，笔记神怪 21 种，哀情 9 种，言情 36 种，侦探 13 种，滑稽 3 种，寓言 2 种，西剧 2 种，原稿存于商务印书馆未刊者 16 种，零散发表于《小说世界》的作品 14 种。

（二）现当代名人

1. 林森（1868—1943 年），字子超，号长仁。福建林森县（闽侯县）人。林森幼居福州，入英华学堂，因反清被开除，后参加反割让台湾斗争，并加入兴中会，中国同盟会成立时率会加盟。1914 年在东京加入中华革命党。辛亥革命中，领导九江起义，并促海军反正，派兵援鄂、皖，稳定革命大局，被举为民国开国参议院议长，1932 年起接替蒋中正担任国民政府主席一职，在战祸横生，枭雄四起的年代，他坚守民主信念，维护共和，爱国爱民，清正廉洁，被世人所赞誉。1943 年 8 月 1 日因车祸在重庆逝世，葬于重庆歌乐山林园。

2. 林伯渠（1886—1960 年），原名林祖涵，字邃园，号伯渠，中国湖南省安福（今临澧）人，中共建国领导人之一。1921 年加入中国共产党，参加南昌起义、长征等革命活动，任陕甘宁边区政府主席。建国后，任中央人民政府秘书长、全国人大常委会第一、二届副委员长。中国共产党重要领导人之一，与董必武、徐特立、谢觉哉和吴玉章并称为“中共五老”。

3. 林觉民（1887—1911 年），近代民主革命烈士。福建闽侯人。1911 年春参加广州起义（黄花岗之役）。4 月 24 日《绝笔书》，表示为“光复神州，重兴祖国”而献身的决心。随黄兴攻两广总督署，受伤被俘，从容就义。译著有《六国比较宪法论》、《驳康有为物质救国论》等。

4. 林语堂（1895—1976 年），福建龙溪人，为享誉海内外的文化名人、语言学家。曾任北京大学教授、北京女子师范大学教务长和英文系主任。1924 年后，为《语丝》主要撰稿人之一，并在《语丝》上发表第一篇文章《论士气与思想界之关系》。1926 年到厦门大学任文学院长，写杂文，并研究语言。提倡“以自我为中心，以闲适为格调”的小品文，成为论语派主要人物。1935 年后，在美国用英文写《吾国与吾民》、《风声鹤唳》、《孔子的智慧》、《生活的艺术》，在法国写《京华烟云》等文化著作和长篇小说。将孔孟老庄哲学和陶渊明、李白、苏东坡、曹雪芹等人的文学作品英译推介海外。林语堂是第一位以英文书写扬名海外的中国作家，也是集语言学家、哲学家、文学家于一身的著名学者。1976 年 3 月 26 日，去世于香港，4 月移灵台北，长眠于故居后园中，享年82岁。代表作《生活的艺术》、《京华烟云》等。

5. 林育英（1897—1942年），化名张浩，湖北省黄冈人，中共早期领导人之一，先后两次赴苏联任中共驻共产国际代表，在国内历任常委、师政委等职。1922年加入中国共产党，是湖北党组织最早的党员之一。长期在上海等白区工作，曾两次入狱，两次赴苏联。对抗日民族统一战线的形成起了重要作用。在争取张国焘率左路军北上的过程中，张浩利用自己共产国际代表的特殊身份，为党和红军的团结立下了大功。抗战爆发后张浩担任了八路军第一二九师政训处主任，不久改称政治委员。后因病离开前线回延安，任中共中央工委副书记，曾主编《中国工人》月刊。1942年3月6日，张浩在延安中央医院逝世，享年45岁。张浩的葬礼，毛泽东亲自抬棺。

6. 林育南（1898—1931年），湖北省黄冈人，早年入党，多次领导学生和工人运动，为公认的中共早期工人运动和青年运动的出色领导人之一，革命烈士。小林育英2岁，长林彪8岁，和林育英同一曾祖父，和林彪同一祖父，为堂兄弟。在新民主主义革命中，参与领导了多次革命斗争，先后任中共湖北省委常委兼宣传部部长、中共湖北省委代书记、中共沪东区委书记、全国苏维埃区域代表大会中央准备委员会秘书长等职。1931年1月17日，他同何孟雄、李求实等在上海东方旅社研究反对王明“左倾”冒险主义领导问题，因叛徒告密，被国民党反动派逮捕。在狱中，林育南经受住了敌人的严刑拷打，宁死不屈，对党忠诚，同敌人进行了坚决斗争，保持了共产党员的坚定立场和崇高品格。1931年2月7日，林育南与何孟雄等24位共产党员与革命者，在上海龙华英勇就义，时年33岁。

7. 林徽因（1904—1955年），出生于浙江杭州。建筑学家和作家，为中国第一位女性建筑学家，同时也被胡适誉为中国一代才女。三十年代初，与夫婿梁思成用现代科学方法研究中国古代建筑，成为这个学术领域的开拓者，后来在这方面获得了巨大的学术成就，为中国古代建筑研究奠定了坚实的科学基础。文学著作包括散文、诗歌、小说、剧本、译文和书信等，代表作《你是人间的四月天》、《九十九度中》等。

8. 林彪（1907—1971年），原名林祚大，字阳春，号毓蓉；曾用名育容、育荣、尤勇、李进。军事家，中华人民共和国元帅。1925年参加中国共产党。参加了八一南昌起义。在井冈山时期先后任营长、团长、军长、军团长等职。参加了红军长征。抗日战争时期任八路军一一五师师长。解放战争时期任东北野战军司令员等职，指挥了辽沈战役、平津战役等重大战役。解放后历任国防委员会副主席、国防部长、中央军委副主席等职。“文化大革命”中组成反党集团，有预谋地诬陷、迫害党和国家领导人，阴谋篡夺党和国家的最高权力。1971 年 9 月 8 日，下达反革命武装政变手令，企图谋害毛泽东，另立中央。阴谋败露后，于 9 月 13 日 0 时与妻子叶群、儿子林立果等从山海关机场强行乘飞机外逃，凌晨 3 时在蒙古人民共和国温都尔汗肯特省贝尔赫矿区南 10 公里处机毁人亡。

9. 林绍良（1916—2012 年），福建省福清人，印度尼西亚商界大亨。为谋生，1938 年林绍良远渡重洋赴印度尼西亚中爪哇的古突士镇投靠叔父当学徒，慢慢发展起来，建立了“林氏王国”。这是一个多元化的集团，经营范围相当广泛，主要涉及纺织、水泥、化工、电子、林业、渔业、航运、保险、金融、房地产、黄金宝石、酒楼饭店、医疗器材、电信设备、钢铁等行业。它的基业中心在印尼首都雅加达，下属的公司企业，分布在印尼、新加坡、香港、利比里亚、荷兰、美国等国家和地区，成为一个跨亚、非、欧、美四大洲的国际财团。曾担任印尼林氏集团董事长，印尼政府经济顾问。印尼首富，美国《投资家》杂志将其列为世界 12 大银行家之一，曾被称为“世界十大富豪之一”。

10. 林思齐（1923—2010 年），祖籍广东揭阳金坑，1924 年出生于香港，1967 年的“六七暴动”后，与妻女移民加拿大，走过一段艰难摸索的路程，他运用别人的经验和别人的金钱来达到自己发展事业的目的，建立起一个房地产“王国”，是加拿大企业家。1988 年 7 月底，被加拿大联邦政府任命为不列颠哥伦比亚省的省督。林思齐 40 多岁携家闯荡加国，他有钱之后热心地回报社会，为移民国作出巨大贡献，他成了第一个被任命为加国省督的华人，这也成了林思齐本人和加拿大历史的一个重要里程碑。

六、林姓名胜古迹

林姓族大，人众，成就高，名气响亮，几千年来，由于种种原因，既遍布全国乃至全世界，又在一些地区和国家相对较集中。林姓族人为联络同宗之间的情谊，常常聚族而居，保持着相当浓厚的慎终追远的中华民族优良传统，不仅仿照自己祖地的习俗纷纷成立宗亲会组织，以弘扬祖德、敦睦宗谊、团结互助，发扬民族精神，不忘炎黄祖先，而且还修建了许多金碧辉煌的庙宇和有关的祠堂，祭祀列祖列宗，里面都有“比干公、林坚公、天上圣母妈祖以及宗亲们的祖先”牌位、世系分支始祖的牌位及往生的亲人的牌位。台湾林姓更是这样，正如《台湾通志·乡治志》中所说：“台人重宗法，敬祖先，故族大者必立家庙。”每年春秋祭祀时，组织族人参加，祭毕聚宴联欢。在各种追宗敬祖的活动中，保存了大量历史文化遗迹及遗物。

（一）大陆部分

比干庙

比干庙，俗称忠臣古庙，位于商都朝歌之南，今卫辉市城北7公里处的顿坊店乡比干村。周武王灭商以后，感到比干是一位了不起的英雄，应当予以褒奖，就在比干被杀害后坠马而亡的卫辉市为比干封了墓。《尚书·武成篇》记载了“武王克殷，封比干墓”的史迹。后人为了纪念比干，在此修建了一座比干庙，比干庙创建于北魏太和十八年（494年），后来数次遭到战火和自然的破坏，几经修葺，已非原来面目。

从比干庙的沿革看，自武王封墓（《尚书·武成篇》），孔子称仁（《论语·微子篇》），魏孝文帝建庙（《新唐书·本纪太宗皇帝》），宋仁宗为《比干家谱》题诗（《西河九龙族谱·西河世纪》），到元仁宗为比干立碑塑像（《元史·本纪·仁宗》、《皇元敕修太师忠烈公殷比干庙碑铭》），明孝宗重建比干庙（《重建太师殷比干庙记》碑），清高宗祭文题诗（《乾隆御碑》），到清宣宗修复比干庙正殿（《汲县志》），历代帝王尊崇忠烈，却是毕恭毕敬的，他们把比干称为“三代孤忠”，“亘古忠臣”，“逆耳批鳞第一人”，“浩然正气忠良臣”，每当春秋两季，用“少牢”或“太牢”之礼祭祀，希望自己的臣民都像比干一样尽忠报国。

现存比干庙建筑，占地44000平方米，为明代弘治七年（1494年）明寿宗皇帝重建。主体建筑有影壁、山门、二门、木枋、碑廊、拜殿、大殿、石坊、墓碑亭等，鳞次栉比，各具特色，四周朱墙环围，古柏交柯，碑碣林立。在比干庙正南方有比干的石雕像、神道、牌坊，环境幽深。

走进比干庙，登上高高的山门石阶，即看到古色古香店堂楼阁。仰观山门对面，巍然矗立着一座3丈多高、5丈多宽、3尺多厚的绿色琉璃瓦覆顶的高大影壁，影壁正中镶嵌着由24块方砖烧制而成的绿色琉璃花卉，构图精巧，色彩绚烂。影壁，古代叫做“萧墙”。萧墙的“萧”字，谓之为“肃”，“墙”谓之为“屏”。至屏而加以肃静，所以谓之萧墙。设立影壁，就是以此为界，要人们肃静入庙的意思。

庙前树立两尊显示威严和权力的高大石狮，二门前树立两尊小于石狮的石雕动物“朝天吼”。这些石狮既表示王权的神圣，又显示主人身份的高贵。它们成双成对，形态各异。居右的为雄狮，居左的为雌狮；雄师左蹄下踏着一个球，俗称“狮子滚绣球”，雌狮右蹄下踏着的却是一只小狮子，俗称“太师少师”。雄师脚下的球，既是权力，又是统一寰宇的象征；而雄师蹄下的小狮，则象征着子嗣昌盛。

山门悬一匾额，隶书“殷太师庙”。次门有坊。晋阳崔承灏为题“谏臣极则”四字。左右两侧有一石联：“主德谏难回，当此亲离众叛，欲尽如微子去，萁子奴，无以激亿万人忠贞之气；臣心剖不死，即此血溅魂飞，且将以周日兴，殷日衰，上诉主君六七陟降之灵。”殷六七主君，系指殷契、成汤、太甲、太戊、祖乙、盘庚、武丁，他们都是殷代的祖先和中兴贤王，对治理殷朝有不可磨灭的功劳。三门前竖立两尊滚绣球的幼狮，它和庙前的石狮、二门前的朝天吼，共同构成为庙宇震慑一切妖邪的警卫。这一布局，独具匠心，好像是对那些对比干抱有敌意的奸党佞臣和对比干庙不怀好意之流的警告与示威。

过了头门，跨入二门。只见两旁的碑廊里，石碑林立，真、草、隶、篆，千姿百态。最著名的是北魏孝文帝的《吊殷比干墓文》碑，亦叫“太和碑”，它又高又大，碑头和碑身用一块巨石雕成，碑头上雕刻着6条舞须弄爪的神龙。碑高1丈3尺，宽3尺5寸，后1尺3寸。驮碑的霸下有9尺长。这座石碑，气势轩昂，铭载着唐太宗追封比干为“太师”、谥“忠烈公”的诏文，以及《祭比干文》。碑后的题款，铭刻着唐太宗许多名臣贤相到比干庙祭吊的名号。二门过庭下，有一通草书“题壁诗”刻石，苍劲浑厚，势若龙蛇，吸引了不少游人。第三通碑石，为明朝蒋机所书行草《诗一首》，笔力峭劲，风格古高。第四通碑石，为清朝刘希龙所书行书“三代孤忠”四个大字，气势磅礴，端庄得体。第五通碑石，为明朝卫辉知府刘迁楷书《谒殷太师庙》诗，古拙有力，严谨丰厚。此外，还有一通柳体楷书御制诗，共80个字，清丽秀雅，是乾隆皇帝的手迹。

比干庙的名人遗墨除了上述这些之外，还有几通文史价值较高的古碑。如唐朝薛纯陶书丹的《赠殷太师比干诏并祭文》，北宋时期张琪楷书的《重书李翰拜比干庙》碑，元朝刘敏中撰写的《敕修比干墓碑》。这几通碑石，均载于《寰宇访碑录》一书中，为举世名碑。

沿庙中心的甬道前进，穿过二门，便是比干庙大殿院落。这座古老的九脊殿，掩映在松柏交柯的浓荫丛中。飞檐上刻有逼真的兽头。琉璃瓦红、黄、绿三色，金光灿灿，异彩夺目。大殿内原有佛阁一间，佛阁内置有一通高达4米的比干塑像，神态庄重，衣带飘逸。上有匾“三仁第一”。比干两侧，侍立者为萁子、微子，取“三仁同德”之意。佛阁两侧，是“四大金刚”的塑像。殿的顶板和四壁，全是百鸟飞翔、百花争艳、百兽追逐的彩色壁画。正殿前，有巍峨的拜殿，拜殿分东拜殿和西拜殿，其中西拜殿上额“殷太师庙正殿”，为府官以上官吏拜祭的地方；拜殿为县官以下官吏祭拜的地方。现在佛阁早以被毁，拜祭读经时敲击的铁钟、铜磬尚存，比干塑像已经复修如初。在殿角，一口重3000多斤的大铁钟，系明代之物，钟上的铭文是：“钟声响彻梵王宫，下通地府震幽灵。西送金乌天边去，急催东方玉兔升，觅求吉祥拜李耳，人间灾难一扫空”。原来，比干面庙南10里，有一吕祖庙，吕祖庙阁楼上也有一口大钟，与此钟相同。那时，两庙各住有道士，崇仰道教学派的创始人——老子（即老聃，姓李名耳，字伯阳）每当月白风清之夜，晨光熹微之时，老道们上殿念经，击磬撞钟伴诵，钟声悠扬，十里相闻。住在吕祖庙的老道，往往听到比干庙的钟声，紧接着吕祖庙阁楼上的钟声也响了，两钟只要有一钟先鸣，便共鸣，所以，流传着“北边撞钟南边响，南边撞钟北边鸣”的佳话。

大殿内外，留下赞颂比干的诗词刻石很多，一部分属于所委“御制诗”，是皇帝写的；而绝大部分是历代各级官员和文人墨客来比干庙瞻仰时，有感而发挥毫写的“即兴咏史诗”，既有绝句，又有律诗；既有数百行的五言古体，又有不下千言的离骚词调。真实地抒发了他们对比干的深切情思和无限感叹，成为很好的文学作品。

在正殿前广阔的庭院里，露天林立着许多珍贵的碑石和精美的石雕艺术，显示着这座庙宇盛时的繁荣景象。最著名的，是元朝延佑四年（1317年）十一月元仁宗立的《延佑碑》。上面记载着元仁宗为比干修祠塑像的史料。还有一座八角大屋顶的精巧建筑，它就是俗称小碑楼的“乾隆御碑亭”。一块大石碑竖立在一只大石龟的背上，石碑上面刻的就是乾隆皇帝为比干写的祭诗。

东配殿和西配殿，东配殿为三公祠，迎面端坐的是林姓得姓始祖——林坚公。其右边是林放公，他是比干的二十四代世孙，春秋时期鲁国人。他曾向孔子问礼，故《论语》中有“曾谓泰山不如林放乎”的记载，林放被尊为孔子七十二贤人之一。其左边是林禄公，他是比干的第六十五代世孙，晋朝人，为南林的先祖。林禄公官居闽南郡，励精图治，奠定现福建富庶的基础，故有“莆田之林盛天下”的说法。随着航海业和对外贸易的发达，林姓儿女不断漂洋过海，侨居各洲，继承先祖遗风，为推动所在地的经济文化发展起了重要作用。西配殿已改为妈祖殿，其匾额由湄州妈祖庙董事会赠送，内供奉海上守护神、世界和平女神、天上圣母妈祖，她是比干的第八十七代孙女、南林始祖林禄公的第二十二代孙女。该殿“后德配天”匾额和楹联“功昭天下祖姑恩泽被苍生，派衍西河林氏幽光发圣母”由台湾林祖姑世界天上圣母会捐赠，并重修了妈祖殿后的圣水井和周围的道路。

绕过比干庙正殿，后面便是墓亭。亭前置有石坊，上题：“孤忠心不死，故社柏犹存”。亭内竖立着一块墓碑，这就是世传孔子为比干墓剑刻的墓碑。紧挨着便是高 20 余米，直径 50 米，面积 20 多亩大的比干墓。墓的周围不久便长出许多三个叶、中空无心的没心菜，而且此物只在比干墓生长，其他地方难以成活。当地传说没心菜是比干的七窍丹心化成的，象征着比干为国尽忠耗尽了心血。

比干的精神感天动地，连草木也为之动情。据传说比干墓地的柏树在比干去世后，痛惜比干的离世，树的顶部全部枯死，好像在为比干脱帽致敬，表示对圣人的尊重，后被人称为“平冠柏”。现在就是新栽上柏树，长到一定时候，树尖不经修剪也会慢慢枯死，变为平冠，形成比干庙特有的景致。比干庙主殿前的“开心柏”，它从根至每一枝树梢全都是裂开的，中间呈现一“心脏”的形状，据传说是柏树有感于比干的为人，为了要救比干将心掏出，使比干重返人间，继续伸张正义。但可惜树木有情天无情，比干是无法复活了，但“开心柏”却留在世上，成为比干庙的奇特自然现象之一。

比干庙前宽大的长富广场两侧，高高竖立着天上圣母妈祖和民族英雄林则徐的塑像。比干庙内，也塑有妈祖的塑像，碑文曰：“继承妈祖文化，林乡卫辉生辉”。

据史料记载，比干墓是中国有史记载的第一个坟丘式墓葬，也是中国因墓建庙史中最古老之墓。它比孔子墓早550年，比岳飞墓早2171年。

比干庙内，明代嘉靖十七年（1538年）河南卫辉府同知通政使右参议裴骞所撰的《重修太师殷比干祠墓碑记》，是国内仅有的一处追溯林氏姓源的石刻文物，全文如下：

裴骞曰：自古拒谏之君，莫甚于纣；自古死忠之臣，莫惨于比干者也。夫比干以王子宗亲，少师重位，叹沉酗之乱法，伤商祚之伦表，是故不得不言，不当不死者也。夫纣不听其言，则亦已矣，而必欲杀其身。知其为圣人矣，而复欲观其心志。妻孥何辜也，而必欲剖剔心以视其胎。风雷号呼于七窍，胎卵渎殈于九原，斮胫炮烙之刑，亡论也。此自古拒谏之君，莫甚于纣。自古死忠之臣，莫惨于比干者也。然纣以十一年杀比干，武王即以十三年封其墓。殷墟莽而狐兔，故宫鞠而禾黍。今纣城有窝，已失葬所。虽以六七贤圣，遗弓一泣，陵寝亡存矣。而比干之庙貌如生，高冢郁嵯峨也。夷考铜盘有铭，魏文有文，唐使高丽有祀，洒扫有田、有户。由宋迄元，修葺有加，虽与穹壤俱敝，可也。且商之孙子，其丽不亿。祭器抱周，宋亳仅封，汹汹不靖之徒，今举何在。

坚，比干子也，逃匿林谷，赐姓为林，武王封为清河公。春秋，林放袭清河公，子姓延绵，一在河南光州，一徙福建莆田。今莆田之林盛天下，置身立朝，又多忠贞节义之士，称文献邦，科第蝉联，语曰：“无林不开榜”，是也。是比干之心虽剖，而其忠魂义魄，竟不殂落，其孕虽剔，而其世代云礽，绰有表见。忠义之气充塞天地，磅礴古今，孰得而泯灭之哉。故曰，不随形而立，不依死而亡也。

嘉靖丁酉，巡按河南监察御史慈叶公照，平定朱公方，先后相继奉命兹土。祗谒祠墓，慨意修复。先是卫辉府知府泾阳吕君颛，调任未果，知府利津王君聘，鸠财役力，令辉县主簿温尚志，本府阴阳官路龙，日夜督事，正倾补坏，筑土培林，自大殿，两廊，二门，大门之内，又益以两斋堂十间，绰楔隧表，焕然一新。以嘉靖戊戌冬十月讫工矣。于是守巡河北道布政使司左参政临川乐公歆、按察司佥事京山王公格，式观厥成，咸有题咏。亡何，十一月二十一日诏下，各处帝王陵寝、前代名贤敕葬坟墓，芜秽不治者，所在官司，即与修理。照例编佥附近民丁，看护免差。于是王君率其僚，同知晋城裴骞，通判日照许缙，淇南杨仲旻，推官辽州杨永福，酾牲树石，谓是役也不可无记。以骞调官多暇，留心文墨，尝修《比干录》，作《比干传》，请复为记，因表次如左，以附诸碑碣之后。使万世为君者，未至稔恶拒谏，当以纣为殷鉴；万世为臣者，若欲尽忠死节，当以比干为宗师。勿曰纣之不善，不如是之甚也。绳人以比干，万古无忠臣矣。然则过祠墓而式遗像者，可不凛凛然哉！是为记。

香泉庵

位于今河南省卫辉市西部太行山余脉的狮豹头乡龙卧村。这里是林姓得姓始祖林坚的诞生地，唐贞观六年（632 年）中书令温彦博所撰《林氏正宗源流族谱序》中称此地“长林石室”；《台湾人的姓氏及其源流》一书也称“林姓发祥地在淇河以西”，也指此地。这里山高林深，沟壑纵横，“长林”在所，泛指长林丰草的峡谷山野，长林石室，当指长林峡谷山野之石室。不像有人讹传附会所指江西省或山西省的长林县。狮豹头乡龙卧村的“长林石室”在该村西危岩绝壁上，依方山，临沧溪，上有千尺鹫峰。深山峡谷下是逶迤不息的沧水。沿着山间的蹊径，攀岩穿林，约离山间公路地面百米高，有两处背倚悬崖的山洞，山民叫“香泉庵”，股股清泉沿石流下，泉是雨水由石缝渗出的。两个山洞一大一小，大的深约 3 米，广约 40 平方米，小的深 2 米，广约 10 平方米。洞外平地，苍郁的绿树簇拥，俯视左右，山岭环抱，长林莽莽，确有“龙卧”的灵气。香泉庵山洞的岩壁上，依稀可见“长林”阴刻大字，洞内有古庙建筑残迹，还有一残碑，正面刻“比干子坚公出生地”，“大明弘治九年（1496 年）岁次丙辰立石”。

淇河在淇县境内，与卫辉境内的卫河相汇流于卫辉和淇县接壤处的淇门镇。卫辉古称牧野，是辽阔的牧野古战场所在地，位置在淇河以西。位于这里的香泉庵与殷纣的帝都淇县县城仅有一山之隔，距离不到20公里，当时比干夫人陈氏一夜出逃，从路程上推测正可以到达此地。据当地山民讲，老年人传说，比干夫人陈氏逃到这里避难，生下遗腹子，取泉为名，以林为姓。这更进一步证明了林姓发祥地的准确地望和方位，也证明了明嘉靖十七年（1538年）《姓源碑》上所说“比坚，比干子也，逃匿林谷，窃姓为林”和台湾出版的《林姓大宗谱》所载“林氏始祖坚公，生于长林石室，即今河南省淇河之西”的正确性。

长林石室

为林氏先祖林坚的出生之地，位于今河南省淇县（古朝歌）黄洞乡仙人梯安乐窝，那里有古书、古碑、摩崖石刻，还有美好的传说流传至今。仙人梯在淇县城西北14公里的山区，下临武公祠水库和淇（县）林（州）公路，主峰海拔365米，悬崖峭壁，植被茂盛，风景秀丽，环境宜人。摩崖上的诗句为“石洞无灯凭月照，山门不锁待云封”，概括了仙人梯安乐窝石洞的奇妙景象，林氏先祖林坚就出生在这个如仙境一般的地方。安乐窝在仙人梯半山腰，有十几个天然洞穴，最引人注目的就是林泉洞，林坚就出生在这个洞里。洞外有高5米左右的石人。过了石人，进入林泉洞，洞深10米，高3米左右，最宽的地方可达4米多。洞左有一个奇特的小洞，是比干夫人和林坚的卧室，深6米多，高2米左右，宽3米，洞中挂着一个很大的天然钟乳石，相传那是比干夫人留给后人的纪念；洞上还有一个洞长10米多，高2.5米，宽约2米，上面开有天窗，阳光可以照进洞内，光线很好，洞内到处是钟乳石、石花，在北方地区并不多见。据当地老人回忆，仙人梯山崖上曾经有一通古碑，碑高3尺多，宽2尺多，上书“长林石室，淇园绿竹”八个大字，上面的小字风化较为严重，但仍依稀可辨。1962年拓宽淇（县）林（县）公路时，大部分摩崖石刻和古碑被毁，整个安乐窝被辟去一丈多宽。仙人梯是一个很好的旅游景点，八音洞、通天洞别有一番趣味。在仙人梯东侧，有一个千佛洞。仙人梯下临武公祠水库，波光粼粼，风景十分优美。

摘心台

摘心台位于淇县县城（古都朝歌）中心。台高13米，周长约300米，为殷商遗迹。台之四周原有苍郁葱茏的松柏，台顶建有一座巍峨壮观的“摘星楼”。楼高约 12 米，以青石砌成拱券形通道，四方贯通。上筑木质楼阁二层，四周装有雕刻花卉、禽兽图案的木质围廊，门首嵌一石匾上书“摘星楼”三个古朴遒劲的行书字，据传系东汉曹操所书。楼阁基上砌有石阶，拾级登临阁上，西眺太行，东瞰淇水，南望卫源，北顾浮丘，水光山色，尽收眼底。

楼阁前立一石坊，名曰“烈坊”，是为纪念比干宰相所建。坊面宽 6 米，高 5 米，四根石柱上镂刻有颇为精湛的云龙、花卉、鸟兽图案，并刻有一副对联：“刚之忠之仁之勇之；惨也酷也悲也伤也”。相传石坊左右曾植有古槐两棵，系殷商时所栽，树叶常青，经年不凋，四季青翠，殷亡，槐叶随之干枯败落。

摘星楼是纣王和嫔妃们朝夕游玩的地方，楼建不久，相传一天晚上妲己和纣王登楼散心仰望夜空，群星璀璨。妲己非要大上一颗星星不可，纣王望空一举，妲己顺手摘下一颗晶亮的星星来，正置新楼尚待命名，以此取名“摘星楼”。后来，妲己受宠，六宫失色，这个楼台地又叫“妲己台”。纣王贪酒色，重刑罚，亲奸疏忠，诸侯国虎视朝歌，殷王朝面临着势如垒卵的危局。一些忠臣向纣王告急，纣王不但不听，还将其囚禁或放逐，使得朝臣敢怒而不敢言。一次，纣王因一件小事，怒杀三个大臣。比干闻之，前往辩理，很多大臣担心比干凶多吉少，竭力阻拦。比干大义凛然地说：“为人臣者，看到自己的国家日趋走向灭亡，我不能不以死争！”比干从宫中追至摘星楼，指责纣王迷色误国，妲己在一旁冷笑问纣王：“大王，人家都说教训人的是圣人，圣人的心有七窍，叔父既然这样教训你，也一定是圣人，那么他的心是不是也有七窍？”纣王深懂妲己的用意，吩咐卫士：“把这位圣人拉下去，挖出他的心来，让我看看！”比干被剖腹挖心。后人为纪念比干，将台基取名为“摘心台”。

殷亡不久，摘星楼即被雷火击毁，至汉代又在原地上加以重修，增建了纪念比干的石坊。现依台建有主题公园，园内有三仁祠、忠烈坊、心星阁、陈婆造心经浮屠、超公和尚石塔等景点。摘心台东侧建有碑廊，全县著名的碑碣、石刻都集中在这里。其中魏、唐造像碑数件，有殷三仁碑、扯淡碑、没耳朵狮子、麒麟壁等，都是研究古代历史和雕刻艺术的实物资料。

林森与尚干林氏祠堂

林森（1868—1943年），字长仁，号子超，别署青芝老人，福建闽侯县尚干人，民国二十一年（1932年）1月1日就任国民政府主席，历一十二载，民国三十二年（1943年）8月1日逝世于重庆，享寿76岁。

林森世系出自殷贤比干后，于五代末，传至穆公，随闽王王审知由河南固始，辗转入闽，初居闽县枕峰乡，继迁陶江上虞（今尚干），历久繁衍成大族，明末以林氏先祖官名定乡名为尚干，后方兴盛，陶江林至今发展20多万人。

明末清初，尚干建有家祠，至清咸丰五年（1855年），改建为宗祠。光绪三十二年（1906年）增建“义姑祠”，又称“报功祠”。民国二十一年（1932年）林森任国民政府主席，乡人以其为国家元首遂比封建时代出“文武八座”大官显赫，将宗祠改称为“尚干林氏祠堂”，祠堂坐北朝南，前后三进，规模壮观宏伟。前埕两侧围墙嵌有浮雕双狮戏球，埕内左右竖立双斗大旗杆，首座正方挂有林森题匾“尚干林氏宗祠”。檐前正中挂有“状元及第”牌匾（宋御射状元林壮行，为天下林氏首位状元），堂内有历代名人题刻文物。楼厅两厢有签房，上方挂满科甲功名牌匾，跨天井进入中座大殿堂前有大戏台，两边有回廊通后座，殿内圆柱嵌满数十幅历代名人解缙、叶向高、陈宝琛、孙中山、黄兴、蔡元培、于右任等人题刻、楹联。

祠堂载录了陶江林氏千百余年的发展史。再抵天井是祭祀厅，正面龛内供奉陶江林氏历代元祖宗亲神主，上方悬“圣旨匣”，中后两座挂满十八进士（状元、探花）等百余位举人功名科甲牌匾，在祠堂里有清光绪进士林履端（第十八进士）题联：“聚族数千家，东象冈、西虎岫、南鳌峰、北马渎，看山川形胜重重，都向吾乡锺福地；传世六百载，黔陈臬，粤开藩、齐巡方、燕宿卫，溯文武科名济济，还期后起迪前光。”此联不但描写了尚干得天独厚的山川地理形胜，也道出陶江林氏自宋以来，先后出过宋绍定御射状元林壮行，明浙江道监察御史林钺，清光绪丁丑科武探花林培基等历史上的文武名人。

自清末废除科举后，陶江林氏仍然人才辈出，没有辜负先祖期望。除林森外，还有林元铨、林叔向、林雨时、林志棠、林祥谦等先贤人士。林森一生有功于国家与民族，尚干林氏祠堂留下很多遗迹。林森发迹后，在尚干林氏宗祠，曾亲撰刻联曰："受氏始周家，历秦汉晋唐，以迄明清，看累代称帝称王，庙祀几如林县远；发祥由陶水，从鲁齐河洛，迨迁闽越，溯上世自南自北，族居传至干官兴。"明确地指出陶江林氏的起源与兴盛。

民国十六年（1927年）林森年届六旬，回乡祭祀父神位入祠堂。民国二十二年（1933年）夏间林森再次回乡谒祠祭祖时，在祠堂嘱告乡亲，提倡爱国教育为先，"百年树人，是实始基"。一边出面争取将因受水灾之困的省乡村师范移至尚干山边，一边与乡人商议，将傍山之陶江书院、陶南书院及其附近三大庙改为校舍使用，并筹款将院旁庙侧之权屋八十余间，陈柩七百余具移往山后僻处，将原有之旧权屋收买拆毁，锄为平地，以供迁来新校作为操场与跑道之用。所需费用由老人慨捐一千银元为倡，其余则委嘱林志棠负责进行。林森返京后由林志棠出面向乡人劝募，共募得2700余元，连同林森所捐1000元，共计3700多元。由林葭蕃负责各种工事。而乡师一校乃于民国二十二年（1933年）冬间全部迁徙，建后名闽侯二中，林葭蕃任校长。

同时林森还主修了《陶江林氏族谱》，并写序，另出面组织编纂《义姑传》并题笺。还在长林世次表字继椒辰公（林履端）续撰云：明哲作范、垂裕后昆，林森续撰云：增进民权、致治大同。林森还赠自鸣钟一座给祠堂。上书"敬授人时里人林森"。

尚干林氏祠堂1965年拆除改建为文化宫，"文革"中变更为电影院，改革开放后林氏后人集资重新修葺，门前有四根青石龙柱。首座正方重新挂有林森金字题匾"尚干林氏宗祠"，端庄大气。重雕林森替祠堂写的楹联，将二层辟为林森事迹陈列馆。乡人为纪念林森题联："除帝制建共和任元首丰功镌史册，驱列强兴中华育群才硕德沐家邦。"并在后进大厅新刻十副陶江林氏事迹石刻壁画，其中林森处于最显赫的地位。图中有中共中央对林森的唁电"领导抗战，功在国家"，以纪念林森对国家民族的贡献。

湄州妈祖祖庙天后宫

福建省莆田市"妈祖圣地，海上明珠"湄洲岛，是妈祖羽化升天的地方。妈祖原名林默，又名林默娘，系闽林望族的后裔，是林姓太始祖比干的第八十七代孙女、南林始祖——晋太守三年（325年）奉敕入闽任晋安太守之林禄的第二十二代孙女。林默之父林愿，也官至北宋闽都巡检。北宋建隆元年（960年）三月二十三日亥时，林默娘诞生于和湄洲岛隔海相望的忠门镇港里村。“父母乐善好施、笃信佛祖，家中奉祀观音大士，朝夕虔拜，一夕梦观音大士惠赐灵丹而有圣母。降生时一道红光从西北直射入室，光华曜日，满室异香，诞生经月不闻啼声，故名默娘。”（摘自桃园县仁海宫正殿碑文）从这里可见一位圣人或神仙的诞生，都有其不平凡与特殊的圣像。仁海宫正殿碑文还记载，林默娘自幼聪慧过人，8岁就从塾师训读，10岁能译文义，13岁得道典秘法，16岁“窥井得符”，喜欢烧香礼佛，经常引人避凶化吉，教人防疫免灾，并善观天象，能推断可否出航。她熟悉水性，在海上如鱼龙遨游。多次踩浪渡海，探测暗礁、漩涡，力挽狂澜，救助在海上遇险的渔民和商舟渔船。

所谓“窥井得符”中的“井”，指的是林默娘故居港里村她家那眼宋代古井，如今井水依然清澈，饮之，则觉味甘清爽，且还可治愈疾病。当年林默娘经常在这里照妆、打水、洗菜、洗衣服。一天她正和几个小姑娘在这里照妆，突然井中金光闪闪，涌上来一个手捧铜符的神人。别的小姑娘都吓跑了，只有林默娘静静地望着，接受了神人赐给的铜符，从此她获得异灵。就在她“窥井得符”这年，有次随父兄出海打鱼，不料西风骤起，狂涛摇撼，小船瞬时沉没。小林默劈波斩浪，背着父亲游到岸边，父亲得救了。她又叫嫂子和乡亲赶快去救其他人。这时天色昏暗，风更大浪更高，海中似有万千魔鬼肆虐逞凶，乡民大惧，踌躇不前。说时迟，那时快。只见她大喊一声挥桨向前，冲破波峰浪谷，终于抱回兄尸回乡埋葬。由此，村里人都盛赞她善良、孝顺，英勇过人。

湄洲岛西边有个门夹村，面海的礁石犬牙交错，不时有商船遇难。林默娘经常一个人坐在礁石上，盼着涨潮，盼着远航的人们归来。她不爱说话，但是爱思考。所以，潮音和星象都成了她盼望过程中的慰藉，因此她读懂了大海，也读懂了星空。可能是目睹了太多的海难给活着的人造成的难以愈合的伤害，从小就养成了慈悲的情怀。有一次她为了给迷失方向的商船导航，甚至不惜将自家的屋舍燃成熊焰“灯塔”。每当遇难的船民哀号呼救时，她总是义无反顾地独自驾船出海营救。说也怪，不管风浪多么险恶，林默娘总能用智慧和勇敢把遇难的船民救出。后来，林默娘的神通又有增加，“若有行商坐贾，买卖积财，或农工技艺，种作经营，或行兵布阵，或危难，或疾病”，“但能起恭敬心”，有求必应。因此，民间也有以林默娘为送子娘娘的。总之，她义举件件，谁也说不清楚，她在风浪中到底救助过多少人、多少船，做过多少好事。

宋太宗雍熙四年（987 年），林默娘 28 岁，这年秋天九月九日重阳，她又到湄洲岛海上抢救遇难的商船，不幸溺水而死。当时人们怎么也不相信这会是真的，都说她羽化升天了。“人行善事，死而为神”。从此，她不时显灵于海天，身着朱衣飞翔，一遇风险祈求，她便出现，受苦受难的人们莫不化险为夷，成为海上的救星。“朱衣往来水中央，多少帆樯免倾覆”，就是后代对她的赞颂诗句。

枯木肇灵沧海东，参差宫殿崒晴空。
平生不厌混巫媪，已死犹能效国功。
万户牲醪无水旱，四时歌舞走儿童。
传闻利泽至今在，千里桅樯一信风。

这是宋朝黄公度的《题顺济庙诗》，距今已千年之久，是现存所发现的最早记载和讴歌妈祖事迹的诗篇。从诗里可知妈祖出身女巫（指民间的修女），飞升为海神之后，护国救难，利泽至今。人们崇拜她，用最伟大、最亲切的称呼喊她“妈祖婆”、“妈妃”、“娘妈”等。“妈”在闽南语中，是对女性年长者或德高望重者的最高尊称。有趣的是，十六世纪西方传教士用英文、葡文、西班牙文写的文件中，也照此译音为 Neoma。看来，人民群众心目中的保护神，往往都带有更多的人情味和亲切感。宗教信仰作为一种“无情世界的感情”体现与寄托，在妈祖身上表现得多么突出和鲜明啊！这应该说是一个真实的故事。在中华民族绵绵悠长的历史中，像妈祖这样实实在在，勇敢无畏、乐善好施、充满神奇色彩的姑娘很多，正是这样一批批的英雄儿女，铸就了我们民族的美德，坚强地支撑着多灾多难的中国在血与火的斗争中不倒，雄峙东方。妈祖是一个难得的典型。她“光照四海，佑我中华，风调雨顺，国运昌隆，千秋万世，为民所愿”。她用她年轻短暂的生命，诠释了一个贯通古今的真理：人生在世，所为何来？她不一定能讲得出“杀身成仁”和“舍生取义”的大道理，但她却是完全彻底地做到了，犹如投入干柴中的一束火种，燃起光明，照耀鼓舞了千千万万风浪中拼搏的民众的心。人们仰慕妈祖，把她当神供奉，祈求她但并不是为了修来世得福得寿，而是径直地为了今天仍飘浮在苦海恶浪中的人的求生。在排山倒海的风浪中，只要“红光”一闪，人们便会在绝望中获得求生的机会，重新聚集力量和智慧去战胜困难和死亡。清朝大将军万正色和施琅“舟师征剿”收复台湾过程中，“夜梦天妃”，“次日果得北风骤起，敌遂披靡，大败而退”；“在澎湖破敌，将士咸谓恍见天妃，如在其上，如在其左右，而平海之人俱见天妃神像是日衣袍透湿，与其左右二神将两手起泡，观者如市，知为天妃助战致然也。……果于二十二日澎湖克捷，七月初旬内台湾遂倾岛投诚，其应如响”等等。在人们的心目中，妈祖成了“通灵神女”、“女海神”、“观音菩萨”的化身、“东方的维纳斯”，成了人们战胜海难的理想的美好化身。那“红光”、那在水上海上的逢凶化吉，那在水上海上斩波劈浪的顺利，就是她在显灵。善有善报。自宋徽宗宣和五年（1123 年）至清道光年间为止，先后有 14 位皇帝对妈祖连续敕封 36 次，其封号由南宋光宗绍熙封“崇福夫人”晋爵为“妃”，元朝皇帝于至元十五年（1278 年）晋封为“护国明著灵惠协王善庆显济天妃”，明代永乐年间加封为“护国庇民妙灵昭应弘仁普济天妃”，清康熙时又晋爵为“天后”，使妈祖从一个“以巫祝为事”的湄屿“里中巫”、爱做好事的渔家女成了万众景仰的“天上圣母”、“海上女神”，并在京师主庙奉祀，沿海各省也分别列为祭典，达到了登峰造极的地步。外国友人也把妈祖看成是中华民族战胜海洋、增进中外友谊的象征，尊称为“中国的女海神”、“世界和平女神”。如法国巴黎真一堂，就称妈祖为“国际和平女神”而在堂中设神位供奉。用桃园县仁海室正门上对联中“亿万户共仰声灵”来描述和形容一点也不过分。

1900 年 10 月，我国近代学者梁启超先生在台湾陪同正在指挥惠州起义的孙中山先生朝拜台北天后宫时，曾写一副对联：“向四海显神通千秋不朽，历数朝受封典万古流芳”，高度概括了妈祖在海上救难的神奇力量及得到历代朝廷封敕和老百姓尊崇的情况，既把这一民间女神推上天后的极高地位，注入无上权威，又顺从民间民愿增厚统治文化色彩，维护了封建王朝的尊严。这并不是什么共同的利益，而是因为一部妈祖文化史是以民众和统治者共同面对的“生存”概念嵌就的，是妈祖所处的年代和以后漫长的历史发展的必然要求，这也是妈祖文化的魅力所在，即妈祖与渔人、与海的特殊关系。这在中国宗教诸神中是闪烁着民族美德和民众光辉最多的一个范例。

于是人们爱戴妈祖、思念妈祖、景仰妈祖，在妈祖羽化升天的当年（987年），就在湄洲岛上大兴土木建设庙宇，供奉妈祖金身。由于湄洲岛是妈祖的故乡，是妈祖文化的发祥地，所以这里的妈祖庙尊称为天后宫湄洲祖庙，也是普天下第一座妈祖庙。已故民革中央主席屈武写有“世界和平颂女神”刻于湄洲妈祖庙石壁上。妈祖庙雕梁画栋，金碧辉煌，恢弘壮观，从中轴线依次递升为大牌坊、山门、仪门、正殿、朝天阁。西侧有寝殿、升天古迹、梳妆楼和钟楼等，实际上天后宫中寝殿才是妈祖真神的正位。东侧有升天阁，观音殿、中军殿、鼓楼等。在祖庙建筑中最高大、最耀眼的当属竖立在湄洲岛山顶上的一尊洁白妈祖花岗岩石雕像，像高 14.5 米（喻湄洲岛面积），用 365 块石头（喻一年 365 天），登阶 99 级（喻妈祖九月九日升天），祖庙建筑全部台阶为 323 级（喻妈祖生日）。石雕像头顶苍穹，足踏碧海，神圣、慈祥、端庄，面向台湾，和台湾北港朝天宫大楼天台上兀立的一尊高 16 米的花岗岩石雕像遥遥相对。几乎所有香客和旅游者都在这里摄影留念。祖庙中国家级文物颇多，主要有清《妈祖圣迹图》，共有四幅，记载妈祖一生的圣迹；正殿中悬挂的“圣迹益彰”匾额，这是“清道光岁次乙酉十月谷日，福建汀漳龙道摄理台湾府事方传檖敬书”；镇庙宝玺，刻于清道光十九年（1839 年），上有篆体朱文四行“湄洲妈祖，天上圣母，护国庇民，灵宝符笈”。

祖庙管理处墙壁上，恭恭正正挂着台湾北港朝天宫纪念妈祖升天一千周年活动的照片和上世纪四十年代派人到湄洲天后宫朝拜妈祖时所拍的老照片（已残旧），以及清道光十九年（1839 年）的“御赐金玺”和中国国民党荣誉主席连战、台湾亲民党主席宋楚瑜、台湾新党主席郁慕明的题词“神昭海表”、“圣德配天”、“风调雨顺”等，天后宫已把这些当作了镇庙之宝，永远留念。

在妈祖故居港里村，建有三进的天后祖庙，正厅中供奉妈祖的塑像，后厅中供奉妈祖父母的塑像。

自宋太宗雍熙四年（987 年）以来，湄洲天后宫和天后祖庙就像一块永葆青春的超级磁石，吸引了数亿万计的海内外信徒前来祭祀，香火鼎盛。台湾同胞最多，他们把湄洲当做最向往的地方，把湄洲妈祖祖庙当做“东方麦加”，把妈祖当做战胜困难、战胜自然的保护神、海峡的和平女神，把从湄洲分灵到台湾的“娘妈神像”尊称为“妈祖”，认为只有在湄洲敬上一炷香，带上一把香灰才能表达虔诚，才能心满意足。还认为能到湄洲谒祖寻根是很了不起、很让人钦佩的事。在台湾当局未开放大陆探亲以前，几乎年年都有台湾同胞拐弯抹角、利用各种渠道到湄洲进香谒祖。1987 年开放大陆探亲后，尤其每年 10 月举办中国湄洲妈祖文化旅游节以来，到湄洲朝吊的人更多，平均每年皆超过 10 万人，累计已超过上百万人次。并已有 1275 家台湾妈祖庙到湄洲祖庙认祖归宗。用台湾同胞的话说就是“官不通民同，民不通妈祖先行”，“每年回来一次就如嫁出去的女儿回娘家一样”。有人说这是血统主义，有人说这是正统主义，也有人说这是山头主义。不管是什么主义，妈祖崇拜皆寄托了台湾同胞盼望海峡两岸早日实现和平统一的愿望，也寄托了全世界绝大多数人民渴望和平、反对战争、希望富强和摆脱贫困的美好理想。

妈祖婆、妈祖、娘妈，或者说天后、天妃、天上圣母、海上女神，多么好听的名字啊！她已经和正在深深影响着两岸同胞的信仰心理，妈祖文化现象已经升华为一种民俗道德文化现象，她凝聚着中华民族的优良传统，显示出中华民族勤劳勇敢、扶弱济贫、救苦救难的美德。信奉妈祖可以说是代表中国同胞内心深处追求真善美的一种文化道德表现，并诱发民族迸发向外开拓的精神力量，由是信仰益为加深。隋唐以来，海上贸易频仍，侨外垦殖繁盛，舟来帆往，遇及浪骇涛滚，风雨飘摇之际，渺如沧海一粟，微如孤舟一片，这般惊颤、孤立无援下，面对无情大海苍茫，跪祈拯人救弱的妈祖神明，护佑通灵，转危为安，无疑成为人们最佳的心灵寄托。特别明末清初，凡是从福建到台湾开发的移民，没有不是先到湄洲请出妈祖神像才驾船出海的。台湾的开发和发展，一时一刻也离不开妈祖文化的影响。受到妈祖福泽广被大爱精神陶冶的台湾同胞，每参加一次祭祀妈祖的活动，在心灵上都有震撼，在瞻仰祖庙、妈祖文物、共景英淑之时，弘扬中华民族传统文化，增强民族意识，表达对大陆的思念，企盼海峡上风平浪静，使妈祖文化成了中华民族的瑰宝、中国人的文化象征和沟通海峡两岸人民与世界各国人民思想、感情的一座桥梁。同时秉持神明“天上圣母济世救危之懿德”，做了甚多对两岸、对当地有着很大贡献的社会慈善公益活动，诸如危难救助、贫民救济、祈雨解困、印发善书、策办捐赠等，以发扬天上圣母济世怜人的大德，对协助社会改善不良风气、增进社会祥和乐利、地方繁荣兴盛，均有莫大的助益与贡献。

晋安郡王林禄墓园

林禄，字世荫，比干之第八十三世孙。黄门侍郎林颖之次子，林懋之胞弟。从晋元帝南渡，任安东琅琊王府参军，除给事黄门侍郎。以讨杜韬功迁招远将军散骑常侍充合浦太守。太宁三年，诏归朝奉，敕守晋安郡，追封晋安郡王，享寿六十八岁。其夫人孔氏封贵人，合葬在九龙岗。

晋安郡王林禄墓，在今福建泉州惠安县涂岭龙头山路旁，乾巽坐向，穴名龙马毓奇。墓顶岩石古篆，有“林始祖讳禄公九龙穴墓”，明器尚存，翁仲有石将军2名，石羊2只，墓上有碑文，镌额“晋安郡王林公浩封贵人孔氏墓”。天启丁卯年裔孙惠安县教谕林齐圣偕惠安举人徽龙等重立龙马毓奇碑于道左，镌额“莆林始祖晋安郡王禄公墓，道知惠安县事安福邓英书”。墓左旁有祠，祀林禄与夫人孔氏神位。宋代吏部尚书裔孙林大鼐赞词：“粤惟吾祖，晋室勋良。经纶庙社，黄门侍郎。清讨祸乱，敕封郡王。名垂天壤，功在庙廊。孙枝裒发，亿万弥昌。华组如带，积笏盈床。顾瞻祖德，万世有光”。

明代天启丁卯仲秋吉旦署惠安教谕端州林禄第二十七世孙林齐圣写有一篇《重修始祖晋安郡王墓记》，详细记述了林禄墓园情况。全文如下：

> 出惠安北郭三十里为涂岭，又北五里许为陈同关，南北冲道由是出。关之右有山焉，名九龙岗。群峰竞秀，怪石错峙，奇杰之状，过于他山。齐圣司铎惠安，每往来关上，瞻望是山，则故吾林始祖晋安郡王禄公墓也。按吾林得姓，自殷少师始，而入闽则自晋安郡王禄公，当永嘉之乱尽瘁王室史称为时忠荩，可谓无忝少师之裔者矣。少师墓在郡城之北，左林右泉，后冈前道，铜盘之铭，固可考而识也。而晋安之茔域历几百祀沧桑物改，翁仲明器犹有存者，岂非神明凭依以表忠贞者也。夫过墟墓则生哀，瞻名贤之封鬣者，或立马徘徊而不忍去，况水木渊源所从出哉。齐圣既捐资召开，扫除墓道，芟而拂之，筑而培之。翁仲明器之偃卧者扶而竖之，乃告惠之，族绅文学择日拜墓洒酒割牲展谒既毕，同陟山巅，盘桓石上，落日西照。隐约凿记存于其间，以手摹之，有“林始祖讳禄公九龙穴墓“十字，真堪与铜盘铭并垂不朽者也。齐

圣薄游诸土，获时瞻谒，修家人礼，今以公车行矣，东西南北之人，未知重来何日，而吾族姓之在莆者虽隔道里之遥，谁无松楸之思，春露秋霜，不以只鸡斗酒过相沃酹忍乎哉。墓前园九坟，向为藩家门垦，今已追还，谨以付诸惠之族贤，立簿收储积留祭扫之资援（无左边），拜乎而为之记焉。

林则徐墓、祠

林则徐墓在福建福州市北郊马鞍村的金狮山麓，面对五凤山。林则徐1850年病死于潮州后，归葬福州。墓为三合土结构，宽13.2米，深24.6米，为四层台，墓前有狮子一对。道光六年（1826年）林则徐为其父母所营建，计六圹，他自己夫妇及弟夫妇均附葬。墓前有御赐碑文和祭文青石碑两座。

林则徐祠堂，在福州市澳门路。祠门向东，第一道为屏墙，左右设两边门，额题“中兴宗衮”、“左海伟人”。第二道为牌楼形墙。设一大门，额横书“林文忠公祠堂”，进门为一条石铺通道，道半垮有三楹仪厅，厅后通道直达碑亭。通道左右分列青石文武翁仲及马、虎、狮、羊等兽。碑亭为正方形，内立三座青石碑，成品字形。一为圣旨，一为御赐祭文，一为御赐碑文，均林则徐卒时所赐，在清光绪三十一年（1905年）建饲时补镌。祠厅在碑亭北侧，外有围墙。厅正中祀林则徐遗像。楣上挂道光帝御书“福寿”匾额等。亭后有两座三间排平屋，东西相对，中隔一堵花墙，均作客厅用。再后为一列曲尺形双层楼房，北楼计九间排平房，西楼三间排平房原供家族子弟攻读之用，内有“丰井”古迹。

闽南比干庙

位于福建晋江市永和镇马坪村。1996年秋，晋江比干学术研究会为缅怀纪念亘古第一忠臣、殷太师忠烈公比干，使东南亚各国林氏华侨组团回国拜祭比干公，闽南地区的林氏后裔就近参拜和敬仰比干公，继承和发扬比干公的爱国精神，让闽南、晋江乃至海内外萧、钟、叶、沈、尤、温的后裔，有个固定参拜、洗涤心灵、反省冥思的圣地，经晋江市人民政府批准，于1997年动工兴建闽南比干庙，2005年落成并举行了开光典礼，原中国驻联合国特命全权大使林墨卿，原福建省委书记、国务院侨办副主任林一心，南京军区副司令员林恒山等纷纷发来贺电，海内外宗亲两千多人参加。2007

年农历十月廿六日——比干殉国3026周年纪念日举行了落成庆典活动。庆典中，陈列了《闽林开族千年谱及联宗谱牒》，供海内外宗亲参阅。

闽南比干庙由山门、戏台、月台、碑亭、铁塔、前殿、大殿、后楼组成。前殿大门牌匾书“闽南比干庙”五个鎏金大字。大殿正中神龛上方高悬“文财神比干公”匾额，龛内为正襟端坐的比干神像。左边奉祀怀抱始祖林坚的比干夫人陈氏，右边奉祀妈祖。此庙为闽南地方建筑风格，屋面琉璃瓦、筒、三歇顶，主脊两端燕尾式高高翘起，沿袭旧皇宫建筑模式，庄严而气派。庙内有三大景，石雕、木雕及近代发展起来的一种建筑装饰——彩瓷贴塑，凝聚了工艺大师们巧妙的构思、传神的意趣和精湛的工艺。其中，最大尊的石雕像为东西两边庭园的滴水观音与仿湄洲湾造型的天妃妈祖，各有5米之高。

闽南比干庙所在的晋江马坪，位于灵秀山之南，觉峰以北。地处著名的侨乡——晋江市的中南部。历史悠久，人文荟萃，是闽南林氏的发祥地之一，史称“乾宁立族，派衍南疆”，有“乡建千年，派分百村，人丁十万”之誉。此地山川秀丽，风光旖旎。左引龙湖聚天龙之泉而润泽大地，右控龙江汇千山之水而充盈大海。前襟鳌海，观二龙五马之跃动，瞻卧牛睡犬之酣态；后屏罗裳，聚灵台天水之妙润，集麒麟玉凤之祯祥。实为千里难觅，百年难求之宝地。

南安比干纪念堂

位于福建南安市官桥镇内厝村甘露山麓。历史学家范文澜在《中国通史简编》中，将比干称为“敢言直谏，不惜身死，要求君主改善政治的爱国者”。比干的忠贞爱国、取义成仁的谏诤精神，光昭日月，千古景仰。长期以来，在晋南肖、钟、叶、林四姓民间轮流敬奉中华民族林姓太始祖比干公古画像，以及“少师殷比干忠烈公印”。这两件文物瑰宝，自1950年起，由南安市官桥镇内厝村珍护。比干古画像上端有唐太宗皇帝赠殷太师比干诏书，下端有明世宗题赞，又经清户部郎中、监察御史叶题雁点眼。相传供奉比干公画像能安境庇民，添丁进财，晋江的肖、钟、叶、林四姓各村竞相奉迎。为更好地珍护比干公圣像和正印，进一步颂扬比干的爱国主义精神，创建爱国主义教育基地，服务两个文明建设，南安市“武荣殷比干文化研究会”决定兴建“比干纪念堂”。纪念堂于1995年1月10日奠基，1997年11

月24日落成，占地面积6200平方米。已建成的主殿建筑面积近500平方米，高达13.2米。建筑群有主殿、两侧殿、芳名亭、甘露桥、甘露井、山门等。为石木结构，建筑工艺精湛，其外造型选用重檐歇山顶建筑形式，四周檐牙高啄，飞脊彩龙，红檐斗拱，雕梁画栋，石柱彩楹，粉墙碧瓦。主殿的中门上悬挂着“比干纪念堂”匾额（由人民文学出版社编审、教授林东海先生题字）。内殿塑造殷太师比干公像，珍存着历代敬奉的比干公古画像和“少师殷比干忠烈公正印”，殿内石柱上镌刻着海内外古今名贤赞颂比干的对联，为纪念堂增辉添彩。

比干纪念堂的西侧殿是武荣殷比干文化研究会的办公场所，并辟有弘扬比干爱国主义精神展厅。展厅内容丰富，资料翔实，既是弘扬比干爱国精神，进行爱国主义教育的重要基地，也是研究林氏源流的学术中心。

漳州林氏宗祠

又称比干庙，位于福建漳州市芗城区华南小学内，南临洋老巷，北接振成巷，系漳州七县林姓氏族合建的林氏宗祖，供奉林氏始祖比干，乃漳邑林氏祭祖之所，漳州林氏还以此作接待本宗族赴考往来生员用。宗祠前后进已废，现存中进四方正殿，面积430平方米，坐北向南，面阔三间，进深五间，重檐歇山顶，红色筒瓦，下檐不围合，并留有回廊的痕迹，可见原规模甚大。宗祠确切建筑年代已无考，经专家据主殿实物与结构分析、鉴定，始建于宋代，因清末曾修葺，故亦带有清式建筑的痕迹。中国古建筑专家组组长罗哲文，北京故宫博物院院长单士元，南开大学历史建筑断代专家朱光亚教授等我国多位考古界泰斗、历史学家都曾考察过漳州比干庙，观其红瓦重檐歇山顶，粗大紧凑的梁架斗拱，具有宋元时期的建筑特征，且融早期南北派建筑风格于一体，这种建筑在我国已为数不多，专家们给予较高的评价。

先祖比干是我国有名的官府忠臣，深受国人敬仰。古代在漳州各朝文武官员，每逢清明时节都得亲临比干庙，感知其做人理念，追忆其丰功伟绩。漳州比干庙不仅长期供奉比干，还作为林氏族人赴考往来生员的接待处。“文革”前比干庙内仍高挂多块明清状元、探花的牌匾，林震、林钎、林士章均高挂其上。正殿两边厢房各有十几间书屋，各区林氏考生均可来此住宿读书作文。资料可查，明清时期漳州林氏族人进宫殿试揭榜甚众，且大多继承先祖比干之人格气质。明嘉靖探花林士章知书达理，明辨是非，心胸宽阔，乐于助人，任南京礼部尚书、国史副总裁，深得皇上信任并赐给三间五楼十二柱式石牌坊一座，矗立于现漳州香港路，石牌匾两面分别刻楷体巨字“尚书”、“探花”，1996 年被国务院公布为国家级重点文物保护单位。明万历当朝东阁大学士林钎以“清恬异常，高风亮节”著称于世。明代《云山居士集》作者林偕春进士“立朝刚直，不阿权势，文章气节，为世崇重”。自古以来，漳州林氏后裔文人辈出，漳州比干庙是古时漳州人民崇尚文化之风的一个窗口。

（二）台湾部分

台湾林姓祖庙

全台林姓祖庙位于台北市重庆北路一段 73 号十层楼上。原由闽粤官员与渡台先贤，约在清道光十一年（1831 年），捐建于台北城内文武街南畔，即现时“总统府”南侧，称“林姓宗庙”，1901 年移建于现址，占地面积 1100 余平方米，其中建筑面积 760 平方米，雄伟华丽，堪称全台宗祠之冠。但因年代久远，周围已成闹市，自身失修而被列为危房，故历经多年酝酿、筹资，于 1976 年在原地兴工，至 1978 年完成一至九楼，至 1979 年 10 月全面告竣，1981 年 10 月 8 日举行落成大典。其第 10 楼，是古色古香之豪华宗庙，紧接下面之第 9 楼、8 楼均为宗庙所有，其余为林氏实业大楼。而十楼宗庙本身所占约 434 平方公尺，包括面积约 62 平方公尺之中庭，位于宗庙之南边有面积约 182 平方公尺之前庭。宗庙四周均留有空地，除东侧外，南、北、西三侧还设有花坛，栽植花木。

宗庙采用北方宫殿式建筑，高约 12.5 公尺，屋顶盖金黄色琉璃瓦，外墙贴红钢砖，圆支柱有龙柱、花鸟柱各一对，墙柱刻有诗句联对，外堵为仿巨石块雕刻“龙”、“虎”、“麒麟”、“花树”搭砌而成，正面木堵为大块樟木厚板雕刻历史人物，木柱亦刻有诗句联对。

庙内，中门、东西门均系巨大木门，漆绘有门神像，内有四对圆柱两对墙柱。除一对龙柱一对龙凤柱外，其余均刻有诗句联对，东西墙壁上方悬挂有“祖德扬芬”、“慎终追远”、“长绵世泽”、“忠孝传家”、“弘扬祖德”、“泽衍长林”木匾六面。前厅奉祀忠烈大帝比干公、天上圣母妈祖（左顺风耳，右千里眼）及土地公神像。正厅中龛奉祀开林太始祖比干公、开林始祖周博陵林坚公、周长山侯林放公、闽林始祖晋安郡王林禄公、唐九牧公（端州刺史林苇公、江陵府使林藻公、横州刺史林著公、韶州刺史林荐公、通州刺史林晔公、邵州刺史林蕴公、循州刺史林蒙公、雷州刺史林迈公、福唐刺史林蔇公）。开拓淡野功臣林安邦公、救人成仁义士林添祯公。正厅东西房及东厅、西厅各龛，现供晋主及长生禄位655位。

全台林姓祖庙与文庙东侧之陈祠堂并列为二大祖祠，由林本源家林时甫管理。公元1894年，中日战后，清朝将台澎割授与日本，日本首任总督桦山资纪前来筹建总督府卫舍，以通道路为理由，1901年迫祖庙迁徙移建至现址。20世纪60年代曾重修，1969年9月5日全台林姓祖庙变更为财团法人全台林姓宗庙，公司与宗庙立据条件成立合约，宗庙过去至落成之日一切债务概由公司负责清还，税金也概由公司负担按期交清，每月由公司应付3万元为宗庙经费，并在十楼上负责建筑古色古香豪华宗庙，九楼及八楼均归为宗庙之财产，订立合约。1981年10月8日正式举行宗庙重建落成大典，海内外宗亲代表一千余人参加。

林姓宗庙会员由晋主派下会员及特殊捐献会员两种，共457名。宗庙以房地产租金、林姓实业公司补助费、会员乐捐及存款利息等为其主要收入，作日常经费支出，举办慈善事业社会福利及祭祀等用。除经常办理农历初一、十五及年节祭祀外，春节举行祖拜与团拜，农历四月初四太始祖比干公诞辰举行春祭，10月上旬举行秋祭等活动。

台湾妈祖庙

全世界妈祖庙共有5000多座，其中台湾地区3000多座；大陆福建省170多座，天津、长岛、青岛、威海、烟台、蓬莱、营口、秦皇岛、丹东、锦州、北京等环渤海地区38座，珠三角地区40座，长三角地区30多座，湖南、河南、贵州、江西等内陆地区34座，港澳地区52座（香港50多座，澳门2座）；海外马来西亚30多座，日本10座，新加坡、朝鲜、菲律宾、印尼、越南、泰国、挪威、丹麦、法国巴黎、加拿大、美国檀香山、旧金山、墨西哥、巴西、新西兰、非洲等地各有1座或多座。

台湾3000多座妈祖庙，因地而异，叫法不一。有的叫天后宫、天妃宫、天后寺、天后祠、圣母坛；有的叫文元堂、朝天宫、朝天堂、朝天阁、双慈亭、安澜厅、中兴公厝、纷阳殿、提标馆等。由于妈祖神像来自福建省不同地方，由不同人们去请，所以叫法也不相同。来自湄洲岛的叫湄洲妈，来自泉州的叫温陵妈，来自同安的叫银安妈；也有的把来自莆田的叫大妈，来自仙游的叫二妈，来自惠安的叫三妈。目前台湾信祀妈祖的大致分为三大派：一是军派，或称水师派，主要是以跟随郑成功收复台湾的子弟兵后代为主；二是官派，又名士绅派，多为施琅大将军治台的官员后代；三是民间派，多为海员、海民、工商界和平民百姓，他们财气最粗，活动最多。

台湾最早的妈祖庙是澎湖天后宫，台湾香火最旺盛的妈祖庙是北港朝天宫，台湾规模最大的妈祖庙是鹿港天后宫，台湾和湄洲妈祖庙联系最密切的妈祖庙是大甲镇澜宫，有全台妈祖庙发源地之称的是台南鹿耳门天后宫，台湾官办妈祖庙是台南大天后宫等。

台湾最早的妈祖庙澎湖天后宫，始建于元朝至元十八年（1291 年），是台湾历史最悠久的妈祖庙。其来历是当时移民到澎湖的福建泉州和漳州居民，因倭寇之乱不断，遂建“娘宫”（台湾同胞一般都称妈祖为娘妈）庇佑，主祀妈祖。戚继光剿灭海上倭寇后，曾将该庙扩大。明永历十五年（1661 年）郑成功渡台驱逐荷兰人收复台湾时，曾得到妈祖保佑。清康熙二十二年（1683 年）福建水师提督施琅大将军，靠妈祖显圣助战一举定澎湖后，将之更名为“妈祖宫”，不久上书朝廷，又改称“天后宫”，现在宫内还悬挂有当时皇帝御赐的“与天同功”匾额，以供凭吊。

台湾香火最旺盛的妈祖庙是云林县北港朝天宫，有台湾妈祖庙的“总庙”之称。台湾同胞非常重视“正统”妈祖庙的香火。认为只有所供奉的妈祖是正式从福建湄洲妈祖庙移居到台湾来的，它们的香火才会真灵验。而北港朝天宫的妈祖神像正是福建湄洲妈祖庙朝天阁一个法号为树壁的僧人，于清康熙十三年（1674 年）从湄洲岛奉“天上圣母”神像来台的，路经“笨港”（北港的古称），当时这里为深水河口港，来自福州、泉州和厦门的大船大都在这里停泊，因此逐渐繁荣，成为台湾有名的大商港。因当地闽籍人很多都崇拜妈祖，故建天妃宫奉祀。后为表思源之意，又改为朝天宫。200 多年来经过多次增建，始成今天“四落八殿，一埕七院”的宏伟规模。这里与其他妈祖庙相比最大的不同有三，一是最后一进殿堂，设有圣父母殿，奉祀妈祖的父母亲。据说，这是全台湾 3000 多座妈祖庙中唯一的圣父母殿，这也是为什么北港朝天宫位居全台妈祖庙之首的原因之一。各地信众远道而来，不但拜祭妈祖，也要拜祭圣母的父母；二是朝天宫大楼顶上竖立有一尊从妈祖故乡湄洲迎驾而来的高16米的花岗岩妈祖神像，和湄洲岛山顶上的巨塑妈祖神像隔海相对；三是宫中妈祖神像多，共有30尊，其中最为尊贵的是正殿中央那尊最大的镇殿妈祖和体积最小的“湄洲妈祖”，其余妈祖神像全都是分身像。每年到这里上香和“分香”的信众特别多。“分香”就是“分割香火”。信众们家里、船上、店铺和各地妈祖庙里的妈祖神像，在供放以前先要供在北港朝天宫等台湾妈祖“总庙”或“祖庙”等历史悠久的庙宇，然后用神轿运回，庇荫当地百姓，才算是真传。故总庙和祖庙的正殿、寝殿里，供台上许多供品前，总是摆放着很多大大小小的妈祖神像。

台湾规模最大的妈祖庙是彰化县鹿港天后宫，原址在天后宫的北侧海滨处，清雍正三年（1725年），由施琅大将军的侄子施世榜捐献土地迁建于现址。此宫坐东向西，面对大陆，和湄洲岛上的天后宫祖庙隔海相望。宫中的妈祖神像，是施琅于清康熙二十二年（1683年）征台时亲自从家乡湄洲恭迎来的。据鹿港天后宫志记载，湄洲妈祖神像最早只分出三尊，除鹿港天后宫迎得一尊外，有一尊被迎至菲律宾，另一尊被迎至浙江鄞县。台湾各地的妈祖神像，有不少都是从鹿港天后宫“分香”出去的。因此，鹿港天后宫被认为是台湾妈祖庙的“祖庙”。鹿港街上，有一家神像雕刻店，店主吴清波自诩为福建泉州派雕刻的正统传人。他的祖先早就在晋江开了一家叫小西天的神像雕刻店铺。如今他的店铺神桌上供奉的妈祖神像，就是他的一位祖先亲手雕刻并迎来台湾的。像的木色已经被香火熏得发黑，但妈祖神态稳重，金座神像古色古香。他们世世代代供奉妈祖，当年渡海来台时，人人头上都系着刻有“天上圣母”的木牌，安全地渡过台湾海峡来到台湾。

和湄洲妈祖庙联系最密切的妈祖庙是台中县大甲镇澜宫，该宫里的“开基湄洲妈祖”神像，是清雍正八年（1730年）福建兴化府莆田县湄洲人林永兴从湄洲岛妈祖祖庙朝天阁奉传到大甲的，开始供奉于自家庭堂，由于有求必应，灵妙异常，参拜者与日俱增，乡民征得村长同意，择地于现址建一座小庙供奉。随着信众日益增多和香火的旺盛，信众不断集资修葺，最终成了今昔交错、华丽与古朴杂糅的闽南式建筑庙宇，飞檐翘脊，雕梁画栋，金碧辉煌。主祀妈祖的正殿上悬挂有“与天同功”的匾额，那是清朝颁增的。支撑宫庙殿宇的龙柱和花鸟柱，都是从闽南运来的，雕刻细腻，图案有寓意风调雨顺的“双龙交泰”和“凤舞鸟鸣”等。地下展室墙壁上镶嵌的“天后祈雨救旱”和“瘟疫流行灵符救灾”等有关妈祖传说故事的多幅青石雕，也是从闽南运来的，足可见镇澜宫与湄洲妈祖祖庙联系之密切，非同一般。现在不但是大甲镇民信仰中心，更是牵动全台湾妈祖信徒的敬仰之心。

有全台妈祖庙发源地之称的是台南鹿耳门天后宫，宫内供奉的妈祖神像是采用稀有宣芝材料（檀木）雕刻而成，神像庄严娴慈，做工精细，有八狮椅座和九龙神体，据专家推论有800年以上的历史，这是民族英雄郑成功于南明永历十五年（1661年）进攻鹿耳门时，舰上所供的妈祖神像。当时由于鹿耳门港道水浅，进军不顺，一度与荷兰人侵军队对峙，郑成功遂向随船供奉的妈祖神像祈祷，大军很快得以顺利登陆，歼灭荷军，收复台湾。为酬答神恩，郑成功将这尊妈祖神像奉祀在天后宫内，并且于隔年下令重新进行修建。和鹿耳门天后宫相距不远的土城圣母庙，号称是东南亚最大的庙宇之一，庙中的两尊软身妈祖神像皆出自大陆名家之手，据考证也为明代作品，全身呈黑色，造型庄严。庙中至今还珍存着一艘一百多年前载着妈祖神像从福建来台的小木船，当地人介绍说这艘船没有人驾驶，只凭海风吹越来到台南，而船上的妈祖神像分毫无损，象征着妈祖显灵前来保护台南人。

台湾官办妈祖庙是台南大天后宫，俗称台南妈祖庙，原是明朝宁靖王朱术桂的府邸，清康熙三年（1664年）施琅大将军率清兵攻台，传闻有神兵相助，引导航线，且船舰进入鹿耳门，刚好涨潮，军舰得以顺利抢滩，众谓这是妈祖显灵助阵。施琅攻台成功后，驻军宁靖王府邸，当时府邸中有一水井，唯井水不多，且“渍卤浸润，厥味咸苦”，但自从施琅驻扎此处后，不仅井水喷涌不尽，而且味转甘和，足供大军使用。这正如施琅为宣扬妈祖庇佑而撰的《师泉井记》中说的“凡三万之众，咸资饮沃，而无呼癸之虑焉”。事后，施琅奏请将此处改建为天后宫，奉祀妈祖，竣工时，康熙皇帝特遣礼部来此主持祭典，并勒文记功，加封妈祖为“天后”，从此称此庙为大天后宫开基祖庙。这是台湾最早的官办妈祖庙，同时妈祖受封“天后”也由此开始。

台湾的“开台妈祖”嘉义县新港奉天宫供奉的妈祖神像，原在北港朝天宫。有关文献记载，是福建最早到台湾垦荒的开山祖颜思齐于明天启二年（1622 年）从湄洲妈祖庙恭请而来，素有“开台妈祖”之称。清嘉庆四年（1799 年）山洪暴发，北港朝天宫被冲毁，居民把宫中的一部分文物迁到新港。嘉庆十六年（1811 年），闽浙水师提督太子太保、嘉义人王得禄为感谢妈祖佑其在澎湖平定海盗，倡建妈祖庙，并请嘉庆帝敕赐宫号“奉天宫”。

台湾唯一保存有妈祖遗物的是新竹竹堑港北门长和宫妈祖庙。传说妈祖得道升天后，经信徒寻获其肉身火化，所留下的头发一半安装在湄洲妈祖庙一尊妈祖神像头上，供人膜拜；另一半则安装在另一尊妈祖神像头上，栩栩如生，格外感人。这尊妈祖神像在清乾隆年间，被福建莆田万梅堂林义滔禅师捧奉随船到新竹的竹堑港，安放在北门长和宫妈祖庙内，同时还有妈祖乘船来台时所坐的神轿、香条板以及衣物、手印等历史文物。已被台湾有关部门评定为三级文物古迹。留在湄洲妈祖本庙有真发的那尊妈祖神像，不幸已在“文化大革命”期间被红卫兵毁于一旦。这样，长和宫妈祖庙里的妈祖神像就成了全中国、也是全世界上唯一有妈祖真发的一尊神像。另外湄洲妈祖庙建有化妆楼，专为妈祖梳发、更衣使用，以垂懿德；而长和宫妈祖庙每逢举行祭祀大典之前，必封庙门，专为妈祖整理发衣，以保神像庄严肃穆。这都是台湾其他妈祖庙所没有的。

台湾由于妈祖庙多，所以信奉妈祖的人也多。有关方面统计，有 1700 万人，占台湾 2300 万总人口的百分之七十，平均每个家庭都有信奉妈祖的。

在四面环海、风急浪高的海上谋生的台湾同胞，由于他们最早从大陆到台湾去的时候还没有飞机、没有现代化的轮船，作为重要交通工具的水上行舟格外需要精神慰藉。于是为了战胜对大海的恐惧，为了在与大自然和人的搏斗中求助灵力的扶助，妈祖便成了他们心中最崇高的神，他们从对妈祖的信仰中得到了勇气和力量，普遍被信奉，被膜拜，被祈愿，认为妈祖是无所不能的。蒋经国先生生前，就曾 11 次到北港朝天宫进香，并题写“人和年丰”的匾额敬献该宫。他临终前还一再说，妈祖是慈悲的、博爱的，要把她发扬光大。台湾“市长、县长、议员”等的选举，不论什么党派，事前都要到驻地妈祖庙烧香膜拜，争取妈祖信徒的支持。1994 年湄洲妈祖民俗文物展在台南鹿耳门圣母庙举行隆重开幕典礼，宋楚瑜、吴伯雄等一大批台湾党政要人专程从台北坐飞机前往祝贺，并以鞠躬方式向妈祖神像致敬，还按民间习俗用手触摸妈祖的脚部，希望妈祖赐福和保佑。青年人喜气洋洋结婚时，“吃水不忘掘井人”，行礼都到妈祖庙，把妈祖当成了福神。因此妈祖成为在台湾唯一超越族群意识的主流民间信仰。人们平时经常到各妈祖庙进香、祈求妈祖赐福除灾并感谢妈祖的保佑。在北港朝天宫，烟雾弥漫的正殿里经常挤满进香祈愿的善男信女，他们的神态充满感情，仿佛是子女们正同慈爱的母亲对话，和其他宗教庙宇里的神态很不相同。供在神龛里的妈祖神像，仪容温情端庄，俨然就是慈母一样。妈祖本来在人间得龄二十八，但这里所见的妈祖神像却都是年过四十略带富态的模样，这也许正好反映了民众对慈悲温和的母性美的渴求，以满足祈求救赎的愿望。妈祖作为人们心中的保护神，正如母亲守护孩子，实际上已超越了一般神祇与人间的施于爱的关系，她在启示着信仰者发自内心的善良关怀和母慈子孝的伦理。

每年农历三月二十三日妈祖诞辰的春祭和九月初九妈祖忌日的秋祭前后，到各妈祖庙进香的人更多，大小妈祖庙都有祭礼和庆祝活动，各种游艺阵头纷纷云集，信众从各地拥到开基妈祖庙祖庙或供奉妈祖年代久远的妈祖庙进香，抬着妈祖銮驾绕境巡游，日夜兼程跋涉，沿途迎驾者无数，人潮鼎沸，挥汗如雨，其热烈程度，甚至超过妈祖的故乡福建。他们把这视为最幸运之举，不惜投入巨大的财力、人力和大量的时间，单燃放的鞭炮就要花费以亿计，这其中又以台中县大甲镇澜宫到北港朝天宫或新港奉天宫绕境的进香团声势最为浩大，来回历时 8 天 7 夜，成千上万人络绎于途，穿越台中、彰化、云林、嘉义四县 30 多个乡镇，行程 300 多公里，因此有“三月疯妈祖”谚语的产生。他们把绕境活动当做岛内宗教界的一大盛事，通常每年元宵节便已把时间掷筊卜定，拉开序幕。一般都是三月中旬开始，遍布台湾各城市乡镇的妈祖庙和大甲镇附近 53 个村庄的村民便开始忙着准备。

镇澜宫大甲妈祖回娘家，是每年农历三月二十三日妈祖诞辰时台中县大甲镇特有的民俗节庆活动，实际早在正月十五日的“元宵暝”，各个大城小镇的妈祖庙就已迫不及待地掀起祭典热潮的序幕；大甲附近 53 个村庄的村民开始忙着打点牲礼供品，一队队、一车车的进香团陆陆续续出现在开基祖庙或供奉年代久远的妈祖庙朝圣路上。人们手举着香旗，有的人高擎罗伞和旗幡，旗幡上绣写着县市乡村和团体名称，不少是以某地妈祖庙、宫为单位的。北港朝天宫和新港奉天宫等几个较有名的妈祖庙，每年这时都是终日终月笼罩在一片烟香袅绕迷雾中，鞭炮声不绝于耳，金纸燃烧不停，好似妈祖果真降临人间，尽享千年来尘宇人寰代代不息的奉拜和香火。每年都有几十万人参加，并且一直沿袭着古老的方式徒步进行。以起驾、坐殿、祝寿、割火、插香、回銮绕境和添火等七项仪式掀起高潮，构成进香活动七部曲。而根据史料载，大甲妈祖以前并不到北港进香，总是直接乘船到福建湄州妈祖庙谒祖，后因日本占领台湾，禁止船只与大陆联络，大甲妈祖便没有再前往湄州进香，而改为往北港朝天宫进香。北港朝天宫后面塑有妈祖圣父母像，且北港朝天宫也曾到过湄州祖庙谒祖进香“合火”，因此在北港朝天宫“合火”就等于接引了湄州祖庙的香火一样。另有传说，大甲妈祖是从北港朝天宫偷换过来的，故每年都要回娘家拜见父母，届时，大甲人士要跟随前往，而且队伍阵容要浩大，才能避免妈祖被北港人抢夺回去。但不管大甲妈祖回娘家的原因如何，它代表的都是信徒至诚的心灵，是这份虔挚的信仰支撑着他们的脚步走完300公里的路程，由此来表达他们对妈祖的敬意。妈祖神奇的号召力量不得不令人赞叹。

妈祖“启驾”当天，人潮源源不断地穿梭在寺庙四周的街道巷弄，犹如一股遏止不住的漩涡回流似的，层层密密地汇集到镇澜宫里来，庙埕两旁的金亭，已然火势熊熊，但仍有接连不止的信徒凑近燃烧厚厚一叠叠的金纸；广场上的金狮阵、金龙阵伴随着打鼓敲锣的声响，在满地炮屑的庙埕上舞耍，而一边的戏台上也吸引了成群的观众；大甲镇各武术馆全来献艺酬神，不管是徒手比划空拳，或持大刀表演单套，或两人持刀对打，都引来四周的叫好。“报马仔来了！”闻声望去，只见一“戴草笠，着黑布衫裤，外罩灰羊毛短袄，两颊绘着数道皱纹，鼻梁悬挂老花眼镜，嘴上粘装两撇短髭须，身披旱烟管及绣花烟袋，肩荷一只纸伞”的人，手拿铜锣，大摇大摆地走来。近前，见他一脚穿草鞋，一脚赤足，裤管半卷，露出膝盖上画着红红青青的斑彩，仿若疮伤一般。传闻，清朝时有一位信徒，因得脚疮，走路苦不堪言，抓过无数草药也无效，乃乞求妈祖，愈后愿充当报马仔以作答谢。后果愈，即充任报马仔谢恩，为妈祖开路察探，通风报信。后人便沿袭清朝百姓的服饰穿着并疮脚之态，相沿至今。

报马仔的出现，意味着妈祖即将启驾出发，时间多数在子时，这时充塞在寺庙每个角落等候的信徒和香客，略显紧张兴奋了。停放在镇澜宫正殿中央的妈祖已在静候，当妈祖前的哨角队发出低沉撼人的呜呜之声时，两位乔装的神童便蹦跳而出，接着威仪队、千里眼、顺风耳等顺序步出庙门，此时信徒们的内心是沸腾的，特别主事者倒计时喊出“五秒、四秒、三秒、二秒、一秒，起驾”时，信徒们便潮水般紧跟着簇拥而上，围绕在神舆四周，形成一片人山人海，缓缓地移向庙埕，流向大街。整条通往南门城外的大街，充满乐声、锣鼓声，夹杂着鼎沸的鞭炮声，夜空中的烟火散成五彩晶莹的花朵，电光炮的火光直把大甲镇的黑夜化成白昼，街旁的住户都在门前骑楼下摆置了供桌，以清香素果、一盆火红的金纸、一串串鞭炮来恭送妈祖出城。妈祖所经之地，不时有信徒跪地顶礼膜拜，有的信徒躺在地上让妈祖銮驾经过，并准备丰盛的素菜热忱地招待进香团，充满乡土民情。地方上的各个团体也拿出各种表演迎接，既为娱神也是竞技，如舞狮队等各种阵头队，十八般武艺样样俱全，将民俗艺术精华展现无遗。交通为此中断一般四五个小时，凌晨三时整个进香行列出城后，缓慢而严肃地向目的地迈进，路线由大甲沿着清水、沙鹿、彰化、花坛、员林、西螺沿海 30 多个乡镇一路南行，经过四天三夜的徒步进香后，中午抵达北港。这中间，他们如苦行僧般，不畏风雨，夜以继日，但没有人抱怨，也没有人喊累，更难得听说有人生病。稍事休息后，先在北港市区展开盛大绕境活动，约于傍晚时分，送妈祖神舆入庙。镇澜宫董监事，负责进头香、二香、三香等代表在庙中央，从轿前一字排开至安置妈祖的内殿神龛，由大轿人员打开轿门，将两尊用金旗遮掩的进香妈祖和千里眼、顺风耳、五营旗、大营旗、大印等一一由一字排开的工作人员，手接手传递，经过天公炉送到内殿神龛供奉。第二天，在北港的谒祖大典结束后，大甲妈祖便起身回驾镇澜宫，而数万只脚步依旧紧随在妈祖后面，亦步亦趋地向回头路走去。又是四天三夜的徒步，颇难令人深会其意，但当你亲身加入到这个行列时，那份扣人心弦的冲击，便会涌现出来，也只有在此时，只有虔诚所转化的毅力与力量，才能够解释这股强烈的信仰情愫，才能深深体会出宗教崇拜的魅力。

为什么进香团中妈祖神像左右会有千里眼和绿色身躯的红色皮肤的顺风耳跟随？相传是这样的。这两个面目狰狞、凶神恶煞的千里眼和顺风耳，原是祸害沿海一带的怪物，后来被妈祖降伏，收为护法，妈祖利用千里眼视力好、顺风耳听力高的法力协助拯救受苦受难的船员与民众，成为妈祖的得力助手，所以所有妈祖庙几乎都有他们在左右护法，妈祖到那里，他们理所当然也离不开了。

1987 年是妈祖升天一千周年，北港朝天宫为了弘扬妈祖精神，隆重迎奉妈祖神像出巡环整个台湾岛绕境弘法，时间从 10 月 3 日到 10 月 28 日，整整 26 天。所到之处，锣鼓笙鸣，万众欢腾。家家户户都把妈祖当主神敬奉的澎湖组织了几十艘五彩缤纷的渔船，载着妈祖神像和马公市各甲级庙宇的 30 多尊圣像，巡游澎湖中部各岛屿。1994 年和 2004 年，台湾还先后举办了内容丰富的湄洲妈祖文物展。2004 年的湄洲妈祖文物展共 161 件，有原妈祖庙供品明代星图，历代妈祖像、妈祖庙中的各类祭器，如金漆透雕果盒、桌灯，还有妈祖出巡中的仪仗器物等。最宝贵的是一尊藏于莆田文峰宫、南宋时期首尊受朝廷敕封晋爵的妈祖木雕神像。这尊神像是头梳高髻的夫人形象，面容慈祥，已有八百多年的历史，是迄今文献记载中历史最为悠久的妈祖木雕圣像。这些文物现在已经成为了研究妈祖信仰形成、发展和历代社会经济史、海运交通史、航海史、华侨史、闽台关系史、科技史、宗教史、民俗学的珍贵实物资料。1997 年 1 月，台湾又恭请湄洲妈祖金身驾临本岛 21 个县市，历时一百零三天，驻跸 36 个宫庙，行程万余里，在岛内激起空前的妈祖热。各个宫庙都以最隆重的祭典仪式来迎接妈祖金身，各界知名人士争相主祭、陪祭。妈祖金身巡游的街市乡村，人如潮涌，家家户户供奉香案，燃放鞭炮，跪拜祈福。有的地方，迎驾队伍长达四五公里，许多信众为了一睹妈祖金身的神采，或抚摸一下金身銮驾，把銮驾围得水泄不通，常常出现一二百米路程走了一两个小时的情景，更有信众为了表达对妈祖的虔诚，一站又一站地跟随。金身驻跸的宫庙，信众扶老携幼，通宵达旦，争相朝拜，有的宫庙在一天中上香的信众达数十万人次。其场面十分热烈壮观。许多信众无限深情地对护驾团成员说，你们把妈祖金身请来，真是做了一件功德无量的大好事，满足了我们朝拜妈祖金身的夙愿。台湾许多媒体用“万人空巷”、“全城沸腾”、“世界之最”、“跨世纪之旅”来描绘这种火爆场面。据不完全统计，这次台湾朝拜妈祖的信众和各界人士达一千多万人次，妈祖金身巡游台湾获巨大成功。台湾安锋集团董事长武德美女士说，我们不但为庆祝妈祖千年巡游台湾获得极大成功，更是为中华民族悠久的文化和血浓于水的民族情谊作历史的见证。妈祖不仅是海峡两岸人民敬仰的女神，而且是世界各地成千上万海外同胞的精神支柱。从妈祖身上，我们看到了许多中华民族传统的美德，看到了海峡两岸人民的同根共源，一脉相承。台湾祭祀妈祖的活动，已成为世界上三大著名的宗教活动之一。但是，信徒们并不满足于在岛内的活动，他们昼思夜想的是到湄洲岛妈祖庙天后宫进香谒祖，因为那里是妈祖信仰的发源地、妈祖的根和妈祖祖庙所在地，以能到湄洲朝拜妈祖为荣。

也是 1987 年 10 月，距离台湾当局同年 11 月 2 日开放民众到大陆探亲还有 13 天，正当北港朝天宫纪念妈祖升天一千周年在岛内绕境弘法时，台中大甲镇澜宫 17 名董事监事和总干事组团于 10 月 21 日在两岸中断来往 38 年后，第一家恭捧该宫“三妈”（来自福建惠安的妈祖神像）绕道日本大阪，经过上海到湄洲岛妈祖祖庙天后宫参加妈祖千年祭典大庆。按照规定，大甲妈祖——即三妈只有在祖庙过夜，才符合“回娘家”的习俗，于是进香团 10 月 30 日抵达湄洲岛的当天马不停蹄就让三妈先入住祖庙天后宫过夜，接着参加隆重的谒祖仪式，又请求祖庙分灵妈祖神像一尊，寿山石雕刻龙纹玉印一枚、香炉一个、天上圣母香火一个、神杯一付。由于这次大甲镇澜宫打开了两岸妈祖宗教文化交流的大门，从祖庙迎回了一尊妈祖神像等，从此在台湾的名气大为提高，带动了台湾妈祖信徒赴湄洲岛朝圣的热潮，开启了两岸大规模民间交流的序幕。尽管台湾当局三令五申“三不政策”，可是当地进香团，依然纷纷渡海，络绎于途，光这一年前往福建湄洲天后宫进香的就有 60 多个团，请回妈祖“分身”1500 多尊，一时蔚为“妈祖进香热”。有人把这归纳为五点共有现象：一是利用各种渠道偷偷摸摸去大陆，大家心照不宣；二是到了大陆拼命拉关系，拼命捐香火钱；三是尽量迎回分身、神印、香炉或神器，如获至宝；四是回台接机、接船和入庙，都大张旗鼓，官民同欢，和启程大异其趣；五是事后批评大陆生活落后，但有机会还会再去。

1989 年 5 月，台湾宜兰县苏澳南天宫董事会代表占台湾总人口 75% 的 1600 多万妈祖信徒的心愿，组织 24 条渔船 224 位渔民，首开新中国成立以来从台湾直航到湄洲妈祖庙朝圣的先河。

1991 年 3 月，台湾嘉义县妈祖信众包船绕道日本抵达湄洲岛朝圣。这是两岸首次正式客轮海上直航。

1998 年农历三月二十三妈祖诞辰祭日，大甲镇澜宫捷足先登，又第一家和湄洲岛妈祖祖庙天后宫结为至亲庙，自那时起与湄洲妈祖祖庙的往来更热络、更频繁。同年农历九月初九重阳节，正好是妈祖升天纪念日，该宫监事和宫庙所在地大甲、大安、外埔、后里四个乡镇信徒及代表 4000 多人浩浩荡荡到湄洲妈祖庙进香，捐建了妈祖诞生地忠门镇港里村的牌坊，同时迎祖祠圣父母神像首次渡台到镇澜宫中供奉。同年 5 月 6 日，大甲镇澜宫又和台湾宜兰南方澳南天宫、北港朝天宫、台南大天后宫等台湾十四个妈祖宫庙代表，专程到湄洲妈祖庙迎请 18 尊妈祖黄铜贴金神像回台供奉。这是湄洲妈祖庙为满足台湾信众渴望得到妈祖分灵神像的愿望特意敬制的。台湾知名人士朱高正作为台湾各妈祖宫庙迎请代表，在迎请仪式上发表了慷慨激昂的讲话。他说，妈祖是海峡两岸民众的保护神，妈祖文化博大精深，希望妈祖文化能在海峡两岸及全世界华人中得到发扬光大。

2000 年 4 月，湄洲举办妈祖文化旅游节，台湾彰化、台北等组织了 18 个团队 200 多名信徒到湄洲和澳门、天津、湄洲祖庙一起形成四地一体的特殊“妈祖机构”，共同举办妈祖文化旅游节，使两岸的合作领域又扩大了一步。同时，大甲镇澜宫董事长颜清标、副董事长郑铭坤再次率领 7000 多名信徒到湄洲参加妈祖文化旅游节。7 月，台湾台中县一次性组织 2000 多信众到湄洲岛朝圣，成为两岸交流史上规模组大的一次单团活动。

2001 年 1 月，马祖岛平安谒祖进香团 500 人，从马祖直航福建马尾，到湄洲妈祖庙谒祖进香，园了马祖岛人半个世纪的梦。接着，澎湖的妈祖信众也来到湄洲谒祖，举办进香活动。

2002 年 10 月，湄洲举行妈祖祭祀大典，有祭筵、仪仗、乐舞、执事、祭仪五个部分十二道议程，气势宏大，场面壮观，程序严谨。大甲镇澜宫第三次组织 700 多名信众通过金门至厦门航线到湄洲祭祀，信众们怀里捧着镇澜宫等各妈祖庙里的妈祖神像“回娘家”，供过祖庙的香火后，又请驾回台；有的信众则是专门到湄洲请香的，敬请祖庙开过光的妈祖神像驾临居住地，以求妈祖祈福信众。他们皆深信湄洲岛妈祖祖庙的妈祖最灵验，“回娘家”或者说“回祖家”进香、“请香”、“拜娘妈”是保持和增加灵力的最好办法。“海峡纵有千尺浪，难隔同胞血肉情”。

2004 年 9 月 17 日，437 名台湾嘉义县朴子配天宫妈祖信众到湄洲朝觐妈祖，其中一位林女士在妈祖像前，三拜九叩，激动地泪流满面地说：“我终于来到了妈祖圣地。”林女士祖宗三代都是妈祖的忠实信徒，其祖父、父亲一生都期盼到妈祖圣地朝觐，但由于两岸未“三通”等原因，至死夙愿未偿。其父临终前，希望她一定要争取到圣地朝觐，如今林女士祖孙三代的夙愿终于得以实现。

2005 年是妈祖诞辰 1045 周年，又逢台湾建省 70 周年，光复 60 周年，前往湄洲朝觐的台湾同胞月月都有，相当踊跃，全年超过 10 万人次。

2006 年 5 月 24 日，继金门至厦门和马祖至马尾航线开通之后，金门到湄洲的航线也开通，当天就有 345 名金门人乘船到湄洲从事为期 3 天的朝圣之旅。2001 年两岸“三通”以来，金门已两度恭请湄洲妈祖金身到岛上巡安。4 月 15 日，湄洲祖庙捐赠的 9.9 米高的妈祖石雕像，已隆重安置在金门科罗湾妈祖公园内。

宜兰林氏家庙

位于宜兰县，创建于道光十五年（1835 年），原由移垦兰阳地区的福建漳州府七县林姓族亲共酌家金捐建而成。目前所见之家庙外貌，系同治八年（1869 年）时，再由本地区之漳州七邑族亲捐资重建，此期间虽经无数狂风暴雨的侵袭，但林氏家庙庙貌依然，庙基依然稳固。屹立于兰阳平原上，成为林姓宗亲们的精神宝塔，并佑林氏子孙更为枝繁叶盛，与兰阳天地共长荣。

宜兰林氏家庙主要建筑“追远堂”，正殿主祀奉开林太始祖殷太师比干公神像，历代支派祖考妣本宗神神位（含开林始祖坚公神位）；正殿合祀闽林肇基祖考晋安郡王世荫公神位，敕封夫人肇基祖妣孔夫人神位；堂右配祀天上圣母林默娘祖姑圣像及千里眼、顺风耳二神像；堂左配祀观德堂奉祀曾为追远堂有特殊功禄之 27 位先贤禄位。

林氏家庙原本庙埕有四座旗杆座，是林姓族人功名荣耀的象征，如今被前面摊贩的铁皮屋包围，已经不容易见到。进入家庙前庭，左手边为刻有重修林氏家庙碑记的石碑，记载着宗族源流、家庙的创建和修建的经过，走过前殿，内有一天井及回廊。而后方的正殿则供奉着林氏祖先的牌位。再往内走则为群树成荫的院落。整个家庙内外配置完整，且保存良好。称得上是宜兰家庙的典范之一。

台中林氏宗祠

台中林氏宗祠，俗称林祖厝，位于台中市南区国光路五十五号，据其沿革记载：始自前清嘉庆年间，建于大里杙即今大里市内新庄，号“尚亲堂”。光绪初年，林志芳首倡募捐，迁建于今台中市东区旱溪庄。光绪二十一年（1895 年），因被白蚁侵蚀，三川倒塌，乃将牌位暂移太平庄林凤鸣家宅奉祀。民国六年（1917 年）林子瑾等发起筹募基金，兴建宗庙，是年十二月，在花园町即今台中市东区信义街寄梁。嗣以地址不佳，另择国光路现在庙址，于民国八年（1919 年）十月着手兴工，民国十年（1921 年）十月十八日正殿及两廊完竣，进主入庙。民国十一年（1922 年）八月建筑三川，经过二年才完成。民国十三年（1924 年），建筑西室下山五间。民国十八年（1929 年）增筑东室九间，西室顶山四间及屋顶，至民国十九年（1930 年）全部完竣。稽其历史渊源，堪为台中古迹之一。

台中林氏宗祠为台湾中部地区举足轻重的林氏祠堂。建筑构造基本上以闽南传统建筑的营建方式为范畴，其中木构架部分，因系由漳籍名匠陈应彬师传亲自督造，力求造型美学与结构力学的完美组合，致成为本宗祠最具代表者。装饰方面，以雕刻、彩绘、文字、剪黏与泥塑为主，尤以木雕为重，其中山门及正殿的木构架为主要的表演场所，以浮雕、圆雕、透雕等高度技巧，摅入丰富的花鸟、走兽及人物题材，使匠师精巧雕饰的“巧工”不时可见。

当年同时参与宗祠建筑的匠师，除了主事的彬师外，尚有石雕匠李阔嘴、彩绘匠师郭新林。在硬件建筑匠师外，其匾联题字者亦皆中部名家，颇有可观。

林氏宗祠之建筑格局为双进双护龙型，并藉由过水的设计，将内部空间区划成七个院落，组成庞大的合院式建筑群体。宗祠之建筑构造基本上仍以闽南传统建筑的营建方式为范畴。但为显示宗祠的崇高地位，在中等规模的配置格局中，刻意在构造手法上极力表现其高度技巧与纯熟经验素养，使林氏宗祠的建筑仍能表现出气势磅礴、巧工脱俗的建筑特色。

台中林氏宗祠，乃是林氏移垦台湾中部地区，于生活渐趋稳定后，为缅怀先人，集合中部地区林姓族人之力，纠集资金修建而成的。它不同于一般家祠而具有宗祠性质。自清嘉庆年间于内新庄初建后，历经多次迁移重建，前后历时五十多年。宗祠主祀林姓开山祖师比干公，占地约0.287公顷，现为台湾三级文物古迹。

台中林姓宗祠堂号为“忠孝堂”，又号“省亲堂”。于内新庄初建时之宗祠又号为“尚亲堂”，由堂号名称可以发现“尚亲堂”乃是该林姓族人于同一郡望之下，以同支派近亲自立标志所建的宗祠。

台北林家花园

台北林家花园是一座具有闽南风格的中国传统南方私家宅第园林。此园造园的艺术特点颇多，在园林建筑上除亭台楼阁具有不同的造型之外，园内高低起伏的各式垣墙最为引人注目。特别是众多的矮墙用于大小建筑物之间，以之分景、隔景，起到隔而有分、分而不隔的效果。假山的堆叠方法是林家花园中的大创造，由于在台湾很难找到像江南园林中所用的太湖石，于是便采用了以水泥混合灰粉和浆汁等材料来堆塑山石的办法，在园中营造了大量的假山。

从原来宅第进入园门之后，汲古书屋景区是第一个重要的区域。书屋的名称相传是仿明朝一位名士毛子晋的“汲古阁”而来。建筑面宽三间，前面突出一个有如抱厦的轩亭。亭子的造型甚是奇特，其顶部以硕大之斗拱承托着巨大的半圆筒形脊盖，系受南洋一些国家的影响。在书屋的前面，有一个宽广的月台，月台上摆设着皇家园林中“露陈”似的石凳架和单个座位，其上陈放花盆花草，想当年书香花香交融，环境甚是幽雅。在书屋的前面还有一个宽阔的广场，树木高大，浓荫铺地，并有矮墙、庭石点缀其间。在书屋的右侧，有一座方亭，亭内有石桌凳，可供查书、读书倦困时散步坐息之用。亭子与书屋之间筑以似隔不离的矮墙，极富情趣。

方鉴斋景区与汲古书屋紧密相连，是一组独成庭园的完整建筑，有如一些大型园林中的“园中之园”，和北京颐和园中的谐趣园相似。这一景区的布局是以一个清澈的方池为中心，主体建筑方鉴斋的前面出一临水轩，伸入水池之中。在其对岸建水中亭子一座，作为戏台，构成了浓厚的水景园。水池的两岸，打破了一般传统建筑中对称的形式，而采用了灵活的园林建筑布局。在水池的左侧是一道通向来青阁景区的复廊，墙上原刻有周凯的书法和谢管樵的画竹，可称作是高雅的书画廊。

在造园艺术上最下工夫的要算是斋屋水池右侧的景点了。岸边倚墙筑假山，峰峦层叠，石壁嶙峋，沿山有小径，山腰有小亭，入口山洞题“访梅”，出口处题“问柳’的名额。在沿山小径的中途，又别出心裁地架小石拱桥，拱桥的桥身上下起伏如驼峰，左右摆动如游龙。这一园中小园，被台湾专家称作是花园中最幽静、最富诗意的景区。

来青阁景区的来青阁是当年招待宾客下榻之处。当年取楼名时，为的是登阁四望，尽赏周围青山绿水的自然景色之美。来青阁是这一景区的主体建筑，在它的周围还有宽阔的广场庭院和一些陪衬的景点及小型建筑，在阁的前院和左右两侧，都以漏窗花墙予以分隔，这些庭院广场中设置花架花墩，摆放花卉盆景，供主客们坐息观赏。在阁对面有一座四方形歇山顶的空敞亭台，有一块名“开轩一笑”的匾额。在来青阁的右边，设计者又巧妙地安排了一个特殊景观——隔离景区垣墙，名“横虹卧月”。过此垣墙门便进入另一个景区“香玉移”了。

香玉移和观稼楼景区位于全园的中部，它们的功能，一是赏花，一是观看田园风光、农夫耕作图景。这两个景区前后相连，一墙之隔，中间介以花圃，甚是相得。

观稼楼和来青阁是园林中两座高层建筑，其体量虽较来青阁稍小，但在造型上却别具风格。为了便于登楼观稼，楼的二层设计为四周宽广的平台，屋顶也做成了“盂顶”式的平顶。观稼楼除了楼本身建筑造型别具一格之外，楼前的垣墙也极具特色，前院的围墙做成书卷的形式，高低起伏、造型优美。在围墙之外，还有一个海棠形的水池，池边也护以矮墙栏杆。这些矮墙、洞门、漏窗，构成了园林中墙垣艺术的一大景观。

定静堂与月波水榭景区，定静堂是这一园林中一组规模最大、整齐对称的四合院式建筑，位于园林后部的中心，左右两侧为两组独具特色的大小水面形成的园林景区所环抱。东为小巧精致的月波水榭，西为园中规模最大的榕荫大池和大假山。定静堂这组建筑是主人举行正规的大型宴会之处，礼仪性很强，因而在命名上采用了《大学》中“定而后能静”之句，以表示其含义。月波水榭位于定静堂的东侧，是一组别出心裁的设计，在一个海棠形的水池当中建一座双菱形的水榭建筑，有小桥与池岸相连。有趣的是登上水榭上层的石梯，利用了老榕树巨大的树干，好似从树中进入，绕道盘曲而上。

榕荫大池景区的布局以大池为中心，是园中最大的水面景区，被称之为游园的最后一个高潮。

新竹西河堂

西河堂原名西河堂公厅，为“祭祀公业林六合”派下公厅，现所见外貌为民国十七年（1928 年）所重建，格局属“一堂六横”的大型三合院。

清乾隆年间，广东省饶平县人林皓流移垦台湾，定居新竹县新埔的枋寮庄，并在今义民庙东一公里处兴建大宅“西河堂”公厅。清代这里是合法贩卖鸦片烟的地方，所以本地人多称之为“烟店”。

林皓流生了六个儿子传下六房子孙，故其后代以“林六合”为名成立祭祀公业，义民庙中元祭典每逢轮值枋寮联庄时，即由“林六合”公号担任值年总卢主。

西河堂公厅是一座具有浓厚客家风格的建筑，不论是水车堵上的泥塑、正厅墙上的书画、彩绘，都透露着浓厚的警世或教育意义。此外，正厅神桌下的“龙神香位”、院墙上的“天公炉”，也都是客家建筑特有的习俗。另外，西河堂正厅屋脊上有一组罕见的泥塑“吉星阁”，象征着居住在这里的子孙永远兴旺。

西河堂前方有大片莲花田，是夏天赏莲的好去处，莲田主人制作的莲子冰，口感独特，值得一尝。此外，莲田附近还有玫瑰花园，花香格外宜人。

台北市区林氏的古迹遗址

林氏为台北市第二大姓，市区中留存有关林氏的古迹、遗址甚多，如公馆林厝，位于左亭区罗斯福路四段，创建于清乾隆时，至今仍残留创建当初之部分木结构，可谓珍贵难得。正厅后小山丘，名曰龟山，昔日曾经具有防敌望楼之功能，称为台北开拓史上的重要古迹。林安泰古厝，原在大安区四维路，今已迁建于中山区滨江公园之中。该宅创建于清乾隆时，当时林家族曾为大安寮豪农之一，并在艋舺经商，颇负盛名。现存其古厝，是清咸丰三年（1853 年）大械斗以后所重建，称为清时台北地方豪农住宅建筑之标本，备受各界重视。林家在清乾隆时由福建泉州安溪移台，并在台北市大安区四维路定居本厝。大厝为正身二排护龙二排之宏伟巨宅，被台湾当局定为一级文物古迹。林德兴古厝，位于龙山区环河南路艋舺淡水河岸上，为该区仅存百余年古宅。识者妥善保存，借以纪念昔日艋舺街市之面目。林本源六馆，位于延平区南京西路、淡北河岸至甘谷街口一段，原名六馆仔街，清光绪时板桥林木源的三房头六记号建造六座大洋楼，称为六馆，并居住于此，故名。尔后，该林氏后人定居于台北市者居多，对于台北市的都市建设、工商业发展颇多贡献。但当年之六馆，现不复存在，仅在耆老记忆中空留六馆仔街之地名而已。林献堂下榻处，位于大稻埕永乐町的永乐旅社，即今迪化街霞海城隍庙之北，日本占据台湾时期，为争取台胞政治权利而奋斗的台中雾峰耆宿林献堂，每次自台中北上，必下榻这里。现已改建为一排新式店铺。

林先生庙

林先生庙位于彰化县二水乡源泉村员乐路225号。清康熙五十八年（1719年），彰化县有位福建泉州府晋江县乡绅叫施世榜，他发现彰化县虽是平原万顷，但是由于浊水溪等大小溪流都流入了太平洋，农民苦无办法利用这些水资源灌溉农田，所以影响了农作物的收成。为了解决这个问题，施世榜公开贴出告示，愿捐款千两黄金，赏给能引用浊水溪灌溉田地的人。告示刚贴出，有一位举止文雅、衣冠古朴的长者来到施世榜家里，表示愿意修筑圳渠。施世榜听了，非常高兴，便照着这位先生设计疏凿水区的方案，使用藤竹编成锥形坝笼，内置大石块，以聚沙、阻水，形成堤坝，聚集水流，经过一段时间的实验，果然将浊水溪源源不绝引到田地灌溉了。施世榜说话算数，当即将千两黄金送到林先生面前说："先生是开凿八堡圳水利设施的第一功臣，为台湾中部地区乡民带来无限的利益，这些酬金请您收下吧，请问尊姓大名？"林先生回答说："施先生，谢谢您的好意，您真是一个讲信义的人，我不会收下这些黄金的。切记：助人为快乐之本。您就叫我林先生吧！"林先生说完，拒绝收下黄金，从此后施先生再也没有看到过林先生。后念起恩泽，也为了饮水思源，施世榜和乡民在二水乡鼻子头八堡圳头建了一座林先生庙表彰。庙分前厅和大殿两部分，建筑古香古色，四周草木修剪的甚为整齐，庙区辟有莲花池、小拱桥，给人有舒适清雅之感。庙内主祀林先生神位，陪祀开圳有功人员施世榜和黄仕卿两位先生。庙上楹联："八谷无恙，万民欢稼穑；堡圳永存，千载念先生。"

彰化县林姓族人比较多，有10多万，并建有敦本堂祭祀。该县共有13个堡半的田地，而林先生设计的圳渠，足以灌溉东螺东堡、东螺西堡、武东堡、武西堡、燕雾上堡、燕雾下堡、线东堡、马芝上堡等八个堡的田地，所以当地人称之为“八堡圳”，它和凤山县的曹公圳一样，号称台湾清代三大水利工程之一，至今还在发挥着作用。

（三）海外部分

新加坡星洲长林公会馆

新加坡星洲长林公会馆位于新加坡芽笼27巷A门牌25号，比新加坡共和国成立还早20年。“林氏由比干公缘起，自西河肇姓迄今已有3109年，派别支分，洲际不同，事业各异，但是本源则一，曰：‘乔木发千枝岂非一本，长江流万派总是同源’。林氏为华族繁衍于神州内外，分布全球数千万，由于河南长山启脉、济南聚族、忠孝传家、永嘉渡江，六十四世祖禄公从龙江佐东晋中兴，西征南牧，封为晋安郡王。开拓闽疆，自兹遍布全球”。长林公会馆正是敦睦海内外宗谊之所。1987年扩建后的长林公会大厦，富丽堂皇，楼高三层，拥有宽敞的活动场地。长林公会原名为长林互助会，其前身为长林宫。长林宫是芽笼一带林姓华人所建的神庙，祭祀天后圣母，位于芽笼27巷。1945年，该宫理事林耀花鉴于芽笼、加东及樟宜一代林姓宗人较多，为应他们的要求，联系宗亲感情，便与林富贵、林友明、林金春、林振益、林明福、林珠发、林妈发、林鸿梁、林春成、林长江、林源兴及林云生共同发起组织长林互助会，入会四百余人。1946年迁至加冷桥头新会所，1957年购置芽笼27巷A25号1486方公尺的浮脚楼为会址，1962年长林互助会改名长林公会，1973年扩建长林会所大厦，1984年扩建为三层楼的长林公会大厦，耗资29万元。长林公会大厦巍峨壮观，活动环境宽敞，楼下及部分二楼场地为该公会所占用外，天台则作为太极协会联办太极拳班的活动场地。目前，该会属下拥有一支鼓乐队，还设立教育基金，鼓励会员子女努力学习，并筹建青年组，扩展会务。

新加坡林氏九龙堂大宗祠

林氏九龙堂大宗祠位于新加坡岌巴港，始建于清咸丰七年（1857年），主祀祖姑（新加坡华人对妈祖的尊称）天后圣母和林姓太始祖比干。由于新加坡华人中姓陈、林、黄、蔡、王、李的较多，都是显赫大姓，因此新加坡林氏九龙堂大宗祠家族自治会供奉的祖姑——天后圣母，在新加坡华族宗亲社团中具有不小的影响。当地船员、贸易商、商人们还尊奉天后圣母为“运输贸易业者的保护神”，水上交通行业尊奉天上圣母为“海神”；都尊奉比干为“文财神”。

印尼林氏家族会

印尼林氏家族会有两个组织，一是雅加达八帝贯街 36 号忠孝堂，为一座两层店屋；二是雅加达万能岸南路 38 号西河堂，这是一座汉式大屋，面积 1000 平方米，分为前厅、后厅两部分，前厅安奉妈祖神像，供众生信徒敬拜，香火旺盛，十分灵验；后厅安奉林氏太始祖比干等神像，是印尼全体林氏的标志，每年都举行春秋两祭。

檀香山林西河堂

檀香山林西河堂 1889 年始创于檀香山正埠示蔑街。创始人林德新、林德有、林举焕、林立乐、林举华等。光绪二十五年（1899 年），由原籍广东中山北台乡田馆谷米商林社叶，以林河堂无会址，特慷慨赠送实地一段，坐落华埠河边街 1315 号至 1319 号附近固圭街角，面积 2486 平方尺，林社叶并捐助美金 500 元，其夫人刘氏捐助美金 200 元，首为之倡，建筑新楼。在林立瑞、林鉴泉、林和先、林立谋、林牧、林叶举、林锦发等宗亲努力下，四处募捐，雇请工匠，建筑木楼两座。创会初期，凡林姓侨胞到该堂，免费提供住宿。对无能力回乡的会员免费提供一张船票。凡林姓者，无论会员与否，死后该堂负责丧葬。

本堂建立会馆之际，奉殷朝的比干为始祖，同时祀立天后圣母妈祖金身，历年妈祖诞辰，皆有热闹庆典。天后为宋朝福建莆田县人，林愿第六女，华年而卒，屡显灵于海上，渡海者祷之。宋封灵惠夫人。元封天妃，明封护国并加昭孝纯正英灵济世圣妃。清封天后。

天后圣母金身神像，高立殿上，镶以金色雕花大神龛，两旁有瞧江、望海神像，天后宫大香炉三座，大全锡香案成套，内绘有精致人物。另有牌楼一座、门官绅像一位、地主财神一位、福德祠土地公一位，还有大钟楼一套、天神大香炉一座、八宝军器全套、高脚牌肃静、回避一套、大汉花樽一对及印符玉玺一个等。

槟城林氏忠孝堂

马来西亚槟城林氏忠孝堂于 1919 年成立，会所设于槟城头条路 40 号

D，至1924年迁入槟城三条路林松茂板廊。1930年忠孝堂自置会所于槟城二条路64号即今址。1941年12月日军南侵东南亚马来西亚沦陷3年8个月，会务被迫停止。至1945年日本投降该邦光复，1946年忠孝堂复兴，首任主席林金锦，副主席林长杉，正总务林成国，财政林松茂，执委林永宗、林金聪、林柳生、林禄怡，1952年增建巍峨堂宇，楼上前座供奉祖姑“天后圣母”神位，后座奉祀太始祖比干公及诸先贤。1974年设立奖励助学金，目前奖励助学金计有四万五千余元。该堂1986年至1987年职员有：永远名誉主席林加楣、林庆金、林怡玉、林世翔，名誉主席林耀、林来兴、林有福、林永山、林炯任、林廷河等。

泰国林氏大宗祠

泰国林氏大宗祠以林竹山珍藏的1927年出版《汕头林氏自治会特刊》中汕头林氏大宗祠平面图为依据，绘制蓝图，在1968年7月20日动工，1970年1月29日举行奉主升龛大典。其堂壮丽高雅，被誉为东南亚林氏祠堂之冠。又置有381莱大面积九龙山庄，以照顾仙逝宗亲安葬；设有助学金2300余万泰币。1993年又落成兰桂轩，位于祠之后圃，为堂添秀。

菲律宾西河林氏宗祠

在马尼拉繁华地带的王彬街上，1923年林氏宗亲以2.3万元购得王彬街旧楼一栋，为旅菲西河林氏宗亲总会会所，1945年受炮火所及，尽付一炬。1948年，重建竣工一座三层楼。

1992年8月，该大厦增建一层楼，并全楼修葺装饰为宫殿式宗祠竣工，门额书：“菲律宾西河林氏宗祠”。门联云：“殷太师肇继西北支分菲岛同一脉，比干公塑自河南衍派闽疆名千秋”。

黄　姓

张建华　黄俊洁　余保洲　陈斌华

黄姓，是中华民族中古老姓氏之一，至今已历经一百五十余代，四千多年的延续。据 2007 年公安部治安管理局对全国户籍人口的一项统计分析显示，黄姓占汉族人口的 2.23%，居中华大姓第七位。世祚绵延，黄姓溯史可谓古老而悠久；支脉纵横，黄姓分衍堪称兴旺而滋盛，衍生出丰富多彩的黄姓文化。

一、黄姓姓源

黄姓来源于上古东夷部族中的黄夷，本是嬴姓的一支。嬴姓远祖为东方部族的少昊氏后裔，至舜、禹之时，其近祖伯益（伯翳）与偃姓的皋陶同时受封于山东和淮河中下游地区，为嬴姓。因此，秦、徐、郯、莒、黄、江等诸侯国同祖同宗。嬴姓部族与东方其他部族被夏人、商人和周人视为东夷，其中，夏商时期活动于淮河流域的黄夷，在夏商的军事压迫之下西迁至安徽与河南交界处，这便是周代时黄国的前身，后人以国为姓，是为黄姓最主要之来源。

（一）黄姓源于嬴姓

关于黄姓的族源，据司马迁《史记·秦本纪》所载，黄姓为伯翳（亦作柏益、伯益）之后："秦之先，帝颛顼之苗裔孙曰女修。女修织，玄鸟陨卵，女修吞之，生子大业。大业取少典之子，曰女华。女华生大费，与禹平水土。已成，帝锡玄圭。禹受曰：'非予能成，亦大费为辅。'帝舜曰：'咨尔费，赞禹功，其赐尔皂游。尔后嗣将大出。'乃妻之姚姓之玉女。大费拜受，佐舜调驯鸟兽，鸟兽多驯服，是为柏翳。舜赐姓嬴氏。大费生子二人：

一曰大廉，实鸟俗氏；二曰若木，实费氏。其玄孙曰费昌，子孙或在中国，或在夷狄。费昌当夏桀之时，去夏归商，为汤御，以败桀於鸣条。大廉玄孙曰孟戏、中衍，鸟身人言。帝太戊闻而卜之使御，吉，遂致使御而妻之。自太戊以下，中衍之后，遂世有功，以佐殷国，故嬴姓多显，遂为诸侯。……太史公曰：秦之先为嬴姓，其后分封，以国为姓，有徐氏、郯氏、莒氏、终黎氏、运奄氏、菟裘氏、将梁氏、黄氏、江氏、修鱼氏、白冥氏、蜚廉氏、秦氏。然秦以其先造父封赵城，为赵氏。”司马迁所提到的嬴姓之后在西周至春秋时期为诸侯者，有江苏的徐国、山东的郯国、莒国，安徽的终黎国，河南境内的黄国、江国，陕西的秦国。

嬴姓为少昊的后裔，这是一个以鸟为图腾崇拜的部族。《左传·昭公十七年》云：

> 郯子来朝，公与之宴。昭子问焉，曰：“少皞氏鸟名官，何故也？”郯子曰：“吾祖也，我知之。昔者黄帝氏以云纪，故为云师而云名；炎帝氏以火纪，故为火师而火名；共工氏以水纪，故为水师而水名；大皞氏以龙纪，故为龙师而龙名。我高祖少皞挚之立也，凤鸟适至，故纪于鸟，为鸟师而鸟名。凤鸟氏，历正也；玄鸟氏，司分者也；伯赵氏，司至者也；青鸟氏，司启者也；丹鸟氏，司闭者也。祝鸠氏，司徒也；鴡鸠氏，司马也；鸤鸠氏，司空也；爽鸠氏，司寇也；鹘鸠氏，司事也。五鸠，鸠民者也。五雉，为五工正，利器用，正度量，夷民者也。九扈为九农正，扈民无淫者也。自颛顼以来，不能纪远，乃纪于近，为民师而命以民事，则不能故也。”仲尼闻之，见于郯子而学之。既而告人曰：“吾闻之：‘天子失官，学在四夷’，犹信。”

郯子对自己先祖故事的叙述让孔子感到吃惊，从而对郯子的博学也十分佩服。郯与黄源出同一祖先，且并为嬴姓，可见史书中关于对嬴姓族源的认定是可靠的。少昊之后裔大业生女华，女华生大费，大费正当舜和禹之时，因助禹治水有功而被封赏，并被舜赐为嬴氏，这个大费就是后代典籍中经常出现的伯翳或伯益。伯益正是嬴姓的近祖。

还有一种观点认为，嬴姓的黄国为祝融之后陆终的始封之地，黄人亦为陆终之后。宋人郑樵的《通志·氏族略》载：“黄氏，嬴姓，陆终之后，受封于黄，今光州定城西十二里有黄国故城在。楚与国也。僖公十二年，为楚所灭，子孙以国为氏。亦嬴姓十四氏之一也。楚有春申君黄歇也。”诸多黄氏的族谱也多采此说，以追溯自己姓氏的族源。如《福建莆阳黄氏百代世谱》、《台湾江夏黄氏世谱》及《台湾江夏兴华军城黄氏祖谱》等都记载：陆终，伯益次子，号吴回，兄帝太康失国，弟复焉，受封于河南潢川定城西二十里黄国。

实际上，只要是对古代文献加以梳理，就会让人怀疑以上记载的可信性。《史记·楚世家》载：

> 楚之先祖出自帝颛顼高阳。高阳者，黄帝之孙，昌意之子也。高阳生称，称生卷章，卷章生重黎。重黎为帝喾高辛居火正，甚有功，能光融天下，帝喾命曰祝融。共工氏作乱，帝喾使重黎诛之而不尽。帝乃以庚寅日诛重黎，而以其弟吴回为重黎后，复居火正，为祝融。吴回生陆终。陆终生子六人，坼剖而产焉。其长一曰昆吾；二曰参胡；三曰彭祖；四曰会人；五曰曹姓；六曰季连，芈姓，楚其后也。昆吾氏，夏之时尝为侯伯，桀之时汤灭之。彭祖氏，殷之时尝为侯伯，殷之末世灭彭祖氏。季连生附沮，附沮生穴熊。其后中微，或在中国，或在蛮夷，弗能纪其世。

《世本》记载：

> 陆终娶鬼方氏之妹谓之女愦，是生六子，孕三年，启其左胁，三人出焉；破其右胁，三人出焉。其一曰樊，是为昆吾，昆吾者，卫是也；二曰惠连，是为参胡，参胡者，韩是也；三曰籛铿，是为彭祖，彭祖者，彭城是也。姓籛名铿，在商为守藏史，任周为柱下史，寿八百岁；四曰求言，是为会人，会人者郑是也；其五曰安，是为曹姓，曹姓者，邾是也；六曰季连，为芈姓，芈姓者，楚是也。

从史料记载来看，陆终之后，大多数为夏、商和周时的方国：昆吾封于卫，参胡封于韩，彭祖在彭城，求言封于郑，安为邾人之祖，季连为楚人之祖。陆终之后封于黄者在先秦两汉典籍中无记载。

嬴姓诸氏族最初的活动地在今天的山东地区，至夏商时，形成了庞大的氏族集团，它与东方其他部族结合，几乎脱离夏商两朝的控制，先秦时代统称之为“东夷”。《后汉书》卷八十五“东夷列传”载：“夷有九种，曰畎夷、于夷、方夷、黄夷、白夷、赤夷、玄夷、风夷、阳夷。……昔尧命羲仲宅嵎夷，曰旸谷，盖日之所出也。夏后氏太康失德，夷人始畔。自少康以后，世服王化，遂宾于王门，献其乐舞。桀为暴虐，诸夷内侵，殷汤革命，伐而定之。至于仲丁，蓝夷作寇。自是或服或畔，三百余年。武乙衰敝，东夷浸盛，遂分迁淮、岱，渐居中土。及武王灭纣，肃慎来献石砮、楛矢。管蔡畔周，乃招诱夷狄，周公征之，遂定东夷。”

夏商两朝为平定东方诸部落，曾有过声势浩大的东征行动。在夏商两朝的军事打击下，东夷诸部落为了生存，不断向南迁移，到了淮河流域，然后缘淮河西上，进入江苏、安徽，甚至到了河南西部地区。其中，到达西部最远者便是黄国和江国。

周代商而兴后，为了巩固和发展政治势力，拓展疆域，与周边异族的关系就既有联合，又有斗争。较多时间表现为激烈的对抗和武装征伐。西周前期面临的最大问题，是如何用偏处西方一隅的周族去统治数倍于己的东方广大疆土和时时反抗的东方各族。在这些东方民族中，最强大的政治力量，一是拥有从东南战场撤回大批军队的殷商旧贵族，一是淮夷徐夷这些由古老东夷分散形成的族团。从伊洛平原到山东半岛，从黄河流域到淮河流域，共同的文化心理使原本互有矛盾的东方民族在强大的周族面前结为同盟军，使这一片广阔的地域成为反周大战场。后来周公历时三年，两次东征，又营建新的统治中心成周洛邑，驻扎大批军队，软硬兼施、分化瓦解、迁徙分散商遗民，分封少数商旧族，“因商民以商政”，煞费苦心，百般经营，才算有效地解决了商族问题，稳定了周在东方的统治。

在解决商族问题的过程中，东夷中部分与商关系密切的部族遭受了极惨烈的祸连。如对殷商统治驯顺、颇受商政权器重的秦人，在商覆灭之际，秦的首领同殷纣王一起被追杀。《史记》所谓“周武王之伐纣，并杀恶来”。《孟子》所记的“驱飞廉于海隅，戮之”，皆为此类。所以当周武王去世，殷纣王的儿子武庚乘机发动反周叛乱时，秦族又毫不犹豫地追随武庚而起。《逸周书·作雒解》说：“三叔及殷、徐、奄、熊、盈（嬴）以叛”。而周人平定叛乱，毫不留情地杀戮“顽民”，秦人大批死伤。最终参与反周的东夷族民众都被强迫迁出原居地，如奄国被“迁其君薄姑”，嬴姓一部分迁往淮河流域，一部分则被强制迁往西方边陲，进入遥远荒凉的黄土高原。《秦史稿》的作者林剑鸣先生说：“这些人就是秦国的直接祖先”。

淮河流域的夷人，偏西偏南的一般称淮夷，偏东偏北称徐夷，他们聚族而居，对周长期倔强不服，形成了东南地区强大的反抗势力。他们不时攻击周的东部封国，以致受封于鲁国的周公长子伯禽，在周公二次东征后仍不能去治理他的国家。《史记》的《鲁世家》曾记载此事，说“伯禽即位，有管蔡等反也，淮夷、徐夷亦并兴反”。伯禽强就国，遭东南夷围困，靠了周成王派三军来大肆杀戮，才算真的有了封国。到西周第五代天子周穆王时，徐夷再度崛起，其首领徐偃王联合九夷抗周。《后汉书・东夷传》里记此事曰：“徐夷僭号，乃率九夷以伐宗周，西至河上。穆王畏其方炽，乃分东方诸侯，命徐偃王王之”。九夷抗周，严重威胁着西周对东方的统治，穆王承认徐偃王为东方霸主，实在是不得已之举。徐偃王的子孙凭借东方势力与周抗衡，一直坚持到西周中期的厉王、宣王之世，为东夷各族争得了一个相当长的和平发展时期。到春秋时，东夷族支系发展更加繁昌，广泛分布于今山东境内和淮河流域。其活动范围包括今山东全境、河南东部与南部、湖北北部、安徽南部、川西、川北和江苏北部这样一个广阔的地区。我们据此可以充分想象春秋时期夷族力量的发展与壮大了。

黄族的迁徙在东夷人中是较早的。黄族的前身当为《后汉书》中所提到的九夷之一的“黄夷”，从《竹书纪年》所言“帝相元年……征淮夷，三年征风及黄夷”来看，九夷中的风夷与黄夷当在夏时便较早地离开了东夷发源地的山东中部和东部地区而南下淮河流域，与活动在淮河流域的淮夷杂处生活，所以当商人征淮夷时也顺带讨伐生活在附近的黄夷，黄夷再次沿淮河西迁，在淮河之滨的今潢川境内定居下来。他们生活的区域，大致是以今潢川全境，及潢周边今光山、商城的一部分和湖北东北边缘地区。为方便起见，我们称这一区域为潢川大地。

潢川大地位于今河南省的最东南端，南依大别山，北临淮河水。其地质构造为华北陆台南部边缘的“淮阳古陆”。从大环境看，处于黄淮平原向大别山区过渡地带；从小环境看，正是大别山北侧冲积扇向淮北平原的展开。地貌属剥蚀侵蚀类型，地形起伏，南高北低，略向东北倾斜。地表土层深厚，成土物质多由第四纪黄棕色黄土及冲积土松散沉积物构成。气候是从亚热带向暖温带过渡的季风湿润气候，堪称中国的南北分界区。境内有淮凤岗、七里岗、黄寺岗三条带状垄岗贯穿，又有潢河、寨河、白露河、春河四条河流相间分布，北有淮河沿境东流，中间湖塘堰渠星罗棋布。概括而言，潢川大地雨量充沛，气温适中，四季分明，土地肥沃，水资源和光热资源丰富，是一块难得的、适宜于先民繁衍生息的鱼米之乡。

据潢川考古发现证明，早在八千多年前，已有中华先民在这里创造了原始农业文化。新石器时期的裴李岗文化、仰韶文化和龙山文化类型在潢川都有分布。然而相对于上古文化中心的中原地区黄河流域，这里毕竟又是南部边缘地区，地广人稀，有待开发。黄族人的到来，为开发潢川大地增添了一股强大的生力军。

（二）黄国与黄姓

当西周初年时，周武王驾崩之后，管叔、蔡叔协同殷之遗民叛乱，东夷诸部族也闻风而起，周公奉命东征，在平定管蔡之乱后，又挥师东进，那些被周王朝认为最有危险性的和顽抗到底的东夷或淮夷部族最终如奄一样被完全剿灭，周王朝据其地、迁其国、解其民，而归顺周王朝和没有卷入战争的部族被封赏。当时已进入淮河上游的黄国和处于上中游的偃姓六国、蓼国等在这场战争中当处于清醒的观望之中，所以得以保全，并被作为周王朝姬姓诸国的南方屏障而封为异姓诸侯国。

《春秋》与《左传》提到黄国时，多称“黄”或“黄人”，不见称其爵号，《潢川县志》言：“周成王平定东夷后大封诸侯，黄国为当时的诸侯国之一，嬴姓子爵。”而地下出土的文物证实了黄国君主的爵位。1983 年，在黄国故城西南约 20 公里的光山县宝相寺一带发掘出黄君孟夫妇墓，出土有“黄夫人盉”，其铭曰：“黄子作黄甫（夫）人行器”。黄夫人即黄国国君的嫡妻，此盉为黄国国君为自己妻子所作，铭曰“黄子”，正可证实其封号。

1. 黄国之始建

关于黄国的始建之君，传统观点主要有以下几种：

（1）陆终建国说

关于陆终族系建国的传说，人物更纷杂，歧说很多。《陡亹黄氏谱》称建国肇姓的就是陆终本人：“黄之先出于黄帝有熊氏，本姬姓。子昌意生颛顼，颛顼生称，称生卷章，卷章生吴回，号祝融氏。子陆终封于黄，号黄氏”。唐代姓氏名著《元和姓纂》说：“黄，陆终之后”，宋代巨著《通志

·氏族略》征引此说。有关陆终族建立黄国的传说大都本此。所以陆终族先世世系不变，所变的是陆终后裔，黄国始封者不一。

（2）黄文仲建国说

传说黄文仲是陆终的第三子。江西《樟峰黄氏宗谱》所收“江夏黄氏历代家谱流芳图”，就说“陆终第三子曰文仲，及有虞氏（舜）有天下，受封于黄”。

（3）黄渊建国说

黄渊据传说是陆终第四子。《双井黄氏族谱》记载大始祖陆终第四子名渊，有虞氏（舜）时封于黄，为侯爵之国。此传说还说黄渊曾为舜子丹朱之相，享国27年。

（4）黄隐建国说

传说黄隐是昆吾子，而《国语》记载昆吾便是陆终的长子樊。所以四川《三台黄氏族谱》与四川《武隆黄氏族谱》抄本皆称黄隐为陆终之孙。

（5）黄高建国说

黄高是传说中黄隐的儿子。黄隐黄高为建国始君的说法不知依据什么而兴。《三台黄氏族谱》里收载有《黄承志祀履历碑记》，说“盖陆终为受封之祖，隐、高为开世之公”。

（6）黄石建国说

此传说亦流传在持黄隐黄高说的地区黄氏谱中，不过严格地说它不是关于建国的传说，而只是得姓的传说。这些族谱认为，隐、高二人虽有国，却未得姓，后传十三代至商末周初，有裔孙黄石公兴，才被西周政权正式赐姓为黄。黄石说还有另一种诠释，称黄高为昆吾之子。《中华文化百科全书·民族》曾引证台湾黄氏宗谱资料，说台湾族谱有“以陆终长子昆吾之子高为一世祖”的，“又云十三世石，佐周有功，赐姓为黄”。

（7）黄缗建国说

这一传说严格讲亦非讲始建国之君，而应称作“黄缗复封国说”。传说黄缗亦是陆终长子昆吾氏樊的后裔，据《陡亹黄氏族谱》所称，黄缗为商周之际人。其父名梁泽，曾经追随周武王灭商。后来周成王大行分封时，黄缗就因父亲之功被复封于黄。照此传说，黄国在周之前已经建国，不知何故衰微，才又有此“复封”之说。

（8）南陆公建国说

南陆公建国说广泛流行于闽粤地区。例如宝安坪山黄氏谱、潮州黄氏诸谱等均有南陆公的记载，《客家姓氏渊源》一书亦征用了此传说。这一传说说南陆公就是陆终的一个名叫参胡的儿子。也就是帝高阳颛顼之后裔了。大约在尧舜之世，南陆公受封于黄地建黄国，其子孙也就以国或说以地为氏了。黄姓族谱中不仅广泛流行着这种世系不一的传说，还流行一些族系杂糅的传说。在这些传说里，颛顼——陆终族系与少昊——伯益族系被混而为一，生发出许多不同的组合。因而关于黄国的建国始祖又有不同于以上诸说的新说法。比较具有代表性的传说是以下几种。

（9）大廉建国说

关于大廉建国开姓的传说，主要流传在湖南等地区的黄姓族谱中。例如《箭楼黄氏族谱》、敦睦堂《中湘黄氏四修族谱》、城步《大古黄氏族谱》、《渠阳黄氏世谱》、《渠阳黄氏族谱（七修、八修）》等，均尊大廉为开国始祖。这一传说讲伯益与舜帝族姚姓女子成婚而生大廉、若木。后来大廉以长子身份继承了伯益的鸟夷族首领地位，当时称为鸟俗氏。到夏禹立国，因大廉祖皋陶、父伯益累世积功，夏禹便封大廉于今河南潢川的黄地。这便是黄姓受姓开国之始，所以上列各谱都尊大廉为一世始祖。

（10）黄终建国说

此说与大廉建国说颇为接近。传说的背景内容完全一样，只是主人翁变了。传说夏禹始封的不是伯益长子大廉，而是次子若木的次子，其名曰终。《史记》里已经明文记载若木袭封于费，其后裔以“费”为姓氏。而若木次子食邑于黄，以黄为氏者，只是若木次子终一支。

（11）伯益后裔陆终说

这种传说流传于闽赣地区。例如禾坪谱、鹤薮谱、樟峰谱里都保留有这种说法。此说系世系于颛顼之后，说伯益是颛顼族女华之子，但仍说伯益是嬴姓。而陆终成为伯益的后代，生子南陆。从南陆公开始食邑于黄，遂以黄为姓。这一传说的族系与世系为：黄帝——颛顼——伯益——陆终——南陆。

（12）陆终后裔伯益建国说

这一种传说认为黄国的始封君为伯益，但这里的伯益又成为陆终的传人。如吉安《分宁双井黄氏宗谱》就说黄帝五世孙有陆终，陆终又传六世至伯益，伯益出封于有黄之地，于是肇黄国之基。这里的族系又成为：黄帝——陆终——伯益了。

（13）黄玠建国说

这种传说认为伯益就是昆吾，因而伯益又成为陆终的长子，列入黄帝——颛顼族系。但始建黄国的既非陆终，又不是伯益，而是不知伯益传几代后改姓嬴氏，得嬴姓后再传三十九代，有嬴玠，因助商汤伐夏桀，受封黄城，这才改姓黄氏。这种传说最有代表性的是流传于四川武隆的谱系诗。

综观上述各地黄姓族谱中流传的关于古黄国建国的传说，可以看出其间既有一些接近共识的地方，又有不少相互矛盾之说，有些传说甚至不能自圆其说。我们认为这种分歧和差异是可以理解的，造成这种分歧与差异存在的原因很多，主要是由于历史年代久远，可靠的文字资料匮乏，而以口耳相传方式留传下来的上古历史，总在有意无意地增添着讹误。再有就是近现代人在修谱建牒之时，时代思潮与撰谱人的史识水平、观念意识取向等等都影响着族谱家谱的真实性与科学性。一般来讲，普遍的趋势是族史越拉越长，因为人们的荣辱观是越长越好，越古老越正统，因而都希望自己的族姓源远流长，祖宗越攀越高，都能变成炎帝黄帝的嫡亲后裔，似乎不如此便算不得纯正的中国人，得姓之祖尽量攀附一位历史名人，借以显示血统的高贵和宗族的显赫。

关于黄国始君的传说达十几种之多，真是众说纷纭，莫衷一是。依据对史料的考证，我们对古代黄国建国始君的认识概括为以下几点：

第一，古黄国始君肯定是一位嬴姓后裔。这一点我们在前关于族源的辨析中已经说明。

第二，古黄国始君源自东夷少昊嬴姓，应为伯益的后代。我们之所以一改原“陆终黄氏”的观点，是基于如下的史实。

（1）论者以为黄国始建之君是伯益之后，主要依据《史记》、《潜夫论》等史籍的记载。而且黄国为嬴姓国已成定论。而伯益正是嬴姓先祖。因为佐禹治水有功，因为助舜管理东夷族众之功，伯益被尊显嬴姓之事前已叙及。事在《左传》、《史记》里都有记载。

（2）我们认为黄国始君是伯益之后而不是伯益本人，这是因为伯益的生活年代明显早于古黄国的建立时间。伯益生活在舜禹之时，社会发展正处于从氏族制向国家形态过渡的军事民主制阶段，所以他才会让国于夏启。而这个时候黄族可能尚未移徙到淮河南岸，所以当夏启追杀伯益时，伯益没有逃至距夏中心较远的淮河根据地可逃可守，而是就近“避居箕山之阳”。《括志》说“阳”字有误，应为“阴”，“箕山阴”当指箕山之北的阳城。而《史记正义》认“箕”为“嵩”字之误，“嵩山之阳”有阳城，在嵩之南二十三里。考箕山在河南省登封县东南，嵩山在登封县北。“阳城”古县名，县治有迁徙，二地并不远，都在登封境内，夏文化圈内。伯益避居此地，正说明当时此地应有外迁东夷族聚居，经过夏启的打击后他们可能才陆续分散，其中黄夷就南迁淮河。同时考登封地方史，从无黄国建于登封之说。伯益晚年在这避居，说明伯益至死没有建立过黄国。

黄国始君应当是伯益的某位后人。只有这样，黄国才既是嬴姓国，又符合我们对黄国建国时间的考证。这不仅仅是一种逻辑推论，在为有限的上古相关史料中我们可剥茧抽丝，依稀爬梳出一些事实依据。嬴姓诸国都是宗伯益为先祖、立其后裔为建国始君的。例如秦国宗伯益为祖先，称立国始君是“非子”，记载见于《史记》。与黄国同为江淮嬴姓小国、在历史文献中经常被以“江黄”连称相提并论的江国，《世本》明称其“为伯益之后，封于江陵”。相反的例证如伯益封吕说。现今关于古代吕国封地之说分为二大派，一派说始封地在南阳，一派说在新蔡。新蔡一派就是根据其对《史记·齐太公世家》的理解坚持自己是伯益始封地、南阳吕国是伯益后裔迁徙过去才称吕国的。我们引证此事并非要评判两家是非，而是借此说明伯益本无封国，他不可能既封新蔡，又封宛县（南阳），同时还封在潢地的。

（3）黄国始君为伯益之孙黄终说比较接近合理。

黄国始君之封史无记载，目前只有依据族谱资料。而见于各地族谱的伯益直系后代，仅大廉、若木、黄终、黄玠四人。大廉与若木作为传说中伯益的儿子，从时间上说距离伯益生活的年代、距夏启六年攻杀伯益、杀伐东夷族事太近，此时建立黄国之说很难成立。而且这两人都另有别封它国的传说，大廉被奉为秦的先君，若木据说是费国的封君。而黄玠受封黄国说是在商朝，又有时间偏晚之嫌。而黄终作为伯益的孙子，其活动年代应在夏朝初年、夏启之后，与我们关于古黄建国的时间辩证比较吻合。而从空间范围上说，黄终说亦有较为可信的依据。据《史记》记载，黄终的父亲若木为费国始君。费地何在，其说不一。《左传》谓春秋鲁邑。高士其《春秋地名考》认为地在今山东西南鱼台县，县东南七十里的费亭便是其旧地。这里南距淮水还有一些路程。而《水经注》说今河南永城县南亦有一个古代叫做“费”的地方，这里距涡水很近了，涡水入淮，此地可谓淮河流域，如果若木的古费国就在这里，其儿子黄终就近“别封于黄”就是很自然的事情了。

2. 周代黄国的兴衰

周代黄族被周王室所认可，并分封为诸侯国，但史料中却没有黄国被封的具体时间。从西周初期的时局来推测，黄国接受周王朝分封的时间应当在成王、周公东征结束之后。周王朝分封这些异姓方国的目的在于：分化东夷与淮夷，收拢与安定人心，稳定淮河流域的形势。当然西周王朝的政治家们对这些异姓方国并不放心，所以就在附近同时建立了诸如蒋、息、沈等国以监视和牵制它们。

黄国故都便在今潢川县城附近。在河南潢川县城西约 6 公里的隆古乡，考古工作者发现了黄国故城。城址位于淮河南岸，小潢河之西，城内中部沈店村附近有一夯土台基，俗称“黄君台”，平面呈方形，残高 2～3 米，面积约 13000 平方米，地表散存较多板瓦、筒瓦、瓦当及陶器残片，并有铜镞、蚁鼻钱出土，当系宫殿区所在。城内还发现数处冶铸青铜器的作坊遗址，出土有青铜礼器和镞、戈、矛、剑等兵器残片。城内发现的多处水井颇具特色，除常见的圆形竖穴土井外，还有陶圈井、木圈井和竹圈井。已可确认的城门遗迹有 3 处，其中西墙中门墙体加宽，且内凹呈“U”字形，显然与春秋时期战争频繁，加强城门防御有关。城墙夯土中包含有西周晚期或春秋早期遗物。城墙四周有护城壕，东墙外的城壕遗迹尚清晰可辨，壕宽约 36 米，低于现地表 1 米许。这是我国目前保存较完整的诸侯国都城垣之一。

黄国史实最早见于《左传》，始于桓公八年（公元前 704 年）。是时，正值东周初期，周王室蒙难，楚武王继位，楚国方兴，压抑了多年的楚子为了树立自己在诸侯中的威信，便先从江汉与淮河流域上游的中小国家入手．

> 夏，楚子合诸侯于沈鹿。黄、随不会，使薳章让黄。楚子伐随，军于汉、淮之间。季梁请下之：“弗许而后战，所以怒我而怠寇也。”少

师谓随侯曰："必速战。不然，将失楚师。"随侯御之，望楚师。季梁曰："楚人上左，君必左，无与王遇。且攻其右，右无良焉，必败。偏败，众乃携矣。"少师曰："不当王，非敌也。"弗从。战于速杞，随师败绩。随侯逸，斗丹获其戎车，与其戎右少师。秋，随及楚平。楚子将不许，斗伯比曰："天去其疾矣，随未可克也。"乃盟而还。

这是楚国第一次以主人身份会盟北方诸侯，也是第一次征伐北方诸侯国。楚子选择约会诸侯的地方在楚国的沈鹿（今湖北省钟祥县东），独黄国和随国不与会。楚军便沿汉水流域北下，报复黄国与随国，这一次北征，楚国一方面想试探一下淮河流域诸侯国的实力，同时也想检验自己的战斗力，所以只攻随国而并没有趁机东进攻黄国。在大败随国之后，楚与随盟约而去，使黄国逃脱一次劫乱。

楚文王和成王时期，加快了北征的步伐，开始征服和吞灭江、汉和淮河流域之间的诸侯国，先后讨随、伐申、征蔡、亡息、灭邓，在征服江、汉间小国之后，楚人实力得以大大向北延伸，并以江、汉为大前方，沿淮河东进，于鲁庄公十九年（公元前675年）"伐黄，败黄师于碏陵"。"碏陵"在今潢川县西南部，与光山相接。此次楚人是经随至今天信阳县而攻黄，有学者认为，此次伐黄是为报30年前黄国拒不奉楚人召唤之愤，实际上更主要的原因则是楚人意在打通由黄国通往淮河中游的通道，从而可以顺利地东进淮河中游诸小国，又可以北入中原，与中原大国直接对抗。可能是遇到了黄人较为坚强的抵抗，虽然败黄人，但楚人也不得已而退兵。

遭此打击之后，黄人为求自保，不得不在北方大国中寻找保护伞。就在鲁僖公二年（公元前658年）齐、宋等中原大国盟于贯（今山东曹县南），主要商讨对付北进的楚国，黄国听说之后，也参加了这个会盟。"贯之盟，不期而至者，江人、黄人也。"江人与黄人虽与中原联系不多，但是在此时，北方的诸侯霸主齐桓公为了孤立楚国，正有意将中原与楚之间的小国纳入自己保护之下，于是两方一拍即合，黄人便顺理成章地加入了北方集团，第二年，再一次与齐、宋等盟于阳谷（今山东阳谷县境）。就在诸侯会盟阳谷的第二年（公元前656年），齐、鲁、宋、陈、卫、郑、许、曹诸国联军发动了攻击楚及其盟国蔡国的战役，迫于中原诸侯的压力，楚人与中原诸侯盟于召陵（今河南郾城东），这便是历史上著名的召陵之盟。

当中原诸侯罢兵之后，楚成王于次年（公元前655年）以子文为大将，率师灭弦，“弦子奔黄。于是江、黄、道、柏方睦于齐，皆弦姻也。弦子恃之而不事楚，又不设备，故亡。”弦亡之后，土地沦为楚人所有，于是此时楚之境已与黄国接壤矣。5年之后，即公元前649年，楚人以“黄人不归楚贡”而伐之。第二年，即公元前648年，楚人终于灭掉了黄国。黄国于周初立国，生存了400多年。

黄国之亡，固然与黄人恃齐之盟而不近楚人、对楚疏于防范等因素有关，但更直接的原因则来自于楚国独占江淮、称霸中原的野心。当楚人打通了江汉地区、占据豫西南之后，此间的诸小国无力与强悍的楚人对抗，而中原诸侯又不能及时救援，这些方国被楚一个一个蚕食掉是在情理当中的。无论黄国是否与中原结盟，无论黄人是否对楚纳贡，也无论黄人是否加强戒备，都不会逃脱被灭亡的命运。从当时的情况来看，就是北方较强大的陈国、蔡国、许国等，楚国也是几亡之而几复之，况如黄国这样的小国呢。我们说黄国被楚灭势在必行，主要是因为黄国所处的重要的地理位置，如果占有黄国，楚人就打通了东入淮河中游诸国的门户，也扫清了淮河以南的最大障碍，从而为后来出入中原提供了巨大的便利。

黄国被亡之后，其地被楚人县而有之，黄国也因此成为楚国领土一部分。但楚并没有灭绝黄人，而是将其后裔继续留在黄地管理其遗民。据今存的《叔单鼎铭》云：“唯黄孙子系君叔单自作鼎”，杨伯峻先生《春秋左传注》考证说：“盖黄灭后，子孙又续封，故称‘黄孙子’也，系者，继也，续也。叔单为始续封之君，故曰‘系君’。

黄人后裔入楚之后，有一部分在楚国为官，最著名的便是战国时期的四大公子之一的春申君黄歇。《信阳地区志》载“楚考烈王任命黄歇为令尹，赐予淮北12县。黄歇，号春申君，其旧宅在今潢川县北城，潢川北城曾称春申镇。”

3. 黄国文化论考

由于黄国所处的特殊地理位置，其文化既有东夷或淮夷的文化因子，又具有显著的中原文化的特征，同时也在一定程度上受到楚文化影响。黄国文化在融合多元文化因子之后，形成了自己独特的文化传统，展示出不同凡响的文化成就，同时也见证了东夷文化、中原文化与楚文化融合的过程。

随着考古文物的不断发现，今天传世的黄国青铜器数量众多，且有很高的工艺制作水平。与同时代的其他中小国家相比，黄国青铜铸造技术要高明得多，说明其经济相当地发达。代表性青铜器有：

黄君簋：铭文曰："黄君作季嬴口媵簋，用锡眉寿黄耇，万年子子孙孙永宝用享。"

黄君孟鼎：1983 年 4 月在光山县出土，藏河南省博物馆。通高 27 厘米，口径 29 厘米，腹径 28 厘米。直耳略外张，宽沿，方唇外折，圆腹，圜底，3 蹄足，腹底有个修补痕迹。……棱与口沿间有一周铭文 14 字："黄君孟自作行器，□子孙则永宝宝。"

黄君孟壶：也在光山出土，铭曰："黄君孟自作行器，子子孙孙则永宝宝。"

黄君孟豆：光山出土，铭曰："黄君孟自作行器，子子孙孙则永宝宝。"

黄夫人盉：光山出土，铭曰："黄子作黄甫（夫）人行器，则永宝宝，霝冬霝复"。

黄夫人孟姬鬲：光山县出土，藏信阳地区文管会。高 11 厘米，口径 14 厘米。敛口、折肩、斜腹、3 袋足。腹饰窃曲纹，口沿下铸铭文一周，10 字："黄子作黄甫（夫）人孟姬器则□"。

黄大子白克盘：铭文有："隹王正月初吉丁亥，黄大子白克作仲嬴口媵盘，用祈眉寿，万年无疆，子子孙孙永宝用之。"

单鼎：铭文云："唯黄孙子傒君叔单自作鼎，其万年无疆，子孙永宝用。"

单盘：1972 年罗山县高店村窖藏出土，藏河南省博物馆。春秋时期，内底铸铭文："傒君单自作盘，其万年无疆，子子孙孙永保用享"19 字。"傒君单"为作器人，与潢川县出土的单鼎铭文"黄孙子傒君单"为同一人，"黄"即黄国，"傒君"系称号，叔为排行，"单"是名字，为黄国贵族。

单匜：1972 年罗山高店村窖藏出土，藏河南省博物馆。高 21 厘米，长 37 厘米。四足，口沿下饰窃曲纹，腹饰瓦纹，足饰云纹。内底铸铭文"傒君单自作宝也，其万年子子孙孙永保用之"18 字。

傒季宿车壶：1979 年 10 月罗山县高店村出土，春秋时期。通高 33 厘米，口径 11 厘米，腹径 27 厘米。方唇，鼓腹，圈足，盖与口为子母扣合。肩部有对称贯耳两个，饰兽面纹。腹部有索纹 3 周，盖顶和颈部均有铭文，盖铭铸为环形 14 字“唯傒季宿车，自作行壶，子孙永用之。”颈部铭文 3 行 15 字：“唯傒季宿车，自作行壶，子孙永宝用之。”

从出土文物的铭文来看，傒氏为黄国公族，称“傒君”或“奚子”，傒氏又有仲季之分。其封地应在罗山至信阳县一带。

从考古来看，目前所发掘的影响最大、出土文物最多、最能反映黄国文化特色和文化地位的两座大墓是在光山县宝相寺一带的黄君孟夫妇合葬墓和相邻的黄季佗父墓。黄君孟夫妇墓在黄国故城西南约 20 公里的光山县宝相寺一带，黄季佗父墓位于光山县城西北隅俗称“天鹅抱蛋“的高岗上，东南距黄君孟夫妇墓 165 米。从葬制和出土文物来看，黄国文化具有以下特色：

（1）黄国文化具有独特的文化特征

黄君孟夫妇墓出土 185 件玉器，玉质良好，透明度亦佳，器形多片状，小而薄，因料施工，造型优美，个别立体圆雕如玉雕人头、玉雕兽头、玉鸳鸯等都是不可多得的玉雕工艺品。黄季佗父墓 100 余件金属弹簧，是世界上最早的金属弹簧标本。《信阳地区志》说：“黄君孟夫妇墓……出土的一批铜礼器均为紫铜色，与春秋早期的其他青绿色铜器截然不同。且制作精美，器壁较薄，开创春秋中叶以后铜器铸造的实用作风。尤其是黄夫人孟姬墓中的冲压纹铜盒在国内是首次发现。黄夫人孟姬彩绘棺也是国内最早的实物资料。玉雕男人头像和伏羲女娲人首蛇身玉环，对研究当时的服饰、人种和神话崇拜是较为珍贵的资料。孟姬完整的发型和头发实物是春秋考古的特例。蚕丝织成的 6 件紫色绣绢，为中国蚕丝纺织史提供了不可多得的实物资料。竹排箫，则是中国迄今为止发现的最早的竹质管乐器。该墓的年代在公元前 648 年之前不久，墓内随葬礼器成为中国春秋中期考古的标准器。”

（2）承袭中原文化特点

黄国贵族流行土坑竖穴木椁墓，显然是采用了中原文化中的丧葬习俗。黄国青铜器，从黄君夫妇墓的器物组合为鼎、豆、壶、盘、匜看，与虢国墓地的器物组合相接近；黄君墓出土的鼎，从形制到配套组合也为周式，而使用青膏泥填封墓室，则是南方江汉地区的文化习俗。而且，黄国墓葬地面高大封冢和以青膏泥填充墓室、庞大的椁室结构和设置边箱分放器物的诸多制度，为以后的楚人多所继承和发展，成为楚文化的特色因素。

黄君夫妇墓的绝大部分器物形制与纹饰和中原地区墓中器物相近似。器物风格总体上与中原接近，承袭了周文化的质朴与厚重。

黄国文化以中原文化因素占主导地位，这与长期以来黄人与中原地区的密切联系，尤其是与北方尤其是姬姓列国的频繁联姻所受到的影响有关。1966 年京山苏家垅及 1972 年随县熊家老湾出土的曾国器群中都能见到黄国器物，其中有一件黄国铜鼎，圆腹微鼓，长方立耳，兽蹄足，腹内有铭文曰："黄季作季嬴宝鼎，其万年子孙永宝用享。"另出土有"叔姬簠"，铭文云："叔姬霝迮黄邦，曾侯作叔姬、邛芈媵器……其子子孙孙其永用之。"证明了黄与曾的通婚关系。

（3）保留着原有的东夷文化因子

黄君墓中其双鼎同出，这是在东夷、淮夷墓中常见现象，它与中原地区"鼎俎奇而笾豆偶"、诸侯用九鼎或七鼎的礼制有别。黄夫人墓随葬的两件曲鋬盉常见于安徽、江淮地区西部的群舒故地。这种淮夷式的盉多呈甗形、束腰，很有地方特色。

黄君夫妇墓所出铜器铭文透出作为夷人的文化心理，凡是黄君自作器，一律自称为"黄君"，表明其黄国君主的身份，而与中原诸国自称伯、公、侯等不同；因为他的夫人孟姬是一位与周族同姓的姬姓女子，所以黄君为夫人作器，却一律称"黄子"，因周封黄为子爵。这种行为，一方面是因为考虑到与北方周王朝的关系，但另一方面，黄国也将自己边缘化、独立化，在内心中却并不认为自己当归属于周天子统辖，它体现出从夏商以来东夷人共同的文化心理。

（4）表现出南北文化交融的特点

黄君孟夫妇墓与黄季佗父墓上均有高出地面数米的封土堆，是我国目前所发现的地下掘墓、地上起坟的最早例证。在古代楚地，采用的是平地起坟的土墩墓制；而我国古代中原地区一般遵循着"墓而不坟"的文化传统。这南北两种文化在淮河流域交流，从而在黄国文化中得到融合。这种墓制最终成为后代中国最典型的墓葬方式。

李学勤先生在《光山黄国墓的几个问题》一文中将在光山发现的黄君

夫妇合葬墓和在平桥发现的芈姓樊国君夔和夫人龙嬴合葬墓相比，得出结论说："这两座墓都在今河南南端，处于北纬320°北一条横线上。它们的共同点是，开成两人骈列的一大墓坑之中的合葬墓……樊君既为楚人芈姓，何以其墓制与黄墓类似？揣测这是由于樊夫人的缘故。樊夫人是龙嬴，当地附近嬴姓国只有江、黄。她大概是江、黄人，甚至就是黄国公族之女，因此把母家的习俗带到那里来了。……宝相寺墓代表了黄国自有的礼俗，而这种礼俗对周围有着比较深远的影响。"

综上所述，黄国文化在保留东夷本土文化因子的基础上，深受中原文化的影响，并在器物制造技术、纺织技术、雕刻与绘画技术方面达到了相当高的水平，有些甚至超过当时的文化水准。其墓葬制度、生活习俗等方面自成一格，并对周边地区产生很大的影响。它即是一种文化的传播区域，又是东西南北文化的交汇与融合区域。黄国后人以国为姓，在中华大地上繁衍生息。

二、黄姓的播迁

黄姓家族，源远流长，具有极强的生命力和适应能力。其在四千多年的历史长河中，虽历经沧桑，几度兴衰，但却顽强地生存繁衍下来，并逐步发展壮大。经过无数次地分衍播迁，一代接一代地拼搏拓展，如今黄氏族众已遍布神州环宇，成为中华第七大姓。

（一）黄姓历史上的大迁徙

1. 黄国灭亡后，黄氏首次大迁徙

据《中华姓氏通书》记载，公元前648年，楚灭黄国，国破家亡的黄国子民，除一部分仍然留居黄国故地外，其他大部分带着亡国之痛，被迫离乡背井，迁至楚国腹地，分别定居于今湖北省的黄州、黄冈、黄陂、黄安、黄石等地，这些地方，均因黄姓遗民迁居于此而得名。另有一部分迁至湖北江夏安陆一带，其后裔与黄歇被害后逃迁至江夏的黄氏族人融合后，发展成为汉代最著名的江夏黄氏，并最终形成为华夏黄氏公认的郡望。还有一大批人被"俘诸江南，以实海滨"。据《左传·宣公十二年》记载，"俘诸江南，以实海滨”，是历史上楚国对被灭国贵族和遗民的一个惯用政策。其目的，是使被灭国遗民离开世代生活过的故土家园，又远离楚国政治中心地区。这样，遗民既不会对楚国京都地区构成威胁，而且还能起到开发楚国边远地区的作用。楚国灭黄后，对黄国遗民也不例外。他们把大批黄国遗民强行驱逐出黄国故土，迫使其迁至广大的江南地区。这些地区当时是巴、濮、蛮、越等少数氏族生活和栖息的地区，被人们视为“南蛮荒芜”的不毛之地。这些被“浮诸江南”的黄国遗民，面对非人的恶劣环境，顽强生存。经过几百年的辗转迁徙流变，到秦汉时期，便在我国南方特别是湘、鄂、闽、粤、川、黔各地繁衍开来，成为较早到达这些地区的黄姓族人。其中有一部分由于长期与当地的土著蛮越杂居生活，渐渐被同化、融合到氏族中去，不过他们始终保留住了自身的血缘印记“黄”字，因而形成了我国南方蛮越土著氏族中的黄姓。中国历史上最著名的少数氏族黄氏，兴起于南北朝时期的“黄洞蛮”，就是由这个南方蛮越黄氏族姓发展演变而成的。

2. 春申君遇害后，黄姓大迁徙

楚灭黄后，留居在黄国故地的那部分遗民并没有沉沦，经过300年的奋斗、进取，又重新崛起，其中代表人物便是战国四君子之一的春申君黄歇。史学家司马迁浓笔为黄歇立传，他在《史记·春申君列传》中说：“春申君者楚人也，名歇，黄氏，游学博闻，事楚顷襄王。”邓名世在《古今姓氏书辩证》中也讲：“楚灭黄，其族仕楚，春申君黄歇即其后。”黄歇任楚相二十五载，封地原在黄国故地的淮北十二县，后改封江东吴地（今江苏无锡、苏州、上海一带）。黄歇的极度辉煌，使沉寂了三百余年的黄氏家族赫然崛起，如日升空。他富甲一方，门客三千，尽皆珠履。他的十三个儿子皆领邑分治各地，人丁众多，都邑广袤，威可当国。公元前238年，黄歇被李园谋害，其子孙从河南潢川黄歇老家和新封地苏州一带，散奔四方，这是黄姓的第二次大迁徙。有记载说其子孙至少有五支幸存并传衍延续下来。他的长子黄尚一支，形成了后来的江夏黄氏，次子黄俊一支，形成为中原的阳夏黄氏，五子黄堂一支，形成后来的东吴黄氏。

3. 秦汉时期黄氏大迁移

据《前汉演义》记载：秦始皇三十三年（公元前214年），略定塞北，复思征服岭南。因兵员奇缺，特令因反秦治罪、不服而逃，又被抓获的

“赭农”充军，连同当时被视为“贱奴”的赘婿、商人，共10多万人，由大将统领，克日南行，平定岭南，这是秦始皇南征的先头部队。由于岭南地域辽阔，秦始皇又强迫“犯罪农民”南移。据考证，所谓“犯罪农民”，就是6个战败国的士兵、宦官和不满秦朝暴政的人民群众。有50多万人被充军，统一派到南方，分别驻守在大庾岭、骑田岭、都庞（永明）岭，萌渚岭和越城岭等地。后来当上南越王的赵佗，就是这次南下而驻佗城（今龙川县属）的。秦始皇统一中国后，这批南征的队伍没有再返回中原，而是就地寓居，被称为“客籍”，以区别当地原来的居民。这批南迁的军民中，有相当部分的黄氏先民。经查考赣、闽、粤三省数十本《黄氏族谱》，其中六成的《黄氏族谱》记载了他们的先民是从秦朝时期南迁来的。黄氏先民迁到南方后，与当地部族杂居，和睦相处，兴家创业。据《黄氏族谱·宋朝遗序》说：“秦汉裂而且散，子孙四布，不可纪矣!”今天分布在福建、江西、江苏、浙江、湖南、两广和海南等地的一部分黄姓，就是在那时迁来的。

此外，生活在周灵王时期的23世祖黄渊元帅早年从河南潢川迁至湖北江夏，其在江夏地区繁衍的子孙中的一部分参加了这次南迁的行列。他们先驻梅岭，随后便向广东南雄珠玑巷定居，接着向南韶连迁移，再向北江和东江流域发展。现在居住在始兴、曲江、英德一带的黄氏，有一部分就是那时南迁黄氏的后裔。

黄姓遗民到江南后，由于长期与当地的土著蛮越杂居生活，渐渐地被他们影响、同化，其中一部分被完全同化而融合到南方少数民族中。尽管如此，他们始终保留着自身的血缘、徽记即黄姓，从而形成了我国南方蛮越土著民族中的黄姓。到西汉中期，以黄同为代表的山越黄氏和以黄霸为代表的中原淮阳黄氏同时崛起，南北辉映，大振黄氏族姓的声威。

4. 魏晋时期黄氏大迁徙

在东汉、魏、晋时期，北方和西方的少数民族不断地向中原内迁。内迁的少数民族有匈奴、鲜卑、羯、氐、羌等，历史上称他们为“五胡”。西晋初年，内迁的各族人民有几百万之多。他们长期同汉人杂居，虽然缩小了民族界限，但由于边疆长期纷争，也造成了社会不安，人心动荡。在不得已的情况下，中华民族内地人民只得向南迁移。不少黄氏先民也汇入了南徙的洪流。

迁徙目标是浙江和福建，迁徙路线很多，主要的是北路和南路两条：一条由江夏徙迁河南光州固始，然后从固始南下，跨武胜岭而入闽北邵武；二是从江夏沿长江南下安徽婺州，然后转迁浙江金华。两者虽然路线不同，但目标是一致的。这两支迁徙大军，构成了日后邵武黄氏和金华黄氏两支巨大的黄姓家族。

（1）黄侃从江夏迁河南光州固始。黄侃，字荆茂，黄琬之子。东汉末年，授骑都尉，率部平关东之乱立战功。后来迁到固始定居，后裔繁昌，形成著名的固始黄氏。传到黄膺和黄裳（黄香8世孙）时，则先后从光州固始迁到福建邵武。

（2）黄积从江夏迁新安。黄积，字元集，是黄婉的第五代孙。东晋初期（320年），黄积任新安郡太守时，家室随迁，在歙县西30里的姚家墩，随着黄氏影响增大，便改为黄家墩或叫黄墩。黄积妻张氏生二子，长子黄寻留居黄墩，被尊称为“孝子公黄寻”；次子黄苾迁浦阳。黄苾祖孙三代中，3人高中进士，8人当官，从此奠定了兴盛的家业。传至黄汝知时，更为兴旺，他的3个儿子13个孙子个个官任显职。

（3）江夏的分支南阳黄氏，也由黄觉的后裔率领从南阳迁金华。黄觉为黄香9世孙。黄觉生漪园、远瞻二子，漪园之子黄道真就是陶渊明在《桃花源记》中提及的那位武陵捕鱼人，后来在武陵高吾山修道去了；黄觉次子黄远瞻是东晋安章时的征虏将军。传至黄汝愚，其后裔迁至今广西武宜县。汝愚之胞兄黄闰父之子黄长育，在南朝陈文帝时任直阁将军。妻高氏生二子：长子黄演在隋炀帝时任大理司直，掌管刑法。黄演之子黄珏，在唐初任节度使司，迁居婺州金华府。黄长育次子黄淇迁居南州（今安徽当涂县）。

公元316年，西晋灭亡。各民族的统治者纷纷起来建立国家，计北方有15个，加上西南的成国，共16国，统称五胡十六国。在江北，由于战事不断，社会动荡，人民不能安居，一片萧条。相反，南方已有100多年无战事了，人民得到休养生息，农耕有了发展，呈现繁荣景象。

居住在河南和江夏地区的黄氏先民，为了躲避战争，便开始大量涌向南方。有的听说早在西汉初随黄广元帅迁居闽浙的祖叔已在南方发达了，都纷纷举家南下，前往寻找自己的血缘关系，投亲靠友。原先散居在江南各地的黄氏家族，繁衍很快，支派频增，以邵武为中心的福建黄氏事业昌盛，由邵武地区发展到闽北和闽南一带新区，很需要劳力补充。所以对从北方远道而来的亲房，祖叔乐意接收，且有能力安置他们。这一信息反馈北方之后，引起了很大的反响，增强南迁的信心。

成帝司马衍即位第五年，又进行税制改革，宣布“度田”制，规定田赋为“十分之一”。对南方各族则更为优待，“各随轻重，收其赕物”。这些改革无疑是正确的，初步调整了生产关系，解放了生产力。同时，也促成了全国性人口大南移。《通史》称，在东晋时，一次就有将近200万的“流人”南下，分别在各地安排生产，他们成为南方发展农业的一支生力军。在这批流人中有不少是黄氏子女，因而壮大了南方黄家世族的队伍。正确的政策具有无比的威力。例如，黄远瞻，东晋安帝时任征虏将军，从南阳迁金华；又如苏州总兵大元帅黄正广已迁四川三代了，他的家境虽然比当地一般居民都富裕，但在成帝南方特殊政策的感召下，任期届满也不回四川，而迁居江西上饶，可见，改革措施具有很大的吸引力。

据《黄氏族谱》记载，黄氏在两晋、南北朝时期，南迁的人口最多，分布的地区最广。先期南迁的黄姓经过艰辛的耕耘之后改善了生活，有的甚至成了贵族。就是后来从北方流入的子孙也逐渐安定下来，有了自己的住房、农具和耕地，有一部分开始富了起来。值得一提的是，到福建的黄氏，已逐步形成财丁两旺的大家族，并被称为“中原士族林、黄、陈、郑”四大家族之一。那时，黄姓已有了很大的发展，分布在湖南、浙江、福建、江西等地。从此，开创了黄氏开发江南地区的新纪元。

5. 唐末五代时期黄氏大迁徙

据《中国通史》记载，五代十国时期，基本上持续唐朝的经济体制和社会制度，没有进行任何改革，社会经济处于停滞状况。中原在长期封建割据混战的影响下，生产倒退，一望千里“不见人烟”。南方则是另一番景象：生产发展，六畜兴旺；江浙成了“地上天堂”，闽粤进入“偏安盛世”，四川仍是“天府之国”。此时，河南和江西的黄氏子孙，又一次南迁。

（1）从光州固始迁邵武

在河南的黄氏，不但原来黄国遗民陆续南移，就是早期从江夏返迁光州的黄侃后裔也分批南迁，其目的地就是福建邵武，他们的后裔形成了黄姓巨族即邵武黄氏。从光州迁邵武的黄姓中比较有影响的有三支：

①黄膺从光州固始入闽

黄膺，是从江夏返迁光州固始的黄侃后裔。黄膺父亲黄时文，名梅，号松聪，唐时为徵仕郎，娶妻上官氏，生四子：庆宜、庆膺（又叫黄膺）、庆举、庆嘉。黄时文的次子黄膺，名惟淡，字庆笔，号金谷，官至吏部侍郎，唐代自光州固始首迁入闽，徙居邵武，娶妻曹氏，生五子。定居邵武后，以五经教子，各子精通一门，名扬于世，时人誉为“五经先生”。黄膺长子黄皓，字太平，翰林学士，夫人蒋氏，生二子：黄仕、黄福。黄仕，字明智，官至太守，妻包氏，继配张氏，生三子：黄锡、黄镒、黄链。黄锡，字禹嚣，生于唐武宗会昌五年。梁太祖朝授邵武千户，后明宗赠尚书，卒于后梁永帝贞明三年，享年 73 岁。夫人李氏，继配张氏，生五子：峭山、义山、德山、海山、岱山。黄锡长子峭山就是黄姓家喻户晓的大显祖峭山公了。

②黄裳从光州固始迁邵武

黄裳，字以绣，是晋山东兖州刺史黄必福长子，是后汉和后周的镇南节度使。据《中华姓氏通书》资料，他带领家室自光州固始迁徙到邵武和平乡鹤薮村（今黄家村），是早期一派的始迁祖。黄裳在邵武娶吴氏为妻，生三子：黄果、黄旺、黄敏。长子黄果，字昭日，任扬州刺史，娶妻袁氏，生辇、章二子。长子黄辇，善治生，悉律令，官任陇西别驾，生有五子，后裔蕃昌。

③黄璞从光州固始迁莆田

黄璞从光州固始入闽，经过多处暂居后才选择风水宝地莆田立业。黄璞，字德温，梁大通中登进士，任校书郎，著文集 10 卷传于世。传至其子黄滔时家声大振。黄滔，字文江，自幼聪敏勤奋，青年即以词赋闻名于世。唐昭宗乾宁二年（895 年）进士，光化中（898—900 年），任国子四门博士，后任监察御史。五代时，王审知从光州入闽，割据八闽，称闽王，黄滔为王审知幕僚，并成为东南儒士之首领。中原文豪李绚、韩偓、王涤等都远道前来投附黄滔。黄滔一生著作甚丰。今天，在泉州开元寺仍可见到他的文墨遗迹。

黄璞的后代黄滔，五代时为王审知幕僚，并成为东南儒士之首领。中原文豪李绚、韩偓、王涤等都远道前来投附黄滔。黄滔一生著作甚丰，今天，在泉州开元寺仍可见到他的文采。

（2）从江西徙迁邵武

①从信州徙迁邵武

唐宋以前的信州，即今江西上饶一带。从信州迁到邵武的黄氏始祖是黄志。黄志，字从魁，是黄广后裔，是苏州总兵大元帅黄舜之孙，为黄舜次子黄迪所出，是黄迪之第二子。黄志带领家室辞别信州老家，越过武夷山迁徙到福建邵武府三都禾坪鹤数落籍，成为邵武黄氏中又一支重要宗派。

黄志从信州迁邵武，台湾黄氏族谱都有清楚的记载。据《中国文化百科全书》“氏族”章，引台湾《黄氏宗谱》说：第68世黄珣瑯仕晋，徙江西信州；第73世黄志又由信州迁居福建邵武。这里说明两个问题：一是伟大的民族，重大的社会变革，正史不可能全录，族谱则是一部重要的历史文献；二是台湾的族谱为何与大陆的族谱相同或相似？道理很简单，台湾黄姓与大陆黄姓同宗共祖，原本就是一家人。

据谱载，黄志娶江氏为妻，生一子名良。黄良，字华锦，娶周氏，生一子名俭。黄俭，字斗南，娶梅氏，生栋、梁二子。

②从盱江徙居邵武

黄表之子黄琬，从江西盱江迁徙到邵武，成为邵武黄氏的一支。银青光禄大夫黄贾之长子黄实与妻张氏带领黄伯、黄住、黄任三个儿子从江西盱江迁徙到邵武吴槎故城开基。

（3）从南阳迁安徽和金华

黄珏，唐初任节度使司，是黄演之子，从南阳迁金华府。黄湛，从南阳迁至今安徽当涂县。黄汝忠从南阳迁今广西武宜县。

6. 明朝时期黄姓大迁徙

明朝，是黄姓第六次迁徙，也是我国历史上最大的一次移民。明初实行的一系列振兴经济的改革，把地少人多之乡的人民，移到地多人少之乡及边远地区，以扩大耕地，发展经济。据《客家黄姓史略》记载，明代移民的路线如下：

（1）江西吉安一带的农民移到湖南，规定新垦地区允许插标占地。

（2）苏州、松江、嘉兴、湖州、杭州等地的农民移到临濠。第一批迁出的无地农民就有4000多户。

（3）京西山后的农民移到诸卫府。首批迁去的有 35000 多户。

（4）32000 户沙漠遗民移到北京附近的县市。

（5）江南 14 万农民移到凤阳。

上述地区的不少黄姓先民，跟随移民大军迁到新的落居地开基创业。

在这次大规模移民中，江苏、浙江和江西三省黄姓迁出的人数最多，他们中的大部分迁入福建、广东、广西三省。《明史·食杂志》记载与《黄氏族谱》记载吻合。《黄氏族谱》称："适大明英策，吾祖出窄地于今马子江开基立业焉"。

7. 清代黄氏的大移民

清代构成黄氏移民的历史背景主要有如下几点：一是四川地多人少，加上张献忠滥杀百姓，人口锐减。为了开发四川，特明令招募劳力，前往开荒垦殖；二是清廷为了加强统治，防止沿海闹事，实施迁界政策。该政策失败之后，又决定复界，招募劳力迁居开发；三是因"广东西路事件"和太平天国失败影响，而向广东南路和海南岛迁移。上述三个因素促成黄氏在清代不同时期的大迁徙。

（1）湖广填四川

从各地《黄氏族谱》记载看，黄氏先民迁入四川后，分布较广，主要集中在东自涪陵、重庆，经荣昌、隆昌、泸县、内江、资中，西至成都、华阳、新都、广汉、新繁、灌县的广大地区，也有散居别地的。据四川乐山市委党校刘明成校长调查："四川的广东籍居民基本上都是广东的客家人，金堂县的客家人则居首位，今成都市城区以东到龙泉山脉一带，客家籍的居民一直居首位，尤以黄姓为多。"四川荣昌县黄君说："我祖先是清初从广东兴宁迁来泸州，复由泸州徙居荣昌。子孙在此聚居，至今保持客家语言；子女婚姻，亦以客家人为对象；生活习惯仍是客家人的意味。"又据原二机部属下的工程师黄栋清实地查访："今天四川的会理县（属原西康），还有不少清代初期从广东、福建迁去的黄姓后裔，他们中相当一部分人仍讲'土客家话'"。

（2）迁海复界

清廷的迁海政策使黄氏和其他姓氏一样，又有了一次向外迁移发展的机会。当时居住赣、闽、粤三省的黄氏，特别是在福建西南部、江西南部和广东东部的黄氏，正值人口膨胀期，急于寻求出路的时候，听到准许迁到沿海去的信息都非常高兴，个个喜出望外。据《黄氏族谱》称：他们中大数是“举家徙垦于广州属之新宁，肇庆府属之鹤山、高明、开平、恩平、阳春、阳江等州县，多与土著（应为当地成民）杂居，由于复界的关系，给黄氏提供了一个从山区迁平原，在沿海地区发展的极好的机会。”

现在居住在香港、九龙和新界的黄氏，绝大部分是在迁海复界时迁入的。香港及其周围岛屿原属新安县（现深圳市）管辖，正是康熙元年（1662 年）强令内迁的重点地区。待康熙廿三年（1684 年）恩准复界时，香港地区“土广人稀，招垦军田”。居住在惠州、潮州、嘉应州（今梅州）以及江西和福建的黄氏居民，便“负耒横维，相卒而至”。他们迁入的路线，是从惠州至深圳再至大埔、沙头角、元郎、西贡、汴田、官圹、屯门、筲箕湾、荃湾、九龙等地，从事开荒创业。

（3）西路事件

清代同治年间，因为“广东西路事件”的关系，原住在广东西路的黄氏先民从公元 1867 年开始又一次的迁移。

原来居住在广东下四府的黄氏先民和其他姓氏的客家人，初时，向操本地语的当地居民租赁田地，后来逐步购买土地。经过几代人的勤劳生息，至乾隆、嘉庆期间，农业发展，人口增加，势力日涨。因经济利益，与当地人时有摩擦，纠纷颇多。地方封建势力从中挑拨土客的关系，加之太平天国灭亡后，洪秀全的高层领导全为客家人，认为逐客家人的时机到来，至咸丰十六年（1856 年），便提出“仇客分声”的口号，掀起一股排客暗流，经常借故打死、打伤客家人。而客家人为了保护既得利益，起来与土人抗争。结果酿成持续多年的大规模械斗，土客双方死伤、逃亡共达 60 万之众，前往制止械斗的官兵也死伤 6000 人左右。

同治六年（1867 年），广东巡抚蒋盖沣积极解决纷争，议定土客联和，另建赤溪厅为客家人居住，互易田地，携手言和。联和议成，划赤溪厅为善后区域，本地人无异议，客家人可以接受，这场战斗就此平息。后来，官厅认为赤溪地域过小，多为贫瘠地区，难以容纳大量客民，决定动员部分客民外迁。由广东财政拨银 20 万两，责令台山等县筹集一定数额款项，作为外迁客民的谋生经费，规定成年人每人 8 两，未成年者减半，并发给执照。这样黄氏先民又开始迁徙运动。他们从台山、鹤山、恩平和新兴等县迁出之后，大部分南南路，分居在高州、雷州、钦州和廉州等地，特别是以信宜、徐闻为多。他们中的少部分则横渡琼州海峡抵达海南岛的崖县、安定、陵水和三亚等地，和在乾隆时期从惠州迁来的同宗祖叔一起居住。

综观黄氏在清代的三次迁徙，不论是在康熙时迁入四川，还是同治时跨海到海南的黄氏，经历了300多年的繁衍之后，虽然有的京考高中及第，有的身居高官要职，有的极其发达富贵，但他们始终没有忘记祖籍，经常组织省亲团不远万里回到祖地认亲、拜祖、上匾。

黄氏在清代的三次迁移，对黄氏的发展有着积极的意义，既解决了原居地人口膨胀的问题，又提供了从贫困山区迁到平原、沿海发展的机会，还为后来向境外迁徙、出洋创造了有利条件。

（二）黄姓在大陆的分布

在中国大陆地区，汉族黄姓主要分布于广东、四川、湖南、广西、福建、湖北、江西、江苏、浙江、安徽、河南等省。其中，广东汉族黄姓人口约占全国汉族黄姓人口19.5%，人口有700万，占全省总人口的8%，是黄姓人口第一大省。仅在潮汕（潮州、汕头、揭阳、汕尾）就有黄姓人口140万。四川有黄姓人口380万，是全省第七大姓。广西有黄姓人口370万，居全省第一。湖南黄姓人口有220万，居省第七。福建黄姓人口将近200万，居省第三。江西黄姓人口有190万，居省第五，是赣南客家的第三大姓。湖北有黄姓人口170万，居省第八。江苏有黄姓人口160万，居省第八。浙江有黄姓人口145万，居第六。安徽有黄姓人口140万，居省第九。云南有黄姓人口100万，居省第九。河南有黄姓人口100万居省第十五。以上十二个省份黄姓人口有2000万以上，占中国黄姓总人口的80%多。

1. 福建黄氏

福建，是黄姓开发最早，人口最多的省份之一。不但广东、台湾的黄姓，多是从福建分支出去的，就是散布世界各国的黄姓，也多是福建黄姓的后裔。

（1）福建早期的黄姓

秦汉时期，福建就有黄氏先民居住。王象元在《舆地纪胜》卷一百二十八《福州景物》中记载："闽州越地……有五姓，谓林、黄等是其裔。"对此，宋代罗泌在《路史》一书中也有所记载。

惠安锦田黄氏是在东汉末期入闽的。据现有史料，它是福建最古老的黄氏家族之一，其开基始祖是黄隍。黄隍是东汉末年的会稽县令，因当时政局不稳，战争不断，为避战祸，于建安年间（196—220年）入闽，徙居于惠安锦田。随着时间的推移，形成今日福建惠安黄氏家族。据惠安《锦田黄氏族谱》记载，1700年来，其后裔一直尊黄隍为开闽大始祖。

三国时，闽越的山越人中有很多是姓黄的，黄龙罗和黄乱就是他们的著名领袖。据《三国志·吴书》卷五十五《董袭传》记载，山越人首领黄龙罗，聚众数千人，孙策亲自领兵征讨。同时，在《三国志·吴书》卷六十《钟离牧传》中也记载：今建安等地山民作乱，离牧为监军使，讨平之，贼帅为黄乱。建安在福建建瓯，黄乱为山越人领袖。黄乱既然能领导这样大规模的反抗斗争，可见黄氏家族在山越人中所处地位之高、作用之重大了。

惠安凤山黄氏是在三国时从中原迁入的。黄兴为其开基始祖。黄兴原是东吴的将领，后来辞职偕夫人曹氏及家室徙居福建，在惠安南部的凤山落籍。福建《惠安县志·寓贤传》记载："黄兴，吴孙权将也，与妻曹氏入闽，居邑南之凤山。"

西晋末期，黄氏从中原迁入福建。据《闽小记》记载：西晋末年，五胡乱华，有黄、林、陈、郑等四姓率先入闽。

东晋时期又有黄氏从中州迁居福建。据乾隆《福州府志》记载：东晋"永嘉二年（308年），中州板荡，衣冠始入闽者八族：林、黄、陈、郑、占、丘、何、胡是也。以中原多事，畏难怀居，无复北问。"

唐代高宗（649—683年在位）时，派遣陈政、陈元光两员大将到福建，开发漳州。当时在中原有58姓将官随着南下，并落籍漳州，其中就有黄姓。

唐朝初期，浯州牧马监陈渊南下时，也带领黄、张、许、蔡等几姓入闽，落籍浯州。现在居住在福建金门及其他附近岛屿的黄氏，大多数是随陈渊入闽的黄氏后裔。

唐末五代时，河南光州固始人王潮、王审知兄弟入闽，王审知以威武军节度使身份刈据八闽。原居住中原的黄氏大量渡江南下，入闽定居。

由此看来，黄氏开垦福建的历史已非常悠久，并不是从固始随王审知入闽才开始。从此也可看出，黄氏与大自然斗争的生命力是何等旺盛，他们的开拓精神令人敬佩。

（2）黄膺派邵武黄氏

黄膺是从河南光州固始首迁福建邵武的开基祖。黄膺是黄香第四子黄瓒的后裔，为黄香的第19世孙。

唐代中叶，黄膺从光州入闽，落居邵武。其后世子孙繁衍，成为邵武黄氏。其详前已述。

根据《中华姓名通书黄姓》的资料，邵武黄膺的另一支后裔，在北宋时孕育出著名的尚书右丞黄履和他的孙子、北宋后期杰出的文学家、书法家黄伯思，而使其家声大振。

（3）黄滔在莆田开基

莆田在福建东部，地处沿海地带，是黄氏在江南最早开发的地区之一。莆田黄氏早在唐宋时期开始就已很兴盛，孕育出黄滔、黄公度、黄淦等优秀人物。

莆田黄氏是从河南迁入的，黄滔为其始祖。黄滔是黄香第15世孙，从南陆公算起为100世。黄滔，字文江，文帝初（895年）登进士，先在光化年间（898—900年）任国子四门博士，后升监察御史。9世纪末，河南光州固始人王审知率部入闽。为有利统治福建起见，王审知请黄滔入幕府，视之为座上客，使黄滔成为东南儒士的首领，就连中原的著名文豪都来投附黄滔。黄滔一生著作甚丰，有《莆阳黄御史集》、《祖行集》15卷和《泉山秀句》30卷传世。

（4）黄公度的家族

黄公度（1109—1156年），字师宪，南宋初，莆田东里人。他出身于书香世家，聪敏过人，勤奋好学，于绍兴八年（1138年）高中状元，一时名扬天下，黄氏家族声威大振。初任签书平海军节度制官，后升秘书省正字。时值秦桧当宰相，降敌求荣。黄公度主战反秦，被贬岭南。在任肇庆府通判期间，以宽、仁为政，深得百姓拥护。直至绍兴二十五年（1155年）秦桧死后，始被召返京。宋高宗对他的政论很赏识，下令拜他为考功员外郎。次年去世，累赠正奉大夫。著有《汉书镌误》、《莆阳知稼翁集》传世。黄公度娶方氏为妻，方夫人为左朝奉郎方符的千金，生有五个儿子：黄沃、黄泮、黄洧、黄洙、黄宁。黄状元之后裔，多以诗文为业，书香传家，代出人才。

（5）东里黄仲元家族

莆田东里黄仲元家族，是黄滔第五世黄陡的后裔。至南宋后期传到第10世开始兴起，到11、12世才兴旺。黄仲元是第12世的杰出代表。黄仲元，又叫黄渊（1231—1312年），字善甫、天叟，号韵乡、四如。据《宋元学案》、《宋史翼》记载，黄仲元于南宋咸淳七年（1271年）考中进士，官授国子监主簿。时值元兵南下，战火连绵，他就隐居家乡，以教授诗书为业。史称黄仲元是宋末元初的著名学者，他著作很多，现在尚能见到的有《四书讲稿》、《经史辩疑》和《四如文稿》等著作。谱载，黄仲元无出，以二弟黄仲会之子黄梓为嗣。黄梓继承书香家风，曾出任元代汀州路总管府知事。黄梓生黄焘和黄熙两个儿子。黄焘之子黄至，也是举人出身，以诗文为业。

（6）东里黄仲昭家族

莆田东里黄仲昭家族，是黄滔的后裔。元朝时，黄滔后裔黄大有，是一个颇有名气的医学教授，他生一个儿子叫黄文圭。黄文圭在明代初期任工部主事。黄文圭生的一个儿子叫黄寿生。黄寿生，字行中，据《国朝献征录》记载，永乐九年（1411年）进士，初任庶吉士，后升翰林院检讨。由于他的学识渊博，曾被邀参加《五经四书性理大全》的编写。据谱载，黄寿生娶陈氏为妻，生子黄遁。黄仲昭的后裔多以继承儒士家风，以诗文为业，财丁也颇兴盛。

（7）乌门黄孟珍家族

莆田乌门黄氏，是莆田东里始祖黄滔的后裔。这支家族早期没有多大的名气，直至明代黄韶、黄纶父子高中进士之后，才大振家声。据谱载，乌门黄氏的远祖以至黄宪成、黄孟珍这两代，既无人中举，也没有入仕途。直至黄孟珍生了两个很有文才的儿子，才开始兴旺。从此，以文章勋业传家。

综观福建黄氏久盛不衰，代有才人，其原因在于严格的家教，忠孝传家，重视文化教育，爱国爱家，是以才能保持家族兴旺发达。

2. 浙江黄氏

浙江省，不仅是江夏黄氏迁徙开拓最早的地区之一，而且又是江夏黄氏财丁兴旺，代出英才的重要省份。浙江有黄姓人口145万，居第六大姓。江夏黄氏在六朝隋唐时期，从郡望地湖北江夏开始主宗分流，其中一支由江夏向东南沿江而下，迁至婺州金华郡，经过长期的繁衍拓展，逐步形成了历史上著名的金华黄氏。浙江地灵人杰，黄姓英才辈出，黄开三兄弟同榜高中进士，封侯挂印，出将入相者史不绝书。特别是孕育出黄尊素、黄宗羲父子等大批闻名天下的杰出人物。

（1）金华黄氏家族

①从江夏迁到新安

据史料及谱牒记载，黄香第九代孙黄积，首先从湖北江夏迁到新安郡歙县姚家墩（即今安徽省歙县黄墩）定居。黄积就是新安黄氏的开基始祖。

经查考，黄积是东汉黄琬的后代，出自黄琬长子黄松寿一支。黄松寿，字延年，妻赵氏生一子名远。黄远娶妻李氏，生一子叫长文，黄长文娶妻严氏，生一子名期。黄期妻杨氏，生三子：积、稼、穑。

黄积，字之集，东晋三年（320 年），任新安郡太守。死后葬于新安郡歙县西 15 公里的姚家墩，后改黄墩。黄积夫人张氏生二子：寻、苾。长子黄寻，字仲绎，世人尊称他为“孝子公黄寻”。黄寻居黄墩。死后葬在其父墓左侧。黄寻妻姚氏，生原奕、贞奕二子。传至黄仪（黄香第 27 世孙），自黄墩祁门（安徽祁门县），另拓基业。次子黄苾，迁婺州浦阳（即今浙江省浦阳县，属金华市），成为金华黄氏的始祖。

据谱载，不论从江夏迁新安的黄氏大宗，还是从新安分支浦阳和祁门的家族，都人丁极旺，后裔遍布东南沿海各地。

②再从新安到金华

金华黄氏开基祖黄苾，是从江夏迁新安立业始祖黄积之次子，为黄香第十代孙。江夏黄氏最大分支之一的金华黄氏，即唐朝初期黄氏六大郡望之一的婺州东阳郡黄氏，东阳郡后改金华郡，自宋朝以后即称金华黄氏。

据聚斯堂谱记载，黄苾，字惠卿，初官兖州（今山东省郓城县），后升任金陵（今南京市）按察。当时出任金陵镇守长官的吴英，很欣赏黄苾的人品和才干，有意将千金相许。通过友人的说合，才男美女喜结良缘。按察公成了吴长官的令婿之后，政治地位，经济实力均有所改观。后来到岳父原籍浦阳避战祸，病死后葬于浦阳镇。其后裔繁衍成为东南大族浦阳黄氏。

谱载，黄苾夫人吴氏生二子，均高中进士。长子黄居中，字畅外，以进士入仕，累官至侍讲学士。娶妻赵氏，无出；继娶张氏，生梦祥、梦端二子。次子居正，字光内，官任吏部侍郎，娶孙氏生三子：长子梦美，任德安县令；次子梦彩，任袁州判官；三子梦圣，进士出身，官至福州刺史。

黄苾祖孙三代八人，均为官入仕，还有三位高中进士，据聚斯堂记载，传至黄汝知，家族更为兴旺。黄汝知有三个儿子十三个孙子，全部当官任职，大振浦阳黄氏家声，成为江夏以后最著名的黄氏大宗族。

③从南阳迁到金华

唐初节度使司黄珏，为南阳迁居金华的始祖。

在这个民族大迁徙大融合时期，汉魏时期南阳黄觉家族的后裔，参加了这批东迁大军，定居金华。据《中湘黄氏族谱》记载，黄香的第九世孙黄觉，生漪园、远胆二子。

长子黄漪园，生子黄道真。这个黄道真就是陶渊明在《桃花源记》中提到的那位武陵捕鱼人。次子黄远胆，东晋安帝时（397—418 年），官任征虏将军，娶仇池之女为妻，生一子名峭，字肖山，东晋时任徐州刺史。有人提出，这个黄峭与两广及海外族谱所记的福建邵武黄峭是否同一个人呢？笔者查考后认为，两者虽然名字相同，但经历与事迹完全不同，况且时间相距 500 年之久，不可能同为一人。是否这样，尚可再酌。

黄峭的其中一子叫朝端，字宏宇，官任御史，娶散骑侍郎何攀之女为妻，生尚文、尚志二子，尚文生子名卷，官任御史。尚志生二子：长子黄显仁，南朝宋文帝刘义隆时，官任司徒；次子允兴，生二子：闰父、汝愚。次子黄汝愚后裔迁居武宜，即今广西武宜县。长子黄闰父，字之仕，齐高帝时任侍中，后遭裴凯的陷害而免职。

谱载，黄闰父娶刺史肖鸾之女为妻，生九子，遭慧明（刘遵）之乱，子孙四散，为求生存而各奔前程。

黄闰父的第七子黄映魁，官任侍讲。黄映魁娶都督李宗之女为妻，生一子：长育。黄长育在南朝陈文帝时任直阁将军，娶妻高氏，生二子：演、湛。次子黄湛迁居南州（今安徽当涂县）；长子黄演则留居南阳。

谱记，黄演在隋炀帝时官居大理司直，掌握全国刑法。娶御史大夫裴蕴之女为妻，生一子名珏。黄珏，字保义，唐初任节度使司，徙居婺州金华府

(今浙江金华市)。其后裔为金华黄氏的重要组成部分。

④浦江的江夏黄氏

浦江的黄氏是从江西分宁返迁回来。分宁黄氏第六代的黄昉和黄向两位堂兄弟，从分宁回迁分宁黄氏发源地的浙江金华府浦江县东市，另拓基业，形成颇有影响的浦江黄氏。

黄向，官任承奉郎。黄昉，字明仲，任部统，娶于氏为妻，生子名景珪，字叔宝，妻张氏，生二子：黄琳、黄生。次子黄生，留居浦江，生有二子：黄逢吉、黄逢昌；长子黄琳，在北宋、南宋之交时迁居浙江义乌洞门，后裔颇为兴旺。

⑤义乌黄氏的兴盛

黄琳，浙江义乌黄氏的开基祖。黄琳，又名黄隆，字世珍，是浦江黄氏始祖黄昉的孙子。他父亲黄景珪的墓地在浦江县北后店。黄琳从浦江迁到义乌洞门后，与南宋抗金英雄宗泽过从甚密，并娶其妹为妻。这对刚徙居落户的义乌黄氏来说，当然提供了一个发展的极好的饥会。

据族谱记载，黄琳与宗氏生三子：长子黄巩、次子黄益、三子黄中辅。

长子黄巩，又名黄逢原，字正卿，自义乌洞门迁到金华七都塘上。

三子黄中辅，诗人，主战派，反元英雄。黄中辅生子黄绍祖。黄绍祖生子黄伯信。黄伯信再次与宗泽家族结成姻缘。黄伯信，娶宗泽的曾孙女为妻，生下三位优秀的公子：黄梦炎、黄焱、黄荧。次子黄焱，官任忠翊郎，知安庆府望江县令；三子黄荧也是一位大知识分子，文才极好；长子黄梦炎，于宋淳祐十年（1250 年）京考高中，是义乌黄氏的第一个进士。官至朝散大夫行太常丞兼枢密院编修官兼左曹郎官，直至告老还乡。黄梦炎开创了这个家族科举入仕，书香传家的家风。

黄溍，字文晋，又名晋卿，是元朝的大文豪。据《元史》记，他是黄香的第四十代孙，也是义乌始祖黄琳的第八代孙。史说，黄溍从小就有非凡的天赋，又有良好的家庭教育，再加上主观的艰苦努力，终于考中进士，走上读书入仕的道路。

黄溍虽出任应奉文字国史院修编官。最后高居翰林直学士，翰林侍讲学士知制诰的显赫地位，但他一生最大的贡献是在文学上。他的文章知名全国，他和元朝文学家柳贯、虞集、揭傒斯一起被称为“儒林四杰”。其著作

《黄文献集》被收入《四库全书》。

⑥新昌的江夏黄氏

新昌县在浙江东部，与嵊县毗邻。新昌黄氏是剡县黄氏的分支，其开山始祖是黄范。自黄范创居至第八代才开始兴旺。黄仁静，字仲山，为新昌黄氏第八世，生于北宋宣和元年（1119 年），卒于 1205 年。官至朝奉大夫，赐服金紫。长子黄度，字文叔，号遂初，南宋隆兴元年（1163 年）进士，成为振兴新昌黄氏的先锋。1193 年为监察御史，宋宁宗即位后升为右正言，因反对忤逆奸臣韩侂胄而被免职，待韩被诛后始复出。历任太常少卿、吏部侍郎、礼部尚书、焕章阁学士等要职。《宋史》称他为官公正廉直，曾妥拟救荒法，活民百万，时人无不称道，为南宋中期著名的好官吏。黄度著有《诗说》、《书说》、《周礼说》等书行世。黄度娶妻洪氏，生四子二女，都能勤奋进取，继承父业。长子黄迈，南宋淳熙甲辰（1184 年）进士，官任迪功郎；次子黄章，进士；三子黄遵，举人；四子黄准，官任修职郎。长女嫁秘书省正字周南；次女嫁衢州知府王苯。此外，黄庭的八个侄子黄芾、黄覃、黄申等都颇有作为。

（2）剡县黄氏的兴起

剡县即今浙江省嵊县，位于浙东曹娥江中游地区。剡县黄氏属于金华黄氏支派，兴起于五代宋初，昌盛于宋、元、明、清。黄珌为剡县黄氏开基祖。据忠厚堂箭楼黄氏族谱记载，黄珌，字世重，生于唐昭宗大顺二年（891 年），为黄洪之子，浦阳黄氏第十八代孙。他于南唐初期曾从浦阳迁江西分宁，后再徙居浙东剡县双井定居。曾任南唐李氏政权朝散大夫，于后汉乾祐二年（950 年）去世。黄珌生三子，分三地发展。长子黄范，徙居新昌，另创基业。

另有诸暨孝义黄氏是剡县黄氏的分支，其开山祖为黄惠。黄惠，字承远，为黄玉申之长子。据谱记载，黄惠在此定居的前三代，在困难的条件下，创业艰辛，家族不甚兴旺，传至第四代时，特别是黄振的出现，才开始昌盛，形成当地望族。

黄振，字仲骧，北宋前期人，他虽不做官，但乐善好施。谱称，“仁及于乡，待之举火者数十家。”他娶了一个贤淑的内助，世人称她贤惠有德，斥嫁资以规义田。黄振生三子。他的三个儿子共生十个孙子。他的孙子全部入仕，且高居要职。黄振的三个儿子构成诸暨孝义黄氏的三大家族。

黄振长子黄宋卿，字公辅，宋真宗祥符时（1008—1015 年）进士，官至比部员外郎。黄宋卿生三子：庚、充、育。其中以次子黄充一支后裔人丁较旺，三子黄育一支入仕较多。黄育本人曾出任广西提刑。黄育生五子，其中第三子黄九岭在抗击金兵时，战死于汝州邓县。

黄振次子黄舜卿，字醇翁，号赠君，生于北宋祥符七年（1014 年），卒于 1091 年，官赠正议大夫。黄舜卿长子黄雍官朝议大夫。黄雍之子黄克宽，官朝散大夫。黄舜卿第三子黄彦生子黄克敏，官阁的金人。黄克敏生了：宗孟、宗丙、宗茵。

黄振之三子黄晋卿，字仕浦，号徽君，在诸暨孝义黄氏中，以黄晋卿一支最为兴盛。黄晋卿本人就在朝廷任承议郎显职。他的几个儿子都很有出息，尤以长子黄钺之第二子黄汝楫为最。据聚斯堂谱载，黄钺生有三个儿子，名叫汝砺、汝楫、汝霖。

（3）慈溪的黄震家族

慈溪在今浙江省宁波地区。慈溪黄氏为孝义黄氏的分支，其始祖为黄万三。因孕育出南宋晚期著名的思想家黄震而闻名于世。

黄震，字东发，出生于南宋嘉庆元年（1213 年），为南宋奉议郎黄一鹗之子。《宋史·黄震传》载，黄震于宝祐四年（1256 年）考中进士，初任吴县尉，后改提领官田所等职。因成绩显著，被升为史馆检阅，以修宁宗、理宗两朝国史。

黄震，不但是一位清廉自守的清官，而且是宋朝晚期的著名大学者，思想家。他潜心考订经史子集，著有《古今纪要》、《黄氏目抄》一百卷行世，被收入于《四库全书》。他于 1280 年去世，谥“文洁”。

（4）余姚黄宗羲家族

余姚黄氏兴起于南宋初期，它的始祖是黄香第三十八世孙，名叫黄万二。他是剡县双井一派，从诸暨孝义黄氏分支出来的。它是明末清初中国伟大的思想家黄宗羲的家乡。其开基始祖为黄万二，据《黄梨洲先生年谱》记载，黄万二，名万河，字时通，号鹤山。他原居孝义，后随父到庆元府，1130 年避金兵而逃难于慈溪行墩，后来又徙居余姚竹桥，创基立业。之后，这一支发展很快，历代人才辈出。据《黄氏家录》记载：第七世有黄茂，元泰定甲子年（1324 年）进士。黄茂的三个儿子都很有出息，个个任职为官。余姚黄氏从此走上读书入仕之途；第八世黄均保，官任北京道监察御史；第九世黄墀在明代建文帝时任大臣；第十世黄伯川，明天顺壬午（1462 年）进士；十一世黄韶，成化五年（1409 年）进士；黄翊，大书画家；十二世有黄翊的两个儿子黄嘉爱、黄嘉仁；十三世黄尚质，举人；十五世黄球，明代万历庚戌进士。真是家门兴旺，代出英才。据统计，余姚竹桥黄氏历年高中进士的有 13 人，见于《中国名人大词典》者达 14 人之多。

黄宗羲，余姚黄氏第十七世孙。黄宗羲，字太冲，号南雷，世称梨洲先生。他为人大忠大孝，为父申冤，除掉大奸臣魏忠贤，世人称快。清兵南下，组织义军，进行抵抗。后隐居著书立说。著有《明夷待访录)、《明儒学案》等鸿篇巨制，在中国历史上首倡民主思想之学说。他是明末清初最伟大的启蒙思想家。黄宗羲娶同乡任广西按察使叶宪祖之女为妻，生三子，名叫百药、正谊、百家。他们都能以书香传家，继承家学渊源。长子黄百药，字弃疾，著有《留芳草》等书；次子黄正谊著有《黄山竹脚草》等书；三子黄百家，字主一，号不失。在兄弟三人中，以黄百家最杰出，最得传家学，为清初著名学者（详见《清史稿》中的“黄百家传”）。此外，黄宗羲的侄子名叫黄百谷也非常有学问。黄百谷，字农师，是黄宗炎之子。史称黄百谷聪明过人，少即能文，长大以后以医为业。他的著作甚丰，如《素问·难经本草注》、《蕙江缘》、《返魂香》、《稼轩诗稿》等多种诗文著作。

3. 江西黄氏

江西是江夏黄氏开拓经营最早的省份之一。早在两晋隋唐时代，在迁徙到浙江金华、福建邵武的同时，就有一支从江夏渡江南下直接进入江西。金华黄氏五大族中的大部分也在江西省境内。江西地灵人杰，代出英才，黄元吉一门十进士，黄中雅五子五进士，黄中理五子五英才，黄均九子十尚书，黄得礼父子状元、一门五进士，黄维寅八子八尚书，宋徽宗亲自接见高中同榜进士的黄彦辅、黄彦平、黄彦正三兄弟。宋代大诗人、大书法家黄庭坚为这一支的杰出代表。

（1）江夏迁信州、盱江

唐宋以前的信州，即今江西上饶一带。从江夏首迁信州的是黄广，黄广是信州黄姓的开基始祖。黄广，又名仁杰，字济芳，是黄琬的曾孙。东晋时官任苏州总兵大元帅。两晋之际，江北战火连绵，为了避免战祸，毅然别离江夏祖居，举家渡江南徙，选择江西胜地，落居信州，在禾坪斟头村开基创业。

黄孟儛，是从江夏迁到江西盱江的黄氏始祖。盱江黄氏虽是在唐代中期才兴起的，但与金华、邵武两黄氏都有很深的渊源关系。盱江不是名气很大的地方，它在今江西省南城县东南，是古代一个小驿站，经济比较落后，自改革开放之后，经济有了长足的发展。据江西《双井黄氏族谱》（成谱于1917年）记载，黄孟儛是黄广的后裔。黄孟儛，字德崇，又字广成，安陆人，生于唐高宗仪凤丙子（676年），是黄香第16代孙。黄孟儛一生勤奋，学问渊博，但不得志，屡考不中，直至唐玄宗天宝丙戌（746年）于70高龄中进士，官任西台御史之职。不久，在巡视江南临汝府途中病逝，葬于盱江麻姑山。其子孙从安陆赶来守陵，后留在盱江定居。其后裔形成著名的盱江黄氏。

盱江黄氏，虽然其始祖黄孟儛二代单传，但从第三代起还是发展很快，其后裔散布四方。黄孟儛之子名瑶华。黄瑶华，字毓秀，被授朝奉大夫，娶妻张氏，生一子名翰。黄翰，字屏之，进士，官任朝政郎，后赠中奉大夫。娶许氏为妻，生三子：省谕、省和、省居。从此，家族大昌。

（2）分宁黄氏的崛起

分宁黄氏为金华五大族之一。分宁在今江西省修水县，双井则在该县杭口乡双井村。何为双井？据谱志记载，“双井，上井四丈，下井四丈，在河中，水涌沙不入，十里秀水。”这块山清水秀的风水宝地孕育出宋代伟大诗人黄庭坚家族。

分宁黄氏是从金华迁来的，其开基祖黄玘，是浦阳黄泌的第十八代孙。黄玘，字世奇，唐末五代人，任林文郎，赠大中大夫。黄玘妻戚氏，生一子名瞻。

黄瞻，字明远，南唐时出任著作郎，后知分宁时，又被湖南的吴楚政权授以兵马副使。死后葬于分宁白土山。娶妻刘氏、周氏，生二子名元吉、元绩。从此之后，其后裔不但财丁两旺，而且诗词文章誉盖九州。

黄瞻之长子黄元吉，字德中，他是一位远近闻名的英雄豪杰，虽一生未入仕途，但十分关心子孙的培养，重视发展文化教育事业。他娶妻刘氏，生三子：长子中理，字时通，赠光禄正卿；次子黄中顺，字时从；三子黄中雅，字时尚，官大理寺评事。黄中理继承父志，重视文化科技，聚书万卷，开设学馆。他亲自创办樱桃洞、芝台两所学馆，培养人才。外地前来求学者数百人，对发展农村文化贡献很多，分宁附近之仕宦和学者尽出黄门。黄中理同胞兄弟共出十三子，竟有十人高中进士，创造了黄氏空前绝后的奇迹。

黄瞻次子黄元绩，字天萃，宋建隆辛酉年（961 年）进士，官任翰林院庶吉士、吏部侍郎、五城兵马都指挥等要职。他迁瑞州高安同富，为高安同富黄氏开基祖。他生中孚、中浼、中晏三子都有功名。

分宁黄氏以培育了一位宋代的大诗人、大书法家黄庭坚而闻名于天下，成为金华黄氏五大族中最优秀、最杰出的一支。据史书和所有黄氏族谱记载，黄庭坚出自黄茂谒之后。黄茂谒，又名黄湜，字正伦，为黄中理第三个儿子，他出生于宋淳化二年（991 年），宋嘉祐丁酉（1057 年）进士，官给事中，后赠通奉大夫、朝散大大。夫人刘氏，封桃源县君，继配徐氏，共生六子：黄庶、黄廉、黄襄、黄昭、黄羽、黄昉。黄庭坚，字鲁直，号山谷道人，晚年又叫涪翁，他是黄香第 33 世孙，分宁黄氏的第 7 代，黄庶第二个儿子。

黄庭坚自幼受父亲的熏陶，深得黄氏家学渊源，加上他的天赋，特别是主观的努力，使他终于登上宋代文学的殿堂，成为宋代杰出的诗人、文学家和书法家之一。黄庭坚能诗善文工词，其诗文极受当时士林推崇。他与张耒、晁无咎、秦观被称为“苏门四学士”。他是“江西诗派”的创始人，时人将他与苏轼相配，誉为“苏黄”。他又是著名的书法家，与苏东坡、米芾、蔡襄齐名，号称“北宋四大家”。黄庭坚去世后，被赐谥“文节”，史称“黄文节公”。黄庭坚的子孙很兴旺发达。黄庭坚原配孙氏，继配谢氏，只生一子名叫黄相。

（3）丰城黄氏

丰城（今江西省丰城县）黄氏开基祖黄瑕，字世贵，是黄香的第二十七代孙，为金华浦江黄氏的第十八世孙。五代时，官至银青光禄大夫，为避战祸，从浦江迁至南昌，定居于丰城沇江，葬于沇江乌鹊岭。丰城黄氏第四代黄均的九个儿子中，竟有八人考取进士（余一个是举人），九人当上尚书，其中还有两个高中状元，登上科举考试名次的最高峰。

①黄得礼父子状元

黄得礼，是丰城黄氏始祖黄瑕的第七代孙，出自丰城黄氏第四代黄巽的一支。

黄巽娶妻胡氏，生三子：仁概、遇和、遘。其中，长子黄仁概生删、彦二子；次子黄遇和生子黄检、黄表。

黄检，宋崇宁乙酉（1105 年）进士，官至直通爷。黄检生四个儿子：朋、羽、宇、习。其中黄羽，官任丞仕部。次子黄表，字大圣，宋哲宗元祐时期的进士，任将仕郎。黄表娶妻叶氏，继配吕氏，共生四子：思、禹、得礼、得兴。四兄弟中，以得礼一支最为兴旺。

黄得礼，字执中，于宋元祐三年（1088 年）中李棠榜状元，初任广西柳州军事推官，后由吏部宝谟阁学士升为文渊阁大学士，赠朝议大夫，去世后葬于江西临川鹤仙峰。黄得礼娶妻范氏，生六子：长子黄彦辅，字伯强，宣和辛丑（1121 年）状元。初任袁州府万载县宰，后任吉安郡吉水县令，升吉安郡太守，不久出任朝列大夫；次子黄彦弼，任承仕郎；三子黄彦方，又名黄望尧，南宋绍兴十二年（1141 年）进士，官任鄂州教授；四子黄彦平，字秀岑，号次山，宣和辛丑年（1121 年）进士，且居殿试二甲第一名翰林，官至吏部郎中，后授朝散大夫，著有《三余集》，传见《四库全书总目提要》；五子黄彦正，与四兄黄彦平同榜登进士，且在殿试中高中探花（第三名），官至奉议大夫；六子黄彦直，也登进士，走上仕途。

宋宣和三年辛丑（1121 年）殿试时，宋徽宗赵佶亲自接见中同榜进士的黄彦辅、黄彦平、黄彦正三兄弟，并御赐诗一首，诗曰："黄河曾见几番清，未见人间有此荣。千里朱幡迎五马，一门黄榜占三名。奎星昨夜朝金阙，皂盖今朝拥玉京。胜似状元并榜眼，探花皆是兄和弟。"

②豫章郡侯黄畴若

黄畴若，字伯庸，是黄彦辅之孙，《宋史・黄畴若传》有记载，黄世华，官赠大中大夫，娶周氏，生子黄畴若。黄畴若年幼丧父，寄养外祖父家。宋淳熙五年（1178 年）进士，初授祁阳县主簿，后任卢陵县令。宋开禧年间（1205—1207 年），应诏上书，奏议国家急务，深得宋宁宗赏识，被调到朝廷任太府寺丞，皇弟吴兴郡王府教授，旋即高居监察御史的显要职位。黄畴若以焕章阁学士的身份告老还乡之后，专心著书立说。他的著作有

《竹坡集》、《奏议》、《讲议》、《经筵故事》等行世。

黄畴若的后裔也很兴旺。他有四个儿子：黄策、黄商、黄籍、黄节。其中长子黄策，官任江西泰和知县，后任湖南潭州通判。他娶妻熊氏，生四子：端卿、良卿、敏卿、厚卿。黄畴若第四子黄节，官知贺州（广西贺县）。黄畴若有个孙子叫黄仪。黄仪生子名兹，高中进士，官任广西提刑等职。

③黄惟寅八子八尚书

丰城黄氏第九代孙黄震（这位丰城的黄震，与慈溪的黄震、浦城的黄震和南丰的黄震有同名之雅），字东阳，娶妻何氏，生三子：宣仪、宣义、宣惠。长子黄宣仪，字昂，从小勤奋，博览群书，引经修史。娶妻刘氏，生四子：尚文、惟行、惟寅、自显。他们四兄弟都很有出息，又以老三黄惟寅一支最旺盛。黄惟寅，为丰城黄氏第十二世孙，他官至六部总尚书，封银青光禄大夫。黄惟寅生了八个杰出的儿子，全部走上仕途，均当上尚书。

（4）南丰双井头黄氏

黄井为南丰双井黄氏的开基祖，他原籍福建邵武，是黄峭和郑夫人所生的第 20 个儿子。黄井，字维扬，又字维桃，号子城，公元 928 年 4 月出生于邵武。谱称他少年英俊，聪敏过人，官至北宋刑部尚书，朝烈大夫。宋太平兴国四年皇帝钦赐铁铜圣赞：“命世奇才，山斗重望，忠贯烈日，威飞秋霜。”后周广顺元年（951 年），遵父命举家外徙，前往曾任过职的江南，在建昌府南丰县龙池乡二十七都双井头定居，形成历史上著名的南丰双井黄氏。

所谓双井头，当时他落居的这块地方叫宝石，不是叫双井。宝石之地有座宝珠峰，其后面有一个朝天岭，通称赞木岭，中间有股清泉涌出，泉水色清洁而味甘美，黄井在此凿了两口井，以象两仪之象。这两口井一大一小，“其气轻清，其形圆，属阳而动者为天；其气重浊，其形方，属阴静者为地”。故称双井，进而成为这个地名，黄井也遵父嘱以地名为名叫黄井，后来又以建昌府为名叫黄昌。黄井为北宋刑部尚书。

4. 湖南黄氏

湖南，是黄氏早期开发经营的宝地之一。自黄国为楚所灭之后，黄氏先民便不断渡江南下，落籍湖南。东汉的黄瓒入湘，三国英雄黄盖出零陵。

“江西填湖广”时，从江西、福建等省徙入大量移民，构成今天湖南为我国黄姓聚居的重要省份。三湘地灵人杰，代出英才，特别是到了近代，产生了以黄兴为代表的杰出人物，使湖南黄姓步入鼎盛时期。

（1）善化经铿黄国璋

善化经铿为今湖南长沙县金坑桥。经铿黄氏是江西分宁双井黄氏一派，黄庭坚的后裔。其开基祖为黄国璋。黄国璋，字髦士，在“江西填湖广”的浪潮中，于明代洪武初年（1368—1376 年），举家告别祖地江西泰和县鹅颈大邱乡西徙入湖，落籍长沙市对河滐湾市（今长沙荣湾镇），因隶籍善化，故称善化黄氏。其后裔自称经铿黄氏，以别他支。黄国璋生一子叫黄兴辅。

黄兴辅，字纯仁，号岳山，幼年勤奋好学，很有文才。据《湖广通志》记载，黄兴辅得朱元璋召见，任陕西道监察御史，封奉政大夫，修政庶尹。黄兴辅三个儿子：以敬、以诚、以忠。其中，长子黄以敬，年青时已入仕途，因在建文帝与永乐帝之间的皇室斗争中支持建文帝，后被永乐帝贬去宁夏充军，其子孙也留居此地；幼子黄以忠，徙居浏阳东乡九都乌鸦㕩。据《湘阴黄氏族谱》记载，黄以忠的儿子黄德一，又徙迁湘阴定居；留居善化的，只有次子黄以诚。

（2）黄洽中兄弟家族

黄洽中，字景台。据《大明一统志》记载，黄洽中于万历癸未（1583 年）中进士，初任浙江归安县知县、江西宜春知县，后升南京刑部主事、山西太原府知府、江西南安知府。史称他有治理之才，政绩突出，深受百姓爱戴。太原、南安两郡为他立祠纪念。晚年归长沙居经铿。地以人名，其家族便称“经铿黄氏”。这一支“经铿黄氏”成为显赫于时的湘中望族。

黄洽中生七个儿子，都是品学兼优，闻名于世，誉称“经铿七贤”。其中，长子黄学廉，明拔贡生，中天启元年（1621 年）副榜，任陕西兴平知县；次子黄学知，明末崇祯庚午年（1630 年）副榜进士，任浏阳县学教谕；三子黄学璞，万历己酉（1609 年）举人，任拣选知县；四子黄学质，邑庠生；五子黄学温，邑秀才；六子黄学良，崇祯六年（1633 年）举人，任拣选知县；七子黄学俭，邑庠生。这七子中，以老二黄学知一支最为兴盛。他们的后裔都以书香传家。如第十四世的黄文治生了五个优秀的儿子，其中长子黄炎，高中雍正丁未（1727 年）进士。

经铿黄氏，600 多年来，已传到 26 世了，仍然兴盛。其后裔除散居湖南各地外，还分支四川彭水、云南保山、湖北来凤、甘肃中卫和陕西汉阴等地。使这个家族引为骄傲的是，在近代孕育出我国伟大的民主革命先驱黄兴。

（3）民国大元勋黄兴

黄兴，是经铿黄氏黄梅之后裔。据史料记载，经铿黄氏第十五代黄孝纶，是黄兴的高祖父。黄孝纶娶妻周氏，生子黄友竹（1782—1843 年），字裁庭，号交秀，是黄兴的曾祖父；黄友竹娶妻伍氏，继配刘氏、盛氏，生三子：维光、维德、维第。其次子黄维德（1815—1876 年），字樊昭，号月楼，是黄兴的祖父；黄维德元配方氏，继娶解氏，共生三子：式珍、式瑶、式翥。其幼子式翥，字翰翔，又名炳昆，号筱村，是黄兴的父亲。黄翰翔以儒学为业，由善化县学诸生补长沙府学贡生，曾在家乡设馆授徒，后任都总之职，最后调长沙教馆任职。黄翰翔原配罗氏，继娶陈氏、易氏，共生二子三女。长子黄仁蔚早夭；次子黄仁牧，就是黄兴。

黄兴，原名黄仁牧，字岳生，号克强，同治十三年（1874 年）农历九月十六出生于善化（长沙）榔梨乡，为经铿黄氏第 19 世孙。

黄兴为推翻清王朝，结束封建帝制，进行了不懈的努力和坚决的斗争，为建立中华民国作出了杰出的贡献，受到全国人民的敬仰，被国人誉为辛亥革命的实际领袖和中华民国第二开国元勋。黄兴于民国五年（1916 年）10 月 31 日在上海逝世，享年 42 岁。

黄兴原配夫人廖淡如，继娶徐宗汉，共生五子三女：长子一欧，次子一中，三子一美，四子一球，五子一寰；长女振华，次女文华，三女德华。在这八位子女中，要算长子和长女的成就最佳。长女黄振华获美国哥伦比亚大学文学硕士，出任湖南省教育厅督学，1948 年当选台湾“立法委员”，现住台湾；长子黄一欧（1892—1981 年），14 岁加入同盟会，参加黄花岗起义，辛亥革命时任江浙联军沪军先锋队副司令。后留学美国，学外交经济。北伐时任广州国民政府参事。抗战时隐居不仕。建国后任湖南省政协副主席、民革中委兼湖南省主委等职。1981 年在长沙逝世，享年 90 岁。黄一欧娶彭承祉为妻，生一子一女。

（4）渠阳始祖黄龟年

渠阳地处湘西南的山区，今为湖南省靖州苗族、侗族自治州。渠阳黄氏始祖为南宋驸马爷黄龟年。

黄龟年（1088—1178年），又名黄俊国，字德邵、德绍，原籍吉安府吉水县鹅颈大丘圳脚，为北宋末年朝议大夫黄昧铢之次子。19岁时，中崇宁五年（1106年）进士，初任河北西路提举，后升太常博士。不久被招为驸马，娶宋哲宗之公主为妻。黄龟年是主战派的代表，力反秦桧，结果被撤掉宰相职务。后来领兵到贵州平讨苗王，最后在湘西定居。关于黄龟年祖籍问题，《宋史》说福建永福，黄氏族谱说江西吉安，待考。

黄龟年的后裔，虽不太显贵但人丁蕃昌。黄龟年的原配李朝旌之女，生一子，名黄衡，官至湖南提举；后娶宋哲宗公主，诰封一品夫人，生三子：秀龙、秀凤、秀虎。李夫人谢世后，赵公主无随行，又续娶吴大玉之女为妻。当苗领被镇压后又娶其女为夫人，对稳定社会、团结少数民族，具有积极意义。吴夫人生6子：秀安、秀边、秀千、秀秋、子锜、子镇。黄龟年的10个儿子中，除长子黄衡留居成鄞县，成为今天宁波黄氏的一支外，其余9子均随父落籍渠阳，成为渠阳黄氏各支的分派始祖。据调查，到民国时，渠阳黄氏已分支393房，分布在湘、黔、川、桂各地。1989年八修族谱时，已传到37世，人口近20万。

（5）湘乡石桥黄氏

黄礼祖，为湖南湘乡石桥黄氏始祖。他于明代万历初年（1573—1581年），偕侄子黄席吾从原籍江西瑞州府高安县新丰第一乡迁徙入湘，落籍湘乡二十九都石桥。黄礼祖生有两个儿子，名叫似古和敬吾。其后裔颇为蕃昌。现在湖南书画研究院著名国画家黄定初，就是黄礼祖的十二世孙。

（6）宁乡箭楼黄氏

宁乡箭楼黄氏始祖黄大峻，是分宁黄庭坚的第十四代孙。黄大峻，字福山，官至员外郎。他于明代洪武初年，偕子黄光滨从江西分宁西迁入湘，徙居湖南宁乡县城东门外占新康驿化龙溪侧古福寺岭。黄光滨，字觉远，官任指挥佥事。不久，从福寺岭移居南湾，后定居宁乡鸭塘箭楼冲。宁乡箭楼黄氏，从开基至今600多年来，世代仕宦，书香不绝，一直是当地望族。

此外，零陵黄氏家族是南阳分支，黄瓒为其开基始祖。“三国”英雄黄盖就是黄瓒之孙。

5. 广东黄氏

早在秦汉时期已有黄氏先民入粤。自秦始皇组织50万移民开发五岭开始，随赵佗南下的及黄巢失散的旧部，都有一部分黄氏定居广东。在隋唐之前，黄氏繁衍缓慢，不大兴旺；到了宋代黄氏主粤之后，才繁荣昌盛。

广东黄氏的主源是江夏黄氏。虽然黄峭山后裔入粤较晚，但发展很快。广东黄氏以福建徙入为主，江西次之。主要是黄峭山后裔，出自黄化一支，为福建宁化的分支，落籍粤东地区；也有一部分是黄井的后裔，从赣分徙入粤，定居粤北地区。广东是我国主要侨乡，海外黄氏的祖地多在广东。广东黄氏继承中原遗风，儒学传家，英才辈出。我国近代著名诗人、晚清著名的爱国外交家黄遵宪就是广东黄氏的杰出代表。

（1）宁化黄氏

移往广东的黄氏先民是横渡长江后先到江西，稍住一个时期才迁福建，开发福建有成效之后再移广东。其主体一支来自宁化，是邵武黄峭山的后裔。宁化县在福建省西部，古代属汀州府，宁化石壁村是黄氏南迁时最初的落脚点。黄化为宁化黄姓的开基始祖。

黄化，字惟枋，号从章，他遵父嘱以地为名，因居宁化，故叫化公、宁公或宁化公。他是黄峭山第十个儿子，在宋初中第19名进士，官任左御史、广东刺史。邵武谱载：黄化娶妻龙氏、戈氏、刘氏、伍氏、梁氏，共生五子：黄迪，字仲一；黄道，字仲二；黄逵，字仲三；黄孝，字仲四；黄杰，字仲五。其后裔多在福建、广东两省做官，在当地定居者众。故黄化之子孙在闽粤二省极为繁盛。

据广东各地黄氏族谱记载：黄化长子黄潜盛娶妻吴氏，生二子：黄文、黄武。黄潜盛长子黄文，妻曾氏，生二子：省察、观察。黄文长子黄省察，妻张氏，生二子：黄仁、黄义。黄省察长子黄仁，娶妻曾氏，继妻李氏，各生一子，长子黄龙，次子黄云明；黄仁次子黄云明，宋朝进士，官至尚书。

黄仁长子黄龙，字潜善，北宋晚期进士，官任广州刺史，拜尚书左仆射，知河间府，后任左丞相。后率部守扬州抗击元兵南下，因军事失利而问罪，被贬梅州（今广东梅州市）。宁化黄姓，至黄潜善出任丞相时，极为旺盛，成为黄姓中最繁荣昌盛、最显赫尊贵的家族。黄潜善，是黄化的第六代。娶妻梁氏，继配危氏，共生九子。身为左丞相的黄潜善，因扬州抗元兵败被问罪，其子孙潜逃外地避难。散居各地的九支后裔，都很发达，极为昌盛。后代尊称黄潜善为“九子公”。

长子黄久昌，任汀州府推官，仍居宁化。娶妻何氏，生五子：永、世、德、泽、全。

次子黄久隆，居宁化，官泉州广德参军，妻祁氏，生三子：长子黄江，创居晋江，分派南靖、将乐、大宁，后又分支德清、广宁等处；次子黄元，创居建宁、漳浦平和，分派政和，后又分派崇安、建阳、顺昌等处；三子黄诏全，创居漳平，分派诏安、潮州、揭阳、饶平、径口、潮阳。裔孙黄靖，清初平贼有功，至祖封为大总戎。裔孙黄世桓袭荫，官至南澳总兵，分派潮阳石壁等处。黄久隆后裔有一部分渡海到台湾创业，台湾黄氏族谱均有记载。

三子黄久茂，创居于漳州诏安二都小篆社伯公前，官兴化别驾。妻邓氏，生五子：长子黄然，创基莆田仙游，分派侯官，又分支古田、屏南等处；次子黄就，创基南安，分派惠安、安溪、福清、春乐等处，又分派饶平水帽（今钱东紫云乡）；三子黄中，创居晋江，分派同安、长泰、南靖、德化等处。四子黄泉溪，创居莆田，分派泉州客巷石狮巷。五子黄成立，创居永福，分派罗源，又分派惠来、揭阳、澄海、莆田。裔孙黄仲元，号四如，理学大儒，从祀圣庙，子孙分派太安、上水、海丰等处。

四子黄久盛，创居汀州、归化、宁化。妻胡氏，生二子：长子黄廷，分派宁化、邵武，后又派海阳、饶平黄金塘、大埔枫朗、湖宁、沐教、丰顺、普宁等处；次子黄朝，创居永安，分派饶平营前、平和大坪、下寨、诏安、漳浦铜山。裔孙黄道周，登天启进士，钦点翰林院，官至内阁大学士，崇祯时殉国，追赠理学儒宗，清道光五年谕旨从祀圣庙，遗有重修家谱，并撰辈序八句，子孙昌盛。营前裔孙解元黄奠邦，与漳和裔孙榜眼黄国梁共同增修家谱，流传于闽粤各地。

五子黄久美，创居龙溪，分派福安、浦城、澄海等处。官漳典机务。妻何氏，生四子：长子黄章，创居龙溪、福安、浦城。次子黄艾，创居大田、闽清、沙县、永福等处，分派澄海、惠来、揭阳、霞浦。三子黄仁，创居长泰，分派潮州、普宁，又分派龙门、从化、仁化、翁源、乳源、高明、安定等处。四子黄义，创居平和，分派德化、饶平、诏安秀岭。裔孙黄梧，被清世祖敕封一等澄海公。黄梧之子黄芳度，救驾有功。清圣祖追封黄梧为忠武王，子孙世袭公爵。孙黄七简，袭荫官升广东省水陆提督，重修家谱，子孙昌盛。

六子黄久善，创居汀州、梅州，举孝廉，未出仕。妻宋氏，生三子，均登进士，其中：三子黄玠，字从龙，又字海豹，妣叶氏，生子实吉。出任郢州推官。子孙多居南昌地区，分居广东东江地区的也不少。

七子黄久安，居宁化石壁村，妻骆氏，生二子：建饶、敦。长子黄建饶，创居广东海阳元歌都道韻乡（今饶平），为饶平黄姓始祖。分派揭阳、澄海、程乡（今梅州市）、广州、北京和台湾，子孙昌盛荣发。次子黄敦，分派程乡、普宁和澄海等处，又分支和平、惠来、澄海、丰顺，后裔兴旺发达。

八子黄久康，创居于汀州、上杭、永定、饶平。知贡生，官循州（今惠州）别驾。娶何氏，生三子：长子黄循州，创居连州、归善（今惠阳）。分派长乐、丰顺、海丰、揭阳，分派琼州、陵水、感恩、万州、澄迈（在今海南省）。次子黄遂立，创居连州、归善，分派博罗、兴宁、丰顺，又分支惠州、永安（今紫金）、惠来、揭阳、潮阳、澄海等地。三子黄祺潭，创居饶平东界大埕乡。

九子黄久兴，创居惠州归善，妻沈氏，生二子：长子黄果，分派长乐，又分派海丰、揭阳、博罗，再分支兴宁、永安、惠来、长宁。裔孙黄文，有文才，有德性，忠孝双全，其子孙分派连州、高州、广州、南诏、中正、石溪、惠州、嘉应、罗定、东安、西宁、阳山、连山等地，子孙极昌盛。次子黄吾，在饶平黄冈余家承嗣，元赐进士，官至河南节度使，分派南雄、韶关、海康、遂溪、徐闻、合浦、钦州、灵山、英德等处。其后裔财丁兴旺。

（2）嘉应客家黄氏

嘉应（今广东梅州市）客家黄氏，是福建宁化黄氏的分支。嘉应州地处广东的东部，是客家人聚居的中心，被誉为客家人的“都城”。嘉应黄姓开基始祖为黄僚。黄僚，南宋人，原籍福建宁化县石壁村，字海虎，号良臣，其后裔均尊称虎公，为黄峭山第十子黄化之裔孙。黄僚是南宋时期进士，初任大理寺丞，隆兴三年（1165 年）升为琼州太守，为官海南。后因任职期满，告老还乡，本欲归宁化，途经嘉应时，因爱这里的山清水秀，遂偕二子庆华定居于嘉应州城西厢五马坊水巷口。《嘉应州志》载有黄僚的事迹，史称“黄堂先生”。黄僚后裔兴旺，两广的黄姓很多都说是“虎公”的子孙。时至今日，在梅州市区的黄氏宗祠内，仍然供奉黄僚为始祖神。黄僚，娶妻孙氏、周氏，共生四子：庆吉、庆华、庆荣、庆寿。黄僚享年 81 岁，周夫人享年 79 岁。夫妇合葬于嘉应州城西门外黄塘乡西厢高峰桥，祥云出洞形，子山午向。原配孙夫人享年 26 岁，葬于和平县洋陂水口，乾隆年间，合族立祠崇祀于嘉应州，公妣合葬。

（3）嘉应黄遵宪家族

黄遵宪，是我国著名的思想家，九大诗人之一，晚清杰出的爱国外交家。黄遵宪是黄僚的后裔，是嘉应客家黄姓的分支，攀桂坊的一支，是明代末年从梅南分支出来的。攀桂坊位于嘉应州（今梅州市）城东。其始祖是黄文蔚。开基后的前三代，都贫困不堪，没有什么起色，直至第四代黄润，攀桂坊才开始崛起。

黄润，字朴泉，年少贫苦，替人书写牛契度日。那时外国银元流入，他摸索了识别银元的知识，为人鉴别真假银元，生活开始富裕起来，到 30 岁时，开设了一家当铺，从此开始发迹。黄润晚年已拥有五家当铺的家资。

据《攀桂坊黄氏家门谱序》记载，黄润娶钟氏为妻，出六子。其中第六子黄学诗，最有才华。黄学诗，字词海，号亨甫，勤于钻研，经商有方，家业日增。黄学诗发达之后，娶了前翰林院检讨李象元之裔孙女李郴姑为妻。李郴姑的“郴”字就是其祖父官任湖南郴州吏目时起的名字。这时，黄学诗不但富，而且贵了。谱载，黄学诗和李郴姑共生有六子，其中长子在云南省做官；三子黄际熙；四子黄际虞，字宾门，任职福建仙游县；第六子黄际升，就是黄遵宪的祖父了。

黄际升，字先初，史称他自幼警敏颖悟过人，先随兄读书，后弃儒从商，继承父业，生意兴隆，声誉日扬。当时知州文晟也称赞黄际升说：“黄老六真是天下人才。”其事迹，见诸于《嘉应州志》。1891 年去世后，诰赠荣禄大夫。原配梁氏，继配李氏、梁氏，共生四子：黄鸿藻、黄翰藻、黄鸾藻、黄纶藻。

黄鸿藻，字雁宾，号逸浓，少时勤奋，18 岁时考中咸丰丙辰（1856

年）科举人。后由举人入仕途，初官户部主事贵州司行走，后任广西思恩府知府。在广西10年，为官清廉，政绩颇佳。诰授通议大夫，加赠荣禄大夫。黄鸿藻娶妻吴氏、刘氏，共生五子：遵宪、遵谟、遵路、遵概、遵实。他的五个儿子都能继承家风，光大门楣，或业诗书，或入仕途，多有贡献。其中：二子黄遵谟，字采汀，先任江西试用县丞，后升广西候补知府；三子黄遵路，字公望，是州学秀才；四子黄遵概，字牖达，考中光绪己丑（1889年）科举人，先任桃知县署，后升福建厦门同知；长子黄遵宪，是五兄弟中最为杰出者。

黄遵宪前半生从事外交活动，后半生则投身变法维新运动。黄遵宪后裔兴旺发达。他娶叶氏，生四子：黄冕、黄鼎崇、黄履刚、黄璇泰。长子黄冕，又叫履端，字伯光，生于1868年，曾任清朝驻日本神户领事馆随员，1905年奔父丧回国，因哀伤过度而死。黄冕娶妻张氏，生子黄延豫，留学日本；继娶李氏，生子黄延绰。次子黄鼎崇，又名履和，字仲雍，生于1873年，娶妻梁氏，生四子：黄延凯、黄延毓、黄延武、黄延缵。三子黄履刚，两岁夭折。四子黄璇泰，又名履丰，字季伟，留学日本，生二子：黄延绪、黄延昭，均居香港。

6. 广西黄氏

广西，是中国少数民族自治区之一。壮族是中国少数民族中人口最多的一个民族，而壮族黄氏又是广西大姓之一。“山水甲天下”的广西，地灵人杰，辈出英才。不但在近代孕育出黄体正、黄体元、黄玉昆、黄鼎凤、黄焕中、黄奕勋等大批著名人物，而且还涌现出黄绍竑、黄旭初等一批抗日将领，特别是产生了孙中山的爱将、镇南关起义和河口起义总指挥黄明堂。而使壮族黄姓名扬天下。

（1）黄氏遗民与黄洞蛮

广西的壮族黄氏和汉族黄氏一样，都具有同样的悠久历史。历史上壮族黄氏的产生，完全是汉族黄氏宗族与少数民族融合、同化的结果。这一融合过程，早在公元前648年，黄国为楚所灭之后就开始了。黄氏遗民被楚国强制驱逐出河南潢川故土开始南迁，经辗转入桂后，长期与广西土著蛮越杂居生活，逐渐地被他们影响而融合在一起。诚然，黄国遗民虽然被同化了，但是他们始终保留自身的血缘徽记一“黄”字。这就是壮族黄姓的来由。

西汉中期，在广西的中南部就存在瓯骆黄氏。这支瓯骆黄氏，就是早期南迁江南后，再转徙至岭南闽越一带的黄国遗民后裔。这支黄国遗民和越族融合之后，适应能力很强，生命力极为旺盛。不久，黄同家族便发展成为瓯骆的上层贵族，黄同本人也当上瓯骆左将。在西汉中期，以黄同家族为代表的山越黄氏和以黄霸为代表的中原淮阳黄氏，同时崛起，南北辉映，从而大振黄氏宗族的声威。

壮族黄氏的主流是黄洞蛮。黄洞蛮是中国历史上最强大最著名的少数民族。它是在汉魏时期，由南方蛮越黄氏族姓逐步发展而演变形成的。当时的黄洞蛮，又叫黄峒蛮。其意思是指黄氏的溪洞蛮夷。因为他们长期居住在深山石洞，故又叫做溪人或峒人。他们的居住地则被称作黄洞。

在唐代，西原蛮的黄氏家族非常强大。它于唐玄宗天宝年间（742—756 年），与韦氏、周氏两姓共同控制了广西 10 多个州，直接威胁唐朝廷对广西的统治地位。后来韦、周两姓变异，黄氏便将他们赶到海边去了。可见，当时壮族黄姓的势力是何等强大。

唐至德元年（756 年），黄洞蛮首领黄乾曜在黄洞（今广西大新县西），聚众数万举行起义，反抗唐皇的沉重赋役剥削。黄乾曜的义举，受到当地百姓的普遍拥护，同时得到陆州（今广西钦州）、武阳（今广西罗城）、米兰（今广西东兰）等 100 多洞西原蛮獠的积极响应。声势浩大的 20 万起义军连续攻克广西 18 个州。接着建立起政权机构，自号中越王，与唐皇分庭抗礼。唐皇派大军弹压，经过 4 年时间 200 多次战斗，至 759 年起义军失败了，黄乾曜也被斩首。

黄洞蛮归顺唐朝后，一些黄氏洞僚子弟走出溪洞，有的参加科举考试，黄金山高中进士。经过 30 多年的艰苦努力，黄氏势力又急剧膨胀。唐德宗贞元十年（794 年），黄洞蛮首领黄少卿、黄少高兄弟在广西黄洞又起义反唐，连克邕管经略使所在地（今南宁市）及钦、横、浔、贵四个州，大有席卷广西全境之势。与此同时，黄少卿的儿子黄昌沔，又率部攻占了 13 个州。加入起义行列的日多，义军声威大振。不久，唐皇派原唐州刺史阳旻前往镇压，受到义军的顽强抗击。在一次战斗中，黄氏的重要将领黄承庆被俘。在不利的形势下，起义军只得接受招安。唐皇于 807 年，任命黄少卿为归顺州（今广西靖西县）刺史，黄少高为有州刺史。不久，黄少卿、黄少高兄弟再次举行起义，立即得到其族人、黄洞蛮另一部的首领黄昌瑾、黄少度二人率部响应，并攻占宾、峦二州（今广西宾阳、横县）。起义的黄家军攻占严州之后，又连克18个州，席卷广西南部和广东西南部广大地区。长庆三年（823年）起义军又攻占左江镇，直接威胁唐皇对广西的统治。到了这时，黄氏义军已控制蛮獠各洞，纵横两广的广大地区，公开与唐朝廷分庭抗礼。

唐文宗李昂太和年间，唐皇委经略使董昌龄、董兰父子为帅，率领大军，强攻山寨，经过血战，收复了义军占领的18个州。此时，黄氏见大势已去，便分四路逃散：一部分走出山寨，融入汉族；一部分南逃安南，成为今日越南的大族；一部分逃到贵州、湖南，成为今日布依族和侗族中的大姓；留居广西原地的黄洞余部则归太州刺史黄伯蕴管辖，其后裔形成今日广西壮族黄姓。

今日，分布在中国南方各地少数民族中的黄氏子孙，几乎全部都是黄洞蛮之后裔。他们遍布各地，就是这一巨族衍变的结果。

（2）武缘起凤的黄氏

武缘县今为广西武鸣县。前面谈到，壮族黄氏的主源是黄洞蛮，其次就是汉族黄氏入桂后被同化的，而广西武缘起凤黄氏就是壮汉融合的代表。

武鸣起凤黄氏，是从中原南迁入桂的汉族，后为壮族所同化。史书称他们壮族，但他们自己则认为是汉族，并长期保留汉族文化和风俗习惯。

黄郭才，是广西武缘起凤黄氏的始祖。据《粤西武缘起凤黄氏家乘》记载，黄郭才，汉族人，元代中举后，出任广西武缘县尹，在此定居。后来还出任陕西奉元路同知。

黄郭才生子黄少学，元代任广东曲江县县尹。黄少学长子黄桂甫，官修职郎；次子黄桂支，官山东兖州知州。长子黄桂甫生朝举、朝选、朝用三子，均秀才。次子黄桂支子孙更兴旺。

黄桂支生三子：朝明、朝海、朝信。长子黄朝明，字昌承，其家族正式入籍武缘。朝明之子黄仁能，贡生，任福建松溪县学训导。仁能生子黄子乘，秀才。子乘生子黄福赐，官四门江津县知县，南直隶宁国府（今安徽宁国县）同知。黄福赐生子黄以隆，官登仕郎。黄以隆生二子：黄友礼、黄友祥。长子黄友礼，禀生，江西吉安府推官。黄友礼生五子：长子黄茂瑄，字宝之，秀才，娶陆氏为妻，生子喜翼、喜伶。黄喜翼，字云清，庠生，妻陆氏，生子黄俊坦。黄俊坦，字平天，号双峰，官明朝武缘千户所百户，成为当地土司。

黄俊坦，妻陆氏，生三子：长子黄世科，字子进，号北川，以军功累官至柳庆右参军，永宁参军，镇守广西，挂印总兵官，百户世袭；次子黄世魁，字子元，号前嵩，任广东归善县县丞；三子黄世学，字子敏，号西林，武缘千户所百户。从第13代后，世袭武缘百户土司。黄俊坦三个儿子，以长房黄世科最为兴旺。

黄世科娶陆氏、危氏为妻，生六子：长子黄凤翔，字鸣岐，号觐阳，任陕西同州同知；次子黄凤明，字熙宇，号完醒，万历己酉年（1609年）举人，任杭州府水科通判，云南新兴州知州；三子黄凤翘，字呈寰，任福建松溪、广东兴宁县县丞；四子黄凤拥；五子黄凤衮，字乾醒，四川丹稜县主簿；六子黄凤翻，字缓寰，秀才，武缘百户土官。因老四凤翔无子，由老二黄凤明之子黄虞民过继承嗣。

黄虞民过继给四叔后，为了繁衍，连续娶陆、韦、钟、韦四氏为妻，共生四子：黄熺、黄爆、黄健、黄燧。其中次子黄爆，崇祯壬午（1643年）举人，官任御史之职，娶李氏、王氏、林氏为妻，生七子。其中次子黄坪，字赤卿，娶明永历皇帝之女广德公主为夫人；黄虞民长子黄熺，出嗣伯父黄虞臣为后。黄熺，字素侯，明末进士，官明末监察御史，兵科户科给事中，清初降为广东长乐县知县，赠文林郎。黄熺娶苏氏、王氏，生二子。其中次子黄坦，任怀集教谕；长子黄埏一支最为发达。

黄埏，黄熺长子，字丹心，号东谷，广东长乐县知县，为政清廉，入祀长乐县名宦祠。黄埏娶梁、曾、卢、陆四妻，生七子：万钟、万铨、万鈔、万钦、万钧、万钰、万鋐。这七兄弟中，以老三黄万鈔一支最为显贵。

黄万鈔，字汝席，贡生，北流县学训导，封修职郎，娶妻韦氏、苏氏，生三子：长子黄会渊，字孔昭，柳城县学训导；次子黄会清，字玉壶。妻周氏，生二子：黄之松、黄之柏；三子黄会流，早亡。以黄会清次子黄之柏过继为嗣。

黄之柏，字新甫，本人无功名，后裔显贵，恩赐九品，诰赠通奉大夫。黄之柏娶妻李氏，生八子：长子黄文煊；次子黄文熠，通奉大夫；三子黄文炽，庠生；四子黄文焊，赠修职郎；五子黄文燗，字子坚，诰奉直大夫，晋赠通奉大夫；六子黄文烔，庠生；七子黄文琐，秀才；八子黄文爣。这八兄弟中，以老四黄文熚和老五黄文焗最显达。

黄文熚，黄之柏之四子，娶张氏，生二子：黄彦坊、黄彦垍，均列入《中国少数民族名人辞典》，为始祖黄郭才第 22 代孙。长子黄彦坊，字言可，号鹤潭，嘉庆十八年（1813 年）拔贡，雒容（今鹿寨境内）县教谕。他博学多才，著作甚丰，壮族大诗人。他生子黄群鏊，群鏊生二子：诚泰、诚泮；次子黄彦垍，字汝陶，号竹山，庠生，自幼勤奋，学有所成，是著名诗人和学者。黄彦垍长子黄君铿，任候选直隶州州判。黄君铿生二子：长子黄诚沆，九品官；次子黄诚滈，字江龄，清末湖南补用直隶州州判。反清起义，民国初任苍梧道伊，奖二等文虎勋章。

黄文焗，黄之柏第五子，娶妻韦氏和林氏，均无出。以老二黄文焻之次子黄彦墉过继为后，黄文焻生四子：彦増、彦墉、彦璧、彦鐊。其中，以出继给五叔的老二黄彦墉一支最显。黄彦墉。字崇如，号霜阪，赠通奉大夫。娶苏氏，生六子：君钿、君钜、君钰、君铢、君钵、君铨。这六子中以老二黄君钜为最兴旺。

黄君钜，字仲尊，号丹崖，道光己酉（1849 年）举人，名列《中国少数民族名人辞典》。历任知县、知州、知府，升用道四品封典加三品衔，授通议大夫。他一生写下不少诗篇，是壮族著名官吏和诗人。他娶妻刘氏、梁氏、王氏、苏氏、恭氏、周氏，共生六子：信滋、信沭、信冲、信泌、诚沅、诚滏。第五子黄诚沅，字云生、监生，云南昆明县丞、福建南安知州，民国任云南、广西任教，编辑《粤西武缘起凤黄氏家乘》。娶妻翁氏、何氏，生五子：本兴、本骥、本骊、本骧、本树。第四子黄本骧，字超九，民国任武鸣县知事、云南武元禄、边防总指挥参谋。娶妻陶氏，生子黄古煦，是武缘黄氏第 26 世了。虽然长期居住在壮族地区，但是他们仍坚持讲汉语，传诗书。

（3）思明府州的黄氏

思明府即今广西宁明、明江二县。思明府是明清两代的建制，在宋朝时是羁縻思明州和石西州，元代则是思明路和上石西州。思明州是隶属于思明府的。

思明府土司黄氏，原是土著黄氏的旧族。在壮族黄氏土司中最强大的家族，就是思明府土知府黄氏家族。思明州土著知州家族和上石西州土知州等家族，都是思明府土知府黄氏家族的分支。

黄善璋是思明府土司黄氏的始祖。宋仁宗时，他奉狄青大将军之命，领兵镇守广西思明。他举家入桂。至元朝时，传至黄善璋裔孙黄克顺，出任武毅将军兼南宁路（今南宁市）总管后，其家族才开始振兴。黄克顺生子名黄万山。黄万山生子名黄武胜，任思明路总管。黄武胜次子黄均寿，任思明州土知州；黄武胜长子黄忽都，是历史上最杰出的壮族黄氏土司，被收入《中国少数民族名人大辞典》。在元末，黄忽都以长子身份世袭思明路军民总管，加封武略将军。

明朝建立，黄忽都即归顺明朝，并于洪武二年（1369 年）派遣其胞弟黄均寿，送贡品到南京，朱元璋大加赞赏，并决定设置思明土府，任黄忽都为思明府知府，准许世袭。他任职 24 年，于 1391 年去世，后由其长子黄广平嗣位。黄广平无子，去世后由黄忽都次子黄广成于 1395 年世袭。黄广成去世后，由其长子黄硐于永乐十一年（1413 年）袭职。黄硐有嫡子黄銶、庶子黄钧。黄硐病休时，让位给庶子黄钧，而不让位给长子黄銶，因此引起黄銶的不满。黄銶与庶叔黄鋐合杀了黄硐、黄钧父子。后来黄鋐、黄震父子为明朝廷镇压，并由黄钧之子黄道世袭思明府土知府之职。黄道生子黄光璧、黄崇璧，黄震生子黄绍，黄绍生子黄文昌。当黄道嗣位后，黄绍、黄文昌父子又起兵叛乱，并于正德三年（1509 年）年初，攻占思明府城及上下石西诸州，将黄道、黄光璧父子杀掉。后来明朝廷派兵讨伐，将黄绍、黄文昌父子处决。而由黄光璧之子黄旸于当年承嗣祖父黄道职位。黄旸无子，由叔父黄崇璧之子黄旻袭位。黄旻也无子，由堂叔黄泽继位。黄泽是黄钧次子黄逗的儿子。黄逗传子黄世兴，黄世兴传子黄承祖。黄承祖之长子犯罪，由次子黄应聘承袭。黄应聘传子黄载乾。时明朝灭亡。

清顺治十六年（1659 年）仍任命黄载乾为思明土知府、准世袭。雍正十一年（1733 年），袭位的黄载乾第五代孙黄观珠因罪被废，将思明府降为思明州，辖地减半。不久改名思州，由黄观珠之弟黄观琏承袭。黄观琏传子黄繁，黄繁传子黄钟麟。黄钟麟因故被革职，由其弟黄钟永袭位。在黄钟永任内，清廷以改土归流为由，将思明州废除。结束了该家族对广西南部宁明地区近 400 年的统治。

思明州属思明府管辖。思明州黄氏与思明府黄氏为同一家族，是黄武胜后裔。第一位思明州土知州黄钧寿，是黄武胜的次子，为第一位思明府土知府黄忽都之胞弟。黄均寿在明初即归顺朱元璋，并于洪武二年（1369 年），代表胞兄黄忽都赴南京进贡物品。明王朝设立思明土州，隶属思明土府，授黄钧寿为第一位思明州土知州，准世袭。黄钧寿去世后，其子黄志铭于 1394 年袭任。黄志铭生子黄郝，黄郝生子黄真，黄真生子黄义。黄郝、黄真均早逝。黄志铭去世后由其曾孙黄义继位。

思明州和思明府一样，黄氏家族之间倾轧不断。到了明成化时（1465 年—1487 年），思明府的族人黄绍叛乱，攻破思明州，杀了知州黄义之后，黄绍封自己儿子黄文昌为思明州知州。明弘治十八年（1505 年），朝官捕杀了黄绍、黄文昌父子，任命黄义之子黄永宁为思明州知州。后来黄文昌之子黄泰又用武力赶走黄永宁，占据思明州。明朝廷鞭长莫及，后来在不得已的情况下，只得承认已成事实，任命黄泰为思明州知州，准许世袭。黄泰死后由其长子黄恩诏袭。黄恩诏无子，传位给二弟黄恩锡。黄恩锡也无子，又传给三弟黄恩隆袭。黄恩隆长子黄拱报于万历年间（1573—1619 年）继位。黄恩隆庶子黄拱圣不满，特请思明府黄承祖出兵，杀了黄拱报和他的母亲。后来朝官杀了黄拱圣，任命黄恩隆次子黄世廷袭思明州知州。黄世廷传子黄河龙。明朝亡。

清朝建立，黄河龙归顺。顺治十六年（1659 年），清廷正式承认黄河龙袭思明州知州，准世袭。黄河龙传子黄玉中。黄玉中又传子黄芸。清康熙五十八年（1719 年），清廷为了加强对广西的统治，推行改土归流措施，便借口黄芸犯法，罢免其知州之职，并将思明州土司改为流官治理。从此，结束了黄氏土司统治思明州近四个世纪的历史。

（4）江州忠州的黄氏

江州土知州黄氏，历来是壮族黄氏中的大族，忠州土知州黄氏则是它的分支。在壮族黄氏土司的历史上，仅次于思明府、思明州土司黄氏，江州和忠州土知州黄氏就是第二个著名的大家族。黄胜奇就是他们共同的始祖。

黄胜奇，原籍山东青州府益都（今山东益都县），汉族人，北宋将领。他于北宋皇祐年间（1049—1053 年），随宋室大将狄青南下征讨反宋起义的壮族人民，因平定乱寇而立功，被宋皇分土授职，任江州土知州，准世袭。

此后，黄胜奇便带领家室在江州定居，成为当地世袭土官。随着时间的推移，逐步被同化为壮族，成为壮族黄氏第二大的豪强家族。从此，黄胜奇家族在江州一直世袭到清代末年。其世袭顺序如下：

黄胜奇生子孟温。黄孟温生子法正。黄法正生子祖显。黄祖显生子宗睦。黄宗睦生子黄威庆。黄胜奇家族连续六代世袭江州土司之后，元朝垮台了。

明朝建立，黄威庆归附朱元璋，洪武二年（1369 年），授江州土知州原职，准世袭。黄威庆生子中立、中荣、中藻。由长子黄中立于洪武二十二年（1389 年）袭位。黄中立生子智贤、智斌、智高。黄中立于永乐四年（1406 年）战死沙场，由长子黄智贤袭位。后来黄智贤为族人所杀，又无子可袭，便由黄中立次子黄智斌继位。黄中立三子黄智高生子能政、能广。黄智斌卒后，由族人及广西三司官府保荐其侄黄能政于正统二年（1437 年）袭位。黄能政无子，由其胞弟黄能广于景泰四年（1453 年）继位。黄能广病休后，由子黄海于成化二年（1466 年）袭位。黄海传子黄永钦，黄永钦无子，传位其弟黄永铅。黄永铅传子黄恩，黄恩传子黄河汉，黄河汉传子黄绍箕，黄绍箕传子黄廷杰时，明朝灭亡。

清朝建立，黄廷杰归顺。清顺治十六年（1659 年），清廷承认黄廷杰为江州土知州之职，准其世袭。黄廷杰传子黄世藩。黄世藩无子，由从弟黄绪藩袭。黄绪藩传子黄裔隆，黄裔隆无子由其弟黄裔芳袭。黄裔芳传子黄锡圭，黄锡圭传子黄承烈。黄承烈生子一凤、一鹏，黄承烈传长子黄一凤。黄一凤无出，由胞弟黄一鹏袭。黄一鹏传子黄元吉，黄元吉传子黄居体。黄居体生子黄兴祥、黄慈祥，黄居体传位长子黄兴祥。黄兴祥无后则由胞弟黄慈祥袭。黄慈祥传位给子黄寿松。这时已是最后一位土知州了。清末光绪三十四年（1909 年），清廷废除了江州土知州，改为流官治理。从此，结束了黄氏土司世袭江州土知州的历史。

忠州土司黄氏，为江州土司黄氏的分支。忠州土知州在宋元两代均由黄胜奇后裔世袭的，直至明初才发生了变化，改由江州土司的黄中瑾一支世袭。

朱元璋建政，忠州土官黄威升表示归顺。洪武初期，依旧授黄威升为忠州土知州之职。后因政见不一，顶撞朝廷，黄威升为明军捕杀，还株连九族。1382 年，忠州的残存土民郭保等人，请求朝廷委派江州知州黄威庆之第三子黄中瑾袭任忠州知州一职。黄中瑾于洪武二十三年（1390 年）赴京晋朝，得明皇恩，准接任忠州知州，准世袭。

从此，忠州土知州一职便终止了忠州土司黄氏世袭，改由江州土司黄氏一支世袭。江州土司黄氏接任忠州土司后，其历代世袭次序是这样：黄中瑾生子黄智洪、黄智胜。黄中瑾病，永乐九年（1411 年），由其长子黄智洪替职。黄智洪去世后，由其弟黄智胜于洪熙元年（1425 年）袭位。黄智胜传子黄能文，黄能文传子黄溥，黄溥病由其子黄惠于成化十三年（1477 年）袭位。黄惠因得罪权贵，于弘治十三年（1500 年）入狱病死。由其长子黄瑚继位。黄瑚传子黄廷宝。黄廷宝传子黄贤相。

后来，黄贤相拥兵侵夺邻境，为官兵捕获死于狱中，遂由其子黄有翰袭位。黄有翰传子黄尚忠。黄尚忠传嫡子黄安国。黄安国无子，由其庶兄黄安邦嗣位。黄安邦传子黄继先。黄继先无后，由叔父黄安智袭。黄安智也无后，则由其弟黄安信接位。黄安信传子黄光圣。黄光圣传子黄隆基。黄隆基传子黄绍宗。黄绍宗传子黄鉴。黄鉴传子黄飞熊。黄飞熊传子黄琦。黄琦传子黄本文。黄氏家族一直世袭到清代废除土司建制为止。

（5）上思州、迁隆洞黄氏

①上思州土知州黄氏

上思州，今广西上思县。在宋元明清四代属思明土府管辖。

上思州土知州黄氏，是黄胜奇的后裔。上思州土知州一职，自宋朝设置土司至清朝取消的整个历史时期，均由黄氏土司世袭，从未间断过。

明洪武二年（1369 年）上思州土官黄宗荣归附朱元璋，明朝廷仍委他为上思州土知州。不久这里的壮民和瑶民举行反明大起义，其首领是上思州黄氏家族黄英杰和黄权。黄英杰被收入《中国民族史名人辞典》。

在元明交替之时，以黄英杰为首聚众万余，先围攻郁林州，后在上思州坚持斗争。1369 年，朝廷组织湘桂两省军队合围，起义军败北，黄英杰牺牲，上思州百姓被株连几乎杀尽。在此种情况下，上思州土知州黄宗荣申奉思明府，请派江州致仕土知府黄威庆之次子黄中荣前往护印署理州事。明建文二年，黄中荣升为上思州同知，后为土民和思明府保荐被任命为上思州知州。明永乐十一年（1413 年），黄中荣病，由其子黄智永替职。正统九年（1444 年），黄智永死后由其子黄瑛袭位。

黄瑛是在上思州土司任内被诛的。原因在于他做官不为民办事，相反暴虐百姓，侵占邻境，导致明皇下令后为朝廷所除。其家族为了争位，各据一方，互相残杀，最后也为朝官所灭。弘治十八年（1503 年），明皇将上思州改为流官治理，划归南宁府管辖。上思州土司黄氏，对此十分不满，其后裔黄镏于正德六年（1511 年）聚众起义，一举攻破上思州城，意欲强制恢复黄氏世袭特权。后来义军也为朝兵镇压下去了。有鉴于战火连绵的形势，从团结安定地方出发，嘉靖元年，都御史张嵿上奏朝廷："思州本土官，后改流，遂致土人称乱。宜仍其旧，择土吏之良者任之。"为了有利对少数民族地区的统治，明皇恩准所奏，恢复上思州黄氏土司世袭知州体制。长期不稳的政局才逐步安定下来。

②迁隆洞土司黄氏

迁隆洞原为迁隆州，在今广西上思县迁隆街。迁隆洞土司黄氏是黄奇胜后裔。迁隆州从宋皇祐年间（1049—1053 年）建立，至明代初年，其知州之职，一直由黄胜奇一派世袭。

明初，黄威鉴担任迁隆州知州。洪武元年（1368 年）黄威鉴迁隆州土知州的关防大印，被上思州土官黄瑛抢夺去了。朝廷追查黄威鉴失印之罪，于 1369 年将迁隆州降格为迁隆洞，同时黄威鉴也由迁隆州土知州降为迁隆洞土巡检，准世袭。

从此，迁隆州变成迁隆洞。迁隆洞土巡检一职，自黄威鉴开始世袭顺序如下：黄威鉴传子黄世荣，黄世荣传子黄永华，黄永华传子黄武坚，黄武坚传子黄恺，黄恺传子黄添贵，黄添贵传子黄绥，黄绥传子黄一元，黄一元传子黄兆基，黄兆基传子黄镇隆，黄镇隆传子黄嘉祚，黄嘉祚传子黄元吉。至此明朝灭亡。

明末清初交替之际，黄元吉率部归清后，被清朝廷仍旧授予迁隆洞土巡检职位，准世袭。清顺治十五年（1658 年），黄元吉去世，由其子黄国运袭位，黄国运传子黄钺，黄钺传子黄震中。黄震中得罪权贵被撤职，又无子可继，则由其弟黄文光袭位。黄文光传位其子黄恭。以后不久，清廷便实行改土为流，将迁隆洞土巡检世袭制废除掉。

（6）奉议、向武的黄氏

奉议州土司和向武州土司是同一个家族的。他们在明清两代，是著名的壮族黄氏土司宗族。黄志威是他们的共同始祖。

①奉议州土司黄氏

奉议州，在民国时改为奉议县，即今广西田阳县。奉议州土司黄氏，早在元朝时已是当地世袭土官，真正兴旺是从明初开始的。它是明清两代著名的壮族黄氏土司宗族。他们的始祖是黄志威。

黄志威，元朝时任田州路（今广西田阳县）军民总督。明代元时，黄志威率部归附朱元璋。还派他的第二儿子黄世铁晋京进贡方物，受到朝廷嘉奖。明朝对黄志威率部归附之举高度赞赏，并恩准黄志威长子黄世武任都康州（今广西天等县西北之都康）知州；次子黄世铁任向武知州；三子世或任富芬县知县。洪武三年（1370 年），黄志威为向明表忠，又亲赴南京朝拜朱元璋。两年后，明廷大军进驻广西，黄志威率部到南宁接应，并供给粮饷，深得明军好评。1373 年，黄志威积极协助明皇开展招抚工作，长使奉议等土州 170 多处归附。朱元璋大力嘉奖其功劳。洪武七年（1374 年），任黄志威为奉议州知州兼守御事，直属广西行省，同时又指令安州、侯州和扬县归黄志威统一领导。黄志威父子四人，分任四方要职，使其家族发展显贵。

黄志威去世后，因他的三个儿子都已有同等高职，无子可继位，便改由其孙即黄世铁之子黄嗣隆袭位。黄嗣隆出任奉议州知州之后，于洪武二十六年（1393 年）进京，向朝廷进贡良马及当地名贵特产，受到朱元璋恩赐钞锭。刚过了两年时间，情况突变，向武州知州黄世铁举义反明，黄嗣隆支持其父之举，率领奉议州响应。后来起义失败，黄嗣隆被诛，废奉议州为奉议等卫千户，并派朝兵镇守。废州之后，出现许多社会问题，为了有利于统治，不久又恢复设州，由黄志威之孙即黄世或嫡子黄嗣弥袭任奉议州知州。黄嗣弥袭职不久，全家为田州府土司杀害。永乐四年（1406 年），明朝廷又任命黄嗣弥之弟黄嗣昌袭职。此后，黄嗣昌传子黄宗荫，黄宗荫传子黄文显，时为公元 1453 年。据明史记载，嘉靖四年（1525 年），奉议州土司黄氏参加田州土司叛乱，被镇压下去。朝廷准其改过自新。后来废知州，改由流官州制，划归思恩府管辖。

②向武州土司黄氏

向武州，初设于宋，元朝属田州路，为今广西天等县。向武州黄氏原为向武州古老的土司旧族，到明初才开始兴旺。其兴盛的标志是出现了黄志威家族。

黄志威，任元朝田州路军民总管。洪武二年（1369 年）归顺明朝，被授奉议州知州，准世袭。同时下诏给黄志威三个儿子封官，其中长子黄世武为都康州（今广西天等县）知州；次子黄世铁任向武州知州；三子黄世或任富芳县知县。洪武二十八年（1395 年），向武州知州黄世铁反明，聚众起义，朝廷派兵平定，诛杀向武州知州黄世铁、都康州知州黄世武、奉议知州黄嗣隆等黄氏土司及部属 18000 多人。同时废除都康、向武、奉议等土州，改置守御千户所。过了不久，由于社会治安等原因，又恢复了向武州的建制，由黄世铁之三弟黄世或任知州。

黄世或去世后，由其子黄嗣谦于永乐十三年（1415 年）袭位。（在此之前，黄嗣谦之弟黄嗣昌已经袭任奉议州知州，故此时奉议州知州也由黄嗣昌之子黄宗荫世袭）。黄嗣谦去世后无子世袭，便于 1432 年由侄儿奉议州知州黄宗荫兼任向武州知州。黄宗荫传子，黄文昶于 1453 年袭任向武州知州。黄文昶传位给侄儿黄瑛（黄文昶胞兄、奉议州知州黄文显之子）他于 1478 年袭职。此后是黄瑛传子彦寿，黄彦寿传子仲金，黄仲金传子九霄，黄九霄传子黄瑾，黄瑾无子改传弟黄琳，黄琳也无子又传弟黄珊，黄珊传位给叔父黄九泽，黄九泽传子黄瑚，黄瑚为庶子黄绍宗所夺，而由嫡子黄绍纶继位，黄绍纶传子黄天爵，黄天爵无子传弟黄天祥，黄天祥传子黄嘉正袭位。

黄嘉正，于清初即归附顺治。清皇承认其向武州知州地位，仍旧任知州，准世袭。黄嘉正传子黄玉报，黄玉报传子黄道辉，黄道辉无子传弟黄道元，黄道元传子黄扆，黄扆传子焕章，黄焕章传子徵猷，黄徵猷传子坤宁，黄坤宁传子黄锡曾。他们均世袭向武州土知州，其家族颇为显贵。

③桂林西乡荣洞黄氏

桂林西乡荣洞黄氏开基祖黄光荣，汉族，原籍河南汝宁府上蔡县，出自黄峭山之子黄盖一支。黄盖官至江表差臣挂印大将军。后裔分居河南开封府祥符县，后分支汝宁府上蔡县。黄光荣于南宋开禧元年（1205 年）在河南参加“效勇军”到广西讨伐侬智高。后于当地配偶落籍。子孙繁昌，部分后裔又从西乡分支永福、融安等县的 86 个地区。

7. 四川黄氏

黄氏入四川是从东汉晚期开始的。那是东汉宰相黄婉和王允一起诛杀董卓之后，其子孙为防报复而徙居四川的。到了宋、元两朝，又有多批黄氏子孙多头进川。大规模的入川是在清初康熙年间的“两广填川”时形成高潮。在公开推行“两广填川”措施之前，因有部分黄氏在抗击清兵南下，失败后为避追捕而潜逃入川。清廷基于两方面考虑，一是四川人民被张献忠杀得太多，农田荒芜；另一方面郑成功属部仍以台湾为基地进行反清复明的斗争。清朝为了断绝郑成功部在沿海的接济，便决定将沿海居民内迁。这种形势下推行“两广填川”的非常措施，在这次大规模的移民运动中，闽、赣、粤三省有大量的黄氏先民徙迁四川。

（1）从江夏迁到西蜀

四川黄氏的开基始祖黄权，是东汉晚期宰相黄婉的长子。在黄婉和王允合谋诛杀董卓之前，已事先潜奔巴西。

黄权，字公衡，江夏陆安人。黄权初到巴西避难时，隐名务农为生，待风头过后便在当地作小官史。不久，刘璋继承其父刘表而出任益州牧时，黄权担任刘璋的主簿。黄权是位大忠臣，一心效忠刘璋。当时刘备以皇叔自居，刘璋打算迎刘备入蜀，黄权坚决反对，认为这是引狼入室，后患无穷。不出黄权所料，过了不久，刘备果然向益州动武，刘璋部属纷纷向刘备投降，唯独黄权死战。直到刘璋宣布投降时，才跟着归顺刘备。

刘备对黄权忠心事主非常敬佩，不但不杀他，反而封他为偏将军，又升为治中从事。为了治理四川，壮大西蜀实力，孔明重用四川籍的政治人才，委黄权以重任，黄权精心辅助孔明治蜀。他一方面与地方当局建立密切联系，化解外籍川籍之间的隔阂，振兴内政，完善法律，使政局稳定，社会安定。另一方面是开发财源，奖励农耕，特别是养蚕业有了很大的发展，织锦业很发达。当时的川锦是很著名的，畅销全国。黄权对发展四川农业生产，巩固西蜀政权，作出了重要的贡献。

章武元年（221 年），刘备东征孙权，黄权力谏不可伐吴，刘备不听，并任黄权为镇北将军，守江北以防曹。战争结果，正如黄权所料，刘备大败而归。那时，黄权部队的道路为孙吴所截，战不能，投敌不可，只得投魏。曹操敬佩他的忠义，任镇南将军，封育阳侯。景初三年（239 年）升至车骑将军，仪同三司。次年去世，谥为景侯，和夫人合葬于四川成都锦屏山，立有诸葛武侯石碑。

据史书记载，黄权有数子。其中一支留居西蜀，一支随他到了中原。黄权在曹魏的儿子叫黄邕。黄权去世后，黄邕世袭育阳侯的爵位，无子，绝传。黄权留在刘蜀的儿子叫黄崇，任西蜀兵部尚书郎。他善于军事谋略，为蜀之军事建设建树良多。后来，魏将邓艾进攻西蜀，黄崇率部于涪县迎战，原计划部署兵力据山险地扼守，诸葛胆不从，定要移师于绵竹之平原决战。崇虽流泪陈述，胆还是不听，一意孤行。结果，绵竹一战，蜀军大败，黄崇战死。

另据紫金《黄氏族谱》记载，黄权娶妻郭氏生三子：长子名发，又名祖发，字敬夫；次子名毓，字明夫，娶祝氏，三子名仪，字诚夫，娶卜氏。

（2）从邵武徙居四川

四川三台县江夏黄氏开基始祖是黄大震。黄大震是黄峭山长子黄和一脉的后裔，因避元兵追捕，于 1362 年，带领妻子和两个儿子离开祖地邵武迁徙入川，隐居在四川东关离城 10 里路途的青衣沟、油榨沟一带，从此在这里定居，后裔繁衍兴旺，成为今天四川黄姓的重要一支。

黄和，字惟栋，号肇基，因是长子奉父命留居祖地，又叫黄祖，又因居住在邵武和平下城堡，故又叫黄和。黄和天赋很好，从小勤奋，学问深博，在宋初时，官至大理寺丞。从黄和算起，传到 14 世黄常，迁居湖广武昌府江夏县黄鹤乡仁义村地名代星乡。黄常在元代中期，官至兵部尚书。夫人刘氏，生二子：文尉、文有。长子黄文尉，妻张氏，生五子：大春、大嵩、大喻、大嶝、大峪；次子黄文有，娶妻陈氏，生二子：名大震、大霖。

黄大震为黄文有之长子，是埋名改姓避难入川的。原因是族人黄华、黄胜为首反抗元王朝的残酷压迫，元兵进剿，株连九族，被杀甚众。黄大震为避祸改姓王，偕妻子陈氏和黄良显、黄良达二子，从江夏仁义村而入川隐居。

黄良显为黄大震长子，在四川东关离城 10 里的青衣沟落籍，娶妻王氏，生三子：福昌、宿昌、永昌。

黄良达，黄大震之次子，在四川梓潼县（今三台县）峨溪油榨沟立业。妻赵氏，生三子：嗣昌、义昌、荣昌。黄大震的两个儿子，见形势好转，便恢复原姓，重归黄姓。其后裔繁衍极旺。不久，进行第二次迁徙，分居梓潼、彭水、酉阳；第三次迁徙，分居重庆、线树椏、砦矛沟、湖南叙浦等地。时至今日，黄大震后裔已散布四川全境以至西南各地。

（三）黄姓在台湾的播迁

在台湾，黄姓是仅次于陈姓和林姓的大姓，台湾地区有“陈林半天下，黄郑排满街”的说法。

台湾黄氏来自大陆，以福建为主，广东次之。早在宋末元初，福建黄氏为了逃避元兵捕杀，而开始举家渡海入台者不少。郑成功率部跨海征讨荷兰殖民者占领军，他的部属就有相当部分是黄氏子孙，他们赶跑荷军后原地固守，其中一部分留居台湾。在明清两代向台移民的大潮中，黄氏则是其中的一支主力军。这样，就构成了今日台湾“黄郑排满街”的黄氏家族。

据台湾《中华文化百科全书》记载：早期移居台湾的黄姓廾拓者，主要是来自福建省的泉州、汀州、漳州和广东省的嘉应、潮州、惠州等地。他们分布在全岛各地，成为后世台湾黄氏各支派的开基始祖。他们的根在大陆，同祠共祖，和大陆的黄姓本来就是一家人。台湾著名历史学家连横先生在他的重要史著《台湾通史》中说：“台湾之人，中国之人也，而又闽粤之族也。”

1. 黄姓迁台时间

明代天启末年（1625—1627 年），福建天灾人祸，政治动乱，人心不稳之时，再加上久旱不雨，颗粒不收，为了抢救灾民死于非难，便组织数万灾民渡海入台逃荒。这批逃荒的人流中，便有大批黄氏先民，后来他们中大部分便在台湾定居。此后，黄氏不断有人东渡，如南安黄正束，于明崇祯十年（1637 年）移居台湾马公，后又分支澎湖湖西另创基业。又如晋江《安海金墩黄氏族谱》记载，金墩黄氏第十一世黄贻鼐（1623—1684 年），第十二世黄微焙、黄素官和黄光辉均先后迁居台湾。又惠安文献黄氏第九代中的第四房黄良象等人到台湾定居赤山后；该族第十五世中的第四房黄忠兄、黄相荣等人也迁居到黄良象早年创居地赤山后发迹。又有泉州临海黄氏于清乾隆年间，从第六世开始一直五世迁往台湾淡水、基隆等地落籍，其中第六世黄壬九，字云游，号通阮，于清雍正时游学台湾邦寮浪济，后在台定居；第八世黄佳和等人同迁台湾，黄佳和住基隆，黄昕居淡水；第九世黄豆腐等多人同迁台湾，黄牒居淡水，黄情落籍鹿港；第十世黄公体、黄峰和黄熙等人也同往台湾发迹。

2. 黄姓迁台人口多

黄姓迁台不但时间早，而且人口也比较多。大陆的族谱和台湾的文献都有记载。据福建永春县《桃源蓬莱黄氏族谱》记载，桃源蓬莱黄氏家族，从十四世起，就连续五代有大批族人渡海入台。例如，第十四世的黄毓盼，第十五世的黄宗选、黄宗瑶、黄宗琅、黄宗插，第十六世的黄文令、黄绍养、黄绍禁，第十七世的黄克凉、黄克甚、黄克读、黄克炉，第十八世的黄鸿钗、黄鸿胖、黄开仑等先后迁入台湾。黄鸿钗（1812—1870 年）生子黄振取，后裔在台湾竹篮南隘庄定居。

1958 年，福建晋江县的调查资料显示：晋江安海 14 个族姓家谱记载，在清代康熙至嘉庆年间，这 14 个姓移居台湾的共有 272 人，其中黄姓近九成，达 237 人。可见当时该地黄氏移台之盛况。

根据台湾《中华文化百科全书》等文献记载，黄姓到台湾开发山林创基立业的，不但时间早而且人数多。早期的黄姓开拓者达 140 人之多，他们主要来自福建和广东，散居在全台各地，成为各支派的始祖。

3. 客家黄姓入台

清康熙初统一台湾，郑成功部四处逃亡，多出南洋，全岛空虚，田园荒芜，人烟寥落。广东嘉应各属及其他地区的黄氏，移民入台开垦，初住凤山、彰化和诸罗等地，极有势力。所谓客人者，嘉、平、镇三州邑侨寓之人也。先是台湾，明亡，郑氏据有其地，康熙初，始得统一，从大陆移台者，闽人曰福佬，粤人曰客人。而客人占籍北路者，在诸罗、彰化等地；其占籍南路者，在凤山之方寮、弥浓等地，人口殷盛，邑屋相宜。台湾谋生容易，迁台客人日益增多，约占全台总人口三分之一，其中包括相当部分客家黄姓。(叶钧:《台湾从军义民经略》)

乾隆时，梅县部分黄氏随李乔基、柴大红一起到台剿匪，家属留台定居；随后一部分黄氏又随福安康到台剿匪，也有一部分人留台。所以，清高宗乾隆皇帝以广东人“深明大义”为由，特诏颁“褒保”二字匾额，挂于广东迁台黄氏居民和其他姓氏居民的大门楣上。自 1895 年中日甲午战争中国战败后，客家人坚持反日斗争，屡遭日人杀害，新从大陆迁入的日减。

此外，广西抗法爱国将领黄焕中（1832—1911 年），率部参加抗法战争结束后，随黑旗军首领刘永福驻防台湾，抗击日本侵略者，其一部分黄姓部属留居台湾。又及，黄殿领导台湾人民反清斗争。雍正七年，黄补庵等一千多人被杀害，家族充军。

4. 台湾黄姓分布

台湾黄姓繁衍与分布情况，根据《中华姓氏通书》提供的资料，可以清晰地看到。台湾的黄氏，经过几百年的移民与繁衍，已经发展成为全台人数最多的姓氏之一。今天仍很蕃昌，日益兴盛。

1930 年，日本占领时殖民当局调查：当时台湾 193 姓，3103 户的人口中黄姓占 5.4%，列陈、林、张之后居第四位。1954 年，台湾省文献委员会调查：当时台湾 737 个姓氏的人口中黄姓占 6%，上升为第三位。1970 年，台湾出版的《台湾地区人口之姓氏分布》的资料：调查的 1027 个姓氏中，黄姓仍居第三位。

台湾出版的各种资料表明，台湾黄姓主要集中在澎湖列岛和台湾西海岸以及台东地区居住。其中西海岸则分布在基隆、淡水、桃园、新竹、苗栗、鹿港、南投、虎尾、台南、屏东沿线地区。黄姓在西海岸又以台南县较集中。台南县文献委员会调查的全县 320 个姓氏中，黄姓占 7.9%，仅次于陈姓，居第二位。

台湾黄姓从事实业，事业有成者众。据不完全统计，突出的代表人物有：

（1）台湾亿万富豪资产（净值新台币）：

黄世惠：全省排名第 18 位。三阳工业、南洋实业、国泰信托，200 亿元。

黄烈火，全省排名第 56 位。味全食品、康和建设、国瑞汽车，40 亿元。

黄奇煌，全省排名第 80 位。台中精机、台胜精机，30 亿元。

黄宗宏，全省排名第 99 位。台凤集团、土地，21 亿元。

（2）台湾亿万富豪旗舰集团业绩（营业额、新台币）：

黄政旺，台玲工业、普利司道，57.31 亿元。

黄清标，台湾日立股份有限公司，23.11 亿元。

黄士弘，凯音电子，18.31 亿元。

黄沦海，海光企业，17.84 亿元。

黄庆芳，南宝树脂，14.86 亿元。

黄永发，铝光企业，13.27 亿元。

黄庆彬，国信食品，12.29 亿元。

黄登选，和益化学，12.21 亿元。

黄国璋，中福纺织，11.52 亿元。

台湾黄姓，现在仍继承儒学教育和忠孝传家的家风。后裔繁衍，代出人才，当今在台湾省任职的不少，如原台北市长黄大洲、“立法院长”黄国书、“内政部长”黄昆辉、“国策顾问”黄运金和“空军司令”黄显荣等。台湾黄姓始终保留中华民族艰苦创业团结进取的开拓精神和尊宗敬祖、重视血缘关系的传统，为了联络同宗，团结族人，增强炎黄子孙的凝聚力，他们在台北成立了统一宗族社团组织“台北市黄氏宗亲会”，地址设在台北市北投区新民路一巷五号。现任理事长黄崇古，秘书长黄应廉。

（四）黄姓在海外的播迁

黄姓移居海外已有很长的历史了。早在秦汉时期，就有黄氏先民南下徙居越南；14 世纪前期开始漂洋过海开垦南洋；移居美洲则是鸦片战争之后才进行的。移居海外的黄氏，以广东为主，福建次之。经过六七百年的繁衍，其后裔遍布五大洲。他们遵守当地法律，与当地人民友好相处，创基立业；他们披荆斩棘，艰苦拼搏，勋业卓著；他们继承民族文化，保持黄姓儒学传世的家风，立于不败之地；他们培育出大批先贤时杰，如群星灿烂，为同胞增辉；他们热爱祖国，关心两岸统一，支持桑梓建设；他们拳拳赤子之心，殷切盼望中华振兴，繁荣昌盛。

1. 越南的黄氏后裔

越南，是中国南部的友好邻国，历史上曾是中国大陆王朝统治的一部分，其民族是中国古代百越的一种。越南领袖以“同志加兄弟”来形容两国的关系。黄姓移居越南的历史很早，很可能在我国秦汉时期就开始了。即黄国被灭之后不久，楚国就强迫黄氏迁徙到江南越人居住的地区。随着越人的不断南移，黄姓也就逐渐迁入越南。因此，越南黄姓，大部分是中国秦汉时期山越黄氏的后裔，六朝唐宋的黄洞蛮及明清岭南瑶族、壮族等黄姓移居的后裔。

明成祖永乐七年，黄福出使高趾（今越南）。政绩甚丰。黄福爱民如子，百姓也视黄福如父母。据《嘉定通志·疆域志》记载，明朝灭亡后，许多黄姓遗民不愿臣事清朝，纷纷外逃避难。1679年，中国龙门副将黄进和总兵杨某等率领3000余人、战船50余艘，逃往越南避难。阮氏王朝迫使他们进入东浦地区。此后，他们的后裔就融合于越南民族。

今天，在越南全国200多个姓氏中，黄姓人口排名第八位。在越南历史上，黄姓宗族曾产生过许多杰出人物。到近现代，更是人才辈出，著名的政治家、军事家、文化人比比皆是。如黄英，曾任越南民主共和国国家银行行长、财政部长、副总理、越共中央书记处书记等职；黄松，曾任越南新闻工作者协会主席、越共中央宣传部部长、中央书记处书记等职；黄文欢，越南共产党元老，曾任越共中央政治局委员、越南国会常务委员会副主席等要职；黄琴，上将，任越南第四军区司令，越共中央委员；黄明鉴任越南社会党副总书记、越南同各国人民友好团结委员会主席；黄忠通，越南著名诗人、越南文学院院长；黄晋发，曾任越南国务委员会副主席、副总理、越南建筑师协会主席等职；黄碧山，曾任越共中央委员、外交部副部长、常驻联合国代表团团长等职务。

近代以来，有大量中国汉、壮、瑶等族黄氏移居越南，成为越南华侨、华人社会中的重要一支。他们有的还为中国故乡的民族民主革命作出了杰出的贡献。本世纪初，有越南华侨黄隆生，1902年结识孙中山，是兴中会河内分会创始人之一，1908年参加著名的河口之役，负责运粮供应前方，后因此被越南当局遣送出境；又有安南堤岸华侨黄景南，在河内开了个小豆芽店，每日将所得收入投进一个当地人叫“扑满”的瓦罐中储存起来，以备革命之需。最后，倾其一生积蓄数千元以充军需，此举在当时华人社会中传为美谈。

2. 泰国的黄氏后裔

泰国，位于中国的南边。中泰两国人民长期友好相处，是“共饮一江水”的友好近邻。是中国黄姓移民较早、人数较多的国家。为商、为外、为政都有大批英才，泰国黄姓有30余万人，在泰国华人社会中有很大的影响。

黄氏族人积极参与泰国的经济、政治活动，产生了许多著名人物。如客家华裔黄清林，在泰国经营汽车配件业，任西亿汽车配件制造厂有限公司董事长。

黄继芦，原籍广东揭阳玉湖观音山。黄继芦同夫人罗碧娟早年同任教于泰华学校，一并分别荣获泰皇御赐的“模范父亲”暨白象勋章和“模范母亲”佳誉。其本人，荣获国际桂冠诗人协会授予“桂冠诗人”和文学博士名衔。他现任泰国华文教师公会主席，泰华诗学社社长、泰国黄氏宗亲总会永远名誉主席、中国广东中华诗词学会名誉会长等10多个职务，在沟通中、泰文化，发展繁荣华文教育方面贡献很大。同时，他热心桑梓公益事业，主动组织发动120位侨胞捐资，在玉湖镇创建了一座相当高雅、占地40多万平方米的宁化中学。

黄少云（1919年—　）祖籍广东普宁，19岁到泰国。是泰北有声望的华侨富商。他热心公益事业，荣获泰皇御赐的白象勋章。现任清迈中华商会主席。

黄闻波（1912年—　），祖籍海南文昌。是位银行家，曾任财政部长，1980年出任副总理。

在泰国华裔黄姓中，最杰出的是朴·沙拉信。这是他的泰国姓名，他的中国姓为黄氏。他祖籍中国海南省，父亲是琼籍黄姓华侨，母亲是泰国人。朴·沙拉信曾任泰国国家开发部长，又曾任泰国总理，成为泰籍华裔最显赫的人物。

3. 文莱的黄氏后裔

黄姓移民文莱，在14世纪前期便开始了。文莱古代文献和《沙捞越史》中，记载了一个动人的历史故事：大约在14世纪初即元朝末年，有一位不得志的元朝官员黄森屏，奉命出使婆罗国（今文莱）。到达婆罗后，黄森屏乐不思蜀，就在婆罗国留了下来。黄森屏以他杰出的才干赢得了当地的华侨华人的爱戴，不久，被推为文莱华人的领袖。后来，黄森屏成为婆罗国的统治者，任支那巴坦加总督、总兵和苏丹，实即国王。

黄森屏统治文莱后，曾用几十艘大船载石沉于文莱河口，用土填为地基，在基地上建造了一道石墙和堡垒，称为石堡，至今遗址尚存于加奥朗（Kayadrang）和舍门（chvmin）二岛之间。黄森屏去世后，葬在文莱。他的子孙，世代留居于此，后裔极为显赫。

据文献记载，黄森屏生有一女，于明洪武八年（1375 年）嫁给渤泥（即文莱）第二苏丹阿合曼（Akhmed）。阿合曼去世后，黄森屏的女儿便继位称王，成为文莱国王。此后，文莱国王按女性血缘世系传递。第一位渤泥女王黄氏去世后，将王位传给她与阿合曼所生之女。这位第二代女渤泥国王则嫁给一位从阿拉伯来文莱的酋长阿里。到了 20 世纪，文莱国王已传 20 余代，他们都是黄森屏的女性直系后裔。因此，文莱王室奉黄森屏为始祖，至今文莱仍有"黄总兵墓"，历来受到文莱王室的修葺和祭祀。文莱黄姓显贵昌盛，这是黄姓的骄傲，也是黄姓人在海外的精彩之笔。

4. 菲律宾黄氏后裔

宋元之后，已有黄姓移居菲律宾，明代开始，黄姓移迁南洋者大增。据菲律宾殖民政府 1893 和 1894 年的统计资料：在菲律宾的 10 万华侨中，来自福建晋江、同安、南安、安溪等地的黄姓华侨有数千人之多。在当时菲律宾华人七大姓中，黄姓仅次于陈，排名第二。按安溪参内黄氏谱记载，自明中叶后，福建安溪参内黄氏，便开始大批迁徙南洋。而福建安海黄氏族谱则称，该族有黄中和，生于明嘉靖三十三年（1554 年），后移居吕宋（今菲律宾）。明万历三十一年（1603 年），在参加菲律宾华侨反对西班牙殖民者的大起义中牺牲。菲律宾的古代文献，也记载了早期华人黄氏参加起义的情况。

据《菲律宾华侨史》记载，早期移居菲律宾的黄氏家族，在华侨华人中有很大的势力。16 世纪末 17 世纪初，华侨富商黄康（教名胡安·包蒂期塔·贝拉）为马尼拉华侨领袖，多次担任帕利安（马尼拉华人集居地）华人管理官。他不但富有，而且政治经验和活动能力都很强，在当地华人社会中极有威望。1603 年，马尼拉华侨大起义时，被推举为起义领袖，他因故谢绝了。后来改由他养子孙大领导起义。但在 1603 年 10 月 11 日，西班牙殖民者仍将黄康作起义领袖处死，他的 15000 比索的巨额家产也被殖民当局没收了。

19 世纪中叶，中国封闭的国门被西方列强的大炮轰开，出现了沿海居民移居南洋的高潮。黄姓移居南洋的人数大增，成为南洋各地华侨华人中一支主力军。

菲律宾的黄氏华侨和南洋各族华侨一样，非常热爱祖国，关心支持中华民族的独立，祖国的富强昌盛。

20 世纪初，黄汉杰在菲律宾积极从事民族民主革命。1911 年成立的同盟会马尼拉分会，黄姓华侨中的黄三记、黄汉杰都是创始人或主要领导人之一。1912 年，在菲律宾华侨推选出的 6 个回福建参加省议会的代表中，黄姓华侨就占 2 名，即祖籍福建的黄妈官和黄永甘，他们因对国民的可嘉贡献被授予“嘉禾”勋章。“九・一八”事变后，菲律宾成立了菲律宾华侨救国联合会，黄晓沧是重要的领导人。1936 年菲律宾华侨在怡朗成立了怡朗华侨救亡会，得到怡朗中华商会主要负责人黄鼎铭等人的积极支持。在怡朗华侨救亡会选派输送回国参加抗日的 20 多人中，黄姓华侨便占了 4 名，他们是黄灿煌、黄景熙、黄登保、黄子英。1938 年，菲律宾华侨抗日义勇队一批归国人员 28 人中，黄姓华侨占 3 名，他们是黄长水、黄卓云、黄德锐。1942 年，因从事抗日领导工作遭日军关押的 42 名菲律宾侨领中，黄姓华侨占 4 名，即抗敌会委员黄士琰、黄毓欣、黄海山和抗敌会抵制组的黄念打，其中黄念打、黄士琰均因此牺牲。

菲律宾黄姓出现不少社会活动家。黄义贵就是其中的代表，他担任“菲华商业联合总会”理事的职务，为社会作出了贡献。

5. 印尼的黄氏后裔

明朝灭亡后，曾经进行“反清复明”斗争的大陆沿海黄姓，为避捕杀或株连，便大量流亡南洋。到 1683 年，清朝康熙王朝宣布解除海禁之后，中国沿海黄姓移居南洋者更与日俱增。

据福建晋江《安海金墩黄氏族谱》记载，早在康熙年间，该族第 12 代的黄光辉，原是台湾县学武生，后移居于巴洋中（即印尼）。到 18 世纪中期，黄姓移民在印尼华人中颇有势力，影响也较大。

1740 年至 1743 年，爆发了印尼华侨史上第一次大规模反抗荷兰殖民统治的大起义。这次起义主要领导者便是祖籍闽南的印尼华侨黄班。黄班，又叫黄大班、黄班观，在西方文献中记作施班让 1740 年 9 月，被印尼巴达维亚郊区华人推为起义领袖。他领导的起义队伍从 1000 人发展到 18000 人，起义军多次攻占巴达维亚城（今雅加达市）。到 1741 年 6 月，形势发生了变化，黄班的义军从勿加泗撤退至勃安地区，再经井里汶而进入中爪哇的马打蓝国内，继续坚持战斗。黄班领导的华人起义，得到了马打蓝王室部分成员的支持。1742 年，华侨和爪哇起义军推举玛斯·卡连迪为国王，称阿莽古拉特四世。该国王年仅 10 岁，实际由黄班与该国大臣墨尔达. 布拉等执政，直到 1743 年底，抗荷战争失败，黄班只身逃往猫离国（巴厘岛）。

在近现代，印尼黄姓华侨华人，不仅人数极多，而且积极参加当地华人以及移居国的社会、经济、政治活动，成为在印尼华人以至整个社会生活中极有影响的一支势力，产生了许多黄姓侨领和著名商界、政治人物。1871 年，在印尼日里双溪巴挽种植园，因荷兰工头无理殴打华工，引起黄蜈蜞等五位华工的反抗。黄蜈蜞等五人饮血结拜为共生死的兄弟，誓为工友报仇。他们用镰刀杀死了工头，结果被捕入狱。审判时，资方劝告他们说，只要有 1 人认罪，其余都可以免死。然而黄蜈蜞等 5 人都勇敢地承认人是自己杀的。结果他们在清光绪十八年（1892 年）农历六月初七，在印尼棉兰市帝沙广场被判处绞刑，壮烈牺牲。后来南洋华人为纪念他们，在棉兰市北帝沙建立一座“五祖庙”。庙门上书一对联：“存心结义照千古，赤胆从忠著万年”。

在近代印尼华侨史上，黄氏家族涌现了大批杰出的代表人物。其中，黄志信、黄仲涵父子创立的家族企业“建源贸易有限公司”最为著名。1858 年，23 岁的黄志信因参加太平天国被清廷通缉，为避难随兄长黄信卓、黄卓丕离开家乡福建省同安县，乘船逃往印尼三宝垄落业。1863 年黄志信创立建源栈。经过黄志信、黄仲涵及黄宗宜、黄宗孝祖孙三代的艰苦创业和卓越经营，创造出一个不仅是华侨界，而且也是印尼的最大企业，到 1940 年，该公司资产达 8 亿荷盾，支公司遍布世界各地。1961 年，印度尼西亚政府借故没收建源公司，盛极一时、蜚声世界的建源公司才在印尼消失。但黄氏家族的后人，今天仍在美国、荷兰、新加坡、泰国等地有一定的实力。福建南安华侨黄奕住，于 1888 年赴南洋谋生，后在印尼发迹，经营糖业、进出口和金融业，成为当地著名企业家。1932 年，南洋华侨为支持祖国的抗日斗争，发起了航空募捐运动，黄奕住一次即捐资五万金，购机赠祖国。黄金源，本世纪初在印尼经营糖业，规模大，资金多，生意兴，垄断了当地糖业。本世纪前期，在印尼经营胡椒业的大华侨企业家中，有黄荣业、黄王聪、黄鼎朗、黄巨商，他们几乎垄断了印尼华人的胡椒种植业。其中又以在邦加的黄荣生资本最雄厚，手下工人达2000多名。总之，黄氏家族企业在近百年来为印尼经济贸易和社会发展起了很大的作用。

6. 新加坡黄氏后裔

在近现代史上，新加坡涌现出大批优秀的黄姓华人和家族。

原籍福建闽清县的黄乃裳，因开垦沙捞越（今属马来西亚）的新福州而闻名南洋。黄庆昌、黄祖耀父子，是祖籍福建金门县的印土生华侨，本世纪初，黄庆昌在沙捞越创建黄庆昌公司，专营橡胶、甘蔗及胡椒等土特产。1935年，又在新加坡创建大华银行。今天，黄氏家族的大华银行黄庆昌之子黄祖耀，已拥有30亿美元资产，成为国际性的大银行集团。富贵不忘联宗敬祖。黄祖耀担任了“南洋黄氏总会”副主席、新加坡宗乡会馆联合总会主席、新加坡“江夏公所”名誉总理。黄祖耀还是一位社会活动家，被称为“沙捞越的无冕国王”。

黄奕欢，是新加坡著名华侨，他在华侨、华人社会中很有号召力，影响很大。特别是他的爱国之心早已闻名于世。新加坡前总理李光耀曾称“他是华人社会的一位好领袖”。

新加坡黄姓华侨一贯非常爱国。如孙中山在新加坡筹组同盟分会时，爱国华侨黄乃裳积极响应和支持，为孙中山革命活动筹资达数百万银元。

南洋的黄姓华侨、华人很显盛。他们中不少人担任了新加坡贸易、工业、政务、国会议员等显职，尤其孕育了新加坡国家元首黄金辉总统。其族姓之发达显赫，远在世界各地黄姓之上。

7. 马来西亚的黄氏

黄文彬，是马来西亚华侨界领袖。他祖籍福建。1936年出生于马来西亚沙捞越。初期经营建筑业，后来创办婆罗洲出版有限公司，1970年创办黄文彬企业有限公司。在新加坡和香港拥有许多工商企业。担任马来西亚全国工商联合会领导职务。

黄纪达，是马来西亚华侨界著名的社会活动家。他的祖籍在广东揭西河婆镇。他在马来西亚的乡、社团担任30多个职务，因有功于国家社会，马来西亚政府封赐其为“太平局绅”、“DPMT拿督”勋衔。他个人拥有20多个公司，有“屋王”、“河婆三杰之一”的誉称。他对祖国家乡教育事业很热心，揭西县城纪达中学由其独资捐建。

马来西亚的华侨支持祖国进行抗日战争，作出了重大贡献。1938 年 10 月 12 日，日军在大亚湾登陆，东江地区沦陷。东江籍华侨惊悉这一国破家亡的消息后，纷纷行动起来，救国救乡。侨居南洋英荷属殖民地的惠州籍华侨，在黄适安、黄伯才等发动和组织下，于 1938 年 10 月 30 日，在马来亚（今马来西亚）吉隆坡召开了代表大会，成立了“南洋英荷两属惠侨救乡委员会”（简称“惠侨救乡会”），推举侨领黄伯才为主席，派出黄适安等三人为代表到香港，与香港惠州籍团体（香港惠阳青年会、“余闲乐社”等）的代表，商讨决定在惠阳成立“东江华侨回乡服务团”（简称“东团”）。确定以“动员东江群众协助军队及人民武装抗战，并救护伤员，赈济难民及辅导民众组织各种救亡团体”为宗旨。同年 12 月下旬，“东团”总部在香港设立办事处，负责与“惠侨救乡会”联系，动员组织华侨和港澳爱国青年回乡参加抗战。1939 年 1 月，“东团”在淡水正式成立，叶锋和刘宣被选为团长和副团长。

1939 年初，“惠侨救乡会”回乡慰问团四到东江视察灾情，并开展慰问和救济工作。他们首先到宝安县坪山慰问“惠宝人民抗日游击总队”。受到曾生总队长的热烈欢迎。他们在坪山视察看到纪律严明，军民打成一片，指战员们生龙活虎，倍加称赞，增强了他们的抗战信心和热忱。此后，他们把抗战的希望寄托在人民抗日武装身上，不仅在精神上、财力物力上大力支持华南东江人民抗日部队，而且把自己的儿子送回来，参加东江纵队。

1939 年 2 月 25 日，“惠侨救乡会”在吉隆坡举行第二次代表大会。为了进一步支援祖国抗战，大会决定发动第二次募捐。会后，南洋各地华侨积极响应号召，掀起了抗日救亡捐献的热潮。富有的人一次捐出几百元至上万元；一般工人、店员、职员节衣缩食，献出每月工资收入的 5% 至 10%；有的妇女把自己的积蓄、首饰甚至订婚戒指都捐献出来。把募捐所得款项的 40% 献给新四军，40% 献给惠宝人民抗日游击总队，20% 作为惠州难民救济费。1939 年春，海外华侨寄给宋庆龄转交给曾生部队的捐款，一次就达港币 20 万元。

1939 年上半年，吉隆坡爱国侨领黄伯才和张郁才先生出资，以黄志强为队长，由 13 人组成的“东江华侨回乡服务团两才队”吉隆坡各界侨胞集资，以黄义芳（黄炜然）为队长，由 73 人组成的“东江华侨回乡服务团吉隆坡队”和“加影队”、“星柔队”、“士毛月队”，以及“北马华侨回国服务团”等华侨子弟队伍相继回国，参加东江人民抗日战争。南洋和港澳有1000多青年回东江参加抗日战争。他们在长期的民族解放斗争中，有许多华侨爱国青年的热血洒遍南粤大地，染红了祖国山河。政治指导员黄密、短枪队队长黄志强等，为了祖国的独立、民族的解放事业献出了宝贵的生命。烈士们用自己的鲜血，谱写出海外黄姓华侨爱国主义光辉壮丽的诗篇。

8. 美国的黄氏后裔

黄姓移居美国，是从鸦片战争之后开始的。当时到美国谋生的中国人，主要来自粤、闽两省，广东为多，福建次之。在广东则集中在新宁、开平、新会、恩平四县，而这“四邑”移居美国的黄姓又特多。

旅美黄姓在各埠社团组织的成员中得到反映。1850年，成立美国华侨社团“四邑会馆”时，黄姓的人数最多；1854年，由广东新宁县华侨创建于三藩市（即旧金山）的“宁阳会馆”，在26个姓中，黄姓位居榜首；1876年，由开平、恩平两县侨民在旧金山成立的“合和会馆”，黄姓也在七大姓中排名第二，人数仅次于周姓。直到现在，在全美华裔各姓宗亲中，黄姓人数仍在各姓之上，位居首席。

黄姓在美国的华人社会中，不仅人数多，而且在老侨界和整个华人社区中势力最大。在旧金山华人社团“宁阳会馆”中，商务董事职员由20个姓组成，黄姓占11人；在“肇庆会馆”中，黄姓商董占4名，是占商董人数最多的。在全美华人最大的侨团、早期旅美侨总机构“美国中华总会馆”中，黄姓也颇有势力。清末宣统二年（1910年），中华会馆总董事之职即由“宁阳会馆”的黄公越担任。到民国元年（1912年），来自“阳和会馆”的黄商湖任中华会馆总董事。早期中华会馆内，各派各姓之间时有争斗，有伤和气。自从黄商湖就任总董事之后，以团结为重，晓之以理，动之以情，弥合各派，整饬馆务，从此根除了会馆的分派内斗现象。在现代全美华人社团最高领导机构“纽约中华公所”，由来自“宁阳公所”的黄剑农荣任第12届主席。来自潮州的黄兴忠，担任南加州广东同乡会的顾问，同时又是旧金山潮州同乡会的主要负责人。祖籍广东台山的华人黄锦波，现任美国洛杉矶市的“海峡两岸交流会”荣誉顾问。

在美国的黄姓华侨、华人，都能保留中华民族的家族文化传统，重视同宗血缘关系，追根念祖，喜欢聚族而居。为了联络同宗乡谊，团结本姓族人，互助互利，黄姓华侨、华人在各埠建立了本族姓的宗亲社团组织。早期成立的黄姓宗亲社团有两个：即“黄江夏堂”和“黄云山公所”，均设三藩市。“黄江夏堂”成立于1875年。至1907年，新建了一座4层楼的“黄江夏堂”。大楼堂馆在旧金山天后庙街。“黄云山公所”于1912年12月3日在旧金山天后庙街建成新楼。后来，由于子孙的繁衍和移民的增多，美国各埠也先后组建宗亲社团。如纽约的黄姓华侨于民国元年（1912年）建立了纽约“黄江夏堂”。

为了有利管理，便以开展侨团活动，在本世纪中期建立了统一的全美黄氏宗族团体。1942年，以原“黄江夏总堂”为基础和“黄云山公所”合并，统一为“黄江夏堂云山总公所”，1967年更名为“旅美黄氏宗亲总会”，简称“黄氏宗亲会”。会址仍设在旧金山天后庙街。该会以“互助互利，争取权益福利，联络乡谊，扶助同宗发展”为宗旨，得到全美黄姓华侨华人的拥护。今天，除纽约和三藩市外，在美国的屋仑、沙加缅度、斐士那、洛杉矶、凤凰城、西雅图、波特仑、丹佛、芝加哥、缅城、克里夫兰、霍斯敦、美京、纽约、波士顿、费城、诺福克等州市，建立了20多个分会，有近2万名会员。他们的分支机构遍布全美各华人聚居地，成为全美人数最多的姓氏社团之一。黄氏宗亲会在美国侨界和华人社区颇有影响，历来为争取华人的平等地位、华人的权益和社区的发展都作了不懈的努力，得到各界的好评。目前该会黄氏元老有黄仁俊、黄湛礼、黄北寿等都还健在。黄氏宗亲总会自1942年举行首次恳亲大会以来，每三年举行一次例会，坚持至今不断。

今天，在美国华侨华人社会中，黄姓除参加经济活动外，还积极参与美国社会的政治和文化活动，培育了许多优秀人物。在本世纪20年代，产生的第一批4位美国华人艺术家，由于他们的杰出表演，赢得了全国的承认。在这4位艺术家中，黄姓就占了二位，是黄耐霜和黄宗霈。黄宗霈是狄奥斯卡金奖的第一位华籍最佳摄影师。美籍华人科学家黄诗厚，现任纽约大学科学院院长。美国华社首领黄培润，祖籍广东台山，连任全美安良工商会总理。历任全美黄氏宗亲会总长、全美华人福利总会理事，促进华埠繁荣而为人们称道。著名画家黄磊生，祖籍广东台山，1928年生，现任美国东方艺术协会最高荣誉顾问、美国中华艺术学会理事长。祖籍广东台山的黄锦波，现任美国嘉瑞市市长。美国大陆第一位华人法官黄锦绍，出任洛杉矶市法官。著名银行家黄仲元，1929年出生于上海。他提倡“一切为了顾客的方便”的理论。他是里根竞选的智囊，后任白宫国际高级顾问。祖籍梅县南口的客家华人黄挺华，现任美国国务院法律顾问助理。黄姓培养了大批精英，是中华民族的骄傲。

此外，纽约华人商会会长黄毕华（广东鹤山人）、副会长黄汉（广东梅州人）和《侨报》社长等侨居异国他乡的炎黄子孙，他们都有着拳拳赤子之心，非常热爱祖国，十分关心改革开放大业，企盼祖国日益繁荣昌盛。

9. 美、欧、澳洲的黄氏

在美洲、澳洲和欧洲各地的黄氏华侨、华人也颇为兴旺发达。涌现出一批优秀的分子，取得了可喜的成就。

加拿大有黄景培，祖籍广东台山，1942年生于加拿大，加籍华人。曾任加拿大安大略省自由党部首任主席、安省议员和能源部长，成为加拿大历史上第一位省级华裔部长。黄家正，著名华人工程师，获加华业联合1991年度“优异奖”。

黄彦斌，温哥华著名学者，1991年获“拿破仑杰出成就奖”。

厄瓜多尔有黄雪鹏，1977年出任厄瓜多尔中华商会会长。

巴西有黄植文，曾任巴西华人协会会长。

玻利维亚有黄依娇，生于1928年，福州市人。1958年居玻利维亚拉巴斯。从事外交工作。曾任玻利维亚国驻台北总领事。1987年出任玻国驻广州首任总领事，其丈夫为副领事。她一生坎坷，历尽艰辛。她有坚强奋斗、济贫扶弱的精神，在海外华人中享有威望。

澳大利亚有黄清林，现任澳大利亚维州中华协会第六届主席。黄正胜，获1991年度“澳大利亚民族商业成就奖”。黄肇强和黄德荣，著名澳籍华人作家，均在1991年荣获澳大利亚首届“拿破仑杰出成就奖”。

新西兰有黄星光，著名华侨，现任新西兰华侨联合会执行委员和执行主席。

在欧洲，黄姓移民知名人士也不少。黄明山，现任法国潮州同乡会会长。黄送，现任英国华人社团“伦敦共和协会”首席副会长。黄顺经，祖籍广东，是卢森堡著名女钢琴家。

四、黄姓文化

（一）黄姓郡望

根据有关资料及近年来有关考察情况，中国历史上的黄姓郡望名族甚多，分布全国各地，如江夏黄、零陵黄、汉东黄、上谷黄等称呼，而江夏、零陵是郡望；汉东、上谷是堂号。后来也有郡望和堂号混用等情况，表示某地一个姓氏的家族来源。现择其中较为著名者以作介绍。

1. 临江黄氏

中国黄姓在春秋前期（公元前 648 年）经历了亡国之难后，沉默了 300 多年，到战国时期，出现了黄歇这位楚国宰相人物，给沉默的黄姓带来声威和光彩。黄歇家族的发达显贵，大有黄姓在亡国之后重振复兴之势，然而战国末年，黄歇家族因蒙遭李园灭族之祸，黄姓人又纷纷逃散，黄姓的发展又进入低潮。到了秦汉之际，黄姓的发展又走出低谷，出现了一些杰出的黄姓人物和兴旺显贵的黄姓家族。西汉初临江黄氏黄极忠家族的兴起，可说是首开黄姓复兴之先河，从此以后，黄姓便逐渐崛起，长盛不衰。

临江黄氏地属今湖北江陵县域，临江黄氏的开基肇始人是西汉邔侯黄极忠。有资料记载，黄极忠为黄歇之孙。是黄歇的直系后代。黄极忠初为绿林人物，勇猛善战，在秦末农民起义中乘势揭竿而起，成为一支义军头目。西汉建立后，黄极忠顺应时势，拥护西汉中央王朝，在随刘邦剿灭各异姓“诸王”中立下功勋，特别在消灭九江王英布的战斗中，立下汗马功劳。公元前 196 年，黄极忠因功被刘邦封为邔侯，食邑一千户。黄极忠死后，由其子孙相沿世袭，此邔侯国生存 80 余年，至汉光武帝时（公元前 116 年）因故被废。史载，至公元 1 年时，汉平帝又封黄极忠后代黄敞为关内侯，这支黄极忠家族显贵时间长达整个西汉时期，形成了较为著名的临江黄氏。其后这支临江黄氏望族逐渐衰落，渐渐消失不闻。黄极忠临江黄氏首开黄姓复兴之先声，在黄姓历史上是有特殊意义的。

2. 淮阳阳夏黄氏

西汉中期，又有淮阳阳夏黄氏黄霸家族的崛起，从而重振黄姓声威，中国黄姓以淮阳阳夏黄氏的崛起为标志，才真正走出低谷，步入兴旺。从此以后，黄姓便长盛不衰，直至今日成为全国第七大姓。

淮阳阳夏黄氏，其郡望圣地在今河南太康县，这一黄氏家族因产生了黄霸这一英杰人物而显赫一时，闻名后世。

黄霸为西汉宣帝时宰相，受封建成侯，任过多年地方官，史称他“外宽内明，长于治民”，“治行为天下第一”。明代思想家李贽评论说，“自西汉王朝建立以来，治理地方成就最大者，莫过于黄霸”，后世将黄霸视作封建“循吏”的代表人物。

据黄姓史谱资料记载，黄霸出自春申君黄歇长子黄尚之后，是黄歇的直系后裔。黄霸的子孙非常兴盛，分居多处，支派甚多。除第六子黄刘一支留居在淮阳阳夏故地外，一支分居于陕西云陵（今淳化县），一支迁居杜陵县（今陕西长安县东北），另有一支居住黄霸封地建成侯国（今河南永城县），还有一支子孙居住在黄霸的成名地颍川（今河南长葛县）。汝南慎阳黄氏也是黄霸第三子黄宏一支，东汉时，这支汝南慎阳黄氏因产生出一位才倾天下的大才子黄宪而闻名于世。

3. 江夏黄氏

在黄姓历史长河中，地位最尊、影响最大的黄氏宗族是江夏黄氏，如今海内外数千万黄姓子孙，都无不认宗江夏，将江夏黄氏尊崇为黄姓人的共同郡望和发源圣地。

江夏黄氏这支黄姓宗族世居江夏安陆（今湖北云梦县一带）。江夏黄氏形成较早，至少在东汉之前已经形成，还很可能形成于战国时期，即为黄国灭亡后的某一支黄国遗民所创建形成。也有说法是西汉宰相黄霸的子孙所创建形成，说法不一。

江夏黄氏以黄香而闻名，也以黄香为大始祖。黄香为东汉时宰相，人称他“江夏黄童，天下无双”，黄香才倾天下，又是中国“二十四孝”之一人物。黄香死后，归葬家乡江夏安陆源口，其墓在今湖北省云梦县北郊 15 里。黄香的儿子黄琼，曾孙黄琬，都是当朝贤臣名相人物，其后裔子孙备极昌盛，代为冠族，形成了声威显赫的江夏黄氏，尊奉黄香为江夏黄氏大始祖，如今江夏黄氏的子孙后人，已遍布全国，散布世界。

在江夏黄氏的发展过程中，又直接衍生出了南阳黄氏、沔阳黄氏、盱江黄氏、巴西黄氏、新安黄氏、信州黄氏、光州固始黄氏等郡望分支。特别是由江夏黄氏间接衍生出的金华黄氏和邵武黄氏两大支派郡望名族，后裔子孙极其兴旺发达，又进一步地衍生出十分众多的宗族支派，遍布全国，走向世界。可以说，绝大多数的黄姓支派，莫不直接或间接地来源于江夏黄氏。所以，如今海内外数千万的黄姓人众，都认宗江夏，以江夏黄氏为黄姓人共同的郡望发源圣地，“万派朝宗江夏黄”。

4. 金华黄氏

金华黄氏是黄姓的巨族大派，开基于东晋初年，其郡望属地在今浙江金华市浦江县一带，所尊始祖为黄芯。

据史料记载，江夏黄氏大始祖黄香的九世孙黄积，于东晋初年从江夏来到新安（今安徽歙县），开创了新安黄氏。黄积次子黄芯，又从新安迁居婺州浦阳（今浙江金华市浦阳县），后繁衍形成著名的金华黄氏。另外，也有从江夏到南阳、盱江而后又来到金华的一部分黄姓人群，成为金华黄氏的组成部分。

金华黄氏发展到五代两宋时期，宗族日益繁衍兴盛，新的分支族派竞增，其中有五大分支最为著名，也使金华黄氏以五大支派而著称于世。这五大支派为：①郯县黄（今浙江嵊县）；②丰城黄（今江西丰城县）；③弋阳黄（今江西弋阳县）；④监利黄（今湖北监利县，实为江西清江县）；⑤分宁黄（今江西修水县）。五大支派的后裔最为显赫兴荣，所以，世人以此五大支派为金华黄氏代表，称为“金华黄氏五大族”。宋元以后，金华黄氏又分衍出 70 多个大小分支，使金华黄氏成为江夏黄氏之后最大的黄姓郡望发源圣地。

金华黄氏是名人大出的族派，如：北宋大文学家、书法家黄庭坚，南宋大学者黄震，南宋名臣黄度，南宋第一个奏劾秦桧投降卖国的驸马大臣黄龟年，元朝时文学家黄溍，清初思想家、史学家黄宗羲，以及创建中华民国的第二开国元勋黄兴等，都属金华黄氏族中之人。

5. 邵武黄氏

邵武黄氏是可与金华黄氏比肩的又一黄姓巨族大派，同为江夏黄氏衍生分支。邵武黄氏郡望属地在今福建邵武县，开创于东晋初年，基本与金华黄氏同时。邵武黄氏，是由来自固始和信州的两支江夏黄氏后裔，以及来自盱江的一些江夏黄氏后裔落籍发展而形成。

据有关史料记载：其一，东汉末年，江夏黄氏始祖黄香的第5代孙黄侃，从江夏迁居于光州固始（今河南固始县），后裔兴旺发达，形成著名的固始黄氏。黄侃的第6世孙黄裳，在两晋之际，从光州固始迁徙到福建邵武县落籍（今邵武市和平镇坎兴村黄家村），其子孙在此地繁衍兴旺，黄裳则成为邵武黄氏早期一派的始迁祖，也是中古时期福建的最早开发者。

其二，东晋时江夏黄氏人物黄广，曾任总兵大元帅，两晋之际，为避战祸，黄广便将家族从江夏祖地迁到江西信州（今江西上饶市），升族拓业，成为后世的信州黄氏。信州黄氏到第7代黄志（黄香13代孙）时，黄志又将家室从江西信州迁到福建邵武（今邵武市禾坪乡鹳薮）落籍，成为邵武黄氏中的又一重要宗派。这支从信州迁来邵武的黄氏，后裔十分地兴旺发达，据说后来成为邵武黄氏大显祖的黄峭山，便是这支黄姓的直系后裔。

其三，另有一部分从江夏分支盱江来到邵武的黄姓人，也成为邵武黄氏的组成部分。

总之，是由固始黄姓人、信州黄姓人和盱江黄姓人先后来到邵武落籍发展，共同形成了著名的巨族大派邵武黄氏。

到了唐代后期，邵武黄氏中出现了一个杰出的人物叫黄峭山，他有21个儿子，100个孙子，13个孙女，334个曾孙，116个曾孙女，创造了一个古今罕见的巨大家族。更为惊人的是，在黄峭山80岁那年（951年）春节刚过（正月初二），他强令几百子孙离开故乡之地，任寻境地，另立基业，自谋发展。这一壮举成为千古奇谈。也正由此，邵武黄氏散布全国，走向世界，分析出更多的分支宗派来。如今，海外华侨华人黄氏、港台黄氏，以及福建、两广、云贵、巴蜀等黄氏中的众多黄姓人众，都尊奉黄峭山为血缘大显祖。

邵武黄氏也是名流辈出的族派，如北宋时名臣黄履，北宋晚期著名书法家黄伯思（黄履之孙），南宋宰相黄潜善，清末杰出诗人、思想家、外交家黄遵宪等，都是邵武黄氏中人。

6. 南阳黄氏

南阳黄氏是汉魏之际，较早从江夏黄氏中分离出来的一支。

据江浙各黄姓家谱记载，南阳黄氏的开基始祖，是黄香之孙黄守亮，为黄琼长子。黄守亮官任南阳太守时，家室也随迁至此，后子孙定居落籍，遂形成后来的南阳黄氏。著名的三国名将黄忠，便是这支南阳黄氏的优秀人物。黄忠死后，葬在湖南益阳县毛立坪桂香桥。南阳黄氏源远流长，在发展过程中，子孙不断散向各地，有一支迁居思明府（今广西宁明县），后裔加入当地壮族，形成了著名的思明府壮族土司黄氏家族。

南阳黄氏还有两个著名的分支：其一是零陵黄盖家族。黄盖是三国时名将人物，零陵黄氏也因此闻名遐迩。零陵黄氏是从黄盖祖父辈时，从南阳迁徙零陵落籍的，黄盖死后，孙权又因黄盖之功，赐黄盖之子黄柄为关内侯爵位。再后，其家族衰落，渐渐湮没无闻。

其二是淮南黄祖家族。黄祖也是三国时一员名将，是汉末刘表的心腹大将，曾任江夏太守，他是黄忠之弟黄贲的孙子。东吴帝孙权的父亲孙坚，就是在追赶黄祖时被箭射死，从此黄祖家族便与东吴政权结为世仇，黄祖也最终与东吴战杀而死，其子孙也多被东吴所杀，后裔衰弱无闻。

7. 分宁黄氏

分宁黄氏属金华黄氏分支的五大族之一，分宁黄氏因产生出一位北宋时杰出的大诗人、大书法家黄庭坚而闻名天下，成为当时整个黄姓宗族中最优秀、最杰出的一支。

分宁黄氏地属今江西修水县，史称分宁黄氏来自金华，为金华五大族之一，分宁黄氏开基始祖是黄玘，应是江夏黄氏始祖黄香的第 27 代孙。黄玘为唐末五代人。南唐末年随子黄瞻从金华浦阳徙居江西分宁，落籍在分宁双井村，死后葬此，其后裔便世代聚居于此，日久天长，衍生成宋元时期黄姓中最优秀的一支——分宁黄氏。

分宁黄氏传到第 5 代时，同族兄弟 13 人中，竟有 10 人为进士，时人誉为“十龙”，分宁黄氏至此显出辉煌。到了第 7 代时，分宁黄氏产生了黄庭坚这一英杰人物。黄庭坚是“江西诗派的创始人”，号称北宋“四大书法家”之一，后人将他与苏轼并提为“苏黄”。

如今，在江西修水县双井村，仍完好地保留有黄庭坚墓陵。黄庭坚，标志着金华黄氏分支分宁黄氏的发展已臻极盛，也标志着整个黄姓已进入最辉煌的时期。

黄庭坚之后，分宁黄氏从此衰落，明清以来数百年，人才凋零，家声不振，再没产生出名倾天下的人物，但是分宁黄氏却人丁兴旺，子孙蕃昌，进而分生出众多的分支宗族。浙江义乌黄氏便是分宁黄氏的一派分支，兴创于南宋初年，传至第8代时，出了个杰出的人物，即元朝大文豪黄溍，名列元代“儒林四杰”之中，在中国文学史上有重要的影响和地位。

同时，黄庭坚的子孙也很兴旺发达，黄庭坚有一子六孙，后发展衍生出六个分支家族。史载，今湖南长沙县内的“善化经铿黄氏”，便是黄庭坚的一支后裔，因产生出一位仅次于孙中山的英杰人物黄兴而闻名中外，也给黄庭坚及分宁黄氏——金华黄氏有锦上添花之妙，也是整个黄姓宗族的极大光彩。

8. 余姚黄氏

余姚黄氏属地在今浙江余姚县境，为金华黄氏五大族中的郯县双井黄氏一派的分支，中国历史上伟大的启蒙思想家黄宗羲就是余姚黄氏中的人物。

余姚黄氏兴起于南宋初年，开基始祖叫黄万二。据记载，黄万二初随父居于庆元府城（今宁波市），1130年金兵南下，黄万二在战乱中与家人失散后，便移居浙江余姚竹桥，从此开创余姚黄氏之先河。余姚黄氏宗族发展很快，家族日益壮大，很快成为当地巨姓大族。几百年来，余姚黄氏产生了许多优秀子孙，留名青史，特别是明末清初黄宗羲父子的杰出成就，使余姚黄氏名扬四海。

黄宗羲的父亲黄尊素是余姚黄氏的第16代孙，因极力弹劾大奸臣魏忠贤被奸党迫害而死，时称“东林党七君子”之一，黄尊素的忠烈事迹，为余姚黄氏赢得了莫大的荣誉。黄宗羲的两个弟弟黄宗炎、黄宗会，都是才华名人，是清初著名学者，弟兄三人被时人称为“浙东三黄”。

黄宗羲为余姚黄氏第17代孙，被列为“清初三大儒”之一，是清初著名的思想家和史学家，著述甚丰，在中国历史上首倡民主思想之学说，是一位在我国历史上占有重要地位和影响的人物，为余姚黄氏增添了无限光彩。

余姚黄氏后裔发达，又有众多人外迁他处，另立基业，据统计，现在已知余姚黄氏有分支38处之多，子孙散居各处，更显昌盛光大。

9. 宁化客家黄氏

客家人是中华民族中一个优秀的人群共同体，它是两晋至两宋时期，不断南迁的中原汉族移民，来到闽粤赣交界地带，长期集居于此而形成的一种特殊群体。客家人以其刻苦耐劳，刚强弘毅，辛勤创业、团结奋进和勇于开拓进取的“客家精神”而闻名于世。客家黄氏也是整个客家人中最重要、最著名的一支族姓。

福建宁化客家黄氏的开基始祖是黄峭山的第九子黄化。951 年，黄化按照黄峭山的要求，带领本房家室离开故乡，从邵武禾坪来到宁化落籍，成为一支著名的宁化客家黄氏。宁化客家黄氏传到第 6 代南宋初年，出了个宰相大臣黄潜善这一人物，使这支黄氏成为当时整个黄姓中最显赫尊贵的家族。黄潜善有九个儿子，其九子的后裔又备极兴盛，更显宁化客家黄氏人多势众，分布广泛。

地处今天广东梅州市的嘉应客家黄氏，便是福建宁化客家黄氏的一个重要分支。嘉应客家黄氏传到 10 余代的明朝末年，有一位叫黄文蔚的裔孙，又从梅州分出，在嘉应城东的攀桂房落籍，后形成著名的攀桂房客家黄氏。

这支攀桂房客家黄氏，在清末之际产生了一位杰出的人物叫黄遵宪。黄遵宪是我国近代史上著名的思想家、外交家和杰出的诗人，是对中国历史产生影响的人物。由此，也使攀桂房客家黄氏家族声威大振，声名远扬，使整个客家黄氏又增荣光。

10. 莆田黄氏

莆田黄氏地属今福建莆田县，也是黄姓氏族中最兴旺优秀的一支。莆田黄氏始祖为唐末监察御史黄滔。据史料记载，莆田黄氏来自河南光州固始，当年黄巢起义时，黄滔家被火焚，黄滔便于兵乱之时，迁居福建莆田县落籍。后黄滔以文学儒士入为闽王王审知幕府，成为王审知政权的座上嘉宾，又因其以辞赋闻名，而成为东南儒士的首领人物。黄滔子孙兴旺发展，便形成了闻名天下的莆田（或莆阳）黄氏。

莆田黄氏到南宋时，出现了一位状元人物黄公度。

黄公度生于北宋大观三年（1109 年），南宋绍兴八年（1138 年）高中状元，使得莆田黄氏声名大震。黄公度出士为官期间，正值秦桧奸臣当道。黄公度一生虽官位不高，但其文名极高，他长于文学，被后人称为“人品既高，词理亦胜”。他的状元夺第，更为莆田黄氏带来极大荣誉。黄公度的后裔繁盛发达，也多以文章勋业传家。

莆田黄氏因子孙发达，分支颇多，是我国东南方处的黄氏望族，也是黄姓中兴旺优秀的一支，南宋时著名学者黄绩、黄仲元等，即是这支黄氏族中之人。

11. 渠阳黄氏

渠阳黄氏地属今湖南靖州苗族、侗族自治县。渠阳黄氏兴起于南宋初年，是金华黄氏五大族之一的丰城黄氏的一个重要分支，尊奉南宋初著名忠臣驸马黄龟年为始祖。

据载，黄龟年是丰城黄氏的第7代孙，自幼聪颖过人，19岁考中进士，后被招为驸马娶北宋哲宗之女为妻，成为大宋驸马爷人物，曾历官太常博士、监察御史、殿中侍御史等要职。进入南宋初年，他以忠君爱国之心，第一个力劾大奸相秦桧，至使秦桧落职。

因功又升任太常少卿、起居舍人、中书舍人兼给事中等职，他以驸马身份兼居要职，权倾当世，显赫天下。后来又遭秦桧报复诬陷，被贬职回乡居住。

再后来，黄龟年奉召带兵平叛辰州苗王吴太玉起义后，率兵回驻渠阳（今湖南靖州渠阳镇），因喜爱渠阳山青水秀，加之痛恨秦桧当道，便拒不回京，后死葬渠阳，其子孙也大都留居渠阳。黄龟年有10个儿子，居住渠阳的有9个，9个儿子又生52个孙子，繁衍形成渠阳黄氏。

渠阳黄氏有一个显著的特点，即虽无大显大贵，但其人丁却极为兴旺发达，至民国时，渠阳黄氏家族内分393房，散居于湖南、贵州、四川、广西4省15县，人数已达10余万，成为金华黄氏乃至整个黄氏中的一个闻名支派。

12. 黄膺派邵武黄氏

在福建邵武黄氏的许多分支中，黄膺派黄氏是最为著名的一支。

据史料记载，黄膺派邵武黄氏的始祖为黄膺。黄膺为唐中叶时期人，原籍河南光州固始，后迁居福建邵武，其子孙后裔形成黄膺派邵武黄氏一大分支。这支黄氏非常显贵，北宋时曾产生了宰相名臣黄履和大书法家黄伯思，以及南宋时封侯大臣黄中等名流人物。该家族因此名扬天下。

黄履，字安中，北宋哲宗、徽宗时历任御史中丞、尚书右丞、资政殿大学士等要职，成为参政国事、权倾一时的大臣，后受封会稽郡公。黄履之孙黄伯思，是北宋后期杰出的书法家，“各体书法，皆至绝妙”。南宋时名臣黄中，也是该支派黄氏后人。黄中为南宋绍兴五年榜眼（进士第二名），历官起居郎兼给事中、兵部尚书、端明殿大学士等职，受封江夏郡开国侯，是两宋之际著名的主战派大臣。黄中死后，儒学大师朱熹特为他撰写墓志铭。其后，黄膺派子孙中也不断出现有达官显贵之人物。

13. 善化经铿黄氏

“善化经铿”地所，在今湖南长沙县金抗桥。善化经铿黄氏，隶属于著名的金华五大族之一的分宁双井黄氏一派，是北宋大诗人、大书法家黄庭坚的一支后裔，善化经铿黄氏因产生了黄兴这一伟人而名扬天下。

据家谱资料记载，经铿黄氏的开基始祖名叫黄国璋，原籍江西泰和县，于明朝初年将家室迁至湖南善化落籍，其后裔发展为善化黄氏。到第9代时，族中出了位高官名臣黄洽中，曾任北京户部郎中、山西太原知府、吏部左侍郎等职，有治理之才，政誉甚佳。黄洽中的出现使善化黄氏声威大震，成为湘中望族。因黄洽中晚年长居善化经铿，所以，此后这支黄氏家族便号称“经铿黄氏”。善化经铿黄氏到了第19代孙，产生出一位光辉伟大的人物黄兴。黄兴被誉为辛亥革命的实际领袖和中华民国的第二开国元勋，是仅次于孙中山的伟大人物，是他与孙中山携手，推翻了清王朝，结束了中国几千年的封建时代，开创了中华民国的新纪元，是中华史册上彪炳千古的人物。黄兴这一伟人的产生，使善化经铿黄氏一跃成为举世瞩目的望族，成为我国近代史上最著名、最杰出的黄姓家族。黄兴之后，这个著名家族仍久盛不衰，至今依然名人不断，族势强劲。

14. 少数民族黄氏

在我国少数民族中有着大量的黄姓人众，其历史悠久而古老。追溯其源，历史上少数民族黄姓的产生，完全是汉族黄姓与各少数民族融合同化的结果。现对较为著名的几支少数民族黄氏作以介绍。

（1）黄洞蛮黄氏

中国历史上最著名的少数民族黄氏，莫过于黄洞蛮黄氏，它兴起于南北朝时期，兴盛于唐朝中期，是由汉魏时期南方蛮越黄氏发展演变而成，主要分布于湘南衡阳至五岭之间的山林地带。

唐代时黄洞蛮黄氏不断强盛，加之唐王朝不断加重赋役剥削，唐至德元年（756 年），黄洞蛮首领黄乾曜率众起义，一呼百应，拥众 20 余万，先后攻陷桂管十八州，席卷广西等地数千里，声势浩大，并建立了政权，黄乾曜自号中越王，公然与唐王朝分庭抗礼。起义坚持四年之久，759 年唐王朝派大军镇压，经过大小 200 余战，才将起义镇压，黄乾曜被杀。而后，唐王朝为了稳定统治，还让黄乾曜的子孙为首领，可见黄洞蛮黄氏之势大人众。

此后经过几十年的发展，黄洞蛮黄氏势力又急剧强盛，794 年，黄洞蛮首领黄少卿、黄少高兄弟，在广西再次起义反唐，声势甚大，攻占十八州地区，与唐王朝对立达 30 多年，有力地打击了唐王朝统治。直到 30 多年后，唐王朝才终于平叛镇压了这次起义，收复了黄氏占有的十八州属地。

这次起义失败，黄洞蛮黄氏受到沉重打击，从此一蹶不振，黄氏势力大为削弱，黄氏族人大多奔走逃散。一部分南逃至越南，成为今日越南京都的大姓；一部分逃散于贵州、湖南，成为后世的布依族黄氏、侗族黄氏；未出逃留居的黄洞蛮黄氏余部，其后裔则演变为今日的广西壮族黄氏。可以说，历史上的黄洞蛮黄氏，曾拥有一段辉煌的历史，如今中国南方各少数民族中的黄姓人群，绝大多数都是黄洞蛮黄氏的后裔子孙。

（2）壮族黄氏

壮族是我国人口最多的少数民族，我国的少数民族黄氏，也以壮族黄氏最为兴旺发达，不但人众势大，而且人才辈出。

壮族中的黄氏，大多是隋唐时期的黄洞蛮演变而成，也有一部分是宋明时期汉族黄姓融合同化壮族而来。到了宋元时期，壮族黄姓开始复兴强盛，成为当地壮族人民的统治者，许多有势力的壮族黄氏，被封建王朝授予土官、土职，成为“黄氏土司”。到了明清之际，壮族黄氏出现了辉煌盛世，涌现出许多势大显贵的分支家族，如：思明府黄氏家族、思明州黄氏家族、上石西州土司黄氏家族、江州黄氏家族、忠州黄氏家族、上思州黄氏家族、迁隆洞土司黄氏家族、奉议州、向武州土司黄氏家族，以及武缘起凤黄氏家族，等等。

壮族黄氏在产生许多势大显贵的支派家族的同时，也产生了众多的优秀人物。如：清朝嘉庆年间著名的学者、诗人黄体正，名列《中国少数民族名人辞典》；清朝道光年间著名才子诗人黄体元，传世诗文有 260 多篇；太平天国时重要将领黄玉昆，因功受封卫国侯；响应太平天国起义的黄鼎凤，亦名黄山，立寨据山，拥众5万，自立为建章王；中法战争期间的爱国将领和诗人黄焕中，文武全才，今存诗作270多首；清末民国初年的黄明堂，人称“八哥”，早年加入同盟会，多次参与和组织革命暴动，是我国近代资产阶级民主革命的元老之一；亿万巨富的大实业家黄奕励；共和国诗人、民间文艺家黄勇刹，以毕生精力，对壮族民歌进行收集、整理，为壮族文化作出了卓越的贡献，等等。以上这些人物，都是壮族黄姓的精英分子，他们在为中华民族作出了贡献的同时，也为壮族黄氏增添了光彩，为整个黄氏姓族增添了光彩。

（3）土家族黄氏

土家族黄氏也是土家族中的巨族大姓。土家族黄氏与壮族黄氏同源，他们同是战国时期南下的黄国遗民的后裔。

当时被迫南下的黄国遗民中，有一部分向湘、鄂、川交界区带迁徙，他们加入当地人队伍，至今则演变成土家族中的黄氏宗族。

这支土家族黄氏日益强大，到唐宋之时，已发展成为土家族中的巨族大姓，并成为某些地区土家族的统治者。至元明两代，封建王朝在少数民族地区建立起土司制度，让土著民族自己管理自己。这时，那些人众势大的土家族黄氏大家族，便成为当地土司、土官，成了当地的统治者。

据史料记载，元明清之际，土家族黄氏中最著名的家族有：湖广施州土司黄俊家族，湘西麦着黄洞土司黄氏家族、湖广沙溪土司黄氏家族等，他们都为当地的开发和文明进步作出了贡献。

（4）鼎州回族黄氏

在我国的少数民族回族中也有黄姓家族，今常德市“回回街”（原名沙河街），有200多户回族，其中黄姓居多，如今该黄姓回族，仍是湖南常德市回族的重要组成部分。回族中的黄氏，是中古时期汉族黄氏人员信奉回教，与回族人通婚等原因融入到回族而形成的。

据幽燕堂《黄氏家谱》记载，鼎州回族黄氏的开基始祖名叫黄大昌，原籍顺天府固安县（今河北固安县）团舍村人，信奉回教。黄大昌生于明洪武三年（1370年），明永乐二年（1401年），因功被赐迁常德卫左部厅，来鼎州（今常德市）上任。来任不久，黄大昌在领兵平定湘西苗族起义战斗中身亡，死后被明王朝追赠为奋武将军。

黄大昌来鼎州时，家室一同从固安迁来，他死后，其子孙便留居下来，繁衍成后世的常德回民鼎州黄氏。后来，该回族黄氏又有许多后裔子孙离开常德，向外地另开基业，如今，至少在河北、陕西、湖北、四川、云南、广西等省地，都分布有鼎州回族黄氏族人。

鼎州回族黄氏在整个回族中，是一个人口相对较少的族姓．还排不上“回回八大姓或回族十三大姓”。虽然算不上回族中的巨族大姓，但也形成了其独特而有影响的回族黄氏。

15. 台湾黄氏

今天台湾的黄姓人众，主要是明清时期闽粤之地黄姓移民的后裔。黄姓自元朝以来，便是福建地区的大姓，由于地域靠近台湾，又加之黄姓人素有的勇于开拓精神，所以，在明清之际，有大批黄姓人员迁来台湾，为台湾的开发做出了不可磨灭的贡献。

经过数百年的移民及繁衍，到如今，黄姓已发展成为台湾人口最多的姓氏之一，有“陈林半天下，黄郑排满街”的说法。据 1970 年台湾出版的《台湾地区人口之姓氏分布》，以及最近的统计资料表明，如今在台湾的 1027 种姓氏中，黄姓位居十大姓之一，排在第三位，仅次于陈林两姓，人口达 130 万，约占台湾总人口的近 4. 5%。台湾的黄氏家族，主要集中在澎湖列岛和台湾西海岸的沿线地区，另在台东地区分布也较多。黄姓人在台湾建立了统一的宗族社团组织，即“台北市黄氏宗亲会”。

台湾黄姓中也产生了众多的优秀人物，如：清末义军首领黄荣邦，是位深明大义的英雄，他出身绿林，率义军抗日，在与日军战斗中壮烈牺牲；黄朝琴，是台湾台南县人，曾任台北市市长，又是作家和外交家，是国民党时期台湾的政要名人；台湾政界名流黄信介，曾连任两届台湾民进党主席，是当时“泛美丽岛系”的领衔人物，等等，其黄姓优秀人物不可尽述，也是整个黄氏族人的荣光。

（二）黄姓谱牒

黄姓谱牒源起于何时，史籍中没有明确记载，传说早在商朝，便有陆终第四十四代孙黄成德，创修最早的黄氏宗谱传后。商周时期，黄国已是一个独立的小邦，作为一个国家，已有专门记录黄国王族历史和世系的谱牒了，因而商周时期便应有黄姓谱牒。

传说战国末年楚相春申君黄歇也曾删改增修黄氏族谱，并将谱系上呈御览，又亲自制定了黄姓最早的字派。汉魏之始，门第始兴。谱牒学也于此时开始发达起来。江夏黄氏，这时才开始有确实可信的家史族谱在民间流传。六朝隋唐是中国谱牒之学始盛时期，但因为当时黄姓的衰落，黄氏族谱也就不见于《魏书·官氏志》和《新唐书·宰相世系表》等官方正史，仍在民间流行。

直到宋代，随着黄姓的兴旺，出现了黄氏谱牒的繁荣。各地黄氏纷纷立祠修谱，家传、谱序，多见于当时名人文集中。

明清以来，黄姓谱牒之学更加发达，长盛不衰。这一时期的许多族谱，至今仍被流传和保存下来。"文革"破"四旧"时期，大陆中断修谱，许多谱牒也遭焚毁，而港台、南洋则未曾中断，许多家谱还被公开出版发行。如台湾即于1961年、1964年、1965年曾有黄氏族谱公开出版。近年来，在大陆内地兴起了修谱和寻根之热。

目前，有较大价值的黄姓族谱，一是《竹桥黄氏族谱》20册，民国十五年浙江余姚"惇伦堂"第五次重修。该谱修撰极精，卷首有大理学家王阳明的序，又载有自西汉丞相黄霸以后历代名人画像计80幅。族谱体例，"寓纪事于编年，以世表为伦次"。编年、世表之外，又另立列传一门，入传者有81人之多。此谱现存浙江余姚市梨洲文献馆。二是《经铿黄氏家谱》，该谱为清光绪"敦睦堂"第七次修谱，计30卷，现存武昌辛亥革命纪念馆。三是《禾坪黄氏大成宗谱》4卷，清光绪十五年版，是研究邵武黄氏的重要史料，现存当地黄峭山裔孙处。四是《渠阳黄氏世谱》18卷，1989年湖南靖州黄氏总祠"江夏堂"第八次重修，是研究南宋大臣黄龟年家族的重要史料，主要流传于湘黔地区。现保存于全国各地图书馆和民间的黄氏族谱有：

黄姓家谱北京大兴·黄氏顺天支谱不分卷

藏地：中国科学院图书馆　美国。

（清）黄承林纂辑，清光绪十八年（1892年）刊本，一册。

上海崇明·黄氏家乘二十二卷

藏地：上海文化管理委员会　美国。

（清）黄汉荣修，清同治九年（1810 年）务本堂刊本。

吉林黄氏诚正堂伯房祖宗世系一卷

藏地：江苏苏州市图书馆，清钞本，一册。

江苏丰县·九华堂黄氏族谱十卷

藏地：江苏丰县顺河乡黄庄村。

（清）黄墩，康熙四十七年（1708 年）石印本。

上海·金山黄氏族谱

藏地：中国国家图书馆　日本　美国。

（清）黄玢、黄端履编纂，清宣统二年（1910 年）上海中国图书公司铅印本，二册。

江苏江都·维安阜洲黄氏重修谱十二卷

藏地：中国国家图书馆　美国。

（民国）黄承崑修、刘崇泉纂辑，1931 年中宜堂活字本，十二册

上海嘉定·重辑［上海］黄氏雪谷公支谱

藏地：江苏常州市图书馆（存 1、3、4 卷）

（民国）黄士焕重纂，1948 年三鑫印务局铅印本。

江苏南通·黄氏支谱不分卷

藏地：江苏南通市图书馆。

（清）黄世谦编，清光绪二十四年（1898 年）敦礼堂刻本，一册。

江苏江阴·青旸黄氏宗谱二十二卷首一卷

藏地：吉林大学。

黄震宏修　黄淡佳编辑，1947 年立木堂活字本，二十册。

江苏海门·黄氏家乘

藏地：苏州大学（存二册），木刻本。

浙江杭州·武林黄氏宗谱

藏地：美国。

清光绪间礼耕堂钞本，一册。

江苏武进·浮桥黄氏宗谱二十卷

藏地：日本　美国。

（清）黄元鹏续纂，清咸丰二年（1852 年）木活字本，二十四册。

浙江余杭·黄氏宗谱四卷

藏地：浙江余杭县文化管理委员会。

清光绪二十七年（1901 年）木活字本。

江苏武进·毗陵黄氏宗谱十二卷

藏地：中国国家图书馆。

（清）黄敦懿等修，清光绪十一年（1855 年）敦本堂活字本，八册。

浙江萧山·黄氏族谱三十卷

藏地：中国科学院图书馆（残缺三册）。

清嘉庆五年（1800）萃焕堂刊本，四十三册。

江苏武进·毗陵东直黄氏玉林公宗谱四卷

藏地：日本　美国。

（清）黄永全等重修，清光绪十五年（1889 年）木活字本，四册。

浙江萧山·黄氏备遗录附昭潜录二卷

藏地：日本　美国。

（清）黄春林等编，清嘉庆十二年（1807 年）萃涣堂木活字本，一册。

词翰续录二卷

藏地：中国国家图书馆。

黄伯英编辑，1925 年萃涣堂活字本，四十四册。

浙江·萧山埭上黄氏家谱三十卷

藏地：浙江省图书馆（存二十五卷）。

（清）黄尊编，清道光六年（1826 年）刊本，二十一册。

浙江鄞县·四明石桥黄氏宗谱十四卷首一卷末一卷

藏地：浙江宁波天一阁文物保管所。

（民国）陈宪曾、黄敬贤等纂修，1917 年世锦堂木活字本，十四册。

浙江·萧山埭上黄氏家谱三十卷首一卷续寻一卷搜遗寻一卷翰录四卷备遗录二卷词翰续录二卷

藏地：中国国家图书馆　浙江省二十册图书馆　日本美国。

（清）黄中咸等修，清光绪二十一年（1895 年）萃涣活字本，三十二册。

浙江慈溪·湖山黄氏宗谱八卷首一卷末一卷

藏地：上海图书馆册刻本，二十册。

（清）黄博汝、黄时清重修。清光绪二十六年（1900 年）木刻本。

浙江慈溪·湖山黄氏宗谱八卷

藏地：浙江慈溪县档案馆（存二卷）。

（民国）王醒华、黄恒泰纂，1936 年刊本。

浙江象山·马坡黄氏谱一卷

藏地：浙江象山县文化管理委员。

1917 年望烟堂活字本四册（民国）屠耀台续修 1921 年钞本。

浙江绍兴·会稽陈村黄氏宗谱十卷

藏地：中国国家图书馆。

（清）黄培清等续修，清同治十一年（1872 年）五桂堂活字本，十册。

浙江象山·溪沿黄氏族谱一卷

藏地：浙江象山县文化管理委员。

（清）鲍之交新修，据清嘉庆十六年（1811 年）钞本。

浙江绍兴·会稽陈村黄氏宗谱十卷

藏地：中国国家图书。

（清）黄秀甫等续修，清光绪二十七年（1901 年）五桂堂活字本，十册。

浙江象山·黄氏宗谱一卷

藏地：浙江象山县文化管理委员。

清光绪十八年（1892 年）木刻本。

浙江绍兴·汤浦岭下黄氏宗谱四卷

藏地：河北大学。

（清）黄锡元修，清同治七年（1868 年）木刻本，四册。

浙江·兰溪柏山黄氏宗谱四册

藏地：浙江兰溪县伯社乡井头村。

1928 年木刻本。

浙江·兰溪金黄氏宗谱六卷

藏地：浙江兰溪县展山乡何夏庄。

1940 年木刻本。

浙江绍兴·会稽汤浦岭下黄氏宗谱四卷会图书馆

藏地：中国国家图书馆。

（民国）黄永和、黄大堃等重修，1917年望烟堂活字本，四册。

浙江省浙江·兰溪蛟湖黄氏宗谱十卷

藏地：浙江兰溪县新周乡（二部，其一残）。

1940年木刻本。

浙江·临海黄氏宗谱

藏地：浙江临海县博物馆（存卷1、5、6、13）。

（清）黄瑞纂，清光绪十一年（1885）刻本。

浙江·兰溪黄氏宗谱三卷

藏地：浙江兰溪县朱家乡。

1919年木刻本。

浙江·临海芙蓉黄氏宗谱十二卷首一卷

藏地：浙江临海县博物馆（存卷10），浙江临海县桃渚乡芙蓉村（存卷首1）。1917年木活字本。

浙江义乌·赤山黄氏宗谱三卷

藏地：浙江金华市文化管理委员会（存卷1）。

琴堂等纂修，清光绪十四年（1888年）馀庆堂木刻本。

浙江常山·黄氏宗谱一卷

藏地：浙江常山县毛良坞乡溪源山村。

（清）吴敬先重修，清光绪十年（1884年）木刻本。

浙江·义乌黄氏宗谱四卷

藏地：中国国家图书馆。

黄庆荣等重修，1928年活字本，四册。

浙江常山·黄氏族谱一卷

藏地：浙江常山县东鲁乡林坂坞（不全）。

（清）谢耕来重修，清光绪十四年（1888年）木刻本。

浙江衢县·东坑仓黄氏宗谱三卷

藏地：浙江衢州文化管理委员会。

（民国）黄金声修，1943年顺德堂木活字本，一册。

安徽祁门《左田黄氏宗派图》1册

（宋）黄天衢修，明末清初刻本。

安徽歙县《新安黄氏横槎重修大十年续编刻本宗谱》6 册

（清）黄茂待等编，乾隆十七年刻本。

《虬川黄氏重修宗谱》4 册

（清）黄开蔟修，道光年间刻本。

《横林黄氏宗谱》15 卷首末各 1 卷 10 册

（清）黄宪安等纂，道光十年（1830 年）黄氏宝善堂木活字印本。

浙江绍兴《陡亹黄氏宗谱》4 册

（清）黄善经编，光绪二十年（1894 年）活字本。

《黄氏家谱》6 册

（清）黄炳辉修，光绪二十年（1894 年）五桂堂木活字本。

《续修旌北黄氏宗谱》6 卷首末各 1 卷 8 册

（清）黄圣伟等修。道光三十年（1850 年）叙伦堂刻本。

《黄氏宗谱》14 卷首末各 1 卷凡 16 册

黄廷枢等修，民国二十五年（1936 年）五桂堂六修活字本。

广州《黄氏家乘》6 卷卷首 1 残存 4 册

（清）黄培芳编，道光二十七年（1847 年）广州纯渊堂刻本，缺卷 3 及卷 6 之后半卷。

江西《豫章黄祠四修主谱》8 册

（清）黄祖络纂，光绪二十五年（1899 年）敦睦堂刻本。

广州《黄氏家乘》6 卷

（清）黄培芳等辑，黄鲸文等续编。道光二十七年（1847 年）刻本，光绪三十年（1904 年）续编刻本。

广西《武缘东乡黄氏家乘纂》一册

黄诚沅辑，民国十一年（1922 年）铅印本。

河南梅溪里黄家石祭《黄氏族谱》册 5 卷首末各 1 卷凡 6 册

（清）黄普怡纂，光绪八年（1882 年）活字本。

广西《粤西武缘起凤黄氏家乘》1 册

黄诚沅辑纂，民国二十三年（1934 年）铅印本。

长沙经铿《黄氏支系考》1 册

（清）黄仁济编，光绪间家刻本。

广东《南海学正黄氏家谱》残 2 册

（清）黄仁恒撰，宣统二年（1910 年）保碎堂刻本。

《练西黄氏宗谱》14 卷凡 4 册

黄守恒纂，民国四年（1915 年）铅印本。

《黄氏族谱》1 册

黄文浚编，民国时抄本。

《黄氏雪谷考谱》10 卷凡 2 册

黄土焕纂，民国十二年（1923 年）铅印本。

《上海竹冈黄氏宗谱》3 卷凡 1 册

黄宗麟纂，民国十三年（1924 年）铅印本。

以上 20 谱均藏北京图书馆。

浙江诸暨《黄氏家谱》

（清）黄之伟编，黄始上订定，光绪己亥聚斯堂刻本。

浙江《黄氏家谱》

清道光六年（1826 年）黄氏萃涣堂刻本。

以上 2 谱均藏浙江省图书馆。

浙江余姚《竹桥黄氏宗谱》20 册

藏地：余姚市黎洲文献馆。

余姚黄氏惇伦堂民国十五年（1926 年）五修刻本。

长沙《经铿黄氏家谱》30 卷

藏地：武昌辛亥革命纪念馆。

（清）黄沄主修，光绪壬辰第七次重修本。

湖南常德回族《黄氏家谱》6 卷凡 4 册

藏地：武汉大学图书馆。

（清）黄家楠等修，乾隆五十八年黄氏幽燕堂木刻本。

湖南《黄氏四修族谱》10 卷

（清）黄绍昌等修，同治六年（1867 年）江夏堂刻本。

《湖南黄氏世谱》5 卷凡 2 册

（清）黄石珊编，光绪二年（1876 年）刻本。

《粤西武缘起凤黄氏家乘》1 册

黄诚沅辑，民国二十三年（1934 年）南宁大成印书局，铅印本。

《南海学正黄氏家谱》

（清）黄仁恒编，宣统二年（1910 年）刻本。

以上 4 谱均藏湖北省博物馆。

长沙《河头黄氏四修族谱》50 卷首末各 1 卷残存卷首

（清）黄连镌修，民国十年（1921 年）活字本。

《湖南黄氏祠馆纪略》5 卷末 1 卷残存 1 册

清刻本。

《湘东黄氏二修族谱》18 卷首 1 卷凡 13 册缺 1 册

黄起腾等修，民国二年（1913 年）木活字本。

长沙《黄氏族谱》4 卷卷首 2 卷

（清）黄家焠等编，光绪十四年（1888 年）江夏堂木活字本。

长沙《黄氏三修支谱》6 卷，残存 2 册

黄遵型修，民国十二年（1923 年）刻本。

长沙《经铿黄氏伯宣公支谱》10 卷凡 11 册

黄寿鹏修，民国十八年（1929 年）华阳堂木活字印本。

宁乡《泉塘黄氏八修族谱》残 1 册

民国十七年（1928 年）泉源堂刻本。

长沙《春华山黄氏重修族谱》6 卷卷首 1 卷

黄庆达修，民国二十二年（1933 年）活字本。

湖南湘乡《黄氏六修族谱》32 卷卷首 4 卷残存 3 册

（清）黄大德修，道光二十九年（1849 年）滘福堂刻本。

长沙《黄氏支谱》2 卷卷首 2 卷残存 3 卷

（清）黄远贤修，道光十一年（1830 年）江夏堂刻本。

湘乡《黄氏南陂公房三修宗谱》7 卷残 1 册

（清）黄楷盛修，同治五年（1866 年）永思堂木刻本。

浏阳《浏西黄氏三修族谱》25 卷首末各 1 卷残存 1 册

（清）黄坤震修，光绪二十年（1894 年）江夏堂活字本。

湘乡《石门黄氏续修族谱》12 卷首 1 卷残存 1 册

（清）黄裕亭编，咸丰十一年（1861 年）第一堂木刻本。

湖南宁乡《沩宁义城黄氏族谱》12 卷残 1 册

（清）黄克知修，咸丰八年（1858 年）永庆堂活字本。

湘乡《黄氏四修族谱》9 卷卷首 2 卷残存 9 册

黄遇恩编，民国二年（1913 年）刻本。

宁乡《黄氏五修族谱》残 1 册

民国七年（1918 年）活字本。

湘乡《街华头黄氏燕霄房支谱》残 1 册

民国八年（1919 年）活字本。

湖南《黄氏五修族谱》残 1 册

民国三十五（1946 年）年刻本。

湖南《湘阴东江黄氏四修世谱补》8 卷首末各 1 卷残 2 册

黄昌燮修，民国三十七年（1948 年）活字本。

湖南常德《黄氏五修族谱》残 1 册

民国六年（1917 年）江夏堂刻本。

湖南益阳《黄氏五修族谱》残 1 册

民国七年（1918 年）江夏堂木刻本。

湖南沅江《黄氏四修族谱》12 卷首 2 卷凡 14 册

黄合源编，民国三年（1914 年）活字印本。

湖南汉寿《黄氏六修族谱》残 2 册

民国三十六（1947 年）年刻本。

沅江《昔氏五修族谱》残 1 册

民国三十六（1947 年）年刻本。

湖南安化《黄氏五修族谱》残 1 册

民国七年（1918 年）刻本。

安化《黄氏五修支谱》4 卷首末各 1 卷残存 1 册

民国二十二年（1933 年）江夏堂刻本。

以上 26 谱均藏湖南省图书馆

湖南《中湘黄氏四修族谱》26 卷

（清）黄昭琇掌修。同治五年（1866 年）敦睦堂刻本，藏湖南省社会科学院图书馆。

湖南湘阴《黄氏世谱》40 卷首末各 1 卷凡 26 册

民国二十六年（1937 年）刻本册。

湘阴《黄氏族谱》11 卷凡 10 册

清同治庚午年黄氏江夏堂刻本。

湖南《善化经铿黄氏控逐纂支事实》1 册

民国时手抄本。

以上 3 谱均藏湖南省图书馆。

福建泉州《临海黄氏家谱》1 册

清光绪三十二年（1906 年）抄本。

《安溪参内二房黄氏族谱》1 册

清光绪十二年（1886 年）重修抄本。

《永春燕山十房水阁黄氏族谱》残 1 册

《崇武文献黄氏家谱》2 卷凡 1 册

明崇祯间重修抄本。

《桃源蓬莱黄氏族谱》5 卷凡 5 册

民国三十七年（1948 年）重修铅印本。

《长乐江夏环峰黄氏家谱》8 册

清光绪三十三年（1907 年）刊本。

以上 6 谱藏于福建图书馆及晋法、龙溪地区各县的图书馆。又选载于《闽台关系族谱资料选编》。

《黄氏族谱摘略》1 册

清光绪间抄本。

《黄氏族谱》1 册

黄进财编，民国五十年（1961 年）排印本。

《姓氏与黄姓源流考》1 册

黄阿新著，民国五十三年（1964 年）台湾排印本。

《黄氏宗谱》1 册

郑福财编，民国五十三年（1964 年）台湾排印本。

《黄氏会通谱》21 卷凡 4 册

（明）程天相等修纂，弘治四年刊本、弘治十二年增刊。

广东香山《黄氏家乘》6 卷凡 6 册

（清）黄培芳编，道光二十七年（1847 年）广州纯渊堂刻本。

《黄氏家谱》1 册

黄基正编，民国五十四年（1965 年）台湾排印本。

以上 7 谱为台湾公藏族谱。

广东香山《黄氏家乘》6 卷残存 4 册

（清）黄培芳编，道光三十年（1850 年）重订木刻本。

香山《黄氏家乘续编》2 册

（清）黄鲸文等编，光绪二十四年（1898 年）增补木刻本。

香港新界《沙头角黄氏族谱》1 册

影印本。

以上 3 谱藏香港大学冯平山图书馆。

吉水《城东黄氏重修家谱》

清乾隆四十五年（1780 年）刻本册。

江西金溪《双井黄氏族谱》

民国六年（1917 年）续编木刻本。

江西临川《樟峰黄氏宗谱》

四川武隆《黄氏族谱》1 册，手抄本

四川三台县《黄氏族谱》

1988 年续修手抄本。

福建邵武《禾坪黄氏大成宗谱》3 卷卷末 1 卷

光绪十五年（1889 年）刻本。

重庆江门县《黄氏族谱》

光绪十六年（1890 年）木刻本。

四川江北县《黄氏家谱》6 卷

（清）黄裕瑛修，嘉庆十二年（1807 年）木刻本。

江西吉水《鹤薮黄氏族谱》

（清）黄叔显编修，刻本。

江西吉安《分宁双井黄氏宗谱》清刻本。

广州《黄氏族谱》

黄士俊修，（明）天启二年（1622 年）手抄本。

湖南靖州《渠阳黄氏世谱》18 卷凡 18 册

黄费大主编，1989 年第八届新修打印本。

福建漳浦《黄氏族谱》

（明）黄道周编，崇祯十年（1637 年）重修本。

湖南靖州《渠阳黄氏（七修）世谱》

黄铖主修，民国二十四年（1935 年）刻本。

香港《黄氏族谱》

黄岳编，1954 年铅印本。

湖南宁乡泉塘《箭楼黄氏族谱溯源》1 卷凡 1 册

黄秋舫撰，民国二十年（1931 年）黄氏敦厚堂版本。

广东《黄氏族谱》

（清）黄国梁修，乾隆四十六年（1781 年）刻本。

广东潮州《黄氏族谱》1 册

黄步升编修，1991 年综合重增油印本。

《箭楼黄氏族谱》21 卷卷首、末各 1 卷凡 21 册

黄秋舫总纂，民国二十年（1931 年）黄氏敦厚堂刻本。

湖南城步大古《黄氏族谱》

黄汉凉等修，民国十二年（1923 年）刻本。

江西萍乡《黄氏族谱》

《渠阳黄氏城步世谱》7 卷首 1 卷凡 1 册

黄大就主修，1986 年打印本。

江西修水《黄氏宗谱》

民国三十年（1941 年）重修木刻活字本。

以上 25 谱，现流传于中国民间，由湘、赣、闽、粤、桂、川等地黄氏族人保存。

福建《莆阳凳溪黄氏家谱》

福建惠安《锦田黄氏》

福建建阳《重修黄文甫公族谱》

邵武《勋潭黄氏族谱》

闽县《文山黄氏家谱》

福建《虎邱义山黄氏族谱》

以上6谱，藏于福建省图书馆、福建师大图书馆等处。见引于陈支平《近500年来福建的家族社会与文化》一书。

江西《黄氏重修族谱》

江西《表郡黄氏族谱》

江西《万载黄氏族谱》

江西《宜黄北山黄氏族谱》

江西潭溪黄祠《黄氏族谱》

《萍北视田黄氏族谱》

江西《窗前黄氏族谱》

以上7谱均藏江西省图书馆。

（三）黄姓名胜古迹

1. 黄国故城

位于今河南省信阳市潢川县西北6公里淮水之南、潢河西岩的隆古乡。黄国故城遗址至今仍在，是2006年公布的全国重点文物保护单位。城址位于淮河南岸，小潢河之西，平面呈长方形。其城墙长度：东墙1650米，西墙1550米，南墙1800米，北墙1720米，周长6720米。墙宽10－25米，基宽59米，残存高5－7米。已可确认的城门遗迹有3处，其中西墙中门墙体加宽，且内凹呈“U”字形，显然与春秋时期战争频繁，加强城门防御有关。城墙系夯土筑成，夯土中包含有西周晚期或春秋早期遗物。城墙四周有护城壕，东、西、北城墙外的城壕遗迹尚在，壕宽约36米，低于现地表1－3米许。

城内中部沈店村附近有一夯土台基，俗称“黄君台”，平面呈方形，残高2－3米，面积约13000平方米，地表散存较多板瓦、筒瓦、瓦当及陶器残片，并有铜镞、蚁鼻钱出土，当系宫殿区所在。黄君台的遗存，也是古代高台建筑的见证。

在黄君台上偏东南有一保存完好的池塘，被当地人称为“天池”。“天池”呈椭圆形，有砖石围栏绕“池”而建，“天池”西侧围栏边立有“天池遗址”石碑。“天池”是由昔日黄国贵族使用的两座“莲花井”的水源融汇而成的。“天池”久旱不涸，四季一泓清水，现已成为黄国故城水游览区的重要景点之一。“天池”正南方约1公里处是龙湖水库；正南方约0.5公里处，有保存相当完整的黄国故城的南城墙；西北方100米处，是“战国四君子”之一的春申君——黄歇之墓。

在故城内发现青铜冶炼、制造作坊12处之多，出土有青铜礼器和镞、戈、矛、剑等兵器残片。城内发现的多处水井颇具特色，除常见的圆形竖穴土井外，还有陶圈井、木圈井和竹圈井。

经勘查，故城附近曾多次发现古黄国文物。1975年还在老李店水库发现了青铜礼器和兵器。黄国故城遗址已收入《中国名胜大词典》和《中国名胜辞典》，1987年被河南省政府公布为省级重点文物保护单位，2006年被国务院公布为全国重点文物保护单位。

2. 黄氏祖庙

又称古黄国历史文化陈列馆，坐落在河南潢川黄国故城内。2009年由中国侨联常委、中国侨商会常务副会长、世纪金源集团董事局主席、福建江夏黄氏源流研究会会长黄如论先生捐资2300万元兴建而成。祖庙由前后两层大殿组成，仿大明宫式建筑，配以回廊、牌坊、世纪石柱等附属建筑，长295m、宽165m、主体建筑12.6亩，祖庙总占地73亩。所用石材1万平方米、木材1300余方、天然石柱14根、龙柱14根、石狮2个、石方柱46根、琉璃瓦片14车。

黄氏祖庙由福建华美建筑设计院董事长、福建江夏黄氏源流研究会常务副会长黄致宏先生亲自设计。后殿供奉着陆终、黄歇、黄霸、黄香等黄氏列祖列宗。前殿主要展示出土的古黄国青铜器、玉器等黄国文化。祖庙古朴典雅、庄严雄伟，是海内外黄氏儿女寻根拜祖、追思先贤、文化研究、宗亲联谊的圣地所在。

3. 稷益庙

位于今山西新绛县城西南40华里的阳王村。稷益庙俗称阳王庙，是供奉后稷和伯益的庙堂。伯益又称柏翳，相传为大禹之臣，因佐禹治水有功，后受封建立黄国。伯益的后裔非常兴旺发达，是当今黄姓的最主要族源，如今绝大多数黄姓人众都把伯益尊奉为血缘大始祖人物。后稷为周朝的始祖，被称为“谷神”，在发展农牧业方面有巨大贡献，深受世人爱戴。稷益庙创建年代不祥，明弘治十五年（1502年）又扩建重修。现存正殿、舞台均为明代原构，这种建制形制是我国戏剧发展史上的重要实物资料。正殿内东南西三壁满布壁画，内容丰富，画工精巧，多为歌颂其二人在农、牧、狩猎、治水等方面的功绩，是明代壁画中的佳品。

4. 黄君孟夫妇墓

位于信阳市光山县城宝相寺。新中国成立前，黄国青铜器已有出土，但缺乏明确的出土地点。20世纪70年代，在豫南潢川的磨盘山、罗山高店发现了黄国贵族墓葬，出土有铭文青铜器，印证了文献记载的黄国地望。这些墓仅为黄国一般贵族墓葬，出土遗物不多。1983年4月10日，河南省光山县宝相寺上官棺岗砖瓦厂取土时发现的黄君孟夫妇墓，才正式揭开了黄国神秘的面纱。

黄君孟是春秋早期的一位黄国君主。黄君孟夫妇墓地的葬具两套棺椁，每套葬具均由外椁、内椁和棺组成。盖侧四周饰朱红漆波曲纹，头档、足档和侧板口下及两侧饰朱红漆绘菱云纹。整套葬具内外椁厚重结实，棺木制作考究，黑漆彩绘，显示出墓主高贵身份。

黄君孟夫妇墓出土随葬器物精美，计有铜器、玉器、石器、竹器、漆木器及麻、丝织品共计7类242件。在黄君孟夫妇墓出土的这批随葬品中，青铜器制作精美，保存完整通体光亮，基本无锈。一些器物性质特别，较为罕见，且多数铸有铭文，有“黄君孟”、“黄夫人孟姬”字样，说明墓主人是黄君孟和他夫人孟姬。玉器也很精美，其品种繁多，玉质较好，制作精良，纹饰华美，显示了墓主人身份的尊贵。竹排箫和绢类织品在河南还是首次发现。这座黄国国君墓，为研究春秋早期江淮地区小国君主埋葬的棺椁制度、服饰和随葬物等方面的问题提供了珍贵材料，对研究黄国的历史也具有重要的价值。

5. 黄季佗父墓

位于信阳市光山县城郊，距黄君孟夫妇墓165米，属春秋中期墓葬。1988年6月发掘，亦为土坑竖穴墓，墓上原有高约10米的封土堆。墓坑近方形，东西长5.5米，南北宽5.3米，方向正东。墓内填土为青膏泥，坑内置单棺单椁，棺盖饰黑地朱红彩绘窃曲纹。该墓随葬铜、陶、玉、石器196件。遗物中的陶鬲和4种形制的陶罐，为春秋中期考古增添了陶器标准器；

110 件金属弹簧器，不仅为研究春秋中期生产力发展水平提供了难得的实物资料，而且否定了英国人于 1500 年最早发现并使用螺旋弹簧器的观点。

6. 春申君黄歇墓

春申君的葬地，地方文献记载不一。一说春申君死后葬于黄国故地（今河南省潢川县），现位于黄国故城内黄君下西北部的桃花园内，墓为一大土堆，高约 2 米，周长约 20 米，土墓边缘有一残碑，是吉鸿昌将军驻守潢川时为春申君所立之碑，上面“楚春申”几字尚清晰可见。墓的正南面竖有一石碑，正面刻有“春申君黄歇之墓”，背面刻有春申君生平简介。2010 年，由全球客家崇正总会一期捐资 50 万元人民币兴建了“春申君黄歇公陵园”，主要有四大组成部分，一是汉式门楼、门阙和牌坊；二是春申君大型雕像（铜质）；三是碑林、石像生；四是春申君墓地。

一说春申君黄歇死后被葬在他的封邑即故吴墟，据《江阴县志》记载，春申君墓在江苏省江阴县北门外，至今这里仍有墓庐，且为全国重点文物保护单位。

另据禾坪谱、鹳薮谱、潮州谱、三台谱、岳池谱、武隆谱、威信谱等多种族谱之说，黄歇死后，归葬于江夏县黄鹤乡仁义村，墓向为乾山巽向，夫人李氏墓在其右，为戊山辰向。并说黄歇与夫人墓前至今有石人、石马、石狮、石象等时刻存在；还有一石，上刻黄歇遗诗一首，极言当时之富贵显耀。其诗曰：“少年初拜太长秋，半醉垂鞭见王侯。马上把鹦三市闹，袖中携剑五云游。玉霄金结迎归院，锦绣红妆拥上楼。昨日庭中亲灵宅，碧溪流水对门头。”

另据方志和各种族谱记载，春申君墓还有多处：安徽省淮南市赖山春申君墓，距寿县城 12. 5 公里。墓为一大土堆；衣冠墓在江阴君山椒君薨，后所封邑之，诸民无不思恩怀惠，至楚求其柩而葬之不可得，后乃奉其所遗衣冠以王礼葬下；淮南谢家集、李郢孜镇建成大型墓冢；湖北荆门市沙洋区，有一座直径三十米墓葬为黄歇冢；苏州浒墅关西真山战国贵族墓挖出“上邦相墓”，即春申君墓，“内有上邦印”；武汉江夏区郑店黄歇墓。这些墓冢估计应是黄歇各支后人为了纪念其先祖而各自设立的义冢。

7. 春申君祠庙

在苏州城王洗马巷，又名黄歇庙。春申君封吴，常住姑苏。他精通水利，测出太湖地势高于姑苏，便增辟葑门水陆城门，封闭胥水门，使胥江之水绕道入城，以分减水势，同时，又在城内开凿许多纵横交错的小河道，使河水贯穿全城，既有利于排泄洪水，又有利于水上交通，对苏州的发展作出了巨大贡献。苏州人民为了纪念他的功德，曾多次修庙供奉。现在的春申君庙始建于明初，重建于清代同治年间，有大殿、戏台等建筑。

另在无锡惠山麓，相传秦始皇末年时所建，本为春申君祠，后改庙，刘宋时封忠安王，唐垂拱间封为土神显应之庙，至宋代累封忠安顺应威显英济王，明封忠安王庙，上有春申涧，下为春申里港口，黄埠墩亦以春申君姓得名。

另在上海市松江区新桥镇的春申村，相传是当年春申君治理黄浦江的“指挥所”，春申村建有春申祠。

另在苏州市景德路，有三国东吴名将周瑜活动旧址的雍熙寺改作城隍庙，祭祀春申君。

8. 黄忠墓、黄忠祠

在成都市西郊、武侯祠附近。黄忠，字汉升，三国南阳人。刘备平定南部诸郡时，黄忠归附，成为蜀汉名将。墓前有黄忠祠。因为黄忠曾为刘备立下赫赫战功，所以这里存有歌颂其功绩的对联：“北伐数中原，溯汉中王业所基，惟公绩最；西城留墓道，与昭烈庙堂相对，有此祠高。”

9. 黄香墓

位于许昌禹州市郭连乡黄台寨村孝山岗上，现存墓冢高 5 米，周长 32 米，墓前原有碑，此碑已佚，据清康熙年《钧州志》等记载此处为黄香墓。黄香，字文强，湖北安陆人。九岁丧母，事父至孝，历史上把他称为“孝子”，被列为民间俗传的“二十四孝”之一。他通佛典，善文章，汉和帝年间官至尚书令。一生勤于政事，忧公如家，晚年坐事被免职，随他的儿子黄琼来到禹州。死后葬于孝岗之上。现在黄香墓的墓冢仍然存在。墓前原有一通大石碑，上刻“汉尚书令黄香之墓”，此碑目前已佚。黄香墓 1958 年就被公布为禹县文物保护单位。

另一说，黄香去世后，归葬故里江夏安陆源口，墓在今云梦县城北郊十五华里。据孝南区董永街黄桂庭老人所存之敦本堂《黄氏宗谱》记载：该墓为清康熙四十九年新安派裔孙置地重建，墓前有湖广总督郭世龙加建的石牌坊，墓园占地八亩，墓碑高七尺，宽二尺五，上刻：“汉孝子魏郡太守尚书令黄公讳香字文疆府君之墓”。乾隆年间的礼部侍郎吴省钦任湖北督学时来云梦凭吊黄香墓，还吟诵“粹质涵江夏，高文启汉京。一堂尊始祖，百步表佳城。婉娈垂髫岁，殷勤奉枕情……”十二韵五言排律，表达对黄香的敬仰之情。

10. 黄叔度墓

位于正阳县城关镇，墓坐北向南，现墓冢高约 3 米，周长 26.8 米，墓基一周砌有高 0.5 米的护墙，前有墓碑两通，东侧为唐碑，西侧为清乾隆十七年（1752 年）墓碑。唐碑，素面，高 2.4 米，宽 0.76 米，厚 0.17 米，碑阳正中题镌“汉黄叔度墓”五个大字，左下侧题款“颜真卿书”四字。清碑，高 2.5 米，宽 0.76 米，厚 0.17 米，碑阳面正中题镌“汉黄征君墓”五个大字，左下侧题款“会稽后学南渠沈浯敬书”十个小字，均为楷书。碑阴刻“碑记”全文，记述黄叔度所著《天禄阁外史序》。总论为歌颂黄叔度人品高尚，德行不朽。碑刻字迹清秀，端庄有致，堪称书法佳品。具有很高的历史、艺术和科学价值。2008 年 6 月被河南省人民政府公布为第五批重点文物保护单位。

11. 黄忠故里

在南阳市宛城区新店乡夏响铺村，现有“季汉后将军刚侯黄忠故里”石碑一通，为清宣统二年（1910 年）所立。碑高 1.74 米，宽 0.67 米，厚 0.19 米。此外，还有演武厅、饮马池、灌花井等遗迹。碑文追述了黄忠的功绩。

12. 黄庭坚墓

在今江西省九江市修水县坑口。黄庭坚墓规模甚大，有墓志铭，墓旁有双井、钓鱼台。1959 年曾对其进行了认真维修，这里已成为全国著名的人文景观胜地。黄庭坚（1045—1105 年），字鲁直，自号山谷道人，又号涪翁，修水县人。他是北宋时期我国著名的大文学家、大书法家，又是“二十四孝”之一的大孝人物，他开创了“江西诗派”，与苏轼相提并论，称为“苏黄”，是中国历史上有影响有地位的人物。

13. 黄庭坚《幽兰赋》碑、黄庭坚画像碑

位于平顶山市叶县龚店乡卧羊山。碑文系宋代大书法家黄庭坚奉敕而

书。清同治七年（1868 年）叶县知县欧阳霖主持翻刻。共 12 通，每通高 2.07 米，宽 0.60 米，厚 0.16 米。底座长 0.65 米，宽 0.52 米，厚 0.23 米。帖石每通刻文 3 行，每行 101－113 字，字径 20 厘米左右。12 通帖石中，除一通为小序记载帖之名称及撰书人姓名外，余 11 通为《幽兰赋》全文，末有清同治八年（1869 年）欧阳霖隶书题跋 9 行，记叙了摹本的本源及刻石的经过。原立龚店乡卧羊山黄公祠内。1940 年移至叶县城内。

黄庭坚画像碑，原与《幽兰赋》碑同立于龚店乡卧羊山“黄公祠”内，后佚。于 1984 年文物普查时在城关镇焦庄村发现。碑高 1.18 米，宽 0.51 米，民国九年（1920 年）田作霖翻刻。右上角有黄庭坚自作画像赞：“似僧有发，似俗无尘，作梦中梦，见身外身”等文字。

14. 西山碑

位于今重庆万县市北高笋塘侧。西山碑碑文刻于一天然石壁之上。碑文属阴文行书，字径约 10 厘米，碑高 90 厘米，为黄庭坚书写。碑文竖写 21 行，首行 6 字，末行 4 字，其余八字九字不等，共 173 字。黄庭坚曾谪贬涪州（今重庆市涪陵县），又迁戎州（今四川宜宾县），建中靖国元年（1101 年）蒙诏还朝，游西山时写成了《西山记》并刻于石壁，即“西山碑”。碑文有“庭坚蒙恩东归，道出南浦，太守高仲本置酒西山……建中靖国元年二月辛酉黄鲁直题”等字样。该碑刻文书法豪放，运笔潇洒，也是黄庭坚书法存世之珍品。如今惟因风化剥蚀，碑文部分泯灭。

15. 流杯池公园

位于今四川省宜宾市岷江北岩天柱山下。北宋元符年间（1098—1100 年），大诗人、大书法家黄庭坚在此凿流杯池，以后为历代凭吊观览之圣地。建国后辟为公园，名江北公园，1981 年改名为流杯池公园。流杯池公园占地 238 亩，园内保存文物古迹甚多，有黄庭坚凿建的流杯池，黄庭坚手书的“南极老人无量寿佛”，宋代以来历代诗文书法石刻 90 多幅，以及相传为黄庭坚练笔所凿的巨石砚，还有历代为纪念黄庭坚修建的山谷祠、涪翁楼、涪翁亭、吊黄楼等，另有人工湖、水池假山、宜宾烈士陵园、烈士纪念馆等。公园内盆景花木品种繁多，千姿百态，公园景色清幽秀美，是著名的游览胜地。

16. 石牛古洞

石牛古洞，在今安徽安庆市潜山县城北 15 华里山谷寺西。因洞前有一巨石，形如老牛正在休息，故名。石牛洞之所以能闻名于世，是因为北宋时大文学家、大书法家黄庭坚的缘故。当年黄庭坚在此洞之旁读书，曾坐在石牛背上，由当时画师李公麟给他画像，此画流传至今，现珍藏在北京故宫博物馆内，于是“石牛古洞”便成为一处名胜。“山谷流泉”，就是黄山谷（庭坚）读书处的别名。黄庭坚正是因此处山水之美才别号“山谷”、“山谷道人”。这里松竹浓阴，岩石多姿，其风光之秀丽，吸引了唐宋以来无数文人墨客，留下的题刻众多，现在有280余字，为珍贵的文史实物资料，成为人文景观胜地。

17. 黄杰墓

位于河南许昌长葛市古桥乡黄庄村西。黄杰（1430—1496年），许州洧川（今长葛东）人，明成化二年（1466年）进士，曾任户部右侍郎等职。墓区面积2.42万平方米，墓冢占地400平方米，高5米，墓前有石碑6通，神道碑、御祭文碑、通朝祭文碑、敕命碑等。神道两侧有翁仲及石马、石羊、石虎等石雕。

18. 黄吉士墓

位于河南安阳市内黄县城关镇东北4公里的燕庄村。黄吉士，字叔相，内黄县人。明万历十七年（1589年）进士，官至顺天府尹。墓冢始修于明万历年间。墓坐南向北，墓前曾有石马、石羊、石人及牌坊一座，占地30余亩，墓冢周长12米，高1.2米。村中原有祠堂，今已不存。村边仅有4个龟趺座，两通残碑。

19. 黄应选墓

位于河南焦作市博爱县许良乡大辛庄村北。黄应选为明代当地孝子，县志有记载。墓冢高2米余，面积40平方米。墓前所立墓碑近年已佚。

20. 黄锦凤墓

位于河南周口项城市郑郭乡范营村。黄锦凤，清道光年间岁贡保授偃师训导，卒于任。墓冢已近平，墓前有清同治元年（1862年）所立的神道碑。上书大字“大清偃师训导黄锦凤神道”。

21. 黄甲墓

位于河南周口项城市郑郭乡范营村。黄甲，字天一，明末皇室后裔，其先祖明末避祸来项改姓黄。清嘉庆戊午（1798年）科举人，善书。墓冢已平，墓前有清嘉庆十三年（1808 年）所立神道碑 1 通，高 1.7 米。碑文介绍其生平。

22. 濮阳黄氏先祖墓

位于河南濮阳市南乐县杨村乡黄庄村。墓冢已近平。现存清光绪三十二年（1906 年）立墓碑 1 通，碑高 1.65 米，宽 0.6 米，厚 0.28 米。碑文记载：黄氏先祖于明代永乐年间自山西洪洞迁于此地的经过。

23. 黄继光烈士纪念馆

位于今四川德阳市中江县城魁山脚下御马河畔。黄继光（1931—1952 年），原名黄际广，1951 年参加志愿军，1952 年加入共青团，同年 10 月 20 日，在朝鲜上甘岭战役中，以身躯堵敌碉堡，光荣牺牲。被追认为中共党员，授予中国人民志愿军特级英雄称号。纪念馆依山傍水，是一座民居式园林建筑，占地 1.6 万平方米，建筑面积 2000 平方米。建有门厅、中心广场、两个中朝友谊亭、5 幅汉白玉浮雕等。纪念馆内陈列有朝鲜人民赠送的礼物，金日成主席的题词，我国领导人董必武、朱德、邓小平、刘伯承、杨尚昆、郭沫若、何香凝、谢觉哉等题词和对联。黄继光已成为中华民族一种不朽的精神和不朽的文化，黄继光烈士纪念馆更成为当地一大人文名胜。

24. 夕佳山民居

位于今四川省江安县周坝乡坝上村南 2 华里。夕佳山民居为明朝末年，湖北移民黄应江迁来定居时始建；清朝顺治、乾隆年间两次扩建；清咸丰九年（1859 年）黄学海又加以修葺；民国初年黄中美再扩建。整个建筑占地 1.2 万平方米，建筑面积 5146 平方米，房舍 108 间，平面呈四合院式，以正厅为中心，分为 18 个大小不等的四合院。院落间还有较大规模的园林，尤其是明清木雕窗花达数十余种，具有较高的历史艺术价值。现今这里已成为民俗博物馆，举办有丰富多彩的民俗文物陈列，是一处内涵丰富的景观胜地。

25. 金钟山

位于今云南省会泽县城南。金钟山状如金钟，山上古柏盘虬，葱郁一片。从山脚至山顶，有石级 360 蹬，沿途拐弯七处，有“七曲名山”之称。山巅有文昌宫，清雍正五年（1727 年），东川知府黄士杰捐资兴建，现存牌坊，魁阁、大殿、过厅、戏台等建筑。其中戏台单项檐歇山顶，减柱造，面阔 12.2 米，进深 8.8 米。台后有廊，可鸟瞰会泽全城。文昌宫内所存匾额、楹联、碑刻、花卉甚多。每年农历二月二，为当地的传统节日，会泽人民都要登山临金鈡山，游览文昌宫，想到黄士杰。

26. 黄榦墓

黄榦（gàn）墓在福州北峰石牌村江南竹自然村的庖羲谷。此地山环水绕，一谷天成，据说是太极的穴地。黄榦于宋嘉定十四年（1221 年）病逝。《闽都记》说，葬父茔之侧。《榕城考古略》说："黄文肃榦墓与其父御史瑀墓俱在长箕岭，朱子为撰墓志。明嘉靖初郡守汪文盛修葺二墓。""二墓"是两台墓。只是时隔近一千年，黄瑀的墓早已被淹没在时间隧道里了。鉴于黄榦对理学的贡献多，名气大，他的墓历代都受到保护，直到今日。明嘉靖时，福州郡守汪文盛不但大加修葺，而且"创饷堂于元沙，望祭之"。其墓道的石牌排列有三里之遥，一直延伸到石牌村。石牌村之所以称"石牌"，就是这个原因。戚继光带三千山东子弟兵入闽歼倭时，戎马倥偬还绕道到江南竹黄榦墓前凭吊，也写了一首诗："倥偬戎马越闽关，感慨当年国事艰。凭吊宋儒文肃墓，英豪终古扼权奸。"

清光绪九年（1883 年），福州奉宪曾经领款重修黄榦墓。民国八年（1919 年），由黄氏族人筹资再修。闽侯县知事娄启铨特别立碑《保护贤坟布告》保护。文曰："尔等须知先贤遗迹不容任意毁伤，自示之后，毋得纵放牛羊，樵采糟跶，倘敢故违，一经觉察或被指控，定即传案严惩，不稍宽贷。"

1992 年 5 月，黄榦墓被列为福州市郊区文物保护单位，同年 10 月，升格为福州市文物保护单位，2001 年，再升格为福建省文物保护单位。2002 年黄氏后裔黄如论等人发动大修黄榦墓，称"贤陵园"，修墓、围城、立门坊、竖孝碑、造水池、铺公路、栽花木、植草皮，使黄榦墓成为旅游胜地，风光一时。

27. 崖县黄道婆故居、上海黄道婆墓、祠

黄道婆故居在今海南崖县城左侧水南村。水南村风景贵在自然，是古崖州八景之一，即使是残冬时节，处处也都是繁花似锦，鸟声啁啾，我国元代杰出的女纺织家黄道婆曾在这里住了整整 30 年。黄道婆为今上海华泾镇人，8 岁当童养媳，由于不堪忍受家庭的虐待，背井离乡，流落到崖州

水南村。她寄崖州30年间，学习和掌握了海南黎族人民先进的纺织技术，后又回上海故乡，她将学到的纺织技术传授给家乡人民，并进一步发明革新了纺织工具和纺织技术，在当时世界纺织业中也是颇为领先的，为推动当地和全国纺织业的发展进步做出了杰出的贡献，也为上海的繁荣奠定了基础。水南村也因此载入我国纺织业的史册。今水南村，山抱水绕、渔帆树影的迷人景色，加之黄道婆这一杰出人物因缘，水南村名扬天下，成为一方名胜。

正因黄道婆的杰出贡献，故乡人民纪念她，在其家乡建有黄道婆墓、黄母祠。黄道婆墓古称乌泥泾，在今上海市徐汇区龙华乡东湾村。解放后，中国科学院因黄道婆对纺织业有伟大贡献，1977年塑造了她全身像，江苏省文物管理会又把她的墓地重修，并进一步建成墓园。

黄母祠，在今上海市徐汇区龙吴路上海植物园内。该黄母祠建于清雍正八年（1730年），光绪二十八年（1902年）重修。为一三间瓦房，前有门厅。祠内原有黄道婆塑像、祭台等，“文化大革命”中被毁。20世纪80年代初，上海植物园扩充，该祠被划入院内。1991年改设黄道婆纪念堂，陈列有黄道婆画像以及有关黄道婆的生平事迹的文献、实物和图照。祠外辟有先棉圃，种植棉花，还有长廊、仰黄亭、莲花池、上智舫等。

28. 黄炎培故居

黄炎培故居，在今上海市浦东新区川沙镇南市街新川路口，原为清咸丰时内阁中书沈树镛住宅——“内史第”。黄炎培故居在第三进内宅楼。占地面积306平方米，建筑面积480平方米，坐北朝南，两层砖木结构院落。内设黄炎培生平事迹展览，陈列有《黄炎培家谱》、《黄炎培日记》、《延安归来》等书籍，以及与毛泽东、刘少奇、周恩来、朱德等人来往信件等共270余件。黄炎培居住部分，按原状修复，并复原卧室、书房及楼下客堂等，其中部分家具系原物。1992年5月起，“黄炎培故居”对外开放，门额“黄炎培故居”为陈云题书。

29. 太平天国戴王府

太平天国戴王府，在今江苏金坛县城内县直街东。戴王黄呈忠，是太平天国农民起义运动中涌现出来的一位名将人物。曾于浙江北部、安徽南部与清军作战，是李世贤的部将，因屡立战功而加封为戴王。该王府坐东朝西，原有照壁。现存房屋二进，前进有长方形正厅、面阔三间，太平天国时期艺人所绘的龙凤图像仍能从梁间看到；第二进为两层楼房。如今这里已成为游人乐往的景地。

30. 黄公望墓

黄公望墓，在今江苏虞山小云栖寺东南。黄公望（1269—1354 年），字子久，号一峰、大痴道人，常熟人。善画山水，与王蒙、倪瓒、吴镇，同为元代四大画家。其墓为清乾隆时修建，嘉庆二十二年（1817 年）五月，其 16 代孙黄泰又修墓建坊，筑罗城、墓道等。1982 年又次整修，神道用黄石铺筑，从公路直通墓前，长约 60 米。墓冢以砖砌筑，直径 3.5 米，高约 1.4 米。黄石砌的罗城内立有墓碑，墓碑上楷书“元高士黄一峰公之墓”，此碑为黄泰修墓时所立。

31. 金华观

金华观，在今浙江金华市区北双龙洞南侧。金华观又名黄大仙观，传说仙师赤松子（黄初平）与道仙安期生在此登真，并有黄初平叱石成羊的传说。此道观始建于唐，系赤松宫下观，后毁于兵乱。北宋政和七年（1117 年）重建，并有“天下名山”匾额。1934 年又次重建。现存金华观为 1990 年在原址复建，由山门、钟楼、爽轩、大殿组成，大殿内立有黄大仙坐像。观右侧白石累累，状如羊群，形态逼真，成为游人乐往之地。

32. 黄宗羲墓

黄宗羲墓，在今浙江余姚市陆埠镇化安山。黄宗羲（1610—1695 年），字太冲，号南雷、梨洲先生，浙江余姚县人。黄宗羲是清代著名的思想家、史学家，被称誉为“清初三大儒”之一。其亡故时，坟墓遵其生前所嘱，遗体就穴而葬，不用棺木，未立墓碑。后高友兰赠碑石，隶镌“黄公梨洲先生墓”，共和国成立后又多次重修，面积 482 平方米，墓前拜台有石桌、石凳等。

33. 黄盖墓

黄盖墓，在今安徽南陵县北 35 华里黄墓渡东侧。据清《南陵县志》载：“丹阳都尉、偏将军黄盖墓，在黄墓渡东，邑人岁祀黄将军于此”。黄盖墓历代均有修葺。清康熙五十年（1711 年），宋庭佑知南陵时，重修黄盖墓，并将墓地内的附设装置加以修整，又撰记立碑于墓前，碑文中有：“余来宰邑，初祀名宦，见将军与周瑜、周泰主咸在焉。以其为春谷长，故则此之传黄墓，信有由矣。”黄盖墓今墓冢尚在，仍高大巍峨。墓西侧即漳河渡口，因处在此墓附近，故名黄墓渡。以渡口为中心发展起来的集镇，亦名“黄墓渡镇”，都愿与黄盖墓相关联。

34. 圣僧庵壁画

圣僧庵壁画，在今安徽省黄山市歙县七里关村。圣僧庵始建于南宋末年，明代重修，现存前后两进，为三开间寺庙。它之所以有名，是因为庵壁上留有明代画家黄柱的八幅壁画，而黄柱又是共和国著名画家黄宾虹之祖。虽然相隔数百年，而画脉流传不衰，可谓画坛盛事。黄柱，歙县人，字立，号碧峰、又痴、黄山老人。他不但善画，兼工音律，擅长梓刻，无论人物佛像，均临摹得惟妙惟肖。八幅画中，渡海罗汉画六幅，松树图、侧坐观音图各一幅，现均以成为国内难得一见的墨宝。据《歙县志》载，唐武德年间，有高僧慧明居此，善医眼疾，人称“圣僧”，圣僧庵由此得名。

35. 黄兴故居

在今湖南长沙县黄兴镇东6公里凉塘处。1874年10月25日，辛亥革命著名领导者黄兴诞生于此，并在此度过了25个春秋。故居建于清同治三年(1864年)，原为进二横的四合大院，房屋共32间，占地近2000平方米，门前有池塘四口，即大凉塘、小凉塘、樟树塘和前塘。塘水绕围墙而连成一片，夹岸翠竹、枫樟，绿树浓荫蔽日。

故居现有上下两进，大小房屋12间，中带天井。第一进面阔5间，二进明间有木雕花槅木门。大门匾额为廖承志手书“黄兴故居”。二进正堂屋上方挂黄兴像，下有手迹“笃实”，两侧有黄兴“三十九岁初度”及“咏膺”诗句。黄兴生前用过的床、桌、椅以及其父母的住房都已按原貌陈设。在故居的厢房内，陈列黄兴生平事迹照片资料。黄兴故居为全国重点文物保护单位。

36. 黄兴墓

在今湖南长沙市岳麓山岳麓峰顶云麓峰北向的小月亮坪上方。黄兴墓占地1913.6平方米，系岳麓山大型烈士陵墓之一。墓地极为高亢，墓上方以整块花岗岩精琢成四棱形，通高11米，昂然矗立，似利剑直插云天；正面(东面)镶嵌紫铜色墓碑，镌刻砌石柱设铁栏围护，两旁整齐栽植着四季常青的松柏、香樟，使墓区显得端庄、肃穆；墓右下方500米，建有《黄公克强先生墓庐》，门联刻有“血染黄花魂归岳麓，名垂青史肇建中华”；墓庐内辟有黄克强（黄兴）先生生平事迹陈列室，介绍黄兴从事革命的业绩。黄兴1916年10月病逝于上海，时年42岁，1917年4月以国葬之礼葬于岳麓山之阳，陵墓被列为全国重点文物保护单位，成为一大人文胜景。

37. 人境庐

位于今广东省梅州市东区小溪唇。人境庐是清末爱国诗人、外交家黄遵宪的别墅，建于1884年。“人境”二字取意于晋代陶渊明诗“结庐在人境，而无车马喧”。“人境庐”三字为其日本友人、书法家成濑温所题写。庐内原有五步楼、十步阁、七字走廊、无壁楼、卧虹榭等建筑。黄遵宪自书联楹悬于庭中，联曰：“有三分水，四分竹，添七分明月；从五步楼，十步阁，望百步长江”，描述了居中景色。黄遵宪（1848—1905年），字公度，梅州市人，清光绪年间举人。曾任日本、英国参赞及旧金山、新加坡总领事。1895年参加上海强学会，1896年与梁启超等在上海创办《时务报》，提倡民权学说，赞成变法，戊戌变法失败后险遭杀害，遂归故乡人境庐隐居著书。著有《人境庐诗草》、《日本杂事诗》等，是诗界革命的旗帜，对当时以至“五四”时期的新诗歌运动都产生了重要影响。黄遵宪是我国晚清时期一位最杰出的诗人，还是一位有远见的政治家和颇有建树的外交家。

38. 叱石

位于今广东新会市杜阮镇。叱石是圭峰山向北伸展的一条支脉，山势像大鹏鸟，故又称鹏山。山涧一带原名羊石坑，周围乱石累累，有卧有立，有俯有仰，酷似羊群。叱石成羊，是《神仙传》中的故事。相传古代有黄初平其人，能叱石成羊。明末，里人黄公辅少时常游玩于此，他借用黄初平叱石为羊的神话，取“叱石”为山名，现山上有叱石寺，即天目寺，寺内有佛堂，寺外有文昌阁、地藏阁、北极阁、木兰堂、太子亭等。明朝灭亡后，明臣黄公辅曾匿于此山岩中，近代修建的黄公辅纪念堂至今尚存，这里成为一处闻名的人文景观。

五、黄姓历史名人

（一）古黄国君王

古黄国从夏朝建国，至春秋时期亡国，立国时间长达1400多年。遗憾的是，这么众多的黄姓君王人物，却绝大多数无可知、无可考，仅有极少数的几位黄国君主见载于史册。一是大多数地方黄氏族谱中推论的黄国立国君主“黄终”。二是1983年4月在古黄国所在地今潢川毗邻的河南省光山县宝相寺，挖掘了黄国国君“黄君孟”与其夫人的夫妇合葬墓，可知“黄孟”就是古黄国的一位国君，但其所在位的年代时间均无详史。这不仅是黄姓人的深深遗憾，也是笔者和世人深深的遗憾，尽管黄国当时只是小邦之国，但有近百位国王君主人物，对历史的发展作出了贡献。

（二）历代农民起义领袖

1. 黄乾曜

黄乾曜（？—约760年），壮族，西原州（今广西大新县西北黑水河西岸）人，唐代西原州壮族起义领袖，自号中越王。黄乾曜是壮族部落首领。唐朝后期，对西原州等地少数民族加重了掠夺，民族矛盾日益激化，唐肃宗至德元年（756年），黄乾曜利用唐王朝忙于应付安史之乱之机，率领壮族人民举兵起义，得到100多洞西原蛮人积极响应，迅速间兵力达到20万人，先后攻占桂管等18州，席卷广西等地数千里，声势极为浩大。黄乾曜又建立起了强大的政权机构，自号中越王，同时封将拜帅，公然与唐王朝分庭抗礼。唐王朝一时无力顾及镇压，直到4年后的乾元二年（759年），唐肃宗方调大军前来镇压。经过大小200多战，起义军终因寡不敌众，加上组织不良，遂告失败，黄乾曜被杀。但其余部继续斗争，直到唐德宗建中元年（780年），前后达20多年，起义才最终失败。

2. 黄巢

黄巢（？—884年），唐曹州冤句（今山东菏泽西南）人，唐末农民大起义领袖，长安称帝，国号大齐。黄巢青年时代以贩卖私盐为生，仗义任侠。《新唐书》称他“世鬻盐，富于赀。善击剑骑射，稍通书记，喜养亡命。”曾参加科举考试，屡考不第。所以他身上具有士人与豪侠的双重气质。唐懿宗咸通末至乾符初，连岁凶荒，农民起义纷纷爆发。乾符二年（875 年）初，王仙芝、尚让等在长垣（今河南长垣东北）起义，五月，黄巢与同族兄弟、子侄黄揆和黄恩邺等八人募众数千响应。接着王、黄两军会合，协同作战，东攻沂州（今山东临沂）不克，就西向进攻洛阳周围地区。唐乾符五年（878 年），王仙芝在黄梅（今湖北黄梅西北）战死，尚让率余部奔亳州（今安徽亳县）与黄巢所部会合，推黄巢为黄王，号“冲天大将军”，他废除唐僖宗的“乾符”年号，改为“王霸”，设官分职。从此，黄巢成为起义军的最高领导人。黄巢义军先后占领广东、福建、广西等地区，队伍发展到 60 多万人。公元 881 年 1 月，黄巢起义军攻进唐王朝京都长安城，建立了政权，国号大齐，黄巢被推戴为“大齐皇帝”。

公元 883 年撤出长安，在官军和叛军追逼下，黄巢率残部退往泰山狼虎谷（今山东莱芜县境内），后遭包围，英勇不屈，黄巢与兄弟黄存、弟黄邺、黄揆、黄钦、黄秉、黄万通、黄思厚、兄弟 8 人一起自杀而死。黄巢死后，其侄黄浩率众 7000 多人，自称“浪荡军”，继续战斗，并攻占湖南一些地区。直到唐昭宗天复元年（901 年），受到地主武装伏击，黄浩牺牲，这场农民大起义才最后结束。

3. 黄华

黄华（？—1284 年），元政和（今福建政和县）人，元初农民起义首领。1278 年（元世祖忽必烈至元十五年），黄华号召盐民并联合建安（今福建建瓯县）、括苍（今浙江丽水县）等地民众及畲族女英雄许夫人起义，元至元十七年（1280 年）降元，任建宁（今福建建宁县）路管军总管之职。至元二十年（1283 年）再次起义，拥众达数十万人，号称“关陀军”，年号“祥兴”，占据政和县，后攻破崇安、浦城，与元将高兴大战于铅山（今江西铅山县）。战败之后，改攻建宁，继而退入江山洞，又退至赤岩，后兵败自焚而死。元至元二十六年（1289 年），其弟黄福联合陆广、马胜等再次起义，失败后，皆被杀害。

4. 黄萧养

黄萧养（？—1450 年），明代南海（今广东佛山市）人，明代农民起义首领。明正统十四年（1449 年）黄萧养因事下狱，遂组织同狱犯数百人越狱入海，发动起义，聚众万人。后率众 10 余万人，船千艘，围攻广州，击毙前来镇压的安乡伯张安，俘捉指挥佥事王清，屡败官军。自称顺天王（或作顺民天王），建元东阳，封部下为公、侯、伯、太傅、都督、指挥等官位。然而围攻广州 8 个月不下。次年，即景泰元年，明朝廷调来江西、两广兵力共同镇压，黄萧养不幸中流矢而亡，起义失败。其余部仍在沿海活动多年。

5. 黄威

黄威，又名黄位，福建同安县人，清咸丰年间农民起义领袖。黄威为福建小刀会（又称七首会）首领，清咸丰三年（1853 年）五月，在福建海登县率众起义，连克漳州、同安、厦门等地。黄威自称“汉大明统兵大元帅”，以“天德”为年号，在厦门建立了农民政权。在外国侵略者干涉及清军进攻下，当年 10 月撤出厦门，转移到海上继续斗争。曾派人与太平天国联系，表示归顺，接受领导，但未能实现。后在海上坚持斗争直至咸丰八年（1858 年），被镇压失败。

（三）历代宰相

1. 黄要

夏朝黄国人，南陆公的 15 世孙。少时喜学黄帝兵法，能解其微，年三十游学于外。夏朝启死后传子太康，太康荒淫无度，耽于游乐田猎，荒废政事，人民不堪忍受，被东夷族有穷氏后羿篡位。太康失去帝位史称“太康失国”。后由于内部纷争不止，到第四代少康，经过努力，才壮大了自己的力量。当时得到黄要与遗臣靡两人有力辅助。少康在二人的得力辅助下，终于打垮了东夷的寒浞，重建了夏朝，史称“少康中兴”。夷夏之争经过四代人百年之久，最后夏朝取得胜利，重新复国。少康即位后，靡为左相，黄要当了右丞相。

2. 黄歇

黄歇（公元前 321—前 238 年），黄国（今河南省潢川县）黄氏后裔。少时性豪爽，多智慧，游学诸国。23 岁时，游学晋地，时晋已分韩、赵、魏三家，仕不可即，复回楚地。时楚顷襄王七年（公元前 292 年），他被征为下大夫，后为左徒，曾出使秦国，向秦昭王上了一篇《上秦昭王书》，以其善辩和智谋，阻止了秦攻楚。之后黄歇陪太子完入秦国作了十年人质。当顷襄王病危时，黄歇设计使太子安全返楚。太子完即位为考烈王，以歇为令君（即宰相），封包括黄国故地在内的淮北十二县，赐号“春申君”，门下有食客三千。与赵国平原君赵胜、魏国信陵君魏无忌、齐国孟尝君田文并称“战国四君子”。后因“李园之祸”而被杀。黄歇公被刺，黄族虽一度受影响，但由于其后裔散居各地另立基业，仍得到了新发展。

黄歇娶妻李氏、姬氏、甘氏，生十三子一女。子名：尚、赏、晖、韶、曦、往、擎、珦、玶、荣、安、述、乞。女名贵姑。

歇公长子黄尚封成侯，遗有儿子完、定，寄居巴东。次子黄赏，为会稽候镇守江东吴故墟（今苏州）。三子黄晖为鄂州太守居鄂州。四子黄韶及独女贵姑镇蜀驻巴东。五子黄曦任永州太守居湖南永州。六子黄往，修仙，不理凡尘事。七子黄擎为掌玺卿，并赐婚华氏居皇宫。八子黄珦任豫章太守，居江西南昌。九子黄玶任舒州太守，居山东滕县。十子花雕荣任临川太守，居江西临川。十一子黄安任徐州太守，居苏北徐州。十二子黄述居燕。第十三子黄乞居秦。

3. 黄霸

黄霸（？—公元前 51 年），字次公，淮阳阳夏（今河南太康县）人，西汉宣帝时丞相。黄霸“少学律令，喜为吏”，初任执郎谒者、左冯翊等职。西汉宣帝即位后，闻知黄霸才能并公正执法，召任为廷尉正，后历任扬州刺史、颍川太守、太子太傅、御史大夫等职。公元前 55 年（西汉宣帝五凤三年）代丙吉为丞相，封建成侯，食邑 600 户。黄霸任职地方官期间，“为政外宽内明，重视农桑，长于治民”，“治行为天下第一”。《汉书》称其“霸为人明察内敏”，“霸持法平”，后世将他与龚遂视作封建“循吏”的代表。

4. 黄香

黄香（约 56—106 年），字文强，江夏安陆（今湖北安陆市）人，东汉和帝、殇帝时宰相。黄香又是中国“二十四孝”人物之一。黄香少失母，家贫。东汉章帝时为尚书郎，东汉和帝永元四年（92 年）拜为左丞，永元六年（94 年）升任尚书令，曾出任东郡太守，不久又复任尚书令。黄香为政勤勉宽厚，清正廉洁，常以俸禄及所得救济灾民或贫民，关心民众疾苦，又善荐贤才，熟知边事，裁定军政，均称得体，深得和帝宠遇。106年汉殇帝即位后，黄香出为魏郡太守，不久因郡内发生水灾，又遭人借机攻击，被罢职。罢职后，黄香游历名山大川，所到之处各记以诗文，游归不久而卒。黄香以文章闻名，一生著述甚丰，可惜现今多散失无考，仅有《九宫赋》、《天子冠颂》、《责髯奴辞》三篇，见存于《古文苑》中。

黄香是中国历史上著名的“大孝”人物。史载：黄香自幼就知道孝敬父母，他9岁丧母时，终日哀啼哭泣，伤心欲绝，凄楚感人。母亲去世后，他对父亲更加极尽孝心，每当夏日，“则扇父之帷帐，使枕席清凉，蚊虫远避”，好让父亲安寝；严冬之时，又“以身温暖其父衾裯枕席”，以让父亲睡得暖和。黄香至孝的动人事迹，当时太守听说后，大加赞赏，并召他为“门下孝子”。后来黄香发愤读书，官至宰相，荣耀家门，时人称誉为“江夏黄童，忠孝两全，天下无双”。黄香被后人尊为中国传统孝道的代表，在《二十四孝》中，“黄香扇枕”即列为一孝，而在千百年来用作中国人启蒙课本的《三字经》中，更以黄香为中国孝子的第一代表，其中有“香九龄，能温席，孝于亲，所当执”之语句，受到世代中国人民的传颂和爱戴。

5. 黄履

黄履（？—1101年），字安中，邵武（今福建邵武市）人，北宋哲宗、徽宗时尚书右丞、大学士。黄履为北宋仁宗时进士，入仕后多任知制诰、翰林学士、御史中丞等近侍之职。哲宗绍圣四年（1097年）拜为尚书右丞，参决国事，是权倾一时的大臣，又任资政殿大学士，封会稽郡公。后因“救助邹浩言事得罪”，引起哲宗不满，将其罢相贬为知亳州。宋徽宗元符三年（1100年），又复职尚书右丞。1101年死于任上。

6. 黄潜善

黄潜善（？—1130年），字茂和，邵武（今福建邵武市）人，南宁高宗时右仆射、左仆射。黄潜善进士出身，历任左司郎、户部侍郎、知河间府等职。北宋钦宗靖康元年（1126年），康王赵构开大元帅府，他为副元帅。次年赵构即帝位，为南宋高宗，拜黄潜善为右仆射兼中书侍郎，后进任左仆射，与江伯彦共相。高宗建炎二年（1128年），金兵南侵，他匿而不发抗金命令，致使金兵长驱直入，“扬州失守，几为军人恨杀”。他被众人弹劾而罢相，出知江宁府，又贬至梅州（今广东梅州）而死。

7. 黄立极

黄立极，字中五，元城（今河北大名县）人，明熹宗时大学士。累官少詹事、礼部侍郎。天启五年（1625 年），魏忠贤以同乡故，升任黄立极为礼部尚书，兼东阁大学士，入参机务。不久又任职太子太保，文渊阁大学士，后又进为建极殿大学士，成为朝中首辅。魏忠贤逆案诛决后，黄立极因故落职闲居。

8. 黄士俊

黄士俊（1583—?），字亮垣，号玉仑、振宇，明顺德（今广州顺德县）人，明毅宗、南明桂王时大学士。黄士俊为明万历三十五年（1607 年）状元，初授修撰，历官太子洗马、詹事兼侍读、礼部右侍郎、礼部尚书等职。崇祯九年（1636 年）兼东阁大学士，入参机务国事。不久又加太子太保，改任文渊阁大学士，累加少傅。后托病告归。1647 年，南明桂王在广东肇庆称帝，又召黄士俊为相辅国。但因年老不能任事，数遭弹劾，于是又辞职归乡，数年而卒，终年 86 岁。他一生著作甚丰，可惜大多在战乱中散失，仅有《李方麓去思碑》、《鼎建连州治碑记》两篇。

9. 黄道周

黄道周（1585—1646 年），字幼平（亦幼玄）、螭若、细遵，号石斋，明漳浦（今福建漳浦县）人，南明唐王（隆武朝）时大学士。黄道周为明天启二年（1622 年）进士，初授编修，崇祯时任右中允，敢于抨击时政，后因上疏指斥杨嗣昌等大臣，触怒思宗，被贬谪戍广西。后复官，以病辞归。李自成攻破北京后，南明福王在南京即位，召任黄道周为礼部尚书。南京被攻破后，黄道周又与郑芝龙在福建拥立唐王（南明隆武帝），任职武英殿大学士兼兵部尚书。自请往江西召集军队，与清军战于婺源（今江西婺源县），兵败被俘，解至南京，隆武二年（1646 年）被杀。黄道周工书善画，书法自成一家，是我国历史上有名的书画家和著名学者。著有《石斋集》、《春秋揆》、《三易洞玑》等。

10. 黄景昉

黄景昉（1596—1662 年），字太稚，晋江（今福建晋江县）人，明毅宗（崇祯）、南明唐王（隆武朝）时大学士。黄景昉为明天启五年（1625

年）进士，历官庶子、直曰讲等。明崇祯十五年（1642 年）晋升礼部尚书兼东阁大学士，参与机务国事。不久又加太子太保，改任户部尚书、文渊阁大学士。后多次请辞归乡。南明唐王（隆武朝）时，又召入朝，复职辅政。未几，又请辞归乡，家居十多年而卒。

11. 黄机

黄机（1612—1686 年），字次辰，号雪台，浙江钱塘（今杭州市）人，清康熙时大学士。黄机为清顺治年间进士，历官弘文院编修、弘文院侍读、国史院侍读学士、礼部侍郎等职。曾奉诏编辑《太祖、太宗圣训》，任编修官。康熙初年升任礼部尚书，不久又任吏部尚书，后为人所劾遭诬，“乞假归里。”康熙十八年（1679 年）特召还朝，以吏部尚书衔管刑部事，次年授任吏部尚书。康熙二十一年（1682 年）升任文华殿大学士，成为当朝宰相人物，任职约两年。1686 年卒，谥号文僖。黄机以清廉自洁、多有文采，深受康熙帝信用。著用《浥露堂诗文集》等。

12. 黄廷桂

黄廷桂（1691—1759 年），字丹崖，汉军镶红旗人，清乾隆时大学士。黄廷桂于康熙末年因袭世职授为三等侍卫。雍正初年授任直隶宣化总兵。雍正五年（1727 年）升任四川提督，1731 年升任四川总督。其间镇压四川少数民族起义，建议开采铜矿，在军营中设立“义塾”学校，颇有建树。乾隆六年（1741 年）后，历任甘肃巡抚、陕甘总督、两江总督、四川总督、吏部尚书等职。乾隆二十年（1755 年）授任武英殿大学士，仍领总督事，成为当朝宰相人物，在职 5 年。后又因功升为少保。卒谥文襄，是位将相文武全才人物。

13. 黄钺

黄钺（1750—1841 年），字左田、左君，安徽当涂县人，清嘉庆、道光时军机大臣。黄钺在乾隆时授户部主事。当时和珅管部务，他不愿趋附，使请假归乡，嘉庆帝亲政后才又出来做官。嘉庆十九年（1814 年）任户部侍郎，后调礼部，兼任《秘殿珠材》、《石渠宝笈续》总阅及《全唐文》馆总裁。嘉庆二十四年（1819 年）升任礼部尚书，1820 年升任军机大臣，在职 4 年，参决机务国事。后以老罢军机大臣职，卒谥勤敏。黄钺工书善画，与大学士董诰合称董黄二家，是位颇有影响的书画大家。著有《西斋集》等。

（四）近现代政治家、革命家

1. 黄兴

黄兴（1874—1916年），号起强，湖南善化（今长沙）人。在辛亥革命时期，与孙中山并称孙黄。黄兴幼年勤奋读书，好习拳术，20岁中秀才，能诗文，工书法，25岁由岳麓书院保送到武昌两湖书院就读。光绪二十七年（1901年）毕业于武汉两湖书院，次年春被湖广总督张之洞选派去日本留学，入东京弘文学院师范科学习。30岁（1903年）回国从事革命，在长沙邀集陈天华、宋教仁等二十余人集会，成立革命团体华兴会，被公推为会长。华兴会成立后，联络湖南哥老会和武汉、上海等地的革命志士，成为长江中游的一个重要革命团体。1904年，他乘慈禧过70岁生日时在长沙发动第一次革命，失败后逃亡日本。同年，一群留日学生在上海组织光复会，蔡元培任会长。它是苏、浙、皖势力最大的革命团体。1905年，黄兴在日本结识孙中山。为了集中革命力量，联合华兴会、光复会和兴中会（1894年11月，孙中山在檀香山成立的）等革命团体成员，于同年8月在日本东京成立中国民盟会，选举孙中山为总理。同盟会的政治纲领是："驱除鞑虏，恢复中华，建立民国，平均地权"，并阐发为"民族"、"民权"、"民生"三大主义，称为三民主义。这是孙中山、黄兴等人领导辛亥革命的指导思想。黄兴从日本回国后，广泛联络南北各省的同志，组织革命武装，并先后领导发动10次起义。这些武装起义虽然失败，但是震动很大，波及范围达10多个省，尤以1911年3月29日的广州起义影响最为深远。他亲自组织黄花岗起义。1911年10月10日，武昌起义爆发。黄兴由上海到汉口，任战时总司令，指挥民军同清军的战斗。由于清军占优势，民军退至武昌。黄认为应转攻南京，遭当地革命党人反对，乃辞职去上海。

1912年1月，南京临时政府成立，黄兴任陆军总长。袁世凯窃取政权后，临时政府北迁，黄任南京留守，主持整编南方各军。后因没有经费，军队哗变，乃取消留守府，退居上海。8月，同盟会等组织改组为国民党，任理事。

1913年3月，袁世凯派人暗杀国民党代理理事长宋教仁。7月，孙中山兴师讨袁，二次革命爆发，14日，黄兴由上海至南京，强迫江苏都督程德全宣布独立，黄被推为江苏讨袁军总司令。失败后，逃往日本。1914 年赴美国。1916 年 10 月 31 日病逝，葬于长沙岳麓山。

2. 黄炎培

黄炎培（1878—1965 年），字任之，笔名抱一，上海川沙县人，曾任共和国首届副总理等职。黄炎培为 1902 年清末举人，思想进步，热心报国，后加入孙中山同盟会，国民政府成立后，任江苏省教育司司长等职。1917 年在上海创立了中华职业教育社，任理事长，次年又在上海创办了中国第一所职业学校——上海中华职业学校。1941 年初发起创立了中国民主政团同盟，被公推为主席。1945 年底又发起创立了中国民主建国会。共和国成立后，出任共和国第一届政务院副总理兼轻工业部部长，后又历任全国人大常委会副委员长、全国政协副主席、中国民主建国会主任等职。1965 年 12 月 21 日去世，享年 88 岁。

黄炎培是我国著名教育家，他一生到处发动开办了许多学堂，是他最早提出要“德、知、体”三教并重的思想观点。同时，他又是一位政治活动家，开创有独立党派，蒋介石曾恨恨地称他“与官不做，遇事生风”。黄炎培还是一位作家和学者，著有《延安归来》、《八十年来》、《红桑》等。2010 年 5 月，25 集电视剧《黄炎培》登陆央视八套黄金档。

3. 黄郛

黄郛（1880—1936 年），原名绍麟，字膺白，浙江绍兴市人，民国初年曾任“北京政府”代理内阁总理等职。黄郛 1904 年留学日本，后加入同盟会，1911 年武昌起义后，任沪军都督府参谋长兼沪军第二师师长，委任蒋介石为第五团团长，并与陈其美、蒋介石订为“盟兄弟”。1922 年后，历任北洋军阀政府外交部长、教育总长等职。1924 年参加冯玉祥发动的“北京政变”，任代理内阁总理，并摄行总统职权。不久因段祺瑞复出，被迫辞职。1927 年后，被蒋介石任命为国民政府上海特别市首任市长、外交总长等职，积极反共，推进对日本帝国主义屈服妥协的外交政策，遭到全国人民斥责。1935 年托病避入莫干山，次年病死于上海。是政学系首领之一。

4. 黄绍竑

黄绍竑（1895—1966 年），字季宽，广西容县人，曾任共和国政务委员等职。黄绍竑初入广西陆军小学学习，辛亥革命时参加学生敢死队，1923

年投奔孙中山，历任广西讨陆（陆荣延）军总指挥、广西省主席、国民政府内政部长、浙江省主席、湖南省主席等职。抗日战争时期任第二战区副司令长官，参加太原会战，血战日军。1947 年任国民政府监察院副院长、立法委员等。1949 年为国民党和平谈判代表团成员，与中共谈判。谈判失败后去香港，发表声明脱离国民政府。同年 9 月参加诞生共和国的第一届全国政协会议。共和国成立后，任共和国第一届政务院政务委员，参与共和国国事。后历任全国人大常委、全国政协委员、中国国民党革命委员会中央常委等职。

5. 黄季陆

黄季陆（1899—1985 年），学名学典，笔名黄魂，四川叙永县人，曾任国民政府行政院政务委员、内政部长等职。黄季陆毕业于复旦大学，又赴日、美、加拿大留学进修，早年即投身国民党，在国民党内资历深长。曾历任国民党一大代表、二大秘书长，第一届“国大代表”，国民党中央执行委员，并创办《社会评论》及任《民国日报》社长等职。抗日战争时期，任四川大学校长。1949 年去台后，历任“行政院”政务委员、“内政部长”、“考选部长”、“教育部长”、“国史馆长”、国民党中常委、“总统府国策顾问”等职。

黄季陆在任职“政务委员”、“内政部长”期间，协助陈诚在台湾推行“耕者有其田”政策，筹办台湾地方自治，颇多建树。著有《对俄外交问题》、《民主典例与民主宪政》，并主编《中华民国民事纪要》、《国父文集》等。

6. 黄少谷

黄少谷（1901 年—?），湖南南县人，曾任国民政府行政院秘书长、副院长等职。黄少谷毕业于北京师范大学，又入英国伦敦政治经济学院进修，1924 年投身国民党政界，为冯玉祥幕僚。曾历任集团军中将秘书长、《扫荡报》总社长、政治部副部长、立法委员、中宣部长等职。1949 年任“行政院”秘书长，1950 年任“行政院”政务委员兼秘书长，1954 年升任“行政院”副院长。1958 年改任“外交部长”，1960 年驻“西班牙大使”。1963 年回国后，再度出任“行政院”副院长。此后又连任“司法院长”10 年之久，后改任“总统府国策顾问”等职。黄少谷自 1964 年后历任国民党中常委，参与国民党高层决策和“国民政府国事国务”，是蒋氏父子长期倚重的党政元老。

7. 黄公略

黄公略（1898—1931 年），原名黄汉魂，字家杞，湖南湘乡县人，民国时红军将领。黄公略早年曾参加护法战争和北伐战争，历任排长、连长、团副等职。1927 年 1 月考入黄埔军校，后加入中国共产党，同年参加广州起义。1928 年 7 月与彭德怀、藤代远等一起，组织领导了著名的平江起义，成立了中国工农红军第五军和“平江工农民主政府”。后第五军缩编为两个纵队，黄公略任第二纵队队长。彭德怀率第一纵队转移去井冈山与“朱毛”领导的第四军会合；黄公略率领第二纵队留在平江地区坚持斗争，开辟了湘鄂赣革命根据地。1930 年 1 月，黄公略调任红六军军长，1930 年 6 月，红六军正式命名为红三军，黄公略又任为红三军军长。此后，黄公略率领红三军参加了第一、第二、第三次中央根据地“反围剿”斗争，屡立战功，名声更震。

第一次“反围剿”战斗中，在黄公略指挥下，红三军歼敌 9000 多人，并活捉敌前总指挥张辉瓒。毛泽东当时对此作词一首，其中有“齐声赞，前头捉了张辉瓒”之名句。第三次“反围剿”战斗中，黄公略指挥红三军俘获敌人 5000 多人，在战役胜利结束后的转移途中，突遭敌机扫射，黄公略身中数弹，壮烈牺牲，年仅 33 岁。

8. 黄克诚

黄克诚（1902—1986 年），湖南永兴县人，共和国开国十大将之一，曾任共和国中央书记处书记、中纪委第二书记、解放军总参谋长等职，参与共和国的决策和国务管理，被称为无产阶级革命家和军事家。黄克诚 1925 年加入中国共产党，曾在国民革命军任营政治指导员、团政治教官，参加过北伐战争和湖南起义。后历任红军团长、师政委、军政治部主任，军委卫生部部长，红一军团政委，红军总政治部组织部长等职，参加了历次反“围剿”战斗和万里长征。抗日战争爆发后，历任八路军总政治部组织部长，一一五师三四四旅政委，八路军第二纵队政委兼冀鲁豫军区司令员兼政委和军政委员会书记，第四纵队政委，第五纵队司令员兼政委，新四军三师师长兼政委，苏北军区司令员兼政委，中共苏北区委书记等军政要职。抗日战争胜利后，历任西满军区司令员，中共西满分局副书记、代书记，东北民主联军副司令员兼后勤司令员和政委，中共冀察热辽分局书记兼军区政委，东北野战军第二兵团政委，天津市军管会主任，中共天津市委书记等职。共和国成立后，历任中共湖南省委书记，湖南军区司令员兼政委，解放军副总参谋长兼总后勤部部长和政委等职。1954 年出任中共中央军委秘书长和国防部副部长。1955 年被授予大将军衔，获得一级八一勋章、一级独立自由勋章、一级解放勋章。1956 年在中共“八大”会议上，当选为中央委员和中央书记处书记，1958 年 10 月兼任解放军总参谋长，进入高层决策核心，参决共和国党政军要务国事。

1959 年“庐山会议”上，因参与批评“大跃进”、“人民公社”中的错误，与彭德怀等一起被错划为“反党集团”，撤销职务，在“文化大革命”中又遭打击迫害。1977 年 12 月平反后出任中共中央军委顾问，1978 年 12 月在十一届三中全会上增补为中央委员，并当选为中纪委常务书记，1982 年当选中纪委第二书记，1985 年 9 月申请辞职离休，1986 年 12 月 28 日在北京去世，享年 84 岁。

9. 黄菊

黄菊（1938—2007 年），浙江嘉善县人，曾任中共中央政治局常委、共和国第一副总理等职。黄菊 1963 年毕业于清华大学机电工程系，1966 年加入中国共产党。历任上海人造板机器厂技术员、厂长秘书，中华冶金厂副厂长、工程师，上海市石化通用机械制造公司副经理，上海市第一机电工业局副局长等职务。1983 年后，先后担任上海市委常委兼工业书记、市委常委兼秘书长、市委副书记，上海市副市长等职。1991 年 4 月任上海市市长。1994 年任上海市委书记、市长，同年在中共十四届四中全会上增补为中央政治局委员。1995 年后担任上海市委书记。2002 年 11 月，在中共十六大会议上当选为中共中央政治局常委。2003 年 3 月，在十届全国人大会议上，被任命为国务院第一副总理。2007 年 6 月 2 日，因病医治无效，在北京逝世，享年 69 岁。

（五）黄氏其他名人

1. 黄石公

黄石公，世称圯上老人，秦朝高人隐士，生卒不详。相传张良因刺杀秦始皇失败后，逃匿下邳（今江苏睢宁县下邳镇）圯上（即桥上，圯桥即沂水桥），见一褐衣老人鞋子掉在桥下。老人令张良下桥拾鞋，又令给他穿上，张良一一照办。于是这位“褐衣老人”便授以张良《太公兵法》一书，曰：“读此则为王者师矣，后十年兴。十三年孺子见吾济北，谷城山下黄石即吾矣”（《史记》）。后来，张良因熟读此书而成为政治家、军事家，帮助汉高祖刘邦平定天下，在路过济北谷城时，果于山下见到一“黄石”，“乃取而祠焉”。张良死后，也与此“黄石”一同并葬。

2. 黄极忠

黄极忠（？—公元前168年），临江侯国（今湖北江陵县）人，西汉初年封侯名将。黄极忠初为绿林人物，勇猛善战，在秦末农民起义中乘势揭竿而起，成为该地一支义军头目，后来这支义军队伍被临江王共敖收编，黄极忠因此由一名“群盗长”变为临江王手下的一名小将。后来西汉王朝实行消灭异姓“诸王”。巩固刘氏政权的政策，黄极忠顺应时势，拥护西汉中央王朝，反戈一击，攻打第二代临江王共尉，帮助中央王朝消灭了临江王国势力。此后，黄极忠又随刘邦剿灭各异姓“诸王”，特别在消灭九江王英布的战斗中，立下汗马功劳。汉高祖十二年（公元前196年）11月，黄极忠因功被刘邦封为邔侯，食邑一千户。黄极忠在邔侯位27年后去世，谥号“严侯”，史称“邔严侯”。后由其子孙相沿世袭，此邔侯国生存80多年，至汉武帝时（公元前116年）因故被废除。

3. 黄宪

黄宪，字叔度，慎阳（今河南平舆县）人，东汉时名士。黄宪“家世贫贱，好学”，其父为牛医，而黄宪却以好学和学识渊博而称誉于世。黄宪“初举孝廉，又辟公府”，友人劝他做官，他也不拒绝，但后来到了京师却又很快返回家乡，48岁时去世，终生竟无成就，天下人号称他为“征君”。

4. 黄忠

黄忠（？—220年），字汉升，南阳（今河南南阳市）人，三国时蜀国名将。黄忠初属荆州牧刘表，为中郎将，赤壁大战后，归属刘备，有“万夫不当之勇”。后随刘备入蜀，助刘备取益州（今成都市），夺汉中，在定军山斩杀曹操大将夏侯渊，通冠三军，屡立战功，为刘备夺取川蜀之地立下赫赫战功。先后被拜任为讨虏将军、征西将军、后将军，并赐关内侯，与关羽、张飞、马超、赵云同为“五虎上将”。220 年，在随刘备报仇伐吴的大战中伤病而死，追赠为“刚侯”。

5. 黄盖

黄盖，字公覆，零陵泉陵（今湖南零陵县人），三国时吴国名将。黄盖之父黄子廉曾为东汉时南阳太守，早死。黄盖早年生活艰辛，但有大志。初为郡吏，举孝廉。东汉末年，随孙坚起兵镇压黄巾起义，讨伐董卓，成为孙坚忠实将领。孙坚死后又随其子孙策，孙策死后又随其弟孙权，破阵陷城屡立大功，特别赤壁大战中，他献计火攻，与周瑜联手使苦肉计，并亲率兵诈降，乘机放火，大败曹军，使吴蜀联军夺取了关键一仗的大胜，此战奠定了三国鼎立局面的基础，赤壁大战成为我国历史上的著名战例。黄盖历官县令长、丹阳都尉、武锋中郎将、偏将军等职。并因其功，在黄盖死后，又赐其子为关内侯。

6. 黄浩

黄浩，曹州冤句（今山东菏泽市西南人），唐末黄巢起义将领。黄浩为黄巢之侄（一说黄巢之弟），随黄巢起义，作战勇猛，多立战功，具有将帅之才。884 年黄巢牺牲后，他率领 7 千余人继续战斗，自号“浪荡军”，游击作战，灵活机动，坚持斗争七八年之久。唐昭宗天复元年（901 年）率“浪荡军”进入湖南浏阳后，于山道中遭到湘阴土豪邓进思、邓进忠等地主武装伏击，逃脱之后，不知所终（亦说被杀）。黄浩的失败，标志黄巢起义的终结。

7. 黄崇嘏

黄崇嘏，前蜀临邛（今四川邛崃县）人，五代前蜀国时才女诗人，世称女状元。黄崇嘏自幼父母双亡，与老保姆相依为命，平时女扮男装，漫游巴山蜀水。工词赋，善琴棋，又长于书画。周庠当了前蜀国宰相，推荐黄崇嘏代理司户参军。黄崇嘏办事干练，很有能力，吏役皆畏服。此后，黄崇嘏辞官归隐临邛故乡，其后事不详，不知所终。

8. 黄筌

黄筌（903—965 年），字要叔，成都（今四川成都市）人，北宋时著名画家。黄筌前时曾先后供职于前蜀、后蜀，官至检校户部尚书，兼御史大夫等职。进入北宋后，任太子左赞善大夫，充任宫廷画家，可谓身仕三国多朝。黄筌在绘画上，花鸟、草虫、竹石、山水、人物、龙鹤之属无所不及，尤以花鸟草虫最为驰名。据载，后蜀少主孟昶广政七年（944 年），后蜀与当时占据淮南的吴国互使修好，吴国使者为后蜀带来的礼物中，有仙鹤数只，当时蜀中无鹤，后蜀少主孟昶遂命黄筌作鹤于偏殿墙壁上。黄筌遵命在殿壁上一共画了 6 只仙鹤，形神兼备，栩栩如生，此后，常常引得真鹤跑来立在画边，把画中鹤当做活同伴。后来，此殿遂改名称“六鹤殿”。五代以后，画鹤之人大都学习黄筌“六鹤”画法，可谓影响深远。953 年，后蜀少主孟昶新建一座八卦殿，命黄筌在四墙壁上画了“四时花竹兔雉鸟雀”画，笔法精妙，形象逼真。一日，专门为皇室驯养狩猎之用的鹰犬，来到这里见了壁画，误为生类活物，飞扑欲擒，孟昶大为惊异，称黄筌为“当代奇笔”，并当即命翰林学士欧阳炯，撰写《壁画奇异记》，以记叙其事。《宣和画谱》中称赞他是“前无古人，后无来者”，推崇备至。

进入北宋后，黄筌及二子黄居宝、黄居寀，弟黄惟亮，皆入翰林图画院，仍掌管绘画。由于黄筌绘画形神高妙，格调富丽，北宋初，翰林图画院便以黄筌父子的画为体制，作为绘画作品优劣取舍的标准。黄筌在画坛上的声望与影响，与江南著名画家徐熙并称“黄徐”，形成五代宋初花鸟画两大主要流派，时称“黄家富贵，徐熙野逸”。

9. 黄庭坚

黄庭坚（1045—1105 年），字鲁直，号山谷道人、涪翁，洪州分宁（今江西修水县）人，北宋时大文学家、大书法家，其书法为“宋四大家”之一，其诗与苏轼齐名，世称“苏黄”，“江西诗派”领袖人物，对当时和后世都颇有影响。

黄庭坚为北宋英宗治平三年（1066 年）进士，初任叶县县尉。宋神宗初年（1072 年）考任为北京国子监教授，后做过知县等地方官。宋哲宗即位后，召入京师任校书郎、著作佐郎、集贤校理、起居舍人、秘书丞等职。曾参与校定《资治通鉴》，主持编写《神宗实录》。宗哲宗绍圣初年遭贬，出知宣州、鄂州等。宋徽宗即位后，起用黄庭坚赤监鄂州税、签书宁国军判官、知舒州等职，后召任为吏部员外郎，他坚辞不就，又任太平州知州，仅任职 9 天，便被罢职遭贬。1103 年，再度贬到更加偏远的宜州（今广西宜山县），1105 年 9 月病死于宜州，终年 61 岁。

黄庭坚出身于诗礼之家，其父黄庶进士出身，是位专学杜甫的诗人。黄庭坚还具有非凡的书画鉴赏能力，尤其是古代绘画。同时更善行草书法，与苏东坡、米芾、蔡襄齐名，号称宋代四大书法家。又因黄庭坚出于苏轼门下，与张耒、晁补之、秦观并称“苏门四学士”。其诗词著作有《山谷集》、《山谷精华录》、《山谷琴趣外篇》等。书迹有《砥柱铭》、《华严疏》、《松风客诗》、《廉颇蔺相如传》等。

10. 黄道婆

黄道婆（约1245—1305年），又称黄婆，松江府乌泥泾镇（今上海市上海县华泾镇人），元代杰出的女纺织家。黄道婆为我国乃至世界棉纺织业的发展进步作出了巨大的贡献。

黄道婆出身贫苦农家，为生活所迫，十二三岁就被卖给人家当童养媳，常年受到公婆、丈夫虐待。她忍受不了这种生活，决心逃走。这天半夜，她从房顶掏个洞逃了出来，躲在一条停泊在黄浦江边的海船上，后来，就随船到了海南岛南端的崖州（今海南省黎族苗族自治州崖县）水南村。当时，崖州地区的黎族人民已掌握了比较先进的棉纺织生产技术，海南岛一带生产的棉织物品，品种繁多，织工精细，质量色泽均居全国之首。相对来说，内地的纺织生产技术较低，比较落后。黄道婆流落到崖州后，在这里生活了30年之久。这期间，她虚心向黎族群众学习先进的纺织技术，逐渐成为一名出色的纺织能手。元朝元贞年间（约1295年），黄道婆怀着对故乡的怀念之情，带着黎族人民先进的纺织工具和技术，又回到阔别30年的乌泥泾，向家乡人传授先进的纺织技术。黄道婆回乡后不几年就去世了，当地人民热爱她、崇敬她，对她进行了公葬，并为她修建了祠堂，称为“先棉祠”。此后，其他地方也先后为她修建祠堂，以表对她的怀念和颂扬。

11. 黄宗羲

黄宗羲（1610—1695年），字太冲，号南雷、梨洲，世称梨洲先生，浙江余姚县人，清初著名的思想家、史学家，为“清初三大儒”之一。黄宗羲之父黄尊素为明朝时东林党名士，被魏忠贤阉党所杀，时称“七君子”之一。黄宗羲14岁便考中秀才，后问学于大学者刘宗周，发愤读书，研究天文、地理、算学、音乐、哲学等，聪颖苦学，使他成为多才多艺的博学大家。崇祯帝即位，宗羲赴京为父鸣冤，被许为“忠臣孤子”。他组织东林党子弟成立“复社”，以反对宦官权贵，曾联名向崇祯皇帝举奏过阉党余党阮大铖的罪状。1644 年 3 月，李自成起义军攻下北京，崇祯皇帝缢死煤山，宦官阮大铖和凤阳督都马士英，又在南京拥立福王即位（史称南明），阮、马二人把持朝政，因对黄宗羲怀恨在心，便将其逮捕入狱。但尚未来得及迫害，南京便被清军攻破，黄宗羲方幸免一死。后明朝残余势力又拥戴鲁王为帝，黄宗羲也在这个政权中担任过职方郎、御史、左副都御史等官职，并出家资募义兵 3000 多人建立“世忠营”，抗击清军达半年之久。兵败返回故里，课徒授业，著述以终，至死不仕清廷。他一生著述大致以史学、经学、地理、律历、数学、诗文杂著为类，多至 50 余种，近千卷。著有《明儒学案》、《宋元学案》、《明史案》（迄今未见）、《明文海》、《明夷待访录》、《行朝录》、《今水经》、《大统历推法》、《四明山志》等。

12. 黄遵宪

黄遵宪（1848—1905 年），字公度，号人境庐主人，广东嘉应州（今广东梅县）人，清末外交家、诗人。黄遵宪 1876 年（光绪二年）乡试考中举人。1877 年任职驻日本公使馆参赞，此间悉心研究日本历史及现状，着手撰写《日本国志》一书。1882 年调任驻美国旧金山总领事，做过许多保护华侨、华工利益的事情。1887 年《日本国志》一书撰成问世，共 40 卷。此书全面介绍了日本的历史和现状，结合中国实际加以分析，阐述和宣传了维新变法思想，在国内引起强大震动。1889 年改任驻英国公使馆二等参赞，曾助张之洞创办汉阳铁厂订购机器设备。1891 年改任新加坡总领事。1894 年回国。任江宁洋务局总办，参加上海强学会。1897 年出任湖南长沙宝盐法道，后代理湖南按察使，大力协助湖南巡抚陈宝箴推行新政，取得良好成效。“戊戌变法”失败，黄遵宪因参与维新变法遭弹劾罢职，归乡闲居。

在乡闲居期间，黄遵宪著书写诗，研究和探索诗歌的改革和发展，提出了诗歌改革的新主张，即在学习古代诗歌的基础上，不为古人所束缚。在形式上不拘泥格律；在内容上要有时代性和反映现实。他把自己的诗称为“新诗派”，他的诗具有内容新、形式新、思想新的鲜明风格，真实地记录了中国近代史上的一些重大事件，有“诗史”之称。黄遵宪是当时诗作最多，成就最大的诗界革命先驱，成为当时“诗界革命”的旗帜，对当时以至“五四”时期的新诗歌运动，都产生了重要影响。光绪三十一年（1905

年）3 月 28 日，黄遵宪在人境庐家中去世，时 58 岁。其主要著作有《日本国志》、《人境庐诗草》、《日本杂事诗》等。他的故居人境庐，经 1982 年修复后，已作为重点文物保护。

13. 黄金荣

黄金荣（1868—1953 年），字锦镛，浙江余姚县人，民国时名流人物。黄金荣早年在上海法租界巡捕房当包探，升任督察长，与杜月笙等青帮头子结为把兄弟，并广收门徒，欺压人民群众，镇压革命。辛亥革命后，效劳于北洋军阀，被授予上校军衔。1925 年加入青帮，遂成为其首领之一，蒋介石也曾拜在其门下为徒，又与村月笙开设“三鑫公司”，贩卖鸦片，开设赌局。1927 年积极参加蒋介石“四一二”反革命政变，屠杀共产党人和工人。南京国民政府成立后，历任军事委员会少将参议和行政院参议等职。共和国成立后，颇有悔改和立功赎罪表现，1953 年病死于上海。

14. 黄侃

黄侃（1886—1935 年），字季刚，号量守居士，湖北蕲春县人，民国时学者，人称国学大师。黄侃初入湖北文普通中学堂，与宋教仁、董必武等为同学，因思想积极、倡导革命被开除。后在张之洞资助下留学日本，加入同盟会，拜章太炎为师。回国后，在汉口参与创办《大江报》，并在《大江报》上刊发一文《大乱者，救中国之妙药也》，震动一时。1913 年任直隶都督府秘书长。后在北京大学、东北大学、金陵大学、中央大学等校任教。著有《文心雕龙札记》、《声韵通例》、《声韵略说》、《音略》、《说文略说》、《集韵声类表》、《黄侃论学杂著》等，著述甚丰。

15. 黄药眠

黄药眠（1903—1989 年），原名黄访、黄恍，广东梅县人，诗人、翻译家。黄药眠早年投身“五四”运动，1925 年毕业于广东高等师范学校，1928 年加入中国共产党，历任中学教师、编辑、记者、《光明报》主编，大学教师等，曾在莫斯科共产国际工作。新中国成立后，历任广东省委委员，北京大学中文系主任、教授，中国文联副秘书长等职。

黄药眠长期从事翻译和创作，是一位较有影响的翻译家和诗人。著有诗集《黄花岗上》、《桂林的撤退》、《英雄颂》等；散文集有《美丽的黑海》、《面向生活海洋》、《朝鲜——英雄的国度》、《抒情小品》等；小说集有

《暗影》、《再见》；文学理论著作有《沉思集》、《批判集》等。另外还翻译了大师的外国名家诗作和小说，是一位多产作家，颇有影响。

16. 黄维

黄维（1904—1989年），字培我，号悟我，江西贵溪县人，名流人物。黄维1924年考入黄埔第一期，毕业后在任国民军排长、连长、营长、团长、旅长、师长，1936年赴德国学习军事。1937年抗战爆发后奉召回国，接任六十七师师长，率部在罗店与日军激战月余。同年11月又率部死守泗江口大桥，与日军拼杀六七日，完成掩护守军撤退之任务，由此，黄维以善战闻名。1939年秋升任五十四军军长，后因与何应钦发生矛盾辞职，改任军事委员会高级参谋。1946年后又任三十一军军长，国防部联勤副总司令等职。1948年任十二兵团中将司令官，同年10月，为增援杜聿明部参加淮海大战。12月下旬，该兵团被解放军歼灭，黄维被俘入狱。1975年3月黄维被特赦，1978年2月任全国政协特邀委员，3月升任全国政协常委，1989年病逝于北京。

17. 黄继光

黄继光（1930—1952年），又名黄际广，四川中江县人，共和国特级英雄。1930年11月20日，黄继光出生于四川省中江县，1951年参加志愿军。1952年10月在上甘岭战役中，黄继光便拖着已多处受伤的身子，艰难地爬到这一射击口，猛地扑上去，用胸膛堵住了这一机枪眼。黄继光用自己的壮烈牺牲，保证了部队的冲锋前进，全歼敌人两个营，胜利完成了夺取597.9高地的战斗任务。牺牲时年仅22岁。黄继光的英雄壮举，获得了抗美援朝战争中的最高荣誉——他被志愿军领导机关追记特等功，并授予“特级英雄”称号；朝鲜民主主义人民共和国最高人民会议常任委员会追授他“朝鲜民主主义人民共和国英雄”称号和金星奖章、一级国旗勋章。

18. 黄霑

黄霑（1941—2004年），原名黄湛森，香港人，著名作家、词曲家，人称“乐坛鬼才”。黄霑1941年生于广州，1949年随父母移民香港，1963年毕业于港大中文系，1983的获港大哲学硕士，62岁时又回港大攻读博士，并最终拿到博士学位。黄霑初曾任教，后转电视台工作，从业广告、电影、作曲等创作，任过香港电视台、电台主持人，与倪匡、蔡澜一同被称为

"香港三大名嘴"，2004年11月24日因癌病逝。

黄霑一生的最高成就表现在歌曲创作上，他是天生的音乐奇才，一生创作歌曲2000多首，大体可分为三大类：一是侠歌，二是民歌，三是情歌。其著名音乐代表作有《我的中国心》（词）、《最爱上海滩》（词）、《流光飞舞》（词）、《只记今朝笑》（词、曲）、《沧海一声笑》（词、曲）、《梁祝》（词、曲）、《男儿当自强》（词）、《倩女幽魂》（词、曲）、《当年情》（词）、《奔向未来的日子》（词）等。其中《上海滩》主题曲《最爱上海滩》和《笑傲江湖》主题曲《沧海一声笑》，被称誉为"经典中的经典"之曲，广受赞誉。

黄霑词曲创作水平都堪称一流，被称为"乐坛鬼才"，以善作流行歌曲著称于世，他与善写科幻小说的倪匡、善写美食的蔡澜和善写武侠的金庸，并称为"香江四大才子"。《我的中国心》更是黄霑的惊世不朽之作，这首歌曲可谓凡有"中华龙种人"的地方都在传唱，况必永唱不衰，她唱出了龙的传人的世代心声，被称为"龙种"歌曲。黄霑同时又是一位著名的多产作家，出版有《不文集》、《开心快活人》、《香港仔日记》、《黄霑不设防》、《我手写我心》、《我自求我道》、《浪荡人生路》等专著。

六、寻根联谊

（一）潢川祖地今貌

潢川古为黄国，是中华黄姓发源地，位于河南省东南部，信阳市中部，鄂豫皖三省毗邻地区，北临淮河，南依大别山。全县辖17个乡镇、4个办事处、一个国有农场，总人口80万人，总面积1666.1平方公里。

潢川历来为县、郡、州专署治所。夏商周三代为黄国，汉置弋阳郡，北齐置定城，唐宋元明清为光州，清代升为直隶州。民国二年（1912年）更名为潢川县。1949年1月解放，设潢川专署，辖潢、光、固、息、商、罗、新7县，1952年10月，并入信阳。

潢川历史悠久，文化灿烂。裴李岗、霸王台、黄国故城等历史古迹尚存。历史上名人荟萃，战国四君之一春申君黄歇、汉末陈鄷、晋末陈冲、元代马祖常、明朝熊翀、刘绘、刘黄裳、近代王实味等文坛巨匠，曾留下不朽的名篇。县境内遗址众多，为文物富有之县，出土的石磨盘为裴李岗文化时期文物，黄国故城遗址为全国重点文物保护单位，出土文物近千件，黄太子伯克盘、黄君簋、黄韦俞父盘、叔单鼎等珍贵文物现珍藏于中国历史博物馆。特别是1932年出土的叔单鼎曾参加了1935年英国伦敦国际博览会展出，名扬海内外，为古老的潢川大地增添了源远流长的文化声誉与风采。唐吴道子观音画像享誉海内外，南城小南海“五教”集中地、三义观清代铁旗杆和黄湖农场团中央“五七干校”旧址、胡耀邦故居等闻名遐迩。

潢川风景秀丽，素有豫南“小苏州”之美称。小潢河犹如一条玉带穿城而过，将县城分为春申、弋阳南北两城。一水中流，三桥飞架，构成了潢川的“川”字之趣。南城建于西汉，北城建于南宋，南北二城呈“吕”字型，小潢河呈“∽”型，水与城呈现出奇妙的“太极图”造型，体现了天人合一的和谐理念。近年来，潢川人民大力实施小潢河沿岸统合治理，将小潢河打造成为中心城区一道靓丽风景线，河中游船荡波，堤岸新柳成荫，景色秀丽、如诗如画。

潢川资源丰富，特色彰显，经济飞速发展。潢川地处亚热带向暖热带过渡地带，雨量充沛，气温适中，四季分明，盛产稻米、小麦、水产、畜禽、花卉、茶叶等，主要支柱产业和特色优势产业有樱桃谷鸭、花木、生猪、粮油加工、羽饰加工、水产加工等。有“世界鸭王”、“花木之乡”、“甲鱼王国”之美誉。走出了一条独具特色的发展之路，被省委、省政府确定为全省县域经济发展的六种模式之一——农业产业化推动型的典型代表。

在发展经济的同时，潢川的社会事业和文教事业也得到了和谐发展。尤其是多年来，县委、县政府始终致力于黄姓文化的研究交流和黄国故城的保护开发工作，早于1995年县政府就成立了中华黄姓历史研究会，并先后编辑出版了《黄姓文化春秋》一书，摄制了《黄姓源流》电视片，制作了《黄国、黄姓、潢川》光碟，编印了《中华黄姓之根》和《中华黄姓寻根游》宣传画册。潢川黄姓文化研究会也多次出席在香港、马来西亚、泰国等地举办的世黄大会及国内黄姓文化研讨会和联谊会，广交了黄姓朋友，增强了彼此友谊，逐步达到了正本清源、认祖归宗的良好愿望。

黄国，是黄姓儿女共同守望的祖根圣地；黄姓，是黄氏族人永续传承的血脉链条；潢川，是黄姓宗亲共同依恋的精神家园。2007 年 10 月，潢川县成功举办了黄国故城晋升“全国重点文物保护单位”一周年揭牌暨海内外黄姓宗亲祖地祭祖大典活动，来自全国十六省市、港澳台地区及海外黄氏宗亲 300 余人参加了这一祖地盛会。活动的成功举办，点燃了广大黄姓人士关注祖地、建设潢川的激情，黄如论先生当即表示捐资 2300 万元兴建黄国历史文化陈列馆（黄氏祖庙）。这一义举，正式拉开了黄国故城保护开发建设的帷幕，成为凝聚黄姓人士之心、汇聚黄姓人士之智，共创祖地辉煌的强大动力。

2009 年潢川县政府投资近千万元，兴建了黄姓寻根文化广场，并建起了客家人南迁圣地标志性纪念坛（天下第一大“黄”字）、编制了黄国历史文化景区规划，并为黄国历史文化园一期工程进行征地、拆迁、修路。由黄如论先生捐资 2300 万元兴建的黄国历史文化陈列馆（黄氏祖庙）一期工程于 2009 年 4 月份正式启动，整体工程夜以继日，抢天夺时，快速推进，在 10 月底，一座占地 70 余亩，前后两层大殿的仿古建筑拔地而起，奇迹般地呈现在世人面前。10 月 30 日，由黄如论先生组织的参加江夏世黄大会的 600 余名黄氏宗亲，前来潢川举行了隆重了黄国历史文化陈列馆（黄氏祖庙）落成暨己丑年黄氏宗亲拜祖大典。同时请来了央视“艺苑风景线”栏目组，在潢川举办了大型“水城花乡——艺苑风景线走进潢川”文艺晚会，后在中央电视台播放 4 次。通过对黄姓文化的弘扬和发展，使得潢川在更高层面得到推介和宣传，也为潢川搭建起让潢川走向世界、让世界了解潢川的平台。

（二）世界黄氏宗亲组织

为敦睦宗谊，联络各地宗亲感情，修建祖祠，奉礼列祖列宗；奖助教育，继承和发扬中华文化；扶贫济困，共谋宗亲福利。国内外许多地方都成立了“黄姓文化研究会”、“黄氏宗亲联谊会”等民间组织和机构，在传统文化研究、对外交往联谊、亲情招商引资等方面发挥着积极的作用，得到了当地党委政府的肯定和支持。

“世界黄氏宗亲总会”组织是世界各地黄氏宗亲基于世界潮流之需要，以敦亲睦族、弘扬孝道，加强血缘联系，促进宗亲团结为宗旨，成立于 1980 年，总部设在中国台北。三十年来先后曾于台湾台北、菲律宾马尼拉、美国旧金山、台湾高雄市、韩国首尔、菲律宾宿雾市、美国洛杉矶、香港九龙、马来西亚槟城、美国波士顿、泰国曼谷、印尼雅加达、美国屋仑市、中国深圳市、马来西亚沙捞越、印尼泗水、泰国芭堤雅、新加坡、湖北江夏等地召开恳亲联谊大会。以下就是于世界黄氏宗亲总会及相互间经常保持沟通联谊的黄氏宗亲组织。

世界黄氏宗亲总会

The World Huang Family Association

地址：台北市广州街265巷3号

No. 3, Lane265, Kaung Chow Street. Taipei, Taiwan

Tel：(886) 02-304 3507, 306 2577　　Fax：(886) 02-2705 53508

台湾黄氏宗亲联谊会

地址：台北市广州街265巷3号

No. 3, Lane265, Kaung Chow Street. Taipei, Taiwan

Tel：(886) 02-304 3507, 306 2577　　Fax：(886) 02-2705 53508

香港黄族宗亲会

The Hong Kong Wong Clan Association

地址：香港干诺道中137-139号三台大厦二楼

No. 137-139, Connaught Road Central, 2nd Floor, San Toi Buliding Hong Kong.

Tel：(852) 2544 1171　　Fax：(852) 2805 1847

香港黄氏江夏堂宗亲总会有限公司

The Ceneral Clans Man Association of Wong Kong Ha Tong Limited

地址：香港九龙弥敦道524号侨江大厦七楼B座

6th Floor, Block B Kong Building, 524, Nathan Road, Kowloon, Hong Kong.

Tel：(852) 277 1425

中国深圳市沙头下沙黄氏宗亲会

地址：深圳市福田区滨河路沙头下沙村下沙文化综合楼

电话：0755-8330 2998, 8342 4878

传真：0756-8340 3188　　邮编：518048

中国河南潢川中华黄姓文化研究会

地址：河南省潢川县跃进东路　号　　邮编：465150

电话/传真：(0376) 3905619

Email：hchyh01@163. com

中国河南省黄氏文化研究会

地址：河南郑州市政一街5号河南省政府5号楼709室

电话：(0371) 6590 6903　　邮编：450003

传真：(0371) 6369 1235　　Email：hswhyj@126. com

中国福建省江夏黄氏源流研究会

地址：福州市六一北路金源花园A座2807室

电话：0591－87617742　　传真：0591－87551277

邮编：350001

中国泉州江夏黄氏宗亲总会

地址：福建省泉州市镇抚巷49号

电话：0595－228 4556　　邮编：362000

中国泉州黄氏宗亲联谊会

地址：福建省泉州市温陵路粮食大楼　　邮编：362000

厦门办事处/厦门黄氏宗亲会

地址：厦门市思明南路钱炉灰埕巷2号

电话：0592－212 4759；861 0197

中国邵武黄氏峭山公后裔联谊会

地址：福建省邵武市519路海丰大厦D栋403室

邮编：354000

电话：0599－632 9238　　传真：0599－632 9356

中国海南省黄氏宗亲联谊会

地址：中国海南省海口市龙昆南路95号新景源大厦星河广场604室

邮编：570206

电话：0898－6588 8116　　传真：0898－6588 6295

中国海南省黄氏宗亲联谊会

地址：海南省海口市龙昆南路97－1号华源大厦18层C室

电话：0898－6588 8116　传真：0898－6588 6295
E-mail：hnh0898@qq.com　邮编：570206

中国海南江夏文化源流研究会

地址：海南省海口市龙昆南路金霖花园A座508－504室
电话：0898－588 8176　传真：0898－588 6295
邮编：570206

中国珠玑巷黄氏理事会

地址：广东省南雄市沿江西路35号江夏苑2楼黄氏理事会
电话（传真）：0751－386 2693　邮编：512400

中国广东省开平市黄氏源流事业董事会

地址：广东省开平市蚬岗兴华路8号
电话：139 0255 2068，138 0960 8282　邮编：529381

中国潮汕黄氏宗亲联谊会

地址：广东省汕头市金新南路五横一号黄氏江夏堂
电话：0754－887 5508　邮编：505041

中国广东梅州江夏文化研究会

地址：广东省梅州市江北南门考院前11号
电话：0753－222 6782

中国广东省普宁江夏海外宗亲联谊会

地址：广东普宁市流沙镇光草乡办公大楼内
电话：0663－216 1080　邮编：515300

中国潮汕黄氏宗亲联谊筹备会

地址：广东汕头市金园北墩村长沟北路6号
电话：0754－866 5546　邮编：515041

江西省黄氏源流文化研究中心

地址：江西省南昌市青云谱定山路81号
电话：0791－521 2105　传真：0791－640 7232
邮编：330047

中国武汉江夏区黄氏宗亲总会

地址：湖北武汉市江夏区纸坊复江道43号台湾事务办公室

邮编：430200

电话：027－8272 7408　　传真 027－8271 5962

中国重庆市江夏文化研究会

地址：重庆市江北区鲤鱼池四村 18 号 2－1 室

电话（传真）：023－6751 4436　　邮编：400020

韩国黄氏中央宗亲会

Hwang's Family Association Of Korea

地址：首尔特别市城东区圣水 1 街 2 洞 656－1169 号

电话：（82）02－469 7055 6　　传真：（02）469－7057

缅甸族缅江夏堂黄家馆

W. K. K. Society149，My Khine Street，Yangoon，Myanmar

越南江夏堂黄氏宗祠

1481DL'ONG 3 THANG 2 P. 16－O. 11－TP. HCM

地址：越南胡志明市第 11 郡 16 坊 2 月 3 日街 1481 号

Tel：（84）9690 3843

柬埔寨黄氏宗亲会

Huang Association of Cambodia

地址：No. 217AB，Mao Tse Tung Blvd，Phnom Penh，Kingdom of Cambodia HP：（855）12－811 039

Tel：（855）23－211 055　　Fax：（855）23－210 955

E－mail：camtrade@ camnet. com. kh

全美黄氏宗亲会

Wong Family Benevolenlent Assocition，Inc. 39，Waverly Place，San Francisco California 94108，U. S. A.

Tel：（001）982 0610

美国罗省黄氏宗亲会

Wong Family Benevolent Association744 North Broadway，Los Angeles，California 90012 USA.

Tel：（001）213－628 7011

美国波士顿黄氏宗亲会

Wong Family Benevolent Association70 – 72 Beach Street Floor, Boston, Massachusetts, 02111, USA.

Tel：(001) 617 –426 4445　　Fax (001) 617 –426 4809

美国克里夫兰黄氏宗亲会

Wong Family Benevolent Association 1538E. 30th Street. Cleveland, OH 44114 USA.

Tel：(001) 216 –861 5066

美国纽约黄氏宗亲会

Wong Family Association24 Bowery, Street, New York NY10013 USA.

Tel：(001) 212 –962 2926

美国加州斯托克顿黄氏宗亲会

Wong Family Benevolent Association321S. San Joaquin Street. Stockton, CA 95203 USA.

Tel：(001) 209 –466 9471

美国加州萨克拉曼多黄氏宗亲会

Wong Family Benevolent Association 1702. Broadway, Sacramento, CA 95818 USA.

Tel：(001) 916 –442 7263

美国加州屋崙黄氏宗亲会

Wong Family Association3878th. Street. Oakland CA 94601USA.

Tel：(001) 510 –452 2546

美国夏威夷黄氏宗亲会

Wong Kong Har Tong of Hawaii c/o Harry C. Y. Wong, 3632 Sierra Drive, Honolulu, Hl 96816 USA.

Tel：(001) 808 –533 2317

美国休士顿黄氏宗亲会

Wong Family Benevolent Association of Houston. 6925 Turtlewood, Houston, TX 77072 USA.

Tel：(001) 713 –366 1115

加拿大卡技利黄氏宗亲会

Wong's Affinity Association308, Centre Street, South, Calgary, Alberta, Canada T2G 2B8.

Tel/fax：(001) 403－295 3812

加拿大温哥华黄氏宗亲总会

Wong's Benevolent Association123-A, East Pender Street, Vancouver, b. c. , Canada V6A 1T6.

加拿大点问顿黄云公所

10240－96 Street Edmonton, Alberta Canada T5H 2G9.

Tel：(001) 456－5480

加拿大域埠黄氏宗亲会

Wong Kung Har Sun Association of Ontario 301－303, Spadina Avenue, 3 rd Floor, Toronto, Ontario M57－2E6, Canada

Tel：(001) 416－977 3426　　　Fax：(001) 416－977 5828

墨西哥黄氏宗亲会

Mexico Wong Association Calle Morelos 251, Mexicali B. CFA Mexico.

古巴黄江夏堂

Wong Kong Ja Tong Dragones 414, (Altos) Havana, Cuba.

古巴黄云山公所

Wong Wun San Association Calle San Jose No. 356, (Altos) Havana, Cuba.

新加坡

新加坡南洋黄氏总会

Nanyang Huang Shi Chung Huat No. 16 Lorong 35 Geylang, Singapore 398551

Tel：(0065) 6748 2677　　　Fax：(0065) 6748 0471

潮州江夏堂

27Lorong 24 Geylang, Singapore 398551

Tel：(0065) 6748 2677　　　Fax：(0065) 6741 8095

客属黄氏公会

121 Typwhitt Road, Singapore 207549

Tel：（0065）6298 0474　　　　Fax：（0065）6296 9680

广东黄氏公会

31A Lorong 11 Geylang，Singapore 388723

Tel：（0065）6742 7811

琼崖黄氏公会

16 Lorong 35Geylang，Singapore 387946

Tel：（0065）6748 2677

江夏公所

1 Lorong Bachok，Singapore 387780

Tel：（0065）6748 3445

黄氏炽昌联谊社

2 Jalan Suka Lorong 24，Singapore 387780

Tel：（0065）6748 3445

南安罗溪黄氏总会

403B Guillemard Road，Singapore 399795

Tel：（0065）6744 5781

台山黄家馆

14A C Lorong 11 Geylang，Singapore 388723

Tel：（0065）6742 7811

菲律宾

菲律宾江夏黄氏宗亲总会

Philippine Kang – Ha Association，Inc. 4th – 6th Floor，Kang – HaBuilding，643F. Toyyes Street Sta，Cruz，Manila 2805，Philippine.

Tel：（0063）632 – 733 0380　　　　Fax：733 0387

菲律宾粤侨黄江夏堂

Wong Kong Har Tong Family Association. Inc. 2103，Anacieto Cor，Tayabas Street Sta. Cruz，Manila Philippines.

Tel：（0063）632 – 713 1632，721 – 4614

马来西亚

马来西亚黄氏联合总会

Gabungan Persatuan – Persatuan Huang Malaysia（Federation of Huang Association of Malaysia)

No. 44B, Jalan Chow Kit, 50350 Kuala Lumpur, Malaysia.

Tel：(0060) 03 -4242 3106

雪隆江夏堂

Huang Clan Association Selangor And Kuala Lumpur No. 44B, Jalan Chow Kit, 50350, Kuala Lumpur, Malaysia.

Tel：(0060) 03 -4045 3818　　　Fax：(0060) 03 -4042 3106

雪隆九福黄族家族会

No. 320, Jalan Segambut, 51200 Kuala Lumpur, Malaysia.

Tel：(0060) 6250 0163

马来西亚黄氏宗祠

Ng Clan Ancestral Hall Malaysia.

No. 44B, Jalan Chow Kit, 50350 Kuala Lumpur, Malaysia.

Tel：(0060) 03 -4045 3818　　　Fax：(0060) 03 -4042 3106

巴生黄氏宗亲会

Persatuan Kaum Huang Klang Selangor.

No. 35A, Persiaran Raja Muda Musa, 41200 Klang, Selangor. Mlaysia.

Tel：(0060) 03 -3377 1182

槟榔屿江夏堂黄氏宗祠

Wang Si Chong Chi (Koong Har Tong Society)

No. 39, Penang Street, 10200 Penang, Malaysia.

Tel (0060) 04 -261 0848

槟城浮罗江夏堂黄氏宗祠

Wong Si Clan Temple Mr. Wong Kee Hock (PJK, PJM)

No. 142, MK2, Sg. Pinang 11000Balik Pulau, Pulau Pinang. Malaysia.

Tel：(0060) 04 -866 1409

沙捞越江夏堂黄氏公会

Samawak Chiang Hsia Huang Clan Association

No. 131, Jalan Aag Cheng Ho,

93100 Kuching, Sarawak, Malaysia

Tel/Fax：(0060) 082 –243 640

沙捞越第二省江夏黄氏公会

Persatuan Klan Chiang Sia Huang Bahagian Kedua Samwak

No. 95B, Club Road, 95008 Sri Aman, Sarawak. Malaysia.

Tel：(0060) 083 –321 693

沙捞越龙峰黄氏公会

Sarawak Ling Huang Wong Clan Association

No. 37, Brooke Drive, 96000 Sibu, Sarawak, Malaysia.

Tel/ Fax：(0060) 084 –332 628

沙捞越美里江夏黄氏公会

Miri Chiang Hsia Huang Clan Association Lot. 2124, 1st Floor, Jalan Bulatan, Miri. P. O. Box 752, 98008 Miri, Sarawak, Malaysia

Tel/Fax：(0060) 085 –412 525

印度尼西亚

印度尼西亚江夏堂黄氏宗亲总会

Forum Komunikasi Keluarga Besar Huang Indonesia JI. Embong Ploso 14 Surabaya, Jawa Timur Indonesia

Tel：(0062) 031 –534 3380 Fax：(0062) 031 –547 5292

印尼南苏省锡江市江夏堂黄氏宗亲会

Yayasan Sosial Wijaya Kusuma JI. Diponogoro No. 95AK Ujung Pandang, Sulawesi Selatan, Indonesia.

Tel：(0062) 411 –320 340, 312 095 Fax：(0062) 411 –452 281

印尼西爪哇万隆市江夏堂黄氏宗亲会

PT. Cahaya Harapan Garment JI. Kopo 4/198A Bandung, Jawa Bamt Indonesia.

Tel：(0062) 022 –601 5234, 601 8805

Fax：(0062) 022 –601 8805

印尼苏西省巴东市江夏堂黄氏宗亲会

Himpunan Keluarga Huang JI. Kelenteng II No. 17 Padang, Sumatra Bart, Indonesia.

Tel：（0062）0751－39 961　　Fax：（0062）0751－61 783

印尼东加麻里巴板江夏堂黄氏宗亲会

Kang Ha Tong CV. Panca Wama JI. Pandan Sari Rt. II No. 101A Balikpapan 7131 Kalimantan Tinur, Indonesia.

Tel：（0062）0542－732 229, 422 867

Fax：（0062）0542－421 538

印尼雅加达广肇江夏堂黄氏宗亲会

Yayasan Sosial Kong Ha Tong JI. Pinangsia Raya No. 49 Lt. 3 Jakarta Barat, Indonesia.

Tel/ Fax：（0062）021－626 3858

印尼雅加达江夏堂黄氏宗亲会

Perhimpunan Marga Huang JI. Raya Mangga Besar No. 138 Jakarta Pusat, Indonesia.

Tel：（0062）021－629 3564　　Fax：（0062）021－612 0506

印尼苏北省民礼市黄氏宗亲会

Kang Ha Tong JI. Sudirmtra No. 88 Binjai, Sumatra Utara, Indonesia.

Tel：（0062）061－882 2855

泰国

泰国黄氏宗亲总会

Hwang Association of Thailand 99 Soi Ramkhamhaeng 1 (Moolsub 1) Ramkhamhaeng Rd, Suanluang, Bangkok 10250 Thailand.

Tel：（0066）02－314 7190, 02－314 6210

Fax：（0066）02－314 7195, 02－314 6211

泰国黄氏大宗祠

880 Soi Wat Kantayaram, Bukkhalo, Thonburi, Bangkok 10600 Thailand.

Tel/ Fax：（0066）02－465 6888

黄氏江夏慈善会

732－732/2 Chareonkrung Road, Samyaek, Sampantawong, Bangkok 10100 Thailand.

Tel/ Fax：（0066）02－225 9495－8

北碧黄氏宗亲会

160 Saengchuto Road, Muang, Karnchanabri 71000 Thailand.

Tel：(0066) 034 –542 046　　　　Fax：(0066) 02 –034 –541 429

佛统黄氏宗亲总会

151/89 Sar – Bua Shopping Centre, Muang Nakornpratom 73000 Thailand.

Tel：(0066) 034 –251 543

武里喃黄氏宗亲会

61 –63 Niwad Road. Muang, Buriram 31000 Thailand.

Tel：(0066) 044 617 357

彭世洛黄氏联络中心

44 –45 Chaophrayachakkri Road, Muang, Pitsanulok 65000 Thailand.

Tel：(0066) 055 –251 885, 055 –258 741

Fax：(0066) 055 –219 888

华富里府黄氏联络中心

24/6 –7 Surasongkharm Road, Muang, Lopburi, Thailand.

Tel：(0066) 036 –411 299

张　姓

岳喜端　孙　炜

一、张姓姓源

张姓，得姓历史悠久，族大支繁，是中华大族姓之一。据姓氏专家统计，张氏族姓居住在中国和世界各地的总人口，约有一亿左右。人才辈出，数不胜数，从古至今，张姓曾有 43 个望族。历朝历代都有张姓的杰出人才为中华民族的繁荣昌盛贡献着力量。

（一）起源诸说梳理

中国历代典籍中，有关张姓起源的说法主要有如下几种。

1. 东汉应劭《风俗通义·姓氏篇》：“张、王、李、赵，黄帝赐姓也”。

2. 唐人林宝《元和姓纂》：“黄帝第五子青阳生挥，为弓正，观弧星，始制弓矢，主祀弧星，因姓张氏”。

3. 北宋欧阳修、宋祁等撰《新唐书·宰相世系表》：“张氏出自姬姓。黄帝子少昊青阳氏第五子挥为弓正，始制弓矢，子孙赐姓张氏”。

4. 北宋《广韵》下平声十阳：“张，又姓，出清河、南阳、吴郡、安定、敦煌、武威、范阳、键为、沛国、梁国、中山、汲郡、河内、高平十四望。本自轩辕第五子挥，始造弦，实张罗网，世掌其职，后因氏焉”。

5. 南宋邓名世《古今姓氏书辩证》：“张，出自姬姓。黄帝子少昊青阳氏第五子为弓正，始造弓矢，实张罗以取禽兽，主祀弧星，世掌其职，赐姓张氏”。

6. 南宋郑樵《通志·氏族略·以字为氏·晋人字》：“张氏，世仕晋，晋分为三，又世仕韩，此即晋之公族以字为氏者。谱家谓黄帝子少昊青阳氏第五子挥为弓正，观弧星，始制弓矢，主祀弧星，赐姓张氏，此非命姓氏之义也。按，晋有解张，字张侯，自此晋国世有张氏，则因张侯之字以命氏可无疑也”。

7. 清人张澎《姓氏寻源》中称“张氏”：“考《庄子》，黄帝游具茨，张若马前，倘挥为青阳氏子，黄帝时何以有张若？”

另据《读史方舆纪要》载，世居云南的南蛮酋长龙佑那，于三国时被蜀相诸葛亮赐姓张；据《三国志·魏志》载，魏国名将张辽本姓聂，后改为张氏，世居马邑，成为大姓；金、元时期，还有一些少数民族改姓张氏。

以上记载中，除去因循沿用的，论述张姓起源大体有四种：一曰黄帝赐姓；二曰黄帝之孙挥因造弓为得姓始祖；三曰因解张之字得姓；四曰少数民族改为张姓。

这几种说法中，其三其四，分别发生在东周和三国时期，那时早已有张姓存在，因此只能算是张氏得姓的来源，而不是张姓的起源。张姓源流所自，只能根据第一和第二种说法进行辨析。

第一说出自东汉应劭《风俗通义·姓氏篇》，但该书于宋代散佚，现存为清人辑佚本。该说疑点颇多。《风俗通·姓氏篇》在叙说挥始造弓，“后因氏焉”的同时，又说：“张、王、李、赵，皆黄帝所赐姓也”。后人著作中多有沿袭此说者，或认为此为张姓起源之一的，如宋人编纂的《广韵》、明人陈士元的《姓储》、清人黄本骥的《姓氏解纷》等，均是如此。根据《国语·晋语》的记载，黄帝之子25人，得姓者为14个，分别为12姓，有姬、酉、祁、己、滕、箴、依、任、荀、僖、姞、儇，而青阳与夷鼓则随黄帝姓姬。这就是说，黄帝诸子之中并无张姓。《风俗通》把挥说成黄帝第五子，故而在采用张姓始祖说的同时，又说张王李赵皆为黄帝赐姓，其实这两点都是不准确的。故宋人邵思在《姓解》中引述《风俗通》这句话时改为：“张、王、李、赵，皆黄帝之后也”。邵思改用的这句话，从姓氏发展的史实上说，是正确的，但却把《风俗通》原文给改动了，这就缺乏治史的严肃性。不过，从改动原文上又可以看出，他认为黄帝赐姓说是不可取的。而且古代的赐姓都有一定的原因。张姓“黄帝赐姓”说，并未讲清得姓的原因，《左传·隐公八年》云：“天子建德，因生以赐姓，祚之土而命之氏”。这是说，帝王立有德之人为诸侯，根据他的出生血统赐给姓分封给他土地，并且根据封地命名氏。汉代赐刘姓，唐代赐姓李，均因被赐之人有功于当时的王朝而赐国姓，再者，王、李、赵都有各自的得姓原因，所以，黄帝赐张姓说似不可取，不能作为张姓起源的依据。

第二种说法，认为张姓因挥创造了弓，因而得姓。此种说法广为流传。

张，由弓长二字结合而成，本义为弓上弦。《诗经·小雅·吉日》："既张我弓"，就是开弓的意思。《周礼·秋官》："罗取鸟兽曰张"。张姓人向别人介绍自己姓氏时，都说"弓长张"，可见张姓起源与弓有关。在古文字中，张字有十余种演变，或人与弓结合，或弓与箭结合，或弓与长结合，都离不了弓字，所以张姓起源，与弓箭发明是有直接关系的。

上古谁发明了弓，说法不一，一说是"般"，一说是"挥"。言般者有《山海经·海内经》："少昊生般，般始为弓矢"；《通鉴纲目》："少昊金天氏次妃生般，为弓正，制弓矢，主祀弧星。封于尹城，有子曰昧，为元冥师于高阳之世"。袁珂在《中国古代神话》中，也引用了般作弓矢说法。言挥者有：《世本》、《中国姓氏大全》、《姓氏考略》、《说文解字》等十余种史籍。《世本》为战国时史官所撰，记载黄帝至春秋时诸侯大夫氏姓、世系、居（都邑）、作（制作）等，原本在宋代散佚。清代钱大昭、王漠、孙冯翼、茹伴林、雷学淇、张澍等辑《世本》八种。在茹泮林和张澍所辑《世本》中，除叙述黄帝发明以外，还记载了黄帝臣子的发明：雍父作杵臼，共鼓、货狄作舟，挥作弓，胡曹作冕，伯余作衣，夷作鼓，尹寿作镜，放则作扉屐，巫彭作医，诬咸作铜鼓，伶伦作律吕（乐律），大挠作甲子，隶首作算数，容成作历，沮诵、苍颉作书，史皇作图等，这里指明了挥作弓。孙冯翼集《世本》两种："挥作弓，夷牟作矢"。陈其荣增订本又言"挥、夷牟，黄帝臣"。唐代林宝所著《元和姓纂》，虽已久失，但清嘉庆与光绪年间所辑校勘本中说："黄帝第五子青阳生挥，为弓正，观弧星，始制弓矢，主祀弧星，因姓张氏"。后世张氏族谱、家谱也多沿用此说。台湾张汉良等人重修《张氏清河堂族谱·氏系迁衍》："张氏的得姓祖张挥，字玉爵，号天禄"。他们把张挥视为张氏的大始祖。挥作弓，为张氏始祖，似已被史学界和张氏族人所公认。

但此说也存在一些争议。如《庄子》一书提到黄帝时已有张若，因此早已有张姓。其实，《庄子》又称《华南经》，是道家经典之一，战国中晚期逐步流传，至西汉大致成形，该书并不是史书，是庄子及其代表的道家学派的思想架构，因此其内容恣意汪洋，多有夸张描述，并非叙史描实之书，其所写人物也不一定实有其人。因此，仅据此一点就否认挥因造弓得姓之说是不能成立的。

那么，挥是何时人呢？是黄帝之子，还是黄帝子少昊之子，姓氏学家争论很大。持黄帝之子说者有《广韵》、《绎史》、《通鉴外纪》等。唐《广韵》："张姓本轩辕第五子挥，始造弦，善张网罗，世掌其职，后因氏焉"。《通鉴外纪》："黄帝二妃方雷氏之女，曰节，生休及清。三妃彤鱼氏之女，生挥及夷彭"。后世张姓族谱有沿此说者，如明嘉靖年间，张浚等纂《张氏统宗谱》："吾张氏得姓者，自轩辕黄帝第三妃彤鱼氏之子曰挥，观弧制矢，赐姓张氏，官封弓正，主祀弧星……"明崇祯年间，张太宾撰《张氏族谱序》："吾张姓，始于轩辕黄帝第五子也，性长弓矢，善张网罗，世袭其职，因赐姓曰张，以其善作三军也"。

持少昊之子说者有《元和姓纂》、《中国人名大辞典·姓氏考略》等。这些姓氏学史籍虽稍有出入，但都主张挥为黄帝之孙，少昊青阳之子。后世张氏后裔所修族谱、家谱也有沿用此说者。清乾隆《张氏家谱》："张氏出自黄帝轩辕氏，（黄帝）生少昊金天氏，又号青阳氏。（少昊）第五子挥，始制弓矢，官为弓正，主祀弧星，世掌其职，赐姓张氏"。

那么，挥到底是谁之子呢？不妨从黄帝说起。

黄帝有四妃，正妃嫘祖，次妃方雷氏，三妃彤鱼氏，四妃嫫母，所生25子。这25子虽未能查全，但从《汉书·古今人表》、《新唐书·宰相世系表》等书列黄帝世系表及刘城准根据《山海经》所列黄帝世系表中，均未见到挥的名字。据《国语二·晋语》载：黄帝25子，其得姓者14人，除青阳与苍林同于黄帝为姬姓外，尚有12姓。12姓为：姬、酉、祁、己、滕、箴、任、荀、僖、姞、儇、依，这里也没有张姓。因此，认为挥为黄帝之子似缺乏直接证据。而《新唐书·宰相世系表》则明确表明：张氏出自姬姓，黄帝子少昊青阳氏第五子挥，为弓正，始制弓矢，子孙赐姓张氏。北宋《广韵》等古书也认为挥为少昊第五子。可见挥为少昊之子的可信性更高一些。

（二）得姓始祖挥辨析

挥为张姓得姓始祖。诸书皆言挥为弓正，始造弓矢，张网罗，以取禽兽，主祀弧星，世掌其职，赐张氏。“弓正”为官名，他是谁的弓正官，谁赐他为张氏，史书并未说明，我们只能从各方面资料加以分析。

前文说过，众多氏学家持挥为少昊之子说，然对少昊的事迹，也只能从神话传说中了解一二。少昊，即为少爆，名挚，有说他是黄帝的儿子，有说他是黄帝的孙子。王嘉《拾遗记》：“少昊母曰皇娥，处琁宫而夜织，或乘桴木而昼游，历经穷桑沧茫之浦。时有神童，容貌绝俗，称为白帝之子，降于水际，与皇娥嬉戏，奏更娟之乐，游漾忘归……及皇娥生少昊，号曰穷桑氏，亦曰桑丘氏”。《淮南子·天文训》：“西方金也，其帝少昊，其佐蓐收，执矩而治秋，其神为太白，其兽白虎，其音商，其日庚辛”。注曰：“少昊，黄帝之子青阳也，以金得王，号曰金天氏，死托祀于西方之帝”。但也有说他是东夷人。《山海经·大荒东经》：“东海之外大壑，少昊之国”。亦曰无底之谷，即归墟，春秋时郯国即其后代，今山东曲阜东北有少昊陵。当时他在东方建立鸟国，以鸟纪官，有燕子、伯劳、晏雀、锦鸡，分管一年四季天时，凤凰做总管，另外还有五种鸟掌管国家政事。在这些官员中没一个是人名的，只有一名叫蓐收的儿子，后来随他回到西方穷桑，管理12000里的地方。这些有关少昊的神话传说，并无挥的记载，可见挥并不在少昊时做弓正官。

挥既不在少昊时做官，而在颛顼时做官是有可能的。从史籍和神话传说中查到，少昊的儿子有重（句芒）、该（蓐收）、修、熙、般、挥、倍伐、穷奇、威（一目国）等，他们大都在颛顼时做官。

至于颛顼何以重用少昊之子，一是他与少昊为叔侄关系，与挥等是堂伯兄弟。二是颛顼曾辅佐过少昊。《帝王世纪》：颛顼生十年而佐少昊，二十而登帝位”。《山海经·大荒东经》：“东海之外大壑，少昊之国。少昊孺帝颛顼于此，弃其琴瑟”。而且少昊除不肖子穷奇外，其余皆有才华。倍伐做了季厘之国络渊的土神，威做了北海外一目国的国君。

“弓正”是监制弓矢的官。在远古时代，人们以石击兽御敌，弓箭的发明，无疑是一种最厉害的先进武器。用它不仅可以御敌，而且教民用来狩猎，解决天下衣食之困。弓箭的发明，对社会历史发展贡献是巨大的，因此帝颛顼嘉其功，以其官名，赐姓为张，即为张挥，这就是张氏的始祖。

挥生居何地，死葬何处，也就是张姓始祖在哪里，这也是姓氏学家争论的要点。张氏祖源地有以下诸说：一曰河北省清河郡。明嘉靖张浚等纂修《张氏统宗谱·得姓郡望》："吾张氏得姓者，自轩辕黄帝第三妃彤鱼氏之子曰挥，观弧制矢，赐姓张氏，官封弓正，主祀弧星，居尹城国于青阳，后改清河郡。此张氏得姓之由，而望清河郡独最"。邓洪波撰《中华姓氏通书·张姓》似同此说。二曰山西省太原。据说山西太原立有张氏始祖碑，碑文不详，是否始于解张，亦未可知。最近有人写文章说，"有的族谱又把山西太原视为挥公受封之地"。三曰山西省永济县。何光岳先生经过考证，提出河东东张城（今山西永济县东北东开张），可能是张姓始居之地。四曰河南省濮阳县。许多学者经过大量考证，认为挥是颛顼时任弓正官，居于帝丘（今濮阳一带）。

颛顼是五帝之一。继黄帝之后，颛顼"静渊以有谋，疏通而知事，养材以任地，载时以象天"（《史记·五帝本纪》），是很有作为的。颛顼时代，从文献记载和神话传说看，是一个极为辉煌的时代。在这个时代，弓箭的产生，作为一项重要的发明，不仅有需要，而且有可能。据《史记·五帝本纪》记载：黄帝时，"披山通道，未尝宁居，东至于海，登丸山及岱宗；西至于空桐，登鸡头；南至于江，登熊湘；北逐荤粥，合符釜山"。而颛顼时代的活动地域比黄帝时要广阔得多。据《史记·五帝本纪》记载："北至于幽陵，南至于交阯，西至于流沙，东至于蟠木"。疆域的扩大，有赖于战争的胜利；而战争的胜利，得助于弓箭的发明。《说文》云："弓，穷也，以近穷远者"又云："张，施弓弦也。"这说明"弓"与"张"两个字都与战争有关。《易·系辞下》云："弧矢之利，以威天下"。可见这种以近穷远，可以远距离杀伤敌人的武器，比当时的石块、木棍要先进得多、有威力得多，是在当时频繁的战争中取得节节胜利的重要因素。颛顼"载时以象天"，所谓"象天"，就是效法天，效法大自然。这与文献记载的挥"观弧星始制弓矢"恰相吻合。在《史记·五帝本纪》中，"象天"一词不见于黄帝时代。"象天"，说明当时农业有了较大的发展，人们更加注意天气，更加注意观察星象。范文澜在《中国通史简编》中说，仰韶文化时期，农业在生产部门中占有重要地位，纺织已是一种普遍的手工业。这就是说，在颛顼时代已经具备了制造弓箭的条件。后来的弓箭明显地以竹为原料，而发明弓箭时却是以木为原料的。《易·系辞下》云：“弦木为弧，剡木为矢”。颛顼以帝丘为都，地处北方，“弦木为弧，剡木为矢”，正是体现了最初弓箭的地域特点。因此，我以为弓箭的产生应该在颛顼时代。

据《新唐书·宰相世系表》记载：“张氏出自姬姓，黄帝子少昊青阳氏第五子挥，为弓正，始制弓矢，子孙赐姓张氏”。这里为我们提供了挥是颛顼时代的人，且为颛顼大臣的重要线索。与《史记·五帝本纪》的记载相对照，我们可以清楚地看出，挥与颛顼同为黄帝子孙，挥是颛顼时代人，应该说是可以肯定的。颛顼为帝，挥为弓正，挥为颛顼大臣，也应该是没有疑问的。说挥为颛顼大臣，还有其他资料作为依据。据《国语·楚语下》记载：颛顼受之，乃命南正重司天以属神，命火正黎司地以属民，使复旧常，无相侵渎，是谓“绝地天通”。

《史记·郊祀志》也有类似的记载。这里所说的重和黎都是颛顼的孙子。《史记·楚世家》在“卷章生重、黎”下的“索隐”说：“重氏、黎氏二官代司天地，重为木正，黎为火正”。袁坷先生在《神话选译百题》一书中认为：“火正或说当为北正”。这里值得我们注意的是颛顼大臣的名称，曰“南正”，曰“北正”，曰“火正”，曰“木正”，而挥则是“弓正”，官员的名称是一致的，说明“弓正”是颛顼时代的官名，挥是颛顼的大臣。为了说明这一问题，我们还可以做个比较。据《史记·五帝本纪》记载，黄帝时“官名皆以云命为云师”。应劲注释说，黄帝受命有云瑞，故以云纪事也；春官为青云，夏官为绪云，秋官为白云，冬官为黑云，中官为黄云。比颛顼稍早的西方天神（一说东方之神）少昊是以鸟命官。据《左传·昭公十七年》记载：“少眸（按，即少昊）之立也，凤鸟适至，故纪于鸟，为鸟师而鸟名。凤鸟氏，历正也；玄鸟氏，司分者也；伯赵氏，司至者也；青鸟氏，司启者也；丹鸟氏，司闭者也；祝鸿氏，司徒也；雎鸿氏，司马也；鸟鸿氏，司空也；爽鸿氏，司寇也；鹊氏，司事也；五鸿，鸿民者也。五维为五工正，利器用，正度量，夷民者也。九息为九农正，息民无淫者也。”

这里我们可以清楚地看出，少昊是以鸟命官。其中虽有“历正”、“工正”、“农正”等名称，但并不普遍，没有代表性。

据袁坷先生《中国古代神话》解释，“又有五种野鸡，分别管理木工、金工、陶工、皮工、染工五种工程”。这里的“五工正”并不包括“弓正”，这说明稍早于颛顼的少昊时期还没有发明弓箭。这些资料都从不同的角度告诉我们，挥是颛顼的大臣，其张姓应是颛顼所赐。

关于张姓起源地望，历来有两种说法：一是认为张姓的得姓始祖挥是青阳氏的儿子，青阳氏的居住地青阳就是张姓的发源地，而古代“清”与“青”通用，“青阳”就是“清阳”，而古人习惯以水北为阳，水南为阴，清阳就是清河以北。汉代以后有清河郡，辖地相当于今河北省清河全县以及枣强、南宫的一部分，山东省的临清、夏津、武成三县以及高唐、平原的一部分。郡治在今河北省清河县南。人们认为清河郡就是张姓的起源地。此说由来已久，邓洪波先生的《中华姓氏通书·张姓》也持此说。二是宋人郑樵主张的山西说。《通书·氏族略》说：“谱家为黄帝子少昊青阳氏第五子挥为弓正，观弧星，始制弓矢，赐姓张氏，此非命氏之义也。按晋有解张，字张侯。自此晋国世有张氏，则因张侯之字以命氏无疑也”。就是说张姓得姓于春秋时期的晋国，在今山西省境内。三是认为张姓起源地望在今河南濮阳。

比较以上三说，张姓起源于春秋时期的晋国（即今山西省）的说法最不可靠。诚然，晋国确实是春秋时期张姓的聚居之地，晋国张姓除了张侯以外，见于记载的还有张果老、张君臣、张骼、张柳朔等人。但是尚不能说晋国是张姓的起源地。因为早在西周宣王时期就有张仲其人，见于文献记载。《诗经·小雅·六月》曰：“侯谁在矣，张仲孝友”。张仲字仲嗣，他和尹吉甫等辅佐周宣王，以孝顺父母、友爱兄弟著称。另外，除晋国以外，春秋时期其他国家也已有张姓先民存在。如宋国有个张句，是华躯的家臣，曾怒杀华多僚，事迹见载于《左传·昭公二十一年》。总之，春秋时期晋国的张姓先民，是张姓人群中的一支，但不是张姓先民中最早的一支，因而今山西省不可能是张姓的起源地。

张姓起源于河北省清河说和河南省濮阳说，都与“青阳”、“清水”有关，因而有必要考察古代清河的发源和流向。清水是一条古老的河流，由于黄河改道的影响，清水也屡有变迁。清水源出何处？《水经·清水》言：“清水出河内修武县之北黑山”。郦道元注：“黑山在县地北白鹿山东，清水所出也”。古修武县即今河南省获嘉县，黑山当在获嘉县北，它是清水的源头。另外，《续汉书·郡国志》“河内郡修武县”下，刘昭注补引《山海经》曰：“太行之山，清水出焉”。《山海经·山北经》云：“北次三经之首曰太行之山。……又北二百里，日渴庆之山……其东有林焉，名曰丹林，丹林之水出焉，南流注于河”。郦道元《水经注·清水》言：“清河水又东南流，吴泽破水注之。水上承吴破于修武县之故城西北……西侧长明沟水人焉。水有二源。北水上承河内野王县东北界沟，分枝津为长明沟”。熊会贞疏：“今日小丹河，自河内东北大丹河分出。古初分为光沟，又分为界沟，又分为长明沟。长明沟分处仍在野王县东北，即今之河内县东北也”。清代的河内县即今河南省沁阳市，大丹河郡即古丹林水。古丹林水发源于今山西省高平县，向南穿过太行山后分为两支：一支向南注入沁水，合流入黄河；另一支向东称作长明沟水，注入吴泽。此水源远流长，应为清水的另一源头。

关于清水的流向，《水经·清水》称它“东北过获嘉县北，又东过汲县北，又东入于河”。古获嘉县在今河南省新乡市西，古汲县在今河南省卫辉市西南。清水在此与淇水合流而入黄河。郦道元注曰：“谓之清河口，即淇河口也，盖互受其名耳”。魏晋时期清、淇二水入黄河处，在朝歌，即今河南省淇县东南。其实淇县并不是清水的尽头。杨守敬疏《水经·清水》曰：“清水本自入海，自周定王五年河徙，南注黎阳以北，清河之流遂绝，而故道犹存。今曹操开白沟遏淇水北流行清水之道。故《淇水注》谓之清淇，互受通称”。可见古清河由此继续北流，曹魏开的白沟就是古清水的一段河道，故白沟又称清水。《水经·恒水》云：恒水“又东过内黄县北，东入白沟”。《左传·成公十七年》：“声伯梦涉恒”。杜预注：“沮水出汲郡林虑县东北，至魏郡长乐县入清水”。西郡长乐县在今河南省内黄县东北，可见晋人仍称白沟为清水。白沟进入河北省清河县后，北经枣强县，至东光县南汇入古黄河入海，《水经注》称此为清河，它应是最早的清河下游。

综上所述，古代清水有两个源头：一是河南省获嘉县北黑山，二是发源于山西省高平县，即《山海经》所记的古丹水，此水向南穿过太行山，东流入吴泽陂，然后注入发源于获嘉县北的清水。二水会合后向东北流，经今河南省新乡市、卫辉市、淇县、内黄县，然后进入河北省的魏县、清河县、景县、沧州市，至天津入海。后来因为年长日久，黄河改道的影响，或某段河道淤塞，或某段河道易名，清水遂隐没无闻。

由此可见，河南省濮阳地处古清水上游，河北省清河处于清水下游。两地都可能是张姓的起源地。要想弄清张姓究竟起源于何处，还需要对两地加以比较、分析。

从古史传说看，濮阳古称帝丘，是五帝活动的主要地区之一。《史记·五帝本纪》“帝颛顼高阳者”条《集解》引皇甫谧曰：“都帝丘，今东郡濮阳是也。”《集解》又引《皇览》曰：“颛顼家在东郡濮阳顿丘城门外广阳里中。顿丘者城门，名顿丘道。”《索隐》引皇甫谧云：“据《左氏》，岁在鹑火而崩，葬东郡。”又《山海经》曰：“颛顼葬鲋鱼山之阳，九嫔葬其阴。”由此可见濮阳既是颛顼的都城，又是颛顼葬地，因而是颛顼活动的中心区域。帝喾是颛顼族子，《史记·五帝本纪》“帝喾崩”条《集解》引《皇览》曰：“帝喾家在东郡濮阳顿丘城南台阴野中”。可见濮阳也是帝喾活动的主要地区。而颛顼是“黄帝之孙”，正与黄帝子孙挥大体同时。《史记·五帝本纪》《索隐》引皇甫谧曰：“帝喾名夋也”。帝夋据说是商族的祖先。帝丘又称商丘，为夏王相所都。《帝王世纪》：“自太康以来，夏政凌迟，帝相为界所逼，乃徙都商丘”。该书又引《世本》云：“契居蕃、相土徙商丘，本颛顼之墟。故陶唐氏之火正阏伯之所居也”，故《春秋传》曰：“阏伯居商丘，祀大火，相土因之……今濮阳是也”。《水经·瓠子河注》：“河水旧东决，逸濮阳城东北，故卫也，帝颛顼之墟。昔颛顼自穷桑徙此，号曰商丘，或谓之帝丘，本陶唐氏之火正阏伯之所居，亦夏伯昆吾之都，殷之相土又都之”。总之，濮阳是夏王相建都之地，商先公相土的东都，附近的内黄又是商代前期的都城之一。尧的火正阏伯、夏代的昆吾均居于此，楚族也发源于此。

从考古学上看，濮阳地区位于新石器时代华夏部族的仰韶文化与东夷部族的北辛文化的结合部。前些年在濮阳西水坡发现了仰韶文化时期的蚌壳堆塑龙虎，被人们称为“中华第一龙”。淮阳出土的仰韶文化器物多带有北辛文化的因素。近年来考古工作者又在这里发现有众多的龙山文化遗址和先商文化遗存。这些文物考古资料可以和文献记载相印证。古濮阳既可能是玄嚣、颛顼部族活动地域，也可能是少昊部族活动地域，无论张姓的始祖挥属于少昊青阳氏之子，还是玄嚣青阳氏之子，无论他属于华夏部族还是东夷部族，蹼阳都有可能是挥的居住地。河北省也是传说中黄帝活动过的地区。如黄帝与蚩尤战于涿鹿之野，黄帝与炎帝战于阪泉等。但是涿鹿在河北省西北部，阪泉在今怀来，也在河北省西北部，而河北省南部的清河县一带，未发现有黄帝活动的迹象。清河一带的文物考古资料也远没有河南濮阳一带丰富。因此笔者以为，张姓起源于清水上游即今河南濮阳一带的可能性较大。

挥是弓箭的发明者，他的部族以制造弓箭为业，因而他被授任弓正之职。最原始的弓当用木条弯成弧形加上弦而成，箭当用竹加上石簇或骨簇而成。根据文献记载，濮阳及其周围地区有着丰富的制造弓箭的材料。《诗经·庸风》有《桑中》篇，云："期我于桑中，要我于上宫，送我乎淇之上矣"。又有《定之方中》篇，云："降观于桑"、"说于桑田"。古人常说"桑间淮上"，《诗经》所反映的是春秋时期的情况，但也可说明古帝丘、朝歌一带多桑树。《诗经·卫风》有《淇奥》篇，云："瞻彼淇奥，绿竹椅椅"，"瞻彼淇奥，绿竹青青"，"瞻彼淇奥，绿竹如箦"。淇河沿岸的竹十分茂密，郁郁青青。《诗经·卫风》还有《竹竿》篇，云"籊籊竹竿，以钩于淇"。春秋时期淇水流域既多野竹，在春秋以前此地的竹也不会少。桑木柔韧富有弹性，它和竹都是制造弓箭的主要材料，由此推断，濮阳一带多竹多桑，很可能是挥发明制造弓箭的地区。

对"青阳"所表示的地望，也可以从另一方面理解。春秋战国时期的人们，习惯以"青"代表东方。所谓青阳，就是天子的东堂。如《礼记·月令》："孟春之月，天子居青阳左个"。注："青阳左个，大寝东堂北编"。古代太子居东宫，东方色为青，故称太子宫为青宫。青龙又是东方星宿名。古代排列五帝，东方的天神称青帝。青土是指东方之地。青社是祭祀东方土神处。商代的甲骨文就有"东"字。它有两个意思。一是指东方，东土；二是指具体的地名。濮阳的帝丘，就是夏代商先公相土的东都。甲骨卜辞中的"东"地也是西周以后的"东"地。《逸周书·作雄》日："武王克殷，乃使王子禄父稗守商祀，建管叔于东"。西周初的"东"地，就在古濮阳城。古濮阳在战国时期仍称"东"地。如《史记·卫世家》："元召十四年，秦拔魏东地。秦初置东郡，更徙卫野王县，而并蹼阳为东郡"。总之，春秋战国时人以"青"（或"青阳"）代表东方或东地，而濮阳一带一直有

“东”地之名称。从这种意义上说，青阳表示的地望就指古濮阳一带。挥既是青阳氏之子，张姓的得姓地望也应在濮阳。

时至今日，濮阳县、濮阳市区及其周边县，张姓人数多、分布广。仅新市区周围，居有张姓的村落就有赵村、大庙、西孟柯、后铁炉、张海、黄甫等村，用张姓命名的村有张海、张拐、张仪、张庄、前张家等。濮阳市区共有姓氏 233 个，其中王、张、李、刘四姓居首。

（三）解张的后裔

挥是张姓人的得姓之祖。但今天还有一部分张姓是春秋时期晋国大夫解张的后代。

中国姓氏产生的方式多种多样，以字为氏是其中比较重要的一种。古人的名字，有姓、有名、有字，所谓“以字为氏”，是指以先人的字作为新的姓氏。以字为氏在先秦时代普遍存在。晋国张氏的出现就是一个典型。持此说者，主要是宋人郑樵，他在《通志・氏族志・晋人字》中说：“张氏，世仕晋，晋分为三，又世仕韩，此即晋之公族，以官为氏者。谱家谓：黄帝子少昊青阳氏挥为弓正，观弧星，始制弓矢，主祀弧星，赐姓张氏。此非命姓氏之义也。按晋有解张，字张侯，自此晋国世有张氏，则因张侯之字以命氏，可无疑也。赵有张谈，韩有张开地，赵韩分晋，皆张侯之裔也……”

郑樵是一位博学的人，他长于史学，在姓氏学方面曾著有《氏族志》57 卷，以及《氏族源》、《氏族韵》等书，应该说对姓氏是颇有研究的。但他提出的解张为张姓始祖说，却和者颇寡。《宋史・郑樵传》评论他“好为考证伦类之学，成书虽多，大抵博学而寡要”，是有道理的。本来，在郑樵之前，欧阳修在叙述张姓时，已提出周宣王时有张仲，其后事晋为大夫，较解张为早。显然，解张不能作为张姓之始祖。而且《风俗通义》中也有这样的记载：“张氏，张、王、李、赵，皆黄帝赐姓也。又晋国有解张、高张侯，自此晋国有张氏。”

解张，姓解、名侯、字张，解氏因先人食采邑于解（今属山西运城县）而聚居于此。世为晋国公侯，解张和他的族人解扬、解狐都是晋国有名的大夫。

解狐与晋国名臣祁奚是仇家，但祁奚对解狐的才干暗中极为赏识。他告老退职时竟举荐解狐作他的继任者，这在历史上传为佳话，可惜，解狐来不及赴任就去世了。解扬是晋国著名的外交使节，曾多次出色地完成使命。有一次，他受晋君之托，前往被楚军围困的宋国送信，要宋人坚持抵抗，等候援军。不幸，半路上，解扬成了楚军的阶下囚。楚子厚赂解扬，要他说服宋人放弃抵抗。解扬假装答应，等到楚人安排他向宋人喊话时，他却传达了晋君的口谕。楚子极为恼怒，责备他不讲信用，准备把他送上断头台，解扬大义凛然地说："君主发布了命令，为臣的就要义无反顾地去执行。我身为晋臣，假装答应你的要求是为完成我的使命。现在被你杀了，我死得其所，还有什么奢求呢？"说罢引颈待死。楚子被他的忠诚与大义所感动，下令送他归晋。

和解扬一样，解张也是一位忠君之臣。有一次，齐晋两国军队在客地（今济南市西）展开了一场大厮杀。当时，解张充任晋军主帅郤克所乘坐的指挥车的御者。战斗刚开始，解张的左臂和肘部连中两箭，鲜血如注，将战车的左轮都浸染成殷红色，但他咬紧牙关，一声不吭，驾驭战车，勇往直前。战斗进入相持阶段，突然主帅郤克中箭受伤，准备下令后退，就在这时，解张转过身来，诚挚而坚定地对郤克说："你是一军之主，全军的进退安危全靠你的指挥，你怎么可以因为一点伤痛就败坏国君的大事呢？身为军人，本来应将生死置之度外，只要还有一口气就要战斗到底！"于是他腾出右手，替郤克擂响进军的战鼓，晋军士气大振，大败齐军，连齐侯都差点被俘。解张成为扭转战局的英雄。

后来，解张的后人以"张"作为新氏号，后来姓、氏混淆，"张"遂成为这支解氏后裔的姓。宋代学者邓名世的《古今姓氏书辩证·张氏》中记载了晋国张氏的部分世系："张侯生老，老生君臣，君臣生趯（音替），趯生骼……"张老至张骼世代为晋大夫。

张老，字孟，名老，又称张孟。晋悼公认为他"智而不诈"，任命他为侦察地形和敌情的候正，后来又代大臣魏绛任掌管军纪的中军司马。与父辈一样，他也敦守礼义，敢于直言劝谏。

由于张侯、张老的守义忠贞，铁面无私，张老死后，他的儿子张君臣袭父职为中军司马。

张趯和张骼父子也是颇具知名度的能人。两人曾被楚大夫并称为"诸侯之选”，即诸侯中应选拔的良臣。张趯在朝时，晋国的统治者是晋平公。当时，由晋文公、襄公所成就的霸业早已成为过去，但晋国上下还沉迷于昔日霸主的残梦之中，不能正视晋国开始走下坡路的事实。张趯清醒地认识到盛极必衰的规律，发出“晋将失诸侯”的感叹。郑国大夫游吉听了他的言论后对别人说：“张趯是个聪明人，算得上当今真正的君子。”

春秋末年，一位名叫张匄（音盖）的张氏子弟流落到宋国，作了宋大夫华貙（音初）的家臣，华貙遭其弟多僚诬陷，被宋公驱逐，不得已率族人叛宋。张匄得知内幕，大怒，刺杀了多僚，又协助华貙屡败宋军。后来晋国出兵援宋，在战斗中张匄中箭折股，依然匍匐前进，破坏晋军主帅乘坐的战车，死于阵前。张匄舍生报主的侠肝义胆和张侯忠君报国的精神有着一脉相承的关系。

（四）改姓与赐姓

他姓或他族因特殊原因改姓在中国历史上是极为常见的现象。张姓因为是汉族大姓，常成为改姓人选择的新姓氏。

据史传记载，战国时魏国人范难因得罪大臣魏齐，遭到毒打，为免受其进一步迫害，更姓张，名禄，西入秦，以功封应侯。东汉人聂台为了躲避仇人追杀，改姓张氏，遁居雁门马邑（今山西省朔县），三国时曹魏名将张辽就是他的后代。明代名儒方孝孺因不愿臣服篡位的明成祖朱棣，惨遭杀害，其子孙为避祸，由台州（今浙江海宁）迁居河南，改姓张，后代沿用不变。

河北省清河说者张姓是汉张良的后裔。查之《史记》、《汉书》及《潜夫论》，张良本姬姓，因逃秦改姓张。《史记·留侯世家》：“留侯张良者，其先韩人也。大父（祖父）开地相韩……二十岁秦灭韩，良年少，未宦事韩。韩破，良家僮三百人。弟死不葬，悉以家财求客刺秦王，为韩报仇……击秦皇博浪沙中，误中副车。秦皇大怒，大索天下，求贼甚急，为张良故也。良乃更名姓，亡匿下邳……”《汉书》亦作如是说。汉代王符《潜夫论》说得更明确：“及留侯张良，韩公族姬姓也。秦始皇灭韩，良弟死，不葬。良散家资千万为韩报仇。击始皇于博浪沙中，误椎副车。秦索贼急，良乃变姓为张，匿于下邳……凡伯叔之后有韩氏、言氏、婴氏、祸乘氏、公族氏、张氏，此皆韩姬姓也。”

就是说，张良乃姬姓（也是黄帝的姓），大（祖）父曾相韩，为报仇逃避秦的追捕，改姓张。但以此认为张良为张姓始祖说，就历史来讲太靠后了。实际上在张良以前韩国就有张姓。《史记·留侯世家》《索隐》："……良为韩公族，姬姓也。秦索贼急，乃更姓名。而韩先有张去疾及张谴，恐非良之先代也"。由此可以这样认为，河北清河的张姓大多是张良的后人。

少数民族在汉化过程中，不少人主动选择了张姓作为他们新的姓氏。汉唐时期，匈奴、乌桓、揭、高丽、鲜卑、回鹘、契丹、突厥沙陀、蜀地巴族都有大批人改姓张氏；金元时期，女真、西夏、蒙古各族，改姓张氏的也为数不少。明清以来，数量惊人的东北满族人用张姓代替了他们冗长繁琐的姓氏，以致东北地区的张姓人口突然急剧增加。时至今日，在我国55个少数民族中30多个民族有张姓人，绝大多数是自发改姓而来。

另外，还有不少人因为宗教信仰原因改姓张。道教的创始人张道陵姓张，道教又自称源于黄帝，为了达到自神其术，道教徒发明了"黄帝赐姓张氏"的说法。于是，道教最高领袖——天师即以"张"为姓，俗称"张天师"。许多道教信徒也都改姓张氏以表明自己皈依道教的虔诚，彰显道教徒的身份。

此外，为了笼络和奖赏投诚有功的少数民族首领，汉族统治者经常以一些汉族贵姓赐予他们，使他们获得汉族身份，张姓就是其一。例如，三国时，南蛮酋长龙佑那归附蜀刘政权，被蜀相诸葛亮赐姓张，其子孙遂以张为姓氏，使张氏成为西南少数民族中的贵姓。

明朝时，蒙古族将领伯颜帖木儿和女真族人咎卜也都因英勇善战，效忠明朝，分别被明太祖和明成祖赐姓张氏。

改姓和赐姓使张氏支派更加庞大，尤其是张姓在少数民族族群中的发展，使张姓普及到中华大地上较为偏远的边疆地带，成为名副其实的全国大姓。

二、张姓的播迁

张姓是华夏大姓之一，人口近一亿，遍布全国及世界各地。张姓祖根在哪里？有的说河北清河，有的说山西太原，有的说河南濮阳，为了弄清这个问题，中国濮阳张姓研究会曾邀请河南省内外著名专家学者举行了两次张姓起源学术研讨会，进行了实地考察，掌握了大量史实，确认中华张姓始祖是挥公，挥公得姓于帝丘（今河南省濮阳），帝丘是张姓先民最早的祖居地，张姓源于濮阳。其他地方只能是流，是支脉。

张姓先民是怎样从得姓地濮阳走向全国，走向世界的？这是个大课题，现仅就我们的初步考察，求教于方家。

（一）史前至春秋战国时期

客观地说，张姓与现在其他几个大姓一样，在春秋以前都是由黄帝姬姓派生出来的小姓。据后代一些谱书记载，张姓得姓始祖挥的氏族住在“尹城青阳”，相当于今河南淮阳和河北清河一带。清河张氏也一度被奉为天下张氏郡望之首。但挥之后，张姓默默无闻，迁徙路线也不明了。不过，根据各种情况进行推测，张姓先民的第一次大播迁应是在大禹治水时期。当时，遍地洪水泛滥，中原濮阳地势低洼，更是一片汪洋。为求生存，先民们只好择高而居，逃往距离近的高丘或山区，并且在那里定居下来，繁衍生息，而后又逐步走向全国各地。这次洪水大致发生在帝颛顼、帝喾之后的尧、舜时期，也正是挥公得姓之后。起初，颛顼之子鲧治水，他筑堤防水，九年没有把水治平，被舜杀于羽山。舜又派鲧之子大禹治水。他带领人民，凿山开河，治水 13 年，三过家门而不入，终于把水治平。这次大洪水先后治了 22 年，那时地势低洼的濮阳还能有人烟吗？但要问，当时的张姓先民究竟逃到了哪省哪县，因没查到确凿依据，笔者不能妄言。但据读史得知，帝颛顼、帝喾均建都于帝丘（今濮阳），到帝尧为什么把都城迁到了平阳（今山西省临汾西南）？帝舜为什么把都城迁到了蒲坂（今山西省永济县西南蒲州）？大禹为什么把都城迁到了安邑（今山西省夏县西北）？恐怕都与这次大洪水有直接关系。中国地势的特点，“西北高，东南低，十里地，洼三尺”。

在洪水滔天的时代，难怪帝尧、帝舜、大禹均迁都于山西。试想，部落联盟的首领和都城都迁走了，黎民百姓能不跟着去吗？所以，历来饱受洪水灾害的濮阳人，逃避水灾多向西，不去山西去陕西。那个时期，张姓先民从得姓地老家帝丘（今濮阳）逃往山西等地，再由山西迁往各地，或迁回老家濮阳，是比较符合历史实际的。

到西周宣王（公元前827—公元前782年）时期，陕西地区突然出现了张姓的踪迹。在这一时期出土的青铜器皿上铭有“张伯”、“张仲”的人名字样，前一章已提到，张仲是信史中可确定的张氏第一人，他的居住地西周都城镐京（今陕西西安西南）也成为目前可确认的张姓人最早的栖息地。但张仲恰似陡然划过夜空的流星，其后代的传衍情况早已化为历史的烟尘，风消云散。

直到公元前6世纪，以字为氏的解张的后代活跃于三晋大地，张姓人才重新出现在历史的舞台上。解张和他的子孙生活在解邑，后人遂把他们的聚居地称为“解邑张城”（在今山西省临猗县西黄河东岸），这是张氏最重要的发祥地。韩、赵、魏三家分晋时，张氏也随之流入各国。其中入韩的最多，见于史传的就有张翠、张去疾、张遣、张旎、张倚、张开地、张平等人，张开地、张平两人先后做了五代韩王的宰相，被誉为“五世相韩”。魏国则有著名的纵横家张仪，赵国有政治家张孟谈。

在动荡不安的战国时代，张姓人开始以今河南、山西南部为中心向东西传播，到战国中后期，东到齐国，西至蜀地都发现了张姓人的踪影。齐国有辩士张丑，中山国（今河北省西南部）有谋臣张登。更值得一提的是，秦国灭蜀后，秦人张若由秦入蜀，出任秦国派驻蜀郡的第一任太守。这是有文献记载的张姓移民四川巴蜀之地的开始。

无论是“尹城青阳”、周都镐京，还是“解邑张城”，都属于传统意义上的中原地带，战国时期张姓最集中的地区——韩国更是这一时期中原地带的中心地域。到战国末年，张姓人集中于韩国所在的河南及山西南部一带，其余地方的张姓人都较分散。但是张姓的种子撒播到了黄河流域的几乎全部省份，所以张姓在我国北方遍地生根也就指日可待了。

（二）秦汉时期

两汉时期，国家承平，人口增殖，张姓人数量有了迅速发展，在中原地区的分布密度不断增大。更重要的是，这400年间，张姓人开始以中原为中心向四面八方迁徙，东北至河北北部，西北至敦煌，西南至四川南部，东南至浙江、江西、福建。在这个流布四方的历史进程中，汉初大臣张良、张耳的后裔发挥了重要作用。

秦灭六国，统一天下，不少失去邦国的张姓仁人志士，尤其是韩魏两国张姓贵族的后裔卧薪尝胆，思报国仇。韩相张开地的孙子张良和魏国大梁（今河南开封）人张耳是其中的代表。他们在秦末大起义中，乘时而起，为西汉王朝立下了汗马功劳。两人分别被封为留侯和赵王。

张良的四世孙阳平公张千秋率族人迁居阳陵（今陕西咸阳西北），其子篙，官至侍中，生五子：壮、攒、彭、睦、述。张壮徙为（今四川彭山一带），成为建地张姓的开基祖。彭徙居南阳（今河南南阳），睦徙居沛郡（今安徽北部）。张攒则渡过长江，迁居吴郡（今江苏苏州），成为江南张姓第一人，拉开了张氏南迁的序幕。

张壮之孙、汉司空张皓生张宇、张纲。宇任范阳太守，迁居范阳方城（今河北固安西南），使张姓人扩展到河北北部。

另外，张良的后裔、司徒张欲的后人迁居清河武城。西汉末年、王莽时期，为了避乱，大量清河张氏人渡过长江，移居到浙江省西部、江西省、福建省等地，为南方的开发做出了贡献。

赵王张耳后裔中的一支迁徙到安定乌氏（今甘肃平凉），成为张姓人进入大西北的先行者。两汉时期，为了与匈奴作战，朝廷从中原地区大量移民河西走廊，进行屯田。不少张姓人也因此来到大西北，最远到达敦煌（今甘肃敦煌），按汉家法律，边人不得内徙。东汉后期敦煌人张奂，因功勋卓著，特许迁居弘农华阴（今陕西华阴东），官至太常。在著名的“党锢之祸”中，张奂不明真相，为宦官所蒙蔽，率军围攻党人领袖窦武、陈蕃，直接导致了党人失利。尔后悔悟，力保党人，后被宦官免职。其子张芝擅草书，有“草圣”之誉。

到公元3世纪初，张姓人已经栖息劳作于大江南北、长城内外，只有岭南和东北两大区域尚未见到张姓人的踪影。

（三）魏晋南北朝时期

魏晋南北朝是我国历史上一个大分裂、大动荡时代。由于北方的战乱和少数民族大批进入中原，张姓随其他华北居民一起向南方迁移，同时也继续向有雄厚张氏基础的西北迁徙。为了躲避战乱，张姓族人首次出关，涉足东北。在当时波澜壮阔的民族大融合的历史进程中，张姓大家族中开始融入大量北方少数民族的血液。

早在东汉末年，群雄逐鹿中原之时，世居徐州的张昭和广陵（今扬州）的张休就南渡长江，卜居吴郡，依附孙氏兄弟，成为东吴政权的重要辅臣。其子孙世仕孙吴。吴郡当地的张姓人张允、张温也因功德出众，名扬江东。前后到来的张姓人友好相处，睦族同心，使张姓迅速发展为江左四大姓之一。

西晋时期，范阳张氏迅速崛起，张宇的后代张华位至司空，封壮武郡公，为一时名臣，而且还是一位有影响的文学家。在“八王之乱”中，张华因忠于朝廷被赵王司马伦杀害，其子张祎、张韪也同时遇难。“五胡乱华”时，张伟之子张舆举家南迁，来到江左，舆之孙张安又徙居襄阳，成为襄阳张氏的开基祖。张题六世孙张隆从江左辗转迁至洛阳，成为唐代名相张说所在的洛阳张氏的开基祖。

张耳的后裔安定乌氏张姓在这一时期大放异彩。张耳十七世孙张轨曾任西晋散骑常侍，“八王之乱”起，轨返回家乡，保境安民，后任凉州刺史，统辖河西一带。张轨爱民如子，收纳中原流民，不少张姓人随着这股西进的流民浪潮进入西北。

晋室南迁后，张轨遥尊晋帝，但由于万里阻隔，晋室对这一块名义上的领土完全失去控制。凉州政权“官非王命，位由私议”，俨然一个独立的王国。历史上也把这个政权称为“前凉”，列入北方“十六国”。张轨死后，位传四代十主。其孙张骏在位的 20 多年的时间里，势力最为强大，他自称凉王，控制了陇西直至西域的广大地区。前凉政权维持了 76 年，后被前秦苻坚攻灭。末代凉主张天锡被俘，在把水之战时，他趁机逃到东晋军中，从此定居江左。这样安定张氏的一支也辗转迁至江南。

在大量北方张姓人南迁的同时，另有一支张姓人第一次踏上了东北的黑土地。西晋末年，匈奴、羯等少数民族大乱中原时，盘踞关东一带，以慕容瑰（音规）为首领的鲜卑军事政权却臣服于晋室。于是，不少华北流民涌出山海关，投奔慕容瑰，瑰亦安抚流民，并选拔汉族士人充任官职，有一个名叫张乱的人就成了慕容瑰的将校。从此，在白山黑水间也有了张姓人纵横驰骋的身影。

“五胡乱华”既带来了刀光剑影和血与火的涂炭，也迎来了中国历史上民族大融合的阶段。大量少数民族改用汉姓，于是不经意间，一股异质的血液注入了张姓族群。其中羯族改姓张氏的最多，在后赵、后燕政权中，就有不少羯族张姓人位至高官。

（四）隋唐时期

隋唐时期，张姓人进入岭南。从此，汉族聚居区内都有张姓人的分布。除此之外，在我国封建社会最繁盛的300年的时间里，张姓人不再有大规模的迁徙活动，保持着一种较稳定的分布状态。同时，张姓人抓住这难得的历史契机，努力拼搏，创造了令人瞩目的辉煌业绩，形成多个在全国享有极高知名度的郡望，使张氏成为受到官方认可的大姓、贵姓。

张华的子孙舆迁居江左，其后人虽有迁回长江以北的，但大部分仍留在江南。至隋时张君政出任韶州别驾，遂移家居始兴（今广东韶关），成为岭南最早的张姓。始兴张氏发展迅速，不仅遍布岭南各地，还流布到福建、江西、湖南各地，成为今天南方张氏的一个重要源头。

到唐代开元年间，始兴张氏骤然名满天下。因为这里诞生了名相张九龄。张九龄是张君政的孙子，玄宗时，官至同中书门下平章事（相当于宰相）、中书令，在朝直言敢谏，汲引后进，在士林中有着崇高的威望，世称“曲江公”，为开元时代贤相之一。和他的远祖壮武郡公张华一样，张九龄不仅是朝廷重臣，还是文坛名宿。他早年就是因为文才出众才被唐代又一名相洛阳张说援引。

张九龄的弟弟张九皋、张九章也官至刺史，在任期间甚有政绩，其子孙在仕途上都有过较为显赫的经历。

和始兴张氏一样，河东临猗张氏也是在唐代显赫起来的张华后裔。张华的后裔张吒子在隋时任河东郡守，举家从范阳迁居今山西临猗。他的四世孙张嘉贞、嘉贞之子张延赏、延赏之子张弘靖祖孙三人分别相玄宗、德宗、宪宗，故有“三相张家”的美誉。

除临猗张氏外，唐代张氏还出现过好几个宰相世家。唐魏州昌乐（今河南南乐）人张文瓘（音冠）相高宗，其侄张锡又先后相武后、韦后。张耳之后河间人张浚任噫宗、昭宗宰相，族人张文蔚又先后相唐哀宗、朱温。另外魏郡繁水（今河南南乐西北）人张大安相高宗，洛阳人张说相玄宗，封燕国公，显赫一时，汲郡（今河南汲县一带）人张镐相肃宗……据《新唐书·宰相世系表》，仅唐一代，共有17名张氏人做过宰相。张氏在政治上的优异表现使张姓成为全国著名姓氏之一，被皇室列为“十国柱”之首。

（五）宋元明清时期

在中国历史上宋朝是一个十分重要和特殊的时期，经历东晋、隋唐的北方地区战乱，中原人群大量南迁之后，中国的人口和政治中心第一次由北方转移到南方。宋朝时期（960—1279年），张姓大约有490万人，约占全国人口的6.3%，排在王、李之后，为宋朝第三大姓。张姓第一大省是山东省，约占全国张姓总人口的14.5%，占山东总人口的10.2%。在全国的分布主要集中于山东、河南、四川、河北、陕西五省，这五省张姓大约占张姓总人口的55%强，其次分布于湖南、湖北、山西、甘肃、江西，这五省的张姓又集中了27%。全国形成了以渤海湾、河南、四川、陕西为中心的四大块张姓聚集地。而福建、广东和广西是当时张姓人口稀少的地区，三省大约仅占张姓总人口的5%。

明朝时期（1368—1644年），张姓大约有560万人，约占全国人口的6%，为明朝第二大姓。宋元明600年间全国人口纯增长率是20%，张姓人口增长比全国人口的增长速度要慢些，600年中张姓人口总增加率仅为14%，净增加了70万。在全国的分布主要集中于江苏（13.4%）、浙江（12.7%）、江西（10%）三省，大约占全国张姓人口的36%，其次分布于山西（9.5%）、山东（7.7%）、河北（6.8%）、陕西（6.2%）、河南（5.1%），这五省的张姓又集中了35%。江苏一跃成为张姓第一大省，约占全国张姓人口的13.4%，占江苏总人口的6.8%。南方张姓在这600年中有了长足的发展，广东、广西、福建的张姓人口已经超过了宋朝，三省大约占张姓总人口的近9%。而宋朝的张姓大省山东、河南和四川在明朝这个比率已经降了一半左右。

从中可以看到宋元明期间600余年，张姓的分布总格局变化较大，其人口主要向东南地区迁移，而四川地区张姓人口主要向湖广地区迁移。全国重新形成了赣浙苏、晋鲁冀豫陕两大块张姓人口聚集地区。

特别值得一提的是，明代时，张姓人踏上了祖国宝岛台湾。台湾张姓第一人是广东梅丰人张枯，他为谋生计，随乡人渡过台湾海峡。入居今台南县白河玉丰里，从事农牧渔业生产，张枯的后代在这里耕作生息，发展为当地大姓，为纪念他们的故乡——广东梅丰，遂将玉丰里改名为“梅丰厝”。

张枯入台后，更多的张姓人接踵而来。清朝统治台湾后，有意识地鼓励大陆沿海居民入台开发。于是，福建、广东张氏人一批批迁入台湾岛，在丛林中重新开辟出自己的家园，为台湾的早期大规模开发做出了贡献。

迁居台湾的张姓主要集中于彰化、台北、台南、嘉义、南投、苗栗、新竹等地。以上各地，张氏是人口最多的姓氏，其中彰化张姓最多，占全台湾张姓的六分之一。据有关方面公布的数字，张姓为当今台湾第四大姓。

到清代，张姓向东南移民的大趋势发生了逆转。在清政府的统治下，国家相对和平，全国的战乱比宋、元、明时期规模要小，时间短。尤其在华北和中原地区，人民能够安居乐业，并引入高产作物，经济发展较快，人口繁衍加速。加上江南地区人口密度过大，人口回流北方明显加大。从清初以来，张姓人由东部向华中、华北的回迁已经大于由北向南和向东的迁移，特别是向山东和渤海湾地区的回迁。同时，黄河以北的张姓人群也向东北地区移民。加上满洲人大量改姓张氏，东北地区的张氏急剧增加，使得这块黑土地迅速成为张姓的高密度区。

（六）张姓分布现状

据不完全统计，张姓的人口已达到8500万，为全国第三大姓，大约占全国人口的7.1%。从明朝至今600年中张姓人口由560万激增到8500万，增长了15倍。明朝的平均人口接近9300万，当今的人口按13亿计，人口增长了14倍。张姓人口的增长速度高于全国人口的增加速度。这1000年中张姓人口的增加率是呈上升的态势。

张姓分布广，但不均衡。张姓在北方是最常见的姓氏之一，张姓占当地人口的比例在般在7%—11%。在全国的分布目前主要集中于河南、山东、河北、四川四省，大约占张姓总人口的36%强，其次分布于江苏、湖北、辽宁、广东、安徽、黑龙江，这六省又集中了28%。全国形成了以长江为界的高比率的北方张姓区和低比率的南方张姓区。而北方区又以太行山为界，东部为高密度的张姓区，西部为低密度的张姓区。张姓人口单位面积内密度最高的地区在辽宁半岛和山东半岛地区。在长江流域的省份和福建等地，张姓占当地人口的比例在5%—7%。在湖南南部、贵州东南部、云南西部、广西西北、广东中东部、江西西南部、广西中东部的比率最低，仅在1%—3%。

分省而论，河南省居住了张姓总人口的10.4%，为当今的张姓第一大省，占全省总人口的9.5%。在陕西、宁夏、甘肃东部和武威地区、青海西宁地区、内蒙古中部、河北、山东北部、辽宁、吉林中部、黑龙江西南地区达到15%以上。在华北和西北的陕甘宁地区，张姓占当地人口的比例高达9%—11%以上。而陕甘宁三省交接地区是最高的，该比例在11%以上。西北和西藏人口稀少，仅分布在新疆乌鲁木齐和喀什地区的移民中，张姓在当地汉族中是主要的同姓群体。在位于东南沿海的浙江、福建两省，就居住人口而言，张姓是属人口较多的姓氏。浙江的嵊县、宁海、余姚、江山等地，张姓人居住较为密集，族众人多，影响较大。福建的福州、厦门以及长汀、宁化的客家民系中，张姓人较多。

五岭以南广东省的张姓民众，多为唐宋时代从福建、江西、湖南等地迁去的客家人。居住比较集中的地区有韶关、南雄、蕉岭、梅州、大埔、兴宁等地。

西南地区的云南省的少数民族中有不少人姓张。“土司张姓”就是白族、彝族、哈尼族中的张氏，主要分布在保山、祥云、洱源、大理、元阳、北胜、开远、南华、腾冲等地。

东北三省的张姓人群大多是从内地迁去的汉族人，也有满族、朝鲜族等少数民族。其中张姓在辽宁分布较为密集。沈阳、辽阳、岫岩、绥县、锦县、兴城、朝阳、锦州、肇源等地，是张姓居住较集中的地区。

在我国台湾岛的台北、彰化、嘉义和高雄等地，有很多张姓居民。从清初到20世纪中叶，不少张姓人从福建、广东、江苏、浙江等地迁居台湾。因此，张姓成为台湾的大姓之一。据1995年估计，台湾地区张姓人口有1455000人，台湾向来有“无张不成乡”的谚语。在香港、澳门特别行政区，也有不少张姓居民。

在我国的少数民族中，满族、回族、蒙古族、朝鲜族、白族、苗族、彝族、瑶族、黎族、壮族、侗族、高山族、阿昌族、藏族、土家族、布朗族中，都有张姓人群。旅居国外的张姓人士，以东南亚地区为最多。如印度尼西亚、菲律宾、新加坡、泰国、越南等地，都有不少张姓侨民。其迁徙年代有的已经很久远。

在近代，中国社会发生了天翻地覆的变化，封建宗法制度的残余基本被扫除。宗族组织在我国大陆已不复存在，小家族成为社会的细胞。近年来，在河南、山西、福建、广东等省的一些地区，成立了张姓研究会，开展张姓源流和张姓名人的研究活动，有些地方又重新续修张姓家谱。一些海外华侨也回国寻根问祖。在台湾省、香港特别行政区以及东南亚等地区，仍有不少张姓宗亲会、联谊会存在，并开展一些活动。在台湾地区的七市18县中，除边远的台东县及连江县马祖两地外，均有宗亲会组织。他们以一县市为单位，张廖简联宗，仅张廖、张简联宗，或各姓单独，或跨县市，不拘形式，规模不等。1994年3月13日台湾省张廖简宗亲会正式成立。宗亲会又横向组成青年会、妇女会、烹饪会、插花会、茶艺会、上风舞会、各种乐器研习会、各种体育会、国术会等等，开展活动。

根据专家研究：张姓人群与血型有一定的关系，但这种分布主要呈现出地域的特色。东北三省、河北、山东、江苏、安徽以及内蒙古东南地区是张姓的高密度分布区。这一地区张姓人口大约3700多万，约占张姓总人口的43%弱。其中B型比率为26%—35%，约有1200万人；A型比率为26%—30%，约1000万人；而0型比率为29%—34%，大约1100万人。

河南、山西、陕西、宁夏、甘肃大部、内蒙古大部、青海东部是张姓的又一高比率的地区。这一地区张姓人口大约1900万，约占张姓总人口的22%。B型比率达27%—33%，约有600万；A型比率低于27%—31%，约550万人；而0型比率在30%—34%，约620万人。

四川和湖北是张姓的又一主要聚集地区，人口大约在1100万，约占全国张姓人口13%强。A型比率在31%—35%，大约360万；0型比率在33%—36%之间，大约在380万；B型比率25%—27%，这部分张姓人口大约在290万。

沿长江南岸的浙江、江西、湖南、贵州、云南是张姓人口密度较低的地区，这一带张姓人口大约在1000余万，约占总张姓人口的12%。其血型的特点表现为较高的A型和0型，较低的B型。A型比率在29%—33%，以湖南东北部最高，逐渐向东西减少，人口大约310万；0型比率在35%—40%之间，人口约在380万；B型比率24%—28%，从东到西频率逐步升高，人口大约260万。

福建大部和广东大部是张姓在南方省份中人口相对多的地区，张姓人口520余万，约占张姓总人口的6%强。但这一地区的张姓的血型是以0型为主，0型的比率已达到38%—42%，大约有210万；B型表现为低水平，仅23%—26%，人口约150万。

台湾、海南、广西、广东西部、福建省东南部是张姓人口最少的地区，这一地区的张姓人口仅160万，约占总张姓人口不足2%。血型是以0型为主，0型的比率达到39%—47%，人口大约70万左右；A型和B型均表现为低水平，A型的比率27%—29%，人口约在40万；B型在台湾最低，不足25%，广西和广东西部约在26%，海南升到28%，人口不足40万。

三、张姓文化

（一）张姓郡望

1. 清河郡

汉时置郡，治所在清阳（今河北省清河东南）。相当于今河北清河及枣强、南宫各一部分，山东临清、夏津、武城及高唐、平原各一部分地。此支张氏，世居武城，其开基始祖为汉留侯张良裔孙司徒张散。

2. 范阳郡

范阳张氏的开基祖是张良九世孙张宇，张宇传三世至张华。张华的父亲魏渔阳太守张平早死，张华在贫寒中度过了童年，他自幼刻苦好学，终于凭借个人的才华，在“上品无寒门，下品无势族”的西晋政坛上创造了一个奇迹。

张华曾为西晋的短暂统一做出了巨大贡献。当时将军杜预上表请求伐吴，权臣贾充出于个人利益的考虑，坚决反对。朝臣都附和贾充，惟有张华冷静地分析了晋吴两国的形势，认为伐吴的条件已经成熟，力劝武帝出兵。

双方针锋相对，各不相让。贾充一怒之下竟上书要求武帝杀张华以安天下。关键时刻，张华仍坚持自己的看法，终于说服武帝调集大军南下伐吴。果然，晋军势如破竹，一举灭吴。张华力挽狂澜，成为完成国家统一的功臣，深得武帝信任。到惠帝时，张华官升司空，封壮武郡公，享有极高的声望。

张华不仅是政坛元老，而且还是负有盛名的诗人。作为诗人的张华情感细腻柔和，他的诗歌风流绮靡，富艳流丽，多叙男女之情而不失风雅格调。不仅如此，张华气度宽宏，诱纳后进，吴国贵族后裔陆机、陆云兄弟就是经他的揄扬而为中原士人接纳走上文坛的。出身寒门的西晋文学家左思，呕心沥血十年，写成鸿篇巨制《三都赋》，苦于不为人知，请求张华为其作序。张华与左思素昧平生，览其文大喜，提笔作序，盛赞赋文之美，洛阳士子见文坛名宿为左思《三都赋》作序，纷纷抢购，以至一时“洛阳纸贵”。左思霎时名满天下。

除张华外，当时还有范阳张协、张载、张亢三兄弟以其各具特色的奇篇佳作，享誉文坛，并称“三张”。尤其是张协，南朝著名诗评家钟嵘赞誉他为“风流倜达，实旷代之高手”，并将他的诗列在上品。

在“八王之乱”中，对朝廷忠心耿耿的张华被篡位的赵王司马伦杀害，司马伦因此大失人望，很快被赶下了台。张华的后代流衍极为广泛，发展出始兴、河东、洛阳、襄阳四个郡望，成为张良后裔中最兴旺的一支。

3. 太原郡

战国秦庄襄王四年（公元前246年）置郡，治所在晋阳（今太原市西南）。相当于今阳曲、交城、平遥、和顺间的晋中地区。此支张氏，为北魏平东将军、营州刺史张伟之族所在。

4. 京兆郡

汉高祖刘邦击败项羽，夺取天下后定都咸阳。皇家所在的咸阳及附近的京畿之城被称为京兆。正是在汉王朝的心脏地带。这里诞生了两汉最为显赫的家族——京兆张氏。汉文帝时御史大夫张汤是振兴京兆张氏的第一人。

张汤是京兆杜陵（今陕西省西安东南）人，从小表现出极高的治狱才能。有一次，因为老鼠偷走了家里的肉，张汤受到父亲的笞打，一怒之下，张汤用烟熏鼠洞，抓住老鼠。然后按照当时办案的法律程序对“犯人”进行审讯，最后根据当时法律量刑定案。他的父亲目睹这一切，又见到他写的断案文书竟似出于富有审案经验的狱吏老手，意识到张汤在这方面有天赋，就让他专攻法律。

果然，成年后的张汤出色地完成了陈皇后巫蛊案、淮南王谋反案等几宗震动朝野的大案，深得汉景帝赏识，升任御史大夫。在御史任上，他一度风光无限，由于景帝的信任，一时间“天下事皆决于汤”。他生病在家时，景帝曾亲自登门探望。

张汤执法严明，触动了不少权贵，他们联手陷害张汤。景帝死后，张汤在朝中陷于孤立，年轻的武帝听信谗言，疏远张汤，张汤不得已，竟自杀以表清白。

张汤之子张安世是京兆张氏封侯第一人。昭帝时，秉政的大将军霍光举荐他与自己共同主持朝政，张安世因此受封为富平侯。昭帝死后，他又与霍光迎立宣帝。不久，霍光去世，张安世成为朝中举足轻重的大臣。

也许是吸取了父亲惨死的教训，尽管受到宣帝的宠信，张安世仍为官谨慎，屡次婉拒恩赐和升迁。虽然贵为享邑万户的公侯，但张安世一家生活极为节俭，他的妻子还亲自纺纱织布，由此“累积纤微”，富冠一时。

安世死后，其子孙张延寿、张勃、张临、张放、张纯五世相继嗣位为富平侯。张放是汉成帝的外甥，深得成帝宠爱，成帝为之娶皇后侄女为妻，并亲自操办婚礼，人们戏称为“天子娶妇，皇后嫁女”。

张放的儿子张纯嗣位不久，王莽篡汉。考虑到京兆张氏在政坛上的威望，王莽保留了张纯的爵位。光武帝时，张纯位至大司空，改封武始侯。张纯出身侯爵世家，明习旧典，对于东汉开国之初，汉家制度的重建发挥了重要作用，为光武帝所重。纯死后，子奋嗣位，官至司空，在位勤政清白。其子张甫、孙张吉相继嗣位。至安帝永初三年（110 年），张吉无子而卒，爵位遂失传。从张安世到张吉，京兆张氏九代封侯，跨越三朝，传爵近 200 年，未尝中断，在中国封建社会历史上创下了一项空前绝后的纪录。

当时堪与弘兆张氏媲美的王侯世家惟有京兆金氏，从武帝时名臣金日磾起，七世封侯。后代遂以“金张”作为王侯世家的代称。

西晋著名诗人左思作《咏史诗》云：“金张籍旧业，七叶珥汉貂”（“珥汉貂”，即在官冠旁插貂鼠尾为饰，这是汉朝高官的装饰）。左思借此反衬寒士不得志的际遇，有其进步性，但在“君子之泽，三世而斩”的中国封建社会，两姓保持爵位百年不失，恐非“籍旧业”三字所能解释。

5. 南阳郡

南阳张氏是张氏郡望中历史悠久、名人辈出的一个。

南阳地处今河南省南部，战国时期属楚国地域，与韩国毗邻，当时即有不少韩国张氏流入南阳。至西汉文帝时，堵阳（今河南方城，汉属南阳郡）人张释之，官至廷尉，为西汉名臣。

张释之在任公车令时，曾奏不守宫规法纪的太子，为汉文帝嘉赏，不久提拔他为皇家法官——廷尉。

有一次文帝出行，有人冲撞了御马，使文帝受到惊吓，文帝非常生气，令人将冲撞者逮捕交给张释之从严处理。张释之经过审问，确信这是无意的行为，就按照当时的法律对冲撞者课以罚金了事。汉文帝得知这一处理结果后，十分生气，命令张释之从重处罚，因为行人冲撞的不是别人而是贵为天子的自己。张释之理直气壮地对文帝说：“法律，应是天子以至庶民共同遵守的。不能因为受害者是陛下您就改变法律，否则老百姓就会失去对国家法律的信心。罪徒犯跸（意指罪徒冲撞了皇帝），当时，您把他杀了也就杀了。现在既然由我来主持审理此案，我只能依法办事。廷尉是天下之平，执法稍有倾斜，就会被地方仿效。法律执行尺度不一，老百姓就不知道该怎么办了。”

汉文帝毕竟是贤明之主，听了张释之这一席话头脑冷静了下来，同意了张释之的判决。为了执法的公正，张释之几次不顾身家性命，触犯龙颜，据理力争，最终都得到文帝的认可，很快名满天下。

东汉南阳人张堪，幼年丧父，家有富财，他将家产散与族人，游学京师。由于博通经学，品德高尚，被京师儒生誉为“圣童”。光武帝时，他先后担任蜀郡、渔阳郡太守，在平定叛乱，抗击匈奴入侵、治理民事方面都很有成绩，而且爱民如子，为官清廉。当时民间流传着“桑无附枝，麦穗两歧。张君为政，乐不可支”的谚语。

张堪之孙就是我国古代首屈一指的大科学家张衡。此外，有“医圣”之誉的张仲景也是汉末南阳人。

东汉末年南阳穰（今河南省邓州）人张温，官至太尉，封玄乡侯，曾试图革除宦官专权的弊政，但力不从心，董卓作乱时，他与权奸针锋相对，最后被董卓杀害。

南阳张氏流布极为广泛，以致后代一度以“南阳张”作为张姓人的代称，还有不少人以南阳为张姓的发祥地。

6. 细阳郡

细阳张氏乃赵王张耳的后人，即汝南细阳（今安徽省太和县东南），因张耳之孙乐昌侯张寿封地在细阳池阳乡，其子孙便在此安家，到东汉时重新崛起，成为望族，三相汉室，令人称羡。张酺（？—103 年）字孟侯，汝南细阳人，以祖传《尚书》之学于公元 62 年（汉明帝永平五年）成为南宫五经师之一，不仅为宗室四姓小侯讲授经学，还为皇太子刘炟讲授经学。刘炟称帝后对张酺称赞有加，汉章帝更是带群臣恭听张酺讲授经学，张酺显贵可见一斑。历官东郡太守，河南尹等职。公元 93 年（永和五年）、公元 104 年（永和十六年）两次任宰相，他刚正不阿，抑制豪强，政绩显著。后人皆显贵，其中曾孙张济（178—183 年）（光和年间）官至司空，成为宰相。另一曾孙张喜（190—193 年）（汉献帝初年）也官至司空，成为当朝宰相。

7. 敦煌郡

汉时置郡，治所在敦煌县（今甘肃省敦煌县西）。相当于今甘肃省疏勒河以西及以南地区。此支张氏，为东汉太常张奂之族所在。

8. 安定郡

安定张氏的先人是赵王张耳，传三世至张堰、张寿、张侈被剥夺王侯爵位，四世张生复袭侯爵，传五世张昌再次被剥夺爵位，一直处在社会下层并迁居安定乌氏（今甘肃省平凉西北）。到曹魏时期，赵王张耳十五代孙张烈出任外黄县令，成为地方父母官，使安定张氏重新崛起，烈的儿子张显官至太官令。而真正使安定张氏走向兴盛则是张烈的孙子张轨（255—314 年）。张轨字士彦，从小“明繁好学”，西晋初年赐五品官，历任太子舍人、散骑常侍、征西军司等，“八王之乱”后，他萌生返居家乡，保境安民的想法并得到朝廷准许。公元 301 年（永宁元年）被任命为护羌校尉、凉州刺史。张轨在凉州经过十三年努力，实现了社会安定、人民乐业、经济发展的理想，使凉州成为当时中国北部惟一的乐土。

张轨死后，又历经张寔、张茂、张俊、张重华、张耀灵、张祚、张玄靓、张天锡、张大豫等共十世，据凉州 76 年，其中最鼎盛时期是张俊在位的22年。前凉虽向东晋称臣，接受封号，却不使用其年号，而是使用西晋愍帝建兴年号或自用永安、永元等年号纪年，甚至“官非王命，位由私议”，实际上是一个独立的国家政权，历史上称为前凉。

9. 河涧郡

河涧张氏乃赵王张耳的后裔，南北朝时传至张羡，曾任司成大夫，封虞县公爵，当时被北周太祖赐姓为叱罗氏，其子历仕魏、周，隋时复张姓，曾任尚书右垂、晋王长史、袭虞乡县公爵，后人张通仕唐，官至曹州刺史。张浚任唐僖宗、昭宗宰相，张文蔚任唐哀帝宰相，受权臣朱全忠之胁，主持哀帝传禅于朱全忠。朱全忠建后梁，称太祖，请文蔚任宰相，直至逝世。

10. 吴郡

“朱、张、顾、陆”是魏晋南北朝时期江左本地四大著姓。张姓主要集中在吴郡（今江苏苏州）。400年间，吴郡张氏出将入相，多历显职。但更令后人追慕叹赏的是吴郡张氏那潇洒的风神、充满灵气的艺术个性和由此演绎的弥漫着魏晋风度的千古佳话。

西晋吴郡人张翰，是当时闻名遐迩的名士。他是吴国大鸿胪张俨的儿子，天性率真，放荡不羁，粪土功名，曾高唱“使我有身后名，不如即时一杯酒”。他为人行事颇有曹魏正始年间名士阮籍的风度，阮籍官至步兵校尉，人称“阮步兵”，于是张翰得到一个雅号：“江东步兵”。

吴国灭亡后，作为战败方的吴国贵族受到沉重打击。为了笼络人心，西晋朝廷将江左著姓子弟召到京师，给予官职。张翰因为才华横溢受到当权的齐王司马同的赏识，作了大司马东曹椽，仕途前景一片光明。转眼到了秋天，落叶飘零，西风瑟瑟。张翰不由记起故乡鲈鱼、杭菜的美味，思乡之情顿时涌上心头。一首《思吴江歌》脱口而出：“秋风起兮佳果时，吴江水兮鲈鱼肥。三千里兮家未归，恨难得兮仰天悲！”他不禁长叹：“人生贵在适意，何能羁官千里以邀名爵乎？”于是即刻打点行装东归，从此荡舟江湖，栖隐终身。

南朝宋齐之际，吴郡张氏又出了一位“过江以来所未有”之人张绪，他是这个显赫家族中名望最大的人。

从曹魏时代开始，士林中流行着“清谈”风尚，经久不衰。清谈者宽衣博带，手挥麈尾，探讨老庄、周易，体悟佛学真谛。善清谈者不仅思想鞭辟入里，而且言语生动，音韵铿锵，举止闲适而优雅，在士人中享有崇高的威望。张绪就是宋齐之际最著名的清谈家，他精通周易，为一时之宗，清谈之时，听者云集，往往被其高妙的义理和高贵从容的气质吸引乃至废寝忘食。

张绪为官，不理政务，没有出色的政绩，但凭着在士人中的声望，受到宋齐皇室的优待，官至吏部尚书。

南朝时，还有一位江左张氏人不应被忘记。他就是“江左四大画家”之一的吴郡人张僧蒜。张僧蒜是梁武帝时人，官至吴兴太守。

张僧蒜擅长人物、花卉、山水等各类题材的绘画，并在绘画技法、审美风格上有创新开拓之功。他博采众长，将天竺绘画技巧引入中国传统花卉画中，创造出“凹凸花”画法。他画的花卉近看平常，远看则具有立体感，大大提高了画面的观赏性。

有一次，他在建康（今江苏省南京市）安乐寺的墙壁上画了四条龙，却没有画眼睛。大家看了都很奇怪，张僧繇解释说，如果他把龙眼画上，龙就要腾空而去了。众人哪里肯信，僧繇拗不过大家，只得上前为其中两条龙点上了眼睛。霎时间，阴云密布，电闪雷鸣，点睛之龙竟真的破壁而出，飞腾上天。这一传说当然是杜撰，但却是“画龙点睛”成语的由来。张僧蒜下笔有神的美名也因此流传千古。

11. 襄阳郡

东汉置郡，治所在襄阳（今湖北省襄阳市）。相当于今湖北襄阳、南漳、宜城、当阳、远安等县地。此支张氏，其开基始祖为南北朝宋淮阳太守之子张安之。

12. 洛阳郡

我国古都之一。汉、魏故城在今洛阳市白马寺东洛水北岸；隋、唐故城在汉城西 18 里。此支张氏，多为晋散骑常侍张题六世孙隆之后。

13. 河东郡

秦置郡，治所在安邑（今山西省夏县西北）。相当于今山西沁水以西、霍山以南地区。东晋移治浦坂（今山西永济蒲州镇）。此支张氏，世居临猗，为范阳张氏分支，其开基始祖为西晋司空张华裔孙隋河东郡垂张吃子。

14. 始兴郡

三国时置郡，治所在曲江（今广东省韶关市南）。相当于今广东省连江流域以北地区。此支张氏，出自西晋司空张华之后。随晋南迁至君政，因官居于韶州曲江。

15. 冯栩郡

三国魏改左冯诩置郡，治所在临晋（今陕西省大荔）。相当于今陕西韩城、黄龙以南，白水、蒲城以东和渭河以北地区。此支张氏，其开基始祖为后汉司空张皓少子张纲（广陵太守），其曾孙张翼，为冀州刺史。

16. 平原郡

西汉置郡，治所在平原（今山东省平原县西南）。相当于今山东平原、陵县、禹城、齐河、临邑、商河、惠民、阳信等县。

17. 中山郡

汉时置郡，治所在卢奴（今河北省定县）。相当于今河北省狼牙山以南，保定市安国以西，唐县新乐以东和滹沱河以北地区。此支张氏，出自汉北平文侯张仓之后，世居中山义丰。

18. 魏郡

汉初置郡，治所在邺县（今河北省临漳西南）。相当于今河北省大名、磁县、涉县、武安、临漳、肥乡、魏县、丘县、成安、广平、馆陶，河南滑县、浚县、内黄及山东冠县等县地。此支张氏，出自繁水（今河南省南乐西北）张氏之后。即唐宰相张大安之族所在。

19. 蜀郡

战国秦置郡，治所在成都（今属四川省）。西汉时相当于今四川松潘以南，北川、彭县、洪雅以西，峨边、古棉以北，邓睐山、大渡河以东，以及雅碧江之间康定以南，冕宁以北地。此支张氏，其开基始祖应为战国秦时蜀郡守张若。

20. 武威郡

汉时置郡，治所在武威（今甘肃省民勤县东北）。相当于今甘肃黄河以西，武威以东及大东河、大西河流域地区。

21. 键为郡

西汉置郡，治所在敝邑县（今贵州省遵义市西）。相当于今四川省简阳和新津以南，大足、合江、贵州绥阳以西，岷江下游、大渡河下游和金沙江下游以东，云南会泽、贵州水城以北地区。此支张氏，其开基始祖为张篙长子张壮（亦即张良六世孙）。

22. 沛郡

东汉置郡，治所在相县（今安徽省濉溪县西北）。相当于今安徽淮河以北、西把河以东，河南夏邑、永城及江苏沛、丰等县地。此支张氏，其开基始祖为西汉大臣张良六世孙张睦。

23. 梁郡

汉置郡，治所在唯阳（今河南省商丘南）。相当于今河南商丘市和商丘、虞城、民权、安徽扬山等县地。

24. 汲郡

晋时置郡，治所在汲县（今河南省汲县西南）。相当于今河南省新乡市和新乡、极县、辉县、获嘉、修武等县地。此支张氏，出自平原郡张氏之后，即唐宰相张镐之族所在。

25. 河内郡

楚汉之际置郡，治所在怀县（今河南省武陟县西南）。相当于今河南省黄河以北，京汉铁路（包括汲县）以西地区。

26. 高平郡

晋时置郡，治所在昌邑（今山东省巨野县南）。相当于今山东省独山湖、金乡、巨野、邹县之间地。

27. 上谷郡

战国燕置郡，秦代治所在沮阳（今河北省怀来东南）。相当于今河北张家口、小五台山以东，赤城、北京市延庆县以西，及内长城和昌平县以北地。

28. 德兴郡

德兴张氏是汉留侯张良的后人，传十世张协，即德兴张氏的先祖。德兴张氏乃河东武城郡张氏的分支，是“万石张家”后裔。文瓘子孙散居江淮间，唐末黄巢起义，有一支由江淮迁居安徽款县，宋初又迁饶州，到张潜的高祖始卜居德兴，德兴张氏的兴盛即始于张潜。

张潜（1025—1105年），字明叔，祖上都以耕读为生，父亲仅做从八品小官。潜少时有志，听从父亲教诲："仕官不至将相，孰若躬为子职之为愉耶。"就是说做不到大官，还不如在家务农孝父愉快。他中废学业，勤于稼穑，讲求经营之道，经过30年努力，使张家资产翻了数十倍，成为远近闻名的巨富。他不以权显，不以势欺人，在百姓中赢得了极高声誉。

在张潜主持家政时，上有父母在堂，下有曾孙几岁，五世同堂。张潜在世时有五子、二女、孙男23人，孙女16人、曾孙男女30人、玄孙男女四人。族中有进士十余人，"至礼部者"（相当于明朝举人）30人，人称其族"食禄叙封，上下五世，措绅推之。"成为大姓望族。因其家族人多、财丰、势大，而招致朝廷顾忌，并下令分家析产。这样张家分迁各地，张潜兄弟五人成为各支的支祖。

张潜五子皆仕宋，并以次子张磐一支声望最高，延续着德兴张氏的兴盛之势。

29. 成都郡

战国秦文王时，张若任蜀郡太守，张姓先人开始进入蜀地，随着张若移民万户入川，张姓也大量迁移入川，其子孙又不断繁衍，足迹遍布巴蜀大地，形成郡望大族，有张氏五族一说，成都市张氏就是四川省张氏望族的其中一支。

成都张氏是四川张氏望族中的后起之秀，他们是唐张九皋之孙张促孚的后人，传至张载阳转攻农商，家财巨万，为人豪爽，多方资助读书之人，受其影响，儿子张维峻更是将家产散发给读书人和族中贫苦之人。别人问他为何不留财产给子孙，他说："吾遣子孙者，不在是也。"他认为给子孙留财产太多会贻误子孙，留财产不如教会他们做人、读书、谋生。张维峻的思想和做法为常人所不及。而他的后人更没让他失望。儿子张起中进士，官至太常博士，从此，成都张氏开始进入仕途。

张起有三个儿子，次子张太宁曾四为尚书郎，三持使节，后人多入仕。长子张太初迁居崇庆新津，三儿子张太和落业泥州。

今天的新津、泥州及附近张氏多是太初、太和的后人。

成都市张氏中还有张磷的后代，张磷乃唐张九皋的另一孙子张仲方的五世孙，与张促孚可为同宗，传三世后迁绵竹，到南宋初年出了宰相张浚、理学大师张拭。

（二）张姓家谱

族谱，是中华民族各姓氏同一宗族共同的精神寄托。

自古以来，撰修族谱的活动就经久不衰。随着人们对族谱功用的认识日益加深，族谱已发展成为一种社会普遍崇尚的宗族文化。

族谱能把千百年来的子子孙孙紧密地凝结成一体，使每一代裔孙能在血缘与精神上与远祖相通，族谱产生的这种巨大的影响力，难以用语言来形容。张姓家谱非常之多，现分省介绍如下。

河南省

殷成贞纂修：《桥北张百忍堂张氏族谱》，唐贞观元年（627 年）手抄本；藏地：台前县桥北张；收藏人：张兴俭。

周庭龙纂修：《裴城寺张氏族谱》，明洪武二年（1369 年）手抄本；藏地：台前县裴城寺；收藏人：张玉森。

张林纂修：《张际杨张氏家谱》，明洪武六年（1373 年）手抄本；藏地：台前县张际杨；收藏人：张玉合。

《马庙张氏家谱》，明洪武十二年（1379 年）手抄本；藏地：台前县马庙；收藏人：张玉珍。

《西张村张氏族谱》，明永乐三年（1405 年）手抄本；藏地：台前县西张村，收藏人：张继深。

张光明纂修：《席胡同张氏族谱》，明宣德六年（1431 年）手抄本；藏地：台前县席胡同，收藏人：张书经。

张云贵纂修：《红庙张氏族谱》，明宣德二年（1427 年）手抄本；藏地：台前县红庙；收藏人：张效民。

《全庄张氏家谱》，明嘉靖六年（1527 年）抄本；藏地：台前县全庄；收藏人：张建华。

《苗口东张氏家谱》，明嘉靖三年（1524 年）抄本；藏地：台前县苗口东；收藏人：张金荣。

张全先纂修：《张集村张氏家谱》，清康熙四年（1665 年）木活字本；藏地：台前县张集村；收藏人：张文早。

《张楼村张氏族谱》，清雍正八年（1730 年）木活字本；藏地：台前县张楼村；收藏人：张汉章。

张孜纂修：《潘集张氏家谱》，清雍正四年（1726 年）木活字本；藏地：台前县潘集；收藏人：张法。

张应龙纂修：《化龙固堆张氏家谱》，清乾隆八年（1743 年）活字本；藏地：台前县化龙固堆；收藏人：张汉英。

《前张胡同张氏族谱》，清乾隆七年（1742 年）活字本；藏地：台前县前张胡同；收藏人：张庆华。

赵靖臣纂修：《遵化庄张氏家谱》；清嘉庆元年（1796 年）刻本；藏地：台前县遵化庄；收藏人：张建更。

李尚才纂修：《铁庙张氏家谱》，清嘉庆五年（1800 年）刻本；藏地：台前县铁庙；收藏人：张庭栋。

张方纂修：《闫庙村张氏族谱》，清康熙四年（1665 年）刻本；藏地：台前县闫庙村；收藏人：张万存。

《翟庄张氏族谱》，清光绪三年（1877 年）刻本；藏地：台前县翟庄；收藏人：张西贵。

王子轩纂修：《葛集村张氏家谱》，民国十年（1921 年）印本；藏地：台前县葛集村；收藏人：张新成。

冯利军纂修：《胡庄张氏家谱》，民国十年（1921 年）印本；藏地：台前县胡庄；收藏人：张建寅。

张文纂修：《张庄张氏家谱》，民国十一年（1922 年）印本；藏地：台前县张庄；收藏人：张兆显。

（唐）张兴建撰修：《北丁庄百忍堂张氏族谱》，唐武德元年（618 年）手抄本；藏地：范县北丁庄；收藏人：张玉良。

《杨集前街张氏族谱》，明洪武元年（1368 年）手抄本；藏地：范县杨集前街；收藏人：张登山。

《张庄前街张氏族谱》，明崇祯年手抄本；藏地：范县张庄前街；收藏人：张兆臣。

张保岭撰修：《孙楼村张氏族谱》，明万历年手抄本；藏地：范县孙楼村；收藏人：张兆平。

张治敬撰修：《军张村家谱》，清康熙元年（1736 年）手抄本；藏地：

范县军张村；收藏人：张福军。

张相振撰修：《红庙村张氏族谱》，清乾隆元年（1736年）手抄本；藏地：范县红庙村；收藏人：张西芳。

张振宗撰修：《高莱园张氏族谱》，清乾隆十三年（1748年）手抄本；藏地：范县高莱园；收藏人：张士钦。

张贤山撰修：《陆集村张氏家谱》，清乾隆十八年（1753年）刻本；藏地：范县陆集村；收藏人：张国华。

张克长撰修：《城角南楼蹼州张氏族谱》，清乾隆二十五年（1760年）刻本；藏地：范县城角南楼；收藏人：张明先。

张天爵撰修：《柳园张氏家谱》，清咸丰十年（1860年）刻本；藏地：范县柳园；收藏人：张守真。

张永吉撰修：《孟楼西屯张氏家谱》，清同治十三年（1874年）木活字本；藏地：范县孟楼西屯；收藏人：张廷海。

张怀营撰修：《张桥张氏族谱》，清光绪七年（1881年）木活字本；藏地：范县张桥；收藏人：张友法。

张普撰修：《林堂张氏族谱》，清光绪三十一年（1905年）木活字本；藏地：范县林堂；收藏人：张洪春。

张永艇撰修：《张氏族谱序·范县蹼城玉张村家谱》，清宣统十二年（1910年）印本；藏地：范县淮城镇玉张村；收藏人：张文良。

张广营撰修：《张河涯村张氏家谱》，藏地：范县张河涯村；收藏人：张广贵。

张荐吉撰修：《白衣南街东桥张氏族谱》，民国九年（1920年）印本；藏地：范县白衣南街；收藏人：张存义。

张兆林撰修：《七窗户张氏门谱》，民国三十四年（1945年）印本；藏地：范县七窗户；收藏人：张兆福。

张怀福撰修：《东张庄张氏通谱》，民国三十四年（1945年）印本；藏地：范县东张庄；收藏人：张怀严。

张锡璋撰修：《刘堂张氏通谱》，民国三十四年（1945年）印本；藏地：范县刘堂；收藏人：张朝勇。

张子臣撰修：《杨楼张氏族谱》，民国三十七年（1948年）印本；藏地：范县杨楼；收藏人：张继跃。

《纸房街张氏族谱》，南宋初年抄本；藏地：清丰县纸房街；收藏人：张安庆。

《阳邵乡翟固张氏族谱》，明洪武十八年（1385 年）手抄本；藏地：清丰县翟固；收藏人：张怀录。

张成修、张衍亮撰修：《城关镇榆园（南街）张氏族谱》，明洪武二十一年（1388 年）手抄本；藏地：清丰县城南街；收藏人：张林贤。

张有行撰修：《阳邵乡北阳建张姓族谱》，明洪武二十二年（1389 年）手抄本；藏地：清丰县北阳建；收藏人：张明安。

《固城乡张庄里村张氏家谱》，明洪武年手抄本；藏地：清丰县张庄里村收藏人：张衍军、张自修。

贾石虎撰修：《坟台头村张氏家谱》，明永乐二年（1404 年）手抄本；藏地：清丰县坟台头村；收藏人：张洁丽。

张仪撰修：《后卢张氏家谱》，明永乐十三年（1415 年）手抄本；藏地：清丰县后卢；收藏人：张信。

张自力撰修：《大张家张氏家谱》，明朝手抄本；藏地：清丰县大张家；收藏人：张保民。

张训波撰修：《马村乡大张家张氏家谱》，明代手抄本；藏地：清丰县大张家；收藏人：张存方。

张自力撰修：《马村乡大张家张氏家谱》，明代手抄本；藏地：清丰县大张家；收藏人：张长义。

王恩长撰修：《马村乡大张家张氏家谱》，明代手抄本；藏地：清丰县大张家；收藏人：张德胜。

张发相撰修：《马村乡大张家张氏家谱》，明代手抄本；藏地：清丰县大张家；收藏人：张发兴。

王恩长撰修：《马村乡大张家张氏家谱》，明代手抄本；藏地：清丰县大张家；收藏人：张罗根。

张万荣撰修：《固城乡朱潘生张氏族谱》，明成化十四年（1478 年）手抄本；藏地：清丰县朱潘生；收藏人：张美善。

张焕撰修：《巩营乡张吉村张门家谱》，明万历十八年（1590 年）抄本；藏地：清丰县张吉村；收藏人：张仕奎。

张贤友撰修：《大流乡堤洼张氏家谱》，明嘉靖六年（1527年）手抄本；藏地：清丰县堤洼；收藏人：张现录。

张保山撰修：《阳邵乡报录张氏族谱》，明万历年手抄本；藏地：清丰县报录；收藏人：张海军。

王玉丰撰修：《马村乡大张家张氏家谱》，明代抄本；藏地：清丰县大张家；收藏人：张西恩。

《马村乡大张家张氏家谱》，明代手抄本；藏地：清丰县大张家；收藏人：张金钢。

张记森撰修：《马村乡东岳村张氏族谱》，明代手抄本；藏地：清丰县东岳村；收藏人：张臣保。

张少信撰修：《马村乡段庄张氏族谱》，清顺治十年（1653年）刻本；藏地：清丰县段庄；收藏人：张记元。

张可丰撰修：《双庙乡孙村张氏家谱》，清顺治十一年（1654年）刻木；藏地：清丰县孙村；收藏人：张可教。

刘银臣撰修：《马村乡白家张氏族谱》，藏地：清丰县白家；收藏人：张天军。

张同堂撰修：《柳格乡前张家张氏家谱》，清道光二十六年（1846年）刻本；藏地：清丰县前张家；收藏人：张芳献。

张天爵撰修：《六塔乡六塔集张氏家谱》，清咸丰十年（1860年）刻本；藏地：清丰县六塔集；收藏人：张银亮。

士英、奉和撰修：《马村乡万村张氏家谱》，清咸丰十一年（1861年）刻本；藏地：清丰县万村；收藏人：张同林。

张成修撰修：《仙庄乡西阳町张氏族谱》，清同治十二年（1873年）刻本；藏地：清丰县西阳町；收藏人：张书臣。

张希颜撰修：《瓦屋头镇张林子张氏家谱》，清同治十二年（1873年）刻本；藏地：清丰县张林子；收藏人：张占伟。

张绍先撰修：《阳邵乡留固张氏族谱》，清光绪二年（1876年）刻本；藏地：清丰县留固；收藏人：张国玺。

张济斋撰修：《马村乡留宁张氏家谱》，清光绪五年（1879年）刻本；

藏地：清丰县留宁；收藏人：张济普。

史二黑脖撰修：《王什乡北豆固张氏家谱》，清光绪十八年（1892 年）木活字本；藏地：清丰县北豆固；收藏人：张进书。

张敬堂撰修：《固城乡张庄外村张氏家谱》，清光绪二十九年（1903 年）木活字本；藏地：清丰县张庄外村；收藏人：张顺和。

张善修撰修：《纸房乡闫宫上村张氏族谱》，清末刻本；藏地：清丰县闰宫上村；收藏人：张红军。

张铭撰修：《纸房乡武仙镇张氏族谱》；藏地：清丰县武仙镇；收藏人：张监。

张兆鹤撰修：《柳格乡前张家张氏家谱》，民国三年（1914 年）印本；藏地：清丰县前张家；收藏人：张宝顺。

张华南撰修：《双庙乡张营张氏族谱》，民国十年（1921 年）印本；藏地：清丰县张营；收藏人：张乃林。

张良甫撰修：《巩营乡前岳楼张氏族谱》，民国十年（1921 年）印本；藏地：清丰县前岳楼；收藏人：张朝选。

肖同相撰修：《马村乡王坡庄张氏家谱》，民国十年（1921 年）印本；藏地：清丰县王坡庄；收藏人：张金合。

高天右撰修：《仙庄乡赵娄高张氏族谱》，民国十年（1921 年）印本；藏地：清丰县赵娄高；收藏人：张清良。

《阳邵乡范石村张氏族谱》，民国十年（1921 年）印本；藏地：清丰县范石村；收藏人：张天喜。

张自高撰修：《纸房乡张二庄张氏族谱》，民国十年（1921 年）印本；藏地：清丰县张二庄；收藏人：张登林。

《马村乡卢店张氏族谱》，民国二十二年（1933 年）印本；藏地：清丰县卢店；收藏人：张福澜。

张生璞撰书（重修）：《柳格乡五眼井张氏家谱》，民国三十七年（1948 年）印本；藏地：清丰县五眼井；收藏人：张银计。

张国胜撰修：《张果屯乡张行张氏家谱》，明永乐五年（1402 年）手抄本；藏地：南乐县张果屯乡张行村。

张建亭撰修：《千口乡张庄张氏家谱》，明永乐年手抄本；藏地：南乐县张庄。

张永贤撰修：《西邵乡侯古宁甫张氏家谱》，清末印本；藏地：南乐县侯古宁甫村。

张俊朴撰修：《寺庄乡前郭村张姓家谱》照排本；藏地：南乐县前郭村；收藏人：张俊召。

张鹰续修：《大河堂张氏家谱》不分卷（1404—2003 年）；藏地：淮阳市劳动和社会保障局。

张志勇续修：《玉皇庙张氏宗谱不分卷》（1912—1999 年）；藏地：淮阳市文化局。

张锐撰书：《操守村张氏家谱》，1955 年正月；藏地：南乐县元村镇。

张凌云等修：《王助乡铁邱村张氏家谱》，清乾隆乙丑年一册；藏地：濮阳王助乡铁邱村。

张学胜等修：《户部寨后李海村张氏家谱》，2001 年正月下旬三册；藏地：濮阳后李海村。

《五星乡七王庙村张氏家谱》，1949 年 5 月；藏地：河南濮阳七王庙村。

光祖虔诚撰序：《张寨村张氏家谱》，1951 年岁次辛卯桃月上浣三册；藏地：濮阳张寨村。

第六世化斌董沐拜书：《户部寨高家村张氏家谱》，光绪五年次岁己卯仲冬吉旦；藏地：河南濮阳高家村。

十四世孙德林撰：《五星张湾村清河张氏》1981 年三册；藏地：濮阳五星张湾村。

张鸣清等修：《郎中紫第张寨张氏家谱》，乾隆五十九年月日十四世孙一册；藏地：河南濮阳紫第张寨。

张祥可等修：《河南濮阳·张寨村张氏家谱》，民国三十八年岁次己丑蒲月二十日一册；藏地：河南濮阳郎中张寨。

十四世孙立德沐手稽首谨识：《康庄张氏家谱》，清咸丰七年岁次丁乙春二月旦；藏地：河南濮阳康庄村。

十代孙秉黄创稿：《文留镇文留集张氏家谱》，乾隆元年十二月十七日；藏地：河南濮阳文留康庄。

张鸿德：《梁庄肖堌堆张氏家谱》，清咸丰五年十三世祖；藏地：河南濮阳肖堌堆。

张鸿德：《文留镇田庄张氏家谱》，清乾隆五十九年；藏地：河南濮阳文留田庄。

张元龙撰：《开发区王助张氏家谱》，清乾隆三年；藏地：河南濮阳王助。

张赤峰撰：《大庙头张氏家谱》，1982年；藏地：河南濮阳大庙头。

张郗继撰：《八公桥盖沙口张氏家谱》，光绪三十四年三月；藏地：河南濮阳盖沙口。

张永泗纂修：《紫第村张氏家谱》，道光十一年；藏地：河南濮阳紫第村。

张广印撰：《八公桥张路口村张氏家谱》，1995年3月15日；藏地：河南濮阳张路口村。

张鸿信撰：《文留镇炉里张氏家谱》，1994年元月；藏地：河南濮阳炉里。

张泽霖主编，张明廉副主编：《曹店镇张氏族志》，2002年3月胶印本；藏地：河南省南召曹店镇各宗亲。

张逢荣修：《廖家杂簿》，清光绪七年（1881年）钞本一册；藏地：台湾。

张澜栋撰：《仪封张氏家谱五卷》，1941年；藏地：河南兰考县档案馆。

张世恭续修：《河南新乡·张氏族谱》不分卷，清同治十一年（1872年）刻本二册；藏地：人民大学。

张自白修：《河南浚县·张氏家谱》；藏地：河南省档案馆。

《河南浚县·张氏家谱》；藏地：河南浚县档案馆。

张伟编：《河南汤阴·张氏族谱》不分卷，清嘉庆二十三年（1818年）刻本；藏地：辽宁大连市图书馆。

张锡贞编：《河南汤阴·张氏族谱》不分卷，清光绪十五年（1889年）刻本；藏地：辽宁大连市图书馆。

张溶川等修：《河南长垣·龄陵张氏族谱》五卷，清光绪九年（1883年）刊本五册；藏地：美国。

张雅诗等修：《河南宁陵·张氏族谱》，不分卷，1933年石印本六册；

藏地：美国。

张继善、张秉彝编：《河南扶沟·张氏族谱》，1931年石印本二册；藏地：中国社会科学院、美国。

张殿一纂：《河南太康·张氏族谱》八卷，清同治四年（1865年）铅印本；藏地：河南太康县档案馆。

张拱哀、张宗孟等纂修：《河南项城·张氏族谱十二卷》，1936年天津文岚慧印书局铅印本十二册；藏地：南开大学、河北大学、吉林大学、日本、美国。

张淑训纂：《河南项城·张氏族谱》，1936年四十五册；藏地：河南项城县档案馆。

张氏辑修：《河南襄城·张氏家谱》不分卷，清河南襄城张氏木刻本；藏地：河南省图书馆。

张崇纂：《河南郏县·张氏家谱》，清光绪十四年（1888年）木刻本；藏地：河南郏县张店村。

张沐撰：《河南上蔡·张氏家谱》，不分卷，清顺治三年（1646年）木刻本；藏地：河南上蔡县方志办。

河北省

张元果等修：《河北南皮·张氏东门家谱》不分卷，清道光十七年（1837年）永恩堂刊本，二册；藏地：美国。

张晚畴修：《河北南皮·张氏族谱》，清道光三十年（1850年）钞本一册；藏地：河北大学。

张佩训修：《河北南皮·张氏西门家谱》，清光绪九年（1883年）木刻本；藏地：河北大学。

张新善等重修：《河北南皮·张氏族谱》二卷，1925年天津源泰印字馆铅印本，二册；藏地：吉林大学。

张厚光等编辑：《河北南皮·张氏四门第十八支家谱》，1938年北平铅印本，一册；藏地：北京图书馆，吉林大学。

张镰修：《河北献县·垛庄张氏家谱》二卷，藏地：吉林大学、日本、美国。

张殿甲修：《河北景县·张氏族谱》不分卷，清嘉庆二年（1797年）

刻本，一册；藏地：人民大学。

张荫江续修：《河北景县·张氏族谱》不分卷，清宣统三年（1911 年）序石印本，一册；藏地：日本、美国。

张鸿熙等修：《河北景县·景州枣林张氏族谱》不分卷，1922 年刊本，四册；藏地：美国。

山西省

张文选等修：《山西平定·张氏族谱》不分卷，清道光二十八年（1848 年）刻本（序）；藏地：北京图书馆、人民大学、辽宁图书馆、美国。

张学鲁等修：《山西平定·张氏家谱》不分卷，清咸丰七年（1857 年）刊本一册；藏地：北京图书馆、美国。

张忠立纂：《山西五台·张氏家谱》一卷，1933 年写本；藏地：山西五台县五级村。

张清政等修：《山西介休·宗阳张氏族谱》四卷，清嘉庆十八年（1813 年）活字本，四册；藏地：美国。

张清漠修：《山西介休·定阳张氏族谱》四卷，清道光二十五年（1845 年）木刻本，四册；藏地：中国社会科学历史研究所图书馆、河北大学、山西大学、辽宁大学、辽宁市图书馆、日本、美国。

内蒙古自治区

张承恩修：《内蒙古喀剌沁·三韩张氏世系谱》不分卷，清同治、光绪年间写本；藏地：辽宁大连市图书馆。

辽宁省

张朝璘重修：《辽宁北镇·张氏家谱》一卷，清康熙十八年（1679 年）刻本，一册；藏地：中国社会科学院历史研究所图书馆。

张任在增修：《辽宁北镇·张氏家谱》不分卷，清嘉庆八年（1803 年）张溥重钞稿本；藏地：复旦大学。

张溥等修：《辽宁北镇·张氏家谱》不分卷，清道光十四年（1834 年）写本，一册；藏地：日本、美国。

张溥撰：《辽宁北镇·广宁张氏家谱》不分卷，清咸丰年间钞本；藏地：辽宁图书馆。

张安常续修：《辽宁·顺天张氏家谱》不分卷，清道光七年（1827 年）

序清钞本，一册；藏地：人民大学。

张安常等修：《辽宁辽阳·张氏家谱》不分卷，清道光二十三年（1843年）钞本，一册；藏地：美国。

《辽宁辽阳·张氏家谱》，不分卷，清道光三十年（1850年）写本，一册；藏地：美国。

吉林省

张文房、张树棠修：《吉林双阳·张氏家谱》六卷附篇三卷，1928年铅印本；藏地：辽宁图书馆。

上海市

张克昌等修：《申浦张氏宗谱六卷》，1928年上海九如堂，活字本，六册；藏地：美国。

《奉贤张氏家谱口口卷》，清光绪三年（1877年）刊本，藏地：上海奉贤县档案馆。

张忠裁等重修：《奉贤张氏家谱六卷首一卷》，1917年崇本堂，铅印本，二册；藏地：北京图书馆。

张谦、张廷柱、张世瑛重辑：《上海松江·云间张氏族谱》四卷，清同治十三年（1874年）纂钞本；藏地：上海松江县政协。

《上海松江·云间张氏族谱续卷一卷》，藏地：上海松江县政协张宗佑补辑，手写本。

《上海松江·云间张氏世表》一卷，清写本；藏地：南京市博物馆。

张飞均重修：《上海松江·南塘张氏族谱》八卷，清光绪十三年（1887年）木刻本；藏地：上海松江县博物馆（残存上中册）。

张观吉续修：《上海松江·南塘张氏前族谱》二卷，清光绪十九年（1893年）刊本；藏地：上海师范大学。

张观吉重修：《上海松江·南塘张氏族谱》八卷，清光绪十九年（1893年）刊本；藏地：上海师范大学。

张德刚等纂：《上海松江·南塘张氏族谱不分卷前族谱二卷首一卷》，清光绪十三至二十一年（1887—1895年）刻本，四册；藏地：上海图书馆。

张为寿修辑：《上海青浦·张氏族谱不分卷》，清道光二十三年（1843年）家刻本，四册；藏地：北京图书馆（残）。

张瑛照增修：《上海青浦·汇溪张氏支谱》二十六卷首二卷末一卷，1916年知本堂铅印本；藏地：上海青浦县档案馆、美国。

江苏省

张金享增续：《江苏·瓜诸张氏宗谱四卷》，清道光八年（1828年）活字本，四册；藏地：北京图书馆南京市图书馆。

张嗣钊编纂：《江苏江浦·张氏宗谱十卷》，1920年得宜堂活字本，六册；藏地：北京图书馆、日本、美国。

《江苏溧水·义台张氏家乘十六卷首一卷》；清同治十一年（1872）木活字本；藏地：江苏溧水县群力乡蒲杆村。

《江苏徐州·彭城张氏族谱》，清道光五年（1825年）刊本五册；藏地：江苏铜山县张氏。

《江苏铜山·张氏族谱》，清康熙五十七年（1718年）重刊本六册；藏地：江苏铜山县张氏。

张德广辑：《江苏·铜山张氏家传》，民国石印本一册；藏地：北京图书馆。

张连瑞，张金铬重修：《江苏丰县·张氏族谱二卷》，1923年石印本；藏地：江苏丰县孙娄乡张庄村。

张兰裙纂：《江苏丰县·张氏家谱六卷》，1929年石印本；藏地：江苏丰县顺河乡张口村。

《江苏赣榆·张氏支谱不分卷》钞本；藏地：江苏赣榆县档案馆。

《江苏赣榆·张氏家谱一幅》钞本；百忍堂白布；藏地：江苏赣榆县档案馆。

张光藻等重修：《江苏淮阴·张氏宗谱不分卷》，清同治九年（1870年）序写本二册；藏地：日本、美国。

张效颜等修：《江苏淮阴·张氏宗谱九卷》，1927年石印本九册；藏地：上海图书馆。

张雾光，张殿佑总修，张浩沁撰文：《江苏宿迁·张氏族谱三卷》，1919年世铭堂石印本；藏地：江苏宿迁县图书馆。

张印心修：《江苏泗阳·张氏支谱六卷》，1935年横梁堂石印本四册；藏地：上海图书馆。

张锡蕃纂：《江苏·泰县张氏家乘一卷》，1929 年铅印本一册；藏地：江苏泰州市图书馆、日本、美国。

张绩金、徐鸿江纂修：《江苏靖江·张氏宗谱二十卷》，清光绪十三年（1887 年）木刻本二十册；藏地：河北大学。

张氏三凤堂编辑，何民俊撰：《江苏靖江·张氏族谱》1937 年木刻本；藏地：江苏靖江县文化馆。

张庆堂、张春雷等重修：《江苏扬州·义台张氏分迁邵伯支谱六卷》，清嘉庆十六年（1811 年），上海居易堂木活字本十册；藏地：日本、美国。

张薰等修：《江苏扬州·张氏族谱四卷》，清咸丰四年（1854 年）木活字本四册；藏地：北京图书馆。

张镕纂修：《江苏扬州·维扬举浦头张氏族谱不分卷》，清同治八年（1869 年）活字本；藏地：北京图书馆。

张绍泰主修，张巨川编订：《江苏江都·维扬江都张氏十四修族谱八卷》，清光绪十一年（1885 年）顿善堂活字本十册，藏地：中国社会科学院历史研究所图书馆、吉林大学。

张亮臣等十四次修：《江苏江都·张氏族谱六卷》清光绪十一年（1885 年），金鉴堂木活字本六册；藏地：美国。

张王珪、张纯仁等重修：《江苏扬州·丁沟张氏族谱四卷》，清光绪二十三年（1897 年）木活字本四册；藏地：日本、美国。

张以岱等重修：《江苏江都·张氏宗谱四卷》，清光绪十五年（1889 年）木活字本四册；藏地：美国。

张永连编辑：《江苏江都·张氏族谱十八卷》，清光绪十七年（1891 年）活字本二十二册；藏地：美国。

刘嵩泉纂辑：《江苏江都·张氏宗谱六卷》，1919 年孝友堂木活字本六册；藏地：南京市图书馆。

张政熬等重纂：《江苏江都·维阳张氏族谱十二卷》，1922 年孝思堂活字本十二册；藏地；吉林大学。

张万福等主修刘嵩泉纂辑：《江苏江都·张氏宗谱四卷》，1923 年活字本四册；藏地：北京图书馆。

张政钜修：《江苏江都·维阳张氏老四房第十五次续修族谱六卷》，1949年刻本六册；藏地：吉林大学。

张行俭续修：《江苏泰兴·张氏三修家谱十四卷》，清光绪二十年（1894年）木刻本；藏地：江苏泰兴县古楼西街（缺一册）。

张进寿重修：《江苏泰兴·张氏家谱六卷》1946年木刻本；藏地：江苏泰兴县焦荡陆元村（缺卷二）。

《江苏泰兴·张氏景贤支谱口口卷》，木刻本；藏地：江苏泰兴县古楼西街（存一册）。

张僖增等修，张謇总纂：《江苏南通·通州张氏宗谱二十卷图一卷》；藏地：江苏南通市图书馆。

《江苏南通·张氏宗谱》，清光绪二十九年（1903年）敦伦堂刻本，十二册，清孝友堂刻本；藏地：江苏南通市图书馆（存卷四）。

张謇修纂：《江苏南通·张氏常乐支谱一卷》，1921年序铅印本一册；藏地：中国社会科学院历史研究所、图书馆、吉林大学、江苏南通市图书馆、江苏南通市博物馆。

姜春煦、张大庚纂修：《江苏如皋·张氏宗谱十五卷》，清道光八年（1828年）木刻本，二十册；藏地：河北大学。

张昌绶等修：《江苏丹阳·张氏宗谱十卷》，清光绪二十一年（1895年）孝友堂活字本，十二册；藏地：北京图书馆。

张长钰汇编：《江苏镇江·京江张氏家乘十六卷》，清道光五年（1825年）刻本；藏地：山西大学。

张元等重修：《江苏镇江·张氏族谱四卷》，清道光十七年（1837年）木活字本，四册；藏地：日本、美国。

张口等纂：《江苏镇江·京江张氏家乘六卷》，清道光二十五年（1845年）刻本；藏地：江苏镇江市博物馆。

《江苏镇江·润州开沙张氏族谱口口卷》，清道光间木刻本；藏地：江苏宿迁县图书馆（存卷二、十三）。

《江苏镇江·京江张氏宗谱六卷》，清光绪五年（1879年）木活字本；藏地：北京图书馆、江苏泰州市图书馆、日本、美国。

张绶青刊修：《江苏镇江·润城张氏五修族谱十卷》，清光绪十八年

(1892 年）二铭堂木活字刊本；藏地：中国科学院图书馆、吉林大学、日本、美国。

张昌定纂修：《江苏镇江 · 润州开沙张氏族谱六卷》，清宣统三年(1911 年）活字本十二册；藏地：中国社会科学院历史研究所图书馆、美国。

张福璜纂修：《江苏丹徒 · 张氏族谱八卷首一卷》，清光绪六年（1880 年）刻本四册；藏地：中国社会科学院历史研究所图书馆、河北大学。

张宗樨、张崇本修：《江苏丹徒 · 京江张氏宗谱六卷》，1941 年孝友堂刻本六册；藏地：南开大学、江苏镇江市博物馆。

张飞渚等修：《江苏丹阳 · 云阳张氏宗谱十卷》，清光绪十三年（1887 年）亦政堂木活字本，十册；藏地：美国。

张灿禄、张仪铭等重修：《江苏丹阳 · 张氏重修族谱十卷》，清光绪二十七年（1901 年）木活字本，三十册；藏地：日本、美国。

张龙子重修：《江苏丹阳 · 张氏家乘口口卷》，1944 年木刻本；藏地：江苏丹阳县松卜乡麦溪村。

张利贞等修：《江苏常州 · 文成里张氏宗谱十六卷首一卷》，清道光二十四年（1844 年）孝友堂刻本，十二册；藏地：南京大学。

《江苏常州 · 毗陵城南张氏宗统谱十卷附一卷》，清光绪元年（1875 年）百忍堂活字本，十四册；藏地：人民大学。

张义经修纂：《江苏常州 · 张家坝张氏宗谱八卷》，清光绪四年（1878 年）百忍堂活字本八册；藏地：江苏苏州市博物馆。

张仲康修纂：《江苏常州 · 张家坝张氏宗谱十卷》，1918 年百忍堂活字本十册；藏地：北京图书馆、江苏苏州市博物馆。

张永源编：《江苏常州 · 毗陵张氏宗谱四卷》，清光绪十九年（1893 年）慎德堂木活字本；藏地：南京市图书馆。

《江苏常州 · 毗陵张氏宗谱》，敦睦堂木活字本；藏地：江苏常州市博物馆（存卷十九）。

张玉钢、张瑞元等修：《江苏常州 · 毗陵张氏宗谱三十四卷》，1915 年木活字排印本二十八册；藏地：上海图书馆、日本、美国。

张灿铉主修：《江苏常州 · 毗陵张氏宗谱十二卷首一卷》，1929 年垂裕堂活字本十册；藏地：北京图书馆。

张美林续修：《江苏常州·毗陵泰村张氏宗谱二十三卷》1930 年得一堂活字本十六册；藏地：吉林大学。

张烂根等编：《江苏常州·毗陵张氏宗谱六卷》，1942 年慎得堂木活字本；藏地：南京市图书馆。

张廷耀主修，张文焕主稿：《江苏常州·张氏宗谱四十二卷》，1947 年常州城南书院木活字本；藏地：江苏常州市图书馆（残）。

张根法主修，严有翼主稿：《江苏常州·毗陵前坟荡张氏宗谱二十八卷首一卷》，1948 年积庆堂木活字本；藏地：江苏常州市图书馆。

《江苏常州·毗陵张氏宗谱口口卷》，（民国）怀远堂木活字本；藏地：江苏常州市图书馆（存卷二—九、十二上）。

张祯禧等续修：《江苏武进·张氏宗谱八卷》，清同治九年（1870 年）百忍堂刊本八册；藏地：美国。

张锦坪等修：《江苏武进·毗陵张氏宗谱九卷首一卷》，清光绪二年（1876 年）垂裕堂活字本八册；藏地：美国。

《江苏武进·天井里张氏宗谱十六卷》，清光绪四年（1878 年）敬惜堂木活字本十六册；藏地：江苏常州市图书馆（残）、日本、美国。

张衡芳、张兆魁等重修：《江苏武进·丁堰张氏宗谱十卷首一卷》，藏地：日本美国清光绪十三年（1887 年）二铭堂木活字本，十二册。

张增裕等修：《江苏武进·丁堰张氏宗谱十六卷首一卷后编八卷》，1914 年二铭堂木活字本十六册；藏地：美国。

张希白等修：《江苏武进·驪塘张氏宗谱四卷》，清光绪十七年（1891 年）百忍堂木活字本四册；藏地：日本、美国。

张忠乾、张光灿等重修：《江苏武进·张氏世谱录编三十四卷》，清光绪二十一年（1895 年）城南书院木活字本三十六册；藏地：日本、美国。

张彬主修：《江苏武进·张氏二修宗谱四卷》，清光绪三十年（1904 年）贻德堂活字本二册；藏地：中国社会科学院历史研究所图书馆、日本、美国。

《江苏武进·毗陵张氏族谱四卷》，清宣统二年（1910 年）惇叙堂活字本四册；藏地：人民大学、美国。

张坤照主修：《江苏武进·韦庄张氏重修宗谱十八卷首二卷》，清宣统三年（1911年）承德活字本二十四册；藏地：中国社会科学院历史研究所图书馆。

张存睦等修：《江苏武进·毗陵前坟荡张氏宗谱三十卷首一卷》，1914年积庆堂木活字本二十六册；藏地：美国。

张方玉、张起鹗等修：《江苏武进·毗陵城南张氏宗谱十五卷》，1914年百忍堂刊本十六册；藏地：南开大学。

张仲芬等修：《江苏武进·常州张氏宗谱九卷首一卷》，1918年百忍堂木活字本十二册；藏地：美国。

张川秀等修：《江苏武进·毗陵张氏宗谱十四卷》，清光绪十六年（1890年）百忍堂活字本十六册；藏地：北京图书馆。

张川秀等重辑：《江苏武进·南望张氏宗谱十六卷》，十六册；藏地：北京图书馆、中国社会科学院历史研究所图书馆。

张希载等续修：《江苏武进·张氏宗谱十卷》，1919年百忍堂木活字本十册；藏地：日本、美国。

张怀奇等修：《江苏武进·张氏宗谱十卷》，1922年二铭堂活字本十册；藏地：美国。

张逢吉等重修：《江苏武进·石莲圩张氏宗谱八卷》，1926年序百忍堂木活字本八册；藏地：日本、美国。

张文郁等修：《江苏武进·张氏宗稿三卷》，1928年亦政堂木活字排印本二册；藏地：上海图书馆。

《江苏武进·开井里张氏族谱底稿》，墨栏钞本二册；藏地：北京图书馆。

张秉衡、张赞先修：《江苏武进·毗陵天井里张氏圣经公支谱十卷》，1948年振群印书局排印本二册；藏地：中国社会科学院历史研究所图书馆、南开大学。

张应轸等修：《江苏无锡·安阳张氏宗谱十二卷》，清同治十一年（1872年）孝思堂活字本十二册；藏地：北京图书馆。

朱福基编修：《江苏无锡·锡山张氏续修宗谱》，清同治十一年（1872年）三知堂刻本；藏地：中国历史博物馆。

张富扬、张尔寿等重修：《江苏无锡·张氏宗谱不分卷》，清同治十二年（1873年）序木活字本十册；藏地：日本、美国。

张殿栋修，张棻、张寿基校：《江苏无锡·张氏宗谱十二卷》，清光绪四年（1878年），资敬堂活字本；藏地：江苏苏州市图书馆（缺卷八、九）。

张中美等修：《江苏无锡·蓉湖张氏宗谱十四卷》，清光绪四年（1878年）孝友堂木活字本二十一册；藏地：美国。

张履廷主修，吴承圭纂辑：《江苏无锡·蓉湖张氏宗谱十六卷》，1914年孝友堂活字本十六册；藏地：吉林大学。

张嘉谟等修：《江苏无锡·锡山张氏宗谱二十卷》，清宣统二年（1910年）福人堂活字本二十册；藏地：北京图书馆。

张子才等四次修：《江苏无锡·梁溪张氏宗谱十六卷》，清光绪二十七年（1901年）萃雅堂活字本十六册；藏地：美国。

张兰福、张慎安纂修：《江苏无锡·梁溪张氏宗谱二十卷》，1949年萃雅堂活字本二十一册；藏地：中国社会科学院历史研究所图书馆。

张浩发、张渭川续修：《江苏无锡·锡山张氏宗谱十二卷》，清光绪二十七年（1901年）永思堂木活字本十四册；藏地：哈尔滨师范大学。

张彦昭、张选等重修：《江苏无锡·锡山张氏宗谱十六卷》，清宣统二年（1910年）三知堂小活字本；藏地：辽宁图书馆。

张国仪等六次修：《江苏无锡·锡山张氏统谱八卷》，1922年寿康堂木活字本三十二册；藏地：美国。

张轶欧编撰：《江苏无锡·张氏家乘》，民国活字本；藏地：北京图书馆（存附录）、吉林大学。

张轶欧修：《江苏无锡·锡山张氏统谱》，1922年寿康堂活字本二三十六册；藏地：北京图书馆。

张轶欧、张洪基等重修：《江苏无锡·锡山张氏（十修）统谱四十二卷》1923年寿康堂活字本七十四册；藏地：中国社会科学院历史研究所图书馆。

张益寿，张士亮纂修：《江苏无锡·胶南张氏宗谱二十四卷》，1935年资敬堂活字本十四册；藏地：江苏苏州市图书馆。

张光祖等修:《江苏无锡·张氏宗谱十四卷》，近代源远堂活字本十四册；藏地：中央民族大学。

张允恭汇修:《江苏江阴·暨阳张氏会谱十卷》，清同治十二年（1873年）孝友堂刻本十册；藏地：吉林大学。

张小年重修:《江苏江阴·暨阳花园张氏宗谱六卷》，清光绪二年（1876年）木活字本六册；藏地：吉林大学。

张心知校修:《江苏江阴·暨阳花园张氏宗谱六卷》，1921年活字本六册；藏地：北京图书馆。

张步斋等修:《江苏江阴·暨阳流璜张氏宗谱三十三卷首一卷》，清光绪三十年（1904年）活字本，三十三册；藏地：美国。

张链等修:《江苏江阴·钦贤张氏宗谱二十卷》，1914年光裕堂木活字本二十册；藏地：美国。

张有九、张福金等纂:《江苏江阴·澄口璜村张氏宗谱七卷首一卷》，1928年木刻本；藏地：江苏江阴档案馆。

张桂芳等修:《江苏江阴·暨阳张氏会谱十四卷》，1929年孝友堂木活字本十四册；藏地：美国。

张绣绅等续修:《江苏江阴·暨阳蒋湖张氏宗谱十六卷》，1949年芝泉堂活字本十六册；藏地：北京图书馆。

张端之等纂修:《江苏宜兴·阳羡张氏宗谱二十四卷首一卷末一卷》，1918年一本堂活字本三十四册；藏地：北京图书馆。

张文均纂修:《江苏苏州·东山张氏族谱不分卷》，1917年石印本一册；藏地：河北大学。

张敦培等纂修:《江苏常熟·南张世谱不分卷》，清乾隆六十年（1795年）至嘉庆元年（1796年）张氏刻本；藏地：江苏苏州市图书馆。

张氏递修:《江苏常熟·南张世谱》，清乾隆年刻本四册；藏地：北京图书馆。

张廷桂重修:《江苏常熟·南张世谱不分卷》，清光绪六年至九年（1880—1883年）卷，萹草庐刻本；藏地：辽宁图书馆、华东师范大学、江苏苏州市图书馆、江苏常熟市图书馆。

张盛法、张运奇续修:《江苏常熟·古虞张氏宗谱三卷》，1920年木刻本二册；藏地：河北大学。

《江苏常熟·清河张氏支谱》，近代铅印本，二册，藏地：北京图书馆、中国社会科学院历史研究所图书馆、河北大学、吉林大学。

《江苏常熟·清河张氏支谱不分卷》，1931 年铅印本二册，藏地：北京图书馆、复旦大学、吉林大学、哈尔滨师范大学。

张世土育议辑、张茂镛编纂：《江苏吴县·张氏家乘一卷》，清光绪二十五年（1899 年）刻本（序）；藏地：辽宁图书馆。

张廷治增修：《江苏吴县·张氏家谱七卷》，1928 年铅印本；藏地：江苏常州图书馆。

张逊修、张晋昭续纂：《江苏常熟·张氏清河世系不分卷》，1919 年刻本一册；藏地：江苏档案馆、江苏苏州市图书馆。

张一爵纂修：《江苏吴江·张氏族谱不分卷》，1928 年上海著易堂铅印本一册；藏地：江苏苏州市图书馆、江苏苏州市博物馆、美国。

浙江省

张耀修辑，张昱、张其昆校：《浙江杭州·钱塘张氏家乘不分卷》，同治六年（1867 年）贻谷堂刻本；藏地：中国科学院图书馆、河南省图书馆、浙江省图书馆。

张其昆纂修，张曜校阅：《浙江杭州·清河张氏支谱不分卷》，清同治十三年（1874 年）刻本光绪三年（1877 年）跋；藏地：中国科学院图书馆、浙江省图书馆、日本、美国。

张振河等编、张景云续编：《浙江杭州·清河张氏家乘》，清光绪二十七年（1901 年）世美堂刻本；藏地：北京图书馆、浙江省图书馆、日本、美国。

《浙江余杭·张氏宗谱六卷》，藏地：浙江余杭县文管会，1928 年重修活木字本。

《浙江余杭·张氏宗谱八卷》，藏地：浙江余杭县文管会钞本。

张起篙等重修：《浙江富阳·富春张氏宗谱》，清嘉庆二十四年（1819 年）活字本二册；藏地：北京图书馆。

张思尧等重修：《浙江富阳·富春王洲张氏宗谱不分卷》，清光绪二年（1876 年）序燕翼堂活木字本二册；藏地：日本、美国。

《浙江富阳·富春常安张氏宗谱十二卷》，1925年木刻本；藏地：浙江富阳县东阁乡。

张贵续修：《浙江萧山·衡河张氏家谱十二卷》，清嘉庆二十一年（1816年）孝友堂活字本二十册；藏地：人民大学。

张思裕等重修：《浙江萧山·张氏宗谱六卷》，清道光十五年（1835年）百忍堂木活字本六册；藏地：日本、美国。

张斯来等编：《浙江萧山·义门张氏谱宗六卷》，清光绪二年（1876年）六顺堂活木字本，十二册；藏地：日本、美国。

张启高修，张惟圣纂：《浙江萧山·孔湖张氏宗谱四卷》，清光绪十五年（1889年），孝友堂活木字本，四册；藏地：浙江省图书馆。

张成高等纂修：《浙江萧山·萧邑芋萝张氏宗谱四卷》，清光绪十五年（1889年），活木字本，四册；藏地：美国。

张拱埠纂：《浙江缙云·潘余张氏宗谱四卷》，1947年活木字本；藏地：浙江缙云县档案馆。

《浙江云和·张氏宗谱》，1932年本藏地：浙江云和县文管会（存一卷）

张朝男主修：《浙江松阳·张氏宗谱三卷》，清光绪元年（1875年）木刻本；藏地：浙江松阳县岗寺乡山下阳村。

安徽省

张树声等重修：《安徽合肥·张氏族谱五卷首一卷末一卷》，清光绪二年（1876年）悼叙堂活木字木四册；藏地：日本、美国。

张绍棠纂修：《安徽合肥·张氏族谱八卷》，清光绪十三年（1887年）绍忍堂刻本八册；藏地：安徽省图书馆、日本、美国。

张士焕编：《安徽合肥·张氏宗谱十卷》，1921年合肥张绍堂活木字本；藏地：上海图书馆、华东师范大学。

张兆才续修：《安徽芜湖·张氏续存名录六卷》，清光绪二十五年（1899年）孝友堂活字本六册；藏地：吉林大学、美国。

《安徽天长·秦栏张氏家谱四卷》，1935年纂修本；藏地：安徽天长县秦楠乡档案室。

张师望、张子静等重修：《安徽五河·张氏宗谱一卷》，清同治七年

（1868年）手钞本，藏地：安徽五河县教育局。

张传禄纂修：《安徽无为·濡须张氏（二修）宗谱八卷》，清道光二年（1822年）活字本二册；藏地：中国社会科学院历史研究所图书馆。

程文绣、张冲等纂修：《安徽泾县·泾川张氏宗谱三卷》，明万历四十六年（1618年），木刻本三册；藏地：北京图书馆、河北大学。

张泰升、张元顺纂修：《安徽·太湖张氏宗谱九卷首二卷》，1912年孝友堂活字本十册；藏地：北京图书馆。

张仪甫纂修：《安徽·太湖孝友堂张氏宗谱六卷首一卷》，1940年孝友堂活字本六册；藏地：北京图书馆。

张炳荣等续修：《安徽潜山·？阳张氏宗谱十一卷首一卷末一卷》，清光绪二十年（1894年），绍渠堂活字本十八册；藏地：北京图书馆。

张必玺等修：《安徽潜山·张氏家谱十五卷首一卷末一卷》，清光绪二十九年（1903年）百忍堂木活字本十七册；藏地：日本、美国。

（民国）张文彬续修：《安徽·潜山百忍堂张氏宗谱二十四卷》，民国元年百忍堂木活字本；藏地：安徽安庆市图书馆（存七册）。

《安徽·潜山百忍堂张氏宗谱》，1935年百忍堂木活字本；藏地：安徽安庆市图书馆（存卷二、十四、二十）。

福建省

张秉奎录：《福建·清河张氏家乘宝录不分卷》，1916年序铅印本；藏地：福建师范大学。

陈鸿枢续修：《福建连江·土坎中山张氏族谱一卷》，1938年稿本，藏地：福建连江县档案馆。

《福建同安·稻江张氏族谱》明天顺七年（1463年）钞本一册；藏地：台湾。

张以义序：《福建同安·金门青屿张氏族谱》，清道光三十七年（1857年）钞本一册；藏地：台湾。

张以义序：《福建同安·下边社迁台郡福安官张氏族谱》，清道光二十七年（1847年）钞本一册；藏地：台湾。

张涂成修，1951年张坤长补修：《福建同安·张氏族谱》，钞本一册，藏地：台湾。

张鸿儒修，1971年张景镒补：《福建平和·源籍张家宗谱》，钞本一册，藏地：台湾。

合族同编：《福建宁化·清河张氏家谱》，1930年宁化活字本，藏地：福建省图书馆（残存一册）。

张锡文序：《福建南安·贤坂张家族谱》，清道光三年（1823年）钞本一册；藏地：台湾。

江西省

张士元等纂修：《江西·张氏族谱》，清嘉庆十五年（1810年）孝友堂木活字本一册；藏地：江西省图书馆（存卷首）。

张福远等纂修：《江西·张氏族谱不分卷》清道光十八年（1838年）孝友堂木活字本五册；藏地：江西省图书馆。

张杰等纂修：《江西·张氏重修族谱十二卷》，道光二十三年（1843年）孝友堂木活字本十一册；藏地：江西省图书馆（缺卷二）。

张家启等纂修：《江西·张氏族谱五卷》，清道光二十九年（1849年）留侯堂木活字本；藏地：江西省图书馆（存卷一、四）。

《江西铜鼓·张氏宗谱一乘》，藏地：江西铜鼓县带溪西村良源石桥头（残）。

张凌云纂修，张思亨等主修：《江西丰城·张氏重修族谱三卷》，1931年孝友堂活字本三册；藏地：江西档案馆。

《江西吉安·永和张氏家谱》，藏地：江西省图书馆（存四册）刊本。

张鸣皋序《江西于都·雩都平溪张氏族谱不分卷》，清光绪九年（1883年）刊本二册；藏地：美国。

山东省

张儒志等重修：《山东平阴·西门张氏家乘不分卷》，清道光二十五年（1845年）序刊本四册；藏地：日本美国。

张务振、张务瀚述次：《山东淄博·张氏宗谱不分卷》，清光绪九年（1883年）序刻本一册；藏地：人民大学、辽宁大连市图书馆。

张采旗等修：《山东滕县·古滕张氏宗谱四卷首一卷》，清道光十八年（1838年）四册；藏地：日本、美国。

张凤台、张尚鼎等续修：《山东滕县·古滕张氏族谱六卷首一卷》，清光绪十八年（1892 年）刊本六册；藏地：日本、美国。

张元秀、张征吉等续修：《山东昌邑·张氏族谱一卷》，清同治十二年（1873 年）钞本；藏地：山东昌邑县石埠镇西村。

张恩典纂修：《山东昌邑·张家寨张氏族谱五卷》，1920 年钞本；藏地：山东昌邑县东家乡张家寨村。

湖北省

张庆云等修：《湖北汉阳·张氏宗谱五卷首四卷末一卷》，1921 年活字本二十册；藏地：美国。

张昌灼、张相熬编纂：《湖北吴楚·合修张氏七续宗谱十四卷》，1948 年张氏都会堂活木字本，藏地：武汉图书馆（缺五卷）。

张廉卿修：《湖北武昌·张廉卿先生家谱》，清道光二十一年（1841 年）钞本一册；藏地：台湾。

张裕钊撰：《湖北武昌·张廉卿先生家谱不分卷》，清咸丰十年（1860 年）张善准钞本一册；藏地：美国。

张锦藻等修：《湖北武昌·江夏白沙洲张氏宗谱六卷》，清光绪二十九年（1903 年）洗锦堂刊本一册；藏地：美国。

张鲁璠等修：《湖北武昌·张氏宗谱四十四卷首一卷末一卷》，清宣统元年（1909 年）敦义堂活木字本四十六册；藏地：日本、美国。

《湖北武昌·葛店张氏宗谱》约清末张氏金鉴堂活木字本；藏地：武汉市图书馆（存卷首、二）。

张佩华等修：《湖北武昌·张氏宗谱十一卷首五卷》，1939 年敦本堂活字本二十册；藏地：美国。

张行简总纂，张行度、张仁英等协纂：《湖北汉阳·张氏三修家谱十四卷首一卷》，清光绪二十年（1894 年）刊本；藏地：武汉市图书馆（缺卷二）。

万宗林编撰：《湖北汉阳·张氏四修宗谱一卷稿本一册》，藏地：武汉市图书馆。

《湖北江陵·张氏宗谱》，藏地：湖北江陵县档案馆（存一卷）。

湖南省

张卓五修，张福望、张文五纂：《湖南·张氏族谱不分卷》，清乾隆四十年（1775 年）活字本一册；藏地：湖南省图书馆。

张宗奎纂序：《湖南·张氏族谱八卷首一卷》，清同治十二年（1873 年）怡忍堂木活字本；藏地：湖南省图书馆（存卷首）。

张而昌编辑：《湖南·张氏通谱八卷》，清光绪二年（1876 年）刻本八册；藏地：中国社会科学院历史研究所图书馆。

张锡荣、张江昧纂修：《湖南长沙·善化星沙张氏支谱八卷》，清咸丰八年（1858 年）木活字本二册；藏地：安徽博物馆。

张明上、张元弼纂修：《湖南长沙·坪塘张氏族谱四卷》，清同治七年（1868 年）嘉言堂木刻本；藏地：河北大学。

张心杜、张正阳等纂：《湖南长沙·张氏族谱八卷首一卷末一卷》，清同治八年（1869 年）清河堂活木字本；藏地：湖南省图书馆（存卷首）。

张必压修，张成睦纂：《湖南长沙·张氏族谱八卷首一卷末一卷》，清宣统三年（1911 年）清河堂活木字本儿册；藏地：湖南省图书馆。

张登坑、张立恭纂修：《湖南长沙·张氏续修族谱十二卷首一卷》，清光绪十四年（1888 年）孝友堂活字本十册；藏地：中国社会科学院历史研究所图书馆。

张为蛰等纂：《湖南长沙·洋湖张氏续修族谱十一卷末一卷》，清光绪十五年（1889 年）清河堂活字本十二册；藏地：湖南省图书馆。

张生疏纂修：《湖南长沙·善化张氏族谱六卷》，清光绪二十年（1894 年）孝友堂刻本四册；藏地：广东中山图书馆。

广东省

张华椿等纂修：《广东·清河张氏族谱五卷》，清光绪六年（1880 年）刻本四册；藏地：广东中山图书馆。

张海基纂：《广东·张氏家谱一卷》，1922 年刊本；藏地：广东佛山市档案馆。

《广东广州·张氏族谱不分卷钞本一册》，藏地：广东中山图书馆。

张成宾编：《广东番禺·张氏文献公裔屯田使谱二卷》，清乾隆三丨八年（1773 年）刻本二册；藏地：广东中山图书馆。

张德明编：《广东番禺·张孝友堂宗谱十一卷》，清光绪二十三年（1897 年）刻本一册；藏地：广东中山图书馆、中山大学。

《广东东莞·篁溪张氏家谱一卷附录二卷》，1915 年东莞张氏刻《沧海丛书》；藏地：北京师范大学、中央民族大学、上海师范大学、云南大学。

张其淦总纂：《广东东莞·张氏族谱》，1922 年东莞福文堂排印本；藏地：广东博物馆。

张其煌总纂，张鸿安纂修：《广东东莞·张氏如见堂族谱三十二卷》，1922 年铅印本三十二册；藏地：广东中山图书馆。

张本生修，1955 年张东荣补：《广东大埔·高碑大甫县坑脚霸张氏族谱》，清光绪十四年（1888）修钞本一册；藏地：台湾。

《广东大埔·赤山树德堂张家族谱》，清光绪十年（1884 年）钞本一册；藏地：台湾。

《广东大埔·赤山树德堂张家族谱》，清光绪十六年（1890 年）钞本一册；藏地：台湾。

张丽俊修：《广东大埔·赤山张氏族谱》，清光绪三十四年（1908 年）钞本一册；藏地：台湾。

广西壮族自治区

张增墉纂：《广西桂林·张氏族谱一卷》，清光绪十八年（1892 年）刻本一册；藏地：上海图书馆。

张崇基、张克厚等重修：《广西桂林·张氏家乘十五卷首一卷附录义高千古集二卷》，1921 年铅印本十二册；藏地：北京图书馆（二部）、中国科学院图书馆、辽宁图书馆、吉林大学、福建师范大学、湖北图书馆、日本、美国。

张其埒等纂修：《广西桂林·张氏族谱七卷首一卷末一卷》，1933 年排印本九册藏地：北京图书馆、中国科学院图书馆、中国社会科学院历史研究所图书馆、吉林大学、杭州大学、日本、美国。

张荫元、张汝光续：《修广西容县·张氏家谱十四卷》，1945 年石印间铅印本；藏地：广西图书馆（存卷一—七）。

四川省

张继辕纂修：《四川华阳·张氏族谱六卷》，清光绪十四年（1888 年）刻本册三；藏地：四川省图书馆（存卷一—四）。

张鼎编辑：《四川·张氏族谱不分卷》，1925 年钞本一册；藏地：四川省图书馆。

张绍周续修：《四川峨眉·张氏族谱不分卷》，清道光十四年（1834年）刻本一册；藏地：四川省图书馆。

张元盛纂修：《四川彭山·张氏族谱一卷》，1925年钞本一册；藏地：四川省图书馆。

张溶源等纂修：《四川宜宾·叙州张氏宗谱二卷》，清道光木活字本一册；藏地：四川省图书馆。

张富源编修：《四川高县·张氏族谱二卷》，1925年刊本；藏地：四川高县石门乡宋家村。

张继田修：《四川涪陵·张氏宗谱一卷》；藏地：四川长寿县沙石乡河清村。

张登友、张明生等修：《四川涪陵·张氏宗谱一卷》，1929年写本；藏地：四川高县落润乡新民村。

张玉彩纂修：《四川仪陇·张氏宗谱一卷》，清咸丰五年（1855年）木刻本；藏地：四川仪陇县档案馆。

张耀辰纂修：《四川仪陇·张氏宗谱一卷》复制清咸丰六年（1856年）木刻本；藏地：四川仪陇县档案馆（残）。

云南省

张从衔辑修：《云南·云龙张氏家谱》，清道光三年（1823年）明义堂活字本六册；藏地：北京图书馆。

《云南·世德堂张氏族谱》，稿本三册；藏地：云南大理州图书馆。

《云南·鹤庆张氏族谱》，稿本一册；藏地：云南大理州图书馆。

陕西省

张世英纂修：《陕西秦州·西厢里张五甲张氏族谱二卷》，清光绪三十四年（1908年）渭南县署刻本二册；藏地：北京图书馆、河北大学、江苏南通市图书馆。

张鸿山、张元勋纂：《陕西兴平·茂陵张氏宗谱二卷》，1915年刻本二册；藏地：哈尔滨师范大学、浙江省图书馆、美国。

张澧中纂辑：《陕西潼关·张氏著存堂族谱八卷》，清同治十一年（1872年）续辑重刊道光二年（1822）本一册；藏地：中国科学院图书馆。

张津中辑：《陕西潼关·张氏著存堂族谱八卷》，清光绪三十四年（1908年）铅印本；藏地：陕西图书馆。

张蔚山、张恒山纂：《陕西平利·狮子坪张氏谱书一卷》，清光绪十三年（1887年）钞本；藏地：陕西平利县档案馆。

甘肃省

张文炬纂修：《甘肃庄浪·张氏家谱三卷》，1936年钞本；藏地：甘肃庄浪县岳堡乡张家岔口。

香港

张竞华修：《香港新界·围头乡张家族谱不分卷》，1947年影自写本；藏地：美国。

台湾

《台湾台北·稻江张氏族谱不分卷》，清光绪二十二年（1896年）钞本一册；藏地：美国。

张鸿漠重修：《台湾台北·温钾张姓族谱不分卷》，清同治元年（1862年）钞本一册；藏地：美国。

《台湾台北·天山张氏宗谱摘钞本不分卷》，清乾隆四十六年（1781年）钞本一册；藏地：美国。

张源德、张源仁等修：《台湾台北·鉴湖张氏世谱不分卷》，清乾隆三十年（1765年）序钞本一册；藏地：美国。

张聪宪编：《台湾南投·张姓世谱不分卷》，1928年台湾中南物产印刷公司铅印本一册；藏地：美国。

世谱、族谱、家乘、支谱、宗谱等

《张氏会修统宗世谱》，明嘉靖十四年（1535年）钞本一册；藏地：台湾。

张士镐、张溶等纂修：《张氏统宗世谱十八卷文献十一卷》，明嘉靖年间刻本；藏地：北京图书馆（存三卷）、南京市图书馆。

张维、张鸣凤纂修：《张氏统宗世谱二十一卷文献不分卷》，明嘉靖年间刻本九册；藏地：北京图书馆、湖南社科院。

张溶等纂：《张氏统宗世谱》，明嘉靖年间刻本；藏地：北京图书馆（存一册）。

《张氏族谱不分卷》，明刻本配清钞本五册；藏地：北京图书馆。

张崇甬纂修：《西宁张氏族谱不分卷》，清康熙四十七年（1708 年）刻本；藏地：北京大学。

《板桥派张氏族谱》，清乾隆二十六年（1761 年）钞本一册；藏地：台湾。

张曾献等续修：《张氏宗谱》，清嘉庆十九年（1814 年）刻本；藏地：北京图书馆（存十一卷）。

张河屿纂修：《张氏续修支谱》，清道光十八年（1838 年）植德堂活字本九册；藏地：北京图书馆。

《张氏家乘》，清道光年间写本一册；藏地：日本。

张元楷等纂修：《松林张氏家谱钞本二册》；藏地：北京图书馆，

张方增纂：《江溪张氏支谱十四卷》，铅印本五册；藏地：上海图书馆。

张金锡编辑：《张氏家谱钞本一册》；藏地：北京图书馆。

《张氏族谱不分卷》，钞本间稿本二册；藏地：浙江省图书馆。

张远猷纂辑，张云程增订：《张氏原始谱不分卷》，清钞本一册；藏地：浙江省图书馆。

《清河张氏宗谱口口卷》，藏地：哈尔滨师范大学。

张士岳纂修：《东桥张氏宗谱八卷》，清同治九年（1870 年）孝友堂活字本八册；藏地：北京图书馆。

张广泰、张文梅等重修：《东桥张氏族谱十二卷》，1927 年孝友堂重刻本十二册；藏地：哈尔滨师范大学。

张氏族人修：《张氏宗谱二十八卷》，清同治十二年（1873 年）寿康堂活字本二十八册；藏地：北京图书馆。

张鹊纂修：《张氏家乘不分卷》，清同治刻；藏地：四川省图书馆（存七册）。

《张氏宗谱八卷》，清光绪十年（1884 年）刻本一册；藏地：上海图书馆。

张均纂辑：《张氏宗谱二十六卷》，清光绪二十年（1894 年）寿康堂活字本四十二册；藏地：北京图书馆。

张锦泰等修：《张氏七修族谱》，清光绪二十五年（1899 年），活字本四册；藏地：北京图书馆。

张绍良纂修：《张氏八修宗谱二十二卷首四卷》百忍堂活字本三十六册；藏地：北京图书馆。

张景云辑：《清河张氏族谱一卷》，清光绪二十七年（1901 年）刻本；藏地：山西大学、吉林大学。

张先抢重修：《湖都张氏谱五卷》，清光绪三十年（1904 年）念德堂活字本十二册；藏地：吉林大学。

《利造桥张氏宗谱》，清光绪年间活木字排印本；藏地：杭州大学。

牛准镰编：《张氏宗谱二卷》，清宣统三年（1911 年），尊经堂刻本二册；藏地：山西图书馆。

（三）家训、题辞、祭祖歌

张公艺·百忍歌

在广东省中山镇（今中山市）的百家姓中，家训很注重人际关系、家庭关系，这是百家各姓和睦共处的关键。世人较多知晓清光绪年间阎敬铭所作的《不气歌》和清朝石成金的《莫恼歌》，却很少有人知晓中山镇流传的《百忍歌》。如果把这三首歌放在一起，实际上是一个人修身养性的人生三境界。清河张氏，在武所张家，把《张公·百忍歌》当为祖训，世代相传，每家厅堂正中悬挂一匾“百忍流芳”，油漆鎏金，十分壮丽。它虽为张氏家训，而其他各姓实际也在流传诵读，在小小的地域环境中竟成为百家各姓的和睦之道。

张公艺，字千禄，是张氏第一百一十一世祖。公艺为人急公好义，乐于助人，修身养性，胸襟坦荡，待人处世，宽宏大量，深知小不忍则乱大谋的哲理。因而告谕后裔当忍则忍，忍者有益。父子不忍失慈孝，兄弟不忍失爱敬，朋友不忍失义气，夫妻不忍多争竞，能忍贫亦富，能忍寿亦永，古来创业人，谁个不知忍，不忍百祸皆云涌，一忍百祸皆灰烬。但公艺提倡之忍，并非不讲是非原则，明言不当忍则忍，忍者有害。公艺家教有方，道德高尚，故而能九世同堂，唐高宗旌为义门。

《百忍歌》通俗易懂，谈古说今，虽非尽善尽美，但在处理睦邻、人际关系、家庭问题上，起着一定的调节作用。《百忍歌》还是个人修身的一种准则，反映了人生的一种境界，激励家庭成员成为优秀成员，由此也可知《百忍歌》是客家人性格养成的一个折射，也体现了家训文化中重要的一页。《百忍歌》所说的忍，属于精神养生中的调神法，即在遇到情绪不良时，要提倡“理智”，注重“修养”，掌握自己，控制情绪。如果不控制情绪，任其放纵，不但周围的人受不了，而且对自己的身体也极为有害，小则身体患病，大则危害生命。因此，暂时“忍一忍”亦是有积极意义的。此《张公·百忍歌》分两部分：

百忍歌，歌百忍；忍是大人之气量，忍是君子之根本；能忍夏不热，能忍冬不冷；能忍贫亦乐，能忍寿亦永；贵不忍则倾，富不忍则损；不忍小事变大事，不忍善事终成恨；父子不忍失慈孝，兄弟不忍失爱敬；朋友不忍失义气，夫妇不忍多争竞；刘伶败了名，只为酒不忍；陈灵灭了国，只为色不忍；石崇破了家，只为财不忍；项羽送了命，只为气不忍；如今犯罪人，都是不知忍；古来创业人，谁个不是忍。百忍歌，歌百忍；仁者忍人所难忍，智者忍人所不忍。

思前想后忍之方，装聋作哑忍之准；忍字可以走天下，忍字可以结邻近；忍得淡泊可养神，忍得饥寒可立品；忍得勤苦有余积，忍得荒淫无疾病；忍得骨肉存人伦，忍得口腹全物命；忍得语言免是非，忍得争斗消仇憾；忍得人骂不回口，他的恶口自安靖；忍得人打不回手，他的毒手自没劲；须知忍让真君子，莫说忍让是愚蠢；忍时人只笑痴呆，忍过人自知修省；就是人笑也要忍，莫听人言便不忍；世间愚人笑的忍，上天神明重的忍；我若不是固要忍，人家不是更要忍；事来之时最要忍，事过之后又要忍；人生不怕百个忍，人生只怕一不忍；不忍百福皆雪消，一忍万祸皆灰烬。

张嘉贞家训

张嘉贞，唐蒲州猗氏（今山西临猗）人，生于唐高宗麟德二年（665年），死于唐玄宗开元十七年（729年）。他历仕武则天、唐睿宗、中宗和玄宗四朝，官至中书令，累封河东侯，是唐朝颇有影响的大臣。据《新唐书》记载，张嘉贞曾言：“吾尝相国矣，未死，岂有饥寒忧？若以谴去，虽富田产，犹不能有也。近世士大夫务广田宅，为不肖子酒色费，我无是也。”

中国人常有“长宜子孙、庇荫后世”的思想，而张嘉贞却认为，子孙有出息，则无需父母广置田宅；子孙若不肖，即使广置田产房屋也只不过是为这些不肖子孙作酒色之费而已。这种见解时至今仍颇具意味。

张姓宗祠门楣题辞

1. 张姓宗祠四言通用联

“金鉴家风；百忍传家”。“金鉴家风”出自唐朝著名宰相张九龄的故事。张九龄，字子寿，韶州曲江（今广东韶关市）人。唐玄宗为求治国安邦之策、长治久安之计，谕张九龄总结列代治国之经验，张洞察秋毫，明断事理，以犀利之笔综述列朝兴衰存亡之理，成书五卷，玄宗御览，甚为赏识，赐为《千秋金鉴》，作为治国箴言珍藏。张九龄任宰相时期群贤依赖，天下仰重，文章风度，冠绝一时。今江西大余通往广东的梅岭古驿道即为张九龄颁令凿通，使中原与岭外一线贯通，即此一端，功不可没。“百忍传家”则是张公艺的事迹，上文已述，此处从略。与此相关的还有“九居世泽，百忍家声”的题辞。

“西都十策；金鉴千秋。”上联典指北宋初曹州冤句人张齐贤，字师亮，少年时孤贫而勤学，有远大志向。宋太祖到西都，他以布衣身份上十策。太宗时中进士，历官大理评事、左拾遗、江南西路转运使、代州知州、吏部侍郎、兵部尚书同中书门下平章事（宰相）。下联典指唐代大臣、诗人张九龄。

“图传百忍；鉴著千秋。”其意如上述。

“轮奂善颂；孝友传芳。”上联典指晋献文子成室，张老颂曰：“美哉轮哉！美哉奂焉！”下联典指周张仲，性孝，与尹吉甫为友，流芳百世。

“烟波徒钓；横渠理学。”此联为张氏宗祠太原堂联。上联典指唐张志和隐于江湖，自称“烟波钓徒”。下联典指北宋张载，居郿县横渠镇，精研理学，世称“横渠先生”。

“齐家公艺；治国子房。”上联典指唐代名人张公艺善于治家。下联典指汉初大臣张良，字子房，城父人。为复韩国，狙击秦始皇，未遂，逃匿于一邳，遇黄石公，得《太公兵法》。后为刘邦谋士，佐其灭秦楚。汉朝建立，封留侯。

“横渠理学；烟波钓徒。”上联典指北宋张载事；下联典指唐张志和事。

“渔阳惠政；江左清才。”上联东汉渔阳太守张堪，字君游，宛人，少年时被称为“圣童”。光武初年拜郎中，任渔阳太守时，功课农桑，捕击奸猾，受百姓爱戴。在郡八年，匈奴不敢犯塞。去职之日，乘折辕车布被囊而已，百姓歌之。下联典指晋代文学家张翰，字季鹰，吴郡人。性至孝，有清才而善写文章，纵任不拘，时人号为“江东步兵”。齐王司马冏执政时，被任为大司马东曹掾。因预料齐王将改，又因秋风起而思念故乡的菰菜、莼羹、鲈鱼脍，便辞职离开洛阳返吴。

“紫光烛剑；黄石授书。”上联典指西晋大臣、文学家张华，字茂先，范阳方城人。三国魏时，官佐著作郎、中书郎等，入西晋，官至中书令（宰相），加散骑常侍。排除异议，力劝武帝定灭吴之计。惠帝时，历官侍中、司空，封壮武郡公。诗作委婉艳丽，也有感慨忧时之作，另著有《博物志》。据说晋武帝时，斗、牛（星座名）间常有紫气，张华曾问通纬象的雷焕，雷焕说：“宝剑之气冲到天上了。”又说在丰城县。后来，果然掘得龙泉、太阿二剑。下联典指汉初大臣张良，字子房，祖与父曾在战国末任韩国五世之相。秦灭韩后，他图谋恢复，结交刺客，在博浪沙椎击秦始皇未中，传说逃至下邳，遇黄公石，被授予《太公兵法》。楚汉战争中归刘邦，为重要谋士，汉朝建立，封留侯。

“簪缨七叶；邦友千秋。”上联典指西汉大臣张安世，字子孺，杜陵人。昭帝时任右将军、光禄勋，封富平侯；昭帝死，他与大将军霍光定策立宣帝，为大司马。子孙七代官侍中。下联典指周代贤臣张仲，以孝养父母、友爱兄弟闻名，与尹吉甫为友。《诗经·小雅·六月》（尹吉甫北伐猃狁获胜时的诗）有句：“侯谁在矣？张仲孝友。”

2. 张姓宗祠五言通用联

“阀阅传京兆；声名重曲江。”佚名撰，张姓宗祠通用联。上联典指张姓郡望，“京兆”，指襄阳郡，旧治在今湖北襄阳西。为张姓望族所在地之一。下联典指唐代诗人张九龄。

“梧雨凤苞润；松风鹤韵高。”此联采用清代诗人张问陶（1764—1814年）自题联。

“泉源在庭户；世界接人天。”此联采用陕西省留坝庙紫柏山张良庙联。

“八德忠列上；百忍孝为先。”全联典指唐代郓州寿张（今属山东东平）人张公艺，九世同堂。成语“百忍成金”（形容忍耐可贵）也本于此。

3. 张姓宗祠六言通用联

“落日平原纵马；秋风古道题诗。”此联采用现代国画家张大千 1981 年撰书联。

“宴列琼林之首；胪传鼎用之中。”上联典指明代张信、张异、张怵、张懋修、张以诚五状元。下联典指明代张显宗、张春、张修嗣三榜眼等。

“世守百忍之训；家垂两铭之风。”此联为福建省南平市峡阳镇张氏宗祠“百忍堂”联。关于张氏宗祠“百忍堂”的典故，据《南平县志》里有一个记载，就是张氏张元洛这家人，当时在闽南当官，一天要审案，案子的被告是一个女人，由于这个女人平时泼辣，结果升堂的时候她就把口水吐在张元洛身上，张元洛都忍了，用手把脸上的口水擦了，然后坐下来再慢慢审，最后使她服理。由于张家世守百忍家训，所以出了很多人才。祠堂门口门楼上的砖雕便是一门三进士，只见三个骑马的人，前面是鸣锣开道的，后面则是撑伞的，显得栩栩如生。大门左右就是这副对联，堂内绿草萋萋，红柱画栋。

4. 张姓宗祠七言通用联

“弓力千钧东风劲；长空万里北斗明。”此联为鹤顶格析“张”姓拆字联，上下联句首嵌入“弓”、“长”，合而为张。

“一林松月多诗兴；千里云烟入画图。”此联采用清代词画家张子祥撰书联。将军更解神谶字；太史合书大有年。此联采用清代书法家、诗人张廷济（1768—1848 年）自题联。张延济，字叔未，浙江嘉兴人。

“诗成掷笔仰天笑；酒酣拔剑斫地歌。”此联采用现代国画家张大千自题联。

“独爱诗篇超物象；只因山水与精神。”此联采用宋代诗人张耒诗句联。张耒熙宁进士，有《张右史文集》。

“拣茶为款同心友；筑室因藏善本书。”此联采用清代书法家、诗人张廷济自题联。

“文名旧许高清汉；仙籍新题近赤松。”此联采用旧题张氏切张姓联语。

“九居世泽传名远；百忍家声播惠长。”全联典指唐代郓州寿张（今属山东东平）人张公艺，九世同堂。

“二酉发祥登北榜；三公接武振淮滨。”此联为安徽省阜阳市张氏宗祠联。上联典指该族中张鹤鸣、张鹤腾兄弟先后在明代万历年间进士及第。下联典指张鹤鸣官至兵部尚书，二弟张鹤腾官刑部主事、云贵副使，三弟张鹤龄官至户部员外郎。

“九世居后添吉庆；百忍堂前古泰和。”此联为湖南省台前县张氏宗族联。联说唐代人张公艺九世同居。

“功成百雉留怀远；泽溥三农乐凤翔。”此为张溶川撰张姓宗祠通用联。此联为安徽省定远县池河镇张氏宗祠联。上联典出该族中张谨，字慎之，号敬轩，明代天顺年间进士，官工部郎中时，因修筑怀远县城有功升科道。下联典指该族中张国纪，字崇礼，号立斋，明代正德年间解元，官至凤翔知府，有善政。

“南轩负公辅之望；西铭为理学之宗。”上联典指南宋学者张栻，字敬夫，号南轩，汉州绵竹人，迁居衡阳，曾任吏部侍郎兼侍讲，官至右文殿修撰。和朱熹、吕祖谦齐名，当时称“东南三贤”。极力主张抗金，指斥时弊。著作有《论语解》、《孟子说》、《南轩集》。下联典指北宋哲学家张载，字子厚，凤翔郿县横渠镇人，世称横渠先生，理学创始人之一。曾任著作佐郎、崇文院校书等职，讲学关中，其学派被称为“关学”，其思想对宋明理学影响很大。著作有《正蒙》、《西铭》、《易说》等。

“鲲岛累迁昭祀典；清河长出尚高风。”此联为台湾省义溪口张氏宗祠联。上联典指本支张氏在台湾的迁徙。“鲲岛”，指台湾省，因台湾有七鲲身海口。下联典指张氏郡望为清河郡。

“兵书三卷桥边授；忍字百篇家内藏。”上联典指西汉张良事。下联典指唐张公艺事。

“气味梅花馨此日；风神杨柳忆当年。”全联典指南朝齐张绪事。

5. 张姓宗祠七言以上联

“玉燕投怀，姓生燕国；出尘慧眼，相赏风尘。”上联典指唐张说之母梦玉燕入怀，乃生张说。后张说被封为燕国公。下联典指隋杨素的侍妓张出尘，与李靖、张仲坚结为兄妹，号“风尘三侠”。

“正色立朝，声重千秋金鉴；懿文华国，名高万选青钱。”上联典指唐代大臣、诗人张九龄。下联典指唐代名人张旌，著有《万选青钱》。

“出使穷源，槎泛斗牛之畔；劝农致富，民兴麦秀之歌。”上联典指西汉外交家张骞（？—公元前114年）汉中人。建元二年（公元前139年），秦汉武帝之命出使大月氏、大宛、康居和大夏等中亚国家。途中两次被匈奴拘留，积11年。元朔三年（公元前126年），匈奴内乱，始脱身归汉。下联典指东汉渔阳太守张堪，前已详述。

“千秋鉴、百忍箴，常留古训；万先钱、两京赋，当读遗书。”上联典指唐代张九龄、张公艺。下联典指张鷟、张衡。

“报国精忠，赫赫英灵光俎豆；忠厚近鲁愚，毕竟传家在是；勤俭似艰苦，须知奋进由斯。”此联为江西省万载县张氏六支宗祠联。

“雄猛让一人，武善提戈文握管；精英传万世，唐曾显姓宋留名。”此联采用张飞庙联。上联“文握管”指张飞善书法。下联“唐曾显姓”，谓唐张巡与张飞同姓。“宋留名”，指岳飞与张飞同名。

“溯宋代家声，双璧德言、两铭理学；荐江陵时食，瓜羹嫩煮、粟米新炊。”

“鼻祖肇青阳，公侯将相神仙，代光国史；大宗开白马，孝女忠良道学，世笃家风。”张氏祠堂联。

“为创业、守成人，都须处处关心吾辈，可禀斯言，方可期荣宗耀祖；理读书、耕稼事，总要时时立志尔曹，能遵此意，便堪称肖子贤孙。”佚名撰，广东省丰顺县建桥围张氏宗祠“荣封第”堂联。丰顺张氏客家人南迁的过程，是一部艰苦奋斗的历史。刻苦勤俭，是客家人最为优秀的品质之一。在这方面，广大山区的客家妇女表现特别突出。她们艰苦卓绝、吃苦耐劳、勤俭持家的精神，历来为中外人士所赞扬。恶劣的自然环境，需付出数倍于鱼米之乡人民的努力方能果腹。张氏训勉艰苦创业，勤俭持家的堂联随处可见。

“得姓由轩辕，大而一人，铭垂二篇，扶汉三杰，功高四相，敕封五虎，博物六志，貂冠七叶，犹是清河族派；宗功昭世德，位列八仙，鼎甲九成，平兴十策，书字百忍，金鉴千秋，青钱万选，道陵亿尊，依然文献宗支。”此联为江西省上犹县张氏宗祠联。联语将数字依次嵌入联内，一气呵成，自然贴切，概括了张姓自挥公始，包含张良、张飞、张九龄、张道陵（张天师）、张公艺等十位显祖列祖的丰功伟业，硕德懿行，堪称妙联佳对。

张姓祭祖歌

巍巍中华，山高水长，浩浩张姓，族史辉煌。始祖挥公，英武非常，轩辕嫡后，帝胄世昌。

其父玄嚣，封邑青阳，清河之滨，滋润成长。手足情深，颛顼臂膀，生而颖悟，巧技尤强。

体恤民疾，苦苦思量，主祀孤星，夜观天象。顿生灵感，折枝效仿，始制弓矢，史书记详。

用于狩猎，猎物盈仓，衣食无忧，黎庶赞扬。用于御敌，威力无双，大胜凯旋，拓土开疆。

诸侯咸服，颛顼帝王，华夏共主，万民敬仰。挥公功德，万古流芳，颛顼嘉之，封为弓长。

以职为姓，乃赐姓张，张姓始祖，肇始四方。瓜瓞绵延，繁荣盛昌，遍及全球，远播五洋。

英贤辈出，峥嵘自强，为将为帅，入阁拜相。科技艺文，工农学商，不乏大家，星辰相映。

而今我等，飞临濮阳，不远万里，祭祖上香。始祖功德，铭记心上，不忘故土，为国增光。

（四）名胜古迹

张挥公园

张挥公园坐落在濮阳县东关老虎台地，金堤以北，南环路以南。张挥公园以张挥墓和碑为中心向东、向西各200米，规划占地面积600亩。其中一期工程占地4.5亩，于1998年3月开工建设。挥公墓为圆形，直径20米，基座高2.6米，土球顶高5米。墓基采用料石砌筑，内设8根钢筋混凝土构造柱，两道圈梁，土球顶栽植了草坪。墓周围修筑宽为8米的环型路，路外围采用毛石浆砌挡土墙，路面用青石板铺设，并设花池，栽植树木花卉。墓南20米为小广场，面积400平方米，广场南端有一宽8米、高12步青条石铺成的石阶。

挥公碑在挥公墓地小广场外，碑身高3米，宽0.76米，厚0.5米。碑向南20米安装4步青条石台阶，宽5.4米。碑周围修筑矩形环形路，宽12

米，挥公碑阳刻“中华张姓始祖挥公墓”，碑阴刻濮阳县人民政府撰写的碑记。挥公像在挥公碑向南 90 米处，像基座高 5.15 米，为钢筋混凝土结构，花岗岩粘饰，并有四组线描图案，分别是：“始制弓矢，射猎鸟兽，迎战共工，颛顼赐姓。”人物造型活灵活现，栩栩如生，记述了挥公的功德。挥公像坐落在花岗岩基座上，像高 3.3 米，整体高度 8.45 米，采用实心红花岗岩雕塑而成。张挥手持弯弓，身挎利箭，目视远方，威武雄壮。挥公墓、碑、像采用园林路联结。园林路全长 112 米，宽 5.4 米，路面用卵石粘铺成各种不同的图案。道路两侧栽植树木花卉。张挥公园成为濮阳市区一游览景点。

挥公大殿

挥公大殿坐落在张氏发源地的河北清河县，此处每年召开世界张氏恳亲大会，清河县张氏园区建设了一殿两园。

“一殿”，即中华张姓始祖挥公大殿（也叫华夏张氏祖庭），总体规划构思源于原始的“明堂”意象，演绎上古祭祖建筑的“品”字形古风，规划建筑面积 6 万平方米，约 90 亩，加上外围紧密区绿化、广场、甬道等共计 300 亩。

“两园”，即张氏文化生态园和世界张氏工业园。张氏文化生态园，环绕挥公大殿周围，以现有 1000 多亩森林公园为基础，以“弓形”湖水和“生态”之林为总体框架，辐射周边近 5000 亩区域，建设集生态、旅游、文化、休闲为一体的高品位文化生态园林。世界张氏工业园，包括现在省级开发区羊绒园区西扩部分和张氏生态园在内，概念规划约 30 平方公里，计划整体招商，成片开发，最终打造成以特色产业为依托，以高新技术产业为引领，张氏志士能人集聚创业的国际国内知名园区。

广东省普宁市泥沟乡张氏宗祠三祖祠张氏房祖祠

据文献《普宁县志》记载，泥沟张氏先祖原居于福建道莆田县。元朝至元二十二年（1285 年），因避战乱，偕妹及六位兄弟迁来潮州府。《普宁县志》曰：七峰下潮，又七星伴月。尔后，七位先祖分别在潮阳，湖东，小洋尾，秀陇，南溪，埔仔寨，河婆，龙眼城及泥沟开基创祖。另祖姑嫁与钱坑寨林姓。始祖翠峰公来泥沟时年 25 岁，自家学有一砖瓦手艺，便在石母山下置一瓦窑，以此为业。（至今十年之前，仍可见到当日先祖瓦窑的遗迹)。翠峰公有三子。明嘉靖庚辰年（1520）建张氏宗祠（翠峰公祠）。因风水关系，大房迁走南下，在陆丰湖东另创基业，今成当地一大族。而二房三房便世代在泥沟繁衍生息，后裔遍覆世界各地。至十三世祖时，有七峰龙眼城裔孙，举人张忠扬在泥沟任教，此先人博学多才，因感泥沟张氏子孙尚未有排辈序，故始从第四世祖排起，有二十八辈序：继子乙大衍天清，腾光上国鸣珂声，伯仲怡和咸济美，夔龙勋业动虞延。

张氏宗祠建于明嘉靖庚辰年（1520），距今已有499年，坐北朝南，格局严紧，材料简朴，讲求坚固祠宇地势，西南面山连岭接，层层峰峦相朝拱，堂前照壁外，池水平如镜，两道清溪绕明堂宗祠设置龛几，奉祀翠峰公祖考妣及二世祖凤梧、凤雏、凤居之公考妣神位，每年“冬至”举行祭典。自明清至民国400多年来，悠悠岁月，宗祠都是重要的乡里政治文化活动场所。建国后，因时事变迁，50年代初，作为村政府所在地，土改后，成为生产队队址，放置谷物、农具、化肥等杂物，秽乱不堪。1980年初，由村政安排，几经维修，并依照广大村民要求，把它作为村里老年人活动场所。1997年重阳节，经房亲族长商议，并发出重修张氏宗祠倡议，各地族亲热烈响应，踊跃捐资，于是，着手组织办事认真，处事公道的领导机构，延请名师巧匠，全面规划，严格施工，依照上档次高水平的维修目标，精雕细作，面貌全新。并恳请北京书法家邹德忠书写报本堂匾额，增添祖祠光彩．堂前场地拓宽十多亩，建筑水泥广场，设绿化场所，遂成了今日的泥沟张氏宗祠。

浙江省天台县民主路（中段）张氏宗祠

祠祀民族英雄张世杰，南宋范阳（今河北省涿州市）人，是与文天祥、陆秀夫齐名的民族英雄。他在宋室危如累卵的情况下坚持抗元。景炎三年（1278年），他在广东雷州湾一个岛上与陆秀夫等立赵昺为帝，不久移师崖山，任少傅、枢密副使。翌年，联结千余艘大船与元军殊死决战。兵败，带着十余艘战船突围而出，遇到飓风舟覆，与长子舜德一起壮烈殉国。张世杰妻子叶氏是主战派丞相叶梦鼎之女，老家在台州宁海县。刚成年的次子舜功（1260—1347年）按着“兄死则宋有臣，吾生则母有子”的忠孝两全的思想，奉母北上。他们避开元兵的搜查，居无定所，最长的一次是在青田住了两年。接着来到天台东乡，受到王苍溪老人的热情款待。老人钦佩世杰的为人，请舜功作他子侄的老师，然后把侄女许配给他，还在城里乌石溪畔买了贾府一幢公馆相赠，后来舜功偿还这笔房钱，将父亲殉国的经过写成《训子遗书》，告诫后代世世勿作异族的官宦。明正统九年（1444 年），舜功后裔创修家庙。崇祯元年（1628 年），思宗下旨为张世杰立祠悬像崇祀，并赐“大忠世祀”匾额，大门外挂有这副楹联。这就是现在民主路中段的古老宗祠“脱落张”。天台县人民政府批准其为第三批重点文物保护单位，它将成为对青少年和广大干部群众进行爱国主义教育的场所。这就是天台公馆张氏的来历

四、张姓历史名人

张姓名人辈出，不绝于史，在中国历史上占有重要的位置，为社会发展做出了突出贡献。

（一）古代名人

张挥，张姓始祖。轩辕黄帝嫡孙，少昊青阳氏第五子，任弓正（弓长），其子孙因弓长之职，而得张姓。始祖挥公因居尹城国的青阳，亦称清阳，意为清河之阳（今河北省清河县东），所以，张姓望族最早出自河北清河一带，是为河北张氏。

张仪（？—公元前 309 年），战国时魏国大梁（今河南开封）人。政治家、外交家、纵横家、谋略家。鬼谷子门生，相秦惠王，以连横之策游说六国，使六国背叛纵约以事秦。惠王卒，六国复合纵以背秦，群臣谗之，乃去秦而为魏相，一年后卒。

张良（？—公元前 186 年），字子房。汉初名臣，政治家、谋略家。汉初三杰之一。本是韩国公子，秦灭韩，良欲为觊觎仇，乃使人击始皇于博浪沙，不中，遂更姓名，隐于下邳，而受太公兵法于圯上老人。后为高祖策划定天下，被誉为“第一谋士”。封留侯，晚好黄老，学辟谷之术。卒谥文成。

张骞（？—公元前 114 年），字子文，西汉成固（今陕西省城固县）人。武帝时以军功封博望侯，旋拜中郎将，出使乌孙，分遣副使至大宛、康

居、大夏等，自此西北诸国方与汉交通，使汉朝能与中亚交流，并打通前往西域的南北两条通路，引进优良马种、葡萄及苜蓿等。

张苍（？—公元前152年），西汉阳武（今河南原阳东南）人。帮助刘邦建立西汉政权有功，封为北平侯。文帝四年（公元前176年）代替灌婴担任丞相十五年。

张禹（？—公元前5年），西汉河内轵（今河南济源）人。成帝河平四年（公元前25年）拜为丞相，封为昌侯。在位六年，以老病归。

张邯（？—23年），籍贯不详。因为推行井田制，得到王莽的称赞，地皇四年（24年）拜为新朝宰相，任大司徒。

张纯（？—56年），平兆杜陵（今陕西西安东南）人。东汉建武二十三年（47年）拜相，在位十年。

张酺（？—104年），东汉汝志细阳（今安徽阜阳北）人，东汉和帝永元五年（93年）拜相，任太尉，十一年罢相，十六年再次拜相，任司徒。为政刚正不阿，抑制豪强。卒于相位。

张奋（？—102年）。张纯之子。东汉和帝永元六年（94年）代刘方任司空，十三年任太常，以病免。卒于家。

张禹（？—113年）。东汉襄国（今河北邢台）人，和帝永元六年（94年）由大司农拜为宰相，为政节俭，重农垦水利。

张敏（？—112年），东汉河涧鄚（今河北雄县东南）人。建初二年（77年）举孝廉，任司空六年。在位奉法守纪，用刑公正平允。以病重免相。

张皓（49—132年），东汉犍为武阳（今四川彭山东）人。顺帝永建元年（126年）拜相，任司空，在位四年。

张歆，东汉河内人。桓帝建和三年（149年）拜相。

张颢，东汉常山（今河北元氏）人。灵帝光和元年（178年）拜相。

张温（？—191年），东汉南阳穰（今河南邓县）人。灵帝中平元年（184年）拜相，献帝初平二年（191年）被董卓杀死。

张延（？—186年），东汉河内人，汉桓帝相张歆之子。灵帝中平二年（185年）拜相，后被宦官下狱至死。

张喜，东汉汝南细阳人，献帝初平四年（193年）拜相，在位四年。

张悌（？—286年），三国东吴襄阳（今湖北襄阳）人。末帝天纪三年（279年）以军师兼任丞相，翌年，率三万大军抗击晋军，力战而死。

张道陵（34—155年），道教的真正创教人，第一天师。本名陵，东汉沛国（今安徽省宿县西北）人。以符水咒法惑人，从学者须出五斗米，故世称“五斗米道”。亦称张天师。著《老子想尔注》等。

张衡（78—139年）。字平子，南阳西鄂（今河南南阳市石桥镇）人，汉族。他是我国东汉时期伟大的天文学家、数学家、发明家、地理学家、制图学家、诗人、汉朝官员，为我国天文学、机械技术、地震学的发展做出了不可磨灭的贡献。浑天仪、地动仪、指南车发明人。著述极丰，科研成果极多，有“科圣”之称，有“张衡环形山、张衡小行星”命名。

张仲景，东汉末年著名医学家，被称为医圣。相传曾举孝廉，做过长沙太守，有“张长沙”之称。张仲景广泛收集医方，写出了传世巨著《伤寒杂病论》。它确立的辨证论治原则，是中医临床的基本原则，是中医的灵魂所在。在方剂学方面，《伤寒杂病论》也做出了巨大贡献，创造了很多剂型，记载了大量有效的方剂。其所确立的六经辨证的治疗原则，受到历代医学家的推崇。这是中国第一部从理论到实践、确立辨证论治法则的医学专著，是中国医学史上影响最大的著作之一，是后学者研习中医必备的经典著作，广泛受到医学生和临床大夫的重视。

张辽（169—222年）字文远，三国魏国雁门马邑（今山西朔城大夫庄）人，曹魏著名将领，五子良将之一。官至征东将军。

张郃（？—231年）字隽义，三国魏国河间鄚（今河北任丘北）人。曹魏名将，五子良将之一。官至征西将军。

张飞（？—271年）字益德，一作翼德，三国蜀汉涿郡（今河北省涿州市）人。少与关羽俱事刘备，号万人敌。官至车骑将军，封西乡侯。刘备伐吴，飞率兵会合，出兵前为部下所杀。谥桓。

张昭（156—236年），字子布，彭城（今江苏徐州）人，三国时期吴国重臣，著名政治家，著《论语注》，谥吴文侯。

张松（？—212年），字永年，蜀郡（四川成都人），谋士、官至别驾，助刘备取西川。

张载，生卒年不详，字孟阳，西晋文学家、辞赋家、田园诗人，河北安平人，官至著作郎、中书侍郎。著有《剑阁铭》、《榷论》、《濛汜赋》等。与其弟张协、张亢俱以文学、辞赋著名，史称“三张”。

张协，生卒年不详，字景阳，河北安平人，西晋文学家、诗人，擅长五言诗，与其兄张载齐名，官至中书侍郎，河间内史等。明人张溥辑有《张孟阳景阳集》。

张亢，生卒年不详，字季阳，西晋文学家、辞赋家、诗人，蜀郡太守，著述颇丰。唐书录有《张亢集》，已佚。

张华（232—300 年），字茂先，河北固安人，西晋文学家、诗人、政治家，著《博物志》、《张华集》书。

张契此，生卒年不详，五代高僧，明州（浙江奉化）人，人称“布袋和尚”，传为弥勒佛化身。

张丽华，生卒年不详，南朝陈后主妃，神采艳丽，聪慧强记，后主常抱置膝上，共商军国大事。国亡，与后主俱入井，隋军擒而斩之。后祀奉为十月芙蓉花神。

张元素，生卒年不详，字洁古，医学家，金代易州（今河北易县）人，中医易水派创始人。著《医学起源》、《医方》、《洁古本草》等书。

僧一行，本名张遂，（683—727 年），邢州巨鹿（今河北邢台市）人，中国唐代杰出天文学家，得道高僧。精天文，通历法。谥一行、大慧禅师。著述颇丰，科研成果极多。是世界上第一位测量子午线的人。

张柬之（625—706 年），字孟将，襄州襄阳人。唐朝著名宰相，以“神龙政变”迫使武则天退位，恢复李唐社稷而闻名。

张九龄（678—740 年），字子寿，又名博物，韶州始兴（今广东韶关始兴县）人。政治家、文学家、诗人。官至平章事（丞相）。有《张燕公集》传世，诗作“海上生明月，天涯共此时”为千古绝唱。

张果老，唐代道士，八仙之一，邢州广宗（今河北邢台广宗县）人。

张籍，唐代诗人，江苏吴江人，著《张司业集》。

张说（667—730 年），唐代政治家、文学家、诗人，字道济，一字说之，原籍范阳（今河北涿州市），世居河东（山东永济市），官至宰相，谥文贞。有《张燕公集》、《张说之集》传世。

张继（715—779 年），唐代诗人，字懿孙，官至检校郎中，湖北襄阳人，著《张祠部诗集》，代表作《枫桥夜泊》。

张鷟（约660—741年），唐代文学家，字文成，自号浮休子，人称“青钱学士”。深州陆泽（今河北深州市）人，仕途坎坷，著述颇丰，代表作《游仙窟》，该书于唐时传入日本，曾对日本文学产生重要影响。后该书在国内失传，直至清末才传回祖国并载入中国文学史。

张志和（730—810年），唐代诗人，初名龟龄，后由唐肃宗赐名“志和”，自称“烟波钓徒”，又号“玄真子”，唐代著名词人和诗人。婺州金华（今属浙江）人，著《玄真子》。

张仲素（769—819年），字绘之，河北河间人，唐贞元十四年（789年）进士，又中博学宏词科，官翰林学士，中书舍人。《全唐诗》存其诗39首，绝大多数是乐府歌词，以写闺情诗见长。著有《张仲素诗》、《辞囿》、《射经》、《赋枢》等。

张谓（？—777年），字正言，河内（今河南泌县）人，唐代诗人，官至礼部侍郎。代表作有《早梅》等。

张祜（约785—849年），字承吉，唐代诗人，河清东武城（今河北清河）人，代表作《题金陵度》、《宫词二首》等。

张南史，字季直，幽州（今河北）人，唐代诗人，代表作有《雪》、《月》、《泉》等。

张先（990—1078年），字子野，乌程（今浙江湖州）人，北宋词人，有《张子野集》传世。

张元干（1091—1170年），字仲宗，号芦川隐士，永福（今福建永泰）人，有《芦川归来集》、《芦川词》传世。

张择端（1085—1145年），字正道，又字文友，东武（今山东诸城）人，北宋末年画家。他自幼好学，早年游学汴京（今河南开封），后习绘画。宋徽宗时供职翰林图画院，专工界画宫室，尤擅绘舟车、市肆、桥梁、街道、城郭。后“以失位家居，卖画为生，写有《西湖争标图》、《清明上河图》。”是北宋末年杰出的现实主义画家。其作品大都失传，存世《清明上河图》、《金明池争标图》，为我国古代的艺术珍品。作品现存北京故宫博物院。

张载（1020—1077年），北宋大儒，哲学家，理学创始人之一，理学支脉“关学”创始人，封先贤，奉祀孔庙西庑第38位。字子厚，大梁（今河南开封）人，徙家凤翔郿县（今陕西眉县）横渠镇，学者称横渠先生。宋仁宗嘉祐二年（1057年）进士，授祁州司法参军，调丹州云岩令。迁著作佐郎，签书渭州军事判官。神宗熙宁二年（1069年），除崇文院校书。次年移疾。十年春，复召还馆，同知太常礼院。同年冬告归，十二月乙亥卒于道，年五十八。宁宗嘉定十三年（1220年），赐谥明公。事见《张子全书》卷一五附宋吕大临《横渠先生行状》，《宋史》卷四二七有传。

张耒（1054—1114年），北宋楚州（今淮安楚州区）人，祖籍亳州谯县（今安徽亳县）。字文潜，号柯山，人称宛丘先生，张右史。诗人，苏门四学士之一。著《柯山集》、《宛丘集》、《柯山诗余》等。

张孝祥（1132—1169年）南宋著名词人、书法家，字安国，号于湖居士，历阳乌江（今安徽和县东北）人。有《于湖居士文集》、《于湖词》。《全宋词》辑录其223首词。

张养浩（1269—1329年），汉族，字希孟，号云庄，山东济南人。元代著名散曲家。诗、文兼擅，而以散曲著称。有《三事忠告》、《归田类稿》等散曲集。

张居正（1525—1582年）字叔大，号太岳，明江陵人。穆宗时入阁，神宗时为首辅，综核名实，信赏必罚，整饬纪纲，推行一条鞭法，为相十年，海内称治。卒谥文忠。着有《太岳集》、《帝鉴图说》等。

张旭，字伯高，唐代吴（今江苏苏州）人，生卒年不详。为著名书法家，以草书最为知名，有“草圣”之称。其书法逸势奇状，连绵回绕，具有新风格。与李白歌诗、裴旻剑舞并称“三绝”。相传他往往大醉后呼喊狂走，挥洒落笔，有时以发濡墨而书，故世称为“张颠”、“书颠”。

张士诚（1321—1367年）小字九四，元朝泰州（今江苏省泰县）人。元末群雄之一。本从事运盐业，后据吴中，自称吴王，后为明将徐达、常遇春所擒，自杀身亡。

张景岳（1563—1640年），又名张介宾，字会卿，别号通一子。明末会稽（今浙江绍兴）人，杰出医学家。有《景岳全书》巨著传世。

张世杰（？—1279年），南宋名将，张柔之侄。金朝中都路涿州范阳（今河北涿州市）人。与陆秀夫、文天祥并称“亡宋三杰”。官至太傅（皇帝老师)、统帅。

张弘范（1238—1280年），字仲畴，易州（今河北定兴）人，元代著名军事家、统帅、曲作家。协同伯颜元帅灭宋。曲作品入《全元曲》及《元曲三百首》。

张溥（1602—1641年），字天如，号西铭，江苏太仓人，明进士，文学家，著《七录斋集》、《春秋三书》、《历代史论二编》等，辑有《汉魏六朝百三家集》。

张煌言（1620—1664年），南明将领，诗人，民族英雄。字玄著，号苍水，今浙江宁波人，有《张苍水集》传世。

张廷玉（1672—1755年），大清重臣，三朝元老，保和殿大学士。字衡臣，安徽桐城人。在朝辅政五十年。官至刑部吏部尚书。封三等伯。主撰《康熙字典》、《雍正实录》、《明史》、《清会典》。配享太庙，其母吴氏封一品夫人。

（二）近现代名人

张之洞（1837—1909年），字孝达，号香涛，香岩、又号台公、无竞居士，晚年字号抱冰。河北南皮人，人称“张香帅”，谥号文襄。大学士、军机大臣、封疆大吏。中国民族工业、重工业主要奠基人，为中国高等教育做出了巨大贡献。

张之万（1811—1897年），字子清，直隶南皮（今河北省南皮县）人，大清状元，官至大学士。赠太保衔，谥文达，有《张文达公遗集》传世。

张二奎（1814—1864年），字子英。著名京剧老生演员，为早期京剧老生三杰之一，与程长庚、余三胜齐名，号称“京剧三鼎甲”，一时声名在程、余之上。代表剧有《金水桥》中的李世民、《打金枝》中的郭子仪、《取荥阳》、《大登殿》、《回笼鸽》（《回龙阁》）中的薛平贵、《五雷阵》及《四郎探母》中的杨延辉等。

张謇（1853—1926年），字季直，号啬庵。江苏海门人，祖籍江苏常熟，大清状元，中国近代杰出实业家、政治家、教育家、慈善家，官居三品，历任中央教育总长、实业总长、总商会总长、水里总长等职务。先后创办上海海洋大学等，与马相伯和创复旦公学、南通博物馆、军山气象台等。

创办实业数家。

张澜（1872—1955 年），字表方，四川南充人。社会活动家、教育家，中国民主同盟发起人。历任中央人民政府副主席、全国人大常委会副委员长、全国政协副主席。

张治中（1890—1969 年），原名本尧，字文白，安徽巢县人，陆军上将，著名爱国将领。有“和平将军”之称。淞沪抗战主要指挥员之一。历任全国人大常委会副委员长、国防委员会副主席、民革中央副主席等重要职务。著有《张治中回忆录》等书。

张作霖（1875—1928 年）字雨亭，奉天海城人，祖籍河北河间，民国官至东三省巡阅使，握三省军政大权，为奉系领袖。两次直奉战争，先败后胜。民国十六年称大元帅，在北京组政府。十七年四国民革命军进抵河北，军事失利，退回关外，至皇姑屯被日军炸伤，未几而亡。

盖叫天（1888—1971 年），京剧武生，著名京剧表演艺术家。原名张英杰，号燕南。河北高阳人。代表剧目有《武松》、《打虎》、《狮子楼》、《十字坡》、《快活林》、《鸳鸯楼》、《三岔口》、《白水滩》、《一箭仇》、《洗浮山》、《鄚州庙》、《闹天宫》等。

张自忠（1891—1940 年），字荩忱，山东临清人，陆军上将、抗日名将、民族英雄。北京卢沟桥抗战主要指战员之一。

张云逸（1892—1974 年），又名胜之，1909 年考入广州陆军小学，次年加入同盟会，1926 年加入中国共产党，历经北伐战争、南昌起义、百色起义、反围剿、抗日战争、解放战争。历任红七军军长、中央军委副参谋长、军区司令员等职。毛泽东称其“老成持重，威望颇高”。

张太雷（1898—1927 年），江苏武进人，中国共产党早期的重要领导人之一，是中国共产主义青年团的创始人之一和青年运动的卓越领导人，是广州起义的主要领导人。

张大千（1899—1983 年）四川内江人，原名张正权，又名爰，字季爰，号大千，别号大千居士，中国著名的国画大师。早期专心研习古人书画，特别在山水画方面卓有成就。后旅居海外，画风工写结合，重彩、水墨融为一体，尤其是泼墨与泼彩，开创了新的艺术风格。他的治学方法，值得现代的画家们借鉴。

张闻天（1900—1976 年），原名应皋（也作“荫皋”），字闻天，取《诗经》中“鹤鸣于九皋，声闻于天”之意。在中国共产党党史上，张闻天曾在短期内当过党的总负责人（亦称总书记），遵义会议后三年多存在着“洛（张闻天当时笔名为洛甫）毛合作”的领导体制。不过这位被誉为“红色教授”的学者型人物，一向愿意钻研理论而不长于具体事务，曾三次主动“让贤”，被传为佳话。

胡风（1902—1985 年），原名张光人，笔名谷非、高荒、张果等。湖北蕲春人。现代文艺理论家、诗人、文学翻译家，曾任中国左翼作家联盟宣传部长、行政书记、全国政协常务委员、中国文联第四届委员、中国作协顾问等。其著作有诗集《野花与箭》、《为祖国而歌》、《时间开始了》，文艺评论集《文艺笔谈》、《密云期风习小记》、《剑·文艺·人民》、《论民族形式问题》、《在混乱里面》、《逆流的日子》、《为了明天》等。

张锡瑗（1907—1929 年），女，河北房山人，革命烈士，社会活动家，中共早期党员。与无产阶级革命家邓小平在中山大学是同学、战友并建立感情，后结为革命伴侣。因难产英年早逝。“张锡瑗烈士之墓”在上海龙华烈士陵园。

张思德（1915—1944 年）。四川仪陇人，中国人民解放军著名的模范。

（三）海外名人

移居海外及港澳地区的张姓华人，也涌现出许多杰出英才。在美国，有费城中华文化社区中心理事长张天德，国际商业机器公司托马斯·奥森研究中心量子结构部经理、博士张立刚，航空与太空署宇宙航空家高级总工程师张云樵，1986 年 1 月 12 日乘哥伦比亚号太空船升空的宇航员张福林，华盛顿世界银行总会计师张展成，林肯大学校长张道行，哈佛大学历史学教授张光直，密苏里大学历史学教授张春树，中国科学院院士、教授，被称为“避孕药之父”的遗传生物学家张觉明，《环球瞭望》电视系列节目主持人、总编辑、哈佛大学国际事务中心女研究员张雯，1987 年获美国联合艺术家协会年度绘画比赛第一名的水彩画女画家张融。在英国，有剑桥大学汉文系教授张心沧。在法国，有巴黎保安运输公司负责人张宗清，著名女画家张玉良。在澳大利亚，有心外科专家、反贪污特别专员张任谦，国立大学人文科学院院士、教授张先裕。在菲律宾，有马尼拉国际稻米研究所所长、教授、水稻专家张德慈。在印度尼西亚，有苏门答腊大商人张度渊。在新加坡，有古币协会委员张爱俊、张其深。在文莱，有为文莱工农商业发展立下大功的张民，被文莱王封予拿督勋衔。在巴拿马，有工商部次长张志诚。在香港特区，有长荣海运公司总经理张荣发及其子张国华、张国明、张国正，为香港十大富商之一。

五、寻根联谊

（一）族根地濮阳古今

濮阳古称帝丘，据传五帝之一的颛顼曾以此为都，故有帝都之誉。濮阳之名始于战国时期，因位于濮水（黄河与济水的支流，后因黄河泛滥淤没）之阳而得名，是中国古代文明的重要发祥地之一。1986 年，境内出土的石磨盘、石磨棒、三足陶等裴李岗文化典型器物证明，七八千年前境内已有人类活动。1987 年，在濮阳西水坡发掘出三组蚌砌龙虎图墓葬。据测定，其年代距今 6400 年左右，蚌壳龙被考古界公认为“中华第一龙”。专家据此遗址推断，6000 多年前濮阳地区已率先进入父系氏族社会，并成为中华民族龙文化的发源圣地。

上古时期濮阳一带是黄帝为首的华夏集团与少昊为首的东夷集团活动的交接地带。黄帝与蚩尤的争战就发生在境内，蚩尤被杀之后，首级埋葬于今台前县境内。黄帝长子玄嚣青阳氏邑于顿丘（今清丰县西南），次子昌意在南乐筑昌意城；中原地区继黄帝之后，由颛顼统一治理并都帝丘（一说今淮阳西南，一说今淮阳东南高城，史称“颛顼之墟”）。颛顼打败了以共工为首的集团，活动范围逐步扩展，万邦来朝。颛项之后，帝喾继位，初都帝丘，后迁都伊洛平原。帝喾赐颛顼玄孙陆终长子樊为己姓，封邑昆吾。

夏王朝时期帝仲康六年，因昆吾氏有功于王室，故封昆吾氏为“夏伯”，位居五伯之首。昆吾氏自此在濮阳建立昆吾国，至帝厘四年迁许，建都时间近 300 年。夏启时于昆吾铸九鼎，并视为国宝。夏帝仲康的儿子相被逐，奔依同姓邦国斟灌氏。后相即位，都帝丘，至帝抒时迁都于原。当时，境内还有顾（今范县东南）、观（今清丰县南）等封国。在相当长一个时期内，濮阳一直是夏文化中心地带，不仅农业发达，制陶和冶铜等手工业技术也处于领先地位。

殷商时期以契为始祖的子姓集团至相土时迁至商丘，即帝丘（今濮阳），活动于今豫北、冀南和豫东一带，势力发展至东海之滨。汤时征服昆吾、韦（在今滑县东南）、顾等邦国，后灭夏建商，以帝丘为其陪都。

西周时期帝丘一带，为管叔封地。周成王四年，周公旦东征，平定武庚及三监叛乱，封康叔于河、淇之间，建立卫国，帝丘一带受其节制。西周时，帝丘一带的经济、文化都得到迅速发展，实力较强。厉王时，卫武公曾带兵入朝平定叛乱，稳定政局。

春秋时期濮阳一带仍属卫国，为当时较先进的地区之一。公元前660年，散居于齐、卫北部的狄人入侵卫国，占领卫都朝歌。公元前629年，卫成公迁都帝丘（今濮阳），帝丘成为卫国政治、经济、文化中心，凡388年。公元前602年，黄河大改道流经濮阳，给濮阳带来水利之便。这一时期人们用桔槔提水灌田，农业生产水平大幅度提高。农业的发展带动了纺织、皮革、竹木、冶铸等手工业的进步，促进了商业兴旺，涌现出一批城镇。如临黄河的戚邑，水陆交通便利，经济十分繁荣。仅公元前626年至公元前479年的140多年间，春秋经传中关于戚的记载即有28处，诸侯在卫国的14次会盟中，有半数在戚举行，故濮阳有盟城之誉。其他如咸（位于今濮阳市东南25公里）、铁丘（位于今濮阳市区）、顿丘（今清丰县西南）、五鹿（今清丰县北）、清丘（位于市中心东南30公里）等城邑商旅不绝，相当繁华。手工业和商业的发达，促进了思想的活跃，精神的解放，文化的发展，劳动人民于“桑间淮上”创造的诗歌“卫郑新声”，风靡华夏。先进的卫文化既培育了中国第一个杰出的爱国女诗人许穆夫人。同时，帝丘位居黄河要津、中原腹地，向为兵家必争之地，春秋时期的城濮之战、铁丘之战等都发生在今濮阳一带。

战国时期大国争霸，帝丘一带战争频繁，原为西周一等诸侯国的卫国，春秋时降为中等诸侯国，到战国时更加衰微。公元前242年，秦置东郡，次年秦取濮阳等地，卫君角被迁到野王（今河南省沁阳市），卫国至此名存实亡。公元前240年，东郡治濮阳。至公元前209年卫君角被废为庶人，卫亡。

秦统一中国后，为束黄河之水，曾修金堤（即原黄河大堤，顶宽20丈，兼作御道。谓其坚固无比，故名金堤）。秦末，濮阳人民助项羽大败章邯，加速了秦朝的灭亡。汉时，濮阳仍为东郡治所。西汉武帝曾于元封二年（公元前109年）亲率官吏、将士数万人到濮阳堵塞瓠子河决；西汉成帝建始四年（公元前29年）秋，河决东郡，朝廷遣官发众来堵，并增筑金堤；东汉明帝永平十二年（69年），在著名水利专家王景主持下，濮阳人民修渠筑堤千余里，固河道于濮阳城南，黄河安澜700余年。期间，濮阳经济得到快速发展，人口大增。西汉平帝元始二年（2年），濮阳人口达37.87万人，成为当时人口最稠密的地区之一。今戚城遗址丰富的汉代灰层出土的大量陶器、汉铜锨、铜釜、犁、铁镬、石器及水井等文物，都表明当时濮阳经济相当繁华。

汉时濮阳经济文化发达，人才荟萃，名臣汲黯、经学家京房等均为一代俊杰。

两汉之间短暂的新朝，东郡曾改名治亭。东汉末年，濮阳再次成为军阀逐鹿的战场。东汉献帝兴平元年（194年），曹操与吕布大战濮阳，相持百余日。战乱、旱灾、蝗灾相互交织，社会生产遭到严重破坏。

三国两晋南北朝360多年间，魏、后赵、前燕、后燕、前秦、北魏、东魏、北齐、北周等割据者曾先后在濮阳地区称王道孤。濮阳境内的行政建置朝立夕废，变化频仍。今境内各县其时分别隶属过濮阳郡、东郡、魏郡、顿丘郡、昌乐郡、武阳郡等。西晋时还建有濮阳国。南北朝时，濮阳更是兵连祸结，干戈纷然，大量居民被迫迁徙，边塞游牧民族陆续入居濮阳，与汉族融合，同时把大片耕地改为牧场，农业生产受到影响。至北魏孝文帝时，境内推行均田制，农业有所恢复。综观此期，乱多于治，毁多于创，濮阳地区经济萧条，文化衰退。曹魏、前秦、北魏时，曾有过短期的稳定，濮阳经济有所恢复，也产生了一些有贡献的人物。

隋唐时期，分濮阳县一部置昆吾县，析临河、内黄、顿丘各一部置澶渊县，省昌乐入繁水县，并复置范县。大业四年（608年），永济渠过濮阳后，濮阳日趋繁荣。唐初，为避唐高祖李渊之讳，改澶渊县为澶水县。唐武德四年（621年）置澶州，辖澶水、顿丘、观城等县，今南乐县属魏州，范县属澶州，台前县境属郓州。唐代，濮阳经济获得了快速发展。唐末至五代，濮阳一带又成战场，仅后梁、后唐就在濮阳征战200余场。长期兵焚战乱，使唐代前期100多年的建设遭到严重破坏。

宋元时期濮阳仍称澶州，北宋徽宗崇宁五年（1106年）升为开德府，并一度成为北辅，即保卫京师和河朔安全的屏障，称“北门锁钥”。真宗景德元年（1004年），契丹兵临澶州，真宗御驾亲征至澶州，宋以少胜多，大败辽兵。辽军战败求和，双方签订有名的“澶渊之盟”。此后百余年，两国相安。这一时期，濮阳名人辈出，著述家晁迥、晁宗惠、晁说之，名将赵延进，清官王赞、张田，治黄专家高超等彪炳史册。金太宗天会六年（1128年）秋，金兵占领开德府，复名澶州。金皇统四年（1144年）改澶州为开州，辖今渡阳县、清丰县。南宋宁宗嘉定十五年（1222年），成吉思汗派兵占领开州。金元统治时期，虽注意生产，但因破坏太重，加之黄河屡决，经济难以恢复。终元之世，濮阳虽一直为开州的中心城市，但经济文化都未达到北宋鼎盛时期的水平。

明朝时期濮阳仍称开州，属大明府。明初濮阳境内景象极为荒凉，朱元璋下诏鼓励无田农民辟荒造田。1388年起，数次将山西黎民徙居濮阳一带置屯垦荒，这就是历史上著名的“老鹳窝”移民。明中叶，濮阳农业得到恢复且有较大发展。英宗天顺元年至四年间（1457—1460年），仅开州三县即垦荒六万公顷，植棉0.07万公顷，栽桑133公顷，上缴租粮四万余担，比明初均有大幅度增加。开州时境内有1.3万户，8.96万人，成为“天雄之上游、河朔之名区”。明英宗之后，境内土地兼并严重，水利严重失修，境内灾害不断，民不聊生。崇祯十三年（1640年），濮阳人民以范县榆树园为根据地发动起义。榆树园农民起义军后来在范县人梁敏等领导下转为抗清斗争，并联结豫东、鲁西南农民军，连破淮、曹二州及梁山、东明等县，继而西进开封，北伐大名，给封建统治者以沉重打击。

清朝咸丰五年（1855年）河决，将濮阳大半变为泽国，为害二十多年。濮阳一带经济每况愈下。第一次鸦片战争后，濮阳经济文化更为落后，直至光绪十五年（1889年）才有了第一条电话线路，宣统三年（1911年）始建邮局，光绪二十年（1894年）才开办了官营铁厂、机织厂、针织厂、石印厂、草帽厂等。文化名人寥寥，留有著述者也不过李建勋、鲁世英、高惠民等数人而已。清政府对外卖国、对内镇压的政策激起反帝反封建浪潮的不断高涨。道光二十六年（1846 年），濮阳人民奋起参加捻军反帝反清斗争。咸丰三年（1853 年），其队伍发展到八九千人，向开州、范县、清丰、内黄、浚县、滑县、延津等地的官府进攻，打击清军。光绪二十五年（1899 年），清丰县义和团首领韩大申、韩顺江高举清邑义和团大旗，聚众数万，劫富济贫，烧教堂，废洋教，把濮阳人民反帝反封建斗争推向高潮。

民国二年（1913 年），曾改开州为开县，因与四川、贵州两省的开县重名，1914 年 1 月复称濮阳县。濮阳县、南乐县、清丰县归河北省大名府管辖；范县及今台前县境域属山东省东临道，1926 年，改属曹淮道。

五四运动开辟了中国革命的新纪元，濮阳开始成为革命运动发展较快的地区之一。1924 年，在北京读书的濮阳人王亦华加入中国共产党，后回乡宣传革命。濮阳在大革命时期就有共产党的基层组织，并逐步发展壮大。1927 年 10 月建立中共濮阳县委，1931 年 5 月改为中共濮阳中心县委；1929 年春建立中共清丰县；1929 年秋建立中共南乐县委；1934 年秋建立中共濮县县委；1936 年 6 月建立中共范县县委，组织了多次革命斗争，都先后取得胜利。除此之外，还建立农民协会和商民协会等组织。1936 年国民政府设河北省第十七区行政督察专员公署（驻濮阳，1939 年改称第十区行政督察专员公署），辖濮阳、东明、长垣、南乐、清丰五县。1936 年，范县及今台前县境域属山东省第六行政督察专员公署（驻聊城）。

七七事变后，濮阳地区先后建立冀南文化界救国会和抗日救国十人团。至 1938 年年底，濮阳各县、区、乡、村普遍建立抗日救国会、青年抗日先锋队、妇女联合救国会等抗日群众组织，形成群众抗日救亡高潮。1938 年 2 月，日本侵略军进攻濮阳县城，共产党领导的抗日武装与日军展开游击战，开辟抗日根据地。1940 年 1 月至 4 月，濮阳地区先后建立清丰、南乐、淮阳、淮县、范县各县抗日民主政府。濮阳一带逐渐成为冀鲁豫革命根据地的腹地，在对日斗争中发挥了重要作用。濮阳也因此成为革命老区。

解放战争开始后，濮阳地区掀起一次又一次参军热潮。积极支持抗战。在民主革命时期，濮阳人民在中国共产党的领导下，同日本侵略军、伪顽势力、国民党反动派进行了艰苦卓绝的斗争，为抗日战争和新民主主义革命的胜利付出了巨大的代价和牺牲，做出了重大贡献。民国初年至中华人民共和国成立前，国民党河北省党部和山东省党部在濮阳境内发展国民党党员，相继建立国民党濮阳县、清丰县、南乐县、范县四个地方组织。20 世纪 40 年代末，随着淮阳全境解放，境内的国民党地方组织相继瓦解。

中华人民共和国成立后，濮阳的区划调整较为频繁。1983 年 9 月 1 日，经国务院批准，设立濮阳市。从 1949 年中华人民共和国成立到 1983 年淮阳建市的 43 年间，濮阳人民在党和政府的领导下，自力更生，艰苦奋斗，经济建设和社会各项事业在曲折中取得较快发展，龙乡大地发生了翻天覆地的变化。

（二）张姓宗亲组织

参天之木，必有其根；怀山之水，必有其源。清人张澍在《姓氏寻源》中说："草木祖根，山祖昆仑，江海祖源，不此之求，是谓昧。"昧即糊涂，不明白，漆黑一团。人生短短几十年，来到世上不容易，如果不知道自己的血脉传承，弄不清自己的祖根来源，稀里糊涂度此一生，岂不悲哉！寻根的终南捷径就是追寻自己的堂号、郡望和姓氏谱系。

世界张氏总会是世界性的张氏宗亲联谊组织，于 2003 年 11 月 29 日在马来西亚砂拉越诗巫市成立。该组织的主要宗旨是：促进张氏宗亲之间的社群精神，增进友谊，加强合作，促进团结，谋求世界各地张氏宗亲的经济社会福祉等等。

倡议成立该组织，最早是由新加坡张氏总会在 1997 年提出，经多年酝酿、协商，直到 2002 年适逢新加坡张氏总会成立 65 周年庆典，新加坡张氏总会再度提出。参加庆典的中国濮阳张姓研究会、泰国张氏宗亲会、马来西亚砂拉越张氏公会、槟城张氏清河堂、斗湖清河堂等十余个宗亲组织都积极响应。大会共议以"世界张氏总会"命名，推举砂拉越张氏公会负责筹组成立世界张氏总会，并推举砂张氏公会会长丹斯里拿督张晓卿为世界张氏总会之召集人及首届主席。砂张氏公会欣然接受宗亲重托，经过充分筹备，世界张氏总会终于在 2003 年 9 月 19 日正式在香港注册成立。2003 年 11 月 28 日至 30 日，世界张氏总会成立大会在马来西亚砂拉越诗巫市举行。一会"四庆"，同时庆祝砂拉越张氏公会成立 17 周年暨新会所落成暨第二届世界张氏恳亲大会。中国、马来西亚、印度尼西亚、新加坡、菲律宾等 32 个国家和地区的宗亲组织，一千多人参加了本次盛会。中国濮阳张姓研究会名誉会长、濮阳县人民政府县长张建国受与会宗亲组织委托宣读祭文。大会选举产生了张氏总会第一届理事会。马来西亚常青集团主席、砂拉越张氏公会会长丹斯里拿督张晓卿荣任首届会长，副会长分别为：张天成（新加坡张氏总会）、张广恩（中国濮阳张姓研究会）、张森霖（中国福建张氏委员会）、张万华（中国台湾张廖简宗亲总会）、张成顺（马来西亚槟城张氏清河堂）、张福开（印尼棉兰三德慈善基金会）；义务秘书长：张强开（马来西亚砂拉越张氏公会）；义务财政：张仕国（马来西亚砂拉越张氏公会）。

第一届理事会以举手表决的方式通过了第一次会议决议：鉴于台湾当局推行全民公投，引起海峡两岸局势紧张，世界张氏总会主张促进和平统一，保证中华民族的繁荣与复兴。大会制订了《世界张氏总会章程》，并确定下届世界张氏总会恳亲大会于2005 年 4 月在中国濮阳召开，由中国濮阳张姓研究会主办。

（三）寻根联谊之活动

中国濮阳张姓研究会从 1993 年刘巧云部长发起，由张新芝、王德英、焦进文、张焕书等一批老同志共同参与，经过十几年的共同努力和无私奉献，形成了今天的良好局面。主要做了以下几方面的工作：

1. 1993 年和河南冬阳影视公司联合拍摄了《中国百家姓系列片首集——张氏源流》电视片，相继在河南电视台、中央电视台等多家电视台播放。

2. 分别于 1994 年 10 月、1995 年 2 月，邀请省内外著名专家学者，召开了两次“张姓起源学术研讨会”，发表了一大批有较高学术价值的论文，达成了共识，一致认为张姓起源于濮阳。并整理出版了张姓起源论文集——《龙乡寻根》一书。

3. 在专家学者论证的基础上，濮阳县张姓起源考察小组分别到北京、郑州、开封、太原、河北清河、清丰、内黄等市县，走访了多位专家学者和方志工作者，实地考察了古黄河、古清河故道，对张姓起源“三说”——河北清河说、山西太原说、河南濮阳说，进行了充分论证，确认张姓起源于濮阳。

4. 热情接待了来濮寻根谒祖的国内外张姓宗亲，结识了新朋友，增强了亲情友情，扩大了濮阳在海内外的知名度。近几年，相继接待了马来西亚、泰国、菲律宾、美国、加拿大等国家和港、澳、台、闽、粤等地区张氏宗亲组织莅濮寻根谒祖40多个团队数千人。其中有马来西亚丹斯里拿督、著名华人企业家张晓卿先生，拿督张仕国先生，国会议员张泰卿先生；有泰国顺和成集团总裁张锦程先生；有新加坡优联能源集团总裁张建安先生；有加拿大蒙特利尔大学东亚研究中心于鸿举博士；有台湾省张廖简宗亲会张振东、廖运权先生，台湾河南同乡会张天佑先生；有福建省张氏委员会主任张森霖先生等海内外张姓著名人士率领的观光旅游寻根拜祖团队和姓氏研究组织。特别值得提出的是，本会分别于2001年清明节、2001年4月18日和2004年清明节，在挥公园成功举办了“中华张姓文化寻根联谊大会”、“中华张姓始祖挥公受封得姓纪念大会”和“中华张姓始祖挥公清明公祭大会”，与会海内外张姓宗亲600多人，30多家新闻媒体作了采访报道，在国内外引起巨大反响。

5. 走出国门，宣传濮阳，广交朋友，把“张姓源于濮阳”宣传到全国及世界各地。从1996年至今，本会闫道忠、张广恩、刘善章、袁星晨、翟伟等领导同志，先后到东南亚的新、马、泰、菲等国和港澳地区访问，广泛接触各地宗亲组织和各界人士，介绍了濮阳，宣传了濮阳，扩大了濮阳在海内外的知名度。

特别是2003年11月受马来西亚砂拉越张氏公会的邀请，本会名誉会长张建国、会长张广恩等一行18人参加在马来西亚举行的世界张氏总会成立大会暨第一届世张恳亲大会。并成功取得2005年第二届世界张氏总会恳亲大会的举办权。

李　姓（上）

李立新　李国章　李　莉

唐代大诗人李白曾把李姓比作一棵大树，所谓“我李百万叶，柯条遍中州”。如今，这棵参天大树枝繁叶茂，已经发展成为中华第一大姓，遍布丁祖国各地，乃至全世界的每一个角落。据统计，当代李姓人口已达9500余万，为中国第一大姓，约占全国人口的7.9%。如果加上少数民族中的李姓和海外华裔李姓，总人数已经超过1亿，是当代世界上最大的同姓人群。其中，福建前十大姓之陈、林、黄、张、吴、李、郑、王、刘、苏，李姓排名第五；台湾前十大姓之陈、林、黄、张、李、王、吴、刘、蔡、杨，李姓排名第六。

一、李姓姓源

（一）李姓起源诸说

李姓作为中华大姓，人口众多，枝脉繁茂，分布广泛，加之历史上因为赐姓等原因很多外姓加入李姓族团，使得李姓的起源比较复杂，各种说法并存于世，综合以往的各种说法，有代表性者有四种：

源自嬴姓说

李姓出自嬴姓，为颛顼帝高阳氏之后。颛顼后裔皋陶（一作咎繇），曾任尧、舜的大理之职（掌管刑法的官），遂以官命族为理氏（古文字中“理”与“李”相通）。其子伯益被赐为嬴姓，后子孙历三代世袭大理的职务，其子孙按照当时的习惯，以官为氏，称理氏。商纣时，皋陶后裔理徵，在朝为官，因直谏得罪了商纣王，而被处死，其妻契和氏带着儿子利贞逃难时，食李子充饥，才得以活命，为躲避追杀，又感激李树活命之恩，便改姓李氏。

得姓于老子李耳说

汉代应劭所著《风俗通·姓氏篇》、宋王应麟的《姓氏急就篇》、清张澍《姓氏寻源》等文献均认为李氏始于李耳称姓。民国十年臧励和主编的《中国人名大词典》附录《姓氏考略》称：周之前未见有李氏，自从有老子姓李，名耳，因祖上世代为理官，理、李两字古音相通，便也以李为氏。也有人认为老子本姓老，因“老”、“李”二字古音相通而改为李姓，李姓出自老姓，得姓于老子。

他族改姓说

一是出自巴人改姓。古代巴人分布于今重庆、湘西、鄂东一带，尊奉廪君为先祖，廪君死后魂魄化为虎，巴人因此以虎为图腾，巴语古方言读“虎”为“李”，“廪”也是“李”的音转，所以到西晋末年，廪君之后崇仰汉人之姓，遂依音用李姓。公元303年，巴人李姓在四川建立大成国，史称成汉，此系李姓所建第一个王朝，后灭于东晋。二是出自三国时少数民族改姓。三国时，诸葛亮平定哀牢夷后，赐当地少数民族赵、张、杨、李等姓，此说见《白僰古通记浅述》。三是出自北魏代北复姓所改。北魏时有代北复姓叱李氏、高护氏，随孝文帝入中原汉化后，改为汉字单姓李氏，是为洛阳李氏。四是出自唐代赐姓。唐朝常常对功勋卓著的大臣们恩赐李姓。唐功臣武将有徐、邴、安、杜、胡、弘、郭、麻、鲜于、张、阿布、阿跌、舍利、朱邪、董、罗共16氏，因立功从唐国姓，赐予李氏。

图腾为姓说

有人认为李姓起源于远古氏族的图腾崇拜，把李树奉为氏族图腾，因以图腾为姓。“图腾”源于印第安语，原意为“他的亲族”，是一个氏族的象征和标志。李树，属蔷薇科，为落叶亚乔木，高丈余。李子，就是它的果实，球形，至夏成熟，红色有光泽，味酸甜，供食用，一名嘉庆子。有人把我国几千个姓氏归类排列，其中以植物为姓氏的，诸如花、草、树、苗、林、木、杨、柳、桃、李、桂等，有20多种。今人何光岳《东夷源流史》称：“李氏因大理之官而得姓为理，后因理徵避难以木子为食而姓李。因其所食为野生李，故由理氏培育成为家生李树，并以李树为神树，亦即图腾树。故凡李氏子孙，常于宅旁种李以为象征，至今还保存这个习惯。如李白家有桃李园，唐朝皇宫苑园多植李树。”

以上四说中，前两种在唐以后逐渐合为一源，颛顼、皋陶、利贞、老子为同一世系人物，且为李唐王朝所认可，成为李姓起源的主流观点，颛顼可视为李姓的远祖，皋陶为李姓的血缘始祖，利贞或老子为李姓的得姓始祖。唐初李世民曾组织编纂《氏族志》，对李姓的起源和世系做了系统考订。李延寿《北史·序传》、林宝《元和姓纂》、欧阳修与宋祁《新唐书·宗室世系表》、郑樵《通志·氏族略》、邓名世《古今姓氏书辨证》等，都认为李姓出自嬴姓，颛顼帝是其远祖，三世而生皋陶，皋陶是尧帝的“大理”官。此后，李姓经历夏、商、周三代，历代都任大理之职，因此就以官名为氏，称“理氏”。到了商纣王时，皋陶后裔理徵，任翼隶中吴伯，为人耿直，对于商纣王的种种无道之举犯颜直谏，得罪了暴君，惨遭杀害。理徵的妻子契和氏系陈国（今河南淮阳）人，听到丈夫被害的消息后，便带着幼子利贞出逃。先是逃命到今河南西部伊河流域的伊侯故城，此时母子俩饥渴难耐，奄奄一息，幸而在这片废墟的果树上还残存一些果实（即木子），母子俩借以充饥，靠这些野果保全了性命。后来契和氏带着儿子辗转回到娘家所在的陈国，在临近淮阳的今河南鹿邑县一带定居下来，为了感激“木子”保命之恩，同时为了躲避纣王的追杀，自理利贞开始将“木”与“子”上下组合起来成为“李”，作为自己的姓氏。自商末到春秋时李利贞11世孙传至老子李耳，其间数百年李姓均生活在今河南鹿邑一带。

综上可知，颛顼是李姓的远祖，皋陶是李姓血缘始祖，李利贞是李姓得姓始祖，老子是李姓公认先祖。河南鹿邑县不仅是李姓得姓始祖李利贞的故里，也是李姓先祖老子李耳的故里。当然，还有几个地方对于李姓意义重大：一是陕西西安，在李姓发展史上，获得最快发展的时期是唐朝，唐都长安，李姓繁盛于兹；二是福建永安，李姓开闽始祖江王李元祥入闽，初居永安，这里至今还有江王祠，李火德正是江王的直系后裔，也可说李姓开闽永安；三是广东韶关，广东韶关南雄珠玑巷是中国古代氏族南迁的集散地、中转站，古代李姓也曾从这里进一步分迁岭南和海外。所以李姓的播迁与发展可概括为，根在鹿邑，望出陇西，繁荣西安，开闽永安，派分上杭，衍发珠玑巷。

至于第三说的四个方面虽然得姓原因各异，但均为后起李姓，从严格意义上讲算不上李姓起源，只能算是李姓在后世的繁衍和扩展。比如南方的巴人在西晋末年定自己的姓氏为李，是因为他们的先祖廪君之“廪”与其部落图腾“虎”在巴人方言中读音均与“李”接近，依音用李姓，此时作为姓氏的李姓早已存在，巴人姓李，只是加入到李姓的大家族中而已。后来经过大唐数百年的统治，异姓尚且以改姓国姓李氏为荣耀，巴人之李更乐得依附当朝显贵，而祖述颛顼、皋陶、老子，所以巴人李姓逐渐融入唐朝国姓的李氏系统之中，在后世已很难区分了。得姓于三国时期的哀牢夷中的李姓和北魏复姓所改的洛阳李姓，也存在这种情况。唐代因功赐徐、安、杜、胡、弘、郭、鲜于、张、阿布、阿跌、舍利、朱邪、董、罗等16氏为李姓，更是毫无疑问地应该纳入李唐王朝的国姓系统之中。至于说李姓起源于对李树的图腾崇拜，应该是出自近现代传入中国的西方人类学和民族学的研究成果，作为一种新观点，有一定道理，但文献中没有记载，难以信从。

（二）远祖古帝颛顼

历史上李姓寻根追宗，最远一般上溯于颛顼帝，颛顼是李姓的远祖古帝。《元和姓纂》称：“李，帝颛顼之裔。”《通志》、《古今姓氏书辨证》等典籍均有类似记载。因为颛顼为黄帝之孙，所以《姓解》就说：“李氏，黄帝之后也，周之前未见，自周有老聃，姓李。”

颛顼生平

颛顼是中国著名的“三皇五帝”的“五帝”之一，所谓五帝指的是黄帝、颛顼、帝喾、唐尧、虞舜。颛顼高阳氏本姬姓，是轩辕黄帝的孙子，昌意之子，帝尧的三代祖，帝舜的七代祖。颛顼为其名字，高阳为其号。《史记·五帝本纪》载：“帝颛顼高阳者，黄帝之孙而昌意之子也。”《索引》：“宋衷云：‘颛顼，名；高阳，有天下号也。’张宴曰：‘高阳者，所兴地名也’”。

颛顼生于若水，即汝水，约在今河南省境内嵩县一带。其母女枢是蜀山氏之女，因感瑶光而生。《史记·五帝本纪》说黄帝正妃嫘祖生二子，“其二曰昌意，降居若水。昌意娶蜀山氏女，曰昌仆，生高阳……昌意之子高阳立，是为帝颛顼也”。今本《竹书纪年》载：“帝颛顼高阳氏……元年，帝即位，居濮。”濮即帝丘。《帝王世纪》曰：“颛顼，黄帝之孙，昌意之子，姬姓也。母曰景仆，蜀山氏女，为昌意正妃，谓之女枢。金天氏之末，瑶光之星，贯月如虹，感女枢幽房之宫，生颛顼于若水。”《山海经·海内经》、《竹书纪年》、《大戴礼记·帝系》、《吕氏春秋·古乐》、《帝王世纪》、《水经·若水注》都有类似的记载，过去一般以为若水在四川，即古之泸水，今之雅砻江下游。但若水如果在蜀地，在远古洪荒时代，山隔水阻，很难解释颛顼会跋涉数千里，活动于鲁地，建都死葬于豫北。因“若”、“汝”音同义通，现在学者更倾向于若水即河南境内的汝水，“黄帝支裔昌意族活动的若水，即今河南境内的北汝河。”可以认为，颛顼生于河南嵩县一带的北汝河沿岸。

《初学记》引《帝王世纪》：“颛顼生十年而佐少昊。”颛顼后徙空桑，或称穷桑，在今山东曲阜女陵山，长养于此地，10岁而佐少昊。《大荒东经》：“东海之外大壑，少昊之国，少昊孺帝颛顼于此。弃其琴瑟。”“孺”作抚养、养育讲，说是黄帝把他孙子颛顼送到了少昊部落学习，少昊在部族中抚养颛顼，且以琴瑟与颛顼娱乐，表达亲睦之意。颛顼不负众望，深得少昊的赏识。少昊教颛顼弹奏，以便使颛顼提神和娱乐，清代著名学者郝懿行注云：“此言少昊孺养帝颛顼于此，以琴瑟为戏弄之具，而留遗于此也。”颛顼聪慧好学，很快就成为抚琴高手。他的精湛琴艺，赢得了百鸟的齐声喝彩。几年后，颛顼长大成人，便回到自己的国家，最后他成为了北方的天帝。颛顼离开后，少昊便觉得空荡寂寞，睹琴思人，离愁难消，于是，便把琴扔进了东海。

颛顼20岁即君位，因最初建侯国于高阳，今河南杞县高阳镇，所以称高阳氏。最后都于帝丘，在今河南濮阳县东高城村。《左传·昭公十七年》载：“卫，颛顼之虚也，故为帝丘。”杜预注：“卫，今濮阳县。”今本《竹书纪年》载：“帝颛顼高阳氏……元年，帝即位，居濮。”濮即帝丘。《帝王世纪》曰：“颛顼，黄帝之孙，昌意之子，姬姓也。母曰景仆，蜀山氏女，为昌意正妃，谓之女枢。金天氏之末，瑶光之星，贯月如虹，感女枢幽房之宫，生颛顼于若水。首戴干戈，有圣德。生十年而佐少昊，十二而冠，二十登帝位。以水承金，位在北方，主冬。以水事纪官，始都穷桑。后徙商丘。在位七十八年，年九十八岁。”商丘即是帝丘，今河南濮阳县东高城村，是为颛顼帝都之所在。

颛顼在位78年，98岁崩，是一位很有作为的古帝王。他聪明敏慧，有智谋，在民众中有很高的威信。北自现在的河北省一带，南到南岭以南，西起现在的甘肃一带，东到东海中的一些岛屿，都是颛顼管辖区域。古代历史书上描写说，颛顼视察所到之处，都受到部落民众的热情接待。据《淮南子·时则训》载："北方之极，颛顼、元冥（元冥又叫玄冥，是管北方的水正官）之所司者万二千里。"又据《史记·五帝本纪》载："北至于幽灵，南至于交趾，西至于流沙，东至于蟠木，动静之物，大小之神，日月所照，莫不砥属。"可谓之泽被宇内，功德盖世的帝王。《春秋纬》中一本叫《命历序》的书说颛顼部落共传20世，350年，《易纬》中的《稽览图》说是500年。这些记载虽然有所夸张，但可以看出颛顼帝是一位统治地域广大、功德盖世的帝王。《史记·集解》引《皇览》曰："颛顼冢在东郡濮阳顿丘城门外广阳里中。顿丘者城门，名顿丘道。"《索隐》引皇甫谧云："据左氏，（颛顼）岁在鹑火而崩，葬东郡。"又《海内东经》载："汉水出鲋鱼之山，帝颛顼葬于阳，九嫔葬于阴"。《天下郡国利病书》云："鲋鰅山，一名高阳山。"以颛顼之号高阳来命名。《通典》说："顿丘鲋鰅山，颛顼葬其阳，今名广阳山。"因该山位于顿丘广阳里而得名。可见鲋鱼之山又称高阳山、广阳山，即今河南内黄县梁庄乡的土山，是为颛顼之葬所。

整顿巫教，绝地天通

据说颛顼登上帝位之后，首先就派大神重和黎断绝了天地之间的通道。原来颛顼时代处于父系社会初期，生产力落后，人们匍匐于大自然的淫威之下，迷信盛行，正像《国语·楚语下》所云："民神杂糅、不可方物；夫人作享，家为巫师。"人人祭神，家家有巫师。在原始社会，神权和政权往往是交结在一起的，颛顼既居帝位，又同时是当时社会的宗教主，对当时这种民神杂糅的现状非常不满，于是就首先着手改革巫教，绝地天通。《国语·楚语下》载："颛顼受之，乃命南正重司天以属神，命火正黎司地以属民，使复旧常，无相侵渎，是谓绝地天通"、"重实上天，黎实下地"。南正重负责管理天，掌管祭祀和与天神沟通，并传达神的旨意；火正黎负责管理地，专司民事，处理老百姓的事务。强令民间禁止巫觋，归依教化。这样就使得颛顼掌握了解释神旨的话语权，老百姓安居乐业，社会秩序井然。被黄帝征服的九黎族，到颛顼时，仍信奉巫教，杂拜鬼神。颛顼禁绝巫教，强令他们顺从黄帝族的教化，促进了族与族之间的融合。

颛顼“绝地天通”的原始宗教改革，统一了意识形态，它使宗教代替巫术占据了主导地位，这种改革加速了社会阶层的分化和社会秩序的调整，统一了人们的思想，稳定了当时的社会秩序，推动社会的进步。

设立五正，创制九州

颛顼称帝后，还对官制进行了改革。废除了少昊政权复杂而臃肿的“鸟官制”，精简机构，按照先圣五行之说，设立“五官制”。金正之官名蓐收，相当于司徒，主管民政；木正之官名句芒，相当于司农，主管农业；水正之官名玄冥，相当于司寇，主管刑律；火正之官名祝融，相当于司马，主管军队；上正之官名后土，相当于司空（工），主管建筑。这是中国历史上最早设立的五官制。

《左传·昭公十七年》：“自颛顼以来，不能纪远，乃纪于近，为民师而命以民事，则不能故也。”《汉书·百官公卿表第七上》称：“《易》叙宓羲、神农、黄帝作教化民，而《传》述其官，以为宓羲龙师名官，神农火师火名，黄帝云师云名，少昊鸟师鸟名。自颛顼以来，为民师而命以民事，有重黎、句芒、祝融、后土、蓐收、玄冥之官，然已上矣。”《孔子家语·五帝》云：“康子曰：‘吾闻句芒为木正，祝融为火正，蓐收为金正，玄冥为水正，后土为土正，此则五行之主而不乱，称曰帝者，何也?’夫子曰：‘凡五正者，五行之官名。五行佐成上帝，而称五帝。太皞之属配焉，亦云帝，从其号。昔少皞氏之子有四叔，曰重，曰该，曰修，曰熙，实能金木及水。使重为句芒，该为蓐收，修及熙为玄冥，颛顼氏之子曰黎为祝融，共工氏之子曰句龙为后土，此五者，各以其所能业为官职。生为上公，死为贵神，别称五祀，不得同帝。’”民事纪官，设立五正，这是中国历史上最早设立的五官制。

创制九州，初定版图。《乾隆御批纲鉴》说，中国九州的建置区划，创制于颛顼大帝。黄帝时代虽然统一了中原地区，但和蚩尤部族长期形成对立局面，直至颛顼大帝，才形成各民族真正统一。在此基础上，颛顼对中国区域建置进行明确规划，确定兖、冀、青、徐、豫、荆、扬、雍、梁九州的名称和分辖区域。《史记》上说他统领疆域北至幽陵（今河北、辽宁一带），南至交阯（今广东、广西和越南），西至流沙（今甘肃一带），东至蟠木

（今东海），极其广大。创制九州，使中国的版图规制得到初步确立。

创制甲历，中华历宗

《史记·五帝本纪》载颛顼的业绩时说：“洪渊以有谋，疏通而知事。养财以任地，履时以象天。依鬼神以制义，治气以教民，洁诚以祭祀。”其中“履时以象天”、“治气以教民”，就是指颛顼能根据天象历法指导农业生产，能理四时五行之气以教化黎民百姓。颛顼历法以黄帝《调历》为基础。《晋书》卷17《律历志》中董巴云：“昔伏羲始造八卦，作三画，以象二十四气。黄帝因之，初作《调历》。……颛顼以今之孟春正月为元，其时正月朔旦立春，五星会于天庙，营室也，冰冻始泮，蛰虫始发，鸡始三号。天曰作时，地曰作昌，人曰作乐，鸟兽成物莫不应和，故颛顼圣人为历宗也。”颛顼以辰星为主观测天象而治历，“察日辰之会，以治辰星之位”，观测一年中二十四宿的关系，确定太阳的周天行度；将四时分别列为仲春春分，仲夏夏至，仲秋秋分，仲冬冬至，从而形成我国最早具有科学性的古老历法《颛顼历》。《颛顼历》第一次明确地把以物候观测为重点，转移到以天象观测为重点，科学安排出一年的节气，人类也从此进入了治历明时的新阶段，颛顼也被尊为“历法之宗”。《国语·周语下》云：“星与日晨之位，皆在北维，颛顼之所建也，帝喾受之。”《大戴礼记·五帝德》说颛顼“履时以相天”、“治气以教民”。古人说历法始于颛顼而不始于黄帝，说明颛顼历法比较成熟，对后世影响极大。据史料记载，唐尧、虞舜、夏商周都沿用了颛顼的历法，秦时历法基本上承袭《颛顼历》，在汉初仍沿用百余年。

颛顼帝创制甲历，制定了我国第一部后世通行全国的天相历法《颛顼历》。顺应天行，制定年、月、日、时的配合规律，预期天象的回复，季节时令的交替，使人们的各类活动有所遵循，井然有序。《颛顼历》是第一部颁行于秦汉两代、通行全国的古历，在中国历史上产生过广泛的影响，所以颛顼被称为“历宗”。

汇合八风，作乐《承云》

礼乐制度作为一种典章制度，长期以来规定着中国人的伦理道德、行为方式和风俗习惯，中华古国因此以“礼仪之邦”而闻名于世。早在上古，颛顼帝不仅“绝地天通”规定了对天神的祭礼，而且还“好其音律”，对音乐有浓厚的兴趣，命飞龙效八风之音，作《承云》之乐，命飞龙作大钟，令鳣先作乐师，开启了我国礼乐制度的滥觞。《吕氏春秋·古乐篇》记载："帝颛顼好其音，乃令飞龙作效八风之音，命之曰承云，以祀上天。"《吕氏春秋·有始览》："何谓八风？东北曰炎风，东方曰滔风，东南曰薰风。南方曰巨风，西南曰凄风，西方曰飂风，西北曰厉风，北方曰寒风。"《承云》之创作方法是融汇中国八大区域的风格，主题是"召气而生物"，然后铸成乐钟，作五基六英之乐，用来在万国诸侯到都城举行盛会时以"享上帝朝诸侯"。《今本竹书纪年》云：颛顼"二十一年，作《承云》之乐"。《吕氏春秋·古乐》亦云："帝颛顼生自若水，实处空桑，乃登为帝。惟天之合，正风乃行，其音若熙熙凄凄锵锵。帝颛顼好其音，乃令飞龙作效八风之音，命之曰《承云》，以祭上帝。乃令鳣先为乐倡，鳣乃偃寝，以其尾鼓其腹，其音英英。"可见中国历史上第一首乐曲源于上古颛顼时代，是颛顼向人类社会奏响的东方神曲。

部落战争，取得胜利

颛顼作为上古时期华夏族与东夷族融合的部族首领，主要活动在冀、兖、豫一带。当时还有个强盛的部族，首领为共工氏，他活动在太行山东麓冀州一带。共工氏力大无比，勇猛彪悍，欲霸九州，要与颛顼争夺帝位，于是向颛顼部族发动了战争。颛顼足智多谋，沉着应战，任命神箭手羿作为先锋，经过一场激烈战斗，终于打败了共工氏，共工氏逃到大西北（现宁夏），怒触不周山而死。《淮南子·天问训》记载了这段神话："昔者共工与颛顼争为帝，怒而触不周之山，天柱折，地维绝。"

颛顼去世后葬于"濮阳城外广阳里"，今河南省内黄城南 30 公里的梁庄乡三阳庄村西北有颛顼墓。1987 年在濮阳西水坡出土了距今 6400 多年的珍贵文物蚌塑龙，被国内外考古界誉为"中华第一龙"。据此，中华炎黄文化研究会命名濮阳为"龙乡"。有学者认为随葬蚌塑龙虎的墓主人就是颛顼。

（三）血缘始祖皋陶

李姓起源虽然比较纷乱，但天下李姓却都奉皋陶为先祖。皋陶是颛顼的曾孙，任帝尧的理官，即掌管司法的长官，且子孙三代世袭大理之职，遂以职官名命氏，称理氏。李姓源于理氏，商朝末年，皋陶后裔理征，因正直敢言为昏淫的纣王所不容，终遭亡身之祸。其妻契和氏带着儿子理利贞逃难时，途中因断粮而食李子充饥，得以活命，因不敢称理，又感激李子救命之恩，便改姓李氏。因此皋陶算得上是李姓的血缘始祖。

皋陶的生平

皋陶，上古史籍中也写作咎繇，字庭坚，是古史传说中的人物。皋陶生活在尧、舜、禹时代，活动中心在偃（奄），即今山东省曲阜市。皋陶被后人誉为“上古四圣”之一，中国司法的鼻祖，是德治的倡导者和实践者，其事迹主要散见于《尚书》、《左传》、《史记》、《说苑》等典籍。其中《尚书·皋陶谟》记述了皋陶与舜、禹议政的许多言论，《史记·夏本纪》记载，皋陶还差点成为继舜、禹之后的帝王，禹帝曾有意禅位于皋陶，但因皋陶去世而作罢。故子夏说：“舜有天下，选于众，举皋陶，不仁者远矣。”可见这样的传说起源很早，反映了皋陶在夏代之前声名显赫的地位和影响。

帝舜任命皋陶为“大理”，皋陶以善理刑狱而著称于世。他曾主持制定了五种刑罚：墨、劓、剕、宫、大辟，并依照罪行的轻重来量刑，公平处置，对不用五刑的罪人分三等流放，使天下人心信服，社会秩序稳定。

皋陶在舜禹时期除了治狱之外，还曾为“师”，《楚辞·怨世》称皋陶为禹之“八师”之一。《左传·庄公八年》载：“《夏书》曰：‘皋陶迈种德，德乃降。’”《吕氏春秋·古乐》篇谓禹“命皋陶作为夏籥九成，以昭其功”。上述记载表明，皋陶协助舜禹治理天下、布德、为师、作乐等，其职责并非仅有刑罚一项。《尚书·皋陶谟》记载皋陶曾建议舜帝以“知人、安民”治天下。依皋陶之意，治理之策必须抓住两个基本点，那就是“在知人，在安民”，如果要做到这些，就必须注重个人修养，实践自己的美德。皋陶还将美德分为九种，即：宽而栗，柔而立，愿而恭，乱而敬，扰而毅，直而温，简而廉，刚而塞，强而义。《皋陶谟》为周人追忆古史之作，其中所表现出来的“尚德”理论应当是周人重德思想的表现。在周人的心目中，皋陶就是一位尚德之人。从《皋陶谟》篇中我们所看到的皋陶形象是能够在“帝”左右说言高论的重臣，是“帝”十分信任的重要助手，其地位不在禹之下。

正是由于皋陶的功绩，天下罪恶得以平正，人们安居乐业。任职期间，皋陶多次提出贤明的谋略，认为治天下须慎修其身，恩威并重，以德服人，特别强调“知人”和“安民”，他的主张深得舜帝赏识。帝禹甚至要把君位禅让给他。《史记·夏本纪》说：“帝禹立而举皋陶，荐之，且绶政焉，而皋陶卒。”皋陶如果不早早去世，就可能继承夏禹而君临天下。

皋陶死后，“葬之于六”，《史记正义》引《括地志》云：“咎繇墓在寿州（安徽）安丰县南130里故六城东。”皋陶的后代被封于“英、六，或在许”，英即古蓼国，在今河南固始县；六在今安徽六安；许在今河南许昌。

制定刑法

皋陶是见于典籍中最早的一位法官，“皋陶作刑”在史籍记载中看法是一致的。根据《尚书·尧典》和《皋陶谟》记载，皋陶制刑的内容包括：“象以典刑，流宥五刑，鞭作官刑，扑作教刑，金作赎刑，眚灾肆赦，怙终贼刑。钦哉，钦哉，唯刑之恤哉。”其中“象以典刑”就是依照法律进行审判、定罪和量刑。“流宥五刑”，是以流放代替死刑或肉刑，是对应当施以伤残肢体的肉刑的一种宽宥。史载“流共工，放欢兜、窜三苗、殛鲧”。流、放、窜、殛都是对流刑的不同称法。“鞭作官刑，扑作教刑”。古代的鞭扑是两种不同的刑责工具，扑刑是对于“不勤于道业”的学生施以扑责。《国语·鲁语说》：“薄刑用鞭扑”，体现了皋陶使人“明耻”、改过的用意。“金作赎刑”，是皋陶制定的处理族邦之间纠纷的一种刑罚，意谓有争执的族帮双方理曲者出金（铜）以赎罪。《左传》载：“《夏书》曰：昏、墨、贼、杀，皋陶之刑也，请从之。”即对于抢劫罪、贪污罪、杀人罪要处以死刑。可见皋陶制订的刑法，一直到春秋时期还在流传。从历史典籍看，皋陶被后世尊为中国司法鼻祖是当之无愧的。

确立司法原则

一是执法公正的原则。皋陶执法的指导思想是“惟明克允”，益和稷赞扬他“施象惟明”，他自己也说要“五刑五用”，使得“民各伏得其实”，法纪大明。二是从轻量刑的原则。皋陶第一次提出“与其杀不辜，宁失不经”和“宥过无大”。即对于疑案可以从宽或从缓定罪，对过失犯罪，无论多大可以宽恕。“惟刑之恤”，慎用重刑，特别是死刑。为此，他还特别规定“流宥五刑”和“金作赎刑”，使罪犯能够有机会避免那些残酷的刑罚。三是不连累后人的原则。鲧被杀之后，他的儿子禹仍是部落联盟的首领，皋陶仍是殚精竭虑帮助大禹治水，而且禹还因治水有功而接替舜成为最高领导人。可见，禹并未因为鲧而受株连。

强调德治

一是要求君主立德修身。提出“九德”论，皋陶主张法治，但法治是为德治服务的。《尚书·皋陶谟》记曰：“慎厥身，修思永，敦叙九族，庶明励翼，迩可远在兹。”意为要谨慎修养自身，并使思虑深远。要依次与九族相亲厚，众多贤明之人就会相互勉励来辅佐，由近而及远。二是提倡民本思想。皋陶在辅助大禹执政时，大禹提出了“安民则惠，黎民怀之”，要安抚民众，这样民众才会怀念和拥护他。皋陶不仅赞同大禹的观点，还补充说：“天聪明，自我民聪明，天明畏，自我民明威”，意思是：天之聪明，来自于下民之聪明；天之扬善罚恶，来自下民之扬善罚恶。三是兴“五教”。皋陶把“五刑”置于辅助“父义、母慈、兄友、弟恭、子孝”“五教”的地位，普施教化，从教育入手，规范人的道德行为。舜对兴“五教”十分重视，特命禹在学校负责推行。四是定礼仪。皋陶制定了“天子、诸侯、大夫、士、庶人”五种人分别应该遵从的礼节，使君臣之间互相尊重，同心同德办好政务。同时，皋陶还规定了吉礼、凶礼、宾礼、军礼、嘉礼等礼仪程式。五是亲“九族”。所谓“九族”，即部落联盟核心的亲属部落，既包括父亲的亲属部落，也包括母族和妻族婚姻关系的亲属部落。使亲属部落紧密团结，形成核心力量，保证联盟的稳定。

皋陶的长子叫伯益，《史记·秦本纪》载：“佐舜调驯鸟兽，鸟兽多驯服，是为伯翳（益），舜赐姓嬴氏。”可知，伯益因善驯鸟兽而被舜帝赐了嬴姓，成为嬴姓部落的首领。所以一般姓氏书上说李姓出自嬴姓，是因为皋陶的儿子伯益。

依据《新唐书·宗室世系表》的记载：“帝颛顼高阳氏生大业，大业生女华，女华生皋陶。”皋陶应为颛顼的曾孙，但更多的证据可以确认，皋陶属东夷集团，他是上古东夷部落首领少昊氏的曾孙，为偃姓。《史记·夏本纪·正义》引《帝王世纪》说皋陶“生于曲阜。曲阜偃地，故帝（舜）因之而赐姓曰偃”。这就是《左传》中所说的“天子因生而赐姓”。段玉裁《说文解字注》：“按皋陶偃姓，其子伯翳嬴姓，偃、嬴，语之转耳。”段说甚是，偃、嬴原来应当是一字。所以说李姓出自嬴姓或者说李姓出自偃姓，都是可以的。

（四）开姓始祖老子

老子与李姓起源

《广韵》摘录汉代应劭所著《风俗通·姓氏篇》云："李氏，李伯阳之后。"伯阳是老子李耳的字。晋葛洪《神仙传》云："老子之母适至李树下而生老子，生而能言，指李树曰，以此为我姓。"唐代道士成玄英作《老子道德经开题序诀义疏》引《文始内传》说："尹喜稽首，敢问大人姓字。吾姓字眇眇，非可备说。今姓李，名耳，字伯阳，外字老聃……而有胎，经八十一年，曾逍遥李树之下，思闻清风以祛尘。或乃剖腋而生老子。仙童玉女，手执香花，侍卫左右。玄妙即指树云：此可为汝姓。"清张澍《姓氏寻源》曰："理、李字古通用。老子因祖为理官，以为姓，余说皆非。"民国臧励和《姓氏考略》亦云："李、理古字通，老子因祖为理官，以为姓。"

以上诸说，可归纳为两种：其一，李姓因老子生而指李树，因以为姓。这种说法历来被视为妄说；其二，老子祖为理官，因李、理古字通，老子因改"理"为"李"，以为姓。李姓得姓于老子，说明在唐代，李姓来源于"食木子得全"的利贞和"生而指李树"的老子，是两说并存的。

也有源于老姓之说。这种说法主要源于对老子姓氏的考证，认为老子不姓李而姓老，李姓源于老姓。最早提出老子姓老者，是清代文学家姚鼐，他在《老子章义序》称："老子，子姓，老其氏。子之为李，语转而然。"古文字学家唐兰在《老聃的姓名和时代考》认为，老子姓李名耳的说法不确实："据当时人普通的称谓，老聃的老字是他的氏族的名称，因为当时称子的，像孔子、有子、曾子、阳子、墨子、孟子、庄子、惠子，都是氏族下面加子字的"，"老聃在古书中丝毫没有姓李的痕迹"，郭沫若、马叙伦、陈独秀、高亨等人同意唐兰之说。陈鼓应在《老子评传》中的表述最为完备："'老'是姓氏，当时称'子'的如孔子、墨子、曾子、孟子、惠子等，都是在姓氏下加一子字，如此，老聃当是姓老。古有'老'姓而无'李'姓，如《世本》：'颛顼子有老童'，《风俗通义》曰：'老氏，颛帝子老童之后'，《左传》成公十五年传：'宋有司马老佐'，又昭公十四年传：'鲁有司徒老祁'，均可证古有以'老'为姓者。而《春秋》二百年间无李姓者，且先秦典籍中皆称老子或老聃，没有一处称'李耳'。老子姓李名耳之说始自汉代，或许是由‘老聃’两字转出亦未可知。‘耳’和‘聃’字义相应，‘老’和‘李’古音同，老聃之为李耳，正犹荀况之为孙卿。”老、李一声之转，唯其音同，故由“老”而变为“李”。今鹿邑老子故里太清宫附近有老庄乡，人多姓李。

《国语·郑语》中的祝融之后八姓、《晋语四》中的黄帝之后十二姓，以及《左传》所载的西周20姓，都未见李姓，所以《姓解》说：“周之前未见有李氏。”李姓最早见诸文献的是汉司马迁所著的《史记》，《史记·老子韩非列传》载：“老子者，楚苦县厉乡曲仁里人，姓李氏，名耳，字聃，周守藏之史也。”老子李耳是正史立传的李姓第一人，由此看来，说老子是李姓的得姓始祖，在文献上是站得住脚的。

无论是唐代的官修谱书，宋明以来的私撰家谱，还是唐宋以降的姓氏书籍，都把李耳和颛顼、皋陶建立起直系的血缘关系，视李耳为李姓的共祖，这与唐王朝崇信道教也有直接关系。李渊在隋末起兵于晋阳，进军关中，道士岐平定、张实、焦子顺向李渊陈说符瑞，说他圣德感天，当为天子。唐武德三年（620年）有一个叫吉善行的人上奏，说他在浮山县（今属山西）东南羊角山见到了一位骑白马穿素衣的白胡子老头，说自己是当今皇帝的祖先太上老君，托他转告皇帝，年内就可平定王世充，李姓子孙从此可长有天下。李渊于是改浮山县为神山县，羊角山为神角山，在山上修建了兴唐观，塑造了太上老君像。《唐会要》卷五十《尊崇道教》记载了此事：“武德三年（620年）五月，晋州人吉善行于羊角山，见一老叟乘白马朱鬣，仪容甚伟。曰：‘谓吾语唐天子，吾汝祖也。今年平贼后，子孙享国千岁。’高祖异之，乃立庙于其地。”从此唐王朝奉李耳为祖宗，成为老子的后裔。李姓经过唐代300年空前的繁衍发展，天下李姓为了攀附当朝皇室显贵，纷纷祖述老聃，所以，经宋元明清数朝，不奉老子李耳为祖的李姓已不多见。老子最终成为天下李姓的共祖，与颛顼、皋陶一起成为李姓族群认同的标志。

老子事迹考证

老子的出生充满了神话色彩，《史记·正义》引《硃韬玉札》云老子“周时人，李母八十一年而生。”又《玄妙内篇》云：“李母怀胎八十一载，逍遥李树下，乃割左腋而生。”又云：“玄妙玉女梦流星入口而有娠，七十二年而生老子。”又《上元经》云：“李母昼夜见五色珠，大如弹丸，自天下，因吞之，即有娠。”《初学记》引《高上老子内传》云：“太上老君姓李氏名耳，字伯阳。其母曾见日精下落，如流星飞入口中，因有娠。七十二岁而生。常有五色云绕其形，五行之兽卫其堂。于陈国涡水李树下，剖左腋而生。”《太平广记》录《神仙传》曰：“其母感大流星而有娠。或云，老子先天地生。或云，天之精魄，盖神灵之属。或云，母怀之七十二年乃生，生时，剖母左腋而出。”

按照文献记载，老子拥有奇异之相，《史记·正义》引《硃韬玉札》云老子：“身长八尺八寸，黄色美眉，长耳大目，广额疏齿，方口厚唇，额有三五达理，日角月悬，鼻有双柱，耳有三门，足蹈二五，手把十文。”《神仙传》云：“生而白首，故谓之老子。”《太平广记·神仙·老子》引《金篇内经》云：“老子黄白色，美眉，广颡长耳，大目疏齿，方口厚唇；额有三五达理，日角月悬；鼻纯骨双柱，耳有三漏门；足蹈二五，手把十文。”

关于老子故里，古人有异说，今人有新说，也一直是人们关注的热点。《史记·老子列传》云：“老子，楚国苦县濑乡曲仁里人。”葛洪《神仙传》云：“老子，楚国苦县濑乡曲仁里人也。”《经典释文·序录》曰：“老子，陈国苦县厉乡人。一说陈国相人也。”《老子音义》引《河上》云：“老子陈国苦县厉乡人。”皇甫谧《高士传》曰：“老子陈人。”老子究竟是楚国人还是陈国人，《集解》引《地理志》云：“苦县属陈国。”《索隐》曰：“苦县本属陈，春秋时楚灭陈，而苦又属楚，故云楚苦县。”由此看，楚陈本属一地。陈国苦县在元代以后并入鹿邑，鹿邑在历史上曾隶属安徽亳州府管辖，自明朝初年，鹿邑改属河南归德府管辖，现属河南。至于相县还是苦县，《老子铭》曰：“春秋之后，相县虚荒，今属苦。”《后汉书·郡国二》“陈国”条下亦有类似的记载：“苦，春秋时曰相，有赖乡。”又《后汉书·孝桓帝纪》云：延熹八年春正月，“遣侍中常侍左馆之苦县，祠老子。”《后汉书》和《水经注》都记载了春秋时期的“相”就是苦县，高亨《史记老子传证笺》认为“二说虽异，两地则一。”

关于姓氏，名号，《神仙传》云老子“虽受气天然，见于李家，犹以李为姓”，“或云，其母无夫，老子是母家之姓。或云，老子之母，适至李树下而生老子，生而能言，指李树曰：以此为我姓。”《史记·索隐》葛玄曰：“李氏女所生，因母姓也。”又云“生而指李树，因以为姓。”《史记》云：

“老子名耳，字聃，姓李氏。”《列仙传》云：“李耳，字伯阳。”《经典释文叙录》云：“老子者，姓李，名耳，字伯阳。《史记》云‘字聃’。”《正义硃韬玉札》及《神仙传》云：“姓李，名耳，字伯阳，一名重耳，外字摐。”许慎云：“摐，耳漫也。”故名耳，字摐。《正义》曰“摐，耳漫无轮也。《神仙传》云：‘外字曰摐。’按：字，号也。疑老子耳曼无轮，故世号曰摐。”论及李耳何以称老子，郑玄《礼记·曾子问注》曰：“老聃，古寿考者之号也。”葛玄《道德经序》曰：“生而皓首，故称老子。”《正义》引张君相曰：“老子者是号非名。”但也有人认为“老子老而隐，故自称老子。”胡适《老子传略》曰：“老或是姓，姓老而氏李。”

《汉书·艺文志》班固自注曰：“老子名耳。”《索隐》曰：“许慎云‘聃，耳漫也，故名耳字聃。’”但《吕氏春秋不二》、《重言》都称“老耽”，而《当染》、《礼记》、《庄子》、《韩非子》、《战国策》皆称“老聃”。《神仙传》引《史记》云：“老子欲西度关，关令尹喜知其非常人也，从之问道。老子惊怪，故吐舌聃然，遂有老聃之号。”高亨认为“耽聃义相近，古音亦相近，疑古本一字。”况《说文》中也有“耽，耳大垂也”之说。据《神仙传》云老子“外字（外号）曰摐。疑老子耳漫无轮，故世号曰摐”。至于老子伯阳或伯阳父之说皆可见于《列仙传》、《老子铭》、《老子音义》、《神仙传》、《经典释文·序录》等，然《索隐》曰：“有本字伯阳，非正也。然老子号伯阳父，此传不称也。”高亨认为因“汉世道家者流及道教之徒，欲以老子之神奇炫耀世人，故造老子字伯阳之说，以附于西周之伯阳及唐虞之伯阳”，因“伯阳为周史而老子亦为周史，故合二人而一”，而“西周伯阳与唐虞伯阳同名，故又合三人而一之。”《正义朱韬玉札》、《老子音义》、《神仙传》还说“老子名重耳”，不知何故，盖因耳大而垂。张君相云：“老子者是号，非名。老，考也。子，孳也。考教众理，达成圣孳，乃孳生万理，善化济物无遗也。”《神仙传》云：“以周文王时为守藏史，至武王时为柱下史。时俗见其久寿，故号之为老子。”

《正义》太史公疑老子或是老莱子，故书之。《路史》云：“老子邑于苦之赖，赖乃莱也，故又名曰老莱子。”《列仙传》云：“老莱子，楚人。著书十五篇，言道家之用，与孔子同时云。”但是，《史记·仲尼弟子列传》说：“孔子之所严事，于周则老子，于卫蘧伯玉，于齐晏严仲，于楚老莱子”。

明以老子与老莱子为二人。高亨《史记老子笺证》从五个方面“足证历代儒生皆以老莱子为别一人也。”钟肇鹏论述老子与老莱子在五个方面有类似之处，但“老子非老莱子”。在《汉书·艺文志》道家中明确录“《老莱子》十六篇”。虽然不是《老子》五千言。有此二证可见老子与老莱子非一人。毕沅曰：“老莱子，楚人。古有莱氏，故《左传》有莱驹。”

《史记》云：“自孔子死之后百二十九年，而史记周太史儋见秦献公，或曰儋即老子，或曰非也，世莫知其然否。老子，隐君子也。”毕沅《道德经考异》，汪中《老子考异》皆云老子即太史儋。罗雨亭也认为如此。高亨认为“老聃与太史儋绝非一人也。”

老子长寿，但老子生于何年卒于何年，享寿若干，都没有最后定论，只知道他稍年长于孔子。《史记·孔子世家》鲁襄公二十二年而孔子生。《谷梁传》记“十月庚子孔子生。”换算为当今之公历应为公元前551年9月28日生。《左传》“哀公十六年夏四月己丑，孔丘卒。是年，孔子年七十三。”即公元前479年。《史记》云：“盖老子百有六十余岁，或言二百余岁。以其修道而养寿也。”但其未能说明老子具体的生活时期。《索隐》：“以老子生年至孔子时，故百六十岁。或言二百余岁者，即以周太史儋为老子，故二百余岁也。”《神仙传》记载：“老子有客徐甲，少赁于老子，约日雇百钱，计欠甲七百二十万钱。甲见老子出关游（明抄本‘游’作‘远’）行，速索偿不可得，乃请人作辞，诣关令，以言老子。而为作辞者，亦不知甲已随老子二百余年矣。”其时老子至少200多岁。《列仙传》载老子生于殷时。唐末杜光庭的《道德真经广圣义》、北宋贾善翔的《犹龙传》、南宋谢守灏的《混元圣纪》都说老子生于殷朝第二十二王武丁九年，岁在庚辰二月十五日卯时。哲学史家综合各史料确定老子约生于周简王六年（前580年），卒于周敬王二十年（前500年），早于孔子（前551—前479年）。《史记·老子传》说：“莫如其所终”，玉清云老子以周平王时见衰，于是去。《庄子·养生主》说：“老聃死，秦佚吊之”。

老子思想对中华传统文化的发展有深刻的影响和独到的贡献。在思想道德方面，中国历史上的各种学派，无不从老子的思想里汲取营养而加以利用。它与儒家和佛家思想相互渗透、融合，对中华民族贯道重德的民族精神发挥了重要作用。他的清静无为的学说，一物两向转变的辩证理论，深邃的天人之际的哲理，2500 多年来一直影响着中国人民的思想和行为。作为文化基因，渗透到人们的生存方式、生活方式和思维方式之中，影响着中国人的世界观、人生观、价值观、审美观、生死观等各种文化观念。在治国安民方面，它为历代的国君和官吏提供了理论指导，在我国历史上曾经闪耀过灿烂光辉的汉代“文景之治”、唐代“贞观之治”，都是应用道家思想治国的成果。在军事方面，《孙子兵法》一书可以说是道家学说在军事上的应用。在医学方面，中医学不仅以道学的辩证观念作为理论指导，还吸收其内炼养生方法作为重要内容。在思想和哲学方面，文学与艺术方面，无不处处可见道学的光辉。《道德经》不但影响了汉代以来 2000 年的思想史，而且也受到西方思想家的重视，已成为世界哲学宝典之一。

二、李姓的播迁

李姓无论是得姓于利贞还是得姓于老子，其发源地都是河南鹿邑县。因为利贞虽然“食木子保命”是在豫西“伊侯之墟”，但其改“理氏”为“李氏”却是在随母亲逃回母亲娘家陈国所属的河南鹿邑县。利贞在陈地定居下来，其子李昌祖为陈大夫，家于苦县，六世孙硕宗，周康王赐采邑于苦县，十一世孙老子生于苦县。而苦县的地望为河南鹿邑县，这说明李姓从商末到东周初的 200 多年间一直居住在今豫东的鹿邑县。从老子以后，自春秋战国起，李姓始从鹿邑播迁四方。

（一）繁衍北方

据《新唐书·宗室世系表》记载：李耳之子李宗，在魏国任将军，被封于段干（魏邑名）。李宗之子李同到赵国做官，官至大将军，其孙李兑为赵相，曾孙李跻被封为赵国阳安君。李跻有两个儿子：李云、李恪。李恪的儿子李洪到秦国做官，任太子太傅，孙李兴族为秦将军。李兴族之子李昙，字贵远，在赵国做官，封柏人侯（柏人在今河北唐山），后又入秦任御史大夫，他有四个儿子：崇、辨、昭、玑。长子李崇，居陇西（治所在今甘肃陇西县），开创陇西房；四儿子李玑的二儿子李牧，居赵郡（治所在今河北邯郸市西南），开创赵郡房。李姓的郡望以后发展到 30 多个，但最重要的郡望是陇西和赵郡。陇西与赵郡的历史最久，声望最高，人口最多，除赐姓李氏及部分少数民族李姓外，李姓的其他各分支几乎都是从陇西李氏和赵郡李氏中分衍出来的。

陇西李氏

陇西，指秦汉时期的古陇西郡，是我国建置最早的古郡之一，始置于战国时的秦国，辖陇山以西，今甘肃省境中部的大片秦国属地。唐朝时的“陇西”概念，当指今甘肃省的东南部以今陇西县为中心的区域。可能出于某种忌讳，唐朝废掉了陇西郡，但唐朝建国后，李姓升为国姓，成为大唐王朝的象征，“陇西”二字也成为大唐皇族的标志，也成为千百年后的李氏家族的标志。

老子李耳裔孙李昙的长子李崇，字伯祐，战国时在秦国做官，任陇西守，封南郑公，是李氏陇西房始祖。此后，李崇的后代在陇西繁衍发展，成为大族，又分出许多支派。陇西李氏由始祖李崇至唐李渊，其间 30 余世，先后分衍出 14 房，他们分别是：范阳房、顿丘房、渤海房、申公房、丹阳房、安邑房、镇远将军房、平凉房、姑臧房、敦煌房、仆射房、绛郡房、武陵房和定州刺史房。其具体分衍情况如下：

李崇有两个儿子，长子叫平燕，次子叫瑶。李瑶，字内德，任南郡守，封狄道侯（狄道为陇西郡治所，在今甘肃临洮），儿子叫李信，字有成，官大将军，封陇西侯。李信之子李超，字仁高，任西汉大将军、渔阳太守，有二子，长子元旷，任侍中，次子李仲翔，任西汉河东太守、征西将军，在征讨羌人的战斗中阵亡，葬于陇西狄道东川，其后人便在东川安家。

李仲翔之子李伯考，任陇西、河东二郡太守，生李尚，任成纪令，安家于成纪（今甘肃秦安）。其弟李向，是范阳房始祖。西汉名将李广，即是李尚之子。李广有三子：长子李当户，次子李椒，三子李敢。李当户之子李陵，在与匈奴作战时，孤军被围，投降匈奴。

李敢，字幼卿，任郎中令，封关内侯，有二子：禹、忠。李忠为顿丘房始祖。李禹，字子通，生丞公，为河南太守。李丞公之子李先，字敬宗，历任蜀郡、北平太守，生子李长宗，字伯礼，任渔阳丞。李长宗之子李君况，字叔干，官太中大夫，生子李本，字上明，任侍御史。

李本之子李次公，字仲君，历任巴郡太守、西夷校尉，其弟李恬，是渤海房始祖。

李次公有二子：李轨，任魏临淮太守、司农卿；李潜，是申公房始祖。李轨之子李隆，字彦绪，官长安令、积弩将军，生子李艾。李艾，字世绩，任晋骁卫将军、魏郡太守，其子李雍。

李雍，字隽熙，任济北、东莞二郡太守，有二子：长子李伦，是丹阳房始祖。次子李柔，字德远，任北地太守。李雍有个孙子叫李盖，是安邑房始祖。李柔之子李弇，字季子，十六国时任前凉国天水太守、武卫将军，封安西亭侯，生子李昶，字仲坚，任凉太子侍讲。

李昶之子李暠，就是十六国时西凉国的创建者，他有十个儿子：谭、歆、让、愔、恂、翻、豫、宏、眺、亮。

李愔，是镇远将军房始祖，其曾孙李系，是平凉房始祖。

李翻有三个孙子：李丞，为姑臧房始祖。李茂，为敦煌房始祖。李冲，是仆射房始祖。李翻的曾孙李成礼，为绛郡房始祖。

李豫的玄孙李刚，是武陵房始祖。

李歆，字士业，继承李暠的王位为西凉国王，有八个儿子：勖、绍、重耳、弘之、崇明、崇产、崇庸、崇祐。李重耳，字景顺，曾任南朝宋汝南太守，北魏安南将军、豫州刺史，其子李熙，字孟良，为北魏金门镇将，生子李天锡。李天锡，字德真，有三个儿子：长子李起头，封长安侯，生达摩，任北周羽林监太子洗马，封长安伯。次子李虎。三子李乞豆，为北魏定州刺史房始祖。李虎，字文彬，任北周柱国大将军，封唐国襄公，有八个儿子：长子延伯，在北齐做官，为散骑常侍；二儿子李昞，任北周安州总管、柱国大将军，封唐国神公，有四个儿子，长子就是唐高祖李渊。此后，唐朝皇族子孙繁盛，又衍生出京兆等地李氏。

赵郡李氏

赵郡李氏出自秦司徒李昙第四子李玑。李玑，字伯衡，战国末任秦国太傅，有三个儿子：云、牧、齐。李牧为战国末年赵国名将，开始居于赵郡，形成赵郡李氏。赵郡李氏由始祖李玑到唐初共传 25 世，先后分衍出 11 个分房，分别是：中山房、常山房、南祖房、西祖房、东祖房、平棘房、辽东房、江下房、广陵房、汉中房和管城房。其具体分衍情况如下：

李玑第三子李齐任中山相，在当地安家，成为中山李氏始祖。

李牧有三子：汩、宏、鲜。李汩任秦中大夫、太子詹事，生子李谅，李谅有二子：左车、仲车。李左车是秦、汉之际谋士，曾被赵国封为广武君。汉使韩信、张耳率兵击赵，他向赵军主将陈徐建议，出奇兵断绝对方粮道，未被采纳，结果赵军被韩信所败。后归附韩信，提出乘胜争取燕、齐之计，韩信采纳他的计策，取得燕地。李左车的后人三十代为官，其中东汉名士李膺就是他的传人。李膺的后代中有叫李瑾的，其玄孙李楷，西晋时任治书侍御史，为避赵王司马伦之难而迁徙，成为河北常山李氏始祖。

李楷有五个儿子：辑、晃、芬、劲、睿。他们的后代以居住地方位不同而分为三组，称李辑、李晃为"南祖"，李芬、李劲为"西祖"，李睿为"东祖"。后来，李楷又徙居平棘南通，形成平棘李氏。

此外，赵郡李氏还有辽东、江夏、广陵、汉中、管城等分支。

辽东李氏：中山李氏始祖李齐的13世孙李宝，字君长，东汉时任元菟都尉，徙居襄平，子孙繁衍，形成辽东李氏。

江夏李氏：汉颍川太守李秉的玄孙李护，任酒泉太守，有三个儿子：武、昭、奋。李昭的小儿子李就，任东汉会稽太守，封高阳侯，徙居江夏平春（今河南信阳市西北），形成江夏李氏。

广陵李氏：李就的六世孙李式，字景则，东晋时任侍郎，生李嶷，李嶷生李尚，李尚生李矩。李矩的后代徙居广陵，渐渐形成广陵李氏。

汉中李氏：汉酒泉太守李护的大儿子李武，任汉东郡太守、太常卿，其孙李颉，为东汉博士，始居汉中南郑（今陕西汉中），后形成汉中李氏。

管城李氏：赵郡李氏后裔李万安，于唐代自赵郡迁至管城（今河南郑州）成为赵郡李氏的又一分支。

唐朝以前，赵郡李氏的地位一直高于陇西李氏。东晋时派定天下士人姓氏等级，以原来中原地区的氏族大姓为"郡姓"，著名的有王、崔、卢、李、郑，称为"山东郡姓"，地位最高，其中的李，即为赵郡李姓。

历史上还流传有"驰李"、"驼李"的典故。据说北魏孝文帝定汉族著姓，陇西李氏听说后连夜乘鸣驼赴洛阳活动，希望陇西李姓能跻身高门，但著姓早已内定，陇西李氏落选，还被讥笑为"驰李"、"驼李"。说明陇西李氏的地位不如赵郡李氏。后来陇西李氏系统的李暠建立北凉，陇西李氏开始崛起。李暠的后裔李熙、唐高祖李渊的祖父李虎、父李昞分别任北魏、西魏和隋朝的将军、柱国，陇西李氏由此成为显贵豪族，声誉日著。特别是唐朝一统天下后，李世民下令修《氏族志》时，以李姓为天下姓氏之冠，并诏令天下李姓皆以陇西为“郡望”，且对功臣武将广赐李姓。赵郡李氏日渐式微，于是出现了“天下李氏出陇西”，有“言李者必称陇西”之说。然而陇西李氏说到底也只是李姓历史上一个著名的郡望，是李姓的流，并非李姓之源。陇西李氏的始祖李崇和赵郡李氏的始祖李玑是嫡亲兄弟，均为老子的直系裔孙。李姓溯源无论是陇西李姓还是赵郡李姓，抑还是由此分衍出的诸支分房，都应当追根于老子李耳，由李耳而上溯李利贞。

李姓门第的抬高

东汉魏晋以来形成的氏族门阀制度，成为世家大族保有其政治经济地位和特权的工具，到唐初门第观念已根深蒂固，唐朝建立之后，李渊和李世民便着手抬高陇西李氏的门第。

李渊登上帝位的第三年（620 年），就尊封李耳为始祖，借名人提高门第，继而在鹿邑城东李耳故里大兴土木，按照帝王居住的规格建筑宫殿庙宇。此后，唐高宗建紫极宫，武则天尊李耳之母为“先天太后”，另建洞霄宫祀之，唐玄宗改紫极宫为太清宫，祭祀李耳。

李世民登基后，马上组织编写《氏族志》。吏部尚书高士廉等人接受任务后，收集全国士族家谱，考正世系，定士族姓氏等级为上上至下下共九等，于 638 年成书，仍以旧的门第观念列崔民干为第一等（上之上）。李世民看后十分不满，说：我和山东崔、卢、李、郑并无嫌怨，只因他们早已衰微，没人位居高官，却还自负门第，嫁娶多索钱财，弃廉忘耻，不知世人为什么仍看重他们。从前高、齐只据河北，梁、陈偏安江南，虽然也有些人物，实在算不得什么，可是世俗相沿，至今还以崔、卢、王、谢为贵。我平定四海，天下一家，凡是在朝高官，或功业显著，或德行可称，或学术通博，所以擢用到三品以上。为什么要非和那些衰落之家结亲，多送钱帛还是被轻蔑，自讨没趣，难道你们看不起我的官爵吗？李世民明确地指示不得论数世以前，要凭现今官爵高低定等级。高士廉等人经李世民斥责，明白了李世民想造成以唐宗室和大臣为主体的新士族集团，以利李姓长远统治，于是对《氏族志》进行修改，改定以皇族为第一等（上之上），外戚为第二等（上之中），崔民干列第三等（上之下）。崔民干当时任黄门侍郎，为正四品上，是中级官员，按照李世民的原意是不该列为第三等的，但由于皇族已列为第一等，李世民也就不再坚持了。经修改定稿的《氏族志》，共100卷，列293姓，1651家。所引定的士族等级，造成一个以宗室为首、功臣（包括外戚）和关中士族为重要辅佐，山东和南方士族为次等辅佐的新统治集团，符合唐朝以关中为根本，统一全中国的政治需要，从而以御定志书的形式确定了陇西李姓至高无上的地位。

唐朝大规模赐姓

封建社会皇帝的姓称"国姓"，最为尊贵，皇帝往往出于褒赏、恩惠、笼络而赐功臣武将以国姓，目的是巩固自己的统治。对被赐姓者来说，则是一种莫大的荣誉，会使全家全族感到无尚荣耀。唐朝皇帝赐姓之风，盛于以前各朝，自开国皇帝李渊开始，至末期的昭宗李晔，一直绵延不断。被赐为李姓的，既有开国治政的文臣武将，又有中、后期有功于唐朝的臣属，既有汉族人，也有不少内附的少数民族。据史书记载，唐代被赐为李姓的人有：

李勣，本姓徐，名世勣，字懋功，曹州离狐（今山东东明东南）人，初从翟让参加瓦岗军，瓦岗军失败后降唐，被李渊任为右武侯大将军，封曹国公，赐姓李，因避唐太宗李世民名讳，改为单名勣。

李粲，滑州人，本姓丙，隋朝时曾任屯卫大将军，李渊入关后，率众归唐，被授宗正卿，封应国公，赐姓李。

李子和，蒲城人，本姓郭，唐高祖武德初年献款，后又跟随李世民平定刘黑闼起义军，以功被赐姓李，封夷国公。

李突地稽，靺鞨族酋长，唐朝初建时即朝贡，后曾击败进攻幽州的突厥兵，被李世民赐姓李，任为右卫将军。

李思摩，突厥颉利（东突厥）族人，原名阿史那思摩，贞观四年与其酋长咄苾被唐将俘送长安。李世民认为他忠诚可嘉，赐姓李氏，令他统领颉利旧部于河南之地。

李抱玉，河西人，本姓安，名重璋，唐高祖时功臣安兴贵的后裔。因有战功，唐玄宗李隆基为他改名抱玉。后上书朝廷，说耻与逆臣安禄山同宗，要求改姓，被唐玄宗赐姓李。

李忠臣，蓟人，本姓董，名秦，因有战功，被唐肃宗李亨赐姓名为李忠臣。

李国臣，河西人，本姓安，膂力过人，积功升任云麾大将军，被唐肃宗赐姓李。

李宝臣，奚族人，原是张姓养子，名忠志，为安禄山、史思明的部属，曾随安禄山、史思明叛唐，公元 761 年献恒、赵、深、定、易五州，被唐代宗李豫赐姓名为李宝臣，封赵国公。

李光进，本姓阿跌氏，其祖先为河曲羌族，贞观中期内属。他随从郭子仪平定安史之乱、收复两京有功，被唐代宗赐姓李。

李嘉庆，靺鞨族人，本姓茹，名常，以战功被唐德宗李适赐姓李，更名嘉庆。

李元谅，安息人，本姓安，少时为宦官骆奉仙所养，冒姓骆，名元光。唐德宗贞元年间因设法避免了一场与吐蕃的战争，被赐姓名为李元谅。

李全略，本姓王，名日简，以功被唐穆宗李恒赐姓名为李全略。

李茂勋，回鹘（即回纥）族阿布思后裔，降唐，因积功较多，被唐宣宗李忱赐姓名为李茂勋。

李国昌，本为朱邪氏，名赤心，沙陀突厥酋长朱邪执宜之子，唐懿宗时随从康承训击败庞勋起义军，被赐姓名为李国昌。

李思恭，本姓拓拔，党项族平夏部首领，以参与镇压黄巢起义之功，被唐僖宗李儇赐姓李。

李俨，宰相张浚的小儿子，初名休，一名播，被唐昭宗李晔赐姓名为李俨。

以上所列被赐为李姓的 17 人，仅是唐朝赐姓的部分例证，足可说明赐姓是唐代李姓人口急剧膨胀的一种重要因素。据不完全统计，唐朝赐姓涉及国内近十个民族、16 个异姓，其中包括汉族异姓和外国异姓。皇帝御赐国姓，被视为一种无上的荣耀，因此往往一人受赐，举族姓李，唐朝的赐姓对象中，很大一部分为少数民族。赐姓被唐朝作为招抚少数民族归附的最有力的手段。他们一旦被赐姓李，就意味着进入了皇室血统，不再受汉人之讥了。因此，内附的少数民族，往往因酋长获姓，整个部族均改从李姓。大大扩展了李氏宗族，唐朝李姓人数由此得到空前的增长。也形成了众多少数民族李姓的支房，如柳城李氏、武威李氏、高丽李氏、鸡田李氏、代北李氏等。李姓成为当今中国第一大姓，与唐代赐姓有直接关系。

唐宗室子孙蕃盛

所谓宗室，指帝王的宗族。唐朝宗室是一个庞大的李姓族群，在政治、经济上都享有许多特权。特殊的社会地位，为他们创造了发展繁衍的优越条件，因而使李姓人口的增殖呈现出前所未有的兴旺景象。除武则天称帝及末代皇帝哀帝李柷外，唐朝有19位皇帝，每帝多则20余子，最少也有两子，19帝合计有219子，平均约每人12子，各自又分衍出许多支派，这就形成了宗室李姓人口的持续加倍增长。

唐高祖李渊有22子，分为15房：楚王智云、荆王元景、徐王元兴、韩王元嘉、小郑王元懿、霍王元轨、虢王凤、舒王元名、鲁王灵夔、道王元庆、江王元祥、邓王元裕、密王元晓、滕王元婴、嗣王璥。唐太宗李世民有14子：常山愍王承乾、楚王宽、吴王恪、濮王泰、庶人祐、蜀王愔、蒋王恽、越王贞、高宗治、纪王慎、江王嚣、代王简、赵王福、曹王明。唐高宗李治有8子，中宗李显有4子，睿宗李旦有6子，玄宗李隆基有23子。自玄宗以后，诸王不出阁，不分房。唐肃宗李亨有14子，代宗李豫有20子，德宗李适有11子，顺宗李诵有22子，宪宗李纯有20子，穆宗李恒有5子，敬宗李湛有5子，文宗李昂有两子，武宗李炎有5子，宣宗李忱有11子，懿宗李漼有8子，僖宗李儇有两子，昭宗李晔有17子。

据《新唐书》记载，唐朝宗室定著39房：定州刺史房、南阳公房、谯王房、蔡王房、毕王房、雍王房、郇王房、大郑王房、蜀王房、巢王房、大楚王房、荆王房、徐王房、韩王房、彭王房、小郑王房、霍王房、虢王房、道王房、邓王房、舒王房、鲁王房、江王房、密王房、滕王房、恒山王房、吴王房、濮王房、蒋王房、越王房、纪王房、曹王房、泽王房、章怀太子房、湖阳郡王房、让皇帝房、惠庄太子房、惠文太子房、惠宣太子房。其中，蜀王房又有陇西、渤海两房，宗室共41房。终唐之世，宗室共产生宰相12人，其中，定州刺史房有李麟，郇王房有李林甫、李回，郑王房有李程、李石、李福，小郑王房有李勉、李夷简、李宗闵，恒山王房有李适之，吴王房有李岘，惠宣太子房有李知柔。另外，陇西李氏有宰相10人，赵郡李氏有宰相17人。这些宰相，各成一支，子孙繁衍，又使李姓人口得以扩充。

（二）南迁与入闽

唐王朝建立后，李姓被奉为国姓，因此唐朝是李姓发展的重要时期，这不仅表现在如上所述李姓人口规模的急剧扩大上，而且表现在李姓人口或因分封或因北方战乱而向南方快速迁徙上。李氏入闽，即始于唐代。依据李姓族谱及各种史料分析，北方李姓向闽地的迁徙主要有如下几个重要时期，这些迁闽的李姓后裔在以后的岁月中并逐渐扩展至福建全境及周边省份。

李元祥被封闽越江王

唐初太宗贞观十一年（637 年），唐朝宗室支系、唐高祖第 20 子李元祥十岁被封为“闽越江王”，分派入闽。先入汀，徙状元崎。高宗龙翔二年（662 年），李元祥 35 岁，到永安大湖坑源开基，李元祥成为永安李姓的开基祖。今永安大湖坑源村存有“江王祠”，祠堂大门对联书曰：“衵开唐帝念一子，派衍闽邦亿万家。”元祥之子武阳袭爵为武阳王，后遭武则天所杀，武阳之子李皎袭封江王。到皎子李祖丛时，被武则天黜夺“武阳郡王”封爵，李祖丛在流放岭南途中落脚福建南安，卒葬南安德教乡超庭里皇平山天砚冢（今南安八都）。祖丛之子万康，名融，幼鞠养于南安县丞。李融于天宝十年（751 年）蒙敕申叙，得以恢复族人身份，授南安县丞，赠秘书监。李万康成为了南安李姓的开基祖。万康生四子：楚盘、晁唐、晁嵩、晁丛（晁隆）。天宝十四年（755 年）安史之乱，楚盘率诸弟侄和子尚昊 50 余人勤王从军，授漳浦参军。肃宗乾元二年（759 年）封五州节度使，因破安禄山有功，升云麾大将军。代宗宝应元年（762 年）封陇西开国公，后卒于南安德教乡嘉禾里半林村（今南安洪梅镇仁宅村与东园村）。楚盘苗裔分布在德化英山、绣溪、沙堤。唐德宗建中四年（783 年），李祖丛曾孙李尚昊从长安避难回福建，并定居剑州尤溪皇历村（今永安槐南乡皇历村）。其后，元祥后裔逐步向外徙居。如元祥 14 代裔孙李伯玉于北宋初年由南安县迁徙至甫田县白塘定居，成为“白塘李氏”始祖；其 15 代裔孙李圣于五代后汉戊申岁（948 年）由南安县迁徙至仙游县永福里汾阳，成为“仙游李氏”始祖。其 15 代裔孙李其洪於五代十国时期后汉高祖乾佑元年（948 年）从皇历迁居古沙县崇仁里二十六都双峰上村（今永安市贡川镇双峰村），这里现存永安李氏宗祠“教忠堂”。在福建省永安市槐南乡皇历村有入闽太始祖李元祥江王祠。由于永安为江王李元祥开基之地，东南亚李姓多追根于李火德，而李火德是李元祥的直系后裔，所以福建永安也应该是海外李姓寻根谒祖的一个重要去处。入闽李氏之派衍发展，如世系歌所云：

入闽一世讳元祥，高祖分封号江王；
二世皎公武阳王，仍袭原爵姓名扬；
三世祖丛遭武危，逃难泉州德教乡；
四世万康五楚珪，四子昊殷连芬详；
六世尚昊生悦俊，始开皇历世代昌；
七世希悦八复礼，九远有功十为匡；
十一勗公十二求，十三弘继四仲流；
十五其洪迁双峰，仁义礼信分四宗；
此是旧谱遗传者，陇西源流一脉通。

随陈氏父子入闽

据《漳州府志》载：唐高宗总章二年（669 年），泉、潮间蛮獠啸乱，朝廷先后任命光州固始人陈政、陈元光父子，掌管岭南军事，入闽平乱。132 员将士随之入闽，其中有唐开国名将卫国公李靖之孙李伯瑶（612—672 年）、医士李如、校尉李牛以及队正李彪、李仙客、李宏等，皆为固始人。《漳州府志》载："李伯瑶者，固始人，随陈元光开漳州，平蛮獠三十六寨，战功推为第一。"《福建通志·唐宦绩篇》也载：李伯瑶（征闽中郎将），尝任开漳圣王陈元光之参军，因其佐政有功，赐号"辅信"。尔后，随开漳圣王征讨南蛮诸寨时，以骄兵之计，智擒贼酉，平三十六寨，遂奏封"司马"。又尝凿断鹅头山，平娘子峒诸寨，战功彪炳，卒谥"定远将军"。据《开漳辅胜将军武侯公碑记》载，蛮獠啸乱平息后，李伯瑶及其十三子即随陈元光留守、开发漳州。李伯瑶成为李姓漳州开基祖，并成为闽南一大李姓宗系，其子孙散处福建漳州、龙溪、漳浦，广东潮汕等地。闽南的华安、渡东等地族谱，就直接写李伯瑶为其始祖。因李伯瑶智勇双全，功居第一，又被称为"辅胜将军"、"辅胜公"、"李辅胜爷"。今漳浦县旧镇等地皆有辅胜将军庙，李伯瑶主殿奉祀。云霄火田村李氏家庙有联曰："辅国屯军曾此地，承家衍派永朝宗。"云霄县成惠庙李伯瑶殿联云："竖柳为营操胜券，断鹅平洞扫妖氛。"古楼庙李伯瑶殿联日："辅佐玉钤军，一家父子资襄赞；

顺搜金浦志，半壁山河赖转圆。”无不充满着后代子孙对李伯瑶的敬仰之情。除被李氏视为家族保护神外，李伯瑶还多配祀于开漳圣王庙。

武周时避祸或被贬南方

唐高宗皇后武则天于公元690年废睿宗李旦，自称圣神皇帝，改国号为周，史称武周。她任用酷吏，屡兴大狱，打击唐宗室子弟，使宗室、朝臣不少人被牵连冤杀，许多皇族李姓人被贬逐到闽粤一带，还有一部分宗室李姓人从长安、洛阳逃到比较安静的江南定居。这些人的子孙遂留居南土，繁衍发展。被武则天贬抑流放到南方的李唐宗室很多，如太宗第八子越王贞，与其长子琅琊王李冲起兵反武，起兵二十日兵败被杀，其第三子李温被流放岭南。太宗第四子李泰的长子嗣濮王李欣，被酷吏陷害贬昭州刺史（今广西平乐县）。太宗第六子蜀王李愔之子嗣蜀王李璠，永昌年流放诚州（今湖南靖州县）。太宗第十子纪王慎，受越王贞起事牵连被下狱，后来得到赦免，改姓虺氏，流配岭表。其次子五人遇害，家属徙岭南。高宗第四子许王素节，与泽王上金一同被周兴诬告，被缢杀。其子九人一并被杀，其余诸子琳、瓘、璆、钦古等人以年小，特令长禁雷州。等等。

避“安史之乱”南迁

唐玄宗天宝十四年（755年）冬，平卢、范阳、河东三镇节度使安禄山及其部将史思明，以诛杨国忠为名，起兵叛乱，历时八年方被平定。这场战乱使社会遭到了一次空前浩劫。《旧唐书·郭子仪传》记载：“宫室焚烧，十不存一，百曹荒废，曾无尺椽。中间畿内，不满千户，井邑榛荆，豺狼所号。既乏军储，又鲜人力。东至郑、汴，达于徐方，北自覃、怀经于相土，人烟断绝，千里萧条”，几乎包括整个黄河中下游，一片荒凉。杜甫有诗曰：“寂寞天宝后，园庐但蒿藜，我里百余家，世乱各东西”。这说明经过战乱，广大人民皆处在无家可归的状态中。战乱使中原人民遭受如此空前的浩劫，黄河流域的经济文化经历一次毁灭性的劫难，但却为南方长江流域经济文化的崛起和繁荣提供了良机。安史之乱爆发后，一些地方官员或士人看到时局维艰，纷纷举家南迁躲避战乱，居于故里者“百无一”。官僚士大夫的流移地区除了极少数是避于邻近的山险之地外，其流向主要从两京一带移往江南、剑南、荆南和岭南地区。《全唐诗》卷248郎士元《盖少府新除江南尉问风俗》诗云：“闻君作尉向江潭，吴越风烟到白谙。客路子常随竹影，人家大底傍山岚。缘溪花木偏宜远，避地衣冠尽向南。”“避地衣冠尽向南”之语可知北来“衣冠”数量巨大，据考这些南迁的“衣冠”大都是来自北方各郡及长安、洛阳的官僚士大夫。在这些大批的南走的人中，李姓人不在少数。

黄巢起义与李姓南迁

唐末，规模宏大的黄巢起义使中原又成了兵戎相见的战场，战乱期间，黄巢义军宣告：“黄王起兵，本为百姓，非如李氏不爱汝曹，汝曹但安居无恐。”即便如此，那些与唐王室同姓的李氏族人，还是大批南迁，到江南寻求偏安之地。《崇正系谱·李氏篇》曰：“其南来之祖，则溯始于唐之末年，有宗室李孟，因避黄巢之乱，由长安迁于汴梁，继入福建宁化石壁乡。”欧阳修《新五代史》卷六五《南汉世家》述唐末岭南之情状有云：“是时，天下已乱，中朝士人以岭外最远，可以避地，多游焉。唐世名臣请死南方者，往往有子孙。或当时仕宦遭乱不得还者，皆客岭表。”这里所言晚唐至五代北方官僚士人迁移岭南的几种途径，反映了当时岭南一带已成为北方官僚士大夫及其家庭的主要避乱地之一。唐王朝李氏子孙在江西以居虔州、信州两州为最甚，在福建则以建州、福州为甚。闽西的宁化，正处在建、信诸州之南，虔州之东，未受兵祸，故成了当时避祸乐土，于是赣南的客家先民纷纷从石城过大畲桥，翻越岭隘，进入宁化石壁村，在此休整一段时间后，再散布闽西各地或从永定、上杭迁往广东等。《桂湘川渝李氏宗谱》曰：“江西吉安府泰和县鹅颈大丘和吉水县以及福建的宁化石壁等地成了唐王朝李氏子孙迁徙广东、广西、湖南、湖北以至于海外的中转站。迁至广东、海外的陇西李氏，多数是以福建为中转站；迁至广西、湖南、湖北的陇西李氏，多数是以江西为中转站。”

随王氏兄弟入闽

唐朝末年，光、寿二州农民起义军在蔡州刺史秦宗权势力的迫挤下南走，由固始人王潮、王审邽、王审知带入闽地，并在福建创建闽国。随王审知入闽的67个姓氏中，就有祖籍为河南固始的李姓，有李泳、李盈、李晦翁、李仁遇等。李泳，毗陵《李氏宗谱》记载为越敬王贞子定淮公垲之裔。唐末，“泳避乱徙家邵武。迨五季时，有讳光远者事闽，官尚书。生浚，拜司徒。浚生赠少保僧护。僧护生太保赓，侨家无锡。赓生中大夫右文殿修撰累封卫国公夔。夔生右丞相特进观文殿大学士陇西郡开国公赠太傅谥忠定纲”。李夔、李纲，宋代名臣，去唐末不远，上溯唐祖翔实。纲有七子，长仪之，次宗之，三集之，（四、五子早丧），六茂之，七季之。其裔播迁广远。李盈，《宋史·李虚已传》记载：“李虚已，字公受。五世祖盈自光州从王潮徙闽，遂家建安。”唐末入闽李氏，南安《岭兜李氏族谱》与《芙蓉李氏族谱》、晋邑《川山李氏族谱》、台北《李氏族谱》、柘荣溪坪《谢氏族谱》等，均有记载。明正德年间修《同安地山李氏家谱》，则明确记为唐宗室之裔，其“家谱引”称：“始祖光州固始人也，同闽王王审知入闽，遂卜居县南人（仁）德里地山保家焉。”谱载：初入闽，“兄弟叔侄散处闽地，分居五山。始犹时相往来，一二世后遂不相闻，各就所处之地建立宗祠，自立谱系，后人不能稽核古迹，各以其始至者为祖。”“吾始祖之来此地山也，其始受命于贞孚公曰：惟吾始至闽中，依山立家，后世子孙分居，勿忘山字。由是言之，凡以山为号者，皆吾宗人也。”贞孚公居同安仙店南山（今厦门市杏林区东孚镇东坂村），生五子：君安、君怀、君博、君道、君逸，称大五山。后裔在南山建“南山大宗”祖祠，楹联书：“五山分歧由周仙祖派，山灵毓秀自唐宗王家”。清康熙六十年辛丑（1721 年）李摰中写的《重修地山李氏族谱序》亦言：“惟吾地山一脉，相传始自光州固始县居民，当唐末梁初之时，随闽王王审知入闽，兄弟叔侄散处闽地，分居五山。始犹时相往来，一二世后遂不相闻，各就所处之地建立宗祠，自立谱系，后人不能稽核古迹，各以其始至者为祖。”南安市梅山镇《芙蓉李氏宗谱》载：“远祖在五季初，随王潮南下，分居八闽各地。吾乡一世祖广世公，生于元泰定元年，原籍河南光州固始县，携眷定居武荣（南安市原名）芙蓉乡，繁衍生息。”台北《李氏族谱》也载：“先世光州固始人，唐末随王潮入闽。”河南固始李姓族人随王氏兄弟入闽者，定居于莆田、晋江，后又分支宁化、上杭、邵武、清流等地。

需要特别强调的是，唐初和唐末，随陈政、陈元光父子和王潮、王审知迁居福建的固始李姓大致有两个来源，一是东汉固始侯李通之后。李通，字次元，南阳宛人，跟随刘秀起兵，屡立战功，光武帝把妹妹宁平公主嫁给他，建武二年封他为固始侯，拜大司农。明嘉靖《固始县志》释县名：“帝与通首事，欲其坚固初始欤。”建武十八年（42 年）李通卒，子李音嗣侯爵。音卒，子李定嗣。定卒，子李黄嗣。黄卒，子李寿嗣。五世侯爵绝。明嘉靖《固始县志》“名宦像”载有汉固始侯李通像，原固始县城东门楼正方嵌有李通跨马执矛石像。李通子孙世袭固始侯爵，使李姓在固始得到繁衍发展。二是唐代武则天时，太宗孙定淮公岂，因其父越王贞参与反武则天兵败，为避难逃隐固始南山。毗陵《李氏宗谱》记载李泳为定淮公岂之裔，《同安地山李氏家谱》明确记为唐宗室之裔，“晋江五李”之李氏也是岂公后裔。

（三）经闽迁台

经历了唐朝的发展和南迁之后，李姓支脉繁盛，族大人众，日益发展。此后出于多种原因，播迁更加频繁，分布地更为广泛，其中，宋代“靖康之变”时，大量中原人南迁，李姓属于其中之一。迁徙范围扩大，出现了经闽迁台的新动向，明清时期，李姓入台更为频繁，为台湾的开发做出了贡献。

“靖康之变”时的南迁

北宋靖康元年冬（1126 年），金军攻破东京（今河南开封）。次年四月，金国贵族俘获宋徽宗、宋钦宗和宗室、后妃等数千人，以及珍宝器物、皇家藏书等北去，北宋灭亡，史称“靖康之变”。1127 年 5 月，康王赵构在南京（今河南商丘）称皇帝（即宋高宗），史称南宋。同年 10 月，南宋政府南迁扬州，后又逃到镇江，再逃至杭州。这一时期，中原人多次大规模南迁，有的追随宋高宗赵构的足迹，有的自找出路，总的流向是长江以南地区。南迁者中就有许多李姓富绅士民。如王屋（今河南济源）人李兴，领导一支抗金义军转战于黄河两岸，因作战失利，李兴率领所部义兵万余人南渡归附南宋。

迁至江南的李姓人，以寓居浙江、江苏者为多，其次还有迁至上海、江西、湖北、湖南、福建、广东、广西等地者。例如，覃怀（今河南武陟）人李曾伯；举家渡江后居嘉兴（今属浙江）；理宗宝祐中举进士，后累官治海制置使；李芾从开封徙居衡州（今湖南衡阳），恭帝德祐初知潭州；以烹调羊肉著名的开封厨师“羊肉李七儿”；以善于用肉和各种菜肴做汤闻名的“杂菜羹李婆婆”等南迁后在杭州重操旧业。

从李纲到李火德

这一历史时期，李姓涌现出了一位颇有影响的人物，即宋朝大臣李纲。李纲生于1083年，邵武（今属福建）人，北宋末任太常少卿。靖康元年（1126年）金兵初围开封时，他阻止宋钦宗迁都，以尚书右丞任亲征行营使，团结军民，击退金兵，不久被人排斥。次年，宋高宗即位，他被任为宰相，主张用两河义军收复失地，又遭排斥，仅在职70天。后历任湖广宣抚使等职，曾多次上疏，陈说抗金大计，都未被采纳，于公元1140年郁愤而死。著有《梁溪集》、《靖康传信录》等。福州西湖桂斋内李纲祠故址门柱联曰："进退一身关社稷，英灵千秋镇湖山。"

据广东五华《锡坑李氏族谱》及台湾《李氏族谱》记载，李纲的儿子叫李孟，李孟的儿子叫李珠。李珠于宋末迁汀州宁化（今属福建）石壁村，娶吴氏，生五子，以金、木、水、火、土为号，金德居宁化县，木德迁浙江杭州，水德居福建邵武县，火德迁福建上杭县，土德迁福建清流县。此后，金、木、水、土四支世系不显，唯独李火德备受后世子孙敬仰，成为闽、台等地李姓家族供奉的祖先。

明英宗天顺八年（1464年），上杭县儒学教谕李远，曾为当地李氏"火德公祠"撰写了一篇《始祖火德翁传》，对李火德的事迹有生动的记述。闽、台的李氏族谱也都载有李火德的系出、后代等情况。这些资料称李火德是李氏得姓始祖李利贞的第73世裔孙，出自"陇西房"，是唐高祖李渊之子、江王李元祥的后代。李火德的祖辈是汀州宁化人，值南宋末年元兵入侵，他与妻子伍氏避居于福建省汀漳道上杭县胜运里之丰朗乡。他"为人直谅温良，有孝友忠信之行，非真义不苟取，襟怀坦白"，尊老爱幼，扶危济贫，受到世人的称赞。后娶陈氏，六年生了三个儿子：长子三一郎，名元培；次子三二郎，名乾培；三子三三郎，名坤培。长房李元培居上杭县太湖坪田背，有五子；次房李乾培居福建泉州，有一子；三房李坤培有五子，分居广东、广西、江西等地。这三支李氏，后来不断繁衍壮大，除在闽、粤、桂等省发展外，有一批人渡海移居台湾，有的又进而远徙海外。今天，不仅福建、广东、浙江、台湾的李氏家族大多是李火德的裔孙，其后裔甚至远在美国、加拿大、日本、菲律宾、印度尼西亚。马来西亚、泰国、印度、缅甸、新加坡及欧洲各国的李姓华侨，也大都归于李火德门下，因此李火德被称为“南方陇西李氏的一世祖”，或称之为李姓“陇西入闽粤始祖”。福建上杭李氏大宗祠已成为南方各省和海外李姓寻根问祖的大本营。

中转于珠玑巷

在中国移民史上，珠玑巷作为中国众多移民源之一，是和洪洞大槐树、麻城孝感乡占有同等重要地位的移民标志地，是南迁移民中源流最明确、聚居最集中、人数最多、对近代和当代中国影响最大的一支。其移民后裔之多、之重要，对区域开发、文化传播、人口繁衍影响之大，非其他移民源可及。特别是对于宋元以来的岭南，珠玑巷移民具有重要的决定性的意义。

珠玑巷又名沙水镇，位于距离南雄市区东北方向10公里远的珠玑镇，在沙水河西侧，是一个具有1100多年历史的古巷，是珠江三角洲一带主要族姓的祖居，是客家人向岭南迁徙的重要中转站。

广东和更南一带其他地方的李姓人群基本上都是从珠玑巷迁移过去的。比如南海的绿潭、石江李氏，番禺的沙湾、鹭冈李氏，顺德的逢简李氏，新会的河塘、七堡、务前、泷水、连塘、竹坑、冲澄、鹿洞李氏，中山的麻洲、小榄李氏，东莞的茶山、白马李氏，高要的富佛、银江、陈村、贝水新村、南岸、蔗村、院主、塘冈、罗秀李氏，台山的滘（jiào）口上冲水楼、横塘李氏，开平的冲澄李氏，等等。

由于广州及整个岭南地区大部分李姓家谱中都明确记载这祖上从南雄珠玑巷迁居而来，所以，珠玑巷被视为古代中原南迁李姓氏族的中转迁徙之所、桑梓之乡、祖居聚处、发祥圣地。位于珠玑巷荷树山的珠玑巷李氏大宗祠是南迁李姓后人的朝圣之所，由海内外李氏宗亲捐资，于2006年建成。宗祠建筑面积2200平方米，钢筋水泥框架结构，仿古代岭南建筑风格，雄伟壮观。宗祠分前厅、群贤厅、祭祖厅、功德厅、功德园、聚龙湖、聚龙桥七个部分。祠宇高大雄伟。屋脊上集石雕、瓷塑、陶塑、彩画等工艺于一体的装饰，展示出博大精深的李氏历史文化和珠玑巷的地域文化。宗祠大门门楣上，雕刻着香港李东海博士题的“李氏大宗祠”五个大字。门框雕刻着对联：“耳公垂万福；陇水润千枝”。前厅安装着高大的屏风。屏风上端的红匾正面刻有“根系华夏”，背面刻有“叶茂全球”的金字。

李姓迁台

李姓入垦台湾主要在明清时期。据《台湾姓氏源流》一书，台湾省李氏大多来自闽、粤两省。从明末开始，闽、粤李氏陆续有人东渡台湾海峡，到台湾岛上求发展。最早迁居台湾，可考知其姓名、年代的是明朝天启年间，颜思齐与福建南安人郑芝龙设寨于笨港（今北港），郑芝龙曾多次招徙福建漳州和泉州沿海的汉人，渡海到台湾垦荒，当时有李魁奇，随郑芝龙守寨，这是入台最早的李姓人。李魁奇是惠安人，生于明万历十八年（1590年），《台湾通史》、《台湾外纪》均有记述，后者载李魁奇“渔父也，泉州惠安人，从幼出入湄州沿海，深识水性……年廿九，两臂有七百斤之力。纠合诸渔船（以台湾澎湖为集结地），劫掠商船”。

1661年，郑芝龙之子郑成功率领将士数万人进入台湾，经过八个月的战斗，赶走荷兰侵略者，于1662年2月1日收复台湾。顺治辛丑年（1661年），沿海李氏族人大多因参加郑成功抗荷复台战斗和为反抗清朝“禁海迁界”的迫害东渡台湾，如南安石井溪东李氏有数百人挺进台湾，涌现了郑成功护驾左都督李启轩及李仕荣、李仕华、李学老、李卿发、李富等十八猛士，李仕华、李学老、李卿发及其后裔参加郑氏父子在台湾的“开辟荆榛”，郑成功曾作诗《复台》：“开辟荆榛逐荷夷，十年始克复先基；田横尚有三千客，茹苦间关不忍离。”此后，郑成功在台湾建立行政机构，推行屯田；随从他前往的将士，也都留在那里，共同开发台湾。他在收复台湾五个月后病死，其子郑经嗣位，据守台湾至1680年。郑氏父子入台、治台的明郑时期，有许多李姓人追随左右，在收复台湾的战斗及开发台湾的事业中，都有优异的表现。仅收入《台南市志·人物志》中的李姓人物就有：延平郡王府兵都事李胤，思明知州李景，右先锋镇李茂，守卫澎湖的有先锋镇领兵副总兵李锡，右冲镇李晶，在郑经袭位中立有大功的李志忠，水师二镇先锋营副将李富，总理官李瑞，中提督下副将李芳，果毅中镇下都司李升，游兵镇中营守备李忠，游兵镇管炮守备李受等多人。《台湾通史》等文献也有许多篇幅是记述明郑时期李氏在台活动的，例如：永历（南明桂王朱由榔年号，始于1647年，郑成功及子经、孙克塽沿用至1683年）十八年，明朝遗臣李茂春随郑经入台，定居于承天府永康里；永历二十二年，平和人李达入垦大椇榔西堡潭；永历二十八年，渔夫李奇等七人移住旗后（在今高雄）捕鱼；永历三十七年，淡水通事李沧，获准前往卑南（今台东）采金。

清政府领有台湾后，于康熙二十三年（1684年）置台湾府，不久，闽、粤李姓移民接踵拥至台湾中部；雍正、乾隆时入台人数日渐繁多，垦殖地也不断扩展；至清末，台湾的平原和盆地已经被开拓殆尽，入台的李姓人只好向山区发展。对此，《台湾篇》等文献记述较详，例如：康熙二十四年，李婴进入鹿仔草堡开垦；康熙二十九年，闽人李阳，入垦他里雾堡田头庄；康熙三十二年，闽人李云龙，入垦学甲堡（今台南县学甲镇）；康熙六十年，粤籍义民李焕挺，居于下淡水港，于平定朱一贵之乱时有功；康熙末年，粤人李贞镐，入垦哆啰啯堡前大埔庄；康熙年间，龙溪商人李元，入台湾府（今台南市）开设糖廓，号“李胜兴”；康熙年间，南安人李碧，与黄放合垦于大槺榔西堡港尾寮庄；雍正九年，粤籍义民李伯寿，居于彰化阿束庄附近，大甲西社番变时，与乡人 18 人驰救淡水同知张宏章，不幸战死；雍正末年，李、陈、郭、蔡、尤等姓，合垦于苗栗二堡苑里；嘉庆初年，李、谢、林三姓入垦东螺西堡宝斗庄；嘉庆十七年，李享与庄找等人，入垦奇莱荒埔（今花莲县）；嘉庆二十三年，李、王、张三姓共计 140 人，合力开辟井子脚的新盐田；道光七年，李合吉与吴金等人，入垦奇莱荒埔……总之，300 多年来，闽、粤李姓移民络绎不绝于台海道上，他们定居台湾后，披荆斩棘，凿井辟田，为开发和建设台湾做出了贡献。

台湾李姓支系众多，每个支系又以其来台的第一代作为始祖，并在族谱、郡望、堂号上与祖籍保持一致。这为实现两岸李姓的族谱对接，以及台湾李姓的寻根问祖提供了有力证据。如据《高雄红毛港李氏家谱》记载，雍正年间，李远从泉州府渡海到台湾，当时同去的还有其三位兄长。最初，祖厝设落在“空地仔”，也就是后来的高雄，李远成为红毛港李氏开基祖。近年，红毛港李氏族谱经过学者的努力，已与泉州石井溪东村成功对接。

据台湾《李氏大宗谱》载，台湾李姓多为李火德后裔。台湾李姓今天排名第五，许多县市建有李氏祠堂和李氏宗亲会。

（四）海外播迁

李姓向海外发展，始于明初。清代以来，尤其是鸦片战争以后，西方列强的大炮轰开了清王朝紧闭的大门。中国大陆的海外移民，也随之掀起了他们远涉外洋的历史浪潮。中国李姓中的一部分，也加入到了清代以来下“南洋”，赴“西洋”的华工队伍之中。南方沿海一些居民开始渡海远徙，到南洋（即东南亚）去谋生，其中有许多李姓人。据有关史料显示，早期下南洋的人，主要是福建漳州、泉州、福州及广东广州、惠州、潮州、嘉州、琼州（今海南岛）等地的男性青壮年，他们通过香港、澳门、厦门、汕头等口岸出境，乘船南行，历尽艰难曲折，到达新加坡、马来西亚、泰国、印度尼西亚、菲律宾等国家。由于他们无力支付路费，绝大多数是以“佣工”的身份，通过中介机构被转贩到南洋的。当时的香港合安栈、新加坡广福泰栈等，就是专门从事拐卖、贩运华工的机构。他们到达南洋诸国后，基本上都是做苦工，经过一番艰苦劳动后，有的在经济上稍有积蓄，便做点小本生意，待有一定资金时，转而经营商业。赴南洋者并非都能获得成功。即使如此，仍吸引诸多人络绎不绝地奔赴南洋，在那里求发展，以致使移民南洋的浪潮一浪高过一浪。在南洋诸国拥有较多人口的李姓华人，就是这一时期迁入的。

李姓远涉重洋到大西洋两岸的欧、美各国，也有 100 多年的历史了。

1848 年，美国在加利福尼亚发现金矿，由于缺乏采矿劳力，便在中国东南沿海招募华工。1850 年，第一批作为廉价劳动力的华人到达加利福尼亚，他们随即为这里的淘金者建造了住所和家宅，受到美国人的赞誉，“没有中国人的帮助，这些淘金者很难在加利福尼亚生活下去”。在加利福尼亚等西部金矿区，华工被称作“可以依赖的唯一的劳动力来源”。加州的淘金潮把中国广东无地少地的农民卷到了一片完全陌生的土地，据统计，仅 1852 年一年，就有三万华工抵达旧金山。到 1870 年，在美华工达十万之众，这其中有不少闽、粤等地的李姓青壮年。劳工们长期生活在荒山僻野，风餐露宿，生活十分困苦，1873 年美国出版的一本书中写道：“在矿区、农场、工厂以及加利福尼亚的劳工中，雇用华人是最理想的。华人做的大部分工作如果用要求很高的白人工人来做，那将不能持续下去。”19 世纪 60 年代，在西部的金矿逐渐枯竭之后，数万华工又投身到贯通美国中部和西部的铁路建设之中，当时他们从加州的萨克拉门托由西往东、爱尔兰移民则从内布拉斯加的奥马哈由东往西修建，历时四年，最后在犹他州的奥格登汇合。由于当地的自然环境相当恶劣，工作条件极为艰苦，中国人的茶和爱尔兰人的酒成为劳工提神、解乏的饮品，故有“中国人的茶与爱尔兰人的酒建造了横跨美国大陆的铁路”一说。到 1882 年，已有 30 万华人进入美国，大多集中于西部，从1849年至1882年是中国历史上最大的一次移民潮。这些华工为美国西部的早期开发做出了极大的贡献。此后他们在美国各地发展繁衍，人口不断增加，美国也因此成为美洲李姓华人的主要聚居地。据2009年统计，在美的李氏宗亲会就多达26个。

第一次世界大战时期，英、法两国为解决后勤劳力不足问题，经中国政府允许，在中国上海、天津、青岛、河南等地招募大批华工，其中也有不少李姓人。从1916年5月输出第一批劳工开始，到第一次世界大战结束的1918年11月，相继有14万华工远涉重洋，来到战火纷飞的欧洲，开始了他们曲折艰辛的劳工经历。在欧洲战场上，华工们超强的适应能力和吃苦耐劳的精神给西方人留下深刻印象。英国记者韦克菲尔德说："每一位华工都是顶呱呱的多面手，能忍难忍之苦，工作风雨无阻、冷热不惧……善于学习，对英国远征军的各种工作需求，都能应付自如。"湖南人李汉青没有被派到战场挖战壕，架桥修路，清理战场，而被派到离巴黎不远的依夫林市当搬运工。这里是交通要塞，有塞纳河和瓦兹河通过，又有铁路，是战时用品的集散地。李汉青在码头和车站做工，一直干到战争结束。劳工合同到期，大部分华工迁返回国，李汉青选择留在法国。战后百业待兴，各行各业需要工人，李汉青在巴黎郊区歌梅泽水泥厂找了一份工作，水泥厂有几百个中国工人，李汉青认识了一个法国女孩，彼此相爱，建立了家庭。江苏人李秀云，被派到前方运输粮食，1918年，一战终于结束，大多数的华工返回中国。李秀云留了下来，工作于歌梅泽水泥厂。直到1946年5月25日与法国小姐安德烈·欧仁妮结婚。婚后住在歌梅骅，育有二子二女。其子路西，在巴黎郊外九十五区开一个小百货店，为人厚道，他很希望有一天能到中国苏州寻根访祖。山东长山县李景真，为元朝兵部尚书李桐之后，读过私塾，干过铜匠，闹过义和团，1912年加入章太炎共和党，为人很有胆识。他报名参加招募华工，决定到欧洲闯荡一番。李景真任五十队总工头。战地生活枯燥无味，华工们在业余时间只有赌博。1918年开始设立华工青年会，干事有：李权时、温万庆、舒鸣等人。他们都是留学英美学生，辍学义务为华工服务。还编《华工周报》、《六百汉字》教材等。根据留在法国的华工组织旅法华工总会上世纪30年代的一项统计，发现有一万余华工仍留在法国工作生活，成为法国的首批华人。留在法国的华工，一些人幸运地与当地女子结婚，有的留法华工还参加了第二次世界大战。从网上《一战英招华工死亡名录》（1917—1920 年）有详细记载的华工中，李姓死亡华工 173 人，有河南武安人李甲才，河南密县人李春山等。

第一次世界大战与十月革命时期是俄国华侨史上的重要阶段。沙皇政府通过公开招募和私招的方式，将大量华工招募或诱骗至俄国各地。他们有的直接被编入军队，有的在后方服各种劳役，经历了一段十分凄惨的岁月。一战期间，赴俄华工人数说法不一。有两位名叫诺沃格鲁茨基和杜纳耶夫斯基的苏联作家花了整整三年时间，遍访了当年中国志愿兵曾在俄国战斗过的地方，并查阅了大量的俄国档案所提供的颇为可信的资料之后指出："在第一次世界大战期间，运往俄国的中国劳工不下 20 万。此外，还有数万中国劳工从美索不达米亚逃来俄国"。《黑龙江省志·侨务志》载："第一次世界大战前后的几年间，经黑龙江地区各口岸出境的华工华商总数达 502621 人……大量未经官方统计的尚不在内。到俄国十月革命爆发时，在俄国各地做工的华工约有六七十万人。"《山东省志·侨务志》载："一战期间，在俄国的华工共 50 万人，其中山东人约 44 万"。对上述资料进行综合考察和对比，可以认定，一战时期，在整个俄国，包括欧俄、西伯利亚及远东地区，战争的前线与后方以及战前和战争期间分别赴俄的华工总数约在 40 万—50 万人还是可信的。这是中国人大量走出国门旅居俄国的时期，也是李姓大量旅居俄国的时期。

一战期间被招募到俄国的华工大多在伐木场服苦役，任人役使和宰割，过着暗无天日的悲惨生活。华工李振东回忆说："1916 年，在帝国主义战争最激烈期间，我随 12000 名招募来的中国穷人来到俄国。我们在离彼得格勒不远的伐木场做工。我们是寻求幸福生活的，可是我们在服苦役。在沙皇俄国跟在中国一样，都是吸血鬼资本家的天下。在林场每天要干 15 个钟头，睡在潮湿的窑洞里，又挤又脏，可是我们的劳动报酬少得可怜，勉强混饭而已。"1917 年十月革命爆发。身居俄国的广大华工们欣喜若狂。他们知道，饱受沙俄政府、资本家、包工头压迫、剥削和奴役的苦难岁月即将结束，转而又参加了苏联红军。华工李富清 1916 年 4 月从沈阳被招募到俄国做工，受尽了苦难。1917 年参加到苏联南部的一支游击队，以后辗转战斗于白俄罗斯、乌克兰、高加索和波兰等地达数年之久。1917 年年初，李富清和其他200多人，其中包括70多位中国同志，被调往彼得格勒担任列宁的卫士。后来随列宁来到莫斯科的克里姆林宫，继续承担保卫列宁安全的神圣职责。在苏俄内战期间，红军队伍中的中国志愿军战士大约有4万—5万人。如果再算上参加各地游击队的华工，其总数至少应当在15万—20万人之间，其中不乏李姓华工，他们不惜抛头颅、洒热血，用自己的宝贵生命来保卫十月革命胜利果实的英勇事迹，彪炳千秋，永垂史册。

此后，抗日战争前后、解放战争时期及中华人民共和国建立后，均有李姓人徙居海外，其次数之频、人数之多、分布地域之广，难以尽述。

（五）李姓分布

中国科学院遗传研究所研究员袁义达在他的著作《中国姓氏》一书中指出，李姓是当代中国人口最多的姓氏，当代李姓人口已达9500余万，为中国第一大姓，约占全国人口的7.9%。其研究同时证实：如果加上少数民族中的李姓和海外华裔李姓，李姓总人数超过一亿，是当代世界上最大的同姓人群。根据研究者的统计，李姓在中国的分布目前主要集中于河南、四川、山东三省，而河南为李姓第一大省。

李姓人口的分布情况如下：

李姓人口单位面积内密度最高的地区在东北、冀鲁豫大部、四川大部、苏皖北部、每平方公里的李姓人口到17.2人以上，中心地区高达30人以上。密度最高的（17.2人以上/平方公里）地区占国土面积的20.5%，李姓人口大约4313万；12.9人—17.2人/平方公里的地区占国土面积的17.8%，李姓人口大约2385万；8.6人—12.9人/平方公里的地区占国土面积的29.6%，李姓人口大约253万；不足4.3人/平方公里的地区占国土面积的32.1%，李姓人口大约297万。

李姓分布很广，但不均衡。李姓在西南、华北是最常见的姓氏。在云南、四川中部、河北、河南、山西、甘肃西南、青海西部、山东北部、吉林、黑龙江大部，李姓一般占当地人口的比率在9.2%以上，覆盖面积占了总国土面积的20.2%，四川东部、贵州、湖南、湖北、广东、广西北部、江西西部、山东大部、安徽北部、江苏北部、陕西、甘肃东部、宁夏、内蒙古大部、辽宁等地，李姓一般占当地人口的比率在6.9%—9.2%，覆盖面积占了国土面积的30.4%；浙江、福建、台湾、江西大部、江苏南部、安徽南部、广西南部、海南、新疆西北、甘肃西部等地，李姓一般占当地人口的比率在2.3%—6.9%，覆盖面积占了总国土面积的20.8%；其他地区李姓一般占当地人口的比率不足2.3%，覆盖面积占了总国土面积的28.6%。

东北地区、河南大部、河北、山东、四川中西部、江苏北部、安徽北部李姓人口最多的地区，约占李姓总人口的45.3%。山西、河南西部、江苏南部、安徽中南、湖北、江西西北、云南中部、湖南西北、四川北部、甘肃南部、青海东南、陕西东南地区是李姓人口较多的地区，约占国土面积的17.8%，李姓2358万，约占李姓总人口的25%。内蒙古中西部、陕西北部、甘肃中部、青海东部、广西、海南、贵州南部、湖南西南、福建、江西东部、浙江、安徽东南、台湾、新疆西北地区，约占国土面积的29.6%，李姓2533万，约占李姓总人口的26.6%。其他地区是李姓分布较少的地区，约占国土面积的32.1%，李姓297万，约占李姓总人口的3.1%。

鹿邑是李姓的发源地。到2003年年底，全县李姓已发展到9577人，已占全县常住人口的8.1%，全县所属22个乡镇均有李姓，其中任集乡李姓占总人口的15%，穆店乡占14%，任集乡半截河村委会1200人全部为李姓，穆店乡西李村委会占90%，后李、前大李、后大李三个村均占80%以上。

李姓在台湾是第五大姓，占总人口4%强一些。据李氏族谱记载：李氏于唐高宗总章年间随陈政、陈元光父子开辟漳州是最早的南迁，后来，中原动乱，李姓人从长安转道开封迁往福建，在莆田、晋江定居。后分居宁化、上杭等地，如今上杭李姓大宗祠是闽台李氏公认的始祖祠。明末，福建李氏陆续东渡台湾发展，最早迁入者李魁奇，他是随郑芝龙守寨于笨港的。郑成功收复台湾时，有许多李氏人在战斗和开发台湾中作出优异成绩，其中有李民、李景、李茂等人。清政府治台期间，那就有更多李氏子孙到台湾发展，李登辉的祖籍地永定湖坑，也是上杭李氏大宗祠的分支，因此台湾李氏的根在福建。

在少数民族中，李姓也有广泛分布，现分别就苗族、壮族、瑶族、白族、畲族、犹太族、蒙古族、回族等进行简单介绍。

苗族居住在南方，半数以上在贵州，其余分布于湖南、云南、广西、四川、广东、湖北等省，与其他兄弟民族大杂居，小聚居，约有 510 万人。李氏在苗族中占有一定的比例，在黔西威宁地区的苗族中为大姓之一。汉姓为“李”、苗姓为“孟恩路”，这是他们实行“子父连名制”的一种特殊写法。苗族中的李氏，有些是民族融合的产物，有的已与李氏的原意无关。例如，清朝咸丰、同治年间由张秀眉领导的贵州苗民起义中有个起义军将领叫李洪基，但他并不姓李，“李”系他的苗语名字“拟”的讹写，而“拟”在苗语中意为水牯牛，“洪基”为“弯角”之意，故“李洪基”即“弯角水牯牛”。据有关学者考证，清朝官府在登记户籍册时，用同音的汉姓代替男性户主的苗名，因而形成了苗族汉姓。苗族中的一些李氏，就是这样产生的。

壮族系由古代百越的一支发展而成，是中国人口最多的少数民族，约有 1340 万人，其 90% 以上分布在广西壮族自治区，小部分居住在云南、广东等省。李氏在壮族中人数较多，曾出过一些有影响的人物，如太平天国著名将领李开芳、李锦贵、李文彩等。

瑶族主要由古代“长沙武陵蛮”的一部分发展而成。约有 145 万人，李氏为瑶族主要姓氏之一，在瑶族原有十二姓中居于第五位。瑶族李氏根据血缘远近，分有若干“房”；各房都有称呼，辈分称谓有“本头”、“巴比”、“九古”等。瑶族李氏具有反抗封建压迫的精神，清朝有广东八排瑶民反清首领李英，还有湖南瑶民起义首领李元发。

白族自称“白子”、“白尼”，主要聚居于云南省大理白族自治州，并散居于云南省碧江、元江、昆明、昭通及贵州省毕节等地，1982 年统计约有 113 万余人。唐朝史学家杜佑，曾任岭南节度使，熟悉南方少数民族情况，他所撰写的《通典》中记载有白族的姓氏：“其地有数十部落……有数十姓，以杨、李、赵、董为名家，各据山川，不相役属。”从中可以看出李氏是白族中的大姓，至少有 1000 多年的历史了。再往前追溯，三国时蜀相诸葛亮在赐给世居云南的南蛮酋长龙佑那以张姓时，又赐各酋长杨、李、赵等姓。这又说明 1700 多年前云南白族已有李氏。三国以后，有不少李氏汉人徙居云南，久而久之，与白族融合在了一起，如唐朝贞观年间的“西洱河蛮”中的杨、李、赵等姓，都自称本来是汉人。

畲族因从事畲耕（即刀耕火种）而得名，他们自称“畲民”或“山客”，约有 38 万人，分布在福建、浙江、江西、广东、安徽五省 60 多个县

（市）的部分山区，以福建、浙江两省为最多。他们通用汉语，主要从事农业，长期和汉族人民杂居，关系十分密切。福建霞浦县畲族族谱中记有“唐光启二年（886年），盘、蓝、雷、钟、李有三百六十余丁口，从闽王王审知为乡道官，由海来闽”，这说明唐朝末年福建有畲族李氏。元末有福建农民起义首领李志甫，据说就是畲族人。

犹太人古称“希伯来人”，公元前13世纪曾在巴勒斯坦居住，用希伯来语（属闪含语系闪语族），公元前11世纪建立以色列王国，创犹太教。公元1至2世纪罗马帝国统治期间，绝大部分被赶出住地，其中散入欧洲的受到迫害屠杀，或与当地民族结合。犹太进入中国，约始于唐朝；有较多的人来中国，是在北宋中叶。北宋时进入中国的这一批犹太人，其先祖在公元前2世纪70年代离开犹太本土，流徙到印度的孟买地区，在那里定居了1100多年之后，于11世纪中叶或后叶，又循海道向东推进，到达了中国。与此同时，还有一些犹太人散居于洛阳、北京、南京、杭州、宁波、泉州等地，但人数最多是住在开封的犹太人。住在开封的这一支犹太人移民，以李氏为首，共有李、俺、艾、高、穆、赵、金、周、张、石、黄、聂、金、张、左、白等17姓，其中两李、两金、两张为“同姓不同家”。明崇祯皇帝十五年（1642年）九月明军掘黄河堤放水淹李自成起义军，使开封沦为泽国，开封犹太人逃亡各地，直到清康熙元年（1662年）重建开封城时，幸存的犹太人才随同汉、回民返回开封，后又在寺院旧址上重建了清真寺。清初，开封犹太人有李、艾、赵、张、高、金、石七大姓，李氏仍居首位。现在开封犹太人尚有四姓，仍有李氏，他们已完全接受了汉族文化。

蒙古族中源于陈蒙古八旗的李雅拉氏，原居于丹东岫岩奇风岭地区，后取其姓首字谐音汉字“李”为氏，隶属镶红旗蒙古。清康熙二十六年（1687年）奉命驻守岫岩奇风岭一带，今后裔散居于岫岩汤池、凤城赛马等地。

回族中的李氏，主要源自赐姓。据《中国历代回教名贤事略》中记载：唐朝时的“李光颜，本阿跌失，敕勒十五部落之一也。因世有武功，赐以国姓荣之。”此外，有个别的李氏则是源于改氏。《闽书方外志》中记载：明朝李贽，本姓林，但祖上“性刚正不挠，为执政所嫌，从容毕命于福州”，其后便改氏“李”了。在清朝，内务府回族人尼亚咱改氏为李，这是回族李氏的又一支。

另据台湾《李氏源流》及大宗祠《李氏史记》等有关资料记载，李氏在海外的分布极广，涉及亚洲、美洲、欧洲等十几个国家，初步统计，这些国家是：美国、泰国、菲律宾、缅甸、新加坡、马来西亚、印度尼西亚、印度、日本、朝鲜、欧洲各国、加拿大各地，李姓在这些国家中都起过举足轻重的作用。有人统计说，海外每30个人中就有一个是姓李的，可见李姓在海外的人数之多、分布之广。现举朝鲜、越南为例予以说明。

朝鲜历史和文化悠久，从公元前1世纪至公元7世纪中叶的朝鲜第一个封建国家高句丽起，朝鲜就先后与中国的汉朝、隋朝、唐朝等封建王朝有着频繁的往来，特别是唐朝，其高度发展的文明，对朝鲜产生深远的影响。7世纪中叶，新罗统一朝鲜，中国唐朝文化对新罗国产生了巨大影响，新罗这一朝鲜三国中开国最早的国家，与唐朝有密切联系。“声名文物，慕效中国，颇斐然可尚”。慕仿中国唐朝的姓氏，是当时新罗慕效中国的内容之一。据朝鲜著名地理学家李重焕《择里志》载：“自新罗末通中国而始制姓氏，然只仕宦士族略有之，民庶则皆无有也。”936年建立高丽王朝后，“始仿中国民族，颁姓于八路，而人皆有姓。”于此可见，古代朝鲜的姓氏，是仿效唐朝的姓氏而制定的。

今韩国全州李氏是朝鲜半岛的一个著名世族，也是李氏朝鲜的王族。全州李氏的始祖李翰为新罗司空，更早的先世无迹可考。李氏朝鲜的王室就是全州李氏的后人，太祖李成桂是全州李氏的第22代。李成桂的高祖父李安社全家迁至元朝境内，定居在今中国吉林省延边地区，李安社成为元朝的达鲁花赤。李安社之子李行里、孙李椿亦曾出任图们地区的元朝千户。李椿之子李子春任元朝双城总管府（在今朝鲜江原道永兴）的千户。在高丽恭愍王向东北方向开拓疆域的战争中，李子春曾作为内应，协助高丽军队攻占双城，因此被高丽封为万户兼兵马使。李成桂出生于永兴，22岁时首度出仕王氏高丽，后接替父职，任东北面兵马使，在击退元军和倭寇的战争中取得战功，升至守门下侍中。洪武二十一年（1388年）李成桂奉命征明途中在鸭绿江威化岛班师，回国发动政变，废旧王禑，立新王昌，次年废昌立恭让，独掌大权，成为高丽末年政治的中心人物。洪武二十五年（1392年）

李成桂建立朝鲜王朝，改国号朝鲜，都汉城，全州李氏遂成为王族。

李氏朝鲜历 27 王 519 年，曾于 1897 年改国号为大韩，至 1910 年朝鲜被日本侵占，李氏朝鲜灭亡。李氏在统治朝鲜的 500 多年时间里，曾下令将王氏高丽所赐的王姓一律恢复其原姓，同时采取“赐姓”的办法以加强统治，赐许多人姓李，因而使朝鲜李姓人口急剧增加。为纪念祖先功绩，朝鲜王朝在全州设有庆基殿和丰沛楼。庆基殿于 1410 年修建，供奉着朝鲜开朝皇帝李太祖的遗像，纯宗、哲宗、英祖等朝鲜王朝历代皇帝的画像。庆基殿内还有悬挂着太祖遗像的真殿和供奉全州李氏先祖李翰夫妇牌位的肇庆庙。

明末清初，又有明将李如松的子孙及明廷李氏遗臣等一批李姓人避难迁入朝鲜。古代新罗、高丽模仿汉姓，是以朝鲜社会长期通用汉语、汉字为基础的。现今朝鲜常用的 143 个姓，全来自于汉族姓氏。其中，金、李、朴、崔为朝鲜四大姓，李姓为第二大姓。李姓之所以在朝鲜社会中成为大姓，其原因大致有二。其一，公元 6 世纪，李唐王朝先后征服了新罗、百济和高句丽，并一直持续到 7 世纪末。在这样一个相当长的历史时期内，朝鲜置于唐朝的统治之下，其赐姓、改姓的大有人在，在李姓贵为国姓的时代，本来就使用汉姓的朝鲜人中李姓自然很多。其二，公元 14 世纪末至 19 世纪中叶，是李成桂在朝鲜建立的李朝政权统治时期，在 500 余年的李王朝的统治期间，赐姓是其强化政权的重要手段。李王朝在灭掉王姓的高丽国后，也按照汉文化的传统，除了下令以前被赐王姓的人恢复其原姓外，还大赐李姓。赐姓使李氏宗族在朝鲜得到空前的庞大。

朝鲜历史上著名的李氏人物数不胜数，古代史上的抗倭英雄李舜臣，以龟船击灭倭寇数百；朝鲜李朝时期有哲学家、诗人李混及哲学家李漠皆著称于世；在现代史上则有李承晚。朝鲜李氏在其国内的政治、经济、军事、文化等领域内，占有极其重要的地位。

韩国也是如此。据 2000 年韩国人口普查结果显示，韩国第一大姓为金，有 9925949 人；第二大姓为李，有 6794637 人。一般认为，韩国李姓为西汉李般、汉朝乐浪太守李震、唐朝支援新罗将领李茂、朝鲜开国功臣女真人李之兰、明将李如松子李应祖和李天根的后裔后代。

越南从古代起，就同中国有密切关系。在越南，李姓处处可见，这首先与越南在历史上长期使用汉语汉字有关。公元初，马援远征骆越，把汉字带人越南。在此后相当长的历史时期内，汉语汉字一直受其官方的提倡。特别是公元 10 世纪以前，越南是中国封建王朝管辖下的郡县，时称交趾、安南。我国中原地区的人民大量、持续地移居交趾、安南，从而使汉语汉字普遍通行。由于汉文化的影响，越南人以汉字作为姓氏。李姓作为百家姓之一，自然在越南人中被接纳使用。但是，李姓成为今天越南的一个大姓，是与越南历史上的李氏王朝有关的。

中国五岭以南地区古称交趾，远在上古时代，帝尧南抚，曾到交趾。公元前 2 世纪初，南越王赵佗置交趾，辖境相当于今越南北部。汉武帝时，交趾为 13 刺史部之一，辖境相当于今广东、广西的大部和越南的北部、中部，治所在今越南河内西北，东汉移治龙编（在今越南河内东天德江北岸），直到隋代，一度曾称交州，长期为交趾郡。唐代，交趾为安南都护府地。唐朝中叶，有唐太宗子曹王李明的后裔李象古，任安南都护，子孙留居安南。北宋时，李象古的裔孙李公蕴原籍福建晋江，他自幼随父亲李淳安到交趾贸易并定居。李公蕴是一个文武双全的人才，宋真宗景德年间，被越南黎朝皇帝龙铤任命为左亲卫殿前指挥使，赐姓黎。宋真宗大中祥符二年，交趾廷乱。据说当时古法乡附近有一棵木棉树被雷击，留下斑斑痕迹，于是他就借机造成一段文字，中有“十八子成”、“天下太平”之语，利用人们迷信符瑞的心理，制造李氏应为国王的舆论。1009 年，黎朝皇帝龙铤驾崩，朝中大臣平素敬畏李公蕴，便纷纷拥护他为皇帝。于是李公蕴于公元 1010 年登基，建立越南李朝，迁都大罗城，改城名为升龙（今河内），开创了李朝。据说，李公缊梦见金龙飞至随后直升高空，故将“京都”定名为“升龙”，一直到 1831 年“升龙”才改为“河内”。李公蕴成为李朝的开国皇帝，史称李太祖。李公蕴成为越南皇帝后，曾派遣使者前来中国，向宋廷纳贡，受宋朝真宗册封为“交趾郡王”，至仁宗朝亦封为南平王。后追谥为交趾国太祖神武皇帝。李公蕴由于来自中国，对中国文化特别有感情，所以他所实行的政治、经济、文化制度都仿照中国。他仿照中国的式样建造宫殿，又大力提倡汉语汉字，1010 年的《迁都诏》就是用汉字写成的。李公蕴生于北宋雍熙元年（984 年），天圣六年（1028 年），享年 44 岁。如今，越南有不少关于李公蕴的传说与故事，河内市除了立有李太祖的雕像外，还有一条街名叫李太祖街。

李公蕴之后，李朝有七位皇帝，他们是李太宗，李圣宗、李仁宗、李神宗、李英宗、李惠宗、李昭王。李圣宗在位时，改国号为“大越南”，他被宋仁宗封为“安南王”。他大力仿效中国的各种制度，特别崇尚孔子，命令修建孔子庙，今越南河内的文圣庙，就是当年的孔子庙，气概宏伟。李圣宗还仿效中国科举制，置博士科招揽人才。这些制度的实行，使其国泰民安。在李英宗时，宋朝孝宗封其为“安南国王”。此后，由李惠宗继位。李惠宗无子，便由其女儿昭圣公主继位，是为昭王。后来昭圣公主与李朝大臣陈守度的侄儿陈日照结婚，不久就让位给陈日照，李氏王朝的统治至此宣告结束。

尤其值得一提的是，李公蕴仿效汉文化的传统，采用赐姓的手段来加强政治统治，他的子孙也都沿用此法，越地李朝历八主 216 年（1010—1225 年），李姓被广泛地赐予有功的文臣武将，从而使李氏宗族在越南急剧膨胀扩充，发展成为越南的大姓。

三、李姓文化

李姓族人在创造了辉煌历史的同时，也演绎出了灿烂的文化，举凡郡望堂号、家乘谱牒、堂联楹对，以及逸闻趣事等等，荦荦大观。

（一）郡望堂号

李姓郡望

宋代史学家郑樵《通志·氏族略序》说：“三代之后，姓氏合二为一，皆所以别婚姻，而以地望名贵贱。”此“地望”即“郡望”。“郡”是行政区划，“望”是名门望族，“郡望”指魏晋至隋唐时形成的每郡显贵的家族，意思是世居某地为当地所仰望。郡望的形成源于东汉以后逐渐形成的氏族门阀制度。世家大族依靠其门阀等级在政治、经济各方面世代享受特权，被称为“大姓”、“高门”、“士族”、“著姓”、“冠族”、“右姓”，其子孙即便迁徙外地，习惯上仍举原籍或始祖发祥地的郡名作为标志，后世称之为“郡望”。

在李姓绵延的历史发展过程中，形成了众多的郡望。据《广韵》记载，李姓有郡望12个，即陇西、赵郡、顿丘、渤海、中山、襄城、江夏、梓潼、范阳、广汉、梁国、南阳。《新唐书》和《古今姓氏书辩证》又列出李姓分支数十个，分布于30多个地方，即：丹阳、安邑、平凉、姑臧、敦煌、绛郡、武陵、中山、颍川、常山、平棘、辽东、襄平、江夏、广陵、汉中、柳城、略阳、鸡田、武威、高丽、西域、代北、河南、京兆等。

1. 陇西郡。战国时置郡，治所在狄道（今甘肃临洮南）。西汉时辖境相当于今甘肃东乡以东的洮河中游、武山以西的渭河上游、礼县以西的西汉水上游及天水市东部地区。此支李姓，其开基始祖为秦司徒李昙长子李崇。

2. 赵郡。汉时置郡，治所在邯郸（今河北邯郸市西南）。西汉末相当于今河北邯郸、邢台、沙河等市、县和隆尧、永年两县西部地区。此支李氏，其开基始祖为秦太傅李玑次子李牧。

3. 顿丘郡。西晋泰始二年（266年）置郡，治所在顿丘（今河南清丰西南）。相当于今河南清丰、濮阳、内黄、南乐、范县等县地。此支李氏为陇西李氏分支，其开基始祖为西汉名将李广孙李忠。

4. 渤海郡。在今辽宁、河北、山东三省之间，渤海湾沿岸一带。唐玄宗先天二年（713年）唐朝封大祚荣为渤海郡王。此支李氏为陇西李氏分支，其开基始祖为西汉名将李广九世孙李恬。

5. 中山郡。汉高帝置郡，治所在卢奴（今河北定县）。相当于今河北狼牙山以南，保定市安国以西，唐县新乐以东和滹沱河以北地区。此支李氏为赵郡李氏分支，其开基始祖为李玑第三子李齐。

6. 襄城郡。晋泰始二年（266年）置郡，治所在襄城（今河南襄城县）。相当于今河南襄城、郏县、舞阳等县地。

7. 江夏郡。西汉高祖六年（公元前201年）置郡，治所在安陆（今湖北云梦）。相当于今湖北安陆、钟祥、潜江、沔阳、嘉鱼、蒲圻、崇阳以东，及河南光山、新县以西，信阳以东，淮河以南地。此支李氏为赵郡李氏分支，其开基始祖为汉颍川太守李秉五世孙东汉会稽太守李就。

8. 梓潼郡。东汉建安二十二年（217年）刘备分广汉郡置郡，治所在梓潼（西魏改巴西，今四川梓潼）。相当于今四川江油、安县以东，绵阳、盐亭以北，广元、剑阁以西，陕西宁强、四川青川以南地区。此支李氏为陇西李氏分支，其开基始祖可能为李广孙李忠。

9. 范阳郡。三国魏黄初七年（226 年）改涿郡置郡，治所在涿县（今河北涿州市）。相当于今河北内长城以东，永清以西，霸县、保定市、紫荆关以北和北京市房山以南地区。此支李氏为陇西李氏分支，其开基始祖为李广之父李尚（李崇五世孙）。又据《新唐书》所载，此郡李氏自云常山愍王之后。

10. 广汉郡。汉高帝六年（公元前 201 年）分巴。蜀二郡置郡，治所在乘乡（今四川金堂东），东汉移治雒县（今四川广汉北）。西汉时相当于今甘肃文县、陕西宁强以南，四川旺苍、剑阁、蓬溪以西，潼南、遂宁、新都以北，什邡、北川以东地区。此支李氏为陇西李氏之后，其开基始祖为李尚（李广之父）。

11. 梁国。汉高帝五年（公元前 202 年）改砀郡为梁国，治所在睢阳（今河南商丘南）。相当于今河南商丘市和商丘、虞城、民权、安徽砀山等县地。

12. 南阳郡。战国秦昭王三十五年（公元前 272 年）置郡，治所在宛县（今河南南阳市）。汉相当于今河南熊耳山以南叶县、内乡间和湖北大洪山以北应山、郧县间地。

13. 丹阳郡。西汉始置郡，东魏时又置郡，治所在秣陵（今河南沈丘）。相当于今河南项城、沈丘、郸城等县地。此支李氏为陇西李氏分支，其开基始祖为李广 13 世孙李伦。

14. 安邑县。秦置县，治所在今山西夏县西北，北魏太和十一年（487 年）分置北安邑和南安邑县。此支李氏为陇西李氏分支，其开基始祖为李广 14 世孙李盖。

15. 平凉郡。十六国前秦始置郡，治所在平凉（今甘肃平凉西北）。北魏移治鹑阴（今甘肃华亭县西），相当于今甘肃华亭、平凉西南及东南一带。此支李氏为陇西李氏分支，其开基始祖为十六国西凉的创建人李暠（李广 16 世孙）玄孙李系。

16. 姑臧县。西汉元狩二年（公元前 121 年）置县，治所在今甘肃武威，地处河西走廊要冲，东汉为武威郡治所，三国魏后又为凉州治所，十六国时前凉、后凉、南凉、北凉都曾建都于此。此支李氏，其开基始祖为李暠之曾孙李丞。

17. 敦煌郡。汉元鼎六年（公元前111年）分酒泉郡置，治所在敦煌县（今甘肃敦煌县西）。相当于今甘肃疏勒河以西及以南地区。此支李氏，其开基始祖为李暠又一曾孙李茂。

18. 绛郡。春秋晋地，今山西曲沃西南。此支李氏，开基始祖为李暠玄孙李成礼。

19. 武陵郡。汉高祖置郡，治所在义陵（今湖南溆浦南）。相当于今湖北长阳、五峰、鹤峰、来凤等县，湖南沅江流域以西，贵州东部及广西三江、龙胜等地。此支李氏，其开基始祖为李暠之子李豫之玄孙李刚。

20. 颍川郡。秦王政十七年（公元前230年）置郡，治所在阳翟（今河南阳翟县）。相当于今河南登封、宝丰以东，尉氏、郾城以西，密县以南，叶县、舞阳以北县地。此支李氏为赵郡李氏分支，其开基始祖为李玑之子李牧的六世孙李秉（为此郡太守）。

21. 常山郡。秦置恒山郡，西汉避文帝讳改为常山郡，治所在元氏（今河北元氏县西北）。西汉末相当于今河北唐河以南、京广铁路以西、内丘以北地。此支李氏为赵郡李氏分支，其开基始祖为李秉14世孙李楷。赵郡李氏自李楷（生有五子）后分东、南、西三组。

22. 平棘郡。治所在今河北赵县。其开基始祖为李膺玄孙李楷。

23. 辽东郡。战国燕置郡，治所在襄平（今辽宁辽阳）。相当于今辽宁大凌河以东。北燕又侨置辽东郡于今辽宁西部。此支李氏，其开基始祖为中山始祖李齐的13世孙李宝。

24. 襄平县。秦始置县，治所在今辽宁辽阳市。东晋元兴三年（404年）地入高句丽。历为辽东郡、辽东国治所，三国魏、晋兼为平州及东夷校尉治所。

25. 广陵郡。西汉元狩二年（公元前120年）改江都国置广陵国，治所在广陵（今扬州市）。东汉时改为郡，相当今江苏、安徽交界的洪泽湖和六合以东，泗阳、宝应、灌南以南，串场河以西，长江以北地区。东晋后辖境渐小。隋开皇初废，唐天宝、至德时又曾改扬州为广陵郡。此支李氏为赵郡李氏分支，其开基始祖为颍川始祖李秉23世孙李元哲。

26. 汉中郡。战国楚怀王置郡，治所在南郑（今陕西汉中东）。相当于今陕西秦岭以南，留坝、勉县以东，乾佑河流域以西和湖北郧县、保康以西，粉青河、珍珠岭以北地。此支李氏为赵郡李氏分支，其开基始祖为汉颖川太守李秉六世孙李颉（亦即汉东郡太守、太常卿李武孙李颉，为后汉博士）。

27. 柳城郡。唐天宝元年（742年）改营州置郡，治所在柳城（今辽宁朝阳）。相当于今辽宁朝阳县一带。此支李氏开基有：一为契丹族李氏开基，唐大将李光弼即其后；二为本溪族李氏开基，唐成德节度使、清河郡王李宝臣即其始祖。

28. 略阳郡。晋泰始中改广魏郡置郡，治所在临渭（今甘肃天水东北）。相当今甘肃静宁、庄浪、张家川、清水等县地及天水。秦安、通渭部分地区。此支李氏，为巴氐族李氏所开基。

29. 鸡田州。即河曲，今青海东南境黄河曲流处。东汉时为羌族居住地，唐贞观中内属，以其地为鸡田州。此支李氏，本河曲部落稽阿跌之族，至光进赐姓李，是为开基始祖。

30. 武威郡。汉元狩二年（公元前121年）以原匈奴休屠王地置郡，治所在武威（今甘肃民勤东北）。相当于今甘肃黄河以西，武威以东及大东河、大西河流域。东汉移治姑臧（今甘肃武威）。此支李氏，为唐李抱玉所开基。

31. 高丽。即高句丽，朝鲜古国名。

32. 西域。汉以后对于玉门关（今甘肃敦煌西北）以西地区的总称。

33. 代北。泛指汉、晋代郡和唐以后代州以北地区。代郡，战国赵武灵王置郡，秦、西汉治所在代县（今蔚县西南），西汉相当今河北怀安、蔚县以西，山西阳高、浑源以东的内、外长城间地和长城外的东洋河流域。东汉移治高柳（今阳高西南）。此支李氏，本沙陀部落姓朱邪氏，至国昌赐姓李。李国昌官至代北节度使、检校太尉。

34. 河南郡。汉高帝二年（公元前205年）改秦三川郡置郡，治所在雒阳（今洛阳市东北）。相当今河南黄河以南洛水、伊水下游，双洎河、贾鲁河上游地区及黄河以北原阳县。此支李氏，多出自鲜卑族李氏。

35. 京兆郡。汉太初元年（公元前104年）改右内史置京兆尹，职掌相当于郡太守，治所在长安（今西安市西北）。相当今陕西秦岭以北、西安市以东、渭河以南地。三国至隋时称郡。此支李姓为陇西李氏分支，亦有柳城李氏所迁。

李姓堂号

“堂号”本意是厅堂、居室的名称。因古代同姓族人多聚族而居，往往数世同堂，或同一姓氏的支派、分房集中居住于某一处或相近数处庭堂、宅院之中，堂号就成为某一同族人共同的徽号。古代往往在宗祠家庙的匾额上题写堂名，成为表明一个家族的源流世系，区分族属支派的标记。堂号的起源应晚于郡望，其概念与郡望有重叠之处，但外延小于郡望，在同一姓氏之内，除广义的郡号之外，往往以祖上的德望、功业、科第、文字、瑞祥典故等自立堂号。在较为正规的族谱中往往在姓氏前面冠以郡望，在姓氏之后标明堂号。使人一望便知该支姓氏的渊源与支脉族别。

李姓的堂号有得一堂、三友堂、三可堂、三培堂、三鉴堂、四平堂、五经堂、五知堂、九如堂、百德堂、百忍堂、百宦堂、牛山堂、西哉堂、思孝堂、登龙堂、龙门堂、叙伦堂、崇礼堂、帅俭堂、介祉堂、善庆堂、笃谊堂、绵远堂、衍庆堂、本立堂、本源堂、睦本堂、务本堂、思本堂、怀本堂、怀古堂、培元堂、世美堂、清莲堂、如在堂、追远堂、重厚堂、崇本堂、报本堂、敦本堂、敦复堂、敦伦堂、敦睦堂、敦敏堂、龙湾堂、定兴堂、友善堂、仁义堂、礼义堂、尚义堂、绣文堂、会文堂、文莲堂、世怡堂、世德堂、永思堂、光裕堂、同善堂、合敬堂、孝思堂、孝睦堂、雍睦堂、花萼堂、芳庆堂、见龙堂、长发堂、忠武堂、忠恕堂、忠愍堂、叙乐堂、承德堂、函道堂、柳汁堂、洪雅堂、耕读堂、致和堂、秩伦堂、师礼堂、著存堂、棣华堂、顺德堂、名德堂、懿德堂、道德堂、德昌堂、凝翠堂、湛露堂、裕合堂、敬爱堂、慎话堂、福景堂、鸣庆堂、悫存堂、树伦堂、树务堂、树德堂、积善堂、锦心堂、亲睦堂、雍睦堂、培嗣堂、炽昌堂、联辉堂、继述堂，等等。

（二）家乘谱牒

“家乘（shèng）”一词，最早出现于北宋，是从《乘》衍生出来的。春秋时晋国的史书名《乘》，后称史籍为史乘。北宋诗人、书法家黄庭坚著有《宜州乙酉家乘》是记载私家之事、日记性质的作品。此后，有人撰作家谱时，袭用“家乘”之名，意为家族之史。“谱牒”是古代记述氏族或宗族世系的书籍，因魏、晋、南北朝时特重门第，有司选举必稽谱牒，所以古代的谱牒是地主官僚保持门阀地位的工具。这里所说的“家乘谱牒”，指记载一姓一族世系和有关事迹的书或图表，即族谱或家谱、宗谱。家谱与正史、方志一起，构成了中华民族历史大厦的三大支柱，家谱资料成为我国历史文献的重要组成部分。

李姓族谱种类繁多，数量惊人，美国犹他家谱学会存有115种，北京图书馆收藏有67种，民间保存者不计其数。

从时间上说，李姓族谱始于宋代，盛于明、清，还有一些是近现代的，基本上都是私修，而且有初修、续修、再修等版本。修谱的主要目的是“尊祖收族”，并对宗族成员进行“尊尊亲亲之道”的伦理教育，也就是尊敬祖先，加强宗族团结，明确怎样为人处世。族谱的主要内容是记载李姓世系（即世代相传的系统）和重要人物的事迹，一般前有序文、凡例、祖图，后记祠堂、祖茔、辈分、族规、家训、世系图等。

“序文”介绍李姓起源、分支始祖、本谱编修宗旨等。

“凡例”说明本谱的体例及收录范围。

“祖图”为老子李耳等诸位先祖的遗像及赞语。

“祠堂”、“祖茔”，介绍宗祠和祖坟的情况，除用文字叙述外，一般还配有图。

“辈分”指家族中的世系次第。李姓各支派的辈分，大都排列有序，用字讲究，便于记诵。例如，清朝道光年间的《李氏宗谱》列李金脉派的辈次为：“荣升芳建定，万代承宗明；世时乾坤太，子文应必兴”；光绪《陇西郡李氏族谱》列李观脉派班次（班列的次序）为：“绍祖隆先泽，道德传家良；学士登魁首，荣华万载香”；“光宗思继述，世代发籍长；久远绵祖德，永赖振纲常”。台湾各地以祖籍地命名的各支李氏，都有自己的辈次，例如，晋江石圳乡是“悼披云汉，昭回于天，维清揖熙，永用康年”；广东惠州是“英滋华茂达，培毓永劳芳，勋德宜鸿俊，思维世衍昌”。这些句子，按先后次序拆成单字，每个字即是这一脉派下传若干代每一代的字辈，每个人起名时，必须用辈字配其他字，以显示自己是哪一辈人。

民国年间，李宗仁代总统等李氏知名人士希望统一全国李姓辈序，曾拟出新辈序一百字，发表于国报之上：

陇西开统绪　冠冕盛大唐　将相功勋伟　经书道德详
守成嗣续绩　创业祖宗光　诗礼家声显　士师世泽长
学文兼习武　修纪并立钢　孝友充庭宇　臣邻重赞襄
平居讲仁让　报国效忠良　积善有余庆　承先自永昌
箕裘欣克绍　兰桂喜腾芳　燕翼贻谋远　椒蕃万载香

为了使宗族内部形成良好的风气，各地李氏都曾制订过一些条文，提倡和睦宗族，孝敬老人，友爱兄弟，尊敬师长，重视学识，勤劳务业，不忘祭祖；同时，还采用“训”和“诫”的形式，教诲、劝告族人遵纪守法，积极进取。这就是宗规族约。

台湾有辑录历代李氏名人名言而成的《李氏家训二十八则》，还有《陇西李氏宗亲会会歌》。江西、福建等地有多种形式的李氏“家训”、“族诫”。江西《大余新城李氏重修族谱·家训十一则》的十一项内容是：一孝父母；二和兄弟；三睦宗族；四重祭祖；五修坟茔；六务农业；七重敬贤；八慎婚配；九禁洋烟；十禁非为，十一正人伦。每项都有具体解释。

江西兴国江背乡养元村谱《圣谕广训时六条》是：敦孝梯以重人伦；笃宗族以昭雍睦；和乡亲以息争讼；重农桑以足衣食；尚节俭以惜财用；隆学校以端士习；点异端以崇正学；讲法律以征愚顽；明礼让以厚风俗；务本业以定民志；训子弟以禁非为；息诬告以全善良；诫匿逃以免连株；完银粮以省催科；联邻居以弭盗贼；解仇忿以重身命。

福建连城《文川李氏祖训·族诫》各有六条。

祖训：1. 训孝顺父母。人之百行，莫大于孝，家庭中有善事父母、克供子职者，理合褒嘉，呈请给匾，以旌孝行。2. 训敬老尊贤。高年、硕望、模范，具为国家，且有优待之典，族姓可无推财富之文？今与子姓约，尚敬礼之，毋或敢忽。3. 训和睦亲族。子姓繁衍，皆祖宗一脉分形之人，忍膜外亲乎？凡我族人尚笃亲亲之谊，方不愧为望族。4. 训勤读诗书。报国荣亲，诗书之泽甚大，凡我子姓，有志诵读者，品行文章，着力砥砺，或列广序，或掇巍科，非特祖有光，亦副族人之望。5. 训诚实正业。农、工、商贾，各有专业，孰本务实，乃克有成，凡我子姓，宜执其业，实其职者，方为克家令嗣。6. 训早完钱粮。钱粮为惟正之供，输纳产臣民之人，凡我族人，宜各早完，毋累亲族。

族诫：1. 诫不孝不友。五伦之大，孝友为先，倘明发有亏天显罔念甚不足挂齿，维我众人定以不孝、不友之罪，罪之。2. 诫挖卖祖坟。宅兆安厝，祖先之灵爽所栖也，俗有不肖之徒，以卖坟墓为生涯，忍心害理，莫此为甚。倘子姓蹈此恶习，众削其图谱，呈官重惩，永不许入祠与祭。3. 诫为匪乱伦。淫乱一事，律载五刑，况灭伦坏纪，尤禽兽不如。子姓若犯此禁，削其图谱，拒其与祭，家法所在，决无轻纵。4. 诫承充隶卒。隶卒，世所共耻，以是人而列谱系、与祠祭，岂不玷祖宗而坏家风。倘有误践者，宜亲房令，从正业，如固执迷，图谱摈黜。5. 诫欺祖霸祖。宗田，完粮办祭所从出也，如有搞欠，借端欺霸，以致祭祀不敷、钱粮贻累，情同悖祖，众共攻之。6. 诫酗酒打架。家燕合欢，礼法所在，若酒酣耳热，攘臂逞凶，乱我笾定礼法，奚存，长少虽异，均当惩戒。

“世系图”为家谱的主要部分，以时代为序排列世系传承。

此外李姓家谱中还有传记、著述、科举等内容。

（三）堂联集锦

对联又称楹联、楹贴等，是指写在纸上、布上或刻在竹子上、木头上的对偶佳句，往往悬挂或粘贴在墙壁或楹柱上的，是汉语描述客观事物，表达人们思想感情的一种文学艺术形式，具有独特的艺术魅力，为老百姓所喜闻乐见，具有强大的生命力。在姓氏文化中，相关对联也异彩纷呈，或流传于民间，或记载于族谱，或镌刻于宗祠。其用途或表彰先贤，或昭示源流，或歌功颂德，或教导子弟。作为中华大姓，李姓的姓氏对联丰富多彩，举例概述如下。

有关李姓名人之堂联

1. 颂扬春秋时思想家、道家鼻祖李耳的：

一片绿波飞白露；半空紫气下中青。（河南鹿邑老君台联）

道德经括人天治乱之大原，溯群仙统驭万类生成归于太极；柱下史与乾坤悠久而为祖，合佛教慈悲孔门忠恕树厥先声。（青城山正殿）

一生二，二生三，三生万物；地法天，天法道，道法自然。（青城山正殿）

2. 颂扬战国时水利家李冰的：

渊源陆海；堂构都江。（二王庙）

灌输益部成尧甸；疏凿岷源绍禹功。（二王庙）

万顷波光归稼穑；四山云气懔蛟龙。（二王庙）

恢拓禹功名父子；创开天府古神仙。（二王庙）

此日去庄襄二千余年，潭影波光，夜夜照秦时明月；其地溉益州一十六县，豚蹄杯酒，家家祝太守祠堂。（四川都江堰伏龙观第三殿）

六字炳千秋，十四县民命食天，尽是此公赐予；万流归一汇，八百里青城沃野，都从太守得来。（李冰殿）

3. 颂扬唐代大诗人李白的：

仗剑远游，名扬四海；奇文共赏，艺播千秋。

长安市上酒家眠，醉后敢将天子傲；采石矶头明月好，当年犹说谪仙归。（南京采石矶李白祠联）

公昔登临，想诗境满怀，酒杯在手；我来依旧，见青山对面，明月当楼。（南京采石矶太白楼联）

漫扫白云寻鸟迹；自锄明月种梅花。（峨眉山白龙洞联）

豪气压群凶，能使力士脱靴，贵妃捧砚；仙才抱众美，不让参军俊逸，开府清新。

旧是谪仙归隐处；恍闻昔日读书声。酌酒花间，磨针石上；倚剑天外，挂弓扶桑。（郭沫若题李白纪念馆联）

观空天地间，我寄愁心与明月；日出江山上，君随流水寻春晖。

4. 赞扬唐代大画家李思训和诗人李商隐的：

金界楼台思训画；碧城鸾鹤义山诗。（北京故宫乾隆花园云光楼联）

5. 颂扬宋朝名臣李纲的：

进退一身关社稷；英灵千古镇湖山。

6. 颂扬南宋女词人李清照的：

载酒江湖，人比黄花更瘦；校碑阑槛，梦随玉流俱飞。

国破家亡，几卷诗词凝血泪；金镌石勒，千秋文物葆菁华。

7. 李大钊自题联：

铁肩担道义；妙手著文章。

李姓家族祠堂对联

1. 陇西世族；柱下名家。（指李耳和陇西堂）

2. 椰林香近；梅岭争先。（新加坡梅县李氏家族会馆）

3. 卫公勋业；元礼门墙。（典出汉代清流李膺和唐初军事家李靖）

4. 西陇望族；北海名流。（典出陇西郡望和唐代书法家李邕）

5. 家藏邺架；诏赴玉楼。（典出唐代大臣李泌和唐代诗人李贺）

6. 邺侯世泽；楷模家声。（典出唐代大臣李泌和东汉“天下楷模”李膺）

7. 犹龙紫气当前现；旋马清风奕世存。（台湾屏东县内埔李氏宗祠联。指老子和北宋宰相李沆）

8. 木荣花绽展春色；子孝孙贤传嘉风。（鹤顶格李姓拆字联）

9. 原本陇西神仙祖；派系唐朝帝王孙。（台湾台北县淡水镇忠寮里竹围子李氏祖厝联。）

10. 欲从学海问津，且把汉书终日读；莫谓凡夫难度，尚留道德五千言。（安徽省嘉山县方村镇李氏宗祠联。上联典出隋末瓦岗军首领李密少年苦读《汉书》的故事，下联典指老子李聃。）

11. 自唐及周，理官柱史遗恩远；由粤而蜀，祖德宗功沛泽长。（成都市东大街太平巷李氏宗祠联）

12. 系出陇西，将相公侯光国史；宗开淮右，忠良孝友笃家风。（安徽嘉山县曹府山李氏宗祠联）

13. 欲从学海问津，且把汉书终日读；莫谓凡夫难度，尚留道德五千言。（安徽芜湖县方村镇李氏宗祠联）

14. 脉接盛唐，喜玉叶金枝，派衍绥江绵瓜瓞；源开有宋，幸龙章凤诰，多传岭表世簪缨。（广东广宁县古水镇李氏宗祠联）

15. 田可耕，桑可蚕，书可读，袭誉传家至宝；战则胜，攻则取，守则固，文忠开国殊勋。（上联典出唐代江南巡察大使李袭誉，下联典出明代大都督府左都督李文忠。）

16. 世系考春秋，御史名官、东鲁圣人曾问礼；渊源溯唐代，翰林著绩、玄宗皇帝也求诗。（上联典出孔子问礼李聃之事，下联典出唐玄宗李隆基求诗于李白之事。）

17. 台湾李氏宗祠，玄元殿有三联：

第一联；宗庙本亲仁，昭穆长存千载事；祠堂崇祖德，经书授与万方人。

第二联：八一章道德名经，和光同尘，愿子孙勿忘祖训；百千叶帝王华胄，登仙成佛，首堂构共大吾门。

第三联：道德犹龙，崇于汉，尊于唐，欣万脉同归，支绵百世；德彰司马，侪乎儒，超乎法，与诸家併立，祀重千秋。

18. 台湾李氏宗祠五楼祖先厅，长廊柱上刻有11副楹联，其中九联为：

第一联：道德著名经，记骑牛仙踪，曾问关西留明训；数十代帝王华胄，看犹龙后裔，群从海外拜宗祠。

第二联：祠宁庆新成，念祖承先，伦理为吾华美德；宗人期共励，笃亲报国，忠孝大奕世家风。

第四联：溯商周以降，历汉晋唐宋元明间，代有荩臣，彪炳功勋辉国史；诵道德至言，于忠孝礼义廉耻外，阐扬奥旨，扶持名教化群伦。

第五联：海峤峙宏祠，追远慎终，从此褅尝昭祖泽；春秋隆大典，报功崇德，远期敦睦振家风。

第六联：示治国齐家修身处世各要略，于八一章中，愿万代子孙，永守道德；萃名王贤相画圣诗仙诸达人，于百千叶后，喜五方弟子，长绍箕裘。

第七联：道德著名经，祖训先芬，万世子孙应恪守；巍峨建祠宇，春尝秋祭，千年俎豆荐馨香。

第八联：道德著名经，白守黑，雄守雌，五千言箴铭永在；云礽遍寰宇，秋共尝，春共褅，亿万世俎豆常新。

第九联：道参造化，胄显天潢，穆穆前徽光史册；源溯陇西，祠兴台北，湛湛祖泽被云礽。

第十联：恩泽总难忘，身修家齐，早有典型垂百代；英灵信长在，祖功宗德，自应俎豆享春秋。

（四）名胜古迹

李姓族人在数千年的发展演变过程中，不仅创造了灿烂辉煌的家族文化，也留下了丰富多彩的历史遗迹，这些遗迹分布在全国各地，成为今天我们凭吊古人、触摸历史的名胜。

与远古祖帝颛顼有关的名胜古迹

1. 颛顼陵墓

颛顼陵位于河南内黄县城南30公里的梁庄镇三杨庄土山之阳，西侧有帝喾陵。颛顼陵居东，帝喾陵居西，两陵相距60米，人称“二帝陵”。颛顼陵南北长66米，东西宽53米，高约26米；帝喾陵略小且居后两米。据专家分析，这种长辈陵冢大、晚辈陵冢小；长辈陵位趋前、晚辈陵位趋后的殡葬方式，正好印证了颛顼帝“长幼有序”的道德伦理。二帝陵园从下至上有御桥、山门、庙院、陵墓、碑林及纵横其间的甬道，占地面积350多亩；陵墓四周有围墙，称“紫禁城”。史书记载，二帝陵建筑宏伟，碑碣林立，松柏蓊郁，历代帝王祭祀不绝，宋代以后列为定制。农历三月二十八为颛顼帝诞辰日，民间祭祀大戏喧嚣，人声鼎沸，香火缭绕，热闹非凡。但因年代久远，陵区地处黄河故道且紧靠硝河，河水多次泛滥，风沙肆虐，到清朝同治年间，陵墓和建筑群全部被黄沙掩埋于地下。

新中国成立后，人民政府特别重视对二帝陵的保护和开发。政府连续多年在二帝陵区和周围育林封沙，使整个陵区被数万亩苍茫的森林所环抱。特别是1986年以来，对二帝陵进行了三次大规模的清沙、钻探和开发建设，原有的山门、宋井、庙宇、碑亭、陵墓、围墙和多条甬道相继重见天日，挖掘出165块御制祭祀碑、大量仰韶、龙山文化陶片及其他文物碎片。近年，当地政府对二帝陵进行了大规模重修，先后修建了山门、祭拜殿、二帝塑像、棂星门、碑廊、配殿及其他附属配套设施。

今天的陵园，外部芳草萋萋，林涛奔涌；内部松柏参天，庄严肃穆，透出了帝王陵园的沧桑与威严，一年四季前来寻根拜祖的海内外华人、华侨络绎不绝。2000年10月，河南省人民政府正式批准颛顼、帝喾二帝陵为“省级文物保护单位”。当地政府设置了专业管理机构，配备了管理人员。2003年以来，每年的农历三月二十八，安阳市人民政府、内黄县人民政府都举行隆重盛大的公祭大典。每年这一天，都有成千上万的内地、港澳台地区及海外华夏子孙前来参加祭祀活动，即时礼炮轰鸣，钟磬悠扬，颂歌齐唱，共祈华夏血脉永昌、国泰民安、世界和平。

2. 帝丘

也称顿丘，是颛顼帝都城遗址，位于安阳市内黄城南30公里梁庄乡大城村，帝丘城东南3公里为二帝陵，陵城中间相隔硝河坡。大城村尚存残缺土城墙，最宽处8米，最窄处5米，最高处3.6米，最低处2.8米。在古城遗址西北地曾发现过大量的汉以前的砖、瓦、陶片，在城墙夯土层面还发现红色陶片。该城中央有后人所建城隍庙，庙内有十几通古碑，其中有一通清康熙年间的修庙记事石碑，载有“大城村乃故顿丘、卫邑”等字样。

与老子有关的名胜古迹

1. 太清宫

太清宫即老子庙祠，在鹿邑县东5公里外的太清宫镇。太清宫历史悠久，是我国历史上规模最大的道观之一。东汉初始建时称“老子祠”。唐王室追封老子为李姓先祖，武德三年（620年）予以大规模扩建，方圆达十多里，分洞霄、太清二宫，两宫相距半里，中由会仙桥相连。

太清宫始建于东汉延熹八年（165年）。当时汉桓帝尊老子李耳为道家鼻祖，在其诞生地建“老子庙”以进行祭祀。像对待儒家学派的创始人孔子一样，历代皇帝对老子的祭祀一直延续着。自东汉起，各代帝王和地方官员喜欢在太清宫前刻制碑碣，致使太清宫内外碑刻如林。皇家对老子的尊崇在唐宋时期达到了顶峰。唐高祖李渊尊老子为李姓始祖，并以“老子庙”为家庙，亲赴鹿邑祭拜。唐玄宗李隆基两度谒拜“老子庙”，更其名为“太清宫”，他还将祭祀老子母亲的“李夫人祠”更名为“洞霄宫”。唐玄宗敕命所立的《唐开元神武皇帝道德经注碑》，近年也在太极殿南百米处发掘出土。当时的太清宫修建得像皇帝的宫殿，房屋多达600余间。因唐王室奉太清宫为家庙，故其建筑颇类长安王宫，占地8顷72亩，周围40里，宏伟壮观，精致华丽，金碧辉煌。唐末黄巢起义，火烧唐王家庙，太清宫毁于兵火。太极殿前的两株古柏，相传是老子亲手种植的。宋朝皇帝好道，北宋真宗赵恒称道君皇帝，对老子尊崇有加，他在大中祥符七年（1014年）亲率群臣赴太清宫朝拜，册封老子为“太上老君混元上德皇帝”，并大兴土木，进一步扩大太清宫、洞霄宫、明道宫的面积，至此，太清宫的建筑规模达到了历史上的最高峰。至今仍立在洞霄宫前的《先天太后之赞》碑，是真宗皇帝亲笔所书。此碑高8米、宽2米，重50多吨，为现今中国国内道教同类碑刻之最。宋末再次毁于兵燹，金大定年间（1161—1173年）再次大修；元末又一次遭到破坏，清康熙十七年（1678年）再次重修，但规模已大不如以前。“文革”时期又遭到较大的破坏。

近年，考古工作者在鹿邑县的太清宫遗址上进行了多次考古发掘和调查，发掘揭露了唐、宋、金、元时期的太清宫建筑基址，清理出的遗迹有回廊、房基、院墙等，遗物有碑刻、陶瓷器、建筑构件、铜钱等。1978 年，太清宫被列为鹿邑县重点文物保护单位；1986 年升格为河南省重点文物保护单位；现为国家重点文物保护单位。

2. 明道宫

明道宫位于鹿邑县城东北隅，为纪念老子传道讲学建筑群。1978 年定为县级重点文物保护单位，1983 年建立博物馆，1986 年老君台被定位河南省重点文物保护单位。2001 年随太清宫遗址一起列为国家级重点文物保护单位。其内现有伊人宛在坊、升仙桥、犹龙堤、迎禧殿、玄元殿、享殿、老君台、圣泉井等遗迹。明道宫始建于汉，唐时以老君台为中心形成了规模宏大的建筑群，宋、元、明、清各代均有增建，惜多毁于战火，除老君台外，今建筑大都为现代所建，各殿匾额由旧蓝本复制。

3. 老君台

老君台又名升仙台、拜仙台，在河南鹿邑县城内东北隅，传为老子李耳成仙飞升处。据清光绪《鹿邑县志》记述："天宝二年（734 年）建太清坛。"当为老君台的初名。汉代创立道教，尊老子为始祖，奉《道德经》为圣典。在漫长的封建社会中，道教一直被视为国教，尊为万教之祖。宋真宗大中祥符七年（1014 年）追封老子为"太上老君混元上德皇帝"，因此老子又称老君，老子成仙飞升处就称老君台。

老君台至迟始建于唐代天宝年间，距今已有 1200 多年的历史。以后历经宋元明清各代，皆有增修增建，遂成为一处庞大的古建筑群。映山门而南，在近千米的中轴线上，南与陈抟的白云庵遥相呼应。台前明道宫，为老子讲授道学之所；迎禧殿，曾是宋真宗朝拜老子驻跸之处；文昌宫、八角亭、游龙堤坊、过仙桥、万教之祖牌坊等主体建筑，高古素雅，气势伟岸。神道两旁，楼台亭榭，曲径回廊，蔚然大观。台上翠柏葱郁，紫气氤氲。台下湖水萦绕，芦花飘香。原来老君台道院西偏门旁有副对联："一片绿波飞白鹭，半空紫气下青牛"。院内碑碣林立，奇花异草，争奇斗艳，殿阁嵯峨，曲径通幽，历来为鹿邑胜景，自古就是一处著名的游览胜地。唐高宗李治、玄宗李隆基、武则天，宋真宗赵恒与苏东坡、欧阳修等政治文化名人都曾来此祭拜。我党和国家领导人胡耀邦、杨得志、杨尚昆等同志也都曾来此参观。改革开放以来，更有大批外宾、港澳台同胞和海外侨胞前来参观游览。

近年老君台得到了有力保护。1978 年，县政府公布为县级重点文物保护单位；1983 年，正式划定了保护范围；1985 年，又建县博物馆于此，负责全县的文物保护和管理；1986 年，升格为河南省重点文物保护单位；1988 年，县政府拨出专款，重塑了大殿内老子像，像为汉白玉雕成，工艺水平颇高；1991 年，省文物局又拨款 10 万元，对其予以大修；2001 年被国务院公布为全国第五批国家重点文物保护单位。

4. 洛阳老子故居

洛阳老子故居位于洛阳市瀍河区东通巷北头西侧，今洛阳市第二十四中学院内，由西向东与孔子庙、三灵侯庙并列。故宅大门坐西向东，原为砖砌，大门上有两条石刻雕龙，门外侧西墙上原镶有石碑，上书“老子故宅”四字。该处曾树立巨碑，上刻“孔子入周问礼乐至此”，系清代河南府尹张汉书，洛阳县令郭朝鼎于雍正五年（1727 年）立石。进大门北折，有大殿一间，大殿后砌有院墙，中开二门，与后院故宅相通。故宅坐北朝南，主体建筑位于宅内中部、北部，各一座，均为硬山顶，三开间，左右厢房各四间，硬山顶，今原建筑多被改建移作他用。2005 年在该家属院南院一处民宅废旧的墙体内，发现保存有“孔子西向问礼行车地”碑和“老子故宅”砖雕等文物。

5. 上清宫、下清宫

上清宫位于洛阳市北邙山中段的翠云峰上，其地“背邙山之原，面伊洛之流，枕大川，朝少室，挟太行，跨函谷”。世传为老子任柱下史时修炼、悟道、炼丹之所，又传自汉代张陵始，张鲁、帛和、侯楷等道人皆曾修炼于此，为道教七十二福地之一。传隋炀帝时始于上清宫址建老子庙，与净土寺分列东都洛阳城南北中轴线两端。唐又于此置老子乡，高宗龙朔二年下诏洛州长史谯国公许力士兴建上清宫，以为祖庙，元封元年又改上清宫为太微宫；玄宗开元十三年下诏扩建上清宫，其形制与西都太清宫相类，开元二十八年欲将上清宫搬至积善里旧宅，未果，后吴道子、杨惠之、杜甫在这里留下了后世所谓“三绝”。唐高宗乾封元年（666 年），尊老子为玄元皇帝，所以唐上清宫又名玄元皇帝庙、元元皇帝庙、太微宫，老子被后人尊为太上老君，故又称老君庙。这里不仅为皇家宗庙，更为国家道教最高学府和国家道教宫观，成为国家政治、文化、教育等大政方针的执行处，达到鼎盛。后代历经战火、地震，逐渐衰败，期间崇信道教的宋真宗赵恒、宋徽宗赵佶、明嘉靖皇帝朱厚熜曾对其加以修缮。今仅存石狮石马各一对，玉皇阁、翠云洞、东西厢房、明清碑记、建筑遗址、古柏树数株等。

下清宫位于洛阳上清宫森林公园下岭，为洛阳八景中“邙山晚眺”的立足点，其后墙北边不远处即为上清宫。传老子于上清宫修行炼丹，常将青牛拴于此处吃草，后人遂于拴牛处建庙纪念，名为青牛观。而据史料记载，青牛观与老子庙同建于隋炀帝时，自唐老子庙改称上清宫、太微宫、玄元皇帝庙等多名，宋始定名为上清宫，青牛观亦随之定名下清宫。今山门墙上镶有一方石碑，上书“古青牛观”，其内有老子炼丹洞、孔子入周问礼台、经娘洞、明刻石匾、千年桂树、高道砖塔等文物。较之规模宏大的上清宫，始名为“观”的下清宫规模较小，今仅占地近 40 亩，由中院、西道院、东道院三部分组成。上清、玉清、下清为太上老君三观，惜玉清宫已毁，上清宫历战火而破败不堪，唯下清宫保存较为完整。

6. 老君山、老君庙

老君山位于栾川县城东约 3 公里，古号景室山，因道教始祖老子（李耳）悟道修炼于此，唐太宗赐名老君山。老君山融道教文化和自然风光为一体，乃“仙”、“灵”之山。老君庙始建于北魏，建有太清宫、十方院、灵官殿、淋醋殿、牧羊圈、救苦殿、观音殿、三清殿、老君庙等庙宇 16 处之多，今仅六处。今天不仅老君磨、老君窑、老君凹、老君怀、老君炭、老君砖、老君碓等以老君命名的遗迹比比皆是，其他如舍身崖、亮宝台、传经楼、栓牛柱、悟道石、打坐石、乱中鼎、摞摞石、仙人桥、老龙窝之类的自然景观也往往被赋予了老君神话。老君庙灵宫殿、淋醋殿、道德府等庙宇古朴凝重，香火炽盛。每年农历四月初八，为盛大的千年古庙会，数以万计的香客仁人顶礼朝圣，络绎不绝。老君山锦山秀水，风景如画。玉皇顶海拔 2200 米，巨阙壁立，为八百里伏牛山主峰；石林景区千峰竞秀，云海、日出、雾凇、佛光等奇观，更是神秘莫测，蔚为壮观。追梦谷是老君山主峰下新辟的一处沿水景观，谷内古木参天，瀑潭相连，曲径通幽，清爽宜人。是亲山近水、健康养生的绝佳去处。

老君庙位于老君山顶部两峰之间的凹地。始建于北魏，名太清观。唐贞观十一年由尉迟敬德监工重修，太宗李世民钦赐“天下名山”匾。明万历二十三年朝廷派遣中使，发帑金，敕建太清观，铁椽铁瓦，又名“金顶太清观”，万历三十一年颁赐道经藏贮于后殿道德府，名为老子楼。明末毁于战，清顺治年间重修。今大殿中供老君，东供药王，西供三位送子娘娘。院内今有明万历十九年铸铁钟一口。原殿中有明铜牛，今已毁。位于老君庙东侧百余米的悬崖下有朝阳洞，世传为老子修炼、著书之地，洞内供奉老子母亲李母像，又名“老君母殿”。

7. 老子墓

老子墓位于洛宁县城东 5 公里余庄镇村后寿安山南麓。此墓高约 10 米，墓顶成方形，整个墓冢呈覆斗形，无碑无铭，从形制看，似春秋战国遗物。墓东 25 公里与 75 公里处存有两个形制类似东周时期的墓葬。另该墓四周分布东、西、南、北四条龙沟，墓南数十米有“老君洞”，西北方“无极洞”。与古竹书《老子葬其造》等古书中“老子葬寿鞍山，其周所四龙围绕”相吻合。世人多谓其“祖师墓”，又与洛阳市中建于元代，用于供奉老子的祖师庙相呼应。

8. 楼观台

陕西秦岭从蓝田至武功名为终南山（又名南山、太乙山）的一段，峰峦叠翠，古木参天，自古以来为道家胜境。楼观台位于周至县东南 15 公里的终南山北麓，距西安约 70 公里。传为老子传经授道之地，为道教“天下第一福地”、“洞天之冠”，史称“仙都”，世有“终南千峰耸峙，以楼观最为有名”、“关中河山百二，终南最胜；终南千峰耸翠，楼观最佳”的美誉。据说是老子讲经说道，并著录《道德经》的地方。秦汉以来的 2000 余年间，秦始皇、汉武帝都曾来这里建宫立祠，自东汉后期张道陵创立道教，崇奉老子为教主，楼观台从此成为道教圣地。楼观台既有周秦遗迹、汉唐古迹，又有山青水绿的自然风光，古迹主要有老子说经台、尹喜观星楼、秦始皇清庙、汉武帝望仙宫、大秦寺塔、宗圣宫、老子陵、炼丹炉、吕祖洞、十老洞等，更有千年古树 16 株、历代碑碣 178 通，多与老子有关。

9. 老君岩

老君岩在福建泉州市北郊清源山右峰，位于羽仙岩罗山、武山之下，原为道教庙观集中地，现存露天的老君（李耳）造像一尊，旧志记载为宋代巨型石刻，系由一大整块天然的花岗岩石雕琢而成。石像高 5.63 米，宽 8.01 米，厚 6.85 米。老君身披道袍席地而坐，左足上屈做蹲状，右足前伸平放屈至前身，左手依膝平放，右手凭几，食指与小指微前倾，似能弹物，面额丰润圆亮，两眼深邃，双耳垂肩，脸含笑容，长髯飘动，整座雕像极具神韵，是我国现存最高大的老子石刻造像，是宋代石雕艺术的代表作之一。

10. 成都新津县老君山

老君山位于新津县南 2.5 公里处，属邛崃山脉的长秋山麓，“稠粳出云”为新津八景之一。据《道藏辑要》中《老子历世演化图》第六十九化说：“唐开元十七年四月，太上老君在此山演化。”山顶有老君庙，始建于汉代，兴盛于唐初。混元殿右侧有老君洞，为东汉末年张陵天师道二十四治之一的稠梗治遗址，传老子曾隐居于此，洞内有楹联：“牛驭出函关，百二河山无隐处；蚕丛来蜀道，五千文字有传人。”

11. 青羊宫

青羊宫是成都西郊的一座道观，位于全国 12 大道观之前列。“青羊”名称的来历，据《搜神记》载：老子西出函关，为关令尹喜著《道德经》五千言，分别时对尹喜说：你得道千日后，到成都的青羊肆找我。《古今集记》则说：“老子乘青羊降，其地有台存。”后世道教徒众因此把这里尊为“仙地”。所以，早在唐代，这里已名青羊宫，供奉老子。其后几废几建，现存殿宇为清代重建。其中有三清殿、混元殿、唐王殿、八卦亭、老子降生台、讲经台、二仙庵等建筑。青羊宫里最辉煌的建筑物是八卦亭，最使游人感兴趣的是坐落在三清殿内的两只铜铸青羊。三清殿中的“道德天尊”，就是道教教主老子。两只青羊置于三清殿中，正附会“老子乘青羊降”的传说。青羊宫八卦亭龙柱上有这样一首石刻对联：“无极而太极；不神以为神。”

与皋陶有关的古迹

皋陶墓

皋陶是李姓的血缘始祖，其墓位于安徽六安城东 7.5 公里、六安至合肥公路北侧 15 米处，东北 35 米处为皋陶祠旧址。皋陶被孔子列为上古“四圣”之一，《史记·索隐》载：“六安国六安，咎后偃姓所封国”，故六安有皋城之称。皋陶墓为圆形土冢，周长 97 米，高 6.2 米，墓顶平面直径 4 米，上有黄连木一棵，形同华盖，墓前有清同治年（公元1869年）安徽布政使吴坤修手书“古皋陶墓”碑刻一块，碑高1.82米，宽0.92米。1981年公布为六安县重点文物保护单位，同年被上海辞书出版社收入《中国名胜大辞典》。

众多李姓名人之名胜古迹

1. 李斯碑

李斯碑亦称“泰山刻石”、“封泰山碑”，是秦始皇于公元前219年登泰山时，丞相李斯等为歌颂秦始皇统一中国的功绩而刻的石碑，石碑四面环刻，前三面是秦始皇时刻，第四面是秦二世于公元前209年东行郡县时所刻的诏书和从臣姓名。碑上的字，全为李斯所书，字形工整，笔画圆健，是秦始皇统一文字后的标准字体，即“小篆”，现已不全，残石存于山东泰安县城内岱庙东御座院。

2. 都江堰

都江堰位于四川省都江堰市城西，距成都59公里。都江堰水利工程是由秦国蜀郡太守李冰及其子率众于前256年左右修建的，是全世界迄今为止，年代最久、唯一留存、以无坝引水为特征的宏大水利工程，并一直使用至今，被誉为“世界水利文化的鼻祖”。都江堰在秦朝已使成都平原“沃野千里，号为陆海”。后代屡有扩建，灌溉总面积曾达300余万亩，新中国成立前工程失修，灌溉面积逐渐缩减。新中国成立以后，经大力整治扩建，现灌溉面积已达800多万亩。属全国重点文物保护单位，被列入世界历史文化遗产名录。

3. 二王庙

二王庙在四川都江堰岷江东岸的玉垒山麓，距成都59公里，是纪念都江堰的开凿者、战国时秦蜀郡守李冰及其子李二郎的祀庙。初建于南北朝，现存建筑是清代重建的。初名崇德祠，宋以后历代封李冰父子为王，清以后改用今名。庙内石壁上嵌有李冰以及后人关于治水的格言：深淘滩，低作堰等，被称为“治水三字经”。庙内有李冰和二郎的塑像。后殿右侧有画家张大千、徐悲鸿等人的碑刻。

4. 李广故里

李广故里在甘肃天水市西关解放路的李家巷，俗称“飞将巷”。据说，西汉名将李广的家就在这里。该巷曾树有牌坊，匾额上书“汉飞将军李广故里”。天水市西的石坊堂巷，原有“射虎寺”，即是当年李广箭穿石虎处。人们以“射虎”命名寺庙，以示对李将军的怀念。在天水市南1公里的文峰山麓昌二沟旁的南山台子上，有李将军墓。墓冢高大雄伟，冢前有一石碑，上刻“汉将军李广之墓”七个字。据说，这是李广将军的衣冠冢，葬有李广的衣物宝剑，作为纪念。

5. 李唐皇陵

盛极一时的唐王朝延续近300年（618—907年），自开国皇帝高祖李渊至最后一代的哀帝李柷，相传14世，共20个皇帝。其中除昭帝葬河南偃师，哀帝葬山东济阴外，其他18个皇帝，都葬在陕西关中渭北第二道黄土高原和北山山系一带，俗称“唐十八陵”。唐十八陵连同高祖祖父李虎的永康陵、武则天母亲杨氏的顺陵，以及数以百计的陪葬坟墓，都依山为陵，东西蜿蜒150多公里，横跨六县，形成了雄伟壮观的“唐墓博物馆”。其中李世民的陵墓称为昭陵，是唐十八陵中规模最大的一座，位于礼泉县城东北20多公里处。陵园周长60多公里，总面积2万余公顷，陪葬墓180余座，被誉为“天下名陵”和“世界最大的皇家陵园”。从唐贞观十年太宗文德皇后长孙氏首葬到开元的二十九年，昭陵陵园建设持续107年之久，地上地下遗存了大量的文物。昭陵首开中国封建帝王“依山为陵”的先河，是唐代改革开放的一个缩影。昭陵保存了大量的唐代书法、雕刻、绘画作品，为我们研究中国传统的书法、绘画艺术提供了珍贵的资料。

6. 太白楼、李白纪念馆

太白楼又名谪仙楼、青莲祠，在安徽马鞍山市采石矶，是后人纪念唐代大诗人李白而建造的宏大楼阁。太白楼建于唐元和年间（806—820年），李白晚年凄苦贫困，客居安徽当涂，投靠任县令的族叔李阳冰。在他最后的岁月里，曾反复吟咏采石矶，留下了《夜泊牛渚怀古》、《牛渚矶》、《慈姥竹》、《望夫山》等许多名篇。太白楼主楼三层两院，底层用青石垒砌，二、三层为木结构。进入一楼，迎面有一巨大屏风，绘着李白漫游“采石矶”的国画。二、三楼有一尊李白雕像，神态潇洒浪漫，栩栩如生。有联云：“诗酒皆仙，吟魂醉魄归何处？江山如画，月色涛色共一楼。”

李白纪念馆位于四川省江油县城北中坝镇李白故里，是为纪念唐代诗人李白而建的纪念馆。1981 年建成，1982 年 10 月正式开馆。纪念馆是具有唐代风格的古典园林式馆榭，纪念馆藏有元、明、清李白著述版本 80 部、700 册。明清以及近代、当代书画珍品 2738 件。宋、明、清碑碣 16 座。《唐李先生彰明县旧宅碑并序》刻于宋淳化五年（994 年）、《中和大明寺住持记》碑，刻于宋熙宁元年（1068 年）。另有北宋前刻制的石牛一座。纪念馆是全国李白纪念、研究中心，被誉为“诗的王国，艺术的殿堂”。

7. 白鹿洞

李渤，字濬之，唐人。出身官宦之家。初不愿入仕，与兄李涉隐居庐山。后名白鹿洞的地方，就是李渤隐居生活的读书处。李氏兄弟二人，畜养了一头白鹿，十分驯顺，常随李渤外行，时人遂称李渤为“白鹿先生”。唐宝历中，李渤任江州刺史，在原隐居读书处建台榭，引流水植花，遂称其地为白鹿洞。五代南唐开元中，文人在这里聚徒讲学，建“庐山国学”。宋初置书院，就是扬名神州的白鹿洞书院。

8. 邺侯书院

邺侯书院在湖南衡山烟霞峰下，是唐朝名宰相李泌（封邺侯）隐居衡山时的旧址。李泌死后，儿子李蘩为纪念他，在南岳寺左侧修建了南岳书院。南宋时，书院迁集贤峰下，改为邺侯书院，元代被毁。清乾隆年间，一名敬仰李泌的知县在他的故居处建邺侯书院，这就是我们今天所见的书院。今存书院为一排七间古雅庄重的花岗石结构的屋舍，书院门首有格联：“三万轴书卷无存，入室追思名宰相；九千丈名山不改，凭栏细认古烟霞。”

9. 南唐二陵

在江苏南京市江宁县东善镇西北，牛首山南祖堂山下，距南京中华门约 23 公里，是五代南唐烈祖李昪、中主李璟的陵寝——钦陵和顺陵。钦陵，约建于公元 934 年。当时南唐国势尚强，所以陵内规模宏大，装饰华丽。三个主室均仿照木结构房屋，在壁面上砌出柱梁、斗拱，这在中国建筑史上有其独特的价值。顺陵，是南唐中主李璟和皇后钟氏的合葬墓，建于公元 961 年。形制与钦陵相似，但已失去南唐初期雄伟富丽的气魄。李憬作为皇帝，业绩平平，但他以诗词闻名。

10. 李清照纪念堂

李清照在山东济南市趵突泉公园内漱玉泉北。宋代女词人李清照是济南历城人，著有《漱玉词》。因此，后人便认定这漱玉泉畔就是李清照故居处。李清照是南宋著名女词人。李清照纪念堂前，有郭沫若题写的描联："大明湖畔，趵突泉边，故居在垂杨深处；漱玉集中，金石录里，文采有后主遗风。"

11. 五公祠

五公祠位于海南省海口市东南5公里，是海南岛最著名的古迹，被誉为"海南第一楼"。创建于清康熙四十五年（1706年），是为纪念唐宋时被贬谪海南的李德裕、李纲、李光、赵鼎、胡铨五位名臣而建。祠是一座两层红色楼阁，高十余米，攒尖式屋顶，素瓦红椽。洞中珍藏、陈列文物数百件。其中汉代大铜鼓、明代铜钟等文物，尤为珍贵。这五位名臣中，唐李德裕，宋李纲、赵鼎都曾任宰相，李光、胡铨也是朝中重臣。他们境遇相近，都热爱祖国，受权贵奸党排斥，一生坎坷。

12. 李贽故居

李贽故居在福建泉州市南门万寿路159号。李贽是明代思想家、反封建思想启蒙运动的先驱者。故居保持着清代修葺时的规模，进深两落，包括通道、天井、正厅。正厅前悬有一匾，上书"李贽故居"四字，为著名书法家赵朴初专程来访时题写。正厅中有以泉州特有的工艺镏金脱胎塑成的李贽立像一座。

13. 李大钊纪念馆

李大钊纪念馆坐落在河北乐亭县新城区大钊路，1997年8月16日建成，占地100亩，建筑面积4680平方米。其布局沿中轴线由南向北是：牌楼式南大门，上嵌江泽民总书记题写的馆名；八根功绩柱，象征李大钊同志的八大功绩；四根导向柱，示意分散人流和起装饰作用；八块浮雕，展示李大钊同志主要革命实践活动足迹；38级台阶，寓意李大钊同志走过的38年历程；序厅两侧镶嵌工农革命浮雕；瞻仰厅正面设李大钊同志汉白玉坐式雕像，雕像后衬邓小平同志的题词，两侧是其他党和国家领导人的题词；东西展厅，配以现代化的设备，全面系统地展示李大钊同志的生平业绩。另外还建有书画厅、电教厅、研究室、资料室、接待室、纪念广场等。纪念馆建筑风格融民族特色与现代建筑格调为一体，并与园林绿化相结合，朴素、简明、大方，体现了李大钊同志的精神风范。李大钊纪念馆是李大钊同志生平业绩的展览中心、研究中心、爱国主义教育基地和旅游胜地。被中宣部确定为全国百个爱国主义教育基地之一。

14. 李硕勋烈士纪念亭

李硕勋烈士纪念亭位于海南省海口市海府路五公祠对面。李硕勋烈士，又名李陶，四川省高县人，生于 1903 年。1932 年，任中共广东省军委书记，受党的委派，到海南指导武装斗争，抵达海口后，因叛徒出卖而不幸被捕，同年 9 月 5 日在海口市东校场英勇就义。纪念亭建在烈士就义地点，占地面积约 1300 平方米，亭呈四角形，高 6.1 米，亭的横匾上有王震同志的题字："李硕勋烈士纪念亭"。亭前 10 米处，有花岗岩雕刻的李硕勋烈士上半身塑像。

15. 李叔同纪念馆

李叔同纪念馆位于浙江平湖市风景秀丽的东湖之畔，占地 16 亩，纪念馆为两层楼建筑，底楼是贵宾休息室，二楼设七个陈列室和一个能悬挂近 200 件书画作品的环形展厅。陈列室内陈列着李叔同各个时期的生活照片和历史资料，并分别从绘画、音乐、话剧、诗词、书法篆刻、佛学成就和社会影响等方面，展现了李叔同卓越的艺术成就和精益求精的艺术探索精神，形象地展示了李叔同从世俗到佛门的心路历程与从绚丽归于平淡的人生轨迹。

李姓宗族文化遗迹

1. 陇西堂

甘肃省陇西县县城南郊、渭河之滨的仁寿山是一座历史悠久的文化名山，素有"天边仁寿"美传。昔日，这里亭、台、楼、阁林立，花草树木繁茂，一派郁郁葱葱的兴旺景象。其山上曾有建于唐中叶的陇西堂，雕梁画栋、气势雄伟，终日香烟缭绕，自古李姓后人在此祭祀祖先，缅怀先祖先贤的丰功伟绩。唐朝末期，社会动荡，民族交融，陇西李氏大举南迁，陇西堂数度遭毁，变成一片废墟。改革开放以来，地方政府对仁寿山旅游风景区进行了大规模建设，使之成为省级森林公园。现已建成的陇西堂主祭堂在中院，为重檐歇山顶式结构，金碧辉煌。另外建有迎宾区（太白酒楼、购物中心）、朝祖区（设"六馆一堂"，即肖像馆、忠烈馆、名人馆、金石馆、陈列馆、藏书馆和功德堂，并依地势配建亭、台、楼、阁）、祭祀区（由纪念堂陇西堂、祭祀塔、钟鼓楼、戏楼观台等组成）和基础设施。

2. 李家龙宫

李家龙宫遗址位于甘肃省陇西县南安乡一心村庙儿巷，相传是李氏家族聚居地。唐朝中叶在这里建有上、中、下三组雄伟的建筑，称为“李家龙宫”，殿堂林立，建筑巍峨，规模宏大，且规格较庙为高，自古李姓后裔在此祭祀祖先，其中主祭堂悬挂“陇西堂”匾额。殿门上高悬“陇西堂”巨匾；堂内供有“李姓始祖利贞公”（理利贞）、“李氏先祖伯阳公”（李耳）、“李氏先祖伯佑公”（李崇）三尊牌位及汉白玉雕刻的李族祖像，成为天下李氏祭祖场所之一。唐王朝末期，社会动荡，民族交融，李氏渡江南迁，以至李家龙宫数度遭毁。明万历五年（1577 年）知县李汝相倡导筹资再建，基本恢复了龙宫原貌。清顺治五年（1648 年），部分建筑物被毁于兵火。康熙元年重建。同治五年（1866 年），龙宫毁于兵灾。清末及明初李氏族人陆续增建一新。龙宫前部有戏台和五座楼，后部有龙宫建筑群和五座假山，称曰“前五楼后五山”，均毁于兵燹，现五楼和三座假山夷为平地，只存有龙宫建筑群 11 座，建筑面积约 800 平方米，假山两座。1958 年改建陇西四中时古建筑全部简易改修。1993 年 9 月对李家龙宫西主殿、北天第一门做了恢复原貌的维修。

3. 李火德祠

李火德祠又称李氏大宗祠。坐落在福建上杭稔田乡官田村河谷盆地，四面环山叠翠，黄潭河蜿蜒而过，风景十分秀丽。李氏大宗祠始建于清道光十六年（1836 年），是为纪念其入闽始祖李火德而建筑的。从李火德入闽至今 800 余年，其后裔遍布闽、台、粤、桂、赣及东南亚各国。近年来，海内外到此寻根谒祖的李氏宗亲络绎不绝，成为福建和东南亚李氏宗亲的大本营。李氏大宗祠系三进四直，砖木结构建筑，计有三个大厅，大小客厅 26 间，住房 104 间，占地 5600 平方米。正面牌坊式楼门上刻着“恩荣”两字，两边对联是：“丞相将军府，忠臣孝子门”。在正大门左右两边各开一个圆门和耳大门，中厅三对青石柱擎着雕梁画栋、左右两壁临摹文天祥手书“忠孝”“廉节”四个大字，刚劲有力，均畅宏浑，正厅前的屏风上刻有明代名儒所撰写的《李氏火德翁传》。宗祠结构严谨，气势非凡，充分体现了客家家法制度的建筑艺术，在八闽极为罕见。现列为省级文物保护单位。

4. 李氏古村

李氏古村位于浙江省温州市永嘉县溪南江边的苍坡村。这个李氏小村初建于五代后周显德二年（955 年），始祖是唐室皇朝后裔，为避战乱从福建迁入此地。自南宋时期此地李氏的九世祖李嵩请国师李时日设计建造，已有 800 多年的历史。寨门左右两边是两个大大的荷花池，足有 24 亩。整个村落是严格按“文房四宝”的格局建造的。那荷花塘便是“砚池”，池边的空地上，平摆着三根 4 米长半米宽的石条，其中一根已经磨斜了，那便是“墨锭”。村西边有一座山，那三个尖尖的山峰正对着村里一条百米长的笔直的石头路。这条路叫“笔街”，它正巧搁在笔架山上。笔街的两边是街区和住宅，那一格格的建筑区，象征“笺纸”。笔架山正巧倒映在砚池中，寓意是“文笔蘸墨”。村落的选址、规划、布局、用材、建筑乃至审美，无不浸染着严格宗法制度管理下中国士大夫“穷则独善其身”和“归隐林泉”、“天人合一”的儒家及道教哲学思想，以及“耕可致富，读可升官”的耕读文化。在荷花东池边，还建造有三个公共设施：大宗祠、仁济庙和望兄亭。

5. 华山李氏大宗祠

华山李氏大宗祠位于广东茂名化州市长岐镇旺岭村。居住此地的粤西华山李族是唐西平王李晟公后裔。华山李氏一世祖李仲荣，自江西入粤，定居于此，至今已 600 余年。始建于明洪武二十四年（1391 年）的李氏大宗祠，占地近 3000 平方米，历经多次修葺。古祠为四进院落四合院式布局，硬山顶，灰雕屋脊，穿斗式，梁架结构，占地面积达 2900 多平方米。李氏大宗祠是一座具有岭南历史地方特色的祠堂建筑，同时也是一座研究粤西客家民居生活、建筑艺术的宝贵实物。该祠堂又是李氏子弟进修的家塾学堂。自明洪武二十四年（1391 年）至万历十年（1582 年）的 191 年间，旺岭李氏连续出了九位举人，其中四人还中了进士，以“一门九举四进士”轰动一时，成为岭南地区文化史上的佳话。旺岭村内目前仍有 600 多名李氏后裔聚居于此。

6. 李成梁石坊

李成梁石坊位于辽宁北镇县城内鼓楼前，系明朝万历年间朝廷为表彰李成梁的功绩而建。李成梁于 1570 年任辽东总兵，勤于边事，大修战备，多次打败女真人和蒙古各部的侵扰，巩固了明朝的东北边防。石坊高 9 米，宽

10 米，为四柱三间五楼式，全部用青色花岗石仿木结构建造，饰有人物、花卉等浮雕，刻工细致精巧。坊额上竖刻“世爵”二字，横刻“天朝诰券”及“镇守辽东总兵官兼太子少保宁远伯李成梁”等字。具有较高的历史价值和艺术价值。

7. 大水井李氏庄园

大水井李氏庄园位于湖北省利川市西北 47 公里的柏杨坝镇水井村。明末清初，此地李氏的开基始祖李廷龙用武力获得了这片土地。由“李氏庄园”和“李氏宗祠”两大建筑组成，李氏庄园始建于清乾隆初年，经过 200 余年的增修扩建形成了今天这片宏大的建筑群，庄园有大小楼房百余间，建筑风格为四合院式，共 24 个天井。整个建筑错落有致，画栋雕梁，工艺精巧，并设有“小姐楼”、“绣花楼”，整个庄园富丽堂皇。李氏宗祠建于清道光年间，位于庄园东北 200 米处。宗祠的建筑与成都文殊院为同一风格。祠堂依山建有类似城墙的石围墙，外围长 390 米，墙宽 28 米，全部用麻条石砌成。现已被国务院定为国家重点文物保护单位。

8. 李氏宗祠群

李氏宗祠群位于广东省云浮市郁南县大湾镇五星村大湾寨内，主要由象翁李公祠、诚翁李公祠、峻峰李公祠、芳裕家塾、禄村李公祠、洁翁李公祠、李氏大宗祠、锦村李公祠、拔亭李公祠、介村李公祠、正村李公祠、学充李公祠、祺波大屋、其昌栈大屋 14 栋古建筑组成，为清代建筑。宗祠群布局奇特，规模宏伟，建筑设计各祠不同。有的祠中有亭、亭中有台；有的着重外形美观、重用石料，建筑牢固；有的着重后座殿堂壮丽辉煌；有的着重雕刻、木雕、灰雕、书画工艺精美，色彩经久不变。祠内雕梁画栋，木雕、石雕刻、檐板饰、屏风木雕刻、窗砖雕、墙上壁画、书画、陶瓷脊饰、灰雕脊饰、脊饰卷草尾装饰等件件琳琅满目，工艺精湛，是最具粤西地方艺术特色和民族风格的建筑群，对研究清代建筑史和艺术史有重大价值。

9. 李文田与李氏宗祠

位于广东省顺德市均安镇上村的李氏宗祠，悬挂着清同治三年（1864 年）慈禧太后赏赐给探花李文田“龙虎”和“福寿”两块牌匾，署有“慈禧皇太后御笔。同治三年十一月三十日赐南书房翰林臣李文田”的落款。李文田（1833—1855 年）字若农，又字仲约，顺德均安镇上村人，清末探花。他为官忠勉，作风廉正，颇得慈禧太后赏识，这两块牌匾，便是慈禧太后赏赐的。李氏宗祠现为顺德市文物保护单位，为占地400多平方米的两进祠堂，原来有座后花园，祠堂屋脊上塑了两条鳌鱼，在封建时代是有士子取得功名的标志。著名的教育家、曾任北京大学校长的蔡元培先生就是李文田的学生。李文田的旧居位于广州西关多宝路多宝坊，称为泰华楼，占地面积3000多平方米，曾经为小学校舍，现存部分面积不大，1989年重修，环境清幽。

10. 李家圩地主庄园

在安徽霍邱县城西40公里处，是霍邱县大地主李梦庚的封建城堡，也是安徽省最大、全国闻名的地主庄园。清光绪年间，庄园曾挂过“双千顷”牌（20万亩），分布在今皖豫的霍邱、金寨、颍上、固始等地。李梦庚曾炫耀“马跑百里不吃人家草，人行百里不喝人家水”。并在上海、南京、天津、青岛、大连等地开设工厂、银行、当铺、学校、戏院45处。新中国成立前，土地占有面积居全国地主庄园之首，其政治势力仅次于四川省大邑县大地主刘文彩。李氏家族从清咸丰初年（1851年）开始发迹，到1949年，历经四世，称霸一方，繁盛达100年之久。

11. 香港李氏档案室

香港李氏档案室设在靠近香港商业中心弥敦道的九龙新蒲岗五芳街一间名叫新宝中心商业大厦的第23层内。它的面积约50多平方米，是世界功夫巨星李小龙的纪念馆，馆内陈列有李小龙于1967年参加在美国长堤举行的全美武术比赛时用的拳套，拍功夫片时用的服装与双节棍等实物，以及世界各地宣传报道李小龙的书刊、报纸、海报、工艺品、影音制品等，真是琳琅满目，美不胜收。由于展品大多数是李小龙纪念品中的精品和珍品，因此颇具收藏和欣赏价值。更为难得的是，此处把2000多页李小龙的文献资料分别装在70个文件来里，放在书架上供人查阅，这个就是非常珍贵的“李氏档案”。李氏档案室的主人李志远在1979年至1984年任香港《功夫》杂志总编辑，对李小龙十分崇拜并素有研究，平时就很注意收集李小龙的资料和纪念品。他在1998年7月出版《李小龙——神话再现》一书后，便决定将自己收藏李小龙资料及纪念品的地方，免费开放供人参观。李小龙是世界武术界与影视界一颗璀璨的明星，其业绩被世人惊呼为“神话再现”，在香港李氏档案室里，李小龙依然真切地活在世人心中。斯人已逝，魅力长存。

12. 台湾李氏宗祠

台湾李氏宗祠位于台北市松山区南京东路三段309号，创建于1962年。这是一栋古色古香的牌楼式六楼建筑物，顶楼外墙浮贴有“陇西李氏宗祠”几个大字，金明耀眼。

一、二及四楼供作宗亲集会场所，三楼台北市李姓宗亲会、世界历史宗亲总会所在地，五楼祖先厅，主祀李氏高曾祖考妣神位，并祀各进士牌位。六楼为玄元殿，奉祀李姓神明神像，如太上老君老子李耳、唐太宗李世民、托塔天王李靖、哪吒太子爷李罗车、济公活佛李修缘、八仙之一李铁拐李玄、太白真人李白等诸神诸贤。严格讲起来，台北的台湾李氏宗祠六楼玄元殿，是宗族寺庙，五楼才是李姓祠堂。这种家庙与宗祠共同混合在一块的布局在南投县草屯镇的李氏宗祠太清宫也可见到，都是李姓宗祠，只不过台北的是寺庙在上，祠堂在下，而草屯镇的是宗族寺庙在前，李姓宗祠在后。

李氏族人于明朝隆武年间开始渡海来台，行迹遍布本省各地，至今仍是台湾地区屈指可数的大姓之一。台北市陇西李氏宗祠之筹建缘起，据该祠之说如下：李姓宗祠为千百叶华胄，而始祖之道德名经，尤为万世立修齐治平，凡李氏子孙，允宜宣扬祖训，常诵先芬。往者每岁祭祖迄无定址，宗人等遂提建祠之议，乃荏苒数十年，终未实现，嗣有宗长勉力着手进行，经旅菲宗亲代表，及台北市李氏钦睦会全体乡亲之响应，遂于1962年选择南京东路现址，鸠工庇（比为匕）材，极壮观瞻。这段文字于五十六年李氏宗祠落成时，由当时八十七岁的癸卯科举人李鸿文润笔撰书。由同宗长老娓娓道来，别具意义。如今庙记石碑仍镌镂在玄元殿后墙上。

中原与闽台关系研究丛书

根在中原：闽台大姓氏探源

尹全海　孙　炜　主编

下　册

九州出版社 JIUZHOUPRESS | 全国百佳图书出版单位

下册目录

李　　姓（下）

四、李姓历史名人 …………………………………………………………（537）
（一）先秦时期 ……………………………………………………………（537）
（二）秦汉六朝时期 ………………………………………………………（538）
（三）隋唐五代时期 ………………………………………………………（541）
（四）宋元明清时期 ………………………………………………………（548）
（五）近现代时期 …………………………………………………………（555）
五、寻根联谊 ………………………………………………………………（563）
（一）李姓宗亲组织 ………………………………………………………（563）
（二）李姓宗亲联谊 ………………………………………………………（566）
（三）河南鹿邑寻根 ………………………………………………………（574）

王　　姓

一、王姓探源 ………………………………………………………………（583）
（一）源于商王子比干 ……………………………………………………（583）
（二）源于姬姓 ……………………………………………………………（586）
（三）源于妫姓的一支 ……………………………………………………（589）
（四）源于少数民族改姓 …………………………………………………（590）
（五）源于赐姓和冒姓 ……………………………………………………（591）
二、王姓的播迁 ……………………………………………………………（592）
（一）王姓在历史上的播迁 ………………………………………………（593）
（二）王氏子弟入闽 ………………………………………………………（594）
（三）王姓迁台 ……………………………………………………………（598）

（四）王姓分布…………………………………………………………………（599）
三、王姓文化 ……………………………………………………………………（600）
（一）郡望堂号…………………………………………………………………（600）
（二）王姓楹联…………………………………………………………………（604）
（三）家训格言…………………………………………………………………（605）
（四）王姓字辈有遵从 …………………………………………………………（607）
（五）王姓圣地遗迹 ……………………………………………………………（608）
（六）王姓家谱…………………………………………………………………（613）
四、王姓历史名人 ………………………………………………………………（615）
（一）古代名人…………………………………………………………………（616）
（二）近现代名人………………………………………………………………（626）
（三）35 位王姓皇后 ……………………………………………………………（631）

刘　　姓

一、刘姓姓源 ……………………………………………………………………（637）
（一）刘姓远祖尧帝与祁姓刘氏…………………………………………………（638）
（二）姬姓刘氏…………………………………………………………………（642）
（三）汉帝赐姓…………………………………………………………………（644）
（四）其他刘姓支派 ……………………………………………………………（646）
二、刘姓的播迁 …………………………………………………………………（655）
（一）刘姓在大陆的播迁 ………………………………………………………（655）
（二）刘姓在大陆的分布 ………………………………………………………（656）
（三）刘姓迁台及在台湾的分布…………………………………………………（663）
（四）刘姓在国处的播迁 ………………………………………………………（667）
三、刘姓文化 ……………………………………………………………………（677）
（一）刘姓族谱…………………………………………………………………（677）
（二）刘姓楹联典故 ……………………………………………………………（680）
（三）名胜遗迹…………………………………………………………………（687）
四、刘姓历史名人 ………………………………………………………………（694）
（一）刘姓帝王…………………………………………………………………（694）

（二）古代其他名人 …………………………………………………………（700）
（三）近现代名人 ……………………………………………………………（705）
五、寻根联谊 …………………………………………………………………（709）
（一）祖地平顶山新貌 ………………………………………………………（709）
（二）刘姓宗亲组织 …………………………………………………………（712）
（三）宗亲联谊活动 …………………………………………………………（718）

蔡　　姓

一、蔡姓姓源 …………………………………………………………………（723）
（一）蔡姓的起源 ……………………………………………………………（723）
（二）蔡国与蔡姓 ……………………………………………………………（730）
二、蔡姓的播迁 ………………………………………………………………（746）
（一）蔡姓在大陆的播迁 ……………………………………………………（746）
（二）蔡姓向台湾及海外的播迁……………………………………………（769）
（三）蔡姓的分布 ……………………………………………………………（782）
三、蔡姓文化 …………………………………………………………………（785）
（一）蔡姓族谱…………………………………………………………………（785）
（二）建阳蔡氏裔孙世系调查 ………………………………………………（798）
（三）蔡姓名胜及遗迹 ………………………………………………………（804）
四、蔡姓历史名人 ……………………………………………………………（812）
（一）古代名人…………………………………………………………………（813）
（二）近现代名人 ……………………………………………………………（831）
五、寻根联谊 …………………………………………………………………（836）
（一）上蔡祖地概况 …………………………………………………………（836）
（二）蔡姓宗亲组织 …………………………………………………………（838）
（三）宗亲联谊（1992—2010） ……………………………………………（841）

杨　　姓

一、杨姓姓源 …………………………………………………………………（847）
（一）渊源追古远　主脉出黄轩……………………………………………（847）

（二）姓含多民族　大姓多源流…………………………………………（850）
（三）赐封改附转　大姓更蔚然…………………………………………（855）
（四）脉联董杨童　三姓共一宗…………………………………………（857）
二、杨姓的播迁 ……………………………………………………………（858）
（一）迁徙自古起　交融无止息…………………………………………（858）
（二）祸因六卿乱　杨族迫逃迁…………………………………………（860）
（三）历史入晋唐　宗族南迁忙…………………………………………（862）
（四）时越宋元明　移徙未稍停…………………………………………（866）
（五）明清至当今　全球遍侨亲…………………………………………（871）
三、杨姓的分布 ……………………………………………………………（873）
（一）根系豫秦晋　故地多族亲…………………………………………（874）
（二）情重云贵川　杨姓稠西南…………………………………………（879）
（三）闽浙苏赣粤　鳝堂枝蔓多…………………………………………（882）
（四）东南西北地　处处有苗裔…………………………………………（886）
（五）福建杨氏迁居台湾 …………………………………………………（890）
（六）海外杨姓分布 ………………………………………………………（893）
四、杨氏文化 ………………………………………………………………（894）
（一）大姓郡望多　堂号若星河…………………………………………（894）
（二）祖地依华岳　古姓胜迹多…………………………………………（897）
五、杨姓历史名人 …………………………………………………………（908）
（一）书礼追夫子　格物称大贤…………………………………………（909）
（二）四知传清正　宰辅砥中流…………………………………………（915）
（三）主国掌社稷　革旧勇图新…………………………………………（919）
（四）护国保社稷　忠烈感天地…………………………………………（925）
（五）学术夸泰斗　科技多精英…………………………………………（933）
六、杨氏祖籍地 ……………………………………………………………（936）
（一）临汾 …………………………………………………………………（937）
（二）华阴 …………………………………………………………………（941）
（三）灵宝 …………………………………………………………………（943）

郑　　姓

一、郑姓姓源 ……………………………………………………………… (949)
（一）郑姓起源……………………………………………………………… (949)
（二）早期子姓郑氏 ……………………………………………………… (950)
（三）郑姓的总根 ………………………………………………………… (952)
二、郑姓的播迁 …………………………………………………………… (957)
（一）西周至魏晋时期郑姓的发展………………………………………… (957)
（二）魏晋时期郑姓的全面发展…………………………………………… (969)
（三）隋唐时期郑姓的继续发展…………………………………………… (982)
（四）宋元明清时期郑姓的坎坷发展 …………………………………… (990)
三、郑姓文化 ……………………………………………………………… (1008)
（一）郡望与堂号 ………………………………………………………… (1008)
（二）昭穆范字 …………………………………………………………… (1014)
（三）族规与家训 ………………………………………………………… (1020)
（四）宗祠 ………………………………………………………………… (1021)
（五）纪念堂、纪念馆、庙宇 …………………………………………… (1034)
（六）祖茔、墓志 ………………………………………………………… (1038)
五、郑姓历史名人 ………………………………………………………… (1055)

后记 ……………………………………………………………………… (1064)

李　姓（下）

李立新　李国章　李　莉

四、李姓历史名人

无论是在历史上还是在当今，李姓都是中华民族大姓之一。自远古时，李姓在中华大地上繁衍生息，不断发展，甚至播迁至海外。李姓不仅枝繁叶茂，而且产生了众多的名人，可谓星汉灿烂。这些李姓名人遍及历史的各个阶段，社会的各个领域，为人类的发展做出了突出贡献。现分时期，择其中有代表者略述如下。

（一）先秦时期

李耳

李耳即老子，名耳，字聃，又字伯阳。春秋时楚国苦县（今河南鹿邑东）厉乡曲仁里人，曾任周朝守藏室之史（管理藏书的史官），孔子曾向他问礼。见周朝衰亡，遂隐退。所著《老子》（《道德经》）认为道是宇宙万物的本体；主张清静无为，道法自然；包含朴素的辩证法思想。李耳是我国古代道家学派的创始人。其子李宗战国时任魏将，封于段干。李宗的三世孙李假仕于西汉文帝，四世孙李解任西汉胶西王刘卬太傅，此后家居于齐。

李悝（公元前 455—公元前 395 年）

李悝又名李克。战国初魏国人。初为魏国上地之守，后任魏文侯相，辅佐魏文侯进行变法。经济上推行“尽地力”和“善平籴”的政策，鼓励农民精耕细作，增加产量，国家在丰年以平价购买余粮，荒年以平价售出，以平粮价；主张同时播种多种粮食作物，以防灾荒。政治上主张食有劳而禄有功，废除维护贵族特权的禄位世系制度，奖励有功国家的人，并著《法经》六篇，实行法治。经过变法，魏国成为战国初期强国之一。他汇集当时各国法律编成的《法经》，是中国古代第一部比较完整的法典，已佚。其言论散见于《汉书·食货志》。《汉书·艺文志》著录《李子》32篇，相传为李悝所著，已佚。

李牧（？—公元前229年）

李牧为战国末年赵国名将，老子的裔孙，李姓赵郡房的始祖。长期防守赵的北边，爱士卒，甚得军心，善用兵，习骑射，谨烽火，多间谍，多次击败匈奴、东胡、林胡，使匈奴十余年不敢接近赵国边城。后代廉颇为将，攻燕破数城。赵王迁三年（公元前233年），率军攻秦，在肥（今河北藁城西）大败秦军，因功封武安君。前229年，秦派王翦攻赵，他与司马尚坚决抵御。秦国以李牧为患，施反间计使赵王相信李牧等人要造反，赵王派赵葱、颜聚取代李牧，李牧不受命，被杀死。次年，王翦就灭了赵国。

李冰父子

我国历史上最负盛名的水利家，约于公元前256至前251年被秦昭王任为蜀郡守。任郡守期间，他们父子二人征发蜀人在岷江流域修建了许多水利工程：主持凿平青衣江的溷崖（今四川夹江县境）；治导了什邡等县的洛水和邛崃江等县的纹井江；又穿广都盐井（今双流县境内）诸陂池等工程。其中以都江堰最为著名。都江堰的主体工程是将岷江水流分成两条，其中一条水流引入成都平原，这样既可以分洪减灾，又可以引水灌田、变害为利。蜀地因此得以沃野千里，号为陆海，谓之天府。蜀地人民感念李冰父子，立祠致祭，世享烟火，奉李冰为“川主”。都江堰成为记载中华民族勤劳品质与聪明才智的一座丰碑，李冰父子的英名亦将与都江堰而长存。

李信

战国末年秦国名将。秦始皇时任大将军，年少壮勇，曾以兵数千追击燕军到辽东，生擒燕太子丹，受到秦始皇的称赞。秦国准备进攻楚国，询问诸将需要用兵多少，王翦认为非60万人不可，李信称20万人就足够了，秦始皇称赞他勇气可嘉，命与蒙恬率兵击楚，结果被楚国所败。后被派往北方，率军与王贲共同击败燕、齐军，灭了燕国和齐国。

（二）秦汉六朝时期

李斯（？—公元前208年）

秦代政治家，楚上蔡（今河南上蔡西南）人。初为郡小吏，后从荀卿学。战国末入秦，初为吕不韦舍人，后被秦王嬴政（秦始皇）任为客卿，不久任廷尉。曾建议对六国采取各个击破的政策，对秦始皇统一六国，起了较大作用。秦统一六国后，任丞相，反对分封制，主张焚《诗》、《书》，禁私学，以加强专制主义中央集权的统治；工书法，泰山、琅琊、峄山等刻石，传说均出其手，曾以"小篆"为标准，整理文字，对中国文字的统一有重要贡献。秦始皇死后，追随赵高，矫诏立胡亥为二世皇帝，后为赵高所忌，诬其谋反，被腰斩于咸阳市中。著有《谏逐客书》和《仓颉篇》，《仓颉篇》今佚，仅有出土汉代残简，王国维有《重辑仓颉篇》二卷。李斯还有个儿子叫李由，任秦三川郡守，秦末农民起义爆发后，吴广率军攻打荥阳，他坚守，后为项羽所杀。

李广（？—公元前 119 年），**李陵**（？—公元前 74 年）

西汉名将，陇西成纪（今甘肃秦安）人，善骑射。秦国名将李信之后。公元前 166 年，匈奴大举入侵边关，他少年从军，抗击匈奴，前后与匈奴作战 70 余次，以勇敢善战著称，赢得了"汉之飞将军"的称号。公元前 119 年，随大将军卫青率军出击匈奴，因迷路错过了与主力会合的日期，受辱自杀。将士闻之无不大哭，天下尽哀。唐朝诗人王昌龄诗赞："但使龙城飞将在，不叫胡马度阴山。"高适赞"君不见沙场征战苦，至今犹忆李将军。"卢纶诗赞："林暗草惊风，将军夜引弓。平明寻白羽，没在石棱中。"专赞李广射虎穿石的英雄典故。

李广孙李陵，也善骑射，谦让下士，武帝以为有李广遗风，使为骑都尉，率五千兵出击匈奴，为单于八万大军包围，力战之后以矢尽援绝投降。汉武帝闻讯大怒，太史令司马迁为他辩白，武帝下令处以腐刑。单于赞赏李陵的胆识和气度，就把女儿嫁给了他，并立他为右校王，汉武帝听说后，把他的母弟妻子全部处死。汉昭帝时曾派人招李陵回朝，终不返，后居匈奴 20 余年病死。

李广利（？—公元前 88 年）

西汉中山（今河北定县）人。妹为汉武帝夫人，得宠幸。武帝听张骞说大宛出汗血马，派人持千金和金马去购买，未得。太初元年（公元前 104 年），武帝任他为任贰师将军，率军越过葱岭进破大宛（在今中亚费尔干纳盆地）。后大宛贵族杀其王降，汉军取得善马三千余匹。以功封海西侯。后出击匈奴，兵败投降，不久为匈奴贵族卫律陷害，被杀。

李延年（？—约公元前87年）

西汉音乐家。中山（今河北定县）人。乐工出身，父母兄弟亦均为乐工。因犯法被处腐刑，供事于狗监。善歌，又善创新声。武帝时，在乐府中任协律都尉。为《汉郊祀歌》十九章配乐，又仿张骞传自西域的《摩诃兜勒》曲，作《新声二十八解》，用于军中，称“横吹曲”。先是其妹受宠于汉武帝，称李夫人，他也得到宠幸，李夫人死后，其弟犯罪，被族诛。

李宪（？—公元前30年）

西汉末年许昌（今属河南）人。任庐江（今安徽庐江）属令，王莽建立新朝后，爆发全国性的农民大起义，被王莽任为偏将军，镇压江淮间以王州公为首的起义军。李宪取胜后，正值王莽政权被推翻，遂于公元23年称淮南王。不久，他趁东汉创建伊始、无暇南顾之机，割据庐江一带，于公元27年自称天子，置公卿百官，拥有九座城池，十万余兵马，成为李姓第一个称天子的人。建武六年（30年），光武帝刘秀派兵镇压，舒城城破被杀。

李通（？—42年）

字次元，南阳宛（今河南南阳）人。出身大商人。初为武威将军从事，新莽末年协助刘秀兄弟起兵，更始帝时期官至大将军，封西平王。刘秀称帝后，官拜大司农，常委以留守京师之责，后官至大司空。为人谦恭，屡求退职，常受优遇，其子李雄被封为召陵侯。死后被谥为恭候。

李固（94—147年）

东汉汉中南正（今陕西汉中）人，字子坚。少好学，不远千里求师。善于结交名士，为士大夫所仰慕，名重一时。顺帝时上书直陈外戚宦官专政之弊，任为议郎。历任荆州刺史、泰山太守、将作大匠、大司农之职。冲帝时官至太尉，参录尚书事。冲帝、质帝相继卒，他两次议立清河王为帝，遭权臣梁冀忌恨，被诬下狱死。其子李燮亡命徐州，梁冀被诛后，始还乡，灵帝时任安平相、河南尹。

李膺（110—169年）

东汉颍川襄城（今属河南）人，字元礼。出身官宦世家，初举孝廉，曾历任青州刺史，渔阳、蜀郡太守，度辽将军等。为官很重名节，声望很高。桓帝时，为司隶校尉，与太学生首领郭泰等结交，反对宦官专权，太学生称为“天下模楷李元礼”，为“名士”八俊之一，受到天下儒生的敬仰，士人以能得到他的赏识，获得容纳接见，视为最大荣耀，称为“登龙门”。延熹九年（166 年），党锢事起，宦官诬为结党诽谤朝廷，被逮捕入狱。释放后禁锢终身，这就是历史上著名的“党锢之祸”。灵帝初年，外戚窦武执政，他又被起用为长乐少府，与陈番等谋诛宦官失败，再遭禁锢，死于狱中。东汉后期的党锢事件，是中国历史上第一次太学生运动，李膺是这场运动的主要领导者。

李典（174—241 年）

字曼成，三国山阳巨野（今属山东）人。曹魏时期历任颍阴令、中郎将、离狐太守、捕虏将军等。曾主动迁宗族部曲数千家于邺城，从曹操镇压黄巾起义军，受到曹操嘉奖。好学问，礼遇士大夫，不与诸将争功，有儒雅之风。后与张辽、乐进屯合肥，击破孙权围攻。卒后谥愍侯。

李密（224—287 年）

西晋犍为武阳（今四川彭山东）人，一名虔，字令伯。师事谯周，少仕蜀为郎。晋武帝征为太子洗马，以父早亡，母再嫁，与祖母刘氏相依为命，因上《陈情表》固辞。刘氏死，方至京师洛阳。先后任洗马、温令、汉中太守等官。

李雄（274—334 年）

十六国时期成国的建立者。公元 304—334 年在位。巴西宕渠（今四川渠县东北）人，后迁略阳（今甘肃天水东北）。巴賨族（一作巴氐族）。晋太安二年（303 年）继其父李特及叔李流为蜀地流民军首领，攻克成都。次年，建立政权，称成都王，建元建兴。建兴三年（306 年），任用范长生为丞相，即皇帝位，国号大成。后病卒。

（三）隋唐五代时期

李春

李春是我国隋代著名的桥梁工匠，他于隋开皇大业年间（581—618 年）建造了举世闻名的赵州桥。唐中书令张嘉贞《安济桥铭》载：“赵州洨河石桥，隋匠李春之迹也，制造奇特，人不知其所以为。”赵州桥是安济桥的俗称，它位于今河北省赵县城南五里的洨河上，横跨洨河南北两岸，是我国现存最早的大型石拱桥，也是世界上现存最古老、跨度最长的敞肩圆弧拱桥。新中国建立后，赵州桥被列为全国重点文物保护单位，已成为中国人民聪明智慧的象征和进行爱国主义、历史主义教育的场所。

李纲（547年—631年）

历史名臣。字文纪，初名李瑗，隋唐时名臣，观州蓨（今河北景县）人。他历经北周、隋、唐等朝，忠于职守，生死不避，深具个人操守。北周时，李纲为齐王宇文宪参军，拒绝北周宣帝宇文赟诬陷宇文宪的命令，并为宇文宪收尸。隋朝时，李纲为太子洗马，屡次规谏杨勇。杨素弄权时，李纲不肯逢迎，屡遭陷害，后隐居。隋末遇李渊，被重用授丞相府司录，封新昌县公，专掌选。唐高祖李渊登基后，拜礼部尚书，兼太子詹事，屡次规谏太子李建成。后以建成愈骄纵，辞职。李纲的正直赢得了唐高祖和唐太宗的尊重和信任。唐高祖在手诏中从来不直呼李纲的名字。唐太宗也多次请李纲坐车到宫殿讨论为政之道。贞观五年（631年）李纲85岁时去世。赠开府仪同三司，谥曰贞，太子为之立碑。有子李少植，隋武阳郡司功书佐，孙李安仁，永徽中为太子左庶子。

李百药（565—648年）

唐初史学家。字重规，安平（今属河北）人。其父德林，任隋内史令，预修国史，撰《齐史》。他在隋任建安郡丞，入唐后历任中书舍人、散骑常侍、宗正卿。曾受命修订五礼、律令。贞观元年（627年），奉诏撰《齐书》，据父旧稿，兼采他书，经十年，成50卷，今称《北齐书》

李渊（566—635年）

唐朝的开国皇帝。祖籍陇西成纪（今甘肃秦安县）人。父李昺为北周安州总管。母为隋文帝独孤皇后姐，李渊是隋炀帝表兄。7岁时袭封唐国公。后任太原留守。李渊素有大志，他看到隋朝即将败亡，又深晓炀帝猜忌嗜杀，政局动乱，难于自保，便于公元617年5月起事。破霍邑，渡黄河，11月攻入长安。翌年称帝，国号唐，都长安，年号武德。高祖即位后，消灭各地割据势力，统一了全国。公元625年，李世民发动了“玄武门之变”，迫使高祖禅位，尊为太上皇。高祖在位九年，后病死。终年70岁，葬献陵（陕西三原县）。

李靖（571—649 年）

唐初军事家。本名药师，京兆三原（今陕西三原东北）人。隋末唐初将领，是唐朝文武兼备的著名军事家，后封卫国公，世称李卫公。精熟兵法，隋末任马邑郡丞。高祖时，任行军总管，率军从李孝恭征服萧铣，并取得岭南地区，任岭南道抚慰大使。又以副帅佐李孝恭，镇压辅公祏起义军。太宗时，历任兵部尚书、尚书右仆射等职，先后击败东突厥、吐谷浑，封卫国公。李靖勇敢善战，军功卓越，有着卓越的军事思想与理论，他写有《李靖六军镜》等多部兵书，大都已经失传，后人编辑了《唐太宗李卫公问对》，在北宋时期列入《武经七书》，是古代兵学的代表著作。

李勣（594—669 年）

唐初大将。本姓徐，名世勣，字懋功，曹州离狐（今山东菏泽）人。家富有，初从翟让起义，参加瓦岗军，因功封东海郡公。瓦岗军失败后以所据李密旧境归唐，任右武侯大将军，封曹国公。赐姓李，因避太宗讳，单名勣。后从李世民镇压窦建德、刘黑闼等起义军。贞观三年（629 年），与李靖出击东突厥。后封英国公。守并州 16 年，太宗誉之为“长城”。太宗、高宗朝曾从征高丽。总章元年（668 年），破平壤，俘其主而归。为将多谋善断，爱护将士，因而人皆效命，作战多捷。

李世民（599—649 年）

陇西成纪（今甘肃秦安县）人，唐高祖李渊次子，唐朝第二代国君，年号贞观。公元 626 至 649 年在位。在位 23 年期间，他推行均田制、租庸调法和府兵制度，加强对地方官员的考核，修《氏族志》，发展科举制度等等，使当时的社会经济得到恢复，吏制比较清明，社会欣欣向荣，创造了“道不拾遗、夜不闭户”的贞观盛世。但晚年唐太宗固执己见，三伐高丽，损兵折将。后人评定太宗“除隋之乱，比迹汤、武；致治之美，庶几成、康。自古功德兼隆，由汉以来未之有也。”这个评价赞扬太宗的英明与业绩，可以说名副其实，但唐太宗后期也多昏聩之行，嬖于多爱，佞佛，终至晚年“困于小夷”。贞观二十三年（649 年）五月二十六日，唐太宗病死。同年八月，葬于昭陵（在今陕西礼泉东北）。

李善（？—689 年）

唐学者。扬州江都（今属江苏）人。曾任崇贤馆直学士、兰台郎等职。

学识渊博，但不善治文，时人称为“书簏”。曾流放姚州，后遇赦还，寓居汴、郑间。以讲《文选》为业，学生多自远方而至，传其业，号“文选学”。有《文选注》60卷，征引广博，于语源、典故注释详尽，为世所称。

李思训（651—716年）

唐代杰出画家。字建，成纪（今甘肃秦安）人，唐宗室孝斌之子。高宗时任扬州江都令。武则天当政，李弃官潜匿。中宗朝出为宗正卿。玄宗开元初，官右武卫大将军，世称“大李将军”。其子李昭道亦擅山水，称为“小李将军”。其画风精丽严整，以金碧青绿的浓重颜色作山水，细入毫发，独树一帜。在用笔方面，能曲折多变地勾画出丘壑的变化。法度谨严、意境高超、笔力刚劲、色彩繁富，显现出从小青绿到大青绿的山水画的发展与成熟的过程。它和同时期兴起的水墨山水画，都为五代和北宋时期的山水画奠定了基础。其作品均散佚。《宣和书谱》记载尚有《山届四皓》、《春山图》、《海天落照图》、《江山渔乐》、《群山茂林》等17幅，现在仅见《江帆楼阁图》和《九成宫纨扇图》。

李邕（678—747年）

唐书法家。字泰和，扬州江都（今属江苏）人。李善子。初为谏官，历任郡守，官至汲郡、北海太守，人称李北海。工文，善书，尤擅以行楷写碑，取法二王（羲之、献之）而有所创造，笔力沉雄，自成面目，对后世影响较大。他对学书反对一味模仿，曾说：“学我者死，似我者俗。”存世碑刻有《麓山寺碑》、《李思训碑》等。文集已佚，明人辑有《李北海集》。

李延寿

李延寿，唐初史学家，生卒年月不详。字遐龄，祖籍陇西（属今甘肃）。贞观中，累补太子典膳丞、崇贤馆学士。参加编撰官修《晋书》、《隋书》、《五代史志》，积功转御史台主簿兼直国史。李延寿利用参编官修史书的机会，继承父志整理南北八朝史事，撰成《南史》、《北史》两书。

李白（701—762年）

唐诗人。字太白，号青莲居士。自称祖籍陇西成纪（今甘肃秦安），隋末其先人流寓碎叶（唐时属安西都护府，在今吉尔吉斯斯坦北部托克马克附近）。幼时随父迁居绵州昌隆（今四川江油）青莲乡。曾有建功立业的政治抱负。不受重视后，离开长安遍游祖国大好河山，完成了无数诗篇，存留下来的约有1000余首，《蜀道难》、《行路难》、《梦游天姥吟留别》、《静夜思》、《早发白帝城》等诗，皆为后人传诵，有《李太白文集》传世，被誉为“诗仙”。

李光弼（708—764年）

唐大将。营州柳城（今辽宁朝阳）契丹族人。有勇谋，善骑射。曾任河西节度副使、朔方节度副使等职。安禄山叛乱，任河东节度使，与郭子仪进攻河北，收复十余郡。又守太原击败史思明。乾元二年（759年），迁天下兵马副元帅，率军进击安庆绪，被史思明击败，退守河阳（今河南孟州南）。不久攻克怀州，因功封临淮郡王。后受宦官牵制，在洛阳附近北邙山战败。宝应元年（762年）出镇徐州，进封临淮王。后死于徐州。

李华（约715—774年）

唐散文家。字遐叔，赵郡赞皇（今属河北）人。开元进士，官监察御史、右补阙。安禄山陷长安时，曾受职，乱平贬官。后起官至检校吏部员外郎。善古文，《吊古战场文》、《含元殿赋》等为世所称。原有集，已散佚，后人辑有《李遐叔文集》四卷。

李泌（722—789年）

唐大臣。字长源，京兆（今陕西西安）人，原籍辽东襄平（今辽宁辽阳）。玄宗时为皇太子供奉官，历仕肃宗、代宗、德宗三朝，位至宰相，封邺侯。多谋略，曾为肃宗筹划平安史叛乱事。好神仙道术。子李繁撰《邺侯家传》，记其功业，语多浮夸。

李吉甫（758—814年）

唐大臣。字弘宪，赵郡（今河北赵县）人。博学多闻。初任太常博士，出为忠州等地刺史。宪宗即位，由考功郎中迁翰林学士，参与策划讨平西川节度副使刘辟叛乱。元和二年（807年），任中书侍郎、同平章事。策划讨平镇海节度使李琦叛乱，并在一年多时间内，改换了36个藩镇，以削弱其势力。转任淮南节度使，在高邮筑富人、固本二塘，溉田近万顷。六年再任宰相，裁减冗官八百员、吏千四百员，并使魏博节度使田兴（即田弘正）听命朝廷。以恶举于牛僧孺、李宗闵等指陈时政得失，不加升迁，为牛李党争肇端。著有《元和国计簿》、《元和郡县图志》及《李吉甫集》。

李绅（772—846 年）

唐诗人。字公垂，无锡（今属江苏）人。元和进士，曾因触怒权贵下狱。武宗时拜相，出为淮南节度使。与元稹、白居易交游颇密，并共同倡导写作新乐府。作有《乐府新题》20 首，已失传。今存《追昔游诗》三卷，《全唐诗》另录其杂诗为一卷。其中《悯农》诗两首，较有名。另有《莺莺歌》，残段保存在《西厢记诸宫调》中。

李贺（790—816 年）

唐诗人。字长吉，福昌（今河南宜阳西）人。唐皇室远支，家世早已没落，仕途偃蹇，仅曾官奉礼郎。因避家讳，被迫不得应进士科考试，韩愈曾为之作《讳辩》。和沈亚之友善。其诗长于乐府，多表现政治上不得意的悲愤，对宦官专权、藩镇割据的现实，也有所揭露、讽刺。又因其多病早衰，生活困顿，诗中于世事沧桑、生死荣枯，感触尤多。善于熔铸词采，驰骋想象，运用神话传说，创造出新奇瑰丽的诗境，在诗史上独树一帜，严羽《沧浪诗话》称为“李长吉体”。但也有刻意雕琢之病。有《昌谷集》。

李阳冰

唐文字学家、书法家。字少温，赵郡（今河北赵县）人。乾元时为缙云县令，官至将作监。工篆书，得法于秦《峄山刻石》，变化开合，自成风格，后来学篆者多宗之。曾刊定《说文》为 30 卷，然多有臆说。五代时徐锴在《说文解字系传》的《祛妄》篇中加以辩驳。自二徐本《说文解字》行世，其书不传。石刻有《怡亭铭》、《般若台题名》等。

李德裕（787—850 年）

唐大臣。字文饶，赵郡（今河北赵县）人。李吉甫子。出身世家，主张大臣应用公卿子弟。历任浙西观察使、西川节度使等。武宗时居相位，力主削弱藩镇，曾佐武宗讨平擅自袭任泽潞节度使的刘稹。反对李宗闵、牛僧孺集团，是牛李党争中李党首领。后遭牛党打击，贬崖州（今海南琼山东南）司户而死。有《次柳氏旧闻》、《会昌一品集》。

李商隐（约 813—约 858 年）

唐诗人。字义山，号玉谿生，怀州河内（今河南沁阳）人。开成进士，曾任县尉、秘书郎和东川节度使判官等职。因受牛李党争影响，遭排挤而潦倒终身。其诗对当时藩镇割据、宦官擅权和时政弊端多有所反映，《行次西郊作一百韵》、《有感二首》、《重有感》等皆著名；所作咏史诗多托古以斥时政，《贾生》、《隋宫》、《富平少侯》等较突出。“无题”诗脍炙人口，至其实际含义，诸家所释不一。擅长律、绝，富于文采，构思精密，情致婉曲，具有独特风格。然有用典太多、意旨隐晦之病。也工四六文。有《李义山诗集》。文集已散佚，后人辑有《樊南文集》、《樊南文集补编》。

李克用（856—908年）

唐末沙陀部人。朱邪赤心子，别号李鸦儿。一目失明，又号独眼龙。初随其父冲锋陷阵，军中称为“飞虎子”。曾杀大同军防御使段文楚，据云州。后为唐军所败，与其父逃入鞑靼。黄巢攻克长安，代北起军使陈景思召为代州刺史，他率沙陀兵镇压黄巢，攻破长安，被任为河东节度使，后封晋王。长期与朱温交战。其子存勖建立后唐，他被尊为太祖武皇帝。

李嗣源（867—933年）

即后唐明宗。五代后唐皇帝。公元926—933年在位。沙陀部人。本名邈佶烈，为李克用养子，改名嗣源。因战功官至蕃汉内外马步军总管。同光四年（926年），庄宗被变兵所杀，他入洛阳，称监国，后称帝，改名亶。在位时略减赋税，中原人民稍得休息。不识文字，所任枢密使安重诲读章奏也不能尽通。变乱屡起，次子李从荣举兵反，他时已病危，闻讯而死。

李存勖（885—926年）

即后唐庄宗。五代唐朝的建立者。公元923—926年在位。沙陀部人。李克用子。后梁开平二年（908年），嗣位为晋王，据有太原，与后梁连年征战。贞明元年（915年），因得梁魏博兵之降，进逼黄河北岸。后梁龙德三年（923年）称帝，国号唐，史称后唐，建元同光。同年攻灭后梁，定都洛阳。他治国无方，常自夸“在十指上取天下”，用孔谦等重敛急征，民不堪命。同光四年（926年）因兵变被杀。

李昪（888—943年）**李璟**（916—961年）**李煜**（937—978年）

李昪即南唐烈祖。五代时南唐建立者。公元937—943年在位。字正伦，徐州（今属江苏）人。少孤，为杨行密收养，后为吴丞相徐温养子，改名徐知诰。后继徐温专吴政，封齐王。天祚三年（937年），即帝位于金陵（今江苏南京），建元昇元，国号大齐。昇元三年，复姓李，改名昪，自称唐后，并改国号为唐，史称南唐。

李璟，南唐烈祖长子，28 岁继位为南唐皇帝。周世宗南征，璟割江北地奉表称臣，并去帝号。在位 19 年，庙号元宗，世称中主。

李煜，李璟子，世称李后主。宋兵破金陵，出降，后被毒死。能诗文、音乐、书画。尤以词著名。前期作品大都描写宫中享乐生活，风格清丽。后期则抒写对昔日生活的怀念，吟叹身世，表现了浓厚的感伤情绪。原有集，已佚。后人把他及其父璟（中主）的作品，合刻为《南唐二主词》。

（四）宋元明清时期

李昉（925—996 年）

字明远，深州饶阳（今属河北）人。五代后汉乾祐进士，历仕后汉、后周两朝。宋代历任右仆射、户部侍郎、工部尚书、文明殿学士、中书侍郎平章事等职。知识广博，文史皆通。曾参加编撰《旧五代史》，受诏与李穆等人修撰《太祖实录》，并监修国史。宋代四大类书，除《册府元龟》外，其余三部都是李昉主编：《太平御览》、《太平广记》、《文苑英华》。对于保存古代文献资料有很大贡献。

李顺（？—994 年）

北宋初期川陕地区农民起义首领。茶贩出身。淳化四年（994 年）底王小波牺牲后，被推为领袖。所部号令严明，一无所犯，州县都开门延纳。次年攻克成都，被推为大蜀王，建元应运。后被宋政府镇压，李顺被杀害，余部在张馀领导下继续斗争。另说他在群众掩护下退走，和部下失去联系，辗转至广州。30 余年后在广州被捕遇害。

李继迁（963—1004 年）

宋、辽时银州（今陕西榆林东南）人。党项族，祖先原为拓跋氏，唐代赐姓李。公元 982 年，族兄定难军留后李继捧向宋献夏、绥、银、宥、静五州地，他逃至夏州东北，抗宋自立。此后联结豪族，转迁无常，渐以强大。后附辽，封为夏国王。又附宋，公元 991 年任银州观察使，受赐姓名赵保吉，公元 996 年围宋灵州（今宁夏灵武西南），宋以五路出击无功，授以夏、绥等五州之地，充定难军节度使。公元 1002 年攻取宋灵州，后在进攻西蕃时中箭死。夏建国后，庙号太祖。

李觏（1009—1059 年）

北宋思想家。字泰伯，南城（今属江西）人。南城在盱江边，学者称“盱江先生”。创盱江书院。范仲淹荐为太学助教，后升直讲。认为自然由阴阳二气会合而成。承认认识来自客观事物，“耳目有得则感于心，感则思”。排斥佛、道，抨击神仙方士、巫医相卜、鬼怪迷信。反对道学家不许谈“利”、“欲”的虚伪道德观念，认为“人非利不生”，“欲者人之情”，强调“田均则耕者得食”，提出“限人占田”、“冗者”归农、量入为出、去王者私藏等主张。著作有《直讲李先生文集》（亦称《盱江文集》）。

李诫（？—1110 年）

北宋建筑学家。字明仲，郑州管城（今河南郑州）人。曾任主管营造的将作少监、将作监等职。主持过五王邸、辟雍、尚书省等十余项建筑工程。在实践的基础上，参阅古代文献，集中工匠智慧，编纂了《营造法式》一书，是中国古代完整的建筑名著之一，具有重要的历史价值。

李公麟（1049—1106 年）

北宋画家。字伯时，庐州舒城（今属安徽）人。官至朝奉郎。元符三年（1100 年）告老，居龙眠山，号龙眠居士。擅人物鞍马及历史故事画，为王安石所重；也与苏轼、黄庭坚、米芾等有深交。注重写生，又博取前人之长，继承顾恺之、吴道子等技法而有所发展。运笔如行云流水，善用线描，多不设色，人称“白描”，造型准确，神态生动。兼擅山水，亦有创格；工行、楷书，有晋宋书家之风。又长于考古。存世作品有《五马图》、《临韦偃牧放图》等。

李纲（1083—1140 年）

宋大臣。字伯纪，邵武（今属福建）人。政和进士。北宋末任太常少卿。靖康元年（1126 年）金兵败盟南下，他疏请徽宗禅位太子，以号召天下。钦宗即位，反对迁都，积极备战，逼使金军撤退，不久以“专主战议”被谪。次年高宗即位，拜相。主张用两河义军收复失地，在职 75 日，又被黄潜善、汪伯彦排斥。后历任湖广宣抚使等职。多次上疏，陈说抗金大计，都未被采纳。曾任右文殿修撰、国史编修，著有《梁溪集》、《梁溪先生文集》、《靖康传信录》等。

李清照（1084—约1151年）

南宋女词人。号易安居士，济南（今属山东）人。宋著名学者李格非之女。18岁嫁与丞相之子赵明诚为妻，协同丈夫搜集、研究金石书画。夫妻情好，常投诗报词。金兵入据中原，流寓南方，明诚病死，境遇孤苦。李清照工书善画，兼通音乐，尤擅长诗词，独创“易安体”，为“婉约派”词人之宗。并能诗，留存不多，感时咏史，情辞慷慨，与其词风不同。有《易安居士文集》、《易安词》，已散佚。后人有《漱玉词》辑本。今人有《李清照集校注》。

李焘（1115—1184年）

南宋史学家。字仁甫，号巽岩，眉州丹棱（今属四川）人。绍兴进士。初在川中任地方官多年，孝宗乾道三年（1167年）任兵部员外郎。后历任内外官职，以主持修史为时最久。著述宏富，撰《续资治通鉴长编》，用力40年，共980卷，保存了北宋一代的丰富史料。

李君怀（1141—1207年）

字贞孚，号忆园，又号念三郎，为唐皇室闽越江王李元祥第二十七代世裔孙。宋乾道二年（1166年）乡试中举第三名，其文德雄略，录为泉州事万户府参事。淳熙元年（1174年）擢濠州节度使。得王淮倚重，其理财、战备屡建奇功，敕封五州节度使。因勤政积劳成疾，回闽治疗，仍抱病上三千字施政疏，深得宁宗赞曰：贞孚奇才，栋梁器饰。1207年因病去世，宁宗痛惜哀叹曰：联失贞孚，如失半壁。以郡礼厚葬，极尽哀荣。君怀生五子，繁衍于漳泉五座名山，故号为“五山公”、“五山李”，被奉为闽南金台李氏始祖。

李心传（1167—1244年）

南宋史学家。字微之，一字伯徽，号秀岩，隆州井研（今属四川）人。30岁应乡试落第。从此不再应举，专事著述。晚年被荐为史馆校勘，赐进士出身，官至工部侍郎。曾主修《中兴四朝帝纪》、《十三朝会要》。所著《建炎以来系年要录》，与李焘《续资治通鉴长编》相接，记高宗一朝史事。又著《建炎以来朝野杂记》，与《要录》相表里。另有《旧闻证误》等。

李明复（1174—1234年）

南宋经学家。原名俞，字伯勇。重庆合川市人。出生于士大夫家庭。嘉定元年（1208 年）取得国子监太学生资格，在名师的指点下，博采宋代理学家周敦颐、程颢、程颐以及张载、朱熹、吕祖谦等各派学说，写成《春秋集义》50 卷、《春秋纲领》三卷。其著作刊刻出版时，学者魏了翁为之作序。这两部著作深受宋宁宗的赞许与推崇。一生致力于《春秋》经传的研究，著述后收入《四库全书总目》经部春秋类。

李善长（1314—1390 年）

明初大臣。字百室，定远（今属安徽）人。元至正十四年（1354 年）参加朱元璋军，参与机要，深获信任。朱元璋称吴王，拜右相国，常留守后方，调度兵食。洪武初，任左丞相，封韩国公。明初制度，多由他参与制定。十八年（1385 年）以胡惟庸案牵连被贬谪，后五年赐死。

李文察（约 1493—1563 年）

字廷谟，号楼云，福建省漳州平和侯山人，明代著名音乐理论家。因斋名“楼云”，又著《云楼乐曲》一书，世称“楼云公”或“李楼云”。精心钻研“审声候气，洞悉音律”，“益得古乐之要”，先后写成《四圣图解》、《乐记补说》、《律吕新书补注》、《兴乐要论》等音乐论著。他还手制乐器，八音互用，音调和谐准确。

李时珍（1518—1593 年）

字东璧，号濒湖，蕲州（今湖北蕲春）人，明代杰出的医药学家。他继承家学，侧重于药物研究，重视临床实践。他参考历代医药及各种书籍 800 余种。并亲身考察，经 27 年艰苦劳动，付出大半生心血，三易其稿，终于在万历六年（1578）完成 190 多万字的药物巨著《本草纲目》，系统总结了 16 世纪以前中国人民丰富的药物学经验，成为中医药学的一份宝贵遗产。被誉为“东方医药巨典”。李时珍除了写作《本草纲目》外，还著有《濒湖脉学》、《奇经八脉考》、《食物本草》等，也流传很广。另外，他还著有《脉学考证》、《五脏图论》、《白花蛇传》和《所馆诗话》等，可惜现在已经失传了。

李贽（1527—1602 年）

明思想家、文学家。原姓林，名载贽，后改姓名。号卓吾，又号宏甫，别号温陵居士，泉州晋江（今属福建）人。曾任国子监博士、南京刑部员外郎、云南姚安知府。他以朴素唯物主义为思想武器，出史入经，对理学思想、封建礼教、伦理道德进行了有力的批判，动摇了明朝官方哲学的程朱理学，受道学家们的忌恨，终被统治者以“敢倡乱道，惑世诬民”罪名逮捕，后自刎狱中，颇有影响。著作有《李氏焚书》、《续焚书》、《藏书》、《李温陵集》等。

李西圃（1528—1587年）

名如化，字可平，福建省漳州平和侯山人。《西圃李公墓铭》云：“公事农桑，平生喜园艺，犹喜种抛，枝软垂地，果大如斗，甜酸可口，闻名遐迩……”李西圃是第一个成功培植管溪蜜柚的先贤者。蜜柚深受乾隆皇帝、同治帝喜爱，民间称“皇帝柚”。

李之藻（1565—1630年）

明末科学家。字振之，又字我存，号凉庵，浙江仁和（今杭州）人。万历进士，历任南京工部员外郎、太仆寺少卿等职。曾随利玛窦学习西洋历算，主张西法，致力于介绍西方天文学、数学、逻辑学等。主要译著有《浑盖通宪图说》二卷、《圜容较义》及《同文算指》11卷。其中《同文算指》是中国介绍欧洲笔算的第一部著作。所编《天学初函》20种，在清代也有相当影响。

李自成（1606—1645年）

明末农民起义领袖。本名鸿基，初号闯将，后号闯王。陕西米脂李家站人。崇祯二年（1629年）在金县杀参将王国率众起义，投闯王高迎祥。迎祥战死后继称闯王。崇祯十七年在西安建元“永昌”，国号“大顺”，后破北京，崇祯皇帝被迫自缢，明王朝灭。明总兵吴三桂降清，合兵夹击李自成所率农民起义军，义军苦战失利，败于山海关西郊石河西岸。永昌二年连失延安、潼关，无奈溃退，转道进入湖北通山县，率余骑20余人，登九宫山牛迹岭察看地形，遭地方武装袭击，被害牺牲，时年39岁。

李渔（1611—1680年）

清戏曲理论家、作家。字笠鸿、谪凡，号笠翁，浙江兰溪人。家设戏班，常往各地达官贵人门下演出。著有《闲情偶寄》。所作传奇《比目鱼》、《风筝误》等十种，均存，合称《笠翁十种曲》。另有短篇小说集《十二楼》、《无声戏》，诗文集《笠翁一家言》等。今人合编为《李渔全集》。

李光地（1642—1718年）

字晋卿，号厚庵，别号榕村，泉州安溪湖头人。开漳先锋，辅胜将军李伯瑶之后，清朝杰出的政治家、思想家。清康熙九年（1670 年）中进士，进翰林，累官至文渊阁大学士兼吏部尚书，康熙帝评价其为“居官甚好，才品俱优”。他为官期间，政绩显著，贡献巨大，康熙帝曾三次授予御匾，表彰其功。康熙帝与李光地“情虽君臣，义同朋友”。李光地生平著作丰富，主要有《周易通论》四卷、《周易观象》十二卷、《诗所》八卷、《大学古本说》一卷、《中庸章段》一卷、《中庸余论》一卷、《读论语札记》二卷、《读孟子杂记》二卷、《古乐经传》五卷、《阴符经注》一卷、《参同契章句》一卷、《注解正蒙》二卷、《朱子礼纂》五卷、《榕村语录》三十卷、《榕村文集》四十卷、《榕村别集》五卷。

李方膺（1695—1754 年）

清画家。字虬仲，号晴江、秋池，通州（今江苏南通）人。曾任任安、兰山、潜山、合肥知县；去官后寓南京借园，号借园主人，常往来扬州卖画。善画松竹兰菊，尤长写梅，用笔放纵而苍劲，评者谓其画梅“独具静逸气”。为“扬州八怪”之一，能诗，诗画中抒发其不得志和孤傲之情。

李调元（1734—1802 年）

清戏曲理论家、文学家。字羹堂、赞庵、鹤洲，号雨村、童山蠢翁，罗江（今四川德阳）人。乾隆二十八年（1763 年）进士，历任广东学政、直隶通永道。曾得罪权臣和珅，充军伊犁，后以母老赎归。戏曲论著有《雨村曲话》、《雨村剧话》。另著《童山全集》，辑有《全五代诗》。

李汝珍（约 1763—约 1830 年）

清小说家。字松石，直隶大兴（今属北京市）人。曾任河南县丞。少时从凌廷堪学，涉猎经史百家，精音韵之学。不屑为八股文。晚年贫困潦倒，以多年精力作成长篇小说《镜花缘》，赞扬女子才能，对男尊女卑的观念和封建社会的某些丑恶现象有所批判。又撰有《音鉴》。

李兆洛（1769—1841 年）

清地理学家、文学家。字申誉，晚号养一老人，阳湖（今江苏武进）人。嘉庆进士，曾官风台知县。后主讲江阴书院。通音韵、史地、历算之学，提倡骈、散合一，对桐城派文章颇为推祟。有《养一斋集》、《历代地理志韵编今释》、《历代地理沿革图》、《皇朝舆地韵编》、《皇朝一统舆图》

等，选有《骈体文钞》。

李惺（1785—1863年）

清代教育家。字伯子，号西沤。重庆市垫江县人。嘉庆二十二年（1817年）三甲进士，选翰林院庶吉士入庶常馆、散馆。二十四年（1819年）后，历任翰林院检讨、国史馆纂修、文渊阁校理、国子监习业、詹事府左春坊左赞善等职。道光十五年（1835年），深感朝廷腐败无能，国事难为，遂以祖母年老为由，辞官归蜀，掌成都锦江书院达20年，前后从教34年，矢志培育英才，从不懈怠，时有“天下翰林皆弟子，蜀中进士尽门生”的美谈。著述甚丰，后人辑为《西沤全集》10卷、《西沤外集》八卷刊印行世。

李善兰（1810—1882年）

李善兰，清代数学家、科技翻译家。字壬叔，号秋纫。浙江海宁人。幼时即喜爱数学，后博览古代数学名著，打下扎实的数学知识根底。京师同文馆的首任算学总教习。撰《则古昔斋算学》13种24卷，《考数根法》一卷。翻译《几何原本》后九卷、《代数学》13卷、《代微积拾级》18卷、《曲线说》三卷，又翻译《谈天》18卷，此外还翻译《植物学》、《重学》等书。十几年教学生涯中，合中西为一法，成就卓越，为我国近代培养了一大批数学家。他在数学研究上最突出的成就是在数论方面，所创立的“李善兰恒等式”，已被世界学者所公认。

李鸿藻（1820—1897年）

字寄云，号兰孙，清末直隶高阳（今属河北）人。咸丰进士，授编修，曾督河南学政。同治元年（1862年）擢侍讲，后迁内阁学士。1865年12月授军机大臣，后历任礼部右侍郎、都察院左都御史等职。1872年任工部尚书。光绪二年（1876年）兼总理各国事务衙门大臣。以清流议政，名重京师。1880年策动清流派弹劾洋务派李鸿章，反对崇厚擅订中俄《里瓦几亚条约》。后历任兵部尚书、协办大学士、户部尚书。中法战争中主战，遭弹劾，调出军机处和总理衙门。中日甲午战争时，复任军机大臣，反对求和。次年8月为总理衙门大臣、礼部尚书。

李鸿章（1823—1901年）

清安徽合肥人，字道荃。道光二十七年（1847年）进士，改翰林院庶吉士，授编修。咸丰三年（1853年），回籍办团练对抗太平军。八年入曾国藩幕，襄办营务。十一年，奉命编练淮军，对抗太平军、捻军。同曾国藩在沪创办江南制造总局等军事工业，创办电报学堂，建立北洋海军，兴起洋务运动。代表清政府先后同法国签订《中法新约》，同日本签订《马关条约》，同沙俄订立《中俄密约》，与庆亲王奕劻同列强签订《辛丑条约》，是中国晚晴外交史上的重要人物。有《李文忠公全集》。

李文学（1826—1874年）

清末云南哀牢山区各族农民起义首领。又名正学，云南弥渡人。彝族。雇农出身。咸丰六年（1856年）五月，于瓦卢村起义，主张彝、汉各族联合反对官吏，被推为彝家兵马大元帅。公元1858年与哈尼族田以正起义军联合，逐步统一哀牢山一带农民武装。同治十一年（1872年）北上支援大理回民军抗清，因叛徒出卖被俘，后遇害。

李慈铭（1830—1894年）

清文学家。字爱伯，号莼客，浙江会稽（今绍兴）人。光绪进士，官至山西道监察御史。其诗在形式上模拟唐人，但也吸取宋诗的一些特点。亦能词及骈文。室名越缦堂。著作以《越缦堂日记》较著名，此系按日记述的读书札记，始于1853年，止于1889年，内容涉及经史百家及时事。另有《白华绛跗阁诗集》、《越缦堂词录》，《湖塘林馆骈体文》等。

（五）近现代时期

李宝嘉（1867—1906年）

江苏武进人。字伯元，别署南亭亭长，笔名有游戏主人、讴歌变俗人、二春居士等。秀才。光绪二十二年（1896年），赴上海，曾办《指南报》。次年，创办《游戏报》。1901年又创办《世界繁华报》，连载所著《庚子国变弹词》及《官场现形记》，两报皆为“以诙谐之笔，写游戏之文”的“消闲”小报。1903年，主编《绣像小说》半月刊，连载所著《文明小史》。同年，光禄寺卿曾广汉荐应经济特科，不赴。所作小说宣扬改良，对当时官场的贪污腐朽有所揭露，是晚清谴责小说的代表作家。作品尚有《活地狱》、《海天鸿雪记》、《南亭笔记》等。又善诗词、书画、篆刻，有《芋香室印谱》，更以通俗时调写有《爱国歌》等。

李纪堂（1873—1943 年）

李纪堂，名柏，又名宝轮，号纪堂。广东新会人。香港富商李陞之子，家资巨万。早年曾任日本邮船公司香港分行华人经理。1900 年，由谢缵泰介绍加入兴中会，任兴中会驻香港会计主任，为孙中山发动惠州起义提供经费，起义失败后负责收容来港避难的革命党人。1902 年，又出资 50 万元，帮助洪全福发动起义，事败后，复出资抚恤死难家属。因襄助革命，耗费过巨，家业渐衰，终致破产。以后经营农场，创办书院，鼓吹革命，热诚不减。曾出资两万元，成立采南歌剧社，由陈少白编剧，开革命戏剧之先河。广东潮州黄冈起义失败后，积极营救被捕的革命党人。1911 年武昌起义后，策动广东水师提督李准反正。广东光复后，被胡汉民任命为广东军政府交通司长。抗日战争期间，应蒋介石之命于 1940 年冬至重庆，任国民党政务侨务委员会委员。1941 年，担任侨光汽车木炭炉制造公司董事长，后因用人不当，经费耗尽而停办。1943 年病逝。

李纯（1874—1920 年）

直隶天津（今天津市）人，字秀山。1891 年天津武备学堂毕业。历任北洋军政司（后改为督练公所）教练处提调，陆军第一镇骑兵营管带、标统，第六镇第十一协统领等职。武昌起义后，所部改编为混成协，随冯国璋南下同革命军作战，旋任第六镇统制。1913 年镇压“二次革命”，任江西都督。1917 年调任江苏督军，与湖北督军王占元、江西督军陈光远被称为直系“长江三督”。

李叔同（1880—1942 年）

字息霜，浙江平湖人，出生于天津，是中国近现代文化先驱、爱国高僧，我国著名的书画篆刻家、音乐家、戏剧家、教育家、诗人和学者，是中日文化交流的先驱。父亲李世珍是名进士，官任吏部主事，又是天津最大盐商，还兼营银号，家财万贯。李叔同早岁以书艺驰誉当世，出家后持戒精严，并融书法、佛理为一体，形成独特的书法风格。所创作的《送别歌》，历经几十年传唱经久不衰，成为经典名曲。同时，他也是中国第一个开创裸体写生的教师。卓越的艺术造诣，使他先后培养出了名画家丰子恺、音乐家刘质平等一些文化名人。他创设南山律学院，弘扬南山戒律，被佛门弟子奉为律宗第十一代世祖，著作有《四分律比五戒相表记》、《南山道祖略谱》、

《在家律要》等。

李鼎铭（1881—1947 年）

陕北著名开明绅士。原名丰功，陕西米脂人。抗日战争时期，逐步接受中国共产党的领导，拥护团结抗日的政治主张，1941 年后被选为米脂县参议长、陕甘宁边区参议会副议长、陕甘宁边区政府副主席。在 1941 年 10 月边区参议会二届一次会议上提出“精兵简政”议案，得到毛泽东和中共中央的认同，被作为“十大政策”之一普遍贯彻实行。这一政策的实施，对增强根据地经济实力、减轻人民负担、提高人民军队战斗力和改进机关工作作风，以及巩固根据地渡过难关，夺取抗战最后胜利起了重要作用。

李仪祉（1882—1938 年）

中国近代水利学家，教育家。原名协，字宜之，陕西蒲城人。1908—1915 年间，两次留学德国，学习水利。归国后，从事水利教育、河工模型试验、考察和总结中国古代的水利成就和经验，并广泛参与中国水利建设事业，对长江的治理开发提出了许多建设性意见。著有专著、论文、计划、提案、报告等 188 篇。1988 年出版有《李仪祉水利论著选集》。

李济深（1885—1959 年）

字任潮，原籍江苏，生于广西苍梧，北京陆军大学毕业，曾到日本留学，后任粤军第一师师长、西江善后督办、黄埔军校教练部主任。1925 年任国民革命军第四军军长。北伐战争时期，任国民革命军总司令部参谋长、黄埔军校副校长。抗日战争爆发后，响应中国共产党一致抗日的号召，反对国民党政府的反共卖国政策。1933 年联合十九路军蔡廷锴等在福建组织反蒋抗日的“中华共和国人民革命政府”。1948 年发起成立中国国民党革命委员会，任主席。建国后，历任中央人民政府副主席、全国人大常委会副委员长、全国政协副主席。

李清泉（1888—1940 年）

原名回全，福建省晋江县人，菲律宾富商，20 世纪初直到太平洋战争爆发前夕活跃在菲律宾政治、经济舞台的杰出人物，被称为“菲律宾经济发展史上占有永久地位的人”。又是菲律宾华侨史上最有建树、声誉卓著的爱国华侨领袖。曾领导华侨抵制“西文薄记案”；同时发起“闽侨救乡大会”，提倡实业救乡，致力于福建的开发和建设；抗战期间，领导侨胞支援祖国抗日战争，是广大侨胞的光辉典范。

李大钊（1889—1927 年）

字守常，河北乐亭人。中国最早的马克思主义者，中国共产党的创始人之一，青年时代，“即矢志努力于民族解放之事业”，以寻求“挽救民族、振奋国群之良策”为己任。1913 年东渡日本，就读于东京早稻田大学，开始接触马克思主义。1916 年回国后，积极参与正在兴起的新文化运动。成为新文化运动的主要倡导者之一。1918 年以后大力传播马克思主义学说，成为我国共产主义运动的先驱和 1919 年五四爱国运动的著名领导者之一。1920 和 1921 年，积极促成马克思主义与中国工人运动的结合，以及各地共产党小组的成立，是中国共产党的创始人之一。此后他领导北方党组织发动群众，开展了轰轰烈烈的反帝反军阀斗争。1927 年 4 月 6 日被军阀张作霖逮捕，28 日在北京英勇就义。

李四光（1889—1971 年）

字仲揆，湖北黄冈人。地质学家。早年加入同盟会，参加了辛亥革命。1919 年毕业于英国伯明翰大学，获硕士学位。1920 年回国。曾任北京大学教授、中央研究院地质研究所所长。从事古生物学、冰川学和地质力学的研究和教学工作。建国后，历任中国科学院副院长、中科院古生物研究所所长、地质部部长、中科院地学部委员、中国科协主席，第二至四届全国政协副主席。创立了“构造体系”的基本理论，认为新华夏构造体系的三个沉降带具有大面积储油层，指导发现了大庆、胜利、大港等油田。著有《中国地质学》、《地质力学概论》、《地震地质》、《天文、地质、古生物》等。

李德全（1896—1972 年）

中华人民共和国第一任卫生部部长、中国妇女运动领导人，北京通县人。冯玉祥夫人。1923 年毕业于华北女子文理学院。1925 年创办北京求知学校。抗日战争期间任中国战时儿童保育会副理事长，抗战胜利后，创办中国妇女联谊会，曾在北平师范大学任教。建国后，任卫生部部长、中国红十字会会长、世界和平理事会理事、中苏友好协会副会长、全国妇联副主席、全国政协副主席等。

李维汉（1896—1984 年）

又名罗迈，湖南长沙人。中国共产党的早期领导者之一，长期从事统战工作和民族工作。建国后，历任中央统战部长，政务院秘书长，中央民族事务委员会主任委员，政务院财经委员会副主任，国务院第八办公室主任，全国政协秘书长，第二、三、五届全国政协副主席，第一、二届全国人大常委会副委员长，中央统战部顾问，十二届中央顾问委员会委员、常委、副主任等职。著有《回忆与研究》。

李振翩（1898—1984 年）

美籍华裔病毒学家。湖南湘乡人。1925 年，毕业于湖南长沙湘雅医学院，获博士学位。1929 至 1931 年在美国纽约洛克菲勒研究所从事病毒疫苗研究工作。1930 年，与“病毒之父”里费斯合作发表了《李振翩里费斯病毒培养方法》论文，发明了制造病毒疫苗的方法。1931 年回国。1932 至 1949 年先后在北京协和医学院、上海医学院、中国军医大学和中央大学医学院任病毒学教授。1949 年，重返美国，在美国国家卫生研究所工作。1955 年，与谢弗博士合作，培养了医学界公认的李振翩谢弗小儿麻痹疫苗，在全世界推广，获极高的声誉。1984 年 11 月 16 日在美国华盛顿逝世。

李克农（1899—1962 年）

中国人民解放军高级将领。安徽巢县人。五四运动前后曾参加爱国进步活动。1926 年冬加入中国共产党，1928 年到上海，后在中共中央特科领导下从事秘密工作。1931 年冬到中央革命根据地，任中华苏维埃临时中央政府国家政治保卫局执行部部长，中国工农红军第一方面军政治保卫局局长、红军工作部部长。长征到陕北后，任中共中央联络局局长，负责与张学良部、杨虎城部的联络和白区秘密交通工作。西安事变后，曾作为红军代表，在潼关与国民党中央军代表进行停止内战的谈判。七七事变后，先后任八路军驻上海、南京、桂林办事处处长，八路军总部秘书长，中共中央长江局秘书长，协助周恩来等开展抗日民族统一战线工作。1941 年起，任中共中央社会部副部长。抗日战争胜利后，曾任北平军调处执行部中共方面秘书长。后主持中共中央社会部的工作。中华人民共和国建立后，曾任外交部副部长，人民革命军事委员会情报部部长、中国人民解放军副总参谋长、中共中央调查部部长等职。1955 年被授予上将军衔和一级八一勋章、一级独立自由勋章、一级解放勋章。曾当选为中共第八届中央委员。1962 年 2 月 9 日卒于北京。

李立三（1899—1967 年）

湖南醴陵人，中国无产阶级革命家、工人运动的杰出领导人之一。曾留学法国，1921 年加入中国共产党，投身中国革命，新中国成立前后，历任中华全国总工会副主席、中央人民政府委员、劳动部部长、中共中央华北局书记处书记等职，先后主持制定了《中华人民共和国工会法》等数十项法令条例，为中国革命和建设事业贡献了自己毕生的精力。

李富春（1900—1975 年）

湖南长沙人。中国无产阶级革命家，新中国计划工作和财经工作的重要奠基人。1919 年到法国勤工俭学。1922 年加入中国共产党，曾是中共旅欧总支部领导成员之一。1925 年初赴苏联学习，同年 7 月回国参加革命战争，在北伐战争、抗日战争、解放战争中都做出了突出贡献。新中国成立后，任政务院财政经济委员会副主任、重工业部部长、国务院副总理兼国家计委主任、国务院工交办公室主任等职，主持全国的计划工作和财经工作，为中国的社会主义改造和社会主义建设作出了卓越贡献。文化大革命开始后，他曾经在 1967 年 2 月的怀仁堂会议上，痛斥极“左”路线，后遭到错误对待。1975 年 1 月 9 日在北京病逝。

李公朴（1902—1946 年）

江苏武进人。中国现代伟大的爱国主义者，坚定的民主战士，中国民主同盟早期领导人，杰出的社会教育家。1936 年全国各界救国联合会成立，李公朴被推为负责人之一，积极与东北抗日人士联系，支持抗日斗争。同年 11 月，国民党反动派将他与沈钧儒等六人逮捕入狱，制造了震惊国内外的“七君子事件”。抗战全面爆发后，李公朴担任“民族革命战争战地总动员委员会”委员兼宣传部长。1937 年积极筹建全国抗敌救亡总会。1944 年加入中国民主同盟，被选为民盟云南省支部执行委员。1945 年在民盟全国代表大会上他当选为中央执行委员和民主教育委员会副主任。12 月，全国各界救国联合会召开会员大会，改名为中国人民救国会，会上他被选为中央委员和中央常务委员。1946 年李公朴被国民党特务杀害。李公朴牺牲后，中共中央领导人毛泽东、朱德联名发表唁电：“先生尽瘁救国事业与进步文化事业，威武不屈，富贵不淫。今为和平民主而遭反动派毒手，实为全国人民之损失，抑亦为先生不朽之光荣。”

李惠堂（1905—1979 年）

亚洲球王。祖籍广东五华，1905 年出生于香港，身高 1.80 米，司职前锋。他从小酷爱足球运动，天资聪颖，求学与训练两不误。1921 年考入开展足球运动甚广的皇仁书院。1922 年入选南华足球队甲组，开始足球生涯。1923 年入选中国队，分别于 1923 年、1925 年、1930 年、1934 年参加了第六届、第七届、第九届和第十届远东运动会足球赛，四次都为中国队夺得冠军。1936 年，作为中国队队长参加了第十一届奥运会足球赛。同年当选为亚洲足球协会副会长。1941 年拒绝为日伪表演而从香港返回广东家乡。李惠堂技术全面，球艺精湛，在其 25 年的足球生涯中，共入 1260 个球。1947 年后从事教练、裁判员工作，1954、1955 年率中国台北队夺得第二届、第三届亚运会足球赛冠军。1965 年当选为国际足联副主席。著有《球圃菜根录》、《足球经》、《足球规律诠释》、《足球登龙术》、《我与足球》等。

李亚农（1906—1962 年）

著名历史学家。又名旦丘。重庆江津市人。1926 年赴日留学。1927 年在京都帝国大学参加中国共产党。1933 年回国，任北平中法大学教授。1937 年赴重庆任孔德研究所研究员，将精力转到研究中国历史。1941 年冬，投笔从戎，赴苏北抗日民主根据地，任新四军政治部敌工部副部长，负责对日本战俘的工作。1949 年后，先后担任过中国科学院华东办事处主任、文物管理委员会主任委员、重庆科学院历史研究所所长、重庆史学会会长、中国科学院哲学社会科学部学部委员。著有《铁云藏龟零拾》、《殷契摭佚》（正续编）、《金文研究》、《中国奴隶制与封建制》、《殷代社会生活》、《西周与东周》、《中国的封建领主制和地主制》、《李亚农史论集》等书。

李贞（1908—1990 年）

湖南省浏阳县人。由于家境贫寒，年仅六岁的李贞就当了童养媳。1926 年春夏，大革命的洪流涌入浏阳河，李贞毅然剪掉辫子，参加革命队伍。1927 年加入中国共产党，参加了秋收起义，历任红六军团和湘鄂川黔军区组织部长、红二方面军政治部组织部副部长、八路军妇女学校校长、晋绥军区政治部秘书长、西北野战军政治部秘书长、中国人民志愿军政治部秘书长、最高人民检察院军事检察院副检察长等职。红军长征时期，李贞曾任红六军团组织部部长，红二方面军组织部副部长等职。在以后漫长的革命征途上，无论是解放大西北，还是在抗美援朝的战场上，到处都留下了李贞这位巾帼女将的足迹。1955 授少将军衔，是新中国第一位女将军。

李先念（1909—1992 年）

湖北黄安（今红安）人。1927 年加入中国共产党，为中国革命事业中做出了突出贡献。新中国成立后，历任湖北军区司令员兼政委，中共湖北省委书记、中共中央中南局副书记、中南军政委员会副主席等，1954 年任国务院副总理，兼财政部部长。1958 年 5 月增选为中共第八届中央书记处书记。1962 年兼任国家计委副主任。1969 年 4 月当选中共中央政治局委员。"文革"中，协助周恩来总理主持经济工作。1976 年 10 月在粉碎江青反革命集团的斗争中起了重要作用。1977 年当选为中共第十一届中央政治局常委、中央委员会副主席。1982 年当选为中共第十二届中央政治局常委。1983 年 6 月在第六届全国人民代表大会上当选为中华人民共和国主席。1992 年 6 月 21 日在北京逝世，终年 83 岁。

李兆麟（1910—1946 年）

著名抗日将领，东北抗日联军创建人之一。原名李超兰，化名李烈生、孙正宗，满族，奉天辽阳（今辽宁灯塔）人。1931 年"九·一八"事变爆发，参加东北民众抗日救国军。1932 年组织领导抗日义勇军。同年加入中国共产党党员。历任中共满洲军委书记、珠河反日游击队副队长、东北反日游击队哈东支队政委、东北人民革命军第六军政治部主任、北满抗日联军总政治部主任、中共北满省委组织部长、东北抗日联军第三路军总指挥。抗战胜利后，任松江省副省长兼任中苏友好协会会长、松江军区副政委。1946 年 3 月 9 日，李兆麟惨遭国民党特务的暗害，年仅 36 岁。

李林（1916—1940 年）

爱国女华侨。侨居印尼爪哇，本名秀若，又名小蜂。原籍福建闽侯，1930 年回国，入福建集美中学、上海爱国女校读书。1936 年到北平民国学院学习，加入中华民族解放先锋队，同年加入中国共产党。次年被党派往隶原国民师范军政干部训练班受训，任训练班特委宣传委员兼女兵连支部书记。抗日战争爆发后，历任中共雁北工委宣传委员、雁北抗日游击队第八支队政委、第六支队骑兵营教导员、晋绥边牺盟工委宣传部部长、晋绥边区第十一行政专署秘书主任、晋西北行政公署委员。后在反“扫荡”战斗中掩护部队突围时牺牲。

五、寻根联谊

作为中华第一大姓，李姓的宗族活动十分频繁，以前主要集中在港台海外地区，改革开放以来，内地的李姓宗亲活动也日渐活跃，主要分布在三个地区：东南沿海、甘肃省陇西县和河南省鹿邑县。

（一）李姓宗亲组织

据台湾《李氏源流通讯录》所载，世界各国拥有“宗亲会”、“亲睦会”、“陇西堂”、“陇西公所”、“宗亲总会”等74处李氏宗族组织。王泉根《华夏姓名面面观》专门谈到宗族组织的问题。其中说：“所谓宗亲会，就是集合同姓人士，不论亲疏，不分派别，建立宗祠，共祀其受姓之始祖，用以联络同宗感情。”宗亲组织之广泛，也从另一个角度展现了李姓在全世界分布之广泛。

台北市“世界李氏宗亲总会”：这是现今李氏宗族中规模最大，组织设置最完整的世界性的李氏宗族组织。“世界李氏宗亲总会”成立于1970年4月19日，总会地址设在台湾省台北市南京东路三段309号“李氏宗祠”内。同年10月29日至30日，宗祠举行了国内外宗亲恳亲大会，出席会议的有22个国家、地区的77个李氏宗亲团体，600余名代表。会议通过了各种议事规程，并通过了《世界李氏宗亲恳亲大会组织章程》及《世界李氏宗亲联合总会组织章程》。这个命名为“世界李氏宗亲总会”的世界性李姓宗族组织，终于宣告成立，会址设在台北市南京东路309号李氏宗祠。

除了台北的“世界李氏宗亲总会”外，还有不少李氏宗族组织分布于世界各地，他们有着中华民族慎终追远的共同传统，在思祖寻根的共同精神之下而建立。发挥着敦宗睦族、团结互助的作用。例如：

新加坡李氏总会：李氏总会于1906年注册成立，原名李氏陇西公所，由李清渊任创会总理。1911年由李百福接任。成立初期，总会会所设在振瑞路98号。1945年二战后，李源水、李文义、李永通、李义蝉、李情信等诸宗亲，倡议恢复组织，并邀李振殿于1946年任总理，振兴会务，是年创设互助部。1951年，李氏陇西公所更名为陇西李氏总会。后经多次搬迁，于1954年购置会所。1956年举行新大厦落成礼，恭请华社领袖陈文确主持剪彩。总会新址位于惹兰勿刹363号。这座四层半高的会所，一楼和四楼用于出租，租金收益充作会务经费；二楼和三楼自用，二楼作为礼堂和办公室，三楼为活动中心。1966年，李金塔任会长，两年后，李国汉任会长，并于1969年首次联合七宗团庆祝祖皇诞辰暨新加坡开埠150周年。1971年，李丰林任会长期间，设李氏总会教育基金、康乐股等。1976年，在李丰林任内，陇西李氏总会改称为新加坡李氏总会。

马来西亚李氏总会：马来西亚华人李氏宗亲社团的全国性组织。马来西亚各地先后建立威斯利省（区）、吉（吉打州）中区、槟城、霹雳、马六甲五个李氏宗祠，笨珍、麻坡两个李氏陇西公会（公所），森美兰、彭亨两个李氏联宗会，北霹雳太平、柔南、吉隆坡三个李氏公会等12个李氏宗亲社团，并在此基础上于60年代联合成立马来西亚李氏总会，旨在团结全国李氏宗亲社团和宗旨，联络宗谊，为宗亲谋福利。1988年12月11日在柔佛州新山召开第十一届常年代表大会，通过马六甲李氏宗祠提呈的三项议案，呼吁全马来西亚以华人为主的政党捍卫华人权益，维护华文教育等。

海外李氏宗亲总会：李氏宗亲的国际性联谊组织。成立于1982年，初期总会设在香港，后迁至台北。每三年召开一次世界性恳亲大会。1987年10月和1990年10月在香港举行第三届和第四届世界李氏恳亲大会，首席会长李时佑，会长李世奕、李炳荣，秘书长李无逸。2005年由海外李氏宗亲总会举办的世界李氏恳亲会将在马来西亚槟城举办。

早期的宗亲会称为“食祖公会”，其宗旨是弘扬祖德，敦睦友谊，团结互助，以发扬民族精神；其活动包括建祠、祭祀、修谱、奖学，以及举办各种慈善事业、公共福利事业等。1985年出版的《菲律宾陇西李氏宗亲总会宿务分会金禧纪念刊》首页，刊载了由李鸿儒作词、李抱忱谱曲的会歌，集中颂扬了李姓的辉煌历史和海外宗亲会“戮力家邦”的宗旨，歌词全文如下：

我李根深世泽长，陇西赵郡各辉煌；

经传道德垂千古，身世犹龙仰八荒；
大唐宏规崇四海，中华文化渡重洋；
何当寰宇宗亲会，戳力家邦至富强。

其他李姓宗亲会还有很多，遍布世界各个角落，胪列如下。

中国香港地区：香港李氏宗亲会有限公司、香港海外李氏宗亲总会、香港新界李氏宗亲会、五华旅港同乡会有限公司。

中国台湾地区：世界李氏宗亲总会、台湾省李氏总亲总会、台北市李氏宗亲会、高雄市李氏宗亲会、金门县李氏宗亲总会、台北县李氏宗亲会、桃园县李氏宗亲会、新竹县李氏宗亲会、新竹市李氏宗亲会、苗栗县李姓宗亲会、台中市李氏宗亲会、台中县李氏宗亲会、彰化县李氏宗亲会、南投县李氏宗亲会、云林县李氏宗亲会、嘉义县李氏宗亲会、嘉义市李氏宗亲会、基隆市李氏宗亲会、花莲县李氏宗亲会、宜兰县李氏宗亲会、台东县李氏宗亲会、屏东县李氏宗亲会、财团法人台湾李氏宗祠、财团法人台北市义和堂、财团法人李姓敦本堂宗亲会。

新加坡：新加坡李氏总会、新加坡潮州陇西公会、新加坡广惠肇李氏书社、新加坡四邑李氏同乡会、新加坡嘉应五属李氏公会、新加坡琼崖李氏公会、新加坡李氏（五山始祖）宗亲会。

马来西亚：马来西亚槟城李氏宗祠、马来西亚雪隆李氏公会、马来西亚砂劳越诗巫李氏公会、马来西亚霹雳李氏宗祠、马来西亚彭亨李氏联宗会、马来西亚笨珍陇西李氏公所、马来西亚森美兰李氏联宗会、马来西亚柔南李氏公会、马来西亚麻坡陇西李氏宗会、马来西亚马六甲李氏宗祠、马来西亚威省李氏宗祠、马来西亚吉中李氏宗祠、马来西亚太平北霹雳李氏公会、马来西亚砂劳越陇西李氏公会、砂劳越美里李氏公会、砂劳越泗街李氏公会、砂劳越马拉端李氏公会、古来李氏宗会。

印度尼西亚：印尼万隆李氏宗亲会、印尼椰嘉达李氏宗祠互助会、印尼眼亚比陇西李氏宗亲会、印尼坤甸陇西李氏世家。

泰国：泰国李氏大宗祠、泰国李氏宗亲总会、泰国合艾李氏宗亲会。

菲律宾：菲律宾陇西李氏宗亲总会、菲律宾陇西西黑省分会、菲律宾陇西中北吕宋分会、菲律宾粤桥李陇西堂、菲律宾陇西礼智三描分会、菲律宾陇西李宿务分会、菲律宾陇西李那牙分会、菲律宾陇西黎牙实备分会。

缅甸：缅甸仰光只坦陇西堂。

越南：越南李氏宗族祖堂。

美国：美国祖笋李氏敦公所、国保利磨李氏敦公所、国埃仑顿李氏宗通讯所、美国乐居李氏敦宗通讯处、美国波士顿李氏敦公所、美国旧金山李氏总公所、美国祖笋李氏公所、美国屋仑李氏敦宗公、美国企城李氏敦宗公所、美国士得顿李氏敦宗公所、美国芝加哥李氏敦宗公所、美国纽约李氏敦宗总公所、美国费城李氏敦宗公所、美国二埠李氏敦宗公所、美京李氏敦宗公所、美国纽约李敬修别墅、美京李敬修别墅、美国保氏敦李氏敦宗公所、美国李氏总分所纽约公所、美国李氏敦宗总公所、美国舍路李氏敦宗公所、美国罗省李氏敦宗公所、美国葛仑李氏敦宗通讯处、美国罗市城加市李氏敦宗通讯处、美国沙家兔度李氏公所。

加拿大：全加李氏总公所—云高华李氏公所、加拿大满地可李氏公所、加拿大多伦多李氏公所、加拿大卡技利李氏公所、加拿大云梳李氏公所、加拿大域多利李氏公所、加拿大缅省稳地群李氏公所、加拿大点间顿李氏公所、加拿大云尼壁李氏公所、加拿大缅省李氏公所。

墨西哥：墨西哥末市卡利埠陇西堂、墨西哥京都李氏公所、墨西哥参必咕李陇西堂。

法国：留尼旺李氏宗亲总会。

瑞典：北欧瑞典李氏宗亲会。

日本：日本名古屋李氏宗亲会、日本东京李氏宗亲会。

印度：印度加尔名誉氏自治会。

毛里求斯：模里西斯陇西堂。

（二）李姓宗亲联谊

东南地区是海外李姓的直接迁出地，在近年来兴起的寻根祭祖热中，海外李姓到大陆寻根祭祖的第一站是东南沿海地区。

东南沿海及海外

坐落于福建上杭稔田镇官田村的“李氏大宗祠”建于清道光十六年（1836年），是李氏后裔为纪念其入闽始祖李火德公建造的宗祠。从李火德入闽至今800余年，其后裔遍布闽、台、粤、桂、赣及香港、东南亚和欧美各国，在不同的领域人才辈出，各领风骚，如清乾隆宰相李光地、前新加坡总理李光耀、香港巨子李嘉诚等均为李火德直系裔孙。李火德是海外李姓普遍尊奉的始祖之一，近年来，海外到上杭寻根谒祖的络绎不绝，李火德祠也成了海外李姓大陆寻根祭祖的大本营。

1992 年 12 月 1 日李火德诞辰 808 周年纪念暨联谊活动在福建上杭举办，纪念活动是此前上杭县历史上规模最大的一次外事活动。海外李氏裔孙对此次活动的情况介绍延续至 1993 年。活动的主要内容有李氏裔孙谒陵祭祀、纪念大会、“火德杯”书画展览、文艺演出等。活动举行之后，中央、省、地、县等新闻单位和香港《新闻通讯》、《天天日报》、台湾《联合晚报》、菲律宾《商报》等在 1992 年底到 1993 年初分别报道了活动实况。

1999 年 10 月 16 日，在菲律宾首都马尼拉召开了世界李氏宗亲总会第十届第二次会员代表恳亲大会。

2001 年美籍华人李宝琦教授到广东从化市寻根祭祖，且调查收集了许多有关李姓文化的资料，撰写了题为《广东海外李姓华侨归国寻根旅游》的可行性研究报告。

2002 年 10 月，海外李氏宗亲第八届恳亲大会在广东省台山召开，来自世界各地的李氏代表、观礼员、宗亲和祝贺团成员 400 多人参加了这一盛会。据香港中通社报道，海外李氏宗亲总会首席会长李时佑主持揭幕礼并致开幕词，全美代表李达品元老等致词。国务院侨办国外司副司长朱惠珍、广东省侨办副主任陈仰豪、台山市委书记、市长赵瑞彰出席了恳亲大会揭幕典礼。

2005 年 7 月 18 日，世界李氏宗亲总会第十二届第一次会员代表大会马来西亚槟城召开。大会共吸引来自缅甸、柬埔寨、越南、泰国、新加坡、菲律宾、中国大陆、香港、台湾等国家和地区的逾千名李氏宗亲参加。

2005 年 11 月 6—7 日，海外李氏宗亲总会在台山市举行第九届恳亲大会，300 多位海内外乡亲欢聚一堂，畅叙情谊，共谋发展。国务院侨务办海外司副司长朱慧玲和省、市领导应邀参加了活动。

2006 年 9 月 3 日，世界李氏总会第十二届第二次会员代表暨恳亲大会，在香港全聚百乐门宴会厅举行，来自美国、加拿大、中国大陆与台湾地区、越南、柬埔寨、韩国、马来西亚、泰国、新加坡、印尼、菲律宾及主办方中国香港，13 地的 66 个李氏公会组织，约有 1100 位宗亲将参与其盛，场面空前壮大、热闹。

2007 年 12 月 7 日，世界李氏宗亲总会第十二届三次代表暨恳亲大会在中国台北召开，这次大会是由世界李氏宗总会主办、台湾省李氏宗亲总会承办而召开的。来自十几个国家地区的李氏宗亲 600 人余共聚一堂共襄李族盛事。

2007 年 3 月 4 日元宵节，金县李氏宗亲会组成 143 人谒祖团，经厦金航线前往福建南安市，参加李氏闽南开基祖“五山祖”李君怀逝世 798 周年祭典活动，跨海表达饮水思源的情怀。“五山祖”李君怀为闽南李氏共同开基祖，族人为纪念他，绘像供奉，每年开春祭祖由各聚落掷筊决定迎奉权，拜开放厦金航线所赐，2004 年曾到金门巡安一年，让宗亲们引以为荣。

2008 年 4 月 1 日，台湾高雄李氏宗亲寻根谒祖代表团在“李氏大宗祠”里举行了隆重的祭祖大礼，表达了对祖先的敬仰之情。

2008 年 4 月 28 日，旅英李氏宗亲会成立，旨在帮助更多不知名的李姓华人，为其争取和维护权益。华人老侨领李志章出任旅英李氏宗亲会首任会长。

2008 年 11 月 4 日，海外李氏宗亲总会第十届恳亲大会在台山召开。来自美国、加拿大、菲律宾、中国香港、中国台湾和大陆等不同国家和地区的 300 多名李氏宗亲会聚一堂，共同追寻李氏宗亲悠久的文化根源，缅怀宗功祖德，联谊乡谊，共谋发展。

2008 年 11 月 15 日至 17 日以“联宗谊，谋发展、创辉煌”为主题的“全球李氏宗亲第十三届恳亲大会”在雅加达召开。逾千位来自中国大陆、菲律宾、中国台湾、泰国、缅甸、柬埔寨、新加坡、马来西亚、中国香港、韩国、美国等，以及印尼各地区的李氏宗亲，再次聚集雅加达，联系全球宗亲感情，促成双边民间经贸合作关系，达成双赢局面。

2008 年 11 月 2 日由中国传统文化促进会主办、北京陇西堂姓氏文化中心和福建上杭李氏大宗祠管委会承办的第二届国际李氏文化论坛峰会在福建省上杭县召开，以增强共识、增进友谊，崇祖报德，勿忘根本为主旨，以凝聚海内外李氏子孙之力共创华夏辉煌为目标。来自新加坡、马来西亚、菲律宾、韩国、美国等国家和中国香港、台湾及大陆 12 个省市的 300 多名李氏宗亲代表、专家、学者济济一堂，寻根联谊，传承李氏文化，弘扬中华民族精神，打造上杭客家文化品牌。

2009年农历三月初，清明节前夕，200多名李氏火德公裔孙代表，肩负着上犹及周边县市上万宗亲的重托，前往福建上杭“李氏大宗祠”，拜谒先祖火德公英灵，祭奠先祖们之坟墓。这是有史以来，祖居或现居上犹的火德公裔孙，首次规模宏大的寻根拜祖活动。

2009年10月23日，李火德与世界客家族群文化艺术研讨会暨宗亲捐建工程竣工庆典活动在福建上杭举行，当地政府领导和来自马来西亚以及国内十多个省市的120多名宗亲出席。参加活动的海内外宗亲大多来自工商业界，上犹宗亲代表团积极向他们推介上犹丰富的自然资源和良好的投资环境，热情邀请海内外宗亲来上犹投资兴业。通过广泛深入的交流，上犹宗亲与各地宗亲建立了深厚的感情。

2009年10月13日，第三届国际李氏文化论坛深圳峰会在健康、和谐、传承、利国的氛围中进行，来自六个国家和20多个省市的300多名代表欢聚一堂，盛赞祖国改革开放繁荣的改革成果。这次峰会是继由中国传统文化促进会主办的首届国际李氏文化论坛北京峰会和第二届国际李氏文化论坛上杭峰会胜利召开之后，又一次以弘扬传统文化、传承中华文明，研讨李氏文化、构建和谐社会，推动祖国发展为出发点的具有历史意义的全球李氏人的盛会，也再一次展示了改革开放日益强盛的中国正以崭新的姿态从不同方面和形式繁荣发展中华文化的一缩影。

2010年6月6日，福建姓氏源流研究会李氏委员会成立庆典暨首届李氏委员代表大会在福建省福州市举行。会议以“传承历史文化，促进社会和谐”为主题，会场悬挂的巨幅对联：“根鹿邑望陇西道德传八闽；肇福建徙台港伟业遍五洲。”特别醒目。

2010年10月5日，上犹李氏宗亲一行16人组成的拜祖团，八天日夜兼程，行万余里，前往李氏祖庭——甘肃省陇西县、河南省鹿邑县寻根谒祖，恭请开姓始祖利贞公、太始祖耳公（老子）、名祖唐太宗世民公圣像牌位和祖祠香火。10月13日（九月初六）吉日，上犹李氏恭请尊先祖牌位升座庆典仪式在上犹李氏宗祠隆重举行，数千名李氏宗亲参加。

2010年10月29日，世界李氏宗亲总会第十三届第三次会员代表大会暨2010年全球李氏恳亲大会在金门召开，来自全球各地李氏宗亲代表1100多人齐聚此地，参加祭祖大典和恳亲大会，缅怀祖德，联络情谊，洋溢着中华民族慎终追远的宗族亲情。这是全球李氏宗亲代表首度欢聚金门。

2011年2月2日，中国国际广播电台消息：为了祝贺李氏乡亲李孟贤出任旧金山首位华裔市长，旧金山李氏敦亲总公所1月25日晚在旧金山华埠康年大酒楼举行盛宴隆重庆祝。当晚万头鞭炮响彻唐人街，金龙瑞狮起舞，还邀请李孟贤点燃十万头的鞭炮，更用到庆祝典礼的最高规格，两岸驻旧金山最高官员、侨团首长、市府政要和各界嘉宾近700人出席了盛会。前市长布朗、市参议会主席邱信福致词赞誉李孟贤出任旧金山市长是实至名归。

2011年3月28日，柬埔寨李氏宗亲会新厦举行落成典礼，世界各地李氏宗亲会领导远道而来祝贺，柬埔寨副总理宋安伉俪亲临主持剪彩仪式。新厦落成标志着华人传统的团结互助精神在柬埔寨得以发扬，同时也具有国内及国际的影响和号召力。近800名嘉宾参加了典礼。

2011年4月7日，来自菲律宾、印尼、新加坡及港澳台等十余个国家和地区的1000余位李氏宗亲6日会聚一堂，参加在福建石狮举行的石狮陇西文史研究会成立庆典大会暨"李氏宗亲恳谈会"。石狮陇西文史研究会的成立，将为加深闽港、闽台交流以及加强石狮与菲律宾等海外乡亲的联谊提供文化平台。

2011年10月11日，上杭客家祖地、省级文物保护单位——李氏大宗祠，迎来了台湾桃园县近300名李氏宗亲前来寻根谒祖。当日，台湾桃园县李氏宗亲寻根谒祖代表团一行在李氏大宗祠里举行了隆重的祭祖大礼，表达深切的敬仰与缅怀之情。

2011年10月11至13日，世界李氏宗亲会第十四届第一次会员代表大会暨2011年全球李氏恳亲大会，在台湾省苗栗县隆重举行。

2011年10月18日，第五届国际李氏文化高端年会在山水甲天下的美丽桂林召开。来自新加坡、美国、北京、香港、澳门、广东、广西、深圳、福建、海南、贵州、云南、江苏、浙江、安徽、河南、四川、重庆、甘肃、山西、山东、江西、湖北、湖南等20多个国家及地区代表近300人参加了盛会。

甘肃省陇西县

近年来，作为李姓重要郡望陇西的所在地，甘肃省陇西县的李氏文化研究和宗亲活动十分繁忙。

为了满足海内外李姓到大陆寻根问祖的需要，1992 年 6 月经中共甘肃省委、省人民政府批准成立了“陇西李氏文化研究会”、“甘肃省陇西堂筹建委员会”和“陇西李氏文化研究总会”。此后，相继举办了“陇西李氏文化全国研讨会”和“陇西李氏文化旅游观光节”。多渠道筹措资金对陇西堂、李家龙宫等李氏文化遗址遗迹进行修葺，并通过多种舆论媒介大力宣传李氏文化，加强了同海内外李氏的联谊。

李氏宗亲专程前来陇西寻根敬祖、旅游观光的每年络绎不绝，陇西李氏文化越来越受到海内外的普遍关注，陇西李氏文化研究和李氏文化遗址遗迹修复工作，也取得了一定成绩，如今，陇西李氏文化研究已经成为甘肃省对外开放的一个重要窗口。《人民日报》（海外版）、《光明日报》、《南洋商报》、《菲律宾报》等 30 多家新闻媒体和很多杂志先后发表有关陇西李氏文化的各种文章、报道 120 多篇。《香港商报》曾以两版的篇幅编发了宣传陇西及其李氏文化的专刊，发行 17 个国家和地区。《西部商报》将陇西李氏文化的有关资料选入《中华姓氏大追踪·李姓》一书。中央电视台、北方电视台拍摄的陇西李氏文化专题片分别在中央电视台《天涯共此时》节目和《地球上的故事》节目中播出。拍摄的《根叶情》、《李氏文化源流》、《我李百万叶》、《陇西古郡开新篇》等六部电视专题片分别在中央电视台和甘肃电视台播出。

1994 年 5 月、1997 年 5 月和 2000 年 5 月陇西李氏文化研究总会和中共陇西县委、县人民政府相继在陇西成功举办了“陇西李氏文化第二次全国研讨会暨西部大开发陇西经贸洽谈会”，广泛收集整理了李氏族谱、名人传记和研究论文，在国内聘请了 30 多位专家学者，从事李氏文化研究工作。相继出版发行了《陇西李氏文化专辑》、《陇西李氏文化续集》、《陇西李氏文化源流》、《首届陇西李氏文化旅游观光节集锦》、《李氏文化研究（三）》、《陇西李氏文化》等资料。通过陇西李氏文化的研究和宣传，进一步提高了陇西知名度，扩大了陇西李氏文化在海内外的影响。

从 1992 年以来，陇西县相继与日本、韩国、美国、马来西亚、新加坡、印度尼西亚、菲律宾等国家和台、港、澳地区的80多个李氏组织以及大陆29个省、市、自治区的李氏组织和李氏族人进行广泛联谊和交流。

1996年8月，马来西亚李氏总会副会长、马六甲李氏宗祠主席李光楣先生率团一行11人首次来陇西寻根访祖，并在《南洋商报》上对陇西及其访祖情况作了整版宣传报道。

1997年5月13日至14日举办的“陇西李氏文化旅游观光节”，有马来西亚、新加坡、韩国、中国香港、中国澳门、中国台湾等国家和地区及广西等16个省、市、自治区的180多名李氏同胞应邀参加，开展了文化艺术交流和商贸洽谈，并为修复“陇西堂”捐助资金10多万元，《香港商报》以两版的篇幅对观光节作了宣传报道。

2000年5月11至12日，国内16个省、市、自治区的李氏和部分客商共300多人应邀参加了李氏文化第二次研讨会和经贸洽谈会，会上共签约经贸合作协议36项，吸引资金1.9亿多元，目前已落实资金1.6亿多元。

2000年10月，菲律宾李氏寻根敬祖观光团一行专程来陇西寻根敬祖，旅游观光，就如何借西部大开发的历史机遇，振兴陇西经济，提出了许多建设性意见和建议。陇西李氏文化越来越受到海内外的普遍关注。

2004年10月19日，菲律宾陇西堂李氏宗亲总会满怀对先祖的神往、崇敬之情，27位炎黄子孙，万里迢迢前来寻根谒祖。从炎热的吕宋岛，直飞临近寒冬的中国甘肃，来到李姓发迹之地陇西，探索天下第一大姓——李姓的渊源，追寻到先祖足迹，并如原地点上了心香。10月22日，寻根谒祖团乘车到河南省鹿邑祭拜先祖老子。10月26日夜，寻根谒祖团返回福建祖家，翌日晨，即前往南安市水头乡大盈东领西南坑，祭拜闽南的李姓始祖——五山公李君怀。

2008年4月9日，以李振钦为团长的泰国李氏宗亲一行28人远涉重洋，千里迢迢来甘肃省陇西县寻根祭祖，在李家龙宫举行了隆重的祭祖典礼。

2006年8月18日，中国甘肃“陇西李氏文化杯”诗文书画大展在陇西隆重举行，来自全国各省、市、自治区的李氏族人暨甘肃省、定西市的有关领导、离退休老干部及社会各界人士代表250多人参加了开幕式。

2006年11月21日，由中华民族文化促进会发起、政协甘肃省委员会共同主办的“首届老子文化国际论坛”在兰州拉开大幕。此次“老子文化国际论坛”的宗旨为弘扬老子文化精神，研究老子文化资源，把老子推向大众，把老子推向世界。会议主题为“老子哲学与我们”——“自然、科学、和谐”。

2011年9月22日，来自美国、加拿大、澳大利亚、马来西亚、中国澳门、中国香港等国家和地区的40余家海外华文媒体社长、总编辑22日考察甘肃陇西县，并参观当地代表天下李氏族人敦宗睦族、祭祀先祖的总祠“李家龙宫”。

其他地区

近年，李姓的重大文化活动还扩展到北京、郑州、西安等地。

2007年7月21日，首届李氏文化论坛北京峰会在北京广安会议中心顺利召开，来自全国20多个省市的各地李氏代表近300余人云集北京以传承华夏文明，弘扬李氏文化，促进社会和谐为主题，倡导中华民族大团结，凝聚李氏子孙之力推动世界和平，致力于中华民族的伟大复兴。会议包含三个内容：一是推崇构建旧家谱、新文化的思想体系，出一部通天族谱《世界李氏族谱全书》；二是积极筹建李氏在京办事机构、陇西堂会馆建设，为李氏人创一个文化平台；三是设立《李氏家族功勋荣誉奖章》表彰多年来为李氏文化的传承作出特殊贡献的李氏族人。

2010年9月16日至19日，国际第四届李氏文化高端论坛峰会暨拜祖联谊大会在河南省省会郑州胜利召开。全球李氏代表300余人相聚在黄河之畔新郑黄帝故里。会上宣读了“关于设立‘李氏文化历史研究基地’的决定”，“关于对国际第四届李氏文化高端论坛峰会暨拜祖联谊大会先进单位和个人表彰决定”，“关于表彰‘国际李氏和谐使者’和‘国际李氏文化之星’的决定”，“关于授予《世界李氏族谱全书》（总谱）子谱编制单位‘功德杯’的决定”。9月17日，风和日丽，黄帝故里雅乐高奏，大会代表云集黄帝故里，举行盛大的拜祖仪式，拜谒人文始祖轩辕黄帝。

2011年9月22日，大唐贞观文化朝圣大典暨国际李氏文化研讨会在西安隆重举行，37家李氏宗亲机构500名代表济济一堂，成就和见证了这次贞观文化朝圣大典暨国际李氏文化研讨的欢聚盛会。本次活动由中华世界李氏宗亲联合会、陕西省礼泉县人民政府、河南中国鹿邑李氏文化研究总会、甘肃陇西李氏文化研究会主办，陕甘豫三地多方牵手联动，由明珠国际集团·中国原点新城承办。会议发布了《西安宣言》，达成了“根在鹿邑，望在陇西，辉煌在西安”的共识。

此外，近年对老子的研究和宣传也方兴未艾。1989 年 11 月福建省“泉州老子研究会”成立；2001 年 10 月 21 日，福建省“长乐市老子研究会”成立，并于 2002 年 4 月在福州联合举行了“老子《道德经》与现代社会”学术座谈会，于 2003 年 12 月举办了“2003 福州·长乐老子《道德经》与现代社会学术研讨会”；2004 年 3 月 5 日河南灵宝举行了纪念老子诞辰 2575 周年大会。安徽有“安徽老子研究会”；台湾有“老庄文化研究会”；日本有“日本国际老子研究会”。2007 年 10 月 13 日，“2007‘老子与洛阳’国际学术研讨会”与洛阳上清宫复建奠基暨道家之源揭碑仪式在洛阳龙门东山宾馆和洛阳北邙翠云峰上清宫举行。2008 年 3 月 28 日，“老子道学文化研究会”成立大会在北京人民大会堂举行。等等。

（三）河南鹿邑寻根

鹿邑是利贞的终居地、老子的故里，作为李姓祖居地的地位是确切无疑的，历史上前来祭拜老子的帝王将相、文人骚客不绝于途，近年来到鹿邑寻根祭祖的海内外李姓宗亲日渐增多，鹿邑县为了适应李姓寻根和朝拜老子的需要，成立了老子和李姓的专门研究机构，对老子和李姓文化予以研究和宣传。

1991 年元月，鹿邑县为光大老子的哲学思想，挖掘老子这一文化资源，扩大对外开放水平，提高鹿邑的知名度，成立了中国鹿邑老子学会。目前共有会员 300 多人，分布 15 个省、市、自治区，已发展成一个立足鹿邑，影响全国，知名度较高的学术团体。

中国鹿邑老子学会成立以来，成功地召开了多次全国、国际老子学术研讨会和大型纪念会，在宣传研究老子、修复老子遗迹、文物考古发掘、研究李氏文化、开发旅游资源等方面，做了大量卓有成效的工作。学会同中国社会科学院哲学所、历史所、北京大学哲学系和河南省社科院、台湾中华老庄学会等五家学术机构联合发起召开的“1994 年中国鹿邑老子国际学术研讨会”在老学界轰动很大。来自美洲、澳洲、欧洲、东南亚及中国港澳台许多国家和地区及国内著名老学专家约 1000 余人在老子故里或参加会议。近些年，学会出版老学论文集及纪念读物多种，主办的会刊和专刊以及《老子故里话老子》已成为“老学”界关注的阵地和了解“老学”研究动态的窗口。经过学会对老子故里的积极宣传，在海外的鹿邑人和在外地工作的鹿邑人也以多种形式纪念老子，表达对桑梓的感情。美籍天文学家邵正元先生将自己发现的小行星命名为“鹿邑星”；美籍农业化学家秦维聪博士设立了“李耳奖学金”，每年都拿出1千—2千美元，用于奖励鹿邑优秀学子和教师；我国著名作家陈廷一先生也不忘家乡，设立了“李耳文学基金会晨光奖”，用于奖励研究“老学”优秀作品。

“老学”研究的深入开展，也推动了鹿邑县旅游事业的不断发展。旅游开发被列入振兴鹿邑的“十六”字方略，全力打造“老子”文化名片。目前，太清宫、老君台已被国务院批准为国家级文物保护单位，通过海内外仁人志士捐款和政府投资，对这两处文物进行了重修。

鹿邑不仅是老子故里，又是李姓之根、李氏之源。该县借李姓源于鹿邑的优势，1996年9月为专门研究李氏文化，特成立“中国鹿邑李氏文化研究总会”，在研究和宣传李姓文化方面做了大量有益的工作。每年都有李姓海内外人士前来寻根问祖。通过宣传研究“老学”和李氏文化，密切了鹿邑县与海内外学术研究团体、专家、学者及经贸人士的联系、交往与合作，加快了该县改革开放引资引技的步伐。

在鹿邑老子故里，已经连续召开了13次国际、国内老子学术思想研讨会或纪念会，多个国家及国内李氏宗亲、知名的老学专家曾来鹿邑寻根问祖、朝拜参谒，进行文化交流。例如：

1992年4月16日，以长冈光夫为团长的日本旅游团一行22人来鹿邑太清宫朝圣。

1996年4月11日，新加坡潘幼民、洪介寿、李金菊率领的“新加坡拜访黄帝老子故里暨修炼道家内丹旅游团”一行18人来鹿邑朝圣拜祖。

1998年3月13日（农历二月十五日）召开了李姓诞生3023同年暨老子诞辰2569周年纪念会，李德生将军、香港长江集团总裁李嘉诚先生、甘肃省陇西李氏文化研究会等为大会发来了贺电、贺信。

2000年10月22日，菲律宾陇西宗亲总会，由会长李鸿基、秘书长李平洲率领寻根谒祖团一行26人来太清宫参谒朝祖。

2000 年 11 月 11 日，经中国社会科学院和中国历史博物馆有关专家认可、国务院批准，国家邮政局在鹿邑县太清宫举行了《古代思想家》——老子邮票首发式和第一届老子文化节。全国各地的专家学者、有关领导、新闻工作者、企业家、宗教界人士和李氏宗亲参会，海内外 30 多个单位和个人发来了贺电贺信，这使李氏祖庭让世人瞩目。

2002 年 3 月 28 日（农历二月十五日）召开了海峡两岸李氏恳亲暨老子诞辰 2573 周年纪念大会，会上鹿邑县人民政府、中国鹿邑老子学会、中国鹿邑李氏文化研究总会和世界李氏宗亲总会、台湾省李氏宗亲总会互赠了礼品。香港龙发国际投资公司董事长李卫文、台湾省李氏宗亲总会理事长、世界李氏宗亲总会副理事长李国宪、李正富为老子纪念塔剪彩，并参谒了李氏祖庙太清宫。

2003 年 9 月 19 日，由国内知名导演杨职华执导的《道祖老子》电视片开机仪式在鹿邑太清宫隆重举行。全国政协常委、中国道教协会会长闵智亭，中国道教协会秘书长袁丙栋，台湾道教协会秘书长张柽，周口市副市长李尊杰等为开机仪式剪彩。台湾 25 人的朝圣团也出席了开机仪式。《道祖老子》是一部由中国道教协会筹拍的，反映我国古代思想家、哲学家老子生平及与道教文化渊源的四集电视片。该片拍摄时间为一年，摄制完成后将在海内外发行。该片第一集主要介绍老子的生平及其所著《道德经》，大部分镜头将在鹿邑太清宫等景点拍摄完成。

2003 年 10 月 27 日，鹿邑县借“世界客属第十八届恳亲大会”在郑州举行之际，邀请来自美国、马来西亚、印尼、港澳台等十余个国家和地区的 160 余位与会李姓客家人在河南宾馆隆重举行了“李氏宗亲恳谈会”，共叙宗亲之情，共话合作发展。

2004 年 3 月 5 日，“纪念老子诞辰 2575 周年大会”在鹿邑县太清宫举行，来自全国的 100 多名“老学”研究专家学者参加会议。当日上午 8 时 30 分，专家学者在太清宫大殿祭拜了老子。其中，来自香港飞雁洞佛道社的 11 名道士格外引人注目，早上 7 时许到太清宫后，他们便以九叩大礼祭拜老子，并献上专门从香港带来的鲜花与香料。

2004 年 3 月，周口市邮政局发行了豪华画册《龙腾周口》，向全国介绍周口。内容包括周口的太昊陵、太清宫、女娲城、关帝庙等 20 多处名胜古迹，每页印制精美的画册还配以相关邮票。同时发行的还包括两枚精制纯银纪念章，一枚正面“三皇之首”伏羲像，背面为太昊陵；一枚正面是老子像，背面图案为老君台。两枚直径均是 40 毫米，含纯银 1 盎司，成色 99.9%。

2004 年 6 月 20 日新加坡潮州陇西李氏公会在团长李光祥的率领下，一行 16 人来鹿邑参观游览、祭拜李氏先祖老子。

2004 年 6 月 27 日、7 月 4 日，奥地利国家电视台赴鹿邑老子故里、淮阳羲皇故都采风，对老君台、太清宫、太昊陵进行拍摄采访。鹿邑、淮阳之行是“走进中国河南”国际电视采访活动的一部分。

2004 年央视《走遍中国》栏目播出了系列专题片《走遍中国·周口》，其中第六集《老子不老》介绍了老子故里在河南鹿邑，同时介绍了鹿邑作为老子故里厚重的文化内涵和丰盛的文物遗迹。

2004 年 10 月 19 日举行了李氏大宗祠奠基仪式和李氏宗亲恳谈会隆重举行。据了解，大宗祠占地面积 8600 平方米，采用仿宋建筑的二进院结构，整个建筑将投资 500 万元。

2005 年 11 月 10 日至 11 日，联合国教科文组织、中国社会科学院、北京大学、政协河南省委员会共同主办，周口市人民政府、鹿邑县人民政府承办的“自然·和谐·发展——弘扬老子文化国际研讨会”在老子故里——中国周口鹿邑举行，12 个国家和地区及中国 22 个省、市、自治区的 180 多位专家学者和媒体代表参加了研讨。

2006 年 3 月 31 日，农历三月初三日，阳春三月，紫气浮天，全国最大的道祖老子青铜圣像开光庆典在河南鹿邑明道宫玄元殿隆重举行。中国道教协会秘书长袁炳栋和来自海内外 20 多处知名道观的 600 多名高道及道教信众参加庆典。

2006 年 4 月 3 日，老子故里太清宫道旗飘扬，焚香绕庭。来自海内外 160 多名李氏宗亲代表在河南鹿邑太清宫老太极殿前广场举行祭拜先祖老子大典。当天中午，世界李氏宗亲祭拜先祖老子大典结束后，世界李氏宗亲在鹿邑县迎君国际酒店召开了寻根联谊会，世界各地李氏宗亲研究会与鹿邑县人民政府、中国鹿邑老子学会、中国鹿邑李氏文化研究会互赠礼品。

由于历史原因，老子庙会曾一度中断。2006 年开始，老子庙会在鹿邑重新恢复。期间众多海内外华人齐聚鹿邑，游览观光、寻根谒祖、洽谈经贸合作事宜。此后，每年农历二月十五日，鹿邑都会举办老子诞辰纪念活动，同时开始为期一个月的庙会。

2007 年 4 月 3 日，老子故里旅游区被国家旅游局评定为 AAAA 级旅游景区。鹿邑旅游局方面称，老子故里旅游区的升格，实现了周口旅游 A 级景区“零”的突破。

2007 年 4 月 20 日，世界李氏宗亲总会理事长、菲律宾菲华工商总会理事长李沧洲，率世界各地 60 多名李氏后裔在河南鹿邑县太清宫拜谒先祖老子。

2008 年 10 月 20 日—21 日，由中国文联、河南省政协、中国国际文化传播中心主办的中国鹿邑国际老子文化节在鹿邑县隆重举行，主题为“建设民族精神家园——尊道、贵德、和谐、发展”，来自海内外的上万名各界人士，在深切缅怀我国伟大先哲老子的同时，身临其境地感受了博大精深的道家文化。

2008 年 11 月 1 日至 3 日，河南鹿邑举办了公祭老子大典，另有道教科仪表演、《道德经》诵读比赛、道教文化大讲堂、群众踩街活动、鹿邑出土精品文物展、《道德经》讲座等活动。

2009 年 3 月 27 日，世界李氏宗亲总会理事长李常盛率世界各地 40 多名李氏后裔，来到老子故里河南省鹿邑县明道宫祭祀李氏先祖老子。

2009 年 10 月 18 日，世界李氏大会、2009 中国鹿邑全球李氏文化高端论坛暨世界李氏宗亲拜祖大典在老子故里鹿邑明道宫隆重举行。来自 17 个国家和地区的 1000 多名李氏宗亲华侨代表出席开幕式，并参加祭祖、论坛等活动。

2009 年 10 月 19 日，世界李氏宗亲总会第十三届第二次会员大会暨恳亲大会在鹿邑县影剧院隆重召开。来自 17 个国家地区的李氏宗亲 1000 余人共聚一堂共商李族盛事，弘扬老子思想，传承李氏文化，促进和谐发展，实现民族振兴。“期望全体宗亲为民族团结作中坚，为中华文化做中流砥柱，为国家民族得到前途做出更多的贡献！”

2009 年 11 月 8 日，“悟道体道 · 共建和谐——老子文化与养生国际论坛”在鹿邑隆重举行。来自美国、加拿大、意大利、法国、澳大利亚、葡萄牙、瑞士、以色列、日本、韩国、新加坡等十几个国家和地区的60多位海外学者和国内老学专家、高道共100多人参加了会议。

2011年2月17日，来自金门的200多名李氏宗亲齐聚翔安浦园，参加李氏开基始祖李君选诞辰777周年的祭祖活动。每年的正月十五，金门李氏宗亲都会回家乡拜祖。

2011年4月8日，世界李氏宗亲总会理事长李常盛，以及来自八个国家和地区、13个省市自治区的360名李氏宗亲代表齐聚老子故里鹿邑县，和当地李氏后裔共同为中华李氏大宗祠始祖殿落成剪彩，并参加全球李氏宗亲祭拜先祖大典。由世界李氏宗亲总会和中国鹿邑李氏文化研究总会发起修建的中华李氏大宗祠，位于老子出生地河南省鹿邑县太清宫景区，总体布局包括门前区、祖祠区、祖源区。大宗祠供奉中国第一大姓得姓始祖李利贞和李氏先祖老子（李耳），以及历代李氏名君、名相、名将、名人。

王　姓

李发立

王姓

王姓是“王者之后”，即帝王的后代。王字的横三划，代表天、地、人，一竖则表示顶天立地支撑寰宇，是古代君主的称号。王字在甲骨文和金文中，是一种斧状的兵器之形，这种兵器称为钺，是古代帝王权力的象征。能掌握这种钺的人，即被称为“王”。

我国历史悠久，不同时期，对一国的君主称呼也不同。在夏朝以前，一国之君不称王而称“氏”，到夏朝则称“后”，进入商朝之后，国家的君主才称为“王”，秦始皇统一中国后，改国君为皇帝。

王姓不同于单单出自某国、某地、某人的其他众多姓氏，而是一个源头众多、族派纷繁的姓氏。尽管如此，其形成还有一个共同点，即多数是以王爵为基础。正如《姓氏考略》所说：“大抵子孙以王者之后，即号曰王氏”。具体地说，王姓有出自商朝子姓之王，有出自周朝姬姓之王，有出自虞舜妫姓之王，还有少数民族中的改姓及赐姓、冒姓之王。

一、王姓姓源

（一）源于商王子比干

商汤灭夏建国，传延六百余年，社会安定，经济繁荣，百姓安居乐业，歌舞升平，国富兵强，边塞稳定，可谓“纣王江山，铁打铜铸一般”。后来，纣王一天天骄横纵情，荒淫无度，置商朝社稷于不顾，终日花天酒地，饮宴作乐。他大兴土木，盖殿台楼阁。在商都朝歌不但建起长超百丈，高耸入云的“鹿台”，还在上边盖起豪华无比的“摘星楼”。他不顾百姓死活，残酷地压榨奴役，搞得民不聊生，天愁地怨。各路诸侯，纷纷反叛，王权社稷，危在旦夕。商王太丁之子比干，看在眼里，痛在心上。纣王的近族重臣箕子、微子和叔父比干，被称为商朝“三仁”，多次苦苦劝谏，毫无效果。

纣王不听忠言劝谏，唯听信奸臣费仲、尤浑的谗言，谋害忠良。他尽管嫔妃成群，还不满足。听费仲说北伯侯苏护之女妲己，美若天仙，就强逼苏护献送妲己入宫。妲己本属贤惠善良之女，一被纣王纳入宫内，性格大变，不仅百般作乐，挥霍无度，又变得阴险刁钻，设计害人。纣王对妲己言听计从，千方百计讨取妲己欢心。有一次，纣王和妲己正在“摘星楼”上欢畅饮宴，见楼下淇河中一老一少破冰趟河。老者畏寒，摇摇晃晃，行走困难；少者大步涉水，行走刚健快捷。纣王问其故，妲己说老者骨髓空缺，少者骨髓盈足。纣王为验妲己言语的真假，竟命武士，捉拿二人，剁其双腿，一验真伪。又有一孕妇行于楼下，妲己竟说，观妇人行走姿势，可知孕男女。纣王又让人剖腹验子，残害生灵。纣王的残暴恶行，尽人皆知，人们恨得咬牙切齿，恨不得吃其肉，饮其血。

纣王为了炫耀君王的富有，他在国都朝歌造筑山丘，上置木桩，桩上设刺，挂上肉块，称为“肉林”；又在摘星楼下，挖掘大坑，砌上砖石，倒满美酒，名曰“酒池”。并让男女赤裸，追逐嬉戏于林苑花丛之间，以观赏取乐。群臣对此敢怒不敢言。杜铣大夫和丞相商容，劝其戒禁奢华，废除妲己，重振朝纲，遭到纣王的残害。

纣王荒淫无度，忠臣屡劝不止。纣王对此更加厌烦，他听妲己之言，为杜绝直谏，又增添新的酷刑。纣王按妲己所言，在鹿台前挖一深坑，二丈余深，四丈来宽，四壁陡立。坑内放蝎子、蜈蚣、毒蛇、蟾蜍、名叫“虿盆”。他当庭声言，再有直言进谏者，剥去衣服，抛入坑内喂蛇蝎。纣王此时，意犹未尽，按妲己的谋划，又制一圆形铜柱，中间置火炭烧红，对违抗圣旨直言谏君者，剥去衣服，搂抱铜柱，烧焦毙命。此刑具名叫“炮烙”。纣王用此刑，烙死梅伯，有些大臣望而生畏，不寒而栗，一个个噤若寒蝉，一时没人敢再上朝进谏了。

比干丞相，面对此情此景，心如刀绞，不劝纣王改邪归正，死不罢休。有人劝说比干，不要自找苦吃，甚至搭上性命。比干义正词严地说：“君主有过，不去劝谏，听之任之，可谓不忠。若因怕死，不再劝说，可谓不勇。君王有过，应直言不讳，他如毫不悔改，我至死也不瞑目，决不能让商汤的大好江山，毁于昏君之手。”他有一次劝谏，直跪三日不起，双膝跪烂，鲜血直淌。纣王恼羞成怒，竟说：“人称你是圣人，心灵直通七窍，我今天倒要看看，你心有几窍?”说罢命令殿前武士，立即动手，剖开比干胸腔，取出血淋淋心脏来。可怜这位一向忠于商纣的老丞相，在六十三岁这年，死于侄儿纣王之手。

比干死后，纣王又命奸臣费仲带兵剿杀了比干全家数百口。在慌乱之中，比干的二儿子翼抱子拉妻，逃了出来，躲到朝歌西南边的云蒙山中。事后，翼找了几个族人，偷偷将父亲比干的尸体，抬到山林中掩埋起来，并时常下山守候在父亲墓旁，一碰到有生人打此路过，便立即躲回山林。翼和妻儿，就这样含怨忍泪苦度岁月，对纣王的残暴恶行，充满了仇恨，但人少力单，又无可奈何。

周武王征伐商纣，商朝灭亡。周朝建立后，武王姬发以仁爱治天下。对商朝忠贞贤达者，四处寻访。尤其对比干的家族，更为尊崇。一日，武王访得比干的坟墓和家人，便亲临慰吊。在比干墓前，见到翼及家人。武王问起详情，翼说：“当初纣王剿杀我全家，我在忙乱中携带妻儿逃到山里，隐姓埋名，开荒种地，白天田间劳作，夜晚守护坟墓。近处百姓同情怜悯我们，送衣送粮，我就这样苦度岁月。”武王感慨地说：“老丞相忠君爱国，为人师表，他一身正气，忠勇进谏的事迹，令人钦敬。我今日专程来祭奠这位仁德之士，以超度他的亡灵。”武王在比干墓前，郑重地举行了祭奠仪式，并带随从将士，为墓地培土，在墓前栽植了松柏。武王临行问翼：“当地百姓，对你如何称呼?”翼说：“日子久了，当地百姓知道我家是世代王族，是逃难来的，他们都称我家为‘王家’。”武王听后说：“你确实是王者之后，今日我就赐你‘王’姓。”自此以后，中国有了第一个王姓，比干成了王姓的开基先祖。

比干之子王翼受到武王封赐的消息，很快传遍周朝国内的四面八方。再加上比干是天下人人皆知的大忠臣，是仁人志士，仰慕之人甚多，当知道坟墓所在消息后，来烧香叩拜凭吊祭奠的人，络绎不绝。比干之墓，在王翼精心护理下，种了一大片松柏树，又用石块整整齐齐砌了个大坟丘。一到春天，坟墓四周绿树掩映，百花盛开，庄严肃穆，蔚为壮观。

王姓家族，像树木一样深深扎下了根，从此一天天长得枝繁叶茂，像江河之源，流向广阔的海洋。从先秦至汉唐，这支王氏一直居住于河南地区，形成“汲郡”王姓，后逐步发展形成了甘肃的“天水郡”（王姓），山东省的“东平郡”王姓，河南省的“新蔡郡”王姓，山东的“东莱郡”王姓，山西的“河东郡”王姓等。这支王姓开基到今，已有3200多年历史。

（二）源于姬姓

相传黄帝是少典的儿子，本姓公孙，因居姬水之滨，故而改为姬姓。黄帝早年活动于中原地区，生有25个儿子，分别得姓姬、酉、祁、己、滕、箴、任、荀、僖、姞、儇、依12个姓，其中一子名玄嚣，承袭姬姓。玄嚣生蟜极，蟜极生高辛（即帝喾），高辛生后稷（名弃），被周人尊为始祖。至后稷的十二世孙古公亶父（即周太王），由豳（今陕西省旬邑西）迁于今陕西岐山下周原，并在此建宫室城邑，从此称为周族。古公亶父二传于姬昌（周文王），三传于姬发（周武王）。从姬姓之中，分别衍生出四支王姓。

1. 源于毕公高

周朝建国以后，周武王的弟弟姬高，被封到毕地（今咸阳西北部），成为公爵，人称“毕公高”。在春秋时，其裔孙毕万出奔到晋国（今山西翼城东南），任司徒之职。在晋国又被分封到魏地（山西芮城北），此后，其后裔称“魏氏”。魏地地质优良，百姓富庶，势力日渐强大。到魏文侯时，魏与韩、赵两家共谋，瓜分了晋国，他自立为国君，称为魏王。公元前260年，秦国在长平打败了赵军，把俘虏的40万赵军全部活埋，然后乘胜进军，围困了赵国国都邯郸。魏国虽派出十万大军救赵，在晋鄙的率领下，行到汤阴，却停下观望形势，不敢进兵。魏公子无忌，人称“信陵君”，在魏国威望很高。他一心救赵，却无兵符无法调令大军。后来听了谋士侯生之言，设法拿到兵符，又带兵解了赵国之围，打败了秦军，使赵国百姓免遭涂炭之苦，“窃符救赵”，成了历史上一段佳话。

公元前225年，秦国灭了魏国，魏召王之孙卑子，逃到山东泰山暂时居住下来。汉朝推翻秦朝以后，天下稳定，汉高祖又把卑子封为兰陵侯（今山东省西南苍山县兰陵镇），因毕地、魏地、晋国、兰陵，都是王族世家，此后均称王姓。后卑子生悼，悼生贤，贤为济南太守，汉宣帝时，迁居霸陵，遂为京兆人。贤的七世孙党，任上郡太守。卑子九世孙遵，为东汉河南尹。以后，王姓为官者接二连三，逐渐在京兆、河间、高平、山阳形成显著郡望。毕的后裔因多年称君王，子孙便以王姓世代相传。

2. 源于周太子晋

周灵王有个儿子叫侨，人称太子晋。晋自小聪慧过人，博学多识，未成年已闻名诸侯。他十五岁那年，晋平公派使臣叔誉到周朝进贡品，见到了太子晋，与之谈后，大为折服，回国后告诉晋平公说："太子晋年方十五，才识过人，能言善辩，我都不是他的对手。"另一位大臣师旷听后，很不以为然，请求入周见太子晋。两人相见后，反复论辩，从天地万物，圣贤君臣，一直谈到立国之道，安民之策，师旷最后服伏在地，认为叔誉之言并非危言耸听。他对太子晋说："瞑臣无见，为人辩也，唯耳之特，而耳又寡闻而易穷，王子，汝将为天下宗乎！"

周灵王二十二年（公元前550年），周的京城已由镐京迁到洛阳。这一年，暴雨成灾，江河泛滥，房倒屋塌，堤岸溃决，大地成了一片汪洋。此时紧临京都的洛河、谷水，接连暴涨，直接威胁着皇宫的安全。周灵王问满朝文武怎么治水，大臣们都知道灵王专横的本性，都说："君王下令吧！臣遂旨而行。"灵王不假思索，布置朝臣去堵塞决口，壅挡急流。太子晋一听，当面提出异议，他说"父王不可用壅堵治水。昔日鲧用堵壅法治水，结果灾害加重。大禹疏通河道，引流入海，才根治了水患。前车之鉴，应引以为戒呀！"周灵王这个昏庸君王，不但不听，反以为当面给他难看。"臣不言君王之过"，在气恼的情况下，当庭下旨废太子晋为庶民，永生永世，不准入宫。

太子晋平日喜欢吹箫，能作凤凰之鸣。自被废掉太子之后，终日郁郁寡欢，愁绪百结，经常闲步于伊河、洛水之滨，以排愁解闷。据说当时嵩山有一得道仙人，人称"浮丘公"。他见太子聪慧善良，可超可度，便接他上了中岳嵩山，使其传心修道。太子晋一去不返，久居嵩山，一心修炼，有人问他何时回返洛阳，他说等到七月七日，将在缑山头与家人告别。结果到七月七日那天，人们见缑山山顶彩云飘浮，仙乐传韵，鸟飞凤鸣。太子晋身披道袍，乘坐白鹤，在祥云之间，向人们挥手致意，然后升天为仙了。这虽是个传说，但河南偃师市缑山上，有"太子升天碑"，现在还巍然屹立于缑山坡上。每逢七月七日，还有成群结队的百姓来烧香朝拜。

太子晋的儿子，名叫宗庆（有人称宗敬），长大后在周朝任司徒之职。他廉洁公正，敢于直言，虽有忠君之心，总得到诽谤之言。他因朝事极不顺心，便愤然带领家人，离开东都洛阳，迁于太原定居，以王为姓形成“太原”郡望。

太子晋的后裔，根繁枝旺，人才辈出，历史名将，比比皆是。太子晋的十八世孙王翦，是秦朝时的大将军，他英勇善战，为秦朝统一六国立下赫赫战功。其子王贲和裔孙王离，都是名冠朝野的历史名将。秦末汉初，王离之子王元，为避战乱，率族人迁入山东琅琊，开创了琅琊王姓；次子王威，则留居太原，延续并发展了太原王姓。宗庆的后裔，还有一部分迁于固始和福建等地。总之，这“太原”、“琅琊”两郡的王姓，繁衍迅速，分布最广，王姓人口十之七八，属于太子晋这一支派。所以宋代欧阳修著述的《新唐书·宰相世系表》载：“王氏出自姬姓……”绝大多数王姓族谱都尊奉周灵王太子晋为王氏开宗立姓之始祖。此支王姓，至少有2600多年历史。

3. 源于周太子赤

西周末年，周幽王因宠爱褒姒，废掉了申后和太子宜臼。幽王昏庸无道，不理朝政，天天饮酒作乐，百姓朝不保夕。朝臣思乱，国事不稳，于是申侯联合各诸侯国攻杀了幽王，后拥立太子宜臼为国君。宜臼将国都从镐京（陕西西安）迁到洛阳，称周平王。平王在位50多年，他的太子泄父先他而死，只好把泄父之子姬赤定为接班人。赤是周桓王姬林的胞兄。平王去世后，赤继承王位。因他懦弱无能，对混乱的周末局势，又无能力管理，不仅朝内文臣不听调遣，武将不服指挥，势力一天天减弱，自身难保，最后被早有预谋的胞弟姬林推翻。姬赤无处安身，无奈之下率领眷属出逃到晋国（今山西翼城东南），其子孙因是国王家族的后代，故改为王姓。直到唐代，这支王姓一直生活在山西临猗一带，史称“河东猗氏王姓”。这支约有2700多年历史。

4. 源于周桓公家族

周考王姬嵬的胞弟姬揭，时称周桓公，桓公封地在洛邑（今洛阳市王城公园一带）。封地虽小，但位置十分重要，君王住地，繁华异常。因居于王城西部，史称为“西周桓公”；又封其子“班”于巩地（今河南巩义市西南部），史称东周，班也被称为“东周桓公”。王城公园和巩地，多住达官贵人，街道宽敞，楼堂林立，市商店铺，琳琅满目，是令人留恋的风水宝地。公元前221年，秦始皇灭六国后，把周的都城一同兼并。王城被占领后，桓公国破家亡，原住在都城的士庶人员，被迫迁移到伊川、汝州等地。这些原居于王城的人员，思念故土旧地，又多是君王的后裔，以后便改为王姓，世代留传。

伊川县现在存的“古城”村和“古城寨”，据说都是周朝时期有的。这支王氏有2400多年历史。如今居住这里的王姓，占据全部居民中的绝大多数。

（三）源于妫姓的一支

奉虞舜为祖先的妫姓是王姓另一重要的源头。妫姓氏族是因长期居住于妫汭河流域而得名的姓氏。周武王灭商之后，施行仁政，对前朝先贤，均给以追封。舜是人人称颂的先贤，武王就封舜的后裔妫满于陈地（今河南淮阳），建立陈国，让他看守帝舜的奉祀。春秋时，陈国内部发生了一场争夺王位的斗争，陈厉公的儿子妫完自陈出奔，逃到齐国，以国为氏，称为陈氏。其五世孙陈桓子，任齐国大夫之职，齐王封他于田邑，他又以邑为姓，遂改姓田。至七世孙田常时，在齐国权势逐渐壮大，完全控制了齐国的政权。田常之孙田和在公元前402年，终于废齐君自立为王，于是原来姜姓掌权的齐国，变成了田氏的齐国。后来齐国被秦国所灭，国灭后齐国末代帝王田建居于共（今河南辉县），生有三子：昇、桓、轸。昇又生子名田安。项羽起兵反秦时，齐国的田横、田荣同时起兵，共同伐秦，稳定了三齐。在楚汉相争中，项羽兵败自刎于垓下，把人头献于刘邦。田横闻讯，本欲去洛阳见汉王，行至偃师市尸乡之地，对二位同去的随行人说：“横始于汉王，俱面南称孤，共同伐秦，今汉王为天子，而横为亡虏，其耻固已甚矣，有何面目再见汉王！”言毕，遂拔剑自刎，并令随人将头献于汉王。和田横共同起兵的五百壮士，皆悲壮自刎。

项羽任楚王时，田安被项羽封为“济北王”，项羽亡后，田安失去王位，其子孙为了纪念这一时的辉煌，从此便改姓王。西汉末年篡汉建立“新朝”的王莽，就是出于这一支派。正如《通志·氏族略》所云：“出于北海、陈留者，则为舜之后裔。其先，齐国诸田为秦所灭，齐人号为王家，此为妫姓之王也。”这一支为河南王氏。

（四）源于少数民族改姓

王姓大家族中涌入了大量少数民族的血液。据《通志·氏族略》及《古今姓氏书辩证》等有关史料所载，少数民族改为王姓的主要有以下几支：

1. 出自鲜卑族的可频氏

鲜卑族可频氏，北魏孝文帝时把国都从代北平城迁到这里，很多代北鲜卑人也跟随到了这里。太和十九年（495 年），孝文帝下令迁到洛阳的鲜卑人一律把籍贯改为河南洛阳，死后也要埋在洛阳北面的邙山，把姓氏改为汉姓。可频氏改为王氏。

2. 出自羌族钳耳氏

羌族钳耳氏，隋唐之际的钳耳宗、钳耳干兄弟。他们两个在隋炀帝大业年间“以王后兄弟并改姓王氏。”钳耳兄弟成为王后的兄弟是从隋炀帝的皇后萧氏论起的。萧氏的从妹曾嫁给羌人钳耳氏，按辈分，可能钳耳兄弟与萧皇后同辈。

3. 出自匈奴族

匈奴是我国古代北方少数民族，战国时期就在燕、赵、秦以北地区游牧。秦汉时期，中原王朝与匈奴之间经常有战争。东汉建武二十四年（48 年），匈奴发生了大分裂，北匈奴留居漠北，南匈奴南下降附汉朝，形成了匈奴与中原汉朝交往的第一次高潮。三国西晋十六国时期，大批匈奴人进一步南进中原，并先后建立过几个政权。匈奴人进入中原，在与汉族的交往中也有不少把自己的姓氏改成了王姓。

4. 出自回纥人

安东都护府是唐高宗总章元年（668 年）设置的，在归属安东都护府的回纥人中，有一支姓阿布思的，是回纥大姓之一。唐肃宗上元二年（761 年），安东都护府被取消，阿布思姓中一个叫五哥之的人投到了成德节度使李宝臣的帐下，被李宝臣的裨将王武俊收为养子，从此改姓王氏。

5. 出自高丽人

营州地区的高丽人改姓王氏在北朝至隋唐时屡见不鲜。《旧唐书·王思礼传》记载："王思礼，营州城旁高丽人也"。

6. 出自契丹族

唐五代时的契丹族一部分改为王姓。至两宋时期，契丹人建立辽国，其皇室耶律氏也有很多人改姓王氏。

7. 出自元朝王室

成吉思汗六子为逃避因夺位引起的迫害、追杀，逃往中原。因身为王爷，为显示身份改姓王。

8. 出自女真族

女真族曾在两宋时期建立金朝。金朝皇族完颜氏在金亡国后也有改姓王的。《王思孝墓志》载：王思孝的祖先出于金宗室完颜氏，世居磁州（今河北磁县）。王思孝的父亲完颜远任金统军使。思孝年幼时便逢丧乱，流居大名、濮阳等地，改姓王氏。

9. 出自乌桓族

乌桓族，又称乌丸族，主要分布在太原和祁县一带。南北朝时，乌桓族一支首领名为乌丸神念，初仕于北魏，后仕梁（建都于今南京），冒太原祁县王氏，改称王姓。其后有王僧辨仕梁，官至太尉。裔孙王珪、王涯都是唐代的宰相。

10. 出自其他少数民族

由景颇族之勒邦氏、傈僳族之鱼氏族、彝族之"都普"氏等改为王姓的，今天的白、苗、侗、水、瑶、蒙古、保安、锡伯、高山、东乡、朝鲜、纳西、布依、土家等民族中，均有王姓。

日本侵占台湾时，台湾王姓曾被迫改为王野、原田、太田、和田、田利、田川、田村、玉川等日本姓氏，1945 年台湾光复后，奉令均恢复王的原姓。

（五）源于赐姓和冒姓

1. 帝王赐姓

历史上多有赐姓情况，据《汉书》所载，战国时燕王丹的玄孙嘉，西汉末年王莽称帝时，曾献辞祝贺，因奉献"符令"，被王莽赐姓王，他的子孙一直沿用王姓。

西汉末，王莽建立新朝，始建国二年（10 年）下诏说：“明德侯刘龚、率礼侯刘嘉等凡三十二人皆知天命，或献天符，或贡昌言，或捕告反虏，厥功茂焉。诸刘与三十二人同宗共祖者勿罢，赐姓曰王”。

2. 其他姓氏因各种原因改为王姓

有刘氏改为王姓者：五代时，幽州人刘去非追随刘守奇在后梁政权中任河阳行军司马。李存勖攻破后梁河、洛地区，刘去非便投奔了后梁荆南兵马留后高季兴，成为高季兴的心腹。后唐建立后，高季兴表示归顺，曾被后唐任为兼中书令。高季兴始终与后唐李存勖貌合神离，刘去非因与李存勖曾作过对，为保护自己也改姓为王，叫王保义了。

有谢氏改姓王姓者：明朝汀州府（今福建长汀县）经历王得仁，其家本姓谢氏，“父避仇外家，因冒姓王氏”。清人王树荣所作《王谢世表序》中说：“吾族本系，出晋从事中郎谢万石后。梁天监中，景涤公讳觉官吴兴太守，因家焉，世为吴兴谢氏。建明初，忠烈公讳贵为北平指挥使，与张丙、张信同受建文密诏，监察燕王。张信密与燕棣通款，燕棣伪称疾嗾，信约张丙与忠烈公往侦之，二人同遇害。及靖难兵起，夷族令严，忠烈公幼子公权袭外家姓获免。”

有支姓改为王姓者：隋唐时有今陕西临潼东北人王世充，本姓支，其祖原本西域（今新疆和甘肃大部）人，改称王姓。

总之，王姓因来源不一，故分支也多，但就数量来看，历史上以出之周灵王太子晋的那一支名气最大，后发展成王姓之源流。王氏成为我国望族，始于晋代中兴名臣王导，这一支派在山东繁衍。同时，王氏之所以成为我国人数最多的大姓之一，另一个重要的历史原因，就是历来帝王之孙多称王子、王孙，其后也有许多以王为姓。

二、王姓的播迁

据我国公安部户籍人口统计，在 2007 年王姓即达 9288. 1 万人，现已近亿，占全国人口的 7. 30%。第二大姓是李姓，有 9207. 4 万人，占全国人口的 7. 11%；第三位是张姓，有 8750. 2 万人，占全国总人口的 6. 93%。

（一）王姓在历史上的播迁

中华民族，历史悠久，多次朝代更替，引起连年战争。为躲避战乱，或为了仕官、戍边、避仇和外逃自然灾害，他们往往择地迁徙流落异乡。所以在中国，一些大姓往往因支系遍布，人口众多，大规模的人口迁徙，对姓氏分布的情况影响最大。王姓人多族重，又多居住于河南、山西、河北、山东及陕西等地。地处黄河中下游和中原大地，是兵家必争之地，也是受害最深的地方，避战迁徙现象最为突出。

战国时期，诸侯争霸，七雄并立，争城夺地，弱肉强食，逐鹿中原。在秦灭六国的过程中，秦将六国的被俘臣民，谪迁蜀郡，另有大批臣民，隐逃异国他乡。为了削弱六国贵族的反抗，并充实关中的经济实力，秦朝还将六国旧姓大族及富豪十二万户迁于秦都咸阳。汉高祖刘邦和项羽及秦兵的多年大战，使中原地区土地荒芜，人口流离，死伤人员无数，大片村落成为荒丘。当汉朝统一全国后，又把齐、楚大姓及各国的豪门大姓迁移于关中，移民总数达七十多万，其中王姓多有迁徙者。

西汉晚期，王莽篡汉，南阳刘秀起兵，又爆发了连年战争。到东汉末年，魏、蜀、吴三国纷争，更是战火连天，民不聊生。为了生存，广大士庶百姓，不停地迁来徙去。尤其到西晋末年，发生了“永嘉之乱”，匈奴、鲜卑、羯、氐、羌等民族大举入侵中原，史称“五胡乱华”。导致北方人民避难流徙，亦有大批士族豪宗带领着依附的农民渡江南迁，“中州士女避乱江左者十之六七”，其中就有大批王姓。南迁的士族豪宗有的远徙福建岭南。王姓此次大迁移，不仅远抵闽、皖、浙、赣，有的直到粤、桂、黔等地。

唐朝推翻隋朝后，天下较太平，但到高宗总章二年（669 年），福建泉州和广东潮州士民不堪忍受地方官的统治与压榨，又举兵造反，地方大乱。唐高宗下旨命朝议大夫陈政率兵 3600 多人，军校 123 员，有三位王姓作副将，赴闽镇压。因未获全胜，次年，又派陈政之兄陈敏带兵 5000 人增援，陈元光及祖母魏氏也随军前往。平定骚乱后，军民及眷属就地安置，传播中原文化和技术，开发建设闽南之地。到唐垂拱二年（686 年），并建漳州，首任刺史，陈元光被誉为“开漳圣王”。此次进入闽地的军士，携带眷属，定居繁衍于八闽大地。

震动朝野的“安史之乱”，安禄山、史思明率数十万大军践踏中原，烧杀抢掠，生灵涂炭，河洛大地，一片焦土，无法生存的多数百姓，背井离乡，纷纷南迁。紧接着，黄巢、王仙芝又举起义旗，战火席卷中原大地，兵荒马乱，国无宁日。僖宗为避乱，逃入西蜀。乱作一团的唐朝，各自为王。寿州屠户王绪，集有万余民众，自称为将军，四处征战掠抢。光州固始县的王潮、王审知、王审邽兄弟，也应召加入王绪的队伍，带领光州及中原兵士，南下福建。后来，王审知在福建建立“闽国”，号称“闽王”，成为“五代十国”之一，是福建王姓的开基祖之一。

宋朝的“靖康之耻”，金人南侵，攻破汴梁，烧杀掠抢。“徽”“钦”二帝被俘，百姓处于水深火热之中。为了生存，大批百姓只好随高宗南渡，出现了又一次大规模南迁。

明朝洪武、永乐年间，中原地区又一次发生了以山西洪洞大槐树的迁民浪潮。这是史无前例的一次，也是广为流传、规模最大的一次。数百年来，民间传颂着：“问我祖先来何处？山西洪洞大槐树”，“祖先故居叫什么？大槐树下老鹳窝”，大槐树成为海内外亿万华人寻根祭祖的圣地，成为亿万人民心目中的神圣故土。

据《文献通考》记载，明朝所迁姓氏累计有182个，大的移民活动明代共18次，移民分布18省（市）500个县，其中河南106个县（市），京津冀129个县（市），山东省92个县（市），江苏、安徽、湖北、湖南62个县（市），陕、甘、宁51个县（市），辽宁11个县（市），内蒙古8个县（市），广西2个县……经后来不断发展和迁移，大槐树移民已遍布神州大地。

（二）王氏子弟入闽

唐朝末年，朝廷奢侈日甚，用兵不息，国家形势日渐衰弱，尤其到僖宗时，朝廷更加腐败。僖宗年少，荒唐昏庸，喜欢斗鸡击球，政事听任于大臣。朝臣不和，矛盾重重。关东水灾、旱灾连年，上下欺蒙，饥民遍地，盗贼四起，国无宁日。王仙芝、黄巢率众起义，战火连天，攻城掠地，苦难百姓无家可归。在这社会大动乱的特殊时期，河南固始人王潮、王审邽、王审知三兄弟，带领数千起义农民，择地入闽。他们是一批中原士民有组织有目标的大行动，目标是去南疆求生存、求安定、求发展。这样勇敢的远程大迁徙，实际上是中原士民生活方式的大搬迁，也是中原文化形态的整体大搬迁，在当地传承社会文明的进程中，起到了重要作用。

王审知弟兄在中原战乱，民不聊生时期，体察民情，义无反顾地参加了“光州刺史”王绪的部队。王绪原是寿州屠户，乘唐末天下大乱与妹夫刘行全聚500人起义，月余发展至万人，攻占光州（今固始）。时任蔡州节度使的秦宗权为扩张势力，集合兵马讨伐黄巢，便表奏王绪为“光州刺史”，负责筹办粮饷。光启元年（885年）王绪因粮饷不能按期完成，秦宗权大怒，发兵攻打光州以示惩罚。王绪惧怕，率领5000兵南奔，并命刘行全为先锋，王审知的哥哥王潮为副先锋，一路向南康路行军。途中，经浔阳，下漳浦，于光启元年七月进入福建漳州。王绪借口军旅拖累，令凡带老人一同行军者，概斩无赦。恰有王潮兄弟扶老母避乱随军同行，王绪斥责王潮说：“军有军法，你带着母亲拖累军队，违犯了命令，不杀就没有了军法！”王潮愤怒地辩解说：“人人都有母亲，不曾听说没有母亲之人。”王绪听了暴跳如雷，声言坚决要杀“三王”之母，王潮说：“我们兄弟三人奉侍母亲就像侍奉将军一样，如果要杀我们母亲，还要儿子何用？要杀，先杀我们吧！”将士们也都为王潮弟兄求情，王潮弟兄又是军中主将，王绪才免王潮母亲一死。

王绪无德无才，武艺低下，又心胸狭隘，妒贤忌能。当时军中有一看相之人，故弄玄虚，竟对王绪说，“军中有贵者之相，日后定会克压将军”。王绪心中不安，昼夜难寝，胡乱猜忌，惟怕其位被篡夺，凡是他认为勇谋超过自己或气度武艺非凡者，都被他借故杀掉。其妹夫刘行全武艺高强，竟被借故残杀。军将惊恐，人人自危，皆担心灾难临头。王潮弟兄三人，个个相貌魁梧，才识过人，看到王绪如此心狠手辣，歹毒无比，就时刻提心吊胆。一日行军至南安城下，王潮趁机对新任前锋将官说：“我们都是背弃了祖宗坟墓，丢下妻子儿女，跟随王绪来到闽地。如今他忌心太重，妄杀将佐，你身为前锋，又精神强壮，扬眉若神，论谋略与武功，皆不在人下。今看王绪所为，我真替你担心！”前锋将官，亦有同感，便与王潮合计，挑选了几十名心腹干将，隐伏道旁竹林之中，待王绪行至近前，众武士突然跳起，绑缚了王绪，押回军营禁闭。消息传开，兵士们雀跃欢呼，以示庆贺。王绪深感危险与惭愧，遂自杀身亡。

唐昭宗二年（891 年），福建观察使陈岩病重，召请王潮到福州，欲托付军政大事，被护军将领范晖阻挡，拒不让王潮进入福州。后陈岩病故，经数月激战，才攻下福州。在第二年十月，唐昭宗封王潮为福建观察使，王审知为副使。乾宁初年（893 年）黄连洞蛮族二万余人反叛，围困江州，王潮又派人击溃洞蛮，使福建全境得到统一，人民开始安居乐业。

乾宁四年（898 年）十二月，王潮病逝，享年五十二岁，葬于福建惠安盘龙山。王潮执政十一年，他建邦安国，仁德爱民，为稳定福建局势，打下了坚固的基础，功绩卓著，受人敬仰。

王潮病逝后，王审知接受了开闽、治闽、建闽的重任。王审知，字信通，又字祥卿，是王潮二弟，唐咸通元年（860 年）九月八日生于河南固始县，少时博览群书，既满腹才华，又有经天纬地的远大抱负，精通武艺，是个能文能武的将帅之才。

唐僖宗光启元年（885 年），王审知同兄王潮、王审邽南下福建。王审知年仅二十五岁。他和王潮所率队伍，纪律严明，所到之处，秋毫无犯，深受百姓爱戴。当时，镇守泉州的刺史廖彦若，为政贪暴，强征暴敛，搜刮盘剥，手段残忍，使百姓食不果腹，衣不遮体，生活在水火之中。王审知兄弟率兵至城下时，泉州人张延鲁，率父老乡亲，杀牛宰羊，跪于道旁，呼请除掉廖彦若！审知弟兄，为民请命，不避凶险，冲锋陷阵，数场激战，除掉泉州刺史，安定了百姓生活，并铲除了独霸一方的豪强劣绅，受到泉州百姓的拥戴。

王审知兄弟从中原到南疆，深知是战乱破坏了生产，造成民不聊生又引发战乱，这样无休止的恶性循环，给百姓带来无穷灾难。审知入闽后，便安定局面，发展生产，“观农桑，定租税”，“流民还者，供给牛犁，帮修房舍”，当时流散于各地的庶民，多来投奔。审知还大力鼓励农耕，兴修水利，修筑晋江六里坡，迂回四十多里，使数万亩农田得到灌溉；修筑了福清河堤，使数千亩良田不受海潮侵袭，又能灌溉，四季保收；修建了长乐海堤“十斗门”，遇旱蓄水，遇涝泄洪。在泉州又开挖一些水塘，最大的水塘可灌溉农田四万余亩。在王审知弟兄尽心治理下，闽南百姓，丰衣足食，摆脱贫困，出现了“夜半呼儿趋晓耕”的景象，呈现出“晋江两岸趁春风，耕破云山千万重”的祥和盛世。

王审知开发建设闽地，还注重开展商业贸易，改造、疏通福州城至海口百余里的通船河道，使商船可乘潮水直抵福州城下。并选择连江黄歧半岛作为福州外埠，还在外埠扩建甘棠港口，使福州成为当时中国对外贸易的一个重要城市。唐至五代时，福建能造“长二十丈，载六七百人”的大船，堪称“中国之最”。据《重建福建通志》记载，当时商贸船运景象是：“人烟绣错，舟楫云排，两岸酒肆歌楼林立，笙管之乐从柳茵榕叶中飘出。”可见太平盛世的繁华景象。

当时，除福州城为外贸商埠外，泉州也成为发展外贸的重要城市。在王审知、王审邽弟兄的治理和大力开发下，泉州城区扩大，贸易繁荣，帆船舟楫，来往如梭，吸引了阿拉伯等外国商人，落籍泉州。以后出现泉州造船业、外贸业超过福州现象，致使福建的商贸迅猛发展。来往商人北至新罗（朝鲜半岛），南至马来西亚、菲律宾、印尼、泰国；西至阿拉伯、印度等国，使闽地的茶叶、丝绸、瓷器、金属制品，与海外的象牙、琥珀、香药、沉香、珍珠等物品交易。贸易的发展和农业的振兴，使闽地国库充盈，百姓富足，人民安居乐业，这段繁荣昌盛的业绩被载入闽地的史册。

据《十国春秋·闽》一书记载，王审知“常以学校之设，是为教化之源”。使府有府学，县有县学，乡有私塾，幼童受教，并在福州“建四门学”（高等学堂），大力培养人才，使福建“雅道靡靡，儒风优优”，成为礼仪之乡。至宋代，闽地文风昌盛，状元频出；进士及第，名超中原；良臣贤相，比比皆是；科学人才，层出不穷；形成“俊造相望，廉秀特盛”，为闽地的兴盛发展，奠定了良好基础。

王审知在福州、泉州等地设“招贤馆”，接纳福建及中原入闽避乱的贤才学士，委以重任。据《旧五代史》记载：王审知“选任良吏，省刑惜费，轻徭薄赋，与民休息”。另据《开闽忠懿王氏族谱》记载：闽王审知“为人俭纳，好贤礼士。其时，如唐相王溥之子王淡，杨涉之弟杨沂，知名贤士徐寅，韩偓皆依仕官于审知门下”。入闽归附王审知的人士还有右省常侍李洵、中书舍人王涤、右补阙崔道融、大司农王标、吏部郎中夏侯淑、司勋员外郎王拯、刑部员外郎杨承休等，这些李唐朝廷官员、著名的学士，在李唐灭亡前后，受到王审知礼遇，都能很好地发挥作用，使闽地蒸蒸日上，兴旺昌盛，中原文化也在闽地得以很好的发展与传承。

王审知出身耕读世家，深受传统文化教育，具有仁爱、一统、孝敬、谦让的儒家思想。其入闽治闽维护国家统一与发展，深远地影响后世。

王审知由威武军节度使、琅琊王，继而晋封为“闽王”，在位二十九年，于后唐同光二年（925年）病逝，终年六十六岁，被赐谥“忠懿王”。初安葬于闽县灵岫风池山，七年之后移葬于福州北郊莲花山南麓。

王审知病逝后，福建大地，处处悲号，家家缟素。王府高设灵堂吊祭，寺刹礼忏念经，七日之后，方干殡葬。出殡之日，送葬官民，悲哀哭泣，道路两旁，排站数里。闽王德政实是可颂可敬。闽王驾崩之后，犹传位五主，直至946年，始为“南唐”所灭。立国共六十一年，在闽南史上留下光辉一页。当年闽王故地，改建为“忠懿王祠”，并立碑刻匾，以表尊崇。历朝以来，不仅建庙塑像，称为“入闽人祖”，且各州各县，多建有“闽王祠”，或立护国尊王庙，或筑王公宫、王公楼等。王审知高尚的道德和丰功伟绩，永留人间，百世流芳。

（三）王姓迁台

据清代《台湾志略》记载：台湾人称内地为“唐山”，称内地人曰“唐人”。由此可知，“唐山”就是台湾人对大陆的称呼。现在很多台湾人仍把回大陆叫回“唐山”，许多老年人对子孙提起祖辈到台湾开基创业的事情时，总说“我们的祖先是从唐山来的。”台湾人称内地人为“唐人”，称祖先为“唐山祖”，这与历史上唐朝时由中原迁居福建有关。唐初陈元光父子入闽开漳，唐末王审知入闽建国，台湾人又大多来自福建，而福建人又多数是唐朝中原大地移民的后裔，所谓“唐人”，十分确切。1953年，台湾进行过一次户籍调查，户数在500户以上的100个姓氏中，有63姓的族谱材料上记载来自河洛大地，尤以固始为多。这63姓共计67万多户，占台湾总户数的80.9%。

总之，绝大多数台湾的姓氏都是从大陆迁移过去的，尤其是福建、广东居首。正因为如此，在近年来风靡世界的各地姓氏寻根问祖中台湾同胞表现出极高的热情。他们冲破重重阻力和干扰，不断组团来大陆寻根谒祖，奠祭先贤，表现出对祖先故土的深切思念和爱恋。

台湾与福建仅一水之隔，自古以来，两岸人民就有频繁的交往与联系，不仅唐代大陆人开始移居台湾，到了宋代，宋王朝正式设官建制，管辖台湾。明代虽一度被荷兰强行窃据，最终又收回祖国怀抱。闽南人移居台湾及澎湖列岛的人日渐增多，并多次形成移民高潮。明朝后期，郑芝龙（郑成功之父）等率部抵台，在台北设寨屯田，并不停招募漳州、泉州、兴化沿海人到台北拓荒垦殖，每人“给银三两，三人给牛一头”。当时有数万灾民来到台湾，开始对台湾有组织的大规模开发。郑成功收复台湾后，漳州及沿海一带赴台湾者15万人之多，奠定了开发宝岛台湾的基础。清康熙二十二年（1683年）清政府统一台湾后，在台湾设一府三县，隶属于福建省。后又从闽、粤多次向台湾迁民。至乾隆五十一年（1786年），台湾居民已达200余万。明末随郑成功进入台湾的将士有相当一部分是中原移民的后裔多是王审知入闽时迁徙来的子孙。在1949年国民党退据台湾时，约有200万人随往台湾。这些人除来自福建、广东外，还有来自中原大地的人员。此时到台湾安家落户的王姓家族，又占相当多的数量。

（四）王姓分布

从人口的发展来看，王姓在全国居于首位。宋朝时期，王姓大约有590万人，约占全国总人口的7.7%，为宋朝第一大姓。王姓第一大省是山东，约占全国王姓总人口的14.7%。王姓在全国的分布主要集中于山东、河南、四川、山西、河北这五省。五省王姓大约占全国王姓人口的55%；其次分布于江西、陕西、浙江。这三省的王姓又集中了全国王姓的25.5%。全国形成了陕、晋、冀、豫、鲁、赣、浙及四川等地为王姓人口的集聚中心。

明朝时期，王姓大约有620多万人，约占全国总人口的6.7%，仍为第一大姓，在全国的分布主要集中于浙江、江苏、山东，这三省王姓人口大约占全国王姓总人口的40%。其次分布于江西和山西，这两省又集中了17%，浙江一跃成为全国王姓第一大省，约占全国王姓总人口13.7%。南方王姓人口在宋元明600年中，有了大的发展。广西和福建的王姓人口已大大超过了宋代。而宋代的王姓大省河南、河北和四川的比例已下降了一半。全国重新形成了赣、浙、苏、鲁、豫、晋、冀、陕两大块人口聚集地区。不言而喻，这是历年战争和灾荒带来的人口迁移和繁衍的变化。

当代王姓人口，已达一亿，为全国第一大姓，大约占全国人口总数的7.2%。在全国的分布，主要集中于河南、山东、河北三省，大约占全国王姓人口的28%；其次分布于四川、安徽、江苏、辽宁、黑龙江、山西、湖北、陕西、浙江、甘肃十省，王姓又集中了42%；河南为第一大省，占全国王姓人口的11.5%。全国形成以长江为界的高比例的北方王姓区域和低比例的南方王姓区域。而北方又以太行山为分水岭，东部为高密度的王姓地区，西部为低密度的王姓区域。

王姓分布很广，但很不均衡。其中，王姓在河南、山东、河北、北京、天津、宁夏、黑龙江、辽宁、吉林、内蒙古大部、甘肃东部和西中部、陕西北部、新疆喀什地区、海南大部占当地人口比例都在8.8%以上，有的达16%，其覆盖面积仅占总国土面积的29%，大约有54%的王姓人口居于此。长江以北其他地区，青海东部、新疆北部、云、贵、川、广西西部，也是王姓居住的区域，王姓人口中的分布比例为4.4%－8.8%，约有36%的王姓人口居住于这些地区。

三、王姓文化

（一）郡望堂号

王姓郡望

郡望不仅是诸姓早期祖宗发祥地的标记，同时也是其氏族人口、经济实力、政治地位与文化影响等综合实力强盛的反映。一般而言，一个姓氏大族有数个郡望。王姓是当代中国人口最多的大姓，历史悠久，姓源多样，人口众多，影响力强，所以郡望也较多，在中国历史上曾有21个。

王姓21郡望的来历，主要有两种途径。一是因立姓开始的始祖发祥于某郡而得名的多，如“太原”郡望，为姬姓王氏发祥之地，但这一类郡望较少。第二类是以始迁祖发祥之地为郡望，这一类占了大多数。如“琅玡”郡系秦末王元自山西，东迁山东琅玡，成为“琅玡王姓”的始迁祖，其后遂以“琅玡”为郡望。所以通过郡望的考察，可以把握古代王姓的分布区域。一般来说，郡望所在之地，总是该姓人口最多，实力最强的地区。王姓

21郡望的所在地，绝大部分位于黄河流域，长江流域甚少。王姓人口北方多于南方。这一现象古代如此，当代亦然。下面逐一介绍。

太原郡：在战国时期，庄襄王四年（公元前246年）设郡，治晋阳（今山西省太原市南郊与晋源镇一带），汉以后渐小，汉文帝曾改为国，不久复称为郡。管辖今阳曲、交城、平遥和顺间的晋中地区。隋时又废郡，改称州。太原郡为姬姓王氏的发祥地，此支王氏开基祖为太子晋，另说是司徒王允。

琅玡郡：秦始皇设置，管辖今山东省胶南县琅玡台西北一带。西汉移至东武（今山东诸城），设有铁官、盐官，辖境相当于今山东半岛东南部。东汉时改为国，移至于开阳（今临淄东北），北魏又移至于即丘（今临淄市西），是姬姓太原王氏的支系，亦是太子晋之后，开基祖为西汉谏议大夫王吉。

北海郡：汉景帝中元二年置郡，治所在营陵（今山东省昌乐县东南），辖今潍坊市及昌乐、昌邑、安丘、寿光等县。东汉时改名为高阳，到隋唐时又由青州改为北海郡，郡设置在今昌乐。开基祖为妫姓齐王建之孙安。

陈留郡：西汉元狩元年（公元前122年）置郡，辖今河南民权、宁陵，西至开封、尉氏，北至延津、长垣，南至杞县、睢县。西晋时改为国，南朝宋时改为郡，隋时废郡改州，到唐天宝年间，又改州为郡。陈留郡治所即今开封市。此支王氏的开基始祖为妫姓王氏之孙王安。

京兆郡：三国时置郡，治所在长安（即今西安），此支王姓出自毕公高之后。唐开元初改为京兆府，治辖秦岭之北，西安以东，渭河以南地区，治所即今西安市。

天水郡：西汉元帝三年设置，治所在平襄（今甘肃通渭县西北），辖境相当于今甘肃通渭、寿安、静宁、安西、庄浪、甘谷等县及天水市西北部。东汉永平十七年曾改为汉阳郡，并移治于冀县。三国时，魏仍称天水郡，移置于上邽，隋开皇时废除，至唐又复为天水郡。此支王氏，出自殷商王子比干之后。

中山郡：汉时置郡，治所在卢奴（今河北省定州），此支王氏为太原晋阳王氏分支，开基始祖为北魏中山王王睿。

河东郡：秦置郡，治所在安邑（今陕西省夏县西北），此支王氏出自殷商王子比干、周灵王之子太子晋及周平王之孙赤之后。

河南郡：汉置郡，是由三川郡所改，治所在洛阳（今河南洛阳市东北），辖河南伊、洛二河下游及黄河以北原阳县。隋时，改豫州郡为河南郡。唐初又改称洛州、河南府。此支王氏，出自鲜卑族可频氏之后。

东海郡：秦置郡，楚汉之际也称郯郡。治所在郯（今山东郯城北），西汉辖境相当于今山东省临沂市，山东枣庄、江苏邳县以东和宿迁以北地区。东汉以后，面积缩小，即山东郯城一带。属徐州刺史所管，也是县、郡、刺史所管的地区。开基祖为东汉会稽太守王朗。

高平郡：历史上的高平郡有三处，一在今山西晋城，一在今山东济宁，一在今宁夏固原。按王姓郡望之"高平郡"，当为山西之晋城。北周改高都郡为高平郡，辖今山西省晋城市、高平县等地。隋开皇初废。唐天宝年间，又曾改泽州为高平郡，治所即今山西晋城。此支王氏，出自信陵君之后。

东平郡：汉代置东平国，南朝末改为东平郡，治所在无盐（今山东东平县以东 20 里），辖今山东济宁市以及汶上、东平等地，至北齐废郡。隋至唐天宝年间，又改郓州为东平郡。治所在今山东东平。此支王氏，出自比干之后。

新蔡郡：晋惠帝时置郡，自汝阴郡分出之郡，治所在今河南新蔡一带。北齐时又改为广宁郡，治所在今河南新蔡附近的固始县，为开闽王审知的发祥地。此支王氏，出自殷比干之后。

新野郡：西汉置郡，晋惠帝时改为义阳郡，辖今新野、邓县等地，到北周大象元年（579 年）废。郡治所即今河南新野县，开基祖为殷比干之后。

山阳郡：汉景帝中元六年置山阳国，建元间改为郡。治昌邑（今山东巨野县南），辖山东独山湖周围。到东晋的山阳郡在今江苏省清江、浦安一带。其开基祖为东汉顺帝时太尉王恭。

章武郡：西汉置县，两晋至隋初置郡，治所平舒县（今河北大城县），辖境相当于今河北大清河、海河以南，文安、大城以东，沧州市以北地区。郡治到隋开皇时废除。治所即今河北大城。开基祖系比干之后。

东莱郡：西汉高帝置郡，治所在掖县（今山东掖县），辖境相当于今山东胶河以东，岠嵎山以北和乳山以东地区。东汉时治所有迁移。西晋改为国，南朝时仍为郡。隋初废，治所即今山东掖县。此支王氏，出自殷商比干之后。

金城郡：汉始元六年（公元前81年）置郡，治所在允吾（今甘肃省永靖西北），辖今兰州市以西，青海省青海湖以东的河、湟二水流域。治所即今兰州市一带。金城郡王氏世居金城郡直城县，即今陕西汉阴县。

海汉郡：汉置郡，汉时称“居延泽”，魏晋时又称西海，唐代以后称居延海，在今内蒙古额齐纳旗北。

长沙郡：秦治郡，汉改置长沙国，并在此筑城。治所在临湘（今湖南长沙），明清朝时称为长沙府，直到民国。长沙先后历经国、郡、府、州、厅治。长沙郡王氏世居湖南长沙市。

堂邑郡：春秋楚称堂邑，西汉置堂邑郡，治所在今江苏六和。辖境相当于今江苏六和、安徽天长西部，东晋安帝时改为秦郡。堂邑郡治所即今江苏六合。堂邑郡王氏世居今江苏六合北。

王姓郡望，名称颇多，为便于记忆，特将郡望名称，以歌诀综述于后：

王姓郡望可赞，名族辉煌灿烂。

琅玡京兆天水，陈留北海太原。

东海高平新蔡，新野东平中山。

山阳东莱章武，全城长沙海汉。

北海河南堂邑，均为始祖渊源。

王姓堂号

王姓堂号，以郡望堂号使用最广。这是因为，出于周灵王太子晋的姬姓王，是华夏王姓姓源的主体，而出于其他姓源者，如妫姓之王，子姓之王等，相对来说人口与影响都要小得多。而且越到近代，因谱系难考，都纷纷攀附于姬姓之王，以太子晋为姓氏始祖。在这前提下，对远祖的确定和尊重，人们可以主观选择。特别是对近期始迁祖的崇拜，这也是姓氏中产生分支堂号的原因。而以晚近世系的发祥地或祖先典故为堂号的也颇多。如清代山西太原堂中另有“教睦堂”，安徽绩溪王姓中有“五教堂”，广西博白王姓中有“金龟堂”。

在王姓中除太原堂外，最有影响的要数“三槐堂”，该堂名来自北宋初期晋国公王祐。王祐文武兼备，身为宰相，风流倜傥，刚正不阿。他在临终前，在庭院中植了三棵槐树，并立下誓言：“日后吾子吾孙中必有三公者”，后来他的儿子王旦，孙子王巩果然以贤能而身居高位，成为公卿。王祐植槐立志，以才德教育后代的家风，被当时的大文学家苏轼所推崇，且为王家作了《三槐堂铭》，一时传为美谈。“三槐堂”之美誉从古传到今，而该堂名也为王姓多通用。也有的在堂号前加支系名称，如“太仓三槐堂”、“余姚三槐堂”、“蛟川三槐堂”等。

中国地域广阔，王姓族大人多，因此具体到某一地区（县、村、镇）的堂号来历，需要根据该家族的家谱记载作具体名称，不能随意妄加。由于王姓起源广，分支多，祖源不一，可起可用堂号除郡望中提到的21个外，又使用二十几个名称，作为堂号，具体是：三槐、广汉、双桂、承德、无果、宝善、积德、存厚，敦睦、余庆、宗汉、远源、槐政、绍兴、思明、怀德、孝睦、五孝、敦本、梓谊、听槐等。为了便于记忆，特作歌诀如下：

郡作堂号相传，不足又作新添。

三槐双桂承德，积德存厚广汉。

无果敦睦思明，怀德五孝宝善。

孝睦敦本梓谊，听槐存厚远源。

槐政余庆宗汉，堂号族谱增添。

（二）王姓楹联

1. 三槐世泽，两晋家声。
2. 槐里世瑞，珠对家珍。
3. 阴阳学术，逸少风流。
4. 卧冰跃鲤，朝阙飞凫。
5. 太原望族，东晋名家。
6. 求鲤世泽，爱鹅家声。
7. 明妃青冢，金母瑶池。
8. 对联喜帖右军墨，春意乐赋摩诘诗。
9. 秋水落霞惊四座，桐花栖凤报群贤。
10. 淡如秋水闲中味，和似春风静后功。
11. 传家节操同松竹，报国功勋并斗山。
12. 庭前刻玉称人瑞，阶上看槐庆德长。

13. 笃宗族以昭雍睦，训子弟非德莫为。
14. 秋月春花，堂前佳句，书画名家，宿世良朋。
15. 德以宽处积，福向俭中求。
16. 语为吉祥滋厚福，心缘谨慎历庭衢。
17. 继祖宗一脉真传，克勤克俭；教子孙两行正路，唯读唯耕。
18. 愿有两眼明，多交益友；恨无十年暇，快读奇书。
19. 阳明理学，一代斗山瞻仰；升明勋献，千年俎豆馨香。
20. 辅国有光声，宋相元藩明都抚；传家无别业，唐诗晋字汉文章。

（三）家训格言

王姓家族，名人辈出，家训格言，训导无数，似苍穹繁星，如田野春草，鼓舞人的斗志，激发人的精神。教人功学以奋进，育人俭朴以养生。名言名句，多不胜数。今选取三国王修、宋朝宰相王旦、南宋王褒的家训述出，可作为我们一面镜子，永照世人。

王修，是三国时北海营陵人，曾做过北魏太守。他在《诫子书》中要求子孙们要做个有操守的好人。他言曰："自汝行之后，恨恨不乐。何者？我实老矣，所恃汝等也，皆不在目前，意遑遑也。人之居世，忽去便过，日月可爱也。故禹不爱尺璧而爱寸阴。过时不可还，若年大不可少也。欲汝早成未？必读书，并学做人。汝今逾郡县，越山河，离兄弟，去妻子者，欲令见举动之宜，效高人远节，闻一得三，志在善人，左右不可不慎。善否之要，在此际也。行止于人，务在谨之，言思乃出，行详勿动，皆用情实道理，违斯败矣。父欲令子善，唯不能杀身，其余无惜也。"译成今日白话，意思是："自从你走了以后，我一直闷闷不乐。我老了，你们又都不在眼前，感到心里空落落的。人在世上，光阴如流水般匆匆地逝去了，所以大禹才会不爱白玉而爱光阴。时间流逝了，就不可能再回来了，如同人一天天的变老不会再回到少年一样。要想使自己早些取得成就，必须读书和学做人。你现在离家在外就是让你去见识一下为人处世，向那些有好的品德和知识的人学习，慢慢地积累知识做个有好行为的君子。所以你对身边的人们一定要谦虚谨慎，学好学坏就在这段时间了。人们的行为主要在谨慎，说话时要经过思考再说，做事要经过周密的思考安排才做，要不就有可能会失败。作为父亲都希望自己的孩子能够学好，哪怕让他们做什么都成。”像王修教育儿子说话谨慎，办事熟虑的言行，对于今天的我们，也有借鉴意义。

王旦字子明，太平兴国进士。生于957年，卒于1017年。宋真宗咸平四年（1001年）任参知政事。作为宋朝宰相，在家训中告诫他的儿子王雍等要保持勤俭朴素的家风，不得骄纵奢侈，要崇尚节俭，这是难能可贵的。王旦告诫家人：“子孙者各念自立，何必田宅，徒使争财为不义尔！”又告诫他的儿子王巩：“我家盛名清德，当务检素，保守门风，不得事于太侈，勿得厚葬，以金宝置柩中。”王旦所言“清德”和“检素”，实在他为人处世的心得，以此训子无疑是很有必要的。

王褒（513年—576年），南宋梁代王的儿子，是个著名的文学家。他在《幼训》中，告诫子孙说：“陶士衡（陶侃）曰：‘昔大禹不吝尺璧而重寸阴，文士何不诵书，武士何不马射？若乃玄冬修业，朱明永日，肃其居处，梁其强韧，门无糅杂，坐铁号奴，以之求学，则仲尼之门人也；以之为文，则贾生之升堂也。古者盘盂有铭，凡杖有诫，进退循焉，俯仰观焉’。文王之诗曰：‘靡不有初，鲜克有终。’‘立身行道，终始若一。’‘造次必于是’，君子之言欤？……吾始于幼学，及于知命，既崇周、孔之教，兼循老、释之谈，江左以来，斯业不坠，汝能修之，吾之志也。”

此段《幼训》之词，意思是，陶侃说过：从前大禹不爱惜一尺好玉，却非常重视时间。文人们为什么不读书，而武将们为什么不练习骑马打仗呢？如果不论冬天寒冷的长夜还是夏天炎热的白天，都能让读书的地方保持安静。墙壁很高，门前也不热闹，这样的话，学问可以像孔子的弟子们那样的大，做文章也能有贾谊那样的水平了。古代的器物上都有让我们学习的东西，我们要经常注意看他们。古人说过：大部分人都能开拓，但很少有人能始终坚持到底的。为人做事，要始终如一，即使是时间紧迫，也应该坚持做完一件事情。我从小开始读书，到现在已经有很多年了，我既尊崇周公、孔子的教导，也相信老子和佛家的学说。我到了江左以后，学习也没有荒废，希望你们也能像我一样。这是王褒告诫儿孙们的，让他们爱惜时间，努力学习。这一点有很大的启示作用。

（四）王姓字辈

根据现在所能见到的家谱资料得知，王姓早在明初就已经使用“字辈排行”了。字辈谱不但寄予着本族对后裔子孙的期待与希望，而且反映了中国文化的丰富内涵，体现了中国伦理型文化与政治型文化的特点。从字辈排行的单字中，体现了崇拜祖先的意识，尊孔崇儒的倾向、经世致用的观念，重视道德的说教，光宗耀祖的心理，正直做人的训勉，重农重教的传统，积德积善的劝导，以及中庸平和，乡土情意和传统价值观念等，都在字辈谱中有明显的表现，是我国大多数人起名字的一个准则。这里仅举几则王姓家谱所列的字辈谱，以见一斑。

山西《太原王杨支谱》（清同治本）：富贵戎开宗清，忠厚宽平纯懿，端严简直廉明，百代衣冠满堂。（统派）似续前维永，语谋召吉祥，德超珠玉美，品重芷兰芳。礼乐遵周鲁，经纶铁汉唐。宫城名愈顺，千叶发馨香。

浙江鄞县《蛟川王氏宗谱》（清光绪本）：天文大远道，伯嘉尚世宗。储学功成久，德高智广崇。安康振善吉，荣盛维思同。英俊继懋秀，福祚锡其中。礼仪治家法，朝廷名昌隆。

广东广州、南海王姓字辈谱：祖宗文昌永，声若海国扬。世传开百粤，万载延其祥。

福建晋江王姓字辈谱：日照嘉维敏，章华国上珍。芳名垂远著，懿德庆长新。积善传孙子，定昭福祉臻。（右穆・字上之次序）启发仲景隽，文心达性天。高才光海庭，立志继渊源。试妆登科第，簪缨奕禩绵。

字辈这种传承，将近千年的文化模式，在中国大陆仍有保留。虽然当代人取名时根据本家和个人需要，但老的按字辈排，多数仍予保留。在江、浙、闽、粤等省，除沿用以前所订字辈外，还续定新的字派。如福建鼎县某地，1977 年重修的《太原郡王氏宗谱》的字辈是：

〈新增名行〉青缃欣再起，理性有根源。玉树联生茂，三槐俊秀贤。彦才成宝贵，硕士必优先。民主新时代，和平喜盈添。祖泽垂千载，敦伦庆奕年。

〈新增辈行〉克俭承前续，存行起后延。子孙传进步，礼仪广心田。丕达流芳长，显耀福长绵。日月开祥兆，星辰曙旭泉。光辉齐秉现，朗曜照上乾。

这份《太原郡王氏宗谱》中的“字辈谱”，立意新颖，内容丰富，意义深广，可作为起名和用字的参考。

（五）王姓圣地文化

王姓有二十一个郡望，皆是先祖开创基业的圣地，今日去看看先人所占据的风水宝地和名胜古迹，很有必要。现择选几个有代表性的圣地，便于后代子孙去瞻仰，去旅游，去怀旧，去欣赏大好河山。

王姓既为我国历史上的第一大姓，它的分支也极多。最早立祖之人，除周武王赐封比干之子王翼为王姓第一人外，另占重要位置的就是太子晋了。据记载，太子晋卒后不久，他的父王周灵王便驾崩了，太子晋的弟弟贵嗣位，是为景王。太子晋的儿子宗敬后来虽也入朝为士，任司徒之职，但他看到周室日衰，天下大乱，诸侯争霸，遂避居于晋阳（今山西太原）。宗敬避居晋阳后，生子错，为魏将军。宗敬卒后，葬于晋阳城北五里，此墓称之为“司徒冢”。错生子贲，为中大夫、典武侯、上将军。贲之孙离和孙元，皆为秦之名将，在秦统一中国、兼并天下的战争中，都立有赫赫战功。但秦二世昏庸无道，横征暴敛，最终导致陈胜、吴广起义，刘邦、项羽又起兵响应，天下大乱。因此王贲的曾孙王元又迁往山东琅玡，韬光养晦。后又迁徙到临沂，于是又派生出了“琅琊王氏”。

从王离的九世孙王霸这一代，“太原王氏”的历史才正式开始，并逐步成为王氏二十一郡望之首。王霸，字儒中，生在两汉之际，后迁晋阳。他“少有清节”，两汉之际，颇有盛名，但王莽篡汉后，王家名声狼藉，王霸便回家隐居了。刘秀建立东汉后他才应召入仕进京，但不久又托病辞官，直至寿终。由于他是太原郡第一位有史可查之人，所以便被太原王氏奉为开基之人了。而其后人又习惯奉太子晋为王姓始祖。

王霸生有二子：长子王殷，东汉中山太守，食邑祁县，故此后人又被称之为“祁县王氏”。次子王咸，随父长居晋阳，其后裔则为“晋阳王氏。”

祁县王氏

祁县王氏，世居今山西祁县东南的祁城一带，祖先是东汉时的司徒王允。据《唐书·宰相世系表》记载，王霸的长子王殷任后汉中山太守时，食邑祁县，遂为祁县人。王殷的四世孙王述，生有三子：王隗、王茂、王允，其中王允，可以说是显赫门族的关键人物。

王允（136—192 年），字子师，东汉太原祁县人，自幼聪颖过人，素有“王佐之才”的美誉。他 19 岁开始任公职，曾历豫州刺史，河南尹及司徒兼尚书令。东汉末年，奸臣董卓弄权误国，于是王允利用董卓和义子吕布的矛盾，诛杀了董卓，王允与吕布不仅稳定了东汉政权，缓和了东汉末期的许多社会危机，而且还与吕布共同执政多年。正是由于王允的官职和政治地位，社会影响日益增强，所以在王允这一代，太原王氏很快成为名门望族，显赫世家，门第越来越高。然而在诛杀了董卓之后，王允却居功自傲，对任何事情都毫不在乎，致使群臣都与他日远一日，甚至产生憎恨，最后他竟被董卓余党李傕、郭汜所杀，他的儿子及宗族十余人皆受株连被杀害，唯有他的侄子王晨、王陵得以逃生。后来，直到汉献帝迁都许昌后，才厚葬了王允，而且又赐封王允之孙王黑为安乐亭侯，食邑三百户。由于王允对汉有不可磨灭的大功，也曾使祁县王氏走上了名门望族之列，因而在祁县王氏的发展史上是不容忽视的。

其后，王允的侄子王陵又于三国曹魏时，以其才能为曹操知遇，入魏后官至太尉。后司马懿反曹，王陵在保曹之战中，英勇战死。

祁县王姓，在遭受了汉末王允和魏末王陵两次家难后，元气大伤。直到南北朝时，才相继有几个祁县王姓人氏入朝为官。其中最有影响的是王玄漠。

王玄漠生性孤傲，一生仕途坎坷，曾被任命为宁溯将军，因战事失利，几乎被杀。相传到南朝时，其子王宽为光禄大夫。从弟王玄载为兖州刺史。

到南北朝时，历仕西魏、北周、隋朝的王庆父子，才又显赫于官场。王庆的父亲王因，任魏灵州刺史、怀德县令；王庆后任隋上柱国、平昌郡公，其子袭其爵，发展较昌盛。

晋阳王氏

太原王氏的晋阳支，大约兴起于东汉末年，自王柔、王泽兄弟二人开基后，曾一度成为魏晋盛门，但比祁县支兴起较晚。

王柔、王泽二人开基后，事业发展较畅，王柔之子王机，仕魏，官至东郡太守。王泽之子王昶，少时为知名人士，初为曹丕的文学侍从，曹丕继位后由散骑侍郎转任洛阳典农，兖州刺史；魏明帝时又出任杨烈将军，最后因平定诸葛诞有功升为司马，因此家门兴盛，其子孙入晋后都能平步青云，为王氏很快成为贵族名门奠定了坚实的基础。王昶之子浑，晋武帝时率军灭了东吴，建有不世之功，官至司徒，增封京陵侯爵为京陵郡公，食邑八千户。其子王济娶晋武帝之女常山公主为妻，官至骠骑将军。

西晋以后，五胡乱华，皇室遭劫，只好在东南一隅建立东晋。尽管如此，东晋时的晋阳王氏依然是名门。不仅族内有三人相继为哀、简文、孝武三帝之皇后，一人位至三公，五人官至宰相，五人出任刺史，八人有公爵侯位，官员之多，不可胜数。到东晋末年，王姓也曾遭三次家难，王氏大受其挫，元气大伤。

到隋唐以后，仍不断有晋阳王氏显赫于世，如北宋步军副指挥使王信，秘书监王子韶，河北经略安抚使王忠植，明吏部尚书王琼等等。但因唐王朝竭力扭转社会上崇尚门阀的传统观念，开始以个人德才为准，不再以家世门第为主，因而具有老资格的王姓，也就随之败落了，选拔的官员也随之减少了。但相对之下，晋阳王氏为官的也还占大多数。

临川王氏

宋代的王氏望族虽多，但最为著名的还要称王安石所在的临川王氏。据文献记载，这支王氏是太原王氏的分派之一，现在所知的支派祖先是王安石的曾祖王明。

王明生有二子，长子王用之，卫尉寺丞，次子王观之，尚书主客郎中，赠太常少卿。到王用之孙辈才开始兴盛。王用之生有五子，其中，长子王益是祥符八年进士，历任建安主簿，临江军判，知新淦、新繁县，天圣时以殿中丞知韶州，终官尚书都官员外郎，后以子贵追封为楚国公，赠太师中书令。这标志着临川王氏自此开始崛起。

王益娶妻徐氏、吴氏，共生有七个儿子。大儿子王安仁，二儿子王安礼，皆为朝中重臣，尤其三儿子王安石，是北宋杰出的政治家、思想家、文学家。

庆历二年（1042 年），王安石以进士第四名及第，历任淮南节度判官厅公事。治平四年，宋神宗即位后诏其知江宁府，旋又诏为翰林学士，熙宁二年（1069 年）提为参知政事，次年起两度任同中书门下平章事，推行新法。

熙宁九年罢相后，隐居，病死于江宁钟山。他的政治变法对宋初社会经济有深远的影响，可以说已具备近代改革的特点，曾被列宁誉为“中国十一世纪最伟大的改革家”。

王安石的一生，是他在清醒地认识到宋朝封建统治所面临的经济危局，必须实行改革。他深得宋神宗的赏识，他的变法在于富国强兵，借以巩固宋王朝的统治，他的改革把发展生产和调动劳动者的积极性放在首位，反对过多的专利征收，并进一步提高军队的素质和战斗力，强化对广大农村的控制力。这一系列改革措施触犯了保守派的利益，遭到了保守派的竭力反对，最终变法失败。王安石不得不予熙宁九年辞去相位，闲居江宁，不久便郁然病逝。

王安石不仅是个杰出的政治家、思想家，同时也是一位卓越的文学家。他的卓越成就使他成为中华民族的千古风流人物，同样也使临川王氏成了举世闻名的大家望族。但在王安石之后，临川王氏也随着变法的失败而日益衰败了。王安石有二子，长子王雱，进士及第，累官至天章阁待制，一生无子嗣，33 岁去世。次子王旁，官至奉仪郎秘书正字。生有一子王桐，官至侍郎龙图阁直学士。生一子王珏，迁任湖北夔州转运判官，终官太府少卿，王珏之子，仕途一般，其后不详。

衡阳王氏

衡阳王氏属太原王氏的直接分支，可考祖先是元末明初人王仲一，被衡阳王氏奉为始祖。

衡阳王氏本以武功起家，有兄弟九人，随朱元璋起义，在南北征战中，立有汗马功劳。九兄弟中有六人战死疆场，只剩王仲一与二弟、三弟。明王朝依功劳任命王仲一为骁骑都尉、山东青州左卫正千户。封二弟为长江卫指挥。王仲三位衡州卫指挥。

王仲一生子王全，世袭都尉之职。王全生子王能，王能生子有二：王纲、王统，王纲与父亲一样世袭都尉，后参战有功，被晋为骠骑将军、上护军，累官江西官指挥佥事，为时人所敬重。

王纲的曾孙王夫之，被称为“船山先生”，是中国明末清初著名的思想家、哲学家，与方以智、顾炎武并称为明末三大学者。明朝灭亡后，王夫之于顺治五年（1648 年），在衡阳举兵反清，战败后退居肇庆，任南明桂王政府行人司行人，但他后又因反王化澄。几陷大狱，最终回到衡阳并在石船山下筑草堂而居（人称湘西学堂），在此撰写出了许多学术著作。

王夫之是中国知识分子中的稀有人物，他对天文、地理、数学等均有研究，尤精于经学、史学、文学及哲学，他的哲学著作主要有《周易外传》、《尚书引义》、《黄书》、《思录内外篇》等，在文字方面，善诗文、工词曲，他所作的《词绎》、《夕堂永日结论》等被后人编为《船山遗书》。

王船山的出现，使衡阳王氏名声大振，由一个地方大姓一跃而成名门望族，使王姓达到了兴盛顶峰。但王夫之之后，几百年来，王氏未再出现过杰出人物。王夫之之后人虽兴旺，有 8 个孙子，19 个曾孙，39 个玄孙，32 个六世孙，47 个七世孙，但其家道日渐衰落。到了今天这支后裔已繁衍到第 14 代（衡阳王氏的第 24 代），多数一般平民，杰出人物寥寥可数。

长沙王氏

长沙王氏家族兴起于明代，是由江南上元（今南京）王氏衍分出来的。始祖是王霔，明正德年间进士，官至国子监，后任湖南岳州通判，任期满后，因他喜湖湘之山清水秀，遂乞请休职，落籍于长沙城北福善坊，成为长沙王氏的开基祖。

王霔生有一子王举，明朝嘉靖举人，王霔临终前，看到奸臣严嵩父子专政，朝廷日益腐败，便嘱其子孙“汝辈慎无为官”，为此，长沙王氏由第二代王举始，一连几代都是文儒为业，不曾入朝为官，虽无大显大贵，但也家族富饶，书香传世。直到第八代王振玺时，这个家族才一度兴旺，成为望族。

王振玺，清朝乾隆举人，于乙丑年中进士后，官泮州学正。孙王声扬，诰赠荣禄大夫，他的孙子王锡光便是湘学泰斗王先谦的父亲。

王锡光生有四子，唯有三子王先谦最有出息，而且正是王先谦的非凡成就，才使长沙王氏声誉大增，名闻全国。

王先谦（1842—1917 年），字益吾，清同治四年进士，累迁翰林院侍讲。光绪六年，任国子监祭酒，充云南、浙江、江西三省乡试考官。光绪十一年，督江苏学政。后在江阴南菁书院，开设书局，校刻《皇清经解读篇》，成书千余卷。期间，还疏请督办东三省防务，罢三海工程，弹劾徐之铭、李莲英等人。光绪十五年，王先谦辞官归里，潜心治学著述，任城南书院院长，岳麓书院院长。宣统三年（1911 年），武昌起义后，他避居于平江，闭门著述，至民国六年（1917 年），因病去世。

王先谦在政治上保守反动，他曾一度攻击梁启超等人“伤风败俗”，“志在谋逆”，就纠集保守派提出《湘绅公呈》。但在学术研究上，极富成就，尤以整理国史最负盛名，他一生重考据、校勘，荟萃群言，著作达 50 余种，共计 3200 余卷，尤其是他所著的《尚书孔传参政》、《诗三家议集疏》、《汉书补注》、《后汉书集解》、《庄子集解》、《荀子集解》等，至今仍为学者所推崇，对中国文化有着巨大贡献。他在学术上的知名度，堪与王夫之相媲美，因而他被尊崇为湘学泰斗，中国学术文化史上的通家大师。

长沙王氏发展到清末民初时，除了王先谦外，还出了一些较优秀的人才，如王祖郃，他游学日本，后任清朝邮传部主事；王宾，官至寿州同知；王颐，官至安徽宁国府通判。但长沙王氏由始祖开始，到清末民初，虽传了十余世，人丁都不甚兴旺。

王氏各家族，除以上分支外，还有湘潭王家、余姚王氏、琅玡王氏、昆山王氏、三槐王氏、宁乡王氏等。王氏大的支派，除已有的二十一个郡望外，另还有一些名门望族未列在郡望之内。历史名人，多不胜数，有影响的显贵支派，像繁星般闪烁着光辉。

（六）王姓家谱

全国王姓谱量甚多，且分散到各地，要将其收集齐全是极不容易的。为此，现根据家谱资料，提供出近、现代全国各地王姓祖谱收藏地，以便以此为据，进行查找：

1.（明）王友瑄等纂：《全国太原王氏会通世谱》十三卷首一卷；藏地：北京图书馆。

2.（清）王木梁修：《全国·琅玡三槐王氏宗谱》，清道光年间槐清堂刻本；藏地：北京图书馆。

3.（清）王庸敬辑：《全国·王氏通谱》，光绪二十年（1894 年）槐正堂活字版本；藏地：北京图书馆，中科院历史研究所图书馆、中央民族大学、上海图书馆、吉林大学、美国、日本。

4.（清）朝王惺、王元凤：《北京·宛平王氏宗谱》，不分卷，修订于

1794 年；藏地：北京图书馆，人民大学、辽宁图书馆，美国、日本。

5. 王振钧、王守恂等辑：《天津·王氏宗谱》不分卷，1894 年；藏地：南开大学。

6. 《河北·宁晋王氏宗谱》，十卷；藏地：中国社会科学院图书馆。

7. 《辽宁本溪·王氏宗谱书》，一卷；藏地：辽宁本溪山城子乡朱石峪。

8. 《上海·王氏琅玡世谱》，不分卷；藏地：浙江图书馆。

9. 《上海·南汇王氏宗谱》，不分卷；藏地：北京图书馆，中国科学院图书馆。辽宁图书馆、吉林大学、日本、美国。

10. 《江苏南京·王氏宗谱》，八卷；藏地：辽宁图书馆。

11. 《江苏镇江·王氏家乘》，三十卷；藏地：吉林大学。

12. 《江苏常州·金陵王氏宗谱》，二十二卷；藏地：江苏常州市图书馆。

13. 《浙江·王氏宗谱》，十四卷；藏地：浙江湖州档案馆。

14. 《浙江·镇海县五里碑王氏宗谱》，十七卷；藏地：浙江宁波天一阁文物保管所。

15. 《安徽桐城·王氏重修宗谱》，十卷；藏地：人民大学（二部）。

16. 《福建浦城·深溪义门王氏宗谱》，十四卷；藏地：吉林大学图书馆。

17. 《江西婺源·武口王氏统宗世谱》，不分卷；藏地：浙江宁波天一阁文物保管所，安徽图书馆、日本、美国。

18. 《江西婺源·双杉王氏支谱》，二十卷；藏地：中科院历史研究所图书馆，江西省图书馆。

19. 《山东淄博·淄川王氏》，不分卷；藏地：人民大学。

20. 《山东烟台·王氏宗谱》，十七卷；藏地：北京图书馆，中国历史博物馆、山东烟台市博物馆。

21. 《河南开封·大梁王氏世编》，一卷；藏地：吉林大学，美国。

22. 《河南·禹县角山王氏家谱十卷，家训二卷》；藏地：辽宁省图书馆。

23. 《湖北新洲·王氏宗谱》，二十四卷；藏地：湖北新洲县聊河乡东港村。

24.《湖南宁乡·楚南王氏五修族谱》，二十四卷；藏地：湖南省图书馆。

25.《湖南湘潭·钟湘留田王氏五修族谱》，三十四卷；藏地：中国社科院历史研究所图书馆。

26.《广东东莞·鳌召王氏族谱》，五卷；藏地：广东中山图书馆。

27.《广西博白·王氏宗谱二十三卷附义子世次编》；藏地：广西图书馆。

28.《四川·泸县王氏宗谱》，十五卷；藏地：四川省图书馆（存卷1、2、6—15）。

29.《四川绵阳·王氏宗谱》，不分卷；藏地：四川省图书馆。

30.《云南·镇彝威王氏族谱》，八卷；藏地：中央民族学院图书馆。

31.《云南镇雄·王氏芾系家谱》，五十卷；藏地：北京图书馆。

32.《陕西·横山中湾王氏族谱》，不分卷；藏地：哈尔滨师范大学图书馆。

33.《台湾台北·龙塘王氏族谱》，不分卷；藏地：美国。

34.《琅琊山王氏族谱》，四卷；藏地：北京图书馆。

35.《词源王氏宗谱》，十卷；藏地：北京图书馆（王问源等编修）。

36.（清）王承波等编：《檀岭王氏宗谱》，十八卷；藏地：北京图书馆。

37.（清）三槐堂王氏编：《王氏宗谱》，六卷；藏地：北京图书馆。

38. 王照等修：《砂山王氏宗谱》，十八卷；藏地：北京图书馆。

王氏宗谱所在地成千上万，以上三十八例仅仅是其中极少一部分。若要寻根，可结合本家族谱，逐步上查，方能取得真实来源。

四、王姓历史名人

王姓在中国历史上人才辈出，名声显赫的人物多得不胜枚举。王姓不仅有14人称王为首，历朝担任宰相要职者92人，考中状元者45人，其他各行各业的名人更多。据《中国名人大辞典》记载，收入的王姓名人2360多名，占名人总数的5.19%，排在名人姓氏的第一位。王姓的著名文学家，占中国历代文学家总数的6.86%亦排在第一位。王姓的著名医学家，占中国历代医学家总数的5.37%，同样排在第一位。其他如美术家、音乐家、戏剧家和体育人才，同样占据重要地位，真正人才济济，层出不穷，百家姓中，首屈一指，象满天星斗，璀璨无比。

（一）古代名人

1. 王诩

王诩，生卒年不详，名王禅，又称鬼谷子，春秋战国时期著名的思想家、谋略家、兵家、教育家，是纵横家的鼻祖。鬼谷子极具神秘色彩的人物，被誉为千古奇人，长于持身养性，精于心理揣摩，深明刚柔之势，通晓纵横捭阖之术，独具通天之智。他的弟子有兵家孙膑、庞涓、尉缭子，纵横家苏秦、张仪、毛遂，还有被誉为商圣的范蠡等。

2. 王翦

王翦，生卒年不详，秦时频阳（今陕西富平县东北）人，战国末年秦国名将。据史书记载，他“少而好兵”，从青年时就投身于军旅之中，深得秦始皇器重。为秦始皇兼并六国、统一天下做出了重大贡献。

王翦领兵智勇双全，公元前229年（始皇十八年），王翦又一次带领秦军大举伐赵时，用“离间计”使赵王换掉了大将李牧，并趁赵国大乱时猛攻，一举灭赵。后领兵伐楚时，故意一再要求良田美宅，以示无他志，消除秦始皇的猜忌，并最终灭掉楚国，秦得以统一天下。

3. 王昭君

王昭君，名嫱，湖北省秭归人，汉元帝时宫女，封为昭君。晋时因避司马昭之讳，改称为明妃或明君。王嫱年幼时，在父亲教导下，学习读书写字，能歌善舞，吹拉弹唱，样样精通，以才貌双全而著称。西汉元帝广招天下美女入宫，王昭君以“良家女”被选入宫中。后远嫁匈奴呼韩邪单于为“宁胡阏氏”（单于正妻）。昭君病故后，匈奴为她建宫立碑，墓冢在内蒙古呼和浩特市城南10公里，墓唤“青冢”。墓总高33米，占地1.5公顷，上有青松翠柏，繁花环绕。在花团锦簇之中，王昭君与呼韩邪单于的塑像巍然屹立。湖北秭归县城也立有“汉昭君故里”恩德石碑。昭君出塞和亲，为汉朝与匈奴之间结束了战争，安定了边陲，加强了汉与匈奴的友好关系，为匈奴后裔长期亲汉作出了重要贡献。

4. 王商

王商（？—公元前25年）字子威，西汉杜陵人，建始四年（公元前29年），代匡衡为丞相，到河平四年罢相。他为人行事，持重刚毅，是汉时贤相之一。王商为人质朴无华而有威信尊严。他不仅长得体格魁梧，仪表端肃，英俊大方，世罕其匹。河平四年（公元前25年），匈奴单于来朝，在白虎殿拜见天子，而丞相王商恰在宫中。单于趋前行礼，王商起身离席，与单于晤谈。单于仰视王商面貌，不觉竟被他的正大威严之气逼住，倒退了好几步，有人将此事报于天子，天子叹息说："王商真不愧是大汉丞相啊！"王商为相，刚毅有节，但受大将军王凤打击，终至废黜致死。

5. 工莽

王莽（公元前45—23年），字巨君，魏郡元城人，小时为人极为谦恭，孝顺勤奋，生活俭朴，后受其伯父王凤推荐，入朝为官，渐渐控制了西汉大权，并取代汉建立新朝，做了皇帝，8—23年在位。统治期间，王莽打出《周礼》旗号，宣布托古改制，但改革形式大于内容，激化了社会矛盾，起义云涌，天下大乱，新莽地皇四年，更始军攻入长安，王莽死于乱军之中。王莽在位共15年，死时69岁，而新朝也成了中国历史上最短命的朝代之一。

6. 王祥

王祥，东汉末年隐居20年，仕晋官至太尉、太保。以孝著称，为二十四孝之一，有"卧冰求鲤"的故事，他是"书圣"王羲之五世祖王览的同父异母兄。历汉、魏、晋三代，先后任县令、大司农、司空、太尉、太保等职。

7. 王充

王充（27—96年），字仲任，会稽上虞人。王充是东汉时期杰出的思想家，唯物主义哲学家。整个东汉二百年间，称得上思想家的，仅有三位：王充、王符、仲长统。范晔《后汉书》将三人立为合传，后世学者更誉之为汉世三杰。三家中，王充的年辈最长，著作最早，在许多观点上，王充对后二家的影响是十分明显的，是三家中最杰出，也最有影响的思想家，著

《论衡》等。

8. 王符

王符（85—162 年），字节信，安定临泾（今甘肃镇原县）人，东汉政论家、文学家、进步思想家、无神论者。王符一生隐居著书，崇俭戒奢，讥评时政得失。因“不欲彰显其名”，故将所著书名之为《潜夫论》。

9. 王允

王允（137—192 年），字子师，太原祁（今山西祁县）人，汉献帝初年任司徒、尚书令，录尚书事、总朝政。王允利用貂蝉挑拨吕布和董卓关系，吕布杀掉董卓，王允将董卓暴尸街头，过往的官吏百姓，无不拍手称快。王允又命吕布带兵至郿坞，抄没董家财产，诛斩董卓亲属，董弟董旻、侄董璜皆被斩杀。并释放了郿坞中所藏的良家女子，没收黄金、白银、绮罗、珠宝、粮食等物，对军士予以犒赏，为汉室的末期稳定，立了一功。

10. 王粲

王粲（177—217 年），字仲宣，山阳郡高平（今山东微山）人，东汉末年著名文学家，“建安七子”之一，由于其文才出众，被称为“七子之冠冕”。初仕刘表，后归曹操。王粲为“七子之冠冕”，文学成就最高。他以诗赋见长，《初征》《登楼赋》《槐赋》《七哀诗》等是其作品的精华，也是建安时代抒情小赋和诗的代表作。明代人辑录其作品，编就《王侍中文集》流传后世。著名的文学典籍《昭明文选》中也有王粲的作品。

11. 王濬

王濬（206—286 年），字士治，弘农湖县（河南灵宝）人，西晋初期有名的将领，创出了“楼船直下扫东吴”的丰功伟绩，率领久经训练的益州水陆大军，顺长江直捣吴都建业（今南京），迫降吴主孙皓，实现了晋王朝的统一。

王濬生性豪放，不拘小节，言谈爽快，毫不避讳。他一向认为自己有大功于国，但被王浑父子和其他豪强压抑，并且屡遭“有司”弹劾，心中颇为不平。于是，每次进见皇帝，谈起功伐之劳和受屈之事，就不胜怨愤，有时还会不假思索说出过激之话。武帝知他的心意和为人处世的个性，常常宽慰劝导他，也原谅他的过激言行。后来，皇帝又转任他为抚军大将军、散骑常侍等职。太康六年（285 年）十二月，王濬去世，享年八十岁。朝廷赐谥曰“武”。

12. 王导

王导（276—339 年），字茂弘，琅玡临沂人，出身官宦之家。一生辅佐晋元帝、明帝和成帝三代帝王，赤心耿耿，忠贞不贰，堪称“三朝元老”、“治世能臣”。他虽出将入相，权倾朝野，但不欺君罔上，骄纵傲慢，而是脚踏实地，为君为民，为稳定东晋的社稷竭尽全力，是名留青史的治国功臣。晋成帝咸康五年（339 年），王导病逝，终年六十四岁，谥号“献”。

13. 王羲之

王羲之（321—379 年），字逸少，东晋琅玡临沂人。他的家族世代为官，是晋代屈指可数的豪门望族。他的祖父王正为尚书，他的父亲王旷为淮南太守。在西晋末年天下大乱时，其父曾建议晋王渡江南迁，建立了东晋王朝。王羲之的伯父王导，是晋朝的重臣，曾辅佐过晋元帝、成帝和明帝，是“三朝元老”。王羲之因为有这样的出身，第一次当官便为秘书郎，后为东晋率兵重臣庾亮的参军，再迁宁远将军、江州刺史、最后做到右军将军、会稽内史，所以人们又称他为“王右军”。

王羲之对真书、草书、行书诸体书法造诣都很深。他的真书势行巧密，开辟了一种新的境界；他的草书浓纤折中；他的行书遒媚劲健。人们称他的字“飘若浮云，矫若惊龙”、“龙跳天门，虎卧凤阁”，高度赞誉，名传天下。代表作《兰亭序》、《乐毅论》、《黄庭经》、《东方朔画赞》《快雪时晴帖》等。其子王献之继承父学，且进一步独创天地，字画秀美，妙绝时伦，以致与其父齐名，人称“二王”。

14. 王世充

王世充（？—621 年），字行满，原为西城胡人，本姓支，祖母改嫁时带其父亲到霸城（今四川茂汶）王姓家，于是姓王。世充年轻时涉猎经书史籍，尤其喜欢钻研兵法和占卜之术，同时通晓法律，善于诡辩，文过饰非，巧于辞令。王世充在隋文帝、隋炀帝时凭借军功，不断升职。大业十四年（618 年）五月，宇文化及与司马德勤在江都发动兵变，杀死隋炀帝，拥越王杨侗为皇帝，拜王世充为吏部尚书，封为郑国公。此后，王世充掌握了兵马，并废掉杨侗，自当皇帝，宣布国号为“郑”，改年号为“开明”，封王姓本家叔侄兄弟二十个王位，立长子玄应为皇太子，但不久即被李世民打败，被仇人定州刺史独孤修杀死。

15. 王通

王通（584—617 年），字仲淹，隋时河东郡龙门县通化镇（今山西省万荣县通化镇）人，是山西的一位私人教育家。王通出生在官宦世家，其父王隆，曾于隋开皇初年，以国子博士待诏于龙门。王通曾向隋文帝奏《兴衰要论》七篇，“言六代之得失”，颇为隋文帝称道。其弟子姚义、薛收汇编王通言行整理出《中说》一书，反映了王通的各种思想，影响极大。王通死后，门下弟子念及他德高望重，文采超群，意境高远，儒风显达，私谥他为“文中子”。

16. 王勃

王勃（649—676 年），字子安，绛州龙门（今山西河津）人。唐代著名诗人，与杨炯、卢照邻、骆宾王齐名，并称“初唐四杰”，其中王勃是“初唐四杰”之冠。

王勃出身于书香之家，其祖父王通是隋末著名学者，其父王福峙，曾任太常博士，雍州司功，交趾县令、六合县令、齐州长史等职。王勃才华早露，未成年即被司刑太常伯刘祥道誉为神童，向朝廷表奏，授朝散郎。乾奉初年（666 年），被沛王李贤征为王府侍读。两年后因戏为《檄英王鸡》之文，被高宗怒逐之后，即出游巴蜀，放旷诗酒，驰情文场。到咸亨三年（672 年）补虢州参军，因目无法纪，擅杀官奴，本该诛杀，后遇特赦，除去参军之职，永不录用。其父也受连累，贬为交趾县令。上元二年（675 年）王勃南下探亲，渡海时溺水，受惊悸而死，终年 27 岁。

王勃的文学主张崇尚实用，诗存有八十多首，多为五言律诗和绝句。其中以离别怀乡之作较为著名。其序、表、碑、颂等文，今存九十多篇，多为骈体，其中也不乏佳作。如他的五言律诗《送杜少府之任蜀州》，成为中国诗坛上的杰作，自古即被世人所传诵，尤其是“海内存知己，天涯若比邻”成为千古名句。另一篇传世之作《滕王阁序》，是即席所赋。

17. 王之涣

王之涣（688—742 年），字季陵，祖籍晋阳（今山西太原）。王之涣曾担任冀州衡水主簿，不久即辞，后“遂化游青山，灭裂黄绶。夹河数千里，籍其高风；在家十五年，食其旧德。雅谈珪爵，酷嗜闲放”。在家闲散了 15

年后，经友人相劝，又补至文安郡文安县尉。他在职期间，理事认真，办事公允，尽职尽责，恪尽职守，颇受百姓欢迎。谁料不久竟染病不起，以55岁之壮年，卒于官舍，葬于洛阳。

王之涣的诗名早在天宝年间就已名动一时，并多被当时的乐工作曲歌唱，常与王昌龄、高适相唱和。他以描写边塞风光著称，意境深远，豪放不羁，气势磅礴，回味无穷，但可惜的是他的诗词留下的不多，大量的诗都已散失。他的诗篇留下的仅有六首，其中《登鹳雀楼》、《凉州词二首》与《送别》三首是最为脍炙人口的佳作，从皓发老人到垂髫幼童，多能背诵。诗中的“欲穷千里目，更上一层楼”和“黄河远上白云间，一片孤城万仞山”都是流传千古的佳句，也正是这几首诗为他赢得了百世流芳的赞誉。

18. 王维

王维（701—761年），字摩诘，山西忻县人，唐朝时著名诗人，是在盛唐诗坛上与“诗仙”李白、“诗圣”杜甫鼎足而立的大诗人，人称“诗佛”。世上还有“李白是天才，杜甫是地才，王维是人才”之说，这足以表达后人对王维在诗坛崇高地位的肯定。因其官至尚书右丞，故世称王右丞。

王维出身于官宦世家，高、曾、父三代做过司马。他是一个多才多艺的人，能诗会画，精通音乐，他在仕途上不是很顺利，又遇到“安史之乱”，在官职上时升时降，很不顺利，所以晚年隐居于终南山。

王维一生除诗赋惊世外，还善画人物、山水，成就颇高，苏东坡曾盛赞他：“读摩诘之诗，诗中有画；观摩诘之画，画中有诗。”尤其是他的山水诗极佳，与颇有声名的孟浩然合称为“王孟”。他的传世诗作后人集为《王右丞集》，收诗400余首。或写年少豪迈，或写大将英武，或征戎之苦，或凯旋之乐，均表现了当时人民的英雄气概和爱国热情。

19. 王昌龄

王昌龄（698—756年），字少伯，祖籍太原。盛唐著名边塞诗人，后人誉为“七绝圣手”，与李白、高适、王维、王之涣、岑参等交厚。官至秘书省校书郎，代表作有《出塞》、《芙蓉楼送辛渐》等，存诗一百七十余首。名句：“秦时明月汉时关，万里长征人未还，但使龙城飞将在，不教胡马度阴山”。

20. 王潮

王潮（846—898年），原名王审潮，字信臣，光州固始（今河南固始）

人，出身农民家庭。唐末任固始县史。唐僖宗中和元年（881 年），寿州（今安徽寿县）变民首领王绪任命王潮为军正。中和五年（885 年）随王绪转战福建，因王绪多疑猜忌，遂发动兵变，囚王绪。次年（886 年）攻占泉州（今福建泉州），被福建观察使陈岩任命为泉州刺史。陈岩死后，王潮命堂弟王彦复、弟王审知攻福州（今福建福州），唐昭宗景福二年（893 年）攻克。其后逐渐占领今福建省全境，先后受封为福建观察使、威武军节度使。乾宁四年十二月初六（898 年 1 月 2 日）去世，被唐政府追赠为司空，弟王审知继立。

21. 王审知

王审知（862—925 年），字信通，又字详卿，军中号白马三郎，光州固始（今河南省固始县）人。五代闽国创建者，王潮弟，唐末与潮从王绪起兵，后部下兵变，众推潮为主，审知为副。入闽尽有闽地。潮卒，继为威武军节度使。后梁开平三年封闽王，在位十七年。

22. 王审邽

王审邽（858—905 年），字次都，光州固始（今河南省固始县）人。885 年扶母随兄弟王潮、王审知率义军入闽后，唐乾宁元年（894 年）权泉州刺史，三年（896 年）实授，天祐元年（905 年）卒于任，政绩显著。累封工、兵、户三部尚书授威武军节度副使，晋开国侯，卒谥武肃王。唐末，与兄王潮参加王绪领导的农民起义军。光启元年（885 年），随军渡江南下。入闽后，协助兄王潮治理泉州七年，任泉州刺史达 12 年，勤政爱民，自奉俭朴，轻徭薄赋，重视农桑，疏江治港，招引外商，促进中外经济文化交流，发展经济。流民回籍者，借给牛犁，以供耕耘；为修庐舍，让其安居。又革新制度，兴办义学；奖励生产，不失农时，年年丰收，足食足兵，社会安定。设招贤院，广纳名儒硕士，发展文教事业。生四子：延彬（金紫光禄大夫、左仆射，封琅琊郡开国男）、延桢（帅汀州）、延美（漳州刺史）、延武（行营都统使）。

23. 王祐

王祐，北宋人，生卒年不详，字景叔。16 岁时，以一封书信受到时任中书令的大文人桑维翰的赞誉，名闻京师。成年后，初任后晋河北节度使杜重威的幕僚，归附后汉后被贬为沁州（今山西沁源）司户参军。后周时又在魏县（今属河北）、南乐（今属河南）任知县。宋太祖代周建宋后，王祐又以监察御史身份任兖州（今属山东）知州。乾德三年（965 年）改知制诰，乾德六年加集贤院修撰转户部员外郎，后出任潞州、襄州、潭州，接着又代符彦卿镇守大名府。相传，此前曾有谣言说大名镇守符彦卿图谋不轨，宋太祖派王祐去查证此事，并许诺回朝后升他为宰相。结果，王祐调查后，竟以全家百余口人的性命担保符彦卿无罪，并向宋太祖进谏道："五代之后，因猜忌成风，滥杀无辜，致使国不永固，愿陛下引以为戒。"不想这话惹怒了宋太祖，因而贬他为地方官。宋太祖末年，王祐虽回朝任知制诰，不久却又被奸相卢多逊排挤出京，任镇国军行军司马。直到宋太宗赵光义即位后，才以 64 岁出任兵部侍郎。但他到任仅一个多月，却又因病去世，被追封为晋国公，累赠太师、尚书令兼中书令。

24. 王旦

王旦（957—1017 年），字子明，大名莘县（今属山东）人，北宋名相。王旦为太平兴国进士，宋真宗咸平四年（1001 年）任参知政事。"澶渊之盟"辽军南下，宋真宗亲征澶州，王旦驻守京师，处理国政。景德三年（1006 年）拜相，监修《两朝国史》。王旦的主要政绩是在宋真宗一朝当宰相 18 年，曾拒绝辽（契丹）、西夏的钱粟之请，推荐人才不徇私情。寇准常常人前人后对他加以非议，但他以国家利益为重，不但不予以计较，还常称赞、表扬寇准，赞扬寇准办事干练，有治国安邦之材。天禧元年（1017 年）他因病罢相，他推荐寇准继其任。18 年间，他忠于职守，为国为民，使天下太平无事，百姓安居乐业。

王旦享年 61 岁，辞世时皇帝亲自前去悼唁，并废朝三日，赠赐太师、尚书令、魏国公。他谥"文正"，配享宗庙。仁宗皇帝还亲自为篆碑额："全德元考之碑"。王旦传子三：雍、冲、素，皆以忠孝为本，致力于国。长子王雍，国子博士；次子王冲，左赞善大夫；幼子王素，以直谏大夫侍奉宋仁宗。真可谓满门忠烈，将帅相传 30 多年。

25. 王安石

王安石（1021—1086 年），字介甫，江西临川人，我国著名改革家、思想家、文学家。1021 年出生在一个地方官吏家庭里。青年时代曾经随父亲游历大江南北，对民间的情况比较了解。二十二岁那年，他考中进士，以后就在地方上做官。宋神宗时，被任命为参知政事（相当于副宰相）。实施变法，新法的推行，收到了显著的效果但是触犯了大地主的利益，遭到了大地主大官僚的强烈反对，变法没有彻底进行下去。

王安石在文学上也很有成就，散文多揭露时弊，说理透彻，风格雄健，语言简练，被尊为“唐宋八大家”之一。所作诗歌多有充实的政治内容，同情人民，关心社会前途。晚年诗风有所变化，多描写湖光山色，在艺术上更趋成熟。词不多，著有《临川集》，风格高峻，《桂枝画·金陵怀古》颇有名。所著《字说》、《钟山目录》等多已散失。今存《王临川集》、《临川拾遗》、《三经新义》中的《周官新义》残卷，《老子著》若干条，多不成册，上海人民出版社出版过《王文公文集》。《宋史》有他的传记。

26. 王实甫

王实甫（1260—1336 年），名德信，元大都（今北京市）人。元代杂剧作家。据《元史》记载，王实甫祖籍原在河北省保定县，其父王逖勋跟随成吉思汗西征至西域，娶阿鲁浑氏为妻，后官至赠通义大夫、礼部尚书、太原郡侯。王实甫不仅出身于官宦之家，而且也作过官。先以县官入仕，后提升为陕西行台临监案御史，但因与台臣议事不合，40 岁即弃官不复仕。回到大都后，他厮混于歌台舞榭之中，开始了他的戏剧创作。他的传世之作除著名的《西厢记》外，还有《吕蒙正风雪破窑记》、《四大歌舞丽春堂》、《韩采云丝竹芙蓉亭》等。

27. 王冕

王冕（1287—1359 年），浙江诸暨人，元代著名画家、诗人、书法家，字元章，号煮石山农、放牛翁、梅花屋主等。他出生在一个农民家庭，父亲靠种田过日子，家里非常贫穷。王冕从小好学，由于读不起书，只好帮着人家放牛。他经常利用放牛的时候到学校去听课。父亲省下一点钱来让他去买几本旧书来读。他白天争分夺秒地苦读，晚上仍手不释卷。因没钱买油点灯，他就到庙里借着神前长明灯读书。

当时绍兴城里有个韩姓的老师，听说王冕勤奋好学，便收他为徒，教他读书。老师藏书如山，王冕如饥似渴，手不释卷，日夜攻读。到二十岁时，王冕博览群书，便把天文、地理、历史和经书精读熟记，融会贯通。同时，他还继续学画，不仅画荷，还画梅、画竹。

王冕虽博览群书，满腹经纶，但他几次科举考试，都因种种原因而名落孙山。因此他怀着满腔悲愤，把自己写的文章付之一炬，全部烧掉了，从此他的性格变得放荡不羁。过了几年，王冕又作一次远游，渡长江，过淮河，到达大都（今北京）。回到家乡，从此一直隐居到元里山，以种田卖画为生。他画的梅，以密取胜，但密而不乱，多而不繁。他首创的“以胭脂作没骨体”的画法，对后世影响很大。王冕还把自己画画的经验，写成《梅谱》一书，传给后人。存世画迹有《三君子图》、《墨梅图》。

28. 王蒙

王蒙（1301—1385 年），元朝画家。字叔明，号黄鹤山樵、香光居士，湖州（今浙江吴兴）人。董其昌曾在他的作品中题词：“王侯笔力能扛鼎，五百年来无此君。”传世的代表作《青卞隐居图》、《葛稚川移居图》、《夏日山居图》等。诗文、史学亦精。今存诗集《草堂雅集》。王蒙能诗文，工书法。尤擅画山水，得外祖赵孟頫法，以董源、巨然为宗而自成面目。写景稠密，布局多重山复水，善用解索皴和渴墨苔点，表现林峦郁茂苍茫的气氛。山水之外，兼能人物。所作对明、清山水画影响甚大，仅次于黄公望，后人将其与黄公望、吴镇、倪瓒合称为“元四家”。对明清及近代山水画影响甚大。

29. 王守仁

王守仁（1472—1528 年），字伯安，号阳明子，浙江余姚人。中国明代最著名的思想家、哲学家、文学家和军事家。陆王心学之集大成者，非但精通儒家、佛家、道家，而且能够统军征战，是中国历史上罕见的全能大儒。思想主张：心外无理、知行合一、致良知、唯求其是等。他说：“天地虽大，但有一念向善，心存良知，虽凡夫俗子，皆可为圣贤。”著有《王文成公全书》、《传习录》。近代的日本海军元帅东乡平八郎，曾为王阳明学说所折服，特意佩一方印章，上面篆刻七个大字“一生俯首拜阳明”。

30. 王廷相

王廷相（1474—1544 年），字子衡，号浚川。明朝潞州（今长治市）人，明代著名文学家、哲学家，进士出身。王廷相是彻底的唯物主义者，也是一个彻底的无神论者，他富有正义感，不畏权势，敢于批评时政，曾两次受宦官的迫害。他的主要著作有《慎言》、《雅述》和《王氏家藏集》等。

31. 王夫之

王夫之（1619—1692 年），字而农，号涢斋，湖南衡阳人。是明清之际杰出的哲学家，思想家，与顾炎武、黄宗羲并称为明末清初“三大儒”。因其晚年居衡阳之石船山，故亦称“船山先生”。

王夫之是明崇祯十五年举人，崇祯十七年（1644 年），明朝灭亡，1648 年，他在衡阳起兵抗清，败后在南明政府做官，因遭受排挤，又到桂林依附瞿式耜，式耜牺牲后，王夫之决心隐居山林，专门从事著述。他著述很多，主要的有《读通鉴论》、《宋论》、《周易外传》、《尚书引义》、《读四书大全说》、《黄书》、《噩梦》、《姜斋诗文集》、《姜斋诗论》等。他勤恳著述，直到死去，可以说是一个孤高耿直的人，是历史上知识分子中少有的人。

王夫之学识渊博，对天文、历法、数学、地理均有研究。尤其经学、史学、文学、哲学。他是明清之际著名的思想家，继承和发展了我国古代唯物论和辩证法的思想传统，批判了宋明理学的唯心主义和形而上学的谬论，在中国古代哲学史上作出了重要贡献。他在政治上肯定秦始皇分封、立郡县，统一中国的功绩，主张“推故而改新”。他同情贫苦人民，阐释了“均平专一”的社会改革思想。但是由于阶级和历史的局限，他反对农民起义，否认劳动人民创造历史的作用。他的哲学思想也有不少唯心主义的糟粕。

（二）近现代名人

1. 王国维

王国维（1877—1927 年），字伯隅，号观堂，浙江海宁盐官镇人。我国近现代在文学、美学、史学、哲学、古文字、考古学等各方面成就卓著的学术巨子，国学大师。

王国维世代清贫，早年屡应乡试不中，遂弃绝科举。22 岁起，便在上海《时务报》馆当书记校对，利用工余时间到罗振玉的《东方文学社》研究外交与西方近代科学，后在罗振玉的资助下，于 1901 年赴日留学，但次年又因病回国。后他又在罗振玉的推荐下执教于南通“江苏师范学校”。1906 年随罗振玉入京任清政府学部总务司行走、图书馆编译、名词馆协韵等，其间著有《人间词话》。1911 年辛亥革命后，王国维随罗振玉逃居日本京都，以清的遗民处世。1916 年，应上海著名外商哈同之聘，返沪任仓圣明智大学教授，并继续从事甲骨文、考古学研究。1922 年他受聘北京大学国学门通信导师。次年，由蒙古贵族、大学士升允举荐，他与罗振玉、杨宗羲等人应召任清逊帝溥仪的“南书房行走”，食五品俸禄。1924 年，冯玉祥发动北京政变，驱逐溥仪出宫。王国维引以为奇耻大辱，愤而与罗振玉等前清遗老投金水河殉清，但因家人及时相救而未果。1925 年，王国维受聘任清华研究院导师、教授，教《古史新证》、《尚书》、《说文》等，与梁启超、陈寅恪、赵元任、李济等五人，并称为“五星聚魁”的清华五大导师，其桃李门生，私淑弟子遍布中国几代史学界。1927 年 6 月，国民革命军北伐时，他留下“经此世变，义无再辱”的遗书，跳入颐和园昆明湖而自尽。

作为中国近代学者，王国维是近代中国运用西方哲学、美学、文学观点和方法剖析评论中国古典文学的开启者，也是中国史上将历史学与考古学相结合的开创者。他一生著述 62 种，批校古籍 200 余种，被誉为“中国近三百年来学术的结束人，最近八十年来学术的开创者”。

王国维生命是短暂的，但他精深的学识，笃实的学风，科学的治学方法和朴素的生活影响了清华学人，培养和造就了一批文字学、历史学、考古学方面的专家学者。

2. 大刀王五

大刀王五（1844—1890 年），本名王正谊，字子斌，回族，祖籍河北沧州，清末著名武术家。他少年为盗，出没于河北、河南、山西、甘肃等地。他技术高超，十有九次成功。他虽多次行盗，但不偷廉正善良之家，专偷达官贵人和受贿贪赃的腐败官员，偷窃横征暴敛的富豪。

王五与谭嗣同极友好。平日，谭跟王学剑，王很同情变法维新。戊戌变法失败后，王要谭东渡日本，并说：“君行五从，保无失误，君死五收君骨，君请自择焉。”谭不肯走，入狱后，王打算劫狱，又为谭极力劝阻。又欲劫法场，派勇士数人聚集守候谭囚车经过的宣武门，终因防范严密，难以下手。王五为救谭舍生忘死，宁愿两肋插刀，以死相救，此种行为，真义士也。

八国联军进攻北京时，烧杀掠夺，京城“君相以下，逃徙一空”，而大刀王五“独以匹夫御敌死”，他挥起大刀，反复冲杀，虽身数处负伤，更是越战越勇，因寡不敌众，最后倒在帝国主义的刀枪血泊中，死得很壮烈，可称得上是中华民族的御敌英雄，奋战敌寇的英勇壮士。

3. 王力

王力（1900—1986年），字了一，广西壮族自治区博白县人。中国语言学家、教育家、翻译家、中国现代语言学奠基人之一、散文家和诗人，北京大学中文系一级教授。同时担任中国文字改革委员会委员、副主任，国家语言文字工作委员会顾问，中国科学院哲学社会科学部委员，中国语言学会名誉会长，中国逻辑与语言函授大学名誉校长。王力一直从事语言科学的教学和研究工作，为发展中国语言科学、培养语言学专门人才作出了重要的贡献。出版有《古代汉语》等著作。

4. 王树声

王树声（1905—1974年），原名王宏信，中国人民解放军高级将领、军事家。王树声于1926年加入中国共产党，在区、县领导革命运动。1927年6月，在麻城被寨岗指挥农民自卫军和上万农民抗击地主武装的进攻，激战三昼夜，毙俘敌3000余人。继又参加黄麻起义，任工农革命军鄂东军队分队长。后任中国工农红军第四军大队党代表、支队长、团长。1931年任第四方面军第11师师长。黄安战役中，指挥3个团击溃敌三个旅的增援，保证了兄弟部队攻克黄安，后任第七十三师师长。1932年10月，第四方面军主力向平汉铁路以西转移时，他指挥部队追捕来围之敌，挺进大巴山，抢占两河口，为四方面军打开了入川门户。1933年7月任第31军军长。1934年任第四方面军副总指挥，在参与指挥川陕苏区反“三路围剿”之后，执行“收紧阵地，诱敌深入”加强防御的战略方针，指挥12个团在前线有力地抗拒了敌人的进攻。后协助总指挥徐向前指挥全军发起反击。前后作战10个月，歼敌8万余人，彻底挫败了国民党发动的“六路围攻”。1935年3月，参与指挥嘉陵江战役后参加长征。1936年10月中央军委命令第四方面军一部西渡黄河。1937年3月西路军在河西走廊失败后，他率领小股部队移入祁连山打游击，苦战三个月。部队被冲散后，孤身转战到陕北。

抗日战争时期，历任晋冀豫军区副司令员、代司令员、太行军区副司令员、河南军区司令员，组织地方武装开展抗日游击战争。解放战争时期，历任中原战区副司令员，第一纵队司令员兼政治委员。1946年参与指挥中原军区部队突围，率左路军进入武当山区，开辟鄂西北游击根据地，任鄂西北军区司令员，鄂豫军区司令员等职。

中华人民共和国成立后，任湖北军区副司令员、中南军区副司令员，指挥部队清剿国民党残余武装和土匪。1954 年任国防部副部长，1955 年任人民解放军军械部部长，致力于改善部队武器装备，加强现代化、正规化建设。同年被授予大将军衔和一级八一勋章、一级独立自由勋章、一级解放勋章。1959 年任军事科学院副院长，1972 年任军事科学院第二政治委员。他是中国共产党第八至第十届中央委员，1974 年 1 月 7 日病逝于北京。

5. 王淦昌

王淦昌（1907—1998 年），江苏常熟支塘镇人。著名核物理学家、中国核科学的奠基人和开拓者之一、中国科学院资深院士、九三学社中央名誉主席、中国共产党优秀党员、原第二机械工业部副部长。

王淦昌 1929 年毕业于清华大学物理系，1930 年入德国柏林大学，1933 年获博士学位。1934 年 4 月回国，先后在山大、浙江大学任教授。1949 年 5 月参加革命工作。新中国成立后，王淦昌作为派往苏联的第一批访问学者，与物理界的后起之秀周光召、丁大钊等一起前往苏联著名的杜布纳原子核研究所工作，并担任这个核研究所的副所长。仅用了短短的三年时间，他率领周光召等一批年轻的学者，使用研究所的高能加速器，做出了一项震惊世界的奇迹，寻找到了世界上第一例负超子。从苏联回国后，王淦昌参加原子弹研制工作，被誉为“中国核武器之父”、“中国原子弹之父”。在 70 年科研生涯中，他奋力攀登，取得了多项令世界瞩目的科学成就。

1979 年王淦昌加入中国共产党，历任第二机械工业部（现中国核工业总公司）九院副院长，二机部副部长兼原子能研究所（现中国原子能科学研究院）所长，中国科学技术协会副主席，中国核学会理事长，九三学社中央参议委员会主任，第三届、四届、五届、六届全国人大常委会委员。

6. 王震

王震（1908—1993 年）湖南浏阳人，中国解放军高级将领。1924 年参加工作，1927 年加入共青团，同年转入中国共产党。1929 年参加中国工农红军。土地革命战争时期，任粤汉铁路长岳段工会纠察队中队长，湘鄂赣边区赤卫队支队长兼政委，中国工农红军湘东独立一师团政委、师政治部主任、师政委兼第八军代政委、湘赣军区代司令员。参与领导湘赣革命根据地反“围剿”斗争，曾获三等红星奖章。后任第六军团政委，第二军团政委。参与开辟湘鄂川黔革命根据地。1935 年参加长征。抗日战争时期，任八路军一二 0 师三五九旅副旅长、旅长兼政委。1941 年初率三五九旅屯垦南泥湾。1942 年兼任中共延安地委书记、延安军分区司令员、卫戍区司令员。1944 年任八路军南下支队司令员。解放战争时期，任中原军区第一副司令员兼参谋长，参与指挥中原突围。后任西北野战军第二纵队司令员兼政委、军长兼政委，第一野战军兵团司令员兼政委。参加了延安保卫战和青化砭、羊马河、蟠龙等战役。

1949 年率部挺进新疆。后任中共中央新疆分局书记，新疆军区第一副司令员、代司令员兼政委。1953 年后任铁道兵司令员兼政委。1955 年任解放军副总参谋长。1956 年任国务院农垦部部长。1975 年任国务院副总理。1978 年任中共中央军委常委。1982 年任中共中央党校校长。1985 年在中共中央顾问委员会第五次会议上被增选为中共中央顾问委员会副主任。1986 年任中国中小学幼儿教师奖励基金会理事长。1988 年当选为中华人民共和国副主席。还曾任中日友协名誉会长，中国国际友好联络会名誉会长，中国残疾人福利基金会名誉理事长。是中共第七届中央候补委员，第八至十届中央委员，第十一、十二届中央政治局委员，第十三、十四大代表，第一至五、七届全国人大代表。1955 年被授予上将军衔。曾获一级八一勋章、一级独立自由勋章、一级解放勋章。

7. 王进喜

王进喜（1923—1970 年），大庆人的杰出代表，中国石油工人的光辉典范。1960 年春，王进喜率领 1205 钻井队从玉门千里迢迢赶到大庆，参加石油大会战。那时，北大荒还是个茫茫大草原，人烟稀少，几十万人一下子云集到这里，没住房，没有菜吃，粮食供应也不足，生活成了大问题。他们在野外露营，喝盐水，吃咸菜，一日三餐，没有保证。当时工作条件极差，没有公路，缺少运输工具。王进喜带领工人们硬是用绳子拉，用撬杠撬，用木板垫，把 60 多吨大钻机从火车上卸下来，运到井场。他们用三天三夜时间，把 40 米高的大井架耸立在大荒原上。“自力更生，独立自主”八个大字在井架上闪闪发光，显示出中国工人阶级敢于战天斗地的大无畏气概。

（三）35位王姓皇后

在历史上，显赫的王姓不仅有出类拔萃的英雄人物，历史名人位列各大姓氏的第一位，而且女中母仪天下的皇后国母也不泛其人，皇后有35位之多，自古就享有极高的地位，对王姓家族的兴盛起到过积极的促进作用。

1. 西汉景帝王皇后

西汉景帝王皇后是皇后第一人。右扶风槐里人（今陕西省兴平县南佐村）。景帝为太子时，她得到太子宠爱，并生了三女一男。景帝继位后，她被立为皇后，所生之子亦被立为太子。景帝死后，太子继位（即汉武帝），她又被尊为皇太后。王太后居母后之尊达25年之久，于元朔三年（公元前126年）去世，与景帝合葬在今咸阳市东北的阳陵中。

2. 汉宣帝王皇后

汉宣王皇后，长陵人，宣帝时立为皇后，元帝时称皇太后，成帝时称太皇太后，又称邛成太后。她居后位49年，70余岁去世，与汉宣帝合葬在杜陵。

3. 汉元帝王皇后

汉元帝王皇后，讳政君，魏郡元城人，王莽姑母，生成帝。成帝时被尊为皇太后，哀帝时称太皇太后。到了平帝时，因平帝年仅9岁，她垂帘听政，王氏家族一度大兴。

4. 汉平帝王皇后

汉平帝王皇后，王莽之女，平帝时立为皇后，刘婴时被尊为太皇太后，及王莽代汉后，她自投于火中而死。

5. 吴主孙权大懿王皇后

孙权大懿王皇后，琅琊人。生太子和，薨于孙权时。到其大孙孙皓继位，追尊她为皇太后。

6. 吴主孙权敬怀王皇后

吴主孙权敬怀王皇后，南阳人。生吴景帝孙休。

7. 晋文帝明王皇后

晋文帝明王皇后，讳元姬，东海郯人，魏中领军王肃之女，生晋武帝及辽东王司马广德和京兆公主。武帝时尊为皇太后，卒年52岁。

8. 晋怀帝王太后

晋怀帝王太后，讳媛姬，初入武帝宫，生怀帝，拜中才人。早卒。怀帝时，追其为皇太后。

9. 晋哀帝靖王皇后

晋哀帝靖王皇后，讳穆之。太原晋阳人。哀帝时立为皇后，在位三年卒。

10. 简文帝顺王皇后

简文帝顺王皇后，讳简姬，太原晋阳人。简文帝为会稽王时纳其为后，生世子司马道生，早卒。及道生子继位为孝武帝后，被追尊为皇后。

11. 晋孝武帝定王皇后

晋孝武帝定王皇后，讳法慧，哀帝靖王皇后侄女，年21岁卒。

12. 晋安帝僖王皇后

晋安帝僖王皇后，讳神受。琅琊临沂人。王献之女，初为太子妃，后立为皇后，年29岁崩。

13. 南朝宋孝武帝文穆王皇后

南朝宋孝武帝文穆王皇后，讳宪嫄，琅琊人。初为武陵王妃，武陵王入京后继位拜为皇后，生废帝及豫章王刘子尚等，废帝时尊为皇太后。崩于齐初。

14. 齐文帝安王皇后

齐文帝安王皇后，讳明，琅琊人。初为文慧太子妃，至废帝郁林王时，尊为皇太后。齐末，曾一度垂帘听政，崩于梁时。

15. 齐废帝海陵王皇后

齐废帝海陵王皇后，讳韶明，琅琊人，废帝在位时立为皇后，及废为海陵王，亦降为海陵王妃。

16. 齐和帝王皇后

齐和帝王皇后，讳舜华，琅琊人。和帝时，立为皇后。及齐亡于梁，降号为妃。

17. 梁简文帝王皇后

梁简文帝王皇后，讳灵宾，琅琊人。生哀太子萧大器，南郡王萧大连，长山公主萧妙，薨于简文帝称帝前。继简文帝入继大统，追崇其为皇后。

18. 梁敬帝王皇后

梁敬帝王皇后，琅琊人，敬帝时拜为皇后。及梁亡于陈，降号为江阴王妃。

19. 后梁宣帝王皇后

后梁宣帝王皇后，琅琊人，宣帝建国初为皇后，明帝时尊为皇太后。

20. 陈废帝王皇后

陈废帝王皇后，琅琊人，废帝时为皇后，废帝被废为临海王后，亦降为王妃。生太子陈至泽。

21. 北魏平文帝王皇后

北魏平文帝王皇后，广宁人。生昭咸帝。

22. 唐高宗废王皇后

唐高宗废王皇后，并州祁人，高宗初为皇后，后因与武则天争宠被废。及武则天当权后，改其姓为蟒氏，囚于别室之中，断其手足，投之酒瓮，遂不堪折磨而死。

23. 唐玄宗废王皇后

唐玄宗废王皇后，梁冀州刺史王神念之后，玄宗初立为皇后，后被废。唐代宗时，追复为皇后。

24. 唐德宗昭德王皇后

唐德宗昭德王皇后，籍贯不祥，生顺宗。

25. 唐顺宗庄宪王皇后

唐顺宗庄宪王皇后，琅琊人，生宪宗及福王李绾，又生汉、云安、遂安三公主。宪宗时被尊为太上皇后、皇太后。

26. 唐穆宗恭僖王皇后

唐穆宗恭僖王皇后，越人，生敬宗时，尊为皇太后，文宗时称宝历太后，又称义安太后，崩后葬于光陵东园。

27. 唐武宗王贤妃

唐武宗王贤妃，邯郸人，其容貌颇似武宗，武宗嗣位，多赖贤妃之力。后帝崩，自颈以殉。

28. 唐懿宗惠安王皇后

唐懿宗惠安王皇后，生僖宗，早卒。僖宗即位后追尊为皇太后。

29. 唐懿宗恭宪王皇后

唐懿宗恭宪王皇后，生昭守，早卒。昭宗即位后追尊为皇太后。

30. 宋太祖孝明王皇后

宋太祖孝明王皇后，邠州新平人。宋初立为皇后，生子女三人，皆夭。年22岁崩。

31. 宋徽宗显恭王皇后

宋徽宗显恭王皇后，开封人，生钦宗及崇国公主。年25岁崩。

32. 明宪宗孝贞王皇后

明宪宗孝贞王皇后，上元人，宪宗时立为皇后。孝宗尊为皇太后。武宋时又进升太皇太后，上尊号为慈圣康寿。

33. 明神宗孝端王皇后

明神宗孝端王皇后，余姚人，万历六年（1578年）立为皇后，正位中宫42年。

34. 明光宗孝靖王太后

明光宗孝靖王太后，生光宗，早卒。光宗即位后追尊为皇太后。

35. 明熹宗孝和王太后

明熹宗孝和王太后，顺天府人，最初被选为神宗太子（即光宗）才人，生子熹宗，但未等到册封便于万历四十七年去世。熹宗即位后，追尊她为孝和恭献温穆微慈谐天鞠圣皇太后。

王姓这35位皇后是12个王朝、32位皇帝的配偶，又是16位皇帝及4位皇太子，6位王爷、15位公主的生母，通过这种血缘上的关系，使王姓与历代帝王联系了起来。

刘　姓

王宝郑

1996年的《中华姓氏大辞典》中，刘姓列为中国的第四大姓，约占汉族人口的5.38%。2006年《人民日报》报道的新百家姓顺序中，刘姓也列在第四位。刘姓又是一个古老的姓氏，在中国历史上，刘姓氏族人才辈出，为推进中国的历史进程和民族文化的兴起与发展，起到了极其重要的作用。据不完全统计，在中国历史上，刘姓称王称帝者多达66人，先后建立有西汉、东汉、蜀汉、前赵、南朝宋、南汉、后汉、北汉、大齐等王朝或政权，共历时650多年，是中国建立封建王朝最多最久的姓氏。

一、刘姓姓源

中华姓氏或以国为姓，或以采邑为姓，或以居地为姓，或以先祖名字为姓，或以封号谥号为姓，或以官爵为姓，或以事为姓，或赐姓，或贬姓，或避讳避难改姓，或汉化得姓，诸如此类原因很多。

刘姓起源问题呈现多元化特征，南宋郑樵《通志·氏族略》说："刘氏有五：尧之后有刘累，为刘氏；成王封王季之子于刘邑，亦为刘；汉赐项氏、娄氏，并为刘氏；又匈奴之族从母姓刘。"

总体说来，刘姓主要源于以下四支：

其一，出自祁姓，炎帝尧陶唐氏之后。据《元和姓纂》、《新唐书》等资料所载，祁姓是黄帝后裔所得姓氏之一，后来祁氏被封于刘国（即古定州唐县、今河北保定唐县）。其子孙以国为姓。此为山西刘氏。

其二，出自姬姓，周代先祖古公亶父的后裔。据《名贤氏族言行类稿》等记载，周武王去世后，周成王继位，封王季的儿子于刘邑，其后裔以邑为氏，世代相传姓刘，此为河南刘氏。

其三，出自赐姓。刘邦建立汉朝，对一些有功之臣，皆赐以刘姓。如齐人娄敬在洛阳向刘邦献入关中建都之策，得到刘邦重用，后赐姓刘；项伯在鸿门宴上对刘邦有救命之恩，赐刘姓。

其四，出自他族。据《史记》所载，汉高祖刘邦实行和亲政策，以皇室宗亲之女嫁于单于为妻，其后世皆从刘姓；北魏孝文帝迁都洛阳后，将鲜卑族的复姓独孤氏改为刘姓；其他入迁中原的少数民族如女真族乌古论氏、移剌氏，满族宁古塔氏、留佳氏等众多姓氏改为刘姓；今满、蒙古、回、朝鲜、壮、土家等民族中均有刘姓。

山西刘氏起源论依据陶唐氏后裔封国古刘国，为方国起源说；河南刘氏依据周王后裔封地古刘邑，为封邑起源说；汉代刘姓皇帝赐姓臣民和少数民族汉化，为赐姓起源说和改姓起源说。但就姓氏最早得名的角度说，刘累是刘姓得名始祖，其隐居的地方平顶山市鲁山县（古鲁阳，简称鲁）是确凿的刘姓发源地。但也有学者依据刘累是陶唐氏后裔论和山西古方国刘国是陶唐氏后裔所封国等，把刘累作为山西刘国起源说的一个承继。此说法有诸多商榷之处后文将予以辩证。

（一）刘姓远祖尧帝与祁姓刘氏

祁姓刘氏是公认的刘姓起源说之一，见于文献记载，历代影响很大。该源流说认为，刘姓远祖为古代五帝之一黄帝之子12姓中的祁姓部落首领尧帝，尧帝姓祁。按正史记载，尧帝叫放勋。中国最早的史学经典《尚书》载：“曰若稽古，帝尧曰放勋，钦、明、思、安安，允恭克让，光被四表，格于上下。克明俊德，以亲九族。九族既睦，平章百姓。百姓昭明，协和万邦。黎民于变时雍。”司马迁《史记》云：“帝尧者，放勋。”《史记》还记载：黄帝生玄嚣，玄嚣生蟜极，蟜极生帝喾。帝喾娶陈锋氏的女子为妻，生子放勋。后人称他陶唐，姓伊祁氏，故亦称为唐尧。

刘姓是祁姓尧帝后裔，其中刘累是重要的先祖。《史记·夏本纪》载：“帝孔甲立，好方鬼神，事淫乱。夏后氏德衰，诸侯畔之。天降龙二，有雌雄，孔甲不能食，未得豢龙氏。陶唐既衰，其后有刘累，学扰龙于豢龙氏，以事孔甲。孔甲赐之姓曰御龙氏，受豕韦之后。龙一雌死，以食夏后。夏后使求，惧而迁去。”

这个刘累可以说是一个神秘的人物，他从豢龙氏那里学到了一手驯化“龙”的好本事，并凭借这种本事而事夏帝孔甲，后来因为出了事，致使他所驯养的龙死了一条，害怕孔甲追究责任而被迫逃走。《史记集解》引服虔语说：“刘累之为诸侯者，夏后赐之姓。”

然而根据《史记》所说“孔甲赐之姓曰御龙氏”，那么刘累之前为什么从祁氏变为刘氏，其得姓之祖又是谁呢？唐宋时期的几部著作描述了刘氏的起源：

《元和姓纂》载：“帝尧陶唐氏之后受封于刘。裔孙刘累，事夏后孔甲，在夏为御龙氏，在商为豕韦氏，在周为唐杜氏，杜伯子隰叔奔晋。为士会。适秦，后归晋，其处者为刘氏。”

欧阳修等撰写的《新唐书·宰相世系表》记载：“刘氏出自祁姓。帝尧陶唐氏子孙生子有文在手曰：‘刘累’，因以为名。能扰龙，事夏为御龙氏，在商为豕韦氏，在周为杜伯，亦称唐杜氏。至宣王，灭其国。其子隰叔奔晋为士师，生士蔿，蔿生成伯缺，缺生士会。会适秦，归晋，有子留于秦，自为刘氏。生明，明生远，远生阳，十世孙，战国时获于魏，遂为魏大夫。秦灭魏，徙大梁，生清，徙居沛。生仁，号丰公。生煓，字执嘉。生四子：伯、仲、邦、交。邦，汉高祖也。”

郑樵《通志·氏族略》说：“帝尧陶唐之氏，受封于刘，其地在今定州唐县也。裔孙刘氏，以能扰龙，事夏孔甲，为御龙氏，亦为杜伯。宣王时国灭，在商为豕韦氏，在周为唐杜氏。杜伯子隰叔奔晋为士师，故为士氏，孙士会适秦，后归晋，其处于秦者为刘氏，此祁姓之刘也，以国为氏。”

南宋邓名世所撰《古今姓氏书辨证》记载：“（刘氏）出自祁姓陶唐氏之后。生子有文在其手曰刘累，固以为名。能扰龙，事夏王孔甲，为御龙氏。商高宗武丁时，徙封豕韦，又为豕韦氏。商末，徙封于唐，居尧之故墟，又为唐氏。周成王灭唐，封其后于杜陵，又为杜氏。杜伯事周宣王，无罪见杀。其子隰叔奔晋，生士蔿，为士师。有功，固官命氏，又为士氏。蔿生成伯缺，缺生武子会。鲁文公元年，晋人使士会逆公于雍，不得入。士会遂留事秦。晋灵公八年，晋召士会于秦，秦人归之。其子孙处秦为刘氏。刘向诵高祖云：‘汉帝本系，出自唐帝。降及于周，在秦作刘。涉魏而东，遂为丰公。’”

从《元和姓纂》到《新唐书》、《通志》，再到《古今姓氏书辨证》，可谓一脉相承。现在的各种刘氏家谱无一例外推演刘姓源流皆出自陶唐氏。如：香港刘氏宗亲总会于民国七年编纂的《刘氏总族谱》、马来西亚砂罗越彭城刘氏公会联合总会于2007年编纂的《砂罗越彭城刘氏族谱》，都认为“刘姓祖自陶唐”、“刘氏系出伊祁”。

从以上文献记载可以看出祁姓刘氏说的几个特征：

其一，刘姓是帝尧陶唐氏之后。这在诸家著作中前后沿袭，从东汉、唐、北宋、南宋，一直到现在都认同此点。这是祁姓刘氏观的基本点和前提，它关系到刘姓远祖的认定。这一点在刘氏渊源说中影响甚大，以至于后来逐渐发展到社会广泛认同刘姓是陶唐氏尧帝后裔。

其二，刘累是最早称刘姓的人。诸家文献、诸多学者虽然认同陶唐氏是刘姓远祖，但不是最早称刘的人，而是一般要在陶唐氏之下述及其后裔夏代御龙氏刘累，然后才是后代承继和发展。这是刘姓发展源流史上的关键环节，如果没有这个环节，就不可能有刘姓的从古到今的文化连续。在刘姓发展史上，刘累影响巨大，以至于各种刘姓文献都无法绕开他。

其三，多与陶唐氏所封的刘地有关。诸家文献多主张尧帝陶唐氏之后封于刘，这是祁姓刘氏观的地理载体。以刘地为特征，后世认为刘姓以国为姓。如郑樵云：“此祁姓之刘也，以国为氏”。

其四，祁姓刘氏在发展源流上有争议。主要是开姓始祖是谁的问题上说法不一。有人认为文献记载的刘累并非刘姓开姓始祖，而有比刘累更早者，以至推至尧帝之子。

关于刘姓开姓始祖之争，主要有以下几种观点：

1. 以刘式为始祖

香港刘氏宗亲会民国七年重辑的《刘氏总谱》载：“刘国君讳式，乃监明公之子也，帝尧时，公父早卒，乃封公于刘（一作留），其后以地为姓，曰刘氏，我祖之姓自此始。式生隗，隗生方都，方都生意诸，意诸生昌，昌生善嗣，善嗣生衡叔，衡叔生明，明生駰，駰生累，当夏孔甲时为豕韦国君”。

该谱系以刘式为始祖，说刘式是监明之子。此说最早见于汉代流行的伪书《尚书中侯》。该书载：“尧之长子监明早死，不得立，监明之子（式）封于刘。朱又不肖而弗或嗣。”清代张澍所著《姓氏寻源·集仙传》载有刘式之言："丹朱之侄刘式闻豢龙氏师门子获夏后启龙符，能召、御、屠、扰四法，累从而学之，亦能驯扰，得其嗜欲。孔甲赐氏曰御龙。"

监明早亡和其儿子被分封观点对后世刘姓家谱影响很大，大量刘姓谱牒都记载：尧帝共生 10 个儿子和 2 个女儿。其中 10 个儿子是：监明、丹朱、开明、启明、胤明、觉明、卧明、晦明、源明、少康。以此谱系看，刘累是刘姓第十代祖先。因传说监明是尧帝之长子，因此刘累又是尧帝之十一代裔孙。

但是对此说，历来有异议。梁玉绳《古今人表考》认为："刘累事见《左传》昭公二十九年。其生有文在手曰刘累，因为以名。陶唐氏后，学于豢龙氏，以事孔甲，赐氏御龙，以更豕韦之后。《路史》谓尧长子考监明之子，封刘为刘氏，累出其后，恐不可信。"学者们也认为，刘累前有刘式，但刘式不见于正史，把刘式作为刘姓始祖不可信。

2. 以监明为始祖

认为受封于刘的是尧长子监明。

3. 以源明为始祖

该观点主张源明是尧帝的第九个儿子，当年受封于刘的是源明，这一说法在刘姓族谱中颇为流行，但很少见于传世文献。如《湖南刘氏源流史》载："尧帝，中国古代传说的圣王，姓伊祁氏，号放勋。受封于陶、唐，故称陶唐氏。生 9 男 2 女，封第九子源明与刘地（河北唐县），刘源明以地为姓，始得刘姓，为刘姓开创始祖。"并在《刘氏远祖世系考》一文中罗列刘氏世系："第一世、源明公，兄弟 9 人，祖居帝都山（今在山西平阳今临汾），封地为刘氏。妣风氏、巫氏，生子 1：永河"。刘累在此谱中是第十八世，"累公，妣赵、汪氏，生子 9：大益、万益、永益、洪益、正益、宗益、顺益、昌益、伯益（一说云、裕云），享寿 197 岁。"

4. 以丹朱为始祖

该观点认为刘地的受封者是尧帝之子丹朱。《新唐书·宰相世系表》记载："舜封尧子丹朱为唐侯，至夏时，丹朱裔孙刘累迁于鲁县，累孙犹守故地，至商，更号豕韦氏。"且唐姓族谱在其姓氏文化源流中更采此说。

5. 以刘累为始祖

这种观点文献依据最早，数量最多，且在正史中出现，后世文献都不能绕过。是一种普遍流行的观点。

从以上诸观点来看，大多为家谱所传而缺乏文献依据，唯有刘累正史明载其姓刘氏，当为刘氏最早的得姓始祖。

（二）姬姓刘氏

姬姓刘氏出自周成王封王季的儿子封地刘邑，其后裔以封邑为姓，也称刘氏。

古代历史文献对以邑为姓的姬姓刘氏多有记载。

《左传·昭公二十三年》载："庚寅，单子刘子樊齐以王如刘。甲午，王子朝入于王城，次于左巷。"

《汉书·地理志》载："缑氏有刘聚，周大夫刘子邑。"

《元和姓纂》载："周大夫食采于刘，亦为刘氏，康公、献公后也。"

《名贤氏族言行类稿》载："周大夫食采于刘，亦为刘氏，康公献公其后也。"

郑樵《通志》之《氏族略·以邑为氏》载："成王封王季之子于刘邑，因以为氏。今河南偃师，此姬姓之刘氏也，以邑为氏。"

《公羊传》襄公十五年载："刘者何？邑也。共称刘何？以邑氏也。"

《辞海》释"刘"曰："古邑名，作留。在今河南偃师南。春秋初期为郑国之邑。公元前712年为周平王所取得，至周匡王（姬班）封其少子于此，是为刘康公，传至贞定王时绝封。"

《中国古今地名大辞典》释"刘"说："春秋郑邑，后为周大夫刘子采地，在今河南偃师县西南。"

上述一系列文献都是关于姬姓刘氏源流的有关记载。归纳其言，可以对姬姓刘氏说总结几个特点：在自然地理上，是以刘邑为承载，这是姬姓刘氏的地域化特征，显然与祁姓封地刘国源流相区别；在姓氏源流上，是以姬姓为源头；在发生时间上，以周代为历史背景，晚于祁姓支派。

关于刘邑的地位和位置，现在公认为刘邑在今河南偃师南，春秋初期属于郑国管辖，公元前712年为周平王所占领，至周匡王封其少子于此，是为刘康公，传至贞定王时绝封。周代的分封制一般有封国和封邑两个层级，当时刘邑应该是"大夫之邑"，是再分封的结果。从这一点来说，春秋初期属于郑国管辖的刘邑不能称为刘国，只能以邑称谓。一直到刘邑被周平王所取，又分封其少子于刘邑，此时的刘邑不仅是姬姓之邑，而且由于国君是周王嫡系儿子，因此地位崇高，处于诸侯国的地位，可以称其为“刘国”。不管是大夫之邑时期，还是王子之邑时期，因刘邑处于王畿之地，其地位相对于其他封邑和封国来说都比较高。

关于分封者和受封者问题。在这个问题上文献中存在不同的说法。从郑樵《通志》“成王封王季之子于刘邑，因以为氏”的记载可以看出，分封者是周成王，被封者是“王季之子”。而《辞海》中则有“至周匡王（姬班）封其少子于此，是为刘康公”，分封者是周匡王，受封者是“周匡王之少子”“刘康公。”两种说法产生了两种不同的主体人物。后世多有混淆。如有人认为：刘康公，名季子，为东周诸侯国刘国开国君主。把刘康公与王季弄混淆了。

周匡王之子到底是不是就是“王季之子”？《砂罗越彭城刘氏族谱》在《刘氏源流考》篇中说：黄帝的第十七世孙在殷商时期，有一个叫古公亶公的人，其小儿子季历，被武王封在河南王城，故名王季。武王之子周成王继位后封王季的儿子于刘邑（河南偃师），以邑为氏姓刘。东周末年周匡王姬班的小儿子也被封到刘邑号称刘康公，其后代以邑为氏姓刘。”该谱认为，在刘邑发生过两次分封事件。一次在西周成王时期，分封给“王季之子”；一次在东周匡王时期，分封给了“匡王之少子”。这样看来，姬姓刘氏就是经过两次分封形成的。

古公亶父是我国历时最长的王朝奠基人，是周姓祖先之一。在商代，陕西西部有一个很小的方国叫邠，他的国君是后稷的第 13 代孙叫亶父（后人称古公亶父）。古公亶父积善修德，施行仁政，发展生产，很得人们的拥护。邠的西部有许多戎狄族部落建立的国家，他们见邠国国小力弱，就经常对邠发动进攻，掠夺财物、人口。开始的时候，他们抢了就撤回去，后来干脆占了土地不走了，并要求把土地割让给他们。为了避免战争，亶父就带着自己的族人东渡漆水、沮水，越过梁山，到达岐山南脚下的“周原”，定居下来，并将国名改为周。邠地百姓扶老携幼都跟他到了周。周原附近的一些小部落听说古公亶父贤明，也都搬到他那里。周的力量不仅没有削弱，竟然比以前强大多了！古公亶父到了晚年看见三儿子季历的长子姬昌忠厚仁慈又聪明能干，周国如果交给他，一定会强大起来。但如果按祖制传位，姬昌是不可能得到君位的。太伯和仲雍为了实现父亲的心愿，两人远走江南吴地（成为吴姓始祖人），并在那里定居。于是古公亶父顺理成章地将君位传给三儿子季历。几年后，季历又把王位传给了姬昌。姬昌果然是一位优秀的君主，他继承了古公亶父仁政爱民大力发展生产的政策，又组建了强大的武装力量，亲自参加训练，亲上前线指挥。在姬昌的领导下，周迅速强大起来，他也成了后来的周文王。他的儿子周武王姬发，又继承了他开创的事业，终于灭了商王朝。

这样看来，第一次被周成王分封到刘邑的季历（王季）的儿子是周文王姬昌的弟弟，周武王姬发的叔叔，周成王姬诵的祖辈。当然他也姓姬，这时的刘邑也是姬姓之刘邑。

（三）汉帝赐姓

在中华刘姓源流史上，还有一个流派，这就是汉帝赐姓。这一流派既有历史记载，更有族谱传承。它是中华民族大融合历史的一个缩影和见证。

1. 项姓刘氏

项姓，出自芈姓，为楚国王族后裔。春秋时期，楚国公子燕受封于项城（今河南项城县），建立了项国。后来，项国被齐国所灭，其子孙遂以国为姓。其后代最著名的历史名人是项羽。

汉帝赐姓最早被司马迁记载于《史记》。项伯，秦末下相人，名缠，字伯，楚霸王项羽叔父，任楚国左尹。项伯与刘邦谋士张良友善，项羽入关，从范曾言，欲杀刘邦，项伯闻之驰告张良，刘邦幸免于难。刘邦至鸿门赴宴，范曾命项庄舞剑，欲席间杀邦，项伯拔剑对舞，以身翼蔽刘邦，便得脱险。刘邦即位后，封项伯为射阳侯，赐姓为刘。

《史记·项羽本纪》载："诸项氏枝属，汉王皆不诛，乃封项伯为射阳侯（今江苏淮安）。桃侯（山东汶上）、平皋侯（河南温县）、玄武侯（南京）皆项氏，赐姓刘。"

这个记载说明了刘邦赐姓于项伯的缘由和经过。缘由是在楚汉大战时期的鸿门宴时刘邦遇险，幸得项伯以身相救，才得以脱险。西汉高祖 6 年（公元前 201 年），高祖刘邦在战胜项羽、统一中国后，分封王侯，"诸项氏枝属，汉王皆不诛”，还封了四个为侯，项伯（项缠）即其中之一，被封为射阳侯。国都设在今江苏省宝应县射阳湖镇。惠帝 3 年（公元前 192 年），项伯寿终正寝。他的儿子刘睢（即项睢）“有罪，不得代”侯，国被废除。

桃侯刘舍（？—公元前 141）西汉下相人，本姓项，与项羽同宗，其父项襄在楚汉战争中有功于汉，西汉王朝建立后被赐姓刘氏，并受封桃侯。公元前 170 年（汉文帝前元十年），刘舍袭父爵。公元前 152 年（汉景帝前元五年）任太仆，公元前 150 年迁御史大夫，公元前 147 年，周亚夫免相，刘舍继任。与御史大夫卫绾奉请笞刑之制。为相 5 年。公元前 141 年卒，谥号“哀”。其封地在今山东汶上县。

平皋侯刘它，原项姓，为项羽大将，汉六年（公元前 201 年）以砀郡长从刘邦，赐姓为刘氏。高祖七年（公元前 200 年）十月，受封平皋侯。传四世：炀侯刘它、恭侯刘远、节侯刘光、侯刘胜。武帝元鼎五年己巳（公元前 112 年），侯刘胜“坐酎金，国除”。平皋侯国都在今河南温县东北。汉武帝建元年间（约公元前 140 年），割温县、怀县两县地置平皋县（今河南温县赵堡镇北平皋村），属河内郡。东魏属武德郡。北齐天保七年（556 年），废平皋县入州县。

2. 娄姓刘氏

在汉代还因赐姓产生了一支娄姓刘氏，它也是中华刘姓的重要一支。齐人娄敬在洛阳向刘邦献入关中建都之策，得到刘邦的重用，刘邦称帝后，赐姓刘氏，刘敬后人也繁衍成刘姓一大支脉。

娄敬（生卒年不详）汉初齐国卢（今山东省济南市长清县）人。是汉高祖刘邦的重要谋士之一，对于汉初政策的制定及西汉政权的稳定起过很大作用。汉高祖五年（公元前 202 年）汉王朝完成统一后，打算定都洛阳。时娄敬作为齐国的戍卒，正被发往陇西（今甘肃一带）戍边，经过咸阳时，他穿着破旧的羊皮外套去拜见同乡虞将军，要求面见汉高祖刘邦。虞将军见他穿着寒酸，想给他换一套体面些的衣服，娄敬却道：“臣衣帛，衣帛见；衣褐，衣褐见。”见了汉高祖，娄敬直言道：洛阳虽处天下之中，然“大战七十，小战四十”，经济残破，民怨沸腾，定都于此，利小弊大；而关中一带地腴民富，且被山带河，地势险要，易守难攻。娄敬的建议得到张良的支持，刘邦最终决定建都长安。为表彰娄敬，赐姓“刘”，任命他做郎中，号“奉春君”。

汉高祖六年（公元前201年），冒顿单于发兵围攻马邑，韩王信投降，汉高祖七年，韩王信勾结匈奴反叛，攻晋阳（今山西太原），刘邦率30万大军亲征。军至晋阳（今山西太原），刘邦派出使者赴匈奴，探听虚实。匈奴将精壮的士兵和牛马隐藏起来，示以羸弱之师，以迷惑汉朝使者。使者回来皆言匈奴易击，唯娄敬独持异议，指出匈奴将“伏奇兵以争利”，认为汉军不可出击。刘邦不听，被匈奴围困于平城白登山达7天7夜，这便是所谓“平城之围”。刘邦逃回后，始信娄敬见识超人，擢升他为建信侯，并向他问计。娄敬分析了当前形势，认为“天下初定，士卒罢于兵，固不可以武胜也”，只有把嫡长公主嫁给匈奴单于，实行“和亲”方是上策。后“和亲”之策成为汉王朝对匈奴长期实行的一项基本政策。娄敬从匈奴回来后，向高祖报告了匈奴的情况，并谈了自己对天下形势的看法，说匈奴现在势力很强大，其部族离长安较近的仅有700里，一天一夜就可以到达，而东部中原地区齐、楚、燕、赵、韩、魏等国的贵族势力很强，仍具有兴兵与西汉政权相抗衡的号召力，这样北有匈奴，东有六国强族，对西汉政权是极大的威胁，因此汉高祖七年七月，娄敬向刘邦提出迁徙山东豪强以实关中的建议，指出这样“无事可以备胡；诸侯有变，亦足以率以东伐”。刘邦采纳这一建议，并命娄敬负责实施。娄敬所提定都、和亲、迁豪三项计策，对稳定汉初的政治形势起了重要的作用。

娄敬晚年隐居永寿境内店头之明月山，以仙术种黄金，此处至今地名种金坪，晒金场。宋《梦溪笔谈·金币考》：“小说谓麟趾裹蹄乃娄敬所为药金，方家谓之‘娄金’，和药最良。《汉书注》亦云：‘异于他金。’”后人为纪念娄敬，明月山便易名娄敬山，并修娄公祠于山腰，后又增修药王庙、菩萨庙。传说娄敬在此羽化升仙，脱骨于石洞。1987年出土石函一具，上镌“汉建信侯”及“明万历二十九年”等石刻文字。

（四）其他刘姓支派

在刘姓发展史，除了祁姓刘氏、姬姓刘氏、汉帝刘邦赐姓得刘氏外，还有许多其他类型的支派，使刘姓内涵更加丰富，呈现多元化融合发展的特征。比如，据文献记载，王朗冒名汉成帝之子刘子舆，自立为帝。安定三水人卢方，诈称武帝曾孙刘文伯，自立为帝，据平凉等地。三国蜀将刘封，原姓冦，为刘备义子，改姓刘。西晋义阳（今河南新野）人丘沈冒称汉宗室后裔，改姓刘名尼，被拥立为帝，建年号为神凤。出自柳姓，为唐朝文学家柳宗元之后，因柳宗元和当时朝政大臣不和，招惹很多皇室亲信，其后人恐遭陷害，逃荒到山西的洪洞县，改姓为刘。很多年后因当地遭水灾，他们纷纷迁移到河南的周口、安徽的亳州、山东的曹县一带。北汉君主刘继恩，原姓薛，因是刘承钧的养子，改姓刘。刘继恩之弟刘继元，本姓何，亦改姓刘，后继帝位。元末陈友谅败亡后其后代有改姓刘的。明代宦官刘瑾本姓谈（音 dan），冒姓刘。留氏改刘氏：后坡刘氏为永春留氏族裔，于宋末元初的动荡中易姓为刘。另《清源留氏族谱》记载：第三十九世留天禄，泉州路录事，因军情严重，不仕，复入永春，居留安故地，改留为刘，为本支始祖。明朝嘉靖年间著名大将军都督刘显原姓龚，为报人知遇之恩，改姓刘。

下面，主要撷取几个实例加以介绍。

1. 王姓刘氏

在中华刘姓发展史上，还有一个王姓通过赐姓融入刘姓，成为刘姓的重要一支。这就是东汉舞阳人王常，平王莽时立下大功，被更始帝刘玄赐姓刘。

班固《后汉书》卷十五有《王常传》，记载了王常生平。其中曰："王常字颜卿，颍川舞阳人也。王莽末，为弟报仇，亡命江夏。久之，与王凤、王匡等起兵云杜绿林中，聚众数万人……及更始立，以常为廷尉、大将军，封知命侯。别徇汝南、沛郡，还入昆阳，与光武共击破王寻、王邑。更始西都长安，以常行南阳太守事，令专命诛赏，封为邓王，食八县，赐姓刘氏。常性恭俭，遵法度，南方称之。"

王常，字颜卿，出生年月不详。新莽末年，他为了给弟弟报仇杀了人，逃逸到江夏（今鄂云梦县）避难，在江夏看到王莽托古改制，广大农民遭受更深重的苦难。在王莽天凤 4 年（18 年），与王凤、王匡等当地豪杰，在云杜绿林山中（今湖北当阳东北）聚众起义，数月之后，队伍扩充到 8000 人。地皇三年（22 年）王常与成丹、张印率一支队伍进军南郡兰日（今湖北荆门县北)，号称下江兵；王凤、王匡、马武等率队进军南阳，号称新市兵。王莽统治者，慑于两支农民起义绿林军，势力强大，不可收拾，便派纳言大将军严尤、和秩宗将军陈茂与之拼杀，王常、成丹所率的下江兵，因战斗经验不足，势单力薄而战败，王常等收集溃散余部．在钟、龙（今湖北应山随州一带）重新组合训练，众兵士气大振，与荆州牧战于上唐（今湖北枣阳东北)，大破之，遂北征宜秋（今河南泌阳)。

此时，刘秀，刘演兄弟率领的汉军和王凤、王匡、平林率领的新市起义军联合，与莽军甄阜、梁丘赐部激战于小长安（今河南南阳市南)，起义军大败，军心涣散，刘秀兄弟急忙赶赴宜秋，向王常等细说合纵之利，提出与下江兵联合破莽。王常当即同意，刘家兄弟见王常如此慷慨，十分高兴，遂与他结为朋友。王常等引下江兵与汉军、新市、平林诸军联合，毙莽军统帅甄阜、梁丘赐，起义军胜，声威大振。

王莽地皇4年（23年)，诸将立刘玄为更始帝，刘玄即封王常为廷尉大将军、知命侯。光武帝建武2年（26年）夏天，王常携妻子到洛阳，见到了光武帝刘秀，刘秀十分高兴，刘秀拜王常为左曹，封他为山桑侯。

东汉光武帝5年（29年）秋，王常率兵北击河间（今河北献县)、渔阳（今北京密云县）之后，攻占湖陵（今山东鱼台）与刘秀会师于任城（今山东济宁）后，破苏茂、庞萌、下邳，平定沛郡苗虚。光武帝6年春，还兵洛阳，后屯兵长安，击溃隗嚣将高峻于朝那（今甘肃平凉西北）进而驱兵保塞，平定诸羌。光武帝7年，刘秀派专使持玺书，拜王常为横野大将军。光武帝9年，又受命征战内黄（今河南内黄)、屯兵故安（今河北易县)。光武帝12年（36年)，死于屯所，谥曰节侯。永平中，显宗追感前世功臣，乃图画二十八将于南宫云台，其外又有王常、李通、窦融、卓茂，合三十二人。云台二十八将，指的是汉光武帝刘秀麾下助其一统天下、重兴汉室江山的二十八员大将。后世民间传说，云台二十八将对应上天二十八星宿，是天上的二十八星宿下凡转世。

山桑侯国，东汉建武二年（26年）夏，刘秀封功臣横野大将军王常为山桑侯，国都今安徽蒙城县檀城镇。历2世，建武三十年，子王广徙封石城侯，山桑侯国除。

王姓为始祖的王姓刘氏一支，应该在王常最后屯兵处长安（今西安)

一带繁衍发展。

2. 寇姓刘氏

在刘姓史上，东汉末有一支寇姓改称刘姓，但不是通过赐姓，而是通过收养形式实现的，其始祖就是刘备养子刘封。

《三国志·刘封传》载："刘封者，本罗侯寇氏之子，长沙刘氏之甥也。先主至荆州，以未有继嗣，养封为子。"

刘封（？—220年），东汉末年长沙（治今湖南湘阴）人，刘备义子。刘封本是罗侯寇氏之子，长沙郡刘氏的外甥，刘备投靠荆州刺史刘表后，暂时安居于荆州。刘备收刘封做了儿子（不是义子，属过继收养），但不久后甘夫人又为刘备生育了阿斗。及后刘备入蜀，从葭萌关反攻刘璋时，要求留守荆州的诸葛亮等人率军增援。刘封当时年仅二十余岁，但已武力过人，于是率军随同诸葛亮、张飞等溯流西上进攻益州，所过之地战无不克。益州平定后，刘备任命刘封为副军中郎将。

建安二十三年（218年），刘封跟随刘备北攻汉中。建安二十四年（219年），刘备彻底占领汉中全境，另外又派遣宜都太守孟达率军攻占了房陵郡。其后孟达又挥军进攻上庸郡，刘备暗地里担心孟达难以独力取胜，于是遣刘封从汉中顺沔水南下去统领孟达的军队，刘封率军与孟达上庸合兵一处后成功地逼降了上庸太守申耽。占领上庸后刘封迁为副军将军。同年秋七月，刘备被群下拥立为汉中王，其后刘备没有选择刘封为继承人，而是立年仅十三岁的阿斗（刘禅）为王太子。刘封的处境和地位变得日益尴尬。关羽围樊城、襄阳时，曾要求刘封和孟达派兵援助，但被刘封和孟达以上庸三郡占领不久，不敢轻易离开为由拒绝。关羽战败后，刘备因此怪罪于刘封、孟达二人。此前刘封与孟达因争吵不和，相互怨恨，刘封遂抢夺了孟达的仪仗乐队。孟达既畏惧刘备可能会治其不对关羽进行援救的罪行，又不满刘封的行径，遂写信向刘备告辞，率部曲四千余家投降曹魏。

孟达降魏后与夏侯尚和徐晃一起攻打刘封，上庸太守申耽和申仪背叛刘封，刘封被击破后退走成都。刘封来到成都后，诸葛亮怕他日后威胁到刘禅的地位，造成日后祸患，劝刘备要及时将其除掉。最后刘备下令赐死刘封。

刘封有子刘林，为牙门将，咸熙元年（264年）被迁徙至河东。河东，代指山西。因黄河流经山西省的西南境，则山西在黄河以东，故这块地方古称河东。秦汉时指河东郡地，在今山西运城、临汾一带。唐代以后泛指山西。

3. 薛姓刘氏

刘姓发展到五代时，有一个重要人物改称刘姓，这就是北汉国主刘继恩，成为中华刘姓重要一支。据《新五代史·东汉世家》载：刘继恩，睿宗刘承钧养子，本姓薛。刘继恩原姓薛，父亲薛钊因不为岳父刘崇所用，又与妻子刘氏聚少离多，因而在一次酒醉之后，薛钊将妻子刘氏刺伤，畏罪自杀；此时刘继恩年纪尚小，而其舅父刘承钧又无子，因此刘崇就将刘继恩过继给刘承钧。954 年，北汉世祖刘崇病逝，刘承钧续位为帝，是为北汉睿宗；北汉睿宗刘承钧在位期间，任命刘继恩为太原尹，然而刘继恩资质平庸，北汉睿宗刘承钧常常对臣下郭无为抱怨刘继恩无治国之才。968 年 7 月，北汉睿宗刘承钧病逝，刘继恩续位为帝，是为北汉少主。968 年 9 月（34 岁），北汉少主刘继恩设宴大会群臣，宴罢，刘继恩在勤政阁中休息，供奉官侯霸荣领数十人将其刺杀。

4. 柳姓刘氏

据一些家谱记载，有一支刘姓出自柳姓，为唐朝文学家柳宗元之后，因柳宗元和当时朝政大臣不和，招惹很多皇室亲信，其后人恐遭陷害，逃荒到山西的洪洞县，改姓为刘。很多年后因当地遭水灾，他们纷纷迁移到河南的周口、安徽的亳州、山东的曹县一带。

柳宗元死后，柳氏家人无法在长安立足，只好变卖家产，渡过黄河，隐居到了离祖籍河东不远的历山深处。从此，显赫一时的名门望族河东柳氏，从人们的视野中消失了。柳氏后人以耕读为本，隐姓埋名，历经宋元，不宣门庭。由于柳宗元在中国文学史上的地位不仅是柳姓荣耀，因其后裔改姓刘姓，也使柳姓与刘姓有了部分同源关系。

5. 龚姓刘氏

明代形成了一支龚姓改为刘姓的支派，这就是著名抗倭将领刘显。

据文献记载：刘显（1515 年—1581 年）本姓龚，字惟明，江西南昌人，明抗倭名将。他体魄健壮，膂力超人，因家境贫寒，以武生入川，被卫使刘岷收为童子军，随兵练武。龚显视岷为父，改姓刘。嘉靖三十四年（1555 年），宜宾苗人起事，巡抚张臬率兵围剿，刘显随军入山，冲锋在前，捉获头领3人，首立战功，官副千户。嘉靖三十八年四月，倭寇驾舟数百艘，由浙江沿海转掠江北，五月突入淮安。巡抚都御史李遂命刘显会同通政唐顺之援助刘景韶攻打淮安。显冲入倭寇兵阵，劈杀头目。倭寇向崇明岛逃遁，又被刘显预先赶到堵住，与刘景韶南北夹攻，一举消灭。嘉靖三十九年，升指挥佥事，提督南京振武营。振武营兵士待遇优厚，强悍骄横，动辄生事，甚至动怒杀人。刘显到任后，力加整顿，受兵部密令，逮捕首恶，又调入四川兵卒增充振武营，使骄横气势得以遏制。嘉靖四十一年五月，广东三饶山民张琏聚众起事，经福建汀州、漳州，占领瑞金、宁都等地。诏命刘显为总兵官镇守南赣，配合调入广东的俞大猷追捕张琏等。后因新倭攻陷福建兴化，命俞大猷、戚继光为正副总兵官，前往剿倭，命刘显赶往福建援助。次年正月，倭寇由兴化攻陷平海卫。浙江巡抚谭纶令继光为中军将，刘显为左军将，大猷为右军将，二三路合歼平海卫之倭寇，收复兴化，刘显被记功。廷议在江苏狼山设总兵官，由刘显任之。刘显要求敕书能节制知府以下。同知王汝劾刘显无礼，奏镌其秩，而移镇浙江；又巡按御史劾刘显居官不守法度，因而革任候勘。不久，巡抚刘畿荐刘显复职，镇守浙江。隆庆元年（1567年），被劾贬为视事。巡抚谷中虚以西南起事频繁，需要用兵，荐刘显复职，移镇贵州。从此长驻西南，平息了多起土司叛乱。万历二年（1574）擢升都督同知。万历九年冬卒于任。其子刘綎袭世职。

6. 少数民族刘姓化

（1）独孤部刘氏

独孤部原为匈奴刘氏的一支，因与鲜卑拓跋部世代通婚，关系很深，是拓跋联盟的重要成员。北魏孝文帝拓跋宏采取了一系列的汉化政策，将大部分独孤氏恢复刘姓，成为当时北魏鲜卑贵族最显赫的八姓之一。

（2）稽胡部刘氏

稽胡，又称山胡、步落稽，源于南匈奴。北魏时期稽胡首领刘蠡升、其孙北周时期稽胡首领刘没铎等曾先后称帝，建立割据政权。

离石胡是山胡的一支，隋末唐初，离石胡人刘龙儿、刘季真，刘苗王曾建立割据政权。

（3）沙陀刘氏

唐德宗时，沙陀人内附，定居于今山西大同一带，长期与汉族杂居，不少人改汉字姓。沙陀刘氏两度建立政权：后汉（刘知远建立）和北汉（刘崇建立）。后虽国亡，但以其帝王之尊，皇族后世散居北方各地，成为刘姓又一支脉。

（4）契丹刘氏

辽太祖耶律阿保机建立大辽之后，因为追慕汉高祖皇帝，便将自己的耶律氏兼称刘氏，《辽史·后妃传序》："太祖慕汉高皇帝，故耶律兼称刘氏。以乙室、拔里比萧相国，遂为萧氏。"《金史》记载"移剌曰刘"。（"移剌氏"即契丹国姓"耶律氏"）因此耶律后代有改为刘姓的。比如辽国于越（官名）耶律屋质之四世孙名刘家奴，曾官至节度使。当代天津市郊区宝坻县耶律各庄村中刘姓村民较多。当地人说，这个村刘姓村民多为坐地户，是当年随蒙古军队来到这里定居的，刘姓是由耶律姓衍转过来的。

（5）乌桓部刘氏

魏晋时乌桓部族有刘姓者。

（6）回族刘氏

中国回族形成于宋元之间，初无固定姓氏，入居中原后，回、汉杂居，很多人使用汉字姓。刘姓是从古兰经经名译音"辽艾辽艾"（汉语义为珠宝）转音而来。明初以后，随着回汉民族间人文交融，内地回民普遍使用汉字姓，其中刘姓不少。元朝汉族将领刘哈喇不花，子孙后裔也有融入回族的。

（7）蒙古族刘氏

元朝蒙古族中刘氏出现在1285年，元仁宗爱育黎拔力八达即位，后来有位蒙古族人名呼图克特穆尔的名士，酷爱汉族书籍和文化，他的母亲是汉人，姓刘。有一天，这位名士拜见元仁宗皇帝，谈论中，元仁宗对他的汉学水平加以赞赏，并为他起了个汉人的名字，叫刘汉卿。从此，刘汉卿的后代就形成了一支刘氏家族。

蒙古族鄂尔果诺特氏，亦称鄂柳特氏，本蒙古族姓氏，世居喀尔喀，后多冠汉姓为刘氏。

蒙古族刘佳氏，亦称留佳氏，后有满族引为姓氏者，世居李佳和罗、瓦尔喀、乌喇、辉发、松花江等地，后多冠汉姓为刘氏、雷氏（蒙古留佳氏世居察哈尔）。

蒙古族崔珠克氏，亦称赤穆特氏，世居察哈尔，后有满族引为姓氏者，多冠汉姓为崔氏、刘氏。

（8）满族刘氏

这支刘氏源于满族，属于汉化改姓为氏。据史籍《清朝通志·氏族略·满洲八旗姓》记载：

满族乌库理氏，亦称乌色里氏，满族最古老的姓氏，源于金国时期女真“乌古伦”，世居黑龙江，后多冠汉姓为商氏、刘氏、乌氏、李氏、讷氏、桑氏等。

满族宁古塔氏，以地为氏，所冠汉姓为宁氏、刘氏。元朝时女真人乌古伦氏迁居到中原，改姓刘氏，其后裔中有位刘国杰，英勇善战，成为湖广行省的要官，后又升任光禄大夫。还有一支女真人宁古塔氏也迁居到中原，改姓宁和刘，宁为宁古塔氏的头一个字；而“宁古塔”按满语的意思是“各六”或“每六”，其实就是“六”，“刘”与“六”同音，故姓氏为刘。

满族钮图氏，亦称宁武图氏，世居哈达。后有锡伯族引为姓氏者。后多冠汉姓为钮氏、刘氏。

满族喜塔喇氏，亦称奇塔喇氏、喜特勒那氏，是满族大姓。世居尼雅满山、蜚优城、长白山盖吉、佛克顺等地，所冠汉姓为管氏、赵氏、图氏、祝氏、刘氏、齐氏、孙氏、希氏、奚氏、喜氏、线氏、祁氏等。

满族伊喇氏，亦称伊拉喇氏，源于金国时期女真“移喇”，后多冠汉姓为刘氏、王氏、肖氏、萧氏、李氏、黄氏、白氏。

满族纽塔氏，亦称努他氏，后多冠汉姓为刘氏。

满族查佳氏，后改汉姓为刘氏。

（9）维吾尔族刘氏

维吾尔族刘姓形成于元末明初。元代在河南为官的维吾尔族人剌真海牙，曾孙名叫忽都海牙，明初随祖母姓刘，名仲琛，隐姓埋名，作为普通百姓繁衍生息下来。刘姓维吾尔族人现居河南渑池县尚有500余人，一小部分移居到西安等地。

（10）高山族刘氏

高山族人本无固定姓氏，清乾隆二十三年，朝廷赐给高山族七个姓（卫、金、钱、廖、王、潘、黎）。从日本侵占台湾到台湾重回中国期间，高山族人多依托当地汉族人，认其姓为己姓，据统计共有79个姓，其中有刘姓。

（11）傣族、景颇族刘氏

明初屯田戍边的汉族官兵，其子孙后代与当地民族通婚，逐渐演化为少数民族，但保留原有的汉姓氏。据近年云南腾冲刘氏收集到的351个族谱中发现，有七支刘姓演变为傣族、景颇族。

（12）朝鲜族刘氏

朝鲜族人口近百万，居住在吉林省延边自治州的鲜族人有80万，其中刘姓人口数量位居30左右。据了解，在韩国有200多个姓氏，其中刘姓人数排在第三十四位。

（13）京族刘氏

京族原称为越族，人口近两万，有31个姓氏，居住在广西南疆诸岛，刘姓人口数量在京族中占20%，是这个少数民族的第一大姓。越南的京族刘姓有三类，一类是完全融入越南民族的刘姓，一类是越南族人使用汉字姓刘氏而形成的刘姓，再一类就是近代以后移民越南的华侨、华人。不过，今天这几种不同的刘姓已很难区分了。

（14）藏族刘氏

吐蕃国是7—9世纪时古代藏族建立的政权，以“卡隆”作为家族徽号，“悉勃野”为首领姓氏：到了吐蕃帝国解体后的元代，卡隆系贵族全统一采用了刘氏为家族姓氏，其代表家族为：卡隆家族、喀居丹增家族、索郎宗尕家族、巴登家族、兰齐默家族、穆尼德吉家族、卓克勒逊家族。

其他采用汉姓刘的家族，如：德格家族、兰齐默家族、罗隆尼卡家族、穆尼德吉家族、卓克勒逊家族、吉桑切家族、乞木乌格家族、格西措慕家族、巴登绒布家族、曲瓶轮珠家族，巴朗结赞家族，仁青格多家族、瓦热卡巴家族、聂荣克玛家族、贡那家族、康葛吉玛家族、勒旺家族、贡勃土司家族等等，当代名人有曾任四川人大副主任的来自于德格家族的萨朗仁波切（刘子寿），著名摄影家卡隆—兰齐默家族的扎西更登（刘华），世界著名藏族艺人来自勒旺家族的洛桑顿珠（刘多吉）。

（15）壮族刘氏

湖南、广西等地都有壮族刘氏分布，名人有唐代著名的歌手刘三姐。

（16）匈奴刘姓

《史记·匈奴列传》载：西汉初年，匈奴部族强盛，汉高祖刘邦采取和亲政策，以皇室宗女嫁给匈奴单於冒顿为妻，按匈奴习俗，贵者皆从母姓，所以有以刘为姓者。十六国时期的汉国建立者刘渊、前赵国建立者刘曜、大夏国建立者刘屈孑（即赫连勃勃）、襄国刘显都是匈奴贵族。独孤部原为匈奴刘氏的一支，北魏孝文帝拓跋宏汉化改革时，大部分独孤氏恢复刘姓，（另一部分仍保持独孤姓，如李渊和杨广的外祖父独孤信）成为当时北魏鲜卑贵族最显赫的八姓之一。

二、刘姓的播迁

刘姓迁徙是与中华民族的大迁徙、大融合紧密联系在一起的，考察刘姓族群的迁徙应置于中华民族大融合之中进行，才能窥见其中同源主流。

（一）刘姓在大陆的播迁

刘氏最初发源于河南，其迁徙主要是在河南境内进行的，后来从河南北迁至河北等地。祁姓刘氏传至战国时，有人在魏国任大夫，迁至大梁（今河南开封），有子刘清，辗转迁移到今江苏丰、沛之地。刘清生刘仁，号丰公，刘仁生刘煓，字执嘉。执嘉有四子：伯、仲、邦、交。第三子刘邦，即汉高祖。刘邦建立西汉王朝后，分封同姓于各地，其后支派繁衍，于是彭城、尉氏、临淮、南阳、广平、丹阳等处皆有刘氏。

两汉时期，刘氏的迁徙主要是由祖籍丰沛地区经长安和洛阳两地向全国各地辐射，中原的刘氏为避“董卓之乱”而不断向四方迁徙，其主要是向东南投奔孙吴和向西南进入四川投靠蜀汉。魏晋南北朝之时，刘氏大举南迁，在这同时有许多少数民族刘氏加入到汉族刘氏之中。永嘉之乱后，晋室南渡，北方各族人民纷纷南迁，彭城刘氏宗族成员也大批南迁至京口（今江苏镇江），形成东晋南朝时期著名的京口刘氏。

魏晋到隋唐五代，刘氏的迁徙主要是由北向南流动。这主要表现在两个方面：一是北方的少数民族刘氏由华北、西北、大漠、关外地区向中原地区迁徙，如匈奴刘氏南迁河南、东阳一带，鲜卑刘氏和后来的沙陀刘氏也内迁中原。这些内迁的少数民族刘氏长期在中原定居，接受中原汉族的文化和传统，最后完全汉化。另一方面，因为中原地区长期战争而动荡不安，为了躲避战争的灾难，原来居住在中原、华东、江北地区的汉室后裔刘氏，纷纷向东南的江浙、江南等相对安定的地区迁徙。其中，主要是原居丰沛一带的楚元王后裔彭城刘氏、原居河北的中山刘氏和原居山西的洪洞刘氏向东南江浙闽一带迁移。

隋唐到宋时期，刘氏支脉遍布大江南北。从明朝末期开始，闽、粤刘氏陆续有人移居台湾，后又有不少人到海外谋生。明清时期刘氏一方面继续保持晋唐以来就开始的由华北向东南的迁徙大势，同时又在“江西填湖广，湖广填四川”的移民浪潮中开始大规模地由东部地区向西南地区迁徙，并由中国东南沿海开始大规模向南洋地区拓展，从而形成了刘氏的第一次移民海外高潮。

（二）刘姓在大陆的分布

根据户籍管理部门的“全国公民身份信息系统”（NCIIS），刘姓是第四大姓。2006 年 10 月建立的“全国公民身份信息系统”是世界上最大的人口身份信息数据库。又根据 1977 年中国史学家李栋明，在《东方杂志》发表的一篇有关“姓”的论文上指出，刘姓是全球华人十大姓之一。其人口分布很广，在中国民间，很早以来就有“张王李赵遍地刘”的说法，古代也有“刘天下，李半边”之说。这些都说明自古以来刘姓就人口众多，分布广泛。其中，刘姓是江西第一大姓。刘姓在旧《百家姓》之中排第 252 位，但在新百家姓中刘排名第四，新百家姓排名前十的姓为：王、李、张、刘、陈、杨、黄、赵、周、吴。刘姓在国外也有分布，如在韩国排名第 32 位，约 22 万人。根据日本可查档案记载日本第三大姓高桥氏出自中国刘姓，为刘邦后裔。根据姓氏学家的研究结果，我国现在的姓氏人口比例在宋代就已经奠定，当时排在前五位的姓氏分别为王、李、张、赵、刘，王姓已经排在第一位。发展至今，排在第二到第五位的姓氏都已经有所变动，只有王姓仍然稳居第一。

早在 1987，就有专家研究全国 1982 年人口情况认为，刘姓为全国十大姓之一，人口数仅次于李、王、张三姓，排在第四位，约占全国人口总数的

5.4%。以此比例和现在人口基数推算，现在全国刘姓人口应该达到7400万人以上。再加上世界各地的华人、华侨，则世界刘氏人口总数应该在8000万左右。

1. 人口分布特征

今天刘姓人口的分布有以下几个特征：

一是与中华民族的人口分布相一致。刘姓人口的分布是和中华民族的形成发展史紧密相连的。中华民族由远古的炎黄联盟到华夏族形成，到汉民族的形成，再到各民族的交流与融合，形成了汉民族与各民族杂居的基本人口居住格局。一般来说，在人口多的地方刘姓人口就多，据专家研究，刘姓人口主要聚居在黄河、长江、珠江中下游流域。并且以汉族为主。但也广泛分布于中国的满族、蒙古族、回族、朝鲜族、壮族、土家族等20多个民族之中，此外还分布于高丽民族、日本民族、越南民族等多个外国民族之中。

二是与民族的迁徙规律相一致的。中国历史上有几次大的人口迁徙运动，如华夏族形成时期、两晋南北朝时期、唐安史之乱时期、两宋时期、明清时期等，总体上呈现出由西往东、由北往南的基本趋势。刘姓人口在分布上与这些迁徙运动的方向和新的聚居区形成相一致。

三是与汉王朝的分封格局相一致。两汉时期，为维护刘姓皇权，自汉高祖刘邦始，历代皇帝大封王子王孙。公元前201年，汉王刘邦正式称帝，国号“汉”，天下统一后，刘邦接受“秦孤立而亡”的教训，认为主要心腹之患是拥有独立军队的异姓诸侯王，于是果断采取措施，利用各种借口，将分布偏僻南方而又势力弱小的大部分异姓诸侯王相继铲除，大封刘姓皇族子弟为新的侯王，总计所封同姓诸侯王先后多达12个，刘姓人遍布彭城、沛国、弘农、中山、南阳、东平、天水等地。《汉书》有载，从刘邦到汉平帝的210年间，仅皇族的刘氏就由最初的一个家族，发展到十几万人，这在当时是任何姓氏无法比拟的。有专家认为，中国最“成功”的大姓，比如李、刘、朱、赵都是中国几大王朝皇帝的姓，这可以归结为姓氏发展的“皇室效应”。刘姓经东汉、蜀汉、汉、前赵、南朝宋、后汉、南汉、北汉、大齐、天兴等先后称帝者达66人，仅开国皇帝就有十二人，是所有姓氏当中称帝最多的一个，累计统治中国达650余年。政治上的特权，保证了经济生活上的优越，相应也促进了人口的发展，所以至今刘氏发展成为大姓，不足为奇。这也说明族群的地位曾经十分鲜明地影响着刘姓人口的繁衍与分布，繁衍多，分布广，成为鲜明特点。刘姓子孙被分封到全国各地为王，屏藩汉皇。各个王子王孙后裔就在各地繁衍生息，形成了“遍地刘”的基本格局，奠定了现代刘姓人口分布的基础。

四是具有皇族后裔色彩。西汉以后，中华刘姓除少数成员明确属于少数民族在汉化过程中改姓为汉字姓刘氏之外，多认皇归宗，称是血缘于陶唐氏，为刘邦后裔。从宗族支派上看，现在许多族谱都以彭城刘氏为祖脉就证明了这一点。在民间，甚至出现了“汉后无二刘”的说法，意思即天下祁姓和刘姓都是汉朝皇族后裔。事实上，各地不少刘姓聚居区仍然称是某某刘王的后裔，极具皇族色彩。有专家研究认为，虽然现代刘姓大都属于“汉室之后”，但具体来说，又分为几大宗派，而且各个宗支所占比例也不一样。据不完全统计，现代刘姓主要有以下几个较大的支系：一是楚元王刘交后裔彭城刘氏派，该支刘氏分布范围较广，南北东西都有，但以北方较多。二是中山靖王刘胜后裔中山刘氏派，这一支刘氏人数众多，但主要分布在南方，以闽粤台地区最多，其次是浙江、江西、两湖、广西、海南、港澳、云贵川，另外在东南亚南洋的刘姓，也以源出中山的客家刘姓居多。三是长沙定王刘发后裔长沙刘氏派，该派刘氏又分为南北两支：南支系当年留在长沙国的一支，如安成侯刘苍的后裔，主要分布在江西、湖南两省，并辐射到邻近的鄂、川、江浙、两广、云贵等省区；南支则是当年北迁南阳的东汉皇室后裔，主要分布在北方的华中、华北、华东地区，另外还辐射到朝鲜、日本等国。四派为梁王刘武后裔刘氏，这一支刘姓主要分布在北方的山西、陕西和山东、江苏一带，人数较少，如今刘邦故乡汉里堂刘氏就是梁王后裔。五为代王刘参后裔刘氏，该支刘氏也主要分布在北方的江苏、山东一带，人数较少。六是淮南王刘安后裔刘氏，这支刘氏主要分布在今安徽省，再辐射到邻近省区，人数也较少。此外，还有属于荆王刘贾后裔和代王刘仲后裔等派的刘姓。

五是遍布世界各地。现在，刘姓人口遍布世界各地。主要分布在中国大陆地区包括台湾、香港、澳门。在海外的刘姓，主要分布在中国南部和东部周边国家，如东南亚南洋地区，包括新加坡、马来西亚、菲律宾、泰国、缅甸、印支三国、朝鲜、韩国、日本；其次则是北美、澳大利亚；再其次是欧洲和南美，非洲则是世界上刘姓人口相对较少的地区。在中国本土，据不完全的统计，刘姓的人口主要分布在北部和中南部，如在北方，刘姓与李、王、张三姓一同为中国北方大姓，约排在第4位；而在中国东南，刘姓的人口所占的比例相对要小于在北方与中南部人口中所占的比例，但也排在前20位之内。

六是刘姓人口分布呈现局部不平衡特点。今天的刘姓主要集中在北方和中原地区。具体从刘姓绝对人口数量在全国的分布来说，又集中于四川、河南、山东、河北四省，这4省的刘姓人口占全国刘姓总人口的36%，其中，河南和四川分别集中居住有刘姓总人口的10%，为刘姓并列第一大省，这里的刘姓分别占本省总人口的6%和5.5%。其次分布于湖南、湖北、辽宁、黑龙江和安徽，这五省的刘姓又占了全国刘姓总人口的26%。刘姓形成了华北、四川、华中、东北四大块人口聚集地区。从宗族的兴旺发达、繁荣显赫来说，则明显地是南方刘姓胜过北方刘姓。而在南方刘姓中，又明显以湖南、四川、湖北、江苏等省的刘姓最为兴盛，如湖南的刘少奇家族，四川的刘湘家族、刘伯承家族，湖北的刘华清家族，江苏的刘海粟家族、刘淇家族。各省刘姓总人数排序也有差异。从刘姓人口在当地各姓中所占比例来说，也是北方高，南方低。比较哈尔滨市和东北城市、华北城市的姓氏排名发现，北方城市的姓氏分布十分接近，特别是哈市和济南的姓氏排名几乎一样，而哈市和上海、广东的姓氏分布却有较大差异，这表现了北方城市的交流频繁而稳定，而南北差异很大。有统计表明，刘姓人口在中国北方的北京市排在第4位，在辽宁、陕西二省也均排在第4位；而在华东的上海则排在第12位，在广东省排在19位，在福建省排在第12位，在台湾省排在第9位或8位；在四川省排在第4位。还有专家统计研究认为，在辽吉黑大部、内蒙古东部、河北、山东西北、新疆喀什地区，刘姓一般占当地人口的比例在7%以上，其覆盖面积占了总国土面积的12.1%；在青海以东、浙江以西的大批南北地区，刘姓的分布频率在4.2－7%之间，其覆盖面积占了总国土面积的38.6%；在浙江、江苏南部、福建大部、台湾、广东中部、海南南部、云南西南、四川西端、青海东部、新疆西部地区，刘姓分布频率在1.4－4.2%，其覆盖面积占了总国土面积的21.5%；在其他地区，刘姓分布频率不足1.4%，其覆盖面积占了总国土面积的27.8%。

研究刘姓人口分布有重要意义，刘姓人口分布可以作证中华民族形成融合发展史。刘姓人口分布反映出刘姓族群的遗传规律。袁义达认为，中国是世界上最早使用姓的国家，传统上中国人都随父姓。从遗传学角度来说，只有男性具有Y染色体，这样的巧合让姓氏和基因联系在一起。因此，Y染色体就同姓氏一起遗传给他的后代。在理论上理想的情况下，具有同一姓氏的人群也就具有同样类型的Y染色体以及它所携带的遗传基因。如果你把每一个姓氏看作一个遗传基因，那么姓氏的遗传和分布，就可以体现一个种群基因的遗传和分布。据袁义达等人的研究，刘姓族人的血缘遗传呈现以下特征：刘姓人口中以O型血为主，约2039万，占刘姓人口的31.6%；其次是B型，有1963万人，占刘姓总人口的30.4%；再次是A型，有1835万人，占刘姓总人口的28.4%；AB型只有619万，占9.6%。

2. 区域分布的具体情况

北京刘姓：据北京市1978年人口调查资料统计，北京市共有2225个姓氏，刘姓为全市10大姓之一，人口总数仅次于李、王、张，占全市人口总数的7.7%，排在第4位。2007年，全国公民身份号码查询服务中心发布北京百家姓，其中王姓居北京百家姓榜首，为北京第一大姓，其次为李、张、刘，刘姓仍为第四位。北京和天津、河北、内蒙古使用人数最多的10个姓氏几乎完全相同，排列位次甚至也相差无几，可见北京的姓氏分布具有典型的北方特色。

山西刘姓：山西是刘姓的发源地之一，因为当年尧帝的主要活动地区就在今天的山西。有传山西洪洞是刘氏的最早发源，并说当年刘姓的得姓大始祖、尧帝的儿子源明的封地——刘，就在洪洞。比较著名的山西刘姓支派主要有：山西洪洞刘氏、洪洞苏堡刘氏、山西太原刘氏、山西芮城刘氏、山西岳阳刘氏、山西徐沟太常村刘氏、山西交城刘氏等。

福建刘姓：公安部全国公民身份证号码查询服务中心对福建户籍人口的汉族姓氏进行统计，结果显示，福建第一大姓氏为陈姓，全省有336.9万人姓陈，以下依次是陈、林、黄、张、吴、李、王、郑、刘、杨。刘姓居第10位。

辽宁刘氏：辽宁刘氏有汉族、满族、朝鲜族等族。据80年代国家有关部门的资料统计，辽宁刘姓是全省10大姓氏之一，人口占全省人口总数的

7.9%，排在第4位。重要支脉有辽宁北镇满族刘氏。

山东刘氏：山东刘氏主要支派有：滕州古滕刘氏，已传近30代孙；单县迁曹县刘寨刘氏，现已传近20代，全族人口3000余人；菏泽刘楼刘氏，已繁衍到第20代。

上海刘姓：据上海市1994年人口普查资料统计，全市共有1723个姓氏，1300万人口，其中刘姓约占全市人口总数的2.32%，排在第12位，人口总数为30.18万人。进入近代以后，刘姓在上海的地位和上海刘姓在中国历史舞台上的地位，都迅速上升。

浙江刘氏：刘姓人口主要是浙江惇典堂刘氏、浙江上虞刘氏、浙江鄞县悬慈刘氏、绍兴水澄刘氏、常山渔溪刘氏、衢县南乡十二庄四都刘氏、衢县南乡十二庄下刘刘氏，龙游刘氏迁自四川，衢县刘氏迁自洛阳，海盐刘氏迁自汴梁，宣平刘氏迁自江西，象山刘氏迁自河南。

福建刘姓：福建刘氏主要有南平刘氏、汀州府（三明市）宁化县石壁洞刘氏、福建武平刘氏、武平湘湖刘氏、武平大田乡刘氏、武平桃溪刘氏、武平东留银坑村和小溪村刘氏等支派族群。

安徽刘氏：有安徽凤阳大刘庄刘氏、安徽潜山刘氏等支派族群。

江苏刘氏：江苏是汉家刘氏的发源地，当年的汉朝皇族，就是从江苏丰沛地区崛起于世的。后来，江苏的彭城——今徐州市，更成为天下刘姓公认的郡望。历史上，江苏地区刘姓也是名人辈出，族姓盛兴。一直到现代，江苏刘姓在整个刘氏族姓中都占有极为重要的地位。主要有吉水五坊刘氏、吉水葛山董富刘氏、泰和冠朝大溪刘氏、泰和下坊刘氏、泰和苑前东皋刘氏、泰和苑前洲刘村刘氏、泰和苑前南坑刘氏、泰和苑前白土派刘氏、泰和沿溪大湖刘氏、泰和沿溪澧塘刘氏、泰和竹山刘氏、泰和高垅刘氏、泰和钱塘刘氏、泰和上模刘氏、泰和文塘刘氏、泰和万合叙伦堂刘氏、泰和万合白士刘氏等支派族群。

江西刘氏：刘姓是江西第一大姓，自古名人众多。如安福刘氏。安福旧时有“刘半县”之称。据《安福县志》资料，刘姓是该县第一大姓，人口数量历来冠于他姓。又据民国时期《江西通志稿·氏族志》记载，安福刘氏见载于正史列传和方志的比较著名人物，宋代有267人，元代有8人，明代有395人，清代有210人。其中，安福刘氏宋代考取进士53人，考取举人184人；元代考取进士2人，考取举人4人；明代考取进士63人，考取举人123人；清代考取进士13人，考取举人12人。笪桥刘氏。笪桥刘氏是安福刘姓望族，笪桥刘氏后裔辗转迁徙，广泛分布于江西省10多个县以及湖南、湖北、四川和贵州等10多个省。已知江西瑞金刘氏。瑞金是中国共产党领导民主革命的中央根据地，是刘姓的集中地。民国《江西通志稿·氏族志》将刘姓列为全市第3位的望族大姓。在历史上，瑞金刘氏走出了许多著名人物。据《江西通志稿》的统计，名见正史和方志的瑞金刘氏人物，宋代有刘鹏，明代有刘葵等55人，清代有刘琛等182人。据1996年《瑞金刘氏首次联修总族谱》记载，瑞金市的刘氏人丁兴旺、支派众多，共计有39个支派10多万人口。39个支派中，绝大多数属于刘氏族姓中的中山刘氏，是汉景帝第十一子中山靖王刘胜的后裔，只有2个支派是属于长沙刘氏大宗。瑞金刘氏主要来自邻近的广东兴宁、惠州，福建长汀、上杭、武平，以及江西本省的虔州（今江西赣州市）、于都、安远、泰和、吉水、抚州等地。瑞金刘氏支派有福江、尚德、林星、东关、东龄、客坊、黄安沿溪、荣树、北关、洋程溪、店场、九竹、有富、湘湖、通海、塘背、廪聚、朱紫山、水南、高岭、下高塘、洋溪、湖岭下、南岗、石头背、智乡、历任、慈溪、安前、丰田、东溪、盐店子、白茅、东门、油溪、安昌、于阳、淇塘等族。

其他江西刘姓支派族群有：安成山庄刘氏、蜜湖刘氏、上湖刘氏、三畲刘氏、水部刘氏、安成前溪刘氏、白石刘氏、安成郡马刘氏、安成茨溪刘氏、宁都奉先祠刘氏、宁都刘家坑刘氏、万安湖溪刘氏、赣州章水水西刘氏、兴国高兴老屋场刘氏、永丰沙溪刘氏、寻乌县（长宁）刘氏等。

广东刘氏：广东刘氏绝大部分属于中山刘氏中的客家刘氏，是汉景帝第十一子中山靖王刘胜的后裔，三国蜀主刘备次子刘永之脉，是入闽刘氏客家太始祖刘祥一派和入粤客家近代始祖刘开七的同脉后裔。广东刘氏主要分布着兴宁冈背刘氏、惠东新庵田心刘氏、紫金刘氏、广东蕉岭高坡刘氏、中山榄镇刘氏刘褅绥支派、中山榄镇刘氏刘岐容支派、中山榄镇刘氏刘延祚支派、中山榄镇刘氏刘裔存支派、中山隆镇刘氏、中山隆镇龙头环刘氏、中山得龙神湾刘氏、中山上恭镇谭井刘氏、中山下恭镇上涌刘氏、中山黄旗大黄圃刘氏刘南安派、中山黄旗大黄圃刘氏刘万荣支派、中山黄旗大黄圃三社坊刘氏、中山黄旗大黄圃刘氏刘宏深支派、广东顺德乐从腾冲刘氏等族群。

（三）刘姓迁台及在台湾的分布

位于祖国东海大陆架的南缘，与福建省隔海相望的台湾岛，自古以来就是中国领土神圣不可分割的一部分。今天的台湾人口约两千三百万，姓氏约一千七百个，这些姓氏家族的根源主要来自祖国大陆。

1. 刘姓迁台

很早以来，刘姓就是台湾岛上的主要居民之一。据日据时期1930年的姓氏抽样调查，在当时台湾的31003户193个姓氏中，刘姓人口占3.2%，排在第9位。1954年台湾省文献委员会对台湾姓氏的不完全调查统计资料显示，当时台湾共有737个姓氏，而刘姓占当时人口的3%，仍排在第9位。据台湾文献委员会的最新人口姓氏调查资料统计，在今日台湾的2300万人口1700个姓氏中，刘姓仍占3%左右，人口约60多万，在台湾姓氏中排在第8位。

台湾刘姓主要来自大陆的福建，其次是广东和江浙地区。

刘姓进入台湾的历史，因典籍记载不详，明朝以前已不可考。有明确记载的刘姓入台，较早的可以追溯到明朝末年，主要是随郑成功大军进去的，比较著名的有平和人刘茂燕、刘德龙等，这可视为刘姓迁入台湾的第一个高峰期。

清朝是刘姓入台的第二个高峰时期。据台湾中华文化基金会编的《中华文化百科全书》记载，康熙年间就有大批刘姓到台湾垦殖，如广东人刘志瑞徙台，居彰化河东社。乾隆年间又有广东人刘宗由林杞埔入垦鱼头堡，刘启东招大埔曾、何、巫三姓开垦今台中东势镇石冈、土牛庄等地，刘中立开垦栋东上堡社寮角，安溪人刘秉盛开垦今台北新店镇张北时七张等地。乾隆年间，还有刘姓始祖监明公派下第140代孙刘九朗公由五华渡海入台，定居新竹埔；第147代刘奇由长乐县鹧鸪镇渡海迁台，居中坜分移红毛田、新埔等处；第156代刘亨于乾隆二十年（1755年）由平和县新安里率妻子渡海来台，徙居淡水县的新庄、中港厝，后裔还分居万华、基隆等地。

1949年国民党政权从大陆败退台湾，大批刘姓家族也随之入台，从而形成了刘姓入台的第三个高潮。这批迁台的刘氏族人，大都对大陆故乡和亲人怀有深厚感情，近年来随着海峡两岸关系的解冻，这批刘姓成员在关注大陆经济建设的同时，还往往热衷于续修家谱和回乡寻根问祖的事宜。

在台湾现代社会中，刘姓也起了巨大的作用，产生了大批优秀的人物。

2. 刘姓在台湾的分布

（1）南雄刘氏

先从南雄第一大姓刘姓来看，刘氏先祖迁入南雄的先后有 60 多族。迁入时间除极少数在宋末外，其余多在明代至清初。他们来自客家大本营赣南的信丰、龙南、兴国、南安、上犹、安远以及闽西的武平，约有一半则是先从赣南、闽西迁至始兴而后再迁入南雄。刘族散居于 24 个镇 179 个村，而多聚居于盆地中心的湖口、珠玑、黎口、全安、黄坑等镇，湖口镇刘氏占该镇总人口的 16%，黎口镇、珠玑镇都占 10% 以上。

五里山刘族始迁祖刘弘于清顺治间自闽西建宁县迁来，斜头下陈族于清乾隆年间自溪塘迁入。巨富叶廷荣于清乾隆末由乌迳迁入南雄经商。由此可见，早期于宋代迁来南雄城的氏族，虽历经七八百年，但在社会动乱时后裔多已外迁他处，在城人口不多。元代以后迁来城内的氏族来自四面八方，聚散无常，所以说南雄城无大姓巨族，而且多属客家民系。

（2）新竹刘氏

台湾新竹有一支开七公巨渊房清公支宗贵派刘氏。他们的族系是：1 世刘开七→2 世刘广传→3 世刘巨渊→4 世刘清→5 世刘宗贵→6 世刘文和→7 世刘四八郎→8 世刘百四郎→9 世刘千五郎→10 世刘英明→11 世刘彦正→12 世刘宗德→13 世刘崇勋→14 世刘元美→15 世刘廷彰→16 世刘观海→17 世刘天爵→18 世刘台弼→19 世刘士禄→20 世刘可异（来台祖）→21 世刘传业→22 世刘万照→23 世刘世盛→24 世刘守科→25 世刘钱娘→26 世刘兴典→27 世刘德泉。

这一支刘氏是在康熙年间自广东饶平迁徙渡台定居的。来自台湾新竹的刘氏子孙刘星明，通过互联网请兴宁刘氏宗亲联谊会协助找寻目前在广东那些地方还有四八郎公这一脉的裔孙们，希望能完成寻根访祖的心愿。经查 2004 年新编杨康《刘氏族谱》，现在广东省饶平县新丰镇杨康乡以信卿公为始祖，涵头寨、弦歌都新寨、浮殿社石井乡、溪口乡、新安、石鼋头、澄海南洋、漳州漳浦等地有这一脉的裔孙们。

（3）柳营刘氏

据柳营刘氏族谱记载，台湾柳营刘氏从大陆迁台时期在明清之际。来台开基始祖名叫刘茂燕，是刘姓开派始祖刘监明的第153代孙、福建和平派刘氏的第20代孙。刘茂燕生于明万历四十五年（1618年）十二月二十四日，卒子清顺治十六年（1659年）。刘茂燕原籍漳州府平和县新安里上和社大坤乡，是郑成功手下的一名参军，当年在南京战役中阵亡。后来郑成功渡海来台时，对阵亡将士的孤儿寡妇非常怜恤，曾下令将大批阵亡将士家属同迁台湾。刘茂燕的独子刘球成，就是在这个时候奉命带着他的母亲蔡氏一同随郑成功渡海迁来台湾的。因此，刘球成实为柳营刘氏来台湾的第一世祖。刘球成迁台后，最初与母亲蔡氏居住在台南南戏院，后移居麻豆打铁巷，到他的儿子刘汉、刘旭时，又定居于查亩营（即今柳营），后裔繁衍发达，成为台湾刘氏中的名门望族，时人称之为柳营刘氏。

柳营刘氏迁台后，到今天已繁衍到刘茂燕的第12代，也即刘监明的第164代孙。其传递世系如下：刘茂燕—刘球成—刘旭—刘福—刘日纯（刘全）—刘东坡（思銮）—刘价藩—刘焜煌—刘湘潭—刘清井—刘宽仁—刘建廷、刘建良。其中，第3代祖刘旭（1682年—1758年），曾任宣威将军；第5代刘日纯官任奉政大夫，首创刘氏祭祀公业；第6代刘东坡饱读诗书，但不幸在渡海回大陆参加乡试时遇海难去世；第7代刘价藩的同辈兄弟有刘超群曾考取嘉庆举人；第10代刘清井，日本东京帝国大学医学博士、台湾台南医院院长。本世纪柳营刘氏从事医学事业者很多，大都颇有成就，如刘清井的同辈兄弟刘枫桥，也是日本京都帝国大学医学博士毕业。柳营刘氏后来又发展到台湾各地，还有人迁居到日本、德国等国家。

（4）文山刘氏

据台湾《中国姓氏源流统谱》记载，台湾文山开基始祖刘尧福，为刘姓大始祖刘监明的第156代孙。该支刘氏在台湾已传6代，今天已到第162代。刘氏来台世系如下：刘尧福—刘桂—刘维神—刘金屋—刘阿添—刘松吉、刘松庆。

（5）嘉义刘氏

嘉义刘氏形成于明末清初，来自福建，以刘茂燕、刘球成父子为入台开基始祖。据台湾嘉义《刘氏族谱》记载，嘉义刘氏开基始祖刘茂燕，福建大埤乡（今福建省云霄县下河乡大埤村）人，是郑成功手下的一员将领。南明永历十三年（1659 年），刘茂燕随郑成功北伐围攻南京，在战斗中阵亡。郑成功收复台湾后，抚恤阵亡将士，派人到刘茂燕家乡，将刘茂燕夫人蔡氏和儿子刘球成接入台湾。刘球成母子起初居住在东宁、后迁查亩营，后定居该地，建立家业。刘球成有 3 个儿子，分为查亩营刘氏三大房，后裔极为兴旺发达，传到今天已发展到一万多人。

（6）高雄仁武刘氏

据仁武刘氏族谱记载，台湾高雄仁武村刘氏的入台时间是明末清初，开基始祖刘成。刘成原籍江苏常州府无锡县二十四都，这支家族的世传郡望是“彭城郡”，至今仍自称为彭城刘氏。渡海来台的原因大约是随郑成功的部队抗清入台。刘氏家族以种稻起家，后来家业兴旺，富甲一方，成为台湾高雄县仁武村的名门望族。随着家族的发展壮大，仁武刘氏有一支族人还播迁至台南县的永康，而且在那里同样基业雄厚，堪称望族。据记载，这支刘氏家族到今天已经繁衍为数千户人家，族人踪迹遍及台湾全省各地，但仍以仁武和永康两地为大本营，族人世代聚族而居。

（7）枋寮瑞阁刘氏

瑞阁刘氏形成于清中期，来自广东潮州，渡台时期是在清朝乾隆二十年（1755 年），以刘延转入台开基始祖，以刘源明为受姓第 1 世大始祖。据今人台湾刘天桢先生所编《瑞阁刘氏家乘》记载，瑞阁刘氏属于中山刘氏大宗中的客家刘氏一派。开基始祖刘延转，原籍广东省潮州府饶平县杨康乡，是开姓大始祖刘源明的第 158 代孙、客家刘氏入粤大始祖刘开七的第 22 代孙、广东潮州杨康始祖的第 12 代孙。据族谱记载，当年客家人入粤大始祖刘开七生子刘广传，刘广传生十四子，其中第四子刘巨渊因乱世从福建宁化县迁到福建上杭县苦竹村。刘巨渊生八子：刘滤、刘沄、刘清、刘滏，刘澄、刘洤、刘沧、刘深。刘清居广东大埔，他的儿子刘祥富，居广东大埔松柏坑，又生八子，分居江南各省。刘祥富生子刘承信。刘承信的第 3 个儿子刘四十九郎，原居海阳新安寨，后移居石井，生一子名叫刘建阳。刘建阳官至颍州通判，又从石井移居广东潮安溪口，成为溪口刘氏的开基始祖。刘建阳的曾孙刘信卿，又于明朝洪武十五年（1382 年）由溪口迁到饶平杨康乡，后裔形成杨康刘氏。刘信卿的第 12 代孙就是入台始祖刘延转。

清朝乾隆二十年乙亥（1755 年），入台开基始祖刘延转（字学悟）兄弟三人随母詹氏自潮州杨康乡渡海迁台湾，落籍台湾省淡水厅盐水港（今台湾新竹香山）。登陆台湾后，刘氏兄弟胼手胝足，披荆斩棘，开垦荒地。此后，大约在 1790 年，刘延转又举家迁入新埔枋寮，后裔世代居于此，形成台湾刘氏的一个重要支派——新埔枋寮刘氏，又称瑞阁刘氏。枋寮刘氏到今日，已传到入台开基始祖刘廷转的第 20 代，人口发展到三千余人。刘氏族人主要集中在新埔，广泛分布在全台湾各地，从事农、工、商、学、政各种行业。

（四）刘姓在海外的播迁

1. 朝鲜半岛的刘姓

在朝鲜有较多刘姓人口，目前在韩国的刘姓人口就有约 20 万。这些刘姓人口有很大一部分祖籍中国大陆。据 1985 年韩国人口调查资料统计，韩国现有 250 个姓氏，其中祖籍中国大陆的归化姓氏就有 136 个，这些归化姓氏的人口达 1000 万之多。刘姓是朝鲜的主要姓氏之一。韩国学者片泓基先生称，刘姓历史上人才辈出，亦为朝鲜名门大族。

朝鲜和中国历史上有很深的渊源，经济文化交流比较广泛。朝鲜半岛与中国是一衣带水的友好兄弟邻邦，在独立前，朝鲜还一度是中国古代封建王朝的附属国。据记载，刘姓最早到达朝鲜是在魏晋时期。如当年汉献帝的玄孙刘阿知归化日本时，他的一部分族人就曾移民到朝鲜。宋代有汉族文人刘载入高丽，在高丽王氏王朝任尚书右仆射之职。又据韩国《江陵刘氏隐斋公派谱》记载，朝鲜刘氏开基始祖是中国北宋著名学者和官员刘荃。刘荃，字原甫，号竹谏，是汉高祖刘邦的第 40 世孙、东汉光武帝刘秀的第 32 世孙。史称刘荃在北宋时官任翰林学士和兵部尚书，宋英宗时被贬高丽。朝鲜高丽文宗三十六年即宋神宗元丰五年（1082 年），刘荃渡海入朝，时年 32 岁。史称刘荃精通儒家九经和诸子百家，又通晓天文地理，渡海入朝后不现出仕，专为养成后进而努力。刘荃死后，葬在朝鲜庆北永川郡永川邑绿田洞碑石村后山亥坐上下封。他的陵墓原有文拜、明灯、秀炉、床、神道碑碣、石将军、童子、羊马、甲胄石、下马碑和正言赵达承撰写的墓志铭。刘荃的后裔在朝鲜和韩国都非常兴旺发达，不但人丁兴盛，而且家族显赫，人才辈出。笔者有一韩国友人，曾在湖南大学岳麓书院读博士，姓刘，询问后得知，也是刘荃的直系后裔。据片泓基《从族谱学看韩中交流史》一文中还披露，当年日本侵略朝鲜时，大批中国明朝军队开进朝鲜，帮助朝鲜抗日。这些抗日援朝的将领后来有20多个姓氏留在朝鲜成为新的归化姓氏，其中就有一支来自浙江的刘姓。

2. 日本刘姓

日本是刘姓较早到达的海外地区之一，在今天日本有刘姓后裔族群。

据日本史籍记载，刘姓最早到达日本是两汉时期。当时，中国与日本有使节往来，东汉初，日本还派使节到中国朝见，汉朝光武皇帝刘秀就曾赐给日本国王“汉倭奴国王”的金印。这个时候开始，就有一部分汉朝皇室成员因出使、避难等原因开始渡海来到日本。历史上最有名的刘氏开拓日本人物，是今天日本原田、高桥、大藏等家族的共同祖先阿知王。阿知王，是东汉最后一个皇帝汉献帝的玄孙。

日本原田家族族谱《大藏朝臣原田家历传》称，阿知王是汉献帝的玄孙。当年曹氏灭汉建魏，汉献帝刘协被曹丕贬为山阳公，建都山阳郡下的涿鹿城（一名青阳城，在今河南省修武县东北）。阿知王在这时也随东汉皇室遗民便从洛阳徙居涿鹿。后来司马氏灭魏建立西晋，刘氏皇族地位表面上没有改变，但实际情况开始恶化。太康十年（289年），刘阿知见当时天下混乱之像已生，便于五月初一召集旧臣商议对策。刘阿知说：“我久在此地，恐有覆灭之祸，闻东国于日本，有圣天子。”遂决定率其家族东渡，前往日本避难。这样，刘阿知便率领他的儿子刘都贺、舅舅赵舆德和族人刘国鼎、刘涛子、刘鹤明、刘信子等男女共2040人，离开中国本土，飘洋过海，几经艰难，于日本应神天皇二十九年九月五日来到日本。阿知王到达日本后，被日本天皇赐号东汉使主，奉命定居于大和国高市郡桧前村。在今天日本的奈良县桧前村和冈山县仓敷市妙见山顶，现在都有阿知宫，是后人祭祀阿知王的场所。据记载，当年随阿知王来日本的，还有段姓、郭姓、李氏、多姓、皂姓、朱姓、高姓等7个姓。阿知来日本后，又奏请日本天皇，派遣使者前往高丽、百济、新罗等国，将许多流落在这些地方的同乡族人招来日本。因人多地狭，日本天皇政府又将他们分置各地。

日本大化《新撰姓氏录》记载，阿知使主的儿子刘贺都，后被日本雄略天皇赐姓为直，子孙因此以直为姓。他的儿子山木直，是兄腹祖也，本名山猪；次志努直，是中腹祖也；次尔波伎直，是弟腹祖也。其中，山木直又是日本民忌坟、桧原宿祢等25个姓氏的共同祖先。尔波伎直则是山口宿祢等8个日本姓氏的共同祖先。志努直的后裔后来也衍生出数十个日本姓氏。

《新撰姓氏录》还记载有如下出自刘姓的日本姓氏：

文宿弥氏：出自汉高皇帝之后鸾王。文忌寸氏，与文宿弥氏同祖，是宇乐古首之后。武生宿弥氏，与文宿弥同祖，是王仁孙阿浪古首之后。伊吉连氏，出自长安人刘家扬雍。本津忌寸氏，后汉灵帝3世孙阿知使主之后。常宗忌寸氏，出自后汉献帝四世孙山阳公。丹波史氏，后汉灵帝8世孙孝日王之后。桑原村主氏，出自汉高祖7世孙万德使主。下村主氏，出自后汉光武帝7世孙慎近王。坂上大宿弥氏，出自后汉灵帝之子延王。桧原宿弥氏，与坂上大宿弥氏同祖，是都贺直孙贺提直之后。内藏宿弥氏，与坂上大宿弥氏同祖，为都贺直4世孙东人直之后。册品宿弥氏，与坂上大宿弥氏同祖，为都贺直4世孙黄直之后。平田宿弥氏，与坂上大宿弥氏同祖，为都贺直5世孙色夫直之后。佐太宿弥氏，与坂上大宿弥氏同祖，为都贺直3世孙兔子直之后。谷宿弥氏，与坂上大宿弥氏同祖，为都贺直4世孙宇志直之后。

亩火宿弥氏：与坂上大宿弥氏同祖，为都贺直3世孙大父直之后。樱井宿弥氏，与坂上大宿弥氏同祖，为都贺直4世孙东人直之后。高村宿弥氏，出自鲁恭王刘馀之后青州刺史刘琮。台忌寸氏，为汉孝献帝之子白龙王之后。桧前村主，出自汉高祖庶长子齐王刘肥。若江造氏，出自后汉灵帝苗裔奈率张安力。桑原直氏，与桑原村主同祖，都是汉高祖7世孙万得使主之后。真神宿弥氏，出自汉福德王。丰冈连氏，出自汉高祖苗裔伊须久牟治使主。下日佐氏，出自汉高祖庶长子齐王刘肥之后。火抚直氏，为后汉灵帝4世孙阿知使主之后。河内忌寸氏，汉孝献帝之子鲁国白龙王之后。志贺忌寸氏，出自后汉孝献帝之后。台直氏，出自汉释吉王之后。八户史氏，出自后汉光武帝孙章帝之后。高安造氏，与八户氏同祖，为尽达王之后。春井连氏，与下村主同祖，后汉光武帝7世孙慎近王之后。河内造氏，与春井连氏同祖，慎近王之后。武丘史氏，与春井连氏同祖，慎近王之后。广原忌寸氏，出自孝献帝之子孝德王之后。池边直氏，阿知王之后。火抗直氏，阿知王之后。栗栖直氏，阿知王之后。凡人中家氏，与山代忌寸氏同祖，白龙王之后。志贺穴太村主氏，后汉孝献帝之子美波夜王之后。尾津直氏，汉高祖5世孙大水命之后。

作为汉朝皇族的刘氏移民日本一事，在日本史书《日本书记》、《古语拾遗》、《续日本纪》上都有记载，因此应属历史事实。不过，在部分日本史学家中，对此事还存在着较大的怀疑。这部分刘姓族人拓殖日本后，大都没有继续使用刘的姓徽，而是完全融入了日本的大和民族，衍变成新的日本姓氏。他们移民日本，带去了当时中国的先进生产技术和文化，极大地促进了日本文明的发展。因此，他们以其固有的文化素质，很快成为日本社会中地位尊高的新贵族。如阿知使主的儿子刘都贺就将当时中国的纺织技术传入日本，他因此被称为都贺王。特别是到日本朱雀天皇时代（930 年—946 年），阿知王后裔、汉高祖刘邦的第 45 代孙大藏春实（此据日本原田家谱，而日本高桥家谱则说春实是刘邦第 39 代孙，两者谁是谁非，尚待考证）官任征西将军，为平定当时日本发生的“天庆之乱”立下了汗马功劳，于朱雀天皇天庆三年（940 年）五月初三受到天皇的巨大嘉奖和赏赐，被赏赐锦御旗、皇族纹章、军配。当此之时，这支刘氏皇族后裔“恩宠伟大，威势极盛”。自从大藏春实之后，大藏家族一直任长门守、太宰大监等显要职务。

当年刘阿知归化日本后，被赐姓为“东汉使主”。到仁德天皇六十年（372 年）四月八日，阿知的后裔被赐姓“坂上”，再到雄略天皇十六年（471 年）十月初一，阿知的后裔又改赐姓为“大藏”。大藏春实因功被封为征西将军后，曾在日本九州原田筑城。此后，他的后裔就世代居住在原田城。到日本天承元年（1131 年），这支居住在原田的刘氏后裔正式以原田为姓，形成今天日本社会中的著名姓氏——原田。到今天，原田家族已传衍到刘邦的第 93 代。这支源出中国刘姓的日本原田家族，在日本九州福冈市建立了汉太公庙。他们至今保存着代代相传的族谱，注明自己的刘邦的后裔，而且按照传统的礼节到太公庙对刘邦等刘姓远祖进行定期祭祀

据刘邦第 71 代孙、日本高桥通泰先生提供的《岛田高桥家系图》记载，这支加入日本大和民族的刘姓后裔，传到大藏春实的第 9 代孙大藏种直，生有 5 个儿子，他们的后裔分别形成 5 个新的姓氏：太郎大藏赖种，移居高桥城，以高桥为氏，后裔形成今天日本的大藏（姓）高桥氏；次郎大

藏幸种，移居江上城，以江上为氏，后为日本的大藏江上氏；三郎大藏种雄，以秋月为氏，是为大藏秋月之祖；四郎大藏种成，分居原田城，以原田为氏，后裔形成日本的大藏原田氏；五郎大藏种景，以波多江为氏，成为大藏波多江氏的开姓始祖。到今天，由中国刘姓繁衍而成的日本高桥氏，已传到刘邦的第73代。

日本刘姓成员除上述完全融入大和民族并改为新的日本姓氏外，还有一部分则继续保持着刘这个姓氏血缘徽标，成为真正的日本刘姓。这一部分日本刘姓，主要是近代以来随着中国国门打开后因留学、经商、做工、避难等原因移民到日本的华人华侨中的刘姓成员。这些刘姓成员，有的已经加入日本国籍、有的还保留有中国国籍，他们大都还保留有比较浓厚的中国文化传统。

3. 南洋诸国刘姓

南洋地区，也是海外刘姓华人、华侨最集中的地区。刘姓族人到达南洋不仅时间早、人数多，而且宗族兴旺发达，人才辈出，在南洋社会生活中占有重要地位，对南洋社会历史起了重要作用，为南洋各国文明的发展进步，作出了巨大的贡献。南洋是明、清时期对东南亚一带的称呼，是以中国为中心的一个概念。包括马来群岛、菲律宾群岛、印度尼西亚群岛，也包括中南半岛沿海、马来半岛等地。清朝时期也指自江苏以南的沿海诸地称为“南洋”。南洋地区国家主要包括菲律宾、马来西亚、印度尼西亚、新加坡等东南亚国家和地区。南洋地区是中国人早期向外拓展的主要地区，也是世界上中国华人相对集中的地区。在这些国家或地区华人已成为主体民族或主要民族之一。刘姓最早是什么时候到达印尼，史无明载，但最迟在清代，刘姓已经成为印尼社会中的一支重要力量。

（1）马来西亚刘姓

马来西亚刘姓主要来自福建、广东、广西、海南、台湾等地。他们前来拓殖马来西亚，以19世纪清朝中期比较集中。福建籍的马来西亚刘氏，大多属于福建凤冈刘氏一派，是由河南光州固始迁入福建的刘存的后裔。

据《第一届世界刘氏宗亲联谊大会纪念特刊》资料介绍，大约在清朝光绪末年，因清朝政治腐败，盗贼蜂起，民不聊生，许多闽粤刘姓族人开始为了生活而渡海来到马来西亚，在此定居拓业。又据马来西亚《砂罗越彭城刘氏族谱》记载，砂罗越彭城刘氏有一部分来自福建的闽清、古田、永泰、莆田、仙游等县；分布在诗巫、泗里街、明那丹、加帛、加拿逸、古晋、成邦江、美里、林梦、老越、峇南与沙巴等地。也有部分来自广东的马来刘姓，则主要集居在诗巫的广东一带。据《汉祖刘氏·侨越刘氏台峰系史略》所引1957年版《彭城刘氏卷殖诗巫族谱》资料记载，台峰系侨越刘氏主要来自福建闽清县，来诗巫的时间是清朝末年。1901年2月7日，闽清四都前山洋人、刘氏第23世祖刘家洙响应黄乃裳先生号召，毅然率领刘姓同宗从福州起程，经1个多月的海上跋涉到达马来西亚诗巫，在新珠安、南前村、王士来、泗里街福步兴等地拓荒创业。此后这些刘姓族人就在诗巫定居下来，他们的后裔繁衍兴旺起来后，形成今天的马来西亚诗巫刘氏台峰系。刘家洙因其突出贡献，被当地政府委任为诗巫第八区区长兼区长团团长，被称为刘氏迁诗巫的第一个拓荒者。随同刘家洙一同拓殖诗巫的有500多人，其中还有刘振舜、刘兆基、刘兆富等刘姓祖先。福建籍的砂罗越刘氏，自刘家洙的孙子辈也即福建凤冈始祖刘存第25代孙开始，使用如下字派："应时朝廷忠孝连贞为世至宝居仁田义敦厚"。

广东籍的马来刘氏，与大都是客家刘氏一系，是刘始入粤始祖刘开七的后裔。如马来西亚锦兴企业公司主席、世界刘氏宗亲联谊会第一届秘书长刘景森先生，就是刘开七的第24世孙，属于客家刘氏14大房中的巨浪公房。在马来西亚的刘姓华人，大都已融入马来社会，在当地落地生根，他们对当地马来西亚社会经济的发展和文明的进步，都作出了巨大的贡献。马来的著名刘姓代表人物除了上面提到的刘家洙外，还有刘子政，著名学者、作家；刘建发，祖籍潮州，为北婆罗洲侨领。刘荣桑，马来亚中华小学校长；马本超，《诗华日报》经理；刘亚德，柔佛州广西会馆副主席；刘戈，吉隆坡《蕉风》杂志编辑；刘考善；《锡江日报》负责人。刘成，广西人，马来亚三和会干事；刘金星，宜力广西会馆文书；刘灌周，江沙广西会馆顾问；刘德琦，雪兰莪广西会馆副总理；刘宝文，文德甲广西会馆副会长；刘运，任罗宏广西会馆主席。

（2）印尼刘姓

印尼是华人刘姓重要聚居国。据《第一届世界刘氏宗亲联谊会纪念特刊》所载《印尼刘氏宗祠互助会简介》，1872年，刘姓族人因生活所迫，从家乡乘大眼鸡船漂洋过海，经过千山万水来到爪哇（今雅加达）开荒拓土。其中，有一个祖籍来自中国广东梅县松口曾做过清朝政府官吏的刘国书先生，为了联络团结刘姓宗族，特在雅加达购买了石桥头59号这块地皮，创建了雅加达刘氏宗祠。这大概是印尼历史上最早的刘姓宗庙建筑，至今仍保留于印尼雅加达市。

印尼刘姓名人众多。在印度尼西亚历史上著名的兰芳共和国，刘姓华人就曾担任第四届、八届、九届大总制，他们分别是刘台二、刘亮官、刘鼎，都是祖籍广东梅县的客家籍刘姓华人。印尼刘姓比较著名的人物，有将中文书籍翻译成印尼文，为中印文化交流作出过突出贡献的刘文昌；有刘方夫，曾任西婆罗洲反口同盟会副会长；刘玉兰，雅加达《新报》创办人；刘岩，棉兰苏岛华侨民主同盟负责人；刘继曾、刘家骐、刘应宜，均为雅加达巴城中学负责人。印尼刘氏宗亲会主席刘嘉其先生。刘志俊，著名摄影家画家和收藏家，名列《世界华人文学艺术界名人录》。

（3）新加坡刘姓

新加坡是世界上除中国外第二个以华人为主体的国家。作为中华民族主要姓氏之一，刘姓理所当然也成为新加坡的主要姓氏之一。刘姓到达新加坡，大约也是在清朝中晚期公元19世纪。新加坡的刘姓，主要来自中国大陆的广东、福建等沿海省市和台湾地区，也有是从其他周边国家转辗而来的。

作为新加坡的主要姓氏之一，刘姓族人广泛分布在新加坡的各个领域和地域，并在政、经、工、商、学、艺各界都涌现了大批优秀人物。早期较著名的新加坡华人刘姓有刘继明，任南华企业私人有限公司经理。刘以鬯，新加坡《锋报》主笔。刘西蝶，《锋报》董事长。刘益之，新加坡《益世报》经理。刘教芳，新加坡《灯报》经理。刘孔贵，南洋大学负责人。刘志荣，（新加坡）世界广西同乡联谊会会长。刘情玉，为新加坡著名女作家。刘金榜，1940年3月17日成立与姚楠、李长傅、关楚璞、张礼千、郁达夫、许云樵等七人发起南洋学会，并组成首届理事会，任理事，致力于研究与发扬南洋文化艺术。刘孔贵，教授，1964—1965任南洋大学临时校内行政委员会主席。《新华历史人物列传》收录了1819年至1990年间，在新加坡的政治、经济、思想、文化、教育、艺术、宗教等各界杰出的已故历史人物

1175 名，是一部系统地载录新华历史人物生平事迹的工具书。收入此书的著名新加坡刘姓，就有 36 个，约占全书总人数的 3%。

（4）菲律宾刘姓

菲律宾是南洋各国中离中国大陆最近的国家，也是华人集中的一个国家。华人已经构成菲律宾的一个重要民族，甚至是最大的少数民族。在菲律宾的历史上，出现过许多著名的刘姓华人，祖籍福建南安县刘林村的刘亨赙，1890 年从中国福建移民马尼拉，后来出任菲律宾革命独军副统帅，是菲律宾独立的功臣。又如劳雷尔，本姓刘，日本占领时期任菲律宾总统；他的儿子萨尔瓦多·劳雷尔后来也任菲律宾总理。刘亨利，任菲律宾商总《邮报》编辑。刘抱真，任马尼拉《平民时报》总编。

4. 越南的刘姓

越南的刘姓有三类，一类是完全融入越南民族的刘姓，一类是越南族人使用汉字姓刘氏而形成的刘姓，再一类就是近代以后移民越南的华侨、华人。不过，今天这几种不同的刘姓已很难区分了。

越南在古代曾是中国王朝统治的地区，因而也是刘姓最早到达的海外地区之一。中国古代史书中的安南、占城，都是在今越南境内。早在汉朝时，刘姓就有可能到达越南地区。史书中有刘绍，是越南历史上的李朝家臣。今天，刘姓已成为越南的姓氏之一。中国史籍《宋史·占城传》记载，早在北宋雍熙三年（986 年），就有刘继宗称占城王，曾派使者到儋州向中国朝贡。

近代以来，著名的越南刘姓华人很多，如刘易初，任西贡同盟分会会长。刘信，任西贡玻璃工业工会会长。刘华，西贡华侨工团联合会主席。刘行之，越南南圻《全民日报》经理。

5. 泰国的刘姓

泰国是刘姓华人比较集中的东南亚国家。据《第一届世界刘氏宗亲联谊会特刊·泰国刘氏宗亲总会会史简介》记载："吾氏族人，自明清迄今数百年来，相与航海南渡，落足泰国者为数尤多。"

泰国刘姓名人众多。早期有刘锡如，《中华民报》创办人。勿洞八桂堂副财政刘荣基、文书刘统伏、区代表刘世义。刘哈泰，泰国名字为沙量·劳哈泰，祖籍广东潮州人，任美都银行集团董事长。刘品威，任泰国广西会馆副主席。刘文魁，任曼谷南洋中学教务主任。

现在著名的泰国刘姓族人有刘邦宿博士，祖籍广东省揭阳县人，任泰国中华总商会会董、泰国工商总会名誉主席、泰国刘氏宗亲总会名誉理事长。刘桂利，祖籍中国广东省丰顺县，泰国刘氏宗亲总会副理事长、泰国龙冈亲义总会副会长。刘玉荣，祖籍中国广东省潮阳县，现任泰国清迈宝石大饭店董事长、泰国潮阳同乡会常务理事兼教育主任、泰国刘氏宗亲总会副理事长。刘暹有，祖籍中国广东省澄海县，现任泰国泰联发有限公司董事长、泰国刘氏宗亲总会理事长、泰国龙冈亲义总会副会长等职。刘松炎，祖籍中国广东省潮阳县港头乡，现任泰国菩通房地产有限公司董事总经理、泰国刘氏宗新总会副理事长、旅泰潮阳港头乡刘氏家族会理事长。刘坚松，祖籍中国广东省潮阳县港头乡，现任泰国财兴发房地产有限公司董事长、财兴发空气压缩机有限公司董事长、泰国刘氏宗亲总会副理事长、泰国龙冈亲义总会副会长。刘锦武，祖籍中国广东省潮阳县港头乡，现任泰国隆高公寓有限公司董事长、泰国刘氏宗亲总会副理事长。刘炳荣，祖籍国广东省潮阳县港头乡，现任泰国曼谷化学有限公司董事长、泰国刘氏宗亲总会副理事长。刘汉成，祖籍中国广东省潮安县，现任泰国泰生利贸易有限公司董事长、泰生利公寓有限公司董事长、泰国刘氏宗亲总会副理事长。刘志群，祖籍中国广东省梅县，现任泰国大鹏实习学校负责人、全球客家崇正总会副执行长、泰国客属总会副理事长、泰国刘氏宗亲总会中文秘书、泰国客属刘氏联谊会副会长等职。刘璧奎，祖籍中国广东省潮阳县港头乡，现任泰国刘财利两合公司总经理、泰国刘氏宗亲总会副理事长、泰国龙冈亲义总会副稽核等职。刘广仲，祖籍中国广东省澄海县，现任泰国华堂裕夏有限公司董事长、泰国刘氏宗亲总会理事等职。刘本慎，祖籍中国广东省潮安县磷汉乡，现任泰国振发建筑有限公司董事长、建都投资有限公司董事长、泰国刘氏宗亲总会常务顾问、泰国潮安同乡会常务理事。刘烈盛，祖籍中国广东省梅县，现任泰国亿士亚实业有限公司董事、泰国刘氏宗亲总会常务理事、泰国客属刘氏宗亲联谊会会长、泰国客属总会常务理事等职。刘江龙，祖籍中国广东省揭阳县桂林乡，现任泰国金源通有限公司董事长、刘源盛电器有限公司董事长、泰国刘氏宗亲总会常务理事。刘石条，祖籍国广东省潮阳县港头乡，现任泰国实纳国际有限公司负责人、泰国刘氏宗亲总会常务理事。刘忠秋，祖籍中国安徽省砀山县，现任泰国聚泰工业有限公司电镀厂经理。刘忠强，祖籍中国广东省潮阳县，现任泰国刘氏宗亲总会总干事。刘松烈，祖籍中国广东省澄海县，现任泰国刘氏宗亲总会总干事。刘小聪，泰国裕龙旅贸商行有限公司董事长。

6. 缅甸的刘姓

缅甸也是刘姓华人比较集中的地方。位于中国的西南方，与中国的云南、广西接壤。由于地理的关系，缅甸的刘姓华人与其他各姓华人一样，主要来自中国的云南省，此外也有部分来自中国沿海和内地。据《彭城春秋》一书记载，缅甸的刘姓，仅来自云南腾冲地区的就有48支之多。

早期缅甸刘姓较著名的人物，有刘怡仲，任缅甸仰光惠安会馆副理事长。刘惠之，任曼德勒《侨商报》社长。刘国玺，任缅甸刘氏宗亲会会长。

7. 北美刘姓

刘姓是北美华人社会中的主要姓氏之一。北美主要包括美国、加拿大、古巴等位于北美洲的国家。在那里，华人和华侨是北美众多民族中的一个重要族群也是优秀的少数民族。北美华侨、华人来自中国大陆和港澳台地区。

刘姓最早是在什么时候到达美洲，现在已无历史记载可查。刘姓移民美洲，大约开始于19世纪中叶中国国门开放时，到20世纪达到高潮。移民北美的刘氏及其后裔，现在大多都在当地落地生根，他们已经融入了北美社会，但还保留着浓厚的中国文化传统。

刘姓在北美华人、华侨社会中人数虽不算最多，整体素质却较高，在各个时期都产生了大批优秀的人物。如清朝末年，就有刘庆云，任旧金山大清书院山长。刘国能，在旧金山创办中美学院。刘恩初，纽约洪门致公堂领袖。刘兴，在美国旧金山创办金山广东银行。另据《世界华侨华人大辞典》等书记载，在现在华人社会中，有刘斐信，为锡拉丘滋大学人类学博士。刘玲玲，任美国西雅图区法官。刘启邦，美国纽约华埠选民教育联合会负责人。刘国英，祖籍中山，是第四代华裔，任美国加州对克拉门托空军后勤中心司令、空军少将。刘威成，美国联邦法官。刘志同，纽约《自由人》杂志创办人。

在加拿大的著名刘姓人物，早期有刘隐，任《醒华日报》主笔。刘儒堃，任温哥华洪门筹饷局会长。刘惠如，任《洪钟时报》司理。刘织炽，多伦多救国会负责人。现代有刘大慰，祖籍浙江青田，生于台湾基隆，加拿大多伦多乔治学院、马基尔大学医学院毕业，在加创办魁北克中医研究所和中灸公会，传播中医医学，拥有24处驻所和35个诊所，现为加拿大国会荣誉议员、参政委员。据1992年1月28日纽约《侨报》文章《扬名美加等国的华裔精英》介绍，一年来，在美国联邦政府任职的刘氏精英有刘美芳，任农业部副部长；刘美莲，任内华达州州务聊；刘彦，被评为美国“国会学者”；刘为纶，获1991年度“全美高中学术奖”。在加拿大有刘辉荣，医生，1991年获加拿大安大略省公民厅最高荣誉奖章。古巴刘氏有刘德轩，祖籍中国闽南，曾任古巴生产人民党领袖。

三、刘姓文化

（一）刘姓族谱

刘姓族谱是中华刘姓文化中的重要组成部分，也是中华谱牒文献中重要组成部分。家谱，又称族谱、家乘、祖谱、宗谱等。一种以表谱形式，记载一个以血缘关系为主体的家族世系繁衍和重要人物事迹的特殊图书体裁。家谱以记载父系家族世系、人物为中心，是由记载古代帝王诸侯世系、事迹而逐渐演变来的。家谱是一种特殊的文献，就其内容而言，是中国五千年文明史中最具有平民特色的文献，记载的是同宗共祖血缘集团世系人物和事迹等方面情况的历史图籍。不仅为区别姓氏源流，作为数典认祖、研究历史、地理、社会、民俗的参考资料，它还是姓氏文化的重要组成部分。族谱是中华民族的三大文献（正史，方志，族谱）之一，属珍贵的人文资料，对于历史学、民俗学、人口学、社会学和经济学的深入研究，均有其不可替代的独特功能。其内容一般包括姓氏起源、世系表、家训、家传、艺文著述、图像、体例。

先秦时期，刘氏家族还属于“小姓”，特别是渊源于尧帝后裔的汉族刘氏，在先秦时期更是默默无闻的家族。这个家族在当时有无族谱，就不得而知了。但作为刘氏大家族成员之一的姬姓刘氏，因为建立了刘国，被封为公爵，是当时的王侯贵族之一，因而当时必定有由刘子国自己的史官或周王朝的史官编修的刘氏世系谱。因此，刘氏的谱牒最晚在周王朝就应当有了。

公元前三世纪末，刘邦建立汉朝后，源于尧帝后裔的祁姓刘氏一跃而成为中华国姓。汉高祖刘邦七年（公元前200年）汉朝廷开始设立九卿一级的机构“宗正府”。宗正府的首脑“宗正”一官，必须由刘氏皇族成员担任，与其他外姓无缘。宗正的职责，就是专门负责皇族事务，包括记录皇室世系、编修皇家玉牒、每年修一次《诸王世谱》。祁姓刘氏家族的谱牒正式开始编纂，是现在可知的祁姓汉家刘氏的最早修谱历史了。终两汉时期四百多年，刘氏的谱牒应该是当时世界上最完备的谱牒。凡是皇族成员，都统一由国家登记在册，其传递世系，昭穆亲疏，自然都一目了然。

东汉末年，天下易帜。刘氏的谱牒大都毁于战火，藏于宫中的玉牒不知去向。两晋南北朝时期，是刘氏开始私家修谱时期。由于当时的风气重视门第和出身，因而像当时的各大士族一样，当年的刘氏世家大姓，往往都修有自己的族谱。

见诸文献记载的最早的刘氏族谱，是河南南阳《刘氏谱》，当年裴松之在为《三国志》作注时也曾经引用过。现存最早的刘氏谱牒文献，是相传撰写于南北朝时期南朝大梁普通三年（520年）的一编《刘氏族谱序》。

隋、唐时期，是中国谱学大发展的时期，也是刘氏私家修谱的第一个高潮时期。唐朝的刘氏谱牒，见于文献记载的有五种：刘知几的《刘氏家乘》（一作《刘氏家史》）十五卷、《刘氏谱考》三卷、《刘晏家谱》一卷、《刘沆家谱》、《刘舆家谱》一卷，都见载于《新唐书》。而实际上，当时的刘氏族谱，要远比这多得多。欧阳修的《新唐书》有关刘氏九大房的世系，就是在参考了唐朝刘氏族谱的基础上编成的。

宋、元时期，刘氏修谱的现象更加普遍，源于匈奴的河南刘氏刘温叟家族，就有完整的族谱，记述了该家族自隋朝到宋初五百多年的家族历史和世系传递。宋朝著名学者屏山先生刘子翠所在的福建五忠刘氏家族，就曾派人前往发源地京兆访寻旧谱，编修新的《麻沙刘氏族谱》。但是，见于记载的宋元时期刘氏族谱仅刘复礼的《刘氏大宗血脉谱》一卷。传世的宋元刘氏族谱则在国内暂时还没有发现，但宋元时人为刘氏族谱所作的谱序，则传世的很多。

明清时期是中国刘氏修谱的高潮时期。现在存世的最早族谱，就是明朝时的木刻活字印本，但数量不多。据不完全统计，现在中国大陆地区已知的明本刘氏族谱仅有八部，其中最早的是明正德年间的《山阴刘氏宗谱》，藏在中国国家图书馆。

现在存世最多的刘氏族谱，是清朝和民国时期刻印的，其中又以民国时期修纂的为主。这是因为民国时期离现在只有几十年，保存较易的缘故。大凡官宦之家、富贵之家，甚至就是普通刘氏百姓，在明清和民国时期都有修谱之举。

中华人民共和国成立以后，各姓基本上都停止了修谱，不过在个别地方也有续谱之举，如江苏丰县刘邦故乡在二十世纪五六十年代还有续谱活动。而海外和中国港澳台地区刘氏的修谱活动则一直没有中断。

二十世纪八十年代以后，随着中国大陆改革开放政策的推进，中国大陆地区修谱、续谱的现象又悄然兴起，并出现了大规模跨宗派、跨地区联合修谱的现象。这无疑是国泰民安、国富民强之后才会有的喜人现象。新的族谱，虽然是在旧族谱的基础上续修的，但大都增加了反映新时代、新风气的新内容。当然，这些新族谱因为是民间自发编修的，其内容质量都参差不齐。就笔者所知，现代新族谱中，就内容丰富、体例严谨、考证精良、印制精美等方面而言，较优秀的有云南《彭城春秋》、江苏《睢邑沛郡刘氏宗谱》和江西的《中华刘氏通谱》、湖南的《刘氏文史》等数种。

平顶山作为刘氏祖地，有家谱文献收藏。据平顶山市家谱文化研究人员市图书馆副馆长王宝郑介绍，目前已有叶、刘、应等60多种、涵盖30多个姓氏的家谱文献进入市图书馆馆藏。家谱文献的收录，使河南省平顶山市图书馆的文化底蕴变得更加厚重。在这部分家谱中，《褚氏家谱》可以追溯到唐代书法家褚遂良，《朱氏家谱》可以追溯到宋代理学家朱熹，《岳氏家谱》可以追溯到宋代爱国名将岳飞，《河南孔氏支谱》上溯到两千多年前的孔子，世系完整，脉络清晰。《吕氏家谱》不仅记载了从吕姓始祖商周时期的吕尚（姜子牙）以来的世系延续情况，还上溯至史前的炎黄时期，可谓时限最悠远的一份家谱。该馆于2010年又收到平顶山市刘氏文化研究会捐赠的两部刘氏家谱。据了解，这两部家谱其中之一是马来西亚彭城刘氏公会联合总会捐赠的《砂罗越彭城刘氏族谱》。彭城为马来西亚一个地名，与今古城彭城即江苏省徐州市有历史渊源。另一部为湖南省刘氏宗亲捐赠的《湖南刘氏源流史》，湖南刘氏目前有400多万人，约占湖南总人口的7%，是湖南第二大姓。现择取《砂罗越彭城刘氏族谱》做以介绍。

《砂罗越彭城刘氏族谱》

该谱砂罗越彭城刘氏公会联合总会于2007年5月纂修出版。是三修族谱。第一次编修于1955年，第二次编修于1980年至1982年。砂罗越彭城刘氏公会于1978年11月9日正式注册成立。于1979年元月召开第一次会员大会，迄今30余年，拥有两千三百多名会员。该谱体例完备，内容丰富。有公会简史、序、源流考、郡望、堂号、家训等内容。一个重要特色是主体内容是人物简历表，这与一般谱牒不同，信息更完整。另一个特点是资料性强。本谱收录了刘氏原始图腾、世界刘氏联谊会会徽、始祖刘累铜像、中华刘姓始祖苑等内容，具有较强的参考性。特别是确定刘累为始祖并介绍鲁山刘累遗迹景观，改变了很多刘氏谱牒一味上推的状况，使刘姓文化的研究更有科学性。

（二）刘姓楹联典故

门楣题辞

禄阁流光："禄阁流光"出自刘向的故事。刘向，西汉人，字子政，初为谏议大夫，宣帝招名儒俊材。元帝时为中垒校尉，博学通经。据无名氏《三辅黄图阁》记载："刘向于成帝之末，校书天禄阁，专精覃思。夜有老人，著黄衣，植青黎杖，叩阁而进。见向暗中独坐诵书，老父乃吹杖端，烟燃，因以见向"，"与说开辟前事，出天文地理书授之。问名，曰：太乙之精，闻卯金之子好学，下观焉"。刘向著述有《洪范五行传》、《列女传》、《列仙传》、《新序》、《说苑》等。

彭城世德："彭城世德"出自汉高祖刘邦的事典。

四言通用联

姓启刘国；望出彭城。全联典指刘氏的源流和郡望。

彭城世泽；汉室家声。上联典指刘氏的望族居彭城，在今江苏徐州市，汉高祖刘邦的老家。下联"汉室"，典指西汉、东汉两朝，都是刘家王朝的天下。

术通象纬；药采天台。上联典指明朝初期大臣刘基，字伯温，浙江省青田人。元朝末期进士，后助朱元璋建立明朝，任明御史中丞兼太史令，封诚意伯。博通经史，善写文章，尤其精象纬（象数谶纬）之术。著作有《诚意伯文集》等。下联典指东汉朝时期的剡溪人刘晨，相传永平年间和阮肇同入山采药，迷路遇两个仙女，邀他们到家中，吃胡麻饭，睡前行夫妇之礼。半年后回家，子孙已经七代了。

术通乾象，喜入天台。同上。

雕龙名著；殿虎英风。上联典指南朝梁国的文学理论家、批评家刘勰，字彦和，莒县人，写成《文心雕龙》五十篇，论述各体作品的特征和历史演变，探讨创作、批评的原则和方法，以及文学和时代的关系等，系统完整，成为我国文学批评史上的杰出著作。下联典指北宋朝时期的大名人刘安世，字器之，学者称元城先生，司马光任宰相时，官至谏议大夫。刚毅直率，使贪官畏慑，被视为“殿上虎”。著有《尽言集》等。

唐朝正字；汉室传经。上联典指唐朝时期的刘晏，引《三字经》：“唐刘晏，方七岁，举神童，作正字。”下联典指汉朝时期的刘向受帝命于天禄阁校正《五经》同异，其子刘歆继承父业，整理六艺群书，成《七略》。

阮嵇作友；丰沛发祥。上联典指晋朝的刘伶与阮籍、嵇康为友。下联典指沛人刘邦建立汉朝。

业承西汉；派衍南塘。此联为湖南省宁乡县南塘镇刘氏宗祠联。此宗祠联比较简短，全联典指南塘的刘氏，是西汉皇族的后裔。

彭城世泽；松柏家声。香港特别行政区松柏塱刘氏宗祠联。松柏塱原是一个穷乡僻壤，在数十年前，满地都种了松树及柏树，而“塱”字下面加一个“土”字，正是指这个地方有很多肥沃的泥土，可种植树木及开发田地，因之而名松柏塱。今日的松柏塱还剩下十余株松树。最早迁进来居住的人为松柏塱兴建了数座祠堂，每逢新年都贴上对联。黄氏宗祠“玉堂富贵；金屋荣华。”简氏宗祠：“敦诗说礼；厚德深仁。”邝氏宗祠：“宣维海雪；城溯庐江。”以上的祠堂是由现居民的祖父母们共同建造的，用的材料是最简陋的砖瓦，并涂上漆油。直至今日，横列筑成的数座祠堂，已具体证明居民对于先人们精神存在着一种崇敬的心。

彭城世泽；铁汉家声。此联为刘氏宗祠“彭城堂”通用堂联。

彭城世德；禄阁家声。此联为刘氏宗祠“彭城堂”通用堂联。

汉高故里；古宋遗风。此联为刘氏宗祠“汉里堂”通用堂联。

五言通用联

藜阁家声远；彭城世泽长。刘氏宗祠“藜照堂”通用堂联。

谈笑有鸿儒；往来无白丁。此联为唐朝时期的著名文学家、哲学家、诗人刘禹锡《陋室铭》句联。

一门五都督；三科两状元。全联典指江苏省姜堰市桥头镇雁子墩东边孙家庄下的刘氏家族，在明清两朝先后出过五名都督和一对兄弟状元。

天禄家声远；彭城世泽长。

六言通用联

海隅文藻振世；顺昌旗帜惊人。上联典指汉朝末期三国时期“建安七子”刘桢，有文名。下联典指宋朝时期的刘锜镇守安徽顺昌，破金兀术数十万兵。

七言通用联

三章早沛秦川雨；五夜长明书室灯。上联典指秦朝末年农民起义领袖、西汉开国皇帝刘邦（公元前256—前195年），字季，沛县人。曾任泗水亭长。秦末陈胜起义时，他起兵响应，称沛公。初属项梁，后与项羽领导的起义军同为反秦主力。公元前206年，率军攻入秦都咸阳，推翻秦朝的统治。废除秦的严刑苛法，约法三章：“杀人者死，伤人及盗抵罪”，废除秦代苛政，深得民心，得到秦人的拥护。项羽入关，他被封为汉王。随即与项羽展开长达五年的楚汉战争，最终战胜项羽，建立汉朝。加强中央集权，控制六国旧贵族，发展农业生产，制定了《汉律》。下联典指西汉朝时期的经学家、目录学家刘向，字子政，沛县人。曾官谏议大夫、中正，屡次上书劾奏宦官、外戚专权。成帝时，任光禄大夫、中垒校尉。曾在天禄阁校阅群书，撰成《别录》，为我国目录学之祖。又著有《洪范五行传》、《说苑》、《新序》、《列女传》、《五经通义》等。

刘娘申哀真命薄；徐女泣告果心贞。上联典指南朝梁国的文学家刘孝绰的三妹刘三娘，文章清新挺拔，嫁给东海人徐悱。徐悱死，刘三娘为他写祭文，言词凄怆，令人读之落泪。徐悱的父亲徐勉，想写哀辞，读了三娘的文章，便不再写了。下联典指宋朝时期的龙游人刘愚，字必明，历任江陵府教授、安乡县知县，颇有惠政。后辞官，在城南筑草庐著书。其妻徐氏，娘家原打算将她嫁给富人家，她泣告母亲：不愿做富人家的妻子。于是嫁给了刘愚。一次，刘愚带金子回家，她发怒道："我以为你是贤人，怎么拿别人金子回来？马上给人家送回去！"刘愚忙拿出书本给她看，说是教书的报酬，这才罢休。

先代蒲鞭昭德泽；后人藜阁继书香。上联典指东汉朝时期的华阴人刘宽，字文饶，桓帝时官南阳太守，为人温和仁义。吏民有过错时，只用蒲鞭惩罚，表示耻辱而已，始终不让人受苦刑。"蒲鞭"，是用蒲草做的鞭子。下联典指西汉朝时期的刘向，相传他在天禄阁校书时，有个穿黄衣、执青藜杖的老人，吹杖头火焰，为他讲开天辟地的故事。当问老人名字时，老人自称"太乙之精"。

守本怂耕读第一；尽人伦孝友俱先。此联为刘氏宗祠"沛丰堂"通用堂联。

功垂淮海冠裳肃；泽派罏山俎豆馨。此联为福建省闽侯县南屿镇罏峰刘氏宗祠联。

无欲常教心似水；有言自觉气如霜。此联为明朝天启初年的礼部主事刘宗周自题联。刘宗周，山阴人。

世号五忠光世第；家传七业振家声。此联为福建省地区刘氏宗祠通用联，上联典指福建省刘氏分支在宋朝有刘颌、刘纯、刘铪、刘子羽、刘珙五人被谥为"忠"公的历史，下联典指刘氏在晋朝时，著名学者刘殷的七个儿子分别攻读"五经"和《史记》、《汉书》，后来都功成名就的典故。

六代大夫一二品；九重恩遇百千秋。清朝时期的刘凤诰题江西省萍乡县芦溪镇刘氏宗祠联。

五百年衣冠旧第；十七世弓马名家。江苏省姜堰市旧城刘氏宗祠联。

兄弟状元天下少；公孙宰相世间稀。江苏省姜堰市桥头镇雁子墩孙家庄刘状元府联。

五行金木水火土；世裔公侯伯子男。南宋朝时期的著名哲学家、教育家朱熹晚年游历潮州时在东津桃坑刘允祠（也称"刘氏家庙"）中题下的对联。这副对联悬挂于祠堂中厅之圆石柱上。用半圆状硬质木板制作，真书正楷，黑字金底，落款是"朱熹敬题"。一代大儒朱文正公为什么要在刘祠题写此联？据《刘氏族谱》载："朱熹曾尊龙图公为师之故也。""龙图公"即刘允长子，曾任"龙图阁学士"，世称"刘龙图"。刘龙图任潭州（今湖南长沙）知州期间在当地设帐授徒，深为理学家朱熹所景仰，尊之为师。朱熹从福建来潮，特前往桃坑刘允祠拜谒并题写了此联。联语嵌入"金公"二字（刘允为刘龙图之父，北宋海阳县东津人，生卒年约 1077—1126 年，潮州前八贤之一，历任化州、桂州知州，刘允去世后，宋高宗赠谥"上柱国左金紫光禄大夫"，族人尊称为"金紫公"）以示对"金紫公"刘允的敬重，并褒赞其荣耀家世。潮州桃坑刘氏家庙连同朱熹楹联在抗日时期毁于兵燹，因而朱熹对联一直鲜为人知，幸好《刘氏族谱》没有失传，朱子名联不致湮没，近年刘氏后人在潮州东津古祠原址重兴"刘氏家庙·敦睦堂"，祠堂正厅大石柱重新挂上仿真的朱熹楹联，同时新挂出的对联还有刘允手书的对联等。朱子名联由此得以存世流传。

门闾高大容车马；山水盘旋啸凤凰。刘允手书，广东省潮州市东津乡桃坑村刘允祠联。

一等人忠臣孝子；二件事耕田读书。台湾省屏东县万峦乡五沟水刘氏宗祠联。

万卷珠玑朝汉室；一天星斗照彭城。广东省南雄县梅岭山珠玑巷刘氏宗祠联。

八言通用联

妙侣无双，押衙全义；清才第一，嘉偶安贞。上联典指唐朝时期的刘震获罪，其女无双没入掖庭，古押衙义救无双，使其与表兄王仙客成夫妇。下联典指宋朝时期的刘愚殿试第一，其妻徐氏未嫁时，母欲以嫁富家子，徐氏泣曰："不愿为富人妻。"

寡鹄申哀，三娘命薄；飞燕得宠，列女传成。上联典指南朝时期的刘孝绰妹刘三娘嫁徐悱，悱卒，三娘作文祭之，极其哀婉。下联典指汉朝时期的刘向因赵飞燕姐妹淫乱而著《列女传》。

食德服畴，用资祖泽；象贤迈种，克振家声。福建省漳浦县霞美镇刘坂村刘氏宗祠"思敬堂"堂联。。

说礼敦诗，丕承先志；贻谋燕翼，垂裕后昆。福建省漳浦县霞美镇刘坂村刘氏宗祠"思敬堂"堂联。

九言通用联

好善乐施应贲旌重典；急公奉上允称帼遗徵。此联为刘氏宗祠“沛丰堂”通用堂联。

一等官人，荣秘丞声外；五行尊敬，高兴士文章。上联典指南北朝梁国的秘书丞刘孝绰，七岁能为文，称为神童。他的辞藻，为世所宗。每作一篇，好事者咸讽诵传写。有文集数十万言。下联典指唐朝时期的文学家、哲学家刘禹锡事典。

十言以上通用联

敷政南阳，太守蒲鞭示辱；校书天禄，老人藜杖炊光。上联典指东汉朝时期的逮乡侯刘宽，字文饶，华阴人。桓帝时为南阳太守，典历三郡，温仁多恕，吏民有过，但用蒲鞭示辱而已。下联典指西汉朝时期的经学家、目录学家刘向（公元前77—前6年）的事典。刘向，博学多识，著有中国历史最早的分类目录《别录》，还有《新序》、《说苑》等。

纵观古代，执政将近七百载；累计先君，为王已逾六十人。全联典指刘氏在中国历史上，称帝者先后有六十六人，执政共历六百五十多年。

禄阁校书，藜焰照十行之简；玄都种树，桃花赋千植之诗。上联典指西汉朝时期的沛人刘向事典。下联典指唐朝时期的著名诗人刘禹锡。诗作中有不少讽喻诗，最有名的是游玄都观两首：“紫陌红尘拂面来，无人不道看花回。玄都观里桃千树，尽是刘郎去后栽。”“百亩庭中半是苔，桃花净尽菜花开。种桃道士归何处，前度刘郎今又来。”

秘阁校书，藜临照十行之脊；玄都种柳，桃花赋千植之诗。此联为四川省云阳县刘氏宗祠联。云阳县刘氏最大、最多的宗祠当为“藜照堂”，以此堂命名的有访仙东洋桃及其分支运河镇大留庄刘氏和胡桥夏墅、麦溪刘甲等，祠内均有这副刘氏宗祠的通用楹联。

要好儿孙，须从尊祖敬德起；欲光门第，还是读书积善来。浙江省泰顺县泗溪镇刘氏宗祠联。

堂势尊严，昭奕代祖功宗德；孙枝蕃衍，承万年春祀秋尝。浙江省泰顺县泗溪镇刘氏宗祠联。

孔氏弦歌，鲁国新声闻壁内；汉家箫鼓，祖庭余韵在人间。此联为刘氏宗祠联。

三馆六曹十七科，竞称前辈；一官万里两千石，遂老斯人。江西省芦溪县芦溪镇刘氏宗祠联。

藜阁启书香，人文奕禩源流远；蒲鞭留惠政，世胄云礽似续长。此联为刘氏宗祠联。

敦本本自踪，须向祖宗绵旧德；步云云有路，好从诗礼问前程。此联为广西壮族自治区武鸣县葛阳镇刘氏宗祠联。上联言道德传家。下联言凭诗礼而步青云。

家从别驾肇金钗，簪笏先后三十世；派出涵江开碧海，频繁俎豆八千秋。福建省漳浦县霞美镇刘坂村刘氏宗祠“思敬堂”堂联。刘坂刘氏思敬堂挂有一对府灯正面书刘府，背面书殿中执法。该族裔刘霖，是明万历五年（1577 年）进士、山东监察御史。刘霖侄儿刘正中，明万历四十一年（1613 年）进士，任刑部主事。刘坂早年有不少人渡台定居。二战日本投降后，刘先雄带儿子少伯居台北，少熙、少许居宜兰，长子少惠在刘坂，少伯兄弟一九八五年曾返乡认祖。刘坂围内村姑刘笑，招婿游亚庆（台籍），二十世纪八十年代全家三十五人回台定居，多次回刘坂探亲认祖。

派衍南溪，聚族安居，由宗以来七百岁；里兮康乐，保世滋大，荣封所被九重恩。江西省萍乡县源南乡源溪村刘氏宗祠联。

源衍南陂，瑞谒金芝，燕翼贻谋积八世；溪环北阁，祥凝甫草，鸿基永奠庆千秋。江西省萍乡县源南乡源溪村刘氏金甫公祠联。

流环章贡，秀峙崆峒，幸山川别开生面；世衍俊宗，家诒顾及，大门第赖有传人。江西省赣州市虔城藕塘里刘家祠堂大门楹联。

尚书恩泽，学士词章，奕世犹留佳话在；星岫云环，沙河水绕，此间宜有夏声来。广东省广州市广州大道北大坦地二号刘氏家庙联。

系出临明，朔天禄石渠，代有人文光祖德；族隆桃水，看朱霞白鹤，于今伟望缵家声。此联为刘氏宗祠“沛丰堂”通用堂联。

读书务得大，要礼义廉耻，无亏可称士品；立身有何奇，行孝弟忠信，为事方是人家。此联为刘氏宗祠“沛丰堂”通用堂联。

策马从南越归来，构数椽用妥先灵，敢说声威留穗石；整旅入神京捍卫，把两字偏贻同姓，合存忠孝耀彭城。刘永福撰广东省广州市广州大道北大坦地二号刘氏家庙联。

念先人须善嗣先人弓裘，必教泽如清豁，吏才如零豁，方无惭出处；入此庙在求通此庙肸蠁，惟束顽以宗法，合敬以祭法，庶不忝烝尝。此联为刘氏宗祠联。盖县人刘畤兄弟曾讲学清溪，又刘霖豁长城宦皖南有循良之绩，清豁霖豁皆祖此祠也。

（三）名胜遗迹

刘累隐居地平顶山鲁山县与刘累有关的名胜遗迹很多，主要有：国家5A级景区尧山—中原大佛风景区，AAA级国家水利风景区昭平湖，人文景区刘累始祖苑，重要历史遗迹刘累墓、尧祠等等。尧山是刘累远祖尧活动地，昭平湖一带是刘累隐居地，刘累墓是刘累埋葬地，尧祠是刘累所筑供奉祖先宗祠，刘累始祖苑是现在开发修筑的刘姓寻根圣地。这些组成了刘姓发源于鲁山的基本人文链条。

尧山

尧山是指分布在豫西南伏牛山脉平顶山市境域有奇峰峻秀之地，早已闻名遐迩。现在这里已被开发成国家重点风景名胜区，名列河南省十佳景区，河南省伏牛山旅游区核心景区。2011年，尧山—中原大佛景区升级成为国家5A级旅游景区。

尧山是历史名山，其名不绝于书。上古地理名著《山海经》之《中山经》对尧山就有记载，称“大尧之山，其木多松、柏，多梓、桑；其草多竹；其兽多豹、虎、鹿、兔”。班固《汉书·地理志》载：“鲁阳尧山，滍水所出。”汉代鲁阳县即鲁山县，滍水即今沙河。东汉许慎《说文解字》在解释“滍”字时说：“滍水出南阳鲁阳尧山东北，入汝。从水，蚩声。”历史上鲁山县长期属南阳郡，所以说“南阳鲁阳”。北魏郦道元《水经注》载：“滍水出南阳鲁山尧山东北。”北宋《元丰九域志》载：“汝州鲁山县有尧山。”自唐以降，鲁山县属汝州，所以说“汝州鲁山县”。《金史·地理志》载：“汝州鲁山县有尧山。”直到清代的《水道提纲》仍称：“沙河即古滍水，俗曰沙水。源出鲁山县西境之尧山。”历史上，尧山还有过其他名称。如称“鲁山”、“大陌山”、“大龙山”、“石人垛”、“没大岭”等名称。

尧山不仅风光峻秀，还具有丰富的历史文化内涵。大山深处，滍水所出，文化相承，是平顶山市古老文明发展的重要渊源。据专家考证，这里是

尧帝祖居地，尧部落南征苗蛮时曾经过尧山。尧之裔孙夏代刘累迁居于此，筑城立尧祠，是有记载的最早刘姓人物，被奉为刘姓始祖，

其中的刘姓始祖园，每年都要举办盛大的刘姓祭祖活动，成为平顶山一项寻根文化盛事。尧山脚下尧山镇是墨子故里，墨子是先秦思想家、中国古代著名圣贤人物、世界级文化名人，堪称平顶山市最著名的历史文化品牌。滍水两岸，温泉如链，古称皇女汤，“商后尝浴其处”，传说为商汤最早发现，是中国古代七大温泉之一，温泉浴成为尧山享誉省内外的时尚旅游项目。尧山复名后，客观上形成一个大尧山文化范畴。包括了以帝尧为代表的远古文化、以墨子为代表的圣贤文化、以刘姓为代表的姓氏文化、以尧祠和佛泉寺为代表的宗庙文化、以鲁山温泉链为代表的温泉文化，甚至有以尧山主峰和滍水为代表的山水文化等文化现象，其中尧文化是尧山文化的精髓和代表，体现了中华民族尊祖尚贤勤劳勇敢的优良品质。

中原大佛

中原大佛又称“天瑞大佛”、“尧山大佛”，坐落于拥有千年历史的中州名刹佛泉寺，背依雄伟玉枕山，前有潺潺沙河水。佛泉寺方丈释延佛大和尚多年积善行德，求建大佛。大佛于 1997 年由企业家李留法开始捐资建造，历经 12 年落成。是尧山地区新崛起的文化景观，如今中原大佛已闻名海内外，2011 年与尧山景区一起成为国家 5A 级景区，成为尧山地区旅游标志性文化品牌之一。

中原大佛位于鲁山赵村乡、郑尧高速出口处，属于佛泉寺景一部分。集佛教文化、温泉疗养、观光旅游、休闲娱乐于一体，人文景观与自然景观荟萃，佛教文化与现代文明交融。文化区主要由千年古刹佛泉寺、愿心台、朝佛大道、礼佛台、世界第一大佛——中原鲁山大佛、世界第一大青铜钟——天瑞大钟及钟楼等景观，以及高档温泉酒店等配套设施组成。

昭平湖风景区

河南省昭平湖风景名胜区位于河南省鲁山县城西 10 公里处，面积 40 余平方公里，是依托原昭平台水库开发建成的年轻的风景名胜区。它横断沙河，形成了高峡平湖，湖面一望无际，水面浩瀚，容量达 6.5 亿立方米。水库内有金山岛、姑嫂石及夏代刘累邑、鲁阳古治所邱公城遗址。水中有山，山中有水，石人山与昭平湖相映成趣，风景奇特壮观。水天一色，周围峰峦

叠翠、鸟语花香，充满了诗情画意。是集防洪、灌溉、发电、养鱼、旅游为一体的一座大型人工湖。1995 年 8 月，被批准为省级风景名胜区。凡到过这里的人都说："庐山奇，峨嵋秀，昭平湖美景看不够。"

昭平湖是省级风景名胜区、国家 AAA 级旅游区、国家水利风景区，同时也是华夏刘姓的发源地。昭平湖原名招兵台，源于汉光帝刘秀与王莽昆阳之战时，刘秀在此拜始祖刘累后筑台招兵而得之。后为避免招兵动乱之嫌，遂改为"平安祥和明净"之意的昭平台。

景区的主要景点有：春秋战国思想家墨子著经胜地金山环岛，自仰韶文化至明清历经六千年了无断缺的古文化遗址，可以印证"筑土为龙"传说的六千年前的地画中华第一巨龙，华夏刘姓始祖刘累的封邑邱公城遗址，刘秀在昆阳之战大败王莽的招兵买马地昭平台（原名招兵台），流淌着美丽传说，可以明证姑嫂情深意切的姑嫂石，宋代名将孟良、焦赞抗击西夏入侵中原而养兵蓄锐的营寨——孟良寨山和杨家岭。有鲁阳公挥戈拨日之传的鲁山八大景之一——昭平晚霞，也为鲁山八大景之一的汉光武刘秀黑夜遁逃迷失道路时突然间回光返照——黑山回照。海内外刘氏家族祭祖圣地——刘累祠，另外，还有中和渠、卧马石、下汤温泉、黑虎石、明山寺、抱子坡等等不一而足。

邱公城岛

邱公城位于昭平湖景区的邱公城岛上，岛随着湖水的涨落时隐时现，是景区的海市蜃楼。它是鲁阳城遗址，叠压有仰韶、龙山两层文化遗物，是省级文保单位。刘姓发源地就在此岛。别看现在此岛这么小，却是华夏刘姓始祖刘累的故邑。

中华刘姓始祖苑

刘姓始祖苑有七大功能区，分别是接待中心、御龙广场（1 万平方米）、世界刘氏纪念馆、世界刘氏会馆、刘氏与龙文化碑林、始祖殿、陵墓区。陵园占地面积达 10 万平方米，建筑单体 30 余座，是中国传统的建筑群，整座建筑群前瞻湖、后枕山，场地宽阔、气势恢弘。

御龙广场。位于园区的前端，依山傍水，视野开阔，面积达 10000 平方米。站在此处，碧波荡漾的昭平湖尽收眼底，秋高气爽、天气晴好的日子，可远观世界第一巨佛中原鲁山释迦大佛。举世瞩目的 2004 年世界刘氏第四届寻根联谊大会的拜祖仪式就在这里举行，来自 9 个国家地区及全国各地的近千名刘氏后裔在此跪拜始祖刘累。

世界刘氏纪念馆。位于御龙广场东侧南端，是一座独立仿古院落。该馆是马来西亚华人侨领丹斯里拿督刘南辉先生携带家人捐款 325 万元建造，是纪念刘氏历代先贤的场所，规划供奉历代刘氏皇帝、先贤、名人 80 名。纪念馆建设包括大殿、二殿、山门、厢房四部分，规划建筑面积 2100 平方米。中间铜像就是刘南辉先生。

刘氏与龙文化碑林，位于世界刘氏纪念馆、世界刘氏会馆与始祖殿之间。碑林由两大部分组成，前面是专家碑，后面是功德碑。其中有一块是前国家主席刘少奇之子刘源将军亲笔题写的“始祖刘累繁衍开万代基业，弘扬御龙精神创中华复兴”的碑石，刘源将军书法精湛，字体遒劲有力。

始祖殿

始祖殿位于碑林东侧。始祖殿供奉的是刘姓始祖刘累公。刘累公铜像是由中央美术学院著名专家教授张德蒂设计，大连造船厂铸造，铜像高 2.1 米，重 1.5 吨。刘累公铜像栩栩如生，面部表情慈祥而睿智，但不缺乏威严，目视他的生活地——刘累故邑。仔细看，刘累坐在龙身上，驾御着龙，形成一幅活生生的刘累养龙图。刘累所骑乘的龙非常有特色，它不像其他地方的龙那样张牙舞爪，十分厉害，这条龙十分温顺，样子很调皮，用头蹭着刘累公的膝盖。刘累不但是刘姓的始祖，还是唐、杜、范、士、豕韦、司空、龙等姓氏的共同祖先。

刘累墓

始祖殿后，豁然开朗，就是刘累墓。刘累终卒于今河南省鲁山县邱公城，葬于邱公城东北 30 米处。二十世纪五十年代，修筑昭平湖，刘累墓便没于昭平湖中。2000 年 4 月，异地重新修筑了刘累墓，墓周长 66 米，寓示着刘姓历史上出了 66 位皇帝，墓直径 18.73 米，寓示刘累于公元前 1873 年携家眷潜迁到此，墓前广场全部采用本地青石铺就，古朴典雅。刘源将军亲笔题写碑文“刘姓始祖刘累公之墓”墓碑，整通碑高 5 米，重 6 吨，碑石为青石，碑帽为二龙戏珠图案，上书御龙氏，背面碑文为刘姓源流，上书唐尧之裔。

刘姓始祖苑是华夏刘姓心中向往的圣地，每年公历 4 月 19 日为世界刘氏统一祭拜始祖累公日。

春秋刘国故城遗址

刘国故城遗址位于河南省缑氏镇西南4公里许浏河西岸的陶家村一带。1984年11月，洛阳市文物工作队和偃师县文管会对刘国故城遗址进行了考察，已予以证实，并对遗址采取了保护措施。

遗址南望青罗山，北眺伊洛河，东濒浏河，西临涧河的支流小西河，东西北三面都是深约20余米的河沟，南面是一块开阔的山前缓坡地。刘国就坐落在这个天然形成的半岛上。

该城呈长方形，南北长约1220米，东西宽约650米，城区内耕土层中散落着大量春秋至汉代的板瓦、筒瓦、小砖等建筑材料及盆、甄、壶、豆、瓮等陶制器皿残片。在陶家村的东北处，还可以清楚地看到断崖上暴露出残存的夯土城墙遗迹。据考古专家介绍：这里是刘国故城的南城墙。墙体分为东西两段。东段现存137米，厚24.5米，夯土距地表最浅处0.1米，最深处0.6米，残存高度0.5－1.2米。西段现长135米，墙体厚约2.1米，城门位于东西两段墙之间。

据史载，公元前612年，周匡王继承顷王为周天子以后，封其少子于刘，这就是能干的刘康公。刘康公是周定王的同母弟。据《左传》等古籍记载，刘康公做了周王朝的卿士，备受重用，国家大事无不参与，成为周王室内显赫一时的重臣。刘康公之后，史籍记载的刘国君还有刘夏，史称刘定公；刘挚，刘献公，以及刘桓公等。刘桓公以后，刘国日趋衰微，到战国初期，周贞定王时候（公元前468—前441年），刘国就不复存在了。刘国的存在，子匡王到贞定王前后约近二百年之久。由于刘国世代对周王室有特殊的贡献，所以得到王室的封赏当然丰厚，其地位在王畿内是非常显赫的，刘国都城的建设也颇有大国的气派。

江苏丰县汉皇祖陵园

汉皇祖陵园位于江苏省徐州市丰县赵庄镇金刘寨村，是以汉高祖的曾祖父、刘姓大始祖刘清墓为中心扩展而成的一座陵园陈列馆。内有墓丘、墓碑祠庙、殿堂、二十四章塑像等众多历史景物，是考察刘氏宗脉，弘扬两汉文化的最佳景点。内塑刘邦像一尊，主要景观有汉皇祖茔陈列馆，东西厢房，西王庙碑亭，东王庙碑亭及刘清墓，刘氏五通碑等，是丰县两汉文化的主要参观景点之一，每年都吸引大批海内外游客来此观光览胜。

在汉皇陵的发起主办人刘邦的第七十三代孙刘恒心先生的带领下，以汉皇故里、汉皇祖陵为纽带，首先发起并组建了世界刘氏宗亲联谊会和中华刘氏宗亲联谊会，开展了大规模国内外文化的、经济的、艺术的、医学的等多种研讨和交流活动，世联会每两年一次，已在马来西亚柔佛州、中国徐州、泰国曼谷、中国平顶山等地召开了多次，并分别成立全世界刘氏汉文化研究会，企业家协会和文艺家协会等组织，借以推进汉文化的发展，民族经济的振兴和祖国的统一。汉皇祖陵园已成为全世界刘氏家族公认的先祖墓地和共同朝拜的圣地。

汉朝帝陵

西汉和东汉的皇帝陵墓，分别分布在今陕西省西安市和河南省洛阳市附近。其年代约自公元前2世纪至公元2世纪。1970年以后，曾对西汉帝陵的方位和陵园形制作过调查验证，还发掘过西汉帝陵附近的陪葬墓。汉代帝陵的形制为中国古代皇帝的陵墓制度奠定了基础，对后世的帝陵制度有很大的影响。以汉高祖长陵为代表作简单介绍。

汉高祖长陵，是汉高祖刘邦的陵墓，位于今咸阳市秦都区窑店乡三义村附近。长陵“东西广百二十步，高十三丈，在渭水北，去长安三十五里”。现在测底部东西长153米，南北宽135米，顶部东西55米，南北35米，高32.8米，与史籍记载相近。长陵亦称“长山”或“长陵山”。陵园内建有豪华的寝殿、便殿。寝殿是陵园中的正殿，殿内陈设汉高祖的“衣冠几仗象生之具”，完全像皇帝生前时一样侍奉。

汉高祖刘邦的陵冢在陵园的偏西处，形状像覆斗，是夯土迭筑而成的。陵前立有清乾隆年间陕西巡抚毕沅所书“汉高祖长陵”石碑一通，陵冢下面是刘邦安寝的地宫。陵园中还有吕后陵，在长陵东面二百多米的地方。由于汉代的制度造成帝后不同陵，所以吕后单独起陵于长陵之东，覆斗形。

长陵的陪葬墓群在陵园东部。唐朝诗人刘彦谦《长陵诗》说：“长陵高阙此安刘，附葬累累尽列侯。”在西汉诸陵中，长陵的陪葬墓数量最多，跟随刘邦南征北战的功臣和贵戚，死后多陪葬在长陵。

福建鑪峰刘氏宗祠

鑪峰刘氏宗祠位于福建省闽侯县南屿镇，始建于明朝中期，坐落在南屿镇轳峰南麓刘厝街，坐北朝南，木石砖混合结构，总占地面积达两千平方米。祠堂前广场占地面积约一千平方米，广场上竖立长约十米的附斗旗杆一对（已毁）。正厅前上横柱悬挂“万代如见”四字金匾，正中龛殿摆放列祖列宗神位，龛前供桌宽大气派。祠堂第二院落中间为过道，两旁建有屋房，供休息、议事之用。第三院落，要登上十几层石阶梯，石阶顶砌一面横墙，横墙中开一月形门，月形门上端写有“七业俱兴”四字。进入月形门，内建有一大厅堂，左堂正门上额悬“藜光书室”四字金匾，旧时是供族内子弟读书的私塾。整个祠堂气势恢宏，肃穆庄严。祠堂内历经近四百年的沧海桑田，进行了多次修建。二十世纪六十、七十年代被改作队（村）办企业的生产场所，损坏严重，1994 年由现居台湾的三十三世孙刘绍英出资人民币四十万元进行全面整修。

福建刘坂村刘氏宗祠

刘坂村刘氏宗祠思敬堂址在漳浦霞美刘坂村，庙坐北向南，三进两庑两厢二天井，二三进各大楹三开间，一进开左右耳门，三仙双坡悬山屋顶，为土木抬梁结构，祠宽 11.66 米，深 75 米。思敬堂始建于明朝，历朝有修葺。

刘坂开基祖刘金山，生于宋庆元元年（1195 年）。金山之祖刘韶、居莆田涵江，其十三世祖系河南光州固始县人，唐进士，唐天宝八年（749 年）任泉州别驾。刘韶第九世孙刘人槐，迁居漳浦。刘金山原居同安嘉禾刘坂，为了创业他从银同到金浦，先居旧镇洪埭，旋觉地不足以聚族，遂登棠山，见层峰挺秀，长坂沃衍，前临鳌江，后障天马，山峦叠嶂，遂弃洪埭而居甘棠（现在刘坂总地名）。现在刘坂刘氏聚居村庄有刘坂、庙边、围内、人家、东平、陂下、过田、陈苍、大厝、土楼、竹林、岭下、山前、后山、户头、下楼等大小十六村，总人口一万余。

江西省赣州市虔城藕塘里刘家祠堂

刘家祠堂实际上是赣邑刘氏总祠，被赣州市人民政府列为文物保护单位。从祠的构思和格式来看，是属于祠庙合一、堂馆并存的古代建筑风格。它的规模之大、取材之精、工艺之美，在当时的虔州城为数不多。是从清代同治八年着手策划，经十年的筹备完成，而后从清光绪五年农历四月动工，至清光绪六年农历十月竣工，建筑面积达 6000 平方米。这座古建筑座北面南，其原貌是三进大厅，戏台建在大门之内，大厅两侧有治事厅、祭器库，两廊为钟鼓楼。祠有肖墙、庭院、垂花门、抄手游廊、穿堂、仪门、耳房。右边和后院有水塘、花园、亭、台、楼、阁。至今屋顶宝石红光尚见。当时近祠的萍沼荷池、菱塘柳柏掩映如画，雉堞回抱，联曰：“一带林塘堪供诗料，四时花鸟足助天机。”

刘永福与广东刘氏家庙

刘氏家庙位于广东省广州市广州大道北大坦地二号，于1900年建成，原是抗法名将刘永福驻军沙河时居住的寓所。该家庙坐北向南，分前后两进，左中右三路，砖木结构，用长条花岗石为墙基，高出地面约一米后再砌青砖墙，硬山顶。庙的中路前后间之间有天井，两旁有廊，前座为头门，基本保存完好，但两侧石砌的包台已改建成房间。面阔三间15米、进深三间9.3米。门顶有一石额，上书“刘氏家庙”四个楷书大字，无款。后座面阔三间15米、进深三间13.75米。前后金柱有两副对联，保存完好。其一为清光绪二十六年（1900年）顺德苏若湖撰，另刘永福所撰一联，款署“庚子孟秋，永福谨志”。庙左右两路均阔八米五，进深与中路同。右路原有一忠义祠，奉祀黑旗军在抗法战争中阵亡将士之灵位，祠已在抗日战争期间被毁。除刘氏家庙外，刘永福在广州还留下了不少有意义的遗迹。比如，白云山能仁寺前的山石上，还刻有他率部上山游闲时写下的造型奇特的虎字石刻；华南理工大学西北角耸立着后人为纪念他而建的刘义亭，沙河保留有“永福路”、“永福村”等。广州的刘氏家庙作为广州市文物保护单位，得到政府和广大人民群众的妥善保护，以此激励后人，进行革命历史传统和爱国主义教育。

四、刘姓历史名人

（一）刘姓帝王

刘姓家族地位显赫，从古到今，称王称帝者多达六十六人，统治时间长达六百五十多年。西汉有刘邦、刘盈、刘恒、刘启、刘彻、刘弗陵、刘询、刘奭、刘骜、刘欣、刘婴、刘衎。东汉有刘秀、刘庄、刘炟、刘肇、刘隆、刘祜、刘保、刘炳、刘缵、刘志、刘宏、刘协。蜀汉有刘备、刘禅。汉前赵有刘渊、刘和、刘聪、刘粲、刘曜、刘熙。南朝宋有刘裕、刘义符、刘义隆、刘骏、刘子业、刘彧、刘昱、刘準。燕有刘守光。南汉有刘龑、刘玢、刘晟、刘鋹。后汉有刘知远、刘承祐。北汉有刘崇、刘钧、刘继恩、刘继元。

1. 刘邦

刘邦（公元前256—公元前195年），字季，沛郡丰邑中阳里（今江苏丰县）人。曾祖父刘清（曾改名叫金流、金燃）、祖父刘荣、父亲刘煓。刘煓生四子：长子刘伯、次子刘仲、三子刘邦、四子刘交。

三十岁左右的刘邦在秦朝后期第一次参加了秦国基层地方小吏的考试，当上了沛县城东泗水亭的亭长。公元前212年，刘邦在丰西泽中，释放了一批被迫参加修筑秦始皇陵的“刑徒”，其中有十多名壮士追随刘邦，斩蛇起义。公元前209年七月，陈胜、吴广在大泽乡起义反秦，刘邦率众响应，在沛县豪杰萧何、曹参、樊哙等人的支持下，杀了秦朝的沛县县令，攻占县城。刘邦的义举得到了丰沛一带江湖豪杰、地方官吏和父老乡绅的拥护，当地少年子弟纷纷参加义军。公元前208年七月，刘邦义军立六国贵族后裔熊心为楚怀王，建都盱台，后迁都彭城（今江苏徐州市）。公元前206年十一月，刘邦率领十万大军攻克秦朝首部咸阳，接受秦王子婴投降，向全国宣告秦朝的灭亡。项羽以诸侯霸主的身份，分封诸侯，刘邦为汉王。汉王刘邦来到汉中后，以南郑（今陕西南郑县）为王都，以巴蜀为根据地，很快建立起自己的政权，这便是汉家王朝的前身。楚汉相持期间，因刘邦仁义爱民，又善于重用人才、团结部下，故而内得萧何、韩信、张良等良材辅助，外得百姓拥护爱戴。汉高帝五年己亥（公元前202年）十二月，刘邦亲率汉军主力在垓下（今安徽省灵璧县南沱河北岸）与项羽的楚军展开最后大决战，楚军全军覆灭，项羽自刎于乌江（今安徽省和县东北），历时五年之久的楚汉战争以刘邦胜利而宣告结束。汉高帝六年（公元前201年），汉王刘邦正式宣告登基称皇帝，国号“汉”。

建立汉朝后，刘邦实行了一系列英明的政策，使汉朝初年的社会经济迅速得到了恢复和发展，从而为后来的“文景之治”奠定了基础。高帝十二年，刘邦在首都长安长乐宫去世，寿62岁，葬于长陵（今陕西咸阳市西北）。尊谥高皇帝，庙号太祖，史称汉高祖。

2. 刘恒

刘恒（公元前202—公元前157年），汉高祖刘邦第4子。惠帝死后，吕后立非正统的少帝。吕后死，吕产、吕禄企图发动政变夺取帝位。刘恒在周勃、陈平支持下诛灭了诸吕势力，登上皇帝宝座，是为文帝，在位23年。汉文帝在位期间，是汉朝从国家初定走向繁荣昌盛的过渡时期。他和他儿子汉景帝统治时期，政治稳定，经济生产得到显著发展，历来被视为封建社会的“盛世”，史称“文景之治”。死后，庙号太宗，尊谥孝文皇帝。

3. 刘启

刘启（公元前188—公元前141年），字偏，又字开，在位十七年，尊谥孝景皇帝。景帝即位后，继续采取文帝时的政策，他把三十税一的田税定为长期田租制度，又进一步减轻刑罚，奖励农桑，勤俭治国。他在位期间，三次与匈奴和亲，甚至将真公主下嫁匈奴单于，使得北部边境基本上安定和平。由于文、景二帝的英明治理，西汉社会经济迅速发展，并出现了土地开辟，人口增加，财富充裕，社会安定、国家繁荣富强、人民安居乐业的景象。景帝刘启执政时期的一大不朽功绩是平定“七国之乱”。景帝皇后薄氏无子，但妃嫔栗氏、王氏等替他共生了十四个儿子：长子刘德，封河间王；次子刘阏，封临江王；三子刘余，封鲁王；四子刘非，封江都王；五子刘彭祖，封赵王；六子刘发，封长沙王；七子刘端，封胶西王；八子刘胜，封中山王；九子刘荣，初立为太子，于景帝前元七年辛卯（公元前150年）十一月废为临江王；十子刘彻，初封胶东王，后改立为太子；十一子刘越，封广川王；十二子刘寄，封胶东王；十三子刘乘，封清河王；十四子刘舜，封常山王。

4. 刘彻

刘彻（公元前156—公元前87年），字通，又字远，是景帝刘启的第十个儿子。景帝后元三年庚子（公元前141年）正月，汉景帝刘启去世后，太子刘彻继位为皇帝（时年仅十六岁，这便是历史上的汉武帝）。刘彻在位五十五年，终年71岁，葬于茂陵（今陕西兴平县东北）。庙号世宗，尊谥孝武皇帝。

武帝聪慧过人，熟通儒学经典和诗词歌赋，又精习骑射，文武全才。即位后改革用人制度，下令郡国每年向朝廷推荐人才，把“举孝廉”作为招揽人才的一种制度，涌现了大批优秀人才，如名将卫青、霍去病、通西域的外交家张骞、一代儒学大师董仲舒、大史学家司马迁、大文学家司马相如等。武帝刘彻与皇后卫氏、妃嫔赵氏、王氏、李氏、李氏等共生六个儿子：长子刘据，初立为太子，后被江充诬陷，在“巫蛊”事件中被杀；次子刘闳，封齐王；三子刘旦，封燕王；四子刘胥，封广陵王；五子刘髆，封昌邑王；六子刘弗陵，即汉昭帝。

5. 刘秀

刘秀（公元前6—57年），字文叔，南阳人，与更始帝刘玄是同宗，均为长沙定王刘发之子舂陵侯刘买的后裔。刘买生郁林太守刘外，刘外生巨鹿都尉刘回，刘回生南顿令刘钦，刘钦生三子三女：长子刘演、次子刘仲、三子刘秀、长女刘黄、次女刘元、三女刘伯姬。

刘秀自幼好读书，有志向，又能刻苦耐劳。他年轻时多历磨难，八岁丧父，由叔父刘良抚养。二十岁时，入长安太学。后因事逃到新野（今河南新野）。刘秀的长兄刘演也是一位为人刚毅有大志的优秀皇族后裔。王莽篡汉后，他不惜倾家荡产，广交天下英雄豪杰，收养侠义之士，暗中积蓄力量，决心恢复汉家天下。刘秀年轻时深受哥哥的影响。王莽地皇三年壬午（22年）十月，当农民起义在全国各地风起云涌、绿林军进逼南阳时，刘秀和长兄刘演在舂陵老家组织起一支军队，响应绿林军。不久，刘演、刘秀率部加入绿林军，与绿林军一起多次击败王莽军队，成为绿林军中一支很重要的力量。更始元年癸未（23年）二月，绿林军拥立汉室后裔刘玄为帝，刘演被任命为大司徒，刘秀则任太常偏将军。刘玄称帝后，令刘演攻打南阳，又派王凤、刘秀等率军北攻昆阳。在昆阳一役中，刘秀一举消灭了王莽军队主力，成为两汉历史的转折点，为王莽新朝的灭亡奠定了基础。刘秀也从此声威大震。昆阳之战后，刘演、刘秀兄弟与更始政权的矛盾开始激化。更始帝刘玄担心刘演兄弟会与自己争夺帝位，便借故把刘演杀害。刘秀闻讯后，自知力量不足，还敌不过刘玄，便主动向刘玄请罪。刘玄找不到除掉刘秀的借口，又被刘秀忍辱负重的行为所感动，便改封刘秀为武信侯，升任破虏大将军。

更始元年癸未（23年）十月，新朝灭亡，更始帝刘玄迁都洛阳，派刘秀以河北监军，破虏将军行大司马事的名义，代表更始政权镇抚河北。刘秀到达河北后，积极扩展自己的势力。在当地官僚和地主的支持下，刘秀消灭了假冒汉成帝儿子刘子舆和在邯郸割据称帝的王郎势力，又镇压和收编了铜马等一百多万农民起义军，势力迅速壮大。刘秀见时机已成熟，便决定脱离更始政权，与刘玄决裂。更始三年乙酉（25 年）六月己未，刘秀在镐（今河北省柏乡县）正式即位称帝，国号“汉”，改年号为“建武”，定都洛阳。至此，中国历史又恢复了刘姓汉家天下，进入东汉时期，也称后汉时期。

刘秀在位期间，实行与民休息政策，先后六次发布命令释放奴隶和禁止残害奴婢，多次下诏释放罪犯为庶民。实行轻徭薄赋、奖励农耕、兴修水利的政策，将田租什税一恢复到西汉初的三十税一，下诏赈济老人和鳏寡孤独穷人。实行精兵简政，大量裁减军队，让士兵回归土地耕种。废除王莽严刑苛政，实行比较宽松的法制；整顿吏治，精简冗员，广选人才，任用贤能。在政治体制上，刘秀加重尚书职权，削弱三公权利，加强中央集权。刘秀还提倡勤俭节约。由于刘秀的励精图治，受西汉末年战乱破坏的社会经济较快地得到了恢复，社会矛盾得到缓和，饱受战乱之苦的百姓得以安居乐业，刘氏汉家天下得以完全恢复、发展和中兴，社会发展呈现出欣欣向荣的景象。

刘秀在位 33 年，享年 63 岁。葬于原陵（今河南孟津县谢村），庙号世祖，尊谥光武皇帝。刘秀原配皇后阴丽华，后又娶郭圣通皇后和许美人等众多妃嫔，共生十一子五女：长子刘强，初立为太子，后被废，改封东海王；次子刘辅，封沛王；三子刘英，封平王；四子刘庄，初封东海王，后立为皇太子，并继承皇位，即汉明帝；五子刘康，封济南王；六子刘苍，封东平王；七子刘延，封阜陵王；八子刘荆，封广陵王；九子刘衡，封临淮王；十子刘焉，封中山王；十一子刘京，封琅琊王。

6. 刘备

刘备（161—223 年），字玄德，涿郡涿县（今河北涿州）人，汉中山靖王刘胜的后代。东汉末年，与河东关羽、涿县张飞结为兄弟，募兵参加镇压黄巾。先后任安喜尉、高唐令、豫州牧等，后为徐州牧。三顾茅庐，得诸葛亮（孔明）辅助，联合孙权，大败曹操于赤壁，因取荆州，并得益州和汉中地区。建安二十四年己亥（219 年）刘备自立为汉中王，与魏、吴成鼎足之势。献帝延康元年庚子（220 年），曹丕篡汉称帝，刘备乃于魏黄初二年（221 年），正式称帝，定都四川成都，国号“汉”，史称“蜀汉”。

章武三年癸卯（223 年）刘备驾崩于白帝城永安宫，在位三年，终年 62 岁。

刘备与糜夫人、甘后、吴后等共生三子：刘禅，字公嗣，号阿斗，即后主，糜夫人生；刘永，字公寿，吴后生，初封为鲁王，后改封为甘陵王；刘理，字奉孝，先封梁王，后改封安平王，甘后生。

7. 刘裕

刘裕（363—422 年），字德舆，小名寄奴。原籍彭城（今江苏徐州）。南朝宋王朝建立者。在位三年。曾祖刘混东晋时渡江侨居京口，父刘翘曾为郡功曹。刘裕少贫困，以樵渔及贩履为生，曾为北府兵将领孙无终冠军府司马。隆安三年（399 年）任前将军刘牢的参军，官建武将军、下邳太守。桓玄入建康自立为楚王，并剪除北府兵旧将领刘牢之等，提拔刘裕使镇压东南沿海的孙恩余众。刘裕对桓玄外示恭顺，内则团结北府将士伺机反抗。桓玄逼安帝退位篡晋后，刘裕于元兴三年（404 年）与刘毅、何无忌、檀凭之等二十七人自京口起兵，杀死镇守京口的桓修，次年击溃桓玄。桓玄挟安帝退往江陵（今属湖北），后为刘毅所统率的北府兵击败，安帝回建康复位。刘裕以平乱功，为侍中、车骑将军、开府仪同三司，镇守京口。义熙四年（408 年），以扬州刺史、录尚书事入京辅政，独揽朝权。义熙五年二月，慕容超进攻淮北，刘裕兴兵北伐，收复青、兖两州，俘获慕容超而斩之。随后，消灭刘毅、诸葛长民、司马休之等，以清除异己。九年，西攻谯纵，收复巴蜀。十二年，后秦主姚兴病卒，子姚泓继立，兄弟相杀，关中扰乱，刘裕乘机率大军分兵四路北伐后秦，进攻关洛。途经黄河，击败北魏军，翌年进克洛阳，至潼关，命大将王镇恶直趋长安，姚泓投降，后秦亡。晋军收复长安，在少数民族统治下达百年的汉族百姓纷纷向往。这时因留在朝廷坐镇的尚书左仆射刘穆之病故，刘裕怕政权旁落他人之手，便留次子刘义真镇长安，王修、王镇恶等率兵万余辅佐。刘裕南返后，加相国宋公九锡之命。安帝死后，恭帝即位，刘裕封为宋王。恭帝元熙二年（420 年）刘裕代晋称帝，国号宋，改元永初。

他在称帝前后，注意节俭，整顿东晋朝纲，抑制豪强，废除一部分屯田以赈百姓，禁止豪强封固山泽，精简了侨州郡县，兴学校。江南农业生产有所恢复发展，为元嘉年间的兴盛奠定了基础。

8. 刘知远

刘知远（895—948 年），五代后汉开国皇帝。刘知远出生太原，祖先是沙陀人，即帝位后改名刘皓，947 年—948 年在位，死后谥睿文圣武昭肃孝皇帝。

刘知远最初是李嗣源（后来的后唐明宗）的部下，李嗣源登上帝位后，刘知远在石敬瑭帐下任牙门都校。934 年，闵帝出逃到卫州时，与石敬瑭议事未决，闵帝随从欲动武，刘知远把闵帝随从杀尽，石敬瑭便舍闵帝而去。

936 年，后唐末帝下诏调河东节度使石敬瑭为天平节度使，刘知远劝石敬瑭起兵，石敬瑭便举兵叛唐。刘知远不赞成石敬瑭以割地向契丹借兵，石敬瑭不从。刘知远任马步军都指挥使，同年任保义军节度使。石敬瑭灭后唐，建后晋，937 年任刘知远为忠武军节度使，941 年任北京留守兼河东节度使。出帝继位后，在 943 年升刘知远为中书令，944 年任幽州道行营招讨使，封太原王，次年改封北平王。河东行军司马张彦威等人劝刘知远称帝，刘知远在推搪一番后便在太原称帝，沿用后晋高祖年号天福，称天福十二年，同年六月入汴京。天福十三年（948 年）正月改元乾祐，刘知远又改名为刘皓，同月病逝。

（二）古代其他名人

1. 刘康公

刘康公，季子，为周代诸侯国刘国开国君主，他为周顷王的儿子，周匡王、周定王的弟弟。周定王八年（公元前 592 年），又封刘邑与王弟季子，称刘康公。

2. 刘安

刘安（公元前 179—前 122 年），汉高祖刘邦之孙，淮南厉王刘长之子。文帝 8 年（公元前 172 年），刘长被废王位，在旅途中绝食而死。文帝十六年（公元前 164 年），文帝把原来的淮南国一分为三封给刘安兄弟三人，刘安以长子身份袭封为淮南王，时年 16 岁。在刘安的门客中，有 8 个人最具才华，他们是苏非、李尚、左吴、陈由、伍被、毛周、雷被和晋昌，这 8 个人号称是淮南王府上的“八公”。在刘安准备谋反时，伍被曾经多次进行劝阻，刘安不仅不听。伍被将刘安谋反一事密报给了朝廷。汉武帝遂派有名的酷吏张汤前来办案，结果认定刘安谋反属实。公元前122年，汉武帝以刘安“阴结宾客，拊循百姓，为叛逆事”等罪名，派兵进入淮南，从刘安家中搜出了准备用于谋反的攻战器械，和用来行诈而伪造的玉玺金印，自知罪无可赦的刘安被迫自杀。

刘安好读书鼓琴，不喜弋猎狗马驰骋，潜心治国安邦，著书立说。刘安和众门客著成《淮南子》（又名《淮南鸿烈》）。《淮南子》有《内篇》21篇、《外篇》33篇、《道训》2篇，20余万字。

3. 刘向

刘向（公元前77—公元前6年），字子政，本名更生，汉沛县人。汉高祖弟楚元王刘交的第四代孙。汉元帝时为中垒校尉，后因权臣专政，被废十多年。汉成帝时，改名为向，任光禄大夫，校阅经传诸子诗赋等书籍，撰成《别录》一书，为中国最早的分类目录。另著有《新序》、《说苑》、《列女传》、《洪范五行》等书。

4. 刘歆

刘歆（约公元前50—23年），字子骏，西汉末年人，汉高祖刘邦四弟楚元王刘交五世孙，宗正刘向之子。刘歆在古代典籍分类整理方面作出重要贡献，在当时积极推行古文经学。章太炎、梁启超等人都把刘氏父子看做是孔子的后继者。刘歆还是天文学家，他编制的《三统历谱》被认为是世界上最早的天文年历的雏形。

5. 刘伶

刘伶（约221—300年），字伯伦，西晋沛国（今安徽宿县）人，“竹林七贤”之一。曾为建威参军。晋武帝泰始初，对朝廷策问，强调无为而治，以无能罢免。平生嗜酒，曾作《酒德颂》，宣扬老庄思想和纵酒放诞之情趣，对传统“礼法”表示蔑视。

6. 刘义庆

刘义庆（403—444年），字季伯，彭城（今江苏徐州）人。南朝宋政权文学家。《宋书》本传说他“性简素，寡嗜欲”。爱好文学，广招四方文学之士，聚于门下。刘宋宗室，袭封临川王赠任荆州刺史等官职，在政8年，政绩颇佳。后任江州刺史，到任一年，因同情贬官王义康而触怒文帝，责调回京，改任南京州刺史、都督和开府仪同三司。不久，以病告退，444年死于建康（今南京）。刘义庆自幼才华出众，爱好文学。除《世说新语》外，还著有志怪小说《幽明录》。

7. 刘勰

刘勰（约465—520年），字彦和，祖籍山东莒县（今山东省日照市莒县）东莞镇。生活于南北朝时期，中国历史上著名的文学理论家。他曾官县令、步兵校尉、宫中通事舍人，颇有清名。晚年在山东莒县浮来山创办（北）定林寺。刘勰虽任多官职，但其名不以官显，却以文彰。他的《文心雕龙》是中国古代第一部系统的文学批评专著。

8. 刘焯

刘焯（544—610年），字士元，隋朝经学家、天文学家。刘焯精通天文学，他发现隋朝的历法多存谬误，多次建议修改。600年，他创《皇极历》，首次考虑到太阳视运动的不均性，创立“等间距二次内插法公式”来计算日、月、五星的运行速度。推日行盈缩，黄道月道损益，日月食的多少及出现的地点和时间，这都比以前诸历精密。“定朔法”、“定气法”也是他的创见。

9. 刘知几

刘知几（661—721年），字子玄，唐代史学家，彭城（今江苏徐州）人。唐朝永隆年间（680年）以弱冠举进士，官至左散骑常侍。他历任著作佐郎、中书舍人、著作郎，又撰起居注，兼修国史二十余年。期间因深感宰相大臣监修，多所干预，不能秉笔直书其言。有《史通》二十卷传世，对中国唐朝以前的史籍作了全面的分析和批评，是中国第一部史学理论专著。

10. 刘长卿

刘长卿（709—约786年），字文房，宣城（今属安徽）人。唐代著名诗人，擅五律，工五言，官至监察御史。与诗仙李白交厚，有《刘随州诗集》传世，其诗五卷入《全唐诗》。

11. 刘禹锡

刘禹锡（772—842年），字梦得，唐朝彭城人，祖籍洛阳，唐朝文学家，哲学家。自称是汉中山靖王后裔，曾任监察御史，是王叔文政治改革集团的一员。唐代中晚期著名诗人，有“诗豪”之称。政治上主张革新，是王叔文派政治革新活动的中心人物之一。后来永贞革新失败被贬为朗州司马（今湖南常德）。

12. 刘过

刘过（1154—1206 年）字改之，号龙洲道人。吉州太和（今江西泰和县）人，长于庐陵（今江西吉安）。南宋文学家，四次应举不中，流落江湖间，布衣终身。曾为陆游、辛弃疾所赏，亦与陈亮、岳珂友善。词风与辛弃疾相近，抒发抗金抱负狂逸俊致，与刘克庄、刘辰翁享有“辛派三刘”之誉，又与刘仙伦合称为“庐陵二布衣”。有《龙洲集》、《龙洲词》传世。

13. 刘克庄

刘克庄（1187—1269 年），初名灼，字潜夫，号后村居士，莆田城厢（今属福建）人。南宋爱国诗词家。诗学晚唐，刻琢精丽，为江湖诗派中的领军人物。创作大量的爱国诗词，著作有《后村别调》和《后村先生大全集》，有诗 5000 多首，词 200 多首。

14. 刘基

刘基（1311—1375 年），字伯温，谥曰文成，浙江青田（今文成县）人。元末明初军事家、政治家及诗人，通经史、晓天文、精兵法。他以辅佐朱元璋完成帝业、开创明朝并尽力保持国家的安定，因而驰名天下，被后人比作为诸葛武侯。朱元璋多次称刘基为“吾之子房也”。

15. 刘统勋

刘统勋（1700—1773 年），字延清，号尔钝，山东青州诸城（今属于高密）逄戈庄村人。雍正二年进士，授编修，乾隆年间累官至刑部尚书，工部尚书，吏部尚书，尚书房总师傅，内阁大学士，翰林院掌院学士及军机大臣。为官清廉，颇能进谏，参与《四库全书》编辑，并担任《四库全书四》正总裁。

16. 刘墉

刘墉（1719—1804 年），刘统勋之子。字崇如，号石庵，另有青原、香岩、东武、穆庵、溟华、日观峰道人等字号，山东省高密县逄戈庄人（原属诸城），祖籍江苏徐州丰县。清代书画家、政治家。乾隆十六年（1751 年）进士，官至内阁大学士，为官清廉，有乃父之风。书法与当时的王文治、梁同书、翁方纲齐名，刘墉的传世作品以行书为多。

17. 刘铭传

刘铭传（1836—1896 年），字省三，安徽合肥人。他生于一个世代务农的家庭，上私塾时，无心诵读先贤圣语。十二三岁的时候，读了一些占候、堪舆一类的杂书，尤其喜好治兵家言。后为淮军将领，洋务派骨干，台湾第一任巡抚。不但打退了法国舰队的进犯，而且练洋操，议铁路、建台省，为台湾的现代化作出了突出贡献。

18. 刘永福

刘永福（1837—1917 年），字渊亭，广东钦州（今属广西）人，祖籍博白东平，原为广西天地会领袖，1865 年，起义失败后，受清政府镇压，率三百人被迫进入越南保胜地区，开山设寨辟田屯兵，成立黑旗军，以黑底北斗七星为旗号。经过近二十年的发展，增至数千人，在法国侵略者入侵越南及中国南部边疆时，刘永福率黑旗军奋勇抗法，给法国侵略者以巨大打击。1885 年中法签订停战协定。刘永福率部入关，次年被委任为广东南澳镇总兵。在甲午战争前夕，刘永福又被清廷派往台湾协防，担任台湾镇总兵，并重组黑旗军。马关条约签订后，台湾被割让给日本，台湾士绅为抵抗日本统治而成立台湾民主国，刘永福任大将军一职。5 月 29 日，日军在澳底登陆，爆发乙未战争。6 月 4 日，台湾民主国总统唐景嵩逃往厦门之后，民众拥护当时驻防台南的刘永福接任总统，但刘永福并未接受，对外仍称帮办。辛亥革命后，七十二高龄被推为广东民团总长，后告老回乡。

19. 刘鹗

刘鹗（1857—1909 年），原名孟鹏，字云抟。后更名鹗，字铁云，又字公约，号老残。清末小说家，笔名洪都百炼生。刘鹗著名的文学作品为《老残游记》，是晚清四大谴责小说之一。刘鹗的《铁云藏龟》是第一部甲骨文集录，奠定了后来甲骨文研究的基础。刘鹗在数学、水利方面亦有著作传世，如《勾股天元草》、《孤三角术》、《历代黄河变迁图考》、《治河七说》、《治河续说》、《人命安和集》、《铁云藏陶》、《铁云泥封》等。

20. 刘光第

刘光第（1859—1893 年），字裴村，四川富顺县赵化镇人。清末戊戌六君子之一。家境贫寒，好学不倦，中进士后放官刑部主事，负责广西案件，1898 年参加保国会，并参与“百日维新”，被光绪帝任命为军机章京行走，

9 月维新失败后，与谭嗣同等被杀于北京菜市口。刘光第素好苦吟，兼善书法，著有《介白堂诗集》、《衷圣斋诗文集》。

（三）近现代名人

1. 刘湘

刘湘（1888—1938 年），民国时期四川军阀。又名元勋，字甫澄，法号玉宪，汉族，四川大邑人，一级陆军上将。祖父刘公敬，系前清武举。父亲刘文刚，字鉴堂。刘湘是当时四川枭雄，在战事中勇猛，外号“巴壁虎”，生前始终保持四川的半独立状态。1929 年，重庆大学成立，其为第一任校长，并且为其发展做出很大贡献。1938 年 1 月 20 日刘湘在汉口去世。死前他留有遗嘱，激勉川军将士：“抗战到底，始终不渝，即敌军一日不退出国境，川军则一日誓不还乡！”

2. 刘半农

刘半农（1891—1934 年），名复，字半农，江苏江阴人。中国近现代著名文学家、语言学家和教育家。他一生追求真理，积极投身革命，成为新文化运动的发起人之一。他在担任《新青年》杂志编辑时，发表了《我之文学改良观》、《诗与小说精神之革新》等震惊文坛的进步论著，成为新文化运动中一位“斗士”和“闯将”。他开创了我国新诗流派“白话诗”，影响甚广。同时，他又是我国语言学及摄影理论奠基人，他的《汉语字声实验录》荣获“康士坦丁语言学专奖”，是我国第一个获此国际大奖的语言学家。

3. 刘海粟

刘海粟（1896—1994 年），祖籍安徽省凤阳，生于江苏省常州。自幼酷爱书画，1912 年 11 月与乌始光、张聿光在上海创办现代中国第一所美术学校“上海国画美术院”任校长，并取苏轼“渺沧海之一粟”词意，改名“海粟”。首创男女同校，采用人体模特和旅行写生。1918 年到北京大学讲学，并举办第一次个人画展。1919 年到日本考察美术教育，回国后创办天马会。

1931 年在德国法兰克福大学中国学院讲授中国绘画“六法论”，举办“刘氏国画展览会”。回国后，在上海、南京等地举办个人画展，后又先后应邀在德国、英国、印尼、新加坡等国举办画展。

刘海粟历任南京艺术学院院长、名誉院长、教授，上海美术家协会名誉主席。中国美术家协会顾问、全国政协常务委员会委员。英国剑桥国际传略中心授予“杰出成就奖”。意大利欧洲学院授予“欧洲棕榈金奖”。出版有《刘海粟画集》、《刘海粟油画选集》、《刘海粟国画》、《学画真诠》等。

4. 刘少奇

刘少奇（1898—1969 年），湖南省宁乡县人。少年时期上过私塾，1919 年中学毕业。1920 年加入中国社会主义青年团。1921 年到苏联莫斯科东方共产主义劳动大学学习，同年加入中国共产党。1922 年从莫斯科回国，到江西省西北部的安源煤矿领导安源路矿工人大罢工。1925 年在第二次全国劳动大会上当选为全国总工会副委员长。此后在上海、广州、武汉参加五卅运动、省港大罢工和武汉工人群众收回汉口英租界的斗争。1927 年在中共第五次全国代表大会上当选为中央委员。1931 年 1 月在中共六届四中全会上当选为政治局候补委员。同年秋回国，任中共中央职工部部长、全国总工会党团书记。1932 年冬进入位于江西省南部和福建省西部的中央革命根据地，领导职工运动，后任中共福建省委书记。1934 年 10 月参加长征。1938 年 11 月任中共中原局书记，1941 年皖南事变后，他被任命为新四军政治委员和华中局书记。1939 年至 1941 年作了《论共产党的修养》等著名演讲，丰富了党的建设的理论。1945 年在中共第七次全国代表大会上作修改党章的报告，对毛泽东思想作了完整概括和系统论述。

中华人民共和国成立后，刘少奇当选为中央人民政府副主席。他在制定国家政治、经济、文化、教育、外交等方针政策方面发挥了重要作用。1950 年在中国人民政治协商会议第一届全国委员会第二次会议上作了《关于土地改革问题的报告》。1954 年在第一届全国人民代表大会第一次会议上作了《关于中华人民共和国宪法草案的报告》，并当选为全国人民代表大会常务委员会委员长。1956 年 9 月，在中共第八次全国代表大会上代表中共中央作政治报告，为新时期社会主义事业的发展和党的建设规定了方向。在八届一中全会上当选为中共中央副主席。1959 年 4 月，在第二届全国人民代表大会第一次会议上当选为中华人民共和国主席、国防委员会主席。

1966 年“文化大革命”开始后，他受到错误的批判，并遭到林彪、江青反革命集团的政治陷害和人身摧残，于1969年11月12日病逝。1980年中共十一届五中全会为恢复他的名誉作了专门的决定。他的主要著作收入了《刘少奇选集》。

5. 刘伯承

刘伯承（1892—1986年），原名明昭，出身于四川开县张家坝一户贫苦农民家庭。中华人民共和国元帅，中国人民解放军创始人和领导人，现代军事家。

刘伯承上过私塾，读过高小，后考入官立中学。辛亥革命爆发时，刘伯承参加了学生军，次年入重庆陆军将校学堂速成班，毕业之后被分到川军第五师任司务长，在川军中战斗了十年，参加了护国、护法战争，也参加了军阀之间的战争。

1926年，刘伯承在吴玉章等人的引导下接受了马克思主义并加入了中国共产党。奉党的指示，刘伯承到南昌与朱德等一起组织了南昌起义。起义失败之后，刘伯承等人潜往香港，1927年冬转到上海。后去苏联，从苏联回国后，刘伯承任中央军委总参谋长，协助周恩来、朱德指挥了第四次反“围剿”并取得了战争的胜利。在长征中，组织了智取遵义、强渡大渡河、巧过少数民族区域等重大军事行动，为红军的长征立下了不朽的功绩。

抗日战争中，刘伯承任一二九师师长，在太行山建立了晋冀鲁豫抗日根据地，组织指挥了奇袭阳明堡、伏击神头岭、巧胜七亘村等战斗。解放战争时期，刘伯承任第二野战军司令员。他组织了上党战役，歼敌十三个师。随后又打了平汉战役，歼敌二个军，接着战陇海，下定陶，挥师南下，按毛泽东的部署，千里跃进大别山。刘伯承与陈毅的华东野战军组织了淮海战役，一举歼敌五十五万多；奠定了全国胜利的基础。随后渡过长江，打下南京城，挥师向南，解放了华东和西南地区。新中国成立之后，先后任军事学院院长、中央军委副主席等职。

6. 刘峙

刘峙（1892—1971年），字经扶，别号天岳。江西吉安市吉州区长塘乡庙背村人。国民党军高级将领，二级陆军上将。卒于1971年1月15日。1916年毕业于保定陆军军官学校。历任黄埔军校战术教官、第一军团总指挥、河南省主席等职。1953年去台湾，任“总统战略顾问委员会”委员。

1971 年 1 月 15 日病逝于台中。

7. 刘志丹

刘志丹（1903—1936 年），名景桂，字子丹、志丹，陕西保安县（今志丹县）人。是陕北红军和苏区主要创建人之一、中国工农红军高级将领。

刘志丹早年就读于永宁山高等小学。1921 年考入陕北联合县立榆林中学，曾任学生会主席，组织领导学生运动。1924 年冬加入中国社会主义青年团，1925 年春转入中国共产党。同年冬受党指派入黄埔军校第 4 期学习。1926 年秋毕业后参加北伐战争。1929 年春返回陕北，任中共陕北特委军委书记，奉命打入陕北、陕甘边一些军阀部队和民团，开展兵运工作，组织革命武装力量，曾先后任营长、团长、旅长等职。

1931 年 9 月，阎红彦、吴岱峰率中国工农红军晋西游击大队突破黄河天险进入陕甘地区，刘志丹和谢子长按照陕甘省委的指示，与吴岱峰、阎红彦一起将晋西游击大队改编为中国工农红军陕甘游击总队，刘志丹任副总指挥（后任总指挥），与谢子长率部转战陕甘边，创建革命根据地。1935 年 2 月，刘志丹任西北革命军事委员会主席。5 月，红 26 军、红 27 军会合后组成西北革命军事委员会前敌总指挥部，刘志丹任总指挥。9 月，红 26 军、红 27 军与长征到达陕北的红 25 军会师，组成红 15 军团，刘志丹任副军团长兼参谋长。后任西北革命军事委员会后方办事处副主任、红军北路军总指挥兼第 28 军军长和中共中央所在地瓦窑堡警备司令等职。

1936 年 3 月，刘志丹率红 28 军参加东征战役，在晋西北连败敌军。4 月 14 日在中阳县三交镇战斗中英勇牺牲，时年 33 岁。

8. 刘安祺

刘安祺（1903—1995 年），国民党军高级将领，一级上将，字寿如，乳名开秦，山东峄县韩庄（今属微山县）人。刘安祺将军 1926 年毕业于黄埔军校三期步兵科、革命实践研究院第 1 期。陆军大学一期、国防大学二期毕业。早年投身军界，由排长升至兵团司令官、青岛十一绥靖区司令官、军团司令。1948 年 9 月 22 日晋升国民革命军陆军中将。1950 年任台中防卫区司令，后任国民党军第二兵团司令官、陆军预备队训练部司令、金门防卫部司令、陆军总司令、三军联合参谋大学校长、“国防研究院”副院长等职。后任陆军总司令，1970 年晋升为陆军一级上将。1974 年任“中央信托局”理事会主席，1982 年辞去该职。曾被聘为台湾当局“总统府”上将战略顾问。

9. 刘亚楼

刘亚楼（1910—1965 年），原名刘振东，福建省武平县客家人，1929 年 8 月加入中国共产党，同年底参加红军。无产阶级革命家，军事战略家、1955 年被授予上将军衔。是新中国空军第一任司令员。抗战时期与解放战争时期屡立奇功，有“智将”的美誉。

10. 刘震

刘震（1915—1992 年），原名刘幼安。中国人民解放军高级将领，军事科学院副院长。在抗美援朝作战中，担任中国人民志愿军空军司令员。1955 年被授予上将军衔，荣获一级八一勋章、一级独立自由勋章、一级解放勋章。

11. 刘华清

刘华清（1916—2011 年），湖北大悟人。中国人民解放军领导人，曾任海军司令员、中共中央政治局常委，中央军委副主席。

12. 刘家语

刘家语（1914—2009 年），又名谷牧，山东荣成人。曾为北平左联负责人之一，老一辈无产阶级革命家。历任国务院副总理、中共中央书记处书记、国务委员、第七届全国政协副主席等职。率领改革开放后第一个对外考察团赴西欧，在经济特区和经济技术开发区的兴办、沿海城市开放、外资利用等方面，做出了突出贡献。

五、寻根联谊

（一）祖地平顶山新貌

刘姓祖地平顶山市位于河南省中南部，东与许昌市的襄城、漯河市的舞阳、驻马店市的西平和遂平县交界；西与洛阳市的汝阳、嵩县毗邻；南与驻马店市的泌阳、南阳市的方城、南召相接；北与洛阳市的伊川、郑州市的登封接壤，总面积 7882 平方公里，市区面积 70 平方公里，总人口 500 万。因中心城区毗邻平坦如削的平顶山而得名。这里是古应国所在地，鹰是古应国图腾，古汉语中“鹰”与“应”通假，因而平顶山又别称“鹰城”。

平顶山山川秀美，自然环境优越。处于豫西山地向黄淮平原的过渡地带，整体上呈现出三山两川的地理形势。在三列山脉之间是两条大河及其平原，即沙河和北汝河，都属沙颍河水系。平顶山属大陆性季风气候，地处暖温带，四季分明，雨量充沛，光照充足，植被良好，非常适合人类居住和生活。山水相间的过渡性地形和良好气候环境使自然景观十分丰富，山峰与河流俱佳，风光秀丽无比，有“中原独秀”美誉。特别是尧山，独秀天下，声播海内外。

平顶山物华天宝，特产资源丰富。已探明各类矿产资源 57 种，其中优势矿藏有煤、盐、铁等品种。原煤储量 103 亿吨，分布 650 公里，是中南地区最大煤田，有“中原煤仓”之称。叶县盐田储量 3300 亿吨，分布 400 平方公里，是中国第二大井盐田，被中国矿业协会授为“中国岩盐之都”称号。铁矿储量 6.61 亿吨，占全省 76.3%，是全国十大优质铁矿之一。水资源是中原最富集地区，自然水总量 18 多亿立方米，因修筑水库形成的包括白龟湖、昭平湖、燕山湖、龙泉湖等众多人工湖泊水容量达 20 多亿立方米。温泉资源冠居中原，沿沙河分布的鲁山温泉链和汝州温泉群水量大，水温高，水质好。动植物资源丰富，是重要的商品粮基地。

平顶山工业雄厚，产业优势明显。自建市以来，逐步由过去单一的“煤城”发展成以能源化工、装备制造、特宽厚钢、新型建材、农产品加工和现代服务业六大支柱产业为主体，煤炭、电力、钢铁、化工、纺织、机电、建材、食品等行业综合发展的新兴现代化城市。其中，中国平煤神马能源化工集团集两家上市企业平煤天安和神马实业于一体，是河南省最大的能源化工生产企业；舞钢公司是全国最大的特宽、特厚钢板科研生产基地；平高集团是全国三大高压开关制造企业之一；姚电公司是华中电网的骨干企业。

平顶山位于中原腹地，文明历史悠久。早在八千年前先民就在这里繁衍生息，现在发现有众多的裴李岗文化、仰韶文化和龙山文化遗迹。商周时期是古应国所在地，西周时周武王封其子于此，是为姬姓封国，都邑滍阳，其故城淹没在今天的白龟山水库。春秋战国时期分属韩、魏、晋、郑、楚；秦以后，行政区划时有变化，但多属于颍川郡、南阳郡；隋唐后多属汝州管辖；新中国成立后，分属许昌地区和洛阳地区。1953 年，煤田开始勘探开发，1957 年 3 月国务院批准设省辖市，一度改为平顶山特区，1968 年恢复市置。现辖汝州和舞钢两市，叶县、郏县、宝丰、鲁山四县，新华区、卫东区、湛河区和石龙区四区。

平顶山文化底蕴深厚，文化遗产丰富，现有国家重点文物保护单位 14 处、省级文物保护单位 38 处、全国非物质文化遗产 4 项。其中，出土于汝州阎村遗址的鹳鱼石斧图彩陶缸在中国和世界美术史上有很高的地位，被国务院列为国宝级珍宝。温泉开发利用史很早，鲁山温泉相传为商汤发现，被誉为“灵泉”、“神汤”，史称“皇女汤”；汝州温泉汉唐时期为皇家青睐，频繁莅临，被誉为汉唐皇家温泉。酿酒文化源远流长，酿酒鼻祖仪狄酿酒就在宝丰；香山寺全称香山普门禅寺，始建于东汉末期，是汉化观音得道证果圣刹和举世公认的汉化观音祖庭，平顶山是名副其实的“妙善公主故里，千手观音之乡”；始建于北魏的风穴寺是中州四大名刹之一，其塔林是全国第二大塔林。三苏园是苏轼与其父兄的埋葬地；叶县县衙是始建于明代的一座保存完好的衙署；马街书会传承 700 多年，名闻全国，被列入第一批国家级非物质文化遗产保护名录。广泛分布于叶县、舞钢、鲁山的楚长城已被专家认定，为世界文化遗产；平顶山还是世界华人叶姓、刘姓、应姓等姓氏发源地。

平顶山人杰地灵，历代名人辈出。代表性的有十大历史名人：中华刘姓始祖刘累、先秦思想家墨子、叶姓始祖叶公沈诸梁、西汉谋圣张良、东汉政治家韩棱、东汉军事家冯异、唐代文学家元结、唐代医学家孟诜、南宋抗金名将牛皋、清代文学家李绿园，还有五四诗人徐玉诺、近代农民起义领袖白朗、当代诺贝尔物理学奖获得者崔琦等。孔子、诸葛亮、李白、韩愈、颜真卿、欧阳修、苏轼、苏洵、苏辙、黄庭坚、范仲淹等许多历史名人都曾到过这里。公元前 526 年，孔子和沈诸梁在叶邑会面，史称叶公问政，留下了“近者悦、远者来”的千古佳话。

平顶山市已崛起成为一颗璀璨的中原明珠。特别是改革开放以来，社会经济又好又快发展，取得了举世瞩目的成绩。2008 年以来，全市生产总值居全省第 4 位，地方财政一般预算收入居全省第 3 位，成为国家重要的能源原材料工业基地，位列中原城市群中心城市，已成为中国优秀旅游城市、国家园林城市。所辖叶县是中国岩盐之都，舞钢市是中国冶铁文化之都，宝丰是中国曲艺之乡和魔术之乡，鲁山是牛郎织女文化之乡。在新形势下，平顶山确立了“生态建市、产业立市、文化强市、和谐兴市”的发展战略，以“中原独秀、近悦远来”为城市主题理念，学先进，比创新，看实效，平顶山正如展开双翼的雄鹰展翅飞翔！

（二）刘姓宗亲组织

世界刘氏会馆

位于鲁山县昭平湖风景区刘姓始祖苑御龙广场东侧牌坊北，是刘氏宗亲聚会、交流、联谊的场所。总投资500余万元，于2005年9月16日开工兴建。会馆总占地面积3360平方米，建筑面积5200平方米，整体两层，80余间，13个配套小会议室，1800多平方米的多功能会议大厅，宽敞大方，庄重严肃，集资料展示、会议接待等多种功能于一体。2008年4月19日举行落成大典。

世界刘氏总会馆

世界刘氏总会馆位于刘邦故里江苏沛县，是集展示、研究、集会于一体的场所。占地约十亩，建筑面积三千平方米。会馆主体二层。2008年5月18日举行落成典礼。会馆主要功能：一是集中收藏展示刘氏宗亲族谱，沛县历届刘邦文化节汉文化研究成果，以及刘氏宗亲中艺术大师的书画作品，刘氏著名企业家传记等有关图片、实物资料。二是会馆汇集各方专家、学者发掘研究汉文化资源，为汉文化研究学术交流、高层论坛提供一个较好的场馆。三是打造成为海内外刘氏宗亲寻根问祖、回报故里、投资兴业、集会联谊的活动中心。“世界刘氏宗亲总会会馆”的建成，为海内外刘氏宗亲来沛县寻根问祖，拜谒先贤提供了个良好的平台，是研究、收集、整理汉文化的重要载体。此外，将对沛县当地传承汉风汉韵，发掘人文底蕴，与海内外交流，提升其地区知名度有着重要意义。

平顶山刘姓文化研究会

平顶山市刘姓文化研究会是经政府有关部门批准，于2007年6月正式注册成立的群众性社团组织。旨在团结和组织热心刘姓历史文化的专家学者及社会各界人士，对刘姓优秀历史文化进行挖掘和整理，并为关心、支持刘姓事业的社会各界人士开展联谊、促进交流与合作提供一个平台。其前身是平顶山刘氏祖地宗亲联谊会。近年来，本会以“弘扬刘姓文化，服务社会和谐；加强亲情联结，服务经济建设”为宗旨，卓有成效地开展了一些工作。先后派人到新加坡、马来西亚、泰国、香港、广东、福建、西安、安徽、江苏等地开展联谊活动，并热情接待了马来西亚、香港、台湾等国内外部分刘氏寻根祭祖，增加了祖地与各地刘氏的联系，受到了海内外广大刘姓人士的广泛赞誉。

偃师刘氏宗亲联谊会

2009 年 11 月 27 日，偃师刘氏宗亲联谊会成立大会在河南省偃师市召开。来自河南省平顶山、光山县、偃师、新郑、登封、巩义、孟州等十几个地市的刘氏宗亲代表及《刘氏春秋》编辑部主要人员参加了此次大会。大会同时举办刘国故城研讨会。偃师刘氏会会长为刘丙建，常务副会长为刘亚伟、刘现志等。

河南刘氏宗亲总会

河南省刘氏文化研究会于 2005 年 3 月 11 日在郑州华云宾馆召开成立大会。出席大会的有省民政厅、省文化厅、省社科院、省地方史志办、省国画院、省美术出版社、海燕出版社等单位的领导、专家、学者和地市的刘氏宗亲代表共 100 多人。出席会议的谢钧祥、刘君璞、扬威、李立新、张新斌、冯德顶等专家、学者从刘氏历史文化学术的角度进行了认真的研讨。

新郑刘氏宗亲会

2009 年 11 月 16 日，新郑刘氏宗亲会成立大会在河南省新郑市举行。来自河南省的平顶山、信阳、偃师、新郑、登封、巩义等十几个地市刘氏宗亲代表、汉刘文化专家及《刘氏春秋》编辑部主要人员参加了此次大会。会上还举办了由河南省刘氏文化研究会、河南省刘氏宗亲总会主办，新郑刘氏宗亲会承办的河南汉刘文化遗产研讨会。

彭城刘氏联谊会

彭城刘氏联谊会筹建于 2007 年 5 月。几年来一直致力于彭城刘氏历史文化的研究和宗亲联谊活动。主要包括：2007 年和 2009 年两次组织本地区和周边地区刘氏宗亲来徐州“彭城堂”刘氏大宗祠祭祀先祖。组织出席 2008 年在西安举办的第六届“世刘会”的活动。配合中华刘氏联谊总会举办“世界刘氏谱牒研讨会”（2008 年第一期，2009 年第二期）；组织考察组分别到本省和山东、浙江、福建、江西、安徽等地访查齐王刘肥公后裔的宗支修谱情况。进行重修《中华刘氏统宗世谱》齐王肥公大系总谱，协助开编楚元交公大系、汉文帝恒公大系总谱。

湖北刘氏联谊总会

2008 年 11 月 8 日至 9 日，湖北汉文化论坛暨湖北刘氏联谊总会成立大会在武昌丽江饭店隆重召开。出席大会的有原省人大常委会副主任、省政协副主席和省文联、湖北日报社等有关领导及世界刘氏联谊总会秘书长刘一其、第六届世界刘氏联谊大会执行主席刘连腾等和湖北各地宗亲代表共 200 余人。湖北刘氏联谊总会的宗旨是：遵守国家法律，增进民族团结；研讨刘氏谍谱，提供寻根依据；弘扬中华文化，促进社会和谐。

马来西亚刘姓宗亲组织

马来西亚的刘姓华人非常热衷于宗族活动，他们在马来西亚建立了众多刘氏族亲团体和组织，组织了很多联谊和寻根活动。1949 年 8 月 27 日，马来西亚刘氏在吉隆坡成立了“大马南安刘氏公会”，会址在吉隆坡市节士街 17 号，现任会长为刘桂明，副会长刘如田、刘金泉。1958 年正式成立了马来西亚永春湖洋彭城公会，由刘后两出任第一届主席，会所是麻坡三马路 113 号。现任主席为准拿督刘庆礼先生，副主席为刘汉格、刘香清、刘诗池。这支马来西亚刘氏主要来自中国福建永春县湖洋乡，族人现分布在全马各地。1967 年 10 月 3 日，祖籍中国福建省安溪县蓬莱乡的马来刘姓族人，在吉隆坡注册了“马来西亚蓬莱刘氏公会”，第二年正式召开成立庆典，1983 年该会购吉隆坡市蕉赖路万顺花园为会所。该会现有会员 300 多人，而且都使用“仕世延芳，肇祖发祥，簪缨朱带，华萼咸藏”的字派，为同一刘姓宗派。该会每年 4 月举行会员大会，现任理事会（第 16 届）主席为刘天魁先生，副主席是拿督钦团局绅刘发港。1966 年，由刘顺义、刘兴孝、刘兴帮、刘兴昨等刘姓前辈发起，马来西亚刘姓成立了马来西亚柔佛州刘氏公会，以刘顺仪为第一届会长，永久名誉会长为拿督刘南辉局绅、拿督刘庆年，现任主席为刘振发，副主席刘秋南、刘汉华。该会是目前马来西亚最大的刘姓华人宗亲组织，并建立有御龙堂刘氏宗祠。该会还与祖地中国的刘姓宗族建立了广泛联系，多次组织刘姓华人回国寻根祭祖，对中马两国的文化交流起了较大的推动作用。1964 年，由拿督刘两、刘克文等刘姓前辈发起，居住在马六甲的刘姓族人成立了马六甲刘氏宗祠，以“后两堂”为堂号。该刘氏宗祠现任（第 4 届）主席刘文权，副主席刘佳境、刘文祺。

1998 年，居住在沙巴州的马来西亚刘氏华人经过 3 年的筹建，也终于建立起了自己的宗亲组织——沙巴州（彭城）刘氏宗亲会，以拿督刘智新为第一届主席，刘永龙为代理主席，刘永振、刘国靖、刘国林、刘天民为副主席。

1978 年底，马来西亚砂罗越州的刘氏华人在刘贤任等人的积极发起筹备下，注册成立了砂罗越诗巫彭城刘氏公会，并于 1979 年 1 月 25 日正式召开成立庆典。该会以拿督刘会干先生为首任会长和永远名誉会长，以刘灿源为第一任主席。现任理事会（第 10 届）会长为刘瑞源，主席为刘虔材，副主席为刘贤英、刘华新、刘见玉、刘春亮、刘会湘。该会在 1997 年还成立了修订族谱编委会，于 1982 年修编了《砂罗越彭城刘氏族谱》。

1990 年，马来西亚古晋省的刘姓华人成律师刘少英积极筹备成立了古晋三马拉汉彭城刘氏公会，1992 年召开第一届会员大会，推选刘汉水为第一届会长，刘邦檀为代理会长。1980 年，砂罗越泗里街的刘姓华人注册成立了砂罗越泗里奎彭城刘氏公会，并于 1981 年 2 月 7 日举行了成立庆典。该会现任主席为刘仁纯，副主席是刘必泰、刘仁端。1988 年，由刘贤威等人经过一年筹备的马来西亚砂罗越美里省彭城刘氏公会正式注册成立，该会推举刘贤成为会长、刘文贤为代理会长、刘光辉为副会长。

最值得一提的是，1997 年，马来西亚柔佛州刘氏公会联络中国、美国、加拿大、印尼、泰国、菲律宾、新加坡等国刘姓宗族，在马来西亚召开了世界刘氏宗亲联谊会第一次大会，从而把全世界刘姓族人的联谊交流和寻根活动推向新的高潮。

印尼刘氏宗祠互动会

印尼的刘姓宗族，成立了许多宗亲组织。如 1952 年，雅加达刘姓华人正式成立了印尼刘氏宗祠互助会，也称印尼刘氏宗亲会，现有会员 1138 人，广泛分布在印尼各省市。现任主席为刘嘉其先生。

新加坡宗亲组织

新加坡刘姓也建立有自己的宗族组织。如 1930 年，新加坡刘氏宗族就成立彭城公会，会址设在烟隘吉灵丹巷。1935 年该会改名为新加坡刘氏公会，会所迁于吉邻街。日本统治时期会务停止，1946 年刘氏公会恢复，迁址于乞力律，不久更名为新加坡刘氏总会。新加坡刘氏总会（第 29 届理事会）现任主席为刘汉水，副主席为刘耀来、刘朝祥、刘潮湘。1951 年，客家籍的新加坡刘姓族人又成立了新加坡客属刘氏彭城公会，会址租借于新加坡小坡赛逸亚雷街 40 号 B。1968 年，该会成为新加坡第一个颁发奖学金、助学金的刘氏宗亲团体。1971 年，该会更名为新加坡客属刘氏公会，会址先定在加冕律 6 号 B，1973 年迁于芽笼 24 巷 18 号 A。该会（第 31 届理事会）现任主席刘智评、副主席刘再光、刘宪章。

据《第一届世界刘氏宗亲联谊会纪念特刊》所载《揭阳桂林刘氏公会简史》记载，大约在 20 世纪初期，祖籍广东省揭阳县桂林乡的一批刘氏族人开始渡海移民到新加坡拓荒谋生。他们大多聚居在新加坡芽笼一带，为了方便新来的乡人居住，他们共同成立了一公用居所，初名为公厝，后更名为桂林公厝，这就是“揭阳桂林刘氏公会”的前身。1964 年，该会正式注册，定名为揭阳桂林刘氏公会，会址定在惹兰加章，并创办醒狮团以发扬中华传统体育精神。1989 年，该会购置芽笼 33 巷 24 及 26 号联座，作为新加坡揭阳桂林刘氏公会的新会所。1991 年再迁会址到芽笼 34 巷 21 号现址。该会（第 24 届理事会）现任常务主席为刘潮湘，副主席为刘玉江、刘亚三、刘仁慈、刘岳标。

来自中国侨乡刘陇的刘姓宗族，则在 1957 年正式注册成立了新加坡刘陇同乡会，由刘英先先生担任第一任会长，刘芝乾接任第二任会长。1977 年，该会购得芽笼 24 巷 8 号作为会址。现任会长为刘英木，副会长为刘旭宗、刘天福、刘英才、刘东。

泰国宗亲组织

泰国的刘姓族人建立有多种刘姓宗亲组织。1969 年，泰国刘姓成立了“泰国刘氏宗亲总会”，以刘天各为第 1 届理事长，刘嘉禄任第 2 届理事长，刘广安任第 3－6 届理事长，刘坤戎任第 7－11 届理事长，刘邦有任第 12－14 届理事长，现任理事长（第 15 届）为刘暹有先生。客家籍的泰国刘姓族人还成立了泰国客属刘氏宗亲联谊会。祖籍中国广东省潮阳县港头乡的泰国刘姓，成立了旅泰潮阳港头乡刘氏家族会，刘松炎为现任理事长。祖籍中国广东省潮阳县深溪乡的泰国刘姓，则成立了旅泰潮阳深溪乡刘氏家族会，以刘炳荣为现任理事长。祖籍中国广东省潮安县磷汉乡的泰国刘氏，也成立了旅泰潮安磷汉乡刘氏家族会。祖籍中国广东省揭阳县桂林乡的泰国刘姓，成立了旅泰揭阳桂林乡刘氏家族会。另外，泰国刘姓华人还参加了由刘、关、张、赵四姓华人共同组成的泰国龙冈亲义总会。

北美地区宗亲组织

刘姓族群在北美地区也建立了自己的宗亲组织，如在美国的刘姓，建立了三藩市刘家公所，现任主席为刘建发，副主席刘汉平，元老有刘孔悦、刘郁文、刘孔森、刘清泉、刘源绵、刘富林、刘应同等。又在纽约建立了美国纽约刘氏宗亲会，以刘孔清为现任会长。1998 年，来自广东省台山县第二区横水乡的美国华人刘姓，还在美国纽约成立了“刘横水同乡会”，以刘焕新为第一届会长，刘锡俊、刘孟焜为副会长。据记载，刘横水同乡会的刘姓族人均是横水乡刘姓开基始祖刘世华的后裔。此外，美国的刘姓还参加了世界龙冈亲义总会、美洲龙冈亲义公会，美洲龙冈亲义公所现任主席为刘国樑先生。

在加拿大的刘姓，也建立了加拿大刘氏宗亲总会，以刘孝德为名誉会长，现任理事长为刘镜生先生，刘楚雄、刘志成为现任副理事长。

世界刘氏联谊大会

世刘联谊大会是世界各地刘氏华人广泛参与的连根联谊盛会。自 1997 年由丹斯里拿督刘南辉先生与当地刘氏公会发起在马来西亚柔佛州成功举办第一届大会后，每两年一次的联谊大会保持同样的模式，在海外举办之后的下一届就一定要回到中国举办。已分别在马来西亚柔佛州、徐州、泰国曼谷、平顶山、新加坡、西安、马来西亚诗巫市共举行了七届联谊大会。世刘联谊大会为沟通宗亲交流，发展当地经济等发挥了重大作用，为社会和谐做出了应有的贡献。

世界刘氏企业家联合总会

世界刘氏企业家联合总会是在世刘联谊基础上倡议成立的。2009 年 8 月 8 日，世界刘氏企业家联合总会在世刘联谊总会的领导下，正式在北京人民大会堂宣告成立。制定有《世界刘氏企业家联合总会章程》。同时举行了“2009 中外企业发展战略论坛”的开幕式。

（三）宗亲联谊活动

在各地刘姓宗亲组织的筹划安排下，刘姓宗亲的联谊活动层出不穷，类型繁多。这些活动加强了刘姓宗亲的血肉联系，促进了各地宗亲的交流和共同发展。现以世界刘氏联谊大会为例略述刘姓联谊活动之盛。

第一届世界刘氏联谊大会（马来西亚柔佛州 1997 年）

第一届大会是 1997 年 12 月 8 日在马来西亚柔佛州召开，由柔佛州刘氏公会主办，刘南辉局绅出任第一届大会主席，刘景森宗长任秘书长，刘振发为筹委会主席，到会者一千多人，大会通过了会旗会徽和会章。

第二届世界刘氏联谊大会（徐州 1999 年）

1999 年 10 月 24—27 日在汉高祖的家乡——江苏省徐州市（古称彭城）南郊宾馆召开。由中华刘氏宗亲总合主办，刘景秀宗长为第二届大会主席，此次大会配合徐州市政府举办“99 金秋彭城人世纪大团圆”文化活动，使大会更加热闹。受此次大会影响，全国各地纷纷成立刘氏联谊组织，并以研究“刘氏文化”、“汉刘文化”、“龙文化”、“姓氏文化”等形式，展开宗族活动，对于推动世刘大会发展起了重要作用。

第三届世界刘氏联谊大会（泰国曼谷 2001 年）

2001 年 11 月 2—3 日，泰国刘氏宗亲总会主办，在泰國曼谷举行。中国、日本、美国、加拿大、菲律宾、印度尼西亚、越南、马来西亚、泰国、文莱等国家和地区的刘氏宗亲、侨胞、龙岗宗亲 3000 多人，齐集曼谷眉特国际会展中心，共叙亲情同睦宗谊。

大会主席刘暹有宗长事先带领泰国宗亲访问了东南亚各国，又到台湾、香港、澳门及中国大陆各省进行联系。泰国皇室诗琳通公主为大会亲笔题词“汉室之光”。泰国总理塔辛的代表、中国驻泰国大使为大会贵宾并发表演讲。泰国刘氏宗亲总会经过两年准备，拍摄了一部反映泰国华侨旅居泰国奋斗史的纪录片。编排了话剧《刘邦大帝》，出版了第三届世界刘氏宗亲大会纪念专集大型书册等。

会前，在泰国刘氏宗亲总会还举行了隆重的拜祖仪式。拜祖堂金碧辉煌，正中供奉着始祖刘累以及近祖刘邦、刘秀的铜像。右墙绘制有刘累御龙大型壁画，左墙绘制桃园三结义的大型壁画。供桌上猪、羊及干果齐备。会后在会展中心召开100余人参加的代表团长会议，推选河南平顶山市为第四届世联会承办单位。

第四届世界刘氏联谊大会（平顶山市2004年）

第四届世界刘氏联谊大会于2004年5月26日至29日在河南省平顶山市举行，来自海内外的700多名刘姓宗亲相聚在落凫山下，相拥在鹰城，寻根谒祖，畅叙亲情。大会以“寻根、联谊、合作、发展”为主题。中国侨联副主席林其珍、中央文献研究室副主任黄峥、省人大常委会副主任李长铎、副省长贾连朝、省政协副主席张洪华、省侨联主席张亚洲、省政协副秘书长胡经文和平顶山市有关领导出席了开幕仪式。会议期间，举行了祭祖、经贸洽谈等活动。

第五届世界刘氏联谊大会（新加坡2006）

2006年11月16日至18日，世界刘氏宗亲第五届联谊大会在新加坡举行。本次大会为新加坡刘氏总会连同新加坡客属刘氏公会、刘陇同乡会及揭阳桂林刘氏公会联合举办，这也是新加坡的刘氏宗亲团体第一次举办如此大规模的联谊大会。来自世界五大洲、一千多刘氏宗亲踊跃参与盛会，一起发扬宗乡联系精神，并促进彼此情谊。

第六届世界刘氏联谊大会（陕西省西安）

世界刘氏第六届联谊大会于2008年9月20日至23日在西安举行，来自海内外30多个国家和地区的1200多名刘氏宗长、宗亲齐聚古城。大会期间，与会代表在汉长安城遗址举行纪念长安城建城2210周年庆典、祭拜汉高祖大典，还举行世界汉文化高层论坛、亲情报告会、经贸洽谈会等活动。

第七届世界刘氏联谊大会（马来西亚诗巫市2010年）

2010年10月22日至24日，在马来西亚砂罗越州诗巫市举行。此次世界刘氏联谊大会由马来西亚刘氏总会主办，砂罗越彭城刘氏公会承办，以“同族、同根、同梦想”为主题，规模盛大，广邀世界各地刘氏宗亲两千余人来马参与其盛，其中来自中国广东、福建、河南、陕西、安徽等地六百多名刘氏宗亲代表参加了此次大会。

蔡　　姓

尚景熙　武晋豫　张湘东
陈剑锋　寇保国　彭建春

一、蔡姓姓源

（一）蔡姓的起源

1. 蔡字的含义

说到蔡姓，首先需要了解“蔡”字的含义。“蔡”字的本义就是草，东汉学者许慎在他的《说文解字》中说，蔡，“草也。从草祭声。”意即“蔡”的本义是指草，是由“艸”和“祭”构成的形声字。清代学者段玉裁在《说文解字注》中说：“此曰蔡，草丰也，是为转注，草生之散乱也”。张舜徽《说文约注》说：“蔡之本义，当为芟草。……丰即割之原文。”但均未指明是什么草。甲骨文为广大学者认为是象形字。据《古文字类编》，甲骨文的蔡字写法为。钟鼎文与甲骨文类同。直到李斯统一文字作小篆，为今天的蔡字提出规范写法。许慎的《说文解字》说蔡字“从草祭声”，明显是根据小篆对蔡字的写法按六书的形声解释的。祭也读寨（zhai），祭与蔡同声互通。段玉裁说“蔡草丰也”，是草生的散乱，也未道出本质。独张舜徽说：“蔡之本义，当为芟草”，近似。“芟”（shan 删）作除草讲。则谓蔡即除去的草，在甲骨文中杀的写法与蔡字的写法类同。杀与除是可相通的。那么，到底除去的草是什么草呢？应是上蔡县白龟庙（古名白龟祠）生长的蓍草。因为白龟祠的蓍草在记载中是享有盛誉的。李时珍《本草纲目》卷十五《草部蓍》载：“今蔡州上蔡县白龟祠旁，其生如蒿作丛。高五六尺，一本一二十茎，至多者五十茎，生便条直，所以异于众蒿也。秋后有花、出于枝端，红紫色，形如菊花。结实如艾实。”并且说蓍“神草也”，古代用蓍揲卦，“无蓍揲卦，亦可以荆蒿代之”。

揲卦，即把蓍草割下来，截成50节，先取1节，剩下49节。把这49节分为两组，然后4节为1数，以定阳爻和阴爻，最后根据卦象以定吉凶。这样把蓍草割下来，分节占卜，与张舜徽说的“蔡之本义，当为芟草”是吻合的。所为芟之草，即蓍草。今天我们将一株蓍草割下来，根上稍下，与甲骨文的蔡字形非常一致。以此，可知蔡字的含义，即用蓍草占祭神问事。因此，康熙本《上蔡县志·沿革》谓“伏羲氏因蓍草生蔡地，画卦于此，遂名其地为蔡”。

上蔡白龟祠的蓍草，并见《群芳谱》、《植物名实图考长编》。《群芳谱》也说：“蓍，神草也。”并说“能知吉凶”。由此可见，上蔡白龟祠生长的蓍草是最地道的，最有灵气。

古代，上蔡出产的大龟也享有盛名。《论语·公冶长》曰：“臧文仲居蔡。”蔡地即今上蔡县。古代占卜，除了用蓍揲卦，再者就是用龟。古代龟为四神之一。四神，即朱雀、玄武、青龙、白虎。玄武即龟。因为龟与蓍皆为神物，所以同称“蓍龟”。神是天地万物的支配者，蓍、龟皆是天地万物的支配者，同生在上蔡，上蔡下则地灵，上则天佑，蔡氏人才辈出，宗族兴旺，当然是因为根扎在这块卓越的土地上。

2. 蔡姓的由来

“蔡”字作为姓氏的标识，是来源自古代的地名和国名。依据有关的史料，源自地名或国名的蔡姓，主要有两个源头：一是姞姓蔡人，二是姬姓蔡人。以上所说的，都是以国得姓的蔡姓人。以国得姓的蔡姓人，只是蔡姓人的最早部分（姞姓蔡人）和主流部分（姬姓蔡人），并不能涵盖后世蔡姓人群的全部。姬姓蔡国的臣民，在漫长的历史演化进程中，由于某种特殊原因而得姓者，还有许多。另外还有其他姓氏演变的蔡姓虽不占主流，但也有一定影响力，主要有二：一是源自少数民族的蔡姓，二是由其他姓氏改姓而来的蔡姓。

（1）姞姓蔡国的族源

相传最早的蔡姓源出于姞姓。关于姞姓的族属，根据《国语·晋语》记载：“凡黄帝之子二十五宗，其得姓者十四人，为十二姓，姬、酉、祁、已、滕、箴、任、荀、僖、姞、儇、依是也”。意思是说，黄帝有25个儿子，其中得到姓氏的有14人，分成12个姓，分别是姬、酉、祁、已、滕、箴、任、荀、僖、姞、儇、依姓。由此可知，姞姓乃是黄帝的后裔。

作为黄帝族裔12姓之一的姞姓部族，在后来的发展中，人口繁衍增多，又衍生出许多分支氏族。东汉学者王符在《潜夫论·志氏姓》中说：“姞氏封于燕……姞氏之别有阚、尹、蔡、光、鲁、雍、断、密须氏”。这就是说，黄帝后裔姞姓又分出了8个氏族，其中有一支名曰蔡氏——这也是中国最早见于史载的蔡氏。

出自姞姓的蔡氏初居之地在什么地方，如今已经难于确考。但从有关的零星史料及姞姓胞族、方国的活动地域来分析，仍可寻出一些蛛丝马迹。

作为姞姓分支的蔡国，在商代已显于世。安阳殷墟出土的甲骨文卜辞中有“壬寅卜，蔡其伐归”之句。这里的“蔡”，就是姞姓蔡国，而其中的“归”，当为商代的归方。蔡国和归方都是商王朝的属国。归方的地盘在今天的河南东部商丘一带。当时，姞姓蔡国既然能够出兵讨伐殷朝都城附近的归方国，说明当时的蔡国尚具有一定的实力，从而也可以判断它的领地应离归国不会太远，大约就在今天的豫北地区。

商朝末年，姞姓蔡国不再见于文献记载，可知它已经衰微，可能是随着商王朝的灭亡而被西周吞并。从周朝初年武王封其弟姬叔度于“蔡”的史事来看，姬叔度所封的“蔡国”，应该与已经灭亡了的姞姓蔡国的地望有关。在古代的典籍中，一般是把姬叔度称作“蔡叔度”或“蔡叔”，这也说明，姬叔度的初封地应该就是旧有的姞姓蔡国的所在地，因而才会有这些说法。

（2）姬姓蔡人

司马迁《史记·管蔡世家》：“武王克殷纣，封叔度于蔡。”《集解》引《世本》曰：“居上蔡。”班固《汉书·地理志》：“上蔡，故蔡国，周武王弟叔度所封。度故，成王填充其子胡”。唐代林宝《元和姓纂》：“蔡，周文王第十四子，蔡叔度，生蔡仲胡，受封于蔡，后为赵（按：应为楚）所灭，子孙以国为氏。”宋人郑樵《通志·氏族略》在转引《史记》关于蔡国的记载：“相承二十六世，为楚所灭，子孙以国为氏”，这就是蔡姓。《姓氏考略》上说：“周文王第十四子蔡叔度生蔡仲胡，受封于蔡，子孙以国为氏，晋有蔡墨，秦有蔡泽，望出济阳”。顾祖禹《读史方舆纪要·河南·上蔡县》：“蔡城，县西南十里。《志》云：蔡国旧城周二十五里，蔡叔度始封此，其子蔡仲即封焉”。明代的归震川《华亭蔡民新谱序》把蔡氏来龙去脉交代得更为清楚。该序文记载：“蔡之先出于周文王。而蔡叔度，武王同母弟，以武庚之乱迁。其子胡，能改行，率德驯善，周公举以鲁卿士，复封于蔡，尚书蔡仲之命是也。其后平侯徙居今新蔡，昭侯徙州来，今寿县是也，后二十六年灭于楚。”表明蔡国自周武王姬发封叔度于蔡到蔡平侯迁都于新蔡，在上蔡共历18位国君，长达500余年，也说明蔡姓在得姓之初主要繁衍在上蔡一带。

根据古代姓氏书的记载，蔡国之后，除了蔡姓外，还分衍出许多，主要有蔡仲氏、钟丘氏、归生氏、声氏、生氏、朝氏、鼌氏、晁氏、姓氏、性氏、吁氏、子履氏、履氏等。其中的蔡仲氏和蔡丘氏，后来都演变成了蔡氏。具体演变情况如下：

蔡仲氏：为古时复姓。据《元和姓纂》称：蔡仲氏出自姬姓，西周蔡国国君蔡仲名胡，其后有蔡仲氏。战国时赵国有蔡仲其，为赵国大将，即是蔡仲的后裔。蔡仲氏后来简化成单姓蔡氏，与蔡姓混合为一。

蔡丘氏：古时复姓，也是源于姬姓蔡国，得姓原因未详。《姓氏急就篇》记有蔡丘钦。另据《集韵》中说：古有蔡丘枚，丧马。蔡丘氏后世亦演变成了单姓蔡氏，与蔡姓合一。

由蔡仲氏和蔡丘氏演变而来的蔡姓人，与以国得姓的主流蔡姓人同根同源，都是蔡国的血缘后裔，同时也自然而然地与蔡姓有着同宗共祖之谊。

（3）源自少数民族的蔡姓

蔡姓不仅是汉族大姓，也是我国少数民族中常见的姓氏之一。据有关资料，我国少数民族回、满、苗、藏、朝鲜、傣、彝、壮、羌、布依、土家、锡伯、傈僳、柯尔克孜族、俄罗斯及台湾地区土著中均有蔡姓。他们得姓的时间不一，改姓的缘由也复杂多样，有些是将本民族原有的姓氏加以简化，或改成音近的汉字姓而成；也有因从征、避祸或为避免遭歧视而改姓；还有相当一部分是本无姓氏，他们在与汉人的长期交往中，接受了汉文化而主动取用汉姓。

今天贵州地区少数民族中的蔡氏人数众多，相传他们是中原地区蔡国人的一支，在战国时由北方迁徙到西南边远山区，融入当地土著而形成的。战国时蔡国灭亡之后，曾有部分蔡人迁入楚境蔡甸（今湖北汉川县境）定居。到楚悼王时，任用吴起变法，开发南方，这支蔡人被迁往高蔡（今湖南常德市境），其一部分人溯沅水而上，西入贵州地区与土著人杂居，逐渐融入了当地少数民族之中，后被称为“蔡家苗”。

关于“蔡家苗”的来历，明、清以来的史书及地方志中多有记述。在清乾隆《贵州通志》、《平远州志》、《威宁州志》、嘉庆《一统志》、道光《大定府志》、《安平县志》、《永宁县志》、咸丰《安顺府志》、《咸宁县志》、宣统《贵州地理志》、《安南乡土志》、民国《晴隆县志》、《平坝县志》、《清镇县志》及清李宗昉《黔记》、田雯《黔书》、爱必答《黔南识略》、檀萃《说蛮》、《百苗图》等书中均有提及和类似的记载。各书的说法虽不尽一致，有说是战国时被迫迁来，也有说是随楚将庄蹻南征立功、留居于黔境；或说是唐代、唐末五代平蛮时随军迁人等等，但他们一致认为蔡家苗是蔡国的后裔，为汉人融入当地土著而形成的。

据明代田汝成《行边纪闻・蛮夷》说：“宋家、蔡家本中国之裔，相传春秋时楚子蚕食宋、蔡二国，俘其人民，放之南徼，遂流为夷。”蔡氏与宋家同俗，故世世连婚……人死不哭，绕尸而歌，谓之唱斋。这就是闻名我国西南地区的“蔡讴”遗俗。清朝罗绕典的《黔南职方纪略》卷九记载：“蔡家苗，贵阳、贵筑、龙里、修文、郎岱、普定、安平、清镇、大定、平远、黔西、水城皆有之。春秋时，蔡为楚灭，俘其民，迁之南徼，遂流为苗。”该文又说：“战国时，楚将庄蹻灭牂舸（在今贵州东境）时，蔡侯久为楚所灭，遂迁其公族于牂舸，于是苗中有蔡家子矣。”这些记载都说明，蔡家苗本是蔡国公族，战国楚将庄蹻灭牂舸时，将居于楚境的蔡人迁徙到今贵州地区。民国《息烽县志》则说：“蔡家苗本蔡国之后，战国时从庄蹻征南蛮来此，有功，授以土职，世承袭。”这是说古蔡国人随楚将庄蹻南征有功，封官授职，驻守当地，遂世居于此。此情节与前说稍异。另据一些族谱称：贵州息烽县底寨副长官蔡氏，其先曰蔡天禄，五代时从征黑羊箐有功，授土职。到明洪武初年，有蔡梅忠，从征有功，授世袭土官。后传13代，为茂族。其主支世系为：蔡梅忠—天喜—冈—贤—椿—桂柏—储—应魁—朝聘—口—亮—登甲—国相—正干。

明、清时期，贵州贵阳府的土司中有不少蔡姓。据《清史稿》记载，养龙长官司在府北二百二十里，明洪武五年（1372 年）以蔡普化为长官司，到清初有蔡瑛，他于康熙八年（1669 年）归顺朝廷，准其世袭土司官。又民国《修文县志》载：唐朝有蔡崇隆，在广西融县做官，奉旨征黔，因平蛮有功，敕授征蛮将军、右将军都督同知之职，遂居贵州。此后历数百年，传至蔡普化，于明朝洪武四年归附明太祖，次年，朝廷颁给养龙司长官司印绶，赐承职郎，世代承袭。从此这支蔡氏在黔境快速发展，自明初到清末，已传有 21 世。

如今贵州“蔡家苗”的族属及其分布情况，据何光岳《周源流史》说：“今约有蔡家人三万余人，多为布依族和汉族，亦有为苗、彝族者。分布于大方、织金、纳雍、威宁、毕节、黔西等县，以大方人数最多。”据说，自 1949 年后，蔡家苗主要归入布依族，为该族中的大姓之一。又清雍正《云南通志》载：“苗子九种，黔省最多。正滇则宣威、镇雄亦有，多是花苗……多田、罗、陈、蔡四姓”。

其他少数民族中也有不少蔡姓，如满族蔡氏，金时女真人乌林苔氏，汉姓为蔡；清代满族姓蔡佳氏，后简称蔡氏。满族八旗姓乌灵阿氏，世居于巴林地方，萨玛喇氏，世居宁古塔一带，后均改成蔡姓；清初有部分汉人蔡氏加入满族，成为满族蔡姓。据《清通志・氏族略》载：镶蓝旗包衣人蔡国明，世居沈阳地方，他的儿子蔡奇功，任六品包衣大。曾孙五十，亦任六品包衣大。又有蔡永年之子蔡义兴，正蓝旗包衣旗鼓人，世居塔山堡地方，任知县；蔡义品，为副将。

傈僳族中有“欧撇扒”，意即菜氏族，后以氏族名代姓，取菜字的谐音成蔡姓。柯尔克孜族散德尔氏，汉姓为蔡。

汉人融入少数民族，并将本姓带入该民族中，是蔡姓发展演变过程中的一个重要现象。同时，在蔡姓发展的历史长河中，也有许多少数民族人群在汉文化的影响下，加入了蔡姓的行列，成为中华蔡姓的另一个重要来源。

（4）其他姓氏改为蔡姓

由他姓改为蔡姓，主要是一些蔡姓家庭因乏嗣而收异姓为养子，或由异姓过继、入赘而来。特别是明清时期，这种情况在我国南方各省尤为普遍。例如：1914 年蔡承善、蔡世焘纂修的江苏句容《句曲荷塘蔡氏重修宗谱》

记载，该支蔡氏始迁祖名瘿，本姓强氏，于明朝中叶自山西太原迁到江苏句容县，入赘蔡氏，他的后裔均改姓蔡，如今已衍为大族。又据清嘉庆七年（1802 年）蔡一璋等修江苏吴县《洞庭暘坞蔡氏宗谱》记载：该族始迁祖名蔡缨，系宋秘书郎蔡源裔孙。其族自蔡缨传五世至蔡庸，庸有 5 子，其第 2 子入赘马家，子孙遂袭姓马氏。蔡庸第 3 子蔡义的第 3 个儿子名叫蔡铭，蔡铭的儿子蔡汪没有男孩，就以赘婿秦姓为后，改姓为蔡，此系秦氏改为蔡姓者。该谱又载，蔡庸第 4 子蔡智的 21 世孙蔡维圣，长子本名吴明彩，是从吴家收养而来的。

另据罗绍志《蔡和森姓名考》（《湖南日报》1980 年 9 月 24 日）说：该支蔡氏出自福建林姓。据其家谱说，福建莆田县江口镇北有默林村，因村中多林姓，又叫林埔。林埔附近有个叫蔡开臣的人，没有儿子，便以其嫁到林埔的姑母林蔡氏之孙林清为嗣子。清康熙十年（1671 年），蔡开臣夫妇携林清迁居到湖南湘乡县永丰镇（今双峰县城），将林清改名为蔡林清，“表示既承接迁湘的蔡氏子嗣，又是福建林氏在湘的一支新衍。”蔡林清便成为双峰蔡林氏的始祖。以后，蔡林氏人口繁衍茂盛，又有简称为蔡氏者。蔡和森、蔡畅即为其第 9 代孙。由上述事例可知，因为入赘、过继、收养等而改姓的现象在蔡氏宗族中十分普遍，这为蔡姓家族的繁衍壮大起到一定作用。

在蔡姓的发展演变过程中，也有一些蔡姓因避祸等原因而改成他姓者。据新编《固始县志》引清道光二十一年（1841 年）《（蔡）李氏宗谱·源流序》说，今河南固始县有部分李、汪、王姓人系由蔡姓所改。其来历是：元朝末年有一位名叫蔡国珍者，福建莆田人，官任镇国将军，出守河南，遇荒年“盗”起，御之力殚身亡。他的儿子蔡可作亦授将军之职，见元祚已尽，心灰意冷，于是解甲归田，扶父柩南下，准备回福建老家。行至固始县赵市里，因道阻难行，遂择地于锁口而家居该地。蔡可作有三个儿子，分别叫蔡让、蔡襄、蔡宝，皆匿迹躬耕，不求闻达。明朝初年，朝廷征召先朝遗老，闻知其名，遣吏催逼甚急，蔡让等不肯出，又恐遭迫害，于是改姓名以避祸。蔡让的妻子姓李、蔡襄妻姓汪、蔡宝妻姓王，即各命其子随母姓，于是就有了出自蔡姓的李、汪、王三姓。《固始县志》又说：“今固始南祖师庙、武庙、段集等乡的汪、王姓族谱中也有同样记载，三姓始祖皆可溯至元代蔡国珍将军。”

由蔡姓改成他姓又恢复本姓者如：北周大将军蔡佑，因战功卓著，被赐姓大利稽氏。大利稽氏是北周贵族姓，蔡韦占当时得到皇帝赐姓，是一种无上的殊荣。后来因时局变化，蔡佑的子孙又恢复了汉姓，为蔡姓。另据史载，宋代著名学者蔡元定之季子名蔡沆，过继给虞英（元定表兄）为嗣，更名虞知方，后从母命归宗。

另外，据《漳州姓氏》载：在长期的大融合中，还存在着“吴、柯、蔡同祖”，“柯、蔡同宗”，“吴、周、柯、蔡、翁、曹、辛、洪、江、方、龚、汪等至德十二姓同宗”的说法。在福建和海外有多种传说，一是唐高宗二十八年（677 年），河南蔡德轩、蔡德明兄弟二人随征入闽，后逃生入柯树内暂住，嗣后主内姓蔡，主外以柯为姓。二是北宋柯启丰独生女毂英招赘蔡十郎，生五子，长子承柯姓，其余各子承蔡姓。其后代则分别长子承蔡姓，其余各子承柯姓，由此世代转换传衍，结成柯蔡宗亲。另据《洛阳蔡氏宗谱》记载，宋时，其始祖兄弟三人，率族由河南济阳入闽，初居福州下大路风陈张鄞乡，嗣后分地而居，辟地开族，长兄辛姓，灯号青阳，分居惠安龙王庙一带，再分支漳州各地；次弟入柯姓，分支泉州东门外晋江县辖，后分支永春、诗山一带，灯号瑞鹊堂；三弟仍继蔡姓，分居泉州东门外洛阳桥南、莆田、仙游、漳浦各地，三姓联合祭祖，“济阳”堂号三姓同用。

（二）蔡国与蔡姓

蔡国始封之君为蔡叔度，本是周文王之子，与武王、周公旦皆为同母兄弟。《史记·管蔡世家》载：“武王已克殷纣，平天下，封功臣昆弟。于是封叔鲜於管，封叔度於蔡，二人相纣子武庚禄父，治殷遗民。”管、蔡所封之地均为中原腹地，土地肥沃，且处于军事要冲；管叔、蔡叔二人相禄父、治殷遗民，肩负监视武庚、巩固周人既得政权之重任。由此可见管、蔡二叔虽没有周公地位之显赫，但也十分受武王所依重。蔡叔后来参与了武庚的叛乱，以致失国，其子发愤图强，表现出优秀的品质，又复封于蔡。其子孙先后经过两次迁都，初迁于新蔡（今河南新蔡县），后迁至州来（今安徽凤台县），前后相承二十六世，为楚所灭。

1. 蔡叔封蔡

周武王攻灭商朝、平定天下之后，建都于镐京（今陕西长安县境），为了国家的长治久安，大封功臣昆弟于各地建立诸侯国，以屏卫西周王室。当时除了他的长兄伯邑考早死外，其余诸弟皆得分封。其中，他的三弟姬叔鲜封于管（今郑州市），史称管叔鲜；五弟姬叔度封于蔡，称蔡叔度；六弟姬叔处封于霍（今山西霍县西南），称霍叔处。叔鲜、叔度、叔处三人均有才干，深受武王信任，并被委以重责。

周武王去世后，成王继位，当时成王年幼，武王的弟弟周公旦在朝为相。因为天下初定，各种制度尚未健全，周公恐怕诸侯乘机寻衅滋事，就当仁不让，暂时代替成王管理朝政，这就是历史上著名的"周公摄政"事件。管叔鲜和蔡叔度对此有怀疑和不满，就四处散布流言说："周公旦怀有野心，企图窥测王位，将会对成王不利。"据《晋书·慕容盛法》周公旦为了杜绝流言，便打起成王的旗号，率军东征。结果，武庚禄父被杀，管叔鲜被迫自缢，蔡叔度被擒。周公对蔡叔度的处罚是，给车 10 乘，奴隶 70 人，流放于郭邻。不久，蔡叔度抑郁而死。郭邻，即蔡国城郊外，与蔡国城相邻的地方，古籍有载。

《史记·管蔡世家》载："蔡叔度既迁而死。其子曰胡。胡乃改行，率德训善。周公闻之，而举胡以为鲁卿士，鲁国治。于是周公言于成王，复封胡于蔡，以奉蔡叔之祀，是为蔡仲"。蔡仲在鲁国期间，由于政绩卓著，能够做到"率德训善"，用德惠去管理人民。在这种情况下，周成王才派胡去复国，任蔡国国君。

从众多的典籍记载来看，在周武王灭商之后，大封诸侯，而蔡即是周初所分封的第一批诸侯国，但周初所封之蔡在何处，却成了史学者争论的焦点。

第一种观点认为蔡之始封地当在今河南上蔡县。《史记·周本纪》载："武王追思先圣王，乃褒封……弟叔度于蔡。"《史记正义》说："《括地志》云：'豫州北七十里上蔡县，古蔡国。武王封弟叔度于蔡是也。县东十里有蔡冈，因名也。'"《汉书·地理志上》载："上蔡，故蔡国，周武王弟叔度所封。度放，成王封其子胡，十八世徙新蔡。"《水经注·汝水》："周武王克殷，封其弟叔度于蔡。《世本》曰：'上蔡也，九江有下蔡，故称上。'

《竹书纪年》曰：‘魏章率师及郑师伐蔡。取上蔡也。’”《汝宁府志》载：“上蔡县城即周初蔡国旧址。”

第二种观点认为，蔡始封之地应在今新乡境内。蔡之封地在新乡境内之说，源于周武王设“三监”的记载。《逸周书·作洛解》说：“武王克殷，乃立王子禄父，俾守商祀。建管叔于东，建蔡叔、霍叔于殷，俾监殷臣。武王既归，乃岁十二月崩镐。……周公立，相天子，三叔及殷、东徐、奄及熊盈以略。周公、召公内弭父兄，外抚诸侯。……二年，又作师旅临卫政殷，殷大震溃。降辟三叔，王子禄父北奔，管叔经而卒，乃囚蔡叔于郭邻。凡所征熊盈族十有七国，俘维九邑。”《帝王世纪》也载：“自殷都以东为卫，管叔监之；殷都以西为鄘，蔡叔监之；殷都以北为邶，霍叔监之。是为三监。”

《汉书·地理志》载：“河内本殷之旧都，周既灭殷，分其畿内为三国，《诗·风》邶、鄘、卫国是也。邶，以封纣子武庚；鄘，管叔尹之；卫，蔡叔尹之；以监殷民，谓之三监。”《地理志》所载与《逸周书》不同。

从《逸周书·作洛解》所言“建管叔于东”来看，此“东”当为殷都朝歌（今安阳淇县）以东，为管叔所镇守之地，而殷都之南的鄘地当为蔡叔所镇守之地，殷都之北境邶地则为霍叔所辖，此三地均在故殷都附近。

正因蔡叔度曾为周初“三监”之一，所以有学者认为，蔡之始封之地不在上蔡，而在“今卫辉市鄘城无疑”。

我们认为，蔡之始封之地当在上蔡县境而非新乡的卫辉市，其理由有四：

其一，所监之地与分封地是不同的概念。当周武王克商之后，并没有就商之都城而居之，却回到西方旧都，天下初定，商之遗民未能全心归顺，尤其商纣之子武庚禄父仍然在旧商王畿之地统领着商人遗民。这让武王十分放心不下，所以让自己的三个同母弟弟管叔鲜、蔡叔度、霍叔处留守朝歌附近，其用意有二：一是带军队监视武庚，使之不能反叛；二是帮助武庚维持治安。所以《史记·管蔡世家》说管叔、蔡叔二人的任务是：“相纣子武庚禄父，治殷遗民。”但是，蔡叔任职之地并非其分封之地。这在西周特别是西周初年十分常见：武王封周公旦为鲁公，周公却留相王室并未到封地，成王死后，周公摄政，继续留在都城相成王，“而使其子伯禽代就封于鲁”。

召公封于燕，而本人也未到任，1986 年在北京房山琉璃河发现西周遗址，出土大量青铜器，属西周初年器物，其中重要的铜器有克盉、克罍等，克盉盖内器口内侧有铭文 43 字，记录周成王褒扬太保，令召公之子克代父到燕地就封的历史。

管叔与蔡叔的情况与周公、召公相同，尽管有封地，但却有更加重要的职责，所以并没有及时到封地。对此，李民的《蔡国始封和蔡姓渊源溯源》认为："管、蔡、霍三叔未就国而专任其'三监'之职，就国者皆应为其长子。"此说有待商榷，从周公、召公情况来看，周公之子伯禽与召公子克代父就封国的时间都在成王时期，可见，从武王克商分封诸侯到成王初年这五年多时间里，鲁、召之地是无君主的。由此，我们也可以认为，蔡叔被封于蔡地，而蔡叔度和他的儿子可能也并没有对其封地实施管辖权。

陈昌远《有关古蔡国的几个历史地理问题》认为蔡始封之地不可能在上蔡，因为，"如果蔡叔的最初封地是在今上蔡县，远隔殷都近千里，这怎么能监视武庚呢？一旦有军事行动发生，怎么能调兵呢？……所以蔡叔的始封地，不应在今上蔡县。"其原因就是因为错误地把蔡叔的分封地与镇守之地看成了同一区域。

其二，从历史记载来看，蔡之始封地也当在上蔡。《左传·定公四年》云："管蔡启商，惎间王室。王于是乎杀管叔而蔡蔡叔，以车七乘，徒七十人。其子蔡仲，改行帅德，周公举之，以为己卿士。见诸王而命之以蔡。"从《左传》"蔡蔡叔"和命蔡仲"以蔡"来看，在先秦文献中，蔡叔度所初封之地和蔡仲复封之地都在蔡地。《史记·管蔡世家》说，蔡叔度死后，其子胡为令德，"周公言于成王，复封胡於蔡，以奉蔡叔之祀。"这里所说的"复封"，当即再一次将蔡地分封给蔡叔度之子胡。亦可证，蔡之始封地为上蔡。

其三，封叔度于蔡，充分表现了周王室第一次分封诸侯的战略意图和政治目的。从《左传》和《史记》的《周本纪》、《管蔡世家》的记载来看，当武王克商之后，大肆分封诸侯，受封的主要有四类：

第一类，分封殷商遗民，将商纣之子禄父封于商之故地。

第二类，分封上古各个时代不同部族的后裔，如《史记·周本纪》所载："褒封神农之后于焦，黄帝之后于祝，帝尧之后于蓟，帝舜之后于陈，大禹之后于杞。”

第三类，分封异姓功臣和其他参与灭商的部族。如“封尚父于营丘，曰齐”。

第四类，分封同姓，首先是同母兄弟：封叔鲜于管，封叔度于蔡，封叔旦于鲁，封叔振铎于曹，封叔武于成，封叔处于霍。其次是同宗：封召公奭于燕。

《左传·昭公二十八年》云：“武王克商，光有天下，其兄弟之国十有五人，姬姓之国四十人。”《路史》说：“周之初兴大封同姓五十有三国，而文武之胙又三十有二。”这些诸侯国很多是成王、康王时所封，而周初武王所封的同姓诸侯国并不是太多。

当时西方属于周王朝的王畿之地，西方相对安全；以召公奭的燕国镇守北境，节制北方异族；以周公之鲁国守东土，以防东夷；以蔡叔度守淮河上游，这也是西周初年的南土，用来监视南国异族；命管叔扼守中原腹地。这样初步形成了对宗周的坚固屏障。

所以蔡始封于河南南部的上蔡，合乎西周初年的形势，也体现出周武王分封诸侯国的政治目的和战略意图。

其四，考古发现为蔡国的始封地提供了历史依据。蔡国原封地实际疆界：东至顿国、沈国，南近息国、江国，西临房国、道国，北临陈国、许国。地跨汝河、淮河两流域，是当时疆域较大的诸侯国。蔡国的都城位于今上蔡县芦冈的东坡，故城北及东南是洪水冲击而形成的黄陵陂和蔡塘。据丘菊贤、杨东晨的《中华都城要览》载：“上蔡故城平面略呈长方形，四角为圆转角，南墙长约2700米，北墙长约2113米，东墙长约2490米，西墙长约3187米，城周长约为10490米，约合21华里。城墙均为夯土建筑，高约4至11米，宽约70至95米。实测与《上蔡县志·舆地志》‘蔡国故城址高一、二丈，周围二十余里’的记载基本相符。城墙从出土文物看，始筑于西周初年，春秋战国时期进行过加固和补修。城墙处有城壕设施，宽约70至103米。……蔡国的都城内有宫殿区，四周筑有夯土墙，称为宫城。宫城外有郭城，手工业制陶，制铜作坊以及商业和平民的住宅都在这里。上蔡古城的西南与西北角是墓葬区。”上蔡古城1963年被公布为河南省文物保护单位，1996年12月29日被国务院核定公布为第四批全国重点文物保护单位。

1956 年在上蔡县北四五十里的田庄村发现了一座古墓，出土青铜器 9 件，陶器 6 件。其中《父辛觚》，口下周围饰四个蕉叶状纹，下绕带状夔龙纹，圈足四壁有铭文曰：“作父辛觚□”五字。有一爵，鋬内有铭文四字：“□父己卜”。这些铜器的形制、花纹及铭文均为周初作风，或可为蔡国早期历史提供一些线索。

2. 列强争霸

西周末年，周幽王荒淫残暴，宠幸貌美无比的妃子褒姒。为了博得美人一笑，他竟然数次点燃烽火，制造了历史上著名的“烽火戏诸侯”闹剧。他这一荒唐举动，致使诸侯失信，国人怨愤。幽王为了讨好褒姒，还不顾大臣们的反对，强行废掉了申王后及原来的太子（申后所生），而立褒姒为后，又以褒姒所生之子为太子，这一做法引起申后父亲申侯的强烈不满。公元前 771 年，申侯引来西方的犬戎部族进攻周王室，因受“烽火戏诸侯”事件的影响，诸侯们都不来救援，周幽王兵败，被犬戎所杀。之后，朝臣们拥平王即位，这时，经“犬戎之乱”打击，周王室实力大损，已无法在关中立足，被迫东迁都城于洛阳，是为东周。从此，中国社会进入了大动荡、大分化、大兼并的春秋时期。于是，诸侯兼并，连年混战不已，从此之后，地处军事要冲的蔡国，再无安宁之日。

春秋初期，蔡国是蔡釐侯在位。公元前 763 年，蔡釐侯去世，其后传有共侯（兴）、戴侯、宣侯（措父）、桓侯（封人）四君。这一时期，蔡国尚具有一定实力，在列国林立、诸侯兼并的争斗中积极参与，主要是和新崛起于东方的郑国争战。

起初，郑桓公死于“犬戎之乱”，他的儿子郑武公随周平王一起从镐京东迁。周平王居洛邑，郑国则寄居于洛邑以东的虢国（东虢）、郐国之间，也就是今天的河南荥阳至新密一带。郑武公因为护送周王室东迁有功，被周平王任命为卿士。负责辅佐王室，执掌中央大权。为了立足中原，郑国就利用自己的这种有利条件，以今荥阳一带为基地，灭掉东虢、郐二国，并不断吞并和侵占周围各个弱小诸侯国的土地，国势迅速强盛起来。

郑武公之后，郑庄公继任平王卿士。他承郑武公的余威，挟天子以令诸侯，建都于今新密市境，继续向四外发展，不断扩充地盘。郑国在东方的崛起和扩张，侵犯了周边诸侯国的利益，引起他们的强烈不满。特别是邻近郑国的东方大国宋、卫两国，与郑国发生了激烈矛盾。当时的蔡国与卫、宋两国的关系甚好。宋、郑交恶之后，宋国和它的盟国蔡、卫等，都不去朝会由郑庄公担任卿士的周天子王室，以表示对周平王支持郑国的不满，这就给郑庄公制造了讨伐他们的口实。

蔡宣侯三十一年（公元前719年），积怨已久的宋、卫联盟与郑国之间终于爆发了著名的“东门之战”。先是卫国发生内乱，卫公子州吁杀了卫桓公自立为国君。州吁为了巩固自己的地位，打算向郑国报复前代国君结下的仇怨，并以此讨好其他诸侯，安定本国民众，就联合宋国出兵攻打郑国，陈、蔡等国也派军队加入了宋、卫联军，一同攻郑。当时，蔡、宋、卫联军长驱直入，一口气打到郑国都城之下，包围郑国的城东门达5天之久，大肆炫耀了一番武力之后才撤军。

此后，蔡国又多次参加宋、卫联军与郑国作战。蔡桓侯二年（公元前713年），郑国与地处华东的两个大国—鲁国和齐国——在邓地结盟，并以宋国不去朝见周天子为罪由，联合发兵讨伐宋国。宋国则联合卫、蔡进行反击。先是宋、卫联军攻入郑国境内，然后又命蔡国的军队跟在后面去攻打戴地（今民权县境），蔡国人未能配合。郑国乘机分军抄其后路，包围了戴地，结果宋、卫、蔡国的军队被郑国军队击溃，郑军还俘获了大批人员、辎重。

这时，地处南方江汉流域的楚国崛起，对中原虎视眈眈。蔡桓侯因惧怕楚国北犯，开始调整与郑国的关系，希望和郑国息怨修好。公元前710年，蔡桓侯在邓地（在今河南郾城县境）与郑庄公会见，双方订立了抗楚盟约。与此同时，郑庄公因周平王偏袒虢公，与周王室发生了矛盾。周平王为平息此事，就与郑庄公互相交换了人质。不久，周平王去世，周桓王即位，以虢公忌父为辅政，让虢公执掌朝中大权，引起郑庄公的强烈不满。郑庄公就派人割取了成周的谷子，向周王室挑衅。公元前707年，郑庄公干脆不去朝见周天子，周桓王就剥夺了郑伯的权利，并召集诸侯国组成阵容浩大的联军，前往讨伐郑国，卫、蔡、陈等国均派军队参加了这次战役。当时周天子的联军一分为三，天子自领中军，由虢公林父率领右军，以蔡、卫隶属；由周公黑肩率领左军，以陈军隶属。周天子率领三军大举进攻。郑伯则陈兵城外，摆出阵势以对抗。经过一番谋划，郑伯以主力猛攻周军薄弱的左、右两军，蔡、卫、陈等部率先奔逃，周军阵脚动摇。郑军再从两侧夹击周天子的中军，结果，联军大败，周天子的肩膀也中了一箭。于是，郑国声威大振，号称小霸。

此时，位于南方的楚国勃然兴起，楚王乘周王室与诸侯不和，中原诸国内部矛盾重重、互相争战之机，迅速扩张势力，不断吞并周边小国地盘。楚武王之时，曾三次讨伐随国，一度打败邓、陨与绞国，吞灭了权、罗、卢戎等国，威震江汉。蔡桓侯在位时，卫国再次发生内乱，卫惠公出逃到齐国。公元前695年，蔡桓侯去世，由他的弟弟献舞继位，是为哀侯。蔡哀侯六年（公元前689年），鲁、齐、宋、陈、蔡等国联合出兵攻打卫国，护送卫惠公回国。这时楚国势力强盛，雄心勃勃，积极向北方扩张，欲问鼎中原。蔡国地处汝、淮之间，是楚国向北发展的首要障碍，因此，楚国一直寻找机会向蔡国发难。

公元前710年由蔡国牵头，蔡、郑两国国君在邓城（今河南郾城邓襄寨）会盟，联合抗楚。双方会谈的结果，郑国承认蔡国在汝水、淮水流域的领导地位。一旦楚军北上，可以集合汝、淮流域的各国兵力抗击，郑国亦将出兵援助。当时蔡国周围的江、道、柏、房等国都是蔡国的附属。位于淮河流域的息国（今河南息县）、慎国（今正阳县）都是姬姓，与蔡国同宗。蔡国北面陈国，两国世为姻亲。所以当蔡桓侯提出联合抗楚时，各国共同拥戴蔡侯为盟主，领导抗楚，使楚国不敢轻犯中原二十余年。蔡哀侯时，抗楚联盟因为姬姓诸国发生内讧而破裂，起因是蔡哀侯无端调戏息夫人。公元前684年，蔡侯、息侯先后在陈国娶妻，息夫人（息妫）出嫁时途经蔡国，息妫是陈国知名的大美人，容貌艳若桃花，蔡侯对她垂涎已久，这次乘她路过，就强行留住，并对她进行调戏，举止轻浮无礼。息妫受到羞辱，到息国后立即向息侯哭诉了此事，息侯闻听非常恼火，决心报复。就派人到楚国对楚王说："请楚国出军假装讨伐息国，息国将求救于蔡，蔡国一定会出兵来援，到时候楚军可乘机拦截蔡军，将会有收获。"楚王早有图蔡之心，自然满口答应。当年秋九月，楚国如约出兵，在莘地（含河南汝南境内）一举击溃了蔡军，俘获蔡侯回师。

蔡侯被拘禁在楚国，才知道是中了息侯的圈套，心中怨恨不已，于是在楚王面前极力夸赞息妫的美貌。楚王心动，就领兵到息国，以设宴款待为名，诱杀了息侯，又乘势灭掉息国。把息妫抢到楚国，纳为夫人，以其面美如桃花，封为“桃花夫人”。息妫在楚国深得楚王宠爱，还为楚王生下二子，但她从不主动与楚王说话，也从来不见她有过笑脸。楚王问她这究竟是为什么？她回答道：“我一个女人，先后伺候两个丈夫，即便不死，又能说什么呢？”楚王知道她心中有怨气，又由于是听了蔡侯的挑唆才灭掉息国的，为了替息妫出气，于是再次发兵攻蔡，大掠而归。蔡国经此打击，元气大伤，从此，蔡国被楚国纳入了自己的势力范围，开始走向衰败。

蔡哀侯被拘于楚九年，抑郁而死，蔡人立其子肸为国君，是为缪侯。这时，位于山东北部的齐国崛起，齐桓公任用管仲、鲍叔牙等进行改革，国富兵强，他打着“尊王攘夷”的旗号，出兵帮助燕国打败北戎，还派军援救邢、卫两国，抵御狄人，制止了戎狄对中原的进犯，率先成为中原霸主。蔡国这时虽已纳入楚国的势力范围，但并不甘心受楚人控制，于是又设法与齐国联姻，以图抗拒强楚。蔡缪侯即位后，即将自己的妹子蔡姬嫁给齐桓公为夫人。一次，齐桓公与蔡姬在园林湖中坐船游玩，蔡姬荡舟不止，桓公说她也不听，桓公一气之下就把蔡姬送回蔡国，长期不予理睬。蔡侯感到有失颜面，为了报复齐桓公，索性将妹子另嫁给了他人。齐桓公得知大怒，便于蔡缪侯十九年（公元前656年），召集中原诸侯发军攻蔡伐楚，联军很快便击溃了蔡军，并抓获蔡侯，接着又挥军进入楚境，陈兵于召陵，向楚国炫耀武力。楚国这时的实力还不足以与中原诸国抗衡，于是与中原诸侯国订立盟约，共奉齐桓公为盟主，双方暂时罢兵。齐桓公回师后，准备治蔡侯的不敬之罪，后来，由于诸侯们求情，齐桓公才放蔡侯回国。

蔡缪侯在位29年去世，他的儿子庄侯（甲午）继位。此间，晋国继齐国之后成为中原霸主，蔡国又成为晋、楚争夺的焦点之一。先是蔡国因齐桓公抓了他们的国君而对齐国怀有恶感，索性彻底倒向楚国。蔡庄侯七年（公元前639年），楚、宋双方在宋境盂地会盟，蔡国追随楚国参加会盟。蔡庄侯十四年（公元前632年），晋、楚双方为争霸中原爆发了著名的“城濮之战”，蔡人追随楚国参加了这次战争，结果楚军大败，蔡侯见势不妙，转而投靠晋国，先后参加了以晋文公为盟主在践土（今河南原阳县西南）、温地（今河南温县）召开的盟会；次年，又参加了晋国在翟泉（今洛阳市境）的盟会。此后，楚、晋交替争夺中原，蔡国左右摇摆，屡遭兵患，成为大国争霸的俎上鱼肉。

公元前617年，晋文公、晋襄公相继死去后，晋国的霸业中衰，蔡庄侯与陈、郑等国又去参加楚国召集的厥貉之会。5年后，蔡庄侯去世，其子姬申继位，是为文侯。蔡文侯即位之初（公前元612年）就遭到晋国的报复，借口是蔡人没有参加上年晋侯召集的新城盟会（当时从楚的陈、郑、宋等国皆参加，唯独蔡侯不去）。晋国大将郤缺率军前往攻打蔡国说："蔡国的国君虽然年少，但也不能因此而对大国懈怠。"晋人很快便攻破了蔡国都城，逼迫蔡国订立了屈辱的城下之盟后才退兵。公元前592年，蔡文侯去世，子固立，是为景侯。景侯三年（公元前589年），楚国发兵讨伐亲晋的卫国，蔡、许等小国均被胁迫参加。在战斗中，蔡景侯和许灵公还被迫亲自为楚王架御战车。公元前585年，楚军攻郑，晋国派大将栾书率军援郑，击退了楚军，接着又袭击蔡国，以示对蔡国追随楚国的报复。公元前583年，晋将栾书再次讨伐蔡国，乘势攻入楚境，俘楚大夫申骊。蔡景侯二十七年（公元前565年），郑国为了讨好晋国，出兵侵蔡，俘虏了蔡国司马公子燮。蔡景侯四十三年（公元前549年），蔡、陈、许又跟随楚军攻郑……

总之，在齐、晋、楚争霸中原时，蔡国一直纠缠其中，多次遭受楚、齐、晋等国的轮番打击，战祸连年，实力大损，只好朝晋暮楚，在大国中间小心周旋，多方逢迎，以求取生存，从此便一蹶不振。

3. 吕地复国

蔡景侯四十九年（公元前543年），景侯为太子般娶妻于楚。因宫帷之事，与太子不睦。太子般遣人刺杀了景侯，自立为君，是为灵侯。为掩人耳目，他对外宣称景侯是因暴病而卒。这时楚国正加紧向北方扩张，探知蔡国内情，认为有机可乘。经过一番谋划，楚灵王于蔡灵侯十年（公元前533年）派自己的弟弟公子弃疾领兵灭掉了蔡国的北邻陈国，使蔡国孤立于宋、楚之间。两年之后，楚灵王派使者约蔡侯到申地（今河南南阳）相会，他设下丰盛的宴席招待蔡侯，并埋伏下甲兵，等到把蔡侯灌醉，便以"弑父"的罪名将蔡侯杀死，并杀其随从70人。随后，楚王命公子弃疾统兵向蔡国大举进攻，楚军迅速打到蔡国都城之下，将蔡都城团团包围。蔡人奋起抵抗，苦战了七八个月，终于不敌，于灵侯十二年冬十一月城破国亡。

楚灭蔡国后，又杀死蔡灵侯之子蔡太子友（隐太子）用来祭祀冈山，庆祝胜利，同时将部分蔡人迁到楚国内地。楚军还在陈、蔡、不羹三地重新修筑城池，以楚公子弃疾为蔡公镇守。至此，蔡人沦为楚国的臣民，首次品尝了亡国的痛苦滋味。

然而，蔡人是不会轻易认输的，他们不甘心做亡国奴，三年之后，蔡国旧臣蔡朝吴、蔡大夫观起的儿子观从，以及在楚国郢都做官的蔡旧臣蔡洧等人开始策划复国。他们利用楚国王室内部矛盾，悄悄积蓄力量，暗中联络陈、许、不羹、许、叶各地的军队，拥戴楚公子弃疾和公子比、公子黑肱（皆为楚灵王之弟）、蔓成然四族起兵，奔袭楚国郢都。由于有内应，他们很快便攻入楚都城，杀死楚太子禄和公子罢敌，让公子比做楚王，以公子黑肱为令尹，公子弃疾为司马。

楚灵王在外忽闻国内有变，惊慌落马，匆忙回军。由于他长期穷兵黩兵，不得人心，军队于中途溃散，他成了孤家寡人，走投无路，只好逃到芋尹无宇的儿子申亥家中，最后上吊自杀。后来，公子弃疾（名熊居）夺得王位，是为楚平王。

公子弃疾即楚国王位后，为了感谢蔡人的帮助，争取中原诸侯的承认，决定复封陈、蔡二国，他让蔡景侯的小儿子蔡庐归国即位，是为蔡平侯，同时将原先迁到楚国内地的蔡人返迁回蔡地。蔡国复国后，因原国都已残破不堪，就重新选址建国，新的都城建于吕国故地，史称新蔡。《汉书·地理志》云："汝南郡新蔡县。"班固自注："蔡平公自蔡徒此，复二世徒下蔡。"顾祖禹《读史方舆纪要》卷五十"汝宁府"载："新蔡县，古吕国，春秋蔡平侯徒都于此，故曰新蔡。"其地在今河南新蔡县境，现有古蔡城遗址。据新编《新蔡县志》记载："蔡国故城（即今新蔡县治），原为古吕国都，春秋蔡平侯迁都于此始筑。"现有古蔡城遗址，故城遗址位于县城西北部，周长3215米，城高约10余米，宽50余米，一般高度2－7米，新城的规模虽然无法与上蔡城比，但仍不失为一座名城。

4. 迁都州来

蔡平侯期间，蔡国比较安定。公元前522年（周景王二十三年），蔡平侯去世，接着，蔡灵侯的孙子东国把蔡平侯的儿子赶下台，夺取了政权，是为蔡悼侯。蔡悼侯当国君仅三年就死了。由他的弟弟公子申即位为国君，是为蔡昭侯。

蔡昭侯有两件漂亮的皮袄和两块美丽的玉佩（古代系在衣服上的装饰品）。公元前509年（周敬王十一年），蔡昭侯到楚国去朝贡，把1件皮袄和1块玉佩献给楚昭王。这时正值隆冬时节，楚昭王穿上皮袄，系上玉佩，摆设酒宴，请蔡昭侯共同赏雪。蔡昭侯也把另外的皮袄和玉佩穿戴起来。宴会上，楚国的令尹囊瓦看见楚昭王和蔡昭侯的皮袄、玉佩很漂亮。用手摸过来，弄过去，赞不绝口，暗示蔡昭侯把自己的送给他。蔡昭侯很生气，想道：哪有这样贪婪的人。只管饮自己的酒，丝毫不答理。没想到，第二天囊瓦令人陪他到南郢（地名）去游览，却被软禁在那里。原来囊瓦在楚昭王面前说了蔡昭侯的坏话，不让回国了。

蔡昭侯在南郢一下被软禁了三年，天天翘首北望，惦念祖国，有时看见大雁北归，就长吁短叹。后蔡昭侯按照随从的意见，忍辱把皮袄和玉佩送给了囊瓦。囊瓦接到皮袄和玉佩，就说："蔡侯长期住在楚国，是因为没有准备好送行的礼物，现在礼物准备好了，可以回国了。"

蔡昭侯被释放离开南郢时，对楚国的一草一木都恨之入骨。当车马渡过汉水时，他面对汉水，抓起1块玉投入水中，发誓说："我若再渡汉水，向南朝楚，就让水神惩罚我。天下诸侯如果征伐楚国，我一定作为前驱。"

蔡昭侯归国后，为了出这口怨气，把自己的儿子送到晋国做人质，请求晋国集合诸侯，出兵伐楚。晋定公和大臣们问清原因，都认为楚国政治腐败，诸侯离心，是攻伐的好时机。为了名正言顺，请求以周天子的名义，要各国诸侯在召陵（今河南漯河东）开会，讨论伐楚。公元前506（周敬王十四年）春天，周天子派特使与晋、鲁、宋、蔡、卫、陈、郑、许、曹、莒、邾、顿、胡、滕、薛、杞、小邾17国的诸侯及齐国的大夫国夏到了召陵。这次会议，名义上虽然是周天子召开的，实际上仍是晋国左右形势。这时，晋国号称"六卿"的六家大夫已经强大起来，晋定公也和周天子一样成了空牌位。因为这个会是蔡国要求召开的，晋国的大夫荀寅便趁机向蔡昭侯敲竹杠，索取贿赂。蔡昭侯很生气，想不到又一个囊瓦式的家伙，便一口回绝了。荀寅就在"六卿"中活动，对当时主持政务的范鞅说："国家内部存在危机，诸侯也不团结，又遭受了水灾，疟疾也在流行，在这样的形势下攻伐楚，是不会胜利的。不如告辞蔡侯，以免师劳无功。"就这样，17国诸侯长途奔来，没有形成什么决议便散会了。

这次会议，沈国因亲近楚国，所以没有参加。因此，晋国便提出要蔡国灭掉它。沈国为子爵，国君称沈子。国都原来位于今河南省平舆县的北境。后来，因为蔡国威胁，先迁河南沈丘，再迁安徽临泉。于是，蔡国便出师伐沈。沈国是个小国，这年夏天，就被蔡国灭掉了，国君也被俘杀掉。蔡国灭沈，楚国也动了气，便出兵围蔡。晋国虽然指使蔡国灭沈，但对楚国攻蔡却不救援。敌军压境，蔡昭侯只得把另外一个儿子送到吴国当人质，请求救援。碰巧，这时唐国也请求吴国伐楚。吴国早就准备攻伐楚国，伍子胥和孙武便对吴王阖庐说："楚国政治腐败，官吏贪赃枉法，百姓困穷。现在蔡、唐两国请求伐楚，这是千载难遇的好机会。"于是决定：大军自州来（今安徽凤台境）出发，沿淮河西上，出三关（大隧、冥厄、直辕即今河南信阳、罗山一带大别山间），渡汉水，直捣楚国郢都。

在十一月的隆冬季节，吴王阖庐在伍子胥、孙武的协助下，指挥吴军由淮河乘船西上。围攻蔡国的楚军听说吴军袭楚，解围撤退。蔡军立即南下，与吴军会师，唐国的军队也接着赶到。联军遂南出三关，越过大别山区，大败楚师于柏举（今湖北麻城境）。联军乘胜追击，五战五胜，攻破楚国的都城郢。这时，楚平王已死，子珍即位，是为楚昭王。楚昭王和他的妹妹季芈，在苦战下逃出郢都，后面联军尾追，情况十分危急。联军眼看就要追上楚昭王，忽然一群大象冲来，每只象的尾巴上均有火把，熊熊燃烧。联军经不住冲击，方才后退。原来楚国军中有支骑象部队，楚军见形势危急，便在象的尾巴上绑上火把燃烧，象的尾部骤然疼痛，即向前狂奔，冲入联军。这样，楚昭王才虎口脱险。

蔡国联吴伐楚，不但使楚国国家残破，元气大伤，并且遭受难言的奇耻大辱。囊瓦后的令尹子西提起此事，曾经面对百姓痛哭，表示一定报复蔡国。但是，一直等了 10 年，楚国未敢轻动。一是楚国新破，元气未复；二是蔡国是个大国。并且周围有顿（今河南项城）、胡（今河南郾城）互相支持及吴国作为后盾。

公元前 496 年（周敬王二十四年），楚国的国力恢复了。于是，联合陈国伐顿。公元前 495 年（周敬王二十五年），复攻胡，蔡国救援无效，顿、胡为楚所灭。顿、胡灭亡，蔡国孤立了。公元前 494 年（周敬王二十六年），吴国正在全力进攻越国，无力援蔡，给楚国进攻蔡国一个好机会。于是楚国遂约合随、陈、许三国向蔡国进攻。经过几场激烈战斗，蔡国的城池、疆土大部分落入楚军手中，最后，国都蔡城也被四国联军包围。蔡军一面坚守国都，一面派人到吴国求援。可是，吴国正在夫椒（一说在今浙江绍兴北，一说为太湖中的椒山，即西洞庭山）与越国大战，无力援助。这样，就使蔡国陷入了窘境。楚国的令尹子西见蔡国都城屡攻不下，便命令在蔡都周围筑军垒，决定长期围攻。蔡昭侯看到四国联军在城周围建筑军垒，便令将士冲出城外攻打。联军一面筑城，一面作战，到了第九天终于全部筑成了。军垒筑成，不但便于对蔡国都城长期围困，而且可以阻击外来援军。蔡昭侯和大夫们看到城外军垒星罗棋布，个个愁眉苦脸。城里的军民也人心惶惶，斗志涣散。又过些日子，城中粮柴渐缺，蔡昭侯与大臣们决定向楚国表示降服。城中的居民分成男女两队出城，到楚国军营请降。楚国见蔡国已经降服，同意罢兵。但指定蔡国必须离开本土，在江水之北、汝水之南选择地方建国。

楚、随、陈、许四国军队虽然撤退了，但是新的问题又来了。蔡昭侯的意见是：楚国是自己的敌国，如果按照其意见迁到江、汝之间，还不如迁到吴国的附近去，吴国是友邦，总会对自己和善些。公子驷、公孙姓几个大臣反对迁移，因为他们都有田宅、有财物，若是迁走，这些田产、物资就会失去。到了这个时候，有些人就埋怨起蔡昭侯来：当初何必因为1件皮袄、1块玉佩得罪楚国，若不联吴伐楚，不是就没有迁国的事情了吗？大夫和百姓中怨言四起，迁国的事情一直向后拖延。

蔡昭侯曾经派人去吴国，再次要求军事支持，抵抗楚国。这时，吴王夫差已经征服越国，正在准备北上争霸中原，无意西顾，便对蔡国使臣说：“蔡国距离吴国远，不便援助。请告诉蔡侯可向吴国附近迁移”。于是，蔡昭侯便暗暗与吴国联系，策划向吴国迁徙。他不但背着楚，同时还背着很多大夫，因为众大夫在反对迁国的力量上已经使他无法驾驭了。

公元前493年（周敬王二十七年）的冬天，一天，吴国的使臣泄庸前来访问，可是，第二天却发现到处都是荷戈挺矛的吴国军队，人们大为震惊。下午，听说大夫公子驷被蔡昭侯杀了，吴国已通知蔡昭侯让蔡国迁到州来，人们一时不知所措。

原来泄庸访问蔡国是个假象，协助蔡昭侯向吴国迁徙才是真情。蔡昭侯认为不迁吴，即迁楚，所以决定向吴国迁徙。但是，他又怕大夫们和一些百姓反对。于是，便要求吴国以访问为名，带兵潜入蔡国，协助自己迁移。泄庸暗带吴国军队，于当天夜晚冒雪进入蔡国都城，对蔡国都城全面控制。第二天上午，公子驷指责蔡昭侯不该隐瞒大夫让吴军进入国都，并且坚持不能迁都的主张。这时，蔡昭侯已经有吴军作为后盾，见公子驷如此倔强，恐怕其他大夫效尤，便以反对国君为名把公子驷杀了，并且当即宣布："迁都州来。"因州来地在上蔡下游，故又称为下蔡。

州来位于吴国西境，即今安徽省凤台县的下蔡镇。这里西面为硖石山。硖石山耸峙淮水两岸，山顶建有军垒，为州来天然屏障。春秋后期，吴国在这里建立军事基地，联合蔡、唐两国伐楚，就是从这里出师的。但是，这里距离蔡国500余里，蔡昭侯无奈迁到州来。

5. 后裔流落于下蔡、高蔡

蔡昭侯把蔡国迁到州来，自己可没过上一天好日子。他杀了公子驷，公子驷的同党虽然一时恐惧没敢吭声，但是矛盾却更加激化了。迁到州来的第二年（公元前492年，周敬王二十八年），有些大夫闹得不成样子，蔡昭侯便把其中的公孙猎送到吴国。但是，有些大夫仍不肯罢休，活动得更加频繁了。

公元前491年（周敬王二十九年），蔡昭侯决定去吴国朝拜吴王夫差，感谢吴国对蔡国的帮助。公孙姓、公孙盱等蔡国的大夫们怕他又要东迁，就使人于路途刺杀了蔡昭侯，立其子朔为国君，即成侯。蔡成侯为了把公孙姓同党的势力全部肃清，不但杀了公孙姓、公孙盱，并在全国进行一场大清洗，直到这年十二月，蔡国才算安定下来。国家迁徙，又经过内部残杀，蔡国的政治经济越来越糟，一下跌为力量薄弱的小国了。蔡成侯死后，儿子产为国君，是为蔡声侯，蔡声侯的儿子为蔡元侯，蔡元侯的儿子为蔡齐侯，到了蔡元侯时，蔡国已如病入膏肓的病人，达到难以治疗的程度了。

蔡侯齐四年（公元前447年，周贞定王二十三年），楚国的楚惠王下令攻蔡，楚国军队攻破蔡国都城州来，蔡国亡。《史记·管蔡世家》载："齐侯四年，楚惠王灭蔡，蔡侯齐亡，蔡遂绝祀。《楚世家》也说："（楚惠王）四十二年，楚灭蔡。"根据有关文献记载，楚国这次灭蔡，实际上保留其社稷，蔡国并未绝祀。

当时有灭国不灭祀的规矩，即把一个国家灭掉了，却让他在另外一个地方再建一个小国家，保存对祖先的祭祀。楚国灭掉蔡国后，便让他在今湖南省的常德市一带重新建国。境域约在保康以东，南漳以北，襄阳以南一块不大的地区之内，蔡都位于荆山东麓的群山之中，因为这个地方是山区，历史上称“高蔡”。

这个小国又存在了80多年，前几代的国君，还谨慎守国，最后出了个蔡圣侯，不理国事，《战国策·楚策四》载：“夫黄鹄其小者也，蔡圣侯之事，固是以，南浮乎高陂，北陵乎巫山，饮茹溪流，食湘波之鱼，右拥嬖女，与之驰骋乎高蔡之中，而不以国家为事。”他终日游山玩水。一次，他派两个使臣朝拜楚宣王，一人名师强，一人名王坚。楚宣王觉得这两个人的名字很好，心想一定相貌堂堂，深通礼节，急忙令人引来相见。谁知却是两个又矮、又丑、声音难听的粗鄙家伙。楚宣王立即意识到这是故意戏弄楚国，大怒，便令大将子发带兵伐蔡，结果这个保存蔡国祭祀的小国也被灭掉了。

6. 蔡国的世系

《通志·世族略》云：“蔡君叔度既迁而死，其子胡改德率行，周公闻之，举以为鲁卿士，鲁国治。于是言于成王，复封于蔡，以奉蔡叔之祀，是为蔡仲。……自昭侯以下春秋后。相承二十六世，为楚所灭。”而罗泌的《路史》则云：“蔡叔既蔡于郭邻，子胡改行帅德，周公使为鲁卿，鲁治，乃复之王，邦之，蔡泽是为蔡仲……二十四世而楚灭之。”

清人马骕的《绎史》“世系图”排列蔡国的世系有：蔡叔、蔡仲、蔡伯、宫伯、厉侯、武侯、夷侯、僖侯、共侯、戴侯、宣公、桓公、哀侯、穆公、庄公、文公、景公、灵侯、平侯、蔡侯朱、悼侯、昭侯、成侯、声侯、元侯、侯齐，共二十六世。

据《史记·管蔡世家》，蔡国之君有：蔡叔度、蔡仲胡、蔡伯荒、宫侯、厉侯、武侯、夷侯、釐侯所事、共侯兴、戴侯、宣侯措父、桓侯封人、哀侯献舞、缪侯肸、庄侯甲午、文侯申、景侯固、灵侯般、平侯庐、悼侯东国、昭侯申、成侯朔、声侯产、元侯、侯齐。

与《绎史》相比，《史记·管蔡世家》只有二十五世，将太子朱视为一个过渡性人物。按《左传·昭公二十一年》载：蔡平公死后，太子朱继位为蔡侯，而隐太子东国在费无极的帮助下欲夺君位，逼走太子朱，自立为君，史称悼侯。

《史记》称“錖侯”，而《绎史》称“僖侯”；《史记》云“宣侯措父”，《春秋·隐公八年》为“蔡侯考父”；《史记》称“缪侯”，《左传》、《绎史》为“穆侯”，“缪”、“穆”通。

综合《春秋》、《左传》、《史记》等史料，《通志》所言蔡从蔡叔始封至灭亡，前后“相承二十六世”是正确的。从宣侯考父（措父）开始，进入春秋时代。

二、蔡姓的播迁

蔡人自从得姓之后，就开始了他们漫长艰辛的开拓、发展和不断演进的历程。而蔡姓家族、事业的不断发展，又是与他们不断地迁徙远播、不断地由中原向四外发展、顽强地为自己开拓着生存空间而紧密相连的。

（一）蔡姓在大陆的播迁

1. 先秦两汉时期中原蔡姓向四周播迁

蔡国由于三次迁都，其民随国君不断迁移。蔡人首次较大规模的迁徙是在蔡国第一次亡国时（公元前 531 年）。当时楚军攻破蔡国都城，灭亡蔡国，俘获蔡太子友（隐太子）。而后，楚国又在陈地、蔡地和不羹筑城，以公子弃疾为蔡公镇守，同时将部分蔡人强行迁入楚国内地。后来，这支蔡人的一部分，于蔡国复建于新蔡时随蔡庐（平侯）回归蔡国，剩余的蔡人则辗转迁徙到楚国西境的群山之中。因其地偏远闭塞，久而久之，他们与中原故土失去了联系，后又寻机立了一个小国，地在今天的湖北巴东县、始建县一带，直至楚宣王八年（公元前 362 年）复被楚国灭亡。

蔡人第二次大迁徙是蔡国迁都到下蔡（今安徽凤台）时。当时蔡昭侯为了躲避强楚胁迫，决定由上蔡东迁。此举遭到国人的普遍反对，有许多国民不愿移居淮南低温之地，于是纷纷出逃，有相当一部分人逃入楚国内地，一部分人留在上蔡原地或迁居于中原其他地区，还有一部分蔡人分成数支，远徙他乡。迁人楚国内地的蔡人还再次建立了自己的国家。据有关资料记载，在蔡国亡国前后，这支蔡人迁入楚境蔡甸（今湖北汉川县一带）。楚悼王时，在蔡甸的蔡人继续南迁到高蔡（今湖南常德市境）一带，并且在该地建立了高蔡国，不久又被楚灭。其遗族溯沅水而上，西入贵州与少数民族杂居，后来逐渐演变成了前面所提到的“蔡家苗”。

另外，楚国灭亡蔡国（下蔡）时，又有部分不甘心受楚国奴役的蔡人，远徙到今江西的上高县境，建立了“望蔡国”，以表达他们对中原故国的眷恋之情。

在蔡国动乱、亡国的数百年间，蔡人除被迫举族大规模迁徙外。还有一些人零星分迁于各地，他们或为躲避战祸，或因做官等等原因而四散迁居，其中有些人分别人居楚、吴、秦、晋、齐、燕等国，形成早期的姬姓蔡氏。当时蔡国的君主虽然昏聩无能，但流落到各诸侯国的蔡氏却大都显现出非凡的才干。

如春秋时晋国有太史蔡墨，博古通今，学识超群。公元前513年秋，有一条龙出现在晋国都城绛地郊外，魏献子为此而问疑于蔡墨，说：“我听说，虫类没有比龙更聪明的了，因为它不能被人活捉，是这样吗?”蔡墨答：“实在是人聪明，而不是龙聪明。过去有人专门饲养龙，使它为人类服务，于是就有了豢龙氏、御龙氏这两个著名的氏族。”他给魏献子介绍了豢龙氏、御龙氏的来历和得姓缘由。接着，又旁征博引，论古说今，从龙的渐渐稀少谈论到上古的吏治情况，指出，古时候任何事物都有负责管理它的官吏，如果官吏不能尽其职守，他所负责的事情就会荒疲不兴。古代设有执掌五行的五种官员，分别管理金、木、水、火、土方面的事，木官之长叫句芒，火官之长叫祝融，金官之长叫蓐收，水官之长叫玄冥，土官之长叫后土。五官都能够尽职尽责，他们所分管的事业也得到发展，因此受到人们的尊敬崇奉，后人把五官当做神来供奉祭祀，他们的后代也世代继承官职和姓氏。龙生于水，后来，由于水官失职被废弃，所以龙不能被人活捉并加以利用了。蔡墨这一番精辟的议论，使魏献子大为折服，也使得自己成为较早名留青史的蔡姓人。

楚国有蔡鸠居、蔡洧，均为楚王所重用。其中蔡洧，才德兼备，曾为蔡国的复建起到重要作用。先前，蔡洧的父亲于楚灵王灭蔡时，为保卫国家战死，蔡洧和蔡世子友一同被俘，囚于楚国。后来楚王杀蔡太子友祭祀九冈山，蔡洧为此悲愤不已，大哭三日。楚王敬其忠贞，留在宫中委以重任，后来又让他负责守卫楚国的都城。三年之后，蔡旧臣朝吴等策划复国时，蔡洧联络楚国丧臣之子蔓成然等做内应，引导楚公子弃疾攻入楚郢都，拒楚灵王于郊外，楚灵王被迫自杀。后来，公子弃疾（平王）夺得王位，复封蔡国于新蔡。蔡洧为蔡国的复建立了大功。

春秋时齐国有大夫蔡朝。蔡文侯二十年（公元前 592 年），蔡朝受齐侯派遣与高固、晏弱、南郭偃四人一起出使晋国。出发之前，因齐、晋不和，有人劝阻他们说："晋国人不讲信用，前往会有危险。"于是高固于途中逃回，蔡朝等三人决心不辱使命，说："如果因为我们而断绝了两国的友好关系，宁肯回国被处死。"果然，他们到晋国后即被扣为人质，后来历经坎坷，三人才陆续逃回齐国。

战国时，秦国纲成君蔡泽，其先居燕国为燕人。他能言善辩，足智多谋，先游说于诸侯，入赵、韩、魏等国，皆不被用。后来入秦取代范雎为相，执政期间，他曾为秦王谋划，攻灭了西周王室。后功成身退，封纲成君。

总的来看，先秦时的蔡人饱受战祸侵扰，多次被迫离开故土，走上了漫长艰辛的颠沛流离之路。其中，有少数蔡氏零星移居于楚、秦、晋、齐、燕等国做官，成为当地最早的蔡氏；另有一些蔡人则逃往南方，并且到处留下了"蔡"的标记。当时蔡人的足迹已遍布于今河南、安徽、河北、山东、山西、陕西、湖北、湖南、贵州、江西各地，他们拼搏奋斗，努力开拓新的生存空间，表现出了坚韧不屈、顽强进取的族群精神。

秦统一天下后，实行暴政，很快就灭亡了。此后刘邦建立汉朝，历经两汉 400 余年。这一时期，留居于中原的蔡姓人在安定的生活环境中得以迅速繁衍发展，并逐渐形成了一些著名的家族。

秦末农民大起义时，曾经有不少蔡姓人参加，见于史载的如上蔡人蔡赐，曾被陈胜的"张楚"政权任命为上柱国，封房君。他曾为陈胜出谋划策，复立赵、燕等国，后率军西击秦军，战死疆场。

秦汉之际，还有两位蔡姓人物为刘邦打天下立下过赫赫战功，成为西汉王朝的开国功臣。

其一名叫蔡寅，陈留圉（今河南杞县圉城）人，初为魏太仆，秦朝末年起兵反秦，加入义军。楚汉相争时（汉王三年初），他投依汉王刘邦，任车骑将军，后以击败楚将龙且及破彭城之功，封肥如侯，食邑千户。肥如地在今河北卢龙境。蔡寅于汉文帝三年（公元前177年）去世，由他的儿子蔡戎承袭爵位，是为严侯。蔡戎死后，其子蔡奴嗣位。汉景帝元年（公元前156年），蔡奴去世，他没有后代，因此国除，蔡寅宗嗣因此断了香火。直到汉宣帝元康四年（公元前62年），又有蔡寅的曾孙（可能系庶出）、肥如大夫蔡福，奉诏复家。但蔡福也没有直系后代，死后封国又被取消。

刘邦的另一位蔡姓开国功臣名叫蔡兼。他本是韩国贵族的后裔，后来改姓蔡氏。蔡兼原为秦朝睢阳令，后投刘邦反秦，随汉高祖出征，以平定北地之功，官授常山相。文帝元年（公元前179年）加封为樊侯，食邑1200户。蔡兼死后，先后由蔡客（康侯）、蔡平（共侯）和蔡辟方子孙三代相继承嗣爵位。汉武帝元鼎四年（公元前113年），蔡辟方因参与赌博和抢夺他人财物获罪，被汉武帝免去爵位，罚为城旦（罚到边远地区做修筑城墙苦役），其后世无闻。两汉时，在河南的陈留、南顿、宋城、项、温、怀、汝南等地均有蔡姓人聚居，并涌现出很多名人。如西汉昭帝时有温（今温县）人蔡义，初以明经给事为大将军卫青幕府，后应诏入宫为皇帝说韩诗，得到赏识，被任命为光禄大夫、给事中，累迁至御史大夫，代杨敞为丞相，封阳平侯。

西汉末年有怀（今武陟县）人蔡茂，学识渊博，哀帝、平帝时征试博士，他以优异的对策成绩被选拔为议郎，再迁侍中。王莽摄政时，他称病辞官，不仕新莽政权。东汉光武帝时，蔡茂复出，任广汉太守，在郡抑制权贵，无所顾忌，后官至司徒，位列三公。蔡茂居官清俭，为时人称道。

东汉顺帝时有弘农太守蔡玄，字叔陵，南顿（今属项城）人。他以精通儒术而知名当世，门徒常有千人。桓帝、灵帝时有冀州刺史、议郎蔡衍，为项（今沈丘县）人。安城（今汝南县）人蔡顺，以孝义闻名天下。

汉代蔡姓著名人物还有：沛（今属江苏）人蔡千秋，擅长《谷梁》学说，宣帝时任谏议大夫、给事中，后为郎中户将。宣帝钦佩其学识，曾亲选10人从之研习《谷梁传》。蔡朗，字仲明，籍贯不详，以鲁诗教授生徒，从学者云集，东汉章帝元和初年（84年）征拜为博士，后出任琅琊王傅。东汉蔡伦，桂阳（今湖南郴州）人，和帝时为中常侍，安帝时封龙亭侯，相传是中国造纸术的发明人。此外，东汉浙江上虞人蔡邕、辽东太守蔡讽等，也都知名一时。

汉末三国时有襄阳人蔡瑁，为刘表的军师、镇南大将军，后降曹魏，封汉阳亭侯。三国吴彭城（今徐州）人蔡款，字文德，童幼孤微，得到同郡人张昭之子张承的赏识和引荐，仕吴为官，以清白闻名于世。后以卫尉领中书令，封留侯。蔡款有两个儿子：蔡条、蔡机。蔡条于孙皓时累官至尚书令、太子少傅；蔡机官至临川太守，其族显贵于东吴。

汉代居于陈留圉城一带的蔡氏家族，更是名人辈出，影响巨大，特别是在东汉末年，陈留蔡氏产生了像蔡邕、蔡琰这样的名士贤达。后世发达兴盛的“济阳蔡氏”，就是出自陈留一族，足见其影响深远。

2. 魏晋南北朝时期中原蔡姓向江南的播迁

根据史籍和一些蔡姓族谱记载，如今我国南方各地的蔡姓，多由中原迁徙而来，他们大多称自己出自济阳蔡氏。

蔡姓大族由中原大规模向南方迁徙，始于晋朝永嘉年间（307—313年）。先是，晋武帝死后，由他的儿子司马衷即位，是为惠帝。惠帝是个白痴，政事皆由其妻贾皇后做主。贾皇后本来就有野心，后来因为与辅政的外戚杨骏争权，便将杨骏诛杀，然后将汝南王司马亮召进朝廷，任为辅政大臣，从而引起了晋朝宗室诸王的不满，遂由权利之争演变为历史上著名的“八王之乱”，内战的烽火燃遍了中原大地。晋永嘉五年（311 年），匈奴贵族刘渊乘晋皇室内讧之机，起兵反晋，其族弟刘耀引兵率先攻入洛阳，大肆烧杀抢掠，繁华的洛阳城顿时毁于兵火，西晋遂告灭亡。

晋都洛阳沦陷后，晋皇室遗族仓皇南逃，最后在建康（今南京）重建政权，史称东晋。此后百余年间，原来居于我国西北地区的少数民族纷纷涌入中原，直到北魏统一北方，建立割据政权，与东晋形成对峙局面，从此，中国进入大分裂的南北朝时期。

在永嘉战乱中，中原涂炭，民众苦不堪言。西晋灭亡时，为躲避杀戮和不甘受异族统治，中原士族纷纷南奔，并有大量难民追随渡过长江，先后达上百万人，形成了中国历史上的首次大规模的南渡移民潮。

这一时期，世居北方的蔡姓家族也有多人随晋室南渡，其中最著名的是考城人蔡谟、蔡豹等。蔡谟是汉卫尉蔡质的后裔。蔡质本为陈留圉城县人。他是东汉大学者、大书法家蔡邕的亲叔父，于东汉末年，遭奸臣构陷而被杀害。蔡质的儿子蔡睦，于汉末移居考城（考城治所在今河南民权县，汉代属陈留郡，晋代划归济阳郡。后世所说的济阳蔡氏，即指此支），陈留蔡氏从此一分为二，分别在考城和圉城两地发展。蔡睦的长子蔡德随父居于考城，后来官至乐平太守；蔡睦次子蔡宏留居陈留圉城，坚守祖业，后来官至阴平太守。

西晋时，蔡德之子蔡克，字子尼，博学多识，性格刚强率直，不妄结交，人称“正人”。蔡克起初为成都王司马颖大将军记室参军，司马颖当丞相后，十分器重他的人品，引为东曹掾，让他负责朝廷官员选拔之事。蔡克在职正身律己，秉公办事，当时钻营苟进之徒，望风远避。后来他见朝政日弊，遂辞官而去。永嘉初年，车骑将军司马腾镇守河北邺城，闻知蔡克闲赋在家，就强召他为从事中郎，限期赴任，蔡克不得已而往。不久，邺城被汲桑攻陷，蔡克死于乱军之中。蔡克的儿子即蔡谟。

蔡谟字道明，年轻时以孝廉为州从事。晋永嘉年间，晋王室仓皇南渡，蔡谟为了躲避战火，率领着家族追随晋室来到长江之南。

蔡谟南渡后，被司马绍（即后来的晋明帝，时为东中郎将）引为参军，先后担任中书侍郎、义兴太守、侍中等职。后来由于平定苏峻造反立了大功，被提升为五兵尚书，领琅琊王师，转掌吏部，封爵济阳男（蔡谟的故乡考城这时已划归济阳郡，故而有此封号）。从此，济阳蔡氏名声大振，超过了陈留蔡氏。此后，蔡谟受到重用，步步高升。他先后历事晋朝元、明、成、康、穆5个皇帝，官职一直升到侍中、司徒的高位，成为当时东晋王朝中举足轻重的大臣。由于蔡谟是济阳蔡氏渡江南下的第一代，又是东晋的开国元勋，为济阳蔡氏开基江南奠定了雄厚基础，因此他被蔡氏后人尊为“南渡始祖”。南朝第一个王朝刘宋是济阳蔡氏上升时期，其第一个代表人物就是蔡谟的曾孙蔡廓。《宋书·蔡廓传》记载说：“蔡廓字子度，济阳考城人也。曾祖谟，晋司徒。祖系，抚军长史。父綝，司徒左西属。廓博涉群书，言行以礼，起家著作郎。”这一段记载也有两个问题值得注意：

（1）《晋书·蔡谟传》所记的陈留考城，在此已改为济阳考城，完成了陈留圉县到陈留考城，再到济阳考城的演变过程。

（2）蔡氏的政治地位在蔡谟之后有明显的下降，但蔡氏的门阀地位却保留下来，因此蔡廓才能享受到高门华胄的待遇，以著作佐郎为起家之选，这就为其走上高级仕途打下基础。

蔡廓在东晋历官司徒主薄、尚书度支殿中郎、通直郎、中书、黄门郎、御史中丞等职。东晋末年深受刘裕赏识，曾说：“羊徽、蔡廓可平世三公。”入宋以后，蔡廓虽然位不至三公，“而为时流所推重”。朝中每遇大事，执政徐羡之，必向蔡廓征询意见。朝廷曾想任命蔡廓为吏部尚书，蔡廓知道徐羡之不肯放权，而不就职，遂转任祠部尚书。蔡廓兄蔡轨时任给事中，兄弟皆在中央任职。蔡廓少子兴宗，历仕文帝、孝武帝、明帝及前后废帝五朝，屡掌州郡，两任吏部尚书，最后官至中书监、左光禄大夫、开府仪同三司，是刘宋政坛上举足轻重的要员。

蔡兴宗的子嗣较多。长子蔡顺，字景玄，“雅有父风”，为中书郎、晋陵太守、太尉从事中郎。二子蔡约，字景㧑，尚宋孝武帝女安吉公主，拜驸马都尉，秘书郎，不肯就职，后倒向萧道成。入齐事高、武二帝，历官司徙左长史、黄门郎、本州岛中正、新安太守屯骑校尉、太子中庶子等职。齐明帝为录尚书辅政，“百僚脱屐到席，约蹑屐不改”，反而受到皇帝的称赞，说“蔡氏是礼度之门，故可自悦”。说明济阳蔡氏是非常受尊重的门第。

蔡兴宗还有一子名撙，字景节。《梁书·蔡撙传》称：“少方雅退默，与第四兄寅俱知名。”这里提到的蔡寅也是蔡兴宗之子，惜其事迹不载于史册，不知其详。但蔡撙在齐、梁两朝均名显当时。在齐历司徒法曹行参军，司徒主簿、中书侍郎、中军长史、黄门侍郎等职，齐末倾向萧衍，梁台建，为侍中，吴兴太守。天监元年宣城郡吏吴承伯起兵反梁，蔡撙因镇压吴承伯有功加信武将军，后累迁吏部尚书、侍中领秘书监，转中书令，卒于吴郡太守任，谥曰康子。在梁中央和地方均为声名显赫的人物。

蔡撙有二子，长子彦熙（一作彦深），官至中书侍郎，宣城内史。次子彦高为官给事黄门。蔡撙有一女为昭明太子妃。本来昭明太子纳妃意在谢氏，袁昂认为“当今贞素简胜，唯有蔡撙”，于是萧统才改变主意，纳蔡撙女为妃。此事足以说明济阳蔡氏在梁的崇高地位。

蔡撙之孙，蔡彦高之子蔡凝，在陈也是名高当世。史称其“美容止，及长，博涉经传，有文词，尤工草。陈太建元年，累迁太子中舍人，以名公子选尚信义公主，拜驸马都尉，中书侍郎，迁晋陵太守”。蔡凝少年得志，趾高气扬。“才位未高，而才地为时所重。常端坐西斋，自非素贵名流，罕所交接，趣时者多讥焉”。这些记载说明，济阳蔡氏在陈时已跻身一流门阀地位，故蔡凝才敢于在陈宣帝欲用义兴公主婿钱肃为黄门侍郎时，说“黄散之职，故须人门兼美”，认为钱肃不够格，由此引起钱肃与义兴公主的不满。由于蔡凝“负地矜才”也受到吏部尚书蔡征的压抑，在仕途上不得升迁，终陈之世仅官至晋熙王府长史。陈亡后，隋欲征用蔡凝，但凝在入京途中病故，其子君知，“颇知名”。

以上所介绍的由蔡谟传下来的济阳蔡氏，是济阳蔡氏中最主要的一支，它上自汉下迄隋，500年间连绵不断，成为魏晋南北朝最显赫的门阀士族之一。此外，在南朝历史上还有几支济阳蔡氏，虽然其传承世系难以蔡廓、蔡兴宗那一支挂上钩，但可以肯定也是蔡谟之后，也是很有实力，很活跃的济阳蔡氏家族成员之一。其中一支是蔡景历家族。

《陈书·蔡景历传》：“蔡景历字茂世，济阳考城人也。祖点，梁尚书左民侍郎。父大同，轻车岳阳王记室参军，掌京邑行选。景历少俊爽，有孝行，家贫好学，善尺牍，工草隶，解褐为诸王府佐，出为海阳令，为政有能名”。根据以上记载，蔡景历的家世，往上只能追到蔡点、蔡大同，再往上就不清楚了。蔡点、蔡大同、蔡景历祖孙三代都在梁为官。景历在梁末倒向陈霸先，成为陈的开国元勋。入陈以后历官秘书监、中书通事舍人、员外散骑常侍、御史中丞、守度支尚书等职，并封新丰侯，是陈朝具有重要政治影响的人物。景历子名征，《南史》有传，袭父爵新丰侯，历官太子中庶子、中书舍人、左户（民）尚书、吏部尚书，深得陈后主的信任，甚至让他“收募兵士，自为部曲”。隋军渡江，后主让蔡征权知中领军事，负责抵御隋军。陈亡后入隋，历官太常丞、尚书户部仪曹郎、给事郎等职。蔡征子蔡翼，在陈任司徒属官，入隋后为东宫博士。

蔡景历与投向萧詧的蔡大宝也属于同一族系，《周书·萧詧传》载：“蔡大宝字敬位，祖履，齐尚书祠部郎。父点，梁尚书仪曹郎，南衮州别驾。大宝少孤，而笃学不倦，善属文，初以明经对策第一，解褐武陵王左常侍，尝以书干仆射徐勉，大为勉所赏异。”从此来看，蔡大宝为蔡景历的亲叔，其世系有上推一代，但仍与蔡兴宗的世系联系不上。大宝后来成为萧詧的高级参谋，蔡詧称帝（后梁），拜大宝为侍中，尚书令，参掌选举，萧岿嗣位，大宝任中权大将军，领吏部尚书，执掌军政大权。大宝弟大业字敬道，事萧詧父子，官至左民尚书，太常卿，大宝还有一个兄弟大有，官至监利太守。萧詧的后梁，本是北周的傀儡政权。后梁亡后，大宝子延寿，大业子允恭均入北周，延寿官至御史中丞，允恭官至太子舍人。北周亡后，又都入隋当官，延寿官至开府仪同三司、秘书丞、成州刺史，允恭官至起居舍人。随末李世民起兵反隋，引允恭为秦府参军，唐贞观时任太子洗马，著有《后梁春秋》。

《宋书·南郡王义宣传》还记有蔡超一支。称“超，济阳考城人。父茂之，侍庐陵王义真读书，官至彭城王义康骠骑从事中郎，始兴太守。超少有才学，初为衮州主簿”。后官至南郡王义康咨议参军，专掌记室，是刘义宣集团中的核心人物。刘义宣夺权失败被杀，蔡超也受到牵连，故后世不显。

在刘宋时期，有一位济阳蔡祐，是刘穆之的女婿。蔡有个儿子叫蔡孙，在孝武帝时，官至平南参军、始安太守，后世情况不详。

在萧齐时，还有一位“礼学博闻”，执经议论，往往与时宰不合的济阳蔡仲熊，此人一生坎坷，最后官至尚书左丞。其身世史书也没有交代清楚。齐时还有一位陈留蔡荟，字休明，一生隐居不仕，“清抗不与俗人交”。齐时陈留氏早已为济阳郡望所代替，而蔡荟仍保留陈留的籍贯，也看出他确有隐士的派头。

永嘉年间渡江的蔡氏名人还有蔡豹。蔡豹字士宣，是蔡宏之子、蔡谟的族叔，陈留圉城人。在西晋时，蔡豹历任河南丞和长乐、清河两郡太守。永嘉渡江后，晋元帝任命他为振武将军、临淮太守，后迁建威将军、徐州刺史，曾与祖逖一同受命北伐。后来泰山太守徐龛叛晋，蔡豹奉命率军征讨，进据卞城以逼徐龛，闻后赵石季龙引兵来攻，遂连夜退守下邳，不料遭到徐龛袭击，损失惨重，只好退回徐州。朝廷以兵败论罪，他被元帝收斩于建康。蔡豹在徐州内抚将士，外安民心，深得士民爱戴。被杀后，徐州军民多为他惋惜。

蔡豹没有儿子，以兄子蔡裔为嗣子。蔡裔字子元，少有勇力，渡江后，历任散骑常侍、兖州刺史，封高阳乡侯。晋穆帝永和年间，中军将军殷浩奉诏出师北伐，以蔡裔为前锋。他率众出彭城作战，不幸病卒于军中，此支蔡氏遂绝嗣。

永嘉渡江的蔡姓还有许多，在南北朝时，他们都十分活跃。如南朝宋济阳考城人蔡茂之，即蔡超之父。初侍宋庐陵王刘义真读书（为侍读博士），后官至彭城王刘义康骠骑从事中郎、始兴太守。

南朝时的蔡姓名人还有蔡那，他是南阳冠军（今南阳邓州西北）人，家素富有，初为建福戍主，后来逐渐升为大府将作。宋明帝即位之初，蔡那任建安王刘休仁的司徒中兵参军，随大军出征。当时，蔡那的子弟家人都在襄阳，被叛军刘胡捉住。每次对阵，刘胡就把蔡那的子弟家人全都绑缚着悬挂在城墙外面，用来要挟蔡那。蔡那不顾亲情，攻战更加勇猛。叛军扫平之后，论功行赏，蔡那被封为平阳县侯，食邑五百户，后又晋升为刘韫抚军司马、宁蛮校尉，加宁朔将军。泰豫元年（472 年）以本号授益州刺史、宋宁太守，未及上任而卒。朝廷追赠他为辅师将军，谥号平侯。

蔡那之子蔡道恭，字怀俭，也是南朝名将。蔡道恭初为雍州主簿，以屡立战功升迁越骑校尉、后军将军。齐末为西中郎中兵参军、辅国将军。梁武帝萧衍起兵时，以其素有威望与谋略，命为冠军将军、西中郎咨议参军等，封汉寿县伯。和帝即位，官至司州刺史，进号平北将军。505 年，北魏军围困司州，昼夜攻城不止，蔡道恭率军顽强抗击，坚守 100 余日，由于操劳过度，不幸病故。当时与蔡道恭同守司州的还有蔡道恭兄长之子蔡僧勰及其从弟蔡灵恩等。蔡道恭之子蔡澹，嗣父爵为汉寿县伯，卒于河东太守任。蔡澹之子蔡固早逝，封国因无子嗣而被取消。

此外，南朝宋、齐年间还有陈留人蔡昙智，人品学识俱佳，颇有声望，乡里号蔡曾子。当时有位名士沈颛评价他说："闻蔡昙智之风，怯夫勇，鄙夫立志。"还有蔡仲熊，南齐济阳人氏，博通儒学，每执经论讲，往往见解独到，与时论不合，尽管如此，他始终不肯改异求同，因此遭人冷落。他的仕途也很坎坷，历年方至尚书左丞，时人叹其屈才。南朝宋著名画家蔡斌，善画人物故实，为天下标冠，所画"仙游图"、"苏武像"尤为精妙。

由于济阳蔡氏人才辈出，在南朝兴旺发达，自东晋以后，居于我国南方的蔡姓人，大都认定自己的祖根在河南济阳考城，并把"济阳"作为自己家族的专用堂号，沿用至今。如浙江《河南始祖蔡氏通谱》云："……秦汉之时，（蔡氏）聚而复合，合而复涣，其间四布而不可纪矣。传之唐之太宗，奏天下谱牒，退新门，进旧望，左膏梁，右寒微，合一百九十三姓，千六百五十一家，而蔡氏首称焉。其子孙散处四方，有迁于姑苏云间（元代江苏松江府的别称，治所在今天的上海市松江）者，有迁于永川（今四川永川县）、琴川（今江苏常熟县别称）者，徙于晋陵（今江苏常州市）、徐州（今安徽凤阳一带）者，徙于广信（今广西梧州市）、福州（今属福建）者，皆河南之派也”。他们都以“济阳”为本族堂号，认为河南济阳是天下蔡姓人的祖根所在地。

总之，晋永嘉大移民是中国历史上首次由北方向南方的大规模移民，人数甚众，对后世影响深远。这一时期中原蔡姓家族也开始大举南迁，这些蔡姓人与其他中原移民一起，把中原地区先进的文化和生产技术带到江南，对南方的经济开发以及政治、文化等方面的发展作出了重大贡献。同时，移居江南的济阳蔡氏一枝独秀，子孙繁昌，后裔逐渐播迁到江南各地（主要在今江苏、江西及皖南地区），造成了蔡姓在江南更广泛的分布，从而为蔡姓日后在我国南方的快速发展奠定了坚实的基础。

3. 唐初及唐末五代时期中原蔡姓的两次入闽大迁徙

进入唐朝之后，由于新兴士族的崛起，济阳蔡氏与其他故旧世族一样，纷纷败落，逐渐走入低谷。这一时期见于史载的蔡氏名人不多，仕途不显，他们在各地埋头耕读，积蓄力量，图谋发展。同时，盛唐时期，随着国家的统一，社会相对稳定，全国人口流动趋于和缓，没有发生大规模的移民活动。但是对于我国东南地区的闽、台、粤诸省而言，发生于唐初和唐末五代时期的两次重要的移民活动，具有相当重要的历史意义，非常值得一书。

第一次移民活动，是指发生在唐高宗年间的中原将士随陈元光父子南迁入闽事件。

根据史料记载，唐高宗总章二年（669 年），福建泉州、潮州一带发生了当地少数民族反抗官府压迫的“蛮獠啸乱”，朝廷派光州固始人、归德将军陈政率府兵前往南方平乱。陈政率部长驱直入闽南，初战告捷，但是后来因为将士不服水土，生病致死者日众，陈政只好率部队退守于九龙山（今九龙江中上游），奏请朝廷增兵。朝廷又命陈政之兄陈敷、陈敏率固始 58 姓军校增援。他们多带家眷同行。部队行军至浙闽交界地带，许多人感染上了瘟疫，陈敷、陈敏先后病死，他们的母亲魏氏率众继续南下，终于抵达闽南与陈政会合。陈政得到援兵后，军势复振，于是继续清剿“蛮獠”，但战斗进行得十分艰难。

唐仪凤二年（677 年），陈政去世，陈元光代父领兵，又历经大小百余战，终于平定了“叛乱”。此后，陈元光率军屯垦于云霄山下，采取了一系列措施治理和开发闽南，并于武后垂拱二年（686 年）奏准朝廷设立漳州，这也是漳州设治之始。唐景云二年（711 年），陈元光去世，由他的儿子陈珦代领州事。陈珦继承父业，在漳州大力兴办教育，努力发展农桑，积极传播中原文化和先进的农业技术。陈珦死后，他的儿子陈酆和孙子陈谟，先后依次接任为漳州刺史。这时，中原地区正遭“安史之乱”荼毒，生灵涂炭，民不聊生，而地处东南边陲的闽越之地相对安定，于是又有许多百姓陆续由中原迁往闽南，投奔陈氏政权，在闽南一带定居下来。

陈元光父子及其所率将士由中原入闽后，与当地人民共同开发闽南，促进了该地经济、文化的发展，推动了闽南的历史进程。因此，他们受到了闽人的高度尊崇和爱戴，自宋代以后，千余年来，漳州及闽南各地建有数百座供奉陈元光的祠庙，内立陈元光塑像，群众称陈元光为“开漳圣王”，世代祭祀，至今香火尤盛。

当时随陈氏父子入闽的中原将士及其家属总共有多少人，史无详载。据《台湾省通志》统计，随陈元光入闽者有 45 姓，即：陈、张、李、王、吴、蔡、杨、许、郑、郭、周、寥、徐、庄、苏、江、何、萧、罗、高、沈、施、柯、卢、余、潘、魏、颜、赵、方、孙、钟、戴、宋、曹、蒋、姚、唐、石、汤、欧、邹、丁、钱、柳姓。又据新编《固始县志》统计，随陈政、陈元光父子入闽的将士、眷属共有 8000 余名，包括陈、许、卢、戴、李、欧、马、张、沈、黄、林、郑、魏、朱、刘、徐、廖、汤、涂、吴、周、柳、陆、苏、欧阳、司马、杨、詹、曾、萧、胡、赵、蔡等 84 姓。福建《云霄县志》载：陈政入闽时率府兵 3600 名，将校 132 员；陈敷兄弟入闽增援又率固始 58 姓军校，并携家属，估计人数不少于第一次。再加上陈氏祖孙 5 代治闽近百年间由中原陆续前往投奔的百姓，人数当有数万。

唐初虽有数万中原人入居闽南，但留下姓名的却不多。其中蔡姓较知名者有府兵校尉蔡长眉和队正蔡彧。他们均为河南固始人。现今闽、台一带的蔡氏，有相当一部分人以蔡长眉、蔡彧为入闽始祖，并把河南固始县当做自己的祖居地。如《台湾区百家大姓源流》说：“蔡氏在唐初，有府兵队正蔡彧者，随陈元光入闽开漳。”《琼林蔡氏谱序》（明嘉靖八年蒋孔融撰）说：

“蔡之祖本于光州固始，后迁于同（今厦门同安），自同而迁于浯（浯州，今金门县）之许坑，其裔有十七郎者，赘于琼林之陈家，斯为之始祖矣。”又，台北县新庄镇《鸿儒蔡氏族谱序》云：“其先世为河南光州固始人，唐时从开漳圣王陈元光入闽，居漳浦之绿溪桥。其后子孙蕃衍，分别迁往龙溪、南安罗云及粤之广州等地，有一支于清康熙年间迁居同安之烈屿。”这类记述在闽台一带的蔡氏家谱中还有很多，大致反映了唐代随陈元光父子入闽的中原将士后裔在闽越发展繁衍和继续播迁的历史过程。

第二次移民活动，是指发生在唐末五代时期的中原百姓随王潮、王审知兄弟南迁入闽事件。当时在农民战争的席卷下，有许多中原将士随王潮、王审知兄弟由河南固始入闽。王潮、王审邽、王审知兄弟三人系固始县人，均有才干，在当地亦有威望。唐末黄巢农民大起义爆发后，安徽寿州人王绪、刘行权等乘机揭竿而起，率众攻占寿、光二州，因王氏兄弟素有声望，便召至军中重用，命王潮为军正，主管钱粮。后来王绪为唐蔡州刺史秦宗权所败，遂于光启元年（885年）率领寿、光二州军民由固始挥军南下，转战江南，经江西进入福建。不久王绪被杀，王潮继任，被福建观察使陈岩任命为泉州刺史，后王潮攻下福州，被任命为福建观察使。

唐乾宁四年（897年），王潮病逝，其弟王审知继掌闽地军政大权，开始对福建进行大规模的治理开发。朝廷以福建为成武军，命王审知为节度使。907年，李唐灭亡，后梁主朱温加封王审知为闽王。当时中原群雄并起，争战不休。王审知采取保境安民政策，使福建地区得以社会安定，人民乐业。他又招抚流民，兴修水利，发展经济，还在泉州等地设“招贤馆”，接纳各地前来避难的士人，中原百姓及李唐旧臣纷纷前来投奔，福建的经济、文化都得到很大发展。王审知治闽长达30年，于后唐同光三年（925年）病逝于福州。王审知死后，其子王延钧于933年正式称帝，改国号为闽，成为五代十国之一。南闽国也是福建历史上第一个军事割据政权。

唐末五代随王潮、王审知兄弟入闽的中原将士也有数万人，对福建历史的发展亦有重大影响。据葛剑雄主编的《中国移民史》载：“唐光启元年正月，王绪、王潮率光州人约二三万，经江西进入福建。”《台湾省通志》记载：唐末五代随二王入闽的有陈、张、李、王、吴、蔡、杨、郑、谢、郭、曾、周、寥、庄、苏、何、高、詹、沈、施、卢、孙、傅、马、董、薛、韩等共27姓，以固始人居多。其中，著名的民族英雄郑成功的祖先即于此时由固始入闽。另外，据民国年间编写的江西《宁都城南富春孙氏族谱》载，中国民主革命的先行者孙中山先生的祖先孙俐，也是在唐末黄巢起义时由中原南下入闽的。他曾随军转战于闽越江右之间，最后定居今江西赣州宁都，后裔繁衍发达，又分迁于福建汀州和广东各地。

唐末五代入闽的蔡姓人数众多，主流有二支，一为莆田系，一为建阳系。莆田系的入闽始祖为蔡用元，据莆田谱载："族出淮西西路光州固始县，因乾符之乱，从王审知入闽据泉州。及后王审知为闽王，徙（用元）居莆田，遂为莆田始祖。"蔡用元，其人其事不见于史载，他的身世也不得而知。按福建的有关家谱和地方文献记述，蔡用元是河南光州人，唐乾宁年间随王审知入闽，其后裔传衍于漳州、浦田及泉州各地，成为茂族。也有家谱说唐代有蔡君智，为东汉蔡勋的后裔，于唐中叶迁闽，居兴化莆阳。蔡君智的长子名蔡用元，用元5世孙为蔡襄；蔡君智次子叫蔡用明，字辉，于唐咸通元年（860年）自莆阳仙游始迁晋江青阳。综合分析，蔡用元的先世是中原人，约于唐末五代辗转入闽，由于蔡用元是莆阳仙游蔡氏的开基祖，因此在明清的一些家谱中，有将北宋名臣蔡襄系于蔡用元名下的，可见其影响深远。

建阳系的入闽始祖为蔡炉，也是光州固始人（固始春秋时为下蔡），乾宁四年（987年）任建阳县令，同妹夫刘翱及西河节度使翁部率领光州固始53姓入闽，定居建阳，是为蔡氏建阳始祖。之后，这入闽的蔡氏两大支系，各向福建各地播迁，并向广东、台湾发展。潮汕蔡氏，多出自莆田系。也有部分以蔡炉为始祖的建阳系，如蔡用元六传至蔡襄，襄传至第七代，有蔡规甫者，一名蔡盘溪，南宋末年在朝为官，先任通判，后任州知事。蔡规甫卸任后不回莆田老家，定居于海阳辟望，至今后代播迁潮汕各地。潮汕的另一部分蔡氏系迁自福建的漳浦，他们的世系与清代乾隆年间大学士蔡新较为接近。清大学士蔡新，离职在家奉养母亲时，收集有关蔡氏族谱资料，对蔡氏入闽进行研究总结，他在《莆田白河西报蔡氏族谱》序中说："蔡于我闽称著姓，宋、明以来，在建阳昔多祖牧堂西山，在莆泉者多祖忠惠，吾漳则祖蒙斋公讳无鼎者为多，由蒙斋而上，在漳郡为武德将军（蔡彧），在漳浦、云霄为长眉公，皆自光州固始”。

《漳州姓氏》载：今在漳传衍形成众多蔡姓派系，主要七个派系，大多是唐宋来自中原光州固始。

（1）蔡允恭派系

蔡允恭，唐荆州江陵人，为秦府参军兼文学馆大学士，根据现存旧族谱记载，是入闽开漳始祖之一，共有两种说法：一是蔡允恭以参军兼文学馆大学士谠论忤旨，谪镇闽南，有六子，长、次守宗上蔡，其余四子随公之任来漳，殁葬大溪山角莲池上，墓所有蔡公亭（今平和县大溪镇宜盆村彩公欧自然村）。二是蔡允恭由长安虞世南邀荐为隋炀帝从官，有诗赋令教宫人讽诵，允恭耻之，再授内史舍人，不受，潜逃归闽。隋亡唐兴，虞荐引为秦王天策参军、文学馆学士，在《后梁春秋》成书后，允恭以年老乞恳悬车，赐归，卒于家。时值贞观年间，葬新恩里屿头山。宋代有御史吴隧（曾任漳州事）大书“澄瀛”二字，镌于墓前石上，其地名曰澄瀛澳（新恩里屿头山为龙溪三都已划归海澄县，今属厦门市海沧区）。

蔡允恭子孙遍布漳州云霄、漳浦、诏安、东山、平和、龙海、长泰、华安等地，也传衍于厦门市区、同安、海沧等地。

（2）蔡彧派系

蔡彧，字德明，唐初随陈政之母魏妈第二批入闽，为将校之一。初入闽时，蔡彧职位是队正（队正管十伙，每伙士兵 10 人）。蔡彧在漳州之东四望山（今漳州龙海角美镇所在地）活动，在此开基，建立蔡氏宗支，繁衍生息，后代子孙遍布漳属各县及至海内外，其后裔在角美镇洪岱村建有蔡氏宗祠一座。

蔡长眉，唐光州固始人，随唐将军陈政戍闽，时职务为校尉，因家在云霄之西，今火田镇开基传衍，至唐乾符时，兵革扰攘，家族分徙。后裔蔡元鼎，字国宝，号蒙斋，生于唐末宋初，为漳邑著名理学家，于唐乾符年间（877 年）避乱迁居漳浦北境大帽山下，著书讲学，是张坑蔡坑（在今漳浦赤岭乡前园村）蔡氏祖，后裔众多，分布于漳州潮州及台湾、南洋各地。

（3）蔡炉派系

霞山蔡氏为建阳牧堂蔡杭之后，于宋代从建阳迁到泉州，而漳州，止于长泰之霞岭。蔡文真为肇基祖，后裔在枋洋镇赤岭大埔中心点建立蔡氏祖祠，堂号“瞻依堂”，子孙传衍25世，600余年。分衍在枋洋镇坝口、内枋、汤内、草洋、径仑、大竹珪、大帽寨、鸡线寿、对口宅等村落，其六世孙蔡肇篡、蔡肇基迁居芗城区古塘村。

（4）蔡芑派系

长泰县武安镇肇基祖蔡芑（1190—1264年），是唐咸通年间（860—874年）蔡氏二祖先由河南光州固始入闽，择居泉州青阳者后裔。蔡芑先居于长泰溪口，后迁居登科山，其六世孙蔡明叔再迁徙瀛山（今长泰岩溪镇上蔡村）肇基传衍。从蔡芑起传至今31世。

（5）蔡翁庆派系

长泰县岩溪镇锦鳞村珪山社蔡姓，肇基祖蔡翁庆由仙游迁居长泰县城，四世惟贵，传四子。长伯仁开基方成里蔡山，次伯义开基人和里寨头，三伯智开基旌孝里珪山，蔡伯智又名蔡清和，为珪山蔡姓始祖。

（6）蔡松涧派系

龙海市颜厝镇鹳林村蔡姓。明嘉靖期间，因受奸相严嵩之累，有蔡松涧兄弟二人，从江西省吉水县来漳鹳林定居。

（7）蔡芑派系蔡明叔支系

岩溪镇上蔡村，肇基祖南宋蔡芑（1190—1264年）迁居长泰武安。先至溪口，后迁居登科山。其五世孙蔡功之分居瀛山，次子蔡明叔扎根为瀛山始祖，传衍分布在山、崎交尾、圳仔、大学、上沈、四落当店、寨内等自然村。保存有较完整的手抄旧族谱，并编印出了包括现在宗族的新族谱。明成化十三年（1478年）在上蔡村圳仔社，建“敬贤堂”。传衍外地的有：宋末蔡隆起迁漳泥垅巷；明正德五年（1510年）蔡录迁漳浦八都龙胡山；蔡二迁南老县潘山；蔡息迁龙溪虎仔山；蔡潜迁永春外陇湖；蔡六迁同老县沼仔林；蔡明友昭往海南岛。明万历年间，蔡应擢迁日本东京，清康熙年间先后有蔡四、蔡吴、蔡纯、蔡叠、蔡推等14人往台湾传衍。

唐末入闽的蔡氏发展情况，在后世的蔡氏族谱中多有反映。如《济阳蔡氏谱》在追述广东客家蔡氏的来源时说：“昔祖福粤公，避黄巢之乱，始迁徙宁化县，二传迁往梅州”。《崇正同人谱》也说：“蔡氏之先，于唐末避黄巢之乱南迁闽南。”广东梅州的一些蔡氏家谱说，蔡氏入闽在唐末宋初，宋代福建兴化府出了不少进士，有些还官居相位。蔡氏入汀州始于宋代，是由江西虔州迁入汀州宁化，逐渐分居到清流、明溪、长汀等地；宋时有汀州军事判官蔡灏，其次子留居汀州府城。后裔迁连城、上杭，再徙居广东兴宁、梅县、大埔等地。这都说明唐末五代随二王入闽的蔡姓甚众，其确切人数已无法统计，他们与唐初随陈元光入闽的蔡氏混为一体，逐渐发展成福建大姓，后来又成为台湾、广东蔡氏的主要来源。

另据有关家谱资料载，今湖南华容县崇安蔡氏也是于唐末由河南经福建辗转迁徙而来的。据说他们的祖先初居河南，唐昭宗时有一位名叫蔡摅的出任东昌刺史，于是迁家到福建崇安县，成为崇安麻沙镇蔡氏开基始祖。蔡摅10世孙蔡梃，随祖父蔡元定、父蔡沉遭贬入湘。蔡梃初在湖北武昌黄鹄山东山书院任教，南宋末年，元军攻鄂州，蔡梃逃往岳州投靠担任岳州总制的岳父。他的长子蔡爵于元朝至元二十六年避乱迁居华容县白石岭（今属胜峰乡）；次子蔡昱也逃居岳州河西之黄金乡。蔡爵的后代人丁旺盛，传三世分为光、明两支，明支后裔定居南山荆竹山一带；光之后裔人丁繁衍，又分为春、新、清三房，今已分布到全县各地。

唐末五代还有一支蔡氏定居于浙江。据1915年浙江《黄岩路桥蔡氏七修谱》载：该族出自济阳，五代时有蔡鼎者，因官居越。他的第三子名蔡元和，事吴越钱王，官于台州，数传至蔡子修，始迁黄岩路桥。另外，还有由江西迁往湖南的蔡氏。清道光六年（1826年）《沩宁蔡氏东宗谱》称：始祖名蔡郢，于后唐同光年间自江西高安县宣德里迁居湖南益阳，其后分为东、西二宗。蔡郢长子蔡彦琮为东宗之祖，东宗始迁祖名蔡仲用，于南宋初自益阳罗裙江迁至宁乡。蔡郢次子蔡彦瑜为西宗始祖（又见清光绪十九年《蔡氏西宗五修支谱》）。

唐末五代是中国大分裂、军阀割据混战时期，也是士族制度彻底崩溃时期。经过唐末农民战争的扫荡和打击，许多故旧世族纷纷败落，失去了昔日的荣耀，他们世代相传的族谱也毁于战乱流离之中。宋代以后，一些新兴家族普遍编修家谱，为了渲染本族来历不凡，他们往往攀附名人，冒认祖先，或虚构祖宗的官职业绩，水分甚大，不足为据。但这些家谱里有关各个家族人口传播繁衍的资料，特别是始迁祖及其子孙的分迁经过，仍有重要参考价值。上述族谱所记，反映的正是这一情况。

4. 宋元时期蔡姓向吴越两广大播迁

经过唐末五代十国的分裂割据，到北宋王朝建立，国家又归于统一。尽管这种统一不很完整，但也带来了一定时期的社会安定以及局部地区经济、文化的发展繁荣。此前，由于长期的战争洗劫，全国人口流动加快，蔡姓人在全国各地也有了更为广泛的分布。宋朝建立后，居于各地的蔡姓人经过一段时期的沉寂蓄势之后，重新崛起，活跃于政治、经济、文化诸领域，其家族迅速发展，名人不断涌现。大有再现历史辉煌之势。

宋代北方蔡姓人向吴越大播迁，始于靖康、建炎年间。北宋靖康元年（1126 年）金兵铁骑南下，攻陷汴京，俘虏了大宋的徽、钦二帝和后妃、皇子、将臣、百姓等 10 余万人北去，北宋灭亡。这 10 余万之众中间，不会没有蔡姓人氏，但因史无详载，这里只好付之阙如。1127 年，宋康王赵构在南京（今河南商丘）即皇帝位，改年号建炎，重建宋政权。不久，赵构为金兵所逼，无法在北方立足，于是率领宗室、朝臣逃至扬州。此后，金兵数次南下追击，赵构被迫渡江居建康（今南京），立足未定，又在金兵的追击下继续逃命，几经反复，最后定都于临安（杭州），史称南宋。

在此期间，金、宋反复争夺中原，战火燃遍大江南北，中原百姓为避战火而再次大规模南迁，又有许多蔡姓人卷入其中。如建炎四年，程昌率蔡州（治所在今河南汝南县）军民数千人迁入鼎州（治所在今湖南常德市）。据有关资料统计，自宋建炎以来至绍兴十一年（1141 年）的十多年时间里，大约有 500 多万北方移民定居到江南。他们从江淮直至汉江各渡口陆续南下，流落于南方各地，由北方南下的蔡姓人，主要寓居于今天的江苏、浙江地区。

在众多南迁的蔡姓人中，较有代表性的一支为北宋蔡源家族。蔡源字济夫，号世洪，北宋新蔡人。据新编《新蔡县志》称：蔡源“祖父清之，字巨源，官吏部尚书。蔡源于崇宁二年（1103 年）中进士，娶妻徽宗长女为驸马（按：此句系附会之辞），政和间任秘书郎、直焕章阁学士，自此徙家于汴。靖康之变，金人陷汴京掳徽、钦二帝，中原大乱，携家随高宗赵构护驾南迁，侨寓临安”。

又根据有关家谱记载，蔡源于宋建炎三年（1129 年）携家南渡，流落到杭州，因时局混乱，未及安家置业，就于绍兴二年（1132 年）去世。他有3个儿子，分别叫维孟、继孟、承孟，他们皆受父训：不能灭金复宋，永不做官。蔡源死后，当时因金人占据中原，南北战事不断，不能归葬，其长子蔡维孟就把蔡源的灵柩暂寄于杭城涌金门外，让他的两个弟弟留在杭州守护，自己则外出寻找合适的定居地。他行至西洞庭山消夏湾（今属苏州），见该处山水形势胜绝，认为是块风水宝地，于是就在那里购置田宅，安家立业。绍兴十二年，蔡维孟把母亲从杭州接来居住，打算明年将父亲的灵柩迁葬于此，不料尚未成行，忽然一病不起，不久即离开人世。蔡维孟有二子：日祈、日新；三孙：克弘、克昭、克信。

蔡维孟的弟弟蔡继孟、蔡承孟感念兄长遗志，又以先人尚未入土为安，遂移父柩葬于杭州玉泉池西阜。之后，蔡继孟迁居到湖州乌程（今浙江湖州市境）；蔡承孟留在杭州守护父坟，死后亦葬于杭。蔡承孟的儿子蔡日祈，于父亲死后徙居湖州之德清。

关于蔡源南迁史迹及其后代在江南的发展情况，在明清时期江浙一带的蔡姓家谱中多有反映。如明代吴县人蔡羽为本族写的族谱序《旸坞宗支引》中说："余家蔡氏，其先汴人，始祖世洪，宋秘书公，扈跸高宗，南迁淳安。秘书三子，太伯（蔡维孟）居苏西洞庭，仲伯（蔡继孟）居杭，季伯（蔡承孟）居湖。旸坞蔡氏，仲伯公六世孙讳缨者，由杭徙湖，由湖徙是。夫蔡自南迁以来，家南方者始多，今苏、杭、吴兴、常镇、昆、虞，大小乡村无虑数百，不谋同辞，咸称秘书之后……"（引自《嘉庆七年蔡一璋等修洞庭旸坞蔡氏宗谱》）

蔡羽其人，据《万姓统谱》载：蔡羽，字九逵，吴县（今江苏苏州）人。由国子生授南京翰林院孔目，然非其志也，故每自称林州山人，又称左虚子。蔡羽平生好古文辞，自视甚高，自称作诗著文，非先秦两汉不为师法。他在当时小有名气，有人评论说他的诗歌有些像李贺，他却嗤之以鼻，说："我做诗向来求出魏、晋以上，此人竟然说我像李贺，哼!"著有《林屋》、《南馆》二集。明代文徵明撰有《蔡先生羽墓志》，说："先生讳羽，字九逵。其先家陈留，宋南渡时，秘书郎（蔡）源自大梁徙杭州，又自杭州徙吴，居太湖之包山。"此墓志印证了蔡源于建炎年间由开封南迁浙江的史实。

蔡源是建炎南迁的蔡姓人中比较典型的一个，他的后代子孙繁衍茂盛，分支众多。到明清时期，蔡源的后裔除散布于吴越各地外，还有辗转迁徙到安徽的凤阳、泗州、亳州以及湖南、四川、福建、广东、广西等地者，如今已散布南方各省，远达台湾和东南亚地区。由于蔡源的后裔分支遍布江南诸省，明清时出了许多名人，影响较大，因此他被后世的许多蔡姓人尊为宋代“南渡始祖”。

海南蔡氏始祖名成，字朝器（据《儒林门第》第2010年第2期），到海南后号惟一，为周文王（姬昌）第71世孙。高祖父为北宋“庆历名臣”、端明殿学士、三司使蔡襄公，曾祖父蔡旻，祖父蔡佃，父亲蔡柏（字符礼），世居福建兴化军仙游县，出生于北宋徽宗宣和癸卯年（1123年）。孝宗隆兴元年，（1163年），权臣汤思退为宰相，他承继秦桧的衣钵，奉行对金屈辱求和路线。8月，对金通使议和，受到胡铨等大臣的批判。胡铨上书说：“自靖康以来四十年间，三大变，皆在和议。”主战派群臣的抗议声延缓了对金签约时限，花费1年多和议才结束。蔡成公面对朝廷腐败无能、奸臣当政，凛然正气，也上书斥责汤思退的误国行为，不久被汤在皇帝面前诈词陷害，罢官流放到海南，严令“永不允回”闽老家，从此在海南开基。

两宋交替之际，还有一支蔡氏从洛阳南迁入浙江。据清嘉庆十一年（1806年）浙江《乌岩蔡氏宗谱》载：该族始迁祖名蔡本，世居洛阳。唐天宝之乱时，蔡本随父寓居会稽，后遣其子返回原籍。蔡本七世孙蔡弘，北宋宣和中官参知政事，建炎三年偕族南渡，卜居诸暨乌岩。到南宋末年，该族有一支分迁于诸暨孝义、长宁。另据清咸丰十年（1860年）蔡桦等纂《暨阳孝义蔡氏宗谱》说：一世祖蔡良，西汉刺史，为洛阳始祖。29世祖蔡宏（嘉庆谱曰弘），宋徽宗时官参知政事，建炎初举族南渡，卜居诸暨乌岩，为南迁始祖。35世祖蔡尧仁，宋末元初自乌岩迁邑之孝义乌山。清同治六年（1867年）蔡小波等辑《暨阳长宁蔡氏宗谱》称：始迁祖蔡尧正，为蔡本10世孙、蔡宏曾孙，宋元之间自乌岩迁居长宁步溪。这些记载都说明，浙江东部有一支蔡姓是宋建炎年间从河南洛阳一带迁来的，他们于宋元之际曾再度分迁，到明清时发展成为茂族。

自北宋灭亡直到南宋末年，定居于江南的部分蔡姓因人口增加等原因，开始由迁居地再向四外分迁。特别是南宋末年，蒙古军南下，受战火波及，这些蔡姓人又陆续由江浙一带移居福建，还有辗转迁到湖南、广东、海南、广西等地的。关于他们的播迁情况，在后世的蔡氏家谱中也有反映，主要有如下几支：

（1）浙江暨阳东阳蔡氏

清咸丰元年（1851 年）蔡德沛纂修《东阳蔡氏宗谱》称：始祖蔡襄，五世祖元定，六世祖沉，蔡沉于宋嘉定间自福建建阳迁居浙江暨阳乌岩。沉子蔡幼孝，于宝庆年间由乌岩徙居东阳白峰溪口。

（2）暨阳孝义蔡氏

清同治十一年（1872 年）《暨阳孝义蔡氏宗谱》载：该族一世祖名蔡绂，为五代时人。原居新昌石城（今浙江东境），越九世而徙居诸暨。其后有蔡凯，系蔡绂 13 世孙，于南宋末年迁诸暨之孝义月陇，为孝义蔡氏始迁祖。

（3）东阳城头蔡氏

清光绪十七年（1891 年）浙江暨乌《东阳城头蔡氏宗谱》称：始祖蔡仁贤，系蔡用之之子，世居钱塘，北宋淳化间徙居暨阳乌岩。6 世孙蔡彦环，宋绍兴八年迁居东阳城头，为始迁祖。

（4）暨阳紫岩蔡氏

1920 年《暨阳紫岩蔡氏宗谱》称：始祖蔡勋，汉平帝时为郧令。始迁祖名蔡起，为蔡勋 41 世孙，南宋时自武林（杭州）迁到暨阳紫岩蔡，后裔分为里蔡、外蔡两派。

（5）上海崇明蔡氏

清道光二十七年（1847 年）蔡信孚等辑《崇明蔡氏家乘》云：始迁祖蔡子旺，南宋理宗时奉命主司天赐盐场，携家自洞庭林屋迁崇明。

（6）湖南新化蔡氏

清嘉庆间《新化蔡氏复修族谱》称：始祖蔡源，世居汝南，宋建炎中南迁，以出守江右而家于吉安（今属江西）。宋淳熙年间，蔡源长子泰（维孟）奉诏讨楚苗，遂落籍新化梅城。其后裔有迁蜀者。（按：此支蔡氏应是由江西迁来，附会于蔡源族）

（7）广东梅州蔡氏

清嘉庆间所编《梅州蔡氏族谱》称：始祖蔡襄，始迁祖五世孙蔡福粤，南宋初由福建迁至广东梅州松源。

（8）广东潮州蔡氏

清《潮州蔡氏宗谱》称：始祖蔡黑，是战国辩士蔡泽之父。其51世孙有蔡规甫、蔡沂、蔡章甫等。其中蔡规甫于南宋末知潮州为太守，遂家居该地，后衍为茂族。

类似上述的记载还有许多。特别值得一提的是，据《泉宗祠·莆田祠堂谱志》记录，福建辛、柯、蔡3姓乃一脉相承，始祖自宋朝时代，由河南省固始县，兄弟三人相率入闽。初居福州下大路风陈张鄞乡。及后分姓处，辟地开族，起盖宗祠。长兄入辛姓，灯号青阳堂。分枝住惠安辖龙王庙前，离泉州路程六铺三里，离从武一铺二里。后再分枝往漳州各县。次弟入柯姓。分枝住泉州东门外晋江县辖。后再分枝往永春诗山一带，并葬风水，在永春起盖宗祠，灯号瑞鹊堂，而福州宗祠，三姓均有存志。后又分枝泉州毫衙埕，亦起盖宗祠，其祠名瑞鹊堂。继而分枝漳泉各县。三弟入蔡姓，分枝往泉州东门外，离城二铺三里，落洋桥南，聚众而居，兴建宗祠，地灵人杰，财丁兴旺，春秋二祭。阴历每年二月十五日，八月十五日，合辛、柯、蔡三姓族亲祭祖，赴席宴会，以敦族谊。蔡姓太祖之墓，在福州下大路风陈处。每年春秋二祭，蔡姓灯号济阳堂，惟济阳堂三姓均可通用。

以上记载大致反映了宋元时期，蔡姓由中原向江南迁徙以及他们的后代在我国东南一带创业发展的情况。

另据史载，宋建炎年间及南宋末年，还有一些中原百姓经由福建、江西迁入广东，较为集中的移民活动发生过两次。一次是在北宋灭亡时，赵构（高宗）仓皇南渡，中原士民的一部分随高宗奔走东南，流落于太湖流域，还有一部分随隆佑太后沿赣江走洪州、吉安至虔州，流落于赣南地区。后来赵构定都临安，隆佑太后率部分臣民自虔州前往临安，还有大部分人既不能北返，又没有条件随隆佑太后去临安，于是在动乱中南下，翻越大庾岭，进入岭南，寄寓南雄，以寻求新的安身之处。经过一段时期，他们陆续到达珠江流域一带定居下来。

一次是南宋末年，元军大举南侵，南宋灭亡，宋原丞相陈宜中、张世杰、陆秀夫、文天祥等拥皇子赵昰为帝，从温州沿海路到福州，元军自浙江入福建后，他们又率残部约50万人自福建分海陆两路逃入广东。宋祥兴二年（1279年），宋残部在广东进行的最后抵抗失败，陆秀夫负小皇帝赵昺（1278年赵昰病死，张世杰、陆秀夫等又拥立赵昺为帝）在厓山附近海面投海自尽，张世杰兵败身亡，幸存的10余万人除少数流落海外、或北归江南外，大部分隐匿于广东各地，这些人中有不少蔡姓。文天祥在江西抗击元军时，江西百姓纷纷组织抗元义军起来响应，文天祥兵败后退入岭南山中，江西百姓有相当一部分由赣南经广东南雄南下，受战火波及，原居于南雄珠玑巷的居民又分批向更南的珠江流域迁徙，其中影响较大的是以贡牛罗贵带领的33姓97户的南迁，他们结伴而行，乘竹筏顺浈江，历尽艰险，最后到达广东南部沿海一带。据明清以来的广东一带的家谱记载，南宋末年（或说宋绍兴年间），为避战火，在南雄珠玑巷一带的居民97户33姓公推贡生罗贵为首，相约一同南迁，临行前他们发誓道：如果遇到沃壤能安居之地，各家分居安插之后，各姓子孙应世代友好相处，“富者建祠奉祀，贫者同堂共餐，万代永不相忘也”。这33姓是：罗、湛、郑、张、尹、文、苏、谢、陈、麦、卢、汤、温、胡、赵、伍、曹、区、李、梁、吴、冯、谭、蔡、阮、郭、廖、黄、周、黎、何、陆、高。

据有关资料统计，自南雄珠玑巷南迁珠江三角洲的北方移民后裔现已遍布广东29个市、县，分布于668个乡（镇）、村，总计有143姓，其中有蔡姓。

广东南雄珠玑巷位于南雄城北九公里处的梅关古驿道上，是古代中原和江南通往岭南驿道上的商业重镇，为北方人南下入粤的必经之路。史载，中原氏族南下时，多先寓居于此地，经过一段时间的休整之后，再由珠玑巷南下进入珠江三角洲，辗转徙居广东各地，包括港澳乃至海外。这些南下的移民对岭南的开发和传播中原文化有重要贡献和深远影响，于是千百年来，万千南迁的北方移民后裔都把广东南雄珠玑巷视为祖宗故居，以及岭南各姓氏开基祖的发祥地。

总之，宋建炎年间随宋室南渡的人数众多，不仅有达官显贵，还有包括蔡姓人在内的大量普通老百姓。他们定居江南后，屡遭磨难，历尽艰辛。特别是元军南下灭宋时，浙赣闽鄂湘一带又一次遭到战火洗劫，当地的抗元义军及部分百姓为躲避迫害，辗转流入广东东部的大埔、梅县、兴宁及粤北山区，寻觅安身之所，也有部分人流落于岭南海隅。直到元朝统一江南之后，这些人才逐渐定居下来，他们追根思源，均不忘自己是中原移民。月是故乡明，对于自己的祖居地，这些中原移民一直抱有深深的眷恋和怀念之情。

（二）蔡姓向台湾及海外的播迁

1. 蔡姓移居台湾

蔡姓到台湾开基始于明代。据《蔡氏族谱》记载，明万历年间（1573—1619 年），蔡氏祖先就有东渡台湾，居住在云林县南镇埤头乡。《台湾省通志·人民志氏族篇》载："蔡姓之入台，为时甚早。相传本省斋教全幢派之开山祖蔡文举，通称蔡阿公，自明天启年间（1621—1627 年），即自莆田入台，创设慎德堂于今台南市，后再徙居于高雄县冈山镇。"由此可见，最早入台湾的蔡姓，见于记载的是福建莆田人蔡文举，他先到台南，后定居于高雄冈山。据说因为他最早来到冈山，今高雄市冈山镇又被称为"阿公店"。崇祯年间蔡鸣震由金门入澎湖；永历年间蔡相将、蔡到宝兄弟也由金门入澎湖垦殖。清康熙年间南安人蔡为谢、蔡廷、蔡构等入台开垦。《台湾通志》载：南明永历年间蔡月等七人徙居高雄市并建妈祖庙；康熙年间蔡廷入垦嘉义；雍正年间蔡妈面入垦云林县大埤乡；漳人蔡德建携眷入台北万华；道光年间蔡氏入居台南监水镇；光绪年间蔡华光等人入垦新竹县。据统计目前台湾蔡姓人口已达百万，居第 9 位。稍后入台的蔡姓人如：明崇祯年间，有蔡鸣震自金门迁入澎湖，明永历年间，金门人蔡相将、蔡寅宾、蔡才六、蔡铁宾、蔡道宪兄弟等自金门迁到澎湖。明末清初，郑成功收复台湾时，曾有不少反清的蔡姓将士随郑氏入驻台湾岛，后居住在当地。当时晋江石狮、洋坑的蔡氏就有不少人随郑成功入台湾，后留在云林、屏东等地垦荒。又有福建籍将士蔡某（失名），于 1666 年来到台湾，后定居于云林县南镇的埠头乡。3 年之后，郑成功部将蔡某定居于屏东县西势乡。过了 7 年，福建渔民蔡月东渡过海峡，定居于高雄旗后，后来他主持兴建了妈祖宫。此后蔡姓移徙台湾人数日见增长。

清朝初期，大批蔡姓人与其他姓氏的百姓从福建、广东等地入台垦荒。康熙年间，福建南安人蔡为谢入台垦荒，居于大糠西堡仔庄；晋江人蔡某开垦于鸢松堡；今苗栗县的后龙镇、大蚯田西堡等也为蔡姓开垦。雍正时，福建人蔡妈面入垦云林县大埤乡；乾隆时，广东人蔡某与黄、刘等11姓共同开垦苗栗县二堡通霄庄；还有漳州人蔡玉昆、蔡五常等入台垦殖，居赤山保水添林。据《台湾省通志·人民志氏族篇》统计：从康熙四年（1665年）到光绪二十三年（1897年）的233年间，由福建、广东入台的蔡姓开基祖留下姓名者（失名8人）共有30人，其按人台时间先后，列示如下：

康熙年间为蔡某（郑成功部将士）、蔡某（郑成功部将士）、蔡月、蔡振隆、蔡为谢、蔡某、蔡某、蔡某、蔡廷、蔡拘；雍正年间有蔡妈面、蔡某；乾隆年间有蔡某（广东人）、蔡五常、蔡玉昆、蔡元璋、蔡士捷、蔡某、蔡光焕、蔡长浩；嘉庆年间有蔡添福、蔡振声、蔡理兴、蔡玉和、蔡显、蔡显祖、蔡志素；道光年间有蔡伯玉、蔡光陛、蔡华亮。他们入台湾垦殖涉及的地区包括台南、屏东、云林、苗栗、漳化、新竹、嘉义县及玛兰厅等地。

另据刘子民《寻根揽胜漳州府》一书统计，明清时福建漳州府及所辖7县入台的蔡氏开基祖共有48人，其中：龙溪县6人，海澄县3人，漳浦县10人，南靖县9人，诏安县6人，平和县9人，长泰县1人，漳州府4人。又据近人蔡大兴先生调查，福建漳浦县蔡姓于明清时入台人数众多，如郑成功部将蔡文，即漳浦人，曾协助郑氏治台20余年。乾隆中叶，漳浦县有蔡选、蔡养前往台湾东螺东堡（今属彰化县）和金包里堡（今台北县金山乡）垦殖，其族有多人追随入台。

蔡姓人迁入台湾，在后世的一些蔡氏家谱中多有所反映。如：

（1）漳浦洞野蔡氏

据《金浦蔡氏族谱》载："乾隆二年，吾祖德建太祖公，系福建漳州府漳浦二十三都东仔蔡社人氏。年方二十四岁，抱有大志，背井离乡，携带眷属，渡海来台，到台南府淡水厅大加蚋堡下内铺……太祖妈吴氏同太祖公东渡后生三子，长曰海、次曰熙、三曰兴。三子所生子孙分居于下内铺、内湖、八艺兰圆山外双溪江等地。"文中提到的"二十三都东仔蔡社"，即今漳浦县洞野蔡村，现有蔡姓1000余口，该地于清代有多人入台垦殖和定居。

（2）晋江青阳蔡氏

据清光绪二十年（1894年）台湾蔡金印撰《青阳蔡氏谱序》称，该族入闽始祖为蔡勋，"肇基兴化，发迹莆阳"。传至蔡辉，自兴化乔迁泉南晋江青阳乡，为青阳蔡氏开基祖。至25世，有蔡子玩东渡到台湾，寓居彰化鳌头，遂家于该地。蔡金印是青阳蔡氏31世孙，因思念祖宗故乡，想回青阳瞻拜，但未能成行。后得知其族叔蔡鹏飞先前赴省城参加乡试时，曾到青阳誊抄一套家谱带回台湾，于是借来转抄了一份，珍藏于家中。

清同治十二年（1873年）台湾蔡鸿猷撰《寓头蔡氏家谱序》也说：安平屿头蔡氏本出自青阳。青阳蔡氏始祖蔡辉，由福建兴化府莆田县分居晋江青阳。青阳蔡氏传至13世有蔡英奴，“分派三十都屿头乡”，宣教公第六子娶妣李氏，生三子：蔡复、蔡全、蔡玄。其中蔡复、蔡全为屿头蔡氏开基祖。其后有蔡德荣，“由晋邑八都安平镇蔡厝围分居台湾府彰化县寓头里，是为来台开基寓头里始祖”。蔡德荣入台时携有二子：蔡廷魁、蔡廷亮。蔡廷亮娶颜氏，系安海本乡人，生子名蔡寿亭，蔡寿亭奉母命曾回大陆老家查阅家谱，以明祖系源流。蔡寿亭有六个儿子，分别叫蔡世然、蔡世渐、蔡学三、蔡世英、蔡世成、蔡资亭，其中蔡资亭遵循先人遗训，于咸丰五年（1855年）创修家谱。蔡鸿猷即蔡资亭之长子。

（3）晋江东石玉井蔡氏

晋江东石玉井（今属晋江市东石镇）蔡氏：该族于清代有大批人陆续入台，子孙发展成为台南茂族。据初步统计，在清代，该族长房三延科派迁台人数约有240人；长房三惟谅派迁台40人。

他们后世的发展情况，据清光绪九年（1883年）《东石玉井宫西蔡氏长房三延科公派家谱》记载：东石乡蔡氏为当地大姓，共分10房，属福建“莆阳衍派”。其一世祖名蔡必麟，于明初来此开基，其子孙至清代衍为巨族。族人于清代迁台者特多，后裔主要分布在台湾嘉义县的布袋、新港、东石、郭岑寮、虎尾寮等处，至今已有4万多人。这支分居海峡两地的蔡氏族人（自九世起）除共同沿用他们的大宗昭穆：“诒书芳自远，树德世尤长；崇尚斯承志，创垂冀克昌。簪缨遗燕翼，创述绍仪容；万派朝宗委，千秋裕后祥”外，另有各房的昭穆。其长房（自七世起）为：惟尔延逢，继世文章；懋昭大业，以承吉昌。肇修人纪，率由典常；懋追来孝，允迪前光。

另据《东石玉井蔡氏长房三惟谅公派下家谱》（1936年抄本）云：该

支派最早迁台者系十二世蔡世彬，迁台时间约在康熙末年，该房子孙除居于布袋嘴庄外，还有嘉义笨港和台南东港等处。

又，晋江《月窟蔡氏家谱》（该族系东石蔡氏的一支）载：1947 年该支族修谱时，分居台南的族人蔡钦贤专程由台湾回来，为《月窟蔡氏家谱》写了一篇《志文》，该文介绍在台的东石蔡氏发展情况说："东石十房出祖在台南之布袋、新港、郭岑寮、虎尾寮等处者，人口总计有三万左右人。其中以玉井房之布袋为最多，其余如西霞房之在媪虎尾寮亦有三百八十余户，东埕之虎尾寮亦有九十余户，金埔、珠泽之在北港仔婆仔寮亦各甚多，而我新港亦有二十余户，足见我族蕃衍之盛，人丁之多矣"。

（4）同安琼林（今属厦门）蔡氏

今台南西港乡后营村是蔡氏聚居区之一。该村原为郑成功设营之地。1661 年郑成功入台后，分军安营，屯垦各处，有同安琼林蔡氏由金门随郑氏入台，分派镇防于此，开垦拓耕，后裔绵延。据有关家谱记载，其开基祖名蔡应科，字士京，生五子：允嘉、允爱、允勤、允远、允猛，分衍为五房。其中第三子允勤自后营移居嘉义县溪口乡美北村发展，设立分祠。蔡允勤有七子，其第三子蔡克敦迁回后营承继三房嗣位，其余六人在嘉义发展，子孙繁茂昌盛。后营蔡氏自蔡应科开基至今 300 余年，已传到 13 世，子孙众多，如今分支遍播台湾各地，还有部分人移居到欧美等地。

（5）惠安螺阳三蔡族人渡台

蔡隐和，字端良，号郭良，官登仕佐郎，明洪武初，由惠安山腰镇香芹村徙居螺阳镇蔡厝村，辟地垦殖，开科发甲。子四：长子真济居东坑，后裔多外迁，部分居金门和厦门；次子真福居蔡厝守父业；三子真禄居上坂，其长孙文烈的三个儿子凤仪、灼仪、象仪分别开辟港边、东乡，上坂家园；四子真美居杨宅。蔡厝、上坂、港边三个自然村因地处螺山之南，故称"螺阳三蔡"。其昭穆为："祖宗建业，孙子承基。燕翼贻谋，式毂似兹。兰馨桂茂，瑞应赓诗。科名鼎盛，嘉会有期。"据其家族 1989 年 9 月开始修谱时不完全统计，三蔡后裔迁居台港澳和国外有 90 人，其中迁居台湾 27 人。

（6）樟脚蔡氏

《樟脚蔡氏族谱》渡台记载蔡孔昭于明弘治年间由香芹村徙居泉港区涂

岭镇樟脚村大路下开基。祖厝和祠堂门额书有“济阳衍派”、“万安世胄”、“荔谱家声”，既有蔡姓郡望，又颂扬蔡襄建造万安桥功绩和著作《荔枝谱》古书。樟脚村蔡姓昭穆为：“仁以立心，义能明志；积善方庆，维德永隆。世泽留贻，鸿规敬守；家传诗礼，桂茂兰馨。”《樟脚蔡氏族谱》记载：三间张房“14 代，德辉公，乳名兴思，维彬公三子，过生公孙。青年时期去台湾屏东农业学校教书”。樟脚房“15 代，银堂公，德入公长子，民国九年（1920 年）五月初五日生。1989 年 11 月 12 日逝于台湾”。15 代，绣堂公，名永庭，德岳公（景崧）三子，生于民国十一年（1922 年）六月十九日，今在花莲港家中行医”。面前房“11 代，法成公，积希公三子，生于民国十四年（1925 年）三月初十日，少时去台湾，1982 年 9 月 15 日卒于台中市。子国城、国海。孙鸣晋、志杰、志伟，事业有成。对祖籍地亲堂时有联系”。“12 代，顺法公，字振基，荫水公长子。生于民国十一年三月十七日，卒于 1988 年 6 月 9 日。子主惠、恩惠。孙佩宣、郁珠、欣洁、哲夫、哲伦。学业事业有成”。

（7）台湾艋和清水镇蔡姓

由晋江青阳衍派。晋江青阳镇，原是蔡、孙、赵、林、李、庄六姓。唐开元年间，泉州设市舶司，晋江沿海各地商贾常来常往，为给商人提供方便，青阳蔡厚第 7 代裔孙，在青阳设立五间店面，因此青阳最初名五店市。随着海运和商业发达，五店市发展成青阳镇，1950 年泉州改市，晋江县治迁移到青阳，20 世纪 90 年代，晋江县又改市，昔日之店市，成为一个繁华的新型城市。唐懿宗咸通年间，蔡辉从莆田迁居青阳。宋代，青阳蔡姓 10 代裔孙蔡次傅，官居宝谟阁大学士，亲书昭穆为：“龙腾功复，长和绵秉。宗立士道，文培希树。世守贻谋，重裕笃庆。锡光景抚祖，昌云汉昭章。友济元以为，古亦克永迪。”1947 年修建祠堂时统计，历代从青阳直接分居繁衍到外地及台湾的蔡姓族亲，分居近 100 个村落。今台湾塘东派蔡姓乡亲，就是青阳蔡姓的先辈分居晋江金井塘东村，又繁衍到台湾的。

族谱记载，清同治年间，青阳蔡厝四房 27 代孙蔡清水，迁居台湾牛骂头开基，后裔子孙为纪念其开基始祖，改牛骂头为清水街，今为清水镇。同时还有高林房后裔迁居台湾艋，繁衍生息，堂号“青阳衍派”。清光绪末年，青阳蔡念川，受乡亲委托，前往台湾探望宗亲，住在清水街蔡长岁家中，受到台湾宗亲热情接待并挽留资助，念川在台湾开设洋金店，生意兴旺，建家立业。1942 年台湾清水街的蔡谋姜和蔡垂鲟，也专程来青阳认祖会亲，受到祖地乡亲热烈欢迎。

两岸同有洋坑村，一在石狮市灵秀镇，一在台北县。石狮市灵秀镇洋坑村，后更名容卿村。蔡襄裔孙维旺迁居晋江西仓，元至正年间，维旺裔孙曰烨又迁居灵秀山下，为石狮洋坑村开基祖，曰烨生致，致子三：隐默、隐逸、隐齐，分三房。子孙昌盛，今在村约 8000 人，徙居海内外 10 多万，为泉南大族。郑成功领兵收复台湾，该村蔡氏族人随军出征后，定居开发了台北县洋坑村。康熙时台湾回归清版图，台北洋坑村蔡氏族人相继返原籍携家眷去台，族人也纷纷相随迁台。咸丰年间村里发生械斗，500 多人为此离村渡台。清末村里人殴打催收税官，地方发兵围剿，村民又不少渡台。台北县洋坑村蔡姓族人随之不断增加，今已达 7000 多人。1841 年、1932 年，台北洋坑村宗亲曾两度出资修缮石狮洋坑村蔡氏家庙。1992 年台湾永安县蔡氏宗亲会派人来石狮容卿村寻根，确认根在容卿三房，随即修复三房蔡氏宗祠。1993 年 12 月落成庆典，又组团专程来谒祖。

（8）台南后营蔡氏与金门琼林蔡氏

1661 年郑成功率舟师驱荷复台，金门琼林蔡姓 17 代孙蔡应科，字士宗，随郑军入台，分派镇防台南后营屯田开垦拓耕。夫人张素娘，生子有五：允嘉、允爱、允勤、允远、允猛，分五大房（前已叙述）。允勤（华俭）移居嘉义县溪口乡仑尾，夫人黄三娘，生子七人，第三子克敦（大照）回迁后营。各房子孙昌盛，至今传 13 代（琼林 29 代），繁衍全台湾，有的定居国外。为加强族人凝聚和团结，后营蔡氏族亲在蔡荣干（名凯）族长带领和推动下，积极修建蔡氏宗祠和编撰《后营琼林蔡氏大族谱》。宗亲分工协作，宗祠在清波、清闽、新田、忠雄、孝宗、文斌、进福等宗亲共同努力，祠堂于 1995 年动工兴建。族谱由蔡顺、孝宗等宗亲积极联系查访，相继动笔编撰。新世纪之初相继完成。

（9）台湾鹿耳门虎尾寮蔡氏

根在晋江东石镇台南土城虎尾寮居民均蔡姓。当地蔡求先生 1995 年编撰《贵山祖土城后裔西霞蔡氏族谱》，请求厦门大学教授陈国强在泉州寻找祖籍地，陈教授经多方联系访问，查阅志书和谱牒，终于查到晋江市东石镇古有虎尾寮，肯定了鹿耳门虎尾寮蔡氏出自晋江市东石镇西郊（西霞）支系。

其一，《东石玉井蔡氏长房三惟谅公派下家谱》载：12 代世彬至台湾布袋嘴庄，14 代住东港埔，15 代住嘉义县佳里保佳里庄、笨港等地；16 代住盐口港、杯仔脚等地，至 18 代为止。这也是虎尾寮蔡氏同祖的记载。

其二，东石镇蔡氏分 3 个支派：一东埕，号锦亭；二西郊，号西霞；三炉内，号银炉。东石镇东埕村《莆阳蔡氏家谱》（原名《锦亭蔡氏中五房文翼公派家谱》）中载："东石蔡氏十房大宗昭穆排字行：诒书芳自运，树德世攸长。崇尚期承志，创垂冀克昌。簪缨遗燕翼，绍述绍仪容。万派朝宗委，千支裕后祥……东石蔡氏十房大宗冠字排行：卿仲子孙，永膺多福。纬武经文，安邦定国。名重士林，功高紫阁。凤起蛟龙，兰芳桂馥。"这也是鹿耳门虎尾寮族谱记载辈字行。

顺便指出，莆阳系指莆田，晋江东石镇蔡氏称《莆阳蔡氏家谱》，说明其先祖来自莆田。今晋江青阳蔡氏家庙大厅楹联为证。家庙始建于宋熙宁年间，五开间两进，木石抬梁结构，历代有修葺，具有典型闽南古建筑风格，为晋江市文物保护单位。大门楹联曰："温陵山水万重尽收入吾家眼界，青阳烟火千户独占此高峰顶头。"后进大厅楹联曰："派分莆阳，世居青阳，堂揖双阳，好就三阳开泰运；裔出周代，基肇唐代，泽流昭代，长绵百代振家声。"溯本追源，青阳蔡氏根在济阳，后又播衍莆阳（田），唐懿宗咸通年间蔡辉再由莆迁居青阳，又繁衍东石各地。

另外，明、清两朝，由政府组织的大规模移民活动不断进行。当时政府不但多次有计划地组织移民垦荒，朝廷还派大批军队屯垦和戍边，以及向边地流徙罪囚及其家属等，都造成了人口大移徙。如明洪武年间政府组织山西百姓移居河南、河北、山东等地（史称"洪洞移民"）垦荒；清代将江西百姓移徙湖南、湖北，以及"湖广填四川"等移民活动，都造成了人口频繁流动，使得各姓氏人口有了更为广泛的分布。

但是对蔡姓而言，影响最大的是在明清时期，许多人迫于生计，由东南沿海一带飘洋过海入居台湾岛。由于当时沿海地区人口增加、耕地减少，或因灾荒、避难、经商、求学等原因，有许多蔡姓人由福建、广东一带自发地移居台湾。明朝天启年间，颜思齐、郑芝龙海上武装集团占据台湾北港，当时福建沿海发生旱灾，泉州、漳州一带贫民纷纷入台求生，人数达数千人。崇祯初年，郑芝龙降明，时值福建饥荒，郑氏在台湾北港结寨，屯田垦殖，他在福建巡抚熊文灿的支持下，召集沿海灾区饥民近万人入台开垦，这也是大陆政府对台湾岛首次有组织的移民和开发。

另一重要原因则是1661年，郑成功在大陆抗清失利，率部数万东渡海峡，从荷兰殖民者手中收复台湾，建立反清基地，有不少蔡姓将士及其眷属随郑成功入驻台湾。郑成功收复台湾后，即命各军分区屯垦，以就地解决军粮日用等；又令官兵家属于驻地附近随人口多少圈地，建造房屋，开辟农田，应允永为世业。此后，郑氏政权又采取各种措施，招徕大陆沿海流民入台，鼓励民间开荒垦殖等，为台湾的大规模开发奠定了坚实的基础。

1683年清政府统一台湾之后，由大陆渡海入台的百姓络绎不绝，形成了又一次由大陆向台湾的移民高潮。其中蔡姓人数众多，他们为台湾宝岛的开发作出了重大贡献。

明清时期由大陆入台湾的确切人数，已无法进行统计。据庄为玑、王连茂撰《闽台关系族谱资料分析》一文说："大陆向台湾移民，历来以闽人居多；闽人之中又以泉、漳二府各县为最。据1926年的调查，全台湾汉族居民共375.1万人，祖籍福建者达310余万，占83%强。其中泉州府各县占44.8%，漳州府各县占35.1%。"而福建自宋代以来，已成为我国蔡姓人口最集中的地区之一。据有关资料，宋代，福建蔡姓人口居全国首位，约占全国蔡姓总人口的21.2%，占福建总人口的2%；明朝，福建蔡姓占全国蔡姓总人口的13.8%。福建泉、漳二州，正是蔡姓人的聚居之地，因此，明清时期由福建向台湾的移民潮中，有相当数量的蔡姓人卷入其中就顺理成章了。

总之，自明末至清代，由大陆移居台湾岛的百姓络绎不绝，从未间断。迄于民国，他们已在台湾落地生根、发展壮大，并与大陆同胞保持着千丝万缕的联系。

2. 蔡姓向国外的移民活动

受地理环境的影响，我国向外移民的主要出发地是东南沿海地区，以福建、台湾、广东诸省为最多，移民原因是到东南亚和日本、欧美等地谋生、经商、打工、求学；还有一些是因政治避难或躲避兵祸，也有不少是被欧美的殖民者诱骗、劫掠到海外做苦力的。

蔡姓人移民到国外，最早见于记载的是明朝初年由福建移居琉球岛的“闽人36姓”中的蔡姓。琉球当时是大明王朝的藩属国，今属日本冲绳。明洪武二十五年（1392年），朱元璋赐给位于琉球岛的藩属国中山国以闽人善操舟者（舟工）36姓，以便利两国贡使往来。中山王以礼相待，把他们安置在唐荣（又称唐营、久米村），为之建宅居住并授予官职，对知书识字者授大夫、长史，命其负责向明朝的纳贡、酬谢等事；对熟悉海事者授予通事、总管等职。“闽人36姓”的后人于明朝末年仍然保持着中国姓氏，直到清代才渐从琉球俗。

这36姓中的蔡姓人叫蔡崇，被尊为琉球蔡氏的开基祖。他的后代繁昌，世为显宦及翻译，还教授当地人以中华文化，为琉球岛的开发作出了重要贡献。蔡崇其人，据日本《那霸市史·资料篇》第一卷第六分册《家谱资料（二）久米村系》收录的《蔡氏家谱》记载：“元祖讳崇，号升亭，行二，年二十七，丰腮，额广，风雅，福建泉州府南安县人。乃宋朝鼎甲端明殿大学士忠惠公讳襄字君谟六世孙，以太祖赐三十六姓居首。洪武二十五年，授御奉敕始迁中山，择居于唐荣。中山之有蔡氏于是乎始矣。”

蔡崇的祖籍和后代在琉球的发展情况，据傅金星先生调查，蔡襄的后裔分支在泉州者有三：一是蔡襄的曾孙蔡桓，于宋大观三年（1109年）知泉州，六世子孙一支居泉州新门外，其处称蔡庄；一是蔡襄玄孙蔡载，子孙分居晋江东石；一是蔡襄玄孙蔡咸，子孙一支分居永春。蔡崇系晋江东石蔡氏移居水头溪南者。蔡氏自迁居琉球后，至清咸丰年间（1851—1861年）传19世，共500余人。

另据东恩纳宽惇先生依据《历代宝案》统计，自1422年至1666年约250年间，在琉球米久村从事贡赐贸易的闽人36姓中有蔡姓150人。明成化八年（1472年），蔡氏女亚佳度还出资在米久村东北创建了蔡氏宗祠，当时该地尚有蔡、郑、林、梁、金五家。明清时琉球蔡氏留下姓名的还有：蔡温，任琉球国法司，著有《哀翁语录》、《至言》；蔡文博，为金紫光禄大夫。任通事的有：蔡齐、蔡璋宾、蔡明、蔡樟、蔡柏、蔡模、蔡璇、蔡曦、蔡回保、蔡进、蔡权、蔡宁、蔡璟、蔡迁、蔡奎、蔡锦、蔡坚、蔡邃、蔡迪、蔡瀚、蔡澄、蔡廷美、蔡廷会、蔡朝庆、蔡朝器、蔡朝用、蔡明俊、蔡朝信、蔡国材、蔡让、蔡焕、蔡廛、蔡蠊、蔡煊、蔡延等。清康熙时，琉球王尚贞首次赐姓群臣，并令群臣及当地士族编修家谱，米久村的36姓也奉命编修了家谱。

明清至近现代，由福建、广东沿海地区向东南亚移居的蔡姓人数众多，其中有些人是由福建经台湾再移民东南亚的。关于他们“下南洋”的情况，在后世福建、广东一带的蔡氏家谱和地方文献中有大量记载，举不胜举，限于篇幅，现仅将福建石狮、晋江的部分家谱中有关的移民资料列举如下，由此可见一斑。

福建石狮蔡氏向国外移民地区主要是吕宋岛（今菲律宾）。据《容卿蔡氏族谱》记载，容卿（现属石狮市灵秀镇）蔡氏为莆阳衍派，是宋蔡襄的后裔。元末有念五公，由惠安徙居容卿，故该族以蔡念五为一世祖（开基祖）。蔡念五之后第8世有蔡正晓，他是明朝嘉靖、万历间人，1603年“卒于吕宋”；又有蔡正施，万历十年（1582年）生，“殁于吕宋”。至今，容卿蔡氏已传18世，见于谱载的共91人，他们大部分在海外立业和定居，并与家乡保持着经常联系。清代由石狮徙居菲律宾的另一支蔡氏为仑山蔡氏。据《晋邑仑山祥凤蔡氏家谱》载：该族始祖名蔡厚翁，相传蔡厚翁于唐末由河南光州固始随王潮来泉州，详情不可考。他的后代移居大仑，即今石狮大仑村，现属凤里办事处。该村现存九种蔡氏房谱，据这些家谱所记，该族移民菲律宾人数众多，最早的始于清康熙年间。当时有蔡厚翁第22世孙蔡向会，康熙十七年（1678年）生，成人后去吕宋岛，康熙六十一年（1722年）在吕宋去世。其后23世有蔡正探，乾隆二年（1737年）生，乾隆四十七年（1782年）死于吕宋；蔡正笃，乾隆时人。“弱冠失怙恃，因辍举子业，出游吕宋。二十余年间，往返数次。”他在吕宋又娶妻谢氏，生下一男，谢氏死后他携子返回大仑，曾出资买回已被族人出卖的大宗祀田，充入大宗作祭费；该族还有蔡正全，乾隆时人，“卒在吕宋”；蔡正力，顺治十五年生，“殁于吕宋”。等等，其族见于谱载的先后有70余人到达菲律宾，仅27世（同治、光绪时人）就有19人。其中许多人在菲律宾娶妻生子，定居不回；有些人在菲经商发财，成为巨富，后带钱回乡，造福桑梓。至今该族已传至32世，分支繁衍发展，人丁颇旺。

清代以来，由石狮移民菲律宾的还有很多。如《彭山蔡氏长房台峰厅家谱序》称：开基祖名蔡蓝田，由龟湖徙居曾坑后，又转移金山，为金彭蔡氏一世祖。彭山，即今石狮灵秀镇彭田村。该族清代有多人移徙到菲律宾发展。谱载，从清乾隆至光绪年间，彭山蔡氏16至19世仅四代人中，就有10人“殁于吕宋”。

石狮蔡氏除向菲律宾移民外，还有不少人下南洋到南亚其他各国。据《龙津蔡氏家谱》（初修于清顺治十四年（1657年），康熙、雍正、乾隆曾分别重修，现存为残谱）载：该支蔡氏属莆田衍派，始祖名蔡皋。其族16世至24世有7人移居到菲律宾、泰国等地。其中16世蔡尔禧，卒于康熙三十八年（1699年），“葬在吕宋”。18世蔡献琮，清康熙时“外出暹罗国”，后“卒葬在暹罗”；蔡记元，乾隆四年（1739年）去世，“葬暹罗”。暹罗就是今天的泰国。龙津就是石狮市蚶江镇林埭村，现名莲埭村。

又，《温陵龙埔蔡氏族谱》（龙埔即今石狮市永宁镇前埔村）载：该支蔡氏一世祖蔡忠宪为蔡襄11世孙，宋元鼎革之际，由莆田迁泉州蔡巷，三传而到龙埔定居，至今已传24世。该族于清朝末年自19世起，有多人出洋谋生，分别到达菲律宾、印度尼西亚、缅甸等地。其中，到菲律宾的有19世蔡昭赐，20世蔡恩和，21世蔡德追、蔡德切、蔡德杯、蔡德叠，22世蔡式笋、蔡式尧、蔡式荣等；往南洋的有21世蔡德质、蔡德（高升）、蔡德（金龙）等；22世蔡式城到印度尼西亚，蔡式宽、蔡式潭往缅甸仰光。

《石狮默林蔡氏族谱》（默林村，今属石狮市永宁镇）载：因族谱残缺，该支蔡氏源流不详，仅知系“青阳衍派”，始祖于宋元之际徙居默林。谱中所记出洋谋生者，起自17世（清咸丰时），截至21世（民国初期），共35人。移民地点包括菲律宾的马尼拉以及印度尼西亚、泰国、新加坡、马来西亚、缅甸的仰光等地，其中还有一些人出洋但移居地点不具体的，如17世孙蔡绽，咸丰时人，“卒在夷”；蔡桂，道光时人，“卒在番邦”。18世孙蔡宜拔（1857—1940年），“旅居海外”。

以上为石狮蔡氏出洋情况。

由福建向海外移民的另一大支蔡姓是晋江蔡氏。他们于明清时期移民海外者甚多，其子孙现在已远播南洋各地，见于家谱记载的如：

晋江市青阳镇普照村《蔡氏族谱》称：该族为蔡襄后裔，堂号是“忠惠传芳”。其先世于唐末由河南入闽，初居兴化莆田，于宋末徙居晋江青阳冷井水，再徙居普照。该族移居菲律宾者：清嘉庆至光绪时，从 11 世至 13 世，有蔡文库、蔡武鲁、蔡武涵、蔡武搬、蔡韬目、蔡韬求、蔡韬阔、蔡韬挞等。

《塘东蔡氏族谱》（1924 年续修抄本）载：其先世于唐末由河南光州入闽，初居兴化，宋代始迁徙青阳。始迁祖名蔡东，于宋元之际定居于塘东，堂号为“青阳衍派”。塘东村地处晋江南部围头湾，与金门隔海相望，今属金井镇。塘东蔡氏主要迁往越南、菲律宾、柬埔寨、缅甸等地。谱载：该族第 14 世（乾隆年间）蔡周绫（1741—1775 年），“殁在安南”（今越南）；15 世蔡鲁逞（1696—1731 年），“殁外夷柬坡（埔）寨”；16 世蔡宗纺（1806—1823 年），“殁在吕宋”；18 世蔡本乃（1873—1902 年），“殁在（缅甸）仰光”。据该谱所记，其族从 14 世至 20 世，移民到越南的共有 34 人，到菲律宾 14 人、缅甸 7 人、柬埔寨 3 人。此外，《塘东文亶房周元公派下蔡氏家谱》（系塘东蔡氏分房谱）载：该族于明末清初已有人（如 11 世蔡拔振、12 世蔡文定）迁居到菲律宾；从清乾隆时（第 16 世蔡宗柳）开始，有多人徙居越南。又，18 世有蔡本作，飘洋渡海后辗转迁徙到缅甸仰光。

《温陵晋邑青屿蔡氏族谱》（青屿即今晋江深沪镇狮峰村）载：一世祖名蔡明叟，明洪武九年（1376 年）由泉州蔡巷迁至沪江青屿。该族于清代至民国期间，有多人下南洋经商闯荡，如第 11 世孙蔡恒让，于清康熙时“往洋失船而亡。”13 世蔡廷廉（1721—1787 年），娶继室绵娘，为“安南人”，生二子；蔡廷齐（1721—1771 年），“葬安南会安坡”。男二，蔡廷偶（1744—1772 年），“葬蛮邦　”。16 世蔡书锭，“商寓槟城”（槟城，今马来亚槟州）。17 世蔡芳本，“壮志雄心，鹰瞻海外，树商帜于菲岛，博厚利以荣归”；18 世蔡衍之、蔡衍贞，到菲律宾经商，死后葬于该地。

《西湖蔡氏族谱》（西湖即今东石镇玉湖村）载：该族于清代有多人移民到越南、菲律宾等地。如，15 世蔡国甸，乾隆时人，“往安南禄赖，遭乱而亡”。还有蔡国麟，康熙四十四年（1705 年）生，从安南回国时至海南“遭风殁于广东涯山鸦澳，时年四十七”；又有蔡国种，在安南成家立业，他的后代在当地传衍旺盛，其中蔡诗显（1748—1797 年），为蔡国种第三子，自幼在安南读书学医，长大后回桑梓，精通医术，著医书《事亲必究》12卷，并留有医方，“按法治之，无不应验如神。”蔡国种第六子蔡诗贵，乾隆时人，他“现住安南，传有子孙”。据该家谱统计，西湖蔡氏从15世至21世，共有40余人渡海到越南禄赖、菲律宾一带，其中多数人移居越南。

晋江东石镇《梅塘蔡氏族谱》（蔡文山手稿）载：梅塘蔡氏最早出洋者为第14世蔡宗瑾（1664—1740年），他是康熙、乾隆时人。该族从14世至23世，共有67人飘洋过海，闯荡于东南亚各地。如去泰国者，有15世蔡廷宽、蔡廷炎、16世蔡道骞、蔡道森等31人，他们“往暹罗”、“在暹罗”、“卒在暹罗”、“殁于暹罗”、“葬暹罗”；去越南者，有16世蔡道求、蔡道向等，均“卒于安南”；去缅甸者，有20世蔡永悦，光绪三十四年（1908年）生，“殁于仰光”，22世蔡克俊，“旅居缅甸仰光”；去新加坡者，有20世蔡永瑞，“往新加坡”、21世蔡世糖，“殁于新加坡”、22世蔡克探，“旅居新加坡”、蔡克深，“殁于新加坡”。去马来亚者，有21世蔡世树，“往槟榔屿”、22世蔡克溪“往马来亚太平”；去印度尼西亚者，有21世蔡世极，22世蔡克沟、蔡克枰“旅居印度尼西亚”、23世蔡垂实；去菲律宾者，有21世蔡世路，“往菲律宾”、22世蔡克玉，1972年“殁于菲律宾岷尼拉”、23世蔡文种，“殁于菲律宾岷地”，还有蔡天来，1944年生，“随父往吕宋”。

该族还有部分人“往外夷”、“卒番邦”，到达地点不详或者下落不明。总之，梅塘蔡氏族人“出洋”涉及的地区几乎包括了东南亚各个国家。

《园坂蔡氏家谱》（园坂属晋江紫帽镇）载：始祖蔡大汤，明正统、景泰年间由洪屈乌龙山迁来。据该族谱（残谱）称：“十世以前无论”，族人世系从第11世标起。谱载：第16世蔡钟彼，1913年“在安南亡”。蔡钟氆，1946年“亡在新加坡”。蔡钟汶“死于新加坡”，其弟蔡钟景、蔡钟笨也“死在安南”；另有蔡钟秦，“死在安南”。园坂蔡氏17世又有多人渡海到越南、新加坡一带定居。

另据塘头《蔡氏（殿法公房）家谱》载：该族一世祖名蔡日晖，迁居时间不详。塘头乃原晋江紫帽农场所在地。其族人多迁往印度尼西亚，也有一部分前往菲律宾、越南等地。

总之，明清时期，特别是近现代以来，蔡姓由我国东南沿海一带移民国外者众多，具体人数尚无法统计，他们“出洋”的原因主要是为了谋生和经商，到达的地区涉及今菲律宾、印度尼西亚、越南、泰国、马来西亚、新加坡、柬埔寨、缅甸、老挝等国家和我国的香港、澳门地区。由于中国人历来就有“聚族而居”的习俗，因此像其他华人一样，蔡姓下南洋往往是乡邻、亲友相携，结帮成群出海闯荡，其间有些人尚未到达目的地就遇险而亡，还一些人一去不返，下落不明；一些人经九死一生到达目的地之后，艰辛创业，白手起家，其间酸甜苦辣，悲欢离合，难于尽述。他们都是非常热爱祖国和家乡的人，互助友爱精神很强，一旦事业有成，他们就会返回桑梓，扶助乡亲族人，造福乡里，或者再联络一些亲朋好友出洋创业，共同发展致富。

如今，蔡姓已遍布东南亚各地，其事业成功者大有人在，有的人还成为当地华侨领袖。

蔡姓人向欧美澳的发展，主要在近现代以后，起步虽然比向南洋一带发展要晚得多，但是发展的速度相当之快。如今，在欧美澳各地的唐人街和华人聚居区中，蔡姓人的身影随处可见，而且有的还是当地工商界、侨务界的著名人物。

（三）蔡姓的分布

蔡姓是中国第 44 位姓氏，尤盛于东南沿海各省份。蔡姓人群大约占了当代人口的 0.46%，即每 10000 个中国人中姓蔡的人至少有 46 个，总人口大约在 550 万。

1. 春秋战国时期至唐代

此时期蔡氏足迹已经遍布于河南、河北、陕西、山西、湖北、安徽、山东、湖南、贵州地区。战国时，蔡姓族人由湖北蔡甸出发向南进入湖南常德，并沿沅江进入贵州，与当地土著混居，成为当今苗、土家、瑶、布依等族蔡姓先民。可以认为唐、宋、明、清时期，黔桂湘的蔡姓土司乃是春秋时蔡国的后代。秦汉时期，蔡姓主要的活动地在中原地区，在豫东与鲁西一带形成了著名济阳蔡姓，这是蔡姓历史上最为辉煌的时期，名人辈出，影响深远。西晋末，北方战乱，中原民众大量南迁。蔡姓开始大规模进入江浙地区。到唐朝初期和末期，中原两次移民福建，蔡姓为主要姓族之一，这为蔡姓成为南方著姓奠定了基础。

2. 宋朝时期

蔡姓大约有44万人，约占全国人口的0.57%，排在第36位。福建为蔡姓的第一大省，约占全国蔡姓总人口的21.2%，占福建总人口的2%。在全国的分布主要集中于福建、山东、河南，这三省蔡姓占蔡姓总人口的51%；其次分布于江西、浙江、河北、湖北、江苏，这五省的蔡姓又集中了32%。全国形成了闽赣浙苏东南沿海区域、鲁豫冀鄂中原地区两个蔡姓人口聚集中心。

3. 明朝时期

蔡姓大约有46万人，约占全国人口的0.49%，为明朝第46位姓氏。宋、元、明600年间全国人口纯增长率是20%，蔡姓人口增长比全国人口的增长速度要慢，600年中蔡姓人口纯增加率为4%，净增加了2万。浙江为蔡姓第一大省，约占总蔡姓人口的20.2%。在全国的分布主要集中于浙江、江西（16.4%）、福建（13.8%）、江苏（12.4%），这四省蔡姓大约占蔡姓总人口的63%；其次分布于广东、湖南，这两省的蔡姓又集中了15%。宋、元、明期间，蔡姓的分布总格局变化较大，但总的趋势是其人口主要由北方向东南、南方迁移，特别是向江浙闽沿海地区移民。全国重新形成了浙赣闽苏蔡姓人口聚集地区。

4. 当代

现今蔡姓的人口已达552万，为全国第44位姓氏，大约占全国人口的0.46%。从明朝至今600年中蔡姓人口由46万增到552万，达12倍。明朝的平均人口接近9300万。当代的人口按13亿计，人口增长了14倍。蔡姓人口的增加速度略低于全国人口的增加速度，近1000年蔡姓人口增加率是呈下降态势。在全国的分布主要集中于广东、浙江、江苏三省，大约占蔡姓总人口的35%；其次分布于四川、湖北、台湾、安徽、福建，这五省又集中了32%。广东居住了蔡姓总人口的13.7%，为蔡姓第一大省，占省总人口的1%。全国形成了东南沿海地区高比率的蔡姓区域。在近600年中，蔡姓人口流动的程度和方向与宋、元、明期间的流动有些区别，虽存在向华中、华北的回迁情况，但向东南移民仍是主流，同时也出现了向西以及东北的移民。

蔡姓人口单位面积内密度最高的地区在东南沿海、长江流域、东北大部，每平方公里的蔡姓人口达到1人以上，有的地区高达3人以上。其次在广东中部、湘黔北部、云南东部、四川西部、甘宁青大部、豫陕南部、山东东南、内蒙古东部、冀辽交界地区，每平方公里的蔡姓人口达到0.5—1人。蔡姓分布密度示意图表明：密度最高的（1人以上/平方公里）地区占国土面积的19.2%，蔡姓人口大约270万；0.5－1人/平方公里的地区占国土面积的27.1%，蔡姓人口大约196万；不足0.5人/平方公里的地区占国土面积的53.7%，蔡姓人口大约86万。

蔡姓分布很广，但不均衡。蔡姓在东南沿海地区是比较常见的姓氏之一。蔡姓在台湾、福建、浙江南部、广东东端、内蒙古东北角，一般占当地人口的比例达最高，在0.9%以上，尤其在台湾地区南部，有的达到3%，这部分高比例的地区的覆盖面积约占了全国总面积的3.7%。广东中部、江西东部、浙江北部、江苏南部、安徽东南、广西西南、海南、云南东部、陕川交界地区、河西走廊、吉林中部，蔡姓约占0.45%－0.9%，其覆盖面积约占了全国总面积的13%。其他广大地区，蔡姓不足0.45%，其覆盖面积约占了全国总面积的83.3%，其中在0.25%以下的占国土面积的50%。

当今中国蔡姓的分布，与历史上蔡姓的发源与迁徙有较大关系。时至今日，蔡姓的分布仍以这些地区为主。据某些学者近年对北京、上海、陕西、四川、辽宁、广东、福建等7省市的174900人的抽样调查，发现蔡姓在被调查的1133姓氏中居于第24位，有人口1492人，占被调查总数的0.853%，其具体情况是：

在被抽样调查的25000个北京人中，有90人姓蔡，占被调查总数的0.362%，居北京大姓的第50位。

在25000个辽宁人中，有65人姓蔡，占总数的0.26%，居辽宁大姓的第67位。

在25000个陕西人中，有48人姓蔡，占总数的0.189%，居陕西大姓的第85位。

在25000个上海人中，有168人姓蔡，占总数的0.67%，居上海大姓的第35位。

在25000个四川人中，有459人姓蔡，占总数的1.819%，居四川大姓的第11位。

在25000个广东人中，有241人姓蔡，占总数的0.94%，居广东大姓的第27位。

在25000个福建人中，有424人姓蔡，占总数的1.68%，居福建大姓的第14位。

另据张效禹等著《台湾百家姓与大陆源流》一书介绍，蔡姓在台湾是名门望族，名列台湾百家姓第8位，人口超过60万，主要分布在台南、嘉义两地。他们大都是由今福建、广东移居过去的，为台湾的开发作出了巨大贡献。

近年，河南新蔡境内的调查，蔡姓分布于：野里乡蔡老庄、小蔡庄、蔡油坊、北蔡庄、南蔡庄；砖店乡蔡庄；陈店乡蔡湖；关津乡蔡庄、蔡杨庄、廖庄；龙口乡蔡庄；佛阁寺乡小蔡庄、蔡陈庄、毛蔡庄；涧头乡蔡庄；顿庄乡蔡庄、东蔡庄等10多个村庄，人口约4000余。

当然，上述数字只是一个抽样调查的结果，还不具备普遍的意义，但也可以在一定程度上说明蔡姓人在当代的分布情况，并且可以看出当代蔡姓人公布仍以南方为主的基本规律。

三、蔡姓文化

（一）蔡姓族谱

确切地说，蔡姓祖谱（或称家谱、宗谱、族谱）应从蔡叔度立国谈起，因前面内容已有叙述，这里不再赘述。因蔡国几立几灭，且数次迁徙，诸多因素，使蔡姓在全国乃至东南亚等国分布甚广，人口众多，漫长的3000年中，因蔡姓多次播迁和历史原因，蔡姓祖谱存在量为数不多，众多的蔡姓后人，很难有一部完整的祖谱。就目前来说，珍藏现在的有《济阳通谱》、《河南始祖蔡氏廾文通谱》和《德清蔡氏通谱》。但对于研究蔡氏族源及蔡氏早期历史，尤以《济阳通谱》最具权威，且史料价值颇高。

现传世的《济阳通谱》，为古版刻字印刷，封面正中四字为“济阳通谱”，两侧对联各有四字，上联为“千枝一本”，下联为“万派同源”。《济阳通谱》成谱年代久远，主要记载了蔡姓的起源及济阳祖源的早期历史。谱中记载，蔡氏始祖为轩辕黄帝，济阳蔡氏家族的早期历史演变在《济阳通谱》上反映的脉络清晰，由于《济阳通谱》年代久远，得以传世，其价值弥足珍贵。尤其是该谱记载了早期蔡氏家族的历史，被蔡氏后裔支脉誉为“万谱之源”。

据《济阳通谱》记载，济阳蔡氏本源于轩辕黄帝之后，又据《河南蔡氏始祖开支通谱》中载，济阳蔡氏是河南开支始祖秦昭王丞相蔡泽的后裔。蔡泽战国时原为秦国大臣，长于辩议曾献计东收周室，被昭襄王采纳，后为秦相。蔡泽裔孙革勋，汉平帝时为郿县令，王莽篡政后闻其名，欲授为官，勋拒不赴任，携家族出走他乡。蔡勋之曾孙蔡携，东汉顺帝时以司空封新蔡长。蔡携有二子，长子名棱，次子名质。棱生子邕，邕字伯喈，东汉著名文学家、书法家。蔡邕通经史，写定六经文字，创“熹平石经”，名扬千古。蔡邕被害后，堂兄弟蔡睦为避祸举家迁居考城（今兰考县）。蔡氏家族居考城后，家族日渐兴旺。自曹魏考城蔡氏出了尚书蔡睦，至唐朝初年的近500年间，蔡氏家族在济阳考城繁衍生息，后世中名人辈出，成了历史上著名的济阳名门望族。

济阳蔡氏世系按其历史发展演变可分为二。早期见于《河南始祖蔡氏开支通谱》，从秦昭王丞相蔡泽至陈留蔡氏蔡。后期陈留考城（今兰考）蔡氏蔡睦及西晋惠帝分陈留郡治济阳郡，济阳蔡氏后裔。后期济阳蔡氏世系中的名人多见于二十四史中《晋书》、《宋书》、《齐书》、《梁书》、《陈书》及民国《考城县志》。

济阳蔡氏世系变迁表

1. 蔡泽……→蔡勋→蔡□→蔡□→蔡携（接2）

2. 蔡携—
   - →蔡棱→蔡邕→蔡琰
   - →蔡质→蔡睦
     - →蔡德→蔡克→蔡谟（接3）
     - →蔡宏→蔡豹

3. 蔡谟—
   - →蔡邵
   - 蔡系→蔡琳—
     - →蔡轨
     - 蔡廊→蔡兴宗（接4）

4. 蔡兴宗—
   - →蔡颐→蔡该→蔡徹→蔡君长
   - →蔡顺（景玄）（582—649）
   - →蔡约（景扮）
   - →蔡寅
   - →蔡撙（景节）—
     - →蔡彦深
     - →蔡彦高→蔡凝—
       - 蔡君知
       - 蔡居师→蔡行基（628—708）
     - →蔡彦熙

5. 蔡履→蔡点—
   - →蔡大同→蔡景历—
     - →蔡彻→蔡翼
     - 蔡悦
   - →蔡大宝
   - →蔡大业

济阳蔡氏世为著姓望族，至今在兰考（原属济阳）仍是人口较多的大姓之一。据我们调查统计，蔡氏后裔聚居较为集中的乡（镇）大约分布在许河、南彰、孟砦、小宋、仪封、谷营、张君墓、阎楼、葡萄架、三义寨、红庙、爪营等12个乡（镇）的59个村庄，计10000余人。其中，较集中的在原古济阳郡治所在地的许河乡蔡姜楼、董堂达255户，近千人。南彰乡的蔡庄、前城、史庄达324户，计1626人。其他如仪封乡蔡岗村，谷营乡蔡集村蔡姓居住也较为集中，分别为123户210人和53户210人。考其历史，兰考境内蔡姓最早定居在许河乡的蔡姜楼和董堂。现兰考许河乡一带原为古济阳郡治所在地，济阳蔡氏世居此地。金、元以来，黄河在这一带多次泛滥决口，尤其是金明昌五年（1194年）的黄河决口及其改道，济阳蔡氏为避水患，先后迁至仪封、兰阳、宋州（商丘）等地。自金朝以来的近800年间，济阳蔡氏几经迁徙，但灾害过后仍有不少返回祖居地的。抗日战争时期，许河乡姜楼东南仍存有蔡氏祖坟、祠堂和碑碣。今南彰乡史庄村居住的济阳蔡氏后裔蔡耕野先生家门头上挂有一块匾额，匾额宽约三尺，长五尺许。正中四字为“济阳四胄”。落款为清道光五年春三月。旧时，其家神龛两旁有堂联，上联为“济阳传世胄”，下联为“葵氏振家声”。考其堂联，蔡耕野先生之家为济阳传世，葵丘（考城古称葵丘）传家，为济阳蔡氏之后。

另有台北世界柯蔡宗亲总会中有关蔡氏族谱资料附录于此。

台北世界柯蔡宗亲总会有关蔡氏族谱资料

收集日期	族谱名称（堂号）				编辑者	备注
	档案	档案	档案	其他档案		
2010 年 10 月		上海图书馆收藏柯氏族谱摘要			上海图书馆	
2010 年 10 月		上海图书馆收藏柯氏族谱目录			上海图书馆	
2010 年 10 月		上海图书馆收藏蔡氏族谱目录			上海图书馆	
2010 年 10 月		上海图书馆收藏蔡氏族谱摘要			上海图书馆	
2010 年 9 月	云林水林 青阳一支	云林水林 青阳一支 -			蔡渊源高雄	
2010 年 7 月				蔡八来（蔡源顺商号）		
2010 年 6 月	安海派世系表	安海派世系表			蔡文雄	台北
2010 年 3 月				福建省晋江东石镇东埕村居住台湾登记簿		
2010 年 3 月		云林水林 青阳一支			蔡亚颋高雄蔡澄矜云林	
2009 年 12 月		晋江市英林镇下伍堡岑张村		福建省晋江市英林镇下伍堡岑张村		
2009 年 12 月			漳州济阳派蔡氏祖谱			

续表

收集日期	族谱名称（堂号）				编辑者	备注
	档案	档案	档案	其他档案		
2009年12月		民国60年柯蔡大宗谱部分			民国50~60年编印（柯蔡大宗谱编辑委员会）	
2009年12月		入垦情形及台湾柯蔡分布			抄95年台东县大会手册	
2009年12月		乙表奉派来台服勤本人或儿孙可能屯殖者的开基祖考			抄95年台东县大会手册	
2009年11月		入垦或迁居台湾的开基祖考			抄95年台东县大会手册	
		晋江罗山梧林蔡氏移居台湾金门海山名表		晋江罗山梧林蔡氏移居台湾金门海山名表	菲律宾梧林同乡会	菲律宾100周年
2009年11月		国家图书馆蔡氏族谱——数据与图像档案				
2009年11月		柯蔡族谱出版年度作者搜寻				
			家谱网柯氏家谱、柯氏宗谱、柯氏族谱			

续表

收集日期	族谱名称（堂号）				编辑者	备注
	档案	档案	档案	其他档案		
2009 年 4 月	渡台蔡德椅族谱祖籍福建省泉州府晋江县东石郡锦亭乡	渡台蔡德椅族谱祖籍福建省泉州府晋江县东石郡锦亭乡			蔡铭育	
		家谱网蔡氏家谱、蔡氏宗谱、蔡氏族谱				
		金门县金湖镇琼林村蔡氏家族			蔡铭育	
		蔡氏济阳通谱（蔡氏的万谱之源）	济阳通谱			
2009 年 3 月 25 日				重庆《丰都毛谷冲蔡氏族谱》		
2009 年 3 月 10 日		0 –0 –0 序言目录			蔡桔来	
2009 年 3 月 10 日		1 –0 –0 黄帝素系统			蔡桔来	
2009 年 3 月 10 日		2 –0 –0 蔡氏家谱系统表说明			蔡桔来	
2009 年 3 月 10 日		3 –0 –0 柯、蔡姓氏大事年表			蔡桔来	

续表

收集日期	族谱名称（堂号）				编辑者	备注
	档案	档案	档案	其他档案		
2009 年 3 月 10 日		4 –0 –0 柯氏族谱			蔡桔来	
2009 年 3 月 10 日		5 –0 –0 淑祖世系			蔡桔来	
2009 年 3 月 10 日		6 –0 –0 鸿儒			蔡桔来	
2009 年 3 月 10 日		6 –0 –1 建阳族谱			蔡桔来	
2009 年 3 月 10 日		6 – 0 – 2 东石玉井世系			蔡桔来	
2009 年 3 月 10 日		6 –1 –0 剑公世系			蔡桔来	
2009 年 3 月 10 日		7 –0 –0 莆田用元公派下世系表			蔡桔来	
2009 年 3 月 10 日		7 –1 –0 永盛房世系			蔡桔来	
2009 年 3 月 10 日		7 –1 –1 永盛大祖祠潮州饶平（同安金门梧州）			蔡桔来	

续表

收集日期	族谱名称（堂号）				编辑者	备注
	档案	档案	档案	其他档案		
2009 年 3 月 10 日		7－2－0 琼林始祖十七郎公前代世系表			蔡桔来	
2007 年 7 月前	01 序言				蔡桔来	
2007 年 7 月前	02 黄帝裔孙世系表初稿				蔡桔来	
2007 年 7 月前	03 柯氏族谱				蔡桔来	
2007 年 7 月前	04 淑祖世系 1				蔡桔来	
2007 年 7 月前	05 谢仓漳蒲世系				蔡桔来	
2007 年 7 月前	06 漳浦各分房				蔡桔来	
2007 年 7 月前	07 漳浦东仔蔡社房				蔡桔来	
2007 年 7 月前	08 平和钟秀公房（漳浦 2）				蔡桔来	

续表

收集日期	族谱名称（堂号）				编辑者	备注
	档案	档案	档案	其他档案		
2007年7月前				梧州，潮州饶平大祖祠	蔡桔来	
2007年7月前	10 鸿儒				蔡桔来	
2007年7月前	11 莆田用元公		11 莆田用元公派下世系表		蔡桔来	
2007年7月前	12 琼林派系统表				蔡桔来	
2007年7月前	13 合肥蔡氏族谱				蔡桔来	
2007年7月前	14 东石玉井世系				蔡桔来	
2007年7月前	15 东石诸房群世系				蔡桔来	
2007年7月前	16 惠安世系				蔡桔来	
2008年6月20日	惠安世系修改版	惠安世系修改版			蔡铭育	金门—澎湖—高雄鼓山
2007年7月前	17 莆阳香山大湖				蔡桔来	
2007年7月前				18 石狮大仑厚翁公系统	蔡桔来	
2007年7月前	19 石狮房世系				蔡桔来	
2007年7月前	20 同安县世系				蔡桔来	

续表

收集日期	族谱名称（堂号）				编辑者	备注
	档案	档案	档案	其他档案		
2008年6月20日	同安县世系修改版	同安县世系修改版			蔡铭育	金门— 澎湖— 高雄鼓山
2007年7月前	21 安溪各房世系				蔡桔来	
2007年7月前	22 南安县房世系				蔡桔来	
2007年7月前	23 泉州世系				蔡桔来	
2007年7月前	24 洋坑房				蔡桔来	
2007年7月前	25 晋江各房世系				蔡桔来	
2007年7月前	26 轩芝房				蔡桔来	
2007年7月前	27 梅塘洋宅世系				蔡桔来	
2007年7月前	28 淑祖绵基房世系				蔡桔来	
2007年7月前	29 豊山房				蔡桔来	
2007年7月前	30 蔡大事年表				蔡桔来	
2007年7月前	a-1 宗可派下族谱				蔡桔来	
2007年7月前	b-1 青阳用明公派				蔡桔来	
2007年7月前	c-1 古山房				蔡桔来	
2007年7月前	d-1 古尾房				蔡桔来	
2007年7月前	e-1 塘边房				蔡桔来	

续表

收集日期	族谱名称（堂号）				编辑者	备注
	档案	档案	档案	其他档案		
2008 年 4 月	黄帝素系统				蔡桔来	
2008 年 4 月	鸿儒、建阳				蔡桔来	
2008 年 4 月	莆阳用元公派				蔡桔来	
2008 年 4 月	青阳用明公派				蔡桔来	
2008 年 4 月	蔡十郎祖上渊源考				蔡春寿	福建建阳
2008 年 4 月	炉公世系图				蔡春寿	福建建阳
2010 年 8 月	旭贪公世系表	旭贪世系表			蔡智信	丰山莲塘
2007 年起		丰山莲塘蔡族谱	丰山莲塘蔡族谱	丰山莲塘蔡氏家谱三十一本摄影影相图	蔡智信	持续制作
2008 年 5 月 11 日	金浦派世系表				蔡铭育	金门—澎湖—高雄鼓山
2008 年 5 月 11 日	青阳派世系表				蔡铭育	
2008 年 5 月 11 日	建阳派				蔡铭育	
2008 年 5 月 11 日	清水蔡惠如世系				蔡铭育	
2008 年 5 月 12 日	柯庆文				蔡铭育	金门—澎湖—高雄鼓山
2008 年 5 月 12 日	永盛公－宪宗				蔡铭育	
2008 年 5 月 12 日	鸿儒派－煜				蔡铭育	
2008 年 5 月 12 日	惠安派				蔡铭育	
2008 年 5 月 12 日	用元公派之以前世系及蔡襄世系				蔡铭育	

续表

收集日期	族谱名称（堂号）				编辑者	备注
	档案	档案	档案	其他档案		
2008年5月19日			板桥江子翠蔡系		蔡易缙	板桥江子翠蔡系
2008年5月22日	济阳龙渊衍派鹿港北头蔡氏族谱	济阳龙渊衍派鹿港北头蔡氏族谱			蔡铭育	
2008年5月22日	清水蔡惠如世系			清水蔡惠如世系	蔡铭育	
2008年5月25日	济阳龙渊衍派鹿港北头蔡氏族谱修改版	济阳龙渊衍派鹿港北头蔡氏族谱修改版			蔡铭育	
2008年6月19日	（蔡十朗后裔）				蔡旻珉	高雄凤山
2008年6月28日	蔡十郎世系表（一处士）	蔡十郎世系表（一处士）	（蔡十朗后裔）		蔡旻珉	雄凤山
2008年6月28日	蔡十郎世系表（四处士）	蔡十郎世系表（四处士）	（蔡十朗后裔）		蔡旻珉	
2008年7月01日	蔡十朗（四处士）				蔡铭育修改	
2008年7月04日	蔡十朗一处士蔡十朗后裔资料				蔡铭育修改	

续表

收集日期	族谱名称（堂号）				编辑者	备注
	档案	档案	档案	其他档案		
2008年7月04日			蔡十朗（四处士）		蔡智信修改	
2008年7月20日			蔡十朗（一处士）.		蔡智信修改	
2008年9月11日		青阳蔡氏家谱台户市蔡德旺	蔡德旺宗亲家谱		蔡宗谚	
2008年11月11日	蔡氏昭穆				蔡铭育	
2008年11月11日	蔡氏昭穆	蔡氏珝穆			蔡铭育	
2008年11月11日	蔡氏昭穆	蔡氏珝穆			蔡铭育	
2009年01月01日			笨港青阳蔡家族谱		蔡铭育	

（二）建阳蔡氏裔孙世系调查

建阳作为蔡氏入闽始居地之一，已成蔡氏重要郡望。近几年通过各地宗亲会的联谊活动，吸引了各地蔡氏宗亲前来建阳寻根问祖，有的已经确认归宗并要求入谱，有的正在调查之中，现根据近几年调查情况和建阳蔡氏族谱记载的情况，衔接起来，以供重修族谱之用。

桧公支派

3世孙蔡桧，字廷材，行丙6，銮公6子，妣詹氏，失谱。2001年以来到浙江省庆元县、朱坞、星光两地调查，从两地族谱查出，桧公之子耀，官任县尉，在浙江庆元开祖，裔孙繁衍支分闽北及全国各地，任武官者较多。

5世克昌，字大亨，桧公之孙，官至迪功郎，在浙江省庆元县开基。

7世习诗，字福基，大亨之孙，垂冠长子，进士，官至光禄大夫上柱国。妣江氏生五子、二女，五子是椽、积、善、瑞、升。子孙居邵武、延平、建宁等地。

7世习书，字禄基，垂冠次子，收寇有功，官升河北五十四州都提点，妣郭氏生子，家居任地失谱。

7世习易，字寿基，垂冠三子，进士，任广东巡按，监察御史，妣周氏生子，在广东省繁衍。

8世椽公，福基长子，进士，任大理寺卿，子孙散居苏州伏龙山下，并温州夹树壕、金华等处。

8世积公，福基次子，进士，官居翰林院左春坊，迁居浙江省括苍太平坊（今丽水）。

8世善公，福基三子，进士，官拜龙图阁学士，其后迁居浙江松阳遂昌。

8世瑞公，福基四子，进士，镇守雁门节度使，子孙居四川、成都。

8世升公，福基五子，镇守太原府太守。妣王氏生四子，继、综、维、绍。

9世继公，升公长子，以子玫贵恩赠太尉。妣张氏生四子，珪、璜、璬、玫。

10世干公，绍公长子，官任指挥，其后迁居湖广。

10世坤公，绍公次子，任江西省南昌府太守，子孙都居南昌。

10世珪公，继公长子，官居太尉，加封镇守陕西提督，家居西安。

10世璜公，继公次子，官拜光禄大夫，后为宋江太守，迁居宋江。

10世璈公，继公三子，性好清净，高尚其志，隐居山阴，即会稽（今绍兴）。

10世玫公，继公四子，官至左丞相，兼尚书事掌兵权，出守建州、浦城、太湖等地，振威福建。子孙都居浙江庆元，福建延平，浦城等地。妣吴氏生三子，谕、训、计。

11世谕公，玫公长子，子孙迁居延平、建阳。

11世训公，玫公次子，袭父荫，任浙江行省，镇守括苍（今丽水），居浙江庆元蔡遁、浦沄。

11世计公，玫公三子，迁居浦城。

20世重二，训公之后，浙江省庆元县范源祖，2003年，灵牌归宗进入建阳蔡氏大宗祠。

20世重三，训公之后，浙江省庆元县范源祖，2003年，灵牌归宗进入建阳蔡氏大宗祠。

梅公支派

梅公，建阳嫡祖，炉公三世孙，官至御前都统制，两次恩封三代，子孙盛贵，分居世界各地

6世蔡圣，字贤希，行已九，梅公之后，克顺公三子。妣刘氏生子，仕外迁失谱。根据广东蔡氏族谱记载，他的曾孙是福粤（不详）。

6世蔡琇，乳名义，字伯宜，行已十，梅公之后，克顺公四子，官至莆田县尹，赠尚书刑部侍郎。继妣卢氏生子，在莆田繁衍（待考）。

6世蔡中，字秉正，行已十一，梅公之后，克顺公五子，官至殿中侍御史，长期在浙江省任职。妣李氏生子，仕外迁失谱（待查）。

梅公之后，西山公派下

12世子敬公，沈公次子，广东省台山市大江沙浦始祖，2003年灵牌归宗进入建阳蔡氏大宗祠。

12世蔡梃公，九峰公五子，湖南岳阳始祖，2003年查出。

12世蔡诰，字芳远，行千一，建阳蔡氏族谱没有记载，2001年以来东阳、梓誉宗亲多次寻根认祖，确认为西山公之后，渊公长子，为浙江省东阳市梓誉顾岭蔡氏始祖，2003年以12世灵牌归宗入建阳蔡氏大宗祠。

13世浩然，字养吾，行丙一，西山公之后，格公长子，建阳族谱（十二卷）记为福建泉州支系祖。妣王氏生一子征，为泉州房祖，居同安县从顺里西浦乡开祖。

20世正元公，迁居南安县二十八都，裔孙居台湾者多。

23世希诚公，从孝公之子，迁南安县鹤山村开基，裔孙侨居新加坡者多。

27世锡印公，由南安县迁浙江瑞安立祖。锡贤、锡法二公由南安县迁广东省惠州、海丰立祖。

13世毅然，字福粤，格公次子，行丙二，与兄浩然，徙居闽西上杭至广东梅州开基立祖。2003年广东梅州松源宗亲会已将福粤公灵牌归宗放进建阳蔡氏大宗祠。

13世粹然，字养正，行丙三，格公三子，妣刘氏生子失谱。

13世灿然，字音甫，行丙四，渊公之后，柄公长子。妣刘氏生子，迁居福建上杭失考。

13世焯然，字号光，行丙八，柄公次子，妣詹氏生子希钦（14世），迁居福建泉州、西浦。传16世蔡初迁居漳浦城南，次子蔡康（17世）迁居福建顺昌元坑立祖。

16世德亮公，字茂峰，从泉州青阳迁浙江省龙泉水南立祖。

16世起汉公，又名蔡十一郎，行已一，沆公之后，公域之曾孙，移居福建龙岩县和睦里。

28世日实公，沆公之裔，起汉公之后，迁居福宁府35都开基。

16世沅公，杭公之后，文弼公五子，迁居崇安县彭源上箬。

19世宗显公，起汉公曾孙，添与公三子，明朝万历年间由龙岩迁居福建安溪县崇善坊。妣茅氏生四子，发华、发生、发胜、发德。

20世发华公，宗显公长子，由安溪迁至福建光泽县王屯立祖。

20世发胜公，宗显公三子，由安溪迁居福建永春45都。其子真海，迁居永春3都，子孙都在永春繁衍。

24世瑞周公，发胜公五世孙，宜福公次子，为景仰西山，九峰发祥之地，携子于清初时期，还居建阳湖嘉洲。

25世大韬公，瑞周公长子，迁居江西省弋阳、宜兴开祖（详见十三卷）。

26世克生公，模公之后，添赵公之子，奋然有开族之志，弃闽迁赣，上饶铅山开基，迄今已有200余年，传23世为轸源支系。如今铅山傍罗蔡家村一带子孙盛旺。有迁居江西万年县待考。

19世惠公，文弼公之后，友公长子，为崇安县吴屯岭头房祖。

19世镇公，文弼公之后，为崇安县大际房世传。

16世蔡启公，文昭公次子，妣叶氏生二子，长子礼成，为碗窑中横亭村房祖；次子礼兆公，为崇安县（今武夷山市）下峡房祖。

29世转富、元章二公，由亭村迁建瓯县丰乐里山下，35世，朱坤之后，海老、水生、观生迁居建阳潭城。

16世效公，文昭公次子，为将源桥溪源亭村房祖。

16世政公，文昭公三子，为浦城县桥亭房世传（七卷）

15世文庆公，希仁公三子，为建阳樵溪房世传（见七卷）

15世文龙公，希仁公四子，为建瓯芝城房世传祖。

22世文龙公之后，国成公为建瓯芝城祖，国赐为建阳白沙房祖。

22世祯公，文龙公六世孙，为瓯宁房祖。汉二公为建阳回龙房祖（详见九卷）。

15世文彬公，杭公之后，迁居古田县开祖。

15世文宝公，杭公之后，希仁五子，为建阳童游房祖。

22世应秀公之后，建阳彭墩房祖。

22世屏山公，由童游迁古田开基。

15世文钦公，希清公长子，为麻沙房世传（详见十卷）。

16世天隆公，迁居浦城石陂。

15世文镛公，希清公次子，为建阳崇雒水井、后畲房世祖（详见十一卷）。

15世文明公，希节公之子，为建阳后山、童游蔡墩、熊墩房祖（详见十一卷）。

15 世文千公，希永公之子，为建阳溪源房世祖（十一卷）

15 世文成公，希凤公长子，为麻沙叶坊房祖。

15 世文铠公，希凤公次子，为大白房世传（见十二卷）。

15 世文禄公，杭公之后，希仁公六子，因伯父为官祸及亲族，无志功名，云游浙江庆元，定居蔡遁，为蔡遁蔡氏始祖，妣王氏生五子，仁、义、礼、智、信。子孙分支四出，繁衍昌盛。

16 世蔡仁，杭公之后，文禄公长子，迁居福建古田县开基。

16 世蔡义，杭公之后，文禄公次子，义公长子德荣，迁居浙江龙泉、云和等地立祖。义公次子德施，徒居福建泉州。

16 世蔡礼，杭公之后，文禄公三子，元朝至正年间（大约 1360 年）由庆元蔡遁迁居福建松溪县船坑为船坑蔡氏鼻祖。妣叶氏生九子，散居以下几处开祖：

1. 德宣，礼公五子，五传绍沂公，为庆元朱坞房始祖。
2. 德平，礼公六子，迁居洪塘。
3. 德时，礼公七子，迁居福建青州。
4. 德裕，礼公八子，迁居福建永定。
5. 德正，礼公九子，迁居庆元山头源。

16 世智公，杭公之后，文禄公四子，妣管氏二子：长子德济，迁居浙江龙泉上源；次子德旺，迁居福建寿宁仵坑为仵坑蔡氏始祖。

16 世信公，杭公之后，文禄公五子。妣王氏生三子：长子德泰，徒居浙江青田；次子德懋，迁居福建寿宁、景宁；三子德周，迁居福建省福宁州。

和公派下

10 世浔公，和公之后，璇公长子，官任临安府尹，家居任地失谱。

12 世蔡炷公，字用晦，和公之后，栋公之子，父子皆迁居邵武，妣刘氏生三子，福三、福四、福五，都居邵武市，多年未联系。

13 世蔡九郎，蔡茂隆公长子，迁闽西汀杭开祖，子孙散居长汀、连成、上杭一带立祖。

13 世蔡十郎，茂隆公次子，到南安柯启学家入赘，与柯谷英结婚，生有五子，长子、五子姓柯，次子、三、四子姓蔡，从谷英、十郎之后，以柯蔡同宗，裔孙散居海内外，台湾嘉义建有十郎墓。待后详考。

14 世得文公，五代时期都居上杭南顺里。

16 世土震、土雷，兄弟迁居建阳市黄坑白家山。

19 世罗通，子孙都居连城北安里。

28 世盛养公，虞公之后，迁居邵武拿口开祖。

建阳蔡氏

1. 广东省顺德市 21 世蔡廉仿公灵位（香港蔡伯励宗长的祖先），归宗进入建阳蔡氏大宗祠。

2. 广东省顺德市 21 世蔡国宗公灵位（香港蔡彪宗长的祖先），归宗进入建阳蔡氏大宗祠。

3. 福建省晋江市 18 世蔡永昭公的灵位（香港蔡芳祥宗长的祖先），归宗进入建阳蔡氏大宗祠。

4. 香港新界 25 世蔡子俊公的灵位（香港新界蔡建新宗长的祖先），归宗进入建阳蔡氏大宗祠。

5. 广东省东莞市宝安一世祖蔡安公灵位，归宗进入建阳蔡氏大宗祠。

6. 香港蔡屋村、安公 14 世蔡情山公灵位（香港蔡学昌宗长的祖先），归宗进入建阳蔡氏大宗祠。

7. 广东省东莞市霄边 24 世蔡吐絮公灵位（香港蔡文勋宗长的祖先），归宗进入建阳蔡氏大宗祠。

8. 广东省东莞市霄边 25 世蔡鸿根公灵位（香港蔡文勋宗长的祖先），归宗进入建阳蔡氏大宗祠。

9. 广东省东莞市霄边 24 世蔡富宁公灵位（霄边蔡振岳宗长的祖先），归宗进入建阳蔡氏大宗祠。

10. 广东省东莞市霄边 24 世蔡余庆公灵位（霄边蔡润强的祖先），归宗进入建阳蔡氏大宗祠。

11. 广东省东莞市霄边 26 世蔡浩儒公灵位（霄边蔡忠球宗长的祖先），归宗进入建阳蔡氏大宗祠。

12. 广东省东莞市霄边九世祖蔡桂山公灵位，归宗进入建阳蔡氏大宗祠。

13. 广东省东莞市霄边 17 世祖蔡孚存公灵位，归宗进入建阳蔡氏大宗祠。

14. 广东省东莞市霄边17世蔡云虬公灵位，归宗进入建阳蔡氏大宗祠。

15. 广东省河婆福粤公20世祖蔡汉光公灵位（香港蔡明宗长的祖先），归宗进入建阳蔡氏大宗祠。

16. 福粤公21世蔡明哲长生禄位，归宗进入建阳蔡氏大宗祠。

17. 广东省长安乌沙蔡屋村4世祖蔡诏道公灵位，归宗进入建阳蔡氏大宗祠。

（三）蔡姓名胜及遗迹

1. 白龟庙

白龟庙，原名白龟祠，又名伏羲庙，位于上蔡县城东15公里白龟庙村。其南有朱雀坑，北有玄武坑，东有青龙沟，西有白虎沟。庙前有蔡河，庙后有伏羲墓（现已不存）。庙内有蓍台，台上建有伏羲画卦亭（又名先天八卦亭），台边有蓍草圈。庙的大殿内祀人祖伏羲。相传太昊伏羲氏因“蓍生蔡地”、“蔡出善龟”而画卦于蔡水之滨的蓍台之上，肇启了华夏文明。汉时于此建祠，名白龟祠。后因天灾及战乱，屡毁屡建。

明朝初期，明太祖朱元璋曾派礼部到此祭祀（当时的“接官亭”尚在）。据说当时的白龟庙建筑宏伟，富丽堂皇，是一座坐北朝南的三进大院，整个建筑均为琉璃筒瓦盖顶，红墙重檐，雕梁画栋。大门外有石坊，上书“蓍台”二字。大门横额上书“羲皇胜迹”。走进大门为一过厅，出厅是一宽敞院落，两边为钟鼓楼。从院中向北，登3级台阶，便是拜殿，通过拜殿即正殿。正殿奉楠木雕刻伏羲坐像，高丈余，面目神采奕奕，乍看与生人无异。正殿后为三皇阁，阁内奉天、地、人三皇楠木雕像。三皇阁两侧各有一亭，亭边有八卦台和蓍草圈。除此主体建筑外，并有东西厢房和其他建筑物，形成了一座布局完整结构严谨的建筑群。这个建筑群大约毁于明朝末年。清朝初年，上蔡知县杨廷望又进行修葺。新中国成立后，当地政府曾多次拨出专款对白龟庙进行修建，使这座千年古刹焕发生机。每年农历三月十五日起庙会，会期六天，庙外大戏三台，昼夜连场，四面八方赶会者络绎不绝，街市上商贾云集，盛况空前。庙内香客擦肩接踵，香烟缭绕，延续不断。

史载伏羲生于成纪（今甘肃省天水市），建都于陈（今河南省淮阳），画卦于蔡（今河南省上蔡），上蔡北距淮阳80公里，远古时同为伏羲部族的主要居住区。两地至今尚有这种传说：伏羲都陈，上蔡的白龟庙一带曾为伏羲部族的南部。伏羲死后，身躯葬淮阳，头颅葬上蔡。新中国建立初期，白龟庙后尚有伏羲墓冢，俗称人祖坟。冢高10多米，底部周长约30米，仅冢上生长的枸树就有双臂合抱粗，可见墓冢规模之大，可惜后因取土夷平。由于上蔡白龟祠的蓍草和蔡河里的白龟享有盛名，伏羲在这里用蓍龟卜筮是当然的。卜筮是八卦形成的基础，因此《上蔡县志・古迹》说白龟祠是"《易》象之源"，即《周易》上八卦形成的根源地。

2. 伏羲画卦亭

伏羲画卦亭俗称八卦亭，建于白龟庙内一高台之上。亭呈八角菱形，拱角飞檐，攒尖琉璃瓦顶，墙上嵌有八卦图，周围有青石雕花围栏。亭门两侧石柱上有对联，上联为"仰观俯察一画明天地之道"，下联为"数往知来六爻发古今之藏"。对联含意深邃精湛，字体端庄俊美。相传，这里曾是太昊伏羲氏用蓍草和白龟演绎八卦的地方。

蓍草产于蔡地，为珍稀植物。《本草纲目》载："今蔡州上蔡县白龟祠旁，其生如蒿作丛，高五、六尺，一本一二十茎，至多者五十茎，生便条直，所以异于众蒿也。秋后有花，生于枝端，红紫色，形如菊花，结实如艾实。"并说："此类神物，故不可常有。"药用可以益气明目，使人"聪慧先知，久服不饥，不老轻身"。如今白龟祠蓍草犹存，一如《本草纲目》记载。

龟在古代为"四灵"之一。四灵即青龙、白虎、朱雀、玄武。玄武是北方的七位星宿（斗、牛、女、虚、危、室、壁）的总称，其形如龟，故名龟曰玄武。上古时，人们认为蔡地产的龟最好，就把大而贵重的龟称为"蔡"。《论语》卷五《公冶长》篇："臧文仲居蔡"。何宴注："蔡，国君守龟，出蔡地，因以为名。"上蔡白龟祠前的蔡河，素以生产大龟著名。《大清一统志・汝宁府》说它因"龟行之迹成沟"，《上蔡县志・古迹》中说，蔡河"有元龟缟身素甲浮游其中"，人们以为它长寿通神，烧灼其甲，从裂纹可占卜事物吉凶。

古人用蓍草揲卦叫"筮"，用龟甲卜卦叫"卜"，合称"卜筮"。《易经・

系辞》谓“天生神物，圣人则之”，这位圣人指的就是用蔡地蓍龟卜筮画八卦的伏羲。《上蔡县志·古迹》记载：“八卦亭在蓍台右，伏羲于此画卦，又名画卦台。台旁有蓍草园，园中筑二台，台上作二亭，一砌先天八卦图，一砌后天八卦图。”如今，先天八卦亭尚存。

3. 蔡国故城

蔡国故城是一座西周至春秋时期的古都城，位于上蔡县城周围，芦岗中部的东坡上，面积 8.68 平方公里，是目前国内尚存保存最完整的春秋古城，1996 年被国务院公布为全国重点文物保护单位。

蔡国故城可能初筑于蔡叔度始封和蔡仲复封的期间，春秋战国期间曾多次修复和增筑。故城平面略呈长方形，城垣长 10.49 公里，高 3－15 米，系用黄棕色粘土人工逐层夯筑而成。城墙外的城壕，遗址保存完整。位于故城中部偏南的宫殿区遗址，高台突兀四周沟渠环绕，其断壁上可见大量的绳纹板瓦堆积和陶质排水管道。宫殿区周围广泛分布着铸铜、制陶、制骨作坊遗址。南城墙三处城门遗址，右侧均向内“凹”成 U 字形深龛。北城垣上的烽火台为我国最早的人工土筑烽火台。西城垣上有蔡侯望河楼。

春秋末至战国时期，蔡国为楚国所迫，先后迁都至新蔡、下蔡（今安徽凤台）。蔡国故城虽然不再作为国都，但却是楚国北方的军事重镇，其城垣仍进行过加固和复修。

4. 二郎台

二郎台，位于王庄村南蔡国故城的中部，东西长约 1200 米，南北长约 1000 米，面积约 1200000 平方米，高出现今地面 6－7 米。1943 年重修的《上蔡县志·地理志》载：“王庄，在城内西北隅，相传蔡侯朝庙宫殿所在”。王庄旧名王位村，又名王惠村，村名的起源同蔡侯有无关系不得而知，但村南的二郎台完全有可能是蔡侯的宫殿区。台上曾发现很多古井及陶制排水管道，台上台下还留有许多春秋陶片，如筒瓦、板瓦等建筑构件的残片，说明在春秋战国时期台上有庞大的建筑群。这里高台的四周以沟渠环绕作为防御设施，每当暴雨之后，沟中经常被冲刷出一些小件铜器和碎金块，因而被称作“撒金沟”。沟上原有一桥，俗称“撒金桥”。

5. 蔡侯望河楼

蔡侯望河楼位于蔡国故城西垣。这里一台高起，凌空直上。登上台巅，西望嵖岈翠峰插云，东面县城楼阁尽在足下，数十里的田野、村庄、道路、河渠、丘陵均历历在目，因绿荫环抱，名“芦岗拥翠”，为上蔡八景之一。《上蔡县志·古迹》有载，文曰：古西城上有高台，世传蔡侯旧迹。城外汝水故道，每河水汛涨，登楼西望，汪洋无涯。后人建玉皇庙其上。由此可见，望河楼是因蔡侯在这里观望汝河得名的。因为有望河玩景意，故又名玩河楼。

蔡侯望河楼所处的高台，又是传统节日重阳节的发源地。关于重阳节起源的记载，见南北朝时期梁朝吴均写的《续齐谐记》。文曰：汝南桓景，从费长房游学，累年。长房谓之曰：“九月九日汝家当有灾，宜急去，令家人各作绛囊，盛茱萸以系臂，登高饮菊酒，此祸可除。”景如言，齐家登山。夕还，见鸡犬牛羊一时暴死。长房闻之曰：“此可代也。”今世人九日登高饮酒，妇人带茱萸囊，盖始于此。

当时的“汝南”泛指现在的上蔡、汝南、平舆一带。汉高祖四年设置汝南郡，郡的治所在上蔡，所以文中所指的汝南即为上蔡。

蔡侯望河楼位于蔡国故城西垣上，故城下即方圆百里之内地势最高的芦岗。芦岗南北长 25 公里，东西宽 7 公里，最高处海拔 97.2 米，上土下石，古代名冈山。对冈山，《春秋左传》昭公十一年有载，曰：“冬十一月，楚子灭蔡，用隐太子于冈山。”即把隐太子杀掉用之祭祀冈山山神。今望河楼台上树有“桓景登高处”石碣，在为游人指示桓景齐家登山的地点。清李杰英《重阳偕友登玩河楼》诗（见《重修上蔡县志·诗赋》）：“拟准重阳结队游，携樽同陟玩河楼。千林落叶随风走，万里长江贴地流。林圃雨余鸦噪晚，关山霜冷雁鸣秋。茱囊菊瓮年年有，催得诗人尽白头。”很多诗人往往于重阳节踏着桓景的足迹登望河楼赋诗抒怀，一般游客也结队登临互相谈论着桓景重阳登高的往事。

6. 烽火台

烽火台，俗名八卦台，位于蔡国故城北垣，因这里地势高矗，登台举目远望，数十里的景物皆历历在目。蔡国故城的烽火台，建国后尚有两座。一在蔡国故城东南部的角端，一即现在位于故城北垣的夯土高台。“文革”期间，东南角的一座被毁掉，现在只有故城北垣的这座幸存。

位于故城北垣的这座烽火台，呈圆形，东西和城墙连在一起，底大顶小。据实测，台高出地面 14 米，高出城墙 5.6 米。底部直径南北 56 米，东西因和城墙连在一起，无法测量。顶部东西长 6 米，南北长 6.1 米，面积 36.1 平方米。台的北部向城墙外面凸出 16 米，成弧形。夯土层的厚度，一般为 12 厘米左右，最薄的 6.5 厘米，最厚的 15.5 厘米。夯窝直径一般为 5 至 7 厘米，最大的达到 12 厘米，平底，甚浅。夯土层中的包含物，有春秋和战国时期的板瓦、筒瓦，有些地方的根基并有灰土层。1984 年夏季暴雨，夯土层下堕，曾出土战国五齿铁耙一件。这件五齿铁耙，明显为建筑时的遗物，从夯土层中的包含物说明，这座烽火台的建筑时代应为战国后期。

这座烽火台的形制与古代文献对烽火台的记载是一致的。《墨子·杂守》篇谓："筑邮亭者圆之，高三丈以上，令倚杀。"邮亭，即烽火台；"圆之"，即呈圆形。"高三丈以上，令倚杀"，即高度在三丈以上；"倚杀"即斜杀，为上窄下广倾斜呈梯形。《通典》亦谓：烽火台"台高五丈，下阔二丈，上阔一丈，形圆"。《通典》与《墨子》均谓烽火台上窄下宽成圆形，蔡国故城上的烽火台的形状与其是一致的，只是高大些。

春秋时期，诸侯国之间战争爆发，连年不休。战国时期，战争由车战转变为骑射，飞马袭击，倏忽而至。由于运动战袭击战的运用，设备严密传达迅速的通讯机构便提上了日程，利用自然地理形势设置烽火台进展为人工建筑烽火台。"烽火"在文献上又称"烽燧"，"烽火台"亦称"邮亭"。烽燧是报警的两个不同的信号，白天放烟叫"烽"，夜间举火叫"燧"。

蔡国故城上的这座烽火台，现在虽然仅剩兀突之势，但是，在战国后期的频繁战争中，台上必然也是圆舍隆起，烽火频燃，旗帜飘扬，战鼓雷鸣。台下斥候来往，干戈交夹，流矢如蝗，并且与远近烽火相望，积极地起着通报敌情的作用。

7. 蔡叔度墓

蔡叔度墓在上蔡县城西一公里的黄尼庄村东北，2000 年被批准为河南省重点文物保护单位。墓坐北向南，为圆形土冢，底部直径 20 米，高 5 米。墓前树碑三通：中间主碑为"蔡叔度之墓碑"。右侧为"重修蔡国始祖蔡叔度墓记碑"，陈述蔡叔度史实及上蔡县人民政府重修此墓经过。左侧为清咸丰八年上蔡县知县金宝符"蔡侯叔度墓记碑"。墓前有大道，直通西（平）

上（上蔡）公路。

蔡叔度姓姬名度，是周武王的同母弟，据《史记·管蔡世家》载，周武王克殷，“封叔度于蔡”。郑樵的《通志·都邑略》云：蔡本畿内之地，以为蔡叔度之采邑。及蔡叔逆命，国除。至蔡仲改封于汝南，故以汝南为蔡。及迁州来，则以州来为下蔡，汝南为上蔡。

蔡叔度因“三监之乱”兵败后被囚于郭邻。《尚书·蔡仲之命》：“囚蔡叔于郭邻，以车七乘。”郭邻，即靠近蔡国故城的地方，有谓在蔡国故城西北蟾虎寺一带。陈逢衡《逸周书补注》说：“以其附近城郭仍在蔡境内，故谓之郭邻。”马世之先生在《上蔡蔡国故城及其相关问题》一文中也同意此说。对于蔡叔度死葬上蔡，《史记·管蔡世家》亦有佐证。《史记·管蔡世家》曰：“蔡叔度即迁而死，……复封胡于蔡，以奉蔡叔之祀。”

附《蔡侯叔度墓记》：上蔡为蔡国都邑，蔡国姬姓，蔡叔度其始祖也。咸丰七年冬，余卜仕上蔡，观蔡国残郭蜿蜒于朔风雪野中，苍苍茫茫，如银龙横空，寻古之兴顿生。乃披氅偕友冒风踏雪访问蔡侯遗踪，游望河楼，登玩花台，访宫殿遗址，皆蔡侯胜迹也。据司马公《史记》记载，蔡国在上蔡建都二十一代，蔡侯墓何在？乃展开《上蔡县志》，得蔡侯墓有二，一在西郭外，一在县城东北一里许。按籍求索，县城东北有冢，凄迷于枯草朔风中，访之乡贤耆老，曰：“此蔡国第二代君主蔡仲墓也。”问之蔡侯叔度墓何在？曰：“西郭外有一冢，深藏于陵涧环抱间，蔡叔墓也，其西北蟾虎寺即所囚之郭邻。”余亲履焉，见该冢与蟾虎寺距故城西郭里许，与蔡侯墓在西郭外及郭邻名义吻合。蔡叔度墓与郭邻位置史不垂载，恐其年久失传，胜迹淹没，因勒石以志之。上蔡县知县金宝符撰书，大清咸丰八年戊午杏月彀旦立。（此碑无标点，标点为后加）

8. 蔡仲陵园

蔡仲陵园位于上蔡县城东北隅，上蔡县蔡都办事处武庄村东侧，周上路西侧，占地 13 亩，呈东西不规则长方形，东西长 164 米，南北 76 米，是世界柯蔡宗亲总会出资捐建。

蔡仲陵园建筑群东西向排列，祭台广场有高大蔡仲墓，高 10 米，汉白玉护栏环抱。墓前有石碑三通：中间高大石碑为县政府 1993 年秋重修蔡仲墓碑时塑立，左右两边有“蔡仲之命”碑和清代“重修蔡仲墓记”碑，字体苍劲有力。墓的北侧有青瓦绿檐六角亭一座，两层飞檐，古朴典雅。再往西有大殿五间，为宫殿式建筑，青砖绿瓦，雕梁画栋，飞檐走兽，巍巍壮观。蔡仲陵园整体建筑布局合理，构思奇妙，风格独特，典雅古朴。

9. 厄台

厄台是孔子被困的地方。《上蔡县志·古迹》记载：厄台，即厄庙，在城东30公里蔡沟镇。孟子曰“君子厄于陈蔡之间”，即此。旧庙在镇外荒陬，栋宇倾圮，圣像剥落。康熙二十八年，知县杨廷望移建于蔡沟镇，庙貌鼎新。复置祭田小地一顷，饬原祀生孔印祚世守其业，永奉祀事。

厄庙之所以修建是为了纪念孔子被困陈蔡，其事在《史记·孔子世家》中有详细描述。

楚昭王听说孔子在陈蔡两国之间，使人聘请孔子。孔子准备应聘前去见礼。这事被陈蔡两国的大夫知道了，互相商议说：“孔子是位德才兼备的贤人，凡是他所评讥的都切中诸侯要害。现在他长期住在陈蔡两国之间，我们大夫的所作所为皆不符合他的观点。现在楚国是个大国，来聘孔子，如果孔子用于楚，我们陈蔡两国就危险了。”于是双方派人把孔子围困在荒郊旷野。孔子和弟子们行走不得，粮食也断绝了。随行的弟子饿病了，都打不起精神来。孔子却照样地讲学读书和弹琴唱歌。子路满脸怒气地来见孔子，说道：“君子也会有这样困穷的时候吗?”孔子说：“君子本来穷。不过君子遭到困穷的时候能够约束自己，小人遭到困穷就什么事都做得出来了。”

清朝在蔡沟镇内修建的厄庙今已无，只剩银杏树一棵，干粗叶茂，蔚然参天，传为孔子困陈蔡时手植。

10. 问津处

孔子问津处在县城西南7.5公里的蔡埠口村村后。汝河在这里绕村向东南流去，问津处即在这里的河湾中。这里有桥梁，掩映在柳丛绿波中，桥梁的南边即孔子问津处。

孔子问津见《论语·微子》。长沮、桀溺耦而耕，孔子过之，使子路问津焉。长沮曰：“夫执舆者为谁?”子路曰：“为孔丘。”曰：“是也。”曰：“是知津矣!”问于桀溺。桀溺曰：“子为谁?”曰：“仲由。”曰：“是鲁孔丘之徒与?”对曰：“然。”曰：“滔滔者天下皆是也，而谁以易之。且而与其从辟人士也，岂若从辟世之士哉?”耰而不辍。子路行以告。夫子怃然曰：“鸟兽不可与同群。吾非斯人之徒与而谁与？天下有道，丘不与易也。”

全文写了孔子使子路问津，长沮、桀溺不告知，反而批评孔子到各地推行政治主张不对。孔子听到后加以批判。民国时期，问津处旁有庙宇，祀孔子。庙宇外有碑高耸，上刻“问津处”三字，传为颜真卿所书。

11. 晒书台

晒书台为孔子晒书处，位于县城北 15 公里的陈蔡铺村西南。这里为岗地，周围枯河环抱，世传有水涨岗涨、水落岗落之说。

晒书台东北的陈蔡铺村，是春秋时期陈、蔡两国大道所经地。因为这里有店铺，供行人食宿，故名陈蔡铺村。据《上蔡县志·禊表》：“楚郑通衢坊在西古城口。”古城即蔡国故城，说明在今蔡国故城西垣外即由楚去郑的交通大道。这条大道由蔡国故城向北经陈蔡铺、华陂至郾城县的召陵。在召陵一分为二，一条向北去郑国。一条向东去陈国。陈蔡铺村有个传说。说孔子自陈入蔡走到这里，遇到天降大雨，一下就是七天。孔子和弟子带的东西吃完了，店铺卖的东西也卖净了，孔子和弟子们只得挨饿。有的饿倒了，有的爬着到田野挖野菜煮着吃。所以现在陈蔡铺还流传着一首歌谣。这首歌谣是：

灰灰菜，
蒌蒌芽，
青水煮的菜疙瘩。
只饿得师徒们：
滚的滚，
爬的爬。

一直等到天晴，城里面孔子投靠的官员知道了，送来吃的东西，这场饥饿才算结束。天晴了，孔子看看自己被雨淋得水淋淋的书，就拿到庄西南枯河湾中的高地上进行曝晒。这里后来名叫晒书台。

晒书台今人建有庙宇，祀孔子。

12. 福建建阳“济阳堂”蔡氏宗祠

福建省建阳市麻沙镇是建阳蔡氏梓里，蔡氏九儒发祥之地，也是蔡氏精英荟萃之地。唐乾宁四年入闽始祖，风翔节度使，建阳县长官蔡炉公，率领中原53姓入闽，天复二年，择居麻沙开基以来，已有1100余年，子孙繁衍40余代，遍布海内外。

唐天佑年二年，2世祖建阳县尉中议大夫少保蔡銮公，在麻沙买地兴建蔡氏家祠，塑炉公像以崇杞。8世代有令德，至宋9传牧堂公起，4世出九大贤，道宗孔孟，学衔周程，注经卫道，功在圣门，百年之内先后建有西山公读书这所麻沙“显庆堂”，牧堂公着书之所武夷二曲的“永归堂”，九峰公着书之所，庐峰山下的“大明堂”。保佑三年理宋皇帝敕建的“西山精舍”和“庐峰书院”。都是建阳蔡氏九儒着书立说崇祀孔圣的蔡氏文化胜地。庆元二年，11世孙节斋公将蔡氏家祠修葺一新，并立祠堂议约。

元朝至大元年14孙，观文殿大学士光禄大夫蔡希清，追念祖德，将家祠扩大规模，前堂为讲道堂，中堂祀九峰公，配格、模、杭、权，后堂为崇儒长官祠，改名为“梓里书院”。清康熙四十五年，圣祖仁皇帝崇儒重道，御书颁赐宋儒蔡沉“学阐图畴”金匾，悬挂麻沙“梓里书院”。钦命福建学政沈涵，以沉公号定书院名，将梓里书院改为“九峰书院”，历经唐、宋、元、明、清、民国六朝，始而家祠，继而“梓里书院”又继“九峰书院”，1000余年积厚流光，地方官员多次捐银修葺，赠匾立联，当时建阳蔡氏文化名扬中外。民国之后，蔡氏各地学堂、书院失管倾颓。直到20世纪50年代，祭田、祖祠归公，建阳裔孙无力重建，半个世纪来，多次政治运动，祖坟荒废，祖祠灭迹，族谱遗失，建阳裔孙象无窝之鸟，族人相见如路人。

20世纪90年代，建阳裔孙蔡古初、蔡建海等怀着念祖德、弘扬蔡氏文化的热心，自筹资金发起并经建阳市委、市政府批准，成立了“建阳蔡氏九儒学术研究会”和“建阳市蔡氏宗亲联谊会”。利用会刊，向海内外蔡氏宗亲广泛宣传，沟通感情，建立宗谊，增强了蔡氏族人的凝聚力。

世纪之交，建阳蔡氏宗亲联谊会先后多次发起重修古代名人祖先的陵墓和兴建蔡氏宗祠的倡议，深获海内外蔡氏宗亲的赞同和资助。重修了入闽始祖炉公墓，兴建了蔡元定墓—西山陵园。

四、蔡姓历史名人

蔡氏名人辈出，据统计：“二十五史”中列传的蔡氏名人，一共有112

位，在所有姓氏中排名50位左右，广为人知的蔡氏名人有东汉桂阳（郡治今湖南郴州市）人蔡伦，为中国造纸术的发明人。东汉还有文学家、书法家蔡邕，陈留圉人，通经史、音律、天文，也能画。其女蔡琰，字文姬，博学能文，善诗赋，留下动人心魄的《悲愤诗》和《胡笳十八拍》。南宋朝有画家蔡斌，善画人物，天下标冠。宋代的蔡姓名人大都出自福建。如北宋书法家蔡襄、蔡京，均为兴化仙游（今属福建）人；南宋律学家、理学家蔡元定，学者蔡沈，均为建阳（今属福建）人。金国有蔡松年，官至右丞相，加仪同三司，封卫国公。元代有江西农民起义首领蔡五九。明代有四川农民起义首领蔡伯贯。清代乾隆年代文臣蔡新，嘉庆年间有东南海上起义军首领蔡牵。近现代，蔡姓更是人才济济，主要有蔡元培、蔡锷、蔡和森、蔡廷锴、蔡楚生，文化部长蔡武，企业家蔡第粻等。

居住在台湾、香港的蔡姓同胞及旅居海外的蔡姓华人，也涌现出不少杰出的人物。台湾地区的蔡万霖、蔡万才、蔡志勇、蔡鸿文，泰国的蔡栖虹、蔡金辉、蔡卓明、蔡礼任，菲律宾的柯孙河、蔡金钟、蔡汉业、蔡天心、蔡庆华、蔡聪妙、柯孙河，韩国的蔡映锡，马来西亚的蔡崇伟、蔡水潭，新加坡的蔡龙海，美国的蔡志勇，香港的蔡继有、蔡伯勋、蔡剑等。

（一）古代名人

1. 蔡叔度

蔡叔度，周文王第五子。武王灭商，封同母弟度于蔡，令与叔鲜相纣子武庚，治殷遗民。武王克殷后二年病逝，成王年幼，周公代成王听政监国。管叔、霍叔、蔡叔、召公等认为周公专权，不利成王，一时流言四起。周公为巩固周朝政权，奉命东征，诛武庚，杀管叔，废霍叔。周公念蔡叔有功于国，忠于成王，“与车十乘，徒七十人”，迁蔡叔于“郭邻”（今蔡国故城西侧的蟾虎寺）。蔡叔度卒，葬于卧龙岗。蔡国故城西有蔡叔度墓。2005年，世界蔡氏捐资重修蔡侯墓，定名为蔡侯陵。陵地32亩，墓前有祭坛、玉带河、龙柱、蔡氏文化陈列馆。

2. 蔡仲

蔡仲，名胡，叔度之子。叔度既迁，周公荐胡为鲁国卿士。蔡叔度死后，成王于公元前1035年复封胡于蔡，以奉蔡叔之祀，史称蔡仲。蔡仲克庸祗德，励精图治。卒，葬于蔡国都城东北隅。2010 年重修蔡仲墓。

3. 蔡季

蔡季，蔡公子，桓侯封人之弟，哀侯献舞之兄。初，封人无嫡子，季次当立，而封人欲立献舞，蔡季避之陈。桓侯卒，蔡召蔡季于陈。秋，蔡季自陈归蔡，蔡人嘉之。

4. 蔡洧

蔡洧，上蔡人，仕楚，有宠于王，楚灭蔡，其父死节。其事迹见于《上蔡县志·蔡洧传》。

5. 蔡泽

蔡泽，生卒年不详。战国时燕国纲成（今河北怀安）人，入秦为客卿，官任秦国丞相。

蔡泽在秦国做了几个月的相国，就有人恶语中伤，他害怕被杀，便推托有病送回了相印，被赐给封号叫纲成君。蔡泽在秦国居住了十多年，曾奉事昭王、孝文王、庄襄王，最后奉事秦始皇，曾为秦国出使燕国，三年后使燕国太子丹到秦国作人质，为秦的统一出谋划策。

6. 蔡赐

蔡赐，生卒年不详，号房君。陈胜、吴广起义后，蔡赐因有名望而被陈胜拢至帐下，官拜上柱国。曾荐故楚将周文相楚；陈胜部下武臣据赵称王，陈胜欲杀武臣家属，蔡赐又力劝陈胜善待武臣以共讨暴秦。陈胜纳谏，立武臣为赵王。后来周文伐秦，被秦将章邯杀败，秦军乘势东征，而陈胜众叛亲离，帐前无将。蔡赐舍身取义，允当大将，独引一军迎战章邯，兵败被杀。

7. 蔡伦

蔡伦（约 61 年—121 年），字敬仲，东汉桂阳（今湖南耒阳）人。蔡伦从小随父辈种田，但他聪明伶俐，很会讨人喜欢。汉章帝刘炟即位后，常到各郡县挑选幼童入宫。永平十八年（75 年）蔡伦被选入洛阳宫内为太监，当时他约 15 岁。他读书识字，成绩优异，于建初元年（76 年）任小黄门，此后作黄门侍郎，掌管宫内外公事传达及引导诸王朝见、安排就座等事。蔡伦因功被提拔为中常侍，随侍幼帝左右，参与国家机密大事，秩俸 2000 石，地位与九卿等同。永元九年（97 年），窦太后卒，和帝亲政。永元十四年（102 年）和帝立邓绥为皇后，蔡伦兼任尚方令，主管宫内御用器物和宫廷御用手工作坊。在此期间，他总结西汉以来造纸经验，改进造纸工艺，利用树皮、碎布（麻布）、麻头、渔网等原料精制出优质纸张，于元兴元年（105 年）奏报朝廷，受到和帝称赞，造纸术也因此而得到推广。同年，和帝卒，邓后所生百日婴儿即位，不到二年又卒。邓后再立 13 岁皇侄刘祜（94—125 年）嗣位，为安帝。刘祜是清河王刘庆之子，但由于他即位初期仍由邓太后主持朝政，蔡伦继续受到重用，被封为“龙亭侯”（封地在今陕西洋县），从此进入贵族行列。由他监制的纸被称为“蔡侯纸”。约于元初五至六年（118—119 年）蔡伦又被提升为长乐太仆，成为邓太后的首席近侍官，受到满朝文武的奉承。蔡伦一生在内廷为官，先后侍奉 4 个幼帝，身居列侯，位尊九卿，却以惨死告终。但他在兼管尚方时，推动了手工业工艺的发展，被称为东汉时期的科学家。因而留名后世，得到史学家的首肯。

据《后汉书·蔡伦传》记载，蔡伦主管尚方期间，曾“监作秘划及诸器械，莫不精工坚密，为后世法”。近代考古发掘的实物也证明确实如此。尚方令本来是少府属官，主管刀剑等各种宫廷御用器具的制造，与中常侍高位根本不相称，但蔡伦尽力讨好，凡是帝、后喜欢的器物，都在尚方精制。邓后喜欢文史和纸墨，曾令各州郡岁贡纸墨。蔡伦也正因此而成为促进东汉造纸术发展的关键人物。由于职务上的关系，蔡伦得以有观察、接触生产实践的条件。每有空闲，他就闭门谢客，亲自到作坊进行技术调查，学习和总结工匠们多年积累的丰富经验，再加上他自己的聪颖创新，对发展当时的金属冶炼、铸造、锻造及机械制造工艺起到了不小的推动作用。如当时的钢刀制造以砂铁为料，经多次锻打而百炼成钢。当时所制造的器物在质量、性能及外观上确实是精工制造，堪为后世仿效。但是。蔡伦对工艺技术最突出的贡献还是在造纸方面，大致可从三个角度来评述。一是组织并推广了高级麻纸的生产和精工细作，促进了造纸术的发展。二是促进皮纸生产在东汉创始并发展兴旺。三是因受命于邓太后监典内廷所藏经传的校订和抄写工作而形成了大规模用纸高潮，使纸本书籍成为传播文化的最有力工具。造纸术是我国古代科学技术的“四大发明”（指南针、造纸术、印刷术、火药）之一，是中华民族对世界文明做出的一项十分宝贵的贡献，大大促进了世界科学文化的传播和交流，深刻地影响着世界历史的进程。

8. 蔡勋

蔡勋，生卒年不详。字君严，叔度第37世孙，汉哀帝时，以孝廉为长安郃（今陕西武功县）令，平帝时为郿令（今陕西郿令），王莽篡汉时拒绝出任太守，携家隐入深山。蔡勋传至第28世君智之长子用元，在王潮、王审知兄弟率众从河南固始入闽时，举家迁居闽之泉州，初为同安人，后卜居仙游赤湖蕉溪，遂为莆阳一世祖。

9. 蔡茂

蔡茂（公元前24年—47年），字子礼，河内怀（今河南沁阳）人。汉哀、平间蔡茂以儒学显，征试博士，擢拜议郎，迁侍中。遇王莽居摄，以病自免，不仕莽朝。建武二十年，代为司徒，卒于位。《后汉书》有传。

10. 蔡邕

蔡邕（132年—192年），字伯喈，陈留圉（今河南杞县南〕人。蔡邕初为司徒桥玄属官，出补平河长。汉灵帝时召任郎中，校书于东观，迁议郎。后因弹劾宦官，遭诬陷，流放朔方。蔡邕遇赦后，不敢归里，亡命江湖十余载。汉献帝时，董卓专权，强令蔡邕入都为侍御史，拜左中郎将。迁都长安后，封高阳乡候。董卓遭诛后，蔡邕亦被捕，死于狱中。因蔡邕在朝廷曾拜左中郎将，后世也称他“蔡中郎”。

蔡邕少时师事太傅胡广，博学多识。通经史，喜好数术、天文，妙操音律，善鼓琴、绘画，擅长辞章，精工篆隶，尤以隶书著称。他善于总结前人用笔经验，融会贯通，并形成自己的风格。其书结构严整，点画俯仰，变化自如，有“体法百变，穷灵尽妙，独步古今”之誉（唐张怀瓘《书断》）。南朝梁武帝亦称其书“骨气洞达，爽爽有神力”（《古今书人优劣评》）。汉灵帝熹平四年，蔡邕等正定儒家经本六经文字。蔡邕认为这些经籍中，由于俗儒牵强附会，文字误谬甚多，为了不贻误后学，蔡邕奏请汉灵帝正定这些经文。诏允后，蔡邕亲自书丹于碑，命工镌刻，立于太学门外，碑凡46块，这些碑称为《鸿都石经》，亦称《熹平石经》。

太学旧址在今洛阳市，碑立太学门前。据说熹平石经竣工后，每天观看及摹写人坐的车，有1000多辆。

蔡邕曾于鸿都门，见工匠用扫白粉的帚在墙上写字，受到启发，归而创“飞白书”。这种书体，笔画中丝丝露白，似用枯笔写成，为一种独特的书体，唐张怀瓘《书断》评论蔡邕飞白书时说“飞白妙有绝伦，动合神功”。蔡邕不仅是东汉的大书法家，而且是汉代书法理论的集大成者。传世书论有《篆势》、《笔赋》、《笔论》、《九势》等，尤其是《笔论》和《九势》，在中国书论史上占有重要地位。《笔论》和《九势》都被收入宋代陈思的《书苑菁华》一书，有幸得以保存流传至今。蔡邕《笔论》开篇就提出“书者，散也”的著名论断，论述了书法抒发情怀的艺术本质，以及书家创作时应有的精神状态。随后则论及书法作品应取法、表现大自然中各种生动、美好的物象，强调书法艺术应讲求形象美。《九势》首先提出了“书肇于自然，自然既立，阴阳生焉；阴阳既生，形势出矣”的重要思想，揭示了书法美的哲学根据，阐发了汉字结构本身所蕴含的美感因素。接着，他又阐述了八种运笔规则，要求通过运笔来表现生动有力的笔势。故亦有题作《九势八字诀》的。蔡邕的这些重要思想和观点，具有重大指导意义，为中国书法的发展奠定了理论基础。

蔡邕爱好音乐，他本人也通晓音律，精通古典，在弹奏中如有一点小小的差错，也逃不过他的耳朵。蔡邕尤擅弹琴，对琴很有研究，关于琴的选材、制作、调音，他都有一套精辟独到的见解。从京城逃出来的时候，他舍弃了很多财物，就是一直舍不得丢下家中那把心爱的琴，将它带在身边，时时细加呵护。有一天，蔡邕坐在房里抚琴长叹，女房东在隔壁的灶间烧火做饭，她将木柴塞进灶膛里，火星乱蹦，木柴被烧得“噼里啪啦”地响。忽然，蔡邕听到隔壁传来一阵清脆的爆裂声，不由得心中一惊，抬头竖起耳朵细细听了片刻，大叫一声“不好”，跳起来就往灶间跑。来到炉火边，蔡邕也顾不得火势燎人，伸手就将那块刚塞进灶膛当柴烧的桐木拽了出来，大声喊道：“快别烧了，别烧了，这可是一块做琴的难得一见的好材料啊!”蔡邕的手被烧伤了，他也不觉得疼，惊喜地在桐木上又吹又摸。好在抢救及时，桐木还很完整，蔡邕就将它买了下来，然后精雕细刻，一丝不苟，费尽心血，终于将这块桐木做成了一张琴。这张琴弹奏起来，音色美妙绝伦，盖世无双。蔡邕这把琴流传下来，成了世间罕有的珍宝，因为它的琴尾被烧焦了，人们叫它“焦尾琴”。

11. 蔡文姬

蔡琰（约177年—?），即蔡文姬，史书说她“博学而有才辨，又妙于音律”。是中国历史上著名的才女和文学家。

蔡文姬16岁时嫁给卫仲道，卫家当时是河东世族，卫仲道更是出色的大学子，夫妇两人恩爱非常，可惜好景不长，不到一年，卫仲道便因咯血而死。蔡文姬不曾生下一儿半女，卫家的人又嫌她克死了丈夫，当时才高气傲的蔡文姬不顾父亲的反对，毅然回到娘家。后文姬被匈奴掠去，这年她才23岁，被左贤王纳为王妃，居南匈奴12年，并育有二子，此间她还学会了吹奏“胡笳”及一些异族的语言。

建安十三年（208年）曹操感念好友蔡邕之交情，得知文姬流落南匈奴，立即派周近做使者，携带黄金千两，白璧1双，把她赎了回来。这年她35岁，在曹操的安排下，嫁给屯田校尉董祀。

文姬博学多才，音乐天赋自小过人，她六岁时听父亲在大厅中弹琴，隔着墙壁就听出了父亲把第一根弦弹断的声音。其父惊讶之余，又故意将第四根弦弄断，居然又被她指出。长大后她更是琴艺超人。她在胡地日夜思念故土，回汉后参考胡人声调，结合自己的悲惨经历，创作了哀怨惆怅，令人断肠的琴曲《胡笳十八拍》；嫁董祀后，感伤乱离，作《悲愤诗》，是中国诗史上第一首自传体的五言长篇叙事诗。代表作有《胡笳十八拍》、《悲愤诗》等。

12. 蔡谟

蔡谟（281—356年），字道明，陈留考城（今开封市的兰考县）人，蔡克之子。西晋时，东海王司马越征辟，累辞。避乱渡江，明帝以为东中郎将，引为参军。元帝时为丞相，辟为掾，转参军。历中书侍郎，义兴太守、大将军从事中郎、司徒左长史、侍中。苏峻之乱，代庾冰为吴国内史，起兵勤王。后复为侍中，迁五兵尚书，领琅琊王师（即后来的康帝）。转吏部尚书，封济阳男。后为太常，领秘书监。太尉郗鉴病危，谟出为太尉军事，加侍中。鉴卒，谟为征北将军，都督徐、兖、青三州及扬州之晋陵、豫州之沛郡诸军事，领徐州刺史，假节。康帝即位，征拜左光禄大夫、开府仪同三司。永和二年（346年）二月，领司徒，录尚书六条事，与会稽王司马昱同辅政。四年冬，拜侍中、司徒，固辞不受，如此经年，六年十二月被免为庶人。后为光禄大夫、开府仪同三司，但以病重不朝。十二年卒，追赠侍中、司空，谥“文穆”。《晋书》卷77有传。

13. 蔡大宝

蔡大宝（？—564 年），字敬位，济阳考城（今开封市兰考县）人。祖履，齐尚书祠部郎。父点，梁尚书仪曹郎、南兖州别驾。大宝少孤，而笃学不倦，善属文。初以明经对策第一，解褐武陵王国左常侍。尝以书干仆射徐勉，大为勉所赏异。乃令与其子游处，所有坟籍，尽以给之。遂博览群书，学无不综。萧詧初出第，勉仍荐大宝为侍读，兼掌记室。寻除尚书仪曹郎。出镇会稽，大宝为记室，领长流。詧莅襄阳，迁谘议参军。及梁元帝与河东王誉结隙，詧令大宝使江陵以观之。梁元帝素知大宝，见之甚悦，乃示所制《玄览赋》，令注解焉。三日而毕。元帝大嗟赏之，赠遗甚厚。大宝还白詧云："湘东必有异图，祸乱将作，不可下援台城。"詧纳之。及为梁主，除中书侍郎，兼吏部，掌大选事，领襄阳太守，迁员外散骑常侍、吏部郎，俄转吏部尚书。军国之事，咸委决焉。加授大将军，迁尚书仆射，进号辅国将军。又除使持节、宣惠将军、雍州刺史。詧于江陵称帝，征为侍中、尚书令，参掌选事，又加云麾将军，荆州刺史。进位柱国、军师将军，领太子少傅，转安前将军，封安丰县侯，邑千户。从岿入朝，领太子少傅。岿嗣位，册授司空、中书监、中权大将军，领吏部尚书。固让司空，许之。加特进。岿之三年，卒。岿哭之恸，自卒及葬，三临其丧。赠司徒，晋爵为公，谥曰文凯，配食詧庙。大宝性严整，有智谋，雅达政事，文词赡速，詧之章表书记教令诏册，并大宝专掌之。詧推心委任，以为谋主。时人以詧之有大宝犹刘先主之有孔明焉。所著文集三十卷，及《尚书义疏》并行于世。有四子。次子延寿，有器识，博涉经籍，尤善当世之务，尚詧女宣城公主，历中书郎、尚书右丞、吏部郎、御史中丞。从琮入隋，授开府仪同三司，秘书丞。终于成州刺史。大宝弟大业。大业，字敬道，有至行。父没，居丧过礼。性宽恕，学涉经史，有将命才，屡充使诣阙。初以西中郎府参军随詧之镇。詧称帝，历尚书左丞、开远将军、监利郡守、散骑常侍、卫尉卿。岿嗣位，迁都官尚书，除贞毅将军、漳川太守。入为左民尚书、太常卿。岿之七年，卒，赠金紫光禄大夫。谥曰简。有五子，允恭最知名。起家著作佐郎、太子舍人。梁灭入陈，拜尚书库部郎。陈亡入隋，授起居舍人。

14. 蔡佑

蔡佑，生卒年不详。字承先，西魏、北周名将，他的父亲蔡袭是南北朝时期北魏和西魏关陇地区的官员，蔡佑并不是代北武川人，也不是西魏权臣宇文泰的亲族，但却以他的勇猛忠诚，得到了宇文泰的信任，成为宇文泰手下的一员得力干将，蔡佑年少时就有大志，他经常和好朋友李穆（后为宇文泰亲信，北周上柱国，并州总管）互相勉励说；“大丈夫当建立功名，以取富贵，怎么能长期处于贫贱的境地呢！”说完，两人抚掌大笑。宇文泰入关陇行原州事时，将蔡佑招为己用，后来宇文泰任夏州（统万城）刺史时，蔡佑已是其帐下都督。

蔡佑作战常常身先士卒，冲锋陷阵，往往大军返回后，众将都争相邀功，蔡佑却不与他人竞，独坐一旁，颇有汉大树将军之风，宇文泰常赞叹不已。

此后，他的地位不断升高，从原州刺史一直到大将军、开府仪同三司、侍中，进爵怀宁郡公，并被赐予鲜卑姓大利稽氏，汉人将领被赐鲜卑贵族姓氏，这在当时是非常荣耀的事情，唐朝先祖李虎曾被赐予大野氏，隋朝先祖杨忠也曾被赐予普六茹氏。南梁的江陵刚刚归附时，当地各种势力反叛，宇文泰派蔡佑与大将军豆卢宁征讨，顺利地平息了叛乱。

宇文护受宇文泰托孤，废掉了西魏皇帝，辅佐宇文觉（宇文泰嫡长子）登上天王之位，建立了北周王朝，自己继任大冢宰，位总百揆，控制军国大政，蔡佑和尉迟纲（宇文泰外甥）同掌禁兵，宿卫宫廷，与宇文泰的子侄们保持了良好的关系。宇文觉为宇文护所废。继位的北周明帝宇文毓（宇文泰庶长子）为公子时，与蔡佑特别友善，即位后，对蔡佑恩宠一天天增加，蔡佑常常借病躲避，不愿卷入政治旋涡之中，宇文毓天生聪颖，喜好文学，礼贤下士，爱护子民，废除苛刻的法令，深得人心，地位渐渐巩固，因此遭到了宇文护的嫉妒，最后也被宇文护所毒害。面对朝廷倾轧，君臣之间激烈的权力斗争，蔡佑常思出镇地方，避开京城是非之地，后来如愿镇守原州，这里是他和宇文泰初次相知的地方，不久，旧病复发，蔡佑怀着对宇文泰的无限哀思在原州逝去，时年五十四岁。蔡佑天性节俭，所得赏禄都散与宗族，死时，家里竟无余财。

15. 蔡剑

蔡剑，生卒年不详。字纯钧，河南上蔡人，唐文宗时官至左散骑常侍，会昌中（841—846 年）徙家洪州（今南昌），任江南西道节度副使。中和二年（882年），钟传赶走江西观察使高茂卿，占据洪州，恃兵横行，蔡剑有孙女叫四娘，长得姿容绝世，钟传遣使向蔡剑求婚，蔡剑骂曰："吾世代为唐忠臣，岂肯以女事贼乎！"钟传闻言大怒，发兵一万，进攻蔡剑驻地翠石和西山，抢占其全部家资和田宅。蔡剑兵寡不能敌，兄弟奔散四方，蔡剑携夫人和一孙儿与四娘等部分家人，退至高安长湖（今�阳镇），为避追兵袭击，再徙盐步镇（今宜丰新昌镇）。蔡剑率领家人，整治河堤，兴修水利，开荒种地，构建房屋，营造山城，开创宜丰的基业，是宜丰建镇立县的肇基人。蔡剑因羁留不得返乡，又丧子，常登岗北望而泣，忧患成疾，不久去世。

蔡剑子孙繁衍，分布江西、湖南、湖北、四川、浙江、福建、广东、海南和港、澳、台以至东南亚各地。1999年清明节，台湾、香港、澳门、菲律宾、新加坡、马来西亚、泰国和广东、海南等地蔡氏宗亲700多人，分别组成蔡氏宗亲回乡省亲祭祖团，参加在福建莆田仙游枫亭镇举行的北宋名臣、端明殿学士蔡襄陵园重建落成万人庆典大会。蔡襄是蔡剑的9世孙，因此，蔡剑亲手开创的宜丰，同是上述蔡氏族人的祖居地。

16. 蔡允恭

蔡允恭（约561—约628年），隋末唐初官吏、文学家。荆州江陵（今湖北江陵）人。美姿容，工为诗，事隋，历起居舍人。唐贞观初年，任太子洗马，卒于家，有集10卷，撰《后梁春秋》。《旧唐书》有传。

17. 蔡齐

蔡齐（988—1039年），字子思，莱州胶水（今山东平度）人，祖籍洛阳（今巩义市芝田镇蔡庄村人）。曾任北宋仁宗参知政事。蔡齐少年时是孤儿，依托外祖父刘家过活。真宗大中祥符八年（1015年）中状元。蔡齐仪状俊伟，举止端重。宋仁宗登基之初，蔡齐担任尚书礼部员外郎兼侍御史知杂事。历任右谏议大夫、御史中丞。

18. 蔡襄

蔡襄（1012—1067年），字君谟，原籍仙游枫亭乡东垞村，后迁居莆田蔡垞村，天圣八年（1030年）进士，先后在宋朝中央政府担任过馆阁校勘、知谏院、直史馆、知制诰、龙图阁直学士、枢密院直学士、翰林学士、三司使、端明殿学士等职，并出任福建路（今福建福州市）转运使，知泉州、福州、开封（今河南开封市）和杭州府事。卒赠礼部侍郎，谥号忠。主持建造了我国现存年代最早的跨海梁式大石桥——泉州洛阳桥，洛阳桥的建成，不仅使洛阳江天堑变成通途，对泉州的南北交流，海外交通事业的发展起着巨大的作用。

蔡襄为人忠厚、正直，讲究信义，而且学识渊博，书艺高深，书法史上论及宋代书法，素有"苏、黄、米、蔡"四大书家的说法，他们四人被认为是宋代书法风格的典型代表。"宋四家"中，前三家分别指苏轼（东坡）、黄庭坚（涪翁）和米芾（襄阳漫士）。宋四家中，蔡襄年龄辈分，应在苏、黄、米之前。从书法风格上看，苏轼丰腴跌宕；黄庭坚纵横拗崛；米芾俊迈豪放，他们书风自成一格，苏、黄、米都以行草、行楷见长，而喜欢写规规矩矩的楷书的，还是蔡襄。蔡襄书法以其浑厚端庄，淳淡婉美，自成一体。展卷蔡襄书法，顿觉有一缕春风拂面，充满妍丽温雅气息。

蔡襄书法在其生前就受时人推崇备至，极负盛誉，最推崇他书艺的人首数苏东坡、欧阳修。苏东坡在《东坡题跋》中指出："独蔡君谟天资既高，积学深至，心手相应，变态无穷，遂为本朝第一。然行书最胜，小楷次之，草书又次之……又尝出意作飞白，自言有翔龙舞凤之势，识者不以为过。"欧阳修对蔡襄书法的评价真是到了无以复加的地步，他说："自苏子美死后，遂觉笔法中绝。近年君谟独步当世，然谦让不肯主盟。"黄庭坚也说："苏子美、蔡君谟皆翰墨之豪杰。"北宋科学家沈括，在《梦溪笔谈》中，评论蔡襄的草书曰："以散笔作草书，谓之散草，或曰飞草，其法皆生于飞白，自成一家。存张旭怀素之古韵，有风云变幻之势，又纵逸而富古意。"

19. 蔡京

蔡京（1047 年—1126 年），北宋大臣，字元长。兴化仙游（今属福建）人。与北宋政治家、书法家蔡襄是同乡。熙宁二年（1069 年），在满朝保守派大臣的反对中，王安石被宋神宗任命为宰相，实行变法；次年，兴化军仙游县蔡京进京应试，得中进士，开始步入仕途。后据明代弘治年间编写的《重刊兴化府志·蔡京传》记载，蔡京登第后，"调钱塘尉，舒州推官，累迁起居郎。使辽还，拜中书舍人。时弟卞已为舍人，故事入官以先后为序，卞乞班京下，兄弟同掌书命，朝廷荣之"。短短数年，蔡京由地方政府官员变成朝中大臣，受到宋神宗、宋徽宗和王安石的重用。

宋神宗死后，子哲宗立，高太后临朝听政，1086 年，司马光出任宰相，尽复旧人旧法，对新人新法一概排除，蔡京这个王安石变法的得力干将，成了被打击的主要对象。被逐出京城。元佑八年（1093 年），哲宗亲政，重新使用变法者，任命章淳为相。不久，蔡京回都城，任户部尚书。宋徽宗即位后，任命蔡京为宰相，继续推行新法。靖康元年（1126 年），宋钦宗即位后，蔡京被贬岭南，途中死于潭州（今湖南长沙）。

蔡京的艺术天赋极高，素有才子之称，在书法、诗词、散文等各个艺术领域均有辉煌表现。他的书法，存世书迹有《草堂诗题记》、《节夫帖》、《宫使帖》。

20. 蔡松年

蔡松年（1107 年—1159 年）字伯坚，真定（今河北正定）人，随父亲蔡靖由宋降金，曾经在任真定府判官时，为反抗金代统治者的真定山区人民辩护，使 1000 多家百姓免除刑责。后官至尚书右丞相，加仪同三司，封卫国公。因镇阳别墅有萧仙堂，自号萧仙老人。53 岁（1159 年）去世，加封吴国公，谥号文简。《金史》有传。由一名翰林侍制护丧葬真定，四品以下官员离京十里送行。

蔡松年是金代文学家，尤工乐府。在金初诗坛上，以他和吴激的成就最高，时称“吴、蔡体”。蔡松年的诗风格清俊。他虽然在金朝做官，但一部分诗中也流露出民族感。有《明秀集》传于世。

21. 蔡源

蔡源（？—1132 年），字济夫，号世洪，河南新蔡人。祖蔡清之，字巨源，官吏部尚书。蔡源于崇宁二年中进士，娶徽宗长女，为驸马。政和年间任秘书郎，焕章阁学士，自此徙家开封。靖康之变后，蔡源携家随高宗南迁，侨寓临安。源有三子，长子维孟，奉母徙苏州洞庭山；次子继孟，徙乌程；三子承孟，徙德清。（《汝宁府志·蔡源传》）

22. 蔡珪

蔡珪（？—1174 年）字正甫，蔡松年子。据说他七岁赋菊诗一首，语意清新，使人惊叹。他在天德三年（1151 年）举进士后，不听调任，闭门深造，寻求没有读过的书阅读。元好问说他“辨博为天下第一”。后来他做过两任小官，到正隆三年（1158 年），朝廷为了防止人民的反抗，禁止铸铜造铁，收购民间铜器，得到三代以来鼎钟彝器千百件，因蔡珪博物多识，认得上面的古文奇字，被举荐为编类官。其父蔡松年死后，蔡珪被授为翰林修撰，八年后改任户部员外郎、兼太常侍。因庇护一名朋友受过杖笞，官终至礼部郎中，封真定县男（最低一级的爵位）。晚年染有风疾，音哑说不出话来。大定十四年（1174 年），在去潍州（在山东省）赴任路上病死。

蔡珪能文能诗，是第一个真正称得上金代文学家的人。元好问《中州集》辑录他的诗四十八首，词一首，并对他有很高的评价，说他是"国朝文宗"，因为金初文学家蔡松年、吴激、宇文虚中等人都是宋代文士进入金朝，真正成为金代文学家的，是从蔡珪开始。蔡珪学问渊博，还著有《补正水经》五篇，《补南北史志》六十卷，《燕王墓辨》一卷，《晋阳志》十二卷。《古器类编》三十卷等，现大多已经佚失。

23. 建阳蔡氏九儒

建阳蔡氏九儒，指蔡元定父子祖孙一门，四代共九人，即蔡元定，元定之父蔡发，元定之子蔡渊、蔡沆、蔡沈，蔡渊之子蔡格，蔡沈之子蔡模、蔡杭、蔡权。他们对程朱理学的研究颇着成就，堪称理学世家，蔡氏九儒著书立说，羽翼朱子之道，聚徒讲学，继承闽学之脉，其论著被其后裔及门人汇编成集，刻版发行，成为中国学术史上的一大盛事。

蔡氏九儒共有著述四十八种书，内容包罗万象，涉及理学、易象、天文、地理、礼乐、兵制、度数等。这些著述的汇编历经 700 多年的编辑和流传过程，至今仍得以流传的蔡氏九儒书是闽学史上的一部巨著，在中国文化学术史上的确是一个奇观。一个家族连续四代九人，以理学为中心内容，深入研究，精心撰著，从而形成博大的学术体系，这种罕见的学术现象，在学术史、出版史和人才发展史上都是十分独特的。

（1）理学家、天文学家、少保、蔡氏九儒之始蔡发

蔡发（1089 年—1152 年），字神宇，号牧堂。建阳市麻沙人，蔡炉九世孙。自幼颖悟，博学强记，去游四方，闻见益广，长于易象、天文、地理、星象、河洛，三氏之说无所不通。中年筑室于武夷之阳，屡遭盗贼水火之灾，但他毫不介意，继续闭门著书，专以读书教子为事，尝以圣人贤像挂于别室让妻詹氏日夕瞻仰，以踵太任胎教之风。子元定，生而聪明，异于常儿，幼时教读《西铭》，稍长即以孔孟正脉之书，程氏《语录》，邵氏《经

世》，张氏《正蒙》授之，使元定少年之时，就打下义理和象数学理的基础。晚年反复叮嘱其子曰："为人要忠厚诚实，不可浸于利欲。"蔡发以客观唯物的观点，打破古代"天动地静"、"天圆地方"的神权说法，集中国古代学者、观察天文星象之大成，观察天象和地动，发表了《天文星象总论》，精确地阐明了地球、月球、围绕太阳运转的规律，与当今科学的认识完全一致，不但在时间上比西方的哥白尼早400年，而且研究的深度和广度都达到一定水平。他所著的《地理发微》、《河洛发微》两书被以《发微论》进入四库全书。宋理宗皇帝荫封蔡发诰谕曰："蔡发隐居求志，明善诚身，博极群书，力扶正学，阐河洛之教，弘淑诸人，诵横渠之铭，特赠太子太保。"

（2）理学家、乐律学家、太子太傅蔡元定

蔡元定（1135年—1198年），字季通，号西山，发之子。生而聪明过人，八岁能作诗，日记数千言，承父教精研三氏（程、邵、张）之学说，幼时能深涵义理象数之学理，十九岁秉承父志，登西山绝顶，构筑书屋，忍饥吞野，刻意读书，对天文、地理、兵制、礼乐、度数无所不通，对方枝曲学，异端邪说，能悉拔其根，辨其是非。凡古书奇辞奥句，学者不能分句，元定过目，即能梳理剖析，无不畅达。朱熹赞曰："人读易书难，季通读难书易"。

二十五岁到五夫向朱熹问易，朱扣其学识，见他谈吐非凡，即惊奇地说："此吾老友也，不当在弟子之列。"四方来学者，朱必让元定考询方能入学。朱、蔡二人师友相称，研究学问，著书讲学，长达40年，亲密无间，在学术上成为朱熹的左肱右臂。

蔡元定一生不逐利禄，年四十不就科举，诸臣举荐于朝，皇帝下诏，他都坚以疾辞，一心以研究学问著书立说为已任。著有《律吕新书》、《皇极经世旨要》、《八陈图说》等14种书于世。

庆元四年八月初九病逝，守臣上奏，旨许归葬，子沉扶柩三千里以还，十一月初六，葬于建阳莒口翠岚山之源，2000年海内外众裔孙集资将西山公墓建成"西山陵园"。开熹三年（1207年），朝廷追封为迪功郎，宝佑四年赠太子太傅谥文节。明嘉靖九年诏元定崇祀启圣祠。清康熙四十四年，圣祖仁皇帝颁赐宋儒蔡元定"紫阳羽翼"金匾。

（3）南宋大儒蔡渊

蔡渊（1156—1236年），字伯静，号节斋，蔡炉11世孙，蔡元定长子。生而聪明，其质纯粹，穷天地之理，尽人物之性，博通五经，遍览子史，幼遵父训，长从朱熹，隐德不耀，受父师之命，隐居九峰专心著书，著有《大学思问》、《易象意言》、《周易训解》等13种书于世，所著《周易训解》、《易象意言》均入四库全书。伪学之祸，致使蔡元定春陵之谪，渊弟蔡沉相随侍父，渊事母治家，教育子侄。父丧，筑庐于墓侧，泣血三年。执经抱艺，以质其学问出处之实。询理乱之由。留意宗法，继父志修成正、续二集族谱，建祠堂立仪约，井井有条内外有序，男女有班各供其职。尝赋诗曰："屈指枢衣四十年，自怜须鬓已皤然。久知轩冕应无分，但觉溪山若有缘。下学功夫渐未到，先天事业敢轻传？祇今已饱烟霞疾，更乞清溪着钓船。"

（4）南宋大儒蔡沆

蔡沆（1159—1237年），字复之，号复斋，蔡炉11世孙，西山公次子，蔡氏九儒第三代。六岁从父命出继表伯虞英为嗣，更名知方，自幼聪明，丰资俊雅，举动端严，幼遵父训，长从朱熹。淳熙四年乡贡知贵溪县事，参部升授文林郎，两浙运干。庆元三年，从母命携长子楠、次子栏归宗，季子梓嗣虞氏。遵父春陵之嘱，用心数年，著成《春秋五论》，指出："敬者，一心之主宰，万事之根底；义者，一心之裁制，万事之准则。以敬为入德门户，以义为立身之宰。"又说："道心者，义理之正；人心者，血气之私。"唤起人心之正，抑制人欲之私。

（5）太师永国公蔡沉

蔡沉，字仲默，号九峰，蔡炉11世孙，蔡元定之子。幼遵父训以立身，长从师教以传道，聪颖好学，博览群书，视功名如草芥，三十不就科举，诸臣举荐，都推说："此非吾志也。"坚不肯受。因父伪学之谪，侍父道州，四方来求学者日众，助父聚徒讲学，深受学者钦佩，父殁扶柩以归，赠银以途者众，沉一一跪谢坚不肯受。受父师之托，隐于九峰，反复十年，著成《洪范皇极内篇》、《尚书集传》，此二书均进入四库全书。《洪范皇极内篇》是以81个洪范畴数，论述天地阴阳理气体用，动静以至自然界动植物的变化等问题。《书集传》是受朱子之托而著，花十年功夫，用简明的文字诠释经典以得帝王谟诰之旨。与朱熹的《周易本义》、《诗集传》和胡安国的《春秋传》等书并列为官书，为科举所依据，成为元、明、清三代人士必读课本。

由于著书有功，教子以忠，闻于朝庭，宝佑三年理宗皇帝追赠太子少师，宝佑四年再赠太子太师、太师永国公谥文政。宋宝佑三年理宗皇帝御书“庐峰”巨字，由子杭石刻于九峰石崖上，元朝至正十九年追赠建国公。明成化三年乂赠崇安伯，明嘉靖九年诏蔡沉入至圣祠。清康熙四十四年，圣祖仁皇帝御书颁赐宋儒蔡沉《学阐图畴》金匾。

（6）南宋大儒蔡格

蔡格（1183—1252年），字伯至，号素轩。蔡炉12世孙，蔡渊长子，蔡氏九儒第四代。生而颖悟，博览诸经，行高而德厚，学足而望隆，与模、杭、权兄弟自相师友，教诸子侄必遵家庭心学之训。抵邪卫道，与学者讲尽心知性之章，以力抵之，著《至书》以警人，作《广仁》以自励。躬耕不仕，毅然卫道，以振家声。自咏：“富贵良非愿，林泉毕此生，酒因随量饮，诗或偶然成，秋水和烟钓，春田带雨耕，颓然无缝塔，且不弗经营。”

（7）南宋大儒府学教授蔡模

蔡模（1188—1246年），字仲觉，号觉轩，蔡炉12世孙，蔡沉次子。蔡氏九儒第四代。颖悟庄重，以理学制道自尊，弃举子业，励志圣贤之学，著有《易传集解》、《大学衍说》、《河洛探赜》、《续近思录》、《论孟集疏》此书进入四库全书。淳祐二年，建宁知府王遂荐之于朝，四年，丞相范鍾奏乞录用，补迪功郎，授建宁府学教授。

（8）荣禄大夫右丞相蔡杭

蔡杭（1193—1259年），字仲节，号久轩，蔡炉12世孙，蔡沉之子。自幼颖悟，力学于家庭，用力于致知诚正之本，讲治国平天下之道，学识宏深，才德优良，精通经术，忠直敢言。绍定二年登进士，历任知县、知府，王宫大小学教授，国子司业，江东提刑，工部侍郎，吏部尚书，朝奉、朝散、朝议、太中大夫。端明殿学士，同枢密院事，经武要略，参知政事兼同提举编修，荣禄大夫，右丞相。三次恩封三代。开庆元年六月卒，遗表上闻，皇帝停止视朝一日，御笔赠少保。资政殿大学士，谥文肃。

蔡杭存心正大，赋质温良，抱经济之才，本圣贤之学，穷理尽性。嘉熙三年（1239 年），蔡杭移宪浙东时，顺道返回故宅，并泛舟武夷山九曲，在六曲响声岩上题刻："积雨新霁，山川呈秀，吟哦而归。"后来他在父亲的"南山书院"故址上扩充舍宇，构筑书院时又特意将其命名为"咏归精舍"，内祀乃父九峰先生（蔡沈）遗像，因又称之为"九峰书院"。蔡杭多方延请名儒，广收士子，在九峰书院传播理学，成为天下理学士子向往之所。开庆元年（1259 年）逝世，谥"文肃"。著有《久轩集》。

（9）南宋大儒蔡权

蔡权（1159—1257 年），字仲平，号静轩，蔡炉 12 世孙，蔡沉之子，蔡氏九儒第四代。幼年母丧，伯母詹氏抚养，肄业于家，兄弟联席自相师友，屡荐入京任职均坚以疾辞。淳祐六年以兄杭恩泽补承务郎，授庐峰书院山长。平生好施于人，凡宗族邻里婚丧喜事，都能倾资相赠。教授乡间，讲明义理，极其详密，诸友皆称其得家学心传，为学者讲学能辨疑祛惑，使人心兴起，实不少让，天性之高洁与祖父无异。著有《皇极刚克要略》、《八阵图说解》、《参同契论》等书于世。

24. 蔡思充

蔡思充（1559—1642 年），字宝卿，号元岗。明漳浦县云霄人。万历三十五年（1607 年）进士。蔡思充初任浙江东阳县（今东阳市）知事，除弊兴利，操守清廉。晋江何乔远（官至工部侍郎）赠以诗云"东阳为令几多时，不取民间一寸丝"，以示表扬。万历三十七年（1609 年），蔡思充应调入朝参与主持会试，分校试卷，赏拔倪元潞于试士之中，后来元潞成为名臣。思充经历刑、礼、工、户科给事，升任工科都给事，嗣后相继擢任太常、光禄二寺卿。于万历四十六年（1618 年）被罢职归里。至天启元年（1621 年）起复为南（京）太常寺卿，不久改升刑部侍郎。当时权珰魏忠贤和熹宗乳母客氏夤缘为奸，炙手可热，虽以首辅叶向高之贤，还要和他们虚与逶蛇。而蔡思充仍然仗义敢言，接连上疏揭发科举私通关节的种种积弊，以及庐州、芜湖关等贪污大案（这些大案都和权珰密切牵连），措辞激烈，大有忠奸不两立之势，特别对已经定谳的冤假错案他也敢于平反和昭雪，因此再次与权珰短兵相接。权珰把他调升工部尚书，旋即借故把他解职。

蔡思充两次罢官回籍后，致力乡梓基础建设。首倡建造下河城堡，边集资、边捐俸，苦心经营，终于建成长2000米的城堡，为下河村防御山贼海寇增多一层保障。他于天启六年（1626年）发动乡民开凿两条沟渠，分别引水2公里和0.5公里，灌溉350亩望天田。崇祯二年（1629年），蔡思充再度起复在南京任职。当时崇祯皇帝朱由检刚愎自用，猜忌多疑，首辅多半庸奸，而且清兵犯关，民军蜂起，明廷已经危若累卵。崇祯十五年（1642年）五月，思充联合南京一些官员上表乞求“别忠佞以安人心”作为最后的呼吁。同年六月，因病乞归。八月二十四日，行至莆阳逝世，享年83岁。赐祭葬，赠太子少保。

25. 蔡新

蔡新（1707—1799年），清朝大臣。字次明，号葛山，福建漳浦人。父亲早年病逝，家境贫穷，生活困难，自幼与兄助寡母耕作、采薪度日。蔡新年轻时，刻苦学习，尤喜闻儒家性理天命的学说，深受堂叔蔡世远的钟爱。乾隆年间中进士，选庶吉士，授编修，历任刑、工部侍郎、工部尚书，移礼部。乾隆四十五年，以吏部尚书协办大学士。四十八年，拜文华殿大学士，兼吏部尚书。

乾隆十年（1745年），蔡新奉命入值尚书房，侍诸皇子讲读，并授翰林院侍讲。不久，奉命督学河南。督学期满后回京，仍值尚书房。乾隆二十二年（1757年）秋，蔡新以母老，乞请归养。归家后，接奉圣谕，命为内廷总师傅。蔡新上疏辞谢，请求留家奉母。乾隆三十四年（1769年），兼理兵部尚书兼管国子监事务。不久，调任礼部尚书。赐紫禁城骑马，并照顾在澄怀园办事。乾隆四十一年（1776年），再兼理兵部尚书。时蔡新已69岁，乾隆手书“武库耆英”及红绒结顶冠服赐给他。乾隆四十五年（1780年），转为吏部尚书兼国子监事务，授协办大学士。乾隆四十六年十月（1781年），充《四库全书》馆正总裁之一。乾隆四十七年（1782年）五月，《四库全书》纂修基本完成，请假回乡修墓，奉旨给假一年，不必开缺。乾隆四十八年（1783年）六月，蔡新假满抵京。七月，授文华殿大学士，兼吏部尚书，赐“黄扉宿彦”匾额。

清嘉庆元年（1796年），蔡新已89岁。嘉庆皇帝御书“绿野恒春”匾额赐给蔡新，并赐蔡新子本俊官内阁中书。嘉庆四年（1799年）十二月，蔡新卒于家，享寿92岁。晋赠太傅，赐祭葬，谥文恭。

蔡新在朝任职50年，历任吏、礼、兵、刑、工等部尚书，官至文华殿大学士，德高望重；任《四库全书》总裁，劳苦功高，深为时人敬仰。他历次归家时，遇灾荒，捐资平粜，置义学、义仓、义冢，修葺先贤蔡襄祠、黄道周祠，兴废举坠，有德于乡。著作有《缉斋诗文集》。

26. 蔡牵

蔡牵（？—1809年）清嘉庆年间东南海上起义军首领，福建同安人。初以浙闽沿海为根据地，不断打击清军。后来建造大海舶，渡海攻台湾。嘉庆十年（1805年）攻到淡水、凤山，当地起义军首领洪老四、吴淮泗等义军积极响应，聚众达2万余人，被众首领推崇为镇海王。在台湾坚持一年有余，深得当地百姓拥护支持。嘉庆十二年十二月（1808年初）与清军激战于黑水洋，义军击杀清军都督李长庚。后与清军王得禄、邱良功部激战失败，蔡牵率余众亲随百余人裂船自杀。

27. 蔡锡勇

蔡锡勇（1847—1898年），字毅敬，福建龙溪人，中国速记法的创始人，西方复式会计科学的引进人，也是洋务实业的开拓者。

1864年，考入广州同文馆学习外语和自然科学知识。同文馆乃清王朝为培养外交翻译人才以辅佐外交活动而设。蔡锡勇是广州同文馆第一批学生，在校七年，学习英、法、俄、德、日语及天文、数学、万国公法、测量、医学生理、物理、化学等课程。1867年蔡锡勇等六名满、汉学生被选到北京参加英文考试，蔡以优异成绩唯一获“监生”称号。1872年，蔡锡勇以“福建龙溪县监生”的身份，免试进入北京同文馆深造，进修三年各科成绩俱列优等。

1875年蔡锡勇为出任美利坚合众国（兼领秘鲁、日本）钦差大臣陈兰彬（荔秋）罗致担任翻译官出洋，不久被奏准以“候选通判”身份任驻美文化参赞，期间获哈佛大学名誉博士学位。

1884年，蔡锡勇丁忧回国，守制期满后即被两广总督张之洞任为洋务委员，直接参与张之洞的洋务实业活动。任督府总文案、湖北补用道，直接参与创办自强学堂、武备学堂、矿业学堂、工业学堂、铁路学堂、两湖书院、银元局、汉阳铁厂、湖北枪炮厂、并任过织布局、枪炮厂的总办，其中自强学堂更是倾注了他的大量心血。

1893 年张之洞奏请朝廷创办以学习近代西方自然科学理工科兼备的“自强学堂”，并任命蔡锡勇为“总办”（即今校长）。自强学堂的办学宗旨在培养高级人才，“讲求时务，融贯中西，精研器数，以期教育成才，上备国家任使”。学制五年，被认为是中国近代第一所高等学校，自强学堂总办蔡锡勇是我国近代第一所高校的校长。1898 年 2 月猝患脑溢血不治去世。死后被朝廷追赠“内阁大学士”。

（二）近现代名人

1. 蔡锷

蔡锷（1882—1916 年）原名艮寅，字松坡，汉族，湖南宝庆（今邵阳）人，中华民国陆军上将。1911 年云南重九起义的主要领导者，总指挥。1915 年云南护国起义的主要组织者和领导者，我国近代著名的革命家、军事家、政治家、爱国将领，中华民国历史上第一位享受国葬殊荣的革命元勋。

蔡锷生于裁缝家庭。6 岁时在当地一位名士帮助下，免费入私塾学习。12 岁考中秀才。16 岁考入长沙时务学堂，受到该学堂中文总教习梁启超的赏识，并建立起深厚的师生友谊。1899 年 7 月，蔡锷东渡日本，入陆军成城学校学习，从此开始了“军事救国”的生涯，并正式改名为锷。1902 年 11 月，蔡锷又考入东京陆军士官学校，与同学蒋方震、张孝准同被称为“中国士官三杰”。1904 年初，蔡锷从日本士官学校毕业归国。先后应聘任江西随军学堂监督、湖南教练处帮办、广西新军总参谋官兼总教练官、广西测绘学堂堂长、陆军小学总办等职。不久，云贵总督李经羲聘请他到云南担任军职。

1911 年 7 月，清廷发布上谕，任命蔡锷为新军第 19 镇第 37 协协统（旅长）。同年 11 月 1 日，起义官兵在五华山组织了“云南军都督府”，公推蔡锷为云南都督。这时，他年仅 29 岁。蔡锷就职后，积极更新人事，革除弊政，整顿财政，裁减军队，兴办教育，开发实业，使云南呈现出一派生气勃勃的景象。1913 年 10 月，蔡锷被袁世凯调到北京，任全国经界局督办。他一方面领导经界局工作，一方面仍热心于军事学术活动，与蒋方震、阎锡山等 11 人组织军事研究会，深入研究各种军事学术问题。

袁世凯自 1912 年窃据中华民国临时大总统后，与日本帝国主义秘密签订卖国的《二十一条》，不久又复辟帝制。1915 年 11 月，蔡锷秘密离京赴津，旋以治病为名东渡日本，后经台湾、香港、越南，于 12 月 19 日抵达昆明。1915 年 12 月 25 日，云南通电宣布独立，众推唐继尧为云南军政府都督，组成护国军 3 个军，分别从四川，湘西和广西三个方向出师讨袁。蔡锷为第一军总司令，率四个梯团（旅）约 8000 人入川，拟对川边敌军突然袭击，出奇制胜，夺占叙州（今宜宾）、泸州诸要地，再北攻成都、东取重庆，尔后挥师东下，会师武汉。

护国军以弱于敌人的兵力，在饷弹两缺、后方接济时断的情况下，与号称精锐的北洋军奋战数月，虽没有夺占泸州，却牵制住了敌军主力，阻止了敌军的推进，有力地配合了其他方向军队的行动，推动了全国反帝制运动的发展壮大。3 月 22 日，袁世凯被迫宣布取消帝制。泸州前线总司令张敬尧，见胜利无望，也在 3 月 31 日与蔡锷达成停战协议。

袁世凯死后，黎元洪继任为民国大总统，于 7 月 6 日任命蔡锷为四川督军兼省长。但是，这时蔡锷的病情恶化，他草草处理了川省善后事宜，即于 9 月东渡日本治病。11 月 8 日上午，终因医治无效，病逝于日本福冈，年仅 34 岁。

2. 蔡元培

蔡元培（1868—1940 年），字鹤卿、绍兴山阴（今越城区）人。早年积极参加民主革命运动，曾先后任北京大学校长、中央研究院院长、司法部长等职。

少年时在绍兴古越藏书楼读书，得以博览群书。光绪十五年（1889 年）举人，十六年会试贡士，未殿试。十八年补殿试，为进士，授翰林院庶吉士，二十年补翰林院编修。甲午战争后，开始接触西学，同情维新。二十四年九月返绍兴，任绍兴中西学堂监督，提倡新学。二十七年七月奔赴上海，出任南洋公学教习。二十八年与蒋观云等组织中国教育会，任事务长。夏，游历日本，同年秋回国，在上海创设爱国女校及爱国学社，任总理。并以《晨报》为阵地，提倡民权，宣传排满革命。三十年冬与陶成章、龚宝铨等在上海建立光复会，被推为会长，次年加入同盟会。三十年赴德国留学。

民国元年（1912 年）任南京临时政府教育总长，主张采用西方教育制度，废止祀孔读经，实行男女同校等改革措施，确立起我国资产阶级民主教育体制。二次革命失败后，携眷赴法，与李石曾等创办留法勤工俭学会。五年冬回国任北京大学校长，支持新文化运动，提倡学术研究，主张“思想自由，兼容并包”，实行教授治校。“五四”运动中支持学生爱国行动，多方营救被捕学生。被迫辞职后，多次赴欧洲英、法等国考察教育和讲学。民国十六年后担任国民政府常务委员、大学院院长、中央研究院院长等职。

“九·一八”事变后，主张抗日，拥护国共合作。民国二十一年（1932 年）与宋庆龄、鲁迅等发起组织中国民权保障同盟，积极开展抗日爱国运动。曾电救杨开慧烈士，援救许德珩等爱国民主人士，营救丁玲、朱宜权等共产党员。二十九年 3 月 5 日在香港病逝，葬香港仔山巅华人公墓。教育部北人在诔词中有“当中西文化交接之际，先生应运而生，集中西文化于一身；其量足以容之！其德足以化之！其学足以当之！其才足以择之！呜呼！此先生所以成一代大师欤?”周恩来送挽联：“从排满到抗日战争，先生之志在民族革命；从五四到人权同盟，先生之行在民主自由。”毛泽东特发唁电：“学界泰斗，人世楷模。”

蔡元培培植家乡青年不遗余力，先后主办过绍郡中西学堂、绍兴府学堂、越郡公学、明道女校，曾任稽山中学名誉校董。绍兴城区笔飞弄有蔡元培故居，今建为纪念馆，列为浙江省重点文物保护单位。并新建“元培小学”、“元培中学”。遗著辑有《蔡元培全集》。

3. 蔡和森

蔡和森（1895—1931 年），湖南省双丰人，中国共产党早期卓越领导人之一。1913 年秋天，蔡和森以优异的成绩考入了省立第一师范学校。1917 年 6 月，蔡和森同志在师范学校毕业后没有回家去，曾与毛泽东同志寄居在半学斋杨怀中先生寓所，继续共同探求救国的道路，准备建立革命团体。

1918 年 6 月 23 日，蔡和森受学会的委托，赴北京组织赴法勤工俭学事宜。在留法过程中，和向警予由于共同的学习生活和革命理想，建立了深厚的感情。1920 年 5 月，他们在蒙达尼自由结婚。1921 年 11 月，蔡和森归国后，由当时党的总书记陈独秀介绍加入中国共产党，并留在党中央担任领导工作，兼抓社会主义青年团体工作。当时，青年团临时中央局已经建立，办公地点设在上海霞飞路渔阳里6号，蔡和森常驻这里，指导全国青年团的工作。同年5月5日，当选第一届团中央执行委员。会议后，他为团中央主编机关报《先驱》，第7、8、9三期就是他主编的。

1922年7月，中国共产党召开第二次全国代表大会，根据列宁和共产国际的意见，通过了党的最高纲领和最低纲领，向中国人民提出了彻底反对帝国主义、封建主义和统一中国为真正民主共和国的主张，和经过民主革命到达社会主义、共产主义的道路。蔡和森是大会文件起草人之一，对党的革命纲领的制定作出了重要贡献。“二大”选举蔡和森为中央委员，至“六大”均当选为中央委员。1922年9月，蔡和森由张继介绍，孙中山亲自主盟以个人名义加入了国民党。

1931年6月10日，由于叛徒出卖，他被英租界巡捕房逮捕。6月12日，被引渡到广州，于8月4日遭枪杀，时年36岁。

4. 蔡申熙

蔡申熙（1906—1932年），湖南省醴陵人。1924年加入中国共产党。黄埔军官学校第一期毕业。北伐战争时在国民革命军第四军任营长，后在第20军任团长。1927年参加八一南昌起义后，任第24师参谋长，同年12月又参加了广州起义。起义失败后，蔡申熙按照党组织指示转移上海，在中共中央军委工作。1928年后历任中共江西省委军委书记，吉安东固区游击队第一路总指挥，中共中央长江局军委书记，中国工农红军第15军军长，中共鄂豫皖特委委员和军委副主席、红4军第10师师长、红25军军长等职。1932年10月在湖北省黄陂河口镇仙人洞战斗中牺牲。

5. 蔡廷锴

蔡廷锴（1892—1968年），广东省罗定人，字贤初。保定陆军军官学校毕业。曾任国民党第19路军副总指挥。1932年1月28日夜，日本帝国主义武装侵犯上海，十九路军全体将士与上海各界人民团结一起进行了奋勇抵抗。1933年11月，蔡廷锴与李济深、陈铭枢、蒋光鼐等在福建建立“中华共和国人民革命政府”，并逐步转向了与共产党合作共同抗日的立场。1935年，蔡廷锴参加“中华民族解放大同盟”，为最高决策负责人之一。抗日战争时期，蔡廷锴曾一度任国民党第6集团军总司令，在两广从事指挥抗战。1946年蔡廷锴与李济深等共同组建“中国国民党民主促进会”。1949年出席中国人民政治协商会议第一届全体会议。建国后，曾任中央人民政府委员，政协全国委员会副主席，国防委员会副主席，中华全国体育运动委员会副主任，中国国民党革命委员会中央副主席，1968 年 4 月 25 日在北京病逝。

6. 蔡会文

蔡会文（1905—1935 年），湖南省攸县人。1926 年参加中国共产党。1927 年参加秋收起义，随后上井冈山。曾任中国工农红军建党代表。1930 年任中国工农红军第 1 军团第 3 军政治委员。1931 年任江西军区政治部主任。1932 年任湘赣军区总指挥兼政治委员和红 8 军政治委员。1934 年 5 月任粤赣军区司令员。1935 年 10 月在赣南十八垒山战役中牺牲。

7. 蔡楚生

蔡楚生（1906—1968 年），著名电影导演，广东省潮阳人。蔡楚生店员出身，中共党员。1927 年参加电影工作，此后编导影片多部，在中国早期电影发展史上具有重要影响。著名的影片有《都会的早晨》（1933 年）、《渔光曲》（1934 年）、《新女性》（1935 年）等进步影片。抗日战争时期，蔡楚生编导了一些以抗日战争为背景的揭露国民党政府消极抗日和黑暗统治的电影文学剧本和影片。尤其是与郑君里合作的电影《一江春水向东流》，曾给一代又一代观众在心目中留下了深刻的印象。建国后，蔡楚生参加全国人民电影事业的领导工作，并于 1960 年编导了在全国颇具影响力的故事影片《南海潮》。1968 年，蔡楚生病逝。

8. 蔡树藩

蔡树藩（1905—1958 年），湖北汉阳人，1923 年加入中国社会主义青年团，1925 年加入中国共产党。第一次国内革命战争期间担任党的青年团和工会工作。1927 年去苏联学习。1930 年回国，历任中国工农红军第 22 军、第 9 军团和第 30 政治委员、陕北工农民主政府内务部长。抗日战争期间，任八路军第 129 师政治部主任和军区政治部副主任等职。1950 年任中华全国总工会西南办事处主任、西南军政委员会劳动部长、中共中央西南局委员。1954 年任中华全国体育运动委员会副主任。中国共产党第八次全国代表大会当选为候补中央委员。1958 年 10 月 17 日出国访问途经苏联时，因飞机失事遇难。

五、寻根联谊

（一）上蔡祖地概况

蔡姓祖地上蔡县位于河南省东南部、驻马店市东北部，古为蔡国，是海内外蔡氏祖地、秦丞相李斯故里、中国重阳文化之乡、河南省十大古城之一，被联合国地名专家组命名为“千年古县”。现辖22个乡镇、4个街道办事处、459个行政村（居委会），面积1529平方公里，耕地165.6万亩，总人口140.6万，是一个平原农业大县。这里气候温和，光照充足，雨量充沛，四季分明，适宜多种农作物生长，盛产小麦、玉米、芝麻、油菜、花木等农副产品，被国家确定为双低油菜、纯白芝麻生产基地县，全国粮食生产百强县，国家优质小麦种植基地县、全国生猪调出大县、河南省花木名县，也是国家扶贫开发工作重点县。

上蔡有文字记载的历史始于西周初年，距今约3000年。人类始祖伏羲氏因蓍草生于蔡地而画卦于蔡河之滨，遂名其地为蔡。蔡国的“蔡”，是上蔡土生土长的字。清康熙本《上蔡县志·沿革》曰：“伏羲氏因蓍草生蔡地，画卦于此，遂名其地为蔡。”蓍草是上蔡的特产，生长在上蔡县城东的白龟祠。它成簇状生长，一簇数株或数十株，成条状，叶小成椭圆形，三叶一组成三角形。入秋开乳白花，紫心；其后结实，如谷粒。李时珍的《本草纲目》、王象晋的《群芳谱》、吴春的《植物名实图考长编》对上蔡白龟祠的蓍草均作了专题记载。《植物名实图考长编》并谓“其茎为筮，以问鬼神知吉凶，故圣人赞之，谓之神物”。对蓍草的记载最早是《周易》。《周易·系辞传》有“蓍之德，圆而神”，即用蓍草占卜，功能圆滑，变化神奇。可知蓍草是上古占卜的主要工具。用蓍占卜即用蓍揲卦、祭神问事，所以《上蔡县志·沿革》说“伏羲氏因蓍草生蔡地，画卦于此，遂名其地为蔡”，是有道理的。李斯作小篆用草字头和“祭”组合成“蔡”，亦含有用蓍草揲卦祭神占卜之意。

公元前1046年，周武王灭商，封其弟叔度于蔡，建立蔡国，后人以国为氏。公元前493年，蔡平侯时期“为楚所侵，迁于新蔡”。蔡昭侯时期，又迁都州来（即下蔡，今安徽凤台县）。东周时期以西为上，以东为下，故称前期蔡国都城为上蔡，称州来为下蔡。公元前447年，蔡为楚灭。蔡国前后共600年，其中在上蔡建都近500年，经历23代25君。

至汉时置上蔡县，南朝宋分治上蔡、武津二县，北魏称临汝县，隋初改为武津县，大业三年（607年）复上蔡县。

今日之上蔡，经济建设和社会事业突飞猛进。改革开放以来，上蔡县经济发展势头强劲。“八五”期间，全县国内生产总值、农业总产值、工业总产值、乡镇企业总产值、财政收入、居民储蓄分别以年均13.9%、6%、49.3%、33.1%、30%和38.1%的速度递增，在全省116个县市排序中，大都排在前列，各项经济指标和“七五”末相比，均实现了翻番的目标。尤其是近年来，上蔡县通过组织实施招商引资、农业开发、工业改造、城建带动、商业连锁和外向兴县六大发展战略，经济建设得到迅猛发展。2009年全县生产总值1048875万元，比上年增长10.4%。其中，第一产业增加值242876万元，增长4.3%；第二产业增加值425222万元，增长10.7%；第三产业增加值380777万元，增长14.9%。三次产业结构为23.1∶40.5∶36.4。人均国内生产总值（按常住人口计算）为8193元。城镇化率为28.07%。

1993年，经国务院批准，上蔡县被列为全国对外开放县市之一；1995年，被驻马店地区定为历史人文景观旅游开发区；1996年，蔡国故城遗址被国务院定为国家级文物保护单位；2005年，上蔡县被中国民间文艺家协会命名为“中国重阳文化之乡”。

上蔡地势平缓，西高东低。境内有洪河、黑河、杨岗河等。年均温14.7℃，年均降水量883毫米。周（口）遂（平）、开（封）龚（家棚）、西（平）上（蔡）3条省级公路过境。工业以粮油加工、建材、化工、酿酒、纺织、制鞋、炊具、造纸等为主。农作物以小麦、玉米、大豆、烟叶、棉花、油菜种植为主。饲养业以养生猪、羊、家禽为多。邵店生姜、黄埠黄麻、上蔡白桃久负盛名。有中专1所、高中6所、初中55所。古迹有省级文物保护单位蔡国故城、光武台、十里铺、高岳、航寨等文化遗址。

上蔡交通便利，高兰、开龚、商桐、吴黄4条省道贯穿全境，县城西距京广铁路、京珠高速公路、107国道30分钟车程，距河南省会郑州市和新郑国际机场1个半小时车程。境内能源充裕，年供电能力达到12亿千瓦时；

地下水总储量达到18亿立方米，全县80%以上地域为富水区。

上蔡商业发展潜力巨大，服务设施齐全。境内有享誉豫南的白云观、卧龙岗、黑龙潭等11个大型农副产品批发和销售市场。白云观市场被评为全国文明集贸市场，花木市场是全国最大的花木销售基地。境内有现代大型综合商场6座，形成了综合与专业互补，具有地方特色的市场服务网络和销售体系。

上蔡政策优惠，投资环境宽松，县委、县政府始终坚持开放带动战略，制订了一系列优化经济发展环境的政策措施，对在我县投资兴办的各类企业，实行用地、用工、财政扶持等优惠政策。全县广大干部群众思想解放、文明诚信，以服务企业、发展企业为己任，形成了“敬商、亲商、安商、富商”的浓厚氛围，受到了客商的热情赞誉，上蔡县被评为“河南民营经济发展环境50优”之一。

（二）蔡姓宗亲组织

菲律宾

1. 菲律宾济阳柯蔡宗亲总会
2. 菲律宾济阳柯蔡宗亲总会怡朗分会
3. 菲律宾济阳柯蔡宗亲总会宿务分会
4. 菲律宾济阳柯蔡宗亲总会棉兰佬分会
5. 菲律宾济阳柯蔡宗亲总会中北吕宋分会

马来西亚

1. 马来西亚济阳柯蔡宗亲总会
2. 马来西亚柔佛州新山区蔡氏济阳堂
3. 马来西亚砂劳越古蔡氏公会
4. 马来西亚槟城济阳堂辛柯蔡宗祠
5. 马来西亚柔佛州麻属蔡氏济阳公所
6. 马来西亚霹雳济阳堂
7. 马来西亚吉玻辛柯蔡宗祠
8. 马来西亚浮罗吉脆蔡氏济阳公会
9. 马来西亚马六甲济阳辛柯蔡宗祠

10. 马来西亚砂劳越美里蔡氏公会

新加坡

新加坡济阳蔡氏公会

印度尼西亚

印度尼西亚蔡氏宗亲会

泰国

1. 泰国蔡氏宗亲总会
2. 泰国合艾蔡氏宗亲会
3. 泰国蔡氏宗亲会吁隆分会
4. 泰国蔡氏宗亲会清迈分会

缅甸

缅甸仰光济阳柯蔡宗亲会

越南

越南济阳堂柯蔡宗祠

柬埔寨

柬埔寨济阳蔡氏宗亲总会

日本

1. 日本东京柯蔡氏宗亲会
2. 日本关西地区柯蔡宗亲会

韩国

大韩民国蔡氏中央宗亲会

美国

1. 美西柯蔡宗亲会（美国洛杉矶市）
2. 美东柯蔡宗亲会（美国纽约市）

巴西

巴西柯蔡宗亲总会

台湾地区

1. 世界柯蔡宗亲总会
2. 台北市济阳柯蔡宗亲会
3. 高雄市柯蔡宗亲会

4. 台北县济阳柯蔡宗亲会
5. 基隆市济阳柯蔡宗亲会
6. 宜兰县济阳柯蔡宗亲会
7. 桃园县柯蔡宗亲会
8. 新竹市济阳柯蔡宗亲会
9. 苗栗县济阳柯蔡宗亲会
10. 台中县柯蔡宗亲会
11. 台中市济阳柯蔡宗亲会
12. 南投县济阳柯蔡宗亲会
13. 彰化县济阳柯蔡宗亲会
14. 云林县柯蔡宗亲会
15. 云林县北港柯蔡宗亲会
16. 嘉义济阳柯蔡宗亲会
17. 台南县济阳柯蔡宗亲会
18. 台南市济阳柯蔡宗亲会
19. 屏东县济阳柯蔡宗亲会
20. 花莲县济阳柯蔡宗亲会
21. 澎湖县济阳柯蔡宗亲会
22. 台东县济阳柯蔡宗亲会
23. 金门县蔡氏宗亲会

香港特别行政区

1. 香港柯蔡宗亲会
2. 香港新界蔡氏宗亲会
3. 世界至德宗亲总会有限公司

福建省

1. 福建省济阳柯蔡委员会
2. 福建省建阳市蔡氏宗亲联谊会
3. 福建济阳柯蔡委员会惠安分会

安徽省

安徽省蔡氏宗亲总会（儒林门第杂志社）

浙江省

浙江省蔡氏宗亲联谊会

广东省

广东省潮州市蔡氏宗亲联谊会

（三）宗亲联谊（1992—2010）

1. 1992 年 11 月 9 日，台湾省台南市柯蔡宗亲团蔡文斌先生一行 10 人来上蔡寻根认祖。

2. 1993 年 1 月，台湾柯蔡宗亲会一行 10 人到上蔡祭祖。

3. 1995 年 3 月 15 日，上蔡县召开蔡氏宗亲会成立大会，全县蔡氏代表欢聚一堂，寻根溯源，共商成立蔡氏宗亲会有关事宜。大会经过民主协商，选举产生了上蔡县蔡氏宗亲会第一届理事会，并通过了上蔡县蔡氏宗亲会章程（草案）。

4. 1995 年 4 月 14 日上午，台湾省台北市中华民间艺术发展协会理事长蔡嘉雄先生带领其协会柯蔡氏及其有关人员一行 9 人，来到蔡氏发源地上蔡寻根祭祖。

5. 1995 年 9 月 16 日，马来西亚新山区蔡氏济阳堂以蔡美力、蔡万清为正副团长的一行 34 人寻根问祖团体莅蔡。

6. 1996 年 4 月 4 日，新加坡蔡氏公会祭祖代表团首次回归祖地认根敬祖。

7. 1996 年 7 月 17 日，以蔡幸一为团长的台湾省台中市柯蔡宗亲团一行 23 人来到上蔡寻根敬祖。

8. 1996 年 12 月 13 日—16 日，上蔡蔡氏宗亲会应邀组团参加马来西亚柔佛州新山区蔡氏济阳堂第六届（周年）马新济阳辛柯蔡宗亲联谊及世界恳亲大会。

9. 1997 年 4 月 9—11 日，以蔡金辉为团长的泰国蔡氏寻根团，和以蔡钊为团长的香港蔡氏寻根祭祖团共 152 人的大型团组莅蔡寻根谒祖，举行了蔡叔度雕像落成典礼和《亲情之夜》文艺晚会，接受该团组为蔡氏文化研究和学校捐资的 32. 5 万元人民币。

10. 1997 年 3 月 28—29 日，以韩国国会议员蔡映锡为团长的蔡氏宗亲到祖地寻根观光。

11. 1997 年 4 月 24—30 日，县政府副县长张广如、县委统战部长梁俊锋、王勤林等一行 4 人，前往浙江省杭州市与泰国第一国际贸易有限公司董事长蔡卓明先生洽谈捐赠项目。

12. 1997 年 10 月 5 日，上蔡县蔡氏宗亲会组团乘飞机前往大韩民国，参加第 7 届世界蔡氏宗亲联谊大会。

13. 1997 年 11 月 9 日，福建石狮市蔡氏家庙举行落成典礼，邀请上蔡组团赴会。

14. 1999 年 3 月 27 日下午，以国会议员蔡映锡先生为团长的韩国蔡氏寻根团一行 55 人莅临上蔡。

15. 受福建省石狮市蔡氏宗亲组织的邀请，1999 年 4 月 2 日上午，上蔡县蔡氏宗亲会会长蔡大龙、上蔡县蔡氏文化研究会副会长梁俊锋一行 2 人，乘飞机专程前往福建省石狮市，参加“蔡襄陵园”落成典礼。

16. 1999 年 4 月 3 日下午，受上蔡蔡氏宗亲会之邀，菲律宾以蔡金钟为团长的蔡氏寻根谒祖团一行 12 人首次莅蔡

17. 1999 年 9 月 22 日，应菲律宾蔡氏组织执行主席蔡汉业的邀请，上蔡县蔡氏宗亲会理事长蔡大龙同志前往菲律宾首都马尼拉，参加 10 月 24 日至 26 日举行的世界辛柯蔡宗亲总会 10 届 2 次大会。

18. 2000 年 5 月 22 日晚 7 点，以国会议员蔡映锡先生为团长的韩国祭祖团一行 48 人，第 3 次莅临古蔡大地参观祭祖。

19. 2001 年 3 月 31 日，马来西亚济阳辛柯蔡宗亲总会中国寻根祭祖访问团抵达上蔡。总团长为马来西亚济阳辛柯蔡宗亲总会第五届（2000—2001）理事会署理会长蔡子今先生。

20. 2001 年 4 月 19 日，以蔡中瑞、蔡文勋为领队的广州六房、东莞霄边及香港新界三蔡氏宗亲代表团同时莅蔡祭祖观光。

21. 2001 年 6 月 4 日凌晨 1 点，韩国蔡氏祭祖团一行 27 人，在蔡钟汉团长的带领下，第 4 次来上蔡拜谒先祖，观光始祖故土。祭祖典礼于是日上午分别在蔡叔度和蔡仲两墓地进行，并参观了蔡氏宗亲会馆。

22. 2001 年 7 月 20 日，菲律宾柯蔡宗亲总会向我县芦岗乡谢庄村委小学捐款 20 万元人民币，兴建希望小学教学楼。捐款经由团中央分期汇付。

23. 2002 年 10 月 15 日晚，菲律宾柯蔡宗亲一行 32 人来到上蔡祭祖观光。

24. 2003 年 10 月 3 日，来自菲律宾、泰国、新加坡、印尼、马来西亚、中国香港等国家和地区的蔡氏宗亲一行 43 人莅蔡，参加在这里举行的修建蔡侯陵园签字仪式。

25. 2004 年 4 月 18 日，来自菲律宾、香港、福建三个蔡氏祭祖团体，一行 57 人抵达上蔡祭祖。

26. 2006 年 4 月 2 日，马来西亚寻根祭祖团一行 18 人莅蔡，分别在蔡叔度、蔡仲墓前举行了祭祖大典，凭吊始祖。

27. 2006 年 11 月 11 日，安徽省蔡氏宗亲总会会长、美籍华人、世界蔡氏文化经济发展研究会会长蔡有方先生来到蔡氏祖地——上蔡县寻根祭祖。

28. 2008 年 4 月 12 日，蔡侯叔度公陵园一期工程落成庆典和蔡叔度玉像揭幕仪式隆重举行，来自海内外的蔡氏宗亲共 28 个代表团、540 多人参加庆典。期间在县招待所和海天花园宾馆举办了世界蔡氏与上蔡经济发展促进协调会和蔡氏文化研讨会。

29. 2008 年 5 月 17 日，台湾桃园县柯蔡宗亲会在蔡林龙先生率领下，一行 17 人来上蔡寻根祭祖。

30. 2008 年 5 月 23 日，大韩民国蔡氏中央宗亲会在蔡洙仁先生的率领下，一行 60 人来上蔡寻根祭祖。

31. 2008 年 7 月 18 日，湖南省溆浦县蔡志潘夫妇来上蔡寻根祭祖。

32. 2008 年 11 月 8 日，上蔡县蔡氏宗亲会会长蔡大龙一行 3 人，赴江西宜丰参加世界蔡氏文化经济发展研讨会。

33. 2008 年 11 月 28 日，上蔡县蔡氏宗亲会会长蔡大龙一行 3 人，赴浙江瑞安参加浙江省蔡氏宗亲会成立大会暨浙江省蔡氏宗亲会第一次会员代表大会。

34. 2009 年 3 月 31 日，马来西亚寻根祭祖代表团一行 10 人，在团长蔡亚伦的带领下，来上蔡到蔡叔度陵园、蔡仲陵园祭祖，并参观了工业园区。

35. 2009 年 4 月 7 日，江西九江市蔡氏宗亲一行 8 人来上蔡到蔡侯陵园祭祖。

36. 2009 年 7 月 3 日，福建石狮市蔡第躿先生一行 4 人，来上蔡对蔡仲陵园建设进行督导，并代表世界柯蔡宗亲会向上蔡捐赠“柯蔡教育基金”50万元。

37. 2009年9月10日，由原国家林业部副部长、潮州市蔡氏宗亲会永远荣誉会长蔡延松等人组成的潮州市襄德福利会组团161人，来上蔡寻根祭祖

38. 2009年10月21日，世界柯蔡宗亲总会组团11人，在理事长柯孙河的率领下来上蔡视察建设中的蔡仲陵园。

39. 2009年11月7日，上蔡县蔡氏宗亲会蔡大龙一行3人，赴菲律宾参加菲律宾济阳柯蔡宗亲总会成立100周年庆典和世界柯蔡宗亲总会年会。

40. 2010年1月26日，世界柯蔡宗亲总会向上蔡县人民政府捐赠价值25万元的17座金龙面包车一辆，交接仪式在福建厦门举行。福建省石狮市侨联副主席、蔡氏宗亲会会长蔡第躿、上蔡县人民政府干部孙宝岑参加了交接仪式。

41. 2010年4月3日，江苏省蔡氏（宿迁）文化研究会组团42人，在团长蔡香久（江苏省蔡氏（宿迁）文化研究会筹委会主任）、副团长蔡啸泉（宿迁扬子报业广告有限公司董事长、宿迁市文广新局《绿都》杂志社副主编）的带领下，来上蔡寻根祭祖。这是江苏省蔡氏宗亲首次来上蔡进行祭祖活动。

42. 2010年5月23日，蔡仲陵园落成庆典。来自5个国家和地区、13个省市的27个代表团共600多名海内外蔡氏宗亲莅蔡参加了庆典。

杨　姓

杨立发

一、杨姓姓源

杨姓是华夏民族大家庭中优秀的望族大姓之一，人口众多、分布广泛，全国有4923万余，约占人口总数的3.08%，《百家姓》中位排第16位，按人口数量是当今中国大陆第6大姓，在宝岛台湾排第10位。

杨姓的根在哪里，也就是杨姓的祖籍在哪里，是天下杨姓宗亲和所有关心杨氏文化研究的朋友们所关心的重要话题。

从祖源上讲，杨姓出于姬姓，是中华人文初祖轩辕黄帝的直系后裔。唐初四杰之一的杨炯，在为其伯父常州刺史杨德裔所撰的墓志中写道："杨氏之先，其来尚矣。在皇为黄轩，在帝为帝喾，在工为周武，在霸为晋文，此之谓不朽。西京为丞相，东汉为司徒，魏室为九卿，晋朝为八座，此之谓代禄。"这段文字集中概括了杨姓历史渊源的久远和显赫辉煌，同时也是杨姓的祖源出于轩辕黄帝的记证之一。

（一）渊源追古远　主脉出轩辕

杨姓渊源古远，形成和发展的历史很长。其主脉是从黄帝的嫡系姬姓派衍而来的，因而其古代源流要从黄帝说起。在福建漳州等许多杨氏宗谱的首卷中，大都有周武王前的"古代公谱世系图"，可以说是"杨氏族源"或"杨氏初祖"的图系，用以说明杨姓发展的源流和脉络。其中所列世系大同小异，列出21代（包括唐叔虞）或20代不等。按《中华民族公谱世系图》所记：以少典氏为一世祖，传到十二世为轩辕黄帝，再传到第三十世为周文王姬昌。武王姬发则为第三十一世。武王寿九十三岁因疾而崩，太子姬诵继位，是为周成王，因而成王姬诵应是第三十二世祖。在福建《漳州杨氏族谱》中，则仅列有28代，以黄帝为第一世祖，传至周武王姬发为第二十八世祖。其不同之处有待进一步考证。

杨姓的族源出于黄帝姬姓，但在周朝以前还没有直接以杨为姓的记载。杨姓真正的肇姓、启姓，是始于一个史书称为“剪桐封弟”的美好、感人的真实故事，时间是在公元前1042年的周成王时期。《史记・晋世家》是这样记载的：“武王崩，成王立，唐有乱，周公诛灭唐。成王与叔虞戏，削桐叶为圭以与叔虞，曰：‘以此封若。’史佚因请择日立叔虞。成王曰：‘吾与之戏耳。’史佚曰：‘天子无戏言。言则史书之，礼成之，乐歌之。’于是遂封叔虞于唐。唐在河、汾之东，方百里，故曰唐叔虞。”唐叔虞的儿子燮继位后，改唐国为晋国，春秋时，晋国内乱，晋武公灭瑨侯统一晋国。晋武公死后，其长子诡诸继位，为晋献公。晋献公相继灭周围诸小国，包括杨国。献公封其二弟伯侨领地于杨，以地取姓即为杨姓。由此伯侨成为杨氏得姓始祖。因此，在山西省太原市西南郊，最早建成以奉祀唐叔虞为主的晋祠，也可说是天下杨氏的第一祖祠和家庙。晋水之源，就是杨氏肇姓、启姓之地。

杨伯侨后传至第六世杨食我（号：石，所以又名：伯石）时，晋国内部贵族公卿间发生权力争斗（史称“六卿之乱”），为避祸自保，食我率领子孙举家逃往华山仙峪隐居不出，前后历数代之久。后来晋国灭亡，杨氏慢慢走出山林，并凭着坚毅奋发的精神，逐渐发展壮大起来，在当时的社会政治文化舞台上开始崭露头角，并很快创造出杨姓最为显赫辉煌的一段历史：前后十余代人皆为周室命官，或为大夫、司马，或为太傅、州牧。

秦朝末年，这支杨姓中出了个叫杨硕的先人，他率领八个儿子追随汉高祖刘邦东征西战，其第六子杨喜因击杀项羽有功而官封赤泉侯，其他七个儿子也都封为将军，杨硕本人封为太史；此后，杨喜第四代孙杨敞也官至宰相，还娶太史公司马迁之女司马英为妻。这个时候，杨姓在朝廷中位列公侯、出入乘坐朱轮者十人，史书中称之为“西汉十轮”。杨姓先祖当时居住生活的地方属于弘农郡，是该郡之南依秦岭、北濒黄河一带。这里正是现在的豫、陕两省交界处的河南省灵宝市和陕西省华阴市、潼关县，北边又以黄河为界与晋（山西）相接，是古往今来黄河中上游的山川具备、天宝物华的金三角地区。

东汉，杨喜的第七代孙杨震，被时人誉为“关西夫子”。他在弘农郡华山脚下隐居数十年，专心专意于教书授徒，“明经博览、无不穷究”，五十岁后才始离故地，步入仕途。官位从太守直至司徒、太尉。杨震为官清正廉明，有“金拒四知”的真实典故，彪炳千古，史称“清白吏”。他的儿子杨秉、孙子杨赐、重孙杨彪，均承杨震遗风，也都官至太尉，从此弘农郡的杨姓一族，声振朝野，被后人称为“东汉四世三公”。这支杨姓遂被称为弘农杨氏，并奠定了天下“杨氏第一世家”的地位，弘农郡自然就成了杨姓的再生之地、族兴之地，更是弘农杨氏的开基之地、发祥之地。弘农杨氏是天下杨姓中最为兴旺显赫的一枝，天下杨姓多自认出于弘农之杨。

根据《弘农华阴四知堂杨氏族谱》记载，以杨震为代表的弘农杨氏一族在历史的长河中为灵宝地区乃至中华民族做出了卓越贡献。他们在灵宝及邻近地区繁衍生息，留下了许多珍贵的文物古迹。但是由于年代久远和历史变迁，大部分文物古迹已荡然无存。建国后，经过四次文物普查，结合文献资料，已初步澄清了现存的大部分文物遗址，并根据《中华人民共和国文物保护法》和《河南省〈文物保护法〉实施办法》规定公布了文物保护单位级别，划定了保护范围，搜集挖掘了文物实物资料。

以下摘录的是以杨敞为一世祖的弘农杨氏之部分世系。杨敞在以杨杼为一世祖的世系中为第三十一世。

第一世：杨敞，汉昭帝时为丞相，大史学家司马迁女婿，封安平侯，居弘农，为弘农一世祖。生子：杨忠、杨恽。为弘农族中的第一个宰相，食邑于汝南。故在其后杨氏又有“汝南堂”之称。

第二世：杨忠，生子：谭。

第三世：杨谭，生子：宝、并。

第四世：杨宝，生子：震、衡。

第五世：杨震，字伯起，“关西堂”、“四知堂”、“清白堂”誉称得于杨震。生子牧、里（失考）、秉、让（失考）、奉。杨秉，东汉宰相，著名政治家、教育家，从杨震起至杨秉后裔杨彪（震之重孙，从杨敞起为第八世）均为太尉，后世称为“四世三公”。

第六世：杨奉，生子：敷。

第七世：杨敷，生子：篡、众。

第八世：杨众，生子：超。

第九世：杨超，生子：柄、骏、珧、济。骏、珧、济号称“西晋三杨”。

第十世：杨珧，生子：结。

第十一世：杨结，生子：珍、继。杨珍为上谷房始祖。

第十二世：杨继，生子：晖。

第十三世：杨晖，生子：佑、恩。

第十四世：杨佑，生子：钧。

第十五世：杨钧，生子：暄、穆、俭、宽。

第十六世：杨俭，生子：文升、文休、文异、文伟。

第十七世：杨文伟，生子：荣、士、积、安、篡。

第十八世：杨荣，生子：师、奉、恪。

第十九世：杨恪，生子：元表、元政。

第二十世：杨元政，生子：志元。

第二十一世：杨志元，生子：成名、成规。

第二十二世：杨成名，生子：凭、凝、凌。

第二十三世：杨凌，生子：后之。

第二十四世：杨后之，字谦人，生了：帐诚、帐盛。

第二十五世：杨帐诚，生子：临琅、临侻、临蝶。

第二十六世：杨临蝶，生子：居本、居庆、居忠。

第二十七世：杨居本，生子：再思、再韬。

第二十八世：杨再思，生十子：政隆、政滔、政修、政约、政款、政绾、政岩、政嵩、政权、政钦（俭）。再思公为靖州杨一世祖，亲立“再正通光昌胜秀”为字辈。

（二）姓含多民族　大姓多源流

大姓的祖根源流，正像一棵参天大树一祥，其根系是往住复杂多枝的，甚或主根都不止一条。“脉源黄轩、出于姬姓、封桐肇姓、兴于弘农”可以说是杨姓的主脉，但在整个杨姓大家庭中，还有许多支系，其开派之始各有不同，其中多数应该说是主脉上的支脉，相当于大树主根上的分根。但还有一些甚至祖源都不一定一致，而是一棵大树的又一主根或侧根。也就是说，个别脉系可能是由远古时不同的氏族部落延衍而来的。这一点，明显体现在杨姓大家庭还包涵多种少数民族这一事实中。但无论怎么说，所有这些脉枝都早已认同了一样的家风文化传承，彼此都视为同宗、亲如兄弟，都以姓杨为荣，成了不可分割的亲密一家。

应当说明的是：并不是说所有少数民族中的杨姓，都和主脉同姓异源，其中多数是因在数千年的历史长河中，汉族杨姓在少数民族区域的融入和吸纳，以及众多的少数民族因赐封等原因汇入杨姓大家庭的结果，但也不能完全排除有与主脉源流相异的支系。以下谨以有籍可查的原则，将少数民族中杨姓主要支系的起源开姓，列入本篇的编记之中。

氐族天水杨氏（《中华杨姓网》）

氐族天水杨氏，是古代氐族中的大姓，也是杨姓在古代少数民族中最大的一支，长期以来与弘农杨氏并称。

氐族自称是盘瓠之后，可能与崇拜狗图腾的南方少数民族有血缘关系。后来，他们努力向西扩展，在今陕西、甘肃、四川一带，从事畜牧和农业，并与冉駹夷、白马羌交错杂居在一起，在羌族的融合下，慢慢地“嫁娶有似于羌”。故史学家又把他们称之为西戎。杨姓由于是古代氐族中的第一大姓，故在氐族所建立的仇池、前秦、后凉三国中，杨姓起了中坚的作用，其中的仇池国就是杨姓人建立的地方政权。仇池，本为山名，亦名仇维山，又名瞿堆，在今甘肃省成县西北（一说即甘肃西和县西南洛峪），是一个相对独立的盆地，地势四面陡绝，中间有可供耕种的百余顷土地，是天然的易守难攻之地。汉代仇池属天水郡清水县，以后分别属略阳郡、汉阳郡、永阳郡、广魏郡管辖。后人沿袭旧称，称他们是天水杨氏或略阳杨氏、永阳杨氏、氐族杨氏、仇池杨氏和百顷杨氏。早在东汉末年，杨姓人在首领杨腾的率领下，举族迁徙到山川险要、土地肥沃、物产丰富的仇池山后，杨姓便成了当地的主人。

据史载，杨腾，号仇池。自少武艺高强，及长，能征惯战，富有韬略，爱部下如子，颇有大将之风，御下有方，众多敬服，极得时望，因之居于仇池，如王国，无人敢侵犯其境。仇池地方百顷，物阜丰庶，民众安居乐业。

建安年间（196—220 年），自号为西夷部落大帅，又以仇池为国号。后来，仇池杨氏利用魏晋南北时期中原大乱之机保土安民，相继建立了五个地方政权，直到隋朝初年被灭，立国时间累计达 300 余年，是同一时期其他少数民族政权难以企及的。这五个地方政权为：

前仇池国（296—371 年）。建国者为杨茂搜，从世系上推断，是杨腾的 6 世孙。茂搜原姓令狐，是养父杨飞龙的外甥。飞龙，出身不详，但武艺高强、能征贯战、御下有方，众皆心服之，因之归者益众，日渐强盛，自立为百顷氐王。又于武帝时（265—290 年），自号平西将军，独霸一方。飞龙无子，养外甥茂搜于身边，善待之，遂立为己子。永康年间（300—301 年），茂搜自号辅国大将军、右贤王，善御群众，颇为众所爱戴，推为主帅。时遇关中民乱，便率所部 4000 家还仇池。于晋愍帝时（313—316 年）授骠骑将军。其子杨难敌，身体魁梧强壮，象茂搜那样勇敢善战，后继父位，自号为左贤王，攻陷临近郡县，尽有陇、蜀之间的西汉水上游地区，并自封仇池公。卒于晋成帝咸和九年（334 年）。直到东晋咸安元年（371 年）仇池国被前秦国主苻坚所灭，共立国 75 年。

后仇池国（386—443 年）。建国者为杨定，是杨腾 10 世孙，杨难敌之曾孙。好战斗，有谋略，富正义，御下有方，为部队所敬服。在前仇池国灭亡后入仕前秦，随苻坚征伐，授尚书领军，忠心耿耿，尽力于坚，是其手下骁将之一。及前秦内乱，他奔还陇右，招集氐汉百姓千余家，在前仇池国西北 60 公里的地方重建后仇池国，自称仇池公，定都历城（今甘肃成县北）。杨定后来又攻占了附近的天水、略阳、陇城、冀城等地，自称陇西王，称藩事晋。孝武帝时，授秦州（甘肃天水）刺史。后为乞伏乾归所害，赐谥曰武王。杨定逝世后，国力一度衰落。及到其弟（一说是儿子）杨盛独霸一方时，又重新强盛起来。杨盛袭陇西王后，即分诸氐羌为 20 部，设护军，分各部镇戍，不另置郡县，事权可统一，遂有汉中之地。道武年间，拜征南大将军，仇池王。卒，赐谥曰惠文。但因为东有刘宋，北有北魏，建国于夹缝之中，至其孙杨保炽时，终为北魏所灭。

武都国（447—477 年）。建国者为杨文德，是后仇池国末主杨保炽之弟。立国初期，国都建在白崖，即今陕西勉县西北，后迁至葭芦，今甘肃武都东南。立国期间，由于外部的民族矛盾一直存在，内部的宗室之间也极不融洽，文德死后，武都国即一分为二：一治白水，今四川广元西北；一在葭芦，不久被北魏灭掉。

武兴国（478—553年）。建立者为杨文弘，是武都国末主杨文德之弟。国都武兴，今陕西略阳，故称武兴国。当时仇池、武都等地都在北魏的控制之下，南部边境是沮水氐的势力范围，西北是另一部分氐族人活动的地方。这两部氐人首领也姓杨，但各自为政，不相统领。所以武兴国势力所及的地方十分有限，远不能与前面三国相比。北魏宣武帝正始二年（505年），北魏兵临武兴，武兴第一次亡国。14年后的北魏孝明帝神龟元年（518年），武兴国旧主杨绍先复国，再建武兴。绍先，系杨飞龙之后，袭位为武兴王时，年纪还幼小，凡事均委托集起、集义二位叔父办理。但集义发动诸民，拥推绍先为帝，因之被北魏军所攻陷，绍先被囚于京，后逃回，仍自立为王。其后武兴分裂为二，分别被梁朝和北魏所灭。

阴平国（477—580年）建国者为杨广香，是杨腾11世孙、后仇池公杨难敌族弟。北魏灭武都国后，以杨广香为阴平公、葭芦戍主，广香是以乘机建阴平国。其国都，初在阴平，今甘肃文县，后移平兴，今四川广元西北白水街。至北周末年，阴平国已沦为北周的附庸。及北周益州总管王谦起兵反对宰相杨坚，阴平举国响应，后兵败，阴平国也随之灭亡。从此，氐族杨氏不复再建邦立国。后经民族融合成为汉民族之后，氐族杨氏之名，也被汉民族中的天水杨氏所取代。

白族之首姓　历代居苍山

云南省的大理古城简称榆城，位居风光美丽的苍山脚下，当地居民有白族，且十有三、四为杨姓。杨姓人口数量至少也占到当地总人口的四分之一以上，杨姓在白族中成为名排第一的首姓。这一比例远远高出杨姓在全国占总人口3.08%，排列为第六的位次。在世代生活于苍山脚下的白族村寨中，房山或院落照壁上，随处可见“清白传家”四个大字，并多以“四知”为堂号，这足以说明白族杨姓对弘农杨氏文化的接受和认可，或者说他们也都自认是属弘农杨氏一脉。但也有观点认为，这只是因受汉族杨姓文化的影响，事实上白族杨姓应是与中原杨姓之源宗均不相同的另一杨姓脉系。

据学者考证，当地白族杨姓来源有三：其一，是出自图腾崇拜，古代白族氏族崇拜图腾的发音被变译成为今天的汉姓（杨），这是白族杨姓得姓的主要来源，有土著九隆一说。现存大量的碑刻、墓志都记载，当地杨姓为九隆后裔，是洱河蛮的大姓。明景泰元年（1450 年）《重理圣元西山记碑》："杨氏系九隆族后裔，世居五峰之下阳溪。唐时与姻亲张乐景明创立本寺西山，……传至连，连生佑，佑生莆，俱有潜德。莆生智，元末授元帅，智生保，避为书吏……"

其二，白族杨姓中有一部分是唐朝以前，历代王朝的赐姓。特别是三国时，诸葛亮平定哀牢夷（湖南、贵州的僚族分支）后，赐当地少数民族汉姓，主要有赵、张、杨、李等姓；

其三，是中原地区汉族杨姓，因各种原因迁居并融入当地使然。云南的大理地区，在西汉时就设置为益州郡，到了东汉又在大理以西设永昌郡。隋、唐两代朝庭都曾择派官员到该地区行使辖管和治理。其中不乏杨姓官员，天长日久其子孙就在当地定居并融入白族之中。

其他少数民族中的杨姓

除了上面的两大少数民族杨姓外，在其他少数民族中也有杨姓。如在辽宁省的辽阳就有满族杨姓。据《皇朝通志·氏族略》载，辽阳人杨绶宗，就是满族镶黄旗人；吉林昌邑区即今吉林省吉林市也有满族杨氏。据 1934 年杨锡绶等人续修的《杨氏谱书》载，这里的杨氏，原为汉人，原籍云南贵州府，迁居山东登州府莱阳县。康熙年间，携眷移居永吉州地方，云云。

朝鲜族杨氏，在清代吉林辉宁就有被编为正黄旗的杨姓包衣人（奴隶），属高丽姓朝鲜族，辉宁大约在今吉林辉南县一带。

新疆沙陀哈萨克族杨氏，是古代突厥人的一支。唐末五代时，沙陀部人曾在中原建立后唐、后晋和北汉三个王朝。后唐庄宗时，就有杨光远、杨承勋父子为沙陀部人。光远，字德明，曾为庄宗部将，征战中曾伤一臂，号称独臂将军。归晋后，授为节度使，屡立战功，为高祖所器重。承勋，为人正义，甚受尊敬，初官莱州防御使，后授郑州防御使。

宁夏回族杨氏。在元代，有杨朵儿只、杨不花父子为宁夏人。杨朵儿只（1283—1324 年）初事元仁宗于藩邸，聪明勤快，善伺人意，服侍勤慎，仁宗颇倚重之。仁宗即位后，授御史中丞，以功升集贤学士。仁宗逝世后，被权臣诬陷遇害，追谥"襄愍"。不花被授佥河东廉访司事，任内颇有政绩，调升通政院判，后被乱兵所杀。还有明正德年间的杨忠，亦宁夏人，官至指挥佥事，为人廉介，有勇有谋，在变乱时战没于阵。杨应奎，明代诗人、书法家，回族，山东益都人，正德年间进士。

内蒙古蒙古族杨氏。唐代有朔方（今内蒙古抗锦旗西北黄河南岸）人杨朝晟，字叔明，官至骠骑大将军和邻宁节度使。元代时，又有蒙古人杨琏真如，元世祖用为江南释教总统，令其发掘故宋室赵氏诸陵及钱塘、绍兴诸大臣冢墓，凡110所。还有明代初年著名戏曲家和琵琶演奏家杨讷，亦出身蒙古族。

（三）赐封改附转　大姓更蔚然

杨姓簪缨世胄的荣耀显赫，以及“清白传家、诗礼处世”优良家风，早在秦汉时期已成为世众所仰、无人不晓的名门望族，隋朝更贵为国姓。这在十分重视家世门第的古代，是被世人十分看重的资源背景。因而，历代王朝的朝廷往往把功勋卓著的官吏臣子，封赐为杨姓，以使其门庭生辉，光宗耀祖；有一些则是受位高权重的要员或杨姓族长的恩赐而归于杨姓；另外还有因其他各种原因转姓、改姓、养附而汇入的支脉。所有这些，也都是构成杨姓来源和巨大根系的组成部分，也使杨族更为蔚然生辉。

隋朝的杨义臣就是隋文帝赐为杨姓的。义臣本姓尉迟，西部鲜卑人，属北魏时勋臣八姓之一。其父亲尉迟崇，北周时为定州总管，隋初随行军总管达奚长儒与突厥交战，力战而死。当时义臣年幼，养于宫中，数年后奉诏宿卫皇帝内宫，常在隋文帝杨坚左右，不免引起隋文帝对尉迟崇功业的追忆，于是下诏：“义臣可赐姓杨氏，赐钱三万贯，酒三十斛，米麦各百斛，编之属籍，为皇从孙。”不仅赐予皇室姓氏，还确定了义臣在皇族的辈份，这在受赐姓者中，可谓极受恩宠。

其余最多的现象是，他姓之人受养、受恩于杨姓家庭，而转从其养主改为杨姓。

前节少数民族中的杨姓，就多有赐姓或受养于杨氏而归杨姓的典例。如白族杨姓，极有可能是受诸葛亮的赏赐而得以姓杨；武都仇池（今甘肃成县西北）一带的氐族首领百顷氐王杨飞龙，因无子，养外甥茂搜于身边，待之甚善，后立为己子故称杨茂搜。后来茂搜继飞龙为氐族首领，被晋愍帝封为骠骑将军。

因受养、受恩等原因改附杨姓的典例，在汉民族中更为多见：

如诸暨概浦杨氏，本为倪氏所改，望出千乘郡，派接浦江倪氏盈公大宗：倪公第八世孙：倪炤，仕宋为龙图阁学士，在王安石变法时，因在朝谏议与群小有异而遭排斥，与其子倪顺（1069—1118 年）一起，被放逐于新州（今广东新兴县）。倪炤不久即病死，倪顺当时还只是襁褓之中的幼儿，因父落难，躲避在诸暨概浦南安畈的外祖母家，官府搜捕甚急。外祖母杨孟氏不忍倪氏绝后，便将与倪顺同岁的一个舅舅交与官府，使倪顺得以逃过大劫。为避祸图存，改随其母姓杨。“长大后，力学皆优，念舅外杨氏之恩，以母姓应试，北宋元祐己巳（1089 年）年登进士，官至礼部尚书，卒后诏赠金紫大夫、吏部尚书、右仆射、韶阳公，谥文贞公。元配俞氏，诰封韶阳夫人。倪顺卒后，与俞曹二氏合葬于徐坞杉树湾之原（今次坞新徐坞杨村），即杨七将仕”。是以韶阳公倪顺，即为诸暨概浦倪杨氏更姓始祖。

唐末五代，是从养主改姓现象最为突出的时期。唐代自“安史之乱”后，方镇势力（唐代中晚期，以方镇为中心形成的特殊幕府文人集团）不断膨胀，一些方镇逐渐成为与中央相抗衡的独立王国。出于政治野心，或为自保其土，地方势力的头领，常以各种方式招兵买马，网罗人心，收养义子假儿。因此，在当时转从养主之姓是很普遍的现象。宫中宦官为扩展自己的势力，也纷纷养他人，并令其改为己姓。

唐代杨思（日助），唐玄宗时期人，本姓苏，因为杨家养子，遂从养父姓杨；杨复光，本姓乔，为内侍杨玄价家养子，遂转姓杨。唐僖宗时，杨复光因镇压王仙芝起义军有功，被封为弘农郡公，而弘农正是杨姓最显赫的郡望。杨守亮，本姓訾名亮，杨复光平定江西黄巢起义军时，得訾亮，养为假子，转姓杨，改名守亮；杨复恭，本姓林，因系宦官杨玄翼养子，遂转姓杨。杨复恭在唐僖宗时任左神策军中尉，后来定策立唐昭宗，权倾一时。

北魏孝文帝迁都洛阳后，施行汉化，在代北（古地区名，地理参考位置约在山西代县一代）地方有三字姓“莫胡卢”氏改为杨姓记载。

在客家人中，据记有一支林氏因躲避元初对林氏汉人的屠杀，被迫改姓杨，俗称“新杨”。

（四）脉联董杨童　三姓共一宗

编记杨姓的源流和发展，有一件意义深远的重大事件必须提到，这就是董、杨、童三姓联宗，这可以说是中华民族姓氏发展史上的一段佳话。三姓联宗，一则进而认证董、杨、童同出姬姓、都是出于黄帝的主脉源流，杨姓中也有直接源于董姓的支系；二则充分体现了三姓乃至整个中华民族慎终追远、崇德重祖、敦亲睦族、知恩知报的文化传统，和中华文化中亲和向善的凝聚力。

董、杨两姓联宗，不仅因为有同一的上古脉源，最主要的还是两姓有更近的血统关系：据传大约一千年以前，福建泉州有位姓董名思安的官员，在起兵勤王去建州（今福建省北部的南平市建瓯市）时，将其子托养于杨姓朋友之家，这个孩子改姓杨，其后裔也便承继了杨姓。这等于是在杨氏的宗族中加入了董姓的血统。为了避免后世血统混淆，原先泉州地区的董、杨两姓便互相约定不能联婚。其后，便逐渐发展成为彼此亲如手足的联宗关系。到了明朝时，杨姓中有个名字叫荆严的，及第中举后，授东官讲官、礼部左侍郎、赠礼部尚书，其儿锡，荫至刑部，曾上疏神宗皇帝，恳求恩准回复姓董，帝御批："既承久代，不准复姓，钦赐董杨公，仍以杨姓传嗣"，因而董杨公更有了皇帝御批的"合法"而荣耀的依据。也就是从明朝的荆严公起，后世将所设祭祀神主题为董杨公，此中也包含有不能忘本的意思。

董、童两姓联宗的由来，是因为童姓直接就是董姓后裔：童姓的得姓始祖就是东汉的骠骑大将军董仲颖。因为受侍婢陷害，惨遭灭门，后裔为避灭族之祸；便把"董"字上面的"草头"换为"立"字，改"董"姓为"童"姓。后代子孙为慎终追远、敬祖尊宗，祖庙正堂奉祀的始祖仍是董仲颖大将军的塑像。出自董姓的童姓，在台湾北部的板桥和基隆的万里一带，为数不少，板桥邻近的土城，还有一座"童氏祖庙"，庙中香案后所供的始祖，就是汉末的董仲颖将军。

董、杨一脉相传，且在历史上又有融汇联宗关系；而童姓又直接出自董姓，二者是更直接的同宗，因此"董杨童一家亲"自然就是理所当然的结论。于是，也就有了董、杨、童宗亲会的建立，设在台湾台北的"全球董杨童宗亲总会"，成立于 1994 年。在包括台湾在内的东南亚各国各地的董、杨、童三姓宗亲的共同推进下，相继在中国台湾和菲律宾、马来西亚、泰国、新加坡、印尼等地举行过多次恳亲大会。恳亲大会增强了董、杨、童宗亲族人的影响力和凝聚力，激发了他们寻根爱祖的情怀，推动了经济文化的交流与发展。恳亲大会的声势，也在一届接一届的举办中越来越大，越来越隆重。祖国大陆自从2004年在泉州举办了第九届董杨童恳亲会后，2005年在河南省的灵宝市又举办了第十届大会，时隔五年后的2010年，全球董杨童第十五届恳亲大会也在广州湛江的隆台举办。

二、杨姓的播迁

迁徙是人类社会发展的最基本、最常有的活动之一，是构成社会历史的重要组成部分。尽管古书里讲："安土重迁，黎民之性"，这句话也确实道出了人们普遍眷恋故土、慎于迁徙的通性，但在漫长的历史进程中，或因扩张、拓展生存领域；或为逃避自然灾难和战争的侵逼；或为探索、逐寻更为美好的生存地；在各个历史阶段，都有持续不断的以族群、家庭或个体等为单位、规模或大或小的、各种形式的、或近或远的迁徙活动发生。而且，任何单一族姓的稍有规模的迁徙活动都不可能孤立于整个中华民族历史发展的背景以外。编记杨姓的迁徙，自然也要与整个华夏民族的重大迁徙活动紧紧依联。

（一）迁徙自古起　交融无止息

迁徙在一定意义上讲，是对美好和希望的追逐。而追逐美好和希望，是人类与生俱来的天性，因而必然是贯古通今、无止无息的。自从盘古开天地、三皇五帝到如今，人类就从未停上过迁徙活动。但在上古，迁徙主要表现为整个部族活动领域的移动或扩张。北方中原地区，是中华文明的摇篮，那时汉民族的迁徙移动应该是以发展较早的该区域为主。在上古，即便是黄帝在位时期，包括杨姓在内的大多数姓氏，还都没有开基受姓，但黄帝是中华人文初祖，是杨姓和其他许多姓氏的上古族源。那一时期的部族移徙、争战、扩张，为后来的民族活动拓展了领域，提供了引范。所以探寻杨姓先民的迁徙之始，还是应从黄帝时期说起。

在进入农耕文化以前，古代的部落族群，主要以游猎生活方式为主，“逐水草而居”的迁徙移动差不多是每日每时必修之课。规模较大的“迁徙”，则更多地来自于对其他部落族群的争战。争战的目的也不都是为扩大活动领域，争夺更有利的适生地域，而往往也是为慑压混乱、建立新秩序、实现一统的手段。《五帝本纪》就记有：“轩辕之时，神农氏世衰。诸侯相侵伐，暴虐百姓，而神农氏弗能征。于是轩辕乃习用干戈，以征不享，诸侯咸来宾从……天下有不顺者，黄帝从而征之，迁徙往来无常处。”通过这些战争，实现了各部族的融合，大家公拥黄帝为天下共主，实现了华夏民族的最早统一，也拓展了所有族群生存、交融、发展的空间。

轩辕黄帝生活在距今五千年前，大约处在相当于今考古界所界定的庙底沟类型的仰韶文化时期。

根据历史记载，黄帝之时最大的战争，当是黄帝与炎帝之间的阪泉之战以及黄帝与蚩尤之间的涿鹿之战。阪泉，有说法是现今河北涿鹿东南，也有说在今北京延庆。也就是说，当时黄帝迁徙活动的范围，北方有可能到达北京以外。也有许多学者认为：当时，黄帝部族的人口增长很快，需要不断扩大生存领域，东南面受到以河南淮阳为基地的炎帝部落的巨大压力，不得不选择向西北方向发展，其中一支由黄帝率领，越过潼关进入陕西关中地区，进入渭河流域一带，在良好的自然条件和社会环境中迅速发展壮大。

进入商周以后，历史开始有了较为明晰的文字记载，汉民族的迁徙活动，也开始逐渐由北方范围内的移动，转变为由北向南的迁移。各个姓氏也多以这一时期及以后，开始启姓衍生。汉民族由北而南的历次迁徙活动，最具代表并成为主流的就是客家人的南迁。

简单地讲，客家人就是迁徙到南方的汉人，不但其中必然会包括杨姓和许多其他姓氏，而且事实上杨姓就是客家人中的一个大姓。客家人的迁徙可以说是从古到今整个汉民族迁徙活动的缩影，其中也必然包含杨姓先民迁徙的脉线。于是，我们不妨依客家迁徙的历史脉络，探索摸寻杨姓先祖迁徙的线索和足迹。

客家人的祖先源自中原，是从中原迁徙到南方的汉民族的一个分支。“以粤东梅县、兴宁、大埔、五华、惠阳等地最为集中。尚有部分分布在广西、四川、湖南、台湾、海南岛和侨居海外南洋一带”。客家人的主要聚集地在赣南、闽西、粤东，那里有29个县是“纯客县”。宋朝末年以前，宁化是客家人南迁的集散中心，明末清初，客家人迁徙的集散中心逐渐转移到嘉应州（今梅州市）。在以此两地为轴心的我国南方，客家人逐渐扩展形成了一个独特的民系，并成为汉族八大民系（北方、吴、赣、湘、粤、闽北、闽南和客家）中重要的一支。

在较大规模的迁徙活动之外，也有部分中原汉民因水旱灾荒南迁到江南、岭南地区；还有历代官宦因赴任或贬谪远迁南方者；更有为经商、游学而迁居闽粤赣者。并不是所有南迁的汉人都成为客家人，他们中只有闽粤赣系和源自这一系的人，才被称为客家人。

（二）祸因六卿乱　杨族迫逃迁

杨族肇姓启姓后的第一次举族迁徙，准确地说应是逃迁，是迫于受“六卿之乱”牵连而发生的一场灭门之灾。其时是在秦汉以前的春秋战国时期。

“六卿之乱”是发生在古代晋国的历史事件。从公元前633年晋文公重耳始设六卿起，直至韩、赵、魏三分晋国，六卿军政制度结束，长达一百多年时间。期间以范、中行、智、韩、赵、魏等姓氏为主的六个世袭卿族，共主国政，专擅晋权。六卿的设置，使国政基本掌握在于异姓卿族手中，公族与卿族、卿族与卿族之间不断发生残酷的明争暗斗，恩仇跌起，厮杀兼并不断，造成国君的权位越来越弱，卿族势力越来越强。经过200余年的斗争与兼并，最终造成了魏、赵、韩三家分晋的格局。

在这期间的晋顷公十二年（公元前514年），晋大夫祁柔（“外举不避仇，内举不避子”的祁黄羊的后裔）之孙祁盈的家臣祁胜和邬藏有通室（交换妻子）之行，被祁盈发现，以为有伤风化，就捕捉并囚禁了这两个人。祁胜通过亲信行贿买通了大夫荀砾，荀砾就以未经批准私捕乱囚为罪名，在顷公面前告了祁盈的黑状，顷公纳信荀砾之言，逮捕了祁盈。杨食我和祁盈是多年好友，认为晋顷公处事不公，甚为祁盈抱屈，一气之下帮祁家杀死了祁胜和邬藏。其时顷公正为六卿争乱、君权日衰而烦恼，因而正欲寻机削弱公卿势力。其他得势公卿为削彼强己，也在明里暗里煽动窜掇，更激起顷公大怒，于是下令杀死祁盈和杨食我，并要尽灭祁氏、羊舌氏两族，分祁氏之田为七县、羊舌氏之田为三县，作为其他公卿子孙的食邑。《左传·昭公二十八年》（公元前514年）中，也有“魏献子（春秋后期晋国大夫）为政。分祁氏之田为七县，分羊舌氏之田以为三县”的记载。

为免于灭族之灾，羊舌肸（叔向）的子孙就慌忙秘密迁逃。其中杨食我的弟弟羊舌季夙携家眷，沿汾水而下，南渡黄河，经冯翊（今陕西省大荔县），逃到华山仙峪，在密林深壑中栖身藏居。生子名道，因命系一脉，乃以其祖叔向之食邑地“杨氏县”的邑名为其姓。

晋亡后，杨姓家族劫后余生，才逐渐走出山林，在华山脚下的弘农郡华阴县建村设堡，取名为“晋公子宫”（即今华阴市东宫村），以不忘所出，繁衍生息，重铸辉煌。从杨道始，杨家重新走上政治舞台，十余代皆为周室命官，或为大夫、司马，或为太傅、州牧，或为左将军、左庶长，累世簪缨成为当时显赫的名门望族。据《太平寰宇记》所记，唐末诸郡世族郡望，“虢州弘农郡五姓，杨姓居其首”。弘农郡，为西汉元鼎四年（公元前113年）置，治所在弘农县，即今河南灵宝市东北故函谷关。唐以前的弘农杨氏就散居在这片土地上。于是就有了“天下杨氏出弘农”之说，而弘农华阴的东宫村就被称为“天下杨氏第一村”。

在当时杨氏的避难逃迁中，另有一支直接到了楚地巫山安家落户。楚汉相争之际，杨氏家族又溯长江而上，移居到巴江州（巴郡江州，即现今的重庆市）。汉武帝元鼎年间，又一次为避仇家相害，举家外迁，“复溯江上，处岷山之阳曰郫”。郫即今四川郫县，近邻郡邑成都。从此这支杨氏就以农桑为业，就是后来汉代文学家杨雄的祖先。

另据其他记载，因六卿之乱有幸迁逃出去的羊舌肸（叔向）之后，除到弘农华阴者外，还有逃到现今的晋、陕、豫其他地方的子孙。

逃到弘农华阴的杨姓先人，在乱定复出后，到了东汉时期开始因居官赴任等原因，不断有向外播迁之举。当时的杨昌，有三个儿子：长子杨苞任韩国襄王的将领守卫修成（今河南省武陟县到获嘉县一带，古为河内郡）其后裔定居该地，并使该地区成为杨氏郡望之一，杨苞便是该支杨姓的开基始祖；次子杨隆迁徙到凤州（今陕西宝鸡市的凤县，古称“凤州”），第三子杨宽的后裔播迁至扶风（位于今陕西宝鸡市东部）、和顺（即今山西省中部的和顺县）、修武（中华古县，位于河南省西北部）等地。这一时期，杨姓后裔的繁衍集中在长江以北的陕西、河南、山西、河北诸省。

据记，同在春秋战国之时，“已有杨姓人迁江汉地区（今湖北省潜江一带），后因楚国势力不断加强，迫使他们向东南迁至今江西省一带；与此同时，又有自山西迁往江苏、安徽的杨姓。这样杨姓便开妨散布于长江中下游地区”。这当是有别于受“六卿之乱”牵连迫害的举族逃迁，也应当是在这之前就有发生。

秦汉之际，中原汉族开始较大规模地南迁，比如最具代表性的所谓“客家一徙”以及秦军南征而将士兵驻留“百越”、“五岭”的迁徙，其中不可能没有杨姓先民的踪影。除此而外杨姓已有迁居四川者，自秦起零陵的第八位太守，尚书仆射杨璇，就是在此时期迁居浙江会稽（今浙江绍兴市）的。

到两汉时，杨氏就已形成了弘农郡（今河南灵宝市）、天水郡（今甘肃通渭西北）、河内郡（今河南武陟县西南）等三个郡望。堂号除了“四知堂”外，还有河东堂，栖霞堂、泰和堂、鸿仪堂、安阳堂、鸿山堂、新杨堂、道南堂、信海堂、北山堂、赐书堂等。

在数千年的历史长河中，人类的迁徙活动是复杂莫测的，同时由于人们与生俱来的对生身地或原居地的眷恋和怀念，以及其他原因，迁徙也往往难免有所反复，据有些记载，在杨姓避难南逃不久后，就有部分子孙从冯翊、华阴折回现汾水中游的霍县一带。“六卿之乱”、“祁盈之难”烟消云散后，杨姓子孙解除了灭族之虑，后世子孙在以后的朝代，择时择机又迁回山西者，也当不在少数，否则就无法解释晋时杨姓举族渡河南逃后，历朝历代山西也还都是杨姓人口大省的现实。

（三）历史入晋唐　宗族南迁忙

从东晋起直到隋唐五代，北方汉人的南迁一直频繁不断，此时期也是杨氏南北播衍的重要时期，尤其以南方区域内的迁衍最为突出。造成这一时期人口迁徙活跃频繁的最主要原因，是此时先后发生的几次重大历史事件所造成的社会大动荡。

首先是西晋晋惠帝时，朝廷腐败不堪，统治者内部激烈的争权夺利冲突，造成了持续不断长达十六年的“八王之乱”。永兴元年（304 年），匈奴贵族刘渊起兵于离石（在今山西中部），国号汉。晋怀帝永嘉四年（310年），刘渊死，其子刘聪继立。次年刘聪遣石勒歼晋军十余万人于苦县宁平城（在今河南省鹿邑县），并俘杀太尉王衍等人。又遣刘曜兵破洛阳，生俘晋怀帝，杀士兵百姓三万余，史称“永嘉之乱”。为避战乱，包括杨姓在内的大量人口从中原迁往长江中下游，史称“衣冠南渡”。这为东晋偏安一隅作了预备，大量的侨州侨郡的设立，深刻地影响了东晋的政治面貌。同时，客观上促进了长江中下游经济的发展，中国古代经济中心进一步迁往南方。

发生在东晋的“五胡乱华”事件，大批中原地区的居民为避祸乱，辗转迁徙到闽、粤、赣边区。由于南北方的对峙，其后更有近百万北方汉人南逃到长江中游一带。其中部分迁流入赣南，又有部分经宁都、石城（均为江西省所辖的县）流入闽粤。

唐代玄宗时又发生“安史之乱”。起因是玄宗改元天宝后，政治愈加腐败，国家大政先后把持在权臣李林甫、杨国忠手中，同时又放任边地将领拥兵自重。天宝年间平卢节度使兼范阳节度使、河北采访使又兼河东节度使的安禄山，掌握了今河北、辽宁西部、山西一带的军政大权后，趁唐朝朝廷腐败空虚，发动兵变，攻陷洛阳，立国号为燕，并自称燕帝。第二年就攻入都城长安，迫使唐玄宗荒忙逃入四川，太子李亨在灵武自行登基，是为唐肃宗。后安禄山被其子安庆绪所杀，另一叛将史思明投降。758年，由于朝廷意欲暗杀史思明的计划外泄，史思明又发动兵变，杀死了安庆绪并称帝。后来，史思明又被其子史朝义所杀。直到唐代宗继位，收复了洛阳。最后史朝义被李怀先逼迫自杀，连续八年的“安史之乱”才告结束。

上述东晋以来的社会动乱多发生在中原地区，为避祸自保，中原人口大举南迁，其中就不乏杨姓族亲。至宋代起，杨氏已广泛分布于江南广大地区，并形成了以福建为中心的播迁基地。

总之，杨姓族人在隋唐以前，除集中繁衍于今河南、山西、陕西三省间地以外，还有以甘肃天水为中心的一线，以湖南、江西为中心的又一线。此后便逐渐向今河北、山东、内蒙古、安徽、湖南、浙东、福建、广东、四川、贵州、云南、广西等地发展，直至遍及全国各地。

据林荣发《三明姓氏考略》所记载，有多宗杨姓在晋、隋、唐时期迁徙福建，又以福建为中心迁徙浙、赣、粤等地的典例。

西晋末年始，杨氏后裔逐渐渡江南下，扩散于南方诸省。及至隋唐，弘农杨氏各宗派先后分别迁徙进入福建。其中很多是先迁居河南光州（即今信阳市潢川县）固始（今信阳市下辖的一个县）后，由固始迁移入闽。

隋开皇十五年（595 年），弘农杨氏杨震的第九代孙杨濯缨封为南平侯。他由陕西华阴迁徙入闽，居福州南台；唐时，其后裔迁徙永泰县嵩口。隋末，杨秀初封越王，寻徙封为蜀王，进位上柱国，西南道行台尚书令，兼右领军大将军。他见杨广昏庸无道，避入闽，遂居浦城（福建省所辖县）；其后裔分布闽北崇安、浦城、建阳、建瓯、松溪、政和、及闽南南安等县。

唐总章二年（669 年），原籍河南光州固始的杨君胄以府兵校尉身份随陈政、陈元光父子入闽。他进屯于梁山外云霄镇（今云霄县）乌石山。遂因官而寓居于此；其子孙分居在福建龙溪、南靖、平和、漳浦等地。河南固始的杨细秀也以府兵校尉、前军左翼统领的身份随陈政入闽，“武后垂拱二年（686 年）奏置漳州。细秀与同戍者，俱留屯所，杂处漳潮之间，开田属地，以耕以息。子孙遂分徙龙溪、漳浦、海澄、云霄、漳州、泉州各县繁衍”。

唐贞元二十一年（805 年），杨宁任中侍御史、国子监祭酒。杨宁有四个儿子，均为进士。兄弟四人同居长安（今陕西省西安市）朱雀街静恭坊西北隅，官势显赫，人丁兴旺，人称“静恭四院”。

唐元和九年（814 年），杨衡由河南光州固始入闽，居福州福唐巷（今杨桥路），其子孙散居莆田、仙游等地。

唐广明元年（880 年）黄巢率部攻占华县（今陕西华县）后，观军容使田令孜拥僖宗逃往四川成都。长安杨氏静恭房第三院杨汉的孙子杨珂带领整个家族跟着逃到四川，定居在绵竹（今四川绵竹市），并将静恭房第三院改称蜀院。后来杨珂裔孙逐渐向夔州（今四川奉节一带）播迁。

唐景福元年（892 年），杨华、杨盈父子由河南光州固始随从王绪、王审知入闽。他们初居福州，后迁入莆田，卜居壶公山之东。其后裔分布于莆田、仙游、福清、福州、漳州、南平、将乐、连江、安溪、漳浦以及外省各地。

唐末，世居陕西华阴的杨宣仁以德行授榕城学录。任期满后，因豫州战乱无法返乡，他偕三个弟弟：宣智、宣义、宣信留居福建。黄巢起义军入闽后，杨宣智徙居漳州，杨宣信徙居建瓯，杨宣义徙居莆田。杨宣仁则由莆田涵江而入仙游，卜居梁山之麓，其后分支居福建长泰。谏议大夫杨齐被贬为建安令，他本想北还，也因战乱受阻，被迫落籍闽地。杨思恭徙居福建邵武；其子孙徙居广东高州、广州和江西信丰等地。入闽的杨氏大多定居漳州、莆田、福州一带，这些地方成了杨氏新的发展中心。以至形成后来闽北“三杨”（杨亿、杨时、杨荣）这样家世繁昌的八闽甲族。

唐贞观四年（630年），泰宁开善九峰山的山寇高海、高澄作乱。原籍湖北江陵的杨胥马随舅舅荆州大将军廖轮领兵前往征剿。历经28战拔除贼寇山寨后，廖轮率军班师回朝，留下杨胥马与廖轮之子廖董钊镇守葫芦二泽（今开善乡枫林和洋坑）。杨胥马落籍泰宁，为泰宁杨氏开基始祖。此外，泰宁大布乡原官江一带杨氏为将乐杨时的后裔。

唐末，原籍山东潍坊的杨用藩被敕封为奉议大夫。他的长子杨胜二（亦作胜义或称圣郎）仕唐，任延平刺史（有谱作御史），居延平，因“黄巢之乱”举家卜居宁化石壁杨家排。杨十四从河南省光州固始县迁入福州，后由福州经邵武迁建宁溪源乡上坪。

五代时，杨伯侨的第五十四世孙杨荣（字子江）的先祖从夔州顺长江而下，迁居江州湖口（今江西九江）。杨荣考中后唐进士，官任镛州（今将乐县）司户。杨荣任期满时因时局动乱，回籍路途阻塞，选择在将乐县城北郊龙池团杉田里定居，成为将乐杨氏开基祖。杨荣有两个儿子，即杨胜达、杨胜远。长子杨胜达有五个儿子，其中第三子杨明即是北宋著名思想家杨时的祖父。杨时的父亲叫杨殖。杨时在《先君行状》中说：“自皇祖而上，世为农家，至先君始励其子以学。”杨时有五个儿子，即杨迪、杨迥、杨適、杨适、杨造，他们的后裔遍布全县各地。对杨时的出生地，明溪的一些《杨氏族谱》有不同说法。据明溪夏阳紫云上坂坑《杨氏族谱》载：“六十九世信仲，因谒灵于福善祠，得‘三湖则止’之兆，由是历蛟湖、池湖，后卜居龙湖，宋仁宗皇佑五年文靖公应运而生，为大宋名儒。”明溪夏阳紫云杨坊《弘农杨氏族谱》载：“六世迪（杨时的长子）生二子：云、彦。七世彦，居明溪夏阳，生四子：士衡、士龙（分居夏阳紫云）、士豪、士准，分迁将乐、沙县、和杉口黄家村等地。”明溪盖洋姜坊《弘农杨氏族谱》记载杨时五个儿子的分布情况，除长子杨迪后裔分迁将乐、沙县外，“迥，生子航（迁居舍人，葬宜兴）；遹（传三子：彬迁常州；懋移邵武；森衍万禧、万福、俊华、茂诚和万祯，后裔分居明溪盖洋、宁化县城、宁化泉上延祥、江西宁都等地）；适（后裔分居高滩、福州凤池等地）；造（后裔居将乐华阳上吴坊、连城等地）”。

后唐同光二年（924 年），河南固始的杨绍大迁居沈水（今大田玉田）（大田玉田《杨氏族谱》）。

（四）时越宋元明　移徙未稍停

到了宋代，造成人口大规模移迁的重大历史事件是“靖康之难”。发生在 1126 到 1127 年，时值北宋王朝宋钦宗靖康年间。靖康二年四月金军攻破东京（今河南省开封市），在城内烧杀抢掠，并掳走徽宗、钦宗二帝和后妃、皇亲、贵胄数千人，东京城公私财产也被掠一空，北宋王朝覆亡。康王赵构仓促出逃到临安（今浙江省杭州市）建立了南宋。北方广大地区沦陷于金人的铁蹄之下，士民百姓不堪忍受占领者的统治和民族压迫，被迫举族迁移。南方相对安定的社会环境和大量尚未开垦的土地也强烈吸引着在战乱中渴望安居乐业的各地人民，于是大批王族、官员、士民携家带口向南方迁徙，其中必然不乏杨姓族亲。

在“靖康之难”之前的北宋，南迁的杨氏已然在江南形成以福建为中心，并逐渐开始向浙江、江西、广东等省播迁的态势；而仍居住在中原和北方的弘农杨氏其他支系，也开始进行向山东、内蒙古、安徽、浙江、贵州、云南、广西等地的繁衍，杨姓族裔已基本上遍及全国。

“靖康之难”后，“宋室南渡”，更有大量杨氏随宋室南迁入江西、福建等南方省份。江西吉水的杨辂一族便是代表。据庐陵《忠节杨氏总谱》载：杨辂，字殷驾，号朴斋，陕西华阴人，进士及第。唐代末年，杨辂由陕西华阴县来吉安任吉州刺史，当时正值杨行密之乱，为避战乱，杨辂及家人沿赣江辗转来到杨家庄（今吉水县黄桥镇云庄村），并在此开基立业。在北宋末至明初，吉水杨氏有过两次大规模的迁徙。杨辂有九个儿子，除长子杨锐和次子杨铤分别定居吉水杨家庄、湴塘村外，其余七个儿子均徙居外地：第三子杨锋及后裔徙居江西瑞金、永丰；第四子杨钊徙居广东惠州；第五子杨耸徙居广东梅州，后来发展成为名门望族，后裔遍布桂、港、澳以及东南亚各地，他的六世孙杨时便是北宋著名的思想家；第六子杨职及后裔徙居江西赣州、安远；第七子杨聪及后裔徙居广东潮州、海阳；第八子杨栋及后裔徙居广东澄海、铙平；第九子杨梁徙居广东平远。杨辂之孙杨安信兄弟五人均徙居福建汀州、上杭、漳州等地。杨安义、杨安信分别是上杭、漳州杨姓的开基始祖。吉水杨氏散布了广东、福建、湖南、四川、东南亚等地。

南宋初有大商人杨垢，随康王（宋高宗赵构曾被封康王）南渡，自河南定居宝山白沙，“潜心经商，诚一无伪，商民共信，聚集成市”。宋末，杨荣从上虞迁至上海；另支杨氏，与钟、王、李三姓被流配到奉贤滨海地区；元朝，渤海滨州人杨乘、嘉靖进士杨道亨的先人相继自杭州和河南迁入青浦；元末，钱塘杨璃迁南汇下沙；著名诗人诸暨杨维桢避乱华亭天马山。

河南省灵宝市上坡头的一支杨族，以“四知”、“清白”为堂号标识，自然当属弘农一系，族亲遍布灵宝东半县及洛宁、卢氏等县，始祖讳大（或为本），族谱中明确记载：宋宁宗时，为避兵乱，由汾阳南渡黄河而来，始居邑南阳店村，后移居上坡头。该支系族人，后有移居陕西、甘肃及广东番禺者。

南宋末年，浙江会稽的杨亮节由杭州随宋幼主入闽，而至漳州，后遂居海澄、南安溪尾、仙游郊尾杨寨等处。自宋代起，杨氏在福建的播迁主要分南北两支：南支为漳州、漳浦，始祖为杨君胄；北支为镛州（今将乐县），以理学大师、“程门立雪”闻名于世的杨时（号龟山），就是这支杨氏中的杰出代表人物。

仍据《中华杨姓网》载《杨氏的源流与迁徙》（作者：林荣发）所记，这一时期杨族的具体迁徙典例还有：

南宋初年，杨孔容由将乐龙湖迁徙浮流贡川（今福建省永安市贡川镇）定居，为贡川杨姓鼻祖。所以，永安杨氏源于将乐龙湖杨氏。杨荣官任镛州司户参军，家居镛州（将乐）龙池杉田，至第四代杨谊卜居将乐龙湖。杨孔容的部分后裔后来迁居永安城关。此外，迁居永安上坪乡龙依坑的杨广义和迁居永安曹远镇汶州的永三均为郡望弘农的将乐杨氏后裔。

南宋淳熙十一年（1184 年），杨延年（字九龄）从南京迁徙至福州怀安县（闽侯县），南宋景定元年（1260 年），杨元辉从闽侯迁居尤溪县二十四都巫山园。杨元辉有四子：长子杨德明迁居界连附近尤溪二十六都张山（象山）；次子杨德广迁居尤溪二十七都英山（大坪洋尾）；第三子杨德庆迁居兴化府仙游县西乡剑山；第四子杨德义迁居尤溪二十五都赫腾坑（今坂面蒋坑）。次子杨德广是元至元三年（1337 年）迁居尤溪坂面大坪洋尾的，为英山杨氏开基始祖。杨德广生杨继之，杨继之生杨政四，杨政四生杨子哥，杨子哥生杨经得，杨经得生杨世扶，杨世扶生杨献策、杨献策生杨一才，杨一才生杨广贤，杨广贤生杨江荫，杨江荫生杨成璋。英山杨氏九代单传，至第十代，杨成璋有四子：杨再兴、杨再发、杨再旺和杨五郎，从此子孙昌盛，分裔分衍于尤溪各县以及福建各地。明洪武元年（1368 年），杨德明又从巫山园迁居尤溪台溪的张山（今象山村张山），为象山杨氏开基始祖。杨德广移居仙游县西乡剑山；杨德庆移居尤溪县二十七都英坂；杨德义移居尤溪县二十四都黑腾三峰（今福廷坑）。明洪武八年（1376 年），杨德义的后裔杨念四从坂面乡下川村后孟大佳厝迁入蒋坑村蒋坑自然村，其后裔分迁闽侯、邵武、顺昌、福州、厦门以及江苏、广州等地。

南宋末，福建德化铭村的杨廿四迁居大田上华。（大田上华《杨氏族谱》）

元朝末年，蒙古统治者及封建地主对人民剥削压迫更加残酷，再加上水、旱、蝗、疫，各种灾害不断，人民实在无法生活，各地揭竿而起，反抗元帝国的残暴统治，各处农民起义的暴发越来越频繁，力量也越来越大。元军不断组织精兵锐将与农民军决战，掳掠抢杀，残暴异常。据《元史·脱脱传》载：至正十二年九月元丞相“脱脱破徐州，遂屠其城”；《元史·察罕帖木儿传》记：至正十七年、二十一年元军察罕帖木儿部与农民军战，“两战皆败之，斩首万余级”；《元史·顺帝本纪》记：至正十八年十一月，元军“刘起租守顺德，粮绝劫民财、掠牛马、民强壮者令充军，弱者杀而食之”，后来元军正规军竞忙不暇顾，无力应付此消彼长的农民起义军，一些地方地主武装，也参与了元军与农民作战，如：山西的王保保（扩廓帖木儿）父子，陕西的李思齐，也出兵豫、陕、鲁和两淮，终于把红巾军镇压下去。在这些战斗中，元军和地主武装对农民义军也多是“拔其地、屠其城”（《明太祖实录》），使豫、鲁、苏北、皖北之民十亡七八，名城扬州城中当时被杀的仅余有十八家。温县牛洼村《牛氏族谱》也载："兵戮河南，赤地千里。"已到了"春泥归来无栖处，赤地千里少人烟"的境地。后来朱元璋出兵江淮，派徐达、常遇春北伐，进取山东，收复河南，北定京都，元帝出亡漠北，这样元末长达十六年的兵乱才算结束。

除战祸兵燹之乱外，元朝末年还接连不断地发生水、旱、蝗、疫等灾；黄河、淮河又连年决口，使田庐漂没无算，人为鱼鳖，村荒城墟，遍野哀鸿。百姓非亡即逃，中原地区土地荒芜，人若寥星，户粮多不及数，元朝庭只好把一些路降为州，如"降徐州路为武安州"。就是到了明朝，由于人口剧减也不得不把许多州、府降格，名城开封就由上府降为了下府。据《明太祖实录》所记，洪武十年，河南等布政司所属州县"凡州改县者十二，县并者六十"；洪武十七年全国各地将不足3000户的30余州降为县制。

及至元朝灭亡大明王朝建立，各地的移民活动仍持续不断。洪武年间，更是发生了我国历史上规模最大的、由当时政府组织的、给中华民族遗留印象最深刻的、前后持续50余年的移民活动——明初大移民，也即洪洞大槐树移民。在这一移民大潮中，自然也有许多杨姓先民。

大明王朝建立后，朝廷据各地官吏奏报荒凉情形，中原地区处处是"人力不至，久致荒芜，积骸成丘，居民鲜少""多是无人之地"、"累年租税不入"，就连高高在上的朱元璋也深知"丧乱之后，中原草莽，人民稀少，所谓田野辟，户口增，此正中原之急务"，于是采纳了多位大臣的奏议，决定了移民屯田的战略决策，开始了一场大规模的持续50余年的移民浪潮。

从"洪武六年（1373年），徙山西真定民屯凤阳"开始，明洪武年间从山西洪洞大槐树大规模移民有10次之多，此举使民生秩序稍有恢复。但不久又发生了"靖难之役"。明太祖朱元璋死后，皇太孙朱允炆（皇太子朱标病死后被册封为皇太孙）继位为建文帝，为了巩固中央集权，采取了"削藩"政策，燕王朱棣以入京诛奸为名，从北京进取南京，所过河北、河南、山东、皖北、淮北等地与政府军反复争战四年之久，这就是中原民间盛传的所谓"燕王扫碑"。当时部分地区的民众也自行组织武装，拒抗燕王军队，反映了人民厌恶战争，渴望恢复生产、安居乐业的愿望。

据《明史》记载，燕军在"靖难之役"中，抢掠烧杀甚为残暴。如

“燕军掠真定、顺德、广平、大名”，在真定“斩首三万级”；白沟河一仗，燕王“乘纵火奋击，斩首数万，溺死者十余万人”；每一胜利后，对忠于建文帝的军队和百姓杀无遗漏。对此，河北、山东等一些族谱中都有记载。

因此，“靖难之役”使中原地区荒乱更为加剧，从而造成紧接“洪武落业”之后的“永乐移民”。

当元末明初，中原地区荒疫兵乱连绵不断，却很少波及到山西。山西大部地区不但远离战区，同时风调雨顺，连年丰收，社会安定，经济繁荣，人丁兴盛。再加邻省难民流入山西，使山西南部人口在当时相当稠密。据《明太祖实录》卷一百四十记：洪武十四年，河南人口是一百八十九万一千多人，河北人口是一百八十九万三千多人，而山西人口却达四百零三万之多，等于河北、河南人口的总和。

四年的“靖难之役”战争结束后，中原地区更加荒凉，为此就又有永乐迁民之举。所以，“永乐迁民”是“洪武洪洞迁民”的继续，永乐年间移民 8 次，连同洪武年间共计 18 次。根据复旦大学历史地理研究中心的《中国移民史》研究成果表明，在明朝的 276 年历史中，人口的迁移活动一直就没有停止过。而以明初的移民规模最为宏大。据统计，移民总数达 1100 万之众，约占当时全国总人口的 15.7%。从这个意义上讲，明初大移民是中国历史上最大规模的移民运动。

根据《明史)、《明实录》、《日知录之余》等正史及笔记史料的记载，洪洞大槐树移民移住分布在相当现在的 30 个省市 2217 个县市。其中河南 123 个县市，北京、天津、河北 142 个县市，山东 109 个县市，山西 104 个县市，江苏、安徽、湖北、湖南 316 个县市，陕西、甘肃、宁夏 182 个县市，黑龙江、吉林、辽宁 171 个县市，浙江、福建、江西 227 个县市，广东、广西、贵州 248 个县市，四川、内蒙古、青海 274 个县市，云南、西藏、新疆 210 个县市，海南、台湾 111 个县市。另外，海外移民主要分布在亚洲、非洲、欧洲、美洲、大洋洲的 100 多个国家。

洪武初年，史书也有称之为“洪武落业”的记载。元末明初朱元璋“血洗湖南”，湖南土著居民遭受了空前浩劫，特别是长沙、岳阳、常德、益阳、湘潭等地区成为一片废墟。朱元璋建国后，为了复苏湖南，采取了“江西填湖广”的政策，因而大批的江西（包括浙江）居民（其中也必然有杨姓宗族），迁往湖广地区。

据《福建省三明市杨姓考略》所记，该时期以福建为中心的杨姓的具体迁徙例证有：

元末明初，杨迁寿由邵武禾坪迁居建宁南乡长吉堡，子孙分居建宁水西、江家地、廖家源、三江等地。杨迁寿的第四代孙杨朝鼎徙居泰宁梅口。

明洪武元年（1369 年），杨四十二（字文德）从建瓯县杨墩迁居尤溪县洋中镇王宅村。

明初，尤溪新阳南芹的杨胜延迁居沙县大洛乡东罗村。

明洪武年间（1368—1402 年），漳平杨氏迁居尤溪溪尾的纲纪村。

明成化二十三年（1487 年），杨三公从尤溪五十都（新阳镇洋头）迁徙至尤溪四都大坑后洋（现西城镇凤元村后洋自然村）。杨三公有六子：杨积一、杨积二、杨积三、杨积四、杨积五、杨积六。其中，杨积二、杨积三、杨积四、杨积五四兄弟迁居大田县梅山乡；至元代时，他们的第六、七世孙中有杨伯家、杨伯荣、杨伯华兄弟又从大田梅山真霖祖厝迁返尤溪新阳的龙益村，后建有“龙泉堂”一座（今龙益村龙泽）。杨积二的后代迁居新阳的建新东垅粪斗山。杨伯华之孙杨国大迁居新阳的南芹村。约在明崇祯十五年（1642 年），杨十八从尤溪新阳镇东屏迁徙至尤溪西城涪头双坑自然村。清乾隆十二年（1747 年），杨安一从新阳镇东懈洋迁徙涪头塥坂自然村。清乾隆四十年（1775 年），杨肇皇从尤溪县西城镇解建村迁居联合乡惠州村大陆山，为联合乡杨姓之始祖。联合乡杨姓主要分布在惠州、联南等村。

明万历二十二年（1594 年），杨承祯从尤溪四十都赤水坑溢洋（今属大田县）迁居到漳平县莉桥后坑仔，后又迁居尤溪洋中的后楼村。

（五）明清至当今　全球遍侨亲

明朝末的移民活动虽然远不及明初的波澜壮阔，但却也一直连绵不断。到清朝初年，较大规模的移民活动始于清康熙十年（1671 年）至乾隆四十一年（1776 年）为止，前后共历时 105 年之久。主要表现形式是历史上所记的“湖广填四川”。

“湖广填四川”在元末明初时已有发生，明末清初则是又一次大规模的移民活动。主要是将湖广（湖南、湖北、广东）等省的居民迁居到四川各地。考证表明，还有江西、福建、广西等十几个省份的居民也被迁入。其时，正好对应于客家人的第五次迁徙。

此时期的移民规模特别大，在百余年时间内，整个四川接纳的移民多达600余万人，占当时四川总人口大半。移民来源除湖广外，另有陕西、河南、山东、云南、贵州、江西、安徽、江苏、浙江、福建、山西、甘肃等省，而与此同时也有大批移民迁往贵州、云南、湖北、湖南、广西、广东及陕西等地。

发生于清朝时期的又一大规模移民活动，当是一直延续到民国末年的“闯关东”。

历史事实说明，山海关以南所谓内地民众向东北迁移由来已久。从汉代始，每遇战乱，便有内地百姓流迁东北避难。清中期之前，清廷对“龙兴之地”的东北实行封禁政策，“闯关东”不能形成规模。到了清朝中期，清廷对东北地区逐渐开禁，山东、直隶（河北）等地民众开始有规模的“闯关东”，到民国时期形成了大规模的浪潮。新中国成立前后，东北的移民及其衍生人口已由明末的300万人增加到3000万人。在这两次移民浪潮中也应当有许多杨姓也迁入东北。据能查到的具体例证有吉林永吉杨氏族谱所记，该支为满族，但谱序称原为汉人，康熙年间由山东登州莱阳县迁居永吉州（清雍正四年奉天府境域扩大，于吉林乌拉置永吉州），后入吉林鸟枪营镶黄旗汉军。谱载始迁祖杨荣，至今传14世。该谱为了解东北杨姓迁人情况提供了线索。

杨姓早在汉唐时期就是全国著名蔚然大姓，到明清时期仍不断有新的家族贵显于世，江南各地的许多杨姓人也加入了“江西迁湖广”、“湖广迁四川”的大规模的迁徙潮流。

元末以后明清时期，也是杨姓向海外比较大范围移民的开始，尤其是在明代郑和下西洋以后，南部以福建、浙江、广东等省为主的杨姓人开始向海外迁移。早期的移民，主要以向海外谋求发展——做生意为主，当然也有是为了避免天灾人祸而谋求生路的。主要移入地是东南亚的泰国、马来西亚、印度尼西亚、菲律宾、斯里兰卡、孟加拉、越南、老挝、柬埔寨等国家。另据墨缘书画网《西蜀杨世安族谱杨姓源流》（世安后裔杨兴邦辑）记：“一部分富有开拓精神的杨姓人，也在福建、广东沿海等地飘洋过海，到达台湾、香港、海南岛，以及菲律宾和东南亚诸国，杨姓宗族的分布也更为广泛。这一时期的杨姓旺族，以江西泰和的杨士奇家族、福建建安的杨荣家族、以及湖广的杨溥家族为代表。杨士奇明初登进士榜，历任翰林学士、礼部侍郎、兵部尚书，是明宣宗、英宗时期的朝廷重臣。杨荣也历官明成祖、仁宗、宣宗、英宗四朝，位至工部尚书。杨溥任武英殿大学士，与杨士奇、杨荣是同时代人。三人在明宣宗、英宗年间同掌朝政，权倾一时，人们誉称“三杨”。得祖宗德泽荫庇，杨溥一脉瓜瓞绵延，宗支广布，以杨世安为始祖的西蜀杨姓望族即为其后裔。

到了鸦片战争发生的18世纪及以后的20世纪中叶，中国人开始大量移居海外，也是杨姓人飘洋过海的第二个重要时期。此时的迁徙原因则增加了政治避难、追求西方科技，或为寻找革命真理等时代内容，迁居目的地则开始转向西方欧美等国。19世纪中叶开始有大批的农民移民到海外，其中多有做苦工者。之后的1949年到1978年是又一个向海外移民的重要时代。

仍据《福建省三明市杨姓考略》所记：“明朝永乐十八年（1420年），漳州龙溪人杨巷摘赴台湾开垦，为台湾最早的杨氏开基始祖之一。康熙年间，有晋江人杨古到了台湾；同一时期，又有泉州人杨志甲入垦台湾线西堡（在今彰化县）；商人杨永祥迁徙台湾大加蚋堡（今台北县一带）。雍正年间，杨仲熹入垦台湾斗六；杨弦道入垦台北与新庄。乾隆年间，龙溪人杨正公入垦台南县大内乡；漳州人杨君略入垦台湾外双溪以及士林；泉州人杨东兴入垦台湾南投县集集镇等。台湾杨姓大都是来自福建的。杨姓是台湾的第十大姓，杨姓人家遍布全省各地，而以台中、台南、和基隆三地最多。”

总之，从元末明清直到现在，杨姓族亲的迁徙足迹，不仅遍布全国，而且播迁繁衍于全世界各大洲，杨姓侨亲已遍及全球！

三、杨姓的分布

杨姓渊源久远，发展历史很长，即使仅从“剪桐封弟”肇姓之始算起，也有三千多年的发展历史，仅以自然繁衍，也早是枝茂叶繁。因有黄轩直传、周武嫡派的脉缘，创姓之始就戴有荣耀的光环，更有汉时的四世三公，魏晋九卿八座，隋朝主国为君，唐朝宰相世家，宋代杨家将智勇无敌忠烈满门，更使杨姓成了历朝历代显赫辉煌的世家。由显祖杨震始创的四知传家、清白处世的高尚品质和优良家风也久为世人敬慕和推崇，从而使杨姓具有强大的扩纳和召容力。

当代杨姓的人口已达到3696万，为全国第6大姓，大约占全国人口的3.1%。从明朝至今600年中杨姓人口由240万激增到3700万，增长了15倍多。相较于全国人口增长了13倍，杨姓人口的增长速度很高。这1000年中杨姓人口的增加率是呈上升态势。在全国的分布目前主要集中于四川、河南、云南三省，大约占杨姓总人口的30%；其次分布于山东、湖北、湖南、贵州、河北，这五省又集中了30%。四川为当代杨姓第1大省，居住了杨姓总人口的12.4%，占该省总人口的4%。全国形成了以长江以北、内蒙古以南和以东的高比率杨姓区，以及长江以南的低比率的南方杨姓区。在内蒙古、大西北、西藏地区，杨姓人数很少；而高比率杨姓区又以秦岭和三峡为界，形成云贵川高密度的杨姓区，以及两湖、黄淮、北方和东北四块低密度的杨姓区。在近600年中，杨姓人口流动的程度和方向与宋、元、明期间有很大的区别，由东南部向华中、华北的回迁已经大于由北由东南向南方的迁移，特别是向西和西南地区的强劲的回迁，以及向东北地区的移民。

杨姓分布很广，但不均衡，杨姓是西南地区最常见的姓氏之一。杨姓在人群中分布频率示意图表明：在云南大部，杨姓占当地人口的比例一般在5%-8%，在滇西南和滇南的比率高达10%，其覆盖面积占了总国土面积的3.4%；在云南北部、贵州、四川大部、湖南西部、湖北西南、内蒙古东北、黑龙江最北端，杨姓分布频率在4.2%-5.6%，其覆盖面积占了总国土面积的7.9%；在华北、华东、中原、东北、华南、青海湖以东的西北地区，杨姓分布频率在1.4%-4.2%，其覆盖面积占了总国土面积的55.5%；青海湖以西的其他地区，杨姓分布频率不足1.4%，其覆盖面积占了总国土面积的33.2%。

（一）根系豫秦晋　故地多族亲

杨姓是个多源多根的族姓，豫、秦、晋三省都是杨姓的主根所系。从古到今豫、秦、晋三省也都是杨姓人口分布较多的地方。

河南杨姓

河南省当今杨姓人口约有400万人，占全省人口的近4%，高于在全国总人口中所占的比例。全省杨姓人口占全国杨姓人口的10.8%。

从两汉起，历朝历代河南也都是杨姓人口较多的地区。弘农是杨姓的第一郡望，故有“天下杨氏出弘农”之说。而古弘农郡的大部分辖区，都在现今的河南省范围内。灵宝杨姓中主要有以下支系：

杨家村杨氏。杨家村据记应是杨震及其后裔杨亮等的故里，因历史原因，其后人多已徙移，当今该村多为异姓，杨姓仅占约20%，所存家案也只有六七代人的记载。上坡头杨氏。始祖讳本，宋宁宗时人。灵宝市东部各村镇的杨姓基本上大都属该支脉，并衍播至卢（卢氏县）、永（今洛宁县）等地，族谱记载，最远有迁播至广东番禺等处者。该门杨氏是灵宝的名门望族。近千年中屡现父子同举、兄弟连科之盛况，闾里之荣、邦家之光誉播桑梓，历代“为邑侯采风而旌为名族”。该族支保存有从宋朝来灵第一代始祖起至现在约八百余年基本完整的宗谱。五亩冯家窊杨氏：一世祖杨振东，清时由卢氏火焰城迁来，因原家牒毁失，当今已无人能说清由卢迁灵的原因及具体时间，到五亩冯家窊已衍传近十代人。焦村沟东杨氏。该支杨姓祖居华阴，不知何时迁于现今的灵宝市焦村镇沟东村，已衍为当地大族，也是代有闻人。杨姓迁灵宝后的谱记基本完整。清朝时又有裔孙由灵宝焦村迁到陕州（今河南省陕县）。

河南省的杨姓支系，除了灵宝杨家村杨氏外，主要还有：

洛阳杨氏：隋朝时洛阳县治所即今洛阳市。洛阳人杨守一（925年—988年），字象先，精通《周易》及《左氏春秋》。曾事宋官至宣徽北院使。还有洛阳人杨畏，字子安，北宋时人，进士出身，幼年失父，事母至孝，勤勉好学不远游，刻意经术。曾授郓州教授，后累官至提刑狱。

宜阳杨氏：古宜阳县治在今河南省宜阳县北。史有杨仆，东汉武帝时人，曾为御史。以剿贼有功，迁升主爵都尉（主掌封爵事务），位列九卿，后又授为楼船将军（海军司令）以平南越，得胜后封将梁侯。

获嘉杨氏：史有东汉末年的杨俊，字秀才，自少好书能文，无意仕途，乐善好济，后仕魏，官至南阳太守。

郑州杨氏：郑州唐时治所在治管城县，即今河南郑州市。郑州人杨朴，字契元。勤敏好学，爱诗赋，无心仕途，著有《东里集》。

陈留杨氏：古陈留郡治即今河南开封市东南陈留城。历史名人有东汉顺帝和桓帝时的杨匡，字叔康，又名章，官至平原（今山东平原县）令，多有治绩。

汴州杨氏：古汴州治所在浚仪县，即今河南开封市西北。史有汴州人杨彦询，授为太原节度使，任内颇有政绩。后改授金吾卫大将军，病逝于任内。

开封杨氏：宋代杨燧，曾从征贝州，记功第一，又从征侬智高，建立奇功。英宗时，以累功授宁远军节度使，旋授殿前指挥使。又有杨由义，字宜之，初任僻地盐官，后累迁至太府卿兼刑部侍郎，朱熹曾受业其门下。

中牟杨氏：古治所在今河南省中牟县东。中牟人杨本，初为太学生，明建文年间（1399—1402 年）应募，授锦衣镇抚。

商丘杨氏：明末清初，有杨镐，世居于此。累官至右佥都御史。

商城杨氏：商城人杨所修，字启修（1548—1694 年），明万历进士出身。历任左副都御史。

罗山杨氏：罗山杨氏人口有 2 万多人，占全县总人口的 2.9%。主要有五个支系，均尊麻城仲祥公为门派始祖。仲祥公生于元成宗（铁穆尔）大德五年（1301 年），逝于明太祖（朱元璋）洪武十七年（1385 年）。元末时追随朱元璋，曾率部在鄱阳湖激战六昼夜，一举打垮了陈友谅军，此战（鄱阳湖之战）被称为历史上著名的以少胜多、以弱胜强的水战典范。公亦因此有大功于明朝，后被加封为万户侯。

陕西杨姓

陕西省的杨姓首推弘农华阴杨氏。陕西省渭南市的华阴市（华阴县于 1990 年撤县设市），还有潼关县东汉时都是弘农郡的辖地，和河南省的灵宝市紧邻。三市县所辖区域，正好是杨氏经历“六卿之乱”避祸蛰藏，继而蓄势勃发的再生之地和族兴之地，是弘农杨氏先祖活动的核心区域。

“六卿之乱”后，杨氏先人隐栖山林，直到 200 年后，伯侨的 17 世孙，华阴人杨章才出仕为秦将。章生三子：长子苞为韩襄王将领，守于修武（今河南修武）。次子朗仕于秦，为临晋（今陕西大荔一带）君。三子款随朗仕秦，官至上卿。华阴又是被尊为“关西夫子”的东汉太尉杨震的生身故里，自此而始的以后几个朝代，华阴一族更是人才辈出：三国时以文学才华享有盛名的杨修，完成中华历史上第二次大统一的隋朝开国君主杨坚、炀帝杨广、恭帝杨侑、初唐四杰之一的杨炯、宋代抗金名将杨沂中等，都属华阴人或华阴一脉。据说历朝的华阴县志人物卷的过半内容，都是为杨姓立传，“华阴县志是杨姓家谱”之说，并非过妄之言。

陕西的杨姓还有如下：

冯翊杨氏：冯翊即今陕西大荔县，是秦将杨朗子孙的发祥地。三国魏时设冯翊郡。时有杨沛，字孔渠，汉献帝初平年间（190—193 年）为公府令史，后调任新郑县令，为曹操所赏识，历迁九江、东莱、乐安等郡太守及京兆尹（京城首长），后改任议郎。

凤翔杨氏：凤翔人杨播，少好学，善诗词，无意于仕，因之退居于家。唐玄宗时，授谏议大夫，不多久辞职归里，仍隐居于家。唐肃宗即位，再遣使征召，授散骑常侍，不多久又弃官归里。自此不复应召，自号“玄静先生”至终。其子：杨炎，为唐玄宗名相，卓越的理财专家。

新平杨氏：五代时杨思权，初事梁，官至控鹤军使（禁卫官），后唐灭梁，归后唐授都指挥使。当时潞王从珂，反攻凤翔，思权首先投降，由是诸镇皆溃，以功授左卫将军，任内病逝。

三原杨氏：三原人杨达夫，字晋卿，为金泰和进士，初为鄠县主簿，旋为令。为人清正廉明，为吏民所敬服。治政简易便民，持身简朴无所好，唯爱山水胜境，家居择靠山临水之处，自得其乐。

奉元杨氏：奉元人杨恭懿，字元甫，勤奋好学，善词赋，工文字，尤精《易》《礼》《春秋》。元至元年间（1271—1294 年），与许衡俱被征召，不赴任。数年之后，太子元成宗铁穆耳下教中书，学汉惠帝聘四皓（老翁）者以聘之。恭懿感其意诚，于是赴京受任，对当时天下形势提出了很多好的看法，人们称之为“元中四皓”。

陕西咸宁杨氏：咸宁人杨鼎，字宗器，家境清贫，勤敏好学，乡试得第一名，廷试第二名，授编修之职。明成化年间（1465—1487 年），累官至户部尚书。持身廉正，然性颇居滞。卒于任内，赐谥“庄敏”。

户县大王西村杨氏，传说“祁盈之难时”，杨姓逃陕有兄弟三人，长居华阴县，次居户县大王西村，幼居周至县郝村。恐后相会无凭，离别时砸一锅为三块，各执其一为证，故号称“分锅杨家”。每遇年节，三处杨氏均派族属赴华阴共同祭祖，一直延续至明隆庆四年（1440 年）。大王镇西街建有杨氏宗祠，村南设祖坟。

山西杨姓

山西省是杨氏的肇姓受姓之地，也是杨氏人口较多的省份，是杨姓以国为姓的根。杨姓在山西主要有以下分布：

洪洞杨氏：洪洞是古杨侯国的所在地，史有“三封杨氏”的传记，在公元前 1300 年前，山西洪洞就是古杨国。所谓三封杨国：一封杨候，是周康王六年封堂弟杼为杨侯，食采于杨国，始以为杨姓。二封杨氏，杨杼六世孙绍甲后人被乱所害，周宣王封少子尚父涧为杨侯。食邑于杨国（今湖北省襄阳一带）。三封杨氏，杨伯桥，晋献公之弟，晋文公叔父。周襄王时被封为中大夫，为伯，（公元前 647 年）封于杨（也是今山西洪洞县东南），谥号贤敬。另有一支河东杨氏，是晋文公五代孙杨干的后人。杨干，是晋悼公的弟弟，“血气方刚”成语，出生于他的故事典范。他比杨肸年长 32 岁，也是封在洪洞的杨国。

太原杨氏：传说杨姓肇姓之祖唐叔虞死后，葬在太原晋水之南。被称为杨姓家庙的晋祠西南至今还有叔虞墓的遗迹，又叫晋王岭。晋祠就是叔虞的后人为“追根思源”、“立祠永祀”以求“万世永昌”而建的。

河东杨氏：河东在今山西太原市西南晋源镇。其代表人物有杨立，五代时人，曾为军部曲，后为潞州（今山西省长治县）军少校。

西河杨氏：西河在今山西临汾县。西河人杨琼，在宋太宗时，平蜀有功，授单州刺史，历任河外都巡检使。又疏导黄河有功，灌溉民田数千顷。宋真宗时，又以功授朗州观察使及贺州团练使，卒于任内。

河中杨氏：河中在今山西永济县西蒲州镇。其代表人物有杨崇本，五代时人。崇本幼时被后梁李茂贞收为养子，及长，表为靖难节度使。宋太祖进攻邠州时，崇本迎降。太祖迁其家于河中，作为人质。

文水杨氏：文水在今山西汾阳县。宋时文水人杨美，任侠好施，从周广顺征淮南，屡建奇功，以功擢升铁骑都指挥使，旋授北海军使，任内颇有政绩，为宋代君王所重用。后官至保靖（今湖南省境）节度使。

崞县杨氏：崞县在今山西原平县。有杨存中（1102—1166 年），为北宋名将杨业8代孙，临事警敏，膂力过人，深研孙吴兵法，有谋略，以功由忠翊郎授检校少保，兼领殿前都指挥使。乾道年间，以太师任内致仕，卒后追封和王。今有一支裔孙流布在苏北丰县一带。

代郡杨氏：代郡即今山西省朔州市。宋代人杨伯喦，字彦思，号永齐。淳祐年间，以工部郎镇守卫州。他生平攻读甚勤，有《九经补韵》、《孝经据义》、《六贴补》及其他遗著。

鹿蹄涧杨氏：鹿蹄涧在今山西省代县的枣林镇，是北宋杨家将的故里。该村背依雁门山，面对五台山，溪流涧壑，地势险峻。元代靖边元帅杨友和弟弟武节将军杨山（杨业第13世孙）曾屯军于此，并将其后代迁来这里定居。元至元十六年（1279年），还奉旨修建了杨家祠堂——“杨忠武祠”（亦称杨令公祠），至今已有700多年的历史了。鹿蹄涧的杨姓人，虽只有数百人丁，然而他代表了杨姓人的风貌，是当前杨姓人中最活跃的一支。从这里走出去的杨姓子孙已遍布五洲四海。按《杨氏族规》所定，族人每60年一次小会谱，120年一次大会谱，240年全国各地区的杨家将子孙都要亲身到鹿蹄涧忠武祠会谱。在元代至正（1367年）、明代万历（1607年）、清代道光（1847年）时都曾举行会谱，均在丁未年。近年一次小会谱是在1984年，山东、福建、贵州、内蒙古等地的杨家将子孙均派代表参加了这次盛会。

（二）情重云贵川　杨姓稠西南

杨姓人相对最稠密的省区是西南的云南、贵州、四川三省。

四川杨姓

四川省是全国杨姓人口最多的省份，现今全省杨姓人口要占总人口的5.6%，明显高于同样是人口大省的河南。

成都杨氏：最早有成都人杨由，字哀仆，是西汉时期著名的易理学家。他自少爱好易理之书，及长，应召为郡文学椽（秘书之类），未几辞归，在乡教授门徒至百余人，后在家闭门研易理，数年未出家门，著有易理论文10余篇，名曰《其平》。到了东汉更有天文学家杨厚（72—153年），继承父学，传授天文地理，每有灾异之变，多能预知，先作预防，皆有灵验，时人皆奇之，顺帝特遣使征召赴京授侍中之职。东汉时还有成都人杨春卿一家，尤为显赫。春卿少承其先人传授的图学，对造城垣、筑城池，颇有心得，曾为公孙述部将，为其建筑城郭多所。汉军平蜀之时，春卿战败自杀。

绵州杨氏：绵阳人杨允恭，自少孝友，待人以诚，及长，倜傥任侠。于宋太宗时为广连都巡检使。任内海盗剿捕殆尽。后改任督理江南水运，绿林江盗悉被扫清，以功升转运使，曾数次建言利弊，咸平年间，擢升荆、湖、江、浙都巡检使，任内病逝。

眉州杨氏：眉州人杨孟容，北宋时人，累官至知怀安郡，因与当权者意见相左而辞职。宋哲宗特书“清节”二字赐之。

丹棱杨氏：丹棱人杨恂，字信仲，元丰进士出身。北宋元符年间（1098—1100年），授广都知县，为官清正廉明，富有正义感，政声显著，为县民所敬颂。凡上书言事，切直实际，为宋哲宗纳用。后竟入元祐党籍，从此不出，卒于乡里。

涪陵杨氏：涪陵人杨载，南宋时人，以功名自负。当时金人立刘豫为帝，载在宰相张浚前自告奋勇去劫杀刘豫。他率十勇士至金，伪降在金做官，而行反间之计，因之刘豫果然被废。浚以载有功，特赐为从事，授知达州永睦县，卒于任内。

达州杨氏：达州人杨晨，宣和进士出身。初授荆南府教授。丞相赵鼎知其才，推举任秘书省正字，后迁兵部郎中。南宋高宗遣往抚谕西蜀，至即兴利除弊，为高宗所赞颂。朝廷有大议不能决者，必请其裁决。后官至礼部侍郎，卒于任内。

遂宁杨氏：遂宁人杨辅，字嗣勋，乾道进士出身，有预见性。初官利西安抚使，后累官至宝谟阁学士，四川制置使，后授兵部尚书，知建康府兼江淮制置使。任内病逝，卒赐谥“庄惠”。

云、贵杨姓

云贵两省因地处高原边陲，不是人口大省，但以杨姓在当地人中所占比例而论，则是比率最高的两个省份。其中尤以云南为最，一些地区甚至达到10%以上。

南诏白族杨氏：白族杨姓，一直是南诏中的主要姓氏，人口最多。他们在汉代是哀牢夷中的一支，自称九隆族之后。至唐代时，杨姓便上升为族中大姓之首，有53人为南诏国的重要官员。

宣威杨氏：明洪武十四年（1381年），有杨氏先祖杨靖和兄弟杨康随傅友德、沐英、蓝玉征南而徙居云南。因兄弟俩转战有功，被封为康侯、靖侯。康侯驻守大理（今云南大理），靖侯征伐乌蒙（今云南昭通）。

绥江杨氏：清雍正四年丙午（1726年），四川总督岳钟琪上奏朝廷，恳请移民填四川（包括云贵部分地区），实际上是一次疏散内地人口开辟山区的大迁徙。次年闰三月，雍正下旨"湖广填四川"，至雍正十三年乙卯（1735年），8年时间，湖广、江西等省数以千万计的人民奉令填川，形成迁徙入潮。居住在湖广芷江、麻城等地的杨家将后裔也被卷入了这股人潮，涌进了今云南绥江、永善、盐津、大关等县，就成了云南绥江等县杨氏的始迁祖。贵州也是杨姓人口比率最高的省份，可能仅次于云南，而且有许多支系是侗、苗、壮等少数民族。其主要分布有：

播州杨氏：贵州桐梓县杨贤德、杨毅等于1991年新编的《杨氏家史》中叙述得十分详尽。他们的始迁祖为唐代的杨端。杨端祖居太原阳曲县鸿安杨柳十字街，是杨氏越公房弘礼（兵部侍郎）的后裔。唐末，南诏叛唐，攻陷播州，久不能平。僖宗乾符三年（876年），杨端奉命率兵征讨，出奇兵袭之，大败南诏，播州遂平。播州平后，又奉诏移家播州。赠太师，功封宣慰，为播州主。

黔北娄山杨氏：杨贵德在桐梓县娄山关镇虎峰山崇德庙开会讨论百字谱："弘农俊杰英，荣华泽祥祯，文武科举锦，福禄宁康兴，太师忠书令，唐宋才嘉兵，汉隋相尉权，崇德怀仁君，兰桂照辉映，候州尽雄伟，盛海波涛涌，觉理冲凌云，启后继乾坤，慎思贵富民，树以成良言，勋著永绵传，严洁孝顺模，喜庆辅龙腾，昌发山西籍，源远承家业。"

丹寨杨氏：丹寨杨氏的入黔始祖杨宦，祖籍浙江鄞县四明村。于洪武四年（1371年），从征西将军入黔，平乱后任平越府（现为福泉县）指挥。

毕节杨氏：毕节地处西南边陲，是黔西北重镇，西南要冲，向为少数民族聚居之区。"毕节"就是按少数民族"部落首领"之名而命名的。明洪武十三年（1380年），颍川侯傅友德为征南大将军征讨云南时，就以毕节为根据地。战争结束，又派沐英侯陈桓屯毕节。毕节杨氏就是在这个时期由江西和南京随傅友德征南来毕节的。毕节平定后，分封毕节者数百人，其中最先居住的杨盛将军，也就是毕节杨氏的始迁祖之一。

（三）闽浙苏赣粤　鳝堂枝蔓多

福建杨姓

福建省不但杨姓人口较多，而且也是杨姓文化荟萃、名人迭出之地。在杨姓迁播的历史中杨氏从宋代起，已广泛分布于江南广大地区，并形成了以福建为中心的播迁基地。在其后，杨姓向赣粤以及向台湾、海外的衍播中也都发挥了不可取代的作用。现今福建人中有约2.16%为杨姓，在该省大姓中排第十一位。其主要支系有：

漳州杨氏：清乾隆二十七年杨邦瑞写的《开漳始祖世系图族谱序》记载：漳州杨氏入闽时间为唐武则天垂拱二年（686年），始祖为杨君胄或杨伯岳。

镛州杨氏：杨姓人在镛州的始祖杨荣，原籍陕西华阴，后晋高祖天福三年（938年）为镛州司户，任满遂留居于此。

闽南杨氏：这里的闽南主要是指福建的仙游、南安、晋江、同安、石狮、漳州、安溪、泉州等县市。这大片地区分布着庞大的杨肃家族子孙。杨肃，又名樵，字耕，号仙翁，原籍河南光州固始县傅庆乡海下里。唐末昭宗景福二年（892年），偕父安、兄逸、侄明珠，举家随王潮、王审知部伍南下入闽，先后居于仙游、南安一带，遂成为闽南地区的杨氏开基始祖。

漳浦佛潭杨氏：据佛潭岸头村杨振芳提供的《漳浦佛潭上世流寓杨氏家谱源本》记载：杨氏肇基始祖杨亮节，字允臧，小名廿六使，浙江会稽人。仕宋季为益广王府提举，统子弟随南宋端宗赵昰（1276—1278年在位）航海南迁，官外置使。

龙岩下洋村杨氏：据1995年龙岩杨浩湘提供的《杨氏族谱》记载：福建省龙岩市红纺镇下洋村杨氏，是杨震、杨时的后裔。杨祠门联为“汉关西下声名远；吾道南来世泽长”。起始祖杨�德公，原是军人，原籍连城县大石下人，明代洪武之初（约1370年）来龙岩驻军。

浙江杨姓

会稽杨氏：浙江杨姓最早见诸史籍的有会稽的杨乔。杨乔，字圣远，东汉桓帝（147—167年在位）时人，任尚书。其人体态俊伟，又好修仪容，为桓帝所喜爱，每次上书谈论政事，又多被采纳。

浦江杨氏：浦江人杨扶，字圣仪，晚唐时人。初为武源令，有政绩，以功升迁交州刺史。所到之处，热心吏治，多有奇政，吏民皆敬爱之。至明清时代，浦江杨氏已成当地巨族。

吴兴杨氏：有吴兴人杨冲，晚唐时人，进士出身，颇能文善诗，累官至大理评事，但无意仕途，与符群、宋济等为好友，每以诗唱为乐。他们同隐居于江西庐山不出，号为“中山四友”。

慈溪杨氏：有南宋理学家杨简世居于此，是为望族。其父杨廷显，字时发，号称“四明士”，为人持身平正敦厚，处事稳健严肃，是为正人君子，杨家族人皆以廷显为第一人。

诸暨杨氏：有杨维翰、维桢兄弟名显于世。维翰，字子固，号方塘，元末明初人。初官为郡文学，旋迁慈溪校官，后以饶州双溪书院山长终世。

临海杨氏：有杨敬德，字仲礼，元代人，世居于此。他好诗词，精《易经》，善章句，为翰林多年，未调他职，仅于泰定年间（1324—1328年）选授浙江儒学提举，后又回归翰林。著有《仲礼集》传世。

余姚杨氏：有杨璲，字元度，元代时居此。他好学文，尤长口才，曾师事柳贯，为高弟。常与海内博学者辨认时事。初以乡贡出任宁海教谕，后晋升为缙云及本县学官。

宁波杨氏：有杨守陈一家五进士以名世，故又称鄞县杨氏。守陈，字维新（1425—1489年），景泰进士出身。世代书礼传家，祖父杨范有学行，教以精思、实践之学。初为庶吉士，改任编修，明孝宗嗣位，升吏部右侍郎，谥“文懿”。

宁海松坛杨氏：松坛杨氏现存有《松坛杨氏宗谱》（嘉庆版）和《重修松坛杨氏宗谱》（咸丰版）两册。谱载其始迁祖为杨荣，是杨彦询次子，字中立，号松坛，唐昭宗刑部侍郎升尚书太师，后出守永嘉，五季时偕其弟杨伴自永嘉徙台州之宁海松坛，娶陈氏，继朱氏，生五子：晖、昕、昉、晴、暄，葬大溪之南，后为水冲，11世孙清湘太守景思迁葬鲁坑花心穴。

江苏杨姓

凤城杨氏：据今丰县杨洼人杨峻峰先生提供的多种杨氏谱牒资料表明，他们大都出自杨家将第5代太傅和王杨沂中（存中）的后裔，以杨杍公为始祖，到峻峰恰好是100代。清乾隆五年《汉高故里杨氏宗谱原序》云：

“姬杼被封为杨侯，故地在山西平阳府绛县，即绛州之翼城，是为杨姓肇姓之始祖……后金人入侵，沂中公随高祖（高宗）之临安，因不为秦相（秦桧）权贵所容，遂隐于萧砀缘河（古黄河两岸），传至八十五世坤元公、历南公、同体公。坤元公于明洪武初，复迁丰邑西南二十里大杨庄，为本支一世祖。”

无锡安阳杨氏：明万历四十年（1612 年），杨翼凤在《无锡安阳杨氏族谱·序言》中称：“尝溯吾杨之在锡也，世远靡据。惟是十二世祖（杨）讳拯，当元之时择安阳之麓家焉……八世而少司徒（杨）宜间公昆季相率登科第，居清要……厥有千余指，实是为杨氏先声。今也支庶繁衍，徙两京、淮扬、湘楚者，固相见不相识，即迁居领近者，于尊卑长幼睹面亦视若途人。”

京江杨氏：明万历二十年（1592 年）的《京江杨氏族谱序》中说：“吾杨氏世居真州，宋高宗南渡，自千钟公遂定家丹徒，逮今子孙繁衍，而谱牒未作，无以永孝思而联宗族。”

陵县杨氏：西汉置毗陵县，治所即今常州市。这里的杨姓，出自宋代学者杨时的后裔。杨时本是南迁的福建人，后裔又由福建迁居江苏、浙江等地。

六合杨氏：这里有杨洪一家最为有名。杨洪，字宗造，自明永乐至天顺年间（1403—1464 年），累官至宣府总兵。他治军很严肃，士马粗壮，诸将士皆敬畏他，呼为“杨王”，但他未曾擅杀一人。卒于任内，赐谥曰“武襄”。

邳州五杨村杨氏：1993 年 3 月，邳州市徐塘乡五杨村的杨继云、杨士甫、杨传五等，不顾千里跋涉，到陕西华阴东宫村认祖归宗。

江西杨姓

江西是宋、明两个朝代杨姓迁徙的中转站。宋朝及以后杨姓迁入江西的有很多，民国时杨姓不仅遍布全省市县，而且是许多市县名排前列的大姓。

庐陵杨氏：在开拓江西的过程中，要数庐陵（吉安）、吉水、太和一带的杨姓最为发达。其中又以崛起江西吉水（古属庐陵郡）的杨辂一家最为著名，人们称之为“唐末弘农杨氏南迁的中转站”。如以杼公为杨氏第 1 世祖计算，那末传到杨辂，则为 63 代（《弘农杨氏族史》校正为 55 代）。杨辂，字殷驾，号朴斋，晚唐时人。曾中进士，官虞部侍郎，吉州刺史、太守之职。吉州辖境相当于今江西新干、泰和间的赣江流域及安福、永新等县地，治所在今吉安市。辂爱庐陵山水之美，与其诸子遂家居庐陵，是为庐陵杨氏始祖。辂逝世于吉州府庐陵县衙内，葬于吉水县六十二都鹧鸪西洞，竖有“唐吉州刺史杨辂公神道碑”。

太和杨氏：古属庐陵郡，是明代贤相“四朝元老”杨士奇的故乡。“太和杨”实是“庐陵杨”的一个分支。自北宋前期定居太和，传36世，至今已有900年上下的历史。除陆续外徙他省他县的子孙以外，在太和仍不失为皇皇大族之一。

宁都杨氏：宁都地处赣南，是客家人最早的迁徙聚居地之一，又是孕育客家氏系的摇篮。据清道光《宁都直隶州志》卷二十六载：“杨益，字筠松，窦州（今广东信宜县西南镇隆，非中原）人，官金紫光禄大夫，掌灵台地理事，黄巢破京地成，盖窃秘书中禁术，与仆都监自长安奔虔化（即今宁都县）怀德乡，爱其山水，遂居焉。”

铜鼓杨氏：这里的杨姓人，大都是清代初期从各地迁入铜鼓谋生的。据《宏农杨氏宗谱·建置扩修宏远祠宇纪略》载：“明末清初，湘鄂赣边，历经李大銮、杨青山举兵反抗明廷暴政；李闯王退据九宫山迂回游击；邱仰寰、帅治模起义抗拒满清强逼汉人薙发几次战争，义军驻留地方，黎庶惨遭官府株连屠戮，十室九空，田园荒芜。清初明令锁海靖边，封禁居民出航营生，沿海闽、粤山区，田少人密，日食难敷。当地穷困人家难以存活，纷纷流徙铜鼓、修水、奉新、宜丰、万载、浏阳、平江县境，垦荒种土，落户安家。乾隆中期，已有数十支系杨氏族人，至县安居生息繁衍。”

于都罗坳盂口杨氏：于都杨姓人也比较多，有36支，都尊吉水杨辂为始基祖。据盂口杨赵寿提供，盂口杨氏是在清顺治十四年（1657年）来盂口村的，始迁祖为盂盛夫妇及其长子华明，他们由会昌筠明岭乘船而下到盂口定居，同来的有吴、温、何三姓，已传13代人。300多年以来，四姓保持友好往来和互通婚姻，没有发生过姓氏械斗。

广东杨姓

广东是近代杨姓向南洋及欧美播迁的重要基地，现今杨姓在该省总人口中所占比例约为1.48%，居全省大姓的第十八位。主要分布有：

梅州杨氏：这是如今杨姓人中较为富有和显赫的一支。始迁祖杨云岫（881—973 年）名耸，庐陵杨辂第五子，由进士官拜都御史，出任潮阳郡太守，宦暇之日于梅州水南里筑室建轩而家焉。

高州广潭杨氏：据广潭杨承全提供的近年《续重修广潭杨氏族谱序》中说："追溯我太始祖（始迁祖）石几公，于明正统己巳（1449 年）授琼州府学教授，入籍茂名（今为高州），传至清道光甲午（1833 年）始修族谱。"中间相距 384 年。

海丰仓兜杨氏：据杨杍公 96 世孙杨其格 1995 年编写的《仓兜杨族纪头》载，仓兜村位于海丰县梅陇镇南部的平原上，距梅陇圩 2 公里。仓兜杨氏的先祖，于南宋末年居于福建漳州莆田县麻皮街，次迁居潮州，后迁入粤海，初居捷胜马鞍山，后居新村，最后安居仓兜。这个村始建于明末清初年间，距今已有 300 余年。

紫金杨氏：据杨奕青教授 1998 年主编的《紫金杨氏族谱》记载，今紫金杨氏各支部是广东梅州始祖杨云岫的后裔。除附城新庄、古竹槎岭杨氏属（云岫长子）思孝房外，其余各支都是云岫三子思聪房杨斌孙的后裔。从迁入时间上说，从 14 世纪中期开始，明代中后期至清代初期最多，"未有紫金城，先有杨谭叶"，杨姓是迁入紫金地区比较早的一姓，至今已 500 余年，繁衍 20 世，约有万人左右（不包括外迁者，外迁者数量更多）。

雷州海康杨氏：据杨志超先生提供，这支杨姓人的始迁祖为杨建中。南宋时，居于浙杭州，1276 年临安失陷后，杨建中随其父杨亮节并姑母杨淑妃等南下，赖姑母淑妃等封为宋特授制干大夫加五级，奉张丞相等之命在广东省茂名募兵，至 1279 年南宋在新会崖山被元军攻亡后，杨建中并夫人赵氏，遂家居于高州茂名，传至大明五世孙杨长卿才迁于雷州府海康县居住。

（四）东南西北地　处处有苗裔

现今，在祖国大陆的东南西北所有省区和市县，随随处处都有杨姓苗裔的分布。前面几节所编记的省份，是杨姓祖根所系的豫秦晋三省，杨姓人口最多的四川和人口在该省所占比例最高的滇黔二省，以及在杨姓南迁及向港台、海外播迁历史上影响较大的东南沿海各省。其他杨姓分布的主要省区将在本节编记。

山东省是紧邻四川、河南之后杨姓人口在全国排列第三位的省份。该省杨姓人口差不多要占全国杨姓总人数的8%左右，在历史发展早期也已有杨姓裔孙的活动。主要分布有潍坊杨家埠杨氏。据村志记载，杨家埠，又称西杨家埠，开发历史较早，村南土埠发掘有战国时期和汉代文物，村东南有元代村落遗址。明洪武二年，杨氏祖先由四川梓潼县（雕版业中心地）迁居于此，至今有24传。

甘肃杨姓

甘肃是杨姓使用频率最高的省份之一，仅低于云南而与四川、贵州相近。又是杨县郡望之一的天水郡所在的省份，从一定意义上讲也是杨姓的植根地之一。支系分布也较多：

天水杨氏：天水人杨阜，字义山，东汉末年举孝廉。初为州刺史从事，后为曹操所赏识，被征召在丞相府参赞军事。曾从军讨伐马超，颇建奇功，赐爵为关内侯。

仇池杨氏：仇池杨氏，是古代氐族中的大姓，也是杨姓在古代少数民族中最大的一支。或称天水杨氏，长期以来与弘农杨氏并称。氐族自称是盘瓠之后，可能与崇拜狗图腾的南方少数民族有血缘关系。后来，他们努力向西扩展，在今陕西、甘肃、四川一带，从事畜牧和农业，并与冉马龙夷、白马羌交错杂居在一起，慢慢地“嫁娶有似于羌”，故史学家又把他们称之为“西戎”。杨姓由于是古代氐族中的第一大姓，故在氐族所建立的仇池、前秦、后凉三国中，杨姓起了中坚的作用，其中的仇池国就是杨姓人建立的地方政权。

武都杨氏：甘肃武都曾在447年建国，建国者为杨文德，是后仇池国末主杨保炽之弟。

临泾杨氏：临泾人杨政，字直夫，南宋建炎年间（1127—1130年），从吴玠击金兵，以功授怀庆路经略安抚使。后转经略安抚泾原，兼帅怀庆路，再迁知临州、利州，后拜授太尉。卒赐谥曰“襄毅”。

湖北杨姓

襄阳杨氏：襄阳人杨仪，字威公，三国时人。建安中（196—221年）为荆州刺史傅群主簿。

石首杨氏：石首人溥，字弘济，与福建建瓯人杨荣同举进士，授编修。永乐初，侍皇太子为洗马。后因案系狱10年不死，而在狱中勤读不辍，读诸子经史数遍。

广济梅川杨氏：据今人武穴市第三高级中学杨裕超提供的《济邑梅川杨氏宗谱》（乾隆三十六年修）记载：梅川杨氏始迁祖杨季七，祖籍江西南昌，“自元季明初，我太祖中顺大夫季七公，同子骠骑奉国上将军普铭公，从龙江迁于济邑之永东乡，不数世，而子孙昌炽。”

黄梅杨氏：据今人杨天元撰《黄梅杨氏一支》云：黄梅始迁祖杨元哲，又名哲，是在明洪武年间由顺天府（今北京市）迁到黄梅定居的，现已传23世。

江陵杨氏：据杨姓谱牒爱好者潜江杨家斌提供的雍正壬子《杨氏家乘原序》中说：“本族祖籍江西省临江府新淦（干）且安国乡西归里厚陵村白沙桥下南宝人氏。从前之祖仅存三代，一代祖仁厚公，妣李、程氏；二代祖秦春公，妣刘氏；三代祖常青公，妣梅氏，生兴才祖（1465—1554年）。大明弘治十二年（1499年）自江西迁居湖广荆州府江陵县（今潜江市）太府官庄地天应观（今潜江市赵脑），历二世复都南滩上垸（今徐李镇），迄如今支派繁衍，烟火迷离，舍宇绵亘，莫不发源于兹土。”

湖南杨姓

零陵杨氏：在东汉、三国时期，湖南就有了杨姓人的足迹。如《湖南通志·零陵先贤传》中的杨怀，就是东汉至三国时的湖南零陵人，为益州牧刘璋白水军督，是将领之家。

靖州杨氏：据史志和家谱记载，始祖是唐末“十峒首领”的杨再思（869—957年）。《渠阳府志》说再思是随父居忠（杨杼40代孙）自淮南迁徙入叙州（今湖南黔阳县境内）的。居忠为唐昭宗（889至904年在位）时司空，奉命守邵州（今湖南邵阳市境内），以功封镇国大将军。昭宗光化元年戊午（898年），家被火烧，烧掉了他家先祖自隋朝以来的玉牒史料，于次年“兄弟自淮南徙于叙州居焉”。

汉寿花园杨氏：它是江西“庐陵杨氏”的后代，以伯侨公为最初始祖。其明迁始祖杨昌敬（1346—1403年），是杨辂的15代孙。昌敬，字慎修，号静斋，原籍江西吉安府吉水县桐五里冈南八村南团社。明洪武初年（据说是四年）十二月三十日徙居益阳古堤洲，插标为业，围垦荒丘，从事农业生产。享年57岁。

望城卯田杨氏：也是江西“庐陵杨氏”的后代，是以杨杼公为受姓始祖。其明迁始祖杨癸三（1350—1422年），字丙一，是杨辂的19代孙，杨杼的82代孙。洪武时，自吴西庐陵徙楚善化，立业卯田百丈塘。卒葬白泥塘亥向。

安化湛溪杨氏：据县志载，安化有五支杨姓，都是在明代从江西迁入的，最早的两支有洪武五年（1372年）杨四杰从丰城入安化常丰乡的桃坳，杨士荣（1336—1397年）从太和入安化、湛溪；其他三支有宣德间杨文藻从江西入安化二都善溪口，杨珂杨琼兄弟从江西入安化小淹，及天顺间杨汝琳从江西入迁三都西冲。

宜章饶田杨氏：据1995年《郴州杨氏十修族谱》记载，湖南郴州市宜章县太平乡饶田村之杨氏始迁祖为南宋杨白清（1195—1280年），系杨杼75世孙，字会泉，号绍震，“以明经授湖广永州府尹，任满，升迁广东惠州府知府，由郴抵摺岭病，乃乞病辞职，病愈后，遂卜居宜章之平和而家焉”。

蓝山石夊杨氏：据1948年《蓝山杨氏族谱》记载，开基祖杨璋山，名田文，官都尉指挥使，封平蛮将军。于北宋乾德间（963—967年）奉旨南征，抚绥“苗蛮”，立功封疆，遂由山西大同县转汴迁湘，开基于本省蓝山县北屏乡石夊村。

衡阳草塘杨氏：据1948年《草塘杨氏七修族谱》记载，开基祖杨德八，字循普，于元至大元年（1308年）由江西泰和县以因奉红牌迁湘，开基于湖南省衡阳县乾安乡草塘町一带，族人分布于长乐、洪罗庙、永伏、宁乡县等处，迄今递传22代，男女丁口约3万人。

怀化卧龙杨氏：据公元1948年《卧龙杨氏四修宗谱》记载，始迁祖杨继隆，于明永乐间（1403—1422年）由江西迁湖南，开基于黔阳卧龙乡（现怀化县接龙乡），族人分布于黔阳、溆浦辰溪及湖北宣思、咸丰、来凤等县。

安徽杨姓

合肥杨氏：这里在唐末五代时就有了杨姓人的活动。五代吴王杨行密一家父子四人就是合肥人。

皖桐杨氏：即居住在今安徽桐城一带的杨姓子孙。他们自称出自关西华阴杨氏。在元末明初之际，这一支的直系祖先因曾担任元代的地方官，从江西吉安迁往安庆。元朝灭亡后，便自任所安庆迁居桐城。

巢县杨氏：据《续修庐州府志》卷五十八载，此支杨姓举进士和赠文林郎的就有 11 人，可称书香门第与仕宦人家。还有清代巢县人杨太和享年 95 岁、子宾 90 岁、孙大昕 93 岁，一门三寿，人以为难得，故得朝廷恩赐八品。

怀宁杨氏：怀宁人杨汝谷，字令诒（1665—1740 年），康熙进士出身，累官至左都御史。

广西杨氏

广西贺县杨氏：据杨高良先生提供，这支杨姓人是于清乾隆年间由广东揭西先后迁入贺县公会镇田富村、石排村、沙田镇、秉塘等地的。他们以杨云岫之子思孝为始迁祖，其间经安祯、格、中立、文隆、廷税、祐节、奋春、超孙、圭吉、如穆、文昌、伯光、景云、朝兴、道兴、仲恩、仕贵、茂良、济浦、子秀、孟恭、永高、文端、伯凤、万相、继震、锦、茂敬、再清、鼎和、典春、子珑、文树、和林、国熹、家贝、高良、佑允至启沛已 40 余代了。现有人丁 25000 余人。

岑溪杨氏：据杨杼公 97 世孙杨恩焕提供：广西岑溪杨氏已传 102 世，全县杨姓人口约两万左右。其来历是，83 世祖杨占凤，明朝人，由福建漳州府迁居广东韶州府英德县县坑甲。

恭城杨氏：据杨家胤提供：恭城平安乡和平村有支杨姓，是由湖南岳州府巴陵县迁去的，始迁祖杨福禄（1352—1429 年）素以经营贸易为生，于明永乐二年（1404 年）来恭城境内小源村择地而居，与瑶胞杂处。

（五）福建杨氏迁居台湾

台湾自古称夷洲，秦汉以来就与大陆交往频繁，南宋时澎湖隶属福建路晋江县。元朝在澎湖设巡检司，管辖澎湖、台湾民政。尔后曾一度被西班牙荷兰侵占。1683 年清置台湾府，属福建省。1885 年改建台湾省。故台湾杨姓开基始祖多来自福建。然而他们是何人、何时、从何地入台的呢？因代远年湮，查证维艰。据考证，今有三说：一是台湾文献研究会考证的开基始祖为漳州龙溪人杨巷摘，他是明永乐十八年（1420 年）携家小渡海到台湾垦荒的；二是戎济方先生《旅琉球（即台湾）华侨杨明州谱系考》一文中所说的开基始祖为杨明州，其人生于明万历十八年庚寅（1590 年），他在出海时"忽遇飓风，飘于外洋"，在海上经历了极为艰难的 28 天的飘流，最后在琉球岛上岸并定居下来，娶妻生子；三是杨见温在《杨氏历代先贤列传》中说的开基始祖为闽人杨文科，于明永历十五年（1661 年）率族人随同郑成功渡海来台垦殖，迄今已 300 余年，其后陆续前来者甚众，台湾遂成为闽粤延长，而杨氏族人已达 50 余万之多，列台湾十大姓氏之一。杨见温还就年代先后及落籍处所，执简驭繁地罗列了杨氏入台的年代。

一是明永历十五年，即清顺治十八年（1661 年），福建海澄人杨文科率族人随郑成功渡海入台，落籍台南佳里。

二是清康熙二年（1664 年），福建龙溪人杨巷住嘉义六脚。长泰人杨如风住台南归仁。同安人杨志申住台北。南安人杨凤及杨子爵住台中清水。康熙三十年，晋江人杨古垦荒于云林北港。康熙末年，同安人杨国扬入垦彰化。

三是雍正初年，福建龙溪人杨顺盈择居台南大内，杨庆住台北士林，杨寝住台中。同安人杨德惠住苗栗，旋迁宜兰。又广东镇平人杨于崇居嘉义。雍正十二年，杨肇画、杨明教参加文科垦荒。雍正末年，福建平和人杨舜居台中乌日。

四是乾隆初年，杨肇珍一行 6 人，杨应蚕一行 13 人入台南佳里。广东镇平人杨朝建入垦屏东。福建同安人杨恭成居高雄美浓。乾隆十七八年间，福建平和人杨国策、杨君略入垦台北士林。同乐人杨缵入居桃园八德。广东陆丰人杨尚建入桃园中坜。福建同安人杨咸仙一行 5 人居台中清水。杨长成居台北士林。乾隆四十二年间，诏安人杨江率子 2 人住嘉义民雄。及至乾隆末年漳浦人杨炳入屏东新园。南安人杨士琬率族人入垦彰化溪湖。

五是嘉庆初年，广东梅县杨凤廷入苗栗。福建杨兴居南投集。嘉庆七年，福建杨中居宜兰。嘉庆末年，福建人杨盈怀等 3 人入垦彰化鹿港。此外，台湾光复时，山胞改为杨姓者不少。

杨氏如今著显台湾者，则有如下：

（1）台南佳里杨氏：随郑成功入台的杨文科就落籍在台南佳里，成为望族。其后有杨文魁，字子伟，号逸齐，奉天人。康熙二十三年（1684年），以都督佥事调任台湾镇总兵，到任即分布营汛，讲求军务，又立义塾，延聘内地名儒为师，设置学田资膏火，因之大陆去台者甚多，对开发台湾起了极大的作用。有一次蓝理入朝时，康熙问台湾总兵如何？蓝理对曰："练兵马，兴学校，洁己奉公，兵民相安无事。自己每日所食惟腐菜。"第二天康熙对荐举文魁的巴泰说："杨文魁身为封疆大臣，惟食腐菜，可谓廉矣！"当时蓝理奏言台湾实行兵屯，文魁疏言以为不可，谓台湾之田皆为民业，若夺为兵田万不可以，况兵皆由内地调来，父母妻子隔洋相望，谁肯举家渡海以事屯田乎？康熙从其言，兵民皆喜。及举军政，被劾者皆无怨言，而所拔将弁，多至镇帅皆有声。故兵民念其德，绘像立祠以祀之。

（2）台北半线杨氏：康熙三年，入居台北的杨志申，字燕夫，祖籍福建。为拓建学宫，其父墓另择穴于魁年山麓，平坦如掌，约2.3亩，邑人说此地为"金盘摇珠"。墓既结后告之曰："子素行孝义，子孙必昌，但子当远徙，十稔之后可致巨富。"正是那个时候，半线初启，草莱未垦，志申遂往之，居于柴坑子庄，货番田而耕之，督率诸弟（有六兄弟，志申居二），尽力农耕，数年家渐富，辟田亦愈广。遂凿二八圳，引猫罗之水灌溉，润田数百甲，岁人谷万石。又凿福马及深圳，因之线东西堡之田，皆为杨氏所有。又以余力开垦淡水、佳腊埔及金包里，岁亦入谷数千石，家畜亦多，佃农数千人，锄耕并进，半线景象是以日兴。雍正元年（1723年），台北建县治，志申移居东门街。他好行慈善事业，后循众议，祀台邑孝悌祠。以长子振文，追封为中宪大夫。振文能识大体，入郡庠，捐资为知府衔，赏戴花翎。孙应选，亦有盛名。

（3）台中杨氏：台中县开基祖为杨琏，字至器，号华堂。祖居福建省泉州府同安县金门金沙镇官澳村下八巷。兄弟两人，至器居第二，乃父杨鸿畔之嫡出。自幼抱有大志，嘉庆年间渡台。初时，身中仅有十八铜钱，人地生疏，举目无亲，不得已挑水度日，后改作厨司。每日克勤克俭，兼作生理，渐有积蓄，即开办船头行，即现时称贸易商。他与内地各行店，交接生理，店号杨合顺，不但信用可靠，兼对贫民甚援助，对政府亦多贡献，数十年间置田园数千甲，发大财。当时娶一妻两妾，育八个儿子，即现时八祧房亲，享年63岁。而次子润卿，进秀才及廪生；第三子连卿，进秀才及廪生，至考中恩科进士，由吏部任官福建省儒学正堂；五子瑶卿，日本人入侵时为参事。其余各房子孙，皆勤俭，再购买田园数百甲，亦皆昌盛。

（4）台中沙鹿镇杨氏：沙鹿镇人杨清钦，生于1934年2月23日，幼承庭训，受父亲经商影响，长大后，和昆仲合开味精工厂，由小而大，逐渐扩展到今日之味丹集团，员工近五千人，工厂动力达三万匹马力，关系企业计二十余家。事业有成之余，他不忘参与社会慈善活动，包括捐资兴学，救困济贫，协助地方建设，积极回馈社会。

除此，根据台湾省杨氏宗亲会的设置情况，还有高雄杨氏、宜兰杨氏、基隆杨氏、桃园杨氏、新竹杨氏、屏东杨氏及云林北港杨氏等。这些杨氏，几百年来，对开发和建设台湾，都作出了积极的贡献。

另有香港八闽弘农杨氏，补列于此。孙中山先生的两名亲密战友民主革命先驱杨衢云和"四寇堂主人"杨鹤龄（"四寇"指孙中山、陈少白、尤列和杨鹤龄）都是生活在香港的民族精英。在1997年，香港胜利回归的前夜，以寓居香港的福建各地杨氏为主体自愿结合而成的民间群众团体——香港八闽弘农杨氏宗亲联合会成立了，并推选产生了第一届理事会。现任会长杨金溪，副会长杨友谊、杨慈意，理事长杨丕汉，秘书长杨思敬。联合会的主要宗旨为：弘扬中华文化，光大杨氏正谊明道、廉洁奉公、清白传家等伦理道德规范；并肩负联络宗谊，增强民族凝聚力，互助互济，加强经济合作，促进闽港文化经贸交流，以及扶危济困，举办社会福利与慈善事业等任务。建会初期，就有会员500多名，包含个人会员与团体会员两种。

（六）海外杨姓分布

马来西亚沙巴州杨氏：这里是杨姓人足迹踏遍东南亚的第一步。据史料记载，明永乐年间（1403—1424年）的浙江绍兴人杨云川，曾随军渡海去北婆罗洲，即今马来西亚沙巴州。云川在此长期羁留，与当地鲁顺族酋长女儿相爱而结婚。公主后因云川遇难而为夫跳海殉节，留下了"寡妇山"这一游览胜地。

孟加拉杨氏：清乾隆四十五年至四十八年间（1780—1783年），杨姓人杨阿秋去印度经商，在孟加拉胡格里河畔定居下来，并吸引、接纳中国的侨民，在当时的印度加尔各答建立了“中国城”，从而在印度和孟加拉繁衍生息。

新加坡杨氏：据记载，清道光二十一年（1841年），在这里就成立了槟城杨氏植德堂公司。嗣后又在这里建立了新加坡杨氏总会及新加坡潮安仙乐杨氏互助社、星洲湖峰社杨氏公会、槟城杨氏公会和新加坡潮州弘农杨氏公会等宗亲会组织。

泰国杨氏：居住在泰国的杨姓人也不少，他们在这里建立了泰国杨氏宗亲总会。

印度尼西亚杨氏：居住在印尼的杨姓人建立了印尼杨氏宗亲总会和印尼万隆佛县杨氏联谊会。后者为以伯侨公为大始祖，直系传下第59世的世隆公，开基于福建漳浦县佛昙镇衍派的子孙居住于万隆市者所组成，会员800余户，达5000余众。还有印尼坤甸杨氏弘农世家，这一家曾于1994年8月组团回河南开封寻根访祖，并参加了新建天波杨府的剪彩活动。

欧美澳杨氏：20世纪以来，杨姓子孙在留学或经商的过程中，侨居在美国、加拿大、澳大利亚和欧洲的杨氏。这些人在贸易、科学、艺术、工程、政治等多方面都取得了卓越成就，许多人都成了各界精英。有诺贝尔物理学奖获得者杨振宁博士。当选为美国国家工程师学院院士的杨祖佑，当年即被布什总统任命为总统技术顾问委员会委员；杨彼德被布什总统任命为全国图书馆及资料委员会委员；生物学家杨祥发获“沃尔夫农业奖”。

四、杨氏文化

杨姓源远流长，历史悠久，瓜瓞绵绵。数千年来杨姓先祖及历代裔孙为谋求生存、追逐希望、兴家兴族，不断地顽强努力、拼搏奋进、迁播拓展、创功建业，足迹遍布黄河上下，大江南北的华夏各地，甚至漂洋过海，浪迹天涯。弘德扬善、兴族报国、劈地开疆的佳话传遍五湖四海，历史上杨姓留下了丰富的文化。

（一）大姓郡望多　堂号若星河

“郡望”这个词，是由“郡”和“望”组合而成的。“郡”是始于先秦的行政区划，相当于现代的“省”而比省小；“望”就是“名望”，在这里是指名门望族，二者连为“郡望”一词，就是指某一地方的名门大族。某姓的郡望多是该姓开基启姓和家隆族兴之地，也自然多是该姓慎终追远之根。

任何大姓，在蕃衍过程中也都要派分出许多支系，在宗族结构中被称为“房门”。因而，“房门”是姓氏的分支称谓。通常以分支始祖的官位、名号、生身故里或辖地地名区分。

“堂号”则是姓氏或其支系门派的标志或誉称，往往取之于该支开派族兴的地名、祖宗德隆功高的誉称、家声门风的特征、规训后世的诫词等。用以铭怀“根”之所在、彰显祖宗德范、宏扬族规家范、传承处世之本。

杨姓渊源久远，门荣族旺，树大根丰，这也就使得杨姓拥有多个郡望、多个房门和灿如星河的多个堂号，

杨姓郡望有三：

1. 弘农郡：西汉汉武帝始设弘农郡，郡治是在现今河南省灵宝市北的函谷关镇。辖境包括现今的河南省三门峡市、南阳市的大部县区，以及陕西省渭南市区域。东汉至北周，曾一度更名恒农郡。是弘农杨氏的开基之地。

2. 天水郡：即现今的甘肃省天水市。西汉时郡治在平襄（今甘肃省通渭县西北）。东汉一度改为汉阳郡，移郡治于冀县（今甘肃省甘谷县东南），魏时又恢复天水郡名。西晋时移郡治于上邦（今甘肃省天水市），隋唐天水郡即秦州。

3. 河内郡：古代以黄河以北为河内，以南、以西为河外。楚汉之际设置的河内郡，就相当于如今河南省黄河以北的西部，郡治在怀县（今河南省武陟县西南）。西晋移郡治于野王（今河南省沁阳县）。隋设野王为河内县。隋唐河内郡即怀州。元朝设为怀庆路，明清为怀庆府，河内县之名不变，常为治所。民国政府时，改河内县为沁阳。河内杨氏，其开基始祖为韩襄王将领杨苞。

杨姓主要房门有：

观王房：杨震第十二代孙杨士雄，隋朝时被封观王，士雄卒后，隋帝赐其谥号为德，故被称为观德王，其子孙便以观王房称。唐朝时观德王杨士雄子孙四代中，三位子孙官至宰相：他们是杨震的第十三代孙杨恭仁、杨师道

和十五代孙杨执柔，这一支是杨震长子杨牧的后代。

越公房：杨奉的六世孙杨沼，是晋时有名的“三杨”之一。其七世孙杨钧，在后魏时为恒州刺史，封为越恭公，后世子孙便以越公房称。

新昌房：是越公房的分支。越公房杨氏及其分支新昌房杨氏是杨展第五子杨奉的后裔，两房共出了四位大唐宰相，即杨弘武、杨收、杨涉、杨嗣复。

扶风房：杨震之长子杨牧的后裔。杨震第十五代孙杨播世代居住在扶风（即今陕西省扶风县，西汉时该地为京官右扶风的封地，唐时借汉官名作县名沿用至今），其子孙便称扶风房。杨播之子杨炎在唐德宗李适（780—805年）时，官封宰相。

上谷房：杨震的第十二代孙杨珍（杨结长子），北魏时任上谷太守，其子孙称上谷房。上谷为古郡名，所辖范围大约包括现在的张家口市怀来县、宣化县、涿鹿县、赤城县、沽源县以及北京的延庆县等地。

河中房：是上谷房杨氏的分支，杨震第五子杨奉的后裔。上谷太守杨珍的曾孙杨顺出仕后，举家迁往河中（今山西省永济县蒲州镇），子孙称河中房。

原武房：也是杨震第五子杨奉的后裔。杨震的第十三代孙杨岐后魏时为吕州（古地名，相当今山西省霍州、汾西等市县地）刺史，举家迁往郑州原武（今河南省原阳县西），其子孙便以原武房称。

原武房在唐代时出过两位宰相，一是辅佐武后及唐中宗李显两朝的杨林，一是辅佐唐玄宗李隆基、唐代宗李亨的杨绾。

杨姓的堂号有：

汝南堂：一世祖杨敞，封安平侯，居弘农，为弘农一世祖。生子：忠、恽。汉昭帝时为丞相，为弘农杨氏中的第一位宰相，食邑于汝南，因之杨氏就有了“汝南堂”之称。

关西堂：弘农杨氏，世居关西（函谷关西）。杨敞五世孙东汉太尉杨震，字伯起，德隆学博、桃李三千，是当时著名的教育家、政治家，时人誉为“关西孔子”。杨氏后人因以“关西”为堂号。

四知堂：杨震为莱州太守时，有人夜送黄金行贿于震，并以无人知晓为由，一再竭劝收纳。杨震凛然斥拒道：“有天知、地知、你知、我知，何为不知!"。这就是著名的"金拒四知"的故事，充分体现了杨震的高洁清正。后人以"四知"为堂号，意在传承先祖美德。

清白堂：也是得誉于杨震的清白处世，也是杨氏家风的主要精神之一。

三鳝堂：杨震年轻时，校书授徒于湖城（今河南省灵宝市西部）。一天，有鹳鹊衔鳝鱼三条落于书堂之中，弟子们都以此为尊师即将发达的吉祥之兆。震祖年五十后始入仕为官，由太守直到位列三公的太尉。

杨姓的主要堂号还有："光裕堂"、"赐书堂"、"崇本堂"、"务本堂"、"绍兴堂"、"瑞本堂"、"绍先堂"、"河东堂"、"栖霞堂"、"秦和堂"、"鸿仪堂"、"安阳堂"、"鸿山堂"、"新杨堂"、"道南堂"、"信海堂"、"北山堂"、"立雪堂"等。

（二）祖地依华岳　古姓胜迹多

杨姓在绵延播迁中也留下了许多名胜古迹。这些杨姓先祖遗迹，都是整个中华民族乃至今世界人民宝贵文化遗产的重要组成部分，受到全国以及海外各侨居地人民和政府的仰敬和关护，其中许多被列为国家及省市县各级重点文物保护单位，得到很好的保护、恢复、修缮和管理，成为人们寻根追祖、缅怀历史、凭访先贤、旅游观光的胜地和美好去处。

1. 山西省遗迹

晋祠

杨姓之肇，源于山西。因此在山西留有许多最早的杨氏先祖遗迹，最为有名的当是三晋第一的晋祠，晋祠最开始是为祭祀唐叔虞而建，因而也是天下杨氏的第一祖祠，迄今已有1500年以上，世代受人朝祭，香火荣盛、历有修葺，至今仍有络驿如织的游客前往凭访游览。

晋祠位于太原市区西南25公里处的悬瓮山麓，为古代晋王祠，始建于北魏，为纪念周武王次子姬虞。姬虞封于唐，称唐叔虞。叔虞励精图治，利用晋水，兴修农田水利，大力发展农业，使唐国百姓安居乐业，生活富足，造成日后八百年的风调雨顺，国泰民安，呈现出一派兴旺景象。虞子燮继父位，因临晋水，改国号为晋。因此，后人称此祠为晋王祠。新中国建立后，国家领导人来晋王祠游玩。游玩中有感而发：如今百姓当家做主，中国已无王侯，应把晋王祠中的"王"字去掉，于是其后就改略为"晋祠"。

在漫长的岁月中，晋祠曾经过多次修建和扩建，面貌不断改观。南北朝时，文宣帝高洋，推翻东魏，建立了北齐，将晋阳定为别都，于天保年间（550—559 年）扩建晋祠，“大起楼观，穿筑池塘”。隋开皇年间（581—600 年），在祠区西南方增建舍利生生塔。唐贞观二十年（646 年），太宗李世民到晋祠，撰写碑文《晋祠之铭并序》，并又一次进行扩建。宋太宗赵光义于太平兴国年间（976—983 年）在晋祠大兴土木，修缮竣工时还刻碑记事。宋仁宗赵祯于天圣年间（1023—1032 年）追封唐叔虞为汾东王，并为唐叔虞之母邑姜修建了规模宏大的圣母殿。北宋天圣年间修建了圣母殿和鱼沼飞梁后，祠区建筑布局大为改观。此后，又逐渐铸造铁人，增建献殿、钟楼、鼓楼及水镜台等，这样，以圣母殿为主体的中轴线建筑物就次第告成。原来居于正位的唐叔虞祠，变成落在旁边，退处于次要的位置了。

晋祠现为全国重点文物保护单位。晋祠有三绝：一是周柏唐槐。周柏是北周时代种植的柏树，唐槐是唐代时种植的槐树，至今都还茂盛葱郁。二是圣母殿内宋代的彩塑，三是难老泉。

圣母殿创建于宋代天圣年间（1023—1032 年）。圣母传为姬虞之母邑姜。圣母殿原名“女郎祠”，殿堂宽大疏朗，存有宋代精美彩塑侍女像 43 尊（含后补塑 2 尊），这些彩塑中，邑姜居中而座，神态庄严，雍容华贵，凤冠霞帔，是一尊宫廷统治者形象。塑像形象逼真，造型生动，情态各异，是研究宋代雕塑艺术和服饰的珍贵资料。

圣母殿前的鱼沼飞梁，建于宋代，呈十字桥形，如大鹏展翅，形状典雅大方，造型独特，是国内现存古桥梁中仅有的一例。

水母楼位于晋祠圣母殿旁边，又叫水晶宫，供奉的主神是晋水源头三泉之一的难老泉水神。水母的塑像被放在楼上正中神龛里，两旁有六个侍女。水母仪容端庄，体态丰腴，极富神采。但相比之下，侍女的塑像更加引人注目。她们盈盈而立，似正要举步向前，身体与常人相比，略显扁平，增加了少女弱不禁风的柔弱感。从背面看去，她们的背影与水中游鱼颇为相像，优美而轻盈，因此，当地人都称她们为美人鱼。作者在创作中还注意到了细节的刻画，比如侍女那细微的头发，一根根都清晰可见；皮肤光滑而细腻的质感也处理得很好。晋水源头位于晋祠内，共有三泉。鱼沼泉和善利泉时流时枯，难老泉则长流不竭，泉水自地下约 5 米的岩石中涌出，平均流量约每秒 1.8 立方米，常年水温保持在 17℃，清澈见底。泉名取自诗经名句“永锡难老”。

据传，水母姓柳，生性贤良，家住晋祠附近的金胜村，嫁到晋祠为媳。不幸的是，她出嫁后横遭婆家虐待，每日到远方去挑水。挑回的水，婆母只要前桶，不要后桶，名为嫌脏，实则存心刁难。一天，柳女挑水归来，在途中一骑马人要借水饮马，柳女欣然应允。等柳女返回重挑时，那人送给柳女一条金丝马鞭，并告她马鞭放在瓮中，只要轻轻向上一提，水即满瓮。柳女回去一试，果然灵验。这个秘密不久就被柳女的小姑子发现，一次她趁柳女回娘家不在，从瓮中提起马鞭，顿时，水从瓮中奔涌而出。大水，很快就要淹没附近村庄，柳女正在娘家梳头，闻讯赶来，毅然坐在瓮上，水势一下变小，人们得救了，水母再也没有离开水瓮。

晋祠另有遗迹唐碑亭，即“贞观宝翰”亭。亭内陈列唐太宗李世民手书碑刻“晋祠之铭并序”。全碑 1200 多字，书法行草，骨骼雄健，笔力奇逸含蓄，有王羲之的书法神韵，是书法艺术的珍品。

此外，金人台四尊铁人姿态英武，因铁为五金之属，故称之为“金人台”。西南隅的那尊铁人，铸于北宋绍圣四年（1097 年），已有八百多年的历史，不但保存完整，而且神态威武，英姿勃勃，气概不凡，盔明甲亮，闪闪泛光，颇为独特。传说一年夏天气候特别炎热，身披铁甲的西南隅的铁人忍受不了这难熬的痛苦。独自走到汾河边，只见汾河滔滔而流，怎么过河呢，铁人犯了愁。正在着急，忽见从上游不远沿岸边驶下一条小船。铁人赶忙上前招呼，要求船家把他渡到对岸。船家沉吟一阵，方才慢腾腾地说：“渡你一人，人太少，可再稍候一时，再等等有无旁人。”铁人一焦急，赶忙说道：“你能渡过我一个，就算你有能耐啦。”船家看了看铁人说：“你能有多重，一只船不止装一人，除非你是铁铸的。”话一落音，一语道破了铁人的本相。瞬间，铁人立在汾河边，纹丝不动。怎么这人不说话了？船家抬眼一看，面前立着一位铁人。多眼熟啊，嗬，可不是嘛，是晋词的铁人。船家不敢怠慢，赶忙找了一些乡亲，把铁人抬回金人台。圣母勒令手下将领，把铁人的脚趾上连砍三刀，表示对铁人不服从戒律的惩罚。今日的铁人，脚上还留着连砍三刀的印痕。

杨忠武祠

亦称杨令公祠，创建于元至元十六年（1279年）。位于山西省代县城东北20公里的鹿蹄涧村，是杨业后代为祭祀杨业夫妇及先后数代英烈而建立的祠堂。因杨业死后被追赠为“太尉”，谥号“忠武”，题祠名为“杨忠武祠”，当地人也称“杨家祠堂”。正殿前檐悬一匾，上书“敕建”二字。殿内塑有杨业与佘太君像。塑像有饱经风霜、老而弥坚的神韵，令人肃然起敬。左右两旁列塑杨家八子及宋、元、明历代杨氏功臣名将像共二十尊，各自气宇轩昂，正气凛然。祠堂里还保存有一些关于杨家将的比较真实的资料，可补史书的不足，供游人凭吊和观览。

2. 陕西省遗迹

晋令郎宫：又名晋公子宫、紫微宫，为杨氏先祖出仙峪后所建宫室，今称东宫村，在华阴市区。杨姓先祖自植根于此后，家业兴旺，昌达于世，人才辈出，灿若繁星，功业显耀百代，德誉流芳千秋。故有称东宫村为“天下杨氏第一村”。

放雀台：在西岳峪东牛心峪。是该峪东侧一座牛心形的峰头。是杨震之父杨宝拯救黄雀、终得善报的传说中放飞黄雀的地方。

杨震槐市：也在西牛心峪。杨宝宏儒硕学，潜心学问，曾在牛心峪设馆讲学。杨震子承父业也曾于此授徒讲书，因声名很大，学子人多如市。而学馆周围广有槐树，故人称讲学处为杨震槐市。

双泉书馆：又称四知书院，遗址在华阴市碾峪乡双泉村。学堂始建于东汉永元初年（89—100年），是杨震出仕前讲书授徒的又一地方。时人亦称为“杨震讲学处”。

杨公祠遗址：杨公祠又名关西役夫祠，祠建于清初，占地约3亩，建筑分上、中、下三殿，为砖木结构的仿古建筑。上殿供奉杨震画像，前殿临街处有碑楼一座，内有清道光八年（1828年）果勇侯杨芳所树的“关西役夫”石碑（今移于西岳庙）一通。前殿门两侧有楹联题曰：“槐市遗风留善政，潼亭遗迹尚堪书”，是华阴杨氏后裔敬拜关西役夫杨震的地方。史志纪录，此祠能建在孔庙的对面，其品级之高是取得朝廷恩准、并宣布了准建证书的。遗址在今华阴市教育局院内，祠堂旧址今为教育局办公大楼。

杨氏先茔：在华阴市五方乡境内，是葬埋杨氏先祖的地方。据《陕西通志》和《弘农杨氏族谱》、《杨氏族谱》所载：葬于先茔的有：汉太史公杨硕的七个儿子，即赤泉侯杨喜、汉渡辽将军杨鹦、汉虎威将军杨奋、汉虎牙将军杨趟、汉虎贲将军杨熊、汉破虏将军杨鹤、汉虎骑督尉杨魅。按所记，杨硕的墓葬则在县东十五里"县治定城驿东五里南塬上"。先茔中另葬有魏司徒杨椿、中军大都督杨津、岐州刺史杨侃、北齐韶华州刺史杨逸、杨懿孙杨范、北周时汾州刺史杨敷。先茔内移葬的另有魏车骑上将军、七兵尚书杨钧；北齐华州刺史杨俭；隋刑部尚书杨异。其他，据《隋书》载："大业九年，杨玄感因逼东都，京兆内史卫元率军援之，至华阴掘杨素冢，焚其尸骨，夷其茔域。"《杨氏族谱》记杨素墓移"葬县治西十三里五方村北始祖茔内。"杨素的墓碑现存潼关县文化馆。

华阴的杨姓先茔还有两处：吊桥杨震坟场、凤凰岭观王坟场等。另有杨修墓，在今华阴市河湾村南的战国魏长城遗址侧。

3. 河南省灵宝市之遗址

黄帝铸鼎塬：在灵宝市阳平镇东的塬头上，相传黄帝曾在此处采石炼铜，并铸成天、地、人三鼎，其上还有黄帝靴冢一座，已于上世纪九十年代修复，以供凭游。

西阳平遗址：在灵宝市阳平镇北，全国重点文物保护单位，是"十一五"期间全国重点保护的100处大遗址保护专项之一。那里有相传黄帝时的十里长街。

杨家村：位于灵宝市豫灵镇，三鳝书堂遗址位于村头，现建有杨公祠。村中散落有历代维修或重建三鳝书堂的碑刻十余通，上世纪九十年代后，每年都有许多海内外杨氏后裔来此寻根祭祖。

杨震校书堂遗址：又名草堂、三鳝书堂，其遗址在今河南省灵宝市西南豫灵镇杨家村。村南有塬，称皇天塬、龙望塬。南依秦岭余脉，北瞰滔滔黄河，古属湖城。《后汉书·杨震传》载：关西夫子杨伯起"常客居于湖，不答州郡礼命数十年"，是杨震五十岁入仕前生活居住、说文解字的地方。

据古《阕乡县心志》记述："三鳝堂一名草堂，在县西四十里皇天塬北，即校书堂也，杨震寓此，筑以校书。唐改为寺，以僧主其香火，明成化末，犹有僧守，后废。国朝乾隆十二年，知县梁溥访其故址，于华严寺后得明嘉靖间遗碑，只存'关西夫子杨伯起校书处'数字，余皆漫漶不可识，因复构堂为文记之。”史书记述，在校书堂附近，还有杨震居住时留下的井堂和阿对泉遗址。井堂在校书堂北，杨震亲手而构。唐时曾改为开元寺，后为水淹没。明嘉靖年间河崩，人们曾在遗址处挖出许多五彩斑斓的石子，还发现了王右军所书的一块石碑。阿对泉因是杨震家童阿对所开而得名，史书记其与龙望塬上玉娘、马趵两汪清泉同为一流，水面面积很大，可供数千学子饮用及灌溉农田，故泉在当时较有名，被记入史志。唐代有个叫吴融的人，客居阌乡时，曾住在阿对泉畔，并写诗抒怀，其中有“五陵年少如相问，阿对泉头一布衣”句。

三鳝书堂近周还有如下历史遗迹。

藏书洞：在三鳝书堂西南皇天塬崖壁上，相传秦始皇焚书坑儒时，杨氏先人为免书典焚毁，曾藏书于洞中。杨震学有所成后，寻得藏书，并建校书堂于其近旁，以校字析文。崖坡上有晒卷坡，为杨震晒书之处。

洗墨池：校书堂南略高处，有山泉数眼，清水成池，杨震校书讲学时常在池边洗涮笔墨，因以为名。

杨震庙：在灵宝市西闫乡杨家湾东北坡，背依焦村塬，北望黄河。焦村镇杨家村也有杨震庙。

杨公寨：位于灵宝市南5公里处，三面悬崖，仅南寨门外有约二百余米长的小道与外相通，有“金线吊葫芦”之称。相传为宋代杨业族中杨弘及其后裔居住处。

上坡头杨氏祠堂：在阳店镇上坡头村，现存有大祠堂和东门祠堂。该支杨氏为宋朝末年移居于此。

杨修墓：在杨家村北，峭函古道北侧。为灵宝县重点文物保护单位（1956年公布，与华阴杨修墓似有冲突，待考）。

五侯冢位于灵宝市大王镇梨园村北后蛇头岭上，为西晋太傅杨骏及五位杨氏侯爵的墓塚，“文化革命”中被毁其三，现仅存二冢。

娘娘庙：也称杨后故居（晋武帝妃杨艳、杨芷出生地）。

张湾汉墓：位于灵宝市东南约5公里处，一出土墓罐上铭文为：“天帝使者，谨为杨氏之家安隐墓冢……”为汉代杨氏先人墓地。在豫灵领北塬村的牧马塬有杨氏祖茔一座，焦村镇的贝子塬、故县镇的河西村，还有尹庄镇的涧口、浊玉等处都有汉代或明清时期的杨氏祖墓。

灵宝市还有其他杨姓遗迹，如故县镇的河西村的杨公祠、豫灵镇亚武山东的四郎寨等。

4. 河南开封天波杨府

古都开封，从北宋时起就有“文包武杨”之美传。宋仁宗年间的开封府尹包拯，不畏强权、铁面无私、为民申冤请命，其清正廉洁为后人树立了吏治的典范，被誉为“包青天”。以杨业为代表的满门忠烈的杨家将，几代人舍家报国、捍边安邦，舍生忘死、甘洒热血、英烈悲壮，则是古往今来，名垂青史、朝野一致颂扬讴歌的民族英雄群体和“武官不惜死”的典范，其府邸“天波杨府”也正在河南开封。现今的下城开封，一年四季游人如织，除欣赏开封“七朝都会、文化名城、大宋故都、菊花之城”之盛外，其中许多人都要到位于龙亭西侧的天波杨府游览和凭吊忠烈满门的杨家将。

天波杨府是北宋名将杨业的府邸，位于东京汴梁城天波门外，金水河旁，故名天波杨府。杨业为国捐躯后，六郎杨延昭为追念其父，奏清太宗将天波府改建为寺院。宋太宗念其孝心，恩准并赐名“孝严寺”，自此“天波杨府”成了杨家敬奉祖宗的宗庙。该寺于金人占领开封时被毁，明代建为玉阳观，清代改建为玉皇庙，并在庙西修建了佘太君庙（又称杨氏庙）。这座杨氏庙群众称之为杨泰山庙。《开封地名词条选编》中“玉皇庙街”条记载：经访问该区老户多人，人们均称“玉皇庙街西有杨泰山庙，奉佘太君。庙东西厢房塑有七郎八虎及老相爷像”。该庙在 1927 年冯玉祥主豫时被毁，今址为杨家湖侧的市中原食品罐头厂。今日的天波杨府是严格按照《宋东京考》、《如梦录》、《祥符县志》等史籍的记载，参照杨家家庙“孝严寺”，“佘太君庙”等建筑建成，是一组布局严谨的仿宋式建筑，由东、中、西三个院落组成。

天波杨府正门为五间三开重檐歇山式建筑，大门正中悬挂着杨成武将军题写的“天波杨府”金匾，显得格外威严庄重。两边为人字翼墙，筒瓦覆顶，绿琉璃瓦剪边，遍饰五彩，富丽堂皇。迎门而立的是一堵大照壁，正面浮雕牡丹，背面浮雕仙鹤，意寓吉祥如意，雍容华贵。过厅大门内两侧巍然屹立着孟良、焦赞的塑像，均高 2.7 米，像两座金刚守卫着杨府。过厅后部陈列着宋代兵器及《三十六式杨家枪》的图片资料，据说当年杨六郎苦练此枪法，征战沙场，获“金枪将”的美称。

穿过过厅，眼前就是天波杨府的主体建筑天波楼了。它的全称是“清风无佞天波滴水楼”，“清风”指杨业一生两袖清风，“无佞”指老令公一生刚直不阿。当年宋太宗念及杨业的盖世功勋，御赐建造此楼以示旌表，并亲笔御书“天波杨府”的匾额。天波楼一楼是杨业处理军机要务的白虎堂，室内陈列着“杨业发兵幽州救主”的一组彩塑，体现了老令公深明大义的爱国风范。二楼大厅内是一组颂扬杨门女将的群雕“佘太君杨门选将”。群塑中，佘太君沉着安详，众女将英姿飒爽，显示出她们保家卫国，前赴后继的英雄气概。

站在二楼，凭栏远眺，碑林巍巍，龙亭高耸，杨家西湖绿波潋滟，人的心灵也在历史和现实之间游弋，追古思今，不禁胸中感慨万千。

中院后殿为五间三开歇山顶建筑，该殿是杨家宗庙，为宋太宗御赐的“孝严祠”。殿前有石狮、石马、石羊、石狗等祭器。殿内设有神龛，供奉有杨令公、佘太君、七郎八虎等人塑像，以及宋、元、明三朝皇帝授赠的神位。但见绿云绕绕，青烟袅袅，杨家将的忠魂烈骨也似乎随着这烟雾飘进千家万户人们的心中。

东西配殿均为五间硬山顶式建筑，前后花砖墀头，门脸采用宋式门窗。殿内各有五组在民间广为流传的杨家将历史演义故事的群雕。东殿为“七郎闯幽州”、“五郎斧砍萧天佐”、“金刀杨令公”、“六郎出战韩昌”、“大郎替主龙棚赴宴”等众男将赤胆报国的动人故事。西殿为“烧火使女杨排风迎战韩昌”、“七娘迎战马吐温”、“百岁老人佘太君”、“八姐九妹杀败耶律方”、“大破天门阵”等众女将血战沙场的动人传说。逐一看去，我们仿佛走进历史，目睹杨家将精忠报国的雄壮场面。

据悉，天波杨府开放以来已经接待了数十万国内外游客，受到了他们的高度赞誉，尤其日益受到海内外杨氏宗亲组织的关注。在高唱爱国主义主旋律的今天，天波杨府的重建实有深远的历史和现实意义。

开封城内有许多湖，最著名的就是杨家湖和潘家湖了．现在也统称龙亭湖。

现在的杨家湖、潘家湖风景优美，闲暇时，开封人总爱到湖边散步、乘凉、游泳。关于杨家湖和潘家湖，还有个民间传说：北宋时，杨家武将杨业遭奸相潘仁美陷害，兵败陈家谷重伤被俘，绝食三日而死．杨业之妻佘太君闻此怒闯金殿，告潘仁美的御状，但潘仁美位居丞相位高权重，只被象征性的处罚一下，佘太君愤而辞朝。杨家与潘家仅一路之隔，杨家刚搬走这一带突然刮了三天三夜狂风，下了三天三夜暴雨，潘杨两家顿时成了一片汪洋．风雨过后，两家房屋都塌陷了，变成了两个湖。由于两家人一忠一奸，因此湖水也是一清一浊。

5. 其他地方

杨姓历代先祖，苗裔足迹遍及神州。全国各地很多地方都有与杨姓先祖相关的历史遗迹，难以一一祥记，以下再择其要者编记几例：

四知台：又名辞金台，在今山东省莱州市境内，来自杨震出仕赴任途中不受私谒、暮夜却金的故事，为昌邑古城中的八景之一，亦称为“震台月霁”。除四知台外，为表达人们对杨震白深切的怀念和虔诚的敬仰，当地还修建有“名宦祠”、“忠爱祠”、“二公祠”、“三贤祠”、“我师祠“、“四知堂”等祠庙。“四知堂”在今莱州市政府大院，原是古东莱郡和莱州府治所所在地，原府署大堂后曾有一座高大房屋，大门迎面北壁巨匾高悬，上书蓝底金色“四知堂”三字。《莱州府志》载：“府署大门内，西为杨公祠，大堂后为四知堂”，据说此建筑当是此前纪念杨震的所有建筑中最宏伟的一座。因四知台为古昌邑城八景之一，曾有题诗曰：人间无处不天公，却笑黄金馈夜中。千载四知台下过，马头犹自起清风。

西蜀子云亭：为纪念西汉文学家、语言学家、哲学家杨雄而建造。位于四川省绵阳市涪城区一环路西段西侧，西南科技大学西山校区南侧，含包于绵阳城区的西山风景区内。西山又名凤凰山，景区占地0.3平方公里，景区内茂林修竹、丹桂飘香，清泉淙淙，景色优美。以子云亭为中心，还有古仙云观、蒋琬墓、蒋恭侯祠、扬雄读书台、玉女泉及隋唐时期的道教摩崖石刻等。以“西蜀子云亭”为中心，集名亭、古墓、寺观及秀山、碧水于一体。

唐朝大文学家刘禹锡，所写《陋室铭》，为千古奇文，被录入《古文观止》，其最后几句是：“南阳诸葛庐，西蜀子云亭，孔子云：何陋之有！”子云亭因之出名。

神木县杨家城：位于陕西省榆林市神木县城东北约20公里，即古麟州。该城始建于唐天宝年间（742—756年）。据史载：杨家将原籍本为陕西神木人。

从五代至宋，刺史杨宏信世守麟州，次子杨业及子孙杨延昭，都是宋代名将，北拒契丹，功业惊世。世人为表对卫边英雄的崇敬，改呼此城为杨家城。城东南原有松树3株，年久树老，枝柯相连，须两三人合抱，后人以神松呼之。金以此名曰神木寨，元以后因此命名神木县，城址旧貌犹存。城周景致幽雅，有诗云："一径开溪畔，孤村仅几家。山花常带雨，野柳暗藏鸦。路曲分樵牧，冰澌咽石沙。相看不倦处，前路暮云遮。"

雁门关：又名西陉关，位于山西省忻州市代县县城以北约20公里处的雁门山中，是长城上的重要关隘，与宁武关、偏关合称为"外三关"，雄关依山傍险，高踞勾注山上。东西两翼，山峦起伏，有"天下九塞，雁门为首"之说。杨家将曾在这里征战守边多年，大显身手，屡立勋功。小北门门额石匾横刻"雁门关"三字。洞门两侧镶嵌砖镌楷书楹联："三关冲要无双地，九塞尊崇第一关"，西门上筑有杨六郎庙，在雁门关北口立了"杨将军祠"。杨令公和佘太君的彩塑至今还凛然地静坐在雁门附近的杨家祠内。2001年，雁门关被中华人民共和国国务院公布为第五批全国重点文物保护单位之一。

隋泰陵：隋文帝杨坚的陵墓，又称杨陵，位于咸阳城西75公里处杨陵区五泉乡双庙坡村。陵冢封土为覆斗形，东西横距166米，南北纵距160米，高27.4米。附近有陵园，残基发现带有浓厚佛教色彩的砖瓦纹饰。经过了一千多年的风风雨雨，它显得古老而沧桑。底部和四周已经被挖去了很多，陵园的建筑早已经毁废，按照史书的记载，这里应该建有高耸的阙楼。陵冢往南有一座清代石碑，大约高三米，碑上刻着"隋文帝泰陵"五个清晰的大字，是清代乾隆年间的陕西巡抚毕阮所书。泰陵东南走，在不远有当年隋文帝庙的遗迹。今天俗称"祭祀坛"。这里曾发现一枚残破的、以菩萨形象为文饰的瓦当。它的正面用弦纹和连珠纹组成一个心形，中心端坐着一尊双手合十、结迦趺坐的菩萨。据说这种直接以菩萨为文饰的瓦当在国内是非常罕见的。隋文帝的泰陵，在中国陵寝史上具有承前启后的地位。它为以后唐宋陵寝的发展奠定了基础。

隋炀帝陵：位于江苏省扬州市邗江区槐泗镇槐二村。隋炀帝初殡于江都宫流珠堂，后葬吴公台下，唐平江南后，以帝礼改葬雷塘现址。清嘉庆十二年（1807年）大学士阮元为其立碑建石，扬州知府伊秉绶隶书"隋炀帝陵”，现为省级文保单位。

董杨大宗祠：位于泉州城里古榕里旧馆驿南端。是全国仅有的董、杨联宗历史遗迹。2001 年列入泉州第五批文物保护单位。

（以下据《八闽文化网》所载文摘编）先祖世兴公南宋时由浙江余杭入闽，徙居泉州。世兴公本姓杨（似应为董——编者），至君选公以杨姓步入仕途，遂为董杨氏。此后宗祠即以“董杨大宗祠”称之。

董杨大宗祠坐东向西，占地约一亩。始建于明天顺辛巳（1461 年），原建筑为三开间拱照墙结构，祠宇虽代有修葺，但年久倾颓。清嘉庆年间（1796—1820 年），派下裔孙炳荣追念其先祖，准备重修，适杨滨海于戊辰（1808 年）公车上京会试，高中进士。杨滨海归来，也怀此志，可惜上任不久便殁于官，夙愿未能实现。

道光丙戌（1826 年），其伯父杨梅生时任司训，适告假归里，族人复议重修事宜，但耗费甚大，力薄难支。为筹集资金，族人群策群力，提出倡议：凡同姓者如果愿意捐资者，可以进神主禄位于祠堂。此一倡议首先得到晋江曾坑杨云祥宗人的响应，随之而来的有福、泉、漳、台各外房支系的同姓者，集腋成裘，共襄盛事。

董杨大宗祠于清同治癸酉（1873 年）破土动工，原来主祠三厅改为五厅，下向重建五间，护厝一列，购地扩之，历经五载，迄光绪丁丑（1877 年）告竣。内阁中书杨浚为宗祠作志，翰林院编修龚显曾书之。

新中国成立前，该宗祠一段时间成为国民政府部门的办公地点，后来由国民党军队 325 师进驻，惨遭破坏。新中国成立后，宗祠为新峰街政办公地点，部分为民兵队部，神龛被拆除，改为舞台，正祠改为会议厅。1960 年后，作为鲤中街道办事处，正祠经修缮，基本保持原貌。1996 年鲤中街道办事处易址新建，宗祠转让给鲤中派出所，至此，宗祠全部拆除夷平。后来经过多方的协调，最后宗祠归还董杨宗人掌管。1999 年，全球董杨宗亲第五届恳亲会在泉州召开后，宗人慷慨解囊，在“提高、扩大、前进”的原则下着手重建，“修旧复旧”，保留明清时代的建筑风格，古朴典雅。

海龙囤：位于贵州省遵义市太平乡龙岩山东，又名龙岩囤，为当地中世纪的军事城堡。该囤居群山之巅，四面陵绝，左右环溪，有一夫当关，万夫莫开之势，仅山后仄有一线径可以攀登，播州土司杨应龙的祖先利用地形，在宽约5公里的山顶上围筑土城，月城三重；建楼房、仓库、水牢于其间；囤前设有：铜柱、铁柱、飞龙、飞凤、朝天、万安等九关，各关之间有护墙相连，随山势绵延十余里，别有一番气象。

其他遗迹还有：位于四川夹江的杨公阙；位于陕西兴平的杨贵妃墓；福建将乐的杨龟山陵园；河南省临颍县城南商桥村的抗金名将杨再兴墓；坐落在贵州省遵义市高平镇的播州杨氏墓群；江吉水黄桥乡的杨万里墓；贵州省遵义龙坪永康乡的杨粲墓；坐落在福建省建瓯市房道镇的杨氏祖山万木林；位于江西泰和县杏岭北山上的杨士奇墓；四川新都县西的杨升庵状元坟；广州市黄花岗的杨逸先烈士墓；吉林通化市江东岸山上的杨靖宇陵园；长沙市岳麓山半山亭下的隋文帝敕建舍利塔；陕西临潼的贵妃池与吹笛楼，坐落于福建省平和县由杨义中所建的千年古刹三平寺；河北唐山县倒马关马圈山上的杨六郎碑；杭州西湖西岸杨孟瑛所修的杨公堤；云南省大理市南的杨升庵写韵楼；江苏省的杨守仁刻经处；云南省安宁市的杨升庵讲学处遥岑楼等等。

五、杨姓历史名人

杨姓同中华多数姓氏一样，作为“炎黄之胤嗣，子姒之精苗”，具有“勤劳勇敢，自强不息”等共同的伟大民族精神，又有“书礼传家、清白处世、廉洁自守、精忠报国、质朴刚毅、愈挫愈坚”等良好族风家范。这些伟大精神和优良传承，使得杨姓在开姓之初起，很快就发展成为一个英才辈出、代有闻人的中华大姓。在被历朝历代纳为“正史”的二十四史（从先秦至明末）中，就有五、六百位杨姓人物的传记彪炳青史。从明末至今，杨姓中涌现的旷世精英又何止千百。

数千年来层出不穷并以德隆术高、名扬天下的杨姓名人中，有崇德重教、格物致知的儒学师祖、理学先贤；有开国主政、除旧布新、功及当代的帝王国君；有清正刚毅、胸阔学博的宰辅廉官；有安邦护国、智勇无敌的忠烈将帅；有博古通今、学贯中西的学术泰斗、科技精英。以下各节，我们将择最主要的代表人物分类编记。

（一）书礼追夫子　格物称大贤

杨姓从启姓开基之始，就以史书礼仪为传家为本。数千年来，成就了许多古今共仰的思想家、教育家、学问家，为中华民族思想文化的发展和繁荣做出了普天同颂的突出贡献。在这之中最具代表的就是弘农杨氏开基之祖的东汉太尉杨震。

杨震（59—124年），字伯起，东汉弘农华阴人。当时杨姓已是名门望族，按照以伯侨为一世祖的杨氏世系，震公为第二十六世孙，其第十九世祖，是汉高祖时因诛杀项羽有功，被封为“赤泉侯”的杨喜。高祖杨敞（第二十二世）是汉昭帝（公元前94年—74年）时的丞相，功封安平侯。其父杨宝，亦为当时名儒，对西汉欧阳生（字和伯）所编解的今文《尚书》，有所精研。常隐居民间，教书授徒，无意仕宦，品德、才华、学识、气节，为朝野所共誉。

震公少时聪明好学，曾拜桓郁为师。桓郁官居太常位列九卿，主管宗庙礼仪和选试博士，曾为东汉章、和二帝讲授儒经。是个位高权重，又有很高学术威望的经学大师。在桓郁的教授下，震公博览群书，通晓经传，对《欧阳尚书》等各种学问无不精学深研。

又据传记，震公因家学渊源，先祖曾藏蝌蚪文典籍于湖县（今灵宝市西部）山崖密洞中，以免经书遭劫和谬解误传，这些经典精深玄奥，非广识博学者难能校解。震公学有所成，即奋身前往探寻，终在湖县泉里村（今灵宝市豫灵镇杨家村）西南的龙望塬一崖壁洞中觅到藏书。震公十分欣喜，便于当地设堂校书，称之校书堂。校书解字之余，又兼收学徒授业解惑。其时曾有鹳鹊衔三鳝鱼入堂献瑞的美传，故又称三鳝书堂。该堂历代均有修葺，现仍存立于灵宝市杨家村东，时人亦称之为杨震祠。

青少年时期的杨震一心研习书礼、无意仕途，地方官吏曾屡次召请他出仕为官，均被婉拒。在到泉里村（今灵宝市豫灵镇杨家村）设堂校书之前，就已在华山脚下的牛心峪，继承父业并在原设学馆收徒讲学。坚持不分贫富，有教无类，四方求学者络绎不绝，学生多达2000余人。凭着家学深厚和博学多闻，又能循循善诱，因人施教，在远近大有名气，学馆内外生员人潮如市，书声琅琅，响彻山峪。而当地又多生槐树，故时人称牛心峪为

“杨震槐市”。震公育人以清白正直为要，其严谨的治学精神和高尚的师德情操被人们誉为“槐市遗风”。之后，震公还在华阴设双泉学馆（在今华阴市卫峪乡泉店村）授徒数年，到湖城设校书堂后又讲学十余年，弟子先后累越三千，真正是桃李遍地，贤人层出，功追孔子，成为当时著名的大学问家、教育家、思想家。于是，杨震公就有了“关西孔子杨伯起”之称。其教授的学生，有很多是堪称国家栋梁之才的英贤，史上较著名的有虞放，东汉大臣，字子仲，陈留东昏（今河南省兰考县北）人，少为太尉杨震门徒。震被谗自杀及顺帝即位后，因放诣阙讼震公之冤而出名。桓帝时任尚书，议诛大将军梁冀，封都亭侯，后任司空。疾恶宦官，遂被陷害，以党争被杀。还有陈翼，在汉桓帝时也官至司空（掌管国家工程建设的官员）。

杨震公虽清居村野，不图名利，潜心治学，但其品德、才华和业绩却誉播天下，名声很大，为时人所敬慕。到了五十岁时，才受当时职掌统兵征战大权的军事首领大将军邓骘的恳召，到其幕府任职。此后不久，又被推举为“茂才”出任了地方官，担任过襄城（今河北省襄城县）令；汉安帝永初四年（110 年）升为荆州刺史；永初六年（112 年）任东莱（今山东省掖县）太守。汉安帝元初元年（114 年），调任为涿郡（今河北省涿县）太守。元初四年（117 年），杨震进入朝廷任职太仆，已是九卿之一，负责舆马及牧畜之事。同年十二月改任仍为九卿之一的太常，掌管朝廷礼、乐、郊庙社视之事。汉安帝永宁元年（120 年），升任司徒，位列“三公”，主管教化。汉安帝延光二年（123 年），又升为太尉，掌管朝廷军事大权，直至延光三年七月。从出仕到升为太尉二十余年时间，震公从县令节节迁升至太尉，足见其才学深厚、能力非凡、德品超人。

杨震为官二十余年，不谋私利、清正廉洁，秉公办事，恪尽职守，留下了清白传家、四知拒金等许多感人至深的故事，成为后世直到现今官场清廉刚正的典范。

所谓“清白传家”，是指杨震为官，从不吃请受贿，也不以请客送礼等方式谋求他人为自己或亲近施以非礼非义的关护。他只希望儿孙亲族清正简朴，靠自己的努力，勤学勤耕，过普通平民百姓一样的生活。任涿郡（今河北省涿县）太守时，亲朋好友劝他为子孙后代置办些产业，杨震不肯，并解释说：“让后世人都称他们为‘清白吏’子孙，这样的遗产，难道不更丰厚吗！”因而“清白”二字也被许多杨姓选为堂号，以铭震祖之教。

另有四知拒金的故事。杨震由荆州刺史调任东莱太守，途经昌邑（今山东巨野县东南），昌邑县令王密，是他在任荆州刺史时举荐提拔的官员，白天谒见震公后，为报答杨震的知遇恩情，乘更深夜静无人之机，特备黄金十斤，敬送给杨震。震严拒不受，并语意深长地说：“你我乃是故交，彼此相知、亲密无间，我很了解你的为人，而你却怎么不了解我呢?”王密恳切地解释道：“深更半夜，不会有人知道。”杨震厉声相斥：“天知、地知、我知、你知，怎能说无人知道呢?”王密听后十分惭愧，只好收回。这就是在古今中外历史上，传为美谈影响深远的廉政故事，因此后人亦称杨震为“四知先生”。“四知”也就成了杨姓正宗和其他许多支系的堂号，也是杨氏文化和家风的核心精神之一。

杨震为官还唯贤是举，刚正无私。汉安帝时，杨震调入朝廷任太仆之职，后又擢升太常。在此之前，选拔博士常有徇私舞弊，所拔多名不副实。震公任太常后，刚直无私，唯才是举，经他所选用的，都是通晓经书、德才过人的饱学之士，选任后发挥真才实学，均有所功，形成了任人唯贤的良好风气，天下儒生称赞不已。延光二年，杨震任太尉时，汉安帝的舅父、官居大鸿胪（九卿之一，分管礼仪）的耿宝，要杨震荐举中常侍李闰的哥哥，入朝做官，遭震公坚拒。耿宝亲到杨震住处拜访，并威胁说：“李常侍是皇上所重用的人，让你征召他的哥哥入朝做官，我只是转达皇上的意思而已。”震公义斥道：“若是朝廷圣意，理应由尚书那里送皇帝的敕书过来，怎么能让你来传达皇上的意思呢?”耿无言以对，愤然而去。皇后的哥哥阎显，官居执金吾（督巡三辅治安），也利用职权要杨震择选他的亲友入官，同样亦遭拒绝。时任司空（掌管工程建设）的刘授得知此事后，当即征召此二人入朝做官，并很快拔升要职。相形之下，更可见杨震的光明磊落、刚直无私。

史书中还记载有许多关于杨震公疾恶如仇、坚持正义、勇于直谏，诤劝皇上近君子、远小人，勤政亲民等的真实故事。所有这些都一再表明，杨震公不仅是精通书礼、博学广闻、功追孔子的教育家、学问家、思想家，还是名彪青史、千古共颂的中华第一廉吏，至今仍是学界、官场高大辉煌的楷模。由其开创的“四知传家”、“清白处世”的杨姓家风，不仅是杨氏文化的精神灵魂，也是对整个中华民族精神文化的丰富和充实。

除杨震外，文、教、哲、思方面的杨姓名人，历史上还有许多，以下仅择其中最卓著者简介于次：

杨子：即杨朱，字子居，先秦哲学家，战国时期魏国（今河南开封市）人，反对儒墨，主张贵生、重己，他的见解散见于《庄子》、《孟子》、《韩非子》、《吕氏春秋》等书。

杨雄：（公元前53年—公元18年），字子云，西汉蜀郡成都（今四川成都郫县）人。西汉后期著名学者，哲学家、文学家、语言学家。反映其哲学思想的代表作有《太玄》、《法言》等。

杨彪：（142—225年）字文先，弘农华阴（今陕西华阴）人。东汉著名文学家，名臣杨修之父，受家学熏陶，初举孝廉，州举茂才，汉灵帝年间，以博学达闻拜议郎，迁侍中，京兆尹。光和年间杨彪因揭发黄门令王甫佐门生勒索各郡财物七千余万的贪污行为，被征召为侍中，五官中郎将，并迁颍川，南阳太守，三迁永乐少府，太仆和卫尉。他的著作仅在《古文苑》中有《答曹公书》一篇可见。

杨修：（175—219年）杨彪之子，字德祖，弘农华阴（今陕西华阴东）人，东汉著名文学家，东汉建安年间举为孝廉，任郎中，后为汉相曹操所重，任为主簿。后被操所杀，卒年方45岁。

杨素：（？—606年）字处道。弘农华阴人。隋朝名臣，诗人，杰出的军事统帅。北周时任车骑将军，曾参加平定北齐之役。他与杨坚（隋文帝）为北周丞相，交结相深。杨坚为帝后，任其为御史大夫，后以行军元帅率水军东下攻陈。灭陈后，晋爵为越国公，任内史令。杨广即位，拜司徒，改封楚国公，卒谥景武。

因与诗人薛道衡友善，今存其诗都是与薛唱和相赠之作。有大业二年（606年）的五言诗《赠薛播州》14章700字。所涉内容从世乱到统一，从求才、立朝、出守写到归闲，末致相思相勉之意。“一题数章，章法整齐，而不露排偶之迹”。《隋书》、《北史》本传誉为“词气宏拔，风韵秀上，为一时盛作”。《隋书·经籍志》著录《杨素集》10卷，已佚。《全隋诗》录存其诗6首（一作19首）。

杨炯：（650年—692年），弘农华阴（今属陕西）人，唐代著名诗人，

“初唐四杰”之一。年 11 岁时即被举为神童，上元三年（676 年）应举及第，授校书郎。后又任崇文馆学士，迁詹事、司直。武后垂拱元年（685 年），降官为梓州司法参军。天授元年（690 年），任教于洛阳宫中习艺馆。如意元年（692 年）秋改任盈川（浙江衢州的一个古县名）县令，因此后人称他为“杨盈川”。

杨敬之：字茂孝，弘农虢州人。元和二年进士，历迁屯田、户部二郎中，后任检校工部尚书。尝作《华山赋》示韩愈，愈称之，士林一时传播，李德裕尤咨赏。

杨巨源：字景山，河中人。唐代诗人，贞元五年擢进士第，为张弘靖从事，由秘书郎擢太常博士、礼部员外郎，出为凤翔少尹。复召除国子司业，年七十致仕归，时宰白以为河中少尹，食其禄终身。集五卷，今编诗一卷。

杨万里：（1127—1206 年）字廷秀，号诚斋，江西吉州人。绍兴二十四年（1154）进士。历任国子博士、太常博士、太常丞兼吏部右侍郎、提举广东常平茶盐公事、广东提点刑狱、吏部员外郎等。南宋著名诗人，文学家，一生力主抗金，与范成大、陆游等合称南宋“中兴四大诗人”。

杨时：（1044—1130 年），字中立，南剑市将乐县（今福建省明溪县）人。南宋思想家，洛学大家。“幼颖悟异常，能属文。稍长，习经史”。“熙宁九年，（1076 年）中进士第，调官不赴。学于程颢，颢死后，又学于程颐。杜门不仕将十年，“程门立雪”所记的就是杨时尊师重学的故事。历任州一级的司法、防御推官、教授、通判等职，历知刘阳、余杭、萧山三县，多有惠政。高宗时，官至龙图阁直学士致仕，优游林泉，以读书讲学为事。东南学者，推为“程学正宗”，朱熹、张栻的学部，皆出于时。闽学鼻祖，学者称为龟山先生，卒谥文靖。著有《龟山集》二十八卷，《文献通考》及《二程粹言》等，并行于世。

杨士奇：（1365—1444 年），名寓，字以行，号东里，明朝泰和（江西泰和县澄江镇）人，时人称之为“三杨”中的“西杨”。杨士奇以“学行”见长，先后担任《明太宗实录》、《明仁宗实录》、《明宣宗实录》总裁。侍奉过永乐、洪熙、宣德、正统四代皇帝，是名副其实的“四朝元老”。

杨荣：（1371—1440 年），初名子荣，字勉仁，建安（今福建建瓯）人。“三杨”中的“东杨”。其性警敏通达，善于察言观色。在文渊阁治事三十八年，谋而能断，老成持重，尤其擅长谋划边防事务。有恃才自傲之瑕，以武略见重。据《明史·艺文志》载，作有《训子编》一卷、《北征记》一卷、《两京类稿》三十卷、《玉堂遗稿》十二卷。

杨溥：（1372—1446 年），字弘济，湖广石首（今湖北省石首市）人。“三杨”中的“南杨”。宣宗时，杨溥被检入内阁，始与杨士奇、杨荣等为阁臣。并一起倡导了台阁体，成为一个比较有影响力的文学流派。

以上三人为明朝前期的杨姓政治家、文学家，“仁宣之治”时期的治世名臣，“台阁体”诗文代表人物，时人合尊称为“三杨”。

杨慎：（1488—1559 年），字用修，号升庵，为明朝三大才子之一，明朝中期著名诗人、文学家，四川新都（今成都市新都区）人，祖籍江西庐陵。少时聪颖，11 岁能诗，12 岁拟作《古战场文》，人皆惊其能。正德六年（1511），殿试第一，授翰林院修撰。豫修“武宗实录”，禀性刚直，敢于直奏抗谏朝廷。世宗继位，任经筵讲官。嘉靖三年（1524），因“大礼议”之争，违背世宗意愿而受廷杖，谪戍云南永昌卫，居云南 30 余年，死于戍地。

杨琏：明代任御史，东林党代表人物。

杨椿：（1675—1753 年），字农先，江苏武进人。清朝历史学家。康熙五十七年（1718 年）中进士，改庶吉士，官至翰林院侍读学士，日讲起居注官。曾任《明史》和《明纪纲目》等多部官修史书纂修官，并提出独到的修史主张，重视考据，却为张廷玉所不喜，意见当时不为采纳。

杨文会：（1837—1911 年），字仁山，清末池州府石埭县人。博学能文，兼通老庄，不喜科举。二十七岁于病中读《大乘起信论》，遂属意佛学。后移居南京，创金陵刻经处，刻印佛经。曾至伦敦、巴黎，协助日本编辑《续藏经》，并供给密教典籍。与英人李提摩太将《大乘起信论》译成英文。宣统二年又创办佛学研究会并任会长，编写《大藏辑要目录》。

杨守仁：（1871 或 1872—1911 年），原名毓麟，字笃生，湖南长沙人。光绪二十四年进士，任湖南时务学堂教席。1902 年留学日本，先后与黄兴、陈天华等发刊《游学译编》，参加组织拒俄义勇队，后改组为军国民教育会，组织暗杀团，加入华兴地、同盟会。1907 年与于右任等创办《神州日报》，任总撰述。1908 或 1909 年留学英国。1911 年 6 月 13 日，黄花岗起义失败后，忧同志牺牲，愤慨清廷腐败，赴利物浦投海自沉。

杨献珍：（1896—1992 年）湖北郧县人，中央党校顾问，原中央高级党校校长、第一书记。

杨朔：1913 年生，山东蓬莱人。原名杨毓瑨，字莹叔，当代著名作家、散文家，任中华全国铁路总工会文艺部长，参加过抗美援朝。1955 年转入中国作协。历任中国亚非作家常设局联络委员会秘书长，全国第三届政协委员，“文革”中不幸逝世。代表作有《荔枝蜜》、《蓬莱仙境》、《雪浪花》等。

杨钊：1923 年生，河北青县人。1946 年北京师范大学历史系毕业后留系工作，长期担任中国古代中世纪史教研室主任。嗣任北京师范大学史学研究所教授兼副所长。讲授先秦史四十余年，著有《中国古代及中世纪史讲义》、《中国通史纲要》（先秦部分）等。

杨德昌：（Edward Yang，1947 年 11 月 6 日—2007 年 6 月 29 日），台湾著名电影导演，其作品深刻、理性，有强烈的社会意识，被称作“九十年代最具影响力的台湾大师之一”、“台湾社会的手术灯”，在世界影坛享有盛誉。杨德昌出生于上海，成长于台北，祖籍广东梅县。1949 年 2 月，一岁多的杨德昌随父母迁台，自此成长在台北。1969 年毕业于新竹国立交通大学控制工程学系，1970 年进入佛罗里达大学研读计算机硕士，1974 年转赴美国南加州大学学电影并成为导演，后又在西雅图的华盛顿大学附属海军国防反潜研究所担任计算机设计。2007 年因大肠癌于洛杉矶比弗利山庄的住处病逝，时年 59 岁。他的去世被认为是“台湾独立电影时代的终结”。

（二）四知传清正　宰辅砥中流

从先秦时期杨氏启姓以来，历朝历代有许多出于杨姓的大小官员。他们中的绝大多数，都能秉承家传遗风，不仅才高学深、治绩显著，而且清白廉洁、刚正无私，其中更不乏位显权重的国之栋梁和砥柱中流的宰辅大员，其中有许多兼是历代文化思想方面的泰斗魁元，已在前节编记，本节主要摘记上面记述之外的杨姓重臣达官：

杨叔向（杨肸）：（伯侨世系第五世，职之次子，）春秋时期晋国的三代（悼公、平公、昭公）重臣，是当时称贤列国的政治家。

杨款：（公元前 267—公元前 194 年），杨姓伯侨世系的第 17 世，字洪哲。曾任秦国（战国时代）上卿。

杨敞：（公元前？—7 年），字子明，伯侨世系第 22 世。为汉昭帝丞相，拥汉宣帝刘询，封安平侯，谥敬。为杨姓第一位宰相。

东汉杨族的“四世三公”：

杨震：东汉太尉，前节已记。

杨秉：（92—165 年），字叔节，杨震之子。少继父业，博通书传，初以讲学为业。四十余岁，应司空举荐，官拜侍御史。又先后继任豫、荆、徐、兖州刺史，迁任丞相。自任刺史后，除按日领取俸禄外，其他收入一概不领取，计余禄百万拒不取受，故以廉洁而著称。杨秉在任期间，坚持扶正祛邪，勇于尽忠规谏朝廷得失。杨秉为官继承文德，清廉节俭，素不饮酒，早年丧妻，亦不复娶，有酒、色、财“三不惑”之美称。

杨赐：（？—185 年），字伯献，弘农华阴（今陕西华阴市）人，太尉杨秉之子，震公之孙。少时继承父业，传习家学及《欧阳尚书》。也以授徒讲学为业，不答州郡礼命，连辞三公的征聘。最后经司空推荐，任侍中、越骑校尉等职。建宁（168—171 年）初，汉灵帝刘宏开始学习经学，下诏选举通晓《尚书》章句的名儒，受三公共推，杨赐便成为汉灵帝老师，灵帝拜他为少府。熹平四年（175 年），封为光禄大夫，其后历任少府、光禄勋、司徒等职。光和五年（182）冬，任太尉。中平元年（184），暴发黄巾军起义，天下黎民响应。杨赐被召见，询问对策。杨赐因直谏朝廷种种弊端，使汉灵帝很不高兴，而被免职。灵帝后又惜其才华改封杨赐为临晋侯，食邑 1500 户。次年九月，代张温为司空，十月卒。汉灵帝自穿素服，三天不朝，以示哀悼。赠给棺木钱物殓葬，追赐位特进，赠司空、骠骑将军印绶。

杨彪：杨震重孙。汉灵帝太仆和卫尉，前节已记。

魏晋时期分掌军国大权的“西晋三杨”：

杨骏：字文长，弘农华阴人。晋武帝武悼皇后杨芷之父，初为高陆县令，累迁至车骑将军，封临晋侯。

杨珧：字文琚，杨骏之弟，历任尚书令、卫将军。

杨济：杨骏之三弟，晋太子太傅。历任镇南、征北将军，迁太子太傅。

唐朝时杨姓成为宰相世家，前后共出十一位宰相。

杨恭仁：原名杨纶，为唐高祖李渊、唐太宗李世民两朝的宰相。隋仁寿年间（601—604 年）任甘州（今甘肃省张掖）刺史时，善于处理政事，轻赋薄税，很得民心，文帝杨坚曾对杨士雄说："恭仁在州，甚有善政，非唯朕举得人，亦是卿义方所致也。"隋炀帝大业初年（605 年），杨恭仁转任吏部侍郎。唐太宗即位后，封杨恭仁为雍州牧，加左光禄大夫，行扬州大都督府长史，贞观五年（631 年）迁洛州都督。唐太宗曾对杨恭仁说："洛阳对大唐来说，是一个非常重要的地方，派谁来镇守和管理都事关重大，朕家子弟虽多，但恐怕都无法胜任这个职务，故特以委公也。

杨师道：（？—647 年），字景猷，华州华阴（今陕西华阴市）人，杨恭仁之弟。唐太宗贞观初年，娶桂阳公主为妻，被太宗超擢为吏部侍郎，转任太常卿，受封安德郡公。贞观十年（636 年）六月升为侍中。而当年十一月又降为工部尚书，再转任太常卿。二十一年（647 年）卒，赠吏部尚书、并州都督，陪葬昭陵。

杨执柔：武则天时的宰相，杨恭仁侄孙，任地官尚。

以上杨恭仁一家三人，均为初唐宰辅，为时人称道。

杨绾：（？—777 年）字公权，华州华阴（今陕西华阴市）人。少年时家贫，与寡母清静度日。他酷爱读书，淡泊名利，未应举前已有论著。玄宗天宝年间中进士，补为太子正字。又因辞藻宏丽科考试得中，以文、诗、赋俱佳，取得第一名，被擢为右拾遗。从此以后，制举增试诗赋成为制度。杨绾以节俭著称，最忌奢华，当时朝中大员多有惧其奏责而收敛奢行者，大历十二年（777 年）任宰相仅三个月，因病卒于七月，朝廷追赠为司徒。

杨炳：（1150—1230 年）字若晦，号倏溪居士，泉州晋江人。少力学，精《左氏春秋》。南宋孝宗淳熙二年（1175 年）进士，被荐授为国子监学录，召试三馆累官左司谏，曾论治贪官污吏当从高官开始，指出"大臣不为私，则小臣不敢干以私，台谏不为私，而后可责人之私"。累迁中书舍人，权至吏部尚书。时边疆事急，与邓友龙有异议，遂丐外因疏论用兵之策称旨，后出知泉州，宁宗开禧三年（1205 年）以宝谟阁直学士奉祠。

杨炎：唐德宗（780—805 年）时的宰相，所创两税法，成为德宗承乱施治的重大举措，嘉声颇著。

杨筠松：名益，别号亦玄，窦州（今广东信宜市西南）人。为唐僖宗朝国师，官至金紫光禄大夫，掌灵台地理事，唐朝著名地理风水学家。著有《疑龙经》、《撼龙经》、《一粒粟》、《天玉经》、《都天宝照经》、《天元乌兔经》。据明朝嘉靖十五年（1536 年）董天锡编撰的《赣州府志》记载："窦州杨筠松，僖宗朝，官至金紫光禄大夫，掌灵台地理事。黄巢破京城，乃断发入昆仑山。过虔州，以地理术授曾文辿、刘江东。卒于虔，葬雩都药口坝"。

据传，三僚曾氏族谱关于杨筠松的传略："……杨公仙师名筠松，字益，号救贫……幼习诗书，一览无遗，十七岁登科及第，官拜金紫光禄大夫之职，掌管琼林御库。至四十五岁，因黄巢之乱，志欲归隐山林，偶遇九天玄女，授以天文地理之术。"

因为其用地理风水术行于世，是贫者致富，所以世人称其为"救贫"先生，后人由此也称其为"杨救贫"。

明初的三杨入阁：杨士奇、杨荣、杨溥（前节已记）

杨一清：景泰三年（1452 年）生于化州（今广东省化州市）。自幼聪颖，7 岁能文，以奇童蜚声四乡。14 岁乡试中解元，18 岁中进士，历侍成化、弘治、正德、嘉靖四朝，官至兵部、户部、吏部尚书，武英殿、谨身殿、华盖殿大学士，太子太傅，太子太师，曾提督陕西学政升陕西巡抚擢三边总制，两次入阁预机务，后为首辅，官居一品，位极人臣，明朝名臣，建树颇多。《明史》称杨一清"博学善权变，尤晓畅边事，羽书旁午，一夕占十疏，悉中机宜"。"其才一时无两，或比之姚崇云"。晚年居于丹徒（今江苏省镇江市丹徒区）。一清死后数年，世宗追复其官，赠太保，谥文襄。为纪其功德，当地人将他在曾撰文赞颂过的南山寺旁的十三棵古松，称为太傅松。尊他为文襄公、景邃公，并于州署建景邃台，以志景仰。

杨简：（1141—1226 年），字敬仲，世称慈湖先生，宋明州慈溪人。孝宗乾道五年进士，授富阳主簿。师事陆九渊，发展心学，主张"毋意"、"无念"、"无思无虑是谓道心"等。宁宗嘉定初出知温州，首倡废除妓籍，以廉俭为民所爱戴。官终宝谟阁学士，卒谥文元。有《慈湖诗传》、《杨氏易传》、《先圣大训》、《五诰解》及《慈湖遗书》等著。

杨邦佐：明内阁大学士，京兆尹、太师。

杨守谦：（？—1550 年）字允亨，号次村，明徐州府人。嘉庆八年进士。累官保定巡抚。胸怀坦荡，居官清廉，后被严嵩诬陷，下狱。驭下多恩，死后，部属无不涕零。隆庆时追谥恪愍。

杨锐：（1857—1898 年），字叔峤，四川绵竹人，清末维新派人物，戊戌六君子之一。出身于书香门第，幼承父兄教养，少年时代即开始显露头角。光绪十五年（1889 年）授内阁中书，后晋为侍读。曾入张之洞幕府，任职期间以其卓越的才华与高尚的品格深得张之洞的敬重，成为其重要幕僚。张凡送呈朝廷的奏疏与重要文献，大多出自杨锐之手。甲午战争时，主张集精兵猛将大举北援，保卫津沽。1895 年参与发起强学会。“百日维新”中，与谭嗣同、刘光第、林旭、杨深秀、康广仁等五人同时被杀于北京菜市口，年仅 41 岁。

杨深秀：（1849—1898 年 9 月 28 日），号舂舂（nini）子，字漪村或仪村，山西闻喜人。清末维新派重要人物，“戊戌六君子”之一。光绪进士，精通中西数学。授刑部主事，累迁郎中，后授山东道监察御史。与宋伯鲁等筹广北京关学会，又名保国会。曾上疏请定国是，弹劾礼部尚书总理各国事务衙门大臣许应骙阻挠新政事。维新派湖南巡抚陈宝箴被人挟制时，竭力上疏辩护。戊戌政变中，不避艰危，援引古义，请慈禧撤帘归政，遂遇害。

（三）主国掌社稷　革旧勇图新

杨姓对中国古代历史发展的最突出贡献，莫过于隋朝的建立，实现了中华第二次大统一：东汉末年，在镇压黄巾起义的过程中，各地军阀并立相争，后拼合为魏、蜀、吴三国争雄的局面。西晋虽曾有过短暂的统一，但很快就因各种矛盾难以调和而重新分裂，形成了南北朝阻隔和五胡十六国与东晋的对立。隋朝的统一，结束了百年之乱，并实施了许多除旧布新的划时代的改革，开创了辉煌的“开皇盛世”，使国家经济文化有了大跨度的发展，开皇年间疆域辽阔，人口达到 700 余万，“是人类历史上农耕文明的巅峰时期”。隋王朝虽然只存在了 28 年，但它也是历史上中国最为富足强大的时代之一。这也使杨姓在历史上出现了主国为君的人物：

隋文帝杨坚：（541—604 年），弘农华阴人。是东汉太尉杨震的第十四世孙，其父杨忠是北周开国元勋，官至柱国，封隋国公。杨坚十四岁即入仕袭父爵。北周静帝时，杨坚任丞相辅佐静帝，封为隋王。581 年废静帝自立，建立隋朝，为隋朝开国皇帝。589年出兵灭南陈，结束了自东汉以后长达360余年的分裂动荡局面，实现了中国第二次大统一。

许多史实证明，杨坚是一个生活俭朴、勤于政务、不沉湎于酒色、励精图治”的中国历史上最富改革创新精神的一代皇帝，文治武功业绩辉煌，是一位伟大的政治家和改革家。

隋朝建立以后，文帝杨坚进行了一系列重大的政治、经济改革：在朝廷政体上，废除了混乱、落后的北周六官（天、地、春、秋、冬、夏）制，实行三省六部制，以内史省、门下省、尚书省为最高政务机构，分别负责决策、审议和执行。尚书省下设有“吏、民、礼、兵、刑、工”六部。以吏部，掌管官吏的考核、任免和擢迁；民部掌管土地、户籍、税赋和财政；礼部掌管祭祀、礼仪和外交；兵部执掌武官的择拔等军务；刑部掌管全国的刑律、狱讼；工部掌管各种工程、交通、水利、工匠等。每部设尚书，总管本部政务。此一体制亦为后来的唐朝所继承。

三省六部制分工明确，组织严密，有利于加强中央集权，对以后历代王朝影响都十分巨大。六部的设置成为其后历代王朝的固定制度，自成定制后，一直沿袭到清朝。

在政区管理上，全国废除秦汉时的州、郡、县三级制，改为州、县两级制，且官吏概由朝廷任免，从而改变了“由于郡县设置过繁而形成的‘民少官多，十羊九牧’局面”。精简了政区，减少了冗员，大大巩固了中央政权。

在官员人才的择用上，采取以考试来选举人才。这在权势门第观念很强的当时是一种先进的用人制度，有效地革除了魏晋以来官员多出于高门权贵，而有真才实学出身低微者却难被录用的弊端。这一方式后被完善为以“学而优则仕”为原则的“科举制”。科举制到隋炀帝大业元年（605年）正式颁行，但其发明和初行者，当功归文帝杨坚。他在开国之初，就废除九品中正制。开皇三年（583年），隋文帝就曾下诏举“贤良”，参加考试选拔官员，合格者可以做官。此制度一直沿用到清朝光绪三十一年（1905年）。

制订新律法：隋朝建立后，隋文帝下令参考魏晋旧律，制订并颁行《开皇律》。革除和更改了原北周律令中许多让朝野“内外恐怖，人不自安”

的条目，减少了死罪等重典，收紧了裁决权限，使法律文明提升了一大步。《隋书刑法志》记：“（开皇）十五年制，死罪者三奏而决。”隋文帝还下诏：“天下死罪，诸州不得便决，皆令大理复治。”

隋文帝的《开皇律》也基本上全为唐朝所继承，对后世律法有重大深远的影响。

推行均田制，整顿户籍。清理遗漏户丁，编制户籍“定簿”，并据以收取税赋，使编户大增。“开皇三年，清理出阴漏丁男 44.3 万人共计 164.15 万口”，解放了地方豪强的阴藏人口，从而克除了官僚地方勾结营私舞弊的现象，调动人民的生产积极性，大大推动了生产力的发展。

在进行政治经济体制改革的同时，还完成了许多规模恢宏、功效卓著的建设工程：修建首都大兴城（即后来长安城）、开凿广通渠、兴建洛阳城。隋都大兴城堪称当时的“世界第一城”，“是中国古代城市建设规划高超水平的标志”。广通渠全长 150 多公里，“自大兴城西北引渭水，略循汉代漕渠故道而东，至潼关入黄河”，这是在隋朝修建大运河前的一次实际演练。还有为储粮备荒，在各地建立了许多义仓，这些都为当时安民强国发挥了巨大作用。

在守土拓疆方面，隋朝在军事上对边国实施的重创或歼灭，有效延止了突厥、吐谷浑、契丹、高丽等异族的侵扰和崛起，并且大大地扩张了疆域。唐朝到太宗的贞观四年（630 年）也未能完全恢复隋朝的疆域。

隋文帝杨坚也是汉文化的拯救者。其登基之初的一道诏书中有：“建国重道，莫先于学，尊主庇民，莫先于礼……”春秋战国以来数百年的混战，汉代的文化典籍大多为连绵战火所焚毁、遗失，这是中华文明的巨大损失。同秦始皇的“焚书坑儒”相反，隋文帝采取了积极的拯救政策，隋开皇三年（583 年）以高价下诏求书，献书一卷赏绢一匹，“民间异书，往往间出”，“一二年间，篇籍稍备”。使诸子百家的诊贵书篇，得以有效寻回保护。“隋朝藏书最多时有 37 万卷，77000 多类的图书”。是中国历代藏书量最多的朝代，可大部分图书后又毁于战火，“到唐玄宗时藏书最多才 8 万卷，其中有唐代学者自著的 28467 卷，唐以前图书只还剩下 28469 卷”。

隋书里对“开皇之治”有这样的记述：“鸿恩大德，前古未比”、“七德既敷，九歌已洽，要荒咸暨，尉候无警。于是躬节俭，平徭赋，仓廪实，法令行，君子咸乐其生，小人各安其业，强无凌弱，众不暴寡，人物殷阜，朝野欢娱。二十年间，天下无事，区宇之内晏如也。考之先王，足以参踪盛烈”。故此，史学者称：隋文帝“仅凭开皇之治就足以彪炳千秋，名传万载”。

史上还有许多名家对杨坚及其隋朝高度称颂的记载，如理学的祖师爷朱熹评价说：“地凭宸极，天纵神武，开运握图，创业垂统，圣德也；拨乱反正，济国宁人，六合八纮，同文共轨，神功也；玄酒陶匏，云和孤竹，禋祀上帝，尊极配天，大孝也；偃伯戢戈，正礼裁乐，纳民寿域，驱俗福林，至政也。”

据《读通鉴论》，中国历史上第一个黄袍加身的皇帝就是隋文帝杨坚。其中有记：“开皇元年，隋主服黄，定黄为上服之尊，建为永制。”从此以后，黄色服饰就成了中国历代皇帝专权了。

在外国史学界眼里，对杨坚所开创的隋朝也有极高的评价，《剑桥中国隋唐史》中这样记述：“隋朝消灭了其前人的过时的和无效率的制度，创造了一个中央集权帝国的结构，在长期政治分裂的各地区发展了共同的文化意识，这一切同样了不起。人们在研究其后的伟大的中华帝国的结构和生活的任何方面时，不能不在各个方面看到隋朝的成就，它的成就肯定是中国历史中最引人注目的成就之一。”

隋炀帝杨广：（569—618 年），隋文帝次子，小名阿麽，又名杨英。史书记载，隋炀帝有杀父缢兄篡权夺位之嫌，又以荒淫无道出名于史，是中国历史上非议最多的皇帝之一，此中也与后世编史者的倾向有关。但也不能否认，他在历史上也有一定功绩，应该是个毁誉交织的皇帝。杨广在位 14 年，50 岁时被农民义军所困，为部下宇文化及等发动兵变缢杀于江都（今江苏扬州市）。

隋朝建立后，十三岁的杨广都被封为晋王。二十岁时，杨广为帅扫灭了南陈，进驻建康（现在的南京市）后，杀陈后主陈叔宝的奸佞之臣，“封存府库，不贪钱财”，并将陈叔宝及皇后等人押回京城。文帝晋封其为太尉。

开皇十年（590 年），杨广任扬州总管，平定江南高智慧的叛乱，次年又率师北上击败突厥进犯。这些都是他在登基前的功劳，也是文帝其他皇子所没有的。登基后，隋炀帝正式推行科举制，成为隋朝在吏员择拔上的重大改革和创举，并为此后历代封建王朝所沿用。

大业元年（605 年），隋炀帝刚继位不久开始修建了洛阳城。新洛阳城就是隋朝的东都，有内外三层：最外的郭城周围有七十里长。里面是皇城，有文武各部的衙署公堂，最里层，才是宫城，周长也有三十里。东都洛阳的兴建弥补了首都长安地处西北的偏弊，有利于政令畅达和南北的控制治理，减少粮食物资调运的劳烦和浪费，减轻了百姓负担。

隋炀帝在位时期最为重要的一项工程是开凿大运河。大运河的开凿也是在大业元年开始，前后用了六年的时间。“先后开凿疏浚了由黄河进入汴水，再由汴水进入淮河的通济渠；还有从淮河进入长江的邗沟；从京口（现在江苏的镇江）到达余杭（现在浙江杭州）的江南河；引沁水向南到达黄河，向北到达涿郡（现在的北京）的永济渠。”将这些渠南北连通后，就构成从北起涿郡，南到余杭的大运河，全长蜿蜒长达五千余里，形成了中华疆域上原本缺失，因而更显得极为重要的水运大动脉。不仅在当时加强了隋王朝对南方的军政统治，大大便利了南北物资交流，并将黄河、长江的文化连结沟通为一体，促进了中华文化的交流和繁荣。而且大运河还对以后中国的历史产生了深远的影响，为以后的元、明、清三朝建都北京，在交通、经济上奠定了基础。一直到现在，大运河仍在发挥着重大作用。仅此一项，我们也应该充分肯定隋炀帝的历史功绩。

隋恭帝杨侑：（605—619 年），隋炀帝之孙，他是隋炀帝长子杨昭第三子，初封陈王，后改封代王。李渊攻入长安，立他为帝。在位半年，又为李渊所废，次年被杀，终年 15 岁。

隋泰帝杨侗：（？—619 年），隋炀帝孙，太子昭之子。本封为越王，守洛阳。隋炀帝被杀后，杨侗被王世充与元文都、卢楚等大臣拥立为帝，史称皇泰帝。后王世充自称“大郑皇帝”，建元“开明”，废杨侗为潞国公，后被逼服毒身亡。

在五代十国时的南吴国也有几代杨姓皇帝：

吴太祖杨行密：（852—905 年），字化源，庐州（今安徽省长丰县）人。为出身农家，人宽厚仁信，且有智谋。《新五代史》中称他：“宽仁雅信，能得士心。”，《十国春秋》中也赞其“宽简有智略，善抚御将士，与同甘共苦。”，902—905 年受唐封为吴王，为五代十国时南吴国的实际开国者，但当时只是唐朝的封国。亡后，其子杨溥正式建立吴国，并尊追为武皇帝，庙号太祖。

吴高祖杨隆演：（897 年—920 年），杨行密次子，原名杨瀛，又名杨渭，字鸿源，天祐七年（910 年）继承杨行密吴王之位。南吴武义二年（920 年）亡，谥宣王，杨溥称帝后，改谥宣皇帝，庙号高祖。

吴睿宗杨溥：（901—938 年），武帝杨行密第四子，高祖杨隆之弟。高祖亡，徐温立杨溥为王。在位 17 年，为徐知诰所废，抑郁而亡，终年 38 岁。谥号为睿宗。

在中国历史上还有几位杰出的杨姓后妃，也简单附编于本节：

杨艳：（238—274 年），字琼之，晋武帝司马炎的第一位皇后。司马炎为晋王太子时，娶杨艳为王太子妃，魏元帝咸熙二年（265 年），司马炎建立晋朝，称晋武帝，泰始二年（266 年）册封杨艳为皇后。泰始十年杨艳在病危中，推荐堂妹杨芷给武帝，并请在其死后立杨芷继承后位。谥号“武元皇后”。

杨芷：（259？—292 年），字季兰，小字男胤，晋武帝武元皇后杨艳堂妹。貌俊美，“婉嫕有妇德，美映椒房”，甚得武帝的欢心，晋武帝泰始十年（274 年），被立为皇后。武帝欲废以风流为人所嫉的太子妃贾南风。因杨皇后力谏而止。贾妃不知真情，反疑皇后陷害自己，遂在武帝崩，惠帝立后，诬杨后有乱宫闱之谋。惠帝妄信其言，废杨后为庶人。后以绝食示贞而崩，终年 34 岁。怀帝永嘉初年，复追为后，追号悼。

杨丽华：（561 年—609 年），隋文帝杨坚之长女。北周武帝定政之初，被立为宣帝皇后，封天元皇后。宣帝荒淫无道、不恤政事，同时又册封四位皇后，但杨后柔婉和顺，不怀妒意，很受其他四位皇后爱敬。静帝即位，封为太后。隋炀帝大业年间，死于河西，年 49 岁，葬于定陵。

元献皇后：（？—730 年），唐玄宗妃嫔之一，肃宗李亨之母。逝于开元十七年，葬细柳原。玄宗追封其为元献皇后。至德元年（756 年），唐肃宗李亨即位，追册为元献太后。宝应二年正月，祔葬泰陵。

贵妃杨玉环：（719 年—756 年），字太真，原名杨芙蓉，生于蜀州（今四川省崇州帝），祖籍蒲州永乐（今山西永济）。自小习音律，善歌舞，天生丽质，姿色超群，有倾城倾国之美，是唐代宫廷音乐家、歌舞家，“其音乐才华在历代后妃中鲜见”。17 岁时被册为寿王（李瑁，李隆基第十八子）妃。天宝四年（745 年）入宫，深得唐玄宗宠幸，封为贵妃。后安史之乱，随李隆基逃离长安，流亡蜀中，途经马嵬驿，禁军哗变，不得已而被赐缢死。当时只有 38 岁。

因有优越的教育环境，杨玉环的文化修养较好，性格婉顺。在宫中遵循封建的宫廷体制，是历史上少有的一位宠冠后宫但又不过问干预朝廷政治、不插手权力之争的皇妃。

杨玉环与西施、王昭君、貂蝉并称为中国古代四大美女。“沉鱼落雁，闭月羞花”是人们常用以形容四人之美的成语，而杨玉环则是其中地位最高、权力最大的一位美女，也是我国在世界范围内影响最大的一位后妃。

现今的研究考证中，有人认为在当时的马嵬兵谏中，杨贵妃并未真亡，而有假匿而逃后又辗转日本的说法。

在陕西兴平市有占地约 3000 平方米的杨贵妃墓，侧旁有李商隐、白居易、林则徐等历代名流的诗碑。临潼骊山北麓的华清池，传为杨贵妃“春寒赐浴华清池，温泉水滑洗凝脂”的遗迹。

（四）护国保社稷　忠烈感天地

在中国历史上，出现过许多为安邦护国不惜生命、血战沙场、以身捐国的优秀将帅和民族英雄，其中最为感天动地、惊泣鬼神，自宋元以来书传史唱、家喻户晓、妇孺皆知的最突出的英雄团队就是世代忠良、满门忠烈的杨家将。

杨业：（932？—986 年），“杨家将”之首。原籍麟川新秦（今陕西神木县），其父为后汉麟州（陕西神木）刺史。因长期生活在太原附近，故《宋史》称其为太原人。杨业本名重贵，自小精武善骑，擅长射猎。北汉（951—979 年）时即为军官，北汉开国君主刘崇赐其姓刘。因骁勇善战，屡建奇功，官至建雄军（今山西省代县）节度使。北宋灭北汉后，杨业随其主英武帝刘继元归宋，宋太宗命他复归杨姓，名业，又名继业。

太平兴国五年（980 年），辽国命驸马萧多罗率兵十万进犯雁门，又一次大举攻宋。杨业派遣少数士兵固守关城，自己亲率数百精骑迂回绕过辽军，由雁门关北向南出其不意袭击辽军后路，刀斩萧多罗，生擒辽将领李重海，使辽军闻风丧胆，“望见业旌旗即引去”。太平兴国七年（982年），契丹又发三万骑兵分三路攻宋。中路袭击雁门，又被杨业打得大败而逃，仅此一战：杀敌三千，生俘万余，获牛马五万多。因屡战屡胜、战果辉煌，战功卓著，被时人称为“杨无敌”。

雍熙三年（986年），宋军分三路攻辽，杨业与主帅潘美（即文学影视剧作中潘仁美的原型）等连克云、应、寰、朔四州。但东路的曹彬却大败于岐沟关（位于河北涿州城西南），田重进、潘美也战败于蔚州（今山西灵丘），导致辽军的优势兵力正面与其决战。辽军主帅耶律斜轸乘胜大举反击。杨业力主兵至应州，诱辽军向东，以保障民众沿石碣谷（今山西朔州南）南撤，并设千人弓弩手于谷口，骑兵居中接应，以遏阻辽军南下。但潘美与监军王侁却迫他率军直趋朔州。杨业知此行必败，又不能违抗，只好率军冒死迎击敌军，出发前约定潘、王率军于陈家峪口（今山西朔县南）接应，以掩护大军及百姓撤退。但当杨业军陷入重围后，潘美、王侁却置之不顾，先行逃遁。杨业拼命死战，突围至陈家峪，不见援军踪影，杨业无限悲愤，拊膺大恸，复又率残部冲入阵中苦战，终因众寡悬绝难挽覆局，重伤坠马被俘。被俘后坚贞不屈，以绝食相抗以示忠心，三天三夜后死于押解途中，其所部官兵也几无生还者。杨业死后，宋廷始听谗言，抚恤菲薄，后终明真相，为其壮烈所感，宋太宗下诏痛悼，称杨业“诚坚金石，气傲风云”，同时处罚佞臣：削潘美三级，把王侁除名流放金州（今陕西省安康市）。

杨业的妻子，姓折，“性敏慧，尝佐业立战功”，也是一位不但武艺高强，而且深明大义，顾大局、识大体，以国为重而能舍私家恩怨的巾帼英雄。其父：折德扆，《宋史》中有《折德扆传》记载：“折德扆，世居云中（今内蒙古托克托县古城乡）”，折德扆的父亲“折从阮，自晋汉以来独据府州（今陕西北部的府谷县）”。折、杨两家同是当地武门世家。杨家将故事中杨业氏妻子记为佘太君，是因“折”“佘”同音而误。宋元开始；民间已把杨家将的故事编成戏曲，搬上舞台。到了明代，就有了《杨家将演义》、《杨家将传》等连篇成套书编，足见国人对杨家将的敬慕和感佩。山西省代县县城古老的钟鼓楼上悬有题写着“威震三关”、“声闻四达”两块巨匾。也是人们为纪念杨家将不朽功勋的珍贵遗迹。

杨延昭：（958—1014 年）北宋抗辽名将，“杨家将”第二代，杨业之子，本名延朗，后因避道士赵玄朗的讳，改名延昭，因行六，亦称六郎。原籍麟州（今陕西神木）人，自幼随杨业征战。在雍熙三年北伐中，杨业率军攻应、朔等州，延昭为先锋，时年二十九岁，战朔州城下，流矢穿臂，战斗愈勇，终于攻下朔州。杨业死后，抗辽重任便由延昭承担。御抗辽军侵扰于景州（今河北景县）、保州（今河北安新县）等地，死后陪葬于永安县（今河南巩义宋英宗永厚陵）。

杨文广：（1012？—1074 年），字仲容，北宋抗夏名将，“杨家将”第三代。杨延昭之子，杨继业之孙。讨贼有功，授殿直。范仲淹宣抚陕西时，擢置麾下。从狄青南征，知德顺军，为广西兵马钤辖，知宜、邕二州，累迁左藏库使、带御器械。治平中，议宿卫将，英宗时擢成州团练使、龙神卫四厢都指挥使，迁兴州防御使。

杨再兴：（1104—1140 年），苗族，又说是杨家将第七代。南宋抗金名将，冷兵器十大天纵神威的勇将，为岳家军的骨干，为岳飞破伪齐立下大功，大破金兀术于郾城下，史称“郾城大捷”。

杨文：（？—1265 年），字全斌，南宋播州（今贵州省遵义）人，抗蒙名将。宝祐六年（1258 年），杨文发兵援钓鱼城（四川合江），解钓鱼城围。宋理宗景定年间（1260 年），杨文派兵协同刘雄飞、夏贵收复江安州（今四川江安）。后来，杨文还继续派兵与蒙古军战斗，直到宋度宗（赵禥）咸淳元年（1265 年）去世。

杨仪：（？—235 年），字威公，襄阳（今湖北襄阳）人。三国时期蜀国大将，官至中军师。

杨大眼：北魏名将。

杨纂：（512 年—578 年）北周名将，北朝时广宁（今张家口涿鹿县）人，《北史》、《周书》有传。

杨洪：（1381—1451 年），字宗道，祖籍山西太原。杨业之后裔，明朝戍边名将。永乐至正统间昌平侯、镇朔大将军、宣府总兵、后军都督府左都督。

杨遇春：（1760—1837 年），字时斋，四川崇庆州人，清朝前期戍边名将。六岁入家塾，十七岁转文习武，乾隆四十四年（1779 年）中武举，曾多次参加镇压农民起义与平叛军乱，道光五年（1825 年），署理陕甘总督。八年，实授陕甘总督。十七年，卒，谥忠武，追赠太子太傅。

杨秀清：(1821 或 1823—1856 年)，原名嗣龙，广西桂平紫荆镇平隘新村（今东王冲）人，客家人，年轻时靠耕林烧炭为生。太平天国杰出领袖之一，被天王洪秀全封为五王之一的东王，在 1856 年的“天京事变”中被杀。

杨辅清：(？—1874 年)，广西桂平人，太平天国后期将领。参加金田起义，封国宗。天京内讧后，挥师入福建，占领许多州县。因功封为辅王。天京陷落后，潜匿于两广及湖南、安徽等省。1874 年日本侵略台湾，乘机在闽谋划复兴太平天国。被马融和所察，在晋江被捕，押解福州杀害。

杨靖宇：（1905—1940 年）本名马尚德，字骥生，曾化名张贯一、乃超，河南确山人，开封纺织染料工业学校（现河南工程学院）毕业。在校时开始接受马克思主义。1927 年 3 月，领导了确山农民起义，以迎接北伐军胜利北进，同年 5 月加入中国共产党。1928 年初调到中共河南省委工作，在洛阳、开封等地先后三次被捕入狱，都坚贞不屈。1932 年南满领导抗日武装斗争时，中共派到吉林组建武装队伍的杨奠坤，在和日军的战斗中负伤，返回哈尔滨治疗。杨靖宇被指派接替他的工位。杨奠坤在抗日队伍中威信较高，杨靖宇知自己说话语气与杨奠坤极似，为不影响部队士气，而且“靖宇”在朝鲜语中有“驱逐外敌”之意。因此，决定改名为杨靖宇。杨靖宇是一个伟大的无产阶级革命家，著名抗日民族英雄，鄂豫皖苏区及其红军的创始人之一，东北抗日联军的主要领导人之一，壮烈殉国时，年仅三十五岁。新中国成立后杨靖宇将军被评为 100 位为新中国成立作出突出贡献的英雄模范之一。

杨虎城：(1893—1949 年)，原名忠祥，后更名虎城，陕西蒲城人。中国军事将领，西安事变的领导者之一。曾任中华民国中央监察委员、西北绥靖公署主任、17 路军总指挥、陆军二级上将。抗日爱国名将，为迫蒋抗日，同张学良一起发动了当时震惊全国的“西安事变”。1949 年 9 月 6 日，杨虎城及其子女、卫士、秘书一共 8 人被毛人凤直接命派的军统局特务杀害于戴公祠。后葬于陕西省西安市的“杨虎城将军烈士陵园”。

杨怀：(1897—1938 年)，字绍卿，綦江扶欢人，抗日名将。年轻时富有强烈正义感和反抗精神的杨怀，结交穷苦青年劫富拉绅并形成势力，有人枪一千余。多次袭击地方团练局等反动武装。1925 年接受川军改编，任大队长、团长。抗日战争开始后，率部多次奋勇杀敌，英勇机敏，令敌闻风丧胆。在 1938 年 4 月 5 日的战斗中，杨怀为掩护战友，壮烈牺牲，安葬于扶欢石磴沟。1985 年县政府拨款将杨怀烈士的忠骸迁葬高滩岩路旁。1986 年 3 月，四川人民政府批准杨怀为革命烈士，并立碑为祀，以表彰杨怀烈士爱国捐躯之功德。

在为新中国的诞生付出抛洒热血，奉献韬略，功勋卓著的高级将领中，也有许多杨姓英才，最有名者当是曾担任过中华人民共和国主席的著名政治家、军事家和无产阶级革命家杨尚昆和号称“三杨”的开国上将：杨得志、杨勇、杨成武。

杨尚昆：（1907—1998 年），四川潼南（今属重庆市辖）县人。伟大的无产阶级革命家、政治家、军事家，坚定的马克思主义者，党、国家和人民军队的卓越领导人。1988 年 4 月到 1998 年逝世前，担任中华人民共和国国家主席。

杨尚昆 1925 年加入中国共产主义青年团，1926 年转入中国共产党，并入上海大学学习。1926 年 11 月赴苏联，入莫斯科中山大学学习。1931 年回国后任中华全国总工会宣传部部长、中共党团书记，中共江苏省委宣传部部长，中共中央宣传部部长。参与组织上海工人运动和抗日救亡运动。1933 年到瑞金，先后任中共中央局党校副校长，红三军团政委，参加了中央革命根据地反“围剿”和长征。1935 年在遵义召开的中共中央政治局扩大会议上，支持毛泽东的主张。抗日战争时期，任中共中央北方局副书记、书记，领导华北敌后抗日根据地的斗争，并协助朱德、彭德怀领导华北抗日游击战争。解放战争时期，任中共中央军委秘书长，中央外事组副组长，中央警卫司令员，中央后方委员会副书记，中央办公厅主任，中央副秘书长，协助周恩来等处理中共中央和中央军委的日常工作。

新中国成立后，杨尚昆历任中共中央办公厅主任、中央副秘书长，兼任中央军委秘书长、中直机关党委书记。1956 年 9 月，在中共八届一中全会上，当选中央书记处候补书记。“文革”期间被撤销一切职务，被监禁达 12 年之久。中共十一届三中全会后，党中央为其彻底平反，恢复了名誉。1978

年12月至1980年底，相继担任中共广东省委第二书记，广东省副省长，中共广州市委第一书记、革命委员会主任，兼任广东军区第一政委、党委第一书记。1980年9月，被补选为第五届全国人大常委会副委员长兼任秘书长。1981年7月任中共中央军委常委兼秘书长，1982年9月任中央军委常务副主席兼秘书长。1982年当选为中共第十二届中央政治局委员。1983年任中华人民共和国中央军事委员会副主席。1987年11月当选为中共第十三届中央政治局委员。

1988年4月在全国人大七届一次会议上当选为中华人民共和国主席。1989年11月在中共十三届五中全会上被任命为中央军委第一副主席，同时免去军委秘书长职务。是中共六届中央候补委员，八届、十一届中央委员，第十四大代表、十五大特邀代表，第三届全国人大常委会委员，第七届全国人大代表，一、二、三、五届全国政协常委。1998年9月14日，杨尚昆因病在北京逝世，享年92岁。

杨得志：（1911—1994年），原名杨敬堂，湖南省醴陵人（今属湖南省株洲市株洲县）。是久经考验的忠诚的共产主义战士，无产阶级革命家，中国人民解放军著名将领，上将军衔。

杨得志自幼随父亲学打铁，后到江西萍乡安源煤矿当工人。1928年参加湘南起义武装组成的工农革命军第7师，并随部队到井冈山，同年10月加入中国共产党。1930年起任红4军第11师通信警卫排排长、特务连连长、炮兵连连长，参加了文家市、吉安战斗和中央苏区反“围剿”作战。1932年后任红15军第45师新编第93团长、红1军团第7师20团团长、第1师1团团长。曾奉命率红1团坚守阵地三昼夜，打退国民党军3个师的轮番进攻，受到总部的表彰，并被授予三等红星奖章。1934年10月参加长征，率团担负前卫和先遣任务。曾指挥红1团强渡天险乌江，全歼嵩明县城守敌；继又组织“十七勇士”突击队强渡大渡河，为后续部队打开通路。到陕北后，任红1师副师长。

抗日战争爆发后，杨得志任八路军第115师343旅685团团长，率部参加平型关战役。1940年起任八路军第2纵队司令员、冀鲁豫军区司令员，组织军民开展敌后平原游击战争，以“掏老窝”的战法，多次挫败日伪军“扫荡”；同时组织部队和群众进行生产自救，战胜天灾人祸，巩固和扩大了冀鲁豫抗日根据地。

解放战争期间，杨得志任晋冀鲁豫军区第1纵队司令员、晋察冀军区第1和第2纵队司令员，率部参加了邯郸、正太和青沧战役。1947年6月任晋察冀野军司令员，指挥保北、清风店战役。1948年5月任华北军区第2兵团（后改为中国人民解放军第19兵团）司令员，指挥冀热察和察绥战役。平津战役中，率部围困、攻克新保安，全歼守敌国民党军华北“剿匪”总司令傅作义的“王牌”第35军另2个师。

中华人民共和国成立后，1950年杨得志兼任陕西军区司令员，组织部队参加修建宝（鸡）天（水）铁路（即陇海铁路的盲肠段）和屯田垦荒。1951年2月参加抗美援朝战争，任中国人民志愿军第19兵团司令员，率部参加第五次战役和秋季防御作战。1952年夏起任志愿军副司令员、司令员，参与指挥上甘岭战役。

1954年回国，1955年4月被任命为济南军区司令员，同年10月1日被授予上将军衔。1969年起任中共中央军委委员、中共山东省委第一书记、武汉军区司令员，1979年1月任昆明军区司令员，指挥云南方向中越边境自卫反击战，继续书写英雄传奇。

1980年3月2日，中共中央决定：邓小平不再兼任人民解放军总参谋长、总参谋部党委第一书记，由杨得志接任；杨得志同时担任国防部副部长、中央军委常委兼副秘书长、军委办公会议成员，参与领导中国人民解放军的革命化、现代化、正规化建设。

1994年10月25日在北京逝世，享年83岁；著有回忆录《横戈马上》、《为了和平》。

中央军委对杨得志的一生予以高度评价：“杨得志同志从1980至1987年担任总参谋长职务，历时八年，这一阶段我军建设正处于一个重要的历史转折时期，他深刻学习领会邓小平同志关于新时期军队建设的思想，坚决贯彻执行党中央、中央军委的一系列重大决策，组织指导部队顺利进行了百万裁军；他把毛泽东同志的建军思想、建军原则，应用于新的历史条件下的部队建设，坚持政治与军事、政治与业务技术、红与专的辩证统一，用马列主义、毛泽东思想教育广大指战员，有力地促进了部队战斗力的提高在实现军队建设思想的战略性转变，在开创新时期军事工作新局面的过程中做出了重要的贡献。”

杨勇：（1912. 8—1983. 1. 6），原名杨世峻，湖南省浏阳县人。开国上将，1955 年被授予上将军衔，荣获一级八一勋章、一级独立自由勋章、一级解放勋章。

杨勇 1927 年加入中国共产主义青年团。1930 年参加中国工农红军，同年由团转入中国共产党。土地革命战争时期，任红八军政治部宣传大队长，红三军团连政治委员、营政治委员、五师十四团政治处主任，第四师十团政治委员，红一军团第一、第四师政治委员。参加了长征。抗日战争时期，任八路军一一五师三四三旅六八六团副团长、团长兼政治委员，独立旅旅长兼政治委员，鲁西军区副司令员兼三四三旅旅长，鲁西军区司令员兼教导第三旅旅长，延安军事学院高干队队长，冀鲁豫军区副司令员。解放战争时期，任晋冀鲁豫野战军第七纵队司令员、第一纵队司令员，第二野战军五兵团司令员。中华人民共和国成立后，任贵州省人民政府主席，省军区司令员，总高级步兵学校副校长、第二高级步兵学校校长，中国人民志愿军第二十兵团司令员，志愿军副司令员兼参谋长、司令员，中国人民解放军副总参谋长兼北京军区司令员，沈阳军区副司令员，新疆军区司令员，中国人民解放军第一副总参谋长，中共中央军委副秘书长。1955 年被授予上将军衔。是第一、二、三届国防委员会委员，第五届全国人民代表大会常务委员会委员，中国共产党第八届候补中央委员，第十、十一届中央委员，第十二届中央委员、中央书记处书记。

杨成武：（1914. 10. 8. —2004. 2. 14. ）又名能俊，福建长汀人。开国上将，中国共产党的优秀党员，久经考验的忠诚的共产主义战士，无产阶级革命家、军事家，中国人民政治协商会议第六届全国委员会副主席。中央军委原常委、副秘书长，中国人民解放军原代总参谋长。1955 年被授予上将军衔，曾荣获一级八一勋章、一级独立自由勋章、一级解放勋章。

杨成武 1929 年参加中国工农红军。1930 年加入中国共产党。土地革命战争时期，任红四军第十二师教导大队政治委员，第十一师三十二团政治委员，红一军团第二师四团政治委员，红一军团第一师政治委员、师长兼政治委员。参加了长征。抗日战争时期，任八路军一一五师独立团团长，独立第一师师长，晋察冀军区第一军分区司令员兼政治委员，冀中军区司令员。解放战争时期，任晋察冀野战军第三纵队司令员兼政治委员，晋察冀野战军第二政治委员，华北野战军第三兵团司令员，第二十兵团司令员。中华人民共和国成立后，任华北军区参谋长，京津卫戍区副司令员。中国人民志愿军第二十兵团司令员，华北军区参谋长、副司令员兼参谋长，北京军区司令员，中国人民解放军防空军司令员，中国人民解放军副总参谋长、第一副总参谋长、代总参谋长，中共中央军委副秘书长，副总参谋长兼福州军区司令员。一九五五年被授予上将军衔。是第一、二、三届国防委员会委员，中国人民政治协商会议第六届全国委员会副主席，中国共产党第八届候补中央委员，第十一、十二届中央委员。著有《杨成武回忆录》、《冀中平原上的地道斗争》、《忆长征》等著作。

（五）学术夸泰斗　科技多精英

杨姓族人聪惠睿智，又有尊师重学、勤奋进取、持恒认真、博学精研的良好家风，历史上除造就了许多儒学师祖、诗理大家外，在科学技术方面也多有建树，将别是在自然科学迅速发展的近现代，杨姓中的学界名流、科技精英更是层出不穷，而且不乏国内国外顶尖级科技泰斗，为祖国乃至世界的科技发展奉献了才智，做出了举世瞩目的突出贡献。下面列几个历史上著名的杨姓科学家。

杨辉：字谦光，钱塘（今杭州）人，生平履历不详。中国古代数学家和数学教育家，与秦九韶、李治、朱世杰并称宋元数学四大家。担任过南宋地方行政官员，为政清廉，足迹遍及苏杭一带。杨辉一生留下了大量的数学著述，有《详解九章算法》12 卷（1261 年）、《日用算法》2 卷（1262 年）、《乘除通变本末》3 卷（1274 年、第 3 卷与他人合编）、《田亩比类乘除捷法》2 卷（1275 年）、《续古摘奇算法》2 卷（1275 年，与他人合编），其中后三种为杨辉后期所著，一般称之为《杨辉算法》。

杨守敬（1839—1915 年）：字惺吾，号邻苏，晚年自号邻苏老人，湖北省宜都人，出身于商人家庭。同治元年（1862）中举，曾任驻日钦使随员、黄冈教谕、两湖书院教习、勤成（后更为存古）学堂总教长、礼部顾问官、湖北通志局纂修等职。清末民初著名的历史地理学家，以毕生的精力和学识，运用金石考古等多种方法研究《水经》、《水经注》，历经四、五十年。

留有地理巨著及图编《水经注疏》、《历代舆地沿革图》、《历代舆地沿革险要图》和《水经注图》等。又是金石文字学家、目录版本学家、书法艺术家、泉币学家、藏书家。著作多有传世，名驰中外。1915 年 1 月 9 日，在北京逝世，终年 76 岁。归葬宜都龙窝。

杨石先：（1896—1985）化学家，蒙古族，安徽怀宁人。1918 年毕业于清华学堂，1922 年获美国康奈尔大学硕士学位，1931 年获耶鲁大学博士学位。南开大学名誉校长、教授，主要研究农药和元素有机化学，并长期从事化学教育，创建了南开大学元素有机化学研究所 1978 年该研究所有 10 项成果获全国科学大会奖。系统研究了有机磷杀虫剂、杀菌剂、除草剂及植物生长调节剂等高效农药，系统地研究了磷有机化合物的结构与生物活性的关系。80 年代初在南开大学创建分子生物研究所，在化学与生物学的交叉领域开始新的探索。1955 年被选聘为中国科学院院士（学部委员）。

杨廷宝：（1901—1982）建筑学家，河南南阳人，1921 年毕业于清华大学。南京工学院副校长、教授，我国近代建筑设计科学的重要创始人之一。在创造具有我国特色的建筑风格上，做出了重大贡献。50 多年来，完成了 100 多项各种类型的建筑工程设计。在设计工作中，主张博采各家之长，兼容并蓄，勇于创新，注重因地制宜，强调符合国情。设计作品具有稳健、凝重、严谨、庄重的风格。1955 年被选聘为中国科学院院士（学部委员）。

杨惟义：（1897—1972）昆虫学家，江西上饶人。1921 年毕业于南京高等师范学校，江西农学院教授、院长。曾在中、法、德等国的博物院专门研究半翅目昆虫的分类和昆虫区系分布。在昆虫分类方面，发现了 60 余个新种和新属，对中国半翅目昆虫的研究做出了重要贡献。首倡的“三耕治螟”法，红花田留种改革措施，粮食仓库害虫防治法等，都对农业生产的发展起了促进和指导作用。60 年代初，曾被派往越南帮助培训农业干部，获得胡志明友谊勋章，为增进中越两国人民的友谊做出了贡献。1955 年被选聘为中国科学院院士（学部委员）。

杨钟健：（1897—1979）地质学家、古生物学。陕西华县人。1923 年毕业于北京大学地质系，1927 年获德国慕尼黑大学哲学博士学位。中国科学院古脊椎动物与古人类研究所所长、研究员。1920 年代发表的《中国北方啮齿类化石》（德文）是中国人撰写的第一部古脊椎动物学专著，从而在中国创立了这一学科。1928 年负责北京周口店的发掘工作，此间发生了发现中国猿人第一颗头盖骨的划时代事件。1937 年以后，在云南禄丰领导发掘工作，获大批恐龙及原始哺乳类化石。1949 年后，与裴文中等筹建古脊椎动物研究室，为后来的中国科学院古脊椎动物与古人类研究所的建立奠定了基础。1955 年被选聘为中国科学院院士（学部委员）。

杨槱：船舶设计专家。原籍江苏句容，生于北京。1940 年获英国格拉斯哥大学一等荣誉学士学位，上海交通大学教授。主持并参加设计“瀛洲”号巡逻艇、15000 吨自卸运煤船、5000 吨近洋干货船、15000 吨经济型远洋干货船等多型船舶。主持并领导制定了我国第一个《海船稳性规范》，推动了我国船舶稳定性的研究工作。从 1963 年起，指导研究生对被动式减摇水仓进行了大量的系统试验研究工作，研究的结果被设计、研究单位广泛采用。70 年代中期开始从事水运与海洋工程系统的技术与经济论证方面的研究，促进了这门科学在我国的发展。首先发起研制海洋货船设计计算机集成系统，主持编制的《主要尺度分析程序》与《型线设计程序》等已编入该系统，对我国造船科学技术计算机辅助设计的发展做出了重要贡献。1980 年当选为中国科学院院士（学部委员）。

杨澄中：（1913—1987），核物理学家，江苏常州人。1937 年毕业于中央大学物理系，1950 年获英国利物浦大学哲学博士学位，中国科学院近代物理研究所研究员。主要从事静电加速器、高压倍加器和重离子加速器的研制及实验核物理研究并取得多项重要成果。50 年代以来，与赵忠尧一起领导了中国第一台静电加速器的研制，负责指导了碘化钾（铊）等闪烁晶体的制备，负责中国第一台高压倍加器的研制，组织领导了兰州重离子加速器的建造和重离子核物理实验研究工作，取得许多创见性成果。1980 年当选为中国科学院院士（学部委员）。

杨简：（1911—1981），医学家，广东梅县人。1934 年毕业于中山大学医学院，获学士学位和金质奖牌。中国医学科学院实验医学研究所教授，中国实验肿瘤学的创始人之一。在中国首次利用芳香烃类化合物诱发小鼠皮下纤维肉瘤获成功；建立第一个纤维肉瘤 SP，先后建立 9 个可移植瘤株，创建了第一个“瘤株保种传代室”；对宫颈癌、食管癌病因做了研究，首次提出食管癌霉菌病因问题，并创立了“宫颈癌综合病因学说”。1980 年当选为中国科学院院士（学部委员）。

杨嘉墀：（1919—2006）空间自动控制学家，江苏吴江人。1941 年毕业于上海交通大学，1949 年获美国哈佛大学博士学位。中国空间技术研究院研究员。先后主持火箭和核试验用的仪器和控制系统开发工作。30 多年来，多次参与我国空间计划方案论证工作。主持人造卫星姿态控制系统的研究与发展。在三轴稳定的返回式卫星和科学探测卫星的发展中作出重大献。1986 年与王大珩、王淦昌、陈芳允联合向中央提出了发展我国高技术的倡议（863 计划），1999 年荣获“两弹一星功勋奖章”。1980 当选为中国科学院院士（学部委员）。

杨立铭：（1919—2003），江苏溧水人。中国理论原子核物理学家，北京大学物理系教授，兼任中国核物理学会理事长。与夫人夏培肃同年当选为中国科学院院士，传为科技界佳话。

杨立铭 1942 年于重庆毕业于国立中央大学工学院机械系。1946 年师从玻恩（Max Born）教授，并于 1948 年获英国爱丁堡大学理论物理博士学位。留英期间，根据汤费理论，成功地解释了当时刚发现的原子核的幻数。

1951 年杨立铭偕夫人夏培肃回到中国，在清华大学物理系任副教授，集中研究原子核理论，特别是核多体理论及核集体运动。为原子核集体运动建立了系统的微观理论，为著名的相互作用玻色子模型提供了微观基础。1991 年杨立铭当选中国科学院院士。2003 年杨立铭在北京因病逝世，享年 84 岁。

六、杨氏祖籍地

作为天下杨姓的共同祖籍，主要应是以下两处：其一，杨姓肇姓、启姓的古唐国属地应是最早的祖籍地。其二，便是原同属古弘农郡的河南灵宝和陕西华阴两市。杨震又是众所公认的弘农杨氏的奠基人。华阴有天下杨氏第一村——东宫村，是先祖杨震出生和幼年生活的地方，而灵宝则是杨震出仕前数十年居住生活和立业之地，又因古弘农郡的弘农河和郡治在灵宝，因而成为古弘农郡的代表地。

（一）临汾

杨氏因桐叶封唐而肇姓，唐国封地即后来的晋国，而晋又是现今山西省的简称，故而许多笼统的说法，认为杨姓肇启于晋水之源，山西是杨姓最早的祖籍地，但更为具体的说法，应是古唐国或古杨的所涉地盘才是杨姓最早的祖籍地。

古唐国历史悠久，自尧受封，其子丹朱及其苗裔承袭，延至周初为周成王所灭，并封叔虞建立晋国，其间长达1300余年。对于“唐”的地望，史典有不同的记载，当今比较统一的认识应是山西省南部被称为“唐尧故地”的临汾翼城。而三封杨国的古杨也在今临汾市所辖的洪洞、临汾、浮山一带，所以我们就以临汾翼城为代表介绍杨姓最早祖籍地的概况。

临汾是中华民族发祥地之一和黄河文明的摇篮，尧帝曾建都于此，故有“华夏第一都”之称，古称平阳。《尚书》中的《禹贡》一篇记有：天下分为九州，平阳为冀州之地。冀州处九州之中央，故称“中国”，这就是“中国”一词的由来。西周时叔虞封于唐（今翼城），其子燮继位后，因境内有晋水，遂“易唐为晋”。晋国的中心就在今曲沃、侯马、襄汾一带。战国初期，韩、赵、魏“三家分晋”，韩建都平阳。秦改分封制为郡县制，全国划为36郡，属河东郡。西汉划全国为103郡国，属河东郡司隶部辖。三国魏正始八年（247年）置平阳郡。西晋永嘉三年（309年），刘渊建汉，国都就在平阳。北魏孝昌（525—528年）中，设置为唐州。隋开皇三年（583年），始置临汾郡，因地处汾水之滨而得名，“临汾”一名沿用至今。唐实行道、府、州、县制，唐武德初年（618年）为晋州。北宋政和六年（1116年）始置平阳府，辖临汾、汾西、洪洞、岳阳、乡宁、赵城、霍邑、浮山、冀氏、和川10县及隰、吉、绛3州。元代实行省、路、府（州）、县四级制，为中书省山西宣慰司晋宁路（治在临汾）。明清重置平阳府，统领35州县，包括今临汾、运城两市。民国时，废府设道，以道辖县，临汾属河东道管辖，1927年，废道直属山西省。抗日战争初期，临汾为山西省7个行政区中的第6区。1937年11月，山西省政府迁到吉县。日伪统治时，为冀宁道。抗战胜利后，属太岳区。

1948年5月17日临汾解放。1949年2月成立晋南区，属陕甘宁边区政府，同年9月1日改属山西省。1950年1月6日成立临汾专区。1954年同运城专区合并为晋南专区（驻临汾），辖29县。1970年专区改地区，晋南专区又按原建制划分为临汾、运城两地区。1978年设临汾地区行政公署，辖临汾、侯马2市和16县。1983年临汾县和临汾市合并为临汾市。

2000年8月临汾撤地设市，成立地级临汾市。现辖1区2市14县和2个省级经济技术开发区，151个乡镇、20个街道办事处、157个社区，2966个行政村，总人口420万，总面积20275平方公里。

临汾地处黄河中游，最东段在安泽县良马乡西坡以东，最西段在永和县南庄乡咀头附近，最南段在翼城县大河乡关家窑以南的中条山主峰舜王坪脚下，最北段在永和县坡头乡白家崖附近。南北最大纵距170多公里，东西最大横距约200公里。临汾“南通秦蜀，北达幽并，东临雷霍，西控河汾”，整个地区大致呈不规则的梯形，东倚巍巍太岳与长治晋城为邻，西隔滔滔黄河与陕西相望，北起韩信岭与晋中、吕梁市毗邻，南与运城市接壤。因其地理位置重要，自古为兵家必争之地。

临汾地区属半干旱半湿润季风气候区，四季分明，雨热同期。但由于受地形影响，山区平川气候差异较大，气候特征迥异。

2009年临汾市实现财政总收入137.67亿元，其中，一般预算收入实现62.92亿元，同比增长16.04%。

东汉的绛邑县在隋开皇十八年（598年）改名翼城县，在临汾市东南方。据《翼城县志》记载，城当翔翱山下，山形如鸟舒翼，以山形为名。这里是古唐的核心区域，有许多村名都带有“唐”字，如：唐城、南唐、北唐、东唐、云唐等。民国年间编撰的《翼城县志》中有转引南宋史学家郑樵所著《通志》中的一段话：“帝尧，高辛氏第二子，母帝喾四妃陈丰氏曰庆都……年十三佐帝挚受封于陶，十有五封唐为唐侯，合翼与浮山南为国，十有六以侯伯践帝位，都平阳，号陶唐氏。”这就是说，翼城就是帝尧在十五岁那年被封为唐侯时的封地，也就是古唐国的位置。

《史记》中说，叔虞封于唐，“唐在河汾之东，方百里，故曰唐叔虞”。语中的河是黄河，汾是汾河，这两河之东也就是现今侯马、曲沃、翼城以及襄汾的部分地域。在翼城县，还可以看到与“剪桐封弟”有关的遗址。该县南梁镇的故城村，有古城遗迹，城楼门额上有“桐城”二字题刻。当年唐叔虞桐叶受封之地就应是这里无疑。

以上所有摘载都能相互印证古唐就在翼城，而且是其时唐国的中心。

李渊亡隋后所缔造的大唐王朝，非古唐何以又取名为“唐”，则是因为他的祖父李虎的封爵是唐国公，而其时正裔传给李渊，李推翻隋朝以后仍然以唐自居，称新朝为大唐就是自然而然的事了。

在临汾有许多寻根谒祖的圣迹，其中首先是与尧帝有关的文化遗迹。尧帝是中华民族共同先祖的五帝之一，姓伊祁，名放勋，史称唐尧。传说公元前 2377 年农历二月初二，诞生在唐地伊祁山。自然也是杨姓的源祖。

尧庙：位于临汾城南约 3 公里，初建于晋，址在汾河之西的古平阳城。晋元康时惠帝元康年间徙尧庙于汾东原上。唐显庆三年（658 年）迁建于城南现今之址。历代修葺，屡遭战乱，唐至明清因故多次修葺重建，今存山门、五凤楼、广运殿、寝宫等，棂星门、仪门已毁。1965 年被列为省重点文物保护单位。1987、1998 年两度重修广运殿，2001 年新增尧都广场及尧都华表，2002 年进行了历史上最大规模的尧庙宫及广运殿的重修，全面恢复宫内殿宇。

华门：亦称华夏之门、中华第一门，位于尧庙旅游经济区尧都大道中轴线上，坐西向东，寓意东方文明古国如日东升。由基座、主门及门楼三部分构成，长 62 米，宽 31 米，框剪结构，地下 2 层，地上 6 层，建筑面积 22000 平方米，总高 50 米。

尧陵：位于市东，郭行乡北郊村西隅，涝河北侧，距市区 35 公里。陵周土崖环峙，河水经陵前南泄。松柏苍翠，陵丘耸峙，高 50 米，绕周 80 米。陵前筑有祠宇，相传为唐初所建。金泰和二年（1202 年）碑文载：唐太宗征辽曾驻跸于此，因谒尧陵遂塑己像。

大中楼：俗称鼓楼，是临汾古老文明的象征。因建于东、西、南、北四街的中心而得名，也有说是含有“大中国阁楼”的意思。其基座为正方形，建筑面积 1600 平方米，四向券砌门洞在其基座正中十字相交。始建于何时，至今尢确切文献记载。据史学界专家考证，平阳鼓楼有金代改建取名钟楼之说，现楼上悬有金明昌七年（1196 年）铸造的万斤大铁钟一口，以此推断最晚建于北宋时期。据《山西省志》、《平阳府志》、《临汾县志》及碑碣载，鼓楼经历过 7 次重修，匾额也前后 5 次重写。

古杨国：址在山西洪洞县东南十五里的范村。

山西曲沃曲村63号墓出土的“杨姞壶”是1993年全国十大考古新发现之一。“杨姞壶”是姞姓杨（扬）国女子嫁给晋国国君的自作之器。晋献公十六年（公元前661年），姞姓杨国被灭之日，也是姬姓杨国受封之时。“杨姞壶”的出土及相关史料可佐证，古杨国的地望在山西洪洞县东南十五里的范村。

洪洞古大槐树：位于洪洞县城西北二公里的贾村西侧的大槐树公园内，是闻名全国的明代迁民遗址。从明太祖朱元璋洪武三年到明成祖朱棣永乐十五年将近50年的时间里，明政府在山西共组织了18次大的官方移民，因移民多在大槐树下汇集转迁，所以被称为大槐树移民，当时移民主要迁往河南、山东、安徽等18个省500多个县市，移民遍布整个中原地区。

这里虽然没有什么宏伟的建筑，但却是炎黄子孙寻根追宗的必谒之地，不论严寒的冬天，还是酷热的炎夏，游客络绎不绝，仰望古槐，盘桓眷思，久久不肯离去。

应该说明的是：洪洞大槐树移民是华夏历史上由国家动员组织的大规模移民活动，持续时间和迁徙范围都非常广大，且相距当今较近（仅数百年），故而给人们遗留的印象和痕迹最为深刻。全国各地无论张、王、李、赵，天南海北、各省各地，甚至许多少数民族姓氏，都相传并自认是山西省洪洞县大槐树的移民。而事实上早在此次以前的上千年中，整个中华还发生过许多次较大规模的移民活动，更有成千上万数都数不清小规模、独立家族或家庭、个体的迁徙事件。故此，具体到各地特定的姓氏和家庭其落业开基之祖就不肯定都是大槐树的移民。

山西太原，也应是杨姓的祖籍地，这是因为古唐国也有在晋阳之说，而晋阳也就是今天的山西省省会太原市。太原市南的晋祠又有天下杨姓第一祠之称。

山两省的代县则是杨家将的祖籍地。那里有杨家将先祖曾居住的鹿缔涧村，也有说杨家将祖籍是陕西神木县，只是后来移居于此，有待进一步考证。

代县：位于山西省东北部，雁门关下。春秋时属晋，战国时属赵。秦立广武县，西汉时广武县属并州太原郡。东汉改属雁门郡。三国时为雁门郡治。隋开皇五年雁门郡改称代州。明洪武二年始改代州为代县，清雍正二年升为直隶州，属山西省政司。民国元年改为代县，属雁门道，民国十年废道署。1946 年代县解放，属忻县专署管辖，1958 年至 1960 年与繁峙县合并为繁峙县，属晋北专署。1961 年恢复代县。

全县地形由东北向西南倾斜，平面轮廓呈长方形，南北两山对峙，滹沱河由东北向西南横贯全境。东邻繁峙，西接原平，南界五台，北毗山阴，东北与应县相接，西北与朔州毗邻。全县辖 6 镇 5 乡，总面积 1969 平方公里，南北长 60 公里，东西宽约 40 公里。2001 年末全县总人口约 21 万人。

（二）华阴

华阴市位于陕西省的关中平原东部，秦晋豫三省结合处的黄渭金三角地带，东接潼关，西邻华县，南依秦岭，北临渭水。总面积 817 平方公里，总人口 26 万，是国家级风景名胜区西岳华山所在地。华阴的历史因有华山而名闻天下，也因杨氏文化而更加灿烂辉煌。

战国时，华阴属魏，称华阴邑，秦改设为宁秦县。西汉高帝八年（前 199 年）改为华阴县，辖属于京兆尹，治所在今华阴市东南，东汉时属弘农郡所辖。北魏太和十一年（487 年）移治现今的大荔县；孝昌二年（526 年）还治于今华阴市东南，属华山郡。隋大业五年（609 年）移治今华阴市，属京兆郡。唐属华州，垂拱元年（685 年）改名仙掌县；神龙元年（705 年）复名华阴县；上元二年（761 年）改名太阴县；宝应元年（762 年）复为华阴县。明属西安府。清属同州府。民国初属关中道，1928 年属陕西省。1958 年废入渭南县。1961 年复置华阴县，1991 年撤县改为华阴市，1993 年被陕西省政府命名为历史文化名城，1996 年被国家科技部等 28 个部委联合命名为西北地区首家国家可持续发展综合实验区。

华阴自古有“三秦要道、八省通衢”之称，是中原通往西北的必经之地。郑西高速铁路、陇海铁路、西潼高速公路、310 国道、老西潼公路横贯东西，南同蒲铁路、202 省道、拟建的沿黄公路华阴段纵横南北。公路路网密度达 90 公里/百平方公里，居我国西部前列。境内有 5 个火车站，其中华山火车站为国家二级编组站，郑西高速铁路（时速 350 公里/小时）华山北站规模仅次于西安站和郑州站，年旅客流量预计达 8000 万人次，距西安 30

分钟车程，洛阳、郑州将纳入1小时经济圈。通讯业发达，国家郑—西—成电讯光缆穿境而过，程控电话、移动通讯以及互联网络健全，设施先进。

华阴气候宜人，四季分明，年平均气温13.7度，平均降水量596.5毫米。土壤肥沃，矿产资源十分丰富，已探明矿藏25种，金、铁、铝、稀土、石板材、矿泉水、地热等颇具优势。其中，地热资源异常丰富，是陕西省批准开发的四个重点地区之一。已开发的〇五一基地地热井，井口水温105度，单井涌水量240立方米/时，井水所含锶、锌、锂、偏硅酸等微量元素和矿物质达到国家医疗保健地质水标准。矿泉水经国土资源部鉴定，银、锌、锂等8种微量元素含量丰富，为优质矿泉水，日出水量达1200立方米。境内秦岭北麓6条南山支流与渭河交汇，水源充足。地表水年总经量1.2亿立方米，地下水年补给量1.43亿立方米。

华阴春秋设邑，战国置县，至今已有2300多年历史。历代才人辈出，著书立说者层出不穷，被汉相张良誉为“物华天宝，地灵人杰”之地。据考证，中国历史上的四代帝王（隋文帝杨坚、隋炀帝杨广、隋恭帝杨侑、隋皇泰帝杨侗）、五代后妃（晋武帝武元皇后杨艳、晋武帝悼后杨芷、北周武帝天元皇后杨丽华、唐玄宗元献皇后杨氏、贵妃杨玉环），皆为华阴杨姓人氏；此外还有战国时被称为“五国相王”的著名纵横家公孙衍，清廉为政、名彪青史的“关西夫子”杨震，才思敏捷的三国名士杨修，才华横溢、革新诗风的“初唐四杰”之一杨炯，五代时期大书法家杨凝式等。他们对中国历史和文化的建树与影响渊源流长。

华阴景观有如下几处：

华山是我国著名的五岳之一，海拔2154.9米，位于陕西省西安以东120公里历史文化故地渭南市的华阴市境内，北临坦荡的渭河平原和咆哮的黄河，南依秦岭，是秦岭支脉分水脊北侧的一座花岗岩山。凭藉大自然风云变幻的妆扮，华山的千姿万态被有声有色地勾画出来，是国家级风景名胜区。

西岳庙：有陕西故宫之称，位于华山北面7公里、华阴市城东1公里处，为历代帝王祭祀华山的地方，是一座形似北京故宫的雄伟建筑。华山向以奇险著称于世，所以祭祀活动放在山下进行。华岳庙自东汉以来，历代均有修缮和扩建，到了明清两代修缮扩建华庙的工程更巨大。今天所有的华岳庙建筑，基本都是明清建筑。它的布局为重城式建筑，城为长方形，城门尚有一组附加建筑，计有照壁，木牌楼，灏灵门。与灏灵门相对的便是午门，又称五凤楼。五凤楼两侧有马道可以登城。在五凤楼上可以俯视岳庙全景。从午门进入第一院落，以棂星门为主体，棂星门是进入华岳庙主城的第二院大门。过了棂星门便到了中院，金城门是华岳庙主城内院第三院的大门。过了金城门，便进入第三个院落，灏灵殿是封建皇帝祭祀华山的主殿，琉璃瓦单檐歇山顶大殿，面阔 9 间，进深 5 间有凸形胎，周围有回廊环绕，飞檐高耸，斗拱密布，建筑十分雄伟壮丽。西岳庙历史悠久，活动频繁，文物石雕很多，但由于历史上自然灾害和人为的破坏，古石碑石雕十损七八。

玉泉院：位于陕西华阴市玉泉路最南端，是华山道教活动的主要场所，也是游客从华山峪游览华山的必经之地。玉泉院为登临华山的门户。相传金仙公主在镇岳宫玉井中汲水洗头，不慎将玉簪掉入水中，却在返回玉泉院后，用泉水洗手时无意中找到了玉簪，方知此泉与玉井相通，于是赐名此泉为玉泉，玉泉院因此得名。

华阴境内人文景观和自然景观交相辉映，共同构成独特丰富的旅游资源。此外，华阴文化艺术形式也多种多样，华阴老腔、华阴迷胡、华阴皮影、剪纸等文化遗产悠远流传，其中华阴老腔、华阴迷胡被列为国家级非物质文化遗产名录。

（三）灵宝

河南省灵宝市，是古弘农郡的郡治所在地，位置也约在弘农故郡东西方向的中间。境内因山川兼具，水旱无殃，物产丰富，历代多有英才，自古都被赞为“物华天宝、人杰地灵”之地。曾因“棉花、苹果、大枣”的质优品良，以“三宝之乡”称誉天下。至今棉花虽因自然因素变化及其他原因，种植锐减，已退出“三宝”之列，但取而代之的则是在国内更有名气的灵宝黄金，“三宝之乡”的盛名更为响亮，并荣获“中国金城”的称号。作为杨姓的祖籍地和第一望郡，有关杨氏的文化积淀也十分深厚，现今的市政府及全市人民对此也都十分重视，市区的长安大道西段设有市人称为“三仙鹤”的城市标志，取意来源就有“鹤衔三鳝”的意思，而在南北横穿市区的弘农涧河东畔，近年所新开发的弘农春秋园中，又特别建造了一座新的

“三鳝书堂”，以示对先祖杨震的敬缅及对杨氏文化的推崇和重视。

灵宝位于豫晋陕三省交界的河渭金三角处，北濒黄河，是河南省最西部的县市。分别与陕西省洛南县、潼关县，山西省芮城县、平陆县，河南省陕县、洛宁县、卢氏县接壤，总面积3011平方千米。辖10镇7乡，440个村委会，3588个村民小组，以2008年的统计，总人口73.22万人。市人民政府现驻城关镇（原为虢镇），属辖于三门峡市。

灵宝市历史悠久，文化灿烂，风光秀美，资源丰富，境内有老子著《道德经》的函谷关、华夏子孙寻根祭祖圣地——荆山黄帝铸鼎原，西坡国家史前遗址公园以及国家级森林公园亚武山、黄河奇观鼎湖湾。灵宝市物产丰饶，资源雄厚，矿藏资源现已探明的达38种之多，尤以金、银、铜、铅、硫铁、大理石、花岗岩、石墨储量丰富，被誉为“黄金之城”、“硫铁王国”、“中国金城”。

在文化风貌上，灵宝继承了豫陕晋传统文化的优点，有豫剧、蒲剧（乱弹）、秦腔、眉户、道情皮影戏、扬高戏、锣鼓书、木偶戏、快板书等、以及特色工艺：剪纸、编织、刺绣、纸扎、花馍、香袋、印花布、窗花、花灯等。

灵宝上古时称为“桃林”。数千年前的上古时期，有个膀宽身壮的巨人名叫夸父，平日他的两个耳朵上总是挂着两条长蛇，手里拿着一根长长的桃木拐杖，显得非常威猛。一天，他突发奇想，要以双腿跑步追上东升西落日驰万里的太阳。从日出开始，他翻山越岭，跨河涉泽，奋力猛赶紧追，眼见与太阳渐近，被炽热的烈焰烤得口干舌燥，痛苦难忍，只好折返回到黄河、渭河边上喝水，一口气把河、渭都被吸干了，但还觉得不能解渴，最后渴死在秦岭脚下。临终前，一气之下把桃木拐杖甩了出去，所落之处正是现今的灵宝地域，桃木拐杖顿时变化成了绵延百里的一大片桃林。从此时期，每年春暖花开之季，漫山遍野桃花粉艳，蝶飞蜂舞，景色宜人，于是人们就把这个地方称为“桃林”。

相传到了唐朝的开元末年（741年），一日早朝时，玄宗刚刚在龙位坐定，陈王府参军田同秀上前拜奏：“启禀陛下，微臣昨晚做了一个梦，梦见桃林县（今灵宝市）函谷关丹凤门上紫气萦绕，玄元皇帝（老子）飘然其中，臣正要上前叩拜，只听他老人家说：‘我藏灵符，在尹喜故宅。’说完就不见了，臣不解其意，奏请陛下圣裁。”

玄宗听后大喜，立即派人到函谷关寻找灵符。果然不错，在函谷关原关令尹喜故宅西边挖出了一道“灵符”——一个桃木制成的木片，上面用朱砂写着“十十十木”四个字，众人皆不解其意，只好将“灵符”送往长安（今陕西西安），呈送玄宗御览。玄宗拿着“灵符”，左看右看，怎么都看不明白，众臣也说不出什么名堂。后来还是擅长趋炎附势的田同秀试探着说：“微臣的看法不知对否，不敢妄言。”“爱卿发现‘灵符’有功，但讲无妨。”“臣看这几个字合起来好像是古书中的‘桑’字。三个十字，外加一个木字，将木拆开则为又一个十字，一个八字，合起来是四十八。”这样一说，群臣都有所悟。“四十八，四十八，玄元皇帝保佑吾皇四十八年盛世”。一位大臣竟然高兴的大叫起来。大家也都随声附和，说这是玄元皇帝显灵，送来“灵符”，可喜可贺。唐玄宗自然也非常高兴，认为这是老子对他的恩赐，于是就把年号由“开元”改为“天宝”。并将发现“灵符”的桃林县改为灵宝县。

灵宝县自汉元鼎 3 年（公元前 114 年）建县，而后曾几次更名，汉称弘农县，隋为桃林县，唐天宝元年改名灵宝县；阌乡县史称湖县，北魏正光中更名湖城县，属西汉弘农郡，隋开皇初属陕州，开皇十六年（596 年）废，后复置。唐乾元二年（760 年）改为天平县。大历四年（769 年）复为湖城县。北宋熙宁四年（1071 年）废入灵宝县，元丰六年（1083 年）复置。元世祖至元二年（1265 年）废入阌乡县；1954 年撤销阌乡县并入灵宝县。

1993 年 5 月 12 日，经国务院批准，撤销灵宝县，设立县级灵宝市。

灵宝的杨姓文化遗迹有近二十处，在前一部分中就已简单编记入册，就不再赘述。

郑　姓

曾自修　宋国桢　余纪珍

一、郑姓姓源

（一）郑姓起源

“郑”字作为姓氏，源于郑国。周烈王元年（公元前375年），韩哀侯灭郑国，郑国子孙散居陈、宋之间，为纪念故国，以国为姓，遂有郑氏。因此，先有郑国、郑地然后才有郑姓。“郑”字作为诸侯国名，是在周宣王二十二年（公元前806年）宣王姬静封母弟友于郑（今陕两华县），郑国建立。而在郑国之前，“郑”字作为地名，由来更久。

据记载，殷商已有“郑”地，西周、东周不但有“郑”地，且有“郑国”。“郑”字，繁体写作“鄭”，作为姓氏，诸侯国名的专用字，从“邑”、“奠”声，这样的写法却是周平王东迁以后，在春秋战国时期形成的。

“奠”地而后成为诸侯封国的名称，同周代分封制、礼乐制度有着密切的关系。西周建都于镐（今西安），而把东都洛邑称作成周。如果围绕镐与洛这两个都城500里的地区连成一片，那么按照当时的行政区划，西起岐阳（今陕西岐山东北），东到圃田（今河南郑州东），所有泾、渭、河、洛地带，广袤千里，就都属于周王朝统治中心的王畿之地，称为“甸服”。在这范围之外每500里算一个区域，依次是“侯服”、“绥服”、“要服”、“荒服”。“侯服”、“绥服”，用以分封诸侯，而“甸服”作为周王朝统治的中心区域，一般是不用以分封诸侯的。周王朝要依赖这一中心区域“以供上帝百川之祀，以供百姓兆居之用，以待不庭不虞之患”。这里首先提到的是“以供上帝百川之祀”，属于甸服的要供奉奠祭（“甸服者祭”）。这里所谓的“祀”、“祭”，就是“奠”。这也就是“甸服”之“甸”，“畿甸”之“甸”，之所以可以借音以假借“奠”来表达“甸”的意义的逻辑根据。由此可见，周王朝的确是一个非常重视祭祀活动——即“奠”的王朝。

然而到了西周中叶以后，诸侯势强，王室衰微，周王朝也再没有新的“侯”、“绥”之地以分封新的王室成员及功臣了。于是也只好从“甸服”之中划出一块土地用以分封。当时，因为这样受封而来的诸侯特少，人们就称其为“奠”，其义就是甸服内或畿内诸侯。而近年来发现的当时的文物也证明了这一点。《卜辞释》上的铭文说：“贞，勿日，侯奠。”《庐静斋藏片》也说：“子奠佳令。”这里提到的“子奠”，也即“王子奠”的省称。现代学者的研究成果也表明了，无论西周时期受封于陕西华县一带的郑国，还是东周初年迁于河南郑州地区的郑国，都是在周朝的王畿之内。因此“奠”字所指的也就是这一国家，也即由周分封而来的郑国。清吴大澂《说文古籀补》说：“奠字，古文以为郑字。”汤成沅《金石字典》说：“凡钟鼎古文皆借奠为郑字。”出土文物《郑伯简父鬲》、《郑虢仲鼎》等文物上“郑”字都写作“奠”字。可见，远古没有“郑”字时，是以“奠”字替代。

关于“郑”字的初文分析考释的结论，可以得出：

“奠”（郑）字字形所显示的最初意义是置酒于几案之上以祭奠鬼神的行为，同时借来指代同周王朝宗法关系较近而被封在王畿之内的诸侯，也即郑国。郑姓来源，就与这一诸侯有关。

就文字而言，“奠”（郑）字又表示祭奠的行为，又表示郑国这个诸侯国的概念，一身而二任焉。但如果算上由祭奠这个本义派生出来的其他引申义，如可以表示定、奠定的意义，（《尚书·禹贡》：“禹敷土，随山刊木，奠高山大川。”）可以表示置、安放的意义（《国语·晋语二》：“优施出，里克辟奠，不飧而寝。”），还可以表示献、晋献的意义（《礼记·王藻》：“唯世妇命于奠茧。”）等，义已多矣。

（二）早期子姓郑氏

有一种观点认为，在殷商时期，在今河南新郑就有一个同殷商王室同姓的子姓郑国。甚至还有人说，在殷商灭亡后，被迫迁于今陕两华县一带。只是在周厉王时代，不知什么原因，这个子姓郑国突然消失了。

这一问题最关键的一点是，殷商时期到底存在不存在一个子姓郑国。对此持肯定意见的，其所持的根据有三：

一是丁山《甲骨文所见民族及其制度》的论述："郑氏子奠即王子奠的省称，其武丁之子？抑小乙之子？孳乳为奠，为郑。奠氏当即后世所称的郑氏。"这个王子奠生于公元前12世纪，比郑桓公早了500多年。

二是方浚益《缀遗斋彝器款识考释》："长戈告曰'哄方征于我奠（郑）'。"又《拾遗》："贞，我奠受年。"这个奠（郑）就是殷商时期，与王室同姓的子姓郑国。

三是王符《潜夫论·志氏姓》的有关论述。王符说："昔尧赐契姓子，赐弃姓姬。"又说："帝乙之子微子啟，纣之庶兄也，武王封之于宋，今之睢阳是也。宋孔氏……郑氏……皆子姓也。"该书还在"郑氏"下注云：《左传》鲁昭公二十一年"宋有郑翩"。宋既然是子姓国，宋国人郑翩也必定姓子。这样的推理，岂不有点武断！

对于郑桓公始封而后东迁，肯定论者也提出了不同的看法。他们引郦道元的《水经注》："渭水又东径（经）郑县故城北。《史记》秦武公十一年，县之，郑桓公友之故邑。《汉书》薛瓒《注》言，周穆王已（以）下，都于西郑，不得以封桓公也。幽王既败，虢、侩（郐）又灭，迁居其地，国于郑父之丘，是为郑桓公，无封京兆之文。"接着又说，"余按《史记》、《世本》言：周宣王二十二年，封庶弟友于郑。郑地确为王子奠之封地"。

然而对此说法，汉晋以来如班固、应劭、郑玄、皇甫谧、裴頠等人家并不赞同。他们"咸以西奠为友之始封"。至于殷商时期就存在一个子姓郑氏诸侯国，对此持肯定意见的也不多。在过去以及当今的学术界较为一致的看法是，以郑桓公友封于棫林（所谓"西郑"）为郑氏得姓之始。

"奠"作为生活中的人，最早出现于商代王室。不知是小乙之子抑或武丁之子，总之是商代的王子，名字叫"奠"（音义同郑）。奠由于无缘继承王位，被封于洧水之旁，成为一方诸侯，称为"侯奠"，所封之地后来称为"郑父之丘"。侯奠及其后裔精明强干，很快发展为大族，成为商都朝歌南方强有力的屏障，于是有了"南奠"的名称。由于南奠捍卫南大门有功，他的一些分支被调到朝歌以北，守备朝歌的北大门，称为"北奠"。南奠与北奠合起来称为“多奠”。侯奠是商王室的重要支系，其行止多次见诸卜辞，涉及战争、祭祀、婚姻等方面，足以说明侯奠对于商王室的重要性。

周武王兴兵伐纣时，避免与侯奠接触，从洛阳附近北渡黄河，直扑朝歌，灭了殷商，侯奠成了无头之鸟，只得归顺于周，被改封于今陕西华州，成为周的京畿内直辖诸侯，国名称“奠”，国君称“奠伯”，国都称“奠还”；而侯奠的大部分臣民仍留在原地，称为“东土之人”，这样就有了“东奠”与“西奠”之分。这个奠国存在了220余年，出土的周代青铜器铭文有明确记载。这个奠国在周厉王十七年（公元前841）“国人叛乱”后突然消失了，没有留下任何痕迹。原因未详，很可能在国人叛乱中被摧毁，或因国君失政被撤销封地。

这个时期，中国的姓氏处于急剧变化阶段，远未定型。根据周代的宗法制度，只有国君的谥号或名字之前可以冠“郑”，其他人没有这个权力，加之当时也未形成“以国为氏”的制度，所以，这个子姓郑国消亡后，公室子弟采用了别的姓氏，没有留下郑氏后裔

但是，留在“奠父之丘”的“东土之人”，在桓公寄孥、武公东迁并实施武公之略的行动中起了重大作用。

（三）郑姓的总根

古今郑氏的主要源头，无论是郑氏自己还是历代官方、民间学者，无不认为是由黄帝、后稷、周文王、周厉王、郑桓公等人一脉相传而来的。

由于黄帝相传是姬姓的开创者，郑氏的源头又出自以姬为国姓的周朝，因此郑氏也被认为是姬姓郑氏，亦即由姬姓分衍而出的姓氏。从黄帝开创中国原始文化直到郑桓公分土受氏。这段历史，便是郑氏历史上的拓荒阶段。

据史书记载，黄帝是公元前2500年前后的一位中原部落联盟的首领，也是我国从母系氏族社会进入父系氏族社会时期的一位英雄人物。史称他是少典之子，姓公孙，号轩辕氏，又号有熊氏、帝鸿氏、帝轩氏、缙云氏。《史记·五帝本纪》说他“生而神灵，弱而能言，幼而徇齐，长而敦敏，成而聪明”。黄帝时，神农氏政衰，他遂率领中原部落联盟的军队，在阪泉地方战败了炎帝部落，于涿鹿之野擒杀东夷首领蚩尤，又南征北伐，首次把天下的许多部落统一了起来。同时，他又命仓颉为史官，始创六书；命风后衍

握奇图，始制阵法；命隶首定数，而律度量衡以成；命伶伦定律吕，而始有五音；咨于岐伯而作《内经》，于是始有医药技术。此外，如宫室、衣服、车马、器用、货币等，相传也都是由他创制和发明的。这些虽然都是历史传说，但从考古意义说，在黄帝生活的时代，农业文化已很发达，人们已会种植五谷、建筑城垣、制作精美陶器，用陶轮纺织，用天然金属铸造青铜器，并已经有了文字，掌握了一定水平的天文历法，建造了有一定难度的房屋。这些事实说明，黄帝时代已进入我国文明时代的门槛，有关黄帝的传说并非全属子虚乌有。人们无法弄清世上每一件事物的发明者，把当时已有的科学技术成就归属于当时一个成名人物，是可以理解的。

相传黄帝活了110岁，在位100年。黄帝居轩辕之丘，而娶西陵之女，是为嫘祖，乃黄帝正妃。他一生中先后娶妻4人，生有25个儿子。为了便于对天下的管理。他把14个儿子分别赐了12个姓，即姬、酉、祁、己、滕，箴、任、荀、僖、姞、儇、依，让他们到各地去监督、管理天下臣民。在这12个姓氏中，姬姓是黄帝的固有姓氏，分别被他赐给了长子青阳氏玄嚣和另一位儿子苍林。此后，由于苍林的后代衰落无闻，而玄嚣的后代中相继出了帝喾、帝尧、商祖契、周祖弃等著名人物，因此，玄嚣也就成了姬姓的主要传人。

据《史记》记载，在姬姓始祖黄帝传至帝喾时，娶有邰氏部落的女儿姜嫄为妻。

有一次姜嫄外出游玩，见地上有大的脚印，就好奇地从大脚印的大脚趾处踩了下去。没想到这一踩就有了怀孕的感觉，十月怀胎后生下一个男孩。由于她觉得孩子来得奇怪，就把他丢弃。谁知把他丢在小巷里，牛羊爱护喂养他；抛到树林里，樵夫砍柴救了他；置于河渠的冰上，飞鸟以羽翼温暖他。她幡然醒悟，认为孩子是个非同寻常的人，大概是上帝安排她哺育的，于是把他带回家精心抚养，因之取名为“弃”。这便是周朝始祖后稷的来历。

弃生活的地方，就是母家有邰氏部落的活动区域，后来被称为邰（今陕西武功西南）。古代的儒家学者称弃“封于邰”，而实际情况则是，姜螈以前的有邰氏部落还处于母系社会，人们“只知其母，不知其父”。而从弃开始，便进入父系社会，从这个意义上说，弃为周朝王室——郑国公室的祖先是当之无愧的。

部有雍水和杜水等水汇流入渭，是一片十分肥沃的膏壤沃野。史称，弃长大以后，对农业发生了极大的兴趣。他利用当地的天然资源继承和发展了祖先种植“百谷百蔬”的经验，教民种植五谷，发展农业生产，使自己的部落一跃成为收成最好、最富裕的部族。由于贡献巨大，得到了部落联盟首领帝尧的赏识，把他推荐给帝舜做了掌管农业的农师，并在大禹治水时帮助治理天下水患。由于当时人习惯称最高统治者为“后”，他也因此被称为“后稷”，意思是“五谷之王”。

中国历朝历代都把国家称为社稷，并设社稷坛时时祭奠，这个“社”是土地神祇，而“稷”则为农业神祇。历史便缔造了后稷这样一位农业神。

这里必须指出：后稷为姬姓，是黄帝血统，他母亲为姜姓，是炎帝血统。中华民族自称炎黄子孙，而周朝王室——郑国公室的祖先，一开始就是这两个血统的结晶！

后稷的后人奔走戎狄之间，生活了许多代，这在考古上已得到证明，这个地方就是今泾河中游的陕甘边界一带。《史记·周本纪》载：“不窋卒，子鞠立。鞠卒，子公刘立。公刘虽在戎狄之间，复修后稷之业，务耕种。行地宜，自漆、沮度渭，取材用，行者有资，居者有蓄积，民赖其庆。百姓怀之，多徙而保归焉。周道之兴自此始，故诗人歌乐思其德。”这里处于关中农业区和西北游牧区的交会地带，公刘们过着半农半牧的生活，在先周时期算是很有作为的了。所以公刘之子庆节继位后，就在（今陕西彬县）建立了国都。

庆节之后，《史记》记载的世系是：皇仆——差弗——毁隃——公非——高圉——亚圉——公叔祖类——古公亶父，共8世。加上前边的鞠、公刘、庆节，为11世。这个时期相当于中国第二个王朝商代初年至帝乙时代，共600余年（约公元前1763—公元前1098），先周平均每代约60年左右，这显然是不合理的。历史学家认为，先周世系中的人物是有显著贡献的代表，而不是全部。当时文字还不成熟，无法记载全部祖先。史书记载的都是追述前人的口碑，实际上应当有25代左右。而且，口碑只记述直系祖先，不及旁系疏属。从周初开始，今山西汾河流域就有一些姬姓小国，湖北北部有“汉阳诸姬”。

古公亶父，后人尊称古公，谥太王。古公是先周有特殊贡献的祖先。他的主要功绩是：第一，把国都由半农半牧的豳迁到农业区岐下（今陕西岐山东北）。这里离周的祖先后稷所封的邰不远；第二，“复修后稷、公刘之业，积德行义”，安定了国人并且吸收了附近大批民众来归；第三，“贬戎狄之俗，而营筑城郭室屋而邑别居之，作五官有司，民皆歌乐之，颂其德”，使周氏族有了国家的雏形。古公因有如此大功，故后人歌颂道：“后稷之孙，实维太王。居岐之阳，实始翦商。”

从传说中的后稷到传说中的太王，是周奠定基础的阶段，周利用自己的优势积蓄实力，与当时发展较快的中原地区相比，周氏族的发展水平是比较低的。通过了艰苦曲折的努力，最终追上中原地区的发展水平。商代中期以后就开始以甲骨文记载祭祀、占卜、战争等事宜，到太王前后，周氏族也开始了同样的记载。

古公有三子：长泰伯，次虞仲，三季历。季历有子昌，聪明敦实，很受古公喜爱。泰伯和虞仲预料自己无缘继位，干脆出奔，后来成了吴国和虞国的始祖。由于两位兄长不在，季历就顺理成章地继承了太王的职位，称公季。“公季修古公遗道，笃于行义，诸侯顺之”。周的势力已相当强大，殷商数次征伐都无结果，周也不愿白白消耗实力，遂臣服于商。帝辛（纣）仍感到周的威胁，把王季骗到商都朝歌杀害了。

世子昌继位，是为文王。文王追古公为太王、公季为王季，“遵后稷、公刘之业，则古公、公季之法，笃仁，敬老，慈少，礼下贤者，日中不暇，食以待士，士以此多归之”。殷纣重施故技，把文王骗到羑里囚禁起来。文王装作无事，悠闲自得，推演八卦。周人则搜集财宝、美女行贿，并许献洛西之地。此时，东方夷族叛乱，直接威胁朝歌安全。殷纣不敢两面对敌，为集中力量东征，被迫对周实施怀柔政策，乃释放文王，并命为西伯，得专征伐。于是周又度过了危险一关。

文王归国，伐犬戎，伐密须，伐耆，伐崇，已据有今晋南、豫西地区，国力更强，已是三分天下而有其二。但未及伐殷而卒。太子发继位，是为武王。

周发展到武王发时，势力已经远远超过了商王朝，加上殷纣王与东方夷族打得不可开交，无暇顾他，周武王便率领本部族的势力，并联合其他方国的力量，首先会天下八百诸侯于孟津，称之为“观兵”。接着乘殷纣刚取得对夷族战争的胜利、疲乏不堪之机，挥师北渡黄河，直取朝歌，殷纣自焚，商朝灭亡，周朝建立。此后，武王传子成王诵，成王传子康王钊。成、康之时，天下大治，社会安定，刑罚40年不用，史称“成康之治”。康王传子昭王瑕，昭王传子穆王满，穆王传子恭王繄扈，恭王传子懿王囏。懿王之时，王室衰微，时人以诗刺之。懿王卒，恭王弟孝王辟方继立。孝王卒，同人拥立懿王子燮，是为夷王。至此西周共八传、七世。夷王子胡立，是为厉王。他便是被郑氏尊为太始祖的郑桓公友的父亲。西周从懿王时王室衰微，到周厉王在位时，社会的各种矛盾已经十分尖锐，而他本人又不善于体察民情，因此使这些矛盾更加激化。他在位的晚期，任用虢公长父和荣夷公，推行荣夷公之“专利”政策，封固山林川泽，禁止百姓樵采渔猎，垄断一切收益。同时又经常发动战争，讨伐淮夷和荆楚，引起天下不满，出现了“国人谤王”的局面。对此，他不仅不设法纠正，反而拒绝良臣劝谏，任用卫巫等人“监谤”，对百姓进行严密监视。其结果是一时制止了百姓对朝政的议论，但并没有缓解百姓的不满情绪。厉王十七年（公元前841），居住在国都的居民终于联合起来暴动，厉王出逃到彘（今山西霍县），朝政大权落入周公和召公之手，历史上出现了“周召共和”局面。14年后，厉王病逝，隐藏在国都的长子姬静被推举为王，继承王位，史称周宣王。宣王从小经历了磨难，继位后比较注重缓和各种矛盾，同时加强对反叛势力的征讨，使朝政出现了中兴局面，史称“宣王中兴”。同时，又鉴于各诸侯势力相对大的局面，为了加强王畿的保卫力量，宣王二十二年，将自己的母弟友封于郑地，即郑桓公。因此，郑姓始祖桓公前的世系为：

黄帝——少昊——蹻极——高辛（帝喾）——后稷——鏊玺——不窋——鞠陶——公刘——庆节——皇仆——差弗——毁隃——公非递——辟方——高圉——侯牟——亚圉——灵都——公叔祖类——诸埜——古公亶父——王季——周西伯姬昌（文王）—姬发（武王）——成王——康王——昭王——穆王——共王——懿王——孝王——厉王——宣王

郑桓公姬友，是周厉王的少子，周宣王的幼弟。他的出生时间当在“国人暴动”、周厉王出奔彘之前，国人与王室是不会承认被赶下台后的国王之子的。从出生到受封的许多年中，他过着默默无闻的王子生活，一直到周宣王继位后的第22年（公元前806），“宣王中兴”局面已经形成的局势下，他才被兄长分封在棫林（今陕西华县东北），建立郑国。不久又徙居拾（棫林之西），成了西周时期分封的最后一位诸侯。逝世后，谥桓公。

对于郑氏来说，桓公封郑是件开天辟地的大事，天下从此有了以黄帝——后稷——周文王——周厉王——郑桓公一脉相承、而后扬名天下的郑氏望族。历史的、现在的，不管你是真正的血脉传承，还是其他血脉的融合归附，只要你姓郑，你的传承世系都必须置于郑桓公这个光辉永久的名字之下。

二、郑姓的播迁

从桓公封郑，郑氏至今已历经2810多年的曲折复杂的历史，子孙后裔遍布世界各地。在当今中国几千个姓氏中，郑氏位居第21位，人数1300余万，主要分布在福建、浙江、江苏、广东、湖南、云南、贵州、四川、江西、广西、湖北、河南、河北、山东、山西、陕西等省市暨台湾、香港、澳门地区。加上海外华侨和朝鲜、韩国、越南、美国、泰国、马来西亚、新加坡、日本等国的郑氏，总人数将达1500多万。无论从政治、经济、文化等各个角度而言，郑氏在中华民族中所处的地位，从古至今都是举世公认的显姓望族。

（一）西周至魏晋时期郑姓的发展

桓公封郑，开始了郑氏的发展史。其主干的发展，经过郑国的“单传期”、陈郡的隐蔽繁衍期和最终成为郡望的荥阳繁荣期三个大的阶段。

1. 郑国——郑氏早期的“单传期”

作为郑国第一代国君的郑桓公有几个儿子，史无明载，继承他的君位并有史记载的只有一个郑武公。

第二代国君郑武公至少有三位儿子，嫡长子寤生继承君位，是为郑庄公；次子叔段，封于京，称为太叔段、京城太叔，反庄公失败后奔共，称共叔段，后来被认作段、京、共等氏的始祖。另有庶子公子吕，字子都。从表面看起来，郑武公也是单传。

第三代国君郑庄公，有忽、突、子亹、子仪、具等12位公子，其中忽、突、子亹、子仪先后为国君，称郑昭公、郑厉公、郑子亹、郑子仪。公子具封于启封城，成了封具氏的祖先。

第四代第一位国君郑昭公，据《左传》记载，似乎没有儿子，有的族谱说有一子，名宏（弘），未详何据。

第四代第二位国君郑厉公，至少有两位公子，长子踕继承君位，是为郑文公。庶子公子駹，为駹氏始祖。

第四代第三位国君郑子亹，在位仅七个月，被齐襄公杀死，后代未详。

第四代第四位国君郑子婴，字子仪，有二子，名讳未详，在内讧中被杀，未能留下后代。

第五代国君郑文公，儿子不少，知道名字的有太子华、公子臧、公子兰（即郑穆公）、公子瑕、公子班（字子如，如氏始祖）、公子士、公子语（字子人，人称子人语，子人氏始祖）公子俞弥（俞氏始祖）、公子成等。由于华、臧非为，文公尽逐群公子，只有子人语留在国内，后来一部分回到郑国，公子兰继承君位，成为郑氏传人，其他世系失考。

第六代国君郑穆公，儿子众多，有太子夷（即郑灵公）、公子坚（即郑襄公）、公子归生（字子家）、公子宋（字子公）、公子去疾（字子良，良氏始祖）、公于騑（字子驷，驷氏始祖）、公子发（字子国，国氏始祖之一）、公子嘉（字子孔，孔氏始祖之一）、公子偃（字子游，游氏始祖）、公子喜（字子罕，罕氏始祖）、公子丰（丰氏始祖）、公子然（然氏始祖）、公子士（字子孔，人称士子孔）、公子舒（字子印，印氏始祖）、公子曼满等。

第七代第一位国君郑灵公，后代未详。

第七代第二位国君郑襄公有七子，即公子溃（即郑悼公）、公子繻（即郑君繻）、公子睔（即郑成公）、公子狐、公子丁、公子侯等。

第八代第一位国君郑悼公后代未详。

第八代第二位国君郑成公至少二子，即太子髡顽（即郑釐公）、公子。

第八代第二位国君郑君繻，后代未详。

第九代国君郑釐公只有一子，即公子嘉，是为郑简公。

第十代国君郑简公，有一子公子宁，是为郑定公。

第十一代国君郑定公二子，即公子虿（郑献公）、公子碏。

第十二代国君郑献公，有二子，即公子胜（郑声公）、公子丑（郑共公）。

第十三代第一位国君郑声公，有一子公子易，即郑哀公。

第十三代第二位国君郑共公，有三子：公孙巳（郑幽公）、公孙骀（郑繻公）、公孙乙（郑康公）。

第十四代第一位国君郑哀公，后代未详。

第十四代第二位同君郑幽公，有一子：公子鲁。

第十四代第三位国君郑繻公，后代未详。

第十四代第四位国君郑康公，有一子，即公子宙。

从上述世系中不难出，所谓国君的“单传”，并非纯基因血缘之单传，而是郑氏的“家族姓氏单传”，其他以“别子为宗”，由郑国公族分衍的姓氏，虽然和郑氏有共同的血缘与祖先，但不属郑氏范畴，而纳入其他姓氏。

2. 郑国灭亡后郑氏的隐蔽繁衍

当公元前 375 年韩国进攻郑国，逼近郑国京城时，郑国一部分人外迁，一部分人留守。前者被称为陈郡郑氏，后者被称为留郑郑氏。

陈郡郑氏。郑幽公之子鲁公率领公室人员和一部分军队、民众仓皇出走。经过长途跋涉，来到陈、宋之间（今河南、安徽边界的淮阳、柘城、鹿邑、亳州地区，中心点是柘城以北的鄫）。公子鲁被拥为首领，称郑君或郑君鲁，好像还要保持郑国的形象。但是他所带的人实在太少，充其量也不过千余人，对外又不敢打出郑国的旗号，所以逐渐把称呼中的“君”字去掉，仅保留“郑”字，作为对“祖先之国”的怀念。这样，“郑”就正式成为姓氏，即所谓“以国为氏”了。

陈、宋之间基本上处于荒芜地带。这里本是东夷的边缘，后来陈国、宋国的势力先后伸到这里，东夷退走。楚国灭陈之后，在这里设立了苦县（又名怙县，今河南鹿邑）。苦县确实艰苦，地势低洼，沼泽密布，草木丛生，人烟稀少，只有少数几个居民点。正因为如此，郑氏才得以隐蔽下来，开始繁衍生息。郑君鲁及其子孙失去了国君地位，形同一般民众。在这里生活了六、七代，共一百六十余年。艰苦的生活环境，锻炼了郑氏坚韧不拔、吃苦耐劳的性格。同时又十分注意对子孙的文化教育，为后世的发展奠定了基础。

陈郡郑氏的第一位成名人物是郑安平。郑安平是战国时魏国（当时陈郡属魏）人，少年时以任侠小有名气。魏国小臣范雎因事得罪相国魏齐，被打得半死，抛到郊外。郑安平将其隐藏起来，自己化了装去侍奉秦国使者王稽。王稽问他："魏国有贤人能和我一块西游么?"郑安平说："我的乡里有位张禄（范雎的化名）先生，很有见识，想见你，谈谈天下大事。可是他有仇人，不敢白天来见你。"王稽说："夜里你和他一块来。"当夜，范雎就与王稽见了面，话还未说完，王稽就知道范雎是个贤者，说："先生到魏国边境的三亭之南等我。"王稽辞别魏王，将郑安平、范雎带到了秦国。后来范雎做了相国，举郑安平为将军。秦昭王四十九年（公元前 258)，郑安平率军包围赵邯郸，反被赵军包围，只得以 2 万人降赵，被封为武阳君。

秦朝末年，历史上爆发了由陈胜、吴广等领导的农民起义，反抗秦朝暴政。郑氏族人积极参加了这场反秦战争，涌现出一王一将。

郑昌，陈郡人。原秦朝吴县令，与项羽交好，随项羽起兵反秦。公元前 206 年被项羽封为韩王（人称郑王），率师守荥阳，以拒汉。次年，韩信攻略韩地，连破十城，郑昌兵败阳城，遂降汉。

郑鲁的六世孙郑荣率族人参加了陈胜起义军。义军失败后，率部转到楚霸王项羽麾下，转战各地，立下许多战功。公元前 202 年，项羽败死，汉王刘邦下令项羽部将注册登记，以便授官。凡登记了的，都当了汉朝大夫。郑荣对项羽怀有感情，独不奉诏，为刘邦所逐，不久忧愤而死。

留郑郑氏。郑国灭亡时，有些郑国的公室人员并没有逃脱，被韩国人俘虏，成了韩国的臣民。周显王三十七年（公元前 332)，韩侯称王，按照惯例，将被俘的公子宙（其名史籍无载，取自族谱）等郑国公室人员封禁在广武原，以看守武公的陵墓，建立宗庙，保持郑国的祭祀。郑公室人员在这里生存居住。可惜的是，公元前 205—前 204 年，楚、汉两军在此相持近一年之久，居所毁于战火。因此地有郑氏宗祠，是祭祀郑国先君之地，称之为"郑王之墟"。由于这支郑氏是留居在原郑国的故地上，被称为留郑郑氏。留郑郑氏最著名的人物是郑国。

留郑郑氏参加了开凿荥泽（湖名，在郑州西北，西汉末淤平）到圃田泽（又名甫田泽、原圃、囿中，在中牟以西，宋代淤平）的大渠，后来又参加了通往大梁、陈、蔡、宋、曹、卫的大渠修建。在修渠过程中，锻炼出一位有名的水工——郑国。大约在秦庄襄王二年（公元前248）左右，韩王为消耗秦国人力，制止或迟滞其向外扩张，派郑国到秦国游说修渠。郑国考察了关中的山川地形，建议秦国沿北山南麓修建一条长300余里的水渠，以泾河之水灌溉农田。秦国采纳了郑国的建议，征调大量民工，由郑国主持开凿，于秦王政二年（公元前245）动工。当时生产工具落后，工程又如此巨大，耗费的人力、物力可想而知。工程进行过程中，秦国怀疑郑国别有企图，准备杀他，郑国说："不错，我是韩王派来消耗秦国人力、物力的，但修渠为秦国谋利也是真的。我虽为韩国延长数年之命，却可为秦国立下万世之功。"秦王以为他说得对，支持他把渠修成。渠成后，果然发挥了巨大效益，泾河混浊而肥沃的水质，浇灌了4万余顷（等于现在280万亩）盐碱地，从此关中成为一片沃野，再无凶年，秦国终于并吞各诸侯国，统一了中国。秦国上下感激郑国的功劳，把这条渠命名为"郑国渠"。到唐代，当地民众又在郑国渠的基础上修了白渠，郑国渠才逐渐堙废。

在郑国修渠前后，留郑郑氏还有四个人物值得一提：

郑强，虽变为韩民，却不忘灭国之恨。公元前310年，郑强车载八百金到秦国，准备说服秦王兴兵伐韩。有人对他说："您以区区八百金请秦国讨伐他的友好国家，秦王一定不会听从。不如您让秦王怀疑公叔。公叔是韩国的相国，目前正在进攻楚国，因为韩王的爱子几瑟在楚国为质，企图借楚王之后杀掉他。若能请楚王派车百乘护送几瑟回韩国的阳翟居住，又使公叔的亲信昭献同几瑟在一起，旬日之间，秦王就会知道，一定怀疑公叔与楚国之间有阴谋，也就会出兵伐韩了。"

韩国之所以成为秦国的邦国，是张仪游说的结果。张仪主张秦国对六国采取友好，六国侍奉秦国，以保证国家安定的"连横"政策。郑强到达秦国时，张仪也在秦国，他的使者已经到了楚国。郑强赶到楚国，对楚国太宰说："请留住张仪的使者，我到秦国为楚国办大事。"又匆匆赶回秦国，对秦王说："张仪派人将上雍之地献给楚国，楚王派下臣来向大王致谢。"秦王闻言大怒，张仪只好逃之夭夭。由于他一手促成的秦、韩关系也破裂无遗，不久就在浊泽发生大战。后来秦始皇统一中国时，首先灭了韩国。郑强又到楚国，做了几瑟的中庶子，帮助几瑟争国，虽未成功，但也搅乱了韩国的政局。

郑朱，早年移居赵国，后来封为平阳君。公元前260年，秦、赵两国战于长平，赵军失败，并战死一都尉。赵王准备集中全国兵力与秦决战，大臣不以为然。大臣要赵王派遣使臣携带重金到楚、魏两国求援，赵王不同意，而派郑朱到秦国讲和，秦国接纳了郑朱。赵王高兴地说："秦国已经接纳郑朱了。"大臣虞卿说："大王必定不能与秦国讲和，而且要大损军力。为什么呢？现在祝贺胜利的人都集中在秦国。郑朱是赵国的贵人，秦王一定给他显重的待遇，向天下人炫耀秦国的德行。天下人见大王与秦国讲和，也绝不会救援大王。秦国知道各国不救大王，就不会与大王讲和。"果然，郑朱成了秦国的新贵，秦国不但不与赵国讲和，而且大破赵军，大坑赵卒。

郑同北见赵王，劝赵王实行强兵政策。赵王却说："寡人不好兵。"郑同告诉赵王："一个身负财宝的人，必须保护人身安全；一个据有社稷的人，必须保卫领土完整。只有实行强兵，才能对付那些'告以理则不可，说以义则不听'的强贪之国。"

郑朝，周大夫。一次，赵国夺取了周的祭奠之地，周君感到害怕，将此事告诉了郑朝。郑朝说："君主不要害怕，请给我三十金，我把祭奠之地要回来。"周君如数给了他金子。他将这批金子献给赵国的太卜，并告诉祭地的事。不久赵王生病，要太卜占卜病因。太卜说："是周的祭地在作祟。"赵王赶快归还了周的祭地。

3. 两汉时期的郑荣家族

两汉时期，以项羽部下名将郑荣（君）为代表郑氏家族异军突起，沐浴祖先昔日的荣光，日益繁荣壮大，成为天下郑氏发展演变的主体。以至于在后人说及这段历史的时候，纷纷把他们当做自己的祖先。如此，郑荣及其后代在受氏之地的发展，则成为这一时期郑氏宗族的核心内容。同时其发祥地"荥阳郡"也就自然而然成为郑氏的郡望。"天下郑氏出荥阳"之说也就应运而生。

郑荣，号郑君。唐代成书的《元和姓纂》说他是郑幽公的六世孙，宋代整理的族谱说他是郑幽公之子公子鲁的第六代孙。谁说的正确？应当以先成书的说法为准。在郑荣与公子鲁传承关系上，由于相隔100多年，而这100多年中正好是陈郡郑氏隐居不显的时候，所以世系不明。人员事迹无考，甚至有关人物的名字也没能流传下来。不同族谱各自为这几位祖先命名、娶妻，似乎也在情理之中。正因为如此，郑荣及其子郑当时的知名于世，对整个郑氏宗族史来说无疑是非常重要的。因此，探讨郑荣父子生活的时代，对了解两汉时期郑氏的演变发展很有必要。

郑荣早年的身世并不为世人所知，一些郑氏家谱说他是帮助秦国开凿“郑国渠”的郑国之子，这种说法使人难以理解。郑国是韩国人，而陈郡属于魏国。郑国完成修渠任务，理应回到家乡，不应到一个地理环境和人事关系完全生疏的族系中。而且郑荣之所以知名，不是借助于郑国，而是因为参加了秦末陈胜、吴广起义。起义失败后，他又加入项羽领导的义军，仍任将帅。刘邦建汉后，下诏登记项羽手下的旧部以予封赏，郑荣拒绝参加这次登记，他不仅失去了一次升迁的机会，而且，还因抗旨的原因被驱逐出官场，贬为平民。经过这次政治事件，郑荣基本上结束了自己的政治前途，其家族势力的发展也受到一定的冲击。郑荣也在汉文帝时，默默病逝于家中。

郑荣作为郑氏在陈郡郑氏的第一位名人，尽管命运坎坷，但毕竟为家族的崛起创造了条件，他的儿子郑当时（字庄）“以任侠自喜”，在解救了梁孝王的将领张羽以后，“声闻梁楚间”。汉景帝时，他已官至太子舍人，在任时仍不改初衷，经常结交京城内外的朋友，又尊重年老有德行的人，以至于朋友遍天下，甚至皇上也知道“郑庄行千里不赍粮”的谚语。郑当时吩咐守门人“客至，无贵贱无留门者”，即对于前来造访的人，不论身份如何都要及时通报。这些都为他树立了良好的威望。加上他为官清廉自律，从不接受别人的馈赠。在朝中以举贤能为己任，称呼自己的部下只提官名而不提名字，唯恐伤害了别人的感情。如此等等，都使他声名远播，遍及天下。他在人们心目中树立了一个清廉仗义、礼贤下士的忠厚长者形象。史书也称天下士大夫“以此翕然称郑庄”。北魏书圣郑道昭说他“播节让以振高风”。

郑当时仕汉历官济南太守、江都相、大农令、汝南太守等，为官时建树甚丰。去世时家无余资，因此更为天下人称道。他的家族也由于他的缘故，开始成为著名的望族。

由此可见，郑荣家族知名于世，开始于秦汉之际的郑荣，实成于西汉时期的郑当时。《元和姓纂》和《新唐书·宰相世系表》述，祖居在郑氏受氏之地的郑氏族人，自西汉大司农郑当时知名于西汉中叶以后，又经历了一段起伏曲折的岁月。郑当时生子名韬，一生隐居不仕。郑韬子郑仲，官至江都守。郑仲子郑房也没获得过什么功名。郑房子郑季仕至赵相；郑季子郑奇官至议郎、河南太守，在政界有一定地位，举族回迁荥阳并归葬广武原，而其子稚又迁荥阳开封。

此后，郑稚生郑宾，官至御史中丞；郑宾子郑兴，任东汉太中大夫；郑兴子郑众，东汉时官至大司农。此后累世知名。

郑兴是东汉时期著名经学家。任丞相长史，历官谏议大夫，转凉州刺史。隗嚣在陇西欲拥兵称王，郑兴力陈不可，终使隗嚣打消了篡汉的念头。光武帝时，征拜为太中大夫，因反对谶纬迷信，而使仕途受阻。后降为莲勺县令，赴任后，有意推行教化，改善当时落后面貌，未付诸实施就因事罢官。从此志不复仕，专心于家研习《左传》，并独成一家。与贾逵齐名，人称“郑贾之学”。数年后病逝于家。

郑兴尽管仕途坎坷，但却以学业知名，深得社会普遍尊重，其家族从此开始获得社会的关注。其子郑众也因传承他的学业而步入仕途，历官给事中、越骑司马、中郎将、武威太守、左冯翊、大司农等职。郑众曾奉诏出使匈奴，面对匈奴单于之威逼，誓死不屈。最后令单于都不得不为他的气节所折服，不仅对他以礼相待，还主动派遣使者随他一起前往汉朝与汉朝修好。后汉章帝知道事情的经过后，把他比作不辱使命的西汉名臣苏武。他学识高深，一生为官，不营财利，以正气著称。晚年奉诏删定《春秋》，未始而卒。

郑众有子郑安世，亦承家学，历官长乐、未央厩令。延光年间（122—125 年），汉安帝欲废黜太子，他与几位正直的同僚上书谏止。其后太子继位为汉顺帝，追念前功，特下诏追赏钱物，并把他的儿子郑亮征召为官。

郑安世以后，其家族由于三世为官。因“大夫、司农创解诂之学”，厩令为太子诤谏，已经是天下著名家族之一。以后，郑安世子郑亮和郑绋，一为郎官，一为骑都尉；郑绋子郑熙官至上计掾，郑熙子郑泰和郑浑也都分别至扬州刺史和将作大匠。至郑泰时，“家富于财，有田四百顷，交结豪杰，名闻山东”，已成为一个既有政治优势又有经济实力的世家显族。

郑泰在汉灵帝时是以名士的身份，应召大将军，官授尚书侍郎，后迁为侍御史。何进计谋诛杀宦官，郑泰力谏不可，何进不听，终于酿成大祸。董卓篡政以后，经郑泰建议，任命袁绍为渤海太守。190年，袁绍举义兵声讨董卓，董卓召公卿商讨出兵讨伐，他义以山东不足以重兵为由加以劝阻，董卓不仅欣然接受，而且还任命他为将军，带一支兵马去征讨义军。后因有人谗言于董卓，收回了他的兵权，改任为议郎。接着，他又与何进、荀攸等计谋除掉董卓，因事情泄露未获成功。被逼逃亡淮南，投奔割据一地的袁术，被袁术任命为扬州刺史，在赴任途中病故。终年42岁。

郑泰弟郑浑也是东汉末年的知名人物，先投奔袁术，颇得袁术礼遇。后见袁术心地狭窄，日后必败，遂南渡长江，投奔豫章太守华歆。不久，应曹操之请，北归中原。历任下蔡（今安徽凤台）长，邵陵（今河南郾城境内）令。因政绩卓著，深得民心，百姓所育男女多以“郑”为字。文帝即位，任郑浑为侍御史。升任阳平（今莘县）、沛郡（今安徽沛县）二地太守。后又迁山阳、魏郡太守，加封驸马都尉，升将作大匠。郑浑所建陂遏（蓄水田陂），是中国水利史上的一大创举。

纵观郑兴家族，自西汉末年至东汉末年，初以经学显名，并累出以家学相传，是当时社会上著名的经学世家。由于当时的经学亦即官学，经明行修的人可以入仕为官，因此也就为他的家族由经学世家转为政治世家提供了社会保障。这种转变的意义无论是对其家族本身还是整个郑氏来说都是非常重要的。由于郑兴的后裔后来发展为天下郑氏的主体，因此这段发展演变史成为郑氏历史的一段重要内容。

4. 泰山郑氏

汉代是郑氏历史上一个重要的发展时期。除在得姓之地的郑氏人有充分的发展外，播迁在其他地区的郑姓人，也有显达者。其中生活在今山东泰山一带的郑氏族人，就是当地的拓荒者。

在郑国立国初年，郑桓公曾被赐予了一块土地，作为他拜祭泰山休息之所。这片土地，即在后来设立的泰山郡辖境之内。后来郑庄公用它与鲁国的许田邑相交换，变成了鲁国的土地。在这次交换中，一些郑国的公族人员留居下来，并被当地人视为“郑”或“郑国人”。久而久之，“郑”也就演变成他们的姓氏。郑姓人，也就在此落地生根了。郑昌、郑弘兄弟二人早年好学明经，通晓法律政事，是当时闻名的士大夫。由于他们生活在汉武帝“罢黜百家，独尊儒术”的时代，所以，明经成了天下人入仕的资本，他们也因此得以双双入仕。

郑昌后来历官太原、涿郡太守。郑弘官至南阳太守，都是勤于职事，爱民如子，政绩卓著的人。郑弘后来又当过一任淮阳相，因政绩卓著被提升为右扶风太守，在位时不改初衷，不久也获得了京师人的称颂。及御史大夫韦玄成罢职，他又继任为御史大夫，成为朝中尊贵无比的三公之一。汉宣帝时，郎官京房建议推行考课法，郑弘极力支持，在实践操作中收到了很好的效果，提高了各官员任职效率。后京房私下勾结诸侯议论朝政，一度曾打算推举郑弘为宰相。事败，京房被杀，郑弘也受到连累，被贬为庶人，数年后病逝于家。

郑弘兄弟在西汉中叶的知名和显贵，为其家族的名扬天下奠定了基础。若非郑弘在晚年的政治斗争中失利，其家族的发展将是不可估量的。庄严的政治制度成就了郑弘兄弟，无情政治风浪又淹没了他的家族。因此，伴随着郑弘的退出官场和去世，其家族重新走向沉寂。

时至东汉，被誉为“白衣尚书”的郑均开始知名于世。根据谱载，他可能就是郑弘兄弟的后代，其居住地与郑弘兄弟相距不远。

郑均早年精通谶纬，是一位典型的儒家门徒。他有一位兄长郑仲曾在县中任职，多次接受别人的贿赂。郑均屡劝不听，便毅然离开兄长去他乡谋生。一年后带着工钱给其兄，说：“钱财是身外之物，获得的途径有多种，为什么偏去收受别人的贿赂呢？为官不廉，是会遭人鄙弃的。”其兄听了很感动，一改贪财之性，后来以廉洁闻名。81 年，汉章帝再一次派车驾迎他入仕，他推脱不掉，进京后被授予尚书、议郎等职。他在职时，尽职尽责，敢于谏言，任人唯贤，深得汉章帝敬重。数年后告老还乡。元和二年（85年），章帝东巡时，特意登门探视他，并下诏让他终身享受尚书的俸禄，人称“白衣尚书”。

5. 会稽郑氏

据早期史书和后世编修的某些郑氏家谱记载，进入会稽的郑氏人第一代即入仕汉朝，官至蜀郡属国都尉。第二代是兄弟三人，入仕后分别官至西域都护、兖州刺史和东部侯。尤其是仕至西域都护的郑吉，是当时影响最大且对家族声誉的提高起过关键作用的人物。

郑吉早年从军，多次参加远征西域的战争，深谙西域国情，在多次抗击匈奴的战斗及西域经济发展中屡建奇功。官至卫司马，封安远侯，统管整个西域地区的军政要务，官“西域都护”。后人称誉说：“汉之号令西域矣，始自张骞而成于郑吉。”

郑吉把毕生的精力都放在了对西域的经营上，因此也获得了举国上下的尊重，汉宣帝也专门下诏褒奖。后来他因病卒官，朝廷特意赐谥“穆侯”，并让他儿子郑光继承了他的安远侯爵位。遗憾的是郑光没有儿子，其去世后因无人相继，不得不撤销了安远侯。直到汉平帝时，为了追念郑吉当年的功勋，又从郑吉族系曾孙中找到一个叫郑永的人，重新封为安远侯。至此，从郑吉开始四代相传。会稽郑氏都享受了封疆赐爵的荣耀，这在整个西汉时期的郑姓中只此一家。

与郑吉在两汉时期齐名的是他的侄孙郑弘。郑吉在西域累世封侯的同时，他留在会稽山阴的两位弟弟也都在朝中任职，为光大会稽郑氏基业起了重要作用。郑弘，在东汉时期官至太尉，是这支郑氏的另一位代表人物。

郑弘，字巨君，少时家贫，以打柴为生，传说因在山中遇到神仙帮助而留下“郑公风”的佳话。太守郑五伦到山阴县视察时欣赏他的才能，把他提升为督邮、举孝廉。郑弘有位同师的学友名叫焦贶，任河东太守，因事被捕，在途中死去，家人也被捕入狱。他原来的学生害怕连累，纷纷改变姓名以避祸。只有郑弘一人挺身而出，到朝廷为其四处奔走。后来焦贶的罪被赦免，郑弘还护送焦贶灵柩及家人还乡，在人们心中留下了舍生取义的形象，从此一举成名。

汉章帝元和二年（85 年），弘升任太尉，与掌政务的丞相、掌监察的御史大夫共同负责国务。而原来郑弘的上司第五伦只是个负责工程的司空。每当上朝参见皇帝时，郑弘见到第五伦时总是曲躬自卑。章帝问明缘故，特在二人之间设置云母屏风一道，以免因小失大。郑弘如此尊重自己过去的上司，被后世传为佳话。四年后遭诬陷泄密被收去官印，后章帝醒悟，立即下令赦免。他要求退休回家，未得允许。不久身患重病，章帝专门派御医前去为他诊治，可惜御医未到，他已身亡。临终命子孙把前后所得的赏赐和官服全部上交朝廷，而以褐装素棺下葬。

郑弘一生为官，名闻天下。在官之时，其家族也获得了前所未有的荣耀。可是他晚年的冤案不仅断送了他的一生，而且还影响了他的家族势力。

郑弘死后，会稽郑氏开始走向衰落。

6. 高密郑氏

两汉时期，北海郡高密县也有一支在政治文化舞台上发生过重大影响的郑氏家族。其家族原居住在中原地区，与当地王侯大族齐名，拥有较大的势力，并且为了巩固这种势力而与王侯结成婚姻联盟，以维持家族势力长期立于不败之地。后因与别的家族发生纠纷，才不得不举家从高密迁出，选定在平陵（今山东章丘东北）一带居住。而且在不失去原有家族势力的条件下，开始参与政治进入仕途，一跃从地方大族而成为官宦之家。至郑崇父亲郑宾，官至御史之职，并成为大名士贡禹的门生。郑宾的进入政界和跻身于名士之列，不仅使他成为这支郑姓中知名最早的第一人，而且也为北海郑氏的崛起奠定了基础。

传至郑崇时，其家族的知名度更有了大幅度提高，所以某些家谱也就顺理成章地把他当成了这支郑姓人的始祖。郑崇早年以学知名，担任过北海郡文学史一职。郑崇的弟弟郑立，也曾与后来官至大司农的高武侯傅嘉同窗共学。郑崇正是凭这层关系，由傅嘉举荐，直接在汉哀帝身边供职，迁任尚书仆射。因敢于进谏而深受哀帝赏识，所提建议也多被采纳。加上他每次上朝时都是穿着皮革做成的鞋子，走路时发出的声音很重，汉哀帝也能分辨出他的脚步声，向人笑言："我识郑尚书履声。"

汉哀帝建平四年，哀帝打算封祖母傅太后从弟傅商为侯，郑崇以傅家封赐太多，外戚势力不宜过大为由阻谏，被哀帝采纳，以致得罪了傅太后，并因此在哀帝面前失宠。

汉哀帝是历史上有名的昏庸皇帝，宠信男宠董贤，败坏朝纲。对此，一向正直无私的郑崇十分反感，又进而大胆上书弹劾董贤，招致汉哀帝更加疏远他；加之郑崇的上司是一个投机取巧的势利小人，见郑崇在汉哀帝面前失势，便向哀帝诬告郑崇宾客门庭若市，是为了图谋造反。汉哀帝大怒，不问青红皂白就把郑崇逮捕入狱，狱官也落井下石，致使他在狱中含恨去世。

北海郑氏自郑崇去世后，百余年间默默无闻，直到留居高密的族孙郑玄出世，才改变了这种局面。

郑玄，字康成。东汉著名经学家，世称"后郑"，以别于大夫郑兴、"先郑"司农郑众父子。曾入太学学今文《易》和《公羊学》，又从张恭祖学《古文尚书》、《周礼》、《左传》等，最后从马融学古文经学、玄游学归里，聚徒讲学，弟子多至数百人。不久因党锢事件被禁，潜心著述。他以古文经说为主，兼采今文经说，遍注群经，成为汉代经学的集大成者，称"郑学"。他在整理古代历史文献上颇有贡献。但喜综合，以不同为同，以《周官》为真周制，凡不合者皆归入殷制；以《礼》注《诗》，也造成了一些附会。尽管如此，郑玄仍不失为经学大师，今通行本的《十三经疏》中《毛诗》、《三礼》注，即采用其说。郑玄的注疏和著作达数十种，共数百万言，可惜在近二千年风雨中散失殆尽。清袁钧《郑氏佚书》、马国翰《玉函山房辑佚书》有辑本。孙广林《通德遗书所见录》、及《高密遗书》也有辑载。

郑玄毕生从事对经学的研究和著述，并以此闻名，人称"经神"或"经学大师"。后人为了纪念他，便以"著经"作为自己的堂号。另外，在他的家乡有位叫孔融的人任北海相一职，对他十分敬重。有次为了前去拜访他，甚至连鞋袜都没有穿好就急急出门。事后又专门让高密县为郑玄设立一乡，取名"郑公乡"。又为郑玄修了条道路，建造一个牌楼，名曰"通德门"。郑玄曾在不其山办学授徒，山下有一种草，大如韭叶，长尺余，坚韧异常，人称"康成书带草"。"郑公乡"、"通德门"和"书带草"就是为了纪念郑玄并做为郑氏家族的徽记也就在情理之中了。因此，"著经"、"通德"和"书带"、"带草"、"书带草"，便成了郑氏家族的一个堂号而世代相传。

（二）魏晋时期郑姓的全面发展

1. 三国时期

东汉末年天下大乱，各地豪强纷纷拥兵自立，经过几十年的兼并征讨，形成了曹魏、蜀汉、孙吴三国鼎立的局面。散居于全国各地的郑氏，也不可避免地被卷入这场大混战之中。河南开封、北海高密郑氏成为曹魏的大臣，陈郡、沛郡郑氏成为孙吴的卿相，而蜀郡郑氏则成为刘璋的辅佐。在全国各地郑氏大族中仍以河南郡开封郑氏名望最高，名人最多，是这时期郑氏发展的重要代表。而郑太、郑浑兄弟又是其中最杰出的代表。

郑太，又名郑泰，字公业，是郑众的玄孙（一说曾孙）。郑太家室殷富，有田地四百顷。青年时就有才名和谋略，广泛结交天下豪杰。闻名于崤山以东广大地区。早年被举为孝廉。大将军何进辅政后，召天下名士，郑太被任命为尚书侍郎，后迁为侍卿史。董卓篡政以后，今山东、河北、河南等地义军蜂起，公推袁绍为首，声讨董卓。董卓召集公卿讨论出兵讨伐。公卿害怕董卓，都不敢反对，只有郑太力陈利害，才使董卓罢兵。后与何颙、荀攸等密谋除掉董卓，不料事泄，何颙等被捉，郑太幸而脱身。经武关回到家乡，被袁术任命为扬州刺史，在赴任途中病故，终年 42 岁。

郑太的弟弟郑浑，字文公。早年到江南避难，后应曹操之请，北归中原。先后任下蔡（今安徽风台）长、邵陵（今河南郾城境内）令、左冯翊（今陕西长安）、京兆尹和阳平（今河北馆陶）、沛郡（今安徽宿州）、山阳（今山东金乡）、魏郡（今河北临漳）太守。在下蔡，鼓励农民发展农桑生产，并低息贷给种子和金钱，还教以开水田、种稻谷之法。民众过上比较丰足的生活，纷纷将自己的新生儿以“郑”字命名。任左冯翊时，组织吏民加固城郭，严密守备，剿灭盗贼，恢复地方治安，民众得以安心生产。任京兆尹时，制定移居之法，使慈善仁爱之家和卑贱贫困之家为伍，温良信义之家和鳏寡孤独之家相邻，勤稼穑，明禁令，发奸人，民众安于生产，盗贼止息，民风改观。在沛郡萧（今安徽萧县）、相（今安徽濉溪）二县开辟稻田，一个冬天修成，第二年就获大丰收，收入成倍增长。民众深感其德，刻石歌颂，将这片稻田命名为“郑陂”。在魏郡民众苦于缺乏木材，郑浑发放贷款，使民众广种榆树，栽种果木。几年之间，全郡榆树成林，果木丰收。一入魏郡边界，但见“村落齐整划一，民众材足用饶”。明帝闻之，下诏称述，布告天下。郑浑最后官将作大匠，他不同于一般封建官僚，其一生总和百姓的根本利益联系在一起，所在任所总能解决民众最关心的几件事，而他自己则过着节衣素食的生活，连妻子儿女也不免于饥寒。他死后，儿子郑崇才当了郎中，后来官至荆州刺史。但从此以后，郑氏家族在郑浑奠定的基础上，出现了全面发展的势头。

2. 西晋时期

咸熙二年（265 年）司马氏取代曹氏，建立了晋朝。又经过 20 多年的战争，终于消灭了刘氏蜀汉和孙氏吴国，于 280 年统一了全国。晋泰始元年（265 年），拆河南郡置荥阳郡，开封属之，从此就有了“荥阳郑氏”这一沿用至今的称号。在这一时期，荥阳郑氏继续保持着发展势头，郑袤、郑默父子和郑冲是其主要代表。

郑袤，字林叔（一作材叔），是郑泰之子。从小就很有见识，先后为尚书郎、黎阳（今河南浚县）令、尚书右丞、济阴（今山东定陶）太守。在济阴，他下车伊始，旌表孝悌，礼敬贤能，兴立学校，开导后进，全郡大治。为广平（今河北永年）太守，以德化为先，善作调教，郡人爱之。入为侍中，改少府，封广昌亭侯，迁光禄勋并领宗正，转太常，进封安城乡侯，食邑千户。265 年，晋武帝司马炎代曹魏为帝，郑袤进位密陵侯。此时，郑袤因病双目失明，屡次请求退休回乡，都未得到允许，一直在朝中为官，直到 85 岁去世。

郑袤共有 6 个儿子，除了长子郑默以外，还有郑质、郑舒、郑胡、郑称、郑予，都是晋朝的卿士。

郑默，字思元，因系郑袤的长子，因此得以承袭父亲的爵位。郑默起家秘书郎。他文风朴实，反对哗众取宠的文风。在审核旧文稿时，将其中浮秽的澜句全部删去。所以尚书令虞松说："自今而后，朱紫别矣!"所谓"朱紫"，就是文章中那些华而不实、以假乱真的部分。后来，郑默转尚书考功郎，受封为关内侯；迁司徒左长史、左庶子，出为东郡（今河南滑县）太守。当时东郡遭灾，饥荒严重，郑默立即开仓放粮，赈济灾民。然后上表朝廷，以请自专之罪，因按法规，开仓赈灾必须先得到朝廷允许。朝廷赞扬他的忧国忧民精神，把他比作汉代初期正直无私的汲黯，并且颁告天下："今后如有类似情况，得依郑默为例出给。"又入朝为散骑常侍、廷尉、太常、大鸿胪。朝中许多官吏因贪污受贿案受到牵连，被捕下狱。只有郑默兄弟平时洁身自好，不染其流。

郑默的长子郑球，字子瑜。青年时在太宰府为官，经办皇室事务。后为顿丘（今河南清丰）太守、右长史，封平寿公。后历迁侍中、尚书、散骑常侍、中护军、尚书右仆射，并领吏部。郑球之弟郑豫，永嘉末年（313 年），为尚书。

在荥阳郑氏家族中，还有一位郑冲。郑冲，字文和，是郑亮的曾孙。出身寒微，自幼博览经史，深研儒学，谙熟百家之言，养成了守身自爱、清静寡欲的性格。由于他醉心于学问，不追求名誉地位，又不结交名门，所以早年并不出名，州郡也没有加以推荐。直到魏文帝曹丕当了太子，广集天下人才，才发现郑冲的才学，召之为太子文学，后迁尚书，出为陈留（今河南开封）太守。郑冲以儒雅为德，主张无为而治，箪食温饱，不营资产，很快闻名遐迩。三国魏齐王曹芳嘉平三年（251 年）拜司空，成为朝中三司（最高的官吏）之一。三国魏高贵乡公曹髦即位后，郑冲和郑玄之孙郑小同一起为其讲《尚书》，主要部分由郑冲执经亲授，不久转为司徒。常道乡公（即陈留王曹奂）即位，郑冲官拜太保，受封寿光侯，位在三司（太尉、司徒、司空）之上。他的官位虽高，却不参与一般事务，只管重大制度的置废，朝中制定礼仪、律令，要经郑冲审核认可，然后才颁布施行。

入晋以后，郑冲奉策给晋武帝司马炎，被拜为太傅，晋爵为公。郑冲退回印绶。武帝下诏说："昔日汉高祖以知人善任平天下，即位后，追记功臣勋劳，并与之剖符作誓（把符节一分为二，帝王、功臣各持其一，以为信守），藏诸宗庙，以示不忘。朕的祖先历经磨难，广招天下英俊之士，与之同心共事，方定大业。太傅、寿光公郑冲，太保、朗陵公何曾等各有德望，高风亮节，应予其府中置郎中，加封其夫人、世子，食其俸禄三分之一。"泰始九年（273）郑冲又上表辞职。武帝下诏说："太傅韫德深粹，履行高洁，恬远清虚，确然绝世，已从王事六十余年，忠心于公，无暇于私，众望所归，实为本朝俊老。朕身为皇帝，于政事却是一知半解，本想请太傅作为谘议，助我一臂之力，但现在太傅以年高病重辞职，朕也不好强留，然而朝中若有大事，仍请给予咨询。"并赐几杖、安车、驷马、宅第、钱百万、绢 500 匹和床帐、簟褥等，又置舍 6 人，官骑 20 人，其他待遇一切照旧，同时嗣子郑徽为散骑常侍。郑冲于第二年泰始十年（274 年）病故，武帝于朝堂发哀，赐秘器、朝服、钱 30 万、布百匹，谥号"成"。咸宁二年（275 年），有司又奏请郑冲等十二人"存铭太常，配食于庙"，享受到亡故大臣的最高荣誉。从司马炎的两个诏书中，不但看出郑冲个人的名望，而且可以看出荥阳开封郑氏在国家事务中的重要地位。

泰始六年（270 年），晋武帝又专门下令在他的封国中设置郎中令一职，还让他的夫人和长子都佩带印绶，以此作为对他的宠遇。三年以后，他一再上表请求致仕，获得批准。晋武帝仍让他保持原有的名位和秩禄。同时还赐给他一座府第，以及财物车马等等。他的世子郑徽这时还特别被授予了散骑常侍一职，“使常优游定省”。在郑冲去世的时候，晋武帝还为他举行了隆重的葬礼，灵位也配享太庙。郑冲的继承人郑徽在郑冲去世后享有了郑冲的寿光侯封爵，入朝后仕至平原内史。去世以后，其子郑简再次传承了这一爵位，后世仍居荥阳开封。

在此期间，郑浑之子郑崇、郑崇之子郑邈仍居开封，郑邈之弟为江乘（今江苏句容）令郑随。郑随之子鲜之、孙郑愔定居江南。郑太的玄孙东安太守郑庠也南渡长江，其后裔散居闽、浙、粤等地，是该支系的南渡始祖。郑随另一子郑略留居荥阳开封。郑略六子：郑翳、郑豁（字君明，十六国时前燕的太常卿、太子少傅、爵封济南公）、郑渊、郑静、郑悦、郑楚。

还应该提及的是有临济（今山东高青）令郑合和他的儿子安丰（今安徽金寨）太守郑恺。郑恺没有儿子，只有四个女儿。长女阿春早年嫁于渤海（今河北沧州）田家，生一子而寡。后嫁晋元帝司马睿为琅琊夫人，又生一子一女，子为简文帝，女为浔阳公主。元帝死后，阿春称平国夫人。阿春死后，先追“会稽太妃”，太元十五年（390 年），被追为太后，谥号“宣”，史称“郑后”或“简太后”，事见《晋书・皇后传》。

3. 西晋末年郑氏南迁

西晋末年出现的“永嘉之乱”和“五胡乱华”，使荥阳郑氏所生活的荥阳一带再度像东汉末年一样成为动乱的中心。原来一直仕宦于西晋王朝的郑氏家族的人也不得不在生存问题的逼迫下进行迁徙和流动，

郑泰后裔郑昭，是有史籍可查的向福建迁徙的郑氏第一人，被称为“开闽始祖”。他是郑泰的五世孙，亦即晋司空郑袤的玄孙。《郑氏宗族资料纪要》说：“郑昭，桓公第 40 代孙，高祖袤，晋司空。曾祖质，太常卿。祖畤，中书侍郎。父庠，东安太守。”据此，我们可知他出自扬州刺史郑泰和晋司空郑袤族系。

郑泰子孙避乱过江始于他的玄孙郑庠，时间在西晋永嘉初年。过江路线是先经固始，后经安徽寿春，再迁至东晋首都建康（今南京）附近，并且定居在那里。至于他的儿子郑昭南迁福建，则是在此基础上的进一步迁徙。

谱称郑昭是郑庠的次子，字元质，早年随父南渡，任龙骧将军。他在东晋初年可能奉命到福建的建安（今建瓯）、晋安（今福州）等地做过太守，或出任过晋安县令，任职期满后便在当地留居下来，子孙也随迁于此。他去

世后，被葬在长乐县西北白田山。后来，他的子孙中一部分留居长乐，有些迁居他曾任职过的侯官（今福州）、晋安等地，繁衍发展成为当地郑姓人的主体。有说“闽省之有郑氏始于此”，或者说“今长泽县霍童里与夹漈安乐里诸郑氏，皆昭公之后，俱以昭公为入闽始祖”，还有说“昭公由荥阳过江入闽，是为开闽始祖”。

避乱的郑氏族人从荥阳迁出后，都对当时的历史产生过不同程度的影响。

郑鲜之就是其中非常重要的一位，他是郑浑的后代，曾祖郑哲，仕晋官至江州长史。祖父郑袭，曾任东晋江乘县（今江苏句容北）令，后来便举家迁到那里居住，官至大司农。父亲郑遵，尚书郎。郑鲜之主要生活于晋宋之际。早年闭门读书，拒绝交游。后效力于宋武帝刘裕，累官至御史中丞。刘裕建国后，他以开国功臣被封为龙阳县五等子爵，官至尚书右仆射。去世后又赠官散骑常侍、金紫光禄大夫。他的儿子郑愔也历官尚书郎、始安太守等职。

另一支属寿阳（今安徽寿县）族系。这支郑氏人可考的一世祖名叫郑琨，在南朝刘宋时官至高平太守，郑绍叔便是他的孙子。史称郑绍叔因早年丧父，20 多岁时曾出任安丰县令一职，甚有威名，后转梁武帝萧衍任参军。梁武帝密谋起兵反齐，他积极响应，被授以冠军将军，总管留后事务。梁朝建市后，他因功封东兴县侯，食邑千户，官至右卫将军、司州刺史。去世后又赠官散骑常侍、护军将军。其兄郑植，在萧齐末年曾在皇帝身边，任直后将军。其子郑贞，在他去世后袭爵东兴县侯。另外，郑绍叔的族人郑曼，在梁朝末年出奔北魏，有子名万顷，北周时任司城大夫、温州刺史，并与当时仕于北周的隋文帝杨坚私交甚好。至德年间（583—586 年），郑万顷投奔陈朝，被任命为散骑常侍、昭武将军、丰州刺史。及陈朝灭亡，隋军占领江南，他随例北迁，官至上仪同。

此外，在南朝梁陈时期，有一支在东阳郡信安县（今浙江衢州）落籍的郑氏人也知名于朝廷。其中第一代人郑惠曾任梁朝衡阳太守，第二代郑季徽历任通直散骑侍郎、建安令，第三代郑灼以儒雅知名，在梁文帝时曾任通直骑侍郎兼国子博士。梁亡入陈，累官至中散大夫，仍以本官兼国子博士。上述史迹并见于《陈书》和《南史·儒林传》。

晋末动乱时期除这支向江南地区迁徙的郑氏外，还有一支留在中原地区，所以后来一些郑氏家谱多把郑泰尊为郑姓南迁世系的第一代，而把他的胞弟郑浑作为中原郑氏世系的第一代。

4. 南北朝时期

进入南北朝时期后，荥阳成为各国争夺的对象，在多年的战争中，荥阳人口大量流失，大片土地荒芜，郑温及其子孙却善于应付战乱局面，不但在郡治附近站稳了脚跟，而且凭着地位，经过皇帝封赐和金钱购买，获得了大量土地，成为家族发展的物质基础。郑温去世后，次子郑晔居古荥阳（现郑州惠济区），是北部财产的继承人，成为荥阳郑氏北祖的奠基人；三子简居京县（现荥阳京襄城），是南部财产的继承人，为南祖开基祖；四子郑恬居大索（今荥阳城），则为中祖始祖；而长子涛，早年随魏太武帝赴陇西，离开荥阳郡，失其谱系。此后500年间，北祖发展最大，南祖次之，以中祖最小。

（1）北祖

北祖始祖郑晔是后魏建威将军，子茂公（小白）官至中书博士，有七子，白麟、胤伯、叔夜、洞林、归藏、连山、幼麟，号称“七房郑氏”。其后官位显赫，继承了祖上在荥阳创下的基业。

长房白麟，有文讲无后，而后发现后世南迁，浙江浦江郑氏为其后，而后外迁韩国瑞山。

二房胤伯，很有才干。历官东徐州（今江苏宿迁）太守，鸿胪少卿，魏孝文帝元宏纳其女为嫔妃，卒后赠本官，谥号“简”。胤伯有希儁、幼儒二子。郑幼儒热爱学习，重视修身养性，很有名声。曾为司州别驾，为官也很正直，卒后赠散骑常侍、兖州刺史，谥号“肃”。

三房叔夜长子伯夏；历官司徒谘议、东莱太守，卒后赠冠军将军、太常少卿、青州刺史。伯夏之弟郑谨，字仲恭，官至琅琊太守。

四房洞林长子敬叔，历司州都官从事，荥阳邑中正和颍川、濮阳太守等官。后因贪赃削职为民。次子士恭，又作子恭，曾任燕郡太守。孝昌年间，旋迁左将军，瀛洲（今河北河间）刺史，改征北将军、金紫光禄大夫，再改卫将军、右光禄大夫。永熙二年（533年）卒，赠骠骑将军、冀州刺史，后重赠尚书左仆射，谥号“贞”。

五房归藏，又名平城，广陵王元羽纳其女为妃，他也因此官至东平原（今山东聊城）太守，死后赠征虏将军、南青州（今江苏淮阴）刺史。平城嗜酒使性，贪财凶暴，不足称道。子伯猷、促衡、辑之、怀孝四人。郑辑之曾为司徒谘议、侍御史，以军功赐爵成皋男，迁黎阳太守。永安二年（529），魏北海王元颢进入洛阳，命辑之的舅舅范遵率兵屯住滑台（今河南滑县），同辑之隔河相对。范遵率兵过河偷袭，被辑之打得大败而逃。辑之因此获朝廷嘉奖，除为司州别驾，转司空长史、镇南将军、金紫光禄大夫、征南将军、肥城戍主。卒赠都督北豫、梁二州诸军事、骠骑将军、度支尚书、北豫州刺史。

六房连山，有子三：长子思明，性骁勇，善骑射，官至骁骑将军、直阁将军，卒后赠冠军将军、济州刺史。次子思和，官至太尉中军参军。三子季长，官至太学博士。郑思明之子郑先护，以武略见称，是平定刘举等人叛乱、迎魏庄帝还京复位的功臣。后来官至大都督、假骠骑将军，去世后追赠为骠骑大将军、仪同三司、青州刺史。

七房郑羲，字幼麟，是北祖郑氏的代表人物之一，早年曾任参军，随殿中尚书元石赴汝南（今属河南）招慰南朝降将常珍奇，以及率军围攻汝阳太守张超，表现出卓越的政治眼光和军事才能，事后因功被升为中书侍郎。至延兴元年（471 年），阳武县（今河南原阳东南）人田智度聚众滋事，州郡无可奈何。郑羲奉命前去安抚，一面宣传政令，晓以祸福，一面悬赏收降，重金招募，旬日之间平息了事态，因功被封为平昌县男，另外加官鹰扬将军。不久又出任西兖州刺史。在任时举荐的县令郑伯孙、童腾、属官贾德、申灵度等人都为官廉洁、勤恤百姓，使他赢得了举贤任能的名声。他后来官至安东将军、秘书监、封荥阳伯，卒后谥号文公。

郑羲子二：长子郑懿，字景伯，幼年涉历经史，善于利用古训处理时政，历官冲散尚书郎、骠骑长史、尚书吏部郎、太子中庶子。父亲死后，郑懿嗣爵荥阳伯。郑懿闲雅有治才，为魏孝文帝所器重，因而拜给事黄门侍郎、司徒左长史。宣武帝初，郑懿因与郑思合谋判案受到牵连，旋因亲属关系较远未受处置，改为太常少卿，加冠军将军，出为征虏将军、齐州刺史，不久进号平东将军。郑懿好读书，善决断，官行虽不洁净，但所取有限，且能分给属僚。因此，吏民对他颇有好感。郑懿于永平三年（510 年）病故，赠本将军、兖州刺史，谥号“穆”。

郑羲次子道昭，字僖伯，自幼热爱学习，博览群书，善于作诗，又有一手好书法。历官秘书郎、员外善骑侍郎、秘书丞兼中书侍郎。太和二十三年（499 年），孝文帝南征时在新野大宴群臣，郑懿、道昭兄弟皆列席侍宴。宴会进行中，孝文帝诗兴大发，对酒当歌，郑懿、道昭兄弟参加唱和，由此得孝文帝重用。后历官中书郎，通直散骑常侍、司徒谘议参军、国子祭酒、秘书监、荥阳邑中正、平东将军、光州刺史、青州刺史。任所政务宽厚，注重教化，不任威刑，为吏民所爱。熙平元年（516 年）卒，赠镇北将军、相州刺史，谥号“文恭”，留有诗赋数十篇。在光州所书《郑文公之碑》，是后世学习魏体书法最早的范本。

在北魏孝文帝“太和改制”以后，荥阳“北祖”的“七房郑氏”郑羲一房被作为荥阳郑氏的代表，用法律的形式确立了其与清河崔氏、范阳卢氏、太原王氏的特殊地位，称为“四大郡姓”。因此，北祖“七房郑氏”也得以从其他郑氏支派中脱颖而出，成为郑氏中地位最高的支派。从此经东、西魏、北齐、北周以至隋唐，在政治舞台上最为活跃的郑氏人物，几乎都出自这一族系中。

在东魏北齐的政局中，权力最大的有郑颐和郑仲礼两人。郑颐是北魏城守将郑据（从荥阳迁至彭城，今江苏徐州）的玄孙，初任东魏太原公高洋的东阁祭酒，与权臣宋钦道共理政务。及太原公高洋入继大统，建立北齐，他仍然能够干预政事，权力仅次于宰相。这时太子年幼，他为辅佐，又见重于太子。后来太子继位，他进位为散骑常侍，权力也有所上升。只是后来卷入政治动乱，被杀，但仍获得了殿中尚书、广州刺史等赠官。

郑仲礼是郑严祖的长子，有膂力。他的姐姐嫁于齐神武帝，及神武帝当政，他被提升为帐内都督，专门从事宫廷保卫，并负责保管御用弓箭等器物，以及在神武帝出行时负责安全事宜。由于充当近侍之职，颇见信用。可是后来他的一位好友因事谋反，他受牵连被杀，但没连累家人。此时在地方任职的郑姓人中，如郑述祖历任兖、怀、赵、殷、定等州刺史，所在都有惠政。人称在他治理的州郡中，“贪大廉，懦大有立志，百姓乐业，道不拾遗”。尤其是在任光州刺史时，更受百姓拥戴。在职时又不营财利，仅仅衣食俸禄，自称“以清之名遗子孙，死无所恨”。

仕于西魏、北周的郑姓人则大多崇尚勇武，以善于行军作战知名，并在军事和政治领域获得了较高的地位。具体说来，活跃在西魏、北周时期政治、军事舞台上的荥阳郑氏共有两支，其中一支出自北祖的第四房郑洞林之后，另一支出自第五房郑连山之后。《周书》和《北史·郑孝穆传》称，郑孝穆是郑洞林曾孙，父郑琼在北魏时官至青州刺史，以笃厚见称。郑孝穆在北魏末年开始入仕为官，后随魏孝武帝西迁，仕于西魏，历任司徒左长史、岐州刺史、散骑常侍、仪同三司、中书令、少司空等职，封永宁县侯。后来，他又持节出使后梁，策拜萧詧为梁王，因奉使称旨，进拜车骑将军。这年，丞相宇文泰亲征东魏，他任长史，负责招抚关东地区新归附的士大夫，并从中招选贤才加以使用。

北周建国后，他又历任宜、华、虞、陕等州刺史，所在皆有政绩。及去世时，朝廷又在他的本官之上加赠郑、梁、北豫三州刺史，后来又追赠大将军。

郑孝穆作为荥阳郑氏北祖第三房的继承者，所历职位和获得的成就都为他的子孙在朝中的显贵奠定了基础。到他儿子一辈时，长子郑诩官至开府仪同三司、大将军、邵州刺史，次子郑译更历显位。郑译早年曾出继从祖郑文宽，而郑文宽之妻为北魏平阳公主，与北周开国皇帝宇文泰之妻是姊妹关系。因此在宇文泰执掌西魏朝政时，他得以与宇文泰诸子相处，受到了特别的礼遇。周武帝时，他任御正大夫，有援救太子之恩。及太子继位为周宣帝，他拜为开府、内史上大夫，封沛国公，食邑五千户，两个儿子也都被赐爵。从此，他被委以朝政，成为朝中的当权人物。至周宣帝去世时，他又力排众议，引隋文帝杨坚受遗诏辅政，为杨坚势力的抬头及后来的代周建隋立下了汗马功劳。正因为如此，他在政治上一直立于不败之地．是西魏——北周时期荥阳郑氏中权势最大、地位最高的人物。

至于这时期的另一支荥阳郑氏，即北祖的第五房郑连山的后代，“以武勇闻”。其曾孙郑伟，官拜龙骧将军、北徐州刺史，封武阳县伯，其族人郑顶也被授予太府少卿，封魏昌县伯。后来郑伟又屡立战功，累官至大将军、江陵防主。都督十五州诸军事，晋爵襄城郡公。郑顶则官至卫尉少卿。郑伟及郑顶子郑大士和郑常，除袭爵以外，又都在北周时期获得了一定的职务。

总的来看，西魏、北周时期的荥阳郑氏，一支以政事和姻戚见重于时，另一支则以军功见称，各有特色，共同光大了先人的基业。尤其是第四房郑洞林的后代，由于郑译有功于隋文帝杨坚的缘故，还使自己的家族北周权臣之家变成隋朝的新贵，完成了新旧王朝之间的政治过渡。

以上族中名贤除在政治军事有所建树以外，荥阳郑氏在文化思想和艺术领域也都有较高的造诣。其中如郑羲“文学为优”，郑懿“涉猎经史”，郑道昭“少好文学，综览群言，好为诗赋，凡数十篇”，郑幼儒“好学修谨，时望甚优”，郑伯猷“博学有文才，早知名”，郑季明“释褐太学博士”，等等，都是文化修养较高的人。尤其是郑道昭，尽管自称“学随全经，识蔽篆素”，事实上仍是一个著名的儒家士大夫。他不仅诗赋俱美，而且擅长书法，是当时最著名的书法大师。他留给后世最宝贵的财富之一，是在《荥阳郑文公之碑》显示出来的浑圆敦厚、苍劲有力的魏体书法，可谓见字如见其人。随着他的书法作品不断被发现，他的书法越来越被重视，被誉为当之无愧的一代书法大师、“魏碑鼻祖”。

当时郑氏家族也常与北魏皇族和其他高门大族缔结婚姻关系。郑氏一门中至少出了两个皇妃、两位王妃，这在当时的四大郡姓中是少有的。也正因为如此，郑氏人也从这些婚姻关系中获得了较多的特权，并借此获得某些特殊利益的眷顾。总的来看，北魏时期荥阳郑氏与皇族或权贵之间的婚姻，一方面反映了其当时所处的特殊地位，另一方面也是其家族地位赖以获得和维持的手段。所以，由于这种不断巩固的婚姻关系，就使荥阳郑氏与皇族和其他大族之间形成了一个高高在上的婚姻圈，并借以维护共同的利益。

此时期郑琼家族因家庭和睦为世人称道。史称，郑琼“兄弟雍睦，其诸娣姒亦咸相亲爱……为时人所称美”，成为世人之典范。

郑琼，字祖珍，有强干之才。历官太尉谘议、范阳（今天津蓟县）太守，颇有政声。卒后初赠大常少卿，后赠安东将军、青州刺史。郑琼最大的特点是家庭关系处理得好，兄弟、姊妹、妯娌之间相亲相爱，和睦相处，为时人所称羡。

郑琼之子郑道邕，又名道和，字孝穆。道邕深受父亲影响，且广读经史，自幼谨厚，常以清约自许。道邕之父郑琼、叔父郑俨等四人去世均早，留下幼子多人，以道邕居长，道邕遂担负养育诸弟的重任，不管是谁，他都视为亲弟，对众姊妹，也都以礼相待。孝昌初，道邕出任太尉行参军，后以战功进至左光禄大夫、咸阳王府长史、司徒左长史，赐爵永宁县侯、岐州（今陕西凤翔）刺史。岐州久经战乱，民众逃亡殆尽，道邕到任时，全州仅3000户。他一面安抚百姓，一面剿灭危害民众的不法之徒，社会治安迅速好转。数年之间，全州增至4万余户。朝廷考核政绩，道邕最优，升为京兆尹。进位仪同三司，加散骑常侍，封金乡县男，拜中书令，赐姓宇文（北周的皇姓）、加骠骑大将军，开府仪同三司，晋爵为子。后历御伯、中大夫、御正以及宜（今湖北宜昌）、华（今陕西华县）、虞（今山西平陆）、陕（今河南陕县）四州刺史，所在皆有政绩。卒后赠本官，加郑、梁、北豫三州刺史，谥号“贞”；隋开皇元年（581年），追赠大将军、徐、兖等六州刺史，改谥“文”。

郑道邕有郑诩、郑译二子。郑诩，又名郑诚，官至北周大将军，爵开封县公。大象元年（579年）讨伐尉迟迥时力战而死，赠开府仪同三司。

郑译，字正义。北周官拜开府仪同大将军封沛国公。郑译和隋文帝杨坚早年有同窗之谊，杨坚取代北周，成为隋朝开国皇帝，郑译也因此成为隋朝的上柱国。他有音乐天才，中国古典音乐七声废缺，久已不全。郑译受命参议乐事，经仔细研究、推敲，终将七声补齐，并在七声之外，更立一调，凡八篇，名为“乐府”；奏给文帝听，文帝非常满意。郑译死后，其子元璹袭爵，次子善愿为归昌公，三子元琮为永安县男，并监修国史。

（2）南祖、中祖

北魏时期，荥刚郑氏除“北祖”一支六房并起，十分尊贵以外，其他三祖中，“西祖”郑涛一支因远居于陇西默默无闻，“南祖”和“中祖”都出现了较大的发展势头。

南祖郑氏的第一代郑简，即北祖郑氏第一代郑晔的三弟。《魏书》没有提到他及儿子一代的仕宦情况，可能他们在当时并不知名。《新唐书》也说他在北魏时仅官至平南咨议参军，是一位地位卑微的下级官吏。至于他的四个儿子：郑灵虬、郑白虬、郑季方和郑秀驹，官位最高的是郡太守，甚至还有人没有任何功名，可见也不是很著名的。《魏书》不为他们立传，甚至不提他们的名字，大概也是出于这方面的原因。但传至第三代时，亦即北魏的中后期，这时北祖郑氏已经进入全盛期，这支郑姓人也开始知名于世。其中《魏书》提到的郑尚、郑云二人，《新唐书》又增加了安远司马郑悦、安州刺史郑道德、光州刺史郑盆生、宛陵令郑颖、河北太守郑宵、征士郑炳六人。在这一代人中，名声最大的是郑尚。他在北魏末年以勇武知名，史称“壮健有将略”，曾当过统军，随军东征西讨，以军功被赐爵汝阳男。此后，他又历官尚书郎、步兵校尉、骁骑将军、辅国将军、大司马、济州刺史等职。任济州刺史时，为政宽简，百姓乐业，甚为所称。后来因病卒官，朝廷赠辅国将军、豫州刺史，并赐谥惠，以示褒扬。

在南祖郑氏的第三代人中，名声仅次于郑尚的是郑云，他是郑灵虬的次子、郑道德的兄弟。至于他的生平事迹，史书说他曾任雁门、濮阳等郡太守，至魏孝明帝时又任龙骧将军、安州刺史。他在职时比较重视聚敛钱财，因此遭到别人弹劾。后因病突发身亡。

到了南祖郑氏的第四代，大约生活于北魏末年，史书中提到名字的有十二人，大都进入仕途。如郑尚之子郑贵宾，在郑尚去世后寄袭汝阳男，起家北海王国常侍，此后又历员外散骑侍郎、尚书金部郎、太尉属等职。去世后，朝廷赠官征虏将军、荆州刺史。他的次弟郑次珍，官至员外常侍，去世后被赠官安东将军、光州刺史。郑次珍弟郑大倪、郑小倪，是北魏末年的地方豪强，在家乡一带拥有较强的实力。只是魏末遇乱，双双被杀，令人惋惜。另一位名人郑敬宾，《魏书》称为郑云从父兄。他早年任职秘书郎，后迁辅国将军、中散大夫、魏郡太守。从职官上看，他是这一代郑姓人中官位最高的人。晚年时，他官至金紫光禄大夫，是朝中较为尊贵的元老重臣。

南祖郑氏到了第五代以后，历史已进入北齐、北周对峙和隋唐五代时期，其发展势头依然不减。

中祖郑氏，即“郑氏四祖”中的幼弟郑恬一支。郑恬作为中祖郑氏第一代，在北魏时期也没有获得什么官职。他的儿子郑德玄，原也只是地方乡绅豪强。后起兵归于南朝，任豫州刺史鲁爽部将，驻守寿阳（安徽寿县）。兴安三年（452 年），鲁爽举兵反宋，失败被杀，他则出奔北魏，被任命为荥阳太守。

从郑德玄至郑颖考，至郑仲明，祖孙三代世袭荥阳太守，家族也在荥阳郡治荥阳县（今河南郑州西北古荥）一带发展。郑颖考去世后，朝廷赠官冠军将军、豫州刺史、开封侯、谥曰惠。他的儿子除郑仲明一人外，又有长子郑洪建、次子郑祖育、第四子郑季亮、少子郑季明等人。郑洪建早年被选为丞相李冲女婿，与弟郑祖育一起任太尉、咸阳王元禧祭酒，及元禧谋反，二人都因受牵连而被杀。直到孝庄帝时，二人的从弟郑俨当政，加上又与二人之弟郑仲明关系密切，才分别为他们平反，赠官平东将军、豫州、齐州刺史等。郑季亮历官司徒城局参军、员外常侍，去世后赠官散骑常侍、抚军将军、青州刺史。郑季明历官太学博士、谯郡太守、平东将军、光禄少卿等，去世后被赠官骠骑大将军、尚书左仆射、司空公、定州刺史、爵南颍川郡开闰公，是五兄弟中获得赠官最高的人。

中祖郑氏到了第五代，由于第四代时期家祸屡发的缘故，已经出现了严重的败落之象。这一代人中可考的四人，郑士机是郑洪建之子，由于“性识不周，多有短失”，尽管得到族人的提携，也仅得以历官散骑侍郎、司空从事中郎、中书郎等较低的闲散职务。另一位第五代人郑道门，生前并没有什么职务，只是因乱被杀后，才得以被朝廷赠立节将军、瓜州刺史。郑道门弟郑孝邕，在父亲郑仲明、长兄郑道门相继被杀，得以被朝廷作为郑仲明的继承人而袭安平县开国侯爵。但不久，他的爵位也被降低，原有的地位也未能保持下来。第五代人中的另一人郑昌，是郑季明之子，曾一度袭父爵颍州郡开国公。此后因北魏灭亡而官位屡屡下降，北齐建国前，仅得以担任司徒参军一职。

中祖郑氏的第六代人，可考的只有郑道荫一人。他是郑士机之子，东魏末年任开府行参军。除他以外的这支郑姓人，从此再无人载入史籍。

（三）隋唐时期郑姓的继续发展

1. 荥阳郑氏

经历了东、西魏和北齐、北周的动乱以后，荥阳郑氏在隋唐时期的历史上又扮演了重要角色。其中出自第四房郑洞林后裔的郑译由于是隋朝的开国元勋而首先贵；接着，出自第二房郑胤白和“南祖郑氏”的后裔等相继在政治舞台上获得了一席之地。他们有的出将入相，有的状元、进士及第，致使族中名贤辈出，公侯接继。“郑半朝、满床笏”就是荥阳郑氏进入顶峰时期的生动写照。

郑译和隋朝开国皇帝杨坚早年有同窗之谊，见杨坚握有北周重权，又仪表奇异，知他将来必有大作为，于是倾心与其结交。当时，周宣帝看到杨坚权势太重，颇为忌讳。杨坚也有觉察，心甚不安，生怕发生变故，不愿在朝中供职，而想去地方任职，以期获得保全。但又担心宣帝不允，所以他就找到郑译帮助他，郑译当场答应。经过郑译一番策划，杨坚权势更重，终于取代北周，成为隋代开国皇帝。郑译也因此成为隋朝的上柱国。他的儿子郑元璹和郑元珣也都分别被封为城皋郡公和永安男。元珣他在官时疏于政务，重于敛财，因此在隋建国后的政治舞台上无所作为，仅仅参与制定律令和音乐，在担任了几任州刺史以后病逝。

郑译去世后，由他的儿子郑元璹袭爵。郑元璹，字德芳。早年由于父亲的功勋而官拜仪同大将军，袭爵后屡迁至右武侯将军，改封莘国公；又历右光禄大夫、右卫将军。隋末任文成（今山西吉县）太守。李渊起兵后，以城归唐，后为唐太常卿、参旗将军、鸿胪卿、左武侯大将军、宜州刺史、复封沛国公。元璹从少年起就生活在军中，因此谙熟兵法。后来又五次出使突厥，坚持民族气节，维护民族尊严，是一位不可多得的外交人才。元璹于贞观二十年（646 年）病故，赠幽州刺史、谥号“简”。

郑元璹的从弟郑善果，因父亲死于王事，得承袭开封县公，拜持节大将军。隋开皇初年进封武德郡公。从 14 岁起，历沂州刺史、鲁郡太守等职，为官谨慎，有“清吏”之名。入唐封荥阳郡公，官礼部尚书、刑部尚书，出为岐、江二州刺史，后卒于任所。善果的后代世居江西，后扩散到湖北、湖南等地。

隋唐时期，荥阳郑氏北祖第四代孙郑幼儒的后代，是人数最多，官位最品赫一门。

幼儒有二子：长子敬道，官居开州（今四川开县）刺史，其子孙不显贵；次子敬德，官至北周青州刺史，封爵新阳伯。敬德三子：长子郑振和他的子孙没有什么名宦；次子郑机，只是个县令。郑机之子郑世翼文才特别好，可惜过于骄傲，后来发配四川，客死他乡；三子郑抃，官至北周行台右丞、聘陈使。郑抃二子：长子弼谐，官至东莞令；次子弼诚，解县令。弼诚之子九思，流水令。九思之子郑曾开始发达起来。

郑曾，字景秀，官慈州刺史、怀州刺史，加朝散大夫，卒后赠光禄少卿。唐开元二十四年（736 年），其子长裕在今荥阳市广武镇东门外立有《唐故慈州刺史光禄卿郑公碑》，可惜经 1000 余年的日晒雨淋，碑文大部分脱落，无法看清全部内容。

郑曾有6个孙子、26个曾孙，玄孙以下就更多了。在他的六代子孙中，有宰相7人，御史、大夫和其他朝官10余人，刺史、节度使10余人，其他官吏就更多了。其中7个宰相是：曾孙郑余庆、郑珣瑜，玄孙郑覃、郑朗、郑涯，五世孙郑从谠、郑延昌；而郑珣瑜、郑覃、郑朗又是父子3人。

郑余庆，字居业，曾祖郑曾和祖父郑长裕都官至州刺史，父郑慈明为太子舍人，“三世皆显宦”。他早年博学善属文，后中进士，进入仕途，历任库部郎中、翰林学士、工部侍郎等职。贞元十四年（798年）十二月升任宰相，因在职忤旨，于贞元十六年九月罢相，被贬为郴州司马，及顺宗继位，以尚书左丞召他回朝。宪宗登基后，重新让他担任宰相。当时权奸猾涣弄权，举朝逢迎，而他独立不屈，终于在永贞二年（806年）再度罢相。他在官廉洁，又立身正直，勤于职事，仕历四朝，“公论浩然归重”，是一位德高望重的贤相。

在郑余庆担任宰相之后，荥阳郑氏宰相辈出。其中他的从兄弟郑珣瑜在他第二次拜相以前，就于贞元二十年（804年）十二月拜相，从父郑絪于永贞元年（805年）十二月拜相，族中一时三人为相。当时人们为了把他们加以区别，甚至有“南郑相（郑絪）”、“北郑相（郑余庆）”之说。所以，从郑余庆在唐德宗贞元十四年（798年）拜相，至郑絪于唐宪宗元和四年（809年）罢相，近10年间，经历德、顺、宪宗三期，是荥阳郑氏的家族地位走向顶峰的开始。

至唐文宗时，原唐德宗宰相郑珣瑜之子郑覃又登上了宰相的职位。他于大和九年（835年）十一月拜相，开成三年（838年）十二月罢相，在位三年。史称他经术精深，谆笃守正，甚为文宗倚重。后来，他的胞弟郑朗又在唐宣宗大中十年（856年）正月拜相。他们父子三人相继担任宰相职务，在当时的荥阳郑氏中是最为荣耀的。

唐僖宗时，荥阳郑氏中同时出现了两位宰相。其中一为郑畋，于乾符元年（874年）十月拜相，中和二年（882年）冬罢相，任职8年。另一位为原唐德宗宰相郑馀庆之孙郑从谠，于乾符五年（878年）九月拜相，光启三年（888年）三月罢相，共任9年。他们两人当政于唐朝末年的多事之秋，都为维护唐朝的利益做出过较大贡献。如郑畋担任宰相时，黄巢起义军已经攻克京城长安，僖宗出奔，他以文官的身份带兵把守关中，使黄巢不能由关中西进，大唐的半壁江山得以保全。郑从谠则由宰相出任河东节度使，镇守大原，南拒黄巢，北制李国昌。当时沙陀部首领李国昌、李克用父子多次围攻太原，都被他击败，以至于使他们“兵不敢到太原”，起到了极大的威慑作用。因此，有人曾综合评价这两位郑氏宰相在唐末动乱时的作用，说两人“以忠义相提衡，贼尣惮之，号‘二郑’云”。

至唐代末年的唐昭宗时，荥阳郑氏又出了一位宰相郑延昌。他是僖宗宰相郑从谠族弟，已迁居凤翔，是“系出荥阳”者。在郑畋镇守凤翔时住在其家，曾帮郑畋平定叛乱，因功获得提携，历任司勋员外郎、翰林学士、京兆尹、户部尚书。于景福元年（892 年）三月拜相，乾宁元年（894 年）五月罢，共在相位两年多。

郑氏的第十位宰相是郑肃，武宗会昌五年（884 年）拜相，唐宣宗即位后迁为中书侍郎，不久罢为荆南节度使。卒后赠司空。

郑氏第十一位宰相是郑綮。唐昭宗乾宁元年（894 年）二月拜相，因无法施展自己的政治抱负，只干了三个月就以太子少保引退。5 年后，光化三年（900 年）去世。8 年后，唐朝就灭亡了。

总之，宰相位于皇帝一人之下和百官之上的权臣，能出此任，一方面反映了个人的才能和声望，家族中宰相辈出则是权势和地位的象征。在唐代，像荥阳郑氏这样“才子贤孙不殒其世德，或父子相继居相位，或累世而屡显，或终唐之世不绝”，其氏族所处的地位可见一斑。

有唐一代，荥阳郑氏除曾出了十一宰相外，还有六状元、八驸马、二十二进士，在当时传为美谈。是自隋朝确立科举制度以后，一向以世代文儒闻名的荥阳郑氏依靠文化优势和科举的力量振兴家族的重要标志。

“六状元”，即郑益、郑全济、郑解、郑言、郑弘业、郑中贻。“八驸马”是：唐高宗之女安定公主驸马郑敬言；唐睿宗之女鄎国公主驸马郑孝义；唐睿宗之姑代国长公主驸马郑万钧，以驸马都尉封荥阳郡公；郑万钧和代国长公主之子、临晋公主驸马郑潜曜；“南郑相”郑絪之孙、唐宣宗之女万寿公主驸马郑颢；肃宗之女肃国公主驸马郑巽；肃宗之女纪国公主驸马郑沛；郑沛之弟、唐顺宗之女梁国靖公主驸马郑河。这八个驸马中有一个属于郑氏南祖脉系，由此亦可证明其他脉系也有位居显要者。

其实，荥阳郑氏状元或进士的人远非这一数字。除6状元外，及第的还有德宗贞元十三年（797年）的郑巨源、穆宗长庆三年（823年）的郑冠、文宗大和九年（835年）的郑确、武宗会昌二年（842年）的郑颖、懿宗咸通十三年（872年）的郑昌图、僖宗乾符二年（874年）的郑合敬、僖宗广明元年（880年）的郑蔼、僖宗文德元年（888年）的郑贻矩等，共有13位之多。至于进士还有郑业、郑潜曜、郑史、郑愚、郑薰、郑元、郑珏、郑遨、郑准、郑瀚、郑茂谌、郑处诲、郑从谠、郑敬晦、郑谷、郑延昌、郑缄、郑惟忠、郑浣等人，总人数至少43名以上。

郑氏在唐朝的发展为鼎盛时期．在朝为官者数不胜数。尚书、侍郎、郎中、常侍、大夫、御史等朝官60余人，刺史、节度使、观察使、廉访使50余人；将军、司马、别驾、府率、参军、长史、县令（不计县尉、县丞）等近300人。在一个姓氏门第中成长出如此之多的官吏队伍，实属罕见。而且，这些仅是根据《旧唐书》和《新唐书·宰相世系表》的统计，也就是只统计了南祖和北祖郑小白一门。如果加上中祖和北祖郑洞林、郑叔夜、郑连山、郑羲四门，那就不知道有多少了。无怪当时人们有“上殿半朝郑，下朝满床笏”的惊叹。

由于唐代的荥阳郑氏是一个文化大族，家族成员著书立说并有所成就者甚众。仅从《新唐书·艺文志》中，就可查知28位郑氏人及其所著书籍37部。在这些郑氏人及其所著的书籍，如郑言的《平剡录》、《续会录》；郑余庆的《书仪》、《郑余庆集》；郑絪的《郑絪集》；郑瀚的《宪宗实录》、《经史要录》、《郑瀚集》；郑畋的《玉堂集》；郑诚的《郑诚集》；郑赛的《郑赛集》；郑常的《郑常诗》；郑良士的《白岩集》；郑云溲的《郑云溲诗集》；郑子云的《清虚真人裴内君传》；郑世翼的《交游集》、《郑世翼集》；郑秀的《郑秀集》；郑虔的《天宝军防录》、《胡本草》；郑处诲的《明皇杂录》；郑启的《开天传信记》；郑澥的《凉国公平蔡录》；郑缉之的《孝子传赞》、《东阳记》；郑熊的《番禺杂记》；郑准的《渚宫集》；郑亚的《敬宗实录》；郑遂的《洽闻记》；郑樵的《彭门纪乱》；郑愚的《楱贤法隽》；郑景岫的《南山四时摄生论》；郑贻孙的《郑氏贻孙集》；郑暐的《益州理乱记》、《史俊》；郑谷的《云台编》等，包括了政治、历史、地理、哲学、医学、文学、经学、军事、宗教、农学、方志等许多领域，是他们作为文化大族的文化结晶，也是对中国文化事业的巨大贡献。

总之，荥阳郑氏中家庭成员的文化本色来源于他们以文化传家的传统家风。其文化修养加强了他们在政治上的竞争能力，同时又在从政的同时不废家风，在文化领域继续开拓，并各有建树。其家族也因此形成了既是政治大族又是文化大族的双重特色。

唐朝末年天下大乱，中国历史进入到五代十国时期。小朝廷的频繁更迭，地方割据势力之间的战争，把荥阳郑氏和与他共存共荣的各门阀之间的裙带全部打乱了。在各地方为官的无法重聚，家族势力已十分分散而且凋零，形不成强大群体；留存原籍的除少数为官为宦外，多数已变成自食其力的平民百姓，更无力重新成为门阀大家。于是，荥阳郑氏从此天各一方，各自埋头经营，在政治上一蹶不振，走入其辉煌历史的灰色岁月。

进人五代以后，留在原籍的郑氏绝大部分已经失势，生活日益贫闲，饱受战争、灾荒、瘟疫的摧残，只有少数人保持住了政治地位，郑韬光、郑受益、郑珏是其中的主要代表。

郑韬光，字龙府，是“南郑相”郑絪的曾孙、郑祗德的孙子、郑颢和万寿公主之子，生于唐懿宗咸通二年（861 年）。历唐代给事中、谏议大夫、后梁宁州司马、后唐礼部侍郎、后晋户部尚书，经历四朝 12 帝，为官 70 余年，三次持节出使，不辱君命。在官无私过，对人皆恭谨相交，少谤怨之言；亲族之中也无远近、无亲疏之分，可谓“中庸”者也。韬光卒于后晋天福五年（940 年）八月，赠右仆射，葬于洛阳。

郑受益，字谦光。曾祖父郑瀚，祖父处晦，父亲祚佑，皆名门世家。受益以文才为官，历尚书郎，右谏议大夫，以耿直敢言著称。后因事不满，称病告归。后晋石敬瑭死后，起用为京兆少尹。当时国库空虚，向各富户征调钱财，受益乘机贪污，天福八年（943 年）被赐死。祖先数代公卿，一朝自弃，家破人亡，时人无不叹惜。

郑珏，郑綮的侄孙，郑徽之子。郑珏于唐光化（898—900 年）年间登进士第，后梁左补阙、起居郎、翰林学士、礼部侍郎、同中书门下平章事，后唐开府仪同三司、尚书左仆射。郑珏在同族中排行 19，应试 19 年登第，获进士第 19 名，登第 19 年为相，真是妙合，传为佳话。郑珏于长兴初（930）去世，赠司空。

五代十国的荥阳郑氏，由于是从唐朝的官宦世家直接转化而来的，因此往往带有旧族的烙印，以致于像郑受益那样自恃门第者终为门第所累，最终杀身败家；而郑韬光和郑珏则能把家族优势转化为自己在政治上竞争的手段，不恃势、不为恶，善于应变，终能全身保家。正是由于两种不同的处世态度，带来了截然不同的两种结果。

从正史上看，荥阳郑氏在唐五代时已走向了彻底的衰落，以至世系不继，族人无考，留在正史上的家族历史已经写到了尽头。致使我们要想得知其以后的发展和分布，不得不靠家谱资料所提供的线索来完成。

在中原地区的荥阳郑氏族人忙于周旋于动乱之中的同时，因故迁居今云南大理地区的荥阳郑氏和后代则建立了一个大长和国。

2. 南诏郑氏

今云南大理一带，唐时是当地少数民族乌蛮部的统治范围，所建国家称为南诏，势力最大时“回环万里”，据有今云南全境及贵州、四川的一部分。唐代中叶时，系出荥阳郑氏的相州人郑回任两泸县（今四川西昌西南）令，因南诏向这里扩展势力而被其国王阁罗凤俘虏，被迫迁居其首府太和城（今云南大理南）。他在唐朝时曾中明经科，有很高的学识，入南诏后受阁罗凤赏识，起初专门教授王室子弟学习汉族文化，后又积极参与政治，累官至清平官（相当宰相）。至异牟寻即位后，他又劝说异牟寻归顺唐朝，并于唐德宗贞元十年（794 年）促成了唐朝与南诏的联盟。使南诏在名义上成了大唐的臣附国。由于他为南诏人谋得了利益。所以获得了举国上下的敬重，甚至在他去世后，他的子孙也得以世袭这一职务。到他的七世孙郑买嗣时，已经完全控制了南诏朝政。终于在乾宁四年（897 年）联合近臣杨登，杀掉国王隆舜，拥立其子舜化真。至天复二年（902 年），舜化真病死，其长子年幼，郑买嗣独揽大权。不久便杀掉幼主和王室成员，改国号为大长和，正式建国。

郑买嗣建立大长和国后，在当地积极推行汉族文化，实行较为开明的统治制度，同时加强与中原王朝的联系，使当地的政治经济和汉文化水平得到了较快的发展。他在位 7 年后去世，其子郑旻继位，同样继承了他的统治政策，并与南汉发展友好关系．娶汉王曾城公主为妻，两国关系十分密切。至同光四年（926 年），他因病去世，子郑隆亶继位。两年后，其东川节度使杨干贞作乱，隆亶被杀，赵善政被拥立为主，改国号为大天兴。大长和国灭亡。

从郑回入南诏至大长和国灭亡，这支荥阳郑氏9世相传。在西南边陲地区繁衍发展，并最终登上统治地位，对当地之开发和民族之融合所做的贡献不可磨灭。

3. 郑氏再次南迁

郑姓人向今天浙江、福建一带的迁徙，除西汉郑吉父子从齐国临淄迁居会稽山阴、三国吴郑泉祖孙由陈郡迁江南和西晋末年的郑昭从荥阳迁居今福建永泰以外，隋唐时期也有多次迁徙活动，其中可考者五次。这五次中有三次是向今福建地区迁徙的，两次是迁徙至浙江的。

迁往浙江的一次是唐代的天台县令郑至道。他在出任天台县令时因深得民心，任期满届后受当地居民挽请而举家迁居于县中松关。其后代就一直在当地繁衍至今。另一次迁徙是唐代中叶，因当时著名书画家郑虔被贬为台州（今浙江临海）司户参军一事而起。郑虔以诗、书、画闻名于世，又博学善著述，很受唐玄宗重视，曾专门为他设立广文馆，以他为博士，因此当时人亦称他为郑广文。他曾把自己题写的书画献于唐玄宗，玄宗极为欣赏，并在上面题写"郑虔三绝"，被传为美谈。"安史之乱"爆发后，洛阳陷落，郑虔未能逃脱。安禄山仰慕郑虔的才名，任他为水部郎中，郑虔称病不就。尽管如此，乱平后还是被贬为台州司户参军。此时，郑虔已65岁，对仕途已心灰意冷，遂以教化为己任，在台州兴办学校，收授民间子弟，培养人才。台州"由是家敦礼让，户画诗书，理学名臣，代不乏人"，成为东南沿海文化发达的地区之一。唐代宗广德二年（764年），郑虔去世，终年70岁，葬于临海白石金鸡山。其后裔世居台州，成为郑氏在浙东地区的一个重要脉系。

荥阳郑氏在隋唐五代时由中原地区向福建迁徙的第一次活动在唐高宗时期。光州人陈政、陈元光率领当地包括郑氏的58姓人远徙闽南，开发漳州，其部将中军谋祭酒郑时中、校卫郑和平（平仲）、队正郑业等郑人也随同入闽，后代在当地发展繁衍，并成为闽、粤郑姓的一大支派。如漳州许管乡及角尾、同安的洪塘等地都是他们的后裔。

荥阳郑氏的再次入闽是在唐代末年，唐僖宗光启年间。王潮、王审知兄弟率众入闽，居住在弋阳山的郑氏族人随之入闽。初屯垦基于武荣州（今南安丰州镇)，后移屯桃林场（今永春)。年老致仕后隐居吴田、姜莲、凤山等地，子孙也在这些地方留居下来，后来又迁居闽西、闽南及粤东等地，成为当地郑姓的另一脉系。诸如此类之迁徙活动，在这一时期以及之后的时期，举不胜举，只是有的没有记载罢了。

（四）宋元明清时期郑姓的坎坷发展

1. 宋代——各地郑氏共同谱写郑氏历史

唐末五代以后，由于政治环境的变化和“风教又薄，谱录都废，冠冕皂隶，混为一区”等社会风气的更迭，荥阳郑氏在不断迁徙、不断的政治动荡中走向衰落。而从这里分衍而出并迁徙到其他地区的郑氏族人则纷纷在政治或社会文化、教育、艺术、科技等领域取得了引人注目的成就和地位，出现了全面发展的势头。这种发展趋势对整个郑氏来说无疑是一个重大的变化。它结束了荥阳家族在天下许多郑氏家族中一枝独秀的局面，出现了更多地区郑氏族人共同谱写郑氏历史的可喜势头，郑氏也因此有了更广阔的发展天地。今天的郑氏所以会有如此突出的地位和众多的人口、广泛的分布，主要得力于宋以后的充分发展。

两宋时期，郑氏的知名家族仍集中在原荥阳郡所辖中原地区并由此南迁福建的莆田、仙游、侯官、闽县等地。由于科举制度的发展，分布在今福建福清、长汀、龙溪、建安、建州、长乐、宁德、宁化、连江、罗源、古田、晋江、德化；江西德安、宜春、高安；浙江寿昌、鄞县、平阳、青田、玉山、金华、浦江、永嘉、乐清、括苍；广东潮阳；湖北安陆、黄冈；湖南长沙；江苏彭城、吴县；河南襄邑（睢县)、真阳（正阳)；四川华阳（广元)、蓬州等地的郑氏族人纷纷通过科举途径进入仕途，或者在文化教育、思想学术等领域获得发展，都不同程度地提高了自己的家族名声，并为郑氏的全面发展再一次奠定了良好的基础。

从整个时期的郑氏家族特点看，宋代的郑氏仍是一个在政治和文化领域占有相当优势的大家族。不仅出了1位皇后、4名宰相、3名状元，以及思想家、史学家、艺术家、教育家多人。而且还出现了法学世家、科举名族等。总之，这一时期的郑姓族史显得十分光艳耀人。这一时期的郑氏家旅，最著名的有开封郑皇后和宰相郑居中的政治世家、莆田郑樵的“夹漈”文化世家、浦江义门“江南第一家”、安陆科举状元世家、寿昌刑法执法名族等。

宋代是郑氏名人活跃的舞台，其中郑文宝、郑獬、郑侠、郑刚中、郑清之等文臣武将在政治、文化领域里都做出了巨大的贡献。最为著名的是大史学家郑樵和以重功利倡经制的郑氏景望学派。

景望学派是南宋永嘉学派三支的一脉，以郑伯熊为代表。郑伯熊“以吕申公（公著）、范淳夫（祖禹）为法，论事以贾谊、陆贽为准”，倡功利，主重农，反对抑商，反对道学的唯心主义空谈性命之学，对以后学术史有较大的影响。其弟郑伯英也是浙东硕儒，人称其兄弟为“大小郑公”。更难能可贵的是郑伯熊季弟郑伯海、从弟郑伯谦都继承家学，成为景望学派后继中坚人物。宋室南渡以后，这个学术在绍兴年间一度遭禁被贬，经过郑伯熊兄弟复而振之，才又重新为学人倚重。他兄弟俩对理学加以实物化，注入功利经制的进步因素，成为永嘉学派的开先河者之一。《宋元学案》称“永嘉之学宗郑氏”，并非空泛之谈。

郑樵是福建莆田郑氏“南湖三先生”之一郑庄的后代，因他早年隐居于莆田夹漈山，故人称“夹漈先生”，他所在地的郑氏族人就称“莆田夹漈郑氏”，是由荥阳郑氏进一步分衍而成的郑氏家族。郑庄有子名积，官至侍御史。郑积子郑方游，官都尉。方游子郑朗，官殿中侍御史。郎子琚，琚子盈，皆不仕。盈子居泰，官润州参军。居泰子冲。冲子堂亦不仕，堂子宰于熙宁三年（1070 年）中进士。宰子国器、国贤。国贤有子三人：樵、槱、厚，其中长子郑樵便是夹漈郑氏的始祖。

郑樵是南宋初年人，是著名史学家和思想家。史称他早年隐居莆田夹漈山，专以读书著述为事，历时达 30 年之久，后来又花费 10 年的工夫到天下访学寻奇，终成一代学宗。他治学的范围涉及面广，对天文、地理、经传、文史、草木、虫鱼等无所不包，一生著作丰富，有《氏族志》、《动植志》等 80 余种。晚年编撰的《通志》，与各代历史及典章制度合为一书，成为他的代表作。他在宋高宗时还历任右迪功郎、礼兵部架阁、潭州南岳庙监、枢密院编修、检详诸房文字等官，其才能尤为高宗所推赏。高宗说：“闻卿名久矣，敷陈古学，自成一家，何相见之晚耶。”他曾一度开馆授徒，跟随他治学的人多达 200 余人。享年 59 岁。

郑樵以博学多闻知名，见重于宋高宗，一生中主要在莆田夹漈山度过，所以称夹漈先生。他去世后，子孙为纪念他，便命名自己所在的郑氏支系为“夹漈派”。从此，莆田夹漈郑氏便正式形成。夹漈郑氏由于有郑樵奠定的基业，从南宋开始便获得了较大的发展，成为郑氏在东南沿海地区最有影响力的脉系之一。其家族后裔后来分别迁居福建仙游、德化、南安、永春，广东潮州，江苏南京乃至世界各地，其中很多人成为当地的开基始祖。在政治上也不乏知名人士，为光大祖业做出了很大的贡献。

其实，莆田郑氏指的本是“南湖三先生”郑露一支，因后来“三先生”中的郑淑迁居仙游，郊庄迁兴化，只有郑露留居莆田。之所以把郑庄的八世孙郑樵称为“兴化府莆田人”，主要是因为居夹漈山，因此才把他称为莆田郑氏“夹漈先生郑樵一支”。莆田郑氏郑露一支及仙游郑氏郑淑一支都分别成为东南沿海地区有重大影响的郑氏分脉。

由于一些修谱者攀附权贵和名人，在修谱时牵强附会，以致把一些族系弄得混乱不堪，宋代宰相郑清之所在的族系就是其中最为突出的一例。有的族谱称郑清之是郑露的后人，从兴化府莆田县天汜港石狮巷迁家于浙江鄞县；有的族谱称他是郑侠的后裔，由福清迁居鄞县。而郑侠又是郑虔之后，郑虔又是郑玄之后。还有的族谱称郑清之是郑善果的裔孙。如果把各家族谱综合起来看，郑清之就有四五个父亲！而《宋史・忠义传八》则说：郑覃死后，“孙曾多举进士，而清之最观”。很显然，郑清之是两宋之间由荥阳南迁的郑覃的孙子（覃累赠太师、秦国公，妻董氏，同殉金兵之难，封秦国夫人）。是耶？非也？以“正史”为据。

郑清之一生仕途顺利，可以说平步青云，官至丞相，封齐国公，老年多次要求退休“东归”，都未得到允许。淳祐十一年（1251）十一月丁酉日（十二）下朝感受风寒重病，据《续资治通鉴・宋纪一七三》，郑清之于当月庚戌日（二十五）去世，赠尚书令，追封魏郡王，谥忠定。这是国史的记载。而有几种族谱却说了些传奇性的文字，让人感到依据不实，这是因为许多找不到始祖的族支都尊郑清之为始祖，所以郑清之旅系是全国较大的族系之一。这在“族谱”史上，司空见惯，不足为奇，所尊之祖，人文认同，不可废弃。

2. 九世同居——江南第一家

在宋代最值得称颂的郑氏家族典范，应首推被誉为“江南第一家”的浦江义门郑氏。在今杭州西南部的浦江县城10多公里外有个郑宅镇，是历史上著名的“九世同居”的义门郑氏居住的地方。自北宋宣和年间至明朝天顺三年，一支郑姓人一直在这里共居340余年，人口最多时近3000余人，被誉为“江南第一家”。这支郑氏人的同居美德被传为佳话。

浦江义门郑氏，其始公郑凝道是郑氏始祖郑桓公的61世孙。北宋时期，郑凝道任徽州歙县县令。因勤政爱民而有时誉，任满后便在当地留居下来。他的儿子郑自牖也进入仕途，官至殿中侍御史，后因故被贬，谪居遂安（今浙江淳安西南狮城镇），子孙也留居于此。他有子19人，其中13子郑安仁任秘阁校理，生渥、涚、淮三人，迁居浦江，成为浦江郑氏开基祖。后来郑淮师从当地名儒朱铨受学，以颖敏绝伦见称，入赘于同县承恩里宣氏，家于白麟溪旁，正式在今浦江郑宅镇定居下来。北宋末年，郑淮生煦、熙、照三子，照又生緼、绮二人，并拥有数千亩田产和殷实的家业，成为当地的一个著名家族。尤其是在郑照时，正值北宋末年的战乱和饥荒。为了救济饥民，他把祖传的千亩良田卖掉，换取粮食拯救生灵，许多人因此而得以保全。同时，他在家族内推行伦理孝道，与宗族间休戚与共，基本奠定了以后义门同居共财的基础。因此，当义门郑氏正式形成后，都把郑照尊为义门同居的第一世。

义门郑氏的第二世，是指郑緼和郑绮兄弟二人。其中郑緼由于去世较早，家族事务实际上是由郑绮主持。这时，历史已经进入到南宋时期，这支郑姓人也因郑照的卖田赈饥而家道中落。为了拯救家族的势力，郑绮一方面努力向学，认真钻研儒经精旨；另一方面则把儒学中提倡的孝悌等纲常伦理积极在家族事务中进行实践，为家族的合食共居奠定了行为规范。如据《郑绮墓志》和《宋史·郑绮传》、《浦江人物传》等记载，他早年家道中衰，不得不亲自耕种，但在耕田的同时不废学业，终于有成，“通春秋谷梁学”，“撰合经论数万言”。同时，他对父母又十分孝顺，遇父亲被逮下狱，他四处为父亲鸣冤叫屈，甚至请求代父受刑。母亲因病卧床30年，他殷勤侍奉，孝声闻于远近。当妻子对母亲有所懈怠时，他甚至为了母亲而把妻子休掉，认为“因一妇而致一家之不和，绮义不为也”。遇到祖居地遂安来浦江乞讨的郑氏宗人，他也不惜让妻子变卖簪珥为宗人购置衣服，并从自己的田地中分出一部分让他们耕种自给。尽管自己衣食自给困难，他从不接受别人不明不白的馈赠。同时又洁身自爱，不近女色。相传他在夫人去世后不复再娶，有位婢女与他相处 12 年，年轻貌美，他也毫不动心。他的这些品德和操守，显然为子孙的行为规范树立了楷模，同时也成了义门郑氏处世做人的行为准则。

郑绮于绍熙四年（1193 年）去世，享年 76 岁。临终时告诫子孙："吾子孙有不孝不悌、不共财聚食者，天实殛罚之。"他这里所说的孝悌和共财聚食，实际也是义门郑氏自始至终奉行的基本家法。

义门郑氏在南宋时期形成以后，至第三、四、五世时，由于合族而居尚处在初创阶段，人丁还不繁盛，财产也不丰厚，所以其影响还仅限于浙东一隅，并没有引起太多人的重视。到了第六世，时值宋元交替之际，族中的核心人物之一的郑德璋因故得罪当地豪绅，在元初时被诬以谋反，将逮赴扬州下狱。他的兄长郑德珪私下里到扬州受刑，代弟就死，终于换回了弟弟的生命。此事传开后，天下人这才知道在浦江有一个"以肃睦治家、九世不异爨"的郑氏义门。

郑德璋由于失去了兄长，在"痛绝数日，负骨归葬"以后，便自动担负起了照顾一族两门的责任。史称"德珪之子文嗣，幼病偻，德璋鞠之如己子"。同时，他还鉴于当时社会动荡，家族如果没有势力就会被人欺辱的教训，把自己的乡里族人联合起来，组织了自己的私人武装。利用这支队伍，他一方面做一些帮助官府维护当地治安的事情，同时也用来加强对家族的保卫。不久，此举引起了当地官府的重视，有人还专门把他推荐给朝廷，授予他青田县尉之职，请他率领家兵前去平定青田县的叛乱，他以时事艰难而坚辞不赴。但通过这件事情，一方面使义门郑氏的家族安全有了一定的保障；另一方面又初步引起了朝廷的重视。这在义门郑氏发展史上具有重要意义。

为了加强对族人的教育和管理，郑德璋在积极发展私人武装，壮大宗族势力的同时，还在离家一里多的东明山上创建了一所私人学校，用于教授全族子弟，时称东明精舍。另外，他还极力在家族内部树立家长制的权威，每天早起都要率领全族的人到先人宗祠中进行拜祭，并且长幼有序，尊卑有别，以期在宗法关系的约束之下实现"以法齐家"的理想。上述这些，都对义门郑氏的发展产生了重大影响。他因此也被称为义门郑氏在形成过程中的一个里程碑式的人物。

义门郑氏到了第七世，先后由郑德珪之子郑文嗣和郑德池之子郑文泰，郑德璋之子郑文融主理家政。这时，义门内部已经完全成为一个统一的整体，同居共财的观念也更加深入人心，史书所谓在义门内部“一钱尺帛无敢私”的风气也正式形成。加上在郑文融治家时，由于他早期曾担任过提领处州务、建德和丰仓、绍光广丰库、徽州永丰仓、饶州皇岗务副使、遂安税使等一些事务性较强的官职，所以眼界较先人更为开阔，在郑文泰去世后，他辞职还乡并主理义门事务。他开始潜心研究历代治家之道，并参照宋代名儒朱熹的《家礼》，制定了自己的《家范》58 则。其主要内容包括不信奉佛、道二教，以古礼举行婚丧冠祭，子孙行为以孝为本，妇人不得干预家政，宗族闾里内外有别等等。同时，他还做到正身率下，对义门的治理采用恩威并施的办法．一旦族人犯有过失，哪怕是年老体弱也要受到处罚。经他治理之后，家族中出现了“内外雍肃、似不闻人声”的良好风气。每逢喜庆之日，他坐在大堂上接受族人的祝贺，人数虽多，但极有次序，长幼尊卑毫不混乱，“谓有三代遗风”。

在郑文融主理家政以前，出自郑照长门郑组之后的郑文泰曾一度主理过宗族事务。他以乐善好施著称于乡里。在大旱之年，他曾专门铸造一口大锅，煮粥施济众人。同时，他还在族中提倡“忍”，并把忍字悬挂在族中各户，以求族人在小是小非问题上互相忍让，共同增进宗族内部的团结。从此以后，“忍”也成为义门中的一条家法。

到了义门郑氏第八世，历史已发展到元朝末年。在这一代人中，为全族事务做出最大贡献的人是郑文融之子郑钦。他鉴于父亲所制定的 58 则《家范》还不够完善，又增加了一些诸如“翼导范防之道”和鼓励族人外出谋官等内容，使《家范》条款达到 73 则。当时义门的人口已超过 2000 人，为了解决婚丧嫁娶等所需的费用，他还从族田中拨出 2000 亩，将其收成全部集中在嘉礼庄中，以便统一使用。遇到有疏远的宗人发生饥荒，也用这些粮食进行救济。这样，义门郑氏从家法到族规，从生产到救济，其章法完备起来了。

总的来看，元朝时期的义门郑氏，由南宋一脉相承发展而来，并真正地完备和具有规模。在至大（元武宗年号）年间（1308—1311），义门郑氏就已经得到了朝廷的旌表。随着东明精舍（以后改名为东明书院）的设立，一些有影响的文人雅士，如吴莱、柳贯、宋濂、方孝孺等先后都被延聘为师，成为替义门郑氏出谋划策或宣传的人物，进一步扩大了这支郑氏人的影响；加上族中的一些杰出人物在家族的鼓励下纷纷走向仕途，其人数从宋代的两人发展到 14 人，更使家族在政治上有了一席之地，其影响也从浙东一隅而遍及天下。至元四年（1338 年）、至正十年（1350 年）、十三年（1353 年）多次获得表彰，被称为“孝义门”、“浙东第一家”，其族人郑深也被赐以“麟凤”巨匾。由此可见，到元朝末年的义门郑氏已经发展到一个新的阶段。

明朝初年，由于原衣食于义门之下的宋濂、方孝孺成为开国名臣，在他们极力推荐和颂扬之下，义门郑氏又再度成为明太祖朱元璋以家法治理天下的典型和样板，获得了较多的荣誉和眷顾。

早在明朝统一以前，曾在浦江一带担任地方行政长官的明太祖族人朱文忠就曾专程来到义门郑氏居住的郑宅镇，对他们进行安抚。事后又专门奏明太祖，说他们自南宋以来“兄弟义居，《宋史》载其事，前元二次旌表其门，蠲免差役，今已十世。阖门二千余口，雍睦如初”，因此请求免除他们的赋税徭役，认为这样就可以使“风俗由此而益厚，政化由此而益美，其于治道，实非小补”。明太祖看后，便下令“照会施行”。明朝统一后，明太祖认为“世乱则用武，世治宜用文”，对义门郑氏更加重视。曾先后在洪武三年（1370 年）、十八年（1385 年）、二十三年（1390 年）等多次召见义门族人，并授予较高的官职。如在洪武三年，明太祖令江南诸郡大族派人入京听旨，义门郑氏以郑仲宗为代表前行。入京面圣以后，“特蒙优异”。至洪武十八年，郑仲德又代表义门郑氏进京，同样被明太祖召见，并问以治家之道，他以“谨守祖宗成法”相对，同时以祖传《家范》进献。正是在这次晋见中，义门郑氏被称为“江南第一家”，同时获得了可以与孔、孟等人的后代同时入朝，同班行礼的殊荣。5 年以后，主持义门事务的郑濂再次奉诏晋见，明太祖亲自书写“孝义家”三字相赐，使义门郑氏再添恩荣。

在不断召见义门郑氏的人入京晋见的同时，明太祖还多次下令从义门中选拔贤能，授以官职，使之在政治上获得相应的地位。洪武二十六年（1393 年），明太祖为了网罗天下人才，将在义门任教了 27 年之久的宋濂提拔为明代开国文臣之首，并将义门之规范变为明代之律典，下令义门中30岁以上的人入京备选。结果，义门中有24人同时入选，其中的郑济还被授予左春坊左庶子的职务，负责对皇太孙的教育和训导。对此，明太祖专门解释说："义门中有许多人才，天下大孝大义的，只称你家。朕今不命你掌刑名钱谷，惟欲你将家庭孝义雍睦之道，日夜讲说于太孙之前。"四年以后，义门中又将郑沂选送进京，明太祖同样对他说："你家大孝大义，累世同居，前朝虽尝仕宦、未有显达"，一下子把他从白衣寒士提升为礼部尚书——"掌天下礼仪"。相继又提拔了一大批州县级官吏。

明初明太祖在位时，对义门郑氏可谓是恩宠有加。不仅多次召见义门子弟进京，授以官职，甚至在义门中有人触犯法律时也多次进行相救。如在洪武四年（1371年），义门出身的郑洪任内藏库提点，当朝廷派人对库存银两进行例行盘查时，发现少了黄金1301两，白银2675两。按照当时的法律规定，监守自盗者钱满40贯都要满门抄斩，而明太祖得知时对他却是特别地开恩，只追究他个人的责任，对义门其他人一概不问。又如在洪武十三年（1380年），朝廷发生了胡惟庸大案，胡惟庸在供词中说曾有钱钞寄存在义门，义门也因此受到牵连。当时受牵连的人已被处死2万多人，义门的安危也危在旦夕。明太祖得知以后，却说义门是一个善良人家，胡惟庸的寄放钱钞之说全是为了陷害，全不干义门的事，只要把这些钱钞连本带息如数上交朝廷便可了结。事后，他又专门召见义门中这时在京的郑濂、郑湜等人，说"你这等好样的人家，如何不叫几个出来干朝廷勾当，你两个便商量几个名来"，不仅一下子赦免了义门交通权贵的罪，而且还因祸得福。不久，郑湜果然被授以福建布政司的要职，其他一些人也都相继得官，原本是灭族的罪行却带来了全族荣光的后果。再如在洪武十八年（1385年）五月和九月，先后有两宗大案牵连到义门郑氏。其中一件是应天府仓官童仲圭指控郑家不法，寄粮2500石；另一件是浦江县主簿蔡贞控告在郑家寄钞400贯。刑部依法办事，先后把义门中的郑挺和郑仲德押解进京审问。明太祖知道后，同样亲自过问，不仅赦免了两人，还把郑家将要上交朝廷的钱钞如数退还，说"你家是感动天地的人家，些小有些罪过，我赦你"。至洪武二十三年（1390年），义门族长郑濂又因拖欠税粮一案被押解进京，明太祖闻知后又一次为他开脱，说"他家不害百姓，不侵官粮，但迟些，赦了吧"，还让人把郑濂叫来，亲自安抚一番。

明太祖对义门郑氏的一再眷顾、迁就，对义门郑氏的发展和在明初的鼎盛无疑起到了重要作用。甚至在明太祖去世以后，继位的建文皇帝和永乐皇帝也继续对义门郑氏推行安抚政策。使之继续作为天下“大孝大义”的典型。如在建文帝时，又一次旌表了义门的门间，义门族长郑湜进京朝谢，建文帝又以“孝义家”三字为赐。至永乐皇帝时，义门中的郑干、郑沂、郑濂、郑棠等人都获得了不同的官职，史称义门因此“愈显”。后来，有人诬告义门私自收留了建文皇帝，并打造军械，图谋不轨，犯下了谋反大罪。对此，连在朝廷担任吏部尚书的郑沂也认为自己身为礼官，“不能使家众遵守国法，罪当坐”。谁知朝廷只是派人到义门搜查一下，并不深究，不久下令对义门全族进行赦免。

正是明初的几位皇帝一直采取对义门郑氏的提携和眷顾政策，致使明朝初年的义门郑氏，无论是在家族内部的组织结构上，还是在家族势力、政治面貌、社会影响等方面都达到了前所未有的高度，进入了无与伦比的鼎盛阶段。如从家族内部的组织结构上看，族长的绝对统治权威在这时已经确立，他对全族具有发号施令的权力，所说的话具有家法的效力。同时，为了加强对全族2000多人的有效控制，在族长之下还设有典事、监视、主记、通掌门户、掌管新事、掌管旧事、羞服长、掌膳、营运、启肆、掌畜牧、知宾、山长、主母、掌钱货等多种职务，各司其职，共同对族长负责，形同封建皇帝之下的王公百官。其组织之严密、分工之精细、职责之明确，具有典型的封建大家长制的性质。另外，为了在思想上加强对族人行为的约束，原来73则的《家范》到这时又增加为168则，内容更加翔实和具体。其中对族人的一言一行、家族礼仪、家风族风等都有十分详细和具体的规定。

据《义门郑氏宗谱》统计，整个义门在明初就有47人进入仕途。其中的郑沂还官居礼部尚书，郑洽为翰林院待诏，郑堪为大理寺左丞，郑济为左春坊左庶子，郑湜为左参议，郑干为湖广道监察御史，郑棠为文渊阁秘书，郑崇岳为云南按察司副使等，都具有较高的地位和权势。从做官的地区上看，除主要集中于南京和北京两大政治中心以外，还有人分别到福建、湖广、浙江、四川、江西、云南、安徽、广东、河南、山东、陕西等地供职，同时也把义门郑氏的影响带到了这些地区，也在这些地方留下了郑氏脉系和分支。

然而，明天顺三年（1459年），义门郑氏全族聚居的浦江郑宅发生了一场大火，烧毁了义门全族的房舍和族产，使义门郑氏的发展遭到了一次毁灭性的打击。火灾过后，由于义门郑氏失去了赖以同食共居的经济基础，加上政治、社会环境已经发生变化，义门郑氏不得不结束长达三百余年聚族而居的局面，将剩余的财物和田产分开，并鼓励族人外迁各自谋生。这样，义门郑氏的历史也随着火灾和族散而结束了。尽管如此，在明朝成化十年（1474年）和崇祯八年（1635年），明廷又先后两次对义门郑氏的后裔进行了旌表和蠲免，仍在记挂着他们昔日对朝廷“以家法治天下”的贡献。

3. 辽金元时期——北方郑氏光芒一闪而过

从五代十国开始，中国国土受到北方游牧民族的强力干扰，首先是北部半壁河山为异族所统治，随后是全部江山成为少数民族的天下，形成少数民族统治多数民族的局面。

这些游牧民族文化落后，有的还停留在奴隶社会阶段。蒙元入主中原后，将国人分为四等：文化最落后的蒙古人享受最高待遇；中亚和中国西部的少数民族称“色目人”，享受第二等待遇；长江以北的中国人称“汉人”，为第三等；文化程度发展最高的长江以南的中园人称为“南人”，列为最低的第四等。这种民族歧视政策严重破坏和遏制了中国的文化和经济的发展。

面对这样的剧烈变化，郑氏族人首先的选择是逃避。逃避不了时则身体力行，尽量为国家和民族做些好事，金代郑子聃就是这样的人。他是大定府（今辽宁赤峰）人。父宏，辽金源（今内蒙古喀喇沁旗）令，与兄子京俱有才，人称“金源二子，凤毛也。小者尤特达，后必名世”。正隆二年（1157），73人殿试，子聃第一，官至直学士、吏部侍郎，同修国史。子聃英俊有才气，文如其人。可惜天不假年，55岁卒于侍讲兼修国史位上，著有诗文2000余篇。此后，其家族再未见于史册。

在元代，有郑鼎、郑温、郑义三个郑氏家族异军突起，又迅速没落。

郑鼎，泽州阳城（今属山西）人。幼孤，能自立，读书晓大义。蒙元崇尚武力，郑鼎在环境影响之下，学了一身本事，尤善骑射。随元军攻大理、略吐蕃、伐南宋，以军功升太原、平阳两路万户，被赐名也可拔都。他虽是武人，却十分关心人民生活。在太原兴修水利，灌民田千余顷，又兴学校，励风俗，建桥梁，在民众中产生重大影响，卒后追封潞国公。其子制宜袭太原、平阳万户之职，后除湖广行枢密副使，又授大都留守武卫亲军都指挥使。大德八年（1304 年）平阳地震，人民生命财产受到严重损失，制宜星夜前往安抚，深入里巷，慰问伤残，给衣给食，以赈饥寒。元帝察其忠厚，特封其母苏氏为潞国太夫人。制宜 47 岁亡故，赠银青荣禄大夫、平章政事，追封泽国公。子阿思兰（亦作啊儿思兰）嗣爵。后阿思兰死于冤案，虽经昭雪，但其家族遭此打击，遂一蹶不振。

郑温，真定灵寿（今属河北省）人。早年从军，征西川，镇压济南反叛，渡海征耽罗（今韩国济州岛），官昭勇大将军、辅国大将军。子钦、釭、铨、镛四人均为不起眼的小官。

郑义，河间人，元山东路都元帅，战死于归德（今河南商丘），其弟德温袭职，战死于徐州。子泽代其职。泽老，弟江代之，后战死襄阳。江子郇官千户。

4. 明清两代——郑氏在政治、经济、文化艺术领域再铸辉煌

郑氏继元代由于蒙古人的统治在政治上的发展受到一定压抑和限制后，到了明代，郑氏在政治上又重新恢复了以往的地位，将家族的荣誉再一次推到了历史的新高峰。这一时期，除“九世同居——江南第一家”浦江义门郑氏在皇上庇护下继续发展和外戚之家大兴郑氏外，又有莆田郑氏、鄞县郑氏、歙县郑氏、嘉定郑氏、宁海郑氏、瓯宁郑氏、南阳郑氏、南城郑氏、浙江西安郑氏、舒城郑氏、仁和郑氏、山海卫郑氏、任丘郑氏、溧水郑氏、朔州卫郑氏、海盐郑氏、乐安郑氏、西安郑氏、安肃郑氏、云南郑氏、建德郑氏、宁乡郑氏、襄阳郑氏等 24 个政治大族，还出现了合肥郑氏、南安郑氏、濠州郑氏 3 个军事名族，龙溪郑氏、闽县郑氏、嘉定郑氏、崇安郑氏、休宁郑氏、揭阳郑氏 6 个文化大族，以及仍然知名而且昌盛的浦江义门郑氏等。

若就在历史上的影响和贡献论，明代的郑姓则以著名的航海家云南郑和家族和收复台湾的民族英雄、福建南安郑成功家族为代表。而从整个郑姓发展的历史上看，明代的郑姓是继两汉、北魏、唐代、宋代以后又一个发展高峰。

清代的郑氏在明代的基础上又有新的发展。自宋朝以来的一些著名郑氏家族，如福建莆田夹漈郑氏、侯官郑氏、建安郑氏、闽县郑氏，湖南长沙郑

氏，安徽歙县郑氏、合肥郑氏，浙江慈溪郑氏，西安（今衢州）郑氏，广东揭阳郑氏，江苏江都郑氏等在新的政治背景下有着不同程度的发展。而直隶（河北）万全郑氏、湖南凤凰郑氏、广东香山郑氏等则依靠其对当时的贡献获得崛起。总的来看清代的郑姓发展特点，在政治上的发展与元代类似，基本上与整个汉民族的命运一样受到压制和排挤，但在文化和艺术领域却有较大的建树。如江苏娄县（今上海松江）郑氏、青浦郑氏、兴化郑氏，浙江归安（吴兴）郑氏、钱塘郑氏、江山郑氏，江西贵溪郑氏、河南商丘郑氏、直隶（河北）枣强郑氏、辽宁铁岭郑氏等无不是因此而知名于世的。尤其是兴化郑氏中，还出了一位影响巨大的书画家郑板桥。这一时期的郑氏族人除仍在东南沿海一带外，一部分开始回迁北方，使北方的人数有所增加，说明郑姓发展更为普遍。从明朝中叶以后出现的郑氏族人向海外迁徙的浪潮，在这一时期发展到高峰，成为郑氏中一支不可忽视的势力，为郑姓人在海外的发展谱写了新的篇章。其中如暹罗（泰国）驱逐侵略者而成为国王的郑昭（郑信）是最著名的代表，泰国人民和中国人民都为之骄傲和自豪。

（1）郑和七下西洋

郑和（1371—1433 年），明初著名的航海家，军事家。云南人，本姓马，字三保（宝），回族。曾跟随燕王朱棣起兵有功，擢内官太监，赐姓郑，时称三宝太监。郑和在明成祖时期七次奉命下“西洋”，建立了不朽功勋。

在明成祖永乐三年（1405 年）至明宣宗宣德八年（1433 年）的 28 年间，郑和以内官太监（负责采办宫中所需一切器物）的身份，带着寻找流亡的建文皇帝、采办异域珍宝、“耀兵异域，示中国富强”等诸多使命，先后七次率领庞大的船队到达印度洋沿岸地区。实际上，也达到了大西洋彼岸，现代有专家论述，认为郑和是环球航海的第一人。

有史记载，郑和第一次下“西洋”开始于永乐三年六月。他带着 62 艘长 44 丈、宽 18 丈的船只，以及领航员、翻译、工匠和将士共 2.78 万人，满载财宝和商品，从苏州府刘家港（今江苏太仓县浏河）出发，经福州五虎门（今福州闽江口），过台湾海峡和东沙、西沙群岛，先后达到占城（今越南中都）、爪哇（今属印尼）、旧港（今印尼苏门答腊岛巨港）、满剌加

（今马来半岛西岸的马六甲）、苏门答腊（今苏门答腊北部）、翠蓝屿（今尼科巴群岛）、锡兰（今斯里兰卡）、柯枝（今印度柯钦）、古里（今印度科泽科德）等国家和地区。在古里国，他还以特使的身份宣读了永乐皇帝的即位诏书，表示两国世代友好。接着，又继续前行到甘巴里（今印度坎贝）、阿泼巴丹（今印度阿默达巴德）等地，然后返航。当行至古港时，船队遭受华人海盗陈祖义等人的袭击，幸好有备在先，一举歼灭海盗5000余人，获得大捷。至永乐五年（1407年）九月，船队正式回到南京，郑和出访的17个国家的使者也同船到达，受到明成祖的隆重接见。

郑和第二次下“西洋”开始于永乐五年十月，其目的主要是护送各国使者回国，并顺便进行回访。他先后到达了占城、假里马丁（今印尼长里马塔群岛）、古里、甘巴里等20多个国家和地区，于永乐七年（1409年）夏回到南京。

同年冬天，郑和又第三次奉命出使“西洋”。参加这次远航的宝船有48艘，另有其他专用船只数十艘，共2.7万人。当来到占城国新州港（今越南归仁）时，受到十分隆重的欢迎。接着，郑和又率船队到达爪哇、暹罗（今泰国中部）、满剌加等地，并在满剌加国的滨海地带修建了一座海上远航中继站。于永乐九年（1411年）六月返回南京。

永乐十一年（1413年）冬，郑和第四次下“西洋”。经占城、勃泥（今印尼加曼丹岛北部及文莱一带）、古兰（今马来半岛兰丹河一带）、彭亨（今属马来西亚）、东西竺（今马来半岛东奥尔岛）、爪哇、旧港、满剌加、阿鲁（今苏门答腊岛北部四路群岛）、苏门答腊、南巫里、翠蓝屿、榜葛剌、锡兰、加异勒（今印度半岛南部）、柯枝、古里等国家和地区，穿越阿拉伯海，到达波斯湾口的忽鲁漠斯国（今霍尔木兹岛）。两年后的夏天，返航归国。

郑和的第五次下“西洋”，从永乐十五年（1417年）冬开始，永乐十七年（1419年）夏结束，历时近两年。这次远航，在经过占城、爪哇、彭亨、满剌加、苏门答腊、锡兰、柯枝、古里等国家和地区以后，又渡过阿拉伯海，到达忽鲁漠斯、溜山、阿丹（今也门亚丁）、木骨都束（今索马里摩加迪沙）、卜剌哇（今索马星布腊瓦）、竹步（今索马里朱巴河）、麻林（今肯尼亚马林迪）、慢八撒（今肯尼亚蒙巴萨）等国家和地区。这是郑和下“西洋”以后最远的一次航行。尤其是越过赤道线到达了东非国家，开辟了世界航海史上的由太平洋直航印度洋赤道线以南非洲东海岸的航线，具有重要的历史意义。

永乐十九年（1421 年）初，郑和第六次出使“西洋”，其目的一方面是护送上次乘船来中国访问的 17 国使者，同时对各国进行回访和经济交流。这次航行最远到达慢巴撒，沿途一路访问，一路交流，并于次年八月顺利回国。

宣德五年（1430 年）六月，郑和又奉命开始了他的第七次下“西洋”。在这之前，他还于永乐二十二年（1424 年）专程奉命出使旧港，帮助当地华人施二姐恢复了宣慰使之职。因此后来有人把他的这次出使当做一次下“西洋”，认为郑和下“西洋”共有 8 次之多。不过，大多数人还是赞同七下“西洋”之说。在第七次下“西洋”时，郑和先后到达占城、爪哇、旧港、满剌加、苏门答腊、锡兰、柯枝、古里等地，他的副使太监洪保又从古里到达祖法儿（今阿拉伯半岛东南的多法尔）、阿丹（今也门亚丁）、天方等地。因郑和在宣德八年（1433 年）不幸于古里染病去世，他的船队也不得不返航，于是年八月返抵南京。

纵观郑和的七次下“西洋”，前后历时 28 年，先后到达 30 多个国家和地区，最远抵达非洲东海岸，不仅加强了明朝与这些国家的联系，而且还创造了世界航海史上的奇迹。他们远洋航行，比西方航海家哥伦布和达·伽马都要早半个世纪，具有划时代的伟大意义。

郑和去世以后，遗体被葬在爪哇岛上（今印尼爪哇岛三宝垄），一些遗物被随船带回，在南京牛首山上营建了衣冠冢。尽管如此，他七下“西洋”的不朽英名，则永远留在了“西洋”路上。现在南沙群岛中有一最大最著名的团沙群礁被命名为郑和群礁，南海诸岛中的永乐群岛、宣德群岛，以及景宏岛、费信岛、马欢岛等，都与他下“西洋”有关。

郑和第一次下“西洋”回国时的永乐五年（1407 年）夏天，曾因风飘流到台湾岛上。他在岛上大约停留了二个月左右，其间曾到赤嵌汲水，在今凤山县种植“三宝姜”为民驱病，并收集草药数种，为当地留下了诸多传说。

在国内，现存有许多关于郑和的遗迹。如在云南晋宁县昆阳镇郑和的故里祖墓、南京郑和墓、南京马府街郑和故居、南京静海寺、南京净觉寺、南京天妃宫及天妃宫碑、南京大报恩寺与琉璃宝塔、南京三宝船厂、太仓刘家港、太仓天妃宫、长乐太平港、长乐天妃宫、长乐三清宝殿、长乐三宝岩等以及郑和下“西洋”时所遗留的铁锚、铁釜、铜钟等。至于郑和的后代，南京《郑和家谱首叙》说他晚年养兄马文铭之子马赐为嗣，更名郑赐，主要繁衍于南京地带，一部分散居云南昆阳、江苏太仓和北京等地。

（2）民族英雄郑成功收复台湾

《郑成功族谱三种》郑芝鸾（成功叔）序云：“吾郑著汉唐表表……述光启间随王缘光州固始入闽，于是有郑焉，有居莆、居武荣，旋就武荣迁于扬子山下居者，吾祖五郎公隐石也。”从郑隐石传至10代郑绍祖，生子五人，依次是郑芝龙、郑芝虎、郑芝鹏、郑芝凤、郑芝豹，其中郑芝龙便是郑成功的生父。郑芝龙早年流亡日本，后乘明末动乱之机在东南沿海发展势力，成为海上最大的民间力量，俗称为海盗。明朝崇祯年间，朝廷对他进行招抚，并授以前军都督之职。此后，他又打败了另一支不听号令的势力，击败荷兰侵略军，职位升至锦衣卫副千户、漳州等处总兵、南安伯。明朝灭亡后，他又与黄道周等人拥立唐王朱聿键在福州称帝，建元隆武，他也因功进封平西侯，太师平国公。

郑芝龙早年娶陈氏，继娶日本籍女子田川氏（翁氏），在日本国平户市千里滨生子郑成功。所以在平户市建有“郑成功庙”，庙门匾额书有“荥阳之光”。郑成功七岁随父回国，接受中华民族优秀传统文化教育，立下救国救民大志。他原名森，23岁时，被唐王朱聿键任命为禁军提督，并被赐姓为朱，赐名为成功。当时江浙地区民众纷纷起来反抗清军，郑芝龙借势主动打起了反清大旗，先接受南明福王政权的领导，继而又在福州拥立唐王小朝廷，此时他手下拥有二三十万大军。郑成功从小就接受“忠君爱国”为核心的传统儒学教育。清军南侵后，他耳闻目染清军暴行，内心便坚定了反抗清廷的决心。后父亲变节，率众降清。恰好当时郑成功生母在南安家乡被南侵清军污辱，对他有“君父”之恩的唐王在汀州被俘后，囚送福州也不食而死。家仇国恨，促使他毅然走上了一条与父亲截然不同的抗清道路。甚至在清军派郑芝龙前来向他诱降并许以高官厚禄时，他仍一次次拒绝，并让人绣了一幅“杀父抗清”的大旗以明志。他当初以数千人的兵力在厦门、金门一带坚持抗清，后来经过不断招募、不断发展，达到十余万人之多。他数次与清军血战，曾一度率部北伐，包围南京，几乎收复了江南河山。只是由于战略上的失误，致使全军溃败，被迫退守厦门。不久，清廷在东南地区实行“迁海”（将沿海居民迁入内地）政策，对他的军需供给进行全面切断和封锁。原来从海上取得的供给也因荷兰侵略者入占台湾而遭到极大影响。为保存实力，做长期抗清的打算，他在曾任荷兰通事（翻译）的何廷斌建议下，开始积极着手进攻台湾的准备。

1661 年 3 月 23 日，郑成功留儿子郑经防守金门、厦门，自己亲率 2.5 万人从金门出发到澎湖，稍做休整以后，于四月一日乘涨潮之机在台湾鹿儿门登陆。接着，他又指挥军队歼灭了拔鬼仔上尉率领的 180 名荷兰军，烧毁荷兰兵船赫克托号，切断了台湾城和赤嵌城两个荷兰据点之间的联系。不久，赤嵌城的荷兰守军首先向郑成功投降。8 个月后，台湾城的荷兰守军也在其总督揆一的率领下宣布投降，并在投降书上签字，全部退出台湾。郑成功顺利地收复了台湾。

郑成功登陆台湾后，就大力发展农业，鼓励高山族居民进行垦荒。为了提高生产效率，他还从大陆把熟悉农业生产技术的农民派去指导，传授各种耕作方法。并按不同区域组成农社，发给每个农社耕牛、铁犁等农用器具，每社配备一名农业技师帮助发展生产。同时，他还下令把原由荷兰人霸占的“王田”改为“官田”，由政府征收赋税，颁布屯田法令，寓兵于农，解决军粮民食问题。官兵们有警则荷戈以战，无警则负耒以耕，为台湾的开发做出了卓越贡献。在广大军民的共同努力下，台湾不久就出现了“烟火相接，开辟荒土，尽为膏腴”的一派欣欣向荣的局面。

郑成功尽管一生戎马倥偬，但早年曾在名师的指导下学习儒家经典，熟悉《四书五经》和各种文体，中过秀才和廪生，并在国子监中受过学。所以他不但能诗、能文，而且还擅长书法，有着极高的修养和才华。他身在台湾，怀念祖国、家乡，并坚不称王，仍尊明为正朔，把赤嵌城改为东都明京，把台湾改为安平镇。在整个岛上设置一府二县，其府名定为承天府，县分别叫天兴县和石兴县。同时，他又极力提倡开设学校，以提高当地人的文化知识水平。

郑成功在经略台湾时，还十分重视台湾与日本及东南亚各国之间的海外经贸往来，把台湾当地的土特产贩运到日本、新加坡、越南、印度尼西亚等国，换回刀剑盔甲和生活日用品，解决军政所需。据清初到过台湾的郁永河说："凡中国名货，海外皆仰资郑氏。于是通洋之利，惟郑氏独操之，财用日饶。"台湾经济的发展和繁荣，在一定程度上依赖于这种海外贸易。

由于在反清过程中遭受一系列的惨痛打击，又加上长年累月的东征西战，事务缠身；家仇国恨未雪，抱负未展，收复台湾后的第二年，郑成功就因积忧成疾，吐血含恨而逝，年仅39岁。他去世后，其职位先后由于郑经和孙郑克塽接替，相继统治台湾23年之久。直到清康熙二十二年（1683），采取安抚与攻伐并举，郑克塽在其众臣的劝导下大义降清。台湾正式归属清朝，郑氏对台湾的经略和统治宣告结束。后人评价郑成功是"允文允武的英雄，创造时代的完人"、"威振海内，亘古未有的英雄"。甚至说他是"英雄中的英雄"。就连他反对过的清朝康熙皇帝也称郑成功为明朝遗臣，不是乱臣贼子，并下令为郑成功建祠庙，让后人永远纪念他，并题写对联曰"四镇多二心，两岛屯师敢向东南争半壁；诸王无寸土，一隅抗志方知海外有孤忠。"

（3）"扬州八怪"之首——郑板桥

郑燮（1693—1765），清江苏兴化人，字克柔，号板桥，乾隆进士。其父郑立本，清初廪生，是一个以诗书传家的儒学世家。因祖上没能在官场中获得一官半职，家道一直不振。至郑立本时以开馆授徒为生，日子过得相当清苦。生一子名燮，即郑板桥。

郑板桥是在清代文化界集诗、书、画、文四绝于一身的杰出艺术家。时人马宗霍在《书林藻鉴》一书中说："板桥有三绝，曰画、曰诗、曰书。三绝之中，又有三真，曰真气、真意、真趣。"这种评价十分贴切和极具概括性。其文一绝，亦堪称之。

郑板桥早年师从父亲和从外祖父郝梅岩受学，养就了对诗、书、画的特有兴趣。后应童子试，取得了秀才的身份。23岁结婚后，不久便赴真州江村，在一个姓许的破落官绅家里教书。数年后因父亲、儿子相继离世，他不得不卖掉老屋和家藏图书来安葬，后来又离开江村到扬州谋求生活出路。因投靠无门，不得不以卖画为生。后来又离开扬州到江西、湖广、河北、山东等地云游，先后到过庐山、徐州、通州、泰州、北京等地。到39岁时，由于夫人徐氏去世，他决心应考，得友人资助，到达南京、杭州等地，参加科举考试，并于雍正十年（1732 年）中举，从此经济状况有所好转，能诗能画的名声也日见增长。至乾隆元年（1736 年），他又中进士，七年后受乾隆叔父慎郡王允禧推荐，赴山东范县（今属河南）担任县令之职。这里是偏僻的边邑之地，全县人口不足十万，县衙也十分破落，但他关心百姓疾苦，努力使自己成为一个善于体察民情的好官。三年以后，调任山东潍县县令，适逢当地遇到灾荒，他开仓赈济百姓，加上要维修破旧的县城，因而得罪当地大户，受到责难，遂于乾隆十八年（1753 年）愤然辞官回到扬州，仍以卖画为生，往返于扬州与兴化之间，直到 73 岁时在家乡拥绿园中去世，被安葬在管阮庄的“椅把子”庄稼地中。

郑板桥一生中最擅长绘画，认为自己的画是无古无今之画。他作画以兰、竹、石、松、菊、梅为描绘对象，尤以水墨兰竹见长。他十分强调“造物为师”，迷恋于“风晴日午千竹林，野水穿林入林腹”的人间仙景之中，自称“非帷我爱竹石，即竹石亦爱我也”。将物我融为一体，做到“我有胸中十万竿，一时飞作淋漓墨”。他一生爱竹，平日无竹不居。由于对生活有十分细致的观察，加上他高超的画技，他笔下的竹极寓表现力，笔法简洁而又栩栩如生。在他之前，苏轼、文同、石涛等都是以画竹知名的人，他加以师法又绝不雷同，曾公开宣称“画竹插天盖地来，翻云覆雨笔头栽。我今不肯从人法，写出龙须凤尾排”。正因如此，他形成了自己洒脱、坚实、豪迈、爽朗的艺术风格。

除绘画以外，郑板桥的书法同样知名，他自己也曾说自己的字是“震雷惊电”之势。他的字体来自汉代隶体的八分书，杂用篆、草、行、楷，同时又把画兰竹的功力用在书法上，形成一种新的书法风格。他自己戏称为非此非彼的“六分半书”。他的书法作品让人猛看上去像一幅画，从章法上看大小疏密、短长肥瘦，拱揖朝向、俯仰映带，参参差差，被人称为“乱石辅街”或“浪里扦篙”，不离不碎，不散不结，独具一格。

郑板桥的诗坦率正直，别出心裁，也是他“三绝”中的一绝。他的诗作保留在《郑板桥全集》中的就有 349 首之多，另外还有许多题画诗等。他擅长金石篆刻，曾制印“康熙秀才雍正举人乾隆进士”、“东巡书画史”等多枚，流传至今，亦成为极品。还有，他的文章也是传世上乘力作。其实，他的诗、书、画、印、文，堪称“五绝”。

三、郑姓文化

（一）郡望与堂号

1. 郡望

郡望，亦称郡姓，指的是一郡之中的大姓望族。在阀阅制度盛行的朝代，郡望非常重要，一个姓氏有了郡望，也就有了跻身上流社会的优先机会。一个姓氏获得郡望绝非偶然，须有众多先贤数世为国家建立功勋，在社会上形成巨大影响，造成众望所归的形势才有可能。

郑氏的郡望也是如此。经过两汉、魏、晋、南北朝数百年，郑氏出现了叱咤风云的边关战将，声名显赫的经学大师，治绩卓著的政坛名臣，具备了形成郡望的必需条件。由于这些郑氏名人主要居住于荥阳郡，由此得名“荥阳郑氏”。《资治通鉴·第一四〇卷》说：南齐建武三年（北魏太和二十年，即496年），“魏主推重门族，以范阳卢敏、清河崔宗伯、荥阳郑羲、太原王琼四姓，衣冠所推，咸纳其女以充后宫”，这样，荥阳郑氏进而成为全国的四大望姓之一。

荥阳之所以成为郑氏望地有其必然的原因

其一，荥阳是东迁后郑国的发祥之地。幽王十一年（公元前771），桓公在抵御异族入侵时壮烈殉国，国人共立桓公子掘突为君，是为郑武公。武公保护周平王东迁，郑国也随之而东。武公重申桓公之誓，以“前华后河，右雒左济”的古荥泽之地为基础，施展“武公之略”，在王子多父的支持下，灭虢、郐，略管、蔡，扩地千里，初都京城，发展经济，建立了郑国早期的政治、经济、文化中心。郑武公给国人带来了安定的生活，国人为赋《缁衣》以颂之。武公卒，子寤生继位，是为郑庄公。庄公平定叔段之乱，以“黄泉见母”赢得母爱之后，继续实施“武公之略”，发展国家，胜卫、宋联军，败周王之师，灭北狄之兵，取许、戴之都，国势达到极盛，四邻威服，号称“春秋小霸”。

其二，荥阳是郑国的归宿之地。繻公十五年，韩景侯伐郑，取雍丘

（今河南淮阳），郑国受到直接威胁，繻公不甘就此亡国，又把国都迁同京城，奋发图强，组织国力，夺回被韩国占领的负黍（今登封西南），包围韩国都城阳翟（今河南禹州），大有吞并韩国、重振郑国雄风之气概。但是繻公被逆臣所杀，复兴成为泡影。康公乙继位二十一年（公元前 375 年），韩国伐郑，郑国亡。郑国是郑氏的先君之国，它创造了光辉灿烂政治、经济、军事、文化业绩，有中国最早的长城郑韩长城，有中国最早的蚕丝郑绵，有中国最早的丝绸“荥阳绸”，有中国最早记录国君言行的史书《郑语》，有中国最早的诗集《郑风》，有古代最有名的乐器“郑琴”，有古代著名的民间音乐“郑声”，有古代闻名遐迩的舞蹈“郑舞”，有中国最早的铜铸“刑书”，有世界最早的“惩罚毁林的案例”，有中国古代绝无仅有的听取民意的“乡校”，有中国最早的军阵“鱼丽之阵”，有大义灭亲的女子，有以私产智退敌兵的商人等等。作为郑国的后裔，无不为祖先的卓越成就而骄傲与自豪。

其三，荥阳地处中原，气候温和，雨量充沛，土地肥沃，物产丰富，人才济济，可谓地灵人杰。夏代以前为祝融氏之地，属豫州，天文上属角、亢、氐分野。商代先归国都敖、亳直辖，后为侯奠的领地。西周初为虢国（东虢）。周平王元年（公元前 770 年），郑武公东迁后都京。周烈王元年（公元前 375 年）韩灭郑，在荥泽北岸设荥阳邑（今郑州古荥镇东北 8 里）。战国时秦拔荥阳，置三川郡，荥阳属之。汉高祖元年（公元前 206 年）置荥阳县。治在今古荥镇东南之古城村，属河南郡。三国魏正始元年（240 年）析河南郡置荥阳郡，寻废。晋泰始元年（265 年）复置荥阳郡，治在古荥镇，辖荥阳、京、密、卷、原武、苑陵、中牟、开封八县。南北朝北魏时，县、郡治迁大索城（今荥阳老城）辖荥阳、成皋、京、密、卷五县。北齐改荥阳郡为成皋郡，省京县入荥阳县。北周改荥阳郡为荥州，后又改为郑州。隋改为管州，又改为郑州，再复为荥阳郡，最后废郡存县。唐置郑州荥阳郡，治所先在虎牢关（今荥阳市汜水镇），后治所迁管城（今属郑州），辖管城、荥阳、荥泽、原武、阳武、新郑、中牟七县。在唐代，荥阳县曾两度改称武泰县，后复称荥阳县，今称荥阳市。

汉、唐之际，国都多为长安或洛阳。荥阳的县、郡治所无论在古荥镇还是大索城，都是东方各地通向京畿的交通要道。来往的客商、赶考的学子、求职的士人、调迁的官吏、观光的游客、游方的僧侣成群结队，无不在荥阳餐饮歇息，带来的各种特产土仪、奇珍异宝，在此交易。因此，荥阳经济十分繁荣，当时除京城之外，很少有荥阳这样的繁华之地。荥阳具有这样优越的地理环境，为郑氏发展创造了极为有利的条件。十六国后燕时，慕容垂的太常卿、太子少保、济南公郑豁及其子郑温将家迁到荥阳郡治附近，借助荥阳优越的地理位置，人口得到迅速发展。郑豁之孙、北祖郑晔后，有“七房郑氏”，子孙昌繁，成为荥阳仅有的大族。郑氏具有人口的优势，具有较高的文化教养，善于交谊，人才辈出。从郑豁的曾孙开始，荥阳郑氏任太守、刺史、将军等高级官吏者累世不断，在南北朝北魏时形成郡望，成为全国有名的阀阅门第。由此可知：正是荥阳的“地灵”，造成了郑氏的“人杰”。

2. 堂号

堂号，有时也称官姓，是族系或族支的标志。一个姓氏人口众多，为了互相区别，就以不同的房系和宗门分为不同的族系和族支。每一族系或族支都以不同事物做标志，由于这一标志主要以灯标、匾额的形式挂置于本族系或族支的祠堂。因而称为“堂号”。

郑氏的堂号各式各样，有的出自郑氏先贤的典故，有的出自对望地的怀念，有的表示本族支始祖的身份，有的表示对本族系或族支的期望。由于郑氏文化为全体郑氏所共有，因此，采用某位先贤的典故，不一定表示这一族系或族支全部是那位先贤的后裔。

堂号出现的时间先后不一。已知郑氏堂号最早出现于南北朝。

由于经济、文化条件和传统的差异，不是所有族系或族支都有堂号。一般地说，郑氏人口比较集中的地区有堂号或堂号较多，人口分散的地区堂号很少或没有堂号。就全体郑氏而言，只有少数族支有堂号，绝大多数族支没有堂号。凡没有堂号的族支，均通称为“荥阳堂”。

郑氏堂号主要有：

荥阳堂：以郡望为堂号，表示为荥阳郑氏的后人，也表达对故土的怀念。有的书“荥阳郡”，与“荥阳堂”同一意义。“荥阳堂”是使用最多的堂号，也是郑氏族人的共同堂号。

书带草堂：使用较多的堂号之一，来源于东汉大经学家郑玄。玄公，字康成，也称郑康成。《三齐记》云：郑康成尝授徒于不其山（今山东即墨东南20里），山下生草大如韭叶，长尺余，坚韧异常，康成及其学生常以之“缚书”，士人名之曰“康成书带草”，后人以“书带草”为堂号，表示对玄公的纪念。书带草堂是郑氏特有的堂号。

书带堂：使用较多的堂号之一。来源于书带草，表示始祖为官宦之家，也表示对郑玄的怀念。

带草堂：来源于书带草，表示始祖为平民，也表示对郑玄的怀念。祠堂楹联“家教渊源带草，时萦通德里；人文炳蔚兰芽，竞秀不其山”，以不同的典故涵盖了这个意义。也是使用较多的堂号之一。

通德堂：使用较多的堂号之一。北海太守孔融景仰郑玄的学识与德行，名其居为“通德里”，名其门为“通德门”，后人以“通德”为堂号，表示继承与发扬郑玄的学识与德行。

安远堂：源于郑吉以经略西域，因功封安远侯。

白云堂：已知郑氏最早的堂号。南北朝北魏大书法家郑道昭及其子郑述祖，在山东省掖县云峰山（亦称文峰山）、大基山（亦称道士谷）、平度县天柱山、益都县百峰山等多处题“白云堂”或“白云之堂”，以明其家门。

表仁堂：出《礼·表记》：“仁者，天下之表也。”

博经堂：取郑玄“博览群经”之义。

昌世堂：取世代昌盛之义。

承德堂：取“继承祖德”之义。

崇德堂：崇尚有德者，发扬盛德。《尚书·武成》：“惇信明义，崇德报功。”

大本堂：取自《荀子·王制》：“与天地同理，与万世同久，夫是之谓大本。”

大兴堂：寓兴旺发达之义。

笃祜堂：笃，厚实。祜，福。

敦睦堂：敦睦，一作敦穆，亲厚和睦。三国魏曹植《曹子建集十·汉二祖优劣论》云：“敦睦九族，有唐虞之称。”《晋书·夏侯湛传·昆弟诰》云：“敦穆于九族。”

福六堂：福六，即六福、六顺，指君义、臣行、父慈、子孝、兄爱、弟敬。

公议堂：此堂号出自河南商城。该县郑氏属不同族系，公议联宗，故用此堂号。

桓兴堂：取“桓公兴国”之义。

怀龙堂：出处未详。

积善堂：取“积善之家必有余庆”之义。楹联“积善堂前无限乐，长春花下有余香。”

经畬堂：出处未详。

聚福堂：聚集福分，表示愿望。

奎斗堂：奎斗，星宿名，二十八宿之一，白虎七宿的酋宿。古人认为，奎斗屈曲相钩，似文字之画，因而主文。奎斗堂取其“以文兴邦”之义。

乐庆堂：欢乐庆贺，表示愿望。

履声堂：汉朝郑崇官居尚书仆射，常着革履早朝，皇帝很远就听到履声，因言：“我识郑尚书履声。”由此，“郑履”或“履声”成为大臣朝见天子的典故，郑氏后裔也就沿用这个典故自报家门。

亩忠堂：其先兄代弟死，兄后裔迁福建长乐洋屿，皇天佑其忠孝，亩田收粮数十百石，故以“亩忠”名其族。

亲亲堂：《礼·中庸》云：“仁者人也，亲亲为大。义者宜也，尊贤为大。”按亲亲，前一“亲”为动词，义为亲爱、亲热、亲近；后一“亲”为名词，义为亲人、亲属。“亲亲”义为亲近亲人。

仁本堂：取“以仁为本”之义。

清廉堂：清白廉洁。《序子·说剑》云：“诸侯之剑，以知勇士为锋，以清廉士为锷，以贤良士为脊，以忠圣士为镡，以豪杰士为铗。”楹联：“清尊先命敦后昆永绵祖德；廉守法制睦阖族丕振家声。”

善庆堂：表示道德规范。

绍德堂：继承祖德，发扬光大。

绍廉堂：出处未详。绍：继承。廉：廉洁。

慎远堂：取“慎终追远”之义。

诗礼堂：取“诗书传家、礼义经邦”之义。

世德堂：《唐故蒲州司户李公夫人荥阳郑氏墓志铭并序》：“桓公善职，实宣世德。”

寿山堂：取“宇宙屹立而寿者无逾于山”之义。

输赈堂：取“输粟救荒流惠远，体天行化沐恩深”之义。

五福堂：《尚书·洪范》云：“五福：一曰寿，二曰富，三曰康宁，四曰攸好德，五曰考终命。”民间以福、禄、寿、禧、财（一说福、禄、祯、祥、寿）为五福。又含五世同堂之义。宋·欧阳修《文忠集十二·纪德陈情上致仕太傅杜相公诗》云：“事国一心勤以瘁，还家五福寿而康。”

孝友堂：孝敬父母与友爱兄弟。《诗·小雅·六月》：“侯谁在矣，张仲孝友。”

撷经堂：撷，义为采取。经，泛指经典与德行。撷经，义为遵行传统礼义。

贻庆堂：贻，赠送。庆，庆贺。

永济堂：出处未详。

永思堂：“永思祖恩”之义。

有怀堂：取“有所怀念”之义，实为怀念祖先。

玉华堂：玉中精华。《艺文类聚·晋郭璞·瑾瑜玉赞》：“钟山之宝，爰有玉华，光彩流映，气如虹霞。”玉为诸石之精华，玉华则为精华中之精华，比喻本族出类拔萃。

展思堂：出处未详。

忠德堂：取“忠厚之风传家，德礼之教奕世”之义。

忠厚堂：取自“忠厚传家久，诗书继世长”。

忠孝堂：取忠诚孝顺之义。

著经堂：著，同注。取郑玄遍注群经之义。

涵远堂：取“涵天地正气远无疆荣庆”之义。

此外，有些族支无明确堂号，而有传统的称谓，也可视为堂号。例如：

履声世家：见履声堂。

明谟世家：郑清之在南宋理宗朝时，官拜右丞相兼枢密院使等职，进封申国公，嘉熙四年，皇帝赐钱十万缗为筑室，御书“辅德明谟”之阁，清之公后裔门第遂有“明谟世家”或“明谟第”之称。

义门世家：宋代郑济官人内阁，为官处世以孝义为先，其子孙十余世同居，可谓孝义门第，皇帝御赐“义门”，故有“义门世家”之说。

书香世家：宋代郑钦为官清廉，政绩卓著，加升中书之职。其家族人丁自成一脉，世人称之为“书香世家”。

另一些族支也无明确堂号，但在族谱上或灯标上冠有祖地名称（如“荥阳”）的，也可视为堂号。

上列许多“堂号”和“官姓”，多数只有姓郑的才能区别使用，天下凡有此“堂号”和“官姓”的，就一定是姓郑的族裔。

由于堂号的任意性较大，同一堂号的族支不一定有共同的祖先，即不一定属同一个族系，而同一始祖的族支可能使用不同的堂号，所以不能以堂号判定是否同一族系。

（二）昭穆范字

昭穆又称字辈、辈语、辈谱、班行、派行、派引、排行、行第、行派、字派等，指名讳中的某一个字，以识别是否同辈兄弟的标志。北齐颜之推《颜氏家训》云：“同昭穆者，虽百世犹称兄弟。若对他人称之，皆云族人。”

这种昭穆范字一般在修谱时提出，经全族会议讨论认可，以后按辈取名，以免祖孙重名。这样起的名字称为“谱名”，要记入家谱。

派行用字必须选择含有吉祥、端庄、激励意义的字，至少要用中性字，绝对不用贬义字。然后将这些字编成四字、五字或七字一句，类似诗一样数句韵文（有的族支不编），以便记忆。

郑氏的派行与其他姓氏没有什么差别，只是用字不同而已。下面仅举一些族支的派行情况。

1. 福建长乐猴屿族支字派（由始迁祖第五世起）

伯 仲 秉 公 宗 荣 一 举 廷 邦

兆 治 克 振 其 家 存 心 孝 忠

敦 式 义 方 为 善……

2. 福建同安栖珊等合族排行

枏纶祥申质良三　贵嗣尚时弘魁万　克启元肇逢济美　桂兰呈芳耀德先

3. 福建惠安葵坑族史昭穆字派

钱妣发祥甚攸长　宗家芝秀奕世昌

伯仲慈和敬礼义　兰桂腾劳立纲常

继志风规千载永　崇功尊训重年香

子孙蔚启明廷上　文武经帮有荥阳

4. 福建闽侯超墘昭穆序次四十世

自秉朗懿 仁统德元　维宗淑孔克继道常　永夫善则　保世书昌

贻仲孙谋　以燕翼子　绳其祖武　于斯万年

5. 江西太和桥头镇锡坑老屋洲上族支字派（由始迁祖第二十六世起）

爱善富期开　人顺有理智　惠策自翔云　名钦能敬业

朝旭超岚晖　昆仲普为裕　群雄同登程

6. 浙江天台南平乡山头郑村族支字派

老字派：孟兆世太绳　忠国嘉懋应　汝宜能立志　为学秉端方

新字派：肩从泰发祥　积庆永贤良　人才皆鼎秀　万邦有道昌

7. 湖南宁远柏六坪镇榜利元村族支字派（由国世系六十七世起，各户不一致，以两户为例）

福　三　幼　小　大　汝　世　四　玉　庭　以　明　亥　庆　滨

鉴　良　廷　继　懋　元　朝　之　大　国　世　德……

福　三　幼　小　大　汝　世　四　玉　庭　以　付　壬　爵　千

万　元　新　庆　国　良　尚　学　文　世　应　兆……

8. 广东陆丰大安墟昭穆字派

武文芳金彰成德　贵贤泉源宗世隆　祖传荣发新栋接　标连玉奕志修云

9. 广东陆丰后鉴昭穆字派

其荣允文景宗一子　君国士学廷怀承玺

世业克昌式昭德美　戴显英猷令明永纪

10. 河南洛阳、新安、伊川“合族宗派字记”

文金应占鹏天远　学海同绍凤阁人

联发恒存蛊厚志　敬宗克秉虔诚心

11. 湖北通山杨芳晓寨族支“派行诗”

令嗣承家远　宗由通德传

永生泰运日　显达盛英贤

12. 浙江宁波族支“行第”

肇　修　人　纪　式　序　伦　理　常　慈　祥　恺　惠　令

德　传　芳　钟　英　毓　秀　济　美　延　庆　敦……

13. 重庆潼南大安族支“行派”

以前字派

长房：权孔元洪　达能书良　（秀）光人维祖

二房：权孔元洪　侪能之良　（单名金旁）　汝荣炳培

三房：权孔元洪　羽能书良　（秀）光人维祖

现行字派：世德克昌　永以宗同　用承先志　天锡福降　大启登科　家孝国忠　恩泽广远　丕畅皇风

后续字派：延续肇基业　宽厚庆炽骧　公侯源流继　将相沛享长　睦族笃根本　爱亲重伦常　和邻明礼让　裕后有义方　持身宜恭俭　接物尚慈祥　予肖歌风景　孙贤荷平章　文蔚称乡党　廷瑞焕玉桑　勤慎千秋盛　清白万代芳

14. 辽宁台安西佛镇下衭红旗族支字派

平得宗贵一　元亢可文志　全统守国学　永存修美善

15. 贵州大方高店族支字派

顾明文朝正　应邦德显

世禄永昌　齐家有道

继以书香　经业绍述

通衢名扬　祖遗师范

后裕前光

16. 福建福清龙田镇南山村族支既有“辈字四字诗”，又有“表字七字诗”，各五十六世：

辈字四字诗：

聿承先业，文学无疆；

绍述世系，卿士其长；

祖恒为善，祚必克昌；

应时而起，纯是彦良；

修齐平治，邦家之光；

惟致中和，位于斯章；

贵至公侯，亦代联芳。

表字七字诗：

世泽亲仁翼以联，

尚崇宗德有名贤；

孔孟圣学宜守继，

伊周正道在希传；

伯仲英名能济美，

子孙孝友可承先；

知君玉树长荣茂，

会看兴隆千万年。

17. 比较特殊的是重庆市梁平县竹山镇川心村族支的“班行”，每班五字。其班行如下：

12 世　世台所生卿

13 世　之元一良臣

14 世　有忠长伯学

15 世　新登上然文

16 世　成章大连秀

17 世　自启必通仁

18 世　用志守宣国

19 世　修士普昌闻

20 世　为政朝义选

21 世　行道见高京

22 世　乃曰三才甫

23 世　思信亦贤英

24 世　济应清如尔

25 世　得胜利君心

26 世　至占知其本

27 世　定命继先春

28 世　作承惟万福

29 世　治正永太平

30 世　能显吾宗美

31 世　必弘立名廷

32 世　运从方彦习

33 世　化合顺书林

34 世　开典重孺子

35 世　天增在远宁

36 世　德辉全可效

37 世　发达誉安存

38 世　孝纪相荣懋

39 世　现善以祥恒

40 世　光于尧时泽

41 世　明邦展锦纶

18. 更为特殊的是四川达州东兴族支班辈排行，既有单字排，又有五字排（与梁平川心村同）：

	单字排	五字排
86 世	得	世台所生卿
87 世	登	之元一良臣
88 世	永	有忠长伯学
89 世	学	新登上然文
90 世	文	成章大连秀
91 世	朝	自启必通仁
92 世	天	用志守宣国
93 世	子	修士普昌闻
94 世	仕	为政朝义选
95 世	有	行道见高京
96 世	三	乃曰三才甫
97 世	元	思信亦贤英
98 世	明	济应清如尔
99 世	一	得胜利君心
100 世	仁	至占知其本
101 世	忠	定命继先春

102 世　国　　作承惟万福
103 世　正　　治正永太平
104 世　安　　能显吾宗美
105 世　享　　兴弘立名廷
106 世　太　　运从方彦习
107 世　平　　化合顺书林
108 世　春　　开典重孺子

特别要指出的是，谱名十分呆板，不能表达某些人追求新颖、庄重或志向的意愿，而且往往派生出使人讨厌的谐音名字，所以许多人抛弃谱名不用，而另起新的名字。这样，谱名就等于虚设，时间一久，不但子孙不知谱中某名为谁，连他本人也完全忘记。这种谱名在实际生活中形同虚设。但在“族史”研究中却提供了许多其他史料信息。

郑氏不像孔、孟、曾氏，一直没有全国统一的派行，也没有族系的统一派行。翻开《新唐书·宰相世系表》就会发现，不但同族兄弟名讳各异，即使同胞兄弟也很少有规律可循。可以说，这是古代郑氏特有的传统。到了宋代仍然如此，虽开始注重派行，但仍没有全同统一的派行。我们从民间保存最早的福建莆田《南湖族谱》可见一斑：

宋代以后，人们开始从先人名讳中寻找规律，于是有了派行的概念，规定某个字为某一辈的特别记号，即使名讳中不用这个字，也应知道自己属于哪个“字辈”。这种派行一般由某个族支自行确定，派行用字也只适于本族支，所以不同族支的派行用字千差万别。有的邻近族支互相借用派行用字，并不表明属于同一祖先。有的族支无事先的派行表，则以某辈最长者的各讳中一个字作同辈兄弟的派行依据。有的族支全无派行，则由学校教师为之排行。所以，有的提出某某所编的派行诗，其中有几字犯我族支先祖派行之讳，这种提法是不客观的，也没有必要如此苛求。派行，亦是一种代次的符号而已。

派行的作用在于区别兄弟、叔侄、祖孙关系，做到长幼有序。其实，在一个不大的族支内，即使不要字派，也能互相确定关系。两个相距遥远的族支，因字派不同，即使摆出字派，也无法确定相互关系。在这种条件下，字派似乎没有发挥他在外延族系中的作用，但在本支内起着伦常第次的规范作用。

现代社会发展迅速，人们拥有完全的取名自由。公安机关规定，只要名字不超过五个字，都可以登记入户籍。现代许多族谱记录的名讳，特别是改革开放以后出生的人名，出现了明显的“复古”现象，即单字多，没有规律的多。在这种情况下，再坚持派行，已经没有任何实际意义了。尽管如此，我们还是颁行关于字辈的“百字派诗”，供各地宗亲参照。

天	泽	松	熙	垣	金	鸿	秀	美	璋
86	87	88	89	90	91	92	93	94	95
锦	江	材	耀	起	钧	汉	茂	光	堂
96	97	98	99	100	101	102	103	104	105
钦	沛	彬	炀	瑞	铭	洵	杰	灿	匡
106	107	108	109	100	111	112	113	114	115
鉴	波	林	炳	重	介	荥	穆	熯	旺
116	117	118	119	120	121	122	123	124	125
会	济	科	然	壮	合	源	权	炬	强
126	127	128	129	130	131	132	133	134	135
修	瀛	荣	耿	德	仪	海	本	为	埮
136	137	138	139	140	141	142	143	144	145
鑫	沂	梧	煌	至	銮	溱	栋	烨	琅
146	147	148	149	150	151	152	153	154	155
侯	淳	秋	焱	玉	舒	训	桂	烽	璜
156	157	158	159	160	161	162	163	164	165
佐	洧	桓	焜	圣	伊	澄	柏	火	祥
166	167	168	169	170	171	172	173	174	175
俍	泰	森	炅	璐	奋	淼	楚	炎	邦
176	177	178	179	180	181	182	183	184	185
仁	永	朴	勋	宝	俊	濂	乐	烈	纲
186	187	188	189	190	191	192	193	194	195

（三）族规与家训

族规与家训，是维持家庭、家族稳定和睦的准绳，有时也称为家法。之所以不正式称家法，是因为家庭和家族究竟不同于国家，更重视亲情，不能动辄动用刑罚，而应注重规劝和训导，以使子孙的言行符合一定的道德规范。

现存家谱内的族规与家训内容既有精华，也有糟粕。精华部分，在于它规范个人的道德准则，维护家庭和睦和社会安定；糟粕部分是它鼓吹君主族长的绝对权力，并剥夺人的基本权利，尤其剥夺了妇女的诸多权利。因此必须批判地看待它，摒弃其糟粕，继承其精华。

如江南第一家“义门郑氏”的《郑氏规范》明确规定了祭祖时“不作佛事，象钱寓马亦并绝之”；要求禁绝“赌博无赖及一应违于礼法之事”；会聚亲朋，不得夜间设宴，小酌也不得到一更；亲姻馈送，不可过奢，“又不可视贫加薄，视富而加厚”；禁止纳妾；“子孙出仕，有以脏墨闻者，生则于图谱上削去其名，死则不许入祠堂”；对于同族，“更于缺食之际，揆其贫者，月给谷六斗，直至秋成。其不能婚嫁者助之”；“秋成谷价廉平之际，籴五百石，别为储蓄，遇时缺食，依原价粜给乡邻之困乏者”；“宗族无所归者，量拨房屋以居之”；“里党或有缺食，裁量出谷借之，后催元谷归还，勿收其息”；“子孙不得与人眩奇斗胜，两不相下。彼以其奢，我以吾俭，吾何害哉”；“诸妇育子，苟无大故，必亲乳之，不可置乳母，以饥人之子”；“世人生女，往往多致淹没。纵曰女子难嫁，荆钗布裙有何不可”，等等。这样的族规，充满温馨、祥和与正气，无论在什么样的社会制度下，都是中华民族的传统美德，是非常宝贵的文化遗产。

现在，一些族支制定了新的族规与家洲，既吸收了古代族规与家训的积极部分，又根据现代社会需要加入了新的条款，类似上个世纪 90 年代出现的“乡规民约”，具有积极意义，应当提倡。

四、宗祠

宗祠又称宗庙、祠堂、家庙，天子于诸侯的宗祠称太庙或大宫。宗祠是纪念性建筑，为后世子孙供奉祖先木主（又称神主，民间称牌位）、祭奠祖先的场所。

郑氏宗祠起建于何时何地，已无法考证。经朝廷批准为郑氏先贤建家庙，则是在宋代。

据《续资治通鉴》第二十四卷记载：宋真宗景德元年冬十月“戊子，祔明德皇后神主于太庙。先是，诏有司详定升祔之礼，上议曰：‘唐睿宗昭成、肃明二后，先天之始，唯以昭成配飨。开元之末，义以肃明迁祔。晋骠骑将军温峤有三夫人，峤薨，诏问学官陈舒：谓秦汉废一娶九女之制，妻卒要娶，无复继室，生既加礼，死不应贬。朝旨以李氏带于峤之微时，不霑赠与，王、何二人并加章绶。’唐太子少傅郑余庆将立家庙，祖有二夫人，礼官韦公肃议，与舒同。”这个庙址，在今河南荥阳郑王庄。但余庆公庙屡遭战火，年久失修，早已不存。

宗祠大门有匾额，宗祠中悬挂宫灯，门额、门上书本族支的名称，即堂号。

宗祠本来是后人祭奠、缅怀祖先之处，是体现孔子“祭如在，祭神如神在”的场所。所以古人说：“君子治宫室必先祠宇，爰筑祖祠，以祀吾父考。”宗祠的祭祀活动。是中华民族尊老敬贤的悠久传统。在现代，宗祠除祭祀之外，又充分利用其宽阔、清静、卫生、透光良好等优越条件，发挥其综合作用。福建省福安市街尾郑氏宗祠，为本社区老年人提供文化娱乐活动服务；报刊、电视阅览服务；为社区及礼会群团组织提供庆祝、宣传活动场所；为本社区提供婚、庆、喜、丧等用品用具服务等，使宗祠具备了现代礼会的功能。

在全国各地，凡是同姓族人聚居的地方大多建有宗祠，供奉本族支有影响的远祖和始迁祖以下的列祖列宗。全国比较有影响的郑氏宗祠有：河南荥阳广武郑王庄郑氏宗祠；在建的世界郑氏大宗庙（庙里建有“桓恩殿”、“四祖殿”等），郑氏名人苑“三公殿”（殿名由世界著名企业家、新世界集团董事长郑裕彤先生题书）；王村镇西大村的“大里村郑氏宗祠”；河南新密岳村郑氏宗祠；山东高密康成公祠；福建福清石塘侠公祠；浙江鄞县清之公祠；福建永定清之公宗祠；福建厦门延平郡王祠；贵州平坝天龙镇贵州郑氏大宗祠和湖北鄂东下郑郑氏宗祠等。

最能体现宗祠状况的宗祠在浙江苍南。该县郑氏人口 37325 人，列全县 426 个姓氏的第八位，占全县人口的 3.57%，分布于 15 个乡镇、125 个重点村，共有 28 个郑氏宗祠和纪念馆。其主要郑氏宗祠分布与规模如次：

陈罗垟郑氏宗祠　位于桥墩镇大龙陈罗垟村。初建于清代，占地面积500平方米，建筑面积180平方米。

大云兜郑氏宗祠　位于新安乡大云兜村。初建于清代，占地面积150平方米，建筑面积100平方米。

东宫郑氏宗祠　位于岱岭乡东宫村。初建于清代，民国时重修，建筑面积150平方米。

东溪郑氏宗祠　位于藻溪镇东溪村古井头。始建于清代，民国时重修，占地面积700平方米，建筑面积210平方米。

东仓郑氏宗祠　位于灵溪镇对务东仓村。始建于清代，占地面积1000平方米，建筑面积150平方米。

东括内郑氏宗祠　位于括山乡东括内村。初建于民国十八年（1929），占地面积660平方米，建筑面积220平方米。

港头郑氏宗祠　位于望里镇港头村。初建于清代，民国时重修，占地面积300平方米，建筑面积130平方米。

观美郑氏宗祠　位于观美镇观美街。清乾隆三十六年初建，民国时重修，座东北面西南，建筑总面积500平方米。

湖前郑氏宗祠　位于湖前镇西桥村。初建于清代，建筑面积100平方米。

黄坛口郑氏宗祠　位于桥墩镇黄坛口村。初建于清光绪二十六年，占地面积1100平方米，建筑面积550平方米。

佳山郑氏宗祠　位于观美镇岭脚村。建于清光绪十年，总建筑面积300平方米。

将军郑氏宗祠　位于括山乡将军村。占地面积1000平方米，建筑面积300平方米。

江湾郑氏宗祠　位于灵溪镇江湾村。占地面积350平方米，建筑面积125平方米。

金中郑氏宗祠　位于云岩乡金中村。坐东面西，初建于清雍正间，清末与民国时三次重修，占地面积500平方米。建筑面积180平方米。

灵峰郑氏宗祠　位于灵溪镇对务灵峰村。清道光十年初建，清末与民国两次重修，占地面积935平方米，建筑面积150平方米。

岭尾郑氏宗祠　位于沿浦镇岭尾村。初建于清代，民国时重修，占地面积350平方米，建筑面积150平方米。

炉头郑潘宗祠　位于舥艚镇炉头村（郑江）。初建于清代，民国时重修，占地面积400平方米，建筑面积120平方米。

瑞岩郑氏宗祠　位于云岩乡瑞岩村。初建于民国初年，占地面积400平方米，建筑面积210平方米。

山塘郑氏宗祠　位于舥艚镇山塘村。初建于清代，占地面积300平方米。建筑面积200平方米。

上江郑氏宗祠　位于灵溪镇上江村。始建于清代，民国时重修，占地面积270平方米，建筑面积130平方米。

水心郑氏宗祠　位于舥艚镇新城水心村。始建于元代，经明、清、民国多次重修、重建，占地面积500平方米，建筑面积300平方米。

松墩郑氏宗祠　位于南宋乡溪光村松墩。初建于清代，民国时重修，占地面积600平方米，建筑面积230平方米。

西坑郑氏宗祠　位于矾山镇西坑村。占地面积800平方米，建筑面积250平方米。

西厅郑氏宗祠　位于莒溪镇西厅村。初建于清乾隆四十九年甲辰，清末与民国时两次重修，占地面积1800平方米，建筑面积430平方米，为县级文物保护单位。

下垟郑郑氏宗祠　位于湖前镇下垟郑村。初建于清代，占地面积1800平方米，建筑面积400平方米。

新村郑氏宗祠　位于桥墩镇新村。初建于清乾隆四十四年，占地面积1800平方米。

郑家楼郑氏宗祠　位于金乡镇郑家楼村。初建于南宋，经元、明、清、民国多次重修、重建，占地面积1000平方米，建筑面积500平方米。

郑家巷郑氏宗祠　位于宜山镇郑家巷。占地面积500平方米，建筑面积300平方米。

有宗祠就有祠碑、祠联。祠碑记录宗祠初建、维修、废毁、重建、迁移和捐资、祠田、祭祖、祠产保护、族约等公共事宜，一般立于宗祠院内或祠门两侧，以表彰前人修建宗祠的功德，给后人以启迪和必要的约束禁戒，以防个人侵吞祠产和破坏公德。由于宗祠属于公共场所，除有关宗祠的碑刻外，其他一些公共事务的碑刻也立于宗祠左近，同样属于祠碑之类。祠联则是氏族精神文化的集中概括。

我们选择一些祠碑的碑文刊载于下。

创修祠堂记

开州古澶郡也，澶之南六十里孟居村。我郑氏自前明迁居此地，历有年所。

始祖之墓，旧置祭田四十余亩，岁给拜扫之费而已。隆庙貌，设几筵，肃瞻拜，崇祭祀，以示子孙未之及也。道光丙午春，纂修家谱，事既竣，复有立祠堂之议，事属创始，前无所因。鸠工庀材，费用颇繁，众咸难之。时有识者念于众曰：本之祭田，置其地基，令各输金，蓄其物材，积之数年，毕克有济。父老子弟皆是其言。由是，议始决。越明年，于村中得地一区，宽平宏敞，地势秀美，诚可状其栋宇，美其轮奂，安先灵于风雨，高享祀而□忒，复以祭□所出鲜能备物，遂量族人之贫富，酌费用之多寡，俾出资以藏事。族散居他乡者，闻斯举也，亦皆欣然从之。至咸丰丙辰，诸材具备。于是卜吉日，略基址，集群工，简物材，计日量工，祠事告竣，不愆而素。夫孝子之于亲感春露而怵惕。秋霜而悲怆，有触于外难已于中，亦人必至之情也。祠堂立，祖宗之灵实式凭之。入斯祠者，岂惟报本追远于是乎？在岁时至祭，入庙兴思，孝子仁人之心，庶油然以生焉。使世之为子孙者，省不急之费以营家祀，节有用之材以隆孝享。既有以动其水源木本之思，因所思而勉焉仁人孝子立人之道，不外是奂然，则祠堂所系岂浅鲜哉！我郑氏既立宗祠，落成之日，族中理事者使浩然为计，因叙其事，以志于石。

二门长盈字世浩然　撰文

长门长盈字世鹤鸣　书丹

大清咸丰七年（1857 年）岁次丁巳十月初一

河南濮阳渠村乡孟居村

唐良工祠碑

夫郑自得姓，世居于荥阳，至讳诚者，辟命镇幽蓟，推心至士民，复秋毫不敢犯，有功于民。而夫人崔氏，通晓政事，故公有绩殁于阵，乞骸归里。上许之，赠开封县公。生善果，字元庆，当唐武德三年，中贤良第，拜鲁郡太守，转礼部侍郎，上高帝华封县录，帝诵而善，由是礼貌日隆。加刑部尚书，诏臣下不得并列，加公父为荥阳郡公，追赠周大将军。贞观四年庚寅，时四夷君长诣关，请上为天可汗，上计之，公独不可。太宗平夷之后，君长有来者，皆授以职，布列朝廷。公与魏征谏又不可，而公独进谏不已，出江州刺史。公至江州，政教敷洽，爱民兴学，凡公所至，咸曰："此清吏也。"而政声益播。至癸巳，疾卒。魏征闻而恸之，叹曰："吾友郑刑部，忠良直臣也，奈何其遂殁也！"因历序公事以白上，曰："某尽忠于高帝，尽言于陛下。"上悟，曰："刑部郑，直臣也，而朕枉之。"诏赐国葬，谥清惠公，著其子俊为彭泽令。俊字质夫，奉公柩葬于本州葛仙山自然冲，遂占籍而家于此。生良公、韶公。良，字大中，赋性简重，周慎敦厚，全孝、友、睦、姻、任、恤、忠和八行第拜礼部尚书。乐道邱园，继修祖迹，封良国公。著有《地理全书》与《邱园录》及《诗集》行世。韶，字大和，知房州后复荥阳。良公生四子：谊、盈、昇、剩。宝历元年乙巳，四公迁于东坑。谊，字叔惠，生二子：政、素。盈，字叔明，知阳州县尉。生二子：康、善。昇，字叔朗，生三子：袭、广、郜。剩，字叔文，生四子：忠、雅、项、成。政，字时真，生子四：煦、照、阳、暐。索，字时洁，知范阳节度使，生子顺及铎、寿、尧、遇、容。康生三子：仕、任、佐。善生一子俨。袭生子修。广生一子化郜，字时敬，知蒲州，生三子：僖、侍、堡。忠生三子：儒、信、仁。雅生一子杰。项生一子俵成，字时善，任吉州司马，家于青州，四公之后也。先郑君范阳节度使，于惠昌三年癸亥春通义于家，乃建家祠于所居之里东冲口，以祀其先。至大中二年戊辰秋，其侄盈州令畋入朝，请为纂修世系，刻石于祠，以垂其后。余藉其日说而征之，今传史，则郑姓益著矣。而澳集众见以为见，则郑无史而有史矣。虽其枝远派别，莫知其详，而亦何害其为著姓矣。郑君畋交谊之至，欲序而出之，澳敢不奉命"唯唯"。《诗》曰："孝子不匮，永锡尔类。"此之谓也。

注：按此碑之立成于唐大中三年己巳三月初五日甲寅。至国朝建炎中被兵寇毁焚。后十五年仆来为令，奉诏应有忠臣、孝子、节妇、贞女，坟墓居迹所在，检验照实，加讨护，不得侵损。因而查访名家，乃得郑氏此碑摹墨本而览之，名实可嘉，乃令其裔作祠于故址，仍建此碑而表识之。不唯存故

家之声誉，抑有见尚书之忠，良公之行迹，使观者庶几有感焉。

唐大中二年戊辰九月甲申十三日

翰林院将士郎学士韦燠（澳）　撰

（江西省德安县磨溪乡《郑氏宗谱》载）

祠堂记

余按周公六礼，家必有庙，庙必有主，所以崇禋祀而慎追远报本之诚也。故冬至祭始祖，季秋祭先祖。自天子至于庶人，庙祭不同，随分致祭，生成之报，无贵贱一也。吾祖博士若齐公，自唐中叶天宝乱离，谪官于台，至今千余岁矣。台人感公衣冠礼乐，化俗之美，酬功报德，以祠祀之。国子学录任公梭兴、府伴读范公渊、行人秦公文，皆因其集为之序，以纪其功德之隆，惠泽之深而表彰之，以垂传于后世。况为之后嗣者，敢忘所自！矧今祖庙倾圮，遗址空存，将欲议举兴作，夺于矛盾之心，卒莫之为，而继述之志，未尝不倦倦于怀。至隆庆三年壬寅冬，族长感慨，议以彭村祖冢之旁，与孙孟远葬父，谕出建祠工食银五十两，以成先人付托之志。至万历年，鸠集族中耆硕，各主其事，协赞而成堂宇。翚飞寝门，墙庑翼翼，深阒足为栖神之所，以见孝子慈孙用心之不浅矣。夫成立之难，众所共知，后之子孙，务宜时加修葺，不致圮坏。则登嘉之余，而子姓兄弟，群昭群穆，咸在而不失其伦矣。故记烜今谬任檃栝，读西泉翁此记，感激于心，敢吟一律于左，诗曰：

吾第先人起孝思，拓开疆土建神祠，宫墙绰约芝兰秀，俎豆馨香礼义齐。香火半龛唯我主，匾扬三锡是官题，洋洋庙貌浑如在，崇报何人不泪垂！

祠堂既成，本府张公辉给匾云“觉世先资”；宁海颜公章给匾云“贤臣遗裔”；本县蒯公衡给匾云“始振人文”；本省学院检讨王公琰给匾云“斯文在兹”。《大明一统志》云：“祝穆方舆胜览”；同台州府名宦门曰：“郑虔以司户谪至赤城”；旧志云：“唐高宗朝，来济以宰相贬台州；玄宗朝，郑虔以广文馆博士谪台州司户。是台，在唐犹为贬谪之所，则风俗之未美，故可知矣”。

祭酒谢铎撰

（浙江台州路桥竹山、台州临海桑园楼下分支《郑氏宗谱》载）

广文祠记

《赤城志》载：郑户曹祠在州一里东户曹巷，盖其所居地也。一日，巷有悖其母者，母诉于祠，是儿忽见神叱曰："尔不孝当诛，但吾志在兴福，不欲降祸。更尔不贷，后果为雷殛死"。后更名其巷"逆儿巷"，即户曹旧址也。周月岩先生，名仁荣，买地于巷，创义塾，以淑后进。掘地深才数尺，获青石双砚，识系广文故物。塾成，遂名"双砚堂"。《辍耕录》详载其事。本朝彭宫詹视学两浙，以修举坠废为殷殷，念广文系台州教化鼻祖，命临邑李学师暨邑绅洪熙揆先辈于龙顾山旧祠之东，出金重新督造广文祠。自雍正乙巳经始，丙午落成，岁久复圮。乾隆庚子，高枧裔孙君贶等购材迁建于八仙岩下，正殿三楹，附屋五间，轮焉奂焉。后之人嗣葺而张大之，庶可见祖德之未湮云。

（浙江台州路桥竹山、台州临海桑同楼下分支《郑氏宗谱》载）

大川郑氏宗祠记

《礼·大传》曰：别子为祖，继别为宗。别之云者，或别正嫡于庶子，或别徙居于故国，或别崛起于不仁，皆功德所从出，而典祀有独丰焉。湖溪郑氏始祖禄一府君，讳镜公者，由台仙卜迁于吾都之蕻口……瓜绵椒衍，拓田园，廓栋宇，数百年来，户之自以百计。然岁时祀先，犹第设主中溜与奥。洎嘉庆癸酉，州司马�翁之堂大人胡太夫人者，年当七十有一，陡患疾几噤声。俄复苏而嘱曰：吾目所未瞑者，以祖功宗德未获报，寝堂弗建，尽仁孝者谓何？筠翁恪遵慈训，慨然以建祠为己任。越明年甲戌，倡捐己资，度地量材，集诸匠，凡瓴甓榱桷、灰石等资，不累宗支，杪忽若徛畚揭取砺段，工程土木，则族众与有劳焉。以故，前堂后寝，左右廊庑，卫以门屋，缭以垣墉，谋始于乙亥仲夏，落成于己卯孟冬。于道光壬午年十月廿九日，奉宗富公为始祖，斯其别于故居者欤！夫族有宗祠，固以怀水木蕻溪毛，亦以储棫朴、育菁莪，俾时培植其中，而成梁栋器。筠翁既隆庙佑于大川，行见源通江浦，流汇湖溪，汪濊涵淹越一二纪，而鲲化蛟腾，挚龙门浪，祖功宗德炳耀千秋矣。岂第焕松楹新栗主，夸一时之胜哉！是为记。

道光二十六年岁次丙午菊月　之吉

岁贡生封五吕公　拜撰

（浙江省永康市桥下镇下蕻口村）

荥阳堂竣工碑记

昔春秋两周时，吾宗开国始祖桓公友，乃周厉王之少子，宣王之母弟，宣王二十二年，即公元前 806 年，友初封于郑。郑处陕西棫林（今陕西华县），百姓皆便爱之。至武公掘突，食溱、洧，居虢、郐。雄蟠郑国古城，创建东迁之都，恢弘“桓公寄孥”之地。庄公二年，公封弟共叔段于京。汉高祖二年（公元前 205）在荥阳设县，长达 700 余年。三国时置荥阳郡，郡首又设于此。故郑氏族人有荥阳郡人之冠。此后始称郑氏祠堂为“荥阳堂”，所谓“王室衰微，郑初图霸”，“奉太祖之烈，尊文武之度”是也！后世子孙，以国为姓。上下 2810 年，当今世界郑氏族人已超 1300 万之众矣！“天下郑氏出荥阳，荥阳郑氏遍天下”有口皆碑。

荥泽之水，源远流长；苿䰕之松，根深叶茂；广武峰雄，钟灵毓秀；坛山紫气，物华天宝，人杰地灵。郑氏先祖先贤几经风雨，历尽沧桑，穷迫荒乱，惨淡经营；天高地洞，呼号靡及！自棫林而荥阳，东跨澎台，西越昆仑，北渡黑水，南涉琼崖，纵横迁徙，派衍五洲。诸多健儿骄子，短褐穿结，箪瓢屡空，面朝黄土，背伏苍穹，耕云播雨，休养生息，整治乾坤，为国家为民族劳苦功高，名振九州。“恭为德首，慎为行基，言则忠信，行则笃教”，美德流芳，世代文明。与日月同光，与山河同寿，与霄汉同远长；郑氏风节，足以安国家，足以利人民，足以启后世，足以垂四方。是故上奉祖宗之嗣，下继祖祢之德；继往开来，承先启后；匡之以道、博之以文，兴我中华，昌我民族，荥阳郑氏族人之愿也！

木无本必枯，水无源必竭，根之壮而枝叶自繁．是故上追百世光耀祖先之德，下绵万代以启来人。桂峰公，学名汝颖，号僬，字端之。乃宋代名臣郑侠公之嫡长子也。先祖自河南荥阳而固始，自固始而福建福清之西塘，自西塘而安丰郡之寿春（南朝梁置，治所在今安徽寿县南之安丰故城；宋置寿春郡、寿春府，明初为寿春府，今安徽寿县），迁至鄂东广济（今武穴）之梅川，再迁黄龙湖两畔之下郑。传至而今，繁衍成六大户，曰：豪、忠、清、福、重、福神是也！凤凰山北、黄龙湖之西畔郑氏族人计有三千余众。戊寅岁冬，众亲合议，重修荥阳堂。是年十一月二十六日奠基，己卯岁腊月建成后殿，供奉郑氏三公、郑氏先贤神像暨侠公一脉列祖列宗神座。因兹蕲武公路郑席段改道，前三重礼堂停建。又与癸未年二月初八日开始续建，赖族人群策群力，共筹捐人民币累达贰拾伍万余元，历时年余，于甲申岁二月花朝日竣工庆典。合族议定每年正月十五日为祭祀日。荥水润九垓，阳光照万代，承先启后，继往开来。荥阳衍派，奕世永昌。喜撰联曰：

三千年往事，注在心头。把酒凌虚，叹世路英雄安在？想当年：正政衰微，郑初图霸；虢郐硝烟，相随夕照；半江渔火，两行秋雁；九节蓑衣，一枕胡笳，伤怀剩水残山故国；

九百载伟业，奔来眼底。搬襟汗帻，看翰林史记无边。喜今朝：神龙振起，凤舞灵仪；荥阳逸韵，点缀丹霞；八面香菽，万户工商；三春杨柳，十叠阳关，谱赞簪缨诗礼人家。

是为记。癸未十二月廿七日巳时侠公三十三代孙、《郑氏族系大典》总编纂秀轲自修撰于著书楼墨斋

公元二〇〇四年甲申二月花朝日

合族宗亲恭立

此碑立于湖北鄂东下郑村郑氏宗祠内

楹联，俗称对联、对子，也称楹贴，是中华民族文化特有的瑰宝。相传楹联始于五代末，后蜀主孟昶于蜀亡前一年除夕自题桃符板于寝门云“新年纳余庆，佳节贺长春”，楹联由此开始。后世多题联语于楹柱，于是便有了楹联的称谓。镌刻在宗祠的楹联又称祠联，镌刻于墓碑上的又称碑联。楹联由上下两联组成，两联之间平仄、字义对仗严格，自题楹联内容多为追念祖先功德、企望子孙兴旺之语，他人题联内容多为对某人某事的褒奖之语。

下面我们选择一些郑氏宗祠楹联和墓碑联。

（1）清康熙皇帝题郑成功联

朱成功系明室遗臣，非朕之乱臣贼子，刺敕遣官护送成功及子经两柩归葬南安，置守冢，建祠祀之。并为祠庙题联曰：

四镇多二心两岛屯师敢向东南争半壁

诸王无寸土一隅抗志方知海外有孤忠

康熙三十八年（1699 年）

（2）河南温县城内后街郑氏宗祠楹联

家教渊源带草时萦通德里

人文炳蔚兰芽竞秀不其山

(3) 福建南安石井祠堂（十一联）

尺土存孤忠谁云海外要荒不登史册
三圭绵世泽即此天朝宠锡永固河山

昭祖德绍书香壮志巍科无迟速
振家声开文运成名子孝看后先

祖德流芳远萃一念之诚音容可仰
孙支挺秀长敦五伦以教崇党皆春

庙貌端严万顷朝宗追祖德
孝思绵远一阳来复见天心

庙宇枕鳌山席地脉千重秀气
明堂瞻马岛壮江朝万壑巨观

有一点欺何堪对祖
无十分敬漫许登堂

三圭深雨露
五马壮河山

源开石井历王公侯伯世受天朝崇锡
派衍澳山原孙子云礽代承祖德贻谟

安乐村中且幸考亭过化
荥阳家里犹欣赐姓传声

东海望澎台风景不殊，举目有河山之异

南天留庙宇雄图虽渺，称名则妇孺皆知

（4）台湾延平郡王祠（九联）

钟河岳之灵为胜朝绵正朔

遵海滨而处知中圈有圣人

忠节感苍穹大海忽将孤岛现

经纶关运会全山留与后人开

孤臣秉孤忠浩气磅礴留千古

正人扶正气莫教成败论英雄

独奉圣朝硕

来开盘古荒

生为遗臣殁为正神独有千古

今受的大名昔受赐姓谅哉完人

赐国姓家破君亡永矢孤忠创基业在山穷水尽

复父书词严义正千秋大节享俎豆于尧日舜天

开千古得未曾有之奇洪荒留此山川作遗民世界

极一生无可奈何之遇缺憾弥诸天地是创格完人

由秀才封王主持半壁旧河山为天下读书人顿增颜色

驱外夷出境开辟千秋新事业愿中国有志者再鼓雄风

纵绝岛别丹生面移山填海三百年社稷系以存亡仿箕子比田横志士苦心特向胶庠留气节

是胜代第一完人起敝扶衰十七载勋猷昭似日月填滇海连浙水英雄无命长悬肝胆照波涛

（5）福建闽侯县超墘宗祠联

世系荥阳青山虎踞
堂开带草碧水龙盘

桓武遗风千秋承继
诚懿衍派万代恒昌

几百年田农无非积德
第一件好事还是敬祖

师紫阳友西山重道崇儒绍圣贤千秋正学
官枢密宰中书出将入相统文武一代全才

光国崇文德兴邦建武功
承先雄继志勋业际昌隆
祭用蒸尝仰酬祖德
德循昭穆克修人伦

山光水色与香烟而并起
黄橙丹荔偕樽俎耐齐芳

簪缨累代重闽南知祖德贻谋从此卜年卜世
诗书传家自湖北美科名继起还看尔帜尔昌

从来岁月易消磨对黄卷青灯须视寸阴尺璧
莫谓文章无得力至龙楼风阁方知一字千金

千年俎豆此重新轮奂长存报祖功以崇宗德
奕代箕裘今复振堂构永昌思继往而重开来

（五）纪念堂、纪念馆、庙宇

1. 纪念堂、纪念馆

纪念堂和纪念馆是纪念历史上有特殊功绩的名贤或重大事件的建筑。郑氏的纪念堂、纪念馆不多，已知有以下数处：

福建厦门郑成功纪念馆：1962 年纪念郑成功收复台湾 300 周年时，由国家投资兴建。

福建厦门鼓浪屿郑成功塑像：在鼓浪屿南端覆鼎岩上，1981 年省、市开始筹建，1985 年 8 月落成，像高 15.7 米，宽 9.7 米，厚 7 米，为国内大型花岗岩雕像。

福建福清郑慨尘先生纪念馆：郑慨尘为民主革命先驱，1991 年建馆纪念，馆名为作家谢冰心题写。

福建南安石井郑成功纪念馆：原石井西亭郑氏宗祠，1962 年兴建，1980 年又全面整修充实，藏有郑成功遗物和相关资料。

荥阳郑氏名人苑郑成功纪念馆：2001 年由温州郑氏宗亲斥资兴建，2002 年 12 月 18 日开馆典礼，由全国人民代表大会常务委员会副委员长田纪云题写馆名。

台湾台南赤嵌城郑成功庙：又称延平郡王祠、开山王庙，建筑于清初，乾隆时扩建，道光间重修。同治十三年（1874），福建船政大臣沈葆桢上书建议将此庙列为国家祭典。光绪元年再次扩建，改称延平郡王祠。台湾共有郑成功祠庙 60 余处，以此庙最大，祭礼最隆。

此外，还有江苏太仓郑和纪念馆、浙江临海郑广文纪念馆、台湾高雄启明堂（位于高雄市北莲池潭、堂内供奉有郑成功等民族精英）、浙江苍南金乡城郑成功纪念馆等。

2. 庙宇（塔）

中华民族（主要是汉族）信仰多神，天有天神，地有社神，山有山神，水有河神、海神，州县有城隍，农业有稷神，木匠有鲁班神，医药业有药王神，兄弟结义有（刘关张）三官神和关帝神，消除妖孽的二郎神，掌管人间火种的火神（祝融），掌管刮风下雨的风神、雷神和龙王神，平民家中有灶神、门神、磨神、碾神、树神等，可以说神无处不在，涉及人们生活的方方面面，其中有的神要建庙奉祀。这里收集的是和郑氏有关的一些碑记资料。

帝喾庙碑记

元·范溟

睢阳南四十五里有冈阜，蟠居爽垲，实古高辛之墟。上有古城，城北有古丘，丘之阳有帝喾之祠，祠有二碑，其一宋开宝六年，其一金崇庆元年。闻诸故老，石刻尚多，皆毁于金季。其殿宇，岁久圮坏，虽常有修之者，皆弗克就。于是张信等相协倾赀，因其故址，鸠工遴材，创建立正殿三间。基址壮大，栋宇弘敞，轮奂炳耀。圣像增新，冕旒颙若。仍图八元于东西，帷幕几筵，罔不毕备。始构於天历己巳仲秋，落成于至顺辛未季春。参政睢阳王公仁斋，命掌书范溟作文以记其实。窃谓帝之德业世系，庙之沿革与兴，前碑考之详甚，兹不复载，敬作迎送神辞二章，贻乡人歌咏，使兴启敬慕之诚，俾无怠也。辞曰：

帝之来兮乘苍龙，赤豹先戒兮黄罴从；衣丹霞兮烜赫，佩明月兮玲珑。惟帝陟兮茂祯福，惟帝格兮祛灾凶。翔龙旅兮日下，渺鸾辂兮云中。沐兰浴华兮弱质，敛芳食菲兮愚衷。吹参差兮奏疏越，击玉磬兮叩金镛。舞灵巫媚妩，奠桂醑兮芳浓。帝之来兮不来，千秋万岁兮故宫。右迎神

帝之兮驾玉虬，毕方并辖兮飞廉驺。节煌煌兮金玦，鸾哕哕兮还琼辀。惟帝福兮两阳若，惟帝威兮兹厉瘳。元冕拱兮丰乐，翠毕竦兮隐忧。口石泉兮清酌，采涧苹兮洁修。筑兰宫兮桂室，张蕙幌兮荃绸。仁为樽兮义为俎，忠为肴兮诚为羞。帝之去兮不去，千秋万岁兮神州。右送神

（湖北通山厦埔镇小坑村大屋场）

稷王庙记

明·王时济

稷山在邑南五十里，有庙祀稷，古矣。按地界唐、虞畿内，曩稷为农师居此。故以名邑云。累朝尊奉，太常定甲以夏四月十七日，邑大夫率礼严祀肃若令典。惟庙栖山巅，风雨易蠹，虽有作者，名沿俭陋，承事不敬，神明弗歆，有以哉！隆庆丁卯，安化孙侯倌至，泽敷百里，崇秩群祀。未几，祗谒庙廷。概焉兴思，锐意作新，谋诸吏民，佥曰：如愿。捐俸易材，即山取石，工献功，民乐役。经始己巳七月，越庚午告成。正殿三间，前甃露台方

十四丈五尺，周筑萧墙；露台东过萧墙，别殿三间，祀姜嫄；台南甬道左神厨三间，自甬道东行折北，为官厅三间，稍西钟楼一间，外甃石垣，厚六尺，高倍二之三，撩亘几十丈几尺。役毕，耆老刘尚礼介司训华阴，屈君征涞水，刘君廉列状请记。余观古先圣哲王有功德大造于民者，天下后世罔不尊礼，各祀有土，以示崇报哉！惟后稷，生赫灵异，出毗勋华，当夫民奏。艰食忧及尧舜，爰教稼穑，以开粒源。故《诗》曰："后稷之穑，有相之道。"若乃禹拯昏垫，匪食曷生？故《诗》曰："奄有下土缵禹之绪。"契敷五教，匪食曷淑？故《诗》曰："无此疆尔界，陈常于时夏。"由兹言之，尧舜同君，不无让德焉；禹契同臣，不无让功焉。他可知矣！于惟大哉！用是培四周之业，克代二王，享南郊之祀，绵及八百，宜也。虽继世以来，礼废员丘，岁时殷荐，独隆此邦。若曰生所理者，神必安尔，肆我孙侯治邑，课农教穑，率乃旧章，家安耒耜，民迄康食，尤以神宇所在，宜崇瞻仰，遂振久圮之基，克成维新之观，所谓既成民而致力于神者，非邪！自兹神妥时格，益永休和，岁乃丰穰，俾籍贶于无疆，皆侯之赐也。夫善举必书，纪事之责，况盛德惠及神人，可无述焉？敬勒嘉绩，昭垂远裔。复系以词，俾祭者歌之。词曰：

於穆后稷，立极配天。溯兹稼穑，迄亿斯年。何以报之，于登于豆。秉德维虔，亶胡以臭。新庙孔硕，敬哉明侯。神用时享，福禄来遒。

（湖北通山厦埔镇小坑村大屋场）

凤凰庵续记

吾族山背郑氏"凤凰庵"，所在地今属江埠乡木西湾村委会柴山自然村。庵宇建造在距柴山村数十米处的"凤凰山"上，故曰"凤凰庵"。山上茂林葱郁，古木参天，前有涛涛信江，背依肥沃旱地，左右拥有无际金波翻浪水稻，乃为非凡的农家山寨，实属罕见的风水宝地！

"凤凰庵"始建于元、明朝年间，其时吾辈祖裔大兴土木，广集能工巧匠，耗费巨资，历时年余终于造成，为时下堪称富丽堂皇的时兴庵宇。庵宇雄威，端庄秀丽，四角高纵，飞檐陡壁，雕梁画栋，飞禽走兽，栩栩如生。且有名人手迹庵联一付，上联：志高公荫福万代；下联：七祭裔缅祖千秋。横批：凤凰庵。"庵"另备良田数亩，膳养专人看管。

光阴荏苒，数百年来，风云变幻，年久失修，今不复存焉。庵虽不存，而吾辈祖裔缅怀先祖诚心依旧，数百年来，代代年年遵循既定七祭顺序于每年“清明节”，届时进行后墓祭祖活动，以缅怀先祖。

七祭顺序为：门楼—徐塘—山下—山背—三房—五房、六房—七房、八房。

据族众口传追忆整理

（江西干县山背支《郑氏族谱》载）

湖北武穴郑公塔

在武穴东部太白湖的北岸，有一个美丽的古镇——郑公塔镇。该镇之所以得此名，是因为在它的南郊300米处，有一座闻名遐迩的千年古塔，叫郑公塔。

郑公塔，原名“椿山塔”。相传，唐朝初期，附近郑家大湾内有位朝廷官宦名郑椿山，人们称他郑阁老。郑阁老告老还乡后，为了树功积德，修造了这座“七级浮屠”，名曰“椿山塔”。郑公乐善好施，为人称颂，后人为了纪念郑阁老，称此塔为“郑公塔”。

塔后山峦叠翠，塔前湖波涟漪，水天一色，景色迷人。《广济县志》有诗赞曰：“一塔犹古今，孤危耐雨风；湖水环绕外，炯月影笼中；阅历绎唐晋，周阳半桧松。”

据塔身字刻，于元大德十一年（1307年）修葺过。史载，明宪宗成化三年（1467年）释子继寿重修，改名为“观音宝塔”。至今已有1000多年的历史了。目前，建筑物本身基本完好，除稍东南倾斜外，其巍峨之雄姿仍如往昔。

郑公塔系砖木结构，八角重檐式，呈八棱锥柱形。高19.74米，墙厚1.05米，底围18.58米，对角内空3.8米。塔内有三级木板楼至塔顶，每级有神像供祀。塔身青灰色，共七层，每层墙用十多种青砖砌成，间置拱形窗户；八角重檐用九种式样的灰布瓦盖成，微微上翘，生机盎然。塔顶有倒放的铜钟式器皿一个。上面有三个圆形铜瓶，四者由一根铜柱贯穿，矗立空中，铜柱上牵出八条铜链分别系在塔顶八角，每角有吊铃，随风叮当作响，清脆悦耳。塔门面西，门上额刻“观音宝塔”四字十分醒目；雕刻在塔周围的百花，争相斗艳，小鸟儿相闹争语，振翅欲飞，形象逼真。“元大德十一年”与“大明重修”字样，清晰可见。通观全塔，石基、砖身、铜顶，威武凝重，古朴大方。各种雕刻，用工精细，无不闪耀着我国古代建筑艺术的光辉。

唐时，规模盛大的禅居寺倚塔而建，后殿紧挨塔门，入寺方能入塔。禅居寺于1958年“大跃进”中被拆毁，所幸古塔岿然独存。现有近年修建于塔东南百米处的新禅居寺与古塔相伴。

郑公塔，是游览的胜迹，也是历史的见证。唐末僖宗乾符年间（874—879）与黄巢同时起义的农民领袖王仙芝，因醒悟了受蕲州刺史裴屋山招降诱骗，怒斥其之后，曾驻守郑公塔。宋朝民族英雄岳飞后裔万三曾避徙于此。

瞻古塔千年独立之雄姿，仰椿山公之高风亮节，令人肃然起敬。（于辉文）

（六）祖茔、墓志

1. 祖茔

祖茔是列祖列宗托身之地。已知郑氏主要祖先的陵墓与祖茔主要有：

郑桓公墓：郑氏太始祖郑桓公抗击犬戎入侵时壮烈殉国，葬于国都棫林之阳，今陕西华州螺钉厂院内，为陕西文物保护单位。

河南荥阳广武原郑氏祖茔：郑氏散居全国各地，每县都有郑氏墓地，而最集中、规模最大的墓地在荥阳北部的广武原。

广武原地处邙山的最东段，春秋时期有两个山名，鸿沟以东称为部山，以西称敖（又作隞、嚣，读音均为敖）山，合称三皇山、邙山，由于郑武公寝陵在此山上，故称广武山；山上有武公岭（陵），故又称武公陵、武公岭。广武原北高南低，土层深厚，南有索水，为枕金望银的风水宝地。古代有“生在苏杭，葬在北邙”的谚语。它本为一个整体，由于长期的雨水冲刷与流水的“侵夺”，在广武原中部形成一条东西向的小河，古称“旃旅河”，南北朝、隋、唐时称岩石涧，明代称砾石溪，现在称枯河。

由南北朝至唐末，无论在家守业或在外为官的郑氏族人，无不以荥阳广武原为落叶归根之地，广武原上逐渐形成巨大的陵墓区，区内古冢碑刻相接，苍松翠柏参天，十分雄伟壮观。中国人民解放军总参谋部测绘局1964年绘制的1：10万图上还可以查到48个古冢。在这个古墓区内，地面保存的郑氏碑铭和地下出土的郑氏墓志，无不书写“从葬广武原先人墓次”之类的文字，甚至一些已婚女性也同丈夫埋葬于此。墓志铭也说：“归葬广武原大茔，礼也。”清代诗人贾攀麟咏《广武原诸冢》云：

东行百里冢相连，衰草寒烔日暮天。事业于今随流水，松楸到处变桑田。古人梦绕沙中鹤，游客神交泉下贤。安得当年三尺碣，好将行状续遗篇。

郑氏二世祖郑武公墓：在今霸王城北偏东武公岭。

郑氏二十七世祖、西汉河南太守郑奇墓：在今霸王城东北，已圯入黄河。

郑氏四十三祖、南北朝北魏秘书监郑羲墓：在桃花峪村西坡之上。据《荥阳郑文公之碑》（此碑为郑羲之子郑道昭所书）记载：郑羲卒后葬于“石门东南十三里广武山之阳”。石门又称石门口、荥口，是黄河通济水的闸门，在今鸿沟以北，明洪武四年连旧河阴县城一起没入黄河。石门东南13里，正是此墓所在。山东《掖县志》记载为“葬于荥阳三皇山之阳”，地点是一致的。

郑氏四十四世祖郑道昭之墓：有资料说，郑道昭“葬于先茔”。其父郑羲之墓已有确实地点，可知“先茔”之所在。

郑氏四十五世祖、北魏仪同大将军郑道育墓：《仪同大将军临渠二州刺史郑君之神铭》说：“岁次玄木号，月唯大吕，二十六日丁酉，与夫人刘氏合葬于荥阳之山。”这里所说的荥阳指旧荥阳，即今郑州古荥镇，荥阳之山即广武原北部山地。

郑氏四十五世祖郑道忠墓：郑道忠，义名郑忠，字周子。据《大魏故镇远将军、后军将军墓志》记载，郑道忠卒于正光三年（522 年），“窆于荥阳岩石涧”。

郑氏四十九世祖唐密州刺史郑仁恺墓：在郑州古荥镇西北之军岭峪村西南角，墓碑仍在。

郑氏四十九世祖郑进思墓：据《河阴县志・金石考》所录《大唐故赠博州刺史郑府君墓志并序》记载：墓志有“开元□年□月廿八日葬于广武原，礼也”等语。

郑氏五十世祖、唐慈州刺史郑曾墓：在广武镇东门外约一里之处。此碑风化破损，字迹多处剥落，但“归葬公于荥阳北原”等语却保存完好。荥阳北原即广武原。1958 年平整土地时，此碑已碎为数块，遂就地掩埋。

郑氏四十九世祖、唐户部尚书郑善果的曾孙女（五十二世）波罗蜜墓：在古荥镇西北之军岭峪西北角。墓志铭说：归葬“广武原旧茔，礼也”。此铭现保存于郑王庄郑氏祖茔宗庙内。

郑氏第五十一世祖郑儋墓：据韩愈所撰《唐河东节度使郑君神道碑》记载：“工部尚书、太原尹兼御史大夫、北都留守公、赠尚书右仆射郑儋，唐贞元十五年十月辛卯葬于荥阳索上。”索上为旧地名，在今荥阳老城北二里。碑文见《荥阳县志·艺文志》。

郑氏第五十二世祖郑元和衣冠冢：郑元和，名仁本，郑儋之子，唐礼部尚书、京兆尹。卒后葬今郑王庄西南二里处。1941 年春国民党军挖“战壕”时发掘，内有砖砌墓室和墓志铭，无棺椁，后墓志铭不知去向。

郑氏五十二世祖郑恒墓：《唐故荥阳郑府夫人博陵崔氏合祔志》说：郑恒官唐太常寺协律郎，“以大中十二年二月二十七日合祔于先茔之侧”。

郑氏五十四世祖、唐宰相郑朗第五女郑子容墓：在广武镇东南之苏楼村西端。《河阴县志·金石考》所录《唐滁州永阳县令卢公郑夫人墓志》记载：唐“工部尚书、同中书门下平章事郑朗第五女字子容，葬于河南府河阴县板城乡苏楼广武原大茔，礼也”。

郑群墓。《荥阳县志·艺文志》收有唐韩愈所撰《尚书库部郎中郑君墓志铭》，铭称：郑群“从葬于郑州广武原先人之墓次”。以此推断，其曾祖匡时、祖千寻、父迪之墓应当也在附近。

郑造与妻崔氏墓：据唐元和十四年（819）五月《郑氏季妹墓志铭并序》记载，郑造之妻清河崔氏“以元和十四年正月八日遘疾，终于从夫之官舍。问龟筮得其年五月景（庚）申吉，遂拊窆于河南府河阴县广武原先茔”。碑文见《荥阳县志·艺文志》，碑文为宰相崔群所撰。

以上史迹说明，广武原确为郑氏祖茔，由北向南，世代排列井然有序，而郑王庄和现在的郑氏祖茔，正好位于古代郑氏祖茔的中心。

郑氏祖茔还有：

河南固始南大桥乡郑堂郑氏祖茔：汪棚乡邓大庙村上下郑庄郑氏祖茔，泉河铺乡徐大营村郑井郑氏祖茔，往流集镇郑老庄郑氏祖茔，均连片百亩以上，碑碣相接。

河南开封朱仙镇郑氏祖墓：从郑氏第二十八世祖郑秩南陈郡迁入开封，到北宋末郑氏南迁，共有30余代生活于此、埋葬于此，有巨大的墓葬区。南北朝时，郑鲜之曾远驰300余里到此拜谒先祖陵墓。南宋之后，黄河多次决口泛滥，将墓地深深淤积于地下，已无迹可寻。

河南新乡郑氏祖墓：明代中期由郑国故地迁入，已历500余年，始迁祖之后数世先祖失讳，有两南坟（老祖坟）、南坟、北坟、西北坟、东北坟五处祖墓。

山西洪洞郑氏祖墓：《洪洞郑氏族谱》序云：五代时，大翁、二翁由河南（河南府，今河南省洛阳）避乱迁洪洞，但其后13代失讳，仅有专知公、时昌公以状元及第，圭公、松公知名于时而见于县志。又载二翁公曾孙大哥、二哥，亦不传其名。明弘治碑载：其县东原有郑氏祖茔两处，大翁以降葬东茔，乡老、受凡等公16代葬西茔，又13代不得其名、此茔左近共有茔地10余处，但名讳与亲疏关系未详。

山东单县郑黄楼郑氏祖墓：山东单县郑黄楼相传由山西洪洞迁入，有祖茔，但始迁祖以下10余代失讳，祖墓规模有限。

鄂东侠公脉支六十二世祖汝颖公金观山郑氏祖墓：鄂东侠公脉支谡之公“郑氏祖墓”，灵西乡何家桥大栗林郑氏祖墓，坡胶林大林山郑氏祖墓。

2. 墓志

墓志，又称墓志铭，是埋在墓中的墓志文，平放在棺前，以防雨水冲刷或因他故毁墓时，以便识别与迁葬。墓志铭用方形两石制成，上为盖，下为体。盖正面刻“某氏墓志”，多为篆书；背面刻时间，有年号与年月日。体石刻铭文，分“序”、“铭”两部分。序为死者的名、字、籍贯、祖先的名讳与官爵、本人的经历官爵、功劳与人品、配偶与子女等，为铭文的主要部分。“铭”又称“辞”或“系”，是对死者的颂词，用四言韵文或骚体等形式写成。

相传墓志铭最早用于春秋末期的延陵季子（吴王僚的少子季扎）的墓葬，后世逐渐增多，主要用于各级官吏和有名望的家族，宋代以后平民也有墓志铭。

现在保存墓志铭最多的地方是河南新安铁门镇的“千唐志斋”博物馆，

共藏有1000余块墓志铭，全部镶嵌在展厅的墙壁上，供人观摩。

郑氏墓志在全国也多有发现，早期的比较集中于河南荥阳广武原郑氏祖茔，全部出自南北朝、隋、唐时期。由于发现较早，铭文多见于县志。铭石早已不知去向，目前只有一块（波罗蜜墓志）保存于郑王庄郑氏宗庙内。有些墓志铭则出自古代名人（如唐代大文豪韩愈、白居易）的文集中。

由于各地习惯不同，有的地方把碑记也称为墓志。实际上，二者除大小和安放的位置不同外，内容没有多大差别。

现将有代表性的墓志铭列举如下：

郑道忠墓志

大魏正光三年岁次壬寅

十二月己未朔廿六日甲申

故镇远将军后军将军郑公墓志

卢义僖散骑

君讳道忠，字周子，荥阳开封人。周文王之裔，郑桓公之后，魏将作大匠浑之十世孙也。本枝硕茂，跗萼重晖，冠冕相仍，风流继及。祖以清静为治，化洽枌榆，考以德礼铸民，爱留海曲，君克膺纯粹，载挺畦璋，美行著于携年，嘉誉盛于冠日，太和在运，江海斯归，理翰来仪，择木以处。始为高阳王国常侍，所奉之主，即永相其人。义在策名，而遇同置醴。邀循任重，贰职惟才，转卫尉丞加明威将军。抑而为之，非其所好也。会五营有缺，俄意在焉。事等嗣宗，聊以寄息徙步校尉、本邑中正，迁镇远将军、后军将军。君气韵恬和，姿望温雅，不以臧否滑心，荣辱改虑。徘徊周孔之门，放畅老庄之域。澹然简退，弗兢当涂。灭道茫茫，仁寿无证，春秋世有耄卯，以正光三年十月十七日卒于洛阳之安丰里宅，知时识顺，临化靡伤。启予在言，素俭为令。古之君子，何以尚兹！越十二月廿六日窆于荥阳山嶓石涧。此乃铭石泉阴，式昭不朽。其辞曰：

河颍之乡，史伯称祥。锽来骨宇，大启封疆。国风已细，家业嗣昌。或潜或跃，令闻令望。于穆不已，实生夫子。皎皎百练，昂昂千里。栖息典经，弛骛文史。润彼璠玙，馥兹兰芷。问平出世，玉昂求人。薄言委质，义等师臣。帝君崇秘，警卫惟寅。既参关键，仍奉钩陈。虽则钩陈，亦孔之贱，我有一尊，心无两战，风催夜烛，弦驻晓箭，奄就北京，遂同南面。荒茫宿革，森沉宰木。迴绝人群，朋嚾羽族。形归泉壤，声留陵。靡畏樵苏，岂悲陵谷。

（摘自河南《荥阳县志·杂著》）

郑道育墓志铭

仪同大将军临渠二州刺史郑君之神铭

开皇十一年闰十二月

（前缺）大夫，晋爵开国伯，义除郢州遂安郡太守。虎非凫雁，送解浮江；珠无性灵，便知出浦。迁使持节临州诸军事、临州刺史，转梁州诸军事、梁州刺史。百姓感化，起慈父之谣；两县回车，蒙零雨之降。岂直王宏之入冀部，不发私书；巴祖之在扬州，罢燃官烛！香名美誉，异世同规。素业清尘，殊年方驾。岂徒丹桂，奄落秋风。公，春秋六十有二。以开皇十一年闰十二月九日薨于私第。岁次玄枵，月惟大吕，廿六日丁酉，与夫人刘氏合葬于荥阳之山，礼也。

惟公矜绅挺迈，风鉴弘通。事君则黄金慎知，养亲则明珠报德。宁独蔺相如之埋魂千祀，犹余生气；臧文仲之殒命九泉，仍为不朽！墓门云闭。宿草方深。万古松枝，空鸣仙鹤。千年华表，徒昭文狸。不诵贞节之音，谁辨贤明之盛！世子德政，次子德春等，仰北辰而永思，望陟岵而长号。恸感姻亲，酸落衢路。冬夏，终无怀橘之期；或风或雨，空有闻雷之痛。恐山川不定，惧兰桂之无芳，敬勒翠石，旌此玄堂。铭曰：

雀栖昌户，鱼人王舟。峻天等极，带地齐流。世传农职，家累公侯。夕惕若厉，明谦自修。其一猗欤才子，隋珠楚壁。当涂典午，簪裾赫弈。四民领钠，百官衡石。书勋钟鼎，腾芳史籍。其二公门卿族，世诞英秀。学诗闻礼，日新月就。琬琰为怀，仁义作富，孝睦闱庭，诺存交旧。其三东奔逝水，西沉落照，班固述哀，祢衡作吊。轻车骑士，九旒五校。羊祜树碑，贾逵有庙。其四岑陇南郡，庾墓新亭。镌石藻著，铭字金生。松风夕响，桂月晨明。刊兹盛德，置此佳城。

郑群墓志铭

尚书库部郎中郑群墓志铭

君讳群，字弘之，世为荥阳人。其祖于元魏时，有假封襄城公者，子孙因称以自别。曾祖匡时，晋州霍邑令。祖千寻，彭州九陇丞。父迪，鄂州唐年令，娶河南独孤氏女，生二子，君其季也。以进士选君吏部考功所，试判为上等，授正字。自鄂县尉拜监察御史，佐鄂岳使裴均之为江陵，以殿中侍御史佐其军。均之征也，迁虞部员外郎，均镇襄阳，复以君为襄府左司马、刑部员外郎，副其支度使事。均卒，李夷简代之，因以故职留君。岁余，拜复州刺史，迁祠部郎中。会衢州无刺史，方选人，君愿行。宰相即以君应诏。治衢五年，复入为库部郎中。行及扬州遇疾，居月余，以长庆元年八月二十四日事，春秋六十。即以其年十一月二十二日，从葬于郑州广武原先人之墓次。君天性和乐，居家事人与待交游，初持一心，未尝变节。有所缓急曲直薄厚疏数也。不为翕翕然，亦不为崖岸斩绝之行。俸禄入门，与其所过逢，吹笙弹筝、饮酒舞歌、诙调醉呼，连日夜不厌，费尽不复顾问。或分挈以去，一无所爱惜，不为后日毫发计留也。遇其空无时，客至，清坐相看，或竟日不能设食，客主各自引退，亦不为辞谢。与之游者，自少及老，未尝见其言色有若忧叹者，岂列御寇、庄周等所谓近于道者耶？其治官守身，又极谨慎，不挂于过差去官、而人民思之。身死，而亲故无所怨议。哭之皆哀，义可尚也。初娶吏部侍郎京兆韦肇女，生二女一男。长女嫁京兆韦词，次嫁兰陵萧儹。后娶河南少尹赵郡李则女，生一女二男。其余男二人，女四人，皆幼。嗣子退思，韦氏生也。铭曰：

再鸣以文进涂辟，佐三府治蔼厥迹，郎官郡守愈著白，洞然浑朴绝瑕谪。

甲子一终反玄宅韩愈撰

郑造妻崔氏墓志铭

郑造妻墓志铭元和十四年五月郑氏季妹墓志铭并序

堂兄中书侍郎平章事群述

有唐河中府司录参军郑造之妻，曰清河崔氏女，讳珏，字伯璋。生三十四年。以元和十四年正月八日，遘疾终于从夫之官舍。问龟筮得其年五月景申吉，遂祔窆于河南府河阴县广武原先茔。有男子三人，女子二人。仅成童者二，既出适而夭者一，余皆孩提，或在襁褓。呜呼，痛哉！郑君抚且恸殆不能胜，然后疏入门之淑行，咨余为志。于是抚膺泣涕，举书其略。昔我受氏濬源长发，史谍详载为东武城人。我曾祖赠郑州刺史府君讳湛，我王父赠太子少师府科讳朝，我叔父府君讳程，进士擢第，官至河南主簿。代以礼法孝悌称于族姻，文学政事闻于缙绅。季妹，即河南府君之第二女也。维郑之出颍川守长裕。其外曾王父，洛州司兵；叔问，其外祖父。先夫人就馆弥月，珏与其妹并育。连璧之喻，不独士林，故以字义名焉。五岁而慈颜违，俯笄而严训背，孝诚天至，涕号靡极。闻而见者，为之伤感废事。其后，长于诸父、诸母、兄嫂之手，敬爱婉娩，不资雕琢。及辞家有行，祗事君、姑，珩璜蚤暮，侍膳尝药，绵星霜，涉寒暑，无惰容，无懈心。由是，姑爱异之加等。忆其始归汝坟之岁，尝命婢使之勤老者偕往。迨归，谓予曰："妇事姑尽顺矣！姑待妇不间矣！"然而，恭命令，处劳约，有甚于诸妇者。予因知吾妹得所从，而郑君果佳士。非孝于顺妇，其何能毁长上之推诚死外者欤？其后，郑君从事于陕、于蒲，奉丧助祭，达情中礼。暇日、读经、史、箴诫不释手，家人未尝见其有疾言变色之异。或退居郊园，躬阅树艺，理丝枲之事，安贫自乐，熙熙然。终岁唯亲爱离阔为念。及婴疾历时，羸然床第，心识不乱。至于弥留，能喻其夫以常理，顾诸子以为託。盖天资明茂，与道冥合，有似乎善学之士，悬解独得之徒欤？又可尚也。长兄群自幼则保护之，出门而戒送之。岂虞夭落，复与为志墓之词。呜呼痛深！铭曰：积德钟庆兮，生此贤女；不资绳墨兮，自中规矩；有生之酷兮，天夺遐年；藐然无恃兮，诸甥可怜。窅窅玄夜，汤汤□□。子攀车而孺募，夫伤神而恨多。呜呼！爱而不见，如骨肉之情何！

（摘自河南《河阴县志．金石考》）

郑波罗蜜墓志铭

唐故蒲州司户李公夫人

荥阳郑氏墓志铭并序

夫人讳波罗蜜，荥阳开封人也。昔白旄有事，爰命作周，缁衣改为，启士于郑，德业长发，仁贤嗣兴。服冕垂轩，荷天之宠。亢宗保姓，亘古如兹。曾祖善果，皇户部尚书。大父玄范，皇相州刺史。考崇礼，皂相州参军。皆秉彝人极，济美国华立言有垂裕可久。夫人光膺积庆，克贸请徽。业备组紃，学乡单图史。作嫔君子，如鼓瑟琴。嗣微先姑，能修法度。闺门有裕，娣姒式和，柔明以接外姻，淑慎而宣内则。而府君夙擅轨仪，累登官序，有倬其道，不诡于时。孙楚参卿自负才雄之气，翁归作掾实兼文武之资。春秋卌有八，以开元三年四月三日终于蒲州官舍。夫人亦既孀居，颇怀真谛。货财崇施，服御征奢。共伯之妻无忘守义，孟轲之母曾是徙邻。阃训克备，家道逎正。六行无玷，三从是安。天难忱斯，命不可识，以开元廿九年八月一日，遘疾终于江都县官舍；即以其年十一月十三日合祔于广武原之旧茔，礼也。嗣子江都县尉含光服义先训，全诚远回，捧檄趍荣，养口其乐，削桐茹泣，丧致乎哀，太以世亲属观遗美，顾承哀託，敢旷斯文。其词曰：

桓公善职，实宣世德，郑武从王，始大方国，其一。保姓资始，惟贤受祉，龟绍联曜，琏璋济美，猗嗟夫人，实称女士，动不失德，言必中理，禀训名家，作合君子，其二。所天夙殉，守义惟精，从子而禄，居身以贞，家道逎理，母仪克戚，大运俄谢，商堂遽倾，其三。制岩西楫，荥水东流，地仍居郑，祔乃从周，云祇荒垄，风变行楸，□铭真宅，永播芳猷，其四。

郑恒与夫人崔氏合葬慕志铭

唐故荥阳郑府君夫人博陵

崔氏合祔墓志铭并序

给事郎试太常寺礼部摄卫州

司法参军秦贯纂

郑之先，自周皇封爵之地，因而氏焉。别派五流，深源一致，是以荥阳之望，得为首冠。其下公侯接武，台衡继迹，雕轩绣轴之荣，羽盖朱轮之盛，由鲁史记迄于唐。春秋，实郑氏为衣冠之泉薮也。高祖世斌，皇右司郎中、磁隰二州刺史，新郑县开国男，食邑三百户。曾祖玄嘉，皇新都长水县令，袭封新郑县开国男。祖有年，皇吏部常选，袭爵新郑县开国男。烈考探贤，皇魏州昌乐朝城县令。

故荥阳郑府君恒，字伯常。皇试太常寺协律郎，文业著于当时，礼义□于儒行。少有倜傥之志，长负怀奇之名。不苟誉以求容，每亲仁以为爱，为中外模范。成友朋宗师，乐善孜倦，不愠知鲜，量苞江渎，气吞风云。今之古人，人推上士。神不优德，配寿胡差？先夫人之亡，盖世一霜也。享年六十。

夫人博陵崔氏，令门清族，庆余承善，四德兼备，六亲雍和。仁让得于天真，慈惠立于素尚。母仪内则，动静可师；礼行诗风，进止成法。虽姆好女史大家经教，承之于讽习，推之于行源者，亦异代殊人。其归一意未亡之叹，孀龄杳然。王没河先，兰然遽至。以大中几年正月十七日，病终于淇澳之私第。享年七十有六。以大中十二年二月二十七日合祔于先茔之侧。其乡里原隰之号，载于旧记，此阙而不书。女一人，适于范阳卢损之嗣。子六人，长曰项，摄汲县丞、知县事，早亡；次曰珮，早亡；次曰瑾；次曰圯；次曰璩；次曰璩，成能遗芳，克修至行。衔哀茹毒，追攀内极，将营故窆，泣告于业文者为之铭云：

仕门双美兮，令德成芳。宦族齐盛兮，英华克彰。两全文武兮，书剑名扬。大蕴仪度兮，闺门誉长。珠沉玉没兮，人皆感伤。桂殒兰凋兮，共泣摧香。遗垂清明兮，允谓不亡。流传盛事兮，万载弥光。侧听悲风兮，松韵连岗。镌刻贞石兮，永志玄堂。

注：墓志发现于河北魏县。

母妣氏杨老孺人墓志

尝闻建碑设墓，君子为之援笔，盖恐失厥实也。若孺人杨氏者，身历五朝，寿逾百岁，性惠温，言笑不苟。凡女红分内事，无不精妙过人。其为东望先生之配也，自于归以来，勤执妇道，每当静夜寒灯之下，犹闻机杼刀尺之声。人咸谓有桓少君之遗风焉。其事舅姑也，有孝闻。令先君良畴公夙多疾病，孺人奉养终身，毫无倦色。其相夫子也，如宾如友，如鼓瑟琴，而割股救夫一事，道路皆播为美谈。其训后昆也，犹时时以义方相敦勉。以故，桂发两支，兰开叠蕊。继继承承，方兴未艾。识者叹子孙之贤，而益称孺人之德于不衰。爰泐诸石，以垂不朽。

申山寅向坐向父右母左。

邑文生敬斋陈鸿烈　敬撰

祀男光成、光仪、孙人太、人产、人铭、人瓜、人琮。大清光绪十四年十一月十三日。

注：重庆市潼南县《郑氏族谱》载

皇明□□乐斋郑公暨妣郭氏志铭

乐斋公，经七世祖也，暨妣郭氏，葬在南邑康府乡柑榄山之原，坐巳向亥。长玄伯祖悦斋公祔于左，三玄伯祖妣王氏祔于右，于野公暨妣许氏、玄叔祖深江公暨妣郭氏，俱祔葬于前。五传而生大父，大父以翊戴进爵平国公，世称人杰者，咸羡地灵。及胡氛横炽，福京不守，先王悲神州陆沉，首兴义举，驻师两岛，矢志恢复，旌旗所指，虏酋授首。丁酉岁，丑虏智穷力竭，遂侣发冢之谋。无何而先王宾天，经嗣守东宁，以图大举，不得省视者几二十年。岁甲寅，经统大师，底定泉、漳，始知于野公暨深江公四柩已被发去，惟乐斋公暨妣郭氏及悦斋公、三玄伯祖妣王氏存焉。呜呼！为国效忠而使先人骸骨不获享抔土之安，孙子孽重，终天莫赎。然为朝廷举义，国而忘家，大义所关，不得不如是者，想先人亦含笑九泉而无憾也。于是命官克日就其坟而封之，用是为识。（福建南安）

永历岁次乙卯孟夏　谷旦

玄孙经　撰勒

郑氏榭葬祖父墓志

王父讳成功，守明俨，号大木，姓郑氏。先世光州固始入闽，由莆届漳居粤之潮。至始祖隐石公，乃移居于泉之南安县杨子山下石井乡，遂世为南安人。数传至八世祖乐斋公。乐斋公传于野公，于野公传西庭公，西庭公传象庭公。象庭公传曾大父飞黄公，实生王父。曾大父举丈夫子六，王父居长。再传举丈夫子十，父又居长。

王父生于甲子年七月十四日辰时，卒于壬寅年（1662）五月初八日未时，享年三十有九。故明末，赐国姓，封延平王，率众取海外台湾，开辟疆土，设立府县居之。父讳经，字式天，号贤之，嗣封延平王。生于壬午十月初二日未时，卒于辛酉年正月二十八日寅时，享年四十，同王父俱葬台湾。

岁癸亥，不孝克塽等举国内附，挈眷入京，蒙恩封汉军公。念台湾远隔溟海，祭扫维艰，具疏陈请乞迁葬内地，奉特旨恩准，爰令弟克壆假回襄事。以康熙三十八年五月二十二日卯时，附葬于南安且康店乡乐斋公茔内，并曾大父灵主，曾祖母翁，祖母董、母唐柩祔焉。

翁曾祖母生于壬寅年八月十八日未时，卒于丙戌年十一月三十一日巳时，享年四十有五。祖母董系明进士礼部侍郎董讳飏先公胞侄女，生于癸亥年九月二十四日酉时，卒于辛酉年六月十六日巳时，享年五十有九。母唐为明进士兵部尚书唐讳显悦公孙女，生于壬午十二月十二日未时，卒于丙午年七月二十四日丑时，享年二十有五。王父、父生平事迹，先卜葬台湾，已悉前志，兹第叙其生平、年月、世系、子姓，纳诸幽圹，用示后之子孙。

王父子十：长即吾父，娶母唐氏，先卒；次聪，娶故明鲁王二郡主朱氏；次明，娶林氏；次睿；次智，娶洪氏；次宽，娶林氏；次裕，娶王氏；次温，娶刘氏；次柔，娶洪氏；次发。女四：长适柯讳良，次适甘讳煜，次适洪讳允中，次适故明鲁王世子朱讳弘桓。

父男七：不孝克塽居长，娶冯氏、史氏；次克壆，娶许氏；次克均，娶柯氏，次克拔，聘刘氏。女六；长适黄讳肇隆，次适黄讳肇灿，次适陈讳逢泰，次适甘讳纯仁，次适赵讳继麟，次未配。

自聪出者子一，克坦，娶李氏。女三：长适陈，次适柯，次适洪。明无子，以裕之子克俊为嗣，未娶。睿早夭。自智出者子一，克璋，聘洪氏。自宽出者子一，克培，娶朱氏。自裕出者子二：长克崇，未聘；次克俊，出继与明为嗣。女一，未配。自温出者子三：长秉模；次克圭，出继与发嗣；次克杰，俱未聘。女一，未配。自柔出者子一，克玺，未聘。女二：长适洪，次适许。发亦早夭，以温之克圭为嗣。

不孝克塽子三：长安世，次安邦，俱未聘。女二，未配。克壆女二，未配。克均子一，安甸，未聘。克坺女，未配。余未艾。

云山坐巽向乾，兼己亥庚戌分金，在南安县三十八都，土名康店乡。铭曰：

鸿渐之麓，佳城郁苍。山环水绕，回抱崇冈。维予先世，灵魄是藏。迨及父祖，远葬殊方。卜迁叶吉，归此故乡。祖孙共室，父子同堂，涣而得萃，于礼为常。联绵遗泽，浩荡恩光。长依北阙，骏发其祥。后人守之，永世不忘。

裹事承重孙克塽、孤哀子温、裕、柔　同稽颡

散服孙克壆等同勒石

谡之公墓志

君名谡之，字先代，世寿春。祖远，字产猷，登建炎上第，自中原渡淮而南，中更李成之乱，来宰蕲阳，摄治广济，遗爱在此，遂家焉。君之父俨，字子威，磊落英多，克世其家，大其门第，为梅川人矣。母游氏，生四男，君其最幼。君早失所怙，少赖母与兄，长而资愿确，容貌魁伟，居廛市而简出，处丰盈而节俭，玩辞章，蓄经史，择良师，训令子，暇日则飞觞以畅其情，鼓琴以寓其志，他非所好也。

曩因兵旱，伯仲谋生，鱼贯而居，不紊其叙。遂于向司南隙地定其规

模，新其门户。暨茨丹艭未及尽涂，不幸奇祸顿来，一病莫救，实嘉定四年（1211）六月二十九日也，享年四十有一。知与不知，莫不为之陨涕，痛君早逝。虽然年之寿夭自夭，人之死生有命，君又奚愧焉。

君配蕲阳汤氏，故签判之女也。男二人：长名为定，婚景氏；次名尚幼。女四人，皆在室。君之诸兄及其妻舅抚恤其孤，为之理办丧事，取当年十一月二十四日壬申葬于永西乡岐陂里，地名野人冲先茔之近，其地坐亥向巳，从吉卜也。翌日其孤奉伯父之命，具君生平大概求铭于余。余素不才，忝在莩末，勿容同辞，遂铭诸石云：

野人之山，隐仙获名。既葬其亲，复近其茔。庆源始达，后嗣以兴。

时嘉定四年（1211）岁次辛未十二月　吉日

亲末、免解进士刘经

按：旧谱载宧公葬野人冲，实不知其地在何处。道光丁酉仲夏，我豪户支下梁、昭、珊、隶乾兄弟四人，往田镇道经吴家湾侧，见山地土崩出石，阅之，则郑谡之公墓内碑志也。字迹泥土尽封。洗净而读之. 始知其地即昔日之野人冲也。志载公之祖登宋建炎时上第，摄治广济，因家焉。与谱载时代事迹，无不相同，但志中之名与谱有异。此志同在宋时，应无讹处，得毋宗谱出自基公之手，犹有讹传者与？但传刻已久，不能不仍其旧。特录存此碑，犹古之《汲冢周书》云。

3. 碑记

碑，俗称石碑，又名碑表、墓表。在古代是立在宫庙之前以观日影的竖石，后世成为铭刻文字，为已故祖先或有特殊功勋的人或集体歌功颂德的纪念物。

在日常生活中所称的碑，是碑和碣的通称。实际上，碑和碣不同，头方者为碑，圆者为碣，是显示不同身份官员的石刻。自唐以来，五品以上者墓道用碑，龟趺螭首（趺，碑下石座。龟趺，即龟座，双螭盘顶。螭是无角龙）；不足五品者用碣，方趺圆首。不过这是一个不成文的规矩，人们常常混用。

碑记，又称碑志、碑版、碑板，是镌刻在石上的记载文字。这种文字记载由碑额、碑铭和碑阴三部分组成：碑额即碑首，高级官吏的碑首雕刻螭、龙、虎、雀为饰，中间书碑名，多为篆书或隶书，篆书称篆额，隶书称题额。碑铭是碑文和铭文合称，碑文又称序，指文字中关于碑主的姓氏、名字、籍贯、生卒时间、生平、官爵、功劳、祖先与子女等文字叙述部分；铭文为碑文之后的韵文，为歌功颂德之作。碑阴即碑的背面，多数未加磨平，少数镌刻皇帝任命墓主的诏策。宋苏轼有诗云："堕泪行看会祠下，挂名争欲刻碑阴。"说明当时沽名钓誉者不少。

碑铭中有许多夸大不实之词，以致引起某些皇帝不满。《宋书·礼志》说："此石兽碑表，既私褒美，兴长虚伪，伤财害人，莫大于此，一禁断之。"隋代还规定"趺上不过四尺"，但是为已故亲人立碑，特别是为地位显赫的祖先树碑立传已成风气，皇帝一道命令是禁止不了的；而且碑越来越高，有的碑超过了一丈。到后来，连一般平民也立起碑来，不过碑身较小，方趺圆顶，属于碣，多数无碑文，只刻祖先的名字而已；纵有碑文，所述也多乡间琐事。

尽管如此，碑志仍不愧为刻在石上的史书，对于一个家族来说，具有特别重要的意义，因为它是寻根问祖的重要依据。至于相隔数十代追刻的碑铭，则另当别论。

我们选择一些郑姓碑铭刊载于下。

荥阳郑文公碑

魏故中书令、秘书监、使持节督兖州诸军事、安东将军、兖州刺史、南阳文公郑君之碑草。公讳羲，字幼麟，司州荥阳开封人也。肇洪源于有周，胙母弟以命氏。桓以亲贤司徒，武以善职，并歌缁衣之作，诵乎弈世。降逮于汉，郑君当时，播节让以振高风，大夫司农，创解诂以开经义。迹刊图史、美灼二书，德音云翻，硕响长烈。扬州以十策匡时，司空豫州以勋德著称。高祖略，恢亮儒素，味道居真，州府招辟莫之能致。值有晋弗竟，君道陵夷，聪曜虔刘，避地冀方，隐括求全，静居自逸。属石氏勃兴，拨乱起正，征给事黄门侍郎，迁侍中尚书、赠扬州刺史。曾祖豁，以明哲佐世。后燕中山尹，太常卿，济南贞公。祖温，道协储端，燕太子瞻事。父晔，仁结义徒，绩著宁边，拜建威将军、汝阴太守。绵荣千载，联光百世。自非积德累仁，庆届无穷，其孰能传辉踵美致如此之远哉？可谓身没而名不朽者也。公禀三灵之淑气，应五百之恒期，乘和载诞，文明冠世，笃信乐道，据德依仁，孝弟端雅，慎言慤行，六籍孔精，百代备究，八索九丘，靡不昭达。至乎人伦礼式，阴阳律历，尤所留心。然高直沉默，耻为倾侧之行，不与俗和，绝于趣向之情。常慕晏平仲、东里子产之为人，自以为博物不如也。蕴斯文于衡泌，延德声乎州闾。和平中，举秀才，答策高第，擢补中书博士，弥以方正自居。虽才望称官，而乃历载不迁。仟清务简，遂乘闲述作，注诸经论，撰《话林》数卷，莫不玄契圣理，超异恒儒。又作《孔颜诔》、《灵岩颂》及诸赋咏诏策，辞清雅博，皆行于世也。以才望见陟，迁中书侍郎，又假员外散骑常侍、阳武子，南使宋国，宋主客郎孔道均就邸设会，酒行乐作。均谓公曰："乐其何如?"公曰："哀楚有余，而雅正不足。其细已甚矣，而能久乎?"均嘿然而罢。移年而萧氏火宋。虽延陵之观昔诗，郑公之听宋乐，其若神明矣。朝廷以公使协皇华郧累斯光，迁给事中、中书令，总司文史，敷奏惟允，国之律令，是所议定。公长子懿，邕容和令，器望兼资，早综铨衡，能声徽著，敦诗悦礼，尤精易理。季子道昭，博学明俊，才冠秘颖，研图注篆，超侍紫幄。公行于前，吏部秘书随其后，凡厥庶寮，莫不钦其人也。于时，有识比之三陈。后年不盈纪，懿给事黄门侍郎、太常卿，使持节督齐州诸军事、平东将军，齐州刺史；道昭，秘书丞、中书侍郎、司徒谘议、通直散骑常侍、国子祭酒、秘书监、司州大中正，使持节督光州诸军事、平东将军、光州刺史。父官子宠，才德相承，海内敬其荣也。先时，假公太常卿、荥阳侯，诣长安拜燕宣王庙，还，解太常，其给事中、中书令、侯如故。纵容风闱，动斯可则，冠婚丧祭之礼，书疏报问之式□□□□□□□□□□之制矣，民胥行矣。虽位未槐鼎而仁重有余。太和初，除使持节安东将军督兖州诸军事兖州刺史南阳公。德政宽明，化先仁惠，不严之治，穆如清风，耕桑有敬让之高，朝市无鞭戮之刑。即道之美，不专于鲁矣。太和中，徵秘书监。春秋六十有七，寝疾，薨于位。凡百君子，莫不悲国秀之永沉，哀道宗之长没；皇上振悼，痛百常往，遣使赗襚，荣赠有加，谥曰"文"，祭以太牢。以太和十七年四月廿四日归葬于荥阳石门东南十三里三皇山之阳。于是，故吏主簿东郡程天赐等六十人，仰道坟之缅，悲鸿休之未刊，乃相与钦述景行，铭之玄石，以扬非世之美。而作颂曰：

爰鉴往纪，稽览前徽。有贤有圣，靡弗应时。繇实契姒，旦亦协姬。于穆郑公，诞叡应期。伊昔桓武，并美司徒。恭惟我君，世监秘书。三坟克阐，五典允敷。文为辞首，学实宗儒。德秀时哲，望高世族。灼灼独明，亭亭孤□。式胄三雍，邹风再烛。作岳河兖，泽移草木。庆灵长发，继叶传光。君既挺发，胤亦含章。文义袭轨，朱绂相望。刊石铭德，与曰永扬。

永平四年，岁在辛卯，刊上碑在直南。天柱山之阳，此下碑也。以石好故于此刊之。

注：此为郑羲碑。其子郑道昭所书。碑在山东平度天柱山。

唐故河东节度观察使荥阳郑公神道碑

河东节度使、赠尚书左仆射郑公，葬在荥阳索上。元和八年六月庚子，太史尚书比部郎中护军韩愈刻其墓碑曰：

司马氏迁江南，有郑豁者，仕慕容垂国为太子少保，其孙简，当拓跋魏为荥阳太守。后简者号其族为“南祖”。南祖之郑入唐，有为利之景公令者，曰嘉范，于公为曾祖。是生抚俗，为泗之徐城令。徐城生公之父曰洪，卒官凉之户曹参军。

公讳儋，少依母家陇西李氏，举止异凡儿。其舅吏部侍郎季卿，谓其必能再立郑氏。稍长，能自课学，明《左氏春秋》。以进士选为太原参军事。对直言策，拜京兆高陵尉。考府之进士，能第上下，以实不奸。樊仆射泽以襄阳兵战淮西，公以参谋留府，能任后事。户曹殡于凉，凉地入西戎。自景谷徐城，三世皆未还荥阳葬。公解官，举五丧为三墓，葬索东。徐城墓无表，公能幼长哀感，心求不置，以得旧人指告其处。其后，为大理丞太常博士，迁起居郎、尚书司封吏部二郎中，能官举具名。德宗晚节储将于其军，以公为河东军司马，能以无心处嫌间，卒用有就。贞元十六年，将说死，即诏授司马节，节度河东军，除其官为工部尚书、太原尹，兼御史大夫、北都留守。公之为司马，用宽廉平正，得吏士心。及升大帅，持是道不变。部将有因贵人求要职者，公不用，用老而有功、无势而远者。削四邻之交贿，省娉嬉之大燕。校讲民事，施罢不俟日。用能十月成政，氓征就宽，军给以饶。十七年，疾废朝夕，八月庚戌薨，享年六十一岁。天子为之不能临朝者三日。赠尚书右仆射，即以其年十月辛卯葬索上。疾比薨，医问交道；比葬，吊赠赐使者相及。凡河东军之士，与太原之氓吏，及旁九郡百邑之鳏寡，外夷狄之统于府者，闻公之薨，皆哭曰：“吾其如何！”

公与宾客朋游，饮酒必极醉，投壶博弈穷日夜，若乐而不厌者。平居帘阁，据几终日不知有人。别自号“白云翁”。名人魁士，鲜不与善；好乐后进，及门接引，皆有恩意。

始娶范阳庐氏女，生仁本、仁约、仁载，皆有文行。二季举进士，皆早死。仁本为后子独存，不乐举选。年三十余，始佐河阳军。后娶赵郡李氏，生三女。二夫人凡三男五女。长女嫁辽东李繁，繁亦名臣子，有才学。遗命二夫人各别为墓，不合葬。

系曰：士常患势卑，不能推功德及人；常患贫，无以奉所欲得。若郑公者，勤一生以得其位，而曾得不须臾有焉。虽然，观其所既立，其可知矣。呜呼哀哉！

注：《江西通志》郑儋墓在进贤县西十五里，旧传有人锄地得唐韩愈所撰碑。进贤县志亦同。是此碑已出世矣。《韩昌黎集》作《神道碑》。

卷氏祖茔纪念碑碑文

郑氏祖茔，位居广武原。北望武公岭，傍依郑王庄，两起茹固里，东越苏楼村，南联索川水，继瞻域山岭，实为福境宝地也。

自始祖恒公寄孥，二世祖武公东迁，设坛祭天，初都于京，传至郑君乙，计十四世二十三君，共四百三十一年。周烈王元年（公元前375年）丙午，为韩所灭。公卿宗族，遂以国为姓，散居索水之滨，亦有外迁陈、宋之间者。西汉时，河南太守郑奇景仰祖上开基盛绩，眷恋祖地山川秀丽，遂举族聚居，并以此为基，时代繁衍，至今已遍及全球。

秦汉以降，公侯接武，台衡继迹，连荣不衰，并以时代之台柱，历史之枢纽著称。对政治之稳定，文化之传播，经济之发展，祖国之统一，发挥过显赫作用。诸如秦朝水工郑国，两汉大司农郑当时，东汉经学大师郑玄，三国兴农安民之京兆尹郑浑，北魏书圣郑道昭，盛唐广文博士郑虔以及六状元、八驸马、三十二朝官，曷胜枚举。当斯时也，郑氏先贤或勤政于朝，或游宦在外，莫不追念祖地，叶落归根。

祖茔古木参天，郁郁苍苍，蔽云遮口，一望无际，有迹可查者，凡数十里。虽经宋、金、元、明战乱纷扰，至清代仍巍巍然，森森然。清诗《广武原诸冢》曰："东行百里冢相连，衰草寒烟日暮天"。"古人梦绕沙中鹤，游客神交泉下贤"。当时盛况，可见一斑。

明末，又有民族英雄郑成功，驱荷复台，功在中华，名垂千古；在泰国有郑信大帝，驱逐外寇，建"吞武里王朝"，亦被泰国人民敬为民族英雄。

纵观古今中外，荥阳郑氏渊源流长，名人辈出，建树颇宏。为瞻仰先贤，弘扬大德，启迪后人，见贤思齐，共促祖地之繁荣，族人之兴旺，特树贞珉，以励来兹，流芳百代，永志不忘。

荥阳市人民政府一九九二年　立

荥阳郑氏研究会　撰文

注：公元前 582 年，成公庶兄君繻为国君，在位四月，郑国应为 24 君。

五、郑姓历史名人

郑桓公（？—公元前 771 年）：开国太始祖，姓姬讳友，周厉王之少子，周宣王之幼弟。宣王立二十二年（公元前 806 年），桓公初封于郑，都棫林（今陕阳华县东）。周幽王时任司徒，幽王八年丁卯（公元前 774 年），公见王室多故，采纳太史伯建议，将其财产和国人、家属等，东迁虢、郐两国之间，居十邑之地，作为建设郑国的基地，史称“桓公寄孥”。周幽王十一年（公元前 771 年）犬戎破西周，公勤王殉国。桓公是郑国第一任国君、郑氏开国太始祖（国世系一世祖），在位 36 年，开创了郑国 431 年基业。葬于今陕西华州螺钉厂内，现河南荥阳郑氏祖茔建有桓公衣冠冢。公妣未详，生子掘突。

郑武公（？—公元前 744 年）：讳掘突，桓公之子。周幽王十一年庚午（公元前 771），幽王失政，犬戎破西周，桓公勤王殉国。武公继立，会晋、卫、秦诸侯平难，立宜臼为平王，并护平王东迁洛邑，被赐虎牢以东之地。后二年，公亦为司徒。他以伟大的政治家、军事家的文韬武略实施“武公之略”，灭虢、郐，建立起强大的东方郑国。公好贤爱民，国人爱之，为赋《缁衣》。武公为郑国第一任国君、国世系二世祖，在位 27 年（公元前 770—公元前 744），于周平王二十七年（公元前 744）逝世。公妣武姜，乃申侯之女，生子二：长曰寤生，次曰叔段。

郑庄公（公元前 752—公元前 701 年）：讳寤生。周平王二十七年（公元前 744），武公逝世后继位。庄公英明睿智，励精图治，远交近攻，击败宋、卫来犯之军，战胜周桓王所率四国伐郑之师，消灭入侵的北狄之兵，援助齐国驱逐山戎，夺取许、戴、郕三国之都，使得东方郑国更加强大并达到全盛时期，为郑国431年基业奠定了基础，史称“春秋小霸”。庄公为郑国第三任国君、国世系三世祖，在位43年，周桓王十九年（公元前701）逝世，葬今河南新密市曲梁乡境内。公妣邓曼，继妣宋雍氏女，生子：忽、突、亶、婴等12人。

子产（？—公元前522年）：又名公孙侨，郑成公之子，年幼参政，很有见地。郑国攻打蔡国，俘获蔡国将军。国民都很高兴，惟独子产很忧虑，别人问他为何不高兴，他说：“一个小国凭借武力打败了强大的楚国的盟国，如果楚国来兴师问罪，就只好顺从楚国，顺从了楚国，晋国又来兴师问罪，这样就永无宁日了。”人们听说他的话，无不为他忧国忧民的胸怀所感动。郑简公时期，郑国国势日益衰退。子产为相，奉行法家，奖励勤俭，惩罚懒惰，采取严厉措施征收赋税，改革土地制度，得到人民的拥戴，使得郑国逐渐有了中兴的迹象。子产最大的成就是制定了铸刑书，以法治国，施法不避亲，肃清当时权臣乱政的现象。在外交方面，子产坚持不卑不亢的和平外交政策，首先缓和了与东邻宋国的关系，又派人出席晋、楚、齐等国在宋国的会盟，使郑国与周边诸侯关系缓和，从而在发展教育上，提倡学以致用，与国家政治联系到一起。在用人方面，也是坚持从实际出发，任人惟贤，与当时天下名士孔子、叔向等人保持着良好的关系。孔子周游列国，见到子产，深为子产的言行所折服，称他为“古之遗爱”。

郑国：字子徒，战国末期韩国人。我国古代伟大的水利专家。战国末期，秦国崛起，东进中原，占领了周王室的旧地荥阳，陈兵于韩国边境，韩国危在旦夕。韩王设“疲秦之计”，想引诱秦国将人力财力用于大兴水利，以缓解韩国的危机，面对强敌，即将亡国的韩惠王派出一个手无寸铁的水利工程师郑国，去说服秦国兴修水利。在韩围看来，这是危难之际疲乏秦图，救亡图存的好办法。在当时，各国没有常备军队，全民皆兵，而修郑国渠这样的大型灌溉工程，泰国要动用所有青壮年劳力，耗费大量财力和精力，这必然要影响到秦国统一战争的进程。韩国想借此求得暂时的安宁。而对秦国来说，兴修水利更是固本培元、兼并六国的战略部署。当时秦国的关中平原还没有大型水利工程，秦国接受了郑国的建议。公元前246年，泾河边成了当时中国最为壮观的兴修水利的工地。当时修建者多达10万人，郑国则成为这项大工程的总负责人。郑国依靠勇气与智慧，与广大劳动群众一道，巧妙连通泾河、洛水，水渠全长300多里，被后人称为“郑国渠”，这是我国开凿最早、工程最大、施工水平高超的水利工程，它改变了关中农业的面貌，使八百里秦川成为富饶之乡。公元前230年，秦军直指韩国。对这时的秦国来说，疲秦之计变成强秦之策。中国历史上第一次大统一的最后决战一拉开，韩国就灰飞烟灭了。郑国渠建成15年后，秦灭六国，实现统一。

郑当时：字庄，郑荣之子，汉陈（今河南淮阳一带）人。年轻时“以任侠自喜”，尤其是解救了梁孝王的将领张羽之后，更是“声闻梁、楚间”。汉景帝时期为太子舍人，为官清廉，广交天下门客，不分贵贱老幼，凡来门下客均以礼相待，常设客馆，上敬长者，下育少年，众人尊称为“郑庄”。甚至皇帝都知道他的“郑庄”名号，汉武帝时为大司农。郑当时重视兴修水利，尤其是重视黄河水利的修建，造福了黄河两岸的百姓，受到人们的爱戴。郑当时为官廉洁，去官之后，两袖清风，家无余财，因此更为天下称道，以至他的家族也由于他的缘故而人丁兴旺，开始成为显赫世家。

郑吉（？—公元前49年）：汉代会稽人（今浙江绍兴），祖籍山东，是临淄名门大户。汉武帝时，为防各地强宗作乱，将其迁徙分散，郑吉兄弟被迁到会稽（浙江绍兴）。郑吉早年从军，多次出征西域，升为郎官，后因屯田有功，被封为西域都护，为当时西域最高长官。后又以攻破车师，招降日逐王，被皇帝嘉奖，皇帝下诏说：“都护西域骑都尉郑吉，抚循外蛮，宣明威信，迎匈奴单于从兄日逐王众，击破车师陡訾城，功绩卓著，封安远侯，食邑千户。”接着，郑吉又在乌桑城设立治所，镇抚诸国，治理各地。所以，汉之经略西域，始于张骞，成于郑吉，他为祖国统一的形成，做出了不可磨灭的贡献。

郑均：字仲虞，任城（今山东微山县西北）人，以忠厚孝义著称。其兄郑仲曾任县吏，贪财好利，郑均因劝谏不听，遂离开郑仲去给别人干活。一年后，他回来把挣来的钱交给兄长，说：“钱财到处可以得到，但为官收礼，形同贪赃，有损名声！”郑仲被弟弟的言行感动，再也不接受送礼了。后来仲死，郑均赡养寡嫂孤侄，直至长大成人。郑均忠义名声传出去后，皇帝请他出来做官，郑均坚决拒绝，后来就干脆躲到濮阳，以免纠缠。汉章帝时，出任尚书，后拜议郎，回归故里，人称“白衣尚书”。

郑众（？—83年）：字仲师，郑兴之子，东汉河南开封人，十二岁从父学《左氏春秋》，精通《三统历》、《易经》、《涛经》等，知名于世。永平初年（58 年），官拜给事中，不久迁为越骑司马。65 年，明帝派郑众为使，持节前往北匈奴，会见单于而不跪拜，虽遭威胁而不屈从，持节不辱，维护国家尊严的行动为后人称颂。《古今圣贤图考》专绣其像。后多次出使匈奴，因明帝不明而治罪下狱，待明帝听到匈奴使臣“我国中都钦佩郑众意气壮勇，虽苏武也不过如此”之言后，下诏召郑众入朝，先后任军司马、中郎将、武威太守，政绩显著，遂于建初六年（81 年）为大司农，以清正著称，83 年卒于任所，作有《春秋删》十九篇，经学家称其为郑司农，亦称先郑，有别于后郑郑玄也。

郑玄（128—200）：字康成，北海高密（今山东省高密县）人。东汉时期著名经学家，史称为“后郑”，是中国深明六经要义的古代大师。年少聪敏，读书过目不忘。治学严谨，善于深究学问，曾经遍访名师，年少很有成就，当时的经学大师马融对郑玄十分看重，郑玄便把平时学习中发现而未解决的疑难问题一一向马融求救，对于篇籍的奥旨寻微探幽，无不精研，终得百尺竿头再进一步。无意官场，游学十几年名望四周，隐居乡野，潜心经学。大将军何进曾经召他为官，被郑玄所辞。郑玄 40 多岁时，成为全国著名的精通今古文经学的大师，于百家之学无所不通。设馆授徒，远近有上千人投到他的门下，拜他为师，听他讲学。当时他家里还很贫穷，便“客耕东莱”，一面种田维持生计，一面教授门徒。东莱在今山东即墨县东南，环境十分优美，山上有古井不竭，井边生有一种细而长的草，和薤一样一尺多长，很有韧性，时人称之为书带草，又叫康成书带。郑玄与弟子们隐居于此，过着清贫而安谧的生活。郑玄没做过大官，却受党锢之祸，受禁锢 14 年。在此期间郑玄遍注群经，郑注出现以后，原来各守门户的今文经学使古文今文熔为一炉，独创了一个新的学派——郑学。人们转而崇尚郑学，使之逐渐成为“天下所宗”的儒学。郑玄的经学流传很广，奠定了儒学为中国古代第一学的基础。郑玄著作很多，有《郑志》八篇，还曾经为《周易》、《尚书》、《毛诗》等作注。

郑冲：字文和，荥阳开封人也。起自寒微，卓尔立操，清恬寡欲，耽玩经史，遂博究儒术及百家之言。有姿望，动必循礼，任真自守，不要乡曲之誉，由是州郡久不加礼。及魏文帝为太子，搜扬侧陋，命冲为文学，累迁尚书郎，出补陈留太守。冲以儒雅为德，莅职无干局之誉，箪食缊袍，不营资产，世以此重之。大将军曹爽引为从事中郎，转散骑常侍、光禄勋。嘉平三年，拜司空。及高贵乡公讲《尚书》，冲执经亲授，与侍中郑小同俱被赏赐。俄转司徒。常道乡公即位，拜太保，位在三司之上，封寿光侯。冲虽位阶台辅，而不预世事。时文帝辅政，平蜀之后，命贾充、羊祜等分定礼仪、律令，皆先谘于冲，然后施行。及魏帝告禅，使冲奉策。武帝践祚，拜太傅，进爵为公。顷之，司隶李熹、中丞侯史光奏冲及何曾、荀顗等各以疾病，俱应免官。帝又不许。冲遂 不视事，表乞骸骨。优诏不许，遣使申喻。冲固辞，上貂蝉印绶，诏又不许。泰始六年，诏曰："昔汉祖以知人善任，克平宇宙，推述勋劳，归美三俊。遂与功臣剖符作誓，藏之宗庙，副在有司，所以明德庸勋，藩翼正室者也。昔我祖考，遭世多难，揽授英俊，与之断金，遂济时务，克定大业。太傅寿光公郑冲、太保朗陵公何曾、太尉临淮公荀顗各尚德依仁，明允笃诚，翼亮先皇，光济帝业。故司空博陵元公王沈、卫将军钜平侯羊祜才兼文武，忠肃膺正，朕甚嘉之。《书》不云乎：'天秩有礼，五服五章哉！'其为寿光、朗陵、临淮、博陵、钜平国置郎中令，假夫人、世子印绶，食本秩三分之一，皆如郡公侯比。"几年，冲又抗表致仕。诏曰："太傅韫德深粹，履行高洁，恬远清虚，确然绝世。艾服王事，六十余载，忠肃在公，虑不及私。谚应众举，历登三事。仍荷保傅之重，绸缪论道之任，光辅爽世，亮兹天工，迪宣谋猷，弘济大烈，可谓朝之儁老，众所具瞻者也。朕昧于政道，庶事未康，挹仰耆训，导扬厥蒙，庶赖显德，缉熙有成。而公屡以年高疾笃，致仕告退。惟从公志，则朕孰与谘谋？譬彼涉川，罔知攸济。是用未许，迄于累载。而高让弥笃，至意难违，览其盛指，俾朕怃然。夫功成弗有。上德所隆，成人之美，君子与焉。岂必遂朕凭赖之心，以枉大雅进止之度哉！今听其所执，以寿光公就第，位同保傅，在三司之右。公宜颐精养神，保卫太和，以究遐福。其赐几杖，不朝。古之哲王，钦祇国老，宪行乞言，以弥缝其阙。若朝有大政，皆就谘之。又赐安车驷马，第一区，钱百万，绢五百匹，床帷簟褥，置舍人六人，官骑二十人，以世子徽为散骑常侍，使常优游定省。禄赐所供，策命仪制，一如旧典所有加焉。"明年薨。帝于朝堂发哀，追赠太傅，赐秘器，朝服，衣一袭，钱三十万，布百匹。谥曰成。咸宁初，有司奏，冲与安平王孚等十二人皆存铭太常，配食于庙。

郑道昭（？—516 年）：字僖伯，北魏书法家，又称为中岳先生，北魏荥阳人。郑道昭身名门，年幼聪敏，从小受到高人指点，喜欢作诗。郑道昭所作《中岳赋》，为北魏孝文帝所爱，称为天下第一。自此郑道昭得到了中岳先生的称号。郑道昭的书法为时人称道，孝义帝下令全国学者学习他的书法，后人称之为“魏体”。郑道昭崇尚儒学经道，喜欢山水，随处留有他的石刻，如北魏光州云峰诸山摩崖石刻，是我国书法艺术宝库中的珍品之一，为后代学习者所重视，云峰诸山也因此成为书法界朝圣之地。郑道昭也是北朝著名的文学家，他的诗赋大多留在云峰山、大基山、天柱山的摩崖上，内容多为抒发爱国热情。郑道昭另一突出成就是帮孝文帝实施汉化改革，提倡“礼乐”和“文教”，推行儒学教育。

郑侠（1041—1119 年）：字介夫，号西塘、一拂居士、大庆居士，福州福清（今属福建）人。宋英宗治平四年（1067 年）中甲科进士，授将作郎、秘书省校书郎，光州司法参军。后因指责王安石变法之弊，被贬为京城安上门监门小吏。宋神宗（赵项熙宁七年）（1074 年）甲寅，因上《流民图》被治以“擅发马递罪”放逐英州。后遇宋哲宗赵煦元祐元年（1086 年）丙寅大赦回福清，经苏轼推荐为泉州教授。北宋哲宗绍圣元年（1094 年）甲戌四月，公再贬英州。1100 年庚辰徽宗继位，公官复原职。宋徽宗大观元年（1107 年）丁亥，蔡京入朝，侠又被罢官回乡，居十二年，悬壶济世。宋徽宗赵佶宣和元年（1119 年）乙亥八月二十日卒，享年 79 岁。光宗赵惇绍熙三年（1192）壬子追封为朝奉郎，宋宁宗赵扩嘉定六年（1213 年）癸酉赐谥号“介”，宣和五年（1123）癸卯三月十九日葬清远里弥勒山，同邑受业御史夏之文为其撰墓铭志。后迁葬福清新丰坐水南山福清新县城南门外。著《西塘先生集》。福清有“一拂街”、“一拂公园”，建有“郑公坊”、“一拂先生祠”、“一拂学堂”、“一拂先生纪念堂”，鄂东下郑建有“郑侠公纪念馆”，以志永垂不朽。

郑羲，字幼驎，荥阳开封人。北魏安东将军、西兖州刺史、假南阳公，后征为秘书监。谥文灵。前文有《郑文公碑》可作参考。

郑余庆：字居业，郑州荥阳人。唐中书侍郎，同中书门下平章事，荥阳郡公。谥贞。有“北郑相”之称。

郑珣瑜：字元伯，荥阳人。唐门下侍郎、同中书门下平章事。谥文献。黄头军以粮少劫其赀，从说间走绛州，方道梗不通，数月，召拜司空，复秉政，进太傅兼侍中。从帝至兴元，以疾乞骸骨，拜太子太保，还第，卒。谥文忠。从说进止有礼法，性不矜满，沉毅有谋。在汴时，以处晦殁于镇，讫代，不奏乐牙中。识陆扆於后生，数称誉之，扆后位宰相。张彦球者，拳挚善断，累破虏有功，奏为行军司马，后署金吾将军。初，盗流中原，沙陀强悍，而卒收其用者，盖从说为太原重也。时郑畋以宰相镇凤翔。移檄讨贼，两人以忠义相提衡，贼尤惮之，号“二郑”云。

郑云逵（？—810 年），荥阳人，唐大臣。云逵为人诞谲敢言，已登进士第，去客燕朔，朱泚善之，表为掌书记，妻以弟滔女。泚将朝，使云逵先入奏，同府蔡廷玉谮于泚，云逵被贬为平州参军。滔代泚将，复辟云逵为判官。廷玉与要藉官朱体微它日与泚言：“滔非长者，不可付以兵。”云逵数漏其语以怒滔，故滔论廷玉等，皆得罪死。滔助田悦，云逵谏，不从，遂弃室自归。德宗悦，擢谏议大夫。帝在梁，云逵依李晟，晟表以礼部侍郎为军司马，时时咨逮戎略。元和初，为京兆尹，卒。

郑樵（1104—1162 年）：字渔仲，福建莆田人。我国南宋时期历史学家。早年家贫，但他醉心于学问，无意官场。精通天文、地理、经学、礼乐、文字、音韵、草本等知识，被称为“夹漈先生”。他特别注意实地考察，常常将经籍上的知识与生活中发现的感性认识结合起来进行思考和研究，而不满足咬文嚼字的空谈。宋朝南迁后，郑樵空有报国之心，却报国无门，于是隐居，潜心修史。宋高宗招他为官时，郑樵已经完成了《通志》的写作，《通志》是继《史记》之后的又一部伟大通史著作。宋高宗曾经对他说：“闻卿名久矣，敷陈古学，自成一家，何相见之晚耶。”郑樵大部分时间活动于福建莆田，曾经在当地开学堂授课，跟随他治学的人达数百人，人们都被他渊博的知识所折服，郑樵的史学思想对后世影响深远。

郑和（1371～1433 年）郑和本姓马，字三保，云南昆阳回族马氏的后裔，因为为明成祖立下战功赐郑姓，人称郑和。明成祖朱棣为加强对外友好交往，强调“宣德化而柔远人”，“共事太平之福”，提高大明帝国的国际威望，沟通国际贸易、促进中外文化科技交流，于永乐三年（1405）命郑和为出使西洋各国的正使总兵太监，并六次派他下西洋。宣德五年（1431）

闰十二月，明成祖孙宣宗朱瞻基又派郑和第七次下西洋。宣德八年（1433）三月，在返航途中郑和病逝于古里。郑和七下西洋，到达越南、爪哇、印度、古里、柯枝等地，给当地带去了中国的丝绸、瓷器、茶叶以及先进的文化，也从各地带同了香料、奇珍异兽等物品，与吕宋、马来亚等国建立了友好关系。郑和率领的船队是当时世界上最先进的，当时已经掌握较先进的航海知识，开始使用罗盘。郑和是最早开辟中西交通航道的航海家，比麦哲伦的全球航行早了 80 多年。七下西洋的实践，证明了郑和是一位伟大的航海家，也是一位杰出的外交家和军事统帅。

郑成功（1624—1662 年）：原名福松，号大木，福建南安县石井村人。其父郑芝龙，是南明隆武朝“建安伯”，曾组织向台湾移民，积极开发台湾岛。清顺治二年（1645 年），21 岁的郑成功在福州受到隆武帝朱聿键的召见，颇多赏识，赐姓（朱），改名成功，因此中外尊称之为“国姓爷”。清顺治十年（1653），南明永历帝（朱由榔）又封他为“延平郡王”。

郑成功的活动是在国内明清王朝交替和西方殖民主义者侵略东方的时期展开的。清顺治三年（1646 年）秋，清兵进攻福建，郑成功的父亲郑芝龙投降了清朝。郑成功反对父亲降清，率领部下先在广东南沃岛起兵，继而挺进厦门鼓浪屿。清顺治七年（1650 年）占领厦门、金门两岛。逐步收复了福建漳、泉地区，并控制了北至浙江舟山，南至广东潮惠的东南沿海地区。1659 年夏，郑成功率水师 10 余万北上，连克瓜州、镇江等城。7 月围攻南京，误中清江南总督郎廷佐的缓兵计，战败，回师金厦，并开展收复了台湾的伟大斗争。荷兰殖民者于明天启四年（1624 年）侵占了我国的台湾，对台湾人民进行残酷的剥削和压迫，并不断骚扰福建、广东沿海地区，激起中国人民的无比愤慨。清顺治九年（1652 年），白湾爆发了郭怀一领导的抗荷武装起义。清顺治十二年（1655 年），郑成功为了抗议荷兰殖民者在海上的掳掠，曾下令禁止商船到台湾贸易，在经济上给荷兰殖民者以有力的打击。1661 年 4 月，郑成功令长子郑经防守厦门，亲率战舰 120 艘，将士 25000 余人，在金门料罗湾誓师东进收复台湾。经过激烈的海战，郑军击沉荷军主力舰“赫克托”号，收复了“赤嵌城”。在近一年的争夺中，荷军伤亡惨重。1662 年 2 月 1 日，荷兰侵略军被迫投降，被侵占达 38 年之久的台湾终于重归祖国怀抱。郑成功为收复和开发台湾作出了重大贡献，是中华民族的民族英雄。

郑板桥（1693—1765 年）：字克柔，号板桥，扬州府兴化县人。郑板桥幼年家贫，丧母，赖乳母教养，并随其父学画，早年便在扬州以卖画为生，经常过着“爨下荒凉告绝薪，门前剥啄来催债”的困窘生活。后由朋发资助，才得到读书机会，并应科举而为康熙秀才、雍正举人、乾隆进士。49 岁出任山东范县、潍县的知县，历时 12 年。在任期间，鞭笞奸吏，勤政于民，被百姓尊称为亲民之官。因擅自开仓赈济，触犯了贪官污吏的直接利益，被诬告罢官。郑板桥善画兰、竹、石，尤精墨竹，学徐渭、石涛、八大山人的画法，擅长水墨写意。在创作方法上，提出“眼中之竹”、“胸中之竹”、“手中之竹”三阶段论。郑板桥特别强调要表现“真性情”、“真意气”。他笔下的竹，往往就是自己思想和人品的化身。他的墨竹，往往挺劲孤直，具有一种孤傲、刚正、“倔强不驯之气”。在艺术手法上，郑板桥主张“意在笔先”，用墨干淡并兼，笔法疲劲挺拔，布局疏密棚间，以少胜多，具有“清赏雅脱”的意趣。他还重视诗、书、画三者的结合，刚诗文点题，将书法题识穿插于画面形象之中，形成不可分割的统一体。尤其是将书法融于绘画之中，画竹是“以书之关纽透人于画”。画兰是“借草书中之竖，长撇运之”，进一步发展了文人画的特点。郑板桥的书法与绘画一样，亦具“狂怪”意趣。他的字初学黄庭坚，后又融入兰竹笔意，遂自创出一种“六分半书”。其特点是：以真、隶为主，糅合真、草、隶、篆各体，并用作画的方法来写，其用笔方法变化多样，撇、捺或带隶书的波磔、或如兰叶飘逸，或似竹叶挺劲，横竖点画或楷或隶，或草或竹，挥洒自然而不失法度；结体扁形，又多夸张，肥瘦大小，偃仰欹斜，呈奇异狂怪之态；章法也很别致，疏密相间，正斜相揖，安排得错落有致，主次有别，人有“乱石铺街”之喻，他存世的许多作品，都显现出这一独特书风。

后　　记

《根在中原：闽台大姓氏探源》，做为“中原与闽台关系研究丛书”之一种，是由多位作者几经反复，最终成稿。所以，作为主编有必要将选题、分工及成书等若干环节做一说明和交代。

为保证本书得以按计划有序进行，事先成立由河南省人民政府台湾事务办公室主任宋丽萍为主任委员的编委会，负责规划选题、拟定提纲，各姓氏撰写作者均为编委会成员，各自承担撰写任务；聘请中原文化与闽台寻根研究中心之尹全海、孙炜为本书之主编，负责规范体例，统稿、定稿，并对初稿进行必要之修改与完善。

由于本书将分若干本分期推出，首期推出十大姓氏之选择有两个基本考虑，或可称为选择标准：一、姓氏祖根地在河南境内（狭义中原）；二、由中原入闽迁台之姓氏播迁线路清晰，且无重大争议。至于为什么首期选取十大姓，其数量纯粹出于习惯考虑，或有完整、完美之意，并不意味着选取之姓氏为福建或台湾之前十大姓，但肯定是大姓。十大姓之编排顺序，也尊重习惯排列，并没有绝对意义，因为无论是人口总数还是户数，都是动态数据。

本书之撰写及定稿，可谓集体成果。先是各姓氏确定撰稿人，原则上由姓氏祖根地作者承担。然后由主编统稿，主要是规范体例和资料取舍。由于各姓氏现存资料多寡不一，作者对资料取舍各有侧重，比如，有的对“姓氏名人”大书特书，有的对“祖地新貌”情有独钟。为保持必要的平衡，主编对之进行了取舍和删节，特别是各姓氏作者提供了不少图片资料，出于印刷和成本的原因，也大量删除，还请各位作者谅解。各姓氏保留下来的内容，基本上由姓氏姓源、姓氏播迁（分布）、姓氏文化（物质或非物质）、姓氏名人、寻根联谊（祖地新貌）几部分组成。

本书之编委会主任、河南省人民政府台湾事务办公室主任宋丽萍，对本书之撰写及出版十分关心，多有指导，并欣然作序，以示鼓励。各姓氏之作者，从资料之搜集到书稿撰写，克服诸多困难，几经修改，付出之辛劳尤多。本书在写作过程中，还得到河南省人民政府台湾事务办公室王庆春副主任、杜春景副主任、郭俊虎副巡视员，以及常岩峰处长、崔兴莉处长的关心和帮助。本书之顺利出版得到九州出版社编辑的大力支持，在此一并致以深深谢意。

当然，本书确有许多提高和改进的空间，还望读者海涵！

编　者

2012. 8